Contributo para o Conceito e a Natureza das Entidades Administrativas Independentes

Contributo para o Conceito e a Natureza das Entidades Administrativas Independentes

AS AUTORIDADES REGULADORAS

2017 • Reimpressão

Maria Celeste Cardona

ALMEDINA

CONTRIBUTO PARA O CONCEITO E A NATUREZA DAS ENTIDADES ADMINISTRATIVAS INDEPENDENTES

AUTORA
Maria Celeste Cardona

EDITOR
EDIÇÕES ALMEDINA, S.A.
Rua Fernandes Tomás, nºs 76-80
3000-167 Coimbra
Tel.: 239 851 904 · Fax: 239 851 901
www.almedina.net · editora@almedina.net

DESIGN DE CAPA
FBA.

PRÉ-IMPRESSÃO
João Jegundo

IMPRESSÃO E ACABAMENTO
DPS - DIGITAL PRINTING SERVICES, LDA

Dezembro, 2016

DEPÓSITO LEGAL
410569/16

ALMEDINA | GRUPOALMEDINA

BIBLIOTECA NACIONAL DE PORTUGAL – CATALOGAÇÃO NA PUBLICAÇÃO

CARDONA, Maria Celeste, 1951-

Contributo para o conceito e a natureza das entidades administrativas independentes : as autoridades reguladoras. – (Teses de doutoramento)
ISBN 978-972-40-6553-3

CDU 346

Para as minhas netas
Mariana e Filipa

PALAVRAS-CHAVE

Entidade Administrativa Independente; Estado-Regulador; Actividade; Regulação; Direito Administrativo de Garantia; Administração Pública; Atribuições; Pluralismo; Princípio da Unidade da Actividade Administrativa.

Agency; State Regulator; Activity; Administrative Law; Public Management; Regulation; Pluralism; Principle of Unity in Administrative Activity.

AGRADECIMENTO

O presente texto corresponde à dissertação de Doutoramento no Ramo de Ciências Jurídico-Políticas, Especialidade de Direito Administrativo, objecto de discussão pública no passado dia 18 de Maio perante um Júri constituído pelo Presidente do Conselho Científico da Faculdade de Direito de Lisboa, Professor Doutor Pedro Pais de Vasconcelos em representação do Magnífico Reitor e pelos Senhores Professores Doutor José Carlos Vieira de Andrade, Doutora Maria da Glória Dias Garcia, Doutor Marcelo Rebelo de Sousa, Doutor Eduardo Paz Ferreira, Doutor Vasco Pereira da Silva e Doutor José Renato Gonçalves.

A todos agradeço a disponibilidade manifestada para integrarem o Júri das minhas provas e em especial as observações e criticas que me foram dirigidas nas respectivas arguições pelos Senhores Professores Doutor José Renato Gonçalves e Doutor Marcelo Rebelo de Sousa.

Neste momento aproveito também para agradecer a todos os que, nos momentos mais difíceis, tiveram uma palavra de apoio e incentivo à realização da minha tese, cientes de que a mesma correspondia a um objectivo (e sonho) de mais de trinta anos. Recordo especialmente a Clotilde Palma, a Mafalda Sobral, o José Gomes Santos e a Eduarda Santos.

Uma palavra que me cumpre ainda referir é dirigida ao Senhor Professor Eduardo Paz Ferreira. Recordo o dia em que, pela primeira vez, lhe falei da intenção de me apresentar a provas de doutoramento. Desde esse dia e já lá vão mais de sete anos, nunca deixou de se interessar, de me incentivar, de me aconselhar, de me ensinar. Estou eternamente grata pela disponibilidade e ajuda que sempre me ofereceu o Senhor Professor Eduardo Paz Ferreira.

Finalmente, devo sublinhar, com toda a clareza e humildade, que esta tese não teria sido possível se não tivesse tido a honra de ter como orientador o Senhor Professor Marcelo Rebelo de Sousa.

Recordo um final de tarde, em 2008, em que o surpreendi com uma decisão e um pedido! A decisão de me preparar para elaborar e apresentar uma tese de doutoramento e um pedido para que aceitasse ser o meu orientador. Não precisou de tempo, para logo ali me dizer: "Vamos a isso..." Sucederam-se alguns anos de investigação, pesquisa, estudo e preparação. Nunca, em nenhuma ocasião (e, foram muitas, mas mesmo muitas) o meu orientador deixou de estar presente com o seu conselho, as suas sugestões, as suas orientações. Até que um dia, recebi uma comunicação sua a dizer-me que estava na hora de consolidar os textos e de apresentar a minha tese. Assim fiz!

Depois, na preparação das provas públicas, a sua intervenção e orientação continuou no mesmo ritmo e, atrevo-me a dizê-lo, com a mesma dedicação.

Nunca serei capaz de exprimir a minha gratidão ao Senhor Professor Doutor Marcelo Rebelo de Sousa por ter sido meu orientador na concretização de um sonho de mais trinta anos.

É este, e é este que vai agora ser publicado.

RESUMO

A globalização e o aprofundamento da União Europeia estiveram na origem da Reforma do Estado.

O Estado Regulador Contemporâneo incorpora, na sua organização administrativa, entidades administrativas independentes.

Em Portugal, as entidades administrativas independentes integram a Administração Pública na categoria de administração independente do Estado.

As entidades administrativas independentes com estatuto de independência "forte", bem como as entidades administrativas independentes com funções de regulação da actividade económica nos sectores privado, público e cooperativo, são estruturas da organização administrativa, devendo ser qualificadas como parte da Administração Pública Independente.

Em Portugal a ERC, o Banco de Portugal, o Provedor de Justiça, a Procuradoria-Geral da República e os Conselhos Superiores da Magistratura e do Ministério Público não são entidades administrativas independentes.

ABSTRACT

The development of the European Union as well as globalization were in the origin of the State Reform.

Agencies are now a part of the administrative organization in the Contemporary State.

In Portugal these agencies are integrated in public administration in the Independent State Administration category.

These agencies with strong independent status as well as the agencies that regulate the private, public, cooperative and economic activities are structural in the administrative organization; therefore, these agencies should be classified as a part of the Independent Public Administration.

In Portugal the ERC (communications regulator), the Bank of Portugal, the Superior Councils for the Judiciary and the Public Prosecutor, the Ombudsman, should be classified as Independent Public Authorities.

PRINCIPAIS ABREVIATURAS UTILIZADAS

AAFDL	–	Associação Académica da Faculdade de Direito de Lisboa
ACC	–	Autoridade para a Comunicação Social
AdC	–	Autoridade da Concorrência
AEA	–	Agência Europeia do Ambiente
AESA	–	Agência Europeia para a Segurança da Aviação
AESA	–	Agência Europeia para a Segurança da Aviação
AMA	–	Agência para a Modernização Administrativa
ANDPBS	–	Advisory Non Departmental Bodies
APA	–	Administrative Procedural Act
AR	–	Assembleia da República
ARIS	–	Autoridades de regulação independentes
ARN	–	Autoridades de Regulação Nacionais
ASAE	–	Autoridade de Segurança Alimentar
AT	–	Alta Tensão
BCE	–	Banco Central Europeu
BCFP	–	Bureau of Consumer Financial Protection
BERR	–	Department for Business, Enterprise and Regulatory Reform
BFDC	–	Boletim da Faculdade de Direito de Coimbra
BGFRS	–	Board of Governors of the Federal Reserve System
BP	–	Banco de Portugal
CA	–	Congressional Review Act
CADA	–	Comissão de Acesso a Documentos Administrativos
CADA	–	Comissão de Acesso a Documentos Administrativos
CAIMED	–	Centre for Administrative Innovation in the Euro Mediterranean Region
CARMEVM	–	Comité das Autoridades de Regulação dos Mercados Europeus de Valores Mobiliários
CdVM	–	Código de Valores Mobiliários
CEC	–	Revista da Confederação Espanhola do Comércio
CEDEFOP	–	Centro Europeu para o Desenvolvimento da Formação Profissional
CEDRIPE	–	Centro de Estudos de Direito Público e Regulação

CEF – Comité Económico e Financeiro
CESaR – Committee of European Securities Regulators
CERS – Conselho Europeu de Riscos Sistémicos
CFE – Centros de Formalidades de Empresas
CFSE – Comissão de Fiscalização de Segredo de Estado
CFTC – Commodities Trading Futures Commission
CIDEHUS-UE – Centro InterDisciplinar de História, Culturas e Sociedades da Universidade de Évora
CMVM – Comissão de Mercado de Valores Mobiliários
CNCIS – Comissão Nacional de Controlo das Intercepções de Segurança
CNECV – Conselho Nacional de Ética para as Ciências Vida
CNIL – Comissão Nacional de Informática e Liberdades
CNL – Comissão Nacional de Eleições
CNMC – Comissão Nacional de Mercados e de Competências
CNOC – Comissão Nacional de Objecção de Consciência
CNPD – Comissão Nacional de Protecção de Dados
CNRS – Centre d etudes et de recherches de sciences administratives
CNSA – Conselho Nacional de Supervisão de Auditoria
CNSF – Conselho de Supervisores Financeiros
COB – Comissão de Operações de Bolsa
CPVO – Instituto Comunitário das Variedades Vegetais
CReSAP – Comissão de Recrutamento e Selecção da Administração Pública
CSA – Conselho Superior de Audio-Visual
CSA – Conselho Superior do Audio-Visual
CSAFP – Conselho Superior da Administração e da Função Pública
CSM – Conselho Superior da Magistratura
DAR – Diário da Assembleia da República
DMIF – Directiva dos Mercados de Instrumentos Financeiros
EAPR – Regulamento Processual das Agências Europeias
EAR – Agência Europeia de Reconstrução
ECA – European Competition Authorities
ECOFIN – Economic and Financial Affairs Council
EEOC – Equal Employment Opportunity Commission
EMCDDA – Observatório Europeu da Droga e da Toxidependência
EMSA – Agência Europeia de Segurança Maritima
ENC – European Competition Network
ENDPBS – Executive Non Departmental Public Bodies
EO – Executive Orders
ER – Entidades Reguladoras
ERA – Agência Ferroviária Europeia
ERA – Agência Ferroviária Europeia
ERC – Entidade Reguladora da Comunicação Social
ERI – Entidade Reguladora Independente
ERS – Entidade Reguladora da Saúde

ERSAR – Entidade Reguladora dos Serviços de Águas e Resíduos
ERSE – Entidade Reguladora do Sector Energético
ESMA – Autoridade Europeia para a Segurança dos Alimentos
ETF – Fundação Europeia para a Formação
FCA – Finantial Conduct Authority
FDL – Faculdade de Direito de Lisboa
FED – Federal Reserve
FERC – Federal Energy Regulatory Commission
FMI – Fundo Monetário Internacional
FRA – Agência dos Direitos Fundamentais da U.E.
FSA – Finantial Services Authority
FSC – Conselho de Estabilidade Financeira
FTC – Federal Trade Commission
GMCI – Global Merger Control Index
GRH – Gestão de Recursos Humanos
GSA – General Services Administration
HL – Public Bodies Bill
IAPMEI – Instituto de Apoio às Pequenas e Médias Empresas
ICC – InterState Commerce Commission
ICP-ANACOM – Autoridade Nacional de Comunicações
IGLC – Instituto para a Gestão das Lojas do Cidadão
IMT – Instituto da Mobilidade e dos Transportes
INA – Instituto Nacional de Administração
INAC – Autoridade Nacional de Aviação Civil
INAP – Instituto Nacional de Administração Pública
IRC – Independent Regulatory Commissions
ISP – Instituto de Seguros de Portugal
L&RRA – Legislative and Regulatory Reform Act
LGDJ – Librairie Générale de le Droit et de Jurisprudence
LQ – Lei-Quadro
LQEAR – Lei-Quadro das Entidades Administrativas Independentes com funções de regulação da economia
MEDIP – Mercado de Divida Pública por grosso
MIBEL – Mercado Ibérico de Electricidade
MoU – Memorando de Entendimento
MSU – Mecanismo de Supervisão Único
MT – Média Tensão
NDPBs – Non departamental public bodies
NETA – New Electricity Trading Arrangement
NRAs – National Regulatory Agencies
NRC – Nuclear Regulatory Commission
OCPA – Office of the Commissioner for Public Appointments
OFFER – Office of Electricity Regulation
OFT – Office of Fair Trading

OMB - Office of Management and Budget
OMC - Organização Mundial do Comércio
OMIP - Operador do Mercado Ibérico de Energia
OMP - Office of Personnel Management
OPEX - Sociedade Gestora de Sistema de Negociação Multilateral
OR - Organismos Reguladores
ORAC - Oferta de Referência de Acesso a Condutas
ORECE - Organismo de Reguladores Europeus das Comunicações Electrónicas
OTOC - Ordem dos Técnicos Oficiais de Contas
PGR - Procuradoria- Geral da República
PJ - Provedor de Justiça
PMS - Poder de mercado significativo
PRA - Prudential Regulation Authority
PREMAC - Plano de Redução e Melhoria da Administração Central
QUANGOS - Quasi autonomous non governamental bodies
RDPE - Revista de Direito Público da Economia
RDPE - Revista de Direito Público da Economia
RDPE - Revista de Direito Público e Economia
RFAP - Revue Française de Administration Públique
RFDA - Revue Française de Droit Administratif
RFDUL - Revista da Faculdade de Direito da Faculdade de Direito de Lisboa
RGCO - Regime Geral das Contra-ordenações
RJC - Regime Jurídico da Concorrência
RNT - Rede Nacional de Transporte
SEBC - Sistema Europeu de Bancos Centrais
SEC - Securities and Exchange Commission
SENV - Sector Energético não Vinculado
SEP - Sistema Eléctrico de Serviço Público
SESF - Sistema Europeu de Supervisores Financeiros
SEV - Sector Energético Vinculado
SIMPLEX - Programa de Simplificação Administrativa e Legislativa
SIVAM - Sistema Integrado de Vigilância e Abuso de Mercado
TC - Tribunal de Contas
TCEE - Tratado da Comunidade Económica Europeia
TCL - Tribunal de Comércio de Lisboa
TFUE - Tratado sobre o Funcionamento da União Europeia
TJCE - Tribunal de Justiça da Comunidade Europeia
TRL - Tribunal da Relação de Lisboa
TUE - Tratado da União Europeia
UCMA - Unidade de Coordenação da Modernização Administrativa
UMIC - Agência para a Sociedade do Conhecimento

PARTE PRIMEIRA

Só sabemos com exactidão quando sabemos pouco.
À medida que vamos adquirindo conhecimentos, instala-se a dúvida.

JOHANN GOETHE, 1749-1832
Escritor e dramaturgo alemão.

Introdução

I. Razão de Ser da escolha do Tema

A primeira nota que aqui queremos deixar é a da importância da razão de ser da escolha do tema do nosso trabalho que, como veremos, tem repercussões na própria metodologia adoptada para a sua elaboração e apresentação.

Quando demos início ao estudo e à reflexão sobre as entidades administrativas independentes, tínhamos a ideia de que se tratava de analisar e descrever os seus poderes, a sua organização e funcionamento, as suas relações inter institucionais e as que se repercutiam na esfera jurídica dos destinatários da sua acção.

Depressa verificámos que assim não era. Para chegar ali, e se pretendíamos ali chegar, tornava-se necessário resolver um problema prévio: Qual a razão legitimadora do surgimento de novas entidades, dotadas de atribuições e competências para agir nos domínios até então reservados ao Estado.

Verificámos que o surgimento destas novas instituições ocorreu nos finais do século XIX nos EUA e só mais tarde, na década de setenta, em alguns países Europeus, primeiramente no Reino Unido e depois em França.

É certo que, no primeiro caso, a criação da InterState Commerce radicou numa política "intervencionista" americana e, no segundo caso, surgiu associada a novos movimentos sociais e políticos "libertadores" do peso do Estado.

Mas, ainda assim, não pudemos deixar de pensar que, face a estes novos movimentos e tendências, a decisão politica poderia ter sido de outro calibre e com outra direcção, através do "redimensionamento" da organização, da "racionalização" dos meios afectos às actividades desenvolvidas pelo Estado-Administração, da "supressão" de alguns serviços e criação de outros, pela renovação de novas regras e criação de regimes diferenciados.

Mas não foi o que sucedeu! O Estado, através dos seus órgãos de soberania, foi instituindo, espaçadamente, de forma heterogénea e com estatutos bem diversificados, novas entidades, numa primeira fase vocacionadas para a garantia e salvaguarda de direitos fundamentais e, numa segunda fase, para a "intervenção de regulação" na economia e no sector financeiro.

Claro que a constatação desta realidade ainda nos suscitou maiores e mais aprofundadas dúvidas quanto à razão de ser desta decisão de política que, como referimos, se intensificou na Europa nas décadas de oitenta e seguintes.

Não bastava, concluímos nós, continuar apenas a olhar para a realidade institucional circundante, tornava-se necessário lançar um olhar mais atento para a sociedade e para o Estado.

A par do emergir de novas concepções sobre o Estado (menos Estado, melhor Estado) verificámos igualmente o despontar de novas "desconfianças" face ao Estado, de reacções negativas e de contestação em razão do elevado peso dos impostos (sem contrapartidas sentidas pelos cidadãos), de "profunda insatisfação" face à ineficiência e à insuficiência de acção do aparelho da Administração.

Esta percepção de mau funcionamento do Estado foi sendo sistemática e progressivamente imputada aos aparelhos partidários que dominavam e às suas ramificações em todas as áreas e sectores relevantes.

Os princípios democráticos que determinavam a elegibilidade dos órgãos de governo e a sua responsabilidade de prestação de contas deixaram de assumir, no tempo e no espaço, a importância fundamental da sua consagração com os regimes constitucionais e com o aprofundamento do Estado de Direito Democrático.

A separação de poderes que garantia a proporcionalidade, a imparcialidade e a igualdade, dava mostras de não superar os efeitos negativos para a sociedade de um Estado dominado e preenchido por sistemas intrincados de partidos políticos que a cada momento eram cada vez mais contestados e postos em causa.

Surgiu a regra do "saber" representado pelos cientistas e pelos peritos nas diversas áreas que, por isso, davam a garantia de que as decisões assim tomadas estavam "imunes" às pressões e às influências dos partidos políticos.

A regra da legitimidade democrática "cedeu" à regra do "saber".

Não foi uma "cedência" absolutamente pacífica. O "esvaziamento" do aparelho administrativo do Estado e o "crescimento" de novas e diferentes entidades autónomas e independentes, suscitou algumas dúvidas e críticas, nomeadamente as da compatibilidade constitucional da criação destas entidades, bem como as da necessidade de reforço da respectiva "responsabilização" perante o poder democrático.

Mas, na verdade, este caminho foi sendo concretizado, umas vezes através de alterações constitucionais que permitissem a criação destas novas entidades, como foi o caso de Portugal, outras vezes por uma actividade interpretativa no sentido de confirmar que não é contraditório nem incompatível com a Constituição o movimento tendente a instituir este novo modelo de organização do Estado.

O que se revelou evidente para nós foi que a estrutura da Administração Pública nos diversos países analisados foi sendo sistematicamente modificada no sentido do reforço e da multiplicação destas novas instituições.

Por isso, a "história" das entidades administrativas independentes é a história da evolução do Estado, das suas estruturas organizativas e das relações intra-administrativas e inter-relacionais que a mesma comporta.

Esta aparente "pacificação" resultante da cedência "democrática" à regra do "saber", não foi e não está ainda resolvida. Referimo-nos á "convivência" institucional que se constata entre espaços de acção sujeitos a controlo democrático e espaços "neutrais" de acção das entidades administrativas independentes.

A questão que se suscita e que se nos foi colocada foi a de saber se a nova organização da Administração Pública composta por entidades administrativas independentes significava uma ruptura no modelo ou uma Reforma do Estado e da sua estrutura de execução.

Esta problemática exigiu uma análise mais detalhada relativamente aos mecanismos de criação, bem como de organização e funcionamento destas entidades.

Nos modernos Estados contemporâneos a regra é a da legitimidade democrática dos titulares dos órgãos de soberania que, por sua vez, ao abrigo desta regra fundamental, prestam contas e são fiscalizados na sua acção pelos Parlamentos e pela realização de eleições.

É por isso que o Governo, no nosso sistema constitucional, é o órgão superior da Administração Pública titular de poderes de direcção, tutela e superintendência relativamente aos serviços dele dependentes, bem como à administração indirecta e autónoma do Estado.

As entidades sujeitas a tais poderes respondem perante o Executivo e, conforme a sua natureza, respondem perante o Parlamento ou perante os eleitores pelo conjunto das missões que levam a cabo.

De uma forma geral, a legitimidade dos titulares destas entidades e/ou serviços são escrutinados e imanam, através das suas nomeações e poderes de controlo, do poder executivo que, como referimos, é detentor de uma especial legitimidade democrática. Daí que a questão relevante, para além da que acima discutimos, era a de saber se as entidades administrativas independentes podem ou não ser acolhidas no contexto desta legitimidade.

Procurámos os seus traços gerais no sentido de poder dar resposta a esta formulação e preocupação, de que não resultou uma posição definitiva sobre a matéria.

Com efeito, ao longo desta "história" o que constatamos é uma tensão constante entre a independência (funcional e orgânica) das entidades administrativas independentes e a necessidade de as submeter a controlos democráticos, pela via da intensificação de regimes de prestação de contas (*accountabilty*).

A afirmação da independência destas entidades corresponde aos anseios actuais de privilegiar o "saber" e a ciência em desfavor de critérios de política. Basta pensar que de cada vez que se suscita um problema no funcionamento do próprio Estado as soluções avançadas são as de "autonomizar" o decisor face ao poder. É mais "imparcial", é mais "neutro", é mais "justo".

É precisamente aqui que reside um dos maiores problemas da convivência em termos de organização entre instituições "democráticas" e instituições que vivem, agem e estabelecem relações "fora" da regra da elegibilidade democrática.

Mais uma vez, a questão é pertinente. A criação e a expansão de entidades administrativas independentes representam uma "ruptura" no sistema da Administração Pública, no sentido em que devem ser concebidas e qualificadas como "um quarto poder" do Estado, ou, pelo contrário, significam apenas uma Reforma do Estado.

Devemos confessar que este problema perpassa por todo o nosso trabalho. Discutimos, naturalmente, este tópico na perspectiva de o procurar enquadrar no âmbito das nossas próprias interrogações e no quadro do ordenamento jurídico relevante.

A análise e o estudo desta figura conduziram-nos a uma primeira conclusão: A de que as novas entidades independentes representam um modelo evolutivo da organização da Administração Pública do Estado.

A justificação para esta afirmação pode ser encontrada na evolução do próprio quadro jurídico que as entidades administrativas independentes têm vindo a revelar.

O caminho percorrido desde o início tem sido no sentido do reforço da regra da "prestação de contas", ou seja, o legislador, para além de ter vindo a consagrar métodos "mais democráticos" no que tange às nomeações, regimes de incompatibilidade, regras de inamovibilidade, sistemas governativos de fusão e extinção, bem como critérios vinculativos legitimadores da criação destas entidades, tem, igualmente, percorrido o caminho de tornar "mais democrático" o controlo das missões exercidas pela via do reforço da legitimidade democrática de nomeação, assim como pela intensificação dos poderes políticos de controlo posterior exercidos pelo Parlamento.

Não podemos, no entanto, deixar de sublinhar que continua, neste momento e nesta fase, a verificar-se uma evidente "contradição" entre independência (funcional e orgânica) e "legitimidade democrática" da criação, organização e funcionamento das entidades administrativas independentes.

Apesar das dificuldades procurámos com o nosso estudo contribuir para ultrapassar esta "contradição", que pode até ser apenas aparente, através da afirmação de que o caminho que tem vido a ser percorrido corresponde a critérios de legitimidade democrática "reflexa" e"indirecta".

Considerámos, assim, que a legitimidade para a criação destes novos modelos é proveniente de órgãos de soberania titulares de uma "forte" legitimidade democrática, o que pode significar que assim se "esbate" uma das maiores críticas à existência e ao funcionamento de entidades administrativas independentes.

Tomámos como paralelo e fundamento para esta consideração o regime que a Constituição prevê para a eleição e nomeação dos juízes do Tribunal Constitucional cuja legitimidade, até ao momento, não temos visto ser posta em causa.

Assim, para além do reforço dos poderes de controlo político pela via da intensificação de regras de *accountability*, e da formulação da regra da legitimidade indirecta, não pudemos deixar de reflectir nesta discussão a verificação de controlo mediático que faz parte da sociedade contemporânea.

Ou seja, não pudemos dissociar desta abordagem a ideia de que o controlo exercido sobre a actividade das entidades administrativas independentes é também realizado, através da comunicação social, pela opinião pública que, como sabemos, é titular de poderes significativos no contexto da vida moderna.

Tendo presente que as entidades administrativas independentes correspondem, por um lado, a necessidades de dar resposta mais eficiente e eficaz aos cidadãos e, por outro lado, a objectivos de "ultrapassar" as críticas constantes e correntes da população aos aparelhos partidários que têm vindo a "preencher" e a "encher" o vasto aparelho administrativo do Estado, entendemos que o que está em curso desde o início é uma Reforma do Estado, movida por finalidades de "melhorar" as prestações públicas e "diminuir" o peso das burocracias e dos partidos na organização e funcionamento da Administração Pública.

Esta "tensão dialéctica" entre independência e legitimidade democrática vai ainda perdurar no tempo e no espaço. O resultado final surge-nos ainda como inconclusivo face aos objectivos que nos parecem ser visíveis no plano político e que são, como referimos, diminuir o peso do Estado, melhorar o nível das prestações de serviço público e contribuir para, aumentando a satisfação dos cidadãos e utentes, não desvirtuar a regra fundamental da credibilidade associada à natureza pública das entidades que visam satisfazer necessidades colectivas.

Foram estas razões e interrogações que nos levaram a estudar e analisar o fenómeno das entidades administrativas independentes a partir dos regimes jurídicos da sua criação, da sua organização e funcionamento na vertente da Reforma do Estado.

II. Delimitação do Objecto do nosso Estudo

Em resultado das afirmações precedentes relativas à razão de ser da escolha do tema, o objecto do trabalho centra-se na discussão teórica e prática dos elementos e princípios fundamentais relevantes para o apuramento da natureza e do conceito de entidade administrativa independente.[1]

É preciso que fique muito claro, desde já, que não pretendemos apresentar um trabalho final no sentido em que a partir daqui fique definitivamente resolvida a questão do conceito e da natureza destas entidades.

A nossa pretensão cinge-se à realização de uma discussão e debate sobre os fundamentos de constituição e dos regimes legais de criação de entidades administrativas independentes, já que nos parece que quanto a esta abordagem do problema não subsistem ainda critérios uniformes e harmonizados resultantes do quadro legal tendentes à qualificação jurídica destas entidades.[2]

[1] Cfr. nº 3 do art. 267º da Constituição da República que confere à Lei o poder de criar entidades administrativas independentes, nos seguintes termos: "*A lei pode criar entidades administrativas independentes*".

[2] A denominação que vamos utilizar é a que resulta do texto constitucional, apesar de ser importante referir que, pelo menos, desde os primórdios da criação de entidades com esta configuração, quer a doutrina quer a legislação, nem sempre assumiram denominações idênticas. No sentido da incerteza da definição, do estatuto e das competências que desde sempre rodearam estas figuras organizativas, cfr. Jacques Chevallier, "O Estatuto das Autoridades Administrativas Independentes: Harmonização ou Diversificação", RFDA, p. 77, em que este autor sublinha que: "*...apesar dos esforços da doutrina, as fronteiras da qualificação ficaram logo envoltas numa certa indeterminação. A questão*

Tal como constatamos no contexto da elaboração da nossa Tese, tornou-se generalizado, a partir dos movimentos de Reforma do Estado dos anos setenta do século XX nos países da Europa, o desenvolvimento de uma política de criação de entidades "fora" dos aparelhos administrativos.

Este movimento que em França se iniciou em 1978 e em Portugal no período imediatamente a seguir à Constituição da República de 1976, traduziu-se pela criação de "autoridades" que tinham por objectivo fundamental garantir a promoção e a salvaguarda de direitos imanentes à própria Constituição Política.[3]

Este foi o primeiro passo de um processo que não "entorpeceu" até aos dias de hoje em que, como sabemos, por obrigações de natureza comunitária e de natureza constitucional interna, tem vindo a ser desenvolvido este processo de criação de entidades administrativas independentes viradas agora para a protecção e defesa da concorrência, de modo a assegurar o funcionamento eficiente dos mercados.

Mas as entidades administrativas independentes não representam apenas uma "inovação de reforma" europeia; são uma realidade institucional que, com esta ou diferente terminologia, surgiram, pela primeira vez, nos E.U.A, através da criação da *InterState Commerce Commission*, no ido século XIX.[4]

Se procurarmos uma "comparação" entre o fundamento de criação desta entidade com o fundamento que, anos mais tarde, esteve na origem da criação de entidades com este perfil na Europa, verificamos que não são de idêntica natureza.[5]

era, nomeadamente, saber se seria necessário optar por uma concepção restrita de "autoridade", implicando a detenção de um verdadeiro poder de decisão, ou por uma concepção vasta, em que a "autoridade" podia apenas ser moral ou consistir "numa influência determinante...". Ver também a terminologia utilizada por J. Lucas Cardoso em "As Autoridades Administrativas Independentes e a Constituição", que é a de "Autoridades", bem como a de Paulo Otero em "Legalidade e Administração Pública", que é, igualmente, a de "Autoridade".

[3] Referimo-nos à criação da CNIL em França em 1978 e à criação da Comissão Nacional de Eleições em Portugal no mesmo ano de 1978.

[4] Cfr. Michael H. Davies, em "L'expérience américaine des Independent Regulatory Commissions", em C. Colliard e G. Timsit, "Les autorités administratives indépendantes", Paris, 1988, p. 222; no mesmo sentido de exemplificação das diversas entidades que exercem as suas actividades nos EUA, ver também Frank Moderne e Nino Lombardi em, respectivamente, "Les modèles étrangers – Étude comparée", em C. Colliard e G. Timsit, "Les autorités administratives indépendantes", Paris, 1988, p. 286, e "Le Amministrazioni Indipendenti: Profili Introduttivi", em Scritti per Mario Nigro, Vol. II, Milano, 1991.

[5] Neste sentido, cfr. Andrés Betancor Rodríguez, "Regulatión: Mito Y Derecho", pp. 55 e seguintes.

No primeiro caso, do que se tratava era de realizar uma "intervenção" pública no funcionamento e nas relações entre empresas e sectores, no caso, no sector ferroviário, na tentativa de salvaguardar e assegurar a prossecução dos interesses públicos mais relevantes; no segundo caso o que estava em causa era a "libertação" do aparelho do Estado mediante a criação de entidades que, visando prosseguir o interesse público, eram dotadas de autonomia e independência face ao poder executivo.[6]

A criação destas entidades não obedeceu a critérios ou regras predeterminadas pelo poder politico, no sentido em que este fenómeno não foi sistemático e ordenado em razão de opções de estruturação e de Reforma da Administração Pública.

A sua criação, quer nos EUA, quer na Europa e também em Portugal, teve, no tempo e na história, fases de maior intensidade e desenvolvimento, a par de outros em que a sua institucionalização se mostrou mais "espaçada".[7]

Na verdade, pode ser possível dizer que a criação destas entidades assumiu carácter "experimental" em razão de necessidades específicas e concretas, de modo a verificar a sua adequação institucional e orgânica às tarefas a que o Estado estava vinculado, mas agora em termos de entidades orgânica e funcionalmente independentes.[8]

[6] As influências dos sistemas políticos e económicos na organização da Administração Pública podem ser devidamente verificadas em Marcelo Rebelo de Sousa, "Direito Administrativo Geral", Tomo I, pp. 100 e seguintes; Freitas do Amaral, "Curso de Direito Administrativo", Coimbra, 1994, p. 51; Mário Esteves de Oliveira, em "Direito Administrativo", Coimbra, 1980, p. 30; Juan Alfonso Santamaria Pastor, "Principios de Derecho Administrativo General", I, pp. 35 e seguintes; Massimo Severo Giannini, em "Diritto Amministrativo", Vol. I, Milano, 1993, pp. 3 e seguintes; Mariano Baena del Alcazar, em "Curso de Ciência de la Administración", Vol. I, Madrid, 1996, p. 85; Baldwin & C. McCrudden, em "Regulatory Agencies: Conclusions", em D.J. Galligan, "A reader in administrative Law", New-York, 1996, p. 151; de forma muito intensa, do ponto de vista da filosofia da Reforma, ver Discurso de Roosevelt ao Congresso relativamente à Reforma institucional preconizada através da criação de "agências" dotadas de poderes de definir e cobrar receitas próprias, traduzindo esta competência uma verdadeira independência das agências na concepção do Presidente dos EUA., transcrito em Jorge Vasconcelos, "A Regulação em Portugal: Arte Nova, Arte Degenerada ou Arte Pobre".

[7] Cfr. Revue Internationale des Sciences Administratives, Vol. LI, nº 3, 1985, p. 143.

[8] Cfr. a título de exemplo, o caso dos EUA em que se assistiu, após uma primeira fase que correspondeu ao final do século XIX e início do século XX, a um período de desenvolvimento contínuo desta figura partir dos anos trinta com o New Deal. Sobre a história da reforma regulatória nos EUA e na EU, ver S. P. Calandrillo, "Responsible Regulation: A Sensible Cost-Benefit, Risk versus Risk Approach to Federal Health and Safety Regulation", Boston, University Law Review, nº 81, 2001; N. Bagley y R. L. Revesz, "Centralized Oversight of the Regulatory State", Columbia Law

Nos diversos ordenamentos jurídicos dos países analisados, o que se verifica é que a criação de tais entidades não se mostrava subordinada a pré-fixação de regimes ou de natureza.

Na verdade, as entidades administrativas independentes foram emergindo ao sabor das exigências de maior racionalidade, eficiência e eficácia dos aparelhos administrativos e teriam surgido, numa primeira fase, no contexto das políticas de liberalização e privatização encetadas no Reino Unido na década de setenta, com Thatcher.[9]

A mudança significativa de sistemas políticos que se viveu na Europa a partir dos anos setenta e oitenta, e as novas políticas "liberais" e "privatísticas" orientadas pelo aprofundamento da União Europeia, pela globalização e pela inter-relação mundial estiveram na origem das próprias alterações institucionais da organização dos Estados.[10]

Ao Estado prestador, distribuidor, produtor e interventor, característico do mundo dos anos vinte a sessenta do século XX, seguiu-se um Estado "liberal", "de garantia" e "regulador".

A nova face dos Estado exigia, assim, uma nova face nas suas próprias instituições.

Também em Portugal, sobretudo a partir da Constituição de 1976, surgiram um conjunto de entidades e de órgãos, cuja natureza jurídica surtiu as maiores dificuldades na sua definição e cuja integração orgânica e funcional esteve na origem das mais diversas dúvidas de qualificação.[11]

Aliás, como veremos mais adiante, é possível uma abordagem mais detalhada e mais rigorosa da natureza de tais entidades na sequência da revisão

Review, nº 106, 2006; A. Renda, "Impact Assessment in the EU: The State of Art and the Art of the State", Brussels: Centre for European Policy Studies, 2006.

[9] Cfr. R. Baldwin y M. Cave, "Understanding Regulation. Theory, Strategy and Practice", Oxford University Press; ver também "Compliance Cost Assessment", publicado em 1986, com o objectivo de quantificar os custos dos novos modelos regulatórios; ver igualmente "Deregulation Unit", publicado em 1987, no âmbito do Ministério do Comércio e da Indústria; cfr. A. Renda, op. cit., p. 27, que se refere a estes dois "instrumentos" normativos como fontes da nova e, nessa medida, de uma melhor e mais eficiente regulação.

[10] No caso de Portugal, o que se pode referir é que se verificou um período de algum desenvolvimento desta figura no início dos anos setenta e oitenta que apenas foi incrementado e mais intenso na sequência da adesão do nosso país à União por via das obrigações comunitárias assumidas. Razão pela qual também em Portugal este fenómeno – da criação de entidades administrativas independentes – não é sequencial no tempo e consistente no modo.

[11] Refira-se, a título de exemplo, a Comissão Nacional de Eleições que, como sabemos, foi originariamente criada para regular as primeiras eleições à Assembleia Constituinte; cfr. Jorge Miranda, "Sobre a Comissão Nacional de Eleições", em revista O Direito, ano 124º, Vol. III, p. 392.

constitucional de 1997 que operou e consagrou uma "autorização" ao poder legislativo para a criação de entidades administrativas independentes.

Curiosamente, ou talvez não, da análise e procura exaustiva de elementos que realizámos a propósito desta alteração da norma constitucional, pouco ou nada resultou, dada a insuficiência e escassez de elementos existentes nos próprios diários da Assembleia da República.[12]

Ou seja, a dispersão institucional e a incerteza da integração orgânica e funcional de entidades e de órgãos que foram sendo criados não proporcionou e não permitiu qualquer compreensão científica da natureza e do regime de tais "figuras".

Esta afirmação carece, no entanto, de ser clarificada no sentido em que é possível, nos primeiros anos de vigência da Constituição de 1974, a criação de algumas entidades, comissões e conselhos que procuravam reflectir um novo modo de ver institucionalmente a organização do Estado na vertente da garantia e protecção de direitos fundamentais.[13]

Se analisarmos atentamente o conteúdo da legislação criadora de algumas destas entidades, nomeadamente da Comissão Nacional de Eleições, da Comissão de Acesso aos Documentos Administrativos, do Conselho Nacional de Ética para as Ciências da Vida, constatamos que o objectivo fundamental do legislador era o de "acatar" as directivas constitucionais de garantia de direitos fundamentais e de natureza análoga, através da criação de "espaços neutrais" de intervenção.

Neste sentido, podemos dizer que, no caso do ordenamento jurídico português, a criação e o desenvolvimento destas entidades, cujas missões se centravam nos domínios dos direitos fundamentais, esteve directamente relacionado com as opções da própria Constituição Política.

Só mais tarde e já no contexto do processo de adesão e integração na União, foram sendo criadas entidades administrativas independentes com atribuições de intervenção reguladora nas áreas financeira, económica e social.

[12] Cfr. Diário da Assembleia da República nº 104,-de 31 de Julho de 1997, de que resulta que aos próprios proponentes surgiram dúvidas quanto à denominação destas entidades cuja criação autorizavam por via desta alteração à norma constitucional relevante.

[13] Cfr. Actas da reunião da Comissão de Assuntos Constitucionais, Direito, Liberdades e Garantias, realizada em Novembro de 1996, sobre "Entidades Públicas Independentes", em que se pode observar a intervenção do Professor Jorge Miranda no sentido em que: "*...começo por criticar a própria designação entidades públicas independentes. Preferia que se chamassem órgãos independentes da administração, ou órgãos da administração independente ou autoridades independentes da administração...*".

Teria sido a concretização, através deste modelo, da própria Constituição Económica que esteve na base e serviu de fundamento à institucionalização, entre outras, da CMVM, da Autoridade da Concorrência e da ERSE.[14]

As fases de evolução no âmbito do nosso ordenamento jurídico- constitucional podem, no essencial, assumir duas finalidades: a primeira delas reporta-se à permissão de criação de entidades para a concretização de princípios de protecção e garantia de direitos fundamentais, e uma segunda fase que se verifica no âmbito da prossecução de interesses públicos relacionados com a economia e o sistema financeiro.

Divisamos neste processo o início de uma reforma do Estado pós-moderna no sentido em que a própria evolução do Estado se concretizou através da criação e proliferação de entidades que, não estando formal e organicamente integradas na estrutura da organização tradicional da Administração Pública, assumiam como principais atribuições as da prossecução de interesses públicos que, nos termos da Constituição e da lei, são de reserva de poderes públicos.[15]

As decisões de política de Reforma que se traduziram pela criação de entidades "fora" das pressões dos aparelhos político-partidários foram fundadas, igualmente, na verificação do peso significativo do aparelho administrativo no Estado, na ineficiência da sua acção, nos custos elevados com a sua manutenção e no crescente peso dos impostos sobre as empresas e os cidadãos, e constituíram, entre outros motivos principalmente determinantes, os da procura de soluções e de modelos mais ágeis, flexíveis e acolhedores do princípio da participação dos interessados na gestão efectiva do serviço público.[16]

Ou seja, esta "realidade institucional" sugeriu a importância de tentar perceber se a criação destas entidades significou a Reforma do Estado, a Refundação do Estado ou a Redução do Estado por falência da sua própria organização tradicional em termos de Administração Pública do Estado de Direito.

[14] No sentido de uma Constituição adequada às funções do Estado, cfr. J. J. Gomes Canotilho, "Direito Constitucional e Teoria da Constituição", p. 552 e especialmente p. 567, onde se referem as entidades administrativas independentes "nascidas" através da Lei Constitucional nº 1/97 (4ª revisão da Constituição).

[15] Cfr. no sentido em que as entidades administrativas independentes participam e prosseguem, por delegação, atribuições e competências de interesse público, R. Rivero Ortega, "Derecho Administrativo Económico", Madrid, 2007, p. 23; Vital Moreira, "Auto-Regulação Profissional e Administração Pública", 1977, pp. 34 e seguintes; G. Glamour, "Intérêt Général et Concurrence (éssai sur la perennité du droit public en economie de marché)", Paris, 2006; Rui Machete, "A Nova Ciência do Direito Administrativo e a sua Regulação", em Scientia Iurídica, nº 326, Tomo LX, 2011, p. 287.

[16] Neste sentido, cfr. Eduardo Paz Ferreira, em "A Regulação Sectorial da Economia: Introdução e Perspectiva Geral", em "Regulação em Portugal: Novos Tempos, Novo Modelo?", 2009.

Mas esta nova "realidade institucional" vocacionada para a defesa e garantia de direitos fundamentais e direito análogos e direcionada para as áreas da regulação da economia suscitou uma curiosidade inevitável: O que é uma entidade administrativa independente.

O estudo da lei, dos estatutos, das atribuições, das competências e das regras fundamentais da organização e do funcionamento das entidades administrativas independentes significou, assim, uma das áreas a que importava conferir mais importância e significado.

Neste sentido, a análise e discussão em torno da questão de saber se estas entidades são ou devem ser qualificadas como um "quarto poder", autónomo, independente e livre ou, se pelo contrário, devem ser tidas como estruturas organizatórias da Reforma do próprio modelo da organização administrativa do Estado, ocupou grande parte da nossa reflexão.[17]

A questão posta assume particular relevância, na medida em que procurámos perceber ao longo da nossa tese se estas entidades devem ser qualificadas como "peças" fundamentais da Reforma do Estado e, por isso, subordinadas à regra constitucional da unidade de acção da Administração, o que equivale a dizer que as entidades administrativas independentes são uma estrutura que, podendo agir segundo o método da independência de acção, e estar organizadas nos parâmetros do pluralismo administrativo, estão "integradas" no conceito de Administração Pública, ou se pelo contrário, devem ser tidas e qualificadas como entidades instituídas "fora" das relações intra-administrativas inerentes ao sistema ou modelo.

Pelas razões antes expostas pareceu-nos da maior importância, antes de avançar com a nossa dissertação e de modo a habilitar quem o vai julgar e ler, a procurar uma definição preliminar do que deve entender-se por entidade administrativa independente a que se refere expressamente a Constituição da República e que se mostra, em vários casos, consagrada nas leis criadoras de tais entidades.[18]

[17] No sentido em que as entidades administrativas independentes podem configurar um "quarto poder", cfr. Laurence Calendri, em "Recherche sur la Notion de Régulation", em "Droit Administratif Français", pp. 307 e seguintes; Y. Gaudemet, "La Responsabilité Administrative du fait de ses Activités de Controle, Paris, 2002, p. 572.

[18] A título exemplificativo, cfr. art. 25º da Lei 46/2007, de 24 de Agosto, e art. 2º da Lei 43/2004, de 18 de Agosto.

1. Aprofundamento do Conceito de Entidade Administrativa Independente

A organização constitucional do Estado Moderno é composta por um modelo que contempla a divisão tripartida dos seus poderes: poder legislativo, poder judicial e poder executivo.[19]

Estes poderes são exercidos, nos termos constitucionais, pelos respectivos órgãos do Estado a quem compete produzir legislação, dizer o direito do caso concreto e praticar todos os actos e tomar todas as providências necessárias à promoção do desenvolvimento económico-social e à satisfação das necessidades colectivas.

A estrutura tradicional dos Estados Contemporâneos, do ponto de vista do poder administrativo, é composta pela administração directa, indirecta e autónoma.

Ou seja, em cada momento histórico o Estado procura dotar-se de instituições e de poderes que se mostrem aptos à prossecução das suas atribuições.

Como acima se referiu, à "falência" do Estado intervencionista e das suas estruturas seguiu-se um período de transição entre o modelo que estava a passar e o que estava a ser construído, que se traduziu, designadamente em Portugal pela criação de órgãos e serviços "independentes" do poder executivo a quem eram atribuídas missões, nomeadamente de protecção e garantia de direitos fundamentais e de regulação económica.[20]

Este fenómeno não deixou de merecer a atenção da nossa doutrina. Marcelo Rebelo de Sousa refere neste contexto *"os órgãos independentes de vocação geral pertencentes ao Estado-Administração"*, definindo-os como *"órgãos e serviços do Estado-Administração que não se integram em nenhum ministério, acabando em rigor, por servir todo o Estado-Administração e mesmo outras entidades integradas na administração pública portuguesa"*.[21]

Também Freitas do Amaral aborda esta temática, referindo-se aos órgãos e serviços de vocação geral como "*instituições que, sendo de carácter genérico, interessam por igual a todos os ramos e sectores da Administração pública*".[22]

[19] Cfr. sobre os modelos e estruturas do Estado, por todos, J. J. Gomes Canotilho, "Direito Constitucional e Teoria da Constituição", p. 589.

[20] Cfr. intervenção de Vital Moreira no âmbito da Comissão de Assuntos Constitucionais, Direitos, Liberdades e Garantias, a propósito das Entidades Públicas Independentes, realizada em Novembro de 1996, em que se pode ler que: "*...Hoje, na verdade, existe um grande número de entidades, as mais diversas sobre os mais diferentes títulos, que compartilham da função normativa quase primária, da função administrativa e da função adjucativa de conflitos.....desde logo, heterogeneidade nas funções: nuns casos, puras funções consultivas, noutros, funções de controlo, noutros, funções de administração activa e, em vários casos, funções mistas...*".

[21] Cfr. Marcelo Rebelo de Sousa, "Direito Administrativo Geral", Tomo I.

[22] Cfr. Freitas do Amaral, "Curso de Direito Administrativo", Vol I.

Jorge Miranda, identifica os "*órgãos independentes da Administração, como órgãos que interferem no exercício da função administrativa sem dependerem de direcção, superintendência ou tutela do Governo e cujos titulares, quase sempre eleitos, no todo ou em parte, pelo Parlamento, gozam de inamovibilidade*".[23]

Também José Carlos Vieira de Andrade se refere a este tema nas suas lições, sustentando que "as autoridades administrativas independentes devem ter-se como um *tertium genus* da organização administrativa portuguesa a par das administrações estaduais (directa e indirecta) e das administrações autónomas (territoriais e corporativas).[24]

Vital Moreira aborda a questão do conceito e da natureza das entidades administrativas independentes, definindo-as como "*organismos administrativos que, não tendo natureza representativa, não estão inseridos numa relação de dependência com o Governo, estando isentos de instruções ou orientações*".

Este autor refere ainda o que deve entender-se por "Administração Independente" que é tida como "*A administração infra estadual prosseguida por instâncias administrativas não integradas na administração directa do Estado e livres de orientação e da tutela estadual sem todavia corresponderem à autodeterminação de quaisquer interesses organizados*".[25]

Se conjugarmos a doutrina portuguesa mais importante com a análise dos próprios quadros legais legitimadores da criação de algumas entidades, organismos, comissões ou conselhos, concluiremos que as entidades administrativas independentes podem ser tidas como "estruturas organizatórias" no sentido que lhes é dado por Gomes Canotilho, ou seja, como "o conjunto pré-relacionante e conformativo da realidade jurídico-política referente à organização do poder político".[26]

Mas, o modelo de Estado Contemporâneo que se seguiu ao Estado de Intervenção e constitutivo é um Estado "Regulador", de "Garantia" e "Gestor" das "utilidades públicas" que pretende continuar a assegurar, a garantir e a gerir tais utilidades.[27]

[23] Cfr. Jorge Miranda, "Manual de Direito Constitucional", Tomos I, II, III, IV e V, Coimbra.

[24] Cfr. José Carlos Vieira de Andrade, "Direito Admnninistrativo – Sumários ao curso de 1996/1997", Coimbra, 1997.

[25] Cfr. Vital Moreira, "Administração Autónoma e Associações Públicas".

[26] Cfr. Gomes Canotilho, "O Direito Constitucional passa; O Direito Administrativo passa também", em Estudos em Homenagem ao Professor Doutor Rogério Soares, p. 717.

[27] No sentido de um modelo de organização administrativa do Estado de Garantia, cfr. Paulo Otero, em "O Poder de Substituição em Direito Administrativo", Vol. II, pp. 742 e seguintes; Pedro Gonçalves, "O Estado Regulador e o Estado Contratante", pp.71 e seguintes.

Por isso e por causa disso as estruturas disponíveis no sistema anterior intervencionista, produtor, distribuidor e constitutivo deixaram de ter condições de continuar a assegurar o "novo" modelo e os novos métodos de prossecução das funções do Estado.

Estas funções, agora concebidas no âmbito de uma teoria material das funções do Estado, deixaram de estar associadas a um órgão ou seja, o substracto orgânico deixou de ser única e exclusivamente responsável pela qualificação da função, passando a ser exigível a caracterização material da mesma.[28]

A função administrativa deixou de ser qualificada exclusivamente pela natureza da entidade que a exercia. O elemento preponderante passou a ser a natureza da actividade exercida: A realização de *tarefas públicas*.[29]

Paralelamente e no contexto da reforma do Estado, o aparecimento de novas entidades dotadas de poderes e competências "subordinadas" foi legitimado na aplicação do método da independência funcional e no modelo de independência orgânica, o que teve como consequência inevitável a busca da sua natureza no âmbito da teoria geral da organização administrativa.

Método de acção e modelo institucional são, pois, os novos protagonistas da evolução da própria organização do Estado.

O Estado aprofunda a Reforma através da criação de novas entidades que, mantendo a sua "integração" na organização do Estado, são independentes do ponto de vista do método de agir e do modelo institucional.

Estas entidades são titulares de personalidade jurídica de direito público, dispõem de autonomia, são independentes do poder executivo, dos interesses "regulados" e são titulares de atribuições de interesse público.[30]

Entendemos, assim, que as entidades administrativas independentes (as que como tal virão assim a ser qualificadas) podem estar compreendidas na estrutura da Administração Pública.

É, pois, no âmbito da teoria da organização administrativa do Estado "Regulador" que se inserem as entidades administrativas independentes, revelando-se as mesmas como modelos ou estruturas da administração pública.

Neste sentido é da reforma da organização da Administração Pública que iremos falar na nossa dissertação, por tal corresponder à própria evolução do modelo através da criação de diferentes entidades que, por reenvio legal,

[28] Neste sentido, cfr. Gomes Canotilho, "Direito Constitucional e Teoria da Constituição", p. 550.

[29] Cfr. Pedro Gonçalves, "Entidades Privadas com Poderes Públicos".

[30] São neste sentido todos os normativos constantes dos diplomas criadores de entidades administrativas independentes como decorre da exposição sobre cada uma destas entidades constante da Parte Quinta da nossa Tese.

devem prosseguir atribuições de interesse público e exercer competências normativas, de fiscalização, de coordenação, de regulação e de sanção segundo modelos institucionais diferenciados e de acordo com métodos de actuação e de acção independentes, ou seja, sem subordinação a regras de hierarquia, direcção ou tutela.

A Reforma de que curamos vai um pouco mais longe no sentido em que é necessário buscar a fonte de legitimidade da criação de entidades autónomas e independentes, ou seja, entidades que apesar de "pertencerem" à Administração Pública ocupam espaços *neutrais* de intervenção mas ainda assim subordinadas aos princípios da legalidade, imparcialidade e proporcionalidade.

A teoria do Estado Neutral aprofundada no contexto da Constituição de Weimar, se interpretada em termos "actualistas", proporciona um melhor entendimento quer dos espaços, quer da forma de agir destas entidades que têm vindo a ser elemento caracterizador do Estado Regulador.[31]

Mas, se assim é, importa apurar se a independência orgânica e funcional que é característica destas entidades é tão "forte" que pode por isso "fugir" ou "furtar-se" a um qualquer tipo ou forma de "coordenação" ou "orientação" por parte do Governo, enquanto órgão superior da Administração Pública.

Do que se trata é de saber se a criação destas entidades pode corresponder a uma "fuga" da estrutura da organização administrativa do Estado de modo a poder furtar-se, através deste modelo, ao controlo dos órgãos de soberania e políticos, ou seja, de modo a "corromper" a regra fundamental da *accoutability* que deve ter-se por revelante e inerente aos modernos sistemas de organização da administração.[32]

Este foi um dos problemas mais significativos com que nos defrontámos, até pelas consequências constitucionais que da posição adoptada podem emergir.[33]

[31] Neste sentido, cfr. Pedro Gonçalves, "Reflexões sobre o Estado Regulador e o Estado Contratante", pp. 78 e seguintes; José Manuel Sala Arquer, "El Estado Neutral: Contribución al Estudio de las Administraciones Independientes", em Civitas Revista Española de Derecho Administrativo nº 42, pp. 401 e seguintes.

[32] Cfr. Paulo Otero, "Legalidade e Administração Pública: O Sentido da Vinculação Administrativa à Juridicidade", p. 317.

[33] Quanto à questão da constitucionalidade das entidades administrativas independentes, cfr. Parte Quarta da nossa Tese relativa ao direito comparado, em que em todos os ordenamentos jurídicos analisados integramos uma secção relativa à discussão deste tema. Também em Portugal esta matéria tem sido objecto de alguma discussão e análise (ainda que muito pouca). Neste sentido, cfr. especificamente J. Lucas Cardoso, em "As Autoridades administrativas independentes e a Constituição".

A Constituição da República, na sequência da revisão constitucional de 1997, permitiu a criação de entidades administrativas independentes.

Este preceito constitucional está sistematicamente inserido no Título relativo aos princípios fundamentais da Administração Pública que determina, para além desta autorização, as formas de descentralização e desconcentração administrativas, sem prejuízo da necessária eficácia e *unidade de acção* da Administração.

Não estão definidos no texto constitucional os poderes de "garantia" de cumprimento da unidade de acção relativamente às actividades que são "entregues" às entidades administrativas independentes.

Pelo contrário, a Constituição procede à definição conceitual da unidade de acção no que tange aos poderes de direcção, tutela e superintendência que visam garantir a mesma unidade de acção relativa à administração directa, indirecta e autónoma.

Do que não tivemos dúvidas ao proceder ao estudo desta questão foi que se tornava imperativo identificar tais poderes, ou seja, procurar densificar o conceito de *unidade de acção* aplicável ao funcionamento destas entidades.

É que consideramos que, se tal não for possível, todas as entidades administrativas independentes criadas ao abrigo do disposto no nº 3 do art. 267º da C.R.P. deveriam ser consideradas inconstitucionais por violação directa da regra da unidade de acção da administração pública.

Tornou-se, assim, imperioso procurar determinar o regimc jurídico de tais entidades presente na legislação que procedeu à sua criação.

Do estudo a que procedemos foi possível determinar, em primeiro lugar, que as autoridades administrativas independentes não significavam, nem podiam significar, "uma fuga" às regras e princípios da organização da administração pública.[34]

A sua independência orgânica resulta da aplicação do princípio do *pluralismo* de organização permitida pela Constituição e a independência funcional é garantida através de um conjunto de regras e de formas de "intervenção equilibrada" por parte do poder executivo.

[34] Apesar desta afirmação aparentemente tão categórica, não podemos deixar de sublinhar algumas dúvidas que sobre o tema têm sido levantadas, nomeadamente as formuladas por Paulo Otero, em "Legalidade e Administração Pública...", op. cit., p. 323, quando afirma que: "*...um fenómeno de descaracterização da função administrativa não faltando mesmo quem veja aqui a erupção de um verdadeiro quarto poder do Estado*".

Ou seja, as entidades administrativas independentes podem e adoptam modelos institucionais diversificados em obediência e cumprimento do princípio do pluralismo organizativo que a Constituição consagra.

As entidades administrativas independentes analisadas são, assim, "parte" da organização da administração pública em sentido orgânico.

As suas competências são exercidas segundo o método da independência funcional "mitigado" e "equilibrado" através da regra da *unidade de acção*.

Se, apesar de tudo, a questão da observância do princípio do pluralismo da organização administrativa não nos colocou grandes dificuldades no que se refere à integração das entidades administrativas independentes no contexto da Administração Pública, o mesmo não podemos dizer no que concerne ao método de agir destas entidades.

Foi, assim, necessário proceder ao estudo exaustivo de toda a legislação e demais normativos aplicáveis à organização e funcionamento destas entidades, de modo a poder analisar e verificar a natureza das competências, bem como os limites à sua capacidade de agir.[35]

Nesta conformidade, foi possível constatar que as actividades exercidas por estas entidades devem observar os princípios da legalidade, proporcionalidade e imparcialidade estabelecidos na Constituição, como aliás decorre da inserção sistemática das mesmas na Constituição.[36]

A aplicação destes princípios à acção das entidades administrativas independentes representa um dos seus principais e mais significativos *limites*.[37]

Por outro lado, e em termos de organização e modelo bem como de método, verificamos a consagração de um conjunto de regras de "coordenação metodológica" de que destacamos, entre outras, a da prestação de contas anual ao Governo e ao Parlamento, a de prestação de informações bem como depoimentos sobre matérias da sua competência junto da Comissão especializada da Assembleia da República, a de subordinação de alguns dos seus actos a tutela preventiva do membro do Governo competente, a da sua estrita vinculação à prossecução do interesse público revelante, bem como a do cumprimento e acatamento das suas práticas a regimes procedimentais de colaboração e

[35] Cfr. Quinta Parte da nossa Tese, relativa às Entidades Administrativas Independentes em Portugal.

[36] Neste sentido, cfr. Marcelo Rebelo de Sousa, em "Direito Administrativo Geral", Tomo I.

[37] Cfr. Paulo Otero, "A Legalidade e Administração Pública: O Sentida da Vinculação Administrativa à Juridicidade".

cooperação com os interessados nos procedimentos, bem como a da observância dos quadros gerais de política definidos pelo Governo.[38]

Em termos finalísticos deste ponto do nosso trabalho, procuramos discutir para verificar se o emergir e o desenvolvimento destas entidades com o seu cotejo de atribuições e competências teria tido como efeito pôr em causa o regime constitucional consagrado na Constituição de 1976 quanto ao modelo da Administração Pública, tendo sido apurado que o mesmo se mantém em termos da sua organização administrativa.[39]

Com efeito, entendemos que as entidades administrativas independentes que se inserem na Administração Pública na modalidade de administração independente, são pessoas colectivas de direito público dotadas de personalidade jurídica pública, encarregadas por lei de prosseguir o interesse público concreto nela estabelecido, devem a sua institucionalização ao princípio do pluralismo da organização administrativa e exercem as suas actividades/competências ao abrigo e com observância estrita do princípio da unidade de acção da administração pública.

2. Aprofundamento do Conceito: Integração das entidades administrativas independentes na Administração Central, Regional ou Local

As entidades administrativas independentes que correspondem ao nosso estudo são entidades "integradas" na Administração Central do Estado.[40]

Como sabemos, o Estado Português é unitário e respeita na sua organização e funcionamento o regime autonómico insular e os princípios da subsidiariedade, da autonomia das autarquias locais e da descentralização democrática da administração pública.

Temos, pois, que para além da administração central, o Estado é composto pela administração regional e pela administração local autárquica.

A organização do Estado unitário é perene e, deste ponto de vista, "as intromissões institucionais" que se reportam e sobre as quais trabalhámos são entidades administrativas independentes que operam e agem no contexto da Administração Central do Estado.

[38] Estes "limites" de acção foram, aliás, reforçados com a publicação da Lei 67/2013, de 28 de Agosto, nomeadamente os que se referem às regras de *accountability*, bem como os que se reflectem no regime de nomeação dos titulares dos órgãos de direcção destas entidades.

[39] Cfr. Paulo Otero, "O Poder de Substituição em Direito Administrativo", p. 752, afirmando-se expressamente que: "*Em conclusão pode dizer-se que a Constituição de 1976 consagrou um modelo organizativo de Administração Pública assente na ideia de unidade no pluralismo*".

[40] O objecto do nosso trabalho fica-se, assim, pela análise do regime jurídico de criação de entidades administrativas independentes que operam no âmbito da Administração Central do Estado.

Na verdade, as "relações institucionais" que se surpreendem na lei e nos estatutos são relações com órgãos políticos soberanos – a Assembleia da República – e com o órgão de condução da política geral do país e o órgão superior da administração pública – o Governo –.

Deste modo, as entidades administrativas independentes que nos ocupam são parte, ou seja, são estruturas organizatórias da Administração Pública "situadas" no âmbito e contexto da Administração Central do Estado.[41]

As entidades administrativas independentes são titulares de atribuições e exercem competências, como seja o caso de funções de supervisão, de fixação de preços de tarifas, de aplicação de sanções, de regulação das áreas do sector económico e financeiro que lhes são "entregues" directamente pelo poder legislativo, a título de "devolução de poderes públicos" primeiramente imanentes ao poder executivo e a ele atribuível.[42]

3. Aprofundamento do Conceito: As entidades administrativas independentes não são estruturas de organização da administração directa, indirecta ou autónoma do Estado

A integração das entidades administrativas independentes na Administração Pública Estadual parece-me poder recolher a adesão fundamental da generalidade da doutrina.[43]

Esta afirmação já não é tão categórica quando procuramos analisar se as mesmas podem ser integradas na administração indirecta do Estado que,

[41] Cfr. F. Gazier & Y. Cannac, "Les Autorités Administratives Indépendantes", em Études et Documents du Conseil d'État nº 35; P. Sabourin, "Les Autorités Administratives Indépendantes dans l'État", em Colliard & Timsit, Paris, que sustentam que a criação de entidades administrativas independentes não pode ser concebida como um modelo legitimador da teoria geral da organização administrativa, na medida em que esta deve ser sempre legitimada por soluções especiais, devidamente justificadas para esferas conotadas da Administração.

[42] Cfr. art. 182º da Constituição da República Portuguesa.

[43] A afirmação do texto resulta da teoria da Constituição e dos princípios do pluralismo e da unidade de acção da Administração Pública, já que, do ponto de vista do enquadramento e da integração das entidades administrativas independentes nos modelos de organização é muito significativa a ausência de menção sobre o tema, à excepção de Vital Moreira em "A Administração Autónoma e Associações Públicas" e de Eduardo Paz Ferreira, que as "afecta" ao conceito de administração indirecta do Estado. Devemos ainda sublinhar que Vital Moreira, co-autor do primeiro projecto de Lei-Quadro das Entidades Reguladoras Independentes, refere que: *"as ARI são tecnicamente institutos públicos, visto que têm personalidade jurídica de direito público e não têm por substracto nem uma colectividade, nem uma corporação pessoal. Mas existe uma diferença substancial, justamente a sua independência, que se reflecte em muitos aspectos do seu regime (e não somente na ausência de superintendência ou tutela)".*

como sabemos, foi um modelo que se expandiu com o Estado Intervencionista e Constitutivo moldado na sequência da Depressão e da II Guerra Mundial.[44]

Importa-nos, por isso, verificar em qual dos modelos previstos na Constituição podemos considerar que estas entidades podem ser "integradas".

Para tal, procurámos identificar as características fundamentais que caracterizam a administração directa do Estado e que podem ser elencadas da seguinte forma:

a) O Estado assume uma multiplicidade de atribuições;
b) A sua organização concretiza-se através dos ministérios bem como do pluralismo de órgãos e serviços;
c) A administração do Estado é instrumental face à multiplicidade das suas atribuições, na exacta medida em que é ela mesmo constitutiva daquelas atribuições;
d) A personalidade jurídica é una, é a do Estado;
e) A administração directa do Estado está estruturada em termos hierárquicos, no sentido em que subsiste na relação inter-administrativa um poder e uma vinculação: O poder de direcção do superior hierárquico e o dever de acatamento de ordens e de instruções do inferior hierárquico na escala da pirâmide da organização.[45]

Analisadas as características essenciais da administração indirecta do Estado, verificamos que as mesmas podem ser identificadas, no essencial, como segue:

a) As entidades integradas na administração indirecta do Estado gozam, em regra, de autonomia administrativa, autonomia financeira e nalguns casos de autonomia disciplinar e normativa;
b) As entidades integrantes da administração indirecta correspondem a administração instrumental de interesses do Estado exercida por interposto organismo por ele mesmo criado e orientado;

[44] Neste sentido podemos referir a própria qualificação normativa que inicialmente foi dada a algumas destas "entidades", como é o caso, por exemplo da qualificação como instituto público do Instituto Nacional de Aviação Civil nos termos do art. 1º do D.L. nº 145/2007, de 27 de Abril, do art. 1º do D.L. nº 147/2007, de 27 de Abril, relativamente ao Instituto da Mobilidade e dos Transportes Terrestres, actualmente requalificados como entidades administrativas independentes com funções de regulação da actividade económica através da Lei 67/2013, de 28 de Agosto.

[45] Cfr. Freitas do Amaral, em "Curso de Direito Administrativo", Vol. I, p. 230; J. F. Nunes Barata, em "Burocracia", DJAP, I, p. 182; Garcia de Enterria e T.-Ramón Fernandez, "Curso de Derecho Administrativo", Vol. I, 4ª edição, p. 356.

c) As entidades integrantes da administração indirecta do Estado exercem as suas competências "subordinadas" ao poder de superintendência;
d) Este "poder" externo pode traduzir-se pelas competências de orientação de que goza o Governo, enquanto órgão superior da administração pública, no contexto das suas relações interinstitucionais com as entidades da administração indirecta do Estado;
e) O poder de superintendência pode ser concebido no ordenamento jurídico português como o poder de emitir directivas e recomendações sobre a prossecução das atribuições do ente público criado por lei.[46]

Para além da administração directa e indirecta, a organização administrativa do Estado comporta igualmente a administração autónoma.

Compulsados os vários elementos típicos da administração autónoma, julgamos poder enunciar os seguintes traços fundamentais:

a) A administração autónoma representa o reconhecimento de um substracto sociológico próprio que prossegue interesses próprios através de estruturas organizatórias instituídas no âmbito do fenómeno da autoadministração pelos interessados;
b) A administração autónoma goza do poder de definir a sua própria orientação administrativa e está absolutamente dispensada de qualquer controlo de mérito dos seus actos por parte da administração estadual;
c) Os órgãos próprios da administração autónoma são apenas responsáveis perante os seus representados;
d) As missões da administração autónoma são extra-estaduais e são conferidas às entidades em causa pelos respectivos representados;
e) A administração autónoma está apenas relacionada com o poder estadual através da tutela que, nos termos da lei, pode ser exercida pelo Governo;
f) A tutela corresponde ao exercício de um poder de controlo ou de fiscalização sobre os actos praticados pela administração autónoma.[47]

[46] Cfr. Sérvulo Correia, "Noções de Direito Administrativo", I, Lisboa, 1982.

[47] Cfr. Vital Moreira, "A Administração Autónoma e as Associações Públicas".

Como se verifica, a administração directa, indirecta e a administração autónoma, para além das suas características específicas estão, nos termos da Constituição e da lei, sujeitas a poderes de direcção, superintendência e tutela.

Da análise dos diversos estatutos bem como da lei que procede à criação de entidades administrativas independentes, resulta com toda a evidência, que as mesmas não são passíveis de integração na administração directa do Estado.

Não são órgãos, são entidades dotadas de personalidade jurídica de direito público a quem compete, nos termos da lei, prosseguir algumas das atribuições do Estado a quem são "delegadas" missões e competências de interesse público.

Por seu turno, as diversas entidades administrativas independentes analisadas podem distinguir-se da administração indirecta e autónoma, através dos seguintes principais tópicos:

a) As entidades administrativas independentes resultam de uma opção de política no sentido de o Estado confiar a instâncias situadas fora da margem de influência governamental o exercício de certas funções de interesse público;

b) O fundamento legitimador das entidades administrativas independentes reside da decisão política de criação de espaços "imparciais" e "neutros" dotados de estabilidade e da proibição de intromissão governamental;

c) As entidades administrativas independentes recebem do Estado a missão de efectuar a regulação de um determinado sector considerado prevalecente ou de exercer competências de garantia e de protecção de direitos fundamentais ou de natureza análoga;

d) As entidades administrativas independentes exercem as suas actividades segundo o método da independência, ou seja, não lhes podem ser dadas ordens, orientações ou até directivas vinculantes nem, por outro lado, pode ser exercido qualquer tipo de controlo de mérito dos actos por elas praticados.[48]

A explanação que se deixou evidenciada significa, assim, que estas entidades não se podem integrar quer no conceito de administração directa, indirecta, quer de administração autónoma.

[48] Neste sentido, ou seja da integração das entidades administrativas independentes na Administração Independente, cfr. Vital Moreira, em "Administração Autónoma e Associações Públicas".

III. As entidades administrativas independentes fazem parte de uma nova categoria de Administração Pública: A Administração Independente

Consideramos, pois, que o conjunto de entidades administrativas independentes analisadas devem ser qualificadas e inseridas num novo modelo *plural* que pode assumir a denominação de administração independente.[49]

Trata-se de um modelo "novo" cujos contornos e recortes se mostram ainda por identificar e definir na sua plenitude.[50]

Esta dificuldade maior surge porque se conhecemos os fundamentos históricos e de evolução do Modelo de Estado que serviu de base à criação de entidades administrativas independentes é também verdade que a evolução e o desenvolvimento destas entidades ainda não parou de crescer, o que significa que a *estabilidade* do sistema não nos permite que sobre a mesma possamos assumir uma posição definitiva.[51]

Em todo o caso, a administração independente pode ser concebida como o conjunto de "instâncias administrativas situadas fora da órbita do Governo, de um departamento ministerial ou dos seus delegados, e que recebem do Estado a missão de efectuar a regulação de um determinado sector da vida em sociedade, no "interface" da sociedade civil e do poder político".[52]

Trata-se, assim, de um conjunto de entidades de direito público que revelam, na sua acção, uma independência em relação aos interesses em causa e um suplemento de imparcialidade e neutralidade face aos eventuais conflitos de interesses.[53]

[49] Cfr. Vital Moreira, op. cit., p. 136; B. Cotier, "Les "independente agencies" américaines: un modèle pour l'administration polycentrique de demain?", em Revue Internationale de Droit Administratif nº 51; A. Cagli, "Il quadro normativo delle amministrazioni pubbliche indipendenti", em Il Foro amministrativo, LXVII, 1991, considerando este autor que a ideia fundamental da administração independente é a sua "submissão à lei" e não a ordens ou orientações exteriores, nomeadamente as provenientes do poder executivo.

[50] Cfr. J. R. Parada Vasquez, em "Las administraciones independientes", Civitas, pp. 635 e seguintes.

[51] Em termos de exemplo basta ver o disposto no art. 3º da Lei 67/2013, de 28 de Agosto, que restringe o âmbito de aplicação da lei às entidades administrativas independentes com funções de regulação da actividade económica.

[52] Esta é a definição de J. L. Quermonne em "L'appareil administratif de l'État", Paris, citado em Vital Moreira, "Administração Autónoma e Associações Públicas" p. 127; Freitas do Amaral, "Direito Administrativo", 1994, pp. 301 e seguintes; B. Cottier, "Les "independente agencies" américaines", op. cit., pp. 143 e seguintes; M. J. Guédon, "Les autorités administratives indépendantes", LGDJ, pp. 305 e seguintes.

[53] Esta é a definição de Vital Moreira, em "Administração Autónoma e Associações Públicas", p. 137.

IV. As Entidades Administrativas Independentes no Direito Comparado e as suas influências no ordenamento jurídico português

1. As entidades administrativas independentes no Reino Unido, E.U.A., França e Espanha

O tema que escolhemos para a nossa tese ficaria, naturalmente, incompleto se, sobre o mesmo, não déssemos conta do que se passa neste domínio em alguns dos países que mais influenciaram a adopção do modelo em Portugal.

Na verdade, do que se trata é de saber porque "nasceram" e onde se "desenvolveram" as autoridades administrativas independentes, bem como as influências que tiveram no que se refere à extensão deste novo modelo de organização administrativa nos diversos ordenamentos jurídicos relevantes.[54]

O aparecimento e o desenvolvimento deste sistema, que integra as autoridades administrativas independentes, não pode deixar de estar profundamente ligado aos próprios modelos de Estado que a história nos ensina e revela.[55]

Ou seja, os modelos de organização administrativa são "o espelho" e o "reflexo" das atribuições que os Estados, em cada momento histórico, estão comprometidos a realizar.

Nos últimos anos do século XIX começam a despontar os indícios de um novo modelo de Estado.

Surge a "questão social" e as "crises cíclicas do capitalismo" que vieram colocar novos desafios ao poder político.[56]

O Estado social significou o alargamento das estruturas administrativas que o serviam. A máquina administrativa cresceu em tamanho e em complexidade com o objectivo de ser capaz de dar resposta às novas tarefas que lhe cumpria realizar.

A Administração descentralizada e desconcentrada substituiu a Administração centralizada e concentrada.

[54] Referimos organização administrativa na medida em que, como veremos, as entidades administrativas independentes são um dos modelos possíveis da Administração Pública que qualificamos como administração independente, de par com a administração directa, indirecta e autónoma.

[55] No sentido da evolução destas entidades no contexto da própria evolução dos Modelos de Estado, cfr. Arino Ortiz Gaspar, "Economia Y Estado: Crisis y reforma del sector público", Madrid, 1993, a propósito da regulacão económica e modelos de Administração.

[56] Neste sentido, cfr. Gomes Canotilho, em "O Direito Constitucional passa; o Direito Administrativo passa também", em Estudos em homenagem a Rogério Soares, pp. 711 e seguintes; Susan Stange, "The Retreat of the State. The Diffusion of Power in the World Economy", Cambridge, 1996; Giandomenico Majone, "La Communauté européenne: un État Régulateur?", Paris, 1998; e Daniel Bell, "The Cultural Contradictions of Capitalism", Londres, 1976.

Os anos 70 e 80 do século XX trazem consigo o "esgotamento" do Estado providência.[57]

Pode dizer-se que a intervenção administrativa não é hoje menor do que era antes da liberalização económica: ela é diferente.[58]

A intervenção do Estado, hoje, é apenas diferente daquela que existia antes do fenómeno do aprofundamento "descentralizador" gerado pela liberalização económica.

O Estado sempre exerceu poderes regulatórios.[59]

Só que hoje tais poderes são exercidos de outra maneira e modelados em fórmulas diversas.

O "nascimento" e o "despontar" do Estado Regulador ficou assim a dever-se a factores de natureza internacional, europeus e até internos que estiveram na origem da crescente limitação dos poderes dos Estados intervencionistas cujo ritmo e natureza de respostas variaram muito nos diversos países.

Para além da análise dos ordenamentos jurídicos citados no que se refere às entidades administrativas independentes, outro importante factor que deve ser assinalado é o da crescente importância da europeização na formulação das políticas públicas, que se traduz na interdependência das decisões internas e das decisões comunitárias.[60]

A importância da produção normativa da União manifesta-se nomeadamente pelo número significativo de Directivas e de Regulamentos produzidos por Bruxelas a cada ano, que não podem deixar de ser entendidos como tendo um impacto decisivo no desenvolvimento de políticas de regulação a nível nacional.[61]

[57] Neste sentido, cfr. Eduardo Paz Ferreira, "A Regulação em Portugal: Novos Tempos, Novos Modelos", pp. 9 e seguintes e "Direito da Economia", AAFDL, Lisboa, 2003; cfr. igualmente sobre o conceito de "falhas de mercado", George Stigler, em "The Theory of Economic Regulation", em The Bell Journal of Economics and Managemente Science, Vol. 2, nº 1, 1971; em tese geral, cfr. Giandomenico Majone, em "From The Positive to the Regulatory State. Causes and Consequences of Changes in the Models of Governance", em Journal of Public Policy, 1997, p. 139.

[58] Cfr. Paulo Otero, "A Legalidade e Administração Pública", p. 165.

[59] Cfr. sobre a evolução dos diferentes sistemas históricos da Administração Pública, Rui Manuel de Figueiredo Marcos, em "História da Administração Pública", p. 71; Robert E. Goodin e Martin Rein, em "Regimes on Pillars: Alternative Welfare State Logics and Dynamics" em Public Administracion, Vol. 79, nº 4, 2001, pp. 769 e seguintes.

[60] Neste sentido e sobre este tema, cfr. Fausto de Quadros, em "Direito da União Europeia".

[61] Cfr. sobre o crescimento e o desenvolvimento de uma política europeia no contexto dos diversos Estado Membros, ver por todos "Livro Branco sobre a Governança", que consagra cinco grandes princípios cumulativos na base de uma boa governança: *"(i) Abertura: as instituições europeias devem atribuir maior importância à transparência e à comunicação das suas decisões; (ii) Participação: implicar de*

Do ponto de vista de factores internos legitimadores do crescimento do Estado Regulador, podemos destacar, entre outros, a descentralização e a regionalização administrativa, a transformação de entidades monolíticas em unidades com finalidades concretas para as quais dispõe de orçamentos próprios, a delegação de responsabilidade pela prestação de serviços a organizações privadas, mediante contratos de concessão ou contratos de gestão.

Os tópicos antes enunciados procuram demonstrar e justificar e, nessa medida responder à questão enunciada, ou seja, quais as causas que justificaram o "nascimento" das autoridades administrativas independentes.

Mas, as respostas ao "descalabro" do anterior modelo foram diversas de país para país, quer quanto à forma, quer quanto ao tempo em que tais mudanças ocorreram.

É, pois, por isso que é muito importante uma visita aos mais relevantes sistemas de organização da administração pública de alguns países, com o objectivo de facultar uma panorâmica, tão rigorosa quanto possível, quer das razões, quer dos modelos da institucionalização das entidades administrativas independentes.[62]

Para além da análise e do estudo relativo às entidades administrativas independentes nos E.U.A. (primeiro país onde surgiu a primeira entidade qualificada como *independent regulatory commission*) no Reino Unido (primeiro país onde surgiram os fenómenos da liberalização e da privatização), em Espanha e em França (primeiro país onde foi criada a primeira entidade com missões de protecção de direitos fundamentais), não quisemos deixar de apresentar uma abordagem mais detalhada das "agências" na União Europeia que, como sabemos, representaram um factor preponderante no "desenho" destes novos modelos integrantes do Estado Regulador.

forma mais sistemática os cidadãos na elaboração e na aplicação das políticas; (iii) Responsabilização: é necessária uma clarificação do papel de cada interveniente na processo de decisão, devendo depois cada um assumir a responsabilidade das suas atribuições; (iv) Eficácia: as decisões devem ser tomadas ao nível e no momento adequados, e produzir os efeitos pretendidos; (v) Coerência: as políticas praticadas pela União são diversas e requerem um esforço sustentado de coerência".

[62] Sobre esta matéria não podemos deixar de referir as mais recentes discussões tidas a nível mundial, nomeadamente e sobretudo quanto à necessidade de reforma da regulação após as crises financeiras recentes, a Declaração do G20 de 2 de Abril de 2009, a "Declaration on Strengthening of the Finantial System" anexa à Declaração "The Global Plan for Recovery and Reform"; o Relatório Larosière relativo à Reforma da Supervisão Financeira na União Europeia, com as diversas Recomendações comparativas inseridas em A. Betancor Rodriguez, "Mejorar la Regulación", Fundación Rafael del Pino, pp. 346 e seguintes.

2. As influências comunitárias no desenho do Modelo

Na União, e no que se refere a agências independentes, subsistem dois espaços diferenciados e diversos de intervenção: um directamente relacionado com a procura de novos modelos de regulação e de governança originados pela "crise financeira", outro integrado no âmbito de intervenção reforçada da Comissão Europeia, através da criação de agências que, numa relação orgânica com a Comissão, exercem funções e missões de coordenação, acompanhamento e monotorização de políticas europeias.

No primeiro espaço que referimos, o aprofundamento da crise esteve na origem da criação de um grupo de trabalho constituído por reconhecidos peritos financeiros e presidido por J. de Larosière que elaborou e apresentou um conjunto de Recomendações tendentes a superar, em termos institucionais, a crise que atravessa o conjunto das economias europeias.[63]

No âmbito deste grupo de trabalho de Fevereiro de 2009 foi adoptado como seu objectivo fundamental o de "regular a globalização", através do reforço das competências e do poder regulatório da União.[64]

Na sequência deste Relatório e do mandato que o ECOFIN de 2006 deferiu ao FSC (*Financial Services Committee*) e ao EFC (*Economic and Financial Committee*) para rever o processo regulatório existente, o sistema comunitário baseia-se em dois pilares: (i) autoridades administrativas reguladoras específicas para o sector bancário, segurador e para o mercado de instrumentos financeiros; e, (ii) um Conselho europeu de Riscos Sistémicos (CERS) com missões de supervisão e de garantia de estabilidade sistémica.[65]

Em termos financeiros, e do ponto de vista do primeiro pilar antes mencionado, parece possível referir que o actual sistema comunitário é constituído por:

a) Sistema Europeu de Risco Sistémico (European Systemic Risk Board, ESRB ou SERS);

b) Sistema Europeu de Supervisores Financeiros (ESFS);

[63] Ver sobre este tema o "Livro Branco da Governança Europeia", COM (2001) 428 final; o "Relatório Lamfalussy", de 2001, o "Franck Report", de 2006, o "Relatório Larosière", de 2009, elaborados, aliás, na senda do "Livro Branco para os Serviços Financeiros", 2005-2010, e da "Comunicação da Comissão Europeia" (COM) 2009, 252 versão final, de 27 de Maio.

[64] Cfr. Niahm Moloney, "The European Securities and Markets Authority and Institutional Design for the EU Finantial Market – A Tale of two competences: Part I Rule Making", em European Business Organization Law Review, Vol. 12, nº 1, p. 44.

[65] Cfr. Peter Lindseth, "Democratic Legitimacy and the Administrative Character of Supranationalism: The Exemple of the European Community", em Columbia Law Review, nº 99, p. 655.

c) Autoridade Bancária Europeia (European Banking Authority, EBA ou ABE);
d) Autoridade Europeia de Seguros e Pensões Complementares de Reforma (European Insurance and Occupational Pensions Authority ou EIOPA);
e) Autoridade Europeia dos Valores Mobiliários e dos Mercados (European Securities and Markets Authority, ESMA).[66]

Não podemos deixar de referir que o modelo/sistema continua por "caminhos" de reforço do poder regulatório da União através da secundarização do regime de cooperação e coordenação interestadual administrativa por um regime de supervisão directa realizada pela União.[67]

Mas, a nível do Direito Europeu e no outro pilar ou espaço de intervenção das instâncias comunitários, o fenómeno da agencificação teve, igualmente, um aumento significativo, pela via da criação das *executive agencies* e das *quasi regulatory agencies*, ou das *decision-making agencies*.[68]

A criação destas agências tem vindo a suscitar as mais variadas criticas quer quanto à sua legitimidade, quer quanto à latitude dos seus fins e competências, legalidade e discricionariedade da sua instituição.[69]

Apesar desta celeuma e, como damos nota no capítulo respectivo, estas agências têm vindo a ser desenvolvidas sobretudo a nível das suas competências, apesar de não existir qualquer regime de enquadramento das mesmas

[66] Este sistema é fundado nos Regulamentos EU 1092 a 1096/2010, de 15 de Dezembro, que constam do JOCE L331, da Directiva Omnibus 2010/78/EU do PE e do Conselho de 14 de Novembro, que estão disponíveis em http://ec.europa.eu/internal_market/finances/committees/index_en.htm.

[67] Neste sentido, cfr. Julia Black, "The Rise, Fall and Fate of Principles Based Regulation", que pode ser consultado em http://papers.ssrn.com/sol3/papers.cfm?abstract_id=1712862; Eddy Wymeersch, "The Structure of Finantial Supervision in Europe: About Single, Twin Peaks and Multiple Financial Supervisors", em European Law Review, nº 8, p. 237.

[68] O website da UE em http://europa.eu/agencies/index_en.htm distingue entre as instituições da União que têm a sua legitimidade, atribuições e poderes nos Tratados, bem como os procedimentos inerentes, aos "*bodies*" que desempenham uma tarefa especial (EU Ombudsman) e as *Specialized Agencies*, onde se incluem as *Regulatory Agencies*, como é o caso da *European Aviation Safety Agency* e as *executive agencies*. Do ponto de vista da doutrina, cfr. Paul Craig, "EU Admnistrative Law", Oxford UP, p. 155; Xénophon Yatanagas, "Delegation of Regulatory Authority in the European Union: The Relevance of the American Model of Independent Agencies", em Jean Monnet Center, que pode ser visualizado em http://www.jeanmonnetprogram.org/archive/papers/01/010301.html.

[69] Sobre esta matéria, cfr. Luis Catarino, "A Reforma da Regulação Financeira na União Europeia: Refracção do Movimento do Direito Administrativo Global", que está disponível em www.institutovaloresmobiliarios.pt.

que permita ou possibilite a definição da sua natureza e os poderes supranacionais que porventura se lhes pretende atribuir.

A apresentação, discussão e aprovação de um novo Regulamento Processual das Agências Europeias (EAPR) representaria, como sustentam alguns dos mais eminentes autores, um passo decisivo na harmonização do regime jurídico das agências europeias, nelas se incluindo as agências de regulação.[70]

Considerámos que esta visão do problema poderia representar uma "boa solução" no tempo presente se, como é sublinhado, este Regulamento consagrasse para além das matérias de organização, processo e procedimento, funcionamento, regimes de financiamento, regime de recurso – administrativo e judicial – regras específicas de recrutamento e nomeação dos responsáveis, tempo de duração dos mandatos, regras de incompatibilidades e, sobretudo, regras de boa governação tendentes a assegurar que a independência das entidades poder ser, desejavelmente deverá ser, fundamento para melhores decisões norteadas e vocacionadas para a prossecução das finalidades consagradas no art. 3º do Tratado.

Em todo o caso, o reforço dos poderes da Comissão Europeia é, hoje, concretizado pela via da criação de agências executivas e de regulação que, funcionando em estreita ligação institucional e funcional com a Comissão, desempenham um papel fundamental na tentativa de "desburocratização" e no acentuar da regra da "participação" efectiva das restantes instituições comunitárias no processo de decisão.[71]

V. As entidades administrativas independentes: O núcleo essencial das suas missões

As entidades administrativas independentes foram primeiramente vocacionadas para intervir em áreas como a dos direitos fundamentais e direitos de natureza análoga.[72]

Mas mais recentemente, sobretudo após os fenómenos das liberalizações e privatizações, passaram a ser intervenientes nos domínios da economia e das finanças.

[70] Cfr. Takis Tridimas, "Community Agencies Competition Law and ECSB Initiatives on Securities Clearing and Settlement", em YearBook of European Law 2009, Vol. 28, pp. 216 e seguintes, disponível em http://www.oxfordjournals.org; Benedict Kingsburry, "The Concept of "Law" in Global Administrative Law", em European Journal of International Law, Vol. 20, nº 1; Susana Tavares da Silva, "Um Novo Direito Administrativo?", 2010.

[71] Cfr. G. Majone, "La Communauté Européene: Un État Régulateur?", Paris, 1996.

[72] Cfr., apenas a título de exemplo, as entidades que descrevemos quanto ao seu regime de criação e de competências na Quarta Parte do nosso trabalho.

Descrevemos as suas atribuições e competências mas subsistia um problema fundamental e nuclear qual seja o de saber em que consistiam os seus poderes de intervenção junto dos sectores relevantes e considerados como sujeitos aos poderes de tais entidades. Referimo-nos ao conceito de Regulação, como regime relevante e qualificador das suas missões.

Num primeiro momento da sua definição conceitual parece ser possível considerar que a regulação é equivalente a uma intervenção na actividade económica independentemente da forma adoptada para alcançar esta finalidade interventiva.[73]

A regulação pode também ser definida como uma forma de intervenção na actividade económica através de uma Agência.[74]

Por seu turno, o termo regulação pode ser utilizado por todas as teorias, nomeadamente as de base económica, politóloga ou sociológica no sentido em que se trata de um "*work-product*" das agências que visam afectar as actividades económicas através da correcção das falhas de mercado (teoria do interesse público da regulação) ou, noutros casos, para defender os interesses das empresas ou sectores submetidos à regulação (teoria dos interesses privados).[75]

No domínio da nossa ciência não é menos difícil precisar o conceito de regulação. Desde regulação entendida como um qualquer meio de intervenção estatal no âmbito das actividades económicas; regulação como significando o instrumento de intervenção estatal na economia; regulação como uma forma potencialmente apta a produzir efeitos restritivos nas liberdades económicas; regulação fundada numa concepção institucional da Administração que a considera como a protagonista das restrições às liberdades económicas; regulação como um meio ou forma de intervenção no mercado para correcção das respectivas falhas.[76]

[73] Para uma definição económica de Regulação, cfr. P. A. Samuelsen & W. D. Nordhaus, "Economía", McGraw-Hill, Madrid, 15ª edição, 1996, em que se identificam as três funções gerais do Estado na economia que são as de fomento e eficiência, da equidade, do crescimento e estabilidade macro-económica. Os objectivos de crescimento e de estabilidade são alcançados através da política fiscal e de políticas de redistribuição de rendimentos, e os da correcção da ineficiência são alcançados através da regulação dos denominados bens públicos.

[74] Neste sentido, cfr. C. Coglianese & R. A. Kagan, "Regulation and Regulatory Processes", Ashgate Publishing Limites, Hampshire, England.

[75] Cfr. S. P. Crowley, "Theories of Regulation: Incorporating the Administrative Process", em Columbia Law Review, Vol. 98, nº 1, pp. 1-168.

[76] Cfr. estes diversos conceitos em A. Betancor Rodriguez, "Las Administraciones Independientes. Los entes independientes reguladores de los mercados y protección de los derechos", na revista La Administración Pública Española (INAP), Madrid, 2002, pp. 599 e seguintes.

O que importa relevar é que o novo Estado Regulador que se desenvolveu a partir dos anos setenta e oitenta do século passado erigiu como um dos seus elementos fundamentais de garantia de bem-estar e de desenvolvimento económico o *mercado.*

Ora, o mercado precisa do Direito e não existe mercado sem Direito.[77]

O Estado deve, assim, para uns, limitar-se a organizar o mercado; para outros, deve nele intervir, justamente através da regulação.[78]

Se considerarmos que a regulação traduz uma forma de intervenção do Estado nos diversos domínios, nomeadamente no sector da economia, concluiremos que esta, para ser realizada, precisa de instituições: os reguladores.

As entidades administrativas independentes de regulação exercem funções de interesse público de intervenção no mercado: Funções de regulação que se traduzem nos poderes que lhes são conferidos pelo Legislador de supervisão, licenciamento, recomendação, sancionatórias...[79]

É assim possível conceber a regulação como um método de intervenção estatal nos diversos domínios em que constitucionalmente está habilitada a agir e como modelo/sistema multidisciplinar de exercício de uma função do Estado através de instituições independentes em sentido orgânico e funcional.

Consideramos, porém, e no desenvolvimento do nosso estudo, que subsistem limites constitucionais à criação de entidades administrativas independentes, a saber: (i) a autorização consagrada no nº 3 do art. 267º, e (ii) a previsão constitucional de atribuições do Estado que legitimem que, por aplicação do princípio do pluralismo da organização administrativa, possam ser criadas entidades independentes.

Estão, pois, balizados os fundamentos constitucionais que permitem a opção de política de organização administrativa que se pode concretizar pela institucionalização de entidades administrativas independentes.[80]

[77] Cfr. C. R. Sustein, "Free Markets and Social Justice", Oxford University Press, 1997, pp. 407 e seguintes.

[78] Cfr. A. Betancor Rodriguez, "Regulatión: Mito Y Derecho", p. 81, quando afirma que: "*el derecho, por un lado organiza los processos que discurren conforme a las reglas de una economia de mercado, poniendo a su disposión normas e instrucciones e, por outro, se convierte en un instrumento del Estado para ejercer su influencia en dichos procesos y, al mismo tiempo, obtener la consecución de determinados objectivos de política social*". No mesmo sentido, N. Reich, "Mercado Y Derecho", tradução castelhana de A. Font, Barcelona,1985.

[79] Para maiores desenvolvimentos em torno da relação entre organização e função, cfr. S. Munoz Machado, "Fundamentos e Instrumentos Jurídicos de la Regulación Económica", 2009, pp. 15 e seguintes.

[80] A nosso ver, o cumprimento destes pressupostos constitucionais é imperativo no sentido em que o legislador não dispõe de qualquer margem de liberdade para a criação de entidades administrativas independentes que não observem tais pressupostos.

A criação destas entidades corresponde a uma decisão de política de organização da Administração Pública dos tempos modernos.

Por isso, tais entidades que prosseguem, por reenvio constitucional e legal, competências relativas a certas atribuições do Estado não dispõem quanto ao método de agir de independência ilimitada na sua acção, dado que para além dos restantes princípios aplicáveis à administração pública, estão subordinadas ao princípio da *unidade.*

Este princípio, como ensina Marcelo Rebelo de Sousa, tem por objectivo que a unidade do Estado não seja posta em causa por via da eventual pulverização de centros de decisão dentro da administração.[81]

Trata-se de uma regra "preventiva" constitucional no âmbito da organização da Administração Pública, de que fazem parte estas entidades.[82]

Ora, como teremos ocasião de verificar, o princípio da unidade de acção está expressamente definido no texto constitucional a propósito dos poderes do Governo, enquanto órgão superior da Administração Pública, relativamente à administração central (poder de direcção), administração indirecta (poder de superintendência) e administração autónoma (poder de tutela).

Todavia, no contexto da administração independente, embora esteja consagrada na Constituição a regra da unidade sem excepções quanto às diversas categorias de Administração Pública, a mesma não está densificada, como acontece quanto à administração directa, indirecta e autónoma.

Por isso, procurámos identificar este princípio aplicável às entidades administrativas independentes, resultando dessa busca em torno da lei e dos estatutos de cada uma delas um conjunto de regimes que, apesar de diferenciados, assumem carácter "identitário" entre si e entre o Governo, na sua qualidade de órgão superior da administração pública, e as entidades integradas na administração independente.

Veremos, pois, que as actividades exercidas por estas entidades não são "livres", apesar de serem "independentes".

É, portanto, a amplitude dos poderes das entidades administrativas independentes que pode legitimar a sua qualificação e integração na administração pública, na medida em que no caso dos sistemas parlamentares, como é o nosso, a sua independência deve ser entendida como relativa.

[81] Cfr. Marcelo Rebelo de Sousa, "O Direito Administrativo Geral, Introdução e Princípios Fundamentais", Tomo I, p. 150.

[82] De que excluímos, como veremos, as entidades que qualificamos, quanto à sua natureza, como Entidades Públicas Independentes.

As competências das entidades administrativas independentes não podem envolver qualquer "desvio" substancial das orientações básicas definidas pelo Governo relativamente à administração pública no seu conjunto.[83]

Estas orientações fundamentais ou básicas devem, assim, ser entendidas como "limites" à independência das entidades administrativas independentes e devem, por isso mesmo, ser concebidas e qualificadas como a tradução efectiva do princípio da unidade de acção contemplada na Constituição.

Entendemos, pois, que do ponto de vista funcional, as entidades administrativas independentes exercem as suas competências desoneradas de poderes disciplinares, de tutela e de superintendências mas estão, em maior ou menor grau, vinculadas a orientações governamentais cuja tradução concreta pode ser vista, entre outras, através da forma e do sistema de nomeação dos seus responsáveis, da partilha de dotações orçamentais, do regime de aprovação dos seus regulamentos, neles se incluindo o regime estatutário.

Entendemos, igualmente, que as competências das entidades administrativas independentes devem ser exercidas ao abrigo e no contexto das opções de política legislativa adoptadas pelo órgão competente no que se refere ao modelo de administração pública consagrado nos termos dos artigos 266º e 267º da Constituição da República.[84]

Devemos no entanto acautelar, e disso demos nota, que os sistemas de administração pública que integram entidades administrativas independentes, como é o caso português, assumem uma tendência de aglutinar os diversos princípios da organização à sua específica configuração, pelo que tais modelos podem traduzir como reflexo um princípio geral de organização da administração.[85]

A organização administrativa do Estado Moderno assenta no princípio da legitimação democrática, no sentido em que as instituições estão subordinadas a regimes de responsabilidade perante os respectivos substractos sociológicos ou sociais.[86]

[83] Neste sentido, cfr. M. J. Guédon, em "Les Autorités Administratives Indépendantes", Paris, 1991.

[84] Referimo-nos especificamente aos programas de Governo, à legislação relativa à organização e funcionamento dos Ministérios, dos serviços e organismos deles dependentes, bem como ao regime geral da administração indirecta e independente e aos programas referentes à Reforma da Administração Pública.

[85] Em sentido diverso, cfr. Vital Moreira, citando Gazier & Canac, 1984, p. 30, e Sabourin, 1990, p. 99.

[86] Ver, neste sentido, os regimes de responsabilidade da administração autónoma nas respectivas circunscrições territoriais bem como, no âmbito das associações públicas, os regimes de responsabilidade perante os associados.

A par da legitimação democrática não deixamos de salientar, no entanto, que a denominada "legitimação técnica" tem vindo a ser assumida como fundamento legitimador da "imunidade" da administração independente face ao Governo.[87]

É neste campo – o do saber científico e da competência técnica – que se situam predominantemente as concepções que sustentam que a independência das entidades que integram a a administração independente se verifica em duas vertentes: (i) na relação com os interesses, sectores ou empresas "regulados", e (ii) nas relações com o poder executivo.

A imparcialidade e a neutralidade das entidades administrativas independentes nas relações com os destinatários da sua acção tem como contraponto, no âmbito das suas relações com o Governo, a observância de regras, princípios ou orientações extraídas e decorrentes da política de organização da administração pública definida pelo Governo no contexto dos seus poderes constitucionais.

O princípio da unidade de acção consagrado na Constituição deve ser entendido, assim, como um princípio geral de direito administrativo que visa modelar, configurar e ordenar as regras de funcionamento e de acção de toda a Administração Pública, nela se incluindo a Administração Independente composta por entidades administrativas independentes.

Diremos, pois, que o princípio da unidade de acção não comporta qualquer poder de dar instruções ou ordens, de superintender ou de tutelar as entidades administrativas independentes.

O princípio da unidade de acção, no caso das entidades administrativas independentes, comporta e impõe a *neutralidade* no exercício das competências destas entidades, quer no sentido da prevenção de dispersão de centros de poder "desviantes" no seio da organização administrativa do Estado, quer no domínio das funções que a lei lhes atribui.

Mas implica, igualmente, o princípio da *neutralização* do poder executivo, no sentido em que o Governo apenas pode "intervir" na acção das entidades administrativas independentes pela via do cumprimento dos *limites* que a Constituição e a lei estabelecem.

[87] Cfr. neste sentido, G. Majone, "La Communauté européenne: un État régulateur?", pp. 33 e seguintes.

VI. Distinção entre Autoridades Públicas Independentes e Entidades Administrativas Independentes: Critérios relevantes para a definição da sua natureza jurídica

Aqui chegados e tendo presente a estratégia que assumimos no desenvolvimento do nosso trabalho, importava ainda aprofundar o tema a partir da distinção que se torna imperativa entre as entidades administrativas independentes que formam um "corpo" institucional de instâncias que partilhando, no essencial, as mesmas características, podem ser agrupadas no conceito de administração independentes e as restantes entidades analisadas que, por não partilharem de idênticas similitudes no que se refere ao seu regime e fundamento, devem ser agrupadas e integradas em diferentes tipos e categorias.

O nosso estudo, a certa altura, defrontou-se com um problema quase insolúvel, ou seja, eram evidentes as diferenças resultantes do modelo de inter-relações institucionais definidas na lei, dos limites da "independência" funcional que cada um dos Estatutos revelava, das regras de nomeação/aprovação dos responsáveis de direcção e gestão, do regime de prestação de contas diferenciados, quer em termos do conteúdo da mesma, quer do órgão perante o qual tal "dever de responsabilidade" deveria ser prestado, do diverso sistema de financiamento das entidades, bem como da natureza das actividades/actos de que cada uma das entidades era titular.

Foi do aprofundamento destas "diversidades" que surgiu, naturalmente, a procura da razão de ser das mesmas.

Ensaiámos, numa primeira fase, analisar o conjunto de competências de cada uma das entidades de modo a procurar definir a sua natureza.

Como sabemos, o intérprete deve sempre presumir que o legislador exprimiu a sua vontade em termos de "compreensibilidade" e é essa vontade, através dos elementos literal, histórico, sistemático e teleológico, que devemos procurar determinar.[88]

Por isso, foi com base no fundamento legitimador e no regime de criação e institucionalização de entidades administrativas independentes que procurámos a distinção da natureza das diversas entidades analisadas.

Desta abordagem verificámos que tais entidades foram criadas ao abrigo dos seguintes fundamentos legitimadores:

a) Entidades criadas com fundamento directo em preceito constitucional;
b) Entidades criadas ao abrigo e com fundamento directo em estatuto constitucional;

[88] Neste sentido, cfr. Manuel de Andrade, "Ensaio sobre a Teoria da Interpretação das Leis", 1934.

c) Entidades criadas para o exercício de missões de promoção e de garantia de direitos fundamentais e de natureza análoga previstos na Constituição:Entidades criadas ao abrigo do disposto no nº 3 do art. 267º da Constituição, para a prossecução de atribuições/incumbências do Estado previstas na Constituição.

Estes critérios permitiram-nos, segundo é nossa convicção, distinguir de entre as entidades analisadas as Autoridades Públicas Independentes e as Entidades Administrativas Independentes.

1. As Autoridades Públicas Independentes

A partir dos critérios antes enunciados foi-nos possível lançar um olhar mais atento e intenso relativamente aos poderes das diversas entidades e, sobretudo às fórmulas da respectiva concretização, bem como às relações inter institucionais existentes entre elas e os demais órgãos de soberania.

O elemento da independência assumiu, neste contexto, uma importância assinalável. Não apenas independência na acção, mas também independência orgânica.

Na verdade, as Autoridades Públicas Independentes analisadas mereceram esta qualificação em razão de elementos que reputamos fundamentais para tal qualificação, e que podem ser enunciados como segue:

a) Quanto ao fundamento legitimador da sua instituição, é no texto constitucional que o mesmo está consagrado e definido;
b) Da análise do texto constitucional resulta que estas Autoridades Públicas dispõem de regime jurídico diferenciado, quanto: (i) à competência para a nomeação dos seus dirigentes; (ii) quanto ao regime de prestação de contas aos órgãos de soberania competentes; (iii) quanto ao sentido, extensão e alcance do método da independência de que gozam estas Autoridades no exercício das suas actividades; (iv) quanto à natureza das relações inter-institucionais definidas na Constituição e na lei, no que se refere às regras de cooperação institucional com os órgãos do poder político;
c) As Autoridades Públicas Independentes que recolhem o seu fundamento directamente do texto constitucional assumem um estatuto qualitativamente mais independente e "livre" do poder executivo;
d) As Autoridades Públicas Independentes que são criadas com fundamento em preceito ou estatuto expressamente consagrado na Constituição exercem as suas competências totalmente "fora" de qualquer interfe-

rência do poder executivo e político, para além de, organicamente, se mostrarem totalmente "desintegradas" das estruturas da Administração Pública;

e) O regime de *accuntability* previsto na Constituição ou no acto constitutivo destas autoridades determina que o mesmo é prestado perante a Assembleia da República;

Em termos de "dignidade" constitucional estas Autoridades merecem do poder constituinte a mesma consagração dos órgãos de soberania.

Nestas circunstâncias e em atenção ao quadro constitucional e legal considerado, pareceu-nos possível proceder a uma distinção fundamental, quer quanto à natureza, quer quanto ao conceito das diversas entidades que sob a mesma ou idêntica denominação tem vindo a ser consideradas, pela doutrina, como entidades administrativas independentes "fortes" ou "menos fortes".[89]

Os critérios que consideramos elegíveis para proceder a esta distinção conceitual foram (i) o do fundamento legitimador da respectiva institucionalização, e (ii) o dos limites à independência do seu método de acção.

Neste sentido e por aplicação directa e cumulativa destes critérios entendemos que todas as entidades criadas com fundamento em preceito ou com estatuto constitucional expresso, como é o caso da ERC e do Banco de Portugal, devem ser qualificadas como Autoridades Públicas Independentes e, nessa medida, equiparadas aos demais órgãos de soberania previstos na Constituição.

São, assim, Autoridades com estatuto de entidades quasi soberanas.

A sua organização e funcionamento está directamente subordinado ao texto constitucional; as suas atribuições e competências são exercidas sem dependência de qualquer critério modelador ou coordenador do exercício das suas actividades.

A independência, enquanto método de agir, é no caso destas Autoridades "ilimitado", no sentido em que não estão vinculadas a qualquer outro regime que não seja o que decorre das regras constitucionais e legais aplicáveis.

Estas Autoridades não são, pois, entidades integradas na Administração Pública pelo que, por tal razão, não estão vinculadas a observar o princípio da unidade de acção previsto na Constituição.

[89] Cfr. por todos e quanto a esta denominação, J. Lucas Cardoso, em "As Autoridades Administrativas Independentes e a Constituição", 2002.

Para além da ERC e do Banco de Portugal, também o Provedor de Justiça, e os Conselhos Superiores da Magistratura e do Ministério Público devem ter-se como entidades "fora" da Administração Pública, dotadas de regime e estatutos de natureza constitucional, respectivamente nos domínios dos direitos fundamentais e do direito comunitário.

Devem assim, como referimos., ser qualificadas como Entidades Públicas Independentes de estatuto constitucional.

2. As Entidades Administrativas Independentes que operam na área dos direitos fundamentais

Numa primeira abordagem ao conceito e ao regime deparamo-nos com entidades de âmbito diferenciado e regimes jurídicos diversificados.

As entidades administrativas independentes que operam na área dos direitos fundamentais e que foram criadas em obediência aos princípios da própria Constituição Política, nomeadamente direitos eleitorais, direito de acesso a documentos administrativos, direitos de protecção da vida privada, revelam a preocupação do legislador em garantir uma apropriada protecção e salvaguarda destes direitos consagrados na Constituição.

Procuramos, assim, de acordo com os critérios predeterminados analisar, em razão da legislação e dos estatutos que lhe são aplicáveis, as regras fundamentais da sua independência face ao poder executivo.

Ou seja, distinguimos, nesta parte, não só o estatuto constitucional como as áreas das respectivas atribuições.

Em resultado dessa análise, consideramos que a nossa ordem jurídica comporta entidades administrativas independentes com vocação de protecção de direitos fundamentais que, por isso, assumem *graus de independência* na sua acção mais *intensos* e *menos limitados* do que as restantes entidades administrativas independentes que operam e detêm competências de promoção do mercado.

Neste sentido, consideramos a Comissão Nacional de Eleições, a Comissão de Acesso aos Documentos Administrativos e a Comissão Nacional de Protecção de Dados como Entidades Administrativas Independentes.

Questão fundamental que se nos colocou neste domínio foi a de saber se estas entidades devem ter-se como fazendo parte da estrutura orgânica da Administração Pública, dado que concebemos e estudámos o tema sob a veste da Reforma do Estado e da sua Administração.

Em apoio da tese da "supremacia" da sua independência face às restantes entidades, verificámos que, para além da doutrina que aborda este tema, também a própria legislação nos indica a sua especial distinção face a entidades administrativas independentes que operam nos sectores da economia e que, como veremos, devem ter-se como integradas na Administração Pública.

Apesar das dúvidas e das inquietações que esta questão coloca, acabámos por considerar que as entidades administrativas independentes com vocação de intervenção na área dos direitos fundamentais e correspondentes ao cumprimento de desideratos da Constituição Política não devem ser integradas, em termos orgânicos, nas entidades administrativas independentes com funções de regulação da actividade económica.

3. Entidades Administrativas Independentes com funções de regulação da actividade económica

Para além dos aspectos relativos à organização e funcionamento das entidades administrativas independentes a que dedicamos grande parte do nosso trabalho, o mesmo não ficaria completo se não procurássemos identificar a natureza das suas competências.

Esta busca foi preferencialmente feita através da tentativa de subsumir tais competências à própria configuração e modelo do Estado Moderno Regulador.

O modelo de Estado fundado no "tamanho" e na "complexidade" das suas próprias estruturas de organizações havia falido.

Tratava-se, pois, de "refundar" o modelo e proceder à criação de instituições "fora" da intervenção directa ou indirecta do poder executivo e, sobretudo, "acima" dos interesses a regular.

O conceito de regulação aparece, assim, como uma tentativa doutrinária de enquadrar e definir regras de garantia e de equilíbrio entre concorrência e mercado e prossecução do interesse geral.[90]

Neste sentido, seguimos a lição de Laurent Richer quando sustenta que a regulação não é forçosamente acompanhada de uma redução da intervenção pública, ela caracteriza-se preferencialmente pelo aparecimento de novas formas de intervenção.[91]

A regulação enquanto função até pode traduzir um "ataque" aos modelos tradicionais, mas deve ser entendida no sentido de uma nova e diversa manifestação institucional da "refundação" da intervenção pública.

[90] Neste contexto deve ser referido o fenómeno do desenvolvimento e crescimento do Mercado Único Europeu da União Europeia.

[91] Cfr. Laurent Richer, em "L'application du droit de la concurrence aux marchés publiques", CJEG, 1989, p. 295.

Esta "refundação" da intervenção pública foi analisada a partir dos seguintes principais métodos de abordagem:

a) A regulação como função do Estado soberano;
b) A regulação como organização e como estrutura da Administração Pública;
c) A regulação como função.

Sustentamos, assim, que a intervenção do Estado não desapareceu com o advento da economia de mercado; outrossim traduz uma nova fase de intervenção do poder público, ou seja, é uma nova forma de concretizar uma política pública definida pelo Estado.

O primeiro ensinamento destes desenvolvimentos é que a intervenção pública se mantém, ou seja, "a regulação é, antes de mais, uma modalidade da acção pública". Consagrada, a intervenção pública não está assim menos adaptada à economia de mercado.[92]

A actual intervenção pública que se encontra por detrás da regulação proporciona a visão da "neomodernidade" tal como foi referida anteriormente.

Se alguns tentaram defender-se de uma qualquer "neo-regulação" é forçoso reconhecer que o método de regulação contém as mutações que conduziram a um interesse geral neomoderno, tanto na formulação, como na realização.[93]

Eficácia, racionalização, formulação dialógica e concretização recorrente, são as características do método de regulação que revelam a sua implantação na transformação "neomoderna" do interesse geral. A regulação adapta os métodos a benefício da intervenção pública.[94]

A regulação em termos finalísticos é um conceito funcional que, como vimos, pode ser concebido a partir da sua aptidão para o exercício do poder soberano de definir e determinar a organização, bem como as formas (métodos) de estruturar os novos modelos tendentes a proteger e garantir as atribuições do próprio Estado.[95]

[92] Cfr. J. Gallot, em "Qu'est-ce que la régulation? Contribution pour une définition", RCC nº 119, 2001, p. 5.

[93] Cfr. M. Collet, "De la consécration à la légitimation. Observations sur l'appréhension par le juge des autorités de régulation", em M.-A. Frison-Roche (dir.), "Les régulations économiques: legitimité et efficace", Paris, 2004, p. 41.

[94] Cfr. C. Eisenmann, em "Cours de Droit Administratif", Vol. II, 1982/83, pp. 365.

[95] Cfr. neste sentido, C. Eisenmann, op. cit., p. 358.

Julgamos estar em condições de considerar que a Regulação, tal como a entendemos, não pode ser concebida como um descomprometimento do Estado Contemporâneo face às concepções que o qualificavam como agente modernizador e gestor dos sectores chave da economia.

Pelo contrário, perfilhamos o entendimento que o Estado Regulador é um Estado presente e actuante na economia quando, como é o caso, é uma instância tutelar e responsável por assegurar a prossecução dos interesses públicos e, nessa medida, dos equilíbrios no contexto da globalização, da europeização e dos mercados abertos à iniciativa privada e regidos pelo princípio da livre concorrência.[96]

Esta "intervenção" é visível na sua veste de *garantia,* ou seja, o Estado é responsável por garantir a protecção de interesses públicos relevantes, ainda que, como é o caso, os mesmos sejam assegurados através de competências atribuídas por lei a autoridades administrativas independentes.

VII. A natureza das competências das entidades administrativas independentes: O Direito Administrativo de Garantia

O Direito Administrativo da Regulação, no domínio da sua aptidão para a definição da organização e da estrutura das entidades que exercem funções regulatórias bem como das regras relacionais que as mesmas comportam, pode abranger poderes públicos visíveis em dois patamares:

(i) O patamar legislativo, que corresponde ao poder de instituir e de regular a organização e o funcionamento das autoridades de regulação; e

(ii) O patamar institucional, operacional ou executivo, em que se integram os poderes inerentes ao princípio constitucional da unidade de acção relativamente às competências das autoridades administrativas independentes, nelas se incluindo as autoridades de regulação.

Quanto ao primeiro patamar, como já deixámos referido, o mesmo comporta um conjunto de normas que se traduzem num *desígnio,* cujas fontes são a lei e o regulamento e que, em termos *finalísticos,* tem como objecto o de criar e de modelar a organização, o funcionamento, a disciplina da acção e o conjunto das relações entre as autoridades administrativas independentes, o poder executivo e os sectores e/ou empresas reguladas.

[96] Cfr. J. Chevallier "Les autorités administratives indépendantes de la régulation des marchés", p. 85.

O segundo patamar a que acima aludimos traduz-se na realização de tarefas executivas e operativas conformes com as normas habilitantes levadas a cabo pelas entidades reguladoras.[97]

Estas autoridades, porque são pessoas colectivas dotadas de personalidade jurídica de direito público, e na medida em que exercem funções executivas ao abrigo da lei e do regulamento, devem ser integradas na Administração Pública em sentido subjectivo.[98]

É esta a conclusão principal a que chega grande parte da doutrina e que se pode resumir pelas seguintes principais observações: (i) As autoridades administrativas independentes inserem-se no Estado de Direito, e (ii) mostram que a sua função de regulação deve ser compreendida em termos de função administrativa.

Numa primeira fase, o idealismo levou a conceber as autoridades de regulação, por essência ou por construção, como independentes não apenas dos operadores económicos, mas também das autoridades políticas, fora da hierarquia, embora elas próprias sejam autoridades administrativas possuidoras de todas as virtudes que as autoridades provenientes de eleição política não teriam, sendo pois numerosas as referências nos discursos de depreciação do Estado e das bases democráticas.

Na verdade, o desenvolvimento das autoridades de regulação corresponde apenas a uma renovação da intervenção política, uma evolução institucionalmente neomoderna que não põe em causa a ligação da regulação à esfera política, às prerrogativas de soberania e ao exercício do poder público, mesmo numa perspectiva de globalização.

A função administrativa transforma-se para responder às novas necessidades, porque antes de ser uma arquitectura institucional, da qual foi demonstrada a necessidade circunstancial e pragmática, ela é um método de administração.[99]

A função administrativa já não é apenas uma mera *função executiva*. A função administrativa é uma *função de direcção*, no caso das entidades admi-

[97] Cfr. Santiago Munoz Machado, em "Tratado de Derecho Administrativo Y Derecho Publico General, Tomo I, p. 1173, quando afirma que: "*Regular no es, pues, producir normas (lo es tambien, desde luego, pero no desde la perspectiva que ahora nos interesa), sino una actividad continua de seguimiento de una actividad*".

[98] No direito norte-americano as entidades de regulação são qualificadas como "quarto poder" por alguma doutrina, nomeadamente, Strauss , "The place of Agencies in Government: Separation of powers and the fourth branch", 1984.

[99] Neste sentido e por todos, cfr. J. B. Auby, "La Globalization, le Droit et l'État, Paris , 2002, p. 135.

nistrativas de regulação que, tendo em conta as suas atribuições e competências, *dirigem, coordenam, recomendam, determinam, investigam e aplicam sanções.*

Neste sentido, e apesar da sua independência, as autoridades administrativas independentes estão inseridas no Estado de Direito.[100]

Parece, pois, ser de considerar que *o patamar legislativo* de que acima falamos, pode ser concebido como a regra que do ponto de vista do soberano habilita o poder político a instituir "estruturas" adequadas à prossecução das estratégias básicas que, concatenadas, exigem novos modelos de administração.

No que se refere ao patamar operativo ou institucional concebemos as autoridades de regulação como autoridades administrativas independentes que exercem, com fundamento na lei, funções de regulação.[101]

Ou seja, as missões das entidades de regulação consistem na realização de competências normativas, operativas, de aplicação de sanções e de execução de uma função ou actividade administrativa.[102]

Neste âmbito, as autoridades administrativas inserem-se claramente na ordem constitucional e na ordem administrativa.[103]

Não podemos deixar de sublinhar que entendemos que a definição dos objectivos de regulação continua a caber em exclusivo ao poder político; as autoridades de regulação encarregam-se de as aplicar tendo em consideração o sector em causa e as necessidades concretas do mesmo sector, actividade e/ou empresa.

Finalmente, abordamos a questão da actividade de regulação em duas esferas diferenciadas: a esfera do direito público e a esfera do direito privado.[104]

O "direito da regulação" comporta "o direito privado da regulação" e o "direito administrativo da regulação".[105]

[100] Cfr. M. Colet, op. cit.

[101] A atribuição de personalidade jurídica de direito público a uma entidade administrativa demonstra que a mesma é uma autoridade administrativa, ainda que esteja incumbida da realização de uma missão de regulação. A missão de regulação é, pois, uma actividade administrativa, separada do poder político, mas inserida no Estado de Direito.

[102] Neste sentido, L. Giani, "Attività Amministrative e Regolazione di Sistema", pp. 152 e seguintes.

[103] Ver, no entanto, a nossa opinião sobre o conteúdo do conceito de unidade de acção que deve ter-se como aplicável às entidades administrativas independentes, no sentido em que este princípio impõe a acção mas não limita o respectivo exercício.

[104] Julgamos poder dizer que, neste momento, não é possível avaliar o caminho que vai ser trilhado no futuro pelo direito administrativo da regulação.

[105] É a posição defendida por Pedro Gonçalves, em "Reflexões sobre o Estado Regulador e o Estado Contratante", que perfilhamos.

A nós, no contexto do nosso trabalho, cumpre-nos restringir e delimitar as normas que consideramos dever qualificar como normas de direito administrativo da regulação.

Para isso vamos ter de apelar ao próprio conceito de Direito Administrativo.[106]

Enquanto direito da função administrativa o direito administrativo não regula apenas a actuação da administração pública em sentido orgânico.

Regula, para além disso, a actuação de todos os sujeitos jurídicos, ainda que não integrantes daquela, que exerçam a função administrativa, e ainda a actuação de todo e qualquer sujeito jurídico, quando e na medida em que se interseccione com o exercício da função administrativa.

Por outro lado, enquanto direito comum da função administrativa, o direito administrativo é aquele que se aplica na ausência de uma permissão de aplicação de qualquer outro complexo normativo. Isto significa que não se trata do direito exclusivo da função administrativa: esta pode ainda ser regulada por normas de outros ramos de direito, designadamente de direito privado.[107]

O Direito Administrativo é Direito Público, porque o seu objecto é a função administrativa.

A *função administrativa* compreende a actividade pública contínua tendente à satisfação das necessidades colectivas em cada momento selecionadas, mediante prévia opção constitucional e legislativa, como desígnios da colectividade política – ou seja, os interesses públicos contingentes.[108]

Portanto, o critério elegível para efeitos de distinção entre direito público e direito privado é o critério do *interesse a prosseguir.*[109]

O Direito administrativo é um direito "em movimento".[110]

Os *interesses públicos* que devem ser prosseguidos são os que resultarem das concepções prevalecentes em cada momento histórico que, por assumirem tal qualificação, devem ter assento constitucional.

[106] Sobre o método do direito administrativo, cfr. Afonso Queiró, em "Lições de Direito Administrativo", I e II, p. 106.

[107] Esta é a definição de Marcelo Rebelo de Sousa, op. cit., pp. 53 e seguintes.

[108] É esta a definição de Marcelo Rebelo de Sousa, op. cit., p. 39.

[109] Cfr. Marcelo Rebelo de Sousa e André Salgado Matos, "Direito Administrativo Geral", Tomo I, 2ª edição, pp. 53 e seguintes, onde são desenvolvidas as principais características dos diversos ramos de direito, bem como os critérios relevantes de distinção para a definição do direito público e do direito privado.

[110] Cfr. Maria da Glória Garcia, em "As Transformações do Direito Administrativo na Utilização do Direito Privado pela Administração Pública – Reflexões sobre o lugar do Direito no Estado", p. 280, onde é sustentada a sobrevivência da dualidade entre direito público e privado.

É desta definição e a partir dela que se tem vindo a construir o Direito Administrativo que é, por isso, recente, mutável e dependente das opções políticas tomadas em cada tempo histórico considerado.[111]

A afirmação precedente aplica-se inequivocamente ao *direito da regulação*, no sentido a que acima nos referimos, se nele podermos identificar um "corpo unitário" revelador de tendências e modelos institucionais de cariz identitário.

O *direito da regulação* aplica-se aos organismos (entidades administrativas independentes) que têm a seu cargo a missão de *regulação*.

Trata-se de um direito especializado – o direito administrativo da regulação – e nele (no corpo de normas jurídicas relevantes) devem compreender-se as normas emanadas pelo poder legislativo que visam enquadrar e disciplinar a acção das entidades administrativas independentes mediante a adopção de medidas no âmbito dos sistemas regulatórios.[112]

Se, como refere Gomes Canotilho, "*devemos combater por um Estado de Direito Administrativo*" e não pelo seu eventual "estiolamento", o que nos devemos perguntar é se, em termos *finalísticos* é ou não possível determinar a função maior do Direito Administrativo.[113]

A resposta é afirmativa! O Direito Administrativo é o direito da realização do interesse público.[114]

Esta afirmação é fundada na ideia de que ao Estado continua a ser imputável a *responsabilidade* pública de garantia da realização de certos valores e a satisfação do interesse público.

O comprometimento e a responsabilidade do Estado "deslocaram-se" apenas! O que outrora era realizado directamente pela Estado, hoje é concretizado de forma indirecta e autónoma pelas instituições, nelas se incluindo as autoridades administrativas independentes e pelos sujeitos privados, nos casos em que participam e assumem, segundo a lei, a co-responsabilidade na satisfação de interesses colectivos.

A breve evolução da "renovação" do direito administrativo traduz, segundo cremos, a própria evolução do papel do Estado no âmbito do direito da regulação.

[111] Basta ter presente as mudanças ocorridas na Europa, na passagem do Estado Mínimo para o Estado Prestador, em que se verificou o alargamento significativo do próprio âmbito de aplicação das normas de Direito Administrativo em áreas e sectores até então regulados pelo Direito Privado.

[112] Seguimos e aderimos a Pedro Gonçalves, op. cit., p. 11.

[113] Cfr. Gomes Canotilho, em "O Direito Constitucional passa, o Direito Administrativo passa também", p. 706.

[114] Cfr. Pedro Gonçalves, em "Entidades Privadas com Poderes Públicos", p. 1102.

O Estado é responsável e assume o dever de *garantir* a realização dos interesses públicos prevalecentes, no caso, a fiscalização, supervisão e o controlo dos sectores e/ou empresas.

Estas atribuições podem ser realizadas directamente pela administração pública, e durante largo tempo assim sucedeu.[115]

Mas as transformações ocorridas nas modernas sociedades, a globalização, a europeização, a falência do Estado intervencionista, o peso dos aparelhos administrativos e os custos-benefícios decorrentes deste modelo, legitimaram novos modelos de "intervenção" com o objectivo de *garantir,* nos termos constitucionais aplicáveis, a prossecução de interesses públicos prevalecentes.

Estamos, assim, de acordo com Pedro Gonçalves, quando sustenta que o *direito administrativo da regulação* é uma aplicação paradigmática da ideia de *direito administrativo de garantia.*[116]

É este Estado, composto na sua estrutura orgânica de entidades administrativas independentes, titulares de competências que visam concretizar as atribuições de interesse público de reserva do Estado, que iremos analisar na nossa tese, na convicção de que a evolução e o crescimento de tais entidades traduzem a Reforma do Estado.

[115] Foi o caso, por exemplo, em Portugal, da Direcção Geral da Energia.

[116] Pedro Gonçalves, op. cit., p. 11, em que sustenta algumas particularidade do direito administrativo da regulação, de entre as quais as de: (i) desgovernamentalização de administrações estaduais; (ii) europeização; (iii) retracção do princípio da legalidade administrativa.

PARTE SEGUNDA

A TEORIA GERAL DA ORGANIZAÇÃO ADMINISTRATIVA E REFORMA DO ESTADO

EVOLUÇÃO HISTÓRICA ATÉ AOS TEMPOS MODERNOS

As entidades administrativas independentes correspondem a estruturas da Organização da Administração Pública

Capítulo I
Evolução Histórica da Organização da Administração Pública do Estado

I. Razão de Ordem

O Direito para se realizar carece de uma organização. São estas as palavras sábias com que iniciamos o tratamento do tema em evidência.[117]

A organização, do ponto de vista do seu enquadramento, avoca para a terminologia jurídica as designações de "regulação", "direito da regulação",

[117] Cfr. Adolf Merkl, "Allgemeines Verwaltungsrecht", 1927, p. 291; Georg Jellinek, "Teoria General Del Estado", pp. 288 e seguintes; António Manuel Hespanha, "Cultura Jurídica Europeia – Síntese de um Milénio", pp. 261 e seguintes: *"A vontade ordenadora do Estado exprime-se na lei – portadora dos princípios mais estáveis e permanentes da organização política da sociedade e estabelecendo por isso os limites de actuação do Estado e dos particulares... abaixo da lei e a ela subordinada, está a administração, actuando também ela nos limites da lei (princípio da legalidade) e expressando a sua intenção reguladora numa infinidade de regulamentos e medidas administrativas concretas"*; Wim P. Blockmans & Jean-Philippe Genet (dir.), "Visions sur le développement des États européens. Théories et historiographies de l'État moderne", École Française de Rome, 1993; Marcello Caetano, "História do Direito Português (Séc. XII-XVI)", 2010; Marcelo Rebelo de Sousa, "Administração Pública e Direito Administrativo em Portugal", 1992; Luis Cabral de Moncada, "Estudos de História do Direito", Coimbra 1950; J. A. Santamaria Pastor, "Principios de Derecho Administrativo General", I, pp. 281 e seguintes; Mário Baptista Coelho, "Portugal: O Sistema Político e Constitucional 1974-1987", 1987; Guilherme Frederico Dias Pereira da Fonseca, "Direito Administrativo – A Administração Pública, Temática I", Textos de Apoio, 1996; António de Sousa Franco, "O Controlo da Administração Pública em Portugal", em Revista do Tribunal de Contas, Lisboa, Tomo I, nº 19/20, 1993; Armando Marques Guedes, "Ciência Política II – Teoria Geral do Estado", Apontamentos das Lições, Faculdade de Direito de Lisboa, 1982; João Baptista Machado, "Participação e Descentralização – Democratização e Neutralidade na Constituição de 1976", em Revista de Direito e Estudos Sociais, Ano XXII, 1982; Jorge Miranda, "A Administração Pública nas Constituições Portuguesas", em O Direito, 1988; José Tavares, "Administração Pública e Direito Administrativo: para o seu estudo e compreensão", Almedina, Coimbra, 1992.

"Estado Regulador" e "actividade de regulação" que pretendem qualificar o estado do actual Estado.[118]

São, por outro lado, assinaladas e identificadas novas estruturas organizativas – as chamadas entidades administrativas independentes – instituídas com a finalidade, entre outras, de dar cumprimento às denominadas tarefas de regulação – económica, financeira e social.[119]

Encontramos ainda, na bibliografia relevante, autores que sustentam que o conceito de administração pública deve ser revisitado, na medida em que os tradicionais conceitos de "administração agressiva", "administração prestadora/constitutiva" e "administração de infraestruturas" não são, hoje, aptos e susceptíveis de revelar a forma como é exercido o poder executivo, tanto no domínio das relações entre si, como no âmbito das relações com o outro pólo da relação jurídica envolvente.[120]

[118] Cfr. entre outros, Giandomenico Majone, "From the Positive to the Regulatory State: Causes and Consequences of Changes em the Model of Governance", p. 16; Robert Baldwin, Martin Cave & Martin Lodge, "Understanding Regulation: Theory, Strategy and Practice", 2011; J. Bermejo Vera, "Derecho Administrativo Basico", 2012 e "La administración inspectora", em RAP, nº 147, 1998, pp. 39 e seguintes; Júlia Black, "Tensions in Regulatory State", Public Law, 2007, pp. 58 e seguintes; "Decentring Regulation: Understanding the Role of Regulation and self-regulation in a "post-regulatory" world", Current Legal problems, 2001, Vol. 54, pp. 103 e seguintes; "Regulatory conversations" em Sol Picciotto and S. David Campbell (eds.), "New Direction in Regulatory Theory", Oxford, 2002, pp. 163 e seguintes; "The Credit Crisis and the Constituition", em D. Oliver, T. Prosser & R. Rawlings (eds.), "The Regulatory State – constitucional implications", Oxford, 2010, pp. 92 e seguintes; M. M. Darnaculleta Gardella, "Autorregulación y derecho publico: La autorregulación regulada", Madrid, 2005.

[119] Cfr. a extensa bibliografia citada nos capítulos relativos às Autoridades Administrativas Independentes no Direito Comparado (E.U.A., Reino Unido, Espanha e França); Fausto de Quadros, "Direito da União Europeia", 2013, pp. 536 e seguintes; Victor J. Calvete, em "Entidades Administrativas Independentes: Smoke & Mirrors", Revista da Concorrência e Regulação, 2011, p. 3; Pedro Machete, "Estado de Direito Democrático e Administração Paritária", Coimbra, 2007; Eduardo Paz Ferreira, Luis D. S. Morais e Gonçalo Anastácio (orgs.), "Regulação em Portugal. Novos Tempos, Novo Modelo?", Coimbra, 2009, pp. 23 e seguintes; Andrés Betancor Rodriguez, "Regulación: Mito y Derecho, Desmontando el Mito para Controlar la Intervención de los Reguladores Económicos", Civitas, 2010; José Lucas Cardoso, "Autoridades Administrativas Independentes e Constituição", Coimbra, 2002; Relatório do Conselho de Estado Francês, "Les autorités administratives indépendantes", 2001; Peter Vincent-Jones, "The regulation of contractualization in quasi-markets for public services", Public Law, 1999, pp. 304 e seguintes; Richard B. Stewart, "Administrative law in the twenthy-first century", New York University Law Review, Vol. 78, 2003, pp. 437 e seguintes; Lorenzo Casini, Models of Public Administration: Comparative Analysis of Administrative Organization, CAIMED, pp. 9 e seguintes; Richard B. Stewart, Cass R. Sunstein & Adrian Vermeule, "Administrative Law and Regulatory Policy: Problems, Text and Cases", Vol. VI, New York, Aspen, 2006.

[120] Cfr. Pedro Machete, em "Estado de Direito Democrático e Administração Paritária", Coimbra, 2007; Vasco Pereira da Silva, "Em Busca do Acto Administrativo Perdido", Coimbra, 2003;

De novo se discute o papel da administração – em sentido subjectivo e material – na prossecução dos fins do Estado.

O alargamento ou a redução da intervenção directa da administração é tema que ressalta da configuração que se pretende atribuir ao Estado.

Interessante é verificar que alguns entendem que estamos a voltar à "administração do mínimo", outros sustentam que o que sucede é a "transformação" do Estado e não a sua reforma ou a sua redução no campo da intervenção económica e social.[121]

O Estado não teria diminuído nem reduzido a sua dimensão: o Estado não teria prescindido de ser "polícia", de ser "prestador", de ser "produtor", de ser "gestor".

O Estado apenas se "transformou" no sentido de passar a assegurar uma "nova" forma de intervenção através de "novas estruturas" e de modelos mais flexíveis e racionais, mas que visam dar "resposta estadual" aos interesses públicos relevantes que estão e continuam a seu cargo.[122]

O que parece ser incontestável é a consideração de que a análise e a classificação das formas de intervenção do Estado na Sociedade deverão ser realizadas por apelo a cada momento histórico em que tal intervenção se concretiza.

Na verdade, a administração pública não irrompe, de súbito, por acaso e por actos de génio, nem, por outro lado, desaparece, fugidiamente, na noite do acaso. Temos por certo que à existência cultural e histórica do Homem

Vasco Pereira da Silva, "O Contencioso Administrativo no Divã da Psicanálise", Coimbra, 2009; Pedro Costa Gonçalves (coord.), "O Governo da Administração Pública", Almedina, 2013, pp. 25 e seguintes; Paulo Otero, "A Dimensão Política da Administração Pública: A quebra do mito da separação de poderes entre política e administração", em Estudos em Homenagem ao Professor Jorge Miranda, 2012, p. 713; Rui Guerra da Fonseca, "Os Fundamentos da Autotutela Executiva da Administração Pública – Contributo para a sua Compreensão como Problema Jurídico-Político", Coimbra, 2012, pp. 89 e seguintes.

[121] Cfr. quanto ao desenvolvimento, em três fases, dos modelos de intervenção do Estado na economia, Vital Moreira, em "Auto Regulação Profissional e Administração Pública", Almedina, 2012, pp. 28 e seguintes; António Carlos dos Santos, Maria Eduarda Gonçalves e Maria Manuel Leitão Marques, "Direito Económico", 5ª edição, Coimbra, 2004, pp. 189 e seguintes; Eduardo Paz Ferreira, "Lições de Direito da Economia", Lisboa, 2004, pp. 215 e seguintes; "Livro Branco do Sector Empresarial do Estado", Ministério das Finanças, Lisboa, 1998; J. Garcia de Enterria, "Ordenación de los mercados de valores y operaciones de privatización", em Revista de Derecho Bancário y Bursatil, 73, Ano XVIII, 1999, pp. 11-29; C. Ferrari-Breeur, "L'Après Privatisation en Italie: Réflexions sur le Rôle de l'État dans les Societés Privatisées", em Revue du Marché Commun et de l'Union européenne, nº 426, 1999, pp. 166 e seguintes; M. Hemming & Ali M. Mansoor, "Privatization and Public Enterprises", IMF Occasional Papers, nº 56, Washington DC, 1988.

[122] Cfr. quanto aos modelos de organização da administração pública, Diogo Freitas do Amaral, "Curso de Direito Administrativo", Vol. I,1994, Coimbra, pp. 89 e seguintes.

sempre estão associadas, no respectivo contexto, as formas de organização e acção da administração pública.[123]

Ou seja, para chegar aqui – ao que hoje maioritariamente se designa de "Estado Regulador" – teremos de ter e de dar uma imagem clara da evolução histórica e jurídica das diversas formas de organização do Estado para o cumprimento das tarefas que lhe cumpre realizar.[124]

Assumindo que também a história da evolução da administração pública "não é um precioso excesso de constatação e um luxo", outrossim é um guia que nos mostra as vias percorridas, importa lançar um olhar – ainda que breve – sobre o que antecedeu o momento histórico que vivemos, ou seja, "o nascimento", a "evolução" e o "desenvolvimento" do Estado contemporâneo.[125]

Este olhar que se nos impõe lançar sobre a história da organização do Estado está, no entanto, subordinada aos objectivos que nos propomos com a elaboração da nossa tese, e estes são os de: (i) contribuir para a definição do conceito de entidades administrativas independentes, bem como (ii) verificar e definir a natureza e o regime jurídico das entidades administrativas independentes.[126]

[123] Cfr. Rui Manuel de Figueiredo Marcos, em "História da Administração Pública, Relatório sobre o Programa, o Conteúdo e os Métodos de Ensino", Coimbra, 2006, pp. 9 e seguintes.

[124] Cfr. sobre a história e tipos de administração pública, Hans J. Wolff, Otto Bachof e Rolf Stober, em Direito Administrativo, Vol. 1, edição da Fundação Gulbenkian, Lisboa, 2006, pp. 91 e seguintes, e quanto ao desenvolvimento do Modelo Democrático, Maurice Duverger, em "Os Grandes Sistemas Políticos",Coimbra, 1985, pp. 23 e seguintes; Georg Jellinek, "Teoría General del Estado", Coimbra, 2005, pp. 552 e seguintes; F. Garrido Falla, "Tratado de Derecho Administrativo", Vol. I, 11ª edição, Madrid, 1989; G. Ariño Ortiz, "Principios de descentralización y desconcentración", Documentación Administrativa nº 214, Madrid, 1988; J. A. Garcia-Trevijano, "Principios Jurídicos de la Organización Administrativa", Madrid, 1957.

[125] Cfr. Marcelo Rebelo de Sousa, sobre a evolução da organização da administração em Portugal, "Teoria Geral da Organização Administrativa", Tomo I, pp. 126 e seguintes; Pedro Machete, em "Estado de Direito Democrático e Administração Paritária", pp. 304 e seguintes; Marcello Caetano, "Estudos de História da Administração Pública Portuguesa", Organização e Prefácio de Diogo Freitas do Amaral, Coimbra, 1994; Marcello Caetano, "Manual de Ciência Política e Direito Constitucional", I, 2006, pp. 158 e seguintes.

[126] A doutrina tem, e nalguns casos continua a utilizar indistintamente, os termos "autoridade" e "entidade" para identificar as entidades administrativas independentes. É nossa convicção que a invocação do primeiro termo está directamente relacionada com a circunstância de se aliar esta terminologia aos poderes que estão imanentes: o poder executivo unilateral e voluntário de produzir efeitos directos e imediatos na esfera jurídica dos destinatários dos seus actos. Pela nossa parte, porém, vamos adoptar o termo "entidade" tal qual está actualmente consagrado no nº 3 do art. 267º da Constituição da República.

Estas autoridades surgiram, pela primeira vez, tanto quanto reza a história, nos EUA e foram fazendo o seu caminho, com maior ou menor intensidade, nos diversos países europeus.[127]

A questão essencial que nos vai ocupar neste capítulo do nosso trabalho é a de, justamente, verificar se estas entidades devem ser integradas na organização administrativa do Estado ou, se pelo contrário, devem ser tidas como modelos institucionais autónomos e independentes, correspondendo a uma nova estrutura cujas missões devem ser integradas numa nova função do Estado, a par da função legislativa, judicial e executiva.[128]

Parece, pois, ser importante, quando se trata de analisar a evolução da estrutura da organização administrativa do Estado, ter uma noção, ainda que sucinta, da história da administração pública, em sentido objectivo e subjectivo, que se mostre apta a facultar-nos as bases científicas para a definição e o enquadramento institucional, funcional e objectivo das entidades administrativas independentes.

O que parece relevante nesta parte da nossa tese é procurar identificar as diversas formas de organização administrativa dos modelos de Estado pré-existentes, com o objectivo de procurar desvendar as tarefas e o modo (modelo) de as prosseguir.

O Estado para cumprir o Direito carece de uma organização. Mas a História dos Estados é uma história de caminho para o Direito.[129]

De modo que, nas secções subsequentes, a nossa preocupação fundamental é facultar uma panorâmica sucinta das formas de organização dos Estados

[127] Quanto ao surgimento destes novos modelos de organização administrativa, cfr. por todos, Relatório do Conselho de Estado Francês, 2001, pp. 32 e seguintes.

[128] É neste contexto que surge frequentemente a designação de um quarto poder que integra estas entidades no seu seio e que, por isso mesmo, são concebidas como estando "fora" da organização da administração pública reveladora de uma profunda transformação, ou até uma ruptura do modelo, ao aceitar que, a par das autoridades consagradas na Lei Fundamental, podem ser criadas e desenvolvidas outras autoridades fora do "aparelho" administrativo. Neste sentido, cfr. Damien Girardin, "L'Hiérarchie des Pouvois dans les Systémes Communautaires de Régulation", em M.-A. Frison-Roche, "Régles et Pouvoirs dans les Systémes de Régulation", Paris, 2004, p. 19; "Études en l'honneur de Georges Dupuis: Droit Public", Georges Vedel (préf.) e outros autores, Paris, LGDJ, 1997, p. 47.

[129] Cfr. Pedro Machete, "Estado de Direito Democrático e Administração Paritária", Coimbra 2007, p. 109: "*...principalmente no que respeita ao direito administrativo, as diferenças entre os dois modelos (o francês e o inglês) foram equacionados a partir da emergência da administração como uma realidade autónoma e submetida a um direito especial, quer por confronto com os demais poderes do Estado, quer por confronto com os particulares*".

que procuravam dar "passos" no sentido da protecção dos cidadãos, do património e das colectividades ou associações.[130]

A decisão de método que adoptamos, ou seja, a de descrever a evolução da Administração Pública, está directamente relacionada com a forma como encaramos o problema do "surgimento" das entidades administrativas independentes.

Naturalmente que existem vários ângulos de abordagem deste tema, desde a análise dos fundamentos para o seu aparecimento até às questões relativas à sua conformidade com o texto constitucional, passando pela descrição teórica e prática das respectivas atribuições e competências.[131]

Mas, da reflexão e estudo que realizamos neste contexto, pareceu-nos da maior importância analisar e enquadrar o tema no âmbito mais vasto da teoria geral da organização administrativa do Estado na sua veste de administração estadual.[132]

Após uma primeira incursão sucinta e meramente descritiva da evolução do Estado e da sua organização, o núcleo fundamental do nosso trabalho é centrado na abordagem do conceito e da natureza das entidades administrativas independentes enquanto elementos da estrutura da administração pública do Estado.[133]

[130] Cfr. Georg Jellinek, em "Teoria General del Estado", quando sustenta, a p. 282, que: "*Como todo el fenómeno histórico, el Estado esta sometido a un cambio permanente en sus formas...Los elementos del concepto del Estado en su dos formas, social y jurídico, se muestran de distinta manera en los diferentes círculos que forma la vida de la cultura y depende de las propriedades generales de un Pueblo y de una época, tanto el que se llegue a tener consciência de estas propriedades como la manera de alcanzarlas...*"

[131] Cfr. entre outros, Paulo Otero, em "O Poder de Substituição em Direito Administrativo", Vol. II, 1995, pp. 742 e seguintes; Paulo Otero, "Legalidade e Administração Pública: O Sentido da Vinculação Administrativa à Juridicidade", 2003, pp. 271 e seguintes; Vasco Pereira da Silva, "Em Busca do Acto Administrativo Perdido", 2003, pp. 94 e seguintes; Vital Moreira, "Serviço Público e Concorrência, A Regulação do Sector Eléctrico", em Stvdia Iurídica nº 60, 2001, pp. 223 e seguintes; Maria João Estorninho, "A Fuga para o Direito Privado", 2009, pp. 98 e seguintes; Pedro Gonçalves, "Reflexões sobre o Estado Regulador e o Estado Contratante", 2013, pp. 82 e seguintes; Santamaria Pastor, "Princípios del Derecho Administrativo General", Vol. I, 2009, pp. 372 e seguintes; Miguel Ángel Sendín Garcia, "Regulación y Servicios Públicos", 2003, pp. 56 e seguintes; José Lucas Cardoso, "As Autoridades Administrativas Independentes e a Constituição", 2002.

[132] Cfr. quanto aos sentidos do conceito, Diogo Freitas do Amaral, "Curso de Direito Administrativo", Vol. I, 1994, p. 29; Marcello Caetano, "Manual de Direito Administrativo" Vol. I, 1992, p. 6; Afonso R. Queiró, "Estudos de Direito Administrativo", I, Coimbra, 1968, p. 73; Marques Guedes, "Estudos de Direito Administrativo", Lisboa, 1963, p. 9; Rogério Soares, "Administração Pública, Direito Administrativo e sujeito privado", Coimbra, 1961, p. 136; G. Zanobini, "Amministrazione Pubblica", em Enciclopedia del diritto, Vol. II, 1958, pp. 233 e seguintes.

[133] Cfr. a propósito do "novo rosto da administração pública", Maria João Estorninho, "A Fuga para o Direito Privado", p. 47, quando afirma que: "*Por tudo isto (....) aos poucos, começa-se a pôr em causa o*

O nosso trabalho não visa analisar as diferentes e diversas formas de cooperação, de colaboração e de participação dos interessados nas decisões de índole pública; não visa também analisar as mais recentes e criativas formas de associar pessoas e entidades privadas na realização de tarefas públicas; não visa qualificar e enquadrar as entidades privadas reconhecidas de utilidade pública que cooperam e, nalguns casos, se substituem ao Estado nas suas missões; não visa encontrar e definir o conjunto de estruturas administrativas locais e regionais...

Ou seja, a nossa tarefa reside na análise e na discussão de um outro fenómeno, que é, justamente, o da "transferência" da função reguladora do Estado Central, exercida através dos seus serviços e organismos integrados na administração directa, para diferentes entidades de direito público, mas dele autónomas e independentes.[134]

II. Descrição e Evolução Histórica da Administração Pública

O Estado, desde a Antiguidade Oriental, passando pela Monarquia Absoluta, pelo Estado Liberal e pelo Estado Providência até aos nossos dias, foi moldando e instituindo as diversas entidades destinadas a prosseguir o interesse público através da prestação de serviços públicos com vista à satisfação das necessidades colectivas.[135]

próprio crescimento do Estado e das funções por ele desempenhadas e defende-se a necessidade de repensar a dimensão da máquina administrativa e os tipos de tarefas que a seu cargo devem ser colocadas".

[134] A função de regulação de que aqui falamos é a que resulta da importância de regular o mercado liberalizado e privatizado para garantir a concorrência, no sentido em que o "*abandono da actividade empresarial do Estado e o fim dos exclusivos públicos provocou em geral um reforço da actividade regulatória do Estado*". Temos, pois, uma função de regulação do Estado que garante a desgovernamentalização, a despolitização e a despartidarização da função, fazendo prevalecer os valores da imparcialidade, da tecnicidade, da previsibilidade e a independência do regulador, através da instituição de entidades administrativas independentes que, por "delegação", passam a exercer actividades de supervisão, de regulamentação, de sanção, de recomendação, de ordenação..., cfr. Vital Moreira, "Serviço Público e Concorrência. A Regulação do Sector Eléctrico", op. cit., pp. 225 e seguintes. No mesmo sentido, Juan Miguel de La Cuetara Martinez, "La Regulación Subsiguiente a la Liberalización y Privatización de Servicios Públicos", Stvdia Iurídica nº 60, pp. 193 e seguintes; François Burdeau, "Histoire du Droit Administratif: de la Révolution au début des années 1970", 1995, pp. 415 e seguintes.

[135] Claro que esta afirmação deve ser entendida no sentido em que aqui a pretendemos empregar, ou seja, Estado no sentido em que o Homem sempre procurou e definiu formas de convivência que passavam pela existência de poderes e de teias de relações de dependência. Como assinala José Reis Novais, em "Os Princípios Constitucionais Estruturantes da Republica Portuguesa", 2011, pp. 15 e seguintes: "*Na Idade Média só impropriamente se pode falar em Estado. A ideia anteriormente já surgida de um poder de Estado, enquanto poder político dotado de unidade e autonomia (ideia presente tanto*

A comunidade política sempre teve órgãos de governo. A relação governante – governado foi sendo desenhada e redesenhada em todas as épocas. [136]

Em qualquer momento histórico que se pretenda reconstituir, os governantes exerceram uma autoridade, em princípio dirigida ao bem comum, e os "súbditos" tiveram sempre de acatar e de se submeter a tal autoridade.

Na Antiguidade Clássica, as formas de domínio existentes não assumiam carácter estadual.[137]

Por tal razão, a inexistência de uma organização administrativa estadual levou a que, ao tempo, as tarefas administrativas fossem executadas de forma descentralizada pelo clã, pelos aristocratas e por pequenas associações de estirpe no âmbito de uma competência própria autónoma. [138]

As funções de governo, as de administrar e de julgar não estavam separadas; eram, aliás, exercidas, em regra, pelas mesmas pessoas e/ou instituições.[139]

Neste contexto e nesta época histórica, o Direito emanava da consciência moral e religiosa: foi sendo "convocado" face às circunstâncias de cada caso concreto que exigiam a sua aplicação. Direito, costumes e religião eram uma e a mesma coisa e ordenavam o sentir e as necessidades comunitárias.[140]

na Cidade-Estado grega, como no Império Romano) deu lugar, na sociedade medieval, a uma pluralidade de poderes particulares, de natureza territorial, religiosa ou social: os feudos, os burgos, os senhorios, ou, nos casos mais abrangentes, os próprios reinos". Quanto à evolução da organização da administração pública em Portugal, cfr. Marcello Caetano, em "Estudos de História da Administração Pública Portuguesa", Coimbra, 1994; quanto aos tipos fundamentais de Estado e a sua estrutura organizatória, cfr. Georg Jellinek, "Teoría General del Estado", pp. 282 e seguintes.

[136] Cfr Diogo Freitas do Amaral, "Curso de Direito Administrativo", Vol. I, pp. 52 e seguintes, relativamente aos elementos caracterizadores da administração pública no Estado Oriental e no Estado Grego; Marcello Caetano, "Estudos de História da Administração Pública Portuguesa", op. cit., em que se faz uma resenha histórica desde as Cortes de Leiria de 1254 até à Administração Colonial.

[137] Ao tempo, a autonomia de parentesco (ou de casta), frequentemente de domínio aristocrata, e o poder de auto-auxílio constituíam as bases fundamentais da organização do poder político. Com esta configuração, cfr. H. J. Wolff, Otto Bachoff & R. Stober, "Direito Administrativo", Vol. I, Fundação Gulbenkian, p. 43, que salientam que neste período histórico a actividade administrativa descentralizada era exercida pelos "delegatários" dos clãs e dos "senhores" e cingia-se à regulação dos assuntos militares, da segurança e da paz interna, e aos assuntos de transporte e mercados.

[138] Cfr. José Reis Novais, op. cit., quando refere que o Estado moderno sucede à desagregação do sistema medieval e surge como resultado dos processos de centralização do poder político e da supressão progressiva dos privilégios feudais e barreiras corporativas medievais.

[139] Cfr. quanto à evolução do pensamento político ocidental, Freitas do Amaral, em "História do Pensamento Político Ocidental", Almedina, 2012, pp. 68 e seguintes.

[140] Cfr. Ferrel Heady, "Public Administration: A Comparative Perspective", 2ª ed., Marcel Dekker, Nova Iorque, 1979, pp. 133 e seguintes, em que são citados, designadamente, os casos de administração da China Imperial e da Índia; Jean Gaudemet, "Institutions de l'Antiquité", Paris, 1967, p. 69.

Foi, porém, em Roma – Roma Imperial – que se afirmou a preocupação de criar um Estado assente numa expressão territorial e num poder político complexo, provendo a amplas necessidades colectivas como as da defesa, segurança interna, comunicações, abastecimentos de água, infraestruturas de resíduos, funcionamento de mercados, ensino, cultura e até lazer.[141]

A pulverização do poder político como o medieval, mesmo quando acompanhado da génese dos primeiros Estados Europeus na Baixa Idade Média, levou à quase ausência de administração pública estadual, sendo as necessidades colectivas satisfeitas no quadro das relações de vassalagem por instituições religiosas, ou ainda, no âmbito da administração local, pelas comunidades municipais.[142]

O feudalismo europeu foi marcado, assim, de forma decisiva pela relação de "vassalagem" e pela "herança feudal" ou "benefício". Em troca do serviço e da fidelidade era concedido ao vassalo um feudo, como contrapartida material.[143]

A administração feudal é, pois, caracterizada por uma vontade própria e um mínimo de organização institucional mas descentralizada, o que legitimou e garantiu protecção contra o despotismo centralizado e esteve na origem do desenvolvimento de comunidades autónomas autorreguladas.[144]

[141] É neste tempo histórico – que reportamos ao direito romano – que em termos linguísticos se emprega a palavra *administratio*. Nesta fase da história a administração, para além da jurisdição (exercida "pelo governo"), passou a compreender os assuntos financeiros, os mercados, a cunhagem de moeda e transportes. Em Reinos de grande superfície territorial, formaram-se administrações públicas agrárias e administrações de "bem-estar" (termas, águas, comunicações) que actuavam em termos de conformação social. Foi também neste período que algumas tarefas públicas passaram a ser levadas a cabo por privados. É o caso da administração fiscal que no âmbito do Direito Romano, e tendo em conta a extensão territorial do Império, esteve na origem da "delegação" do serviço de cobrança de impostos aos *publicani*. Os "concessionários" destes serviços eram investidos de poderes de autoridade na medida em que, nos termos da lei, eram detentores de poderes de extrajudicialmente "se apoderarem" de "coisas" pertencentes ao "obrigado" nos casos de incumprimento do dever de pagar impostos. Para maior desenvolvimento, cfr. Otto Bachoff e outros, op. cit., pp. 137 e seguintes; Georg Jellinek, "Teoría General del Estado", p. 282.

[142] Cfr. Jorge Miranda, "Manual de Direito Constitucional", I, p. 58, que sustenta, aliás, na esteira de Max Weber, que durante o período da Idade Média não há Estado. Em sentido contrário, cfr. Diogo Freitas do Amaral, "Estado", em Enciclopédia Polis, Vol. II, Verbo Editora, 2007.

[143] Cfr. Freitas do Amaral, "Curso de Direito Administrativo", Vol. I, p. 59, que afirma que apesar da fragmentação do poder é possível considerar a existência da administração pública, designadamente em Portugal, como era o caso da Cúria Régia, do Alferes-Mor, do Mordomo da Corte e de delegados locais do Rei.

[144] Neste tempo histórico foi sendo progressivamente centralizado e concentrado o poder designado por Estado estamental. Neste sentido, cfr. Jorge Reis Novais, "Os Princípios Constitucionais Estruturantes da República Portuguesa", p. 16; sobre a evolução da administração após D. Afonso III, cfr. Marcello Caetano, op. cit., pp. 318 e seguintes.

A partir de meados do século XIII – do Estado Feudal – desenvolveu-se, como era inevitável, um poder concorrente com o poder central.

As circunstâncias legitimaram um alargamento significativo dos poderes dos senhores feudais através do alargamento dos seus espaços territoriais.

Emergiu o conceito de soberania territorial que esteve na origem da criação de uma administração de serviços que foi adquirindo, progressivamente, um carácter institucional com o objectivo de prosseguir finalidades públicas centradas no correspondente espaço territorial.[145]

Foi, pois, com o Império Romano que se deu início ao aperfeiçoamento e estruturação da organização da administração pública que exercia funções de segurança, nomeadamente de defesa das fronteiras e da tranquilidade pública, cobrava impostos, administrava a justiça e realizava grandes obras públicas.[146]

Mas a história, fiel a si própria, dá-nos conta de novos e diferentes fenómenos sociais que emergem e se desenvolvem nas comunidades políticas.

Em luta conta os poderes autónomos, as classes e a "ordem jurídica" existentes, nasce a Monarquia Absoluta na Europa Continental.[147]

Surgem os Estados Nacionais.[148]

Este Estado emergiu assim com a finalidade de promover o bem-estar geral e universal e, do ponto de vista político, o de aumentar as suas receitas, sobretudo para fins militares.

O Estado Absoluto em que o Monarca era o supremo legislador, juiz e administrador, esteve na origem de um crescimento acentuado da dimen-

[145] A desagregação de Roma teve como consequência a destruição da ideia de *imperium*. Passa a subsistir uma outra ideia fundamental: a das relações de domínio. A função dos "dominadores" consistia essencialmente em fazer e garantir a paz, bem como manter e conservar "o bom direito". Surgiram as cidades e estas exigiram uma administração de defesa, de finanças, de segurança, de ordem interna e assistência. Nasceram os primeiros funcionários públicos modernos, os livros, os registos e os processos. Neste sentido, como salienta Otto Bachoff e outros, op. cit., p. 99, *"...tudo aquilo a que chamamos "administração e direito administrativo" provém do município urbano autónomo"*.

[146] Cfr. Diogo Freitas do Amaral, "Curso de Direito Administrativo", p. 56; Alberto Burdese, "Manuale di Diritto Pubblico Romano", 2ª edição, 1975, p. 182; Brian Chapman, "The Profession of Government: The Public Service in Europe", Londres, 1959, pp. 10 e seguintes; Raul Ventura, "Direito Romano", lições policopiadas, AAFDL, 1958, p. 406.

[147] O Estado Absoluto pode situar-se entre os séculos XVI e XIX, e pode ser qualificado como o reforço de um novo poder absoluto do Rei, face ao regime de assembleias representativas dos vários sectores e classes sociais vigentes no período histórico anterior. Cfr. Freitas do Amaral, "Curso de Direito Administrativo", Vol. I, pp. 66 e seguintes.

[148] Os Estados Nacionais – introduzidos na Europa através de Henrique IV em França – surgiram como consequência de lutas contra os poderes autónomos até então existentes, e caracterizavam-se pela direcção de uma Casa Forte em que os poderes de autoridade passaram a ser soberanos.

são do Estado centralizado e concentrado, o que implicou o apagamento das autonomias locais e ainda das instituições da Igreja.

Em razão das finalidades apontadas, este Estado carecia de uma organização administrativa hierarquizada e centralizada.[149]

Esta organização administrativa unitária e hierarquizada foi despontando e teria ficado completa no século XIX através do modelo instituído por Napoleão I, que consistiu na formação de um ministério estadual como entidade suprema central e composto por um corpo administrativo de funcionários profissionais especializados.[150]

A administração do Estado de Polícia assumiu, assim, face ao cidadão, duas vestes: como pessoa jurídica de direito público e como pessoa jurídica de direito civil.[151]

Nasce a teoria do Fisco, enquanto instrumento fundamental, mas auxiliar, da autoridade soberana.

O domínio pessoal e arbitrário do Estado Absoluto foi posto em causa pela burguesia que, ao tempo, estava em ascensão.

A Revolução Francesa e a luta americana pelas liberdades foram os pólos fundamentais e legitimadores da ideia de constituição de uma administração e de um Estado orientados para o cidadão, com a consagração e a protecção de direitos individuais e de garantia contra o domínio arbitrário. O objectivo era o da criação de um Estado Liberal de direito constitucional.

A constitucionalidade, a separação de poderes e a legalidade eram as traves mestras do sistema político no Estado Liberal.[152]

[149] O Estado Absoluto é o Estado de Polícia, na medida em que assume e exerce uma ampla competência administrativa realizada por um aparelho administrativo centralizado e hierarquizado nas mãos do Governo do Rei como instrumento fundamental para a prossecução de fins sociais e de ordenação, de conformação e, especialmente, de fomento da economia. Neste sentido, cfr. Freitas do Amaral, op. cit., pp. 67 e seguintes.

[150] Naturalmente que o Estado Liberal não irrompe em todos os espaços e ao mesmo tempo. Em França, por exemplo, podemos situá-lo em finais do século XVIII e na Alemanha em meados do século XIX. No Reino Unido que, segundo a história, não conheceu o Estado Absoluto, o advento do Estado Liberal teria ocorrido em finais do século XVII.

[151] Recorde-se que é também neste período que as conquistas territoriais exigiam a instituição de uma "administração colonial". Em Portugal, o sistema de transferência de poderes públicos para administrar a Madeira e os Açores bem como, posteriormente, o Brasil, representava a definição de uma política de "delegação" de poderes de autoridade a pessoas ou empresas em regime de "concessão colonial", que compreendiam poderes de cobrar impostos, manutenção da ordem pública, administração da justiça, conquista de novos territórios e declaração de guerra.

[152] O Estado de Direito visa garantir a segurança, a liberdade e a propriedade dos cidadãos, através de: (i) uma marcada separação entre o Estado e a sociedade que permita a esta constituir-se em

O primado da Lei e a reserva de lei formal concretizaram, do ponto de vista da administração pública, a forma da respectiva organização, do seu funcionamento e do quadro em que se executavam as suas decisões.

A administração pública do Estado Liberal (Estado de Direito de salvaguarda) actuava apenas no domínio da criação de condições externas para o livre desenvolvimento e a conformação social da "sociedade civil".[153]

Tratava-se de um Estado em que a organização do respectivo aparelho administrativo se fundava no princípio "do mínimo", apesar da evolução social e política exigirem o alargamento das "prestações" dando origem progressivamente ao emergir, nomeadamente, de instituições de assistência e de segurança social.

A delimitação entre as funções administrativa e judicial, e a separação orgânica entre as instituições que exerciam os poderes correspondentes, tornou-se elemento fundamental diferenciador entre administrar e julgar.[154]

Administrar é a tarefa que se concretiza pela realização em cadeia das actividades que ligam as partes do corpo social e formam delas um todo (...) administrar é a regra geral (....) a necessidade de administração que emerge das relações e das necessidades sociais.[155]

espaço auto-regulado onde coexistam e concorram as esferas de autonomia económicas e morais dos cidadãos; (ii) uma redução da actividade do Estado ao mínimo exigido para a garantia de paz social e das condições objectivas que viabilizem o encontro das autonomias individuais e o livre desenvolvimento da personalidade de cada um; (iii) uma transformação progressiva de toda a actividade do Estado em actuação fundada, organizada e limitada juridicamente a uma concepção jurídica, regulada pelo Direito, das relações que o Estado mantém com os cidadãos. É o que nos assevera Jorge Reis Novais, "Os Princípios Constitucionais Estruturantes da República Portuguesa", p. 21.

[153] Cfr. João Carlos Espada, em "Liberalismo: o Antigo e o Novo", Lisboa, 2001, pp. 17 e seguintes.

[154] Cfr. Freitas do Amaral, "Do Absolutismo ao Liberalismo: As Reformas de Mouzinho da Silveira", p. 27, quando refere o Relatório comum aos três Decretos de 16 de Maio de 1832 nos seguintes termos: *"A mais bela e útil descoberta moral do século passado foi, sem dúvida, a diferença entre administrar e julgar"*.

[155] Cfr. sobre este conceito, Relatório dos Decretos de 16 de Maio de 1832, publicados em Freitas do Amaral, op. cit., pp. 43 e seguintes; Marcello Caetano, "Estudos de História da Administração Pública", no que se refere à História da Codificação Administrativa desde 1832 até ao Código de 1900, pp. 359 e seguintes; ver ainda, relativamente aos antecedentes do regime liberal, Maurice Duverger, "Os Grandes Sistemas Políticos: Instituições Políticas e Direito Constitucional", pp. 222 e seguintes; François Burdeau," Histoire du Droit Administratif: de la Révolution au début des années 1970", pp.123 e seguintes; Rui Guerra da Fonseca, "O Fundamento da Autotutela Executiva da Administração Pública, Contributo para a sua compreensão como problema Jurídico-Político", pp. 549 e seguintes.

Diz-se, assim, que o modelo da administração pública do Estado Liberal é o da administração-poder, investida de "imperium" e aplicadora e executora da lei.[156]

A administração de "ordenação", foi sendo deslocada para a administração de "prestação".[157]

Por seu turno, o princípio da legalidade da administração, no sentido em que a lei constituía o limite e o fundamento do exercício da actividade administrativa, conduziu à formação de um direito administrativo bilateralmente vinculativo.[158]

Recorde-se que o Estado Liberal emergiu com objectivos de eliminação de disparidades locais e de entraves "feudais". A burguesia em ascensão carecia de estruturas fortes e centralizadas vocacionadas para a formação de mercados nacionais e preparadas para a criação de infra estruturas e serviços (estradas, caminhos de ferro, educação) susceptíveis de fundamentar a criação e o desenvolvimento da ordem económica do liberalismo.

A administração como conceito só aparece neste período. "*Perante a confusa trama de Conselhos e oficiais régios, típica do Estado oitocentista, a administração adquire entidade orgânica própria, no quadro da independência do Executivo*".[159]

[156] Cfr. Maurice Hauriou, "La décentralisation par les établissements publics", em Revue Politique et Parlementaire, 1895, Tomo IV, quando refere a propósito da "escola do poder público" que esta se traduz no seguinte brocardo: "*o poder administrativo é um poder centralizado de polícia civil, decorrente do poder executivo*".

[157] Cfr. Vasco Pereira da Silva, em "Em Busca do Acto Administrativo Perdido", pp. 71 e seguintes.

[158] Quanto ao conceito fundamental do princípio da legalidade administrativa, cfr. Paulo Otero, "Legalidade e Administração Pública, O Sentido da Vinculação Administrativa à Juridicidade", pp. 271 e seguintes; Pierre Delvolvé, "Paradoxes du (ou paradoxes sur le) principe de séparation des autorités administratives et judiciaires", em Mélanges René Chapus – Droit Administratif, Paris, 1992, p. 144; Jacques Chevallier, "L'Élaboration Historique du Principe de Séparation de la Jurisdiction Administrative et de l'Administration Active", Paris, 1970, p. 139; Prosper Weil, "O Direito Administrativo", 1997, p. 15; Alexandre Nieto, "Las Contradicciones de la Administración y del Derecho Administrativo Moderno", Madrid, 1986, pp. 233 e seguintes.

[159] Cfr. Santamaria Pastor em "Fundamentos de Derecho Administrativo", p. 158; P. P. Craig, "Administrative Law", Londres, 1989, p. 37; O. MacDonagh, "The nineteenth century revolution in government: a reappraisal", 1958, citado em Diogo Freitas do Amaral, "Curso...", p. 80, que refere o período do Estado oitocentista em Inglaterra como um interessante "*modelo de crescimento da administração central, com as seguintes características e fases: (i) descoberta de um mal social, exigência de reforma, oposição a esta, produção de uma medida legislativa insuficiente; (ii) reconhecimento da insuficiência da resposta dada, tomada de novas medidas, criação de uma inspecção com poderes de fiscalização; (iii) em resultado do uso dos poderes inspectivos, realiza-se que o problema é bem pior do que inicialmente se supunha, e a publicação de novos dados aumenta a pressão para uma intervenção mais forte; (iv) a própria burocracia criada para tratar do assunto sente-se incapaz de debelar os males que lhe cumpre vencer, e demonstra a in-*

O centro desta organização administrativa é o ministério, pelo que a relação centro-periferia foi considerada, então, como o principal eixo de transformação do Estado Moderno.[160]

A Administração assume uma estrutura unificada e hierarquizada em que as competências dos diversos órgãos se encontram escalonadas e encadeadas à semelhança de uma pirâmide.[161]

Do ponto de vista subjectivo diremos, pois, que a administração pública do Estado liberal é constituída, no essencial, por estruturas concentradas e centralizadas em que o ministério aparece como o topo da pirâmide.

A personalidade jurídica do Estado favorecia um entendimento muito claro da própria forma de organização da administração pública concebendo-a como centralizada e hierarquizada.

Temos, por conseguinte, que a administração pública do Estado Liberal correspondia, do ponto de vista da sua qualificação subjectiva, a uma estrutura de organização integrada na pessoa colectiva Estado – órgãos, serviços e entidades personalizadas – a quem era cometido o poder de "dizer o direito aplicável ao caso concreto", no sentido de definir, participar e intervir na realização dos serviços públicos destinados a potenciar o desenvolvimento económico e social.

A administração pública do Estado Liberal, no campo das suas actividades, era uma administração concebida em razão das diversas funções que exercia e que eram, justamente, os elementos dela caracterizadora.[162]

dispensabilidade de estruturas mais vastas e meios de intervenção mais amplos; (v) a administração pública entra em dinâmica de crescimento auto-sustentado e a sua expansão orgânica e funcional torna-se imparável".

[160] Cfr. Sabino Cassese, em "Le Basi del Diritto Amministrativo", 1989, p. 11; Diogo Freitas do Amaral, "Curso...", p. 81, no sentido em que em Portugal, depois da vitória do liberalismo em 1834, foi criado um Conselho de Estado em 1845 e depois um Supremo Tribunal Administrativo em 1870, bem como se dá início ao ensino do Direito Administrativo em 1853: "*...as garantias individuais face à Administração Pública progridem decisivamente. O Estado Liberal afirma-se como Estado de Direito*"; cfr. também Maria da Glória Garcia, "Da Justiça Administrativa em Portugal", pp. 415 e seguintes.

[161] Cfr. os seguintes principais princípios ordenados por Max Weber, citado em Maria Manuel Leitão Barros, em "O Estado Simples", Conferências integradas no ciclo "Sextas da Reforma", que teve lugar em 22 de Novembro de 2013, na Fundação Gulbenkian: "*(i) A administração deve ser organizada com base numa estrutura hierárquica relativamente rígida em que cada nível é controlado pelo nível superior, sendo a decisão centralizada no topo; (ii) Toda a organização funciona de acordo com regras que permitem que as decisões tomadas a nível central sejam executadas consistentemente pelos níveis inferiores; (iii) Cada funcionário ou unidade tem a sua especialização própria; (iv) A sua missão pode ser centrada na organização ou virada para o exterior; (v) O tratamento a dar aos utentes deve ser igualitário (o mesmo) em qualquer circunstância; (vi) A escolha dos funcionários deve ser feita em função da sua competência técnica e qualificações específicas e estes não poderão ser despedidos por outros motivos*".

[162] Cfr. Santamaria Pastor, "Princípios de Direito Administrativo Geral", Parte II, p. 252, onde nos assevera que a própria evolução das funções administrativas dependia da evolução das respectivas

O que podemos considerar relevante é que, em termos de função, a doutrina tem procurado critérios e elementos susceptíveis de a ordenar em razão das suas próprias finalidades.

É assim que encontramos três áreas fundamentais de intervenção da administração, a saber:

a) A actividade administrativa jurídica e a actividade material ou técnica;
b) A actividade jurídica e a actividade social, e;
c) A actividade de prestação de serviços aos cidadãos.

Em termos teóricos, a classificação destas actividades que é usualmente aceite pela doutrina, neste período, pode ser denominada de actividade polícia, de serviço público e de fomento.[163]

É neste sentido que as doutrinas económicas justificaram o surgimento de políticas de incentivo às actividades empresariais e as classificaram institucionalmente como estruturas de prestação de bens e serviços públicos.[164]

Na verdade, com a implantação do Estado Liberal, os Estados europeus iniciaram um novo regime de prestação de serviços públicos *uti singuli,* ou seja

formas de Estado; cfr. também quanto à definição e evolução das funções executivas (administrativas) do Estado, Fernanda Maria Marchão Marques, "As polícias administrativas", em Estudos de Direito de Polícia,Vol. I, Lisboa, 2003, p. 133; Gomes Canotilho e Vital Moreira, "Constituição da República Portuguesa Anotada", 3ª edição, Coimbra, 1993, pp. 954 e seguintes; sobre a administração periférica do Estado, cfr. João Raposo, em "Direito Policial I", Coimbra, 2006; José Manuel Sérvulo Correia, "Polícia", em Dicionário Jurídico da Administração Pública, Vol. VI, Lisboa, 1994, pp. 393 e seguintes; Pedro Lomba, "Sobre a Teoria das Medidas de Polícia Administrativa", em Estudos de Direito de Polícia, Lisboa, 2003, pp. 177 e seguintes; Vital Moreira, "Auto Regulação Profissional e Administração Pública", Coimbra, 1997, pp.119 e seguintes.

[163] Cfr. Santamaria Pastor, op. cit., p. 254; Marcello Caetano, "Manual de Direito Administrativo", Vol. I, pp. 215 e seguintes; Pedro Machete, "Estado de Direito Democrático e Administração Paritária", pp. 115 e seguintes, onde, citando G. Vedel e P. Delvolvé, "Droit Administratif", Vol. I, sustenta que: "*...a administração não constitui a única tarefa do executivo, mas a administração é exclusivamente tarefa do executivo*"; Gomes Canotilho, "Direito Constitucional e Teoria da Constituição", 7ª edição, pp. 96 e seguintes. A título meramente ilustrativo é curioso referir os Planos de Fomento de 1953 e 1958 de Salazar e, posteriormente, o Plano de Fomento de Marcello Caetano de 1968 que, de acordo com os especialistas, privilegiavam claramente o capitalismo, a concorrência e o mercado. No tempo recente, cfr. Luis Mira Amaral, em "Reindustrialização e Fomento Industrial", Congresso dos Economistas, Junho de 2013.

[164] Cfr. Adam Smith, em "A Riqueza das Nações", ao sublinhar que "*la tercera obligación del soberano de una Republica es la de erigir y mantener aqellos establecimientos públicos y obras públicas que, aunque vantajosos em sumo grado a toda la sociedad, son, no obstante,de tal naturaleza que la utilidade pública nunca podría recompensar sus costes a un individuo o a un certo número de ellos y que, por lo mismo, no debe esperarse que se aventurasen ni a erigirlos ni a manternelos*" – transcrito em Santamaria Pastor, op. cit., p. 302.

prestações de utilidades a pessoas concretas e determinadas mas com carácter de utilidade social genérica.

Nos países europeus, a prestação de bens e serviços públicos pode ser referenciada a partir dos anos trinta do século XIX e diferenciada em três etapas históricas:

a) Assumpção, por parte do Estado, de serviços de assistência, nomeadamente nas áreas da saúde e da educação;
b) Assumpção, por parte do Estado, na criação de infraestruturas, nomeadamente hidráulicas, ferroviárias, distribuição de electricidade e serviço telefónico;
c) Assumpção, por parte do Estado, da intervenção directa na propriedade e na gestão de empresas e actividades de produção e distribuição de bens e serviços.

Tratava-se, portanto, do reconhecimento da intervenção do Estado em actividades de natureza prestacional realizadas por entidades públicas, o que esteve na origem, naturalmente, das polémicas doutrinais em torno da noção de serviço público.[165]

[165] Cfr. o conceito de serviço público adoptado por Marcello Caetano e por Freitas do Amaral, em "Curso de Direito Administrativo", p. 792, no sentido em que *"são organizações humanas criadas no seio de cada pessoa colectiva pública com o fim de desempenhar as atribuições desta, sob a direcção dos respectivos órgãos"*. Ver também Pedro Gonçalves, "A Concessão de Serviços Públicos", Coimbra, 1999; Maria João Estorninho, "Requiem pelo Contrato Administrativo", Coimbra, 1990, pp. 162 e seguintes, quanto à natureza dos direitos fundamentais dos utentes de serviços públicos; mais recentemente, e no contexto dos serviços de interesse económico geral, ver João Nuno Calvão da Silva, "Mercado e Estado – Serviços de Interesse Económico Geral", pp. 101 e seguintes; ver, igualmente, os princípios da igualdade, continuidade e mutabilidade que preenchem o conceito de serviço público (leis de Roland) citados a pp. 213 por João Calvão da Silva, op. cit.; Marcelo Rebelo de Sousa, em "Lições de Direito Administrativo", pp. 173 e seguintes, adopta uma classificação teleológica dos serviços públicos (v.g. de polícia, saúde, obras públicas...) e uma classificação funcional ou de natureza da actividade dos serviços públicos (serviços principais e auxiliares); Dulce Lopes, "O Nome das Coisas: Serviço Público, Serviços de Interesse Económico Geral e Serviço Universal no Direito Comunitário", em Temas de Integração, nºs 15 e 16, Coimbra, 2003; Fausto de Quadros, "Serviço Público e Direito Comunitário", em Boletim da Faculdade de Direito da Universidade de Coimbra, 2001, p. 280, no sentido em que *"o serviço público constitui um bom exemplo de interacção sistemática e dogmática que se vem estabelecendo desde sempre entre o Direito Administrativo e o Direito Comunitário e que ao longo dos últimos cinquenta anos tem presidido à evolução de ambos esses ramos de Direito"*; Robert Kovar, "Droit Communautaire et service public: esprit d'orthodoxie ou pensée laicisée", em Revue Trimestrielle de Droit Européen, nº 2, Vol 32, Paris, 1996, p. 220; Ana Maria Guerra Martins, "A Emergência de um Novo Direito Comunitário da Concorrência – As concessões de serviços públicos", em Revista da Faculdade de Direito da Universidade de Lisboa, Vol. XLII, nº

É neste período que emerge o conceito de acto administrativo, enquanto manifestação do poder de autoridade do Estado Liberal, ou seja, entendido como "privilégio da administração".[166]

Todavia, importa salientar que do mesmo passo, o conceito de acto administrativo desempenha um papel nuclear na teoria da defesa dos direitos dos cidadãos.

É com base no conceito de acto administrativo e, sobretudo dos efeitos que dele emergem que são abertas as portas do contencioso administrativo para controlo da legalidade do mesmo em termos do pedido da respectiva anulação.[167]

Ou seja, o conceito de acto administrativo "nasce" sob vestes processuais, como modelo susceptível de garantir a respectiva fiscalização jurisdicional.

Tratava-se de um instrumento de índole processual apto a garantir apenas o controlo jurisdicional da legalidade da sua emanação e dos respectivos efeitos. O destinatário desta "actividade" passava a ser titular do direito de requerer à "justiça administrativa" que procedesse à respectiva fiscalização para efeitos de proceder (ou não) à anulação do acto praticado.

Deve pois dizer-se que o conceito de acto administrativo, enquanto conceito central adoptado e aplicado pela administração pública do Estado liberal, correspondia inteiramente às circunstâncias históricas e políticas do ambiente e das realidades da sua época.[168]

1, 2001, p. 79; ver ainda "Livro Branco dos Serviços de Interesse Económico Geral", Comunicação da Comissão ao Parlamento Europeu, ao Conselho, ao Comité Económico e Social Europeu e ao Comité das Regiões, COM (2004) 374 final, Bruxelas, 2004, pp. 6 e seguintes.

[166] O conceito de acto administrativo parece ter surgido pela primeira vez em Léon Duguit, "Traité de Droit Constitutionnel", 1ª edição, Vol. I, p. 233, 1911; Marcelo Rebelo de Sousa & André Salgado Matos, "Direito Administrativo Geral", Tomo III, Actividade Administrativa, 2009, pp. 75 e seguintes; Rogério E. Soares, "Actividade Administrativa", DJAP I, 1990, p. 111; Mário Esteves de Oliveira, "Direito Administrativo", Vol. I, 2ª edição, 1984, pp. 371 e seguintes; Marcello Caetano, "Manual de Direito Administrativo", pp. 392 e seguintes; E. Forsthoff, "Traité de Droit Administratif Allemand", 1969, pp. 309 e seguintes; Renato Alessi, "Instituciones de Derecho Administrativo", Tomo I, 1970, pp. 298 e seguintes.

[167] Cfr. Decreto-Lei nº 18017, de 28 de Fevereiro de 1930, que no contexto da definição do âmbito do contencioso administrativo se refere a actos e a decisões; Mário Esteves de Oliveira, Pedro Costa Gonçalves e J. Pacheco de Amorim, "Código do Procedimento Administrativo Comentado", Vol. I, 1995, p. 137; Rogério E. Soares, "Interesse Público, Legalidade e Mérito", 1955, pp. 108 e seguintes.

[168] Este conceito de acto administrativo com as vestes de privilégio de execução prévia e dotado de regras de definitividade – horizontal e vertical – é ainda o que hoje se mantém nos seus contornos essenciais, apesar de, com o surgimento da Administração de infra-estruturas, se ter suscitado a questão da complexidade das formas de actuação da Administração e, nesse sentido, do reequacionamento do conceito "tradicional" de acto. Neste âmbito, cfr. Vasco Pereira da Silva, "Em

Com a personalidade jurídica do Estado surge inevitavelmente a teoria do órgão, segundo a qual o Estado actua mediante pessoas físicas, mas estas manifestam uma vontade que lhe é imputável enquanto titulares de órgãos que integram a pessoa colectiva Estado.

É a partir destas concepções mais relevantes que é possível a "reconstrução" de uma organização administrativa do Estado, concebida como um conjunto de órgãos, serviços e pessoas jurídicas integradas na pessoa colectiva Estado.

A passagem do século XIX para o século XX, sobretudo a partir da eclosão da I Guerra, revelam objectivos de superação do modelo de Estado Liberal.

A Constituição de Weimar de 1919 pode ser considerada como o pilar e paradigma da regra fundamental de limitação jurídica do Poder e da preservação das garantias individuais, mas num novo quadro de revisão dos fins do Estado, originado pelas experiências vividas no decurso da Guerra.

A justiça social e o progresso económico passam a fazer parte das novas concepções legitimadoras do Estado.

O Estado passava a estar constituído no dever de realização de prestações positivas, ou seja, na redistribuição do produto social e na planificação do processo produtivo.

De par com aquelas finalidades, que são elevadas a fins essenciais do Estado, também a igualdade material contribui decisivamente para a afirmação de um novo Estado Social.[169]

Busca do Acto Administrativo Perdido", p. 135; Marcelo Rebelo de Sousa, "Direito Administrativo Geral", Tomo II, pp. 73 e seguintes, em especial quanto à história, definição e decomposição dos vários elementos e requisitos de validade do acto administrativo; Diogo Freitas do Amaral, "Curso de Direito Administrativo"; Marcello Caetano, "Manual de Direito Administrativo", Vol. I, pp. 351 e seguintes.

[169] Cfr. Vasco Pereira da Silva, "Em Busca do Acto Administrativo Perdido", p. 99, em que acentua que: "*Figura típica do domínio da administração prestadora é, desde logo, o acto administrativo favorável aos particulares ou constitutivo de direitos*"; Manuel Afonso Vaz, "Lei e Reserva de Lei – A Causa da Lei na Constituição Portuguesa de 1976", Porto, 1992, pp. 104 e seguintes; Rogério E. Soares, "Direito Administrativo", 1992, pp. 30 e 53; quanto à própria transfiguração material da legalidade, ver Paulo Otero, "A Crise na Concretização Jurisdicional da Justiça", em António Pedro Barbas Homem e Jorge Bacelar Gouveia (org.), "O debate da Justiça: Estudos sobre a crise da Justiça em Portugal", Lisboa, 2001, p. 162; Robert Alexy, "Teoria de los Derechos Fundamentales", Madrid, 1997, p. 83; Karl Larenz, "Metodologia da Ciência do Direito", 3ª edição, Lisboa, 1997, p. 337; Paulo Otero, "Legalidade e Administração Pública", p. 162, que refere a "erosão do mito liberal", da imperfeição intrínseca da lei e da transfiguração material da ilegalidade no contexto dos novos desafios da legalidade administrativa.

Na década de sessenta do século XX e, como consequência dos ajustamentos decorrentes do final da II Guerra, das necessidades de reconstrução e de uma nova concepção de Estado – o Estado de Bem Estar – foram, de novo, alargadas as suas funções para as áreas do ambiente, infraestruturas, água, energia, transportes colectivos, serviços postais, telecomunicações..., para o que se tornou igualmente necessário alargar e criar novas entidades incumbidas da realização de tais finalidades.

A administração pública, do ponto de vista das instituições que a compõem, aumentou de forma significativa.

A Administração directa do Estado viu-se "servida" por um número infindável de funcionários e por uma multiplicidade de "serviços públicos", de órgãos e agentes administrativos.

As "disfunções" do mercado exigem agora a intervenção do Estado.

No contexto do Estado social, as transformações – de organização – assinaladas verificaram-se, igualmente, no domínio da *actividade* da administração pública.

O Estado prestador caracteriza-se pela "comunicação" e pela "cooperação", no sentido em que o procedimento tendente à tomada de uma decisão é obtido também pela via da participação do respectivo destinatário.

Em "vez de um encontro pontual e efémero entre a Administração e o administrado, constitui-se uma relação duradoura".[170]

Ao contrário do que sucedia anteriormente, esta concepção da administração corresponde a um poder autónomo, não meramente executivo, mas essencialmente votado à concretização dos fins e metas do Estado. Estamos, pois, no domínio da qualificação da Administração como um dos poderes do Estado que assume a mesma dignidade institucional dos restantes.[171]

Este poder autónomo desenvolve-se entre o fim da 1ª Guerra e os anos oitenta do século XX e é essencialmente caracterizado pela intervenção económica do Estado e dos poderes públicos em geral, tanto na própria actividade económica (através de empresas públicas), como na orientação, controlo e disciplina da economia privada (licenciamentos, reservas do sector público,

[170] É o Estado pós-social de que se fala nesta época, como assinala Vasco Pereira da Silva, "Em Busca do Acto Administrativo Perdido", p. 122. Ver também, do mesmo autor, "Para um Contencioso Administrativo dos Particulares", p. 56; Jüergen Habermas, "Legitimation Crisis" (tradução inglesa), Londres, 1984, pp. 61 e 62; Luciano Parejo Alfonso, "Estado Social y Administración Pública – Los Postulados Constitucionales de la Reforma Administrativa", Madrid, 1983, p. 19.

[171] Cfr. Rogério E. Soares, "Direito Administrativo", 1992, p. 53.

fixação administrativa de preços) assumindo mesmo a forma de planeamento mais ou menos directivo do conjunto da economia.

Um dos traços mais marcantes do papel do Estado neste período foi a sua dimensão social (Estado social) enquanto garante de melhores condições básicas de vida a todos os cidadãos.[172]

Os Estados, sobretudo os que estiveram directamente envolvidos nos esforços de guerra, deram início a processos de nacionalização de empresas privadas e de empresas concessionárias de serviços públicos que, por sua vez, estiveram na base de novas formas jurídico-institucionais da actividade empresarial do Estado.[173]

A multiplicidade e a diversidade destas novas formas jurídico-institucionais integradas no denominado sector empresarial do Estado, que é uma das características fundamentais do Estado social e intervencionista é, entre outros, um dos elementos chave da administração indirecta do Estado, ou seja, da realização de funções administrativas de produção e prestação de bens e serviços públicos através de pessoas colectivas de direito público dotadas de personalidade jurídica e de autonomia administrativa e financeira.[174]

A lei, cada vez mais, consagra regras abertas" e de definição de "quadros normativos", cabendo à administração pública uma ampla margem de apreciação no que se refere à respectiva tomada de decisão.[175]

Aparecem, com maior latitude, os conceitos de poder discricionário e de discricionariedade técnica, ou seja, atribuindo-se à administração pública o

[172] Cfr. Vital Moreira, em "Os Caminhos da Privatização da Administração Pública", Stvdia Iurídica nº 60, pp. 223 e seguintes. A afirmação da transformação da administração pública em administração de "infra-estruturas" é utilizada neste período e nesta administração por Vasco Pereira da Silva, p. 127, citando H. Faber, que a teria introduzido no léxico jurídico-constitucional. No sentido da própria evolução do Direito Administrativo enquanto regra disciplinadora das prerrogativas de autoridade e da liberdade de decisão para regra limitativa da liberdade administrativa e garantística dos administrados, ver Paulo Otero, "A Legalidade e Administração Pública", p. 282; ver também Marcelo Rebelo de Sousa & Sofia Galvão, "Introdução ao Estudo do Direito", 4ª edição, Lisboa, 1998, p. 259; Maurice Hauriou, "Précis Élementaire de Droit Administratif", Paris, 1943, p. 19.

[173] Cfr. António Carlos dos Santos, Maria Eduarda Gonçalves & Maria Manuela Leitão Marques, em "Direito Económico", 5ª edição, pp. 146 e seguintes.

[174] Cfr. Antonio Carlos dos Santos & outros, op. cit., p. 155; Paulo Otero, "Privatizações, Reprivatizações e Transferências de Participações Sociais no Interior do Sector Público", Coimbra, 1999, pp. 75 e seguintes.

[175] Cfr. Paulo Otero, "A Dimensão Política da Administração Pública: A Quebra do Mito da Separação de Poderes entre Politica e Administração", em Estudos em Homenagem a Professor Doutor Jorge Miranda, Vol. IV, 2012, p. 713, no sentido da administração executiva da vontade política do legislador e da policidade da decisão administrativa.

poder de invocar e apurar regras de saber e regras de natureza técnica. É o momento da "reconciliação" do poder discricionário com o Direito.[176]

O modelo de "Estado social" continuava a ser o dos "serviços públicos", através dos quais o Estado se assumia como responsável pela organização e pelo funcionamento de serviços como a água, energia, gás, electricidade, saneamento básico, telecomunicações, etc.

O "Estado social" é um Estado responsável pela produção, distribuição e prestação de bens e serviços essenciais à vida.

É neste contexto e neste período histórico que se desenvolvem por toda a Europa Continental as nacionalizações de empresas e de sectores, e em que a administração pública, através de institutos públicos, empresas e associações públicas, chama a si o protagonismo da intervenção estadual na vida dos cidadãos.

O acto administrativo, figura central e nuclear da actividade administrativa da administração do Estado Liberal, foi, em razão das mutações sofridas, evoluindo na sua própria qualificação e natureza.

O acto administrativo favorável e constitutivo de direitos dos particulares é o modelo da nova Administração. O particular, agora, não pede apenas que a administração actue, como solicita mesmo a sua intervenção nos domínios do reconhecimento de um direito, da atribuição de direitos novos ou da prestação de bens ou serviços. A administração tem ainda por atribuição manter o conteúdo da sua decisão, no sentido em que os actos favoráveis só são passíveis de revogação dentro de certas condições e em prazos legalmente fixados.

Como já referimos, o conceito de acto administrativo nuclear da administração do Estado Liberal passou por várias vicissitudes, e "*tornou-se manifestamente evidente que o Direito Administrativo está hoje em plena evolução*", no sentido em que muitas das noções em vigor no quadro do Estado Liberal "*...não são capazes de explicar as formas tomadas pela acção administrativa do Estado social...*".[177]

A "questão" social" que emerge no século XX e se desenvolve neste período, exige que o Estado passe a intervir no domínio económico e social, criando legislação e instituições com a finalidade de assegurar um mínimo de condições de vida a todos os cidadãos e de pôr termo às "condições de miséria" das diversas classes sociais, de entre as quais "a classe operária".

[176] Cfr. Afonso Rodrigues Queiró, "Lições de Direito Administrativo", 2ª edição, Coimbra, 1959; Maria Celeste Cardona, "O Poder discricionário e a discricionariedade técnica da Administração Pública", em Cadernos de Ciência e Técnica Fiscal, Out/Dez, 1985.

[177] Cfr. Jean Rivero, em "Droit Administratif", 1987, pp. 33 e seguintes, e Vasco Pereira da Silva, em "Em Busca do Acto Administrativo Perdido", pp. 111 e seguintes.

Seguindo as diversas fases descritas pela generalidade da doutrina diremos, em síntese, que a evolução deste novo modelo de administração é gradual, no sentido em que podem ser destacadas, em termos genéricos, três fases do Estado Social:

a) A fase da intervenção estadual na regulação da relação laboral. Nesse "primeiro momento", o Estado assume a tarefa de intervir autoritariamente no domínio das relações de trabalho, enfrentando as desastrosas consequências que para a classe operária tinham tido a industrialização, a liberdade contratual e o crescimento urbano. Surgem as primeiras leis do trabalho, como as que foram introduzidas por Bismark nos anos de 1883 e 1889, que levaram à criação de seguros em caso de doença ou em caso de acidentes, bem como ao estabelecimento de reformas. Leis similares são igualmente introduzidas, pela mesma altura, no Reino Unido e, posteriormente, nos demais países europeus, assistindo-se a uma maior intensificação da legislação laboral e de segurança social, sobretudo no início do século XX;

b) A fase de intervenção generalizada do Estado no funcionamento da economia. Nesta segunda fase, a actuação económica das autoridades públicas atinge uma grande intensidade com a "mobilização geral de recursos exigida pela 1ª Grande Guerra Mundial". Este fenómeno vai manter-se até ao período que antecede a 2ª Guerra. O Estado chama a si a orientação e a regulação da actividade económica e financeira, exercendo directamente as mais diversas tarefas produtivas;

c) A terceira fase – a do apogeu do Estado Social – surge a partir do final da 2ª Guerra e apresenta-se como uma administração constituída por "um aparelho prestador" que, por força das concepções dominantes e da necessidade de reconstrução dos Estados, procede, por um lado, à intensificação das tarefas tradicionais e, por outro, ao desenvolvimento e crescimento da sua intervenção em novas tarefas nos domínios económicos e sociais.[178]

A administração do Estado Social passa a intervir directamente nos serviços económicos e sociais, a produzir legislação em matéria de urbanismo, cir-

[178] Cfr. Vasco Pereira da Silva, "Em Busca do Acto Administrativo Perdido", pp. 76 e seguintes; Paulo Otero, "Origem da Intervenção Económica do Estado em Portugal: Notas para uma História do Direito Público da Economia", em Revista de Direito Público da Economia (RDPE), Ano 1, nº 4, 2003, p. 182; Rogério Soares, "Princípio da legalidade e Administração Constitutiva", em Boletim da Faculdade de Direito da Universidade de Coimbra, 1981, pp. 168 e seguintes.

culação, meio ambiente, e considera como sua a missão de prover ao conjunto da sociedade os sistemas vitais (serviços públicos essenciais) e de prestação (emprego, segurança social, saúde, acesso a bens culturais) que garantem o seu funcionamento e um nível adequado de bem-estar.

Surge "um novo contrato social" que está na base das novas concepções de "Estado-Providência" e "Estado-Administração".[179]

A intensificação das novas tarefas do Estado Social teve naturalmente como consequência o crescimento do aparelho administrativo, o que levou a doutrina relevante a sustentar que se "*realizou assim uma fortíssima integração entre a organização da administração e a sociedade civil, no sentido em que se formou uma larguíssima coincidência subjectiva entre os cidadãos que são destinatários da actividade administrativa e os cidadãos que são participantes da estrutura que a produz*".[180]

Estabelece-se, pois, uma relação duradoura e perene entre o Estado e o cidadão na medida em que este último vê garantidos direitos, económicos e sociais.

Estas profundas alterações no modo de agir da administração leva os autores a considerar que se "*assiste hoje ao abandono das teses da administração executiva, isto é, a administração deve ser considerada hoje como um verdadeiro poder, como um poder autónomo com a mesma dignidade institucional dos outros dois poderes. O que significa, afinal, uma nova concepção do Estado de Direito, para além da sua dimensão puramente formal, e a atribuição de responsabilidade a todos os poderes, para que eles possam realizar uma ideia de justiça. A administração assume, então, uma função conformadora ou constitutiva*".[181]

Em coerência com esta "feição" verifica-se, naturalmente, uma profunda transformação no que diz respeito à organização administrativa. O aparelho cresceu em tamanho e em complexidade, de forma a poder dar resposta às novas atribuições que assumiu.

179 Cfr. J. Gomes Canotilho, "Direito Constitucional e Teoria da Constituição", 7ª edição, 2003, p. 345, referindo-se à concretização constitucional do princípio da democracia económica e social, nela integrando a constituição económica, a constituição do trabalho, a constituição social, a constituição cultural e o princípio da igualdade.

180 Cfr. Freitas do Amaral, "Curso de Direito Administrativo", p. 907, onde são enumerados os princípios constitucionais sobre a organização administrativa, a saber: (i) princípio da desburocratização; (ii) princípio da aproximação dos serviços às populações; (iii) princípio da participação dos interessados na gestão da administração pública; (iv) princípio da descentralização; e (v) princípio da desconcentração.

181 Cfr. J. J. Gomes Canotilho, "Direito Constitucional e Teoria da Constituição", pp. 553 e seguintes.

A administração pública do Estado Social é agora descentralizada e desconcentrada, assistindo-se ao seu desdobramento numa multiplicidade de entes diferenciados.[182]

A organização administrativa do Estado Social, em que se torna necessário prosseguir finalidades estaduais diversas, vai implicar a necessidade de repartição de competências decisórias entre os diferentes órgãos administrativos, para além da distribuição de poderes por entidades distintas, e o abandono das estruturas hierárquicas muito rígidas, o que é tanto mais evidente quanto a actividade a prosseguir não seja meramente burocrática.

No novo modelo "*O Governo, de vértice da pirâmide burocrática, tornou-se a parte periférica do sistema; este é dominado antes pelos grandes serviços "sob a forma de rede" (escola, saúde, previdência, transportes...) podendo, no máximo, ser entendido como um director de orquestra que segue uma partitura*".[183]

Assiste-se, pois, neste modelo de administração pública, ao crescimento e desenvolvimento de novas e diferentes entidades, dotadas de personalidade jurídica de direito público, algumas delas dotadas de autonomia administrativa e financeira que, para prosseguir finalidades de interesse público, desenvolvem as suas actividades de forma autónoma e em nome próprio.

É o tempo do "nascimento" de institutos públicos, de empresas públicas e de estabelecimento públicos.

É também o tempo do aparecimento de fenómenos de administração pública sob formas privadas, como é o caso, por exemplo, das sociedades de capitais públicos e das sociedades mistas.[184]

[182] Cfr. sobre este conceito, Afonso Rodrigues Queiró, "Desconcentração", em Dicionário Jurídico da Administração Pública, III, 1990, pp. 577-582.

[183] Cfr. Vasco Pereira da Silva, "Em Busca do Acto Administrativo Perdido", p. 62, citando S. Cassese no que se refere "*...ao director de orquestra que segue uma partitura...*".

[184] Cfr. Antonio Carlos dos Santos & outros, "Direito Económico", pp. 374 e seguintes; Pedro Gonçalves, "Entidades Privadas com Poderes Públicos", pp. 322 e seguintes; Christine André, "État Providence et Compromis Institutionnalisés – Des origines à la crise contemporaine", em Robert Boyer & Yves Saillard, "Théorie de la Régulation – L'état des savoirs", Paris, 2002, pp. 144 e seguintes; Ramon Cotarelo, "Del Estado de Bienestar al Estado del Malestar", Madrid, 1990, no sentido de "desmistificar" o Estado de Providência como Estado de Bem-Estar; André G. Delion & Michel Durupty, "Chronique du secteur public économique", em Revue Française d'Administration Publique", nº 104, 2004, pp. 703 e seguintes; George Boyne, "Planning, Performance and Public Services", em Public Administration, Vol. 79, nº 1, 2001, pp. 73 e seguintes; Coutinho de Abreu, "Privatização de empresas públicas e empresarialização pública", em Miscelâneas, nº 3, Instituto do Direito das Empresas e do Trabalho, Coimbra, 2004, pp. 39 e seguintes, no que se refere ao regime do sector empresarial do Estado; Eduardo Paz Ferreira (org.), "Estudos sobre o Novo Regime do Sector Empresarial do Estado", Coimbra, 2000, p. 102; Sofia Tomé d'Alte, "A Nova Configuração

A proliferação destas "novas formas de organização" é a resposta que se considera mais adequada à satisfação de novos fins públicos de carácter económico e social, bem como à maior flexibilidade e eficiência na prossecução dos mesmos fins públicos que estiveram na base da escolha de formas organizatórias jurídico-privadas nos sistemas anteriores.

A administração pública do Estado Social transformou-se, cresceu e multiplicou-se.

Mudou o paradigma da administração executora da palavra da lei, assiste-se ao desenvolvimento de novas formas de organização, com destaque para o recurso à criação de entidades que, mantendo carácter público, adoptam regimes de direito privado no domínio da sua própria organização, mas sobretudo no seu funcionamento.[185]

O Estado, tendo passado a ser agente, produtor, prestador e distribuidor, carecia de uma organização flexível e eficiente que, nuns casos em nome do Estado e noutros casos em nome próprio, concretizasse as novas funções e as novas tarefas, ou seja, que naquele momento e circunstâncias históricas específicas, concretizasse o Estado Social.

O alargamento a todas as áreas relevantes da vida societária, desde o ambiente, saúde, educação, economia, redes de transporte, comunicações, entre outras, estiveram na génese da criação do "monstro", ou seja, da construção de um edifício de entidades, serviços, departamentos, órgãos..., incapaz de controlar os custos gerados por si próprio.

É o auge do denominado modelo de Estado Social. As prestações, as subvenções, e os incentivos, por um lado, e a política de investimento público em larga escala desde infraestruturas portuárias e ferroviárias e redes de comunicação, conduziram a níveis de intervenção do Estado, servido por uma multiplicidade de entidades inseridas na organização administrativa do Estado, que consumindo a maior parte dos recursos disponíveis deixava pouca margem de liberdade para os cidadãos.[186]

do Sector Empresarial do Estado e Empresarialização dos Serviços Públicos", Coimbra, 2007, pp. 259 e seguintes.

[185] Cfr. Sérvulo Correia, "Legalidade e Autonomia Contratual nos Contratos Administrativos", 1987, pp. 500 e seguintes, especificamente quanto à natureza da autonomia exercida pela Administração nos negócios jurídicos de direito privado de que é parte; Pedro Gonçalves, "Entidades Privadas com Poderes Públicos", 2005, p. 330, quanto à privatização do financiamento, da contratação pública e da privatização do procedimento administrativo.

[186] Cfr. neste sentido, Giandomenico Majone, op. cit., p. 4, que sublinha: "...*The combination of rising unemployment and rising rates of inflation could not be explained within the Keynesian models of the*

Começam a surgir movimentos políticos e filosóficos no sentido de uma nova revisão do próprio modelo de Estado.

Os movimentos políticos "liberalizadores" do Estado a favor da sociedade no Reino Unido, na década de setenta, o desenvolvimento da própria Comunidade Europeia, o papel preponderante exercido no mundo pelos E.U.A, o retorno ao ideal da participação efectiva das comunidades na vida económica, política e social, os primeiros passos na ultrapassagem das dificuldades diplomáticas e de relação entre os dois blocos até aí existentes, a abertura ao mundo das mais diversas potências emergentes que pretendiam alargar o âmbito das relações comerciais, e o despontar da tendência para "*...reduzir a dimensão dos sectores do Estado e entregar ao mercado ou à sociedade civil funções que tinham sido anexadas de forma inadequada, do mesmo passo que o crescimento da economia global tem provocado um desgaste acentuado na autonomia dos Estados-Nação soberanos, ao aumentar a mobilidade da informação do capital e, em menor grau, do trabalho (...) conduziram a mudanças que em geral podem ser consideradas benéficas*".[187]

Estas novas tendências, a par da discussão em torno do conceito que foi emergindo com as "crises", com o aumento da pressão fiscal, com a contração de encargos para o futuro, com a generalização de novos modelos económicos e sociais participados pelos particulares quer individualmente quer em associação, foram sendo cada vez mais sentidas, tendo conduzido ao repensar, para transformar, da estrutura da organização administrativa do Estado.

Este movimento foi gradual, ideológico e prático. Despontam novos modelos que se revelam e se acobertam na nova estrutura de relação com o modelo de Estado e das suas atribuições, que surgem como forma de dar resposta institucional aos desafios que se colocam com a liberalização, as privatizações e o princípio da despublicização.

Ao Estado, enquanto estrutura da organização da Nação, continua a caber um papel fundamental na definição constitucional das suas incumbências fundamentais, nomeadamente as de "*assegurar o funcionamento eficiente dos mercados, de modo a garantir a equilibrada concorrência entre as empresas, a contrariar as formas de organização monopolistas e a reprimir os abusos de posição dominantes e outras práticas lesivas do interesse geral*" (art. 81º, alínea *e)* da Constituição da República Portuguesa).

day, while discretionary public expenditure and generous welfare policies were increasing seen as part of the problem of poor economic performances...It is at this time that the notion of government failure appears...".

[187] É neste sentido o texto de Francis Fukuyama, "A Construção dos Estado, Governação e Ordem Mundial no século XXI", 2006, p. 126.

As mudanças e as transformações ocorrem apenas na natureza das entidades a quem o poder político "delega" as atribuições e competências concretizadoras das incumbências estaduais.

Ao Estado de Regulação está associada uma estrutura de organização administrativa com características e modelos diversos e diferentes, de que destacamos, por ser esse o objecto do nosso trabalho, o aparecimento das entidades administrativas independentes.[188]

Estas entidades convivem, no contexto da sua organização e das actividades que exercem, com a tradicional administração directa, indirecta e autónoma do Estado.

Como vimos, o caminho iniciado na Antiguidade não ficou paralisado no decurso do século XX e início do século XXI.

Ao Estado social e pós-social e de infraestruturas seguiu-se um outro período, particularmente visível a partir da década de setenta do século XX, em que se alteraram de forma bastante significativa os pilares em que assentava o Estado prestador, constitutivo e de bem-estar.

As profundas alterações de política que se viveram na altura, o emergir de novas concepções de vida, do social e do económico, com Reagan e Thatcher, a ineficácia decorrente do peso do Estado e da sua administração, o peso insuportável dos impostos, os fenómenos de liberalização e subsequente modelo de privatizações e reprivatizações de sectores e/ou empresas públicas, tiveram como consequência uma profunda alteração dos modelos de governo da administração pública moderna.[189]

A estrutura da organização administrativa dos Estados é hoje profundamente diversa da que lhe antecedeu nos diversos momentos históricos de que demos sucinta notícia.

O mundo moderno – o da globalização, o da integração económica e tendencialmente política da Europa, o das comunicações em rede, da internet, das multinacionais... não se compadece com uma organização administrativa fundada no território, nos poderes de autoridade e de execução definitivos e executórios, e nos poderes hierárquicos da tradicional estrutura organizatória dos Estados.

Tudo ou quase tudo mudou desde que tudo começou.

[188] Cfr. Relatório do Conselho de Estado Francês de 2001, relativamente ao emergir das entidades administrativas independentes quer em França quer, nomeadamente, nos EUA e no Reino Unido.

[189] Cfr. Santiago Muñoz Machado, "Servicio público y Mercado, I – Los Fundamentos", Civitas, 1997, pp. 264 e seguintes; Juan Miguel de La Cuétara, "Aproximación a la Regulación del Servicio Público como Nuevo Paradigma para la Prestación de Servicios Económicos", 1997, p. 94.

A Administração Pública dos tempos modernos, apesar de ter reduzidos os seus serviços, departamentos e organismos, aumentou a sua própria extensão, passando a incorporar e a integrar uma nova forma de administração: a administração pública independente.

III. Evolução Histórica da Administração Pública em Portugal

1. Breves Notas sobre a Evolução da Administração desde as Ordenações Afonsinas até à Administração Corporativa

A história da humanidade, do ponto de vista das diversas formas da sua organização, mostra que sempre se estabeleceram relações e ligações entre governantes e governados que, no essencial, estiveram na origem dos modelos que correspondem a cada momento histórico.[190]

Equivale isto a dizer que, mesmo que de forma "incipiente", é sempre possível identificar formas de organização e de acção executadas pelas respectivas instituições, locais, municipais ou nacionais.

Mesmo em períodos, como os já referidos, de "dispersão" do poder político, a comunidade encontrou fórmulas de se organizar e de actuar em termos de prossecução do "interesse comum".[191]

O interesse público ou interesse comum pode assim ser entendido, ao longo da história da formação das Administrações Públicas, como o elo

[190] Relativamente à evolução histórica da administração pública portuguesa, cfr. Marcello Caetano, em "Estudos de História da Administração Pública Portuguesa", Organização e Prefácio de Freitas do Amaral, 1994; Rui Manuel de Figueiredo Marcos, em "História da Administração Pública – Relatório sobre o Programa, o Conteúdo e os Métodos de Ensino", 2006; Diogo Freitas do Amaral, em "Curso de Direito Administrativo", Vol. I, 2006; Mário Esteves de Oliveira, "Direito Administrativo", Vol. I, 1980; Pedro Gonçalves, em "Entidades Privadas com Poderes Públicos", 2005; Pedro Machete, em "Estado de Direito Democrático e Administração Paritária", 2007; Vital Moreira, em "Auto regulação Profissional e Administração Pública", 1997.

[191] Cfr. Santamaria Pastor, "Princípios de Derecho Administrativo General", Vol. I, p. 41, quando se refere ao núcleo fundamental que conexiona a actuação das administrações, afirma expressamente que: "*...La administración es, en efecto, una organización de funcionalidad universal: hece literalmente, de todo, desde las funciones más genéricas hasta las de alcance más individual; desde las tareas más altas en términos intelectuales hasta las teoricamente menos nobles; desde las acciones más abstractas hasta las de mayor concreción; y desde las obligaciones más ingratas y actueles, hasta las más gratificantes em términos humanitários... Los únicos puntos de contacto entre esta infinita gama de tareas son tan evenescentes que carecen de cualquier utilidad definitória.....no es de extrañar que la función administrativa seha una actividade dirigida a la consecución de los fines del Estado, o la tendente a la consecución de los interesses públicos o colectivos...*". Ver também Maria da Glória F. P. Dias Garcia, em "Direito das Políticas Públicas", 2009, que na esteira de Cass R. Sunstein defende que: "*A missão de prossecução do interesse público obriga actualmente a administração pública a construir o próprio interesse público, autorizando a que actualmente se fale mesmo de "democracia administrativa*".

nuclear e legitimador da intervenção do Estado – através das administrações – na prossecução dos interesses colectivos.[192]

É certo que a complexidade de formas e a inexistência de qualquer conceito unitário susceptível de enquadrar a dinâmica histórica da administração pública em Portugal, torna praticamente impossível nela distinguir e apurar, de forma rigorosa, os "períodos" históricos da evolução da administração pública.[193]

Em todo o caso, podemos dizer que o primeiro período de formação e de consolidação da administração do Reino decorre dos alvores da nacionalidade, mais precisamente do ano em que D. Afonso Henriques passou a intitular-se Rei, até às Ordenações Afonsinas, ou seja, de 1140 a 1446/1447. As funções, ao tempo, não eram susceptíveis de ser distinguidas; diz-se mesmo que a administração estava imersa numa densa névoa.[194]

Ao longo dos tempos, esta "densa névoa" foi sendo "aberta". Um desses momentos de "abertura" ocorreu no período das Descobertas, que impulsionaram o aparecimento de "um aparelho político-administrativo próprio", baseado em conceitos de descentralização totalmente opostos ao critério centralizador seguido pela Coroa relativamente à administração no país.[195]

Foi, contudo, com o desenho legislativo operado pelas Ordenações Afonsinas que foi organizada, em termos de coerência interna, a máquina administrativa.

[192] Sobre esta matéria, a da "formação" do conceito de interesse comum, cfr. Rogério E. Soares, "Interesse Público, Legalidade e Mérito", 1955, e "Direito Público e Sociedade Técnica", 2009; J. C. Vieira de Andrade, "Grupos de Interesse, Pluralismo e Unidade Politica", 1997; Maria Lúcia Amaral, "Grupos de Interesse", 1987; Hans J. Wolff, Otto Bachof & Rolf Stobes, "Direito Administrativo", Vol. I, 2006.

[193] Cfr. quanto à evolução da administração pública numa perspectiva linear, M. S. Giannini, "Amministrazione Pubblica – Promessa storica", II, p. 231; e numa perspectiva diversa, de avanços e recuos, M. Esteves de Oliveira, "Direito Administrativo", I, p. 30; Sérvulo Correia, "Noções de Direito Administrativo", I, 1982, pp. 33 e seguintes; Freitas do Amaral, "Curso de Direito Administrativo", Vol I, pp. 50 e seguintes.

[194] Cfr. Rui Manuel de Figueiredo Marcos, em "História da Administração Pública", 2006, p. 69.

[195] Deve recordar-se, neste contexto e conforme decorre da lição de Diogo Freitas do Amaral, "D. Manuel I e a construção do Estado Moderno em Portugal", 2003, p. 19, que a primeira vez que apareceu o conceito de Estado foi em Maquiavel, em "O Príncipe", 1531, e que até aí o poder político e administrativo estava centralizado no Rei (*L'État c'est moi*), no sentido em que o Estado se torna num verdadeiro agente económico de grande poder financeiro, o que conduz à reorganização da "fazenda pública", tendo sido instituído um sistema de "contabilidade pública" e lançada por todo o pais uma grande rede de cobradores de impostos.

Na verdade, é possível surpreender um segundo período, designado de expansão e de aperfeiçoamento da administração , que se iniciou em meados do século XV e que apenas se acentua na segunda metade do século XVIII.[196]

Posteriormente às Ordenações Afonsinas vieram a ser estabelecidas as amarras organizacionais e institucionais do Estado. Mas quer as reformas Manuelinas, quer as reformas dos Filipes, introduziram no campo administrativo mudanças significativas que justificam que se fale de um período de administração pública das Ordenações.

Mais do que isso, foram concretizadas profundas transformações no reinado de D. Manuel I iniciadas, é certo, por D. João II, que dominando por completo a nobreza senhorial, vai permitir a mais vasta e profunda centralização do poder real da nossa história anterior ao Estado Absoluto do século XVIII.[197]

As Ordenações Manuelinas, publicadas em 1521, substituíram por completo as Ordenações Afonsinas de 1446/1447, quer do ponto de vista substancial, quer formal, na medida em que se caracterizaram por um estilo jurídico novo, directório e mais afirmativo.[198]

Este novo modelo de organização do poder político e do poder administrativo centralizado exigiu que a administração central e periférica fosse dotada de um número crescente de funcionários profissionais pagos pelo erário público.[199]

De entre as mais importantes reformas manuelinas, a Reforma dos Forais, iniciada logo em 1497, possibilitou, através da transformação dos "forais velhos" em "forais novos", que estes apenas consagrassem uma autonomia limitada aos anteriores estatutos autónomos de grande significado.[200]

[196] Neste âmbito importa recordar as palavras de Marcello Caetano, no Prefácio à edição de "Regimento dos Oficiais das Cidades, Vilas e Lugares destes Reinos", 1504, p. 18, nos termos das quais: "*Os descobrimentos e feitos ultramarinos têm ofuscado historiadores, que relegaram para segundo plano a obra administrativa do monarca na metrópole. Todavia ele não é apenas o homem de sorte a quem coube inesperadamente uma boa herança...o exame do Governo interno do Reino mostra-o atento às necessidades públicas..., e promoveu com inteligência e energia a criação também de um novo estilo jurídico e administrativo*".

[197] Cfr. Freitas do Amaral, em "D. Manuel I e a Construção do Estado Moderno em Portugal", op. cit.

[198] Cfr. Nuno Espinosa Gomes da Silva, em "História do Direito Português – Fontes de Direito", 2ª edição, Fundação Gulbenkian, 1991, p. 271.

[199] Foi, pois, neste período que os municípios portugueses, que até então gozavam de amplos poderes autónomos, viram os mesmos ser significativamente limitados pela intervenção do poder central Manuelino, através do "Regimento dos Oficiais, das Cidades, Vilas e Lugares destes Reinos", de 1504.

[200] Cfr. Mário Júlio de Almeida Costa, "Forais" (a reforma dos...), em Joel Serrão (dir.), "Dicionário da História de Portugal", Vol. III, 1963, p. 280; Maria Emília Cordeiro Ferreira, "D. Manuel I", em Joel Serrão (dir.), "Dicionário da História de Portugal", Vol. II, 1963, p. 906; Joaquim Veríssimo

Mais tarde, em 1512, foi promulgado "Os Artigos da Sisa" e, em 1516, "O regimento e Ordenações da Fazenda". Este edifício normativo foi depois completado com legislação relativa ao comércio ultramarino.[201]

Pode, pois, dizer-se que com D. Manuel I foi inaugurado o Estado burocrático e mercantilista.[202]

Foi também no tempo de D. Manuel que se deu início a uma outra faceta de acção do Estado. As preocupações sociais não estavam ausentes da codificação centralizadora e mercantilista. Foi neste período que se criaram as Misericórdias, que atingiram cerca de cinquenta neste reinado, foram reorganizados os hospitais portugueses, bem como se deram os primeiros passos na regulação, por lei, das associações particulares de solidariedade social (designação actual), através da atribuição de poderes de inspecção a oficiais régios.

Podemos, em síntese, referir que "*...D. Manuel I foi o primeiro grande legislador da História do Direito Português, o primeiro grande reformador da nossa administração pública – central, local e ultramarina – e, por tudo isso, o grande construtor, no plano institucional, do Estado Moderno em Portugal*".[203]

O sistema de que deixamos notícia vai manter-se até meados do século XVIII, quando se abre o período da administração de polícia. O seu começo tende a coincidir com o consulado do Marquês de Pombal (1750-1777).[204]

Serrão, "D. João II", em Joel Serrão (dir.), "Dicionário da História de Portugal", Vol. II, 1963, p. 611; Jorge Miranda, "Manual de Direito Constitucional", Vol. I, Tomo I, 1982, pp. 50 e seguintes; Nuno Espinosa Gomes da Silva, em "História do Direito Português: Fontes de Direito", Gulbenkian, 1991, p. 271; António Marques de Almeida, "A estrutura financeira do Estado Português no dealbar da Época Moderna", em João Medina (dir.), "História de Portugal", Vol. IV, 1993, pp. 99 e seguintes; Guilherme Braga da Cruz, "O Direito subsidiário na História do Direito Português", 1975, p. 222.

201 Cfr. Joel Serrão, em "Cronologia Geral da História de Portugal", 5ª edição, Lisboa, 1986, pp. 90 e seguintes, que salienta o "Regimento das Casas da Guiné e da India" de 1509, e as "Ordenações da Índia" de 1520, bem como a legislação referente à consagração do monopólio do Estado sobre o comércio de especiarias.

202 Cfr. Joel Serrão, "Dicionário da História de Portugal", Vol. II, 1975, p. 908.

203 Cfr. Freitas do Amaral, op. cit., p. 36; cfr. José Viriato Capela, "Administração local e municipal portuguesa do século XVIII às reformas liberais" (Alguns tópicos da sua historiografia e nova História) em Mafalda Soares da Cunha & Teresa Fonseca (ed.), "Os Municipios no Portugal Moderno: Dos forais manuelinos às reformas liberais", Ed. Colibri, Lisboa, 2005, pp. 39 a 58.

204 Sobre o papel fundamental do Marquês de Pombal no que tange às profundas alterações que introduziu no sistema, cfr. Armando de Castro, em "Expansão Económica e Transformações pré--estruturais no último quartel do século XVIII", em José Hermano Saraiva, "História de Portugal", Vol. 5, 1983, pp. 239 a 249, devendo ser realçadas as transformações operadas quanto à propriedade, como se pode ler através da transcrição de uma passagem do Alvará de 6 de Junho de 1792 da Rainha: "*...Eu, Rainha, faço saber aos que este Alvará virem que, tendo verificado com experiências as grandes vantagens e progressos das fábricas que depois de criadas têm passado para a administração dos particulares,*

Este período da administração pública em Portugal vai prolongar-se até 1832 com a reforma de Mouzinho da Silveira inspirada nos ideais jurídico-políticos saídos da Revolução Liberal de 1820, e que modelaram as regras essenciais da organização administrativa em Portugal.[205]

Recorde-se, que a Constituição de 1822 de índole liberal tinha, de entre as suas fontes primordiais, a Constituição Francesa de 3 Setembro de 1791, e traduziu o regime de transição do Absolutismo para o Liberalismo.[206]

Todavia, ao contrário do que sucedeu em França, em que a concretização constitucional se opera de forma sucessiva e ao longo do tempo, em Portugal, os princípios fundamentais consagrados na Constituição de 1822 foram objecto de regulamentação em termos únicos e realizada por um só homem: Mouzinho da Silveira.[207]

Trata-se dos Decretos nºs 22, 23 e 24, todos de 16 de Maio de 1832, que continham a reforma da Fazenda, a reforma da Administração e a reforma da Justiça.[208]

As tarefas fundamentais que se colocaram ao legislador foram as de, pela via da concretização dos princípios liberais acolhidos no Texto Fundamental,

os quais, com seus cabedais e com zelo do bem público e do meu real serviço, têm efectivamente promovido a sua perfeição e adiantamento, atendendo o que a este respeito me propuseram José de Carvalho e Araújo..., hei por bem transmitir e mandar entregar por um formal título de venda aos sobreditos..."; Sandra Aparecida Pires Franco, "As Reformas Pombalinas e o Iluminismo em Portugal", em Fénix – Revista de História e Estudos Culturais, Vol. 5, Ano V, nº 2, Maio de 2008; J. Lúcio de Azevedo, "O Marquês de Pombal e a sua época", 2ª ed., Lisboa Clássica Editora, 1990, p. 57.

205 Cfr. sobre esta matéria, a lição de Marcello Caetano, "Manual de Direito Administrativo", Vol. I, p. 257; Freitas do Amaral, "Curso de Direito Administrativo" Vol. I, p. 70; Maria da Glória Pinto Garcia, "Da Justiça administrativa em Portugal", 1994, p. 249; quanto à reforma que precedeu a de Mouzinho da Silveira, cfr. Victor de Sá, "A Reforma Administrativa Liberal que Precedeu a de Mouzinho da Silveira", Revista da Faculdade de Letras, Porto, 1985.

206 Relativamente aos princípios da Revolução Francesa, em que imperaram os ideais de liberdade individual face ao autoritarismo tradicional da Monarquia europeia, cfr. Alexis de Tocqueville, "L'Ancien régime et la Révolution", Paris, 1856; E. Garcia de Enterria, "Revolución Francesa y Administración Contemporánea", Madrid, 1981; V. Laubadère, "Traité elémentaire de Droit Administratif", Tomo I, 5ª edição, Paris, 1970, p. 345; J. Rivero, "Droit Administratif", 10ª edição, Paris, 1983, p. 139.

207 Recorde-se que a Constituição de 1822 teve uma vigência efémera, mas foi, no essencial, acolhida na Carta Constitucional de 1826 e foi "simbolicamente" reposta em vigor pela Revolução Setembrista de 1838, liderada por Passos Manuel.

208 Como resulta do Relatório comum aos Decretos nºs 22, 23 e 24 de 16 de Maio de 1832, Mouzinho da Silveira fundou as suas reformas nos seguintes princípios gerais: "*A administração é a cadeia que liga as partes de um corpo social e forma deles um todo...A Justiça é a inspectora que impede que os anéis da cadeia se rompam, corrigindo os abusos e os vícios...As necessidade dos julgados nasce das relações e das necessidades sociais, e a necessidade dos julgados nasce das fraquezas e das moléstias do corpo social...*".

proceder à: (i) delimitação conceitual entre as funções administrativa e judicial do Estado; (ii) separação orgânica entre as instituições que só poderiam exercer a função administrativa e aquelas que só poderiam desempenhar a função judicial; (iii) estabelecimento de mecanismos destinados a impedir qualquer sobreposição ou acumulação de outras autoridades e funções cuja separação era importante assegurar.[209]

Recordo as palavras de Mouzinho da Silveira no preâmbulo dos decretos antes identificados a propósito da natureza da administração: "*A necessidade da administração nasce das relações e das necessidades sociais; a necessidade dos julgadores nasce das fraquezas e das moléstias do corpo social*".[210]

De acordo com este pensamento, Mouzinho da Silveira consagrou na legislação relevante as seguintes principais regras imperativas:

a) A autoridade administrativa não pode dar ordens senão para fazer executar as leis segundo o espírito delas *(princípio da legalidade)*;
b) As magistraturas administrativas são incompatíveis com as judiciárias, e as suas funções não se podem acumular em caso algum *(princípio da separação orgânica entre administração e justiça)*;
c) A autoridade administrativa é independente da judiciária *(princípio da independência funcional da administração e da independência funcional da justiça)*.

Destes princípios orientadores da legislação resultou que as reformas de Mouzinho da Silveira desfizeram, de um só golpe, o "sistema de concentração da administração e da justiça" os quais durante séculos tinham estado confundidas, quer na titularidade suprema do Rei, que na competência por ele delegada nos oficiais administrativos espalhados pelo país, quer nos juízes – uns eleitos pelos povos, outros de nomeação régia.[211]

O juízo de anarquia institucional que Mouzinho da Silveira fazia da nossa organização administrativa, levou-o, no contexto das reformas por ele introduzidas, a definir, entre outras, as seguintes principais medidas:

[209] Cfr. Freitas do Amaral, em "Do Absolutismo ao Liberalismo: as reformas de Mouzinho da Silveira", p. 27.

[210] Cfr. 2º parágrafo relativo à Administração Pública do preâmbulo dos decretos nºs 22, 23 e 24, em "Colecção de Decretos e Regulamentos mandados publicar por Sua Majestade Imperial o Regente do Reino desde que assumiu a regência até à sua entrada em Lisboa", Imprensa Nacional, 1833, citado em Diogo Freitas do Amaral, "Do Absolutismo ao Liberalismo: As Reformas de Mouzinho da Silveira".

[211] Cfr. Freitas do Amaral, "Curso de Direito Administrativo", Vol. I, p. 31.

(i) Revogação expressa das disposições legais que conferiam atribuições civis aos governadores de armas e aos capitães-mores (*princípio da separação entre administração civil e a administração militar*);

(ii) Os corpos administrativos passavam a poder apenas ser dissolvidos nos casos excepcionais previstos na lei (*princípio da separação entre administração local do Estado, dependente do Governo, e a administração local autárquica, dotada de autonomia face ao Governo e politicamente responsável perante os eleitores locais*);

(iii) Consagração no art. 89º do Decreto nº 23 de 16 de Maio de 1832 do princípio da separação das competências estaduais das competências religiosas, ficando reservado a estas últimas todas as atribuições de "carácter espiritual".

Importa referir que o modelo de Mouzinho da Silveira traduzia um sistema administrativo fortemente centralizado, em que as autarquias locais eram pouco autónomas e estavam muito dependentes do poder central, bem como dos seus delegados locais, em especial os perfeitos.

Mas a mais profunda das reformas de Mouzinho da Silveira foi a de diferenciar as funções administrativas das funções jurisdicionais, traçando assim a distinção entre órgãos administrativos e judiciais.

Esta distinção fundamental, apesar das alterações na reforma realizadas no tempo histórico subsequente, perduraram no tempo até aos dias de hoje.[212]

Em termos de maior detalhe da Reforma de Mouzinho da Silveira, deve sublinhar-se que o decreto nº 23, de 16 de Maio de 1832, assume uma feição centralizada e é fundado nas concepções da organização administrativa napoleónica.[213]

Neste diploma, o Reino aparece dividido em províncias, comarcas e concelhos, uns e outros administrados por perfeitos, subprefeitos e provedores, nomeados pelo Rei e assistidos por Juntas electivas.[214]

As paróquias (núcleos básicos de população) só surgiram pela primeira vez com a reforma de Rodrigo da Fonseca, através da Lei de 25 de Abril de 1835, mas só a partir de 1878, com a reforma de Rodrigues Sampaio, passa-

[212] Para maiores desenvolvimentos das reformas de Mouzinho da Silveira, cfr. Marcello Caetano, "Manual de Direito Administrativo", Vol. I, pp. 144 e seguintes; António Pedro Manique, "Mouzinho da Silveira: Liberalismo e Administração Pública", 1989, p. 121.

[213] Refira-se que este decreto é ainda elaborado nos Açores (Ponta Delgada) e é o que aparece, em regra, mencionado pela doutrina como a primeira reforma administrativa do liberalismo.

[214] Cfr. Victor de Sá, "A reforma administrativa liberal que precedeu a de Mouzinho da Silveira", Revista da Faculdade de Letras, pp. 202 e seguintes.

ram a ser definitivamente consideradas como núcleo de base da organização civil do território.[215]

As Juntas da Paróquia são criadas através do decreto nº 25, em 26 de Novembro de 1830, e as Camaras Municipais através do decreto nº 26, de 27 de Novembro de 1830.

Estes dois diplomas são, pois, considerados como o esboço inicial da organização administrativa do liberalismo em Portugal.[216]

Todavia, a história de Portugal neste período é turbulenta, sucedendo-se "lutas" entre absolutistas e liberais que redundam na instabilidade do sistema e, naturalmente, também no sistema de organização administrativa do Estado.[217]

A contestação ao sistema provincial instituído pelas reformas de Mouzinho da Silveira é iniciada com o afastamento deste das lides governativas.

A lei de 25 de Abril de 1835 veio proceder à eliminação das províncias e das comarcas, passando o território nacional a estar dividido em 17 distritos que, por sua vez, se subdividiam em concelhos. Cada um dos distritos passou a ser governado por um Administrador-Geral, que a partir de 1840 assumiu a designação de Governador Civil.[218]

[215] Recorde-se a situação político-militar ao tempo de Mouzinho da Silveira e ao tempo da criação das Juntas de Paróquia, decorridos dois anos sobre a aclamação de D. Miguel como rei absoluto. Os liberais, na Ilha Terceira, procuraram ser o reduto da resistência à instauração do absolutismo. É assim que a partir de 1830 é iniciada a acção legislativa da Regência, animada pela Revolução "dos três dias gloriosos" de Julho, e o início da Monarquia burguesa de Luis Filipe, em França.

[216] Relativamente às Juntas de Paróquia, o decreto que as criou determinava que passaria a existir uma Junta por cada paróquia para administrar os negócios de interesse local. As competências da Junta traduziam-se pelo encargo do culto, da saúde, do ensino, da limpeza e da conservação de um registo de casamentos, nascimentos e óbitos, nos termos do art. 17º. Por seu turno, o Regedor assumia as funções de vigilância sanitária e assistência às crianças abandonadas, era titular do poder de manter a ordem, prender ladrões, desertores e criminosos apanhados em flagrante delito, assim como julgar em questões civis de pequena importância. Das suas decisões não havia recurso algum, como expressamente determina o art. 16º deste decreto. As Câmaras Municipais eram compostas pelo Presidente, pelo Fiscal e pelo Procurador do Concelho, determinando-se pela primeira vez a separação entre o Poder judicial, e atribuindo-se exclusivamente aos juízes "os feitos" até então sentenciados pelas Câmaras. Também o Presidente da Camara deixava de ser nomeado pelo Poder Executivo e passava a ser eleito pelo maior número de votos entre os Vereadores.

[217] Para maior desenvolvimento em torno das questões de índole política deste período, cfr. Maria Filomena Mónica, "As reformas eleitorais no constitucionalismo monárquico, 1852-1910", 1996.

[218] A criação dos distritos originou a criação de uma Junta Geral do Distrito como órgão colegial consultivo do administrador-geral e depois do governador civil. A Junta Geral percorre toda a história da administração distrital até à aprovação do Código Administrativo de 1936/1940.

A tradição municipalista portuguesa fez-se ouvir e fez-se sentir ao tempo, de modo que este sistema foi substituído pelo Código Administrativo de 1836 de Passos Manuel que, apesar de consagrar o princípio da descentralização administrativa, teve igualmente um período de vigência bastante efémero.[219]

O primeiro Código Administrativo foi aprovado pelo Decreto de 31 de Dezembro de 1836, e tem na sua génese a reforma administrativa de 1835, o que equivale a dizer que são mantidas as divisões do território em distritos, concelhos e freguesias que haviam sido introduzidas na mencionada reforma de 1835.[220]

A instabilidade política que percorreu este período da nossa história teve inevitavelmente consequências a nível da instabilidade legislativa na área da organização administrativa do Estado.[221]

Surge, a 16 de Março de em 1842, um novo Código Administrativo que resultou da coordenação e harmonização das disposições em vigor reportadas ao Código de 1836 e leis dele complementares, que determinou as seguintes principais orientações em matéria de organização administrativa: (i) a divisão do território é fundada em concelhos e freguesias; (ii) as freguesias passam a ser uma mera comunidade familiar e religiosa destituída de qualquer poder administrativo; (iii) os magistrados são o governador civil e o administrador do concelho, ambos nomeados pelo governo; (iv) é criado no concelho, a par da Câmara, um conselho municipal.[222]

Este Código, apesar de ter tido no seu início dificuldades de implementação, dado que foi objecto de alterações legislativas que estiveram na origem

[219] Cfr. Freitas do Amaral, "Curso de Direito Administrativo", Vol. I, p. 78, que se refere a este período como o da redução drástica do número de municípios, de 826 para 351; do surgimento dos Códigos Administrativos; são ensaiados modelos descentralizadores nas relações entre o poder político central e local.

[220] Este Código foi referendado por Passos Manuel, recém-chegado ao Governo na sequência da Revolução de Setembro de 1836.

[221] Refira-se a este propósito a Lei de 29 de Outubro de 1840, que alterou alguns aspectos da divisão administrativa e dos seus responsáveis, passando o administrador do concelho e o regedor da freguesia a serem de novo nomeados pelo governo sem intervenção local, e passando novamente o administrador geral do distrito a ser designado de governador civil. A par das Câmaras são criados os Conselhos Municipais, formados pelos maiores contribuintes eleitores.

[222] Em 1867 foi feita uma tentativa de reforma do Código Administrativo através do denominado Código Martens Ferrão, aprovado pela Lei da Administração Civil de 26 de Junho de 1867, que visava extinguir concelhos e reformular a divisão territorial. Este diploma gerou grande descontentamento, agravado pela criação de um imposto sobre o consumo que esteve na origem das revoltas populares (golpe da Janeirinha), e à consequente queda do Governo em Janeiro de 1868.

de revoluções populares e da queda do Governo, foi expressamente mantido em vigor pelo novo Governo saído das eleições de 1868.[223]

Sucederam-se, neste período de grande instabilidade política, como, aliás, durante a maior parte deste período histórico, novos e diversos projectos de determinação da organização administrativa, de que destacamos os seguintes:

a) Código Administrativo de 1878, da responsabilidade de Rodrigues Sampaio, visou introduzir, pela primeira vez, na nossa organização administrativa uma estrutura supramunicipal – o distrito – como autarquia e não como circunscrição administrativa;[224]

b) Código Administrativo de 1886, da responsabilidade de Luciano de Castro, que entre as suas principais inovações consagrou o princípio da representação das minorias nos corpos administrativos, a criação de um regime especial para Lisboa e Porto e para os concelhos de população superior a 40 000 habitantes, que consistia na possibilidade de ser requerida a constituição de tribunais administrativos distritais. Este Código mantém, nas suas linhas gerais, a divisão administrativa anterior, mas retira alguma autonomia à Câmara Municipal;[225]

c) Código Administrativo de 1896, aprovado por Carta de Lei de 4 de Maio, da responsabilidade de João Franco, que veio extinguir as Juntas Gerais do Distrito, deixando este de ser concebido como autarquia local, mantendo-se, no entanto, a divisão do território, bem como o número e a forma de designação dos magistrados administrativos;[226]

d) O Código Administrativo de 1936, aprovado através do Decreto-Lei nº 27424, de 31 de Dezembro de 1936, criou uma comissão para acompanhar a execução e preparar a redacção final do Código. O texto final

[223] Este Código, nos seus aspectos essenciais e nucleares, manteve-se em vigor por mais de trinta e seis anos.

[224] Nos termos deste Código, o distrito passava a ser uma autarquia local e consagrava, segundo a generalidade da doutrina, princípios de descentralização administrativa que podem ser concebidos como a génese da regionalização.

[225] Na vigência deste Código foram publicados dois decretos, em 21 de Abril de 1892 e 6 de Agosto de 1892, do Governo de Dias Ferreira, que procederam à extinção da Juntas Gerais de Distrito e criaram, junto do Governador Civil, Comissões Distritais, e retiraram competências às Juntas de Paróquia, transferindo-as para as Câmaras.

[226] Em Junho de 1900 foi publicado um novo Código Administrativo, mas a sua aplicação foi suspensa em 5 de Julho do mesmo ano.

do Código Administrativo de 1936-1940 foi alterado e republicado pelo Decreto-Lei nº 31095, de 31 de Dezembro de 1940. [227]

Deixamos breve nota da estrutura da organização administrativa até ao despontar do século XX, em que se pode ainda sustentar que o período de 1910 a 1926 correspondeu, em termos de organização, ao modelo liberal, apesar de poder ser salientado que a estrutura da administração central cresceu de forma significativa.[228]

Resulta da explanação precedente que a organização administrativa do Estado visa dispor e ordenar os diversos elementos com vista à prossecução de determinados objectivos.[229]

Ou seja, qualquer organização, e também a organização administrativa, são modeladas com fundamento nos fins que os Estados pretendem prosseguir.

A organização administrativa é, pois, a fórmula ou o modelo escolhido pelo poder político com a finalidade de, através dela, prosseguir os interesses tidos por prevalecentes.[230]

2. A organização da Administração no contexto da Constituição de 1933

A estrutura da administração pública portuguesa constava da Constituição de 1933.[231]

[227] Já na sequência da revolução de 28 de Maio de 1926, o Governo produziu o Decreto com força de lei nº 12073, de 9 de Agosto de 1926, com o objectivo de manter em vigor a legislação referente às autarquias locais, previstas nos Código Administrativos de 1878 e 1896, na Lei nº 88, de 7 de Agosto de 1913, e na Lei nº 621, de 23 de Junho de 1916.

[228] Cfr. Diogo Freitas do Amaral, "Curso de Direito Administrativo", Vol. I, p. 93; Maria da Glória Pinto Garcia," Da Justiça Administrativa em Portugal", pp. 551 e seguintes.

[229] Cfr. neste sentido, Marcello Caetano , "Manual de Direito Administrativo", Vol. I, p. 175, que refere que: "*organizar é dispor os elementos necessários para prosseguir determinados objectivos segundo uma ordem estável que assegure a adequada integração e coordenação de actividades humanas empregadas sobre a base da divisão de trabalho*".

[230] Nos sistemas democráticos como é o nosso, a organização administrativa é, desde logo, consagrada na Constituição e traduz, por isso mesmo, opções de política que se concretizam nas diversas estruturas que integram a administração pública.

[231] Com a finalidade de elaborar o projecto de Constituição de 1933, o Decreto com força de lei nº 20643, de 22 de Dezembro de 1931, criou um Conselho Político Nacional, presidido pelo Presidente da República e de que fazia parte o então Ministro das Finanças, Oliveira Salazar. A 28 de Maio de 1932 foi publicado o projecto de Constituição, e o Decreto nº 22229, de 21 de Fevereiro de 1933, veio determinar que a Constituição seria aprovada por plebiscito a realizar a 19 de Março do mesmo ano. A Constituição veio a entrar em vigor em 11 de Abril de 1933. Cfr. Tiago João Lopes Gonçalves de Azevedo em "A Constituição de 1933. Da fiscalização da Constitucionalidade", Revista da Universidade do Minho, Escola de Direito, pp. 7 e seguintes.

Os traços fundamentais da Constituição da República na parte que para o nosso estudo releva podem ser enunciadas como segue:

a) O Estado Português é unitário, podendo compreender regiões autónomas com organização político-administrativa adequada à sua situação geográfica e às condições do respectivo meio social;[232]

b) O Governo, enquanto órgão de soberania, tem competência para a elaboração de decretos, regulamentos e instruções para a boa execução das leis, bem como de superintender no conjunto da administração pública, fazendo executar as leis e resoluções da Assembleia Nacional, fiscalizando superiormente os actos dos corpos e corporações administrativas e praticando todos os actos respeitantes à nomeação, transferência, exoneração, reforma, aposentação, demissão ou reintegração do funcionalismo civil ou militar, com ressalva para os interessados do recurso aos tribunais competentes;[233]

c) Do ponto de vista das circunscrições políticas e administrativas e das autarquias locais, o território do Continente é dividido em concelhos, que se formam de freguesias e se agrupam em distritos e províncias, estabelecendo a lei o limite de todas as circunscrições; os corpos administrativos são as camaras municipais, as juntas de freguesia e os concelhos de província; os corpos administrativos têm autonomia financeira, nos termos da lei que a determinar, sendo porém as câmaras municipais obrigadas a distribuir pelas freguesias, com destino a melhoramentos rurais, a parte das receitas fixadas na lei;[234]

d) Outra área que, do ponto de vista da organização, importa reter é a que se refere às incumbências do Estado no contexto do reconhecimento das corporações morais ou económicas e as associações ou organizações sindicais, e promover e auxiliar a sua formação. Estas corporações, associações ou organizações visam prosseguir principalmente objectivos científicos, literários, artísticos ou educação física, de assistência, beneficência ou caridade; de aperfeiçoamento técnico ou solidariedade de interesses, e serão reguladas, na sua constituição e exercício das suas funções, por normas especiais;[235]

e) Finalmente, a Constituição de 1933 considera de interesse colectivo e sujeitas a regime especial, no tocante aos seus direitos e deveres,

[232] Cfr. art. 5º da Constituição, na redacção que lhe foi dada pela Lei nº 3/71, de 16 de Agosto.

[233] Cfr. art. 108º da Constituição de 1933.

[234] Cfr. artigos 124º a 131º da Constituição de 1933.

[235] Cfr. artigos 14º e 15º da Constituição de 1933.

> nacionalidade, corpos gerentes, pessoal e intervenção ou fiscalização do Estado, conforme as necessidades da defesa nacional, da segurança pública e do desenvolvimento económico e social, as empresas concessionárias de serviços públicos, de obras públicas ou da exploração de coisas do domínio público do Estado, as sociedades de economia mista e de economia pública, as empresas que desempenhem alguma actividade em regime de exclusivo ou com privilégio não conferido em lei geral e, ainda, todas as empresas que exerçam quaisquer actividades consideradas por lei de interesse nacional.[236]

Estas são, pois, as bases constitucionais em que assentou o regime da organização administrativa do Estado desenvolvido e regulamentado na legislação que ao seu abrigo foi sendo publicada.

Em todo o caso, a partir da Constituição, parece ser possível definir as bases fundamentais da organização do Estado que, à luz do Direito positivo, são constituídas por:

a) Pessoas colectivas de população e território ou pessoas colectivas de tipo territorial (Estado, regiões, autarquias locais);
b) Pessoas colectivas de tipo associativo (corporações e outras associações públicas);
c) Pessoas colectivas de tipo institucional (institutos públicos).[237]

Pois bem: a organização do Estado é constituída pela administração directa, no sentido em que a prossecução de algumas das suas atribuições é realizada directamente através dos seus órgãos e serviços integrados na pessoa colectiva Estado.

A administração indirecta é constituída por entidades públicas com personalidade jurídica de direito público distinta do Estado mas que, em virtude das finalidades de interesse público que a lei lhes atribui, permanece a coberto de relações de tutela e superintendência exercidas pelo Governo.

A administração local é constituída pelas autarquias dotadas de autonomia financeira, ou seja, por pessoas colectivas de direito público de que os corpos administrativos são órgãos e que têm por atributo a autonomia.[238]

[236] Cfr. art. 59º da Constituição na redacção que lhe foi dada pela Lei nº 3/71, de 16 de Agosto.

[237] Cfr. Marcello Caetano , op. cit., p.185.

[238] Cfr. quanto ao conceito de autarquia, a Carta Europeia de Autonomia Local, aprovada em 1985 pelo Conselho da Europa, caracteriza-a como: *"as autarquias locais são um dos principais fundamentos*

Vejamos, pois, em termos sucintos, e seguindo de muito perto a lição de Marcello Caetano, a estrutura da Administração Pública Portuguesa criada e instituída ao abrigo dos preceitos constitucionais aplicáveis.

A administração central integra o Governo, enquanto órgão do Estado-administração e como órgão supremo das hierarquias da administração do Estado e titular de competências tutelares sobre os institutos públicos, as autarquias locais, as associações públicas e as pessoas coletivas de direito privado e regime administrativo.[239]

A administração local é constituída por entidades e/ou órgãos criados com base na divisão administrativa do território. A base é a circunscrição municipal – o concelho; este é composto por freguesias. Os concelhos agrupam-se em distritos.[240]

As autarquias locais, segundo o disposto nos artigos 13º, 14º, 196º e 284º, são os concelhos, as freguesias e os distritos.[241]

A Administração Indirecta do Estado é composta pelos institutos públicos que integram as categorias de serviços personalizados, fundações públicas e empresas públicas.[242]

A Administração Corporativa do Estado integra os organismos corporativos que são as corporações, nos termos do art. 5º da Constituição da República.[243]

de todo o regime democrático", afirmando ainda no seu art. 1º que: "*O princípio da autonomia local deve ser reconhecido pela legislação interna e, tanto quanto possível, pela Constituição*". No nosso país a organização autárquica é ainda composta pelas Associações de Municípios, pelas Áreas Metropolitanas, pelas Empresas Municipais, Intermunicipais e Regionais.

239 Cfr., sobre a história da evolução da composição da administração central do Estado, Marcello Caetano , op. cit., pp. 262 e seguintes.

240 Em Lisboa e Porto, ao tempo, existia uma circunscrição intermédia entre o concelho e o bairro administrativo nos termos dos artigos 108º ,§ único, e 125º , § 1º, do Código Administrativo.

241 Os órgãos da administração municipal são, de acordo com o Código Administrativo de 1940: (i) o concelho municipal; (ii) a câmara municipal; (iii) o presidente da Câmara; (iv) as juntas de turismo e comissões municipais de turismo; (v) comissões municipais de assistência; e (vi) órgãos municipais consultivos.

242 A Junta de Crédito Público, a Junta de Energia Nuclear, as Universidades de Lisboa, Porto e Coimbra, entre outros, são qualificados como serviços personalizados; a Comissão Reguladora do Comércio de Bacalhau, a Junta Nacional de Frutas, o Instituto do Vinho do Porto, o Instituto de Cereais, entre outros, são integrados nos organismos de coordenação económica; a Fundação Nacional para a Alegria no Trabalho, bem como as comissões regionais de assistência municipais, são qualificadas como fundações públicas; a Caixa Geral de Depósitos, a Manutenção Militar, o Arsenal do Alfeite, a Fábrica Militar de Braço de Prata, entre outros, são integrados na categoria de empresa pública.

243 Segundo o disposto na Base I da Lei nº 2086, de 22 de Agosto, as "*corporações constituem a organização integral das diferentes actividades de ordem moral, cultural e económica e têm por fim coordenar, representar e defender os seus interesses para a realização do bem comum*".

A Administração de Cooperação para a realização de interesses comuns é composta por pessoas coletivas de direito privado, reconhecidas pelo Estado e, em atenção as suas finalidades de interesse público, subordinadas a regras de direito administrativo.

Referimo-nos às pessoas colectivas de utilidade pública administrativa, às pessoas de utilidade administrativa local, às pessoas de utilidade administrativa geral e às associações de piedade.[244]

2.1. Os Pilares da organização do Estado Corporativo

A organização do Estado, na vertente da intervenção na economia, assentou em pilares institucionais e materiais que foram definidos na conjuntura dos anos trinta e, sobretudo, ao abrigo da Constituição de 1933.[245]

Desses pilares destacamos a organização corporativa, o condicionamento industrial e a protecção pautal.[246]

Estes pilares constituíam meios institucionais para limitar a concorrência considerada "desregrada" e, nessa medida, negativa para o desenvolvimento económico e social.[247]

A organização corporativa, através dos seus diversos modelos foi assim, ao tempo, a fórmula geral de regulação económica que, substituindo a regulação pelo mercado, seria apta a "disciplinar" a concorrência, regulamentando-a no contexto ideológico mais amplo em que à actuação do Estado estão reservadas "*importantes funções de orientação, direcção e fiscalização das actividades económicas*".[248]

Do ponto de vista doutrinário, o corporativismo português assentou na livre associação dos agentes económicos – auto-direção ou corporativismo de associação – com fundamento que esta seria a melhor forma de garantir a compatibilização dos interesses conflituantes.

[244] Cfr. Marcello Caetano, em "Manual de Direito Administrativo", Vol. I, pp. 187 e seguintes.

[245] Cfr. Armando de Castro, "A dinamização económica de 1910 até à década de 1960", em História de Portugal, Vol. 6; Fernando Rosas, "O Estado Novo nos anos trinta (1928-1938)", Lisboa, 1986, relativamente ao período histórico em referência.

[246] Quanto às questões da concorrência, importa referir a Constituição de 1933, nos artigos 31º e 34º, e o art. 7º do Estatuto do Trabalho Nacional; ver também sobre o controlo e regulação na economia portuguesa, J. Ferreira Dias, em "Linhas de Rumo – Notas de Economia Portuguesa", Vol. 1, Lisboa, 1945, p. 289.

[247] Cfr. a revisão constitucional de 1971 (Lei nº 3/71, de 16 de Agosto) que já se mostrava enquadrada no modelo económico imposto nos finais dos anos 60, ao explicitar que os objectivos da acção do Estado são "*estimular a iniciativa privada e a concorrência efectiva, sempre que esta contribua para a racionalização das actividades produtivas*".

[248] Cfr. J. Ferreira Dias, op. cit., pp. 289 e seguintes.

A institucionalização dos diversos modelos de organização acabou por ser uma imposição do próprio Estado o que, numa primeira fase, reduziu a participação dos organismos corporativos e de coordenação económica a uma actividade principalmente consultiva, de defesa de interesses através de negociação regular de preços e salários.[249]

Estes modelos, de acordo com a proposta económica de Salazar, foram formulados em termos de intervenção moderada e subsidiária do Estado.

De acordo com os artigos 5º e 31º da Constituição de 1933 e art. 6º do Estatuto Nacional do Trabalho Nacional, "*O Estado tem o direito e a obrigação de coordenar e regular superiormente a vida económica e social, promovendo uma economia corporativa, de acordo com o princípio da colaboração, e visando a que os seus elementos não tendessem a estabelecer entre si concorrência desregrada*".[250]

O sistema de organização social e político programado pela Constituição de 1933 era concebido como um corporativismo de associação, cujas características, por contraste com o corporativismo de Estado, podem ser elencadas como segue: (i) construção da pirâmide a partir da base, por iniciativa dos interessados; (ii) livre adesão – autogoverno dos organismos corporativos; e (iii) independência perante os poderes públicos.[251]

O desenvolvimento teórico do modelo da organização fundado no corporativismo de associação assenta nos seguintes parâmetros:

a) A organização corporativa é livre, no sentido em que são os próprios interessados que a instituem através da sua própria iniciativa de criação de sindicatos ou de grémios;[252]

b) A organização é monopolista e exclusivista, no sentido em que os interessados, os operários e os industriais, apenas se podem associar nos organismos corporativos, sindicatos e grémios que a lei prevê;

c) A organização corporativa é representativa;[253]

[249] Cfr. J. Ferreira Dias, op. cit.

[250] Cfr. Manuel de Lucena, "Sobre a Evolução dos Organismos de Coordenação Económica Ligados à Lavoura" (I), Lisboa, 1978, pp. 834 e seguintes.

[251] No mesmo sentido da afirmação de Manuel de Lucena, cfr. Professor Teixeira Ribeiro, no Boletim da Faculdade de Direito, Suplemento V, pp. 285 e seguintes.

[252] O fundamento legal deste parâmetro é o art. 41º do Estatuto do Trabalho Nacional que determina que: "*A organização profissional não é obrigatória, salvo disposição especial aplicável a indivíduos que exerçam determinadas actividades. Incumbe porém ao Estado reconhecer os organismos que a representam e promover e auxiliar a sua formação*".

[253] Este parâmetro resulta do disposto no art. 42º do Estatuto que dispõe que: "*Os sindicatos nacionais e os grémios têm personalidade jurídica; representam legalmente toda a categoria de patrões, empregados ou assalariados do mesmo comércio, indústria ou profissão, estejam ou não neles inscritos; tutelam os seus interesses*

d) A organização corporativa corresponde a uma economia autodirigida, no sentido em que a "*economia portuguesa em vez de abandonada ao automatismo da livre concorrência ou submetida à planificação do Estado, é antes dirigida pelos próprios particulares interessados através das suas corporações*";[254]

e) A organização corporativa é autárquica, no sentido em que os organismos corporativos e as corporações são titulares de personalidade jurídica, consagrada a lei para o reconhecimento de interesses específicos e competência para a realização autónoma dos seus fins ou atribuições.[255]

Em termos de modelo de organização da República unitária e corporativa (art. 5º da Constituição de 1933), e de acordo com o estabelecido no art. 41º do Estatuto do Trabalho Nacional, o mesmo é modelado na existência de: (i) organismos corporativos de trabalhadores – os sindicatos -, que associam em cada distrito os operários e empregados da mesma profissão; (ii) as Casas dos Pescadores, que reúnem em cada centro de pesca os inscritos marítimos; (iii) As Casas do Povo, que agrupam em cada freguesia os trabalhadores rurais.[256]

Por seu turno, os organismos corporativos dos patrões e das empresas são: (i) grémios diferenciados da agricultura, da indústria e do comércio, que associam em cada distrito, região ou no país as empresas, sociedades ou firmas do mesmo ramo de actividade; (ii) Grémios da Lavoura, que reúnem em cada concelho os produtores agrícolas.[257]

Em suma, pode dizer-se que os sindicatos, as Casas dos Pescadores, Casas do Povo e grémios constituem os elementos primários da corporação.

perante o Estado e os outros organismos corporativos; ajustam contratos colectivos de trabalho, obrigatórios para todos os que pertencem à mesma categoria".

[254] Cfr. Teixeira Ribeiro, op. cit., p. 293.

[255] Todavia, como refere Teixeira Ribeiro, como está em jogo o interesse público, o Governo está legitimado para dissolver ou até substituir os órgãos dirigentes dos organismos corporativos sempre que tal competência seja exigida pela prevalência do interesse público.

[256] O art. 41º do Estatuto dispõe que: "*Os sindicatos nacionais de empregados e operários e os Grémios formados pelas entidades patronais constituem o elemento primário da organização corporativa e agrupam-se em federações e uniões, elementos intermédios da Corporação, que realiza a forma última daquela organização. A Federação é regional ou nacional e é constituída pela associação de sindicatos e grémios idênticos. A União conjuga as actividades afins já organizadas em grémios e sindicatos nacionais, de modo a representar em conjunto todos os interessados em grandes ramos da actividade nacional. As Corporações constituem a organização unitária das forças da produção e representam integralmente os seus interesses*".

[257] Cfr. Manuel de Lucena, em "A Evolução do Sistema Corporativo Português: o Salazarismo", Cap. III – A Organização Corporativa, 1. A Comparação com o modelo Italiano, 1976.

Os elementos intermédios da organização correspondem às Federações nacionais e regionais, que agrupam sindicatos e grémios idênticos, e as Uniões, que agrupam sindicatos e grémios por ramos de actividade.

No topo da pirâmide corporativa estão as Corporações, que se formam ou por grandes actividades económicas, como os transportes, ou por ramos fundamentais da produção, como os cereais, os vinhos, as indústrias têxteis.[258]

A representação orgânica e genuína da Nação era assegurada pela Câmara Corporativa, competindo-lhe funções consultivas, nomeadamente dar parecer sobre propostas e projectos de lei a submeter à Assembleia Nacional.

Durante o Estado Novo e até 1971, foram instituídas onze corporações, organizadas segundo as grandes actividades nacionais, e compostas por representantes em número igualitário, eleitos pelos grémios e pelos sindicatos, organizados nas federações e uniões.

Quanto ao seu regime jurídico, as corporações eram titulares de personalidade jurídica, equivalente à de outros organismos corporativos, o que era equiparável a um sistema jurídico homogéneo.[259]

Segundo os seus defensores, a organização corporativa foi considerada essencial a uma economia "autodirigida", cabendo apenas ao Estado, que deve ser um "Estado mínimo", "*reconhecer e coordenar em geral a organização corporativa*".[260]

Ou seja, o modelo de organização do Estado Novo Corporativo teve início na sequência da Constituição de 1933, foi edificado lentamente e apenas sob a vertente económica, não adquiriu totalmente a sua estrutura integral, limitando-se durante vários anos aos sindicatos e aos grémios.[261]

Para além da organização corporativa, o Estado Novo fundou a regulação da actividade económica no condicionamento industrial.

O condicionamento industrial perdurou até ao final do Estado Novo e foi implementado na conjuntura económica depressiva do início dos anos trinta, como um aspecto da política anticrise e fundamentado na necessidade de evi-

[258] Cfr. art. 2º do decreto-lei nº 29110, de 12 de Novembro de 1938, que estipula que: "*As corporações são constituídas por todos os organismos corporativos de grau inferior que nelas se integrem, segundo as grandes actividades nacionais ou ramos fundamentais de produção e, neste último caso, abrangerão normalmente o ciclo económico dos produtos*".

[259] Em Abril de 1974 existiam 545 grémios, dos quais 200 no comércio e na agricultura. Aos 313 grémios do comércio e da indústria, que eram grémios facultativos, haverá que adicionar 50 obrigatórios, 17 no comércio e 33 na indústria. Os grémios obrigatórios na agricultura cifravam-se neste período em 11.

[260] Cfr. Vital Moreira, "O sistema jurídico-constitucional do Estado Novo", em João Medina (dir.), "História de Portugal", Vol. XII, 1996.

[261] Cfr. Howard J. Wiarda, "Corporatism and Development: The portuguese experience", Massachusetts Press, 1977, pp. 158 e seguintes.

tar uma concorrência desregrada com o cotejo das consequências negativas dela decorrentes, como o desemprego, quebra de preços e sobreprodução.

Foi a Lei nº 2005, de 14 de Março de 1945 (Lei do Fomento e Reorganização Industrial), que veio regular o processo de industrialização, concebido como um mecanismo de racionalidade económica e modernização das estruturas industriais, tendo sido mais tarde, através da Lei nº 2052, de 11 de Março, que se veio a regular o "condicionamento técnico" que assume características de incentivo ao redimensionamento das unidades produtivas e ao estímulo ao alastramento do progresso técnico e organizativo.[262]

2.2. As Funções dos organismos corporativos

A organização corporativa, como acima referimos, destinava-se a estabelecer um sistema ou modelo de auto-direcção da economia e, segundo Vital Moreira, os seus instrumentos fundamentais eram os seguintes:

a) O regulamento corporativo, ou seja, as normas emanadas por cada organismo corporativo, vinculantes para a respectiva categoria;

b) O acordo intercorporativo, ou seja, as normas estabelecidas por convenção entre organismos corporativos diversos para regularem as relações entre cada uma das competentes categorias profissionais.[263]

Em termos amplos parece ser possível, no contexto das diversas funções dos organismos de coordenação económica, facultar uma breve panorâmica de tais funções enumeradas na lei. Assim, parece ser possível assinalar, de entre as mais significativas funções, as seguintes:[264]

a) Funções políticas, ou seja, cada organismo deve "*criar a consciência corporativa e desenvolver o sentimento de solidariedade entre os elementos das actividades que disciplina e orienta*";[265]

[262] Neste sentido, cfr. J. Ferreira Dias, "Linhas de Rumo", 1945, p. 170; J. M. Brandão de Brito, "Corporativismo e Industrialização: Elementos para o Estudo do Condicionamento Industrial", Lisboa, 1989, pp. 343 e seguintes; quanto à cronologia da legislação, podem citar-se o Decreto nº 19354, de 14 de Fevereiro de 1931, que estabelece o condicionamento industrial, a Lei nº 1956, de 17 de Maio de 1937, que aprova a lei do Condicionamento Industrial, e a Lei nº 2052, de 11 de Março de 1952, que promulga as bases do condicionamento industrial.

[263] Cfr. Vital Moreira, em "Auto-regulação Profissional e Administração Pública", op. cit., p. 137.

[264] Seguimos muito de perto a lição de Manuel de Lucena, em "Sobre a Evolução dos Organismos de Coordenação Económica" (II), 1979, pp. 120 e seguintes.

[265] Cfr. art. 6º, nº 2, do D.L. nº 26766, de 10 de Julho, que estabelece que: "*Ao Grémio, independentemente das atribuições gerais que o regimento das corporações lhe conferir, compete o seguinte: Exercer as funções políticas conferidas aos organismos corporativos*".

b) Funções de coordenação económica, ou seja, cabe-lhes "*orientar, disciplinar e fiscalizar, em cooperação com os serviços públicos, o comércio (ou a produção e o comércio, dos respectivos sectores)*" e, por outro lado, "*coordenar a acção dos organismos corporativos da produção e comércio (ou só da produção) respectivos*";[266]

c) Funções de intervenção no mercado, nomeadamente as de aquisição à produção nacional, a preço garantido e sob certas condições, os seus produtos com o objectivo de evitar que os preços caiam a níveis catastróficos em épocas de superprodução, ou então para garantir uma distribuição equitativa de matérias-primas pelos industriais.[267]

Tais funções estiveram na base da ideia de que o "*corporativismo significa algo como regulação estadual da economia por meio de corporações públicas*".[268]

Na parte que releva para o nosso trabalho, os elementos da organização corporativa eram (i) os organismos de coordenação económica; (ii) os grémios obrigatórios; (iii) os grémios facultativos e os grémios de lavoura.[269]

O Decreto-lei nº 26757, de 8 de Julho de 1936, veio estabelecer o regime jurídico dos organismos de coordenação económica através dos quais lhes compete realizar o que se pode chamar de política nacional dos nossos produtos de maior valor económico-social.

Tais organismos são de três espécies: comissões reguladoras, institutos e juntas nacionais.[270]

[266] Cfr. art. 6º, nº 3, do D.L. nº 26775, que estabelece que: "*Compete aos Grémios... proporcionar aos seus associados, por si ou em cooperação com o Estado e outras entidades competentes, os elementos necessários ao regular exercício das suas actividades e protegê-los contra práticas de concorrência desleal lesivas do seu interesse ou do seu bom nome ou ainda do interesse geral da indústria*".

[267] Cfr. D.L. nº 21300, de 28 de Março de 1932, relativamente à Federação Nacional dos Produtores de Trigo que, durante muito tempo, foram não só importadores como intermediários permanentes no mercado interno; ver também Diogo de Lucena, "Sobre a Evolução dos Organismos de Coordenação Económica", pp. 151 e seguintes, que nos dá nota, através dos processos relativos aos vários organismos criados (e alguns deles extintos) no período considerado, que o nosso sistema começava a dar mostras de caminhar para um verdadeiro "capitalismo de Estado".

[268] Cfr. Vital Moreira, "Auto-Regulação Profissional e Administração Pública", op. cit., p. 139.

[269] Cfr. Manuel de Lucena (II), op. cit., p. 117; a Junta Nacional do Vinho foi instituída através do Decreto-lei nº 27977, de 19 de Agosto de 1937, com a natureza jurídica de organismo de coordenação económica; também a Federação dos Viticultores do Centro e Sul de Portugal foi criada pelo Decreto-lei nº 23231, de 17 de Novembro de 1933, num momento em que já se faziam sentir fortemente os efeitos de uma crise de sobreprodução, e era destinada a ser o instrumento das providências que a situação requeria, tendo ao mesmo tempo representado a primeira tentativa de larga envergadura para sujeitar à disciplina de uma organização o mais importante sector da produção nacional.

[270] Cfr. Preâmbulo do D. L. nº 27977, de 19 de Agosto de 1937.

De acordo com o art. 1º do diploma legal em análise, "*É criada, nos termos do Decreto-lei nº 26757, de 8 de Julho de 1936, a Junta Nacional do Vinho, organismo de coordenação económica, com funções oficiais e personalidade jurídica*".

Os seus fins são estabelecidos no art. 2º, e com interesse para a nossa discussão importa realçar os nºs 2 e 3 do art. 4º, que expressamente consagram que: "2 – *A Junta tem por fim coordenar a acção dos organismos corporativos da produção e comércio de vinhos e seus derivados na zona da sua influência e, de uma maneira geral, a de todas as actividades àqueles ligadas, com vista ao melhor rendimento e defesa da economia nacional do vinho*".[271]

Por seu turno, o nº 3 do mesmo preceito diz que: "*A Junta tem por fim orientar e fiscalizar, em cooperação com os serviços públicos competentes e com os organismos mencionados no número anterior, a produção e o comércio de mostos, vinhos e aguardentes, fazendo cumprir as disposições legais e regulamentares e as determinações que lhes digam respeito*".

Também o art. 12º deste diploma legal estipula que: "*A Junta tem por fim reprimir e punir fraudes e quaisquer transgressões ao disposto neste decreto, seus regulamentos e determinações que, ao abrigo do mesmo, venha a adoptar, bem como a todas as disposições legais e regulamentares cuja fiscalização for da sua competência*".[272]

Do ponto de vista da composição dos seus órgãos, o art. 5º estipula que a Junta tem a seguinte constituição: (i) Presidente; (ii) dois vice-presidentes; (iii) um representante da Direcção-Geral dos Serviços Agrícolas; (iv) três representantes dos grémios da lavoura ligados à produção vinícola; (v) um representante do Grémio do Comércio de Exportação de Vinhos; e (vi) um representante do Grémio dos Armazenistas de Vinhos.

Relativamente ao Grémios, importa deixar nota de alguns dos elementos típicos fundamentais dos Grémios da Lavoura, instituídos através do Decreto-lei nº 23049, de 23 de Setembro, ao abrigo de cujo art. 1º expressamente se salientava que: "*A organização corporativa das entidades patronais realiza-se por meio de grémios, nos quais se agrupam as empresas, sociedades e firmas, singulares ou colectivas, que exerçam o mesmo ramo de actividade no comércio, na indústria ou na agricultura. O âmbito de acção dos grémios varia segundo as exigências especiais de cada forma de actividade, e é sempre condicionado pela coordenação dos elementos interessados no conjunto económico que superiormente for definido como mais conforme com o interesse colectivo*".

[271] Cfr. Manuel de Lucena, Carlos da Silva Costa, António Correia Fragata, Maria Inês Mansinho e Maria Margarida Nery Pereira, em "Relatório sobre a Extinção dos Grémios da Lavoura e suas Federações", elaborado para o Ministério da Agricultura e Pescas em 1978.

[272] Cfr. Manuel de Lucena, "Sobre a Evolução dos Organismos de Coordenação Económica ligados à Lavoura" (II), op. cit., pp. 117-167.

O art. 5º deste mesmo diploma legal estipula que: *"A criação dos grémios é da iniciativa dos Ministérios aos quais incumbe coordenar superiormente as forças económicas nacionais. A estes Ministérios ficam também sujeitos os Grémios no que respeita à sua orientação técnica e económica; a eles cumpre ainda fiscalizar a sua acção neste domínio".*

A Lei nº 1957, de 20 de Maio de 1937, veio instituir a organização corporativa da agricultura através dos denominados Grémios da Lavoura, concebendo-os como *"elementos primários da organização corporativa, prevista na Constituição e definida no Estatuto do Trabalho Nacional, gozam de personalidade jurídica, representam todos os produtores da sua área e tutela, nos termos da lei, os respectivos interesses perante o Estado e outros organismos corporativos".*[273]

De entre as suas finalidades estipuladas na Base III, salientamos as seguintes: *"d) fazer cumprir na sua área de acção as disposições legais regulamentares ou instruções emanadas dos organismos corporativos e de coordenação económica..."; e) orientar e disciplinar a actividade dos agremiados na defesa dos seus interesses legítimos e no plano do interesse superior da Nação".*

Os Grémios dispõem ainda de competência sancionatória, como estipula a Base VIII, nos termos da qual *"os Grémios da Lavoura têm competência para exercer acção disciplinar sobre os seus agremiados, aplicando multas e outras penalidades, para assegurar a sua cooperação na realização dos fins de ordem económica e social definidos no Estatuto do Trabalho Nacional e nas outras leis".*[274]

A Base V desta Lei estabelece um regime muito específico e próprio no respeitante às relações do Grémio com as demais instituições e o Governo.

Assim, quanto à sua posição no quadro da organização corporativa nacional, às suas relações com os demais organismos corporativos, à acção social, disciplina do trabalho, salários e desenvolvimento de previdência, é o Subsecretário de Estado e das Corporações e Previdência Social e o Instituto Nacional do Trabalho e Previdência quem exerce competências de fiscalização e vigilância.

[273] Cfr. Castro Fernandes, em II Congresso da União Nacional, 1944, Resumo das teses, 7ª Subsecção, pp. 5-8, onde são enunciados os oito princípios fundamentais da organização corporativa: (i) universalidade; (ii) da organização separada e paralela do capital e do trabalho; (iii) da especialização orgânica; (iv) da coordenação superior de interesses; (v) da exclusividade, interpretada como exigência de um mínimo de ordem e de eficácia; (vi) da liberdade de associação dentro dos tipos legalmente definidos; (vii) da intervenção económica dos organismos; (viii) da auto-direcção da economia.

[274] Na parte final desta Base estabelece-se que da aplicação das multas cabe recurso para os organismos corporativos de grau superior ou de coordenação económica, sem prejuízo da apreciação jurisdicional da legalidade das respectivas deliberações pelas competentes instâncias do contencioso.

Quanto à orientação técnica e actividade económica, os Grémios da Lavoura e as instituições anexas não sujeitas a fiscalização especial pela natureza das suas operações ficam submetidas à inspecção e fiscalização dos serviços competentes do Ministério da Agricultura.

Questão que importa abordar neste contexto é a da natureza das funções desempenhadas pelos organismos corporativos, na medida em que da mesma se pode retirar (ou não) a sua potencial integração na estrutura da organização da administração pública em sentido subjectivo.[275]

Alguns dos nossos mais ilustres autores defendiam que os organismos corporativos deveriam ser integrados na qualidade de pessoas colectivas privadas com regime administrativo.[276]

Uma outra posição doutrinária entendia que estes organismos deveriam ser qualificados como pessoas colectivas de direito privado.[277]

Entendemos, porém, em identidade com Afonso Queiró que, com fundamento na expressa qualificação legal em relação às corporações e nas funções por elas desempenhadas, considerava que tais organismos, em todos os casos, deviam ser qualificados como pessoas colectivas públicas.[278]

É esta igualmente a posição de Vital Moreira, que considera que: "*Dois elementos decisivos, mesmo se faltasse a expressa qualificação legal, impunham a consideração dos organismos corporativos como pessoas colectivas públicas: (i) a criação por acto público ou, pelo menos, mediante autorização pública (com a aprovação dos respectivos estatutos), e o acervo de poderes caracterizadamente administrativos de que eram detentores; (ii) a isso somava-se o seu enquadramento institucional, explicitamente constitucionalizado, como expressão da organização e autorregulação pública da economia e da vida profissional*".[279]

[275] Cfr. sobre a discussão da natureza jurídica dos organismos corporativos, Manuel A. Domingos de Andrade, em "Teoria Geral da Relação Jurídica", Coimbra, 1960, p. 79, que defendia que tais organismos deveriam ser qualificados como pessoas colectivas públicas.

[276] Neste sentido, cfr. Marcello Caetano , "A Codificação Administrativa em Portugal", Lisboa, 1934, p. 34; Marcello Caetano , "O sistema corporativo", 1938; Augusto de Ataíde, "Elementos para um Curso de Direito Administrativo da Economia", Lisboa, 1970.

[277] É o caso de A. P. Pires de Lima, "Centralização e descentralização", em Revista de Direito Administrativo I, 1957, pp. 5 e 65; Sérvulo Correia, "Natureza Jurídica dos Organismos Corporativos", em Estudos Sociais e Corporativos, II, nº 8, 1963, p. 9, "*...embora rejeitando a viabilidade e utilidade da distinção entre entes públicos e privados, considerava os organismos corporativos como uma espécie intermédia, insusceptível de arrumação numa dessas categorias*".

[278] Cfr. Afonso R. Queiró, "Desconcentração", em Dicionário Jurídico da Administração Pública, III, 1990, p. 577.

[279] Cfr. Vital Moreira, em "Administração Autónoma e Associações Públicas", 2003, p. 294.

A organização administrativa do Estado Novo, a par das restantes formas e modelos institucionais de administração directa, indirecta e autónoma, integrava os organismos corporativos que, como já vimos, se situavam "numa zona intermédia" entre os entes públicos e privados, e que, por isso, mereciam de uns a qualificação de elementos/instituições de formas de autorregulação, e de outros a designação de instrumento da administração indirecta do Estado.[280]

IV. A organização administrativa em Portugal no período antes considerado: Um modelo em construção

Antes de avançarmos para uma outra fase do nosso trabalho, parece-nos importante, com base e fundamento na estrutura antes definida, procurar formular um juízo de prognose relativamente à estrutura e à actividade da administração pública.

A Administração Pública é "coisa pública" porque a sua criação e a definição das suas atribuições e competências decorrem directamente da lei habilitante e estas são exercidas, nuns casos, ao abrigo de poderes de direcção e, noutros casos, de poderes de superintendência e/ou tutela.[281]

Em todos os casos, como vimos, a organização administrativa *espelha* o Estado.

A organização política do Estado compreende a organização – política – das suas atribuições, através de mecanismos de consagração constitucional ou legal expressa e de mecanismos de inter-relação entre os órgãos de soberania e os órgãos dos restantes poderes do Estado.

A organização administrativa do Estado é, assim, e no sentido da sua participação activa e conformadora dos interesses públicos prevalecentes, a concretização de uma política que, consoante o período histórico que se vive, é imposta ou é sufragada.[282]

[280] Cfr. A. Henriques de Almeida, "Os grémios obrigatórios e as funções de intervenção económica", em Revista do Gabinete de Estudos Corporativos, XI, nº 41, 1960, p. 23, que citado por Vital Moreira, p. 144, relativamente aos "...grémios obrigatórios – os únicos com funções de regulação e intervenção no mercado", refere que um autor escreveu que alguns eram "verdadeiros escritórios comerciais colectivos, quasi cartéis".

[281] A definição consta de Rui Guerra da Fonseca, em "O Fundamento da Autotutela Executiva da Administração Pública: Contributo para a sua compreensão como problema jurídico-politico", 2012, p. 506; quanto especificamente aos poderes do Estado relativamente às empresas públicas, cfr. Luis Silva Morais, "As relações entre o Estado e as empresas públicas na sequência da aprovação do Decreto-Lei nº 558/99, de 17 de Dezembro", 2000; Pedro Gonçalves, "Regime Jurídico das Empresas Municipais", 2007, pp. 177; quanto aos poderes do Estado relativamente às diversas "modalidades" da administração, cfr. art. 266º da C.R.P., que consagra tais regras.

[282] Como refere Norton E. Long, em "Bureaucracy and Constitutionalism", 1952, p. 815: "*Law in action is administration – and it is the work of the bureaucrats from whom and from whose works ingresse*

A organização administrativa do Estado não está *desligada* da forma de compreender e de aplicar uma política concreta num dado momento histórico.

Na verdade não existem *zonas de indiferença* entre os programas políticos e a organização administrativa que tem por finalidade concretizar tais programas.[283]

É, pois, por isso que a breve abordagem que deixamos feita das diversas formas ou modelos de administração pública traduzem, todos eles, uma concepção do próprio Estado.[284]

Para além de concretizarem, igualmente, um programa político que modela e enforma o conjunto quer da organização, quer das actividades – mais ou menos amplas, mais ou menos centralizadas, mais ou menos tuteladas – da Administração Pública.[285]

Da história da Administração Pública em Portugal que deixámos brevemente enunciada procurámos, pois, que a mesma nos pudesse ser útil em duas perspectivas diferenciadas:

a) A da sua própria evolução histórica; e
b) A da sua eventual base de análise para o recente fenómeno das administrações independentes.

Da evolução histórica da organização administrativa resulta, é a nossa convicção, que a mesma sempre traduziu o modelo de Estado considerado.[286]

instinctively dissociate themselves. Policy in practice thus is never the responsability of Congress...Yet the penalty for the failure to accept responsability for the test of legislation in administration is blindness to the possible lessons of experience. It may be that if government is ever to learn from its experience, the learning process will in large measure depend on the functioning of the bureaucracy".

283 Cfr., em termos algo diversos dos que são mencionados no texto, mas em todo o caso salientando uma zona de *intencionalidade* entre os programas políticos e os programas das administrações públicas, Rui Guerra da Fonseca, em "O Fundamento da Autotutela Executiva da Administração Pública: Contributo para a sua compreensão como problema jurídico-político", 2012, p. 50; J. J. Gomes Canotilho, "Constituição Dirigente e Vinculação do Legislador", 1982, p. 470.

284 Cfr. Carl K. Y. Shaw, "Hegel's Theory of modern bureaucracy", 1992, p. 382, onde se pode ler que: "*A legitimidade da administração radica na unidade do Estado e o quadro da sua actuação é* rule of law *e não uma legalidade formal*"; Lorenza Carlassare, "Amministrazione e Potere Politico", 1974, p. 66; Jorge Miranda, "Ciência Política – Formas de Governo", 1998, pp. 83 e seguintes.

285 Para uma visão mais ampla desta concepção – a de que a administração é o espelho do Estado –, no contexto dos Estados Autoritários, cfr. Max Weber, "Parlamento y Gobierno en una Alemania Reorganizada", 1991, p. 140.

286 Cfr. para maiores desenvolvimentos quanto aos modelos de Estado e organização administrativa no sistema do Reino Unido, cfr. Albert V. Dicey, "Introduction to the Study of the Law of the Constitution", Londres, 1959; W. Wade & C. Forsyth, "Administrative Law", Londres, 2000, p. 551; Franz Wieacker, "Privatrechtsgeschichte der Neuzeit", traduzido por António Hespanha,

A evolução do Estado conduziu inevitavelmente à reformulação e reconstrução da própria Administração.[287]

O Estado não abdicando dos seus poderes, que traduzem um programa político, passa a instituir diversas fórmulas e formas de *administratio,* desde administração local, indireta e autónoma.

Entendemos, pois, que o Estado, enquanto tal só existe se existir uma organização administrativa que traduza, concretize e realize as suas atribuições.

Também estes modelos traduzem a preocupação de, sobretudo a partir de finais do século XIX, consagrar um sistema em que o poder administrativo se revelasse como "autoridade" e, nessa e apenas nessa medida, pudesse ser concebido como "indiferente" ao poder político.[288]

Esta "indiferença", neste sentido, traduz o denominado *princípio do pluralismo* como um valor subjacente ao Estado e às formas da sua organização no tempo e no espaço histórico relevante.[289]

O princípio do pluralismo no sentido que lhe atribuímos, ou seja, no sentido em que deve legitimar e fundamentar o "afastamento" da actividade exercida pela administração, nas suas diversas modalidades (modelos descentralizados), está na base da construção dos sistemas de organização administrativa instituídos, nomeadamente em Portugal a seguir à Constituição de 1822.

A Constituição de 1933 não se afastou significativamente do princípio da "descentralização" do poder administrativo face ao poder político, quanto aos valores fundamentais que consagrou em termos de organização administrativa.[290]

Lisboa, 1980, p. 203; no sistema da Europa Continental, cfr. Maurice Hauriou, "Précis de Droit Constitutionnel", Paris, 1929; Alexis de Tocqueville, "L'Ancien Régime et la Révolution", Paris, 1988, Georges Védel & Pierre Delvolvé, "Droit Administratif", Paris, 1992.

[287] Como refere Rui Guerra da Fonseca, op. cit., a este propósito: "*...O que o fim do absolutismo na Europa continental traz de novo para esta problemática é a necessidade (teórica) de afastar a influência partidária da administração pública...*".

[288] Cfr. a lição de Jorge Miranda, "Ciência Política – Formas de Governo", p. 83, e a Declaração Universal dos Direitos do Homem e a Constituição, p. 50.

[289] Cfr. quanto ao princípio pluralista no âmbito da legalidade da administração, Paulo Otero, "O Poder de Substituição em Direito Administrativo", II, pp. 528 e seguintes.

[290] Do ponto de vista da economia portuguesa no período de 1945-1973, ver Ferreira Dias," Linha de Rumo – Notas de Economia Portuguesa", Vol. I, Lisboa, 1945, p. 289; Carlos Bastien, "Para a História das Ideias Económicas em Portugal – A crise dos anos 1945-1954", ISE, Lisboa, 1989; J. M. Brandão de Brito, "A Industrialização Portuguesa no pós-guerra (1948-1965). Condicionamento Industrial", Lisboa, 1989; Abel Mateus, "Economia Portuguesa desde 1910", Lisboa, 1998; Relatório final de execução do I Plano de Fomento (1953-1958), Imprensa Nacional, Lisboa, 1959;

Mas, de forma mais consistente e organizada, concretizou um modelo de organização em que os "*...interesses colectivos sublimam os interesses individuais e em que o interesse geral engloba e domina os interesses colectivos particularistas...*".[291]

A estrutura da organização administrativa no contexto da Constituição de 1933 era composta pela administração central, administração local, pelos institutos públicos, pela administração corporativa e pelas cooperativas de interesse público e pessoas colectivas de direito privado e regime administrativo.[292]

Julgamos poder dizer que em Portugal, através desta organização da administração, se caminha no sentido de um movimento que tende para a consagração de uma estrutura *plural* de prossecução de interesses públicos que é ou pode ser realizada directamente ou mediante reconhecimento. [293]

Este pluralismo é susceptível de ser traduzido, igualmente, pela existência de pessoas colectivas de direito privado que realizam finalidades e exercem competências públicas e, por isso e nessa parte, são regidas pelo Direito Administrativo.[294]

É neste período, sobretudo o que decorre durante a vigência da Constituição de 1933, que se começa a desenhar, com base em experiências já ensaiadas nalguns países europeus após a 1ª Guerra Mundial, novas formas de organização que "integram" pessoas colectivas de direito privado e pessoas colectivas de direito público, mas cuja composição enquadra e integra, neste último caso, representantes das empresas, sectores ou organismos de segurança social.[295]

António Romão, "A economia portuguesa perante o movimento de integração europeia. Algumas reflexões", Lisboa, 1982.

[291] Cfr. Marcello Caetano, "Manual de Direito Administrativo", Vol. I, p. 383, no sentido em que o Estado é o realizador do bem comum e o promotor do bem-estar social.

[292] Cfr. Marcello Caetano, "Manual de Direito Administrativo", Vol. I, pp. 255 e seguintes.

[293] Na verdade, se ao Estado pré-liberal repugnava a ideia de o Estado estar submetido ao direito privado em pé de igualdade com os particulares, o movimento que assinalamos assenta no princípio de que as actividades administrativas podem ser realizadas ao abrigo do direito privado, deixando de haver relação entre entidades públicas e administração autoritária. Cfr. Vital Moreira, "Administração Autónoma e Associações Públicas", p. 281.

[294] Cfr. J.-P. Negrin, "L'Intervention des personnes morales de droit privé dans l'action administrative", Paris, 1971, p. 16, em que distingue dois tipos de entidades privadas: as autênticas e as factícias, estas últimas criadas e dirigidas por entidades públicas; Vital Moreira, "Administração Autónoma e Associações Públicas", p. 285.

[295] Quanto às formas de organização que recorrem crescentemente a organizações administrativas de estatuto privado, que a doutrina francesa designa de "estabelecimentos privados administrativos", cfr. Louis Constans, "Le dualisme de la notion de la personne morale administrative, en droi français", Paris, 1966; J.-P. Negrin, "Les associations administratives", AJDA-Actualité Juridique, Droit Administratif, 1980, p. 127; Vital Moreira, "Administração Autónoma e Associações Públi-

As pessoas colectivas de direito privado e regime administrativo são, em regra, reconhecidas como de utilidade pública e compreendem, além dos organismos corporativos facultativos, as pessoas colectivas de utilidade pública administrativa e as sociedades de interesse colectivo.[296]

É neste período da nossa história que são concebidos e criados, como elementos da organização administrativa, os organismos corporativos que são próprios de uma administração corporativa constituída por dois tipos de actividades: a actividade própria da organização corporativa, isto é, decorrente da existência desta e dos fins que constitucional e legalmente lhe estão associados, e a actividade que, considerada em princípio do Estado, a lei confia à organização corporativa, resultante da devolução de poderes estaduais em termos análogos ao que se passa com os institutos públicos.[297]

Face aos textos antes assinalados, consideramos que a administração corporativa deve ser qualificada a partir das suas estruturas como entidades colectivas públicas com base nos seguintes principais critérios:[298](i) a criação por acto público ou, pelo menos, mediante autorização pública (com aprovação dos respectivos estatutos), e (ii) o acervo de poderes caracterizadamente administrativos de que eram detentoras.[299]

Temos, assim, que a par das estruturas tradicionais do Estado – administração directa, indirecta e autónoma –, foram sendo introduzidos novos e diferentes modelos, vocacionados uns para a gestão dos interesses públicos através de instituições de direito privado e regime administrativo, e outros através de organismos corporativos.[300]

cas", p. 285; Maria João Estorninho, "Requiem pelo Contrato Administrativo", p. 175, que refere que já em 1938 em Itália era proposta a distinção entre actividade puramente privada de direito privado e actividade administrativa de direito privado; neste último caso o que já estava em causa eram verdadeiros "fins constitutivos" da Administração Pública; Sérvulo Correia, "Legalidade e Autonomia Contratual nos Contratos Administrativos", Coimbra, 1987.

[296] Para maior desenvolvimento sobre a natureza e o regime destas entidades, cfr. Marcello Caetano, "Manual de Direito Administrativo", Vol. I, p. 397.

[297] É esta a definição de Marcello Caetano , "Manual de Direito Administrativo", Vol. I, p. 384; no mesmo sentido, cfr. Augusto Ataíde, "Elementos para um curso de direito administrativo da economia", Lisboa, 1970; no sentido de considerar estes organismos como pessoas colectivas públicas, cfr. Afonso Queiró, Vital Moreira e Manuel de Andrade; no sentido de qualificar estes organismos como uma espécie intermédia e atípica, ver Sérvulo Correia.

[298] Esta qualificação e critérios constam de Vital Moreira, "Administração Autónoma e Associações Públicas", p. 294.

[299] A estes critérios Vital Moreira acrescenta que o enquadramento constitucional, expressamente consagrado, é a expressão da organização e auto-regulação pública da economia e da vida profissional.

[300] Consideramos que é nesta fase que se dá início a um novo processo, ainda não devidamente alicerçado, quer na doutrina, quer na jurisprudência, mas que se traduz pela "inovação" quanto

Apesar da diversidade doutrinária da sua natureza jurídica, consideramos que os organismos corporativos devem ser tidos como uma categoria de entidades públicas corporacional, ao lado dos institutos públicos que, como refere Vital Moreira, foram proliferando na organização administrativa do Estado Novo. [301]

A organização corporativa da economia em Portugal foi fundada no princípio da "auto-direção" ou "auto-regulamentação". Tratava-se da economia organizada e dirigida por corporações, no sentido em que estas tendiam a substituir integralmente o Estado através da restauração do abstencionismo do Estado na economia.[302]

Eram as concepções fundamentais que ao tempo se afirmavam e tinham por objectivo "substituir" os modelos de Estado liberal através da criação de organismos que, sendo estatizantes, pretendiam dar a ideia de um afastamento do Estado da economia e das relações de trabalho, privilegiando formas diferenciadas de auto-regulação.[303]

A regulação da economia e das relações de trabalho eram, assim, os objectivos primordiais afirmados pela Constituição de 1933, para impedir a concorrência desregrada e contrária aos justos interesses da sociedade, das empresas (patrões) e dos trabalhadores.[304]

a formas de "intervenção" da organização administrativa na comunidade social. Ainda que com referência a regras de privatização da administração pública, parece-nos importante deixar nota de uma observação de Achterberg, que refere: "*Por seu lado, trata-se sobretudo de tarefas económicas (fomento económico, dirigismo económico e participação na indústria), de tarefas sociais...*", citado em Maria João Estorninho, "A fuga para o Direito Privado", p. 41.

301 Cfr. Vital Moreira, "Administração Autónoma e Associações Públicas", p. 295.

302 Esta é a tese fundamental de J. J. Teixeira Ribeiro, em: "Lições de Direito Corporativo – Introdução", Coimbra, 1938; "Princípio e fins do sistema corporativo português", Coimbra, 1939; "O Destino do Corporativismo Português", Revista de Direito e Estudos Sociais, Vol. I, 1945, p. 45; J. M. Cortez Pinto, "A Corporação: subsídios para o seu estudo", Coimbra, 1955; do mesmo autor, cfr. "Corporações", em Dicionário Jurídico da Administração Pública, III, 1990, p. 178; Afonso R. Queiró & Barbosa de Melo, "A liberdade de empresa e a Constituição", em Revista de Direito e Estudos Sociais, XIV, 1967, pp. 226 e seguintes; P. Soares Martinez, "Manual de Direito Corporativo", 2ª edição, Lisboa, 1967.

303 Cfr. A. da Silva Leal, "Os grupos sociais e as organizações na Constituição de 1976: a ruptura com o corporativismo", em A. Gonçalves Pereira & outros, "Estudos sobre a Constituição", Vol. III, Lisboa, 1979, para quem os organismos corporativos em Portugal eram sobretudo "estruturas de enquadramento" e não "estruturas de participação", muito menos "estruturas de auto-administração".

304 Cfr. art. 5º da Constituição de 1933 mas, sobretudo, o art. 31º que, a par da consagração institucional destas estruturas, continuava a afirmar que era ao Estado que cabia constitucionalmente: "*o direito e a obrigação de coordenar e regular superiormente a vida económica*".

Todavia, apesar da afirmação "ideológica", parece ser possível referir que o "papel" destes organismos – excepto em certa medida dos grémios obrigatórios, que desempenhavam funções muito significativas nos domínios da agricultura, comércio e industria e eram dotados de amplos poderes de intervenção administrativa – não logrou atingir os objectivos que, em termos globais do sistema, decorriam da Constituição.[305]

O Estado Corporativo, em Portugal, foi instituído com fundamentos ideológicos e as suas estruturas de organização administrativa correspondiam à filosofia imanente às concepções políticas prevalecentes.

A regulação dos preços e a disciplina da concorrência eram preocupações fundamentais do Estado que, ao lado dos organismos corporativos, impôs o condicionamento industrial em 1931, nos termos do qual todas as actividades comerciais ou industriais careciam de licença administrativa.[306]

Julgamos poder referir que no âmbito da Constituição de 1933 e da estrutura da organização administrativa do Estado Corporativo, este pode ser qualificado como Estado Regulador Corporativo, no sentido em que manteve as suas principais atribuições exercidas de modo directo pela administração central, mas criou, em paralelo, instituições – os organismos corporativos – a quem foram atribuídas, por lei, certo tipo de poderes de intervenção e coordenação no domínio da economia e das relações de trabalho.[307]

O que equivale a admitir que os organismos corporativos, sobretudo os grémios obrigatórios, tiveram um papel significativo na estrutura da organização da Administração Pública, por se terem revelado modelos "inovadores" de uma certa forma de intervenção *subsidiária* do Estado na economia e nas relações de trabalho.[308]

[305] Cfr. Peter J. Williamson, "Varieties of Corporatism: A conceptual discussion", Cambridge, 1985. Sobre o corporativismo em Itália, cfr. por todos, Sabino Cassese, "Corporazioni e intervento pubblico nell'economia", em "La formazione dello Stato Amministrativo", Milão, 1974, pp. 65 e seguintes; Susanna Casagni," Il corporativismo italiano", em Studi Senesi, Siena, 1993, pp. 15 e seguintes.

[306] A este respeito, cfr. Augusto Ataíde, op. cit., p. 98, afirmando que a organização administrativa a partir de 1970 tinha intervenção directa nos licenciamentos através da Corporação de Comércio.

[307] Alguma doutrina, nomeadamente italiana e alemã, entendiam que as corporações funcionavam, na prática, como uma "fachada jurídica" (*legal show piece*) e não passavam de "grandiosos órgãos consultivos do Governo", como refere Vital Moreira, em "Auto-Regulação Profissional e Administração Pública", p. 138.

[308] Cfr. sobre a importância deste "tipo" de organização administrativa do Estado Corporativo, Fernando Rosas, "Estado Novo e Desenvolvimento Económico (anos 30 e 40): Uma industrialização sem reforma agrária", em Análise Social, Vol. XXIX, 1994, pp. 871 e seguintes.

Face à própria configuração do modelo de Estado discutia-se se os organismos corporativos deviam ou não ser concebidos e qualificados como pessoas colectivas de direito público ou de direito privado.

No contexto deste "polémica" doutrinária, entendiam uns que tal qualificação dependia dos fins públicos que os organismos corporativos prosseguiam, e outros sustentavam a indefinição deste mesmo critério dado que existem pessoas colectivas de direito privado que prosseguem fins públicos, insistindo que, apesar disso, devem continuar a merecer a qualidade de pessoa colectiva de direito público.[309]

Quanto a esta questão, Marcello Caetano defendeu que o que caracteriza a pessoa colectiva como pública seria, por um lado, a missão de realizar interesses públicos e, por outro lado, e por isso mesmo, a atribuição de poderes de autoridade que a lei lhes confere.[310]

Outros autores, como é o caso de Afonso Queiró, consideram que para além dos fins públicos, a qualificação de uma entidade como pessoa colectiva de direito público exige a agregação de outros elementos e dados, especialmente com "*...a obrigação, em face da comunidade representada pelo Estado, de prosseguir o seu fim ou os seus fins e, dentro desta obrigação, o particular "dever de existir"...*"[311]

Parece, pois, possível considerar que é "*...muito contingente e subjectiva a apreciação do que é um fim público e um fim particular; por outro lado, a prossecução de um fim público não chega para qualificar como pública uma pessoa colectiva, e os outros elementos, que porventura se juntem para possibilitar uma separação, dependem do arbítrio de cada um e, na realidade, verifica-se que a sua enunciação varia habitualmente de autor para autor*".[312]

Neste contexto, os diversos e possíveis critérios de qualificação das entidades – os seus fins, a definição normativa expressa, os poderes de autoridades – podem ser considerados irrelevantes face à realidade institucional e aos diversos graus da capacidade de agir das entidades públicas e privadas, dado que o que sobreleva será, justamente, a diversidade de regimes aplicáveis.[313]

[309] Cfr. Marques Guedes, "A Concessão...", op. cit., p. 138; Marcello Caetano, "Manual de Direito Administrativo", 6ª edição, p. 130; O. Ranelletti, "Concetto delle persone giuridiche pubbliche amministrative", em Rivista di Diritto Pubblico, 1916, p. 337.

[310] Cfr. Marcello Caetano, "Manual de Direito Administrativo", 6ª edição, p. 131.

[311] Cfr. Marcello Caetano, "Manual de Direito Administrativo", p. 266.

[312] Cfr. Sérvulo Correia, "A Natureza Jurídica dos Organismos Corporativos", em Estudos Sociais e Corporativos, Ano II, nº 8, 1963, p. 17.

[313] Na verdade, é um facto "*...inegável que as pessoas colectivas são dotadas de capacidade predominante de direito público, enquanto que outras a têm meramente de direito privado...*", cfr. Sérvulo Correia, op. cit., p. 20.

As diversas atribuições dos organismos corporativos podem ser enunciadas, como: (i) as de desempenharem funções de natureza constitucional, na exacta medida em que representam por força de lei as categorias económicas e profissionais a que respeitam; (ii) as de as suas deliberações obrigarem os indivíduos ou empresa que operam no ramo que representam; (iii) as de as suas quotizações serem obrigatórias; (iv) a da inscrição em certos casos ser forçada; (v) a de disporem de poderes regulamentares; (vi) a de serem titulares de poderes disciplinares; (vii) as de serem titulares de poderes sancionatórios, podendo aplicar multas e outras penalidades; (viii) as de as suas decisões serem susceptíveis de recurso para os tribunais de trabalho que, neste caso, funcionam como tribunais administrativos especiais; (ix) as de poderem celebrar contratos colectivos de trabalho; e (x) as de serem ainda titulares de competências em matéria de previdência, assistência e instrução.[314]

Em Portugal, como já antes referimos, os organismos corporativos mais significativos no domínio da "regulação da economia" foram os grémios obrigatórios.[315]

Não podemos, no entanto, deixar de chamar a atenção para o facto de que no âmbito da Constituição de 1933 era ao Estado que cabia constitucionalmente o "direito e a obrigação de coordenar e regular superiormente a vida económica e social" (art. 31º), o que equivale a afirmar que os princípios que justificavam e legitimavam a "principiologia" do Estado Novo de autodisciplina e autorregulação se quedaram por uma forte intervenção estadual e por uma diminuição efectiva dos poderes de tais organismos.[316]

Neste sentido, e tendo em conta a especial natureza das funções antes sumariamente indicadas com base na lei, bem como com as regras de "supervisão" e de "direcção" exercidas pelo poder político face aos organismos corporativos na área da economia, esta estrutura da organização administrativa

[314] Cfr. Adriano Moreira, "Direito Corporativo", 1950, pp. 108 e seguintes.

[315] Cfr. Vital Moreira, "Auto-Regulação Profissional e Administração Publica", p. 139, que qualifica os organismos corporativos (os grémios) como "quase organismos de Estado"; Sérvulo Correia, "A Natureza Jurídica dos Organismos Corporativos", p. 23, considera que os organismos corporativos podem ser qualificados como uma espécie de pessoas colectivas intermédias, de contornos algo fluídos quanto à sua publicidade e privaticidade, insusceptíveis de arrumação definitiva num dos seus ramos.

[316] Cfr. art. 1º do Decreto-Lei nº 42294, de 2 de Junho de 1959, que veio estabelecer que as funções de coordenação económica dos grémios e federações obrigatórios poderiam ser reduzidas, simplificadas ou, quando necessário, transferidas para outros serviços; A. Henriques de Almeida, "Os Grémios Obrigatórios e as Funções de Intervenção Económica", em Revista do Gabinete de Estudos Corporativos, XI, nº 41, 1960, p. 20.

pode ser concebida como "um instrumento da administração indirecta do Estado".[317]

Face ao texto que antecede e tendo presente o objecto do nosso estudo, julgamos poder enunciar as seguintes principais considerações:

a) Os organismos corporativos representaram, do ponto de vista da afirmação dos princípios, a institucionalização ao abrigo da lei constitucional, de entidades que cumpriam finalidades de auto-regulação da economia;[318]
b) Os organismos corporativos visavam, em termos de afirmação ideológica, substituir o Estado;[319]
c) Os organismos corporativos assumiam a regulação dos preços e a autodisciplina da concorrência;[320]
d) De par, os organismos de coordenação económica que se mantiveram incólumes durante todo o período do Estado Novo, eram efectivamente as entidades e os instrumentos fundamentais da regulação económica estadual.[321]

Queremos com a indicação destes considerandos deixar três notas fundamentais:

a) A primeira, a de que os organismos corporativos, independentemente da sua qualificação jurídica e da sua "integração" da administração indirecta ou autónoma do Estado, corresponderam a um momento histórico determinado e visaram dar resposta a problemas emergentes dos finais da 1ª Grande Guerra, bem como das "depressões" económicas, sociais e políticas que se seguiram na década de 20/30 do século XX;

317 Cfr. A. Silva Leal, "Os grupos sociais e as organizações na Constituição de 1976 – A ruptura com o corporativismo", em Estudos sobre a Constituição, Vol. III, 1979, pp. 195-333.

318 Cfr. J. J. Teixeira Ribeiro, "Princípios e fins do corporativismo português", Coimbra, 1939, p. 44.

319 Cfr. J. M. Cortez Pinto, "Corporações", em Dicionário Jurídico da Administração Pública, III, p. 178.

320 Cfr. Afonso Queiró & A. Barbosa de Melo, "A liberdade de empresa e a Constituição", em Revista de Direito e de Estudos Sociais, XIV, 1967, pp. 216-258.

321 Neste sentido, cfr. Vital Moreia, "Auto-Regulação Profissional e Administração Pública", p. 144, em que assinala de forma veemente que: "*Apesar de ter sido proposta a extinção dos organismos de coordenação económica através de Parecer da Câmara Corporativa, estes continuaram a ser os instrumentos privilegiados da regulação económica estadual , em prejuízo da pretendida auto-regulação corporativa (...) O corporativismo foi, primeiro, uma promessa adiada; depois, cada vez mais, um embaraço doutrinal e político; no final, um rotundo insucesso*".

b) A segunda, a de que a instituição dos organismos corporativos representou a concretização constitucional de um Modelo de Estado fundado no "liberalismo" dos preços e no "intervencionismo" na economia, através de significativos poderes de intervenção, designadamente do regime de "condicionamento industrial" e da necessidade de autorização administrativa de todas as actividades comerciais e industriais;

c) A terceira, a de que os poderes de auto-regulação e autodisciplina de tais entidades não significaram, do ponto de vista das práticas reais, qualquer compatibilidade com os princípios ideológicos da "ausência" do Estado na vida económica e social.

Em suma: os organismos corporativos, enquanto estruturas da organização administrativa do Estado Novo, não corresponderam e não deram resposta positiva a um diverso modelo "regulamentador" da vida, que se tivesse traduzido por uma diminuição efectiva do papel do Estado na economia, no político e no social.

Representaram, outrossim, um modelo de intervenção e de forte dirigismo do Estado.

Capítulo II
A Administração Pública da Era Contemporânea

I. Enquadramento e descrição das formas de organização da Administração Pública

A organização e a acção administrativas são moldadas e concebidas em razão da natureza do próprio Estado e das atribuições que deve prosseguir em obediência à Constituição da República.

A Constituição de 1976 consagra, no seu art. 6º, que "*O Estado é unitário e respeita na sua organização e funcionamento o regime autonómico insular e os princípios da subsidiariedade, da autonomia das autarquias locais e da descentralização democrática da administração pública*".

Em termos de sistema da organização administrativa podemos dizer com toda a segurança que o sistema português é fundado na descentralização administrativa da administração pública.[322]

É também a Constituição, em obediência ao princípio fundamental do art. 6º, que consagra, como vimos, a regra constitucional de um sistema de organização administrativa descentralizado, que regula os diversos poderes descentralizados do Estado.

Para além da descentralização de base territorial, a descentralização de base institucional merece tutela constitucional, como se pode verificar através do disposto nos artigos 228º, 235º e seguintes, e 267º, nº 1, da Constituição.[323]

[322] Diz-se descentralizado o sistema em que a função administrativa esteja confiada não apenas ao Estado, mas também a outras pessoas colectivas territoriais, designadamente, autarquias locais, de acordo com a lição de Freiras do Amaral, "Curso de Direito Administrativo", 3ª edição, Vol. I, com a colaboração de Luis Fábrica, Carla Amado Gomes e J. Pereira da Silva, p. 875.

[323] Referimo-nos às regiões autónomas, às autarquias locais e às associações públicas, organizações e outras formas de representação democrática.

A Administração do Estado, como já vimos, pode ser directa, indirecta e autónoma.[324]

Retomamos a definição de administração pública em sentido orgânico, nos termos da qual a mesma "*é o conjunto de pessoas colectivas que exercem a título principal a função administrativa e que assumem as seguintes principais características: heterogeneidade, pluralidade e atipicidade, interdependência, iniciativa e parcialidade*".[325]

Gostaríamos, em todo o caso e antes de avançar, deixar de novo sublinhado que quer os princípios que modelam a estrutura da organização administrativa, quer as atribuições e as competências que as leis lhes conferem, estão intimamente relacionados com as opções de política assumida pelo poder político.

Não subsiste, neste domínio, uma qualquer zona de *indiferença.*

O Estado, quando organiza a sua forma de intervenção, quando aumenta ou diminui as entidades dotadas de autonomia administrativa e financeira, quando institui pessoas colectivas de direito público para a prossecução de determinadas finalidades de interesse colectivo, quando "associa" os privados, reconhecendo-lhes e atribuindo-lhe especiais prerrogativas de direito público, está a tomar *opções de política.*

Na verdade, não é *indiferente* que a estrutura da administração pública seja constituída em exclusivo ou maioritariamente por entidades hierarquizadas e integradas, em cadeia, na organização da administração central do Estado, como não é *indiferente* que o Estado "delegue" em certas pessoas colectivas de direito privado e regime administrativo competências administrativas, nomeadamente de regulação ou de auto-regulação.

Temos naturalmente de ter em conta, igualmente, que para além de *motivações de política* o Estado deve ter e tem em conta outro aspecto fundamental da sua organização: a eficácia e a eficiência da sua própria forma de agir.

Estas regras decorrem não só da evolução da sociedade, mas também das exigências face ao comprometimento e intervenção do Estado na comunidade, bem como aos compromissos assumidos na ordem comunitária.[326]

[324] Cfr. art. 199º, alínea *d)*, da Constituição da República Portuguesa.

[325] Cfr. Marcelo Rebelo de Sousa, "Direito Administrativo Geral – Introdução e Princípios Fundamentais", com a colaboração de André Salgado de Matos, 2ª edição, Tomo I, p. 47.

[326] Relativamente às questões que se suscitam nas diversas formas de organização administrativa dos Estados face à organização administrativa da União Europeia, cfr. por todos Sabino Cassese, "Four Features of the European Administrative Space" em "Paper for the 1st Connex Thematic Conference "Towards a European Administrative Space", Birbeck College, University of London, 16-18 November, 2006.

A organização administrativa do Estado nas décadas de cinquenta e sessenta não é, nem pode ser, a mesma que é observada no tempo actual.[327]

Actualmente, parece ser possível sintetizar uma breve visão das principais características da estrutura orgânica da administração pública. [328]

Em primeiro lugar, quanto à administração directa do Estado, importa destacar as seguintes regras:

a) Unicidade, no sentido em que ao conceito de Estado pertence apenas um ente – o próprio Estado;

b) Carácter originário, na medida em que a pessoa colectiva Estado tem natureza originária, não derivada. Por isso, um dos seus principais órgãos – o Governo – é um órgão de soberania;

c) Territorialidade, dado que da respectiva natureza faz parte um certo território, o território nacional;

d) Multiplicidade de atribuições, uma vez que o Estado pode e deve prosseguir diversas e variadas atribuições;

e) Pluralismo de órgãos e serviços, no sentido em que são numerosos os órgãos do Estado e os serviços administrativos que auxiliam esses órgãos;

f) Organização em ministérios: os órgãos e serviços do Estado-administração a nível central estão estruturados em departamentos, por assuntos ou matérias;

g) Personalidade jurídica una, dado que apesar da multiplicidade de atribuições, do pluralismo dos órgãos e serviços, e da divisão em ministérios, o Estado mantém uma personalidade jurídica una;

h) Instrumentalidade, no sentido em que a administração do Estado é subordinada, não é independente nem autónoma, constituindo um instrumento para os fins do Estado;

i) Estrutura hierárquica: a administração directa do Estado funciona em termos hierárquicos, ou seja, de acordo com um modelo de organização administrativa constituído por um conjunto de órgãos e agentes com atribuições comuns e competências diferenciadas, ligados por vínculos de subordinação que confere ao superior os poderes de direcção,

[327] Claro que esta afirmação deve ser tomada no sentido que a evolução social condiciona o modo de organização da administração pública, mas a mesma deve ser analisada, igualmente, à luz de cada caso concreto, ou seja, de cada País em causa em razão da sua Constituição e do seu desenvolvimento económico, social e financeiro. Neste sentido, cfr. Marcelo Rebelo de Sousa, "Direito Administrativo Geral – Introdução e Princípios Fundamentais", 2ª edição, Tomo I, pp. 103 e seguintes.

[328] Vamos seguir a lição de Freitas do Amaral em "Curso de Direito Administrativo", 3ª edição, Vol. I, pp. 205 e seguintes.

supervisão e disciplina, impondo ao subalterno os correspondentes deveres de sujeição;

j) Supremacia, ou seja, dado o carácter único, originário e instrumental em relação aos fins do Estado, o Estado-administração exerce poderes de supremacia sobre as restantes autoridades públicas e sujeitos de direito privado.

O Governo é o órgão superior da administração pública que, por isso mesmo, exerce a título principal e permanente o poder executivo, assegura o funcionamento da Administração Pública e promove a satisfação das necessidades colectivas.[329]

O Governo, por ser o órgão superior da hierarquia da administração do Estado, e ainda por lhe caber fiscalizar e orientar as demais entidades públicas que, para além do Estado, fazem parte da Administração, dele se pode dizer que "*rege toda a vida administrativa do País*".[330]

Ou seja, o Governo, enquanto órgão superior da Administração Pública, dirige a administração directa e superintende e tutela toda a administração não estadual.

Os ministérios dispõem de serviços centrais e serviços locais, ou seja, serviços externos ou periféricos desconcentrados.

Temos, pois, que a administração directa do Estado é composta por órgãos e serviços organizados segundo o princípio da hierarquia que exercem os seus poderes a nível central.

Em segundo lugar, quanto à administração indirecta do Estado, esta pode ser definida "*como o conjunto das entidades públicas que desenvolvem, com personalidade jurídica própria e autonomia administrativa e financeira, uma actividade administrativa destinada à realização dos fins do Estado*".[331]

A principal razão de ser da adopção de modelos de administração indirecta do Estado reside na necessidade de dar resposta mais eficiente à satisfação das necessidades colectivas, através de métodos mais expeditos, mais céleres e mais flexíveis, bem como da necessidade de "escapar" aos sistemas de fiscalização e controlo de despesa.

[329] Cfr. art. 182º da Constituição da República Portuguesa.

[330] Cfr. Marcello Caetano, "Manual de Direito Administrativo", Vol. I, p. 259; D. Freitas do Amaral, "Curso de Direito Administrativo", Vol. I, 3ª edição, p. 93; Paulo Otero, "A Legalidade e Administração Publica – O Sentido da Vinculação Administrativa à Juridicidade", Reimpressão da edição de Maio/2003, p. 317.

[331] Cfr. Freitas do Amaral, "Curso de Direito Administrativo", p. 355.

Numa palavra, a administração indirecta do Estado "*exerce a sua actividade em nome próprio; os actos praticados são actos dessa entidade e não do Estado; o património é património dessa entidade e não do Estado; o pessoal ao seu serviço é pessoal dessa entidade e não pessoal do Estado; pelas dívidas dessa entidade é responsável o respectivo património e não património do Estado; e assim sucessivamente*".[332]

Assinala Freitas do Amaral a este propósito que "*a administração estadual indirecta é uma actividade administrativa do Estado, realizada para a prossecução dos fins deste, por entidades públicas dotadas de personalidade jurídica própria e de autonomia administrativa ou administrativa e financeira*".[333]

A administração estadual indirecta é composta principalmente por institutos e empresas públicas.[334]

Os institutos públicos podem ser de três espécies: (i) serviços personalizados; (ii) fundações públicas; e (iii) estabelecimentos públicos.[335]

Os serviços personalizados são "*os serviços de carácter administrativo a que a lei atribui personalidade jurídica e autonomia administrativa e financeira*" (art. 3º, nºs 1 e 2 da LQIP).[336]

As fundações públicas, nos termos art. 3º, nº 1, da LQIP, são patrimónios autónomos que revestem natureza de pessoa colectiva pública.

Para além dos institutos e das fundações, considera-se que os estabelecimentos públicos "*são os institutos públicos de carácter cultural ou social, organizados como serviços abertos ao público, e destinados a efectuar prestações individuais à generalidade dos cidadãos que delas careçam*".[337]

A administração indireta do Estado abrange ainda as empresas públicas que resultaram dos processos de nacionalização iniciados no período a seguir ao 25 de Abril de 1974, e que integram o denominado sector empresarial do Estado.

[332] Cfr. Freitas do Amaral, op. cit., p. 356.

[333] Cfr. quanto à razão de ser da administração indirecta do Estado, Freitas do Amaral, op. cit., p. 349.

[334] Quanto aos institutos públicos, cfr. designações de instituições de idêntico regime, em alguns outros países, designadamente EUA, Brasil, França, Itália, em Freitas do Amaral, p. 36.

[335] Cfr. Lei 3/2004, de 15 de Janeiro.

[336] Devem ser qualificados como serviços personalizados, de acordo com este critério, entre outros, o Instituto de Gestão e Crédito Público, a Junta de Energia Nuclear, bem como o Instituto da Vinha e do Vinho que é, segundo Freitas do Amaral, uma subespécie de serviços personalizados a que atribui e denominação de organismos de coordenação económica.

[337] É o caso das Universidades Públicas, de acordo com a lição de Freitas do Amaral, "Curso de Direito Administrativo", Vol I, pp.93 e seguintes.

Esta realidade institucional mudou a partir dos anos oitenta com a assumida orientação de privatização de sectores nacionalizados ou de sectores geridos por empresa públicas.[338]

A administração autónoma do Estado é a que prossegue interesses públicos próprios das pessoas que a constituem e, por isso, se dirige a si mesma, definindo com independência a orientação das suas actividades, sem sujeição a hierarquia ou a superintendência do Governo.[339]

A administração autónoma é constituída por autarquias locais e por associações públicas.[340]

As associações públicas podem ser definidas como "*pessoas colectivas públicas de tipo associativo, destinadas a assegurar autonomamente a prossecução de determinados interesses públicos pertencentes a um grupo de pessoas que se organizam com esse fim*".[341]

Do ponto de vista da sua natureza, a doutrina portuguesa parece partilhar duas concepções distintas quanto à integração das associações públicas na administração indirecta ou autónoma do Estado.[342]

II. Os Fundamentos do modelo da Administração Pública do Estado Prestador: A transicção para Novos Modelos

A passagem do Estado Liberal para o Estado Moderno determinou que os Estados passassem a assumir, no essencial, três tipos de intervenção pública:

a) Redistribuição de rendimentos;
b) Políticas de estabilização macro económica; e
c) Políticas de regulação de mercados.[343]

338 Cfr. Nuno Sá Gomes, "Nacionalizações e Privatizações", em Cadernos de Ciência e Técnica Fiscal, Lisboa, 1988; Jorge Miranda e Vasco Pereira da Silva "Problemas constitucionais da transformação de empresas públicas", Separata OD, 120, 1988; Acórdão do TC 108/88, de 31 de Maio, publicado em DR I Série nº 145, relativo à transformação das empresas públicas em sociedades anónimas.

339 Neste sentido, Gomes Canotilho e Vital Moreira," Constituição da Republica Anotada"; João Caupers, "Introdução ao Direito Administrativo", Lisboa, 2003, p. 99; e Vital Moreira," Administração Autónoma e associações públicas", Coimbra, 1977, pp. 78 e seguintes.

340 Cfr. Freitas do Amaral, "Curso de Direito Administrativo", Vol. I, 3ª edição, pp. 236 e seguintes.

341 Cfr. Jorge Miranda, em "Associações Públicas no Direito Português", Lisboa, 1985. Os exemplos mais significativos desta categoria são, para o autor, as Ordens Profissionais. No mesmo sentido, também Gomes Canotilho e Vital Moreira defendem esta qualificação; no sentido de as associações públicas deverem ser integradas na administração indirecta, cfr. Rogério Soares, "Administração Pública, direito administrativo e sujeito privado", BFDC, ano XXXVII, 1961, pp. 117-137.

342 Cfr. Rogério Soares que defende que as associações públicas devem ter-se como integrantes da administração indirecta do Estado e Jorge Miranda, Gomes Canotilho e Vital Moreira que sustentam que as associações públicas devem ter-se como administração autónoma.

343 Cfr. neste sentido, Giandomenico Majone em "From the Positive to Regulatory State: Causes and Consequences of Changes in the Model of Governance", 1977, pp. 5 e seguintes; Alain

A importância e prioridade de cada uma destas formas de intervenção de políticas públicas varia de país para país e, naturalmente, em razão das características essenciais de cada um deles.[344]

Neste sentido, podemos considerar que as políticas redistributivas e de estabilização tiveram o seu auge, com um significativo apoio popular, nos denominados "Estado de Bem Estar" ou "keynesianos".[345]

Mas, o consenso então existente relativamente aos benefícios da intervenção do Estado com produtor, prestador, planificador e empregador começou a dar sinais de "desgaste" na década de setenta do século XX, quando se começaram a sentir os efeitos da subida do desemprego, das taxas de inflação e da carga fiscal sobre os cidadãos e as empresas.[346]

Mas outros e diferentes fenómenos justificaram o entendimento, que começava a ser prevalecente, de que as políticas intervencionistas já não respondiam às exigências do Estado de Bem Estar.[347]

Torraine, "Comment sortir du liberalism?", ed. Fayard, 2011; Desmond King, "Une nouvelle conceptión de l'État: de l'étatisme au neóliberalism", em "La recomposition de l'État en Europe", direcção de Vincent Wrigt e Sabino Cassese, Paris, 1996; Francis Fukuyama, "A construção dos Estados – Governação e Ordem Mundial no século XXI" (tradução de F. J. Azevedo Gonçalves), Lisboa, 2004; Manuel Aragon Reys, "Libertades económicas y Estado social", Madrid, 1995; A. J. Porras Nadales, "Introduction a una teoria del Estado pós social", na Colecção Apuntes sobre Constitución politica, 1988; Claus Offe, "Competitive party democracy and the keynesian welfare state: Factors of stability and disorganization", Vol. 15 of Policy Sciences, Abril, 1983.

344 Cfr. A. J. Porras Nadales, "El Derecho Intervencionista del Estado", estudo apresentado nas Jornadas organizadas pela Dirección General del Juridico del Estado, em Madrid, publicadas na Revista de Estudios Políticos, 1989, em que expressamente refere: "*La generalización del modelo de Estado Social de Derecho operada en las constituciones occidentales de post guerra partia de la introducción de un postulado de armonización histórica entre las exigências intervencionistas de los poderes públicos en la sociedad capitalista avanzada y el manteniemento de los sistemas tradiconales de garantia jurídico-institucional en la actuacción de los poderes públicos próprios del modelo clássico de Estado de Derecho*".

345 Cfr. G Majone, "From the Positive to the Regulatory State: Causes and Consequences of changes in the Mode of Governance", em Journal of Public Policy, 1997; Charles F. Phillips, "The economics of regulation – Theory & Pratic", Hardcover, 1965; J. D. Donahue, "La decision de privatizar – Fines Publicos y médios privados", tradução de L. J. González Videla, Barcelona, 1991, p. 21.

346 Cfr. sobre a crise do Estado Providência, Pierre Rosanvallon em "La Crisis del Estado Providência", S. L. Civitas, 1995; José Manuel Castells Arteche, em "La Actual conyuntura de la Administración prestadora de Servicios Públicos", em Diritto Administratrivo del siglo XXI, em Homenagem ao Professor Doutor Rámon Martin Mateo, 2000; M. S. Giannini, "Diritto pubblico dell economia", Bolonha, 1997; F. Garrido Falla e Gaspar Arino Ortiz, "El modelo económico en la Constitución Española", Instituto de Estudios Económicos, 1981.

347 Cfr. Majone, op. cit., quando observa que: "*The failure of the socialist of President Mitterrand in 1981-82 reinforced the view that redistributive keynesianismo was no longer possible in countries which, like France, are closely integrated in the European and world economy...*".

Referimo-nos à globalização e à emergência da União Europeia.

As reformas do denominado Estado de Bem Estar (*Welfare State*) que foram sendo realizadas através da adopção de políticas de privatização do sector público, abertura à iniciativa privada de sectores e áreas até então "publicizadas", bem como a crescente competição e concorrência entre os mercados globalizados, geraram movimentos bastante significativos que estiveram na base da necessidade de ser repensado o modelo de governo, nele se incluindo o papel da administração pública.

Papel preponderante, como já acima referimos, no processo de transformação da organização e da acção do poder público no contexto europeu foi desempenhado pela União Europeia.[348]

Desde os primórdios da sua instituição até aos nossos dias, a União Europeia e o processo de integração desempenharam um papel fundamental na "refundação" dos modelos de organização e de acção administrativa dos países membros.

É certo que a União não impõe aos Estados a organização que, em concreto, estes devem adoptar para a prossecução das políticas que devem observar.

Todavia, quer através dos poderes da Comissão Europeia, quer pela via da multiplicação das diversas agências europeias que se ocupam, por delegação da Comissão, de matérias tais como as telecomunicações, a energia, os transportes..., as administrações públicas "internas" viram-se na contingência de adequar as suas estruturas às estruturas de coordenação europeias.

Significa isto, portanto, que também por influência da União Europeia, os diversos Estados-Membros, neles se incluindo Portugal, vieram ao longo dos anos a adequar os seus diversos canais de intervenção aos modelos "impostos" pela participação na União.

Este conjunto de fenómenos demonstrativos da "crise" do Estado Social, tiveram a sua origem em alguns dos elementos antes destacados, mas que podemos sintetizar através das seguintes principais condicionantes:

[348] Sobre o papel da União Europeia na transformação dos próprios modelos de Estado, cfr. Fausto de Quadros, "Direito da União Europeia", 2008, pp. 40 e seguintes, onde nos é facultada uma visão histórica do processo de construção, desenvolvimento e integração da U.E.; Capotorti F., Hilf M., Jacobs F., Jacqué J. P., "Le Traité de Union Européene – Commentaire du project adopté par le Parlament européen de 14 février 1984", Bruxelles, Univ. de Bruxelles; Ana Maria Guerra Martins, "O projecto de Constituição Europeia – Contribuição para o Debate sobre o Futuro da União", Coimbra, 2004; Nuno Piçarra (coord.), "A União Europeia segundo o Tratado de Lisboa – Aspectos Centrais", Coimbra, 2013. Ver também relativamente ao Tratado sobre Estabilidade, Coordenação e Governação na União Económica e Monetária (Tratado Orçamental) o Acórdão do Tribunal Constitucional Federal Alemão que se pronunciou pela constitucionalidade com condições, em Fausto de Quadros, op. cit., p. 64.

a) A ineficiência económica da intervenção de um Estado que cresceu gigantescamente e se tornou omnipresente, pois que o "acréscimo do Estado" nem sempre veio ligado ao aumento do bem-estar individual, mas antes a um desmesurado crescimento da burocracia, que tornou a administração num aparelho pesado e de funcionamento moroso;

b) O constante aumento das contribuições dos indivíduos para o Estado, mais do que proporcional às prestações dele recebidas, gerador de um sentimento de desconfiança e de insatisfação dos privados, que se traduz num "déficit de legitimação dos poderes públicos" e que obriga à colocação do problema de saber se não existem limites relativamente ao grau de "socialização tolerável" de um certo número de bens e serviços;

c) O risco da menor imparcialidade do Estado que, tendo abandonado a sua posição clássica de separação e de superioridade relativamente à sociedade, perdeu o seu "distanciamento" perante ela, pelo que "*habituado ao contrato, cede com frequência "ao baixo negócio" (corrupção, compadrio) que deixou de ser um problema moral dos titulares do poder para se transformar num problema político*".[349]

A sociedade e o indivíduo confrontam-se, neste período, com o crescimento exponencial da administração pública, com a sua intervenção prestadora, conformadora e constitutiva, com o crescimento de novas entidades e institutos integrados na administração e dela dependentes, e com as necessidades decorrentes do financiamento de todas estas estruturas.

Os impostos sobem, as contribuições para a segurança social crescem, as taxas diferenciadas para a prestação de cuidados de saúde e de educação proliferam, as custas para acesso à justiça são cada vez maiores.[350]

Nesta fase, a actividade da administração pública passa a assumir uma função conformadora da realidade social, a que a doutrina chama de "administração prospectiva", "prefigurativa", "social constitutiva", "planificadora" ou "infraestrutural".[351]

[349] Cfr. Vasco Pereira da Silva, "Em Busca do Acto Administrativo Perdido", 2003, pp. 65 e seguintes, onde são explanados e desenvolvidos os elementos fundamentais e legitimadoras do emergir da "crise" do Estado Social.

[350] No sentido da "morte dos serviços públicos" no início da década oitenta. cfr. Muñoz Machado em "Servicios Publico y Mercados – Los Fundamentos", Madrid, 1998, p. 27.

[351] Neste sentido, cfr. Vasco Pereira da Silva, "Em Busca do Acto Administrativo Perdido", pp. 301 e seguintes; Maria João Estorninho, "A Fuga para o Direito Privado", pp. 98 e seguintes; Jacques Chevallier, "L'État post-modern", L.G.D.J. nº 35, 4ª edição, 2014, pp. 74 e seguintes.

A actividade administrativa vai tornar-se num mecanismo de composição de interesses públicos e privados, no sentido em que é uma grande entidade atribuidora de serviços públicos, mas é também uma pluralidade de centros de regulação de interesses ou, se se quiser, de centros de determinação da composição de interesses frequentemente na base de prescrições legislativas.

A questão que se coloca é a de saber se as respostas dadas pela administração a tais necessidades básicas são eficazes, eficientes e proporcionais.

Os custos com a manutenção dos serviços, das estruturas do Estado e das demais entidades delas integrantes absorvem cada vez mais e mais recursos. O que "sobra" aparece ao cidadão como insuficiente para a satisfação das suas necessidades.

O que redunda na necessidade de voltar a discutir a tradicional problemática: qual o papel que deve ser atribuído à Administração Pública e qual o posicionamento do indivíduo perante as autoridades administrativas.

Deve, aliás, ser realçado que subsiste também um conjunto de factores, tais como a *"alteração das expectativas dos cidadãos e das empresas relativamente à qualidade dos serviços públicos, a crise financeira, a complexidade crescente de fenómenos regulatórios e a globalização"*, que se revelaram fundamentais no que tange à necessidade de reequacionar o papel do Estado.[352]

Correlacionado com a alteração das expectativas dos cidadãos, outro dos tópicos que devemos mencionar relaciona-se com a crescente "complexidade" de funcionamento do próprio Estado.[353]

Surgem, pois, novas fórmulas e modelos susceptíveis de diminuir o peso e os custos do Estado-administração.

No âmbito das funções do Estado, dá-se início, através da privatização, a um novo caminho de "devolução" a entidades privadas de algumas das actividades que até então eram exercidas a nível público.[354]

[352] Cfr. Stephen P. Osborne, "New Public Governance? – Emerging Perspectives on the Theory and Practice of Public Governance", 2010.

[353] As complexidades do Estado que aqui referimos relacionam-se com as cada vez maiores dificuldades com que o cidadão se confronta para a realização dos seus direitos e expectativas, como seja, por exemplo, o casos de licenças, autorizações, pareceres que muitas vezes se sobrepõem, quer a nível central, quer local.

[354] Cfr. Nicolas Thirion, "Existe-il des Limites Juridiques à La Privatization des Enterprises Publiques?" em Revue Internationale de droit economique, 2002/4 (tomo XVI, 4), 2010, pp. 636 e seguintes; Paulo Otero, "Privatizações, Reprivatizações e Tranferências de Participações Sociais no Interior do Sector Público legitimadoras da decisão de privatizar"; Jésus Ruza, "La privatization y la reforma del Séctor Publico", 1994; António Sousa Franco, "As Privatizações" em Noções de

Da acepção genérica que qualifica a privatização "*como a transferência de um bem público ou de uma actividade pública para o sector privado*", a doutrina tem vindo a considerar que é possível que desta concepção se possam retirar duas modalidades de privatização, a *privatização de património* e a *privatização de tarefas.*[355]

A forma clássica de privatização, inserida na primeira das modalidades referida, é considerada como um negócio de alienação de bens públicos ou de empresas públicas para entidades particulares.[356]

A privatização de tarefas indica o processo de deslocação de uma tarefa ou função pública para o sector privado.[357]

É no contexto desta modalidade de privatização – a de tarefas – que se fala de *despublicização,* de *desintervenção* ou de *renúncia pública* à titularidade da tarefa.[358]

Direito da Economia, 1º Volume, AAFDL, 1983; Eduardo Paz Ferreira, "Direito da Economia", AAFDL, Lisboa, 2001.

355 Cfr. Pedro Gonçalves, "Entidades Privadas com Poderes Públicos – O exercício de poderes políticos de autoridade por entidades privadas com funções administrativas", 2005, pp. 645 e seguintes; Paulo Otero, "Coordenadas Jurídicas da privatização da Administração Pública", em "Os caminhos da privatização da Administração Pública", 2001, p. 3; Alfredo José de Sousa, "Os Tribunais de Contas e as Privatizações", em X Encontro Luso Brasileiro de Tribunais de Contas, Estoril, Março de 2003; Luis Morais, "Privatização das Empresas Públicas, seu Controlo e Supervisão", um estudo de direito comparado e de direito português, edição do Tribunal de Contas, Lisboa, 1995; António Sousa Franco e Guilherme Oliveira Martins, "A Constituição Económica Portuguesa – Ensaio Interpretativo", Coimbra, 1993.

356 Cfr. Andrea Goldstein, "Le privatizzacioni in Itália", 1993-2002, Working Paper nº 912, Public Finance, 2003; M. Durupty, "Le privatizzacioni banalisée", Actualité Juridique, Droit Administratif, nº 10; T. Posser, "Constitutions and Political Economy: The Privatization of Publique Enterprises in France and Great Britain", Modern Law Review Vol. 53, nº 3, pp. 304-320; Paulo Otero, "As Privatizações, Reprivatizações e Transferências de Participações Sociais no Interior do Sector Público", de onde resulta um conjunto de conclusões decorrente da análise do regime jurídico-constitucional das privatizações e das reprivatizações (p. 53); "Livro Branco do Sector Empresarial do Estado", Ministério das Finanças, 1998; Eduardo Paz Ferreira, "Do Mito do Sector Empresarial do Estado ao Mito das Privatizações", em Revista da Banca nº 9, 1989; Maria Rita Martins, "Privatizações: Objectivos e Modalidades – Uma abordagem centrada no caso português", Revista da FDC, 1997; Jorge Miranda, "Manual de Direito Constitucional," 4ª edição, Coimbra, 1990; J. Miranda e Vasco Pereira da Silva, "Problemas constitucionais da transformação das empresas públicas", em O Direito, 1988, pp. 71 e seguintes; A. Menezes Cordeiro, "As Privatizações e o direito privado: alguns aspectos com especial referência ao sector bancário", Revista Direito e Justiça, Vol. V, Lisboa, 1991.

357 Cfr. Pedro Gonçalves, "Entidades Privadas com Poderes Públicos...", pp. 745 e seguintes.

358 Pedro Gonçalves fala ainda de uma outra modalidade de privatização que é a que ocorre no âmbito da execução de tarefas públicas, ou seja, a que, por esta via, se pode qualificar como o exercício privado de poderes públicos na função administrativa que se pode traduzir pelo conceito de privatização no âmbito da execução de tarefas públicas, op. cit., p. 321.

Diremos que, do mesmo passo que foram reduzidas as responsabilidades públicas, não foi eliminado o papel e as funções do Estado.[359]

É curiosa esta afirmação! Na verdade, é importante referir que o que mudou, a nosso ver foi:

a) A estrutura da organização administrativa do Estado; e
b) As atribuições e competências atribuídas/delegadas à "nova" administração pública.

Os fenómenos da privatização tiveram como efeito a deslocação de tarefas públicas para o sector privado tradicional, mas tiveram também, e por outro lado, consequências a nível do aparecimento de "novas tarefas públicas" do Estado: *a regulação e supervisão das actuações privadas.*[360]

Podemos, pois, falar também do aparecimento, ao lado da responsabilidade de base e de enquadramento geral do Estado relativamente a todas as actividades privadas, de uma *responsabilidade de garantia* no que tange à *regulação* de tarefas privadas realizadas por entidades privadas.[361]

O Estado, que deixou de ser directamente prestador e produtor, não se demitiu de assegurar ou de garantir que o sector privado produz os bens ou os serviços "privatizados" no contexto das incumbências que a lei lhe atribui.[362]

[359] Cf. no sentido da fiscalização judicial das privatizações, Pedro Fernandéz Sánchez, "Os Parâmetros de Controlo da Privatização Administrativa – Instrumentos de Fiscalização Judicial da Decisão Juridico-pública de Privatização", 2010; S. Martín-Retortillo, "Sentido y Formas de La Privatización de la Admnistración Pública", em Os Caminhos da Privatização da Administração Pública – IV Colóquio Luso-Espanhol de Direito Administrativo, Coimbra, 2001, pp. 19 e seguintes.

[360] Consideramos que esta "nova" tarefa só é nova porque assume diferentes modelos institucionais. Na verdade, desde os primórdios do seu "aparecimento" o Estado sempre "regulou" e "supervisionou" através dos meios legais e institucionais disponíveis: A lei a instituições integradas no próprio Estado. O que é novo neste tempo é a concepção de que o Estado poderia continuar a regular e a supervisionar, mas agora, através da "delegação" de tais poderes a entidades diversas e diferentes, desse logo entidades independentes. O Estado apenas mudou os "instrumentos" e os mecanismos de regulação para os tornar mais transparentes, flexíveis e participativos. Neste sentido, cfr. Miguel Ángel Sendin Garcia, "Regulación y Servicios públicos", 2004, pp. 77 e seguintes; Daniel Mauro Nallar, "Regulación y Control de Servicios Públicos", 2010; Paulo Otero, "O Poder de Substituição em Direito Administrativo", Vol. II, pp. 544 e seguintes.

[361] Cfr. relativamente à eventual oposição entre Estado de Direito e Estado Social, Luciano Parejo em "Estado Social y Administración Pública", Madrid, 1983, pp. 31 a 60; Javier Pérez Royo em "La Doctrina del Tribunal Constitucional sobre el Estado Social", Revista Española de Derecho Constitucional, Ano 4, nº 10, pp. 157-182.

[362] Cfr. R. Rivero Ortega, "El Estado Vigilante – Consideraciones Juridicas sobre la funcion inspectora de la Administración Publica", 1999; Giandomenico Majone, "From the Positive to Regulatory State – Causes and Consequences of Changes in the Mode of Government", Working Paper 1997,

Ou seja, o Estado, no contexto das mudanças operadas e das transformações produzidas na sequência da "viragem" para novos modelos e novas formas de organização, teve de encontrar formas de "intervenção" nos sectores que, tendo sido privatizados ou subordinados a regras de liberalização, continuassem a "garantir" as atribuições de interesse público, como tal consagrados na respectiva Lei Fundamental.

Fala-se, então, do estabelecimento de regras para um determinado sector de actividade ("regulação normativa"), da respectiva implementação ou aplicação, da vigência ou fiscalização do acatamento delas pelos destinatários, bem como da punição dos infractores ("regulação administrativa").[363]

Diremos assim que cabe ao Estado, no desempenho da sua actividade de regulação pública, definir as regras e os padrões que devem reger as actuações das entidades privadas de interesse público, ser responsável pelo controlo do acesso ao mercado das entidades que vão prestar serviços de interesse público, bem como pela fiscalização da actuação destas entidades, e pelo controlo dos organismos privados que se dedicam a tarefas de controlo externo de actividades privadas.[364]

A regulação pública é composta por um conjunto de normas jurídicas estaduais (públicas), de direito privado (normas dirigidas a particulares) e de direito público administrativo (normas dirigidas à administração).

Para além da privatização, é também neste tempo e com as condicionantes antes mencionadas, que surge o princípio da *liberalização* associado a ideias de desregulação e despublicização da economia.

Na verdade, parece ser um dado adquirido que o mundo moderno está em profunda mutação, no sentido das transformações das políticas públicas e das estruturas de organização que as servem.

Se nos finais da II Guerra, a redistribuição dos recursos disponíveis, bem como a intervenção estadual a nível da gestão na estabilização económica,

pp. 20 e seguintes; Francisco Sosa Wagner, "El Dereho Administrativo en el umbral del siglo XXI", in Homenage al Profesor Ramon Martin Mateo, Tomo I, pp. 2003 e seguintes.

[363] Cfr. Pedro Gonçalves, "Entidades Privadas com Poderes Públicos...", p. 169; Vital Moreira, "Auto-Regulação Profissional e Administração Pública", pp. 35 e seguintes; Pedro Gonçalves, "Regulação, Electricidade e Telecomunicações – Estudos de Direito Administrativo da Regulação", Coimbra, 2008.

[364] Cfr. Giandomenico Majone, "Do Estado Positivo ao Estado Regulador – Causas e Consequências da Mudança do Modo de Governança", em Regulação Económica e Democracia: O Debate Europeu, 2006; pp. 37 e seguintes; Jacques Chevallier, "La governance, un nouveau paradigme étatique", Revue française d'administration publique, nºs 105-106, p. 205; Andrés Betancor, "Regulación: Mito y Derecho", Civitas, 2010, pp. 535 e seguintes.

eram tidas como prioritárias na generalidade dos países europeus, a evolução que se verificou, nomeadamente com o reconhecimento das "falhas de mercado" – que revelavam a respectiva inoperância para o "pagamento" das políticas garantidas aos cidadãos –, esteve na origem do aparecimento da liberalização de empresas e sectores que, segundo a generalidade dos autores, exigiam do Estado a consagração de regras de regulação dos mercados.

A "falha da regulação" por meio da propriedade e da intervenção directa do Estado explica o fenómeno da desregulação, e motiva a procura de um modelo alternativo de controlo no qual os serviços públicos e outros sectores, afectos ao interesse público, são "privatizados" ou "liberalizados", mas ficam sujeitos a normas e a regras de direito público administrativo.

Para além das experiências, de que já demos conhecimento, ocorridas em alguns países da Europa e dos EUA, também o processo de construção e de aprofundamento da UE teve consequências no que se refere ao incremento do fenómeno da regulação.

Parece, pois, ser claro que o crescimento das normas europeias teve um impacto significativo sobre o desenvolvimento de políticas, nomeadamente a nível da regulação nacional.

Temos, assim, que para além de outras razões, a transfiguração dos Estados em Estado Reguladores teve uma forte influência dos processos de aprofundamento da União, e da consequente criação de entidades que a nível comunitário desenvolveram um papel fundamental na modelação de regimes regulatórios nos respectivos Estados-Membros.

Outro factor que influenciou esta transfiguração do modelo de Estado centra-se na chamada "face interna do Estado regulador".[365]

Assiste-se, por toda a Europa, à proliferação de novos modelos de governo que permitam garantir um mais eficiente e eficaz serviço público, mas de forma indirecta, ou seja, através de sistemas de regulação que detêm poderes

[365] Cfr. Giandomenico Majone, "Do Estado Positivo ao Estado Regulador...", pp. 10 e seguintes, onde é referido que a descentralização e a regionalização administrativa, a divisão de entidades anteriormente monolíticas em unidades com uma única finalidade e com orçamentos próprios, a delegação de responsabilidade pela prestação de serviços a organizações privadas, lucrativas ou sem fins lucrativos, e as entidades que não ministérios que operam fora do quadro normal do Poder Executivo são elementos fundamentais para a compreensão da denominada "face interna do Estado Regulador". Cfr. também sobre este mesmo tema C. Hood/Oliver James, "Regulation inside British government: The inner face of the Regulatory State?", London School of Economics, Discussion Paper nº I, 35; H. Seidman/Robert Gilmour, "Politics, position and power", 4ªedição, Oxford University Press.

de fiscalização, supervisão e sanção relativamente aos prestadores do serviço, alguns deles de natureza privada.

Durante as últimas décadas, todos os governos da Europa Ocidental adoptaram essas estratégias tendentes a "harmonizar", na medida do seu tempo e das suas tendências, a melhor forma de governo no contexto dos países membros da UE.

São certos e inequívocos os elementos antes identificados no que se refere à evolução e à transformação do modelo de Estado tendente a racionalizar, melhorar e tornar mais eficiente a prestação de serviços públicos.[366]

Este caminho tem vindo a ser traduzido pela diminuição do chamado "aparelho" da administração pública, no sentido em que se despromoveu a criação de entidades inseridas na Administração para a realização das atribuições do Estado.

Todavia, tais atribuições não diminuíram, o que pode dar a ideia de que aqui se verifica um manifesto paradoxo e contradição entre aumento de atribuições do Estado e diminuição das estruturas competentes para as realizar e prosseguir.

Mas não foi assim. O que mudou decisivamente foi a própria organização administrativa do Estado.

Foram "destacados" serviços, departamentos, unidades, empresas e institutos públicos para o sector privado.

Todavia, continuava a competir ao Estado garantir a não ocorrência de "falhas de mercado", a prestação de "serviços sociais", como a saúde, a educação e outros, bem como a tutela de áreas ambientais e de defesa do consumidor.

Nasceram as entidades administrativas independentes, cujas atribuições são as de intervir, através de competências de coordenação, de supervisão e de fiscalização, em áreas como a dos direitos fundamentais, económicos e sociais e mercados relevantes.

Mas, agora, através de novas entidades que operam "fora" do aparelho do Estado, sem laços de dependência hierárquica ou de supervisão estatal, compostas por pessoas orgânica e funcionalmente independentes do Governo e, em regra, dotadas de autonomia administrativa e financeira.

[366] Cfr. quanto à eficiência e eficácia da administração pública no Estado Social, E. Forsthoff, "Tratado de Derecho Administrativo", Madrid, 1958, pp. 25 e seguintes; Luciano Parejo Afonso, "La eficácia como princípio jurídico de la actuación de la Administración Pública", publicado em Documentación Administrativa, nºs 218/219, Setembro de 1989, p. 53.

Em tese geral, o reforço da imparcialidade, a participação alargada de pessoas de origens e de competências diversas, bem como a procura de maior eficácia, são exigências que devem ser impostas a toda a administração, com o objectivo de superação de dificuldades e da adaptação institucional às novas exigências sociais, políticas e sociais.

A reformulação que já se operou, e que está ainda em curso, é fundada em exigências de imparcialidade, de proporcionalidade, de eficácia e de profissionalização, que devem ter-se como manifestações dos poderes atribuídos à administração pública, nela se incluindo, como teremos oportunidade de verificar, as autoridades administrativas independentes.

O Estado actual é, pois, um Estado em que coexistem várias e diversas categorias de estruturas administrativas que continuam a prosseguir missões de interesse público, como as de regulação, com estatuto diferenciado, ou seja, autónomas e independentes do poder político.

III. Evolução e Desenvolvimento dos modelos de administração

O século XX foi rico em fenómenos históricos, sociais e políticos, desde as guerras mundiais até aos períodos de grandes crises e depressões económicas e sociais dos anos trinta e setenta a oitenta.[367]

Estes movimentos tiveram consequências a todos os níveis de funcionamento da Sociedade e das respectivas instituições políticas e económicas.[368]

Já referimos os traços essenciais da administração pública do Estado social que correspondeu, como sabemos, à redefinição do papel do Estado na comunidade e, particularmente, no âmbito da economia e das prestações sociais.[369]

O Estado cresceu e multiplicaram-se e proliferaram as diversas entidades integrantes da respectiva administração directa.

[367] Que, como sabemos, ainda não findaram e estão na origem nas profundas modificações que actualmente se vivem em razão da crise que se iniciou nos EUA e se estendeu à Europa.

[368] Cfr. Maria João Estorninho, "A Fuga para o Direito Privado", onde se afirma, a páginas 47, que: "*...começa-se a por em causa o próprio crescimento do Estado e das funções por ele desempenhadas e defende-se a necessidade de repensar a dimensão da maquina administrativa e os tipos de tarefas que a seu cargo devem ser colocadas*"; cfr. também Vasco Pereira da Silva, "O Contencioso administrativo no Divã da psicanálise – Ensaio sobre as acções no novo processo administrativo", Almedina, 2013.

[369] Cfr. Ramon G. Cótarelo, "Del Estado del Bienestar al Estado del Malestar", 2ª edição, Centro de Estudios Constitucionales, Madrid, 1990; Santamaria Pastor, "Fundamentos de Derecho Administrativo", Vol. I, Madrid, 1991; Jean Rivero, "Droit Administratif", Paris, 1990, p. 31, onde se pode ler o seguinte passo: "*A actuação do Estado em sectores tradicionais, como o da polícia, é extraordinariamente aumentada, podendo afirmar-se que até "quando faz o mesmo" que o Estado do século XIX, o Estado Moderno é conduzido a alargar consideravelmente a sua acção*"; cfr. também Pierre Rosanvallon, "A Crise do Estado Providência", ed. Inquérito, 1985.

Desenvolveram-se, em paralelo, as ineficiências, as insuficiências e, sobretudo, os custos com o financiamento do "serviço público".

É, pois, durante este século que se desenvolvem novas formas e modelos de realização do interesse público.

Consideramos que apesar de não se ter verificado "alteração do paradigma", no sentido em que não se regista modificam os fundamentos do sistema tradicional, a administração pública no século XX foi objecto de profundas e significativas alterações, quer no seu funcionamento, quer na forma e no modelo de exercício das tarefas que a lei põe a seu cargo.

Os sinais mais visíveis desta transformação podem ser assinalados através dos seguintes principais momentos do processo de transformação:

a) Cooperação e conjugação de actores públicos e privados no contexto das finalidades do Estado Social e do Serviço Público;
b) "Empresarialização" e "privatização" das formas de organização da Administração Pública;
c) Reforço da participação dos particulares na prossecução dos interesses públicos, que se traduz na "partilha das responsabilidades", nas "tarefas executadas em cooperação" e na complementaridade entre o Estado e os particulares. [370]

Como já referimos, a conjugação da "inoperância" da estrutura tradicional da administração pública e a glorificação da "eficiência económica do sector privado" são, entre outros, os principais fundamentos das transformações de funcionamento e de organização da administração.[371]

Ocorrem, em consequência, fenómenos de reconfiguração do papel e das funções do Estado, e de um nítido reforço do papel de entidades privadas – pessoas singulares e colectivas – no âmbito da governação pública.

A "governação pública", ou seja, a prossecução de interesses públicos realizada em termos de estruturas orgânicas integradas no aparelho administrativo do Estado, tal como eram concebidas no contexto do Estado Prestador, constitutivo e conformador, foi paulatinamente, mas de forma "coerente", sendo substituída por estruturas autónomas, por entidades privadas e por

[370] Cfr. sobre esta matéria Pedro Machete, em "Estado de Direito Democrático e Administração Paritária", Coimbra, 2007.

[371] Cfr. sobre as transformações operadas nos modelos de organização administrativa, António Carlos dos Santos, Maria Eduarda Gonçalves, Maria Manuel Leitão Marques, "Direito Económico", pp. 133 e seguintes; Maria João Estorninho, "A Fuga para o Direito Privado", Almedina, 2009, pp. 98 e seguintes.

autoridades independentes, no sentido em que devidamente conjugadas continuam a prosseguir o interesse geral, mas dotadas de maior flexibilidade de actuação, desinseridas da estrutura hierárquica e sem dependência de poderes de tutela ou de superintendência.[372]

Aparece, pois, o Estado Parceiro.[373]

O Estado, com objectivos de maior eficiência, eficácia, redução de custos de funcionamento e de melhor prestação de serviços públicos, passa a considerar que "privatizar" certas tarefas ou funções, "cooperar" com os privados, bem como "delegar" a execução de determinadas atribuições públicas a entes diferentes e diversos da estrutura orgânica "tradicional", é a resposta às exigências contínuas da comunidade social no século XX.[374]

Neste contexto, impõe-se uma referência significativa aos fenómenos de *privatização*, numa tripla dimensão: privatização de atribuições, privatização de actividades e privatização da organização administrativa.[375]

Não devendo ser considerado um fenómeno de finais do século XX, o que é verdade é que continua por definir, nos seus exactos contornos, o conceito de *privatização* da administração pública que, por isso mesmo, se revela um conceito *polissémico*.[376]

[372] Cfr. quanto à questão da governança no âmbito do sector público, nomeadamente as questões relativas à *accountability*, transparência e compromisso, P. Barret, "Achieving Better Practice Governance in the Public Sector", em http://www.anao.gov.au/uploads/documents/; Revista de Administração Contemporânea, versão on line http://dx.doi.org/101590/S1415.

[373] Cfr. relativamente à .qualificação do Estado como Parceiro, Paulo Otero, em "Os poderes de Substituição..."; Baptista Machado, "A Hipótese neo-corporativa", in Obras Dispersas, Vol. II, Scientia Iurídica, Braga, 1993, p. 449, onde se refere que: "*O Estado que procura resolver os problemas de planeamento e direcção económica, e que procura fomentar a cultura e o bem-estar, já não é o Estado Soberano, mas o Estado Interlocutor ou Estado-Parceiro*".

[374] Como em meados da década de 50 já referia W. Sibert, citado em Maria João Estorninho, "A Fuga para o Direito Privado", p. 58: "*...a Administração Pública devia poder recorrer ao Direito Civil, porque o Direito Público ainda não tinha desenvolvido as formas necessárias para a Administração de providência e protecção*".

[375] Cfr. Paulo Otero, "Coordenadas jurídicas da privatização da Administração Pública", Stvdia Jurídica nº 60, pp. 30 e seguintes; António Carlos dos Santos/Maria Eduarda Gonçalves/Maria Manuela Leitão Marques, "Direito Económico", Coimbra, 2008; Eduardo Paz Ferreira, "Sumários de Direito da Economia", I Policopiado, Lisboa; Pedro Gonçalves, "Entidades Privadas com Poderes Públicos...", Lisboa, 2005; Maria João Estorninho, "A Fuga para o Direito Privado", Lisboa, 2009; Vasco Pereira da Silva, "Em Busca do Acto Administrativo Perdido", Lisboa, 2003.

[376] Cfr. Paulo Otero, "As Coordenadas...", pp. 34 e seguintes, onde se refere que os fenómenos de privatização remontam, em Portugal, ao século XV em que o sistema de colonização de novos territórios exigiu a criação de capitanias donatárias conferindo-se particulares poderes de soberania de natureza administrativa e jurisdicionals sobre o território e a respectiva população; cfr. também

A definição deste conceito em termos da sua acepção ampla, pode ser entendida no sentido em que, através da privatização, se opera uma transformação do modelo de organização económica, pela transferência total do controlo ou pela via da abertura ao sector privado, embora com domínio ou controlo do sector público.[377]

Os motivos fundamentalmente determinantes que legitimam processos de privatização assentam, em regra, nos seguintes principais postulados: (i) eficácia (melhor gestão e gestão rendível, em vez de gestão ruinosa e rotineira pelo sector público); (ii) reforço da liberdade e da democracia económica através do papel do sector privado e/ou do instrumento "mercado concorrencial"; (iii) redução do défice público (tanto pelas receitas da privatização como pela existência, no futuro, de défices das empresas a cobrir); (iv) melhoria das condições de negociação social; e (v) combinação eficiente da privatização com a desregulação.[378]

Face ao conceito amplo antes definido, parece que o termo "privatização" é passível de ser considerado a partir de cinco possíveis significados:[379]

a) A privatização pode consistir num processo pelo qual o Estado reduz ou suprime a sua intervenção directa reguladora, através da devolução, designadamente a entidades privadas, do poder de criação de regras de regulação das respectivas actividades. Trata-se, neste caso, de uma "desestatização" que pode envolver um processo de "desregulação" ou uma substituição da regulação estadual pela autorregulação;

b) A privatização pode ser vista como a possibilidade de subordinação das entidades públicas ao Direito Privado. É o chamado fenómeno da "fuga para o Direito Privado";[380]

c) A privatização pode ser entendida como a possibilidade de transformação da personalidade jurídica de direito público de certa entidade

Maria Nieves de La Serna Bilbao, "La Privatización en España – Fundamentos Constitucionales y Comunitarios", 1995.

[377] Cfr. Enciclopédia Verbo, Vol. 23, pp. 1283 e seguintes.

[378] Cfr. as razões invocadas em Enciclopédia Verbo nº 23, p. 1284; Eduardo Paz Ferreira, "Direito da Economia", Vol. I, Lisboa, 2001, pp. 355 e seguintes.

[379] Seguimos de muito perto Paulo Otero, "Privatizações, Reprivatizações e Transferências de Participações Sociais no Interior do Sector Público", Lisboa, 1999, pp. 12 e seguintes; António Carlos dos Santos/ Maria Eduarda Gonçalves/ Maria Manuel Leitão Marques, "Direito Económico", Coimbra, 2008, pp. 158 e seguintes, em que se enunciam igualmente várias definições do termo "privatização".

[380] Cfr. para maiores desenvolvimentos sobre este tópico, Maria João Estorninho, "A Fuga para o Direito Privado".

pública em personalidade jurídica de direito privado. É o caso da transformação de uma empresa pública em sociedade anónima de capitais exclusivamente públicos;[381]

d) A privatização pode ainda traduzir-se pela entrega da gestão de meios de produção de propriedade pública a entidades privadas através, nomeadamente, de concessão ou delegação de serviços públicos;

e) A privatização pode ainda ser entendida como a possibilidade de entrada no capital social da entidade pública de parte minoritária ou maioritária desse capital social.[382]

Para além destes significados, o processo de privatizações é sustentado em algumas técnicas, de que destacamos a negociação directa da venda da totalidade ou de parte de um património ou dos seus títulos representativos, a colocação em mercado bolsista, ou ainda a abertura a subscritores privilegiados, designadamente titulares de baixos rendimentos, trabalhadores das próprias empresas ou antigos accionistas.[383]

Em Portugal, o processo de privatização é consequência das nacionalizações que ocorreram nos anos 1974-1975, a que se seguiu a primeira Lei de Delimitação de Sectores – a Lei nº 46/77, de 8 de Junho – que veio permitir a concessão da gestão de numerosas empresas.[384]

Mais tarde, em 1988, a Lei nº 84/88, de 20 de Julho, veio possibilitar a transformação das empresas públicas em sociedades anónimas, e definiu princípios gerais de privatização parcial, através das técnicas adequadas ao processo.[385]

Em 1989, a revisão constitucional que operou a modificação dos artigos 83º e 296º da Constituição da República veio permitir a definição de um pro-

[381] Cfr. Nuno Sá Gomes, "Nacionalizações e Privatizações", Separata da Revista do Centro de Estudos Fiscais, nºs 351/352, 1988, pp. 23-202.

[382] Cfr. preferencialmente quanto aos sentidos possíveis do conceito de privatização e dos modelos que o mesmo pode acobertar, Pedro Gonçalves, "Entidades Privadas com Poderes Públicos...", pp. 571 e seguintes.

[383] Cfr. Nuno Sá Gomes, "Nacionalizações e Privatizações", op. cit., p. 155.

[384] Apesar de ser a técnica utilizada pelo Governo Thatcher de Inglaterra este modelo, em Portugal, não passou da letra da lei, com fundamento em violação do disposto no art. 83º, nº 1, da Constituição da República.

[385] Como já salientámos noutro contexto, importa referir que em Portugal os processos de privatização já haviam ocorrido no segundo quartel do século XIX após a instauração da monarquia liberal, nomeadamente, pela via da integração de bens das ordens religiosas e de alguns bens anteriormente senhoriais ou mesmo privados, os quais, depois de uma nacionalização intermédia, foram privatizados, transferindo-os para as mãos da nova burguesia liberal, sob a dupla influência do liberalismo e do laicismo anticlerical. Nesse sentido, cfr. Enciclopédia Verbo, p. 1284.

grama geral de privatizações, para além de definir no art. 85º o regime jurídico das reprivatizações.

A Lei-Quadro das Privatizações – Lei nº 11/90, de 5 de Abril – permitiu um amplo processo de privatização da economia a partir de 1996, que transferiu para o sector privado o controlo dos principais sectores financeiros, telecomunicações, energia – electricidade, petróleo e gás – e indústrias – do cimento às pastas de papel.[386]

Deste processo de privatizações decorreram consequências estruturais, de que podemos destacar as seguintes:

a) Redução do peso do Estado na economia;
b) Redução do peso da dívida pública;
c) Desenvolvimento do mercado de capitais;
d) Modernização, abertura e competitividade, após reestruturação de diversos sectores, nomeadamente do sector bancário;
e) Obtenção de avultados volumes de receita.[387]

No nosso país, como sabemos, continuam em curso processos de privatização aprovados no âmbito dos Programas de Governo e, mais recentemente, no contexto do Memorando celebrado com a *Troika*, de que resulta um vasto conjunto de empresas e/ou sectores que devem ser transferidos das mãos e/ou do controlo do sector público para o sector privado.[388]

IV. Os processos de empresarialização e de privatização como pressupostos da evolução do modelo de administração pública

Como vimos anteriormente, a hipertrofia do Estado, ou seja, o "Estado de mal-estar" teve, entre outras consequências, a da necessidade de ser repensada a dimensão do próprio Estado.[389]

[386] Cfr. M. Jacinto Nunes, "As Reprivatizações", Revista da Banca, nº 4, Out/Dezembro 1987; Ministério das Finanças, "Privatizações e Regulação: A experiência portuguesa", Lisboa, 1999; Ministério das Finanças – Secretaria de Estado do Tesouro e das Finanças, "Sector empresarial do Estado: Solução no período de 1996-2001", Lisboa, 2002.

[387] Cfr. A. Sousa Franco em Enciclopédia Verbo nº 23, p. 1285.

[388] Cfr. António Sousa Franco,"As Privatizações e o Sector Empresarial do Estado", Separata das Lições de Finanças Públicas, II, Lisboa, 1991, que refere a "*privatização entendida como a transferência da esfera jurídico-pública para a esfera jurídico-privada a titularidade e/ou o direito de exploração/gestão de meios de produção*".

[389] Paulo Otero, "Privatizações, Reprivatizações e Transferências de Participações sociais no Interior do Sector Público", Coimbra, 1999; Anne Drumaux, "Privatisation = Moins d'État?", Institut de Sociologie, Universidade de Bruxelas, 1988; Charles Vuylsteke, Helen Nankani, Anne Ruiz Palveen,

Pode pois dizer-se, com alguma segurança, que entre as décadas de setenta e noventa do século XX, a redução do peso do Estado foi erigida como objectivo programático de todos os Governos.[390]

Este objectivo, visível na generalidade dos países, pode ser traduzido como "uma fúria privatizadora" da administração pública.[391]

Como já tivemos ocasião de referir, esta tendência, apesar de ter sido hostilizada no Estado Social, não é uma tendência histórica muito recente.[392]

A administração directa do Estado, através dos serviços públicos, nuns casos, e a atribuição a entidades privadas, mediante concessão – de exploração e de gestão – dessa actividade, noutros casos, marcaram no essencial a organização do Estado no contexto dos processos de "liberalização" de missões públicas.[393]

"Tecnhiques of Privatizations of State-Owned Enterprises", Vol. I – Methods and implementation, in World Bank Techical Paper nºs 88, 89 e 90, Julho, 1988; J. Vickers, G. Yarrow, "Privatization: An economic analysis", Cambridge, 1988; Alberto Pera, "La deréglementation et la privatisation dans une perspective macro-économique", in Revue Économique de l'OCDE, nº 12, pp. 183-234.

[390] De referir, todavia, que quando se chegou a 1974 não era muito profícua a existência de empresas públicas em Portugal; o significativo aumento do "peso" deste sector ficou a dever-se ao vasto programa de nacionalizações levado a cabo até à entrada em vigor da Constituição de 1976, como salienta Nuno de Oliveira Garcia, "Preços, Tributos e Entidades Reguladoras Independentes: O caso do Sector da Electricidade", Revista Ciência e Técnica Fiscal, nº 418, 2006, pp. 121-155.

[391] Cfr. Maria João Estorninho,"A Fuga para o Direito Privado", pp. 51 e seguintes; Paulo Otero, "O Poder de Substituição em Direito Administrativo – Enquadramento dogmático-constitucional", Vol. II, Lisboa, 1995, pp. 226 e seguintes; Gregorio Rodriguez Cabrero, "Estado, Privatisación y Bienestar – Un debate de la Europa actual", 1992.

[392] Com efeito, a constituição de donatários, a criação de companhias coloniais e a patrimonialização dos ofícios públicos são outras tantas manifestações do fenómeno da transferência para particulares do exercício de poderes soberanos normalmente integrantes da esfera das autoridades públicas. Também a concessão de serviços públicos, de obras públicas e do domínio público, institutos aplicados no contexto do Estado Liberal, revelam que este fenómeno não aparece ex novo como consequência da nova doutrina de redução do peso do Estado. É certo que assim pode ser, ou seja, que ocorreram fenómenos de "privatização" em outros tempos históricos e em outras épocas, mas o que é certo também é que os fundamentos e os motivos que determinaram a verificação daqueles fenómenos não são os que os motivam no tempo presente.

[393] Em qualquer caso, como assinala Paulo Otero em "As Coordenadas Jurídicas da Privatização da Administração Pública", em "Os Caminhos da Privatização da Administração Pública", Stvdia Jurídica nº 60, p. 32: *"Desde o século XV, o sistema de colonização de muitos dos novos territórios resultantes da expansão passou pela criação de capitanias donatárias, conferindo-se a um particular amplos poderes de soberania de natureza administrativa e jurisdicional sobre o território da respectiva população..."*. Para maiores desenvolvimentos sobre a administração colonial através das capitanias, ver Marnoco e Souza, "Administração Colonial", Coimbra, 1905; Rogério E. Soares, "Administração e Direito Colonial" (lições coligidas por Eduardo Portela, José Xavier de Basto, José Manuel da Costa e Serafim Correia de Sousa), Coimbra, 1958-59, pp. 32 e seguintes.

Referimo-nos ao fenómeno da privatização funcional, ou seja, à atribuição da responsabilidade pelo exercício da actividade, incluindo o exercício privado de funções públicas, no sentido em que estas continuam a ser públicas mas a sua execução é objecto de concessão ou delegação em entidades privadas.[394]

De sublinhar que a par da criação e do desenvolvimento de serviços públicos personalizados, subordinados a regras de direito público – nomeadamente no que se refere à sua vinculação institucional ao sector público, ao regime de tutela e ao estatuto de pessoal – também a necessidade de mais liberdade de organização e gestão, bem como a liberdade e autonomia contratual motivaram a expansão do fenómeno da concessão a empresas privadas da exploração e gestão de serviços de interesse geral, sem que tal impedisse, como não impediu, a atribuição a tais empresas de prerrogativas de autoridade pública.[395]

Em Portugal, a expansão do sector empresarial do Estado ocorreu no período de 1974-1976 através do processo de nacionalização de sectores, actividades e empresas que então se verificou, a que se seguiram, em meados da década de oitenta, os inversos processos de privatização e de reprivatização a que já acima aludimos.

Mas o mundo estava e continuava em mudança. Na década de 70 do século XX surgiam novas concepções e, sobretudo, novos princípios legitimadores de fenómeno inverso: o da liberalização, desestatização, privatização, auto-regulação, auto-administração e hétero-regulação.[396]

[394] É exemplo desta privatização funcional de concessão a celebração de contratos de parcerias público-privadas, o *contracting out*, a privatização de procedimentos, a substituição de controlos públicos por controlos privados, a certificação privada, a auto-administração ou auto-regulação publicamente regulada (desporto federado).

[395] Este fenómeno, como sabemos, ocorreu em Portugal na década de oitenta, como refere António Carlos dos Santos em "Direito Económico", Coimbra, 2008, p. 146, quando afirma que: "*De um modo geral estes serviços foram sendo transformados em serviços personalizados dotados de autonomia administrativa e financeira. Esta forma de organização foi pensada para evitar os perigos da estatização das actividades económicas do Estado o que se tornava especialmente premente no domínio das actividades industriais e de prestação de serviços ao público...*" Entre nós, actualmente os serviços públicos de carácter económico sob administração directa são os estabelecimentos fabris militares e os serviços públicos sob administração local, os serviços municipalizados que não dispondo de personalidade jurídica são, apesar disso, titulares de autonomia funcional.

[396] Neste sentido, cfr. os trabalhos e estudos desenvolvidos no contexto do aprofundamento da União Europeia, de que destacamos Fausto de Quadros, "Direito das Comunidades Europeias", Sumários desenvolvidos de lições, 1993, "Direito da União Europeia – Direito constitucional e administrativo da União Europeia", Reimpressão, 2008; João Mota de Campos, "Manual de Direito Comunitário", 3ª edição, 2002; Miguel Gorjão Henriques, "Direito Comunitário", 2ª edição, 2003; Rui Moura Ramos, "Das Comunidades à União Europeia", em Estudos de Direito Comunitário, 2ª edição, Coimbra, 1999.

Novas concepções de intervenção e de organização do Estado já não como produtor e prestador directo de bens e serviços; novos e diferentes paradigmas de política de realização do bem comum por novos e diferentes modelos de actuação; surgimento de novas fórmulas de funcionamento dos mercados que, ao tempo, davam os primeiros passos no sentido da abertura de liberdade de movimentos, de capitais e de pessoas; a definição de novas regras de troca de mercadorias, de bens e de serviços; o aparecimento de novas instituições a nível de alguns países da Europa Continental geradoras de maior liberdade e de maior eficiência no funcionamento do Estado, agora começando a ser entendido como instrumento fundamental de garantia e não de produtor e prestador de bens e serviços.[397]

Estes "novos ventos de mudança" tiveram repercussões inevitáveis também em Portugal. A política de privatizações foi desencadeada em 1988 e prosseguida de forma intensa após a revisão constitucional de 1989.[398]

A dimensão e a forma de organização do Estado em Portugal sofreu mutações consideráveis que importa assinalar, em razão do aparecimento de novas e diferentes entidades cuja finalidade não é a de produzir, prestar, explorar e gerir serviços públicos, mas sim a de "garantir" maior eficiência, maior participação dos interessados e respeito pelas vinculações comunitárias a que o Estado Português se auto-vinculou.[399]

Diremos, pois, que o paradigma de reserva do sector público foi alterado para novas fórmulas que integraram as privatizações, a liberalização eco-

[397] Neste sentido, cfr. Vasco Pereira da Silva, "Em Busca do Acto Administrativo Perdido", 2003, p. 122; Vasco Pereira da Silva, "Para um Contencioso Administrativo dos Particulares", p. 56; L. Pareja Alfonso, A. Jimenez Blanco y Carrillo, Luis Ortega Alvarez, "Manual de Derecho Administrativo", Vol. I, 1996.

[398] No sentido de que o contexto europeu favorece os movimentos de privatização, cfr. Nicolas Thirion, "Les privatizations d'entreprises publiques dans une économie sociale de marché: aspects juridiques", Bruxelas, Marcial Pons, 2002, pp. 337 e seguintes.

[399] Cfr. para uma exposição breve sobre as motivações das privatizações, António Carlos Santos/ Maria Eduarda Gonçalves/Maria Filomena Leitão Marques, "Direito Económico", pp. 194 e seguintes; Eduardo Paz Ferreira, "Sumários de Direito Financeiro", AAFDL; Vital Moreira, "Serviço Público e Concorrência. A Regulação do Sector Eléctrico", Studia Iuridica nº 60 – Os Caminhos da Privatização da Administração Pública, IV Colóquio Luso-Espanhol de Direito Administrativo, Revista da Concorrência e Regulação, Ano 1, nº 2, ali se afirmando que: *"A privatização consiste essencialmente na alienação pelo Estado do sector público empresarial, pela venda de empresas ou das participações sociais..."*; Fausto de Quadros, "Serviço Público e Direito Comunitário", em Estudos em Homenagem ao Professor Doutor Manuel Gomes da Silva, Coimbra, 2001; José Luis Martinéz Lopez-Muñoz, "Servicio Público, Servicio Universal y Obligación de Servicio Público en la Perspectiva del Derecho Comunitário: Los Servicios Esenciales y sus Regimenes Alternativos", Revista andaluza de administración publica, nº 39, 2000, pp. 25-52.

nómica e social e, sobretudo, cimentaram o entendimento dominante de que para um mais eficiente, eficaz e racional funcionamento da economia, das prestações sociais e das garantias dos direitos e liberdades fundamentais, era necessário "libertar" o aparelho, chamando os cidadãos, as empresas e as associações a participarem nos novos modelos de organização administrativa.

O que temos por certo, no entanto, é que o fenómeno das privatizações é complexo e diversificado, e apresenta-se como um acto de uma entidade pública que tem por objecto uma operação de deslocação da titularidade de um bem público ou de uma actividade pública do sector público para o sector privado.[400]

Privatizar não é um conceito fácil de decompor; privatizar a administração pública é ainda mais complexo. Em termos simplistas pode dizer-se que privatizar é *"confiar ao sector privado zonas ou matérias ou bens dele excluídos..."*[401]

Desde logo, a referência ao conceito pode implicar três sentidos diferenciados:

a) Privatizar significa transferir uma empresa ou sector para o sector privado;
b) Privatizar significa transferir uma actividade para o sector privado;
c) Privatizar significa a aplicação de regras de direito privado (de organização e procedimento) no âmbito do exercício de funções públicas.[402]

O fenómeno da privatização, dada a sua heterogeneidade, pode suscitar e suscitou uma multiplicidade de interrogações, sobretudo quanto ao seu fun-

[400] Cfr. Pedro Gonçalves, "Entidades Privadas com Poderes Públicos...", pp. 322 e seguintes, no sentido em que entidades privadas podem exercer funções públicas e administrativas através da transferência para particulares do exercício de poderes de autoridades; diferente é a privatização da execução das tarefas. Neste caso mantém-se e não é posta em causa a natureza jurídica da tarefa a realizar que, por isso mesmo, continua a ser pública. No primeiro caso, o que sucede é uma privatização da tarefa propriamente dita o que implica uma "metamorfose" da sua própria natureza.

[401] Cfr. Paulo Otero, "As coordenadas Jurídicas da privatização da administração pública", Stvdia Iurídica nº 60, p. 36; Maria Nieves de La Serna Bilbao,"La Privatización en España – Fundamentos Constitucionais y Comunitários", 1995, pp. 29 e seguintes; Sebastian Martin-Retortillo, "Sentido y Formas de la Privatización de la Administración Pública", IV Colóquio Luso-Espanhol de Direito Administrativo, in Stvdia Jurídica nº 60, pp. 19 e seguintes.

[402] Neste sentido, cfr. Sebastian Martin-Retortillo, "Sentido y Formas de la Privatización de la Administración Pública", em IV Colóquio Luso-Espanhol de Direito Administrativo", pp. 21 e seguintes. Quanto ao último dos sentidos assinalados, cfr. Maria João Estorninho,"A Fuga para o Direito Privado", pp. 98 e seguintes.

damento legitimador: "Mais Estado, menos administração" ou "mais administração e menos Estado".[403]

As dimensões do fenómeno da privatização são diversas e não devem ser confundidas, desde logo, as que respeitam às atribuições, à organização e à actividade administrativa.

Em primeiro lugar, devemos considerar a privatização substancial de actividades que ocorre quando uma tarefa antes atribuída ao sector público deixa de ser pública e passa a ser substancialmente privada. Trata-se de uma privatização de *tarefas estaduais* e deve ser qualificada, na linha definida pelas políticas europeias, como referindo-se, em regra, a prestações de serviços de interesse económico geral.

A privatização formal, por seu turno, refere-se à gestão ou organização administrativa – as tarefas continuam a ser substancialmente públicas, mas são geridas por entes públicos segundo regras de direito privado, ou por entes públicos que assumem forma privada. É o chamado fenómeno da *empresarialização das pessoas colectivas públicas*.[404]

Por fim, a privatização funcional refere-se à responsabilidade pelo exercício da actividade, incluindo o exercício privado de funções públicas, ou seja, a tarefa continua a ser pública mas a sua gestão é sujeita a *regimes de concessão.*

O fenómeno da privatização teve como consequências mais assinaláveis as de introduzir no léxico teórico e prático o conceito de *Estado necessário.*

O *Estado necessário* é correspondente ao modelo de administração cooperativo e de garantia que resultou do desenvolvimento das privatizações, na medida em que a "transferência" de sector (público para privado, de acesso à actividade económica, de transformação de monopólios naturais em actividades concorrenciais) teve como consequência a própria transformação do modelo do Estado.[405]

[403] Cfr. S. Martin-Retortillo, "Sentido y Formas de la Privatización de la Administración Pública", p. 21, referindo-se a "cura dietética del Estado", de "reducción y reducción radical del sector público".

[404] Quando se privatiza a própria organização há lugar à criação de entidades administrativas privadas, em regra sociedades anónimas de capitais exclusiva ou maioritariamente públicos, como refere Rogério Soares, "Administração Pública, Direito Administrativo e sujeito privado", 37, 161, pp. 117-137.

[405] Cfr. Alfonso Pérez Moreno, "Formas Organizativas del Sector Empresarial del Estado", em Os caminhos da privatização da Administração Pública, Stvdia Iuridica nº 60, p. 193, em que sustenta que: "*La función de regular ou neoregular en sutistuición de la anterior regulación del servicio público – en su caso com los acrescimentos precisos para completar todas las dimensiones necessárias ante los privados aspirantes – reclama una forma de organización más própria de una tarea administrativa de función...*".

Para além das transformações institucionais ocorridas com as privatizações, nomeadamente as que se relacionam com as novas formas e modelos de estruturar as correspondentes instituições, é na sequência destas fenómenos que surge e despontam as novas teorias regulatórias, que chamaremos de segundo grau.[406]

Neste domínio, não podemos deixar de referir a doutrina que emergiu dos trabalhos realizados por Pierre Guislan no âmbito do Banco Mundial, que pode ser traduzida pela seguinte principal ideia:[407]

A regulação subsequente à privatização é uma regulação económica sectorial. Como actividade de ordenação e de supervisão de um sector, incorpora técnicas económicas; estas sobrepõem-se a matérias estritamente jurídicas a que correspondem novos tipos de actividade que assumem uma tendência evidente de superar a tradicional distinção entre Direito Público e Direito Privado.

Parece ser possível entender que é o fenómeno da liberalização, e sobretudo da privatização, que está na origem da procura de novos institutos jurídicos, designadamente os que se reportam à tutela da organização e do funcionamento da Administração Pública tradicional, no sentido de os decompor e de os atribuir, com maior ou menor grau de intensidade, a novas e diferentes entidades a quem é devolvido o Poder de autoridade até então entregue à administração estadual directa.

Nascem, assim, novas formas de concepção e de definição de poderes já existentes mas que, agora, são "entregues" a diferentes instituições nelas se incorporando e cumulando um vasto conjunto de atribuições e competências que passam a ser exercidas ao abrigo de um novo e diferente Direito, o Direito Administrativo de Garantia e de Regulação:

a) Poderes normativos (legislação e regulamentação);
b) Atribuição de direitos e obrigações concretos (licenças; acessos a facilidade essenciais...);
c) Resolução de conflitos (recursos, arbitragem);
d) Competências analíticas, estatísticas (observatórios, estudos e pareceres);

[406] Cfr. Paulo Otero, "Privatizações, Reprivatizações e Transferências de Participações Sociais no Interior do Sector Público", pp. 93 e seguintes, nomeadamente quanto à privatização da Partest.

[407] O trabalho a que nos referimos é "The Privatization Challenge" elaborado no contexto dos trabalhos do Banco Mundial em 1997 e são referidos por Juan Miguel de Cuétara Martinez, em "La Regulación subsiguinte a la liberalización y privatización de servicios públicos", p. 195.

e) Competências informativas e de divulgação (publicações, jornadas de estudo...).[408]

Os fenómenos desencadeados nas décadas de setenta e oitenta do século passado, de liberalização e de privatização estiveram, assim, na origem do "aparecimento" de duas principais manifestações, a saber:

a) Uma, de natureza institucional;
b) Outra, do domínio do Direito.

O aparecimento e o desenvolvimento de entidades administrativas e de regulação independentes é a principal consequência que se retira das transformações ocorridas no seio da Administração Pública.

A discussão em torno da necessidade de um "novo" ramo ou categoria de Direito susceptível de tutelar a organização e o funcionamento daquelas instituições e, sobretudo, de criar novos regimes jurídicos de âmbito relacional entre aquelas e os destinatários das suas competências, foi e continua a ser outra das mais significativas consequências que podem ser assinaladas no nosso tempo em consequências das modificações ocorridas antes do final do século passado e no princípio deste século.[409]

Também à luz da doutrina portuguesa, podemos dizer que são visíveis as seguintes principais definições do conceito que visam proceder a transformações do modelo de Estado Prestador exigidas pelas novas e diversas concepções de Estado e da sua Administração:[410]

(i) Privatização da regulação administrativa da sociedade;
(ii) Privatização do direito regulador da Administração;

[408] Cfr.Juan de la Cruz Ferrer, "La liberalización de servicios públicos y sector eléctrico: Modelos y analisis de la Lei 54/1997", Marcial Pons, 1999; Miguel Ángel Lasheras, "La regulación económica de los servicios públicos", Ariel, 1999; Juan Carlos Cassagne, "La intervención administrativa", Buenos Aires, 1994; S. Munoz Machado, "Servicio público y mercado: Los fundamentos", Civitas, 1998; Emilio Albi, "Publico y privado: Um acuerdo necessário", Ariel, 2000; Anthony I. Ogus, "Regulation: Legal Form and Economic Theory", Oxford University Press, 2004; Dieter Robin Helm, "Regulatory Reform, Capture and the Regulatory Burden", Oxford Review of Economicc Policy, Vol. 22, Issue 2, pp. 169-185, 2006.

[409] Cfr. Thomas Ramón Fernandez, "Las Transformaciones del Derecho Administrativo a Resultas de las Privatizaciones", in Scientia Iuridica nº 60, pp. 289 e seguintes.

[410] Estas técnicas são recortadas no contexto do Direito Português, segundo Paulo Otero em "As Coordenadas Jurídicas da Privatização da Administração Pública", p. 37, onde tais técnicas são enunciadas; ver também do mesmo autor "Privatizações, Reprivatizações e Transferências de Participações Sociais no Interior do Sector Público", Coimbra, 1999.

(iii) Privatização das formas organizativas da Administração;
(iv) Privatização da gestão ou exploração de tarefas administrativas;
(v) Privatização do acesso a uma actividade económica;
(vi) Privatização do capital social de entidades empresariais públicas.

(i) Privatização da regulação administrativa

A privatização da regulação administrativa pode ser vista como um fenómeno de redução ou supressão da actividade de criação de normas jurídicas reguladoras das respectivas actividades, mediante a transferência ou devolução desta actividade para determinadas entidades privadas.

Nesta visão do problema pode falar-se de "desregulação" ou "desregulamentação" sempre que da privatização resulte o desaparecimento da regulação pública de certas matérias, ou de "auto-regulação" nos casos em que a regulação pública estadual é substituída pela regulação operada pelos respectivos interessados, podendo ainda esta última ser uma auto-regulação privada independente de qualquer intervenção pública, ou auto-regulação privada objecto de intervenção pública certificativa ou concordante.[411]

A regulação administrativa da sociedade pode ser concebida como uma forma de auto-organização dos próprios interessados com o objectivo de esta lhes ser aplicada.

São três os traços fundamentais do conceito: (i) é uma forma de regulação; (ii) é uma forma de regulação colectiva; (iii) é uma forma de regulação não estadual.[412]

Esta técnica de privatização resulta, também ela, de estar em causa o próprio crescimento do Estado e das funções que desempenha, considerando-se que algumas delas podem ser exercidas de forma mais eficaz e eficiente através de modelos em que os interessados regulam a sua actividade e o seu funcionamento e "aceitam" voluntariamente submeter-se às regras por eles elaboradas e aprovadas.[413]

Exemplo recente de uma situação susceptível de ser enquadrada nesta "modalidade" de privatização é a constituição de uma entidade em que participam o Estado, os operadores e os consumidores de combustível, com o

[411] Para maior desenvolvimento sobre esta forma de "privatização", cfr. Vital Moreira, "Auto-Regulação Profissional e Administração Pública", pp. 220 e seguintes.

[412] Neste sentido, Vital Moreira, "Auto-Regulação Profissional e Administração Pública", p. 53.

[413] Quanto ao conceito, formas, problemas organizatórios e instrumentos da auto-regulação, cfr. Vital Moreira, "Auto-Regulação Profissional e Administração Pública", pp. 67 e seguintes.

objectivo de monitorizar e de acompanhar o regime de preços praticados pelos respectivos operadores de mercado.[414]

De acentuar que, neste contexto, a privatização pode significar "eliminação" de regulação estadual, criando "espaços vazios" de regulação; pode ainda querer dizer que se "devolve" ao sector privado uma área de regulação até aí exercida em exclusivo pelo Estado, como ainda traduzir um "reenvio" para regimes de auto-regulação (profissional, técnica, operacional ou de funcionamento de mercado) da regulação estadual.

(ii) Privatização do direito regulador da Administração

A privatização do direito regulador da administração pode ser vista através da análise do direito aplicável pelas entidades públicas.[415]

Desde cedo esta tendência doutrinária foi sendo sentida, sobretudo porque as tarefas imputadas à Administração Pública se mostravam em franco desenvolvimento sem que a mesma revelasse capacidade de manter a prestação de serviços públicos, regulada pelo Direito Público, na diversidade e multiplicidade dos "deveres" em que estava constituída.

Foram assim avançados critérios e fundamentos legitimadores para, mantendo a natureza pública da entidade/ou entidades prestadoras do serviço público, estas passassem a estar subordinadas (na sua actuação) a regimes de Direito Privado.[416]

É assim que, para além de outras e diversas fórmulas, a utilização de contratos de direito privado em vez de contratos administrativos e a utilização de vínculos laborais substitutivos de formas típicas de relação jurídica de emprego público foram sendo progressivamente adoptados pela administração pública.[417]

Em todo o caso, e com reserva da actividade empresarial de natureza comercial ou industrial desenvolvida por estruturas da administração pública

[414] Este novo regime não é ainda conhecido quanto aos seus elementos nucleares mas resulta do conhecimento público desta decisão de política governamental.

[415] Cfr. Maria João Estorninho, "A Fuga para o Direito Privado", p. 58, citando Siebert, em 1953, que afirmava que: *"A Administração Pública devia poder recorrer ao Direito Civil, porque o Direito Público ainda não tinha desenvolvido "as formas necessárias para a dministração de providência e protecção"*.

[416] Quanto aos critérios susceptíveis de justificação para o recurso ao direito privado pela Administração Pública, cfr. Maria João Estorninho, "A Fuga para o Direito Privado", p. 59.

[417] Cfr. Ana Fernanda Neves, "Relação Jurídica de Emprego Público", Coimbra, 1999; Sérvulo Correia, "Os Contratos Económicos Perante a Constituição", em "Dez anos de Constituição", 1987, pp. 103- 104; Paulo Otero, "Direito Administrativo – Relatório de uma disciplina", apresentado ao concurso para professor associado na FDL, Lisboa 1998, pp. 302 e seguintes.

em mercado concorrencial, que constitui uma reserva de Direito Privado como decorre da Constituição e do Direito Comunitário, as restantes áreas de actuação da administração podem estar subordinadas ao "direito privado administrativizado ou publicizado" e, em consequência, diferente do Direito Privado.[418]

Temos, pois, que a Administração Pública, nela se devendo incluir a administração indirecta do Estado, cada vez mais recorre ao Direito Privado no âmbito das missões e actividades que a lei lhe comete.[419]

Foi a propósito da concessão de subvenções que foi formulada a "teoria dos dois níveis" no momento em que era já sentida a reiterada tendência da administração pública para recorrer aos modelos do direito privado no âmbito das suas missões.[420]

Das intensas e profundas discussões geradas por este fenómeno que traduz, a nosso ver, profundas e significativas mudanças no próprio funcionamento relacional da administração pública, resulta uma ideia primordial de que, apesar do recurso a regras de Direito Privado, a administração pública está inelutavelmente vinculada a regimes de direito público no âmbito da pré-fixação e definição das suas regras comportamentais.[421]

Trata-se, por outro lado, de um fenómeno que, apesar da maior flexibilidade, elasticidade de actuação e eficiência nos resultados, continua a suscitar ainda algumas reservas, especialmente no que toca à sua eventual "libertação" das respectivas vinculações jurídico-públicas.[422]

[418] Cfr. Paulo Otero em Studia Iurídica 60, p. 33, onde podemos ler que: "*...a verdade é que o Direito Privado aplicado pela Administração Pública no restante espaço de actividade assume uma natureza sui generis: trata-se de um Direito Privado administratizado ou publicizado e, por isso mesmo, diferente do Direito Privado aplicado pelas particulares nas suas relações entre si*".

[419] Cfr. quanto a este modelo bem como quanto aos restantes modelos de "privatização", Pedro Fernández Sanchez, "Os Parâmetros de Controlo da Privatização Administrativa – Instrumentos de Fiscalização Judicial da Decisão Jurídico-Pública de Privatização", Almedina, 2010, pp. 39 e seguintes.

[420] Cfr. Maria João Estorninho, "A Fuga para o Direito Privado", p. 111, em que dá nota e formula críticas a esta teoria, apesar de considerar que já não é possível pôr cobro a esta moderna tendência de recurso ao Direito Privado nas áreas de intervenção, nomeadamente nas áreas dos contratos.

[421] Para maiores desenvolvimentos sobre este tópico, cfr. Maria João Estorninho, "A Fuga para o Direito Privado", pp. 130 e seguintes.

[422] Cfr. no sentido dos riscos e ambiguidades destas situações, ou seja, de entidades públicas que actuam ao abrigo do Direito Privado, as observações feitas por Maria João Estorninho, "A Fuga para o Direito Privado", pp. 68 e seguintes; Rogério Soares, "Administração Pública, Direito Administrativo e sujeito privado", 37, 1961, p. 19, que relembra que: "*os actos de direito privado da Administração são praticados por sujeitos que se colocam como privados, mas não o são*".

Em todo o caso, e no contexto da privatização do direito regulador da administração, importa acentuar que a mesma está em processo de crescimento e de institucionalização, nomeadamente no que toca aos regimes jurídicos laborais de contratos de direito privado e de recurso ao mesmo direito no contexto das regras contratuais aplicáveis aos contratos firmados pela Administração Pública.[423]

Importa acentuar, no entanto, que pese embora a preferência pelo recurso ao Direito Privado, a administração pública, nela se incluindo as pessoas colectivas de direito público, está, em todas as situações, subordinada a regimes de Direito Público no que tange à sua criação, finalidades que prossegue ou, no mínimo, está subordinada a regimes mistos de direito público e direito privado.[424]

(iii) Privatização das formas organizativas da Administração

Podemos falar, ainda, de privatização de formas de organização nos casos em que determinada pessoa colectiva de direito público é transformada em pessoa colectiva de direito privado, ou nos casos em que uma pessoa colectiva pública empresarial é transformada em sociedade constituída nos termos da lei comercial. [425]

Referimo-nos, na primeira situação, aos casos de transformação de empresas públicas criadas pelo Decreto-Lei nº 269/76, 8 de Abril, em sociedades anónimas, segundo o regime aprovado pelo art. 4º da Lei Quadro das Privatizações, aprovado pela Lei nº 11/90, de 5 de Abril, e no segundo exemplo, aos casos de transformação, ao abrigo do Decreto-Lei nº 558/99, de 17 de Dezembro, de uma entidade pública empresarial em sociedade constituída nos termos da lei comercial.

Neste processo, o da privatização das formas de organização da administração pública, o que sucede é a transformação da natureza jurídica da personalidade colectiva e não a transferência para o sector privado do respectivo

[423] Cfr. Santiago González-Varas Ibanez, "El Derecho Administrativo Privado", Montecorvo, Madrid, 2002.

[424] É o caso, por exemplo, da Santa Casa da Misericórdia de Lisboa, cujos estatutos expressamente prevêem que os seus órgãos sejam titulares da capacidade para a prática de actos jurídicos de direito público, nomeadamente no que respeita à regulamentação, organização e exploração dos seus serviços e instituições anexas, de acordo com o disposto no art. 4º do D.L. 235/2008, de 3 de Dezembro.

[425] Refira-se que esta técnica não é unânime no sentido da sua qualificação como um fenómeno de "privatização". Cfr. quanto a esta discussão teórica, António Carlos dos Santos e outros, "O Direito Económico", p. 160.

capital, desde que a maioria do capital ou do bem de produção se mantenha na esfera do sector público.[426]

Diremos, assim, que o que releva neste modelo de privatização de formas é a prossecução do interesse público através da "transformação" da natureza jurídica dos sujeitos, ou a criação *ex novo* de sujeitos de direito privado.[427]

(iv) Privatização da gestão ou exploração de tarefas administrativas

Pode ainda falar-se de privatização da administração pública naqueles casos em que, mediante acto ou contrato, são atribuídas a pessoas singulares ou colectivas privadas competências de gestão ou exploração de determinadas tarefas administrativas até então desenvolvidas através de serviços públicos.[428]

Neste caso, a responsabilidade pelo eficiente funcionamento da tarefa administrativa continua a ser do Estado ou de outra entidade pública que, por isso, goza de amplos poderes de fiscalização, conformação e sancionamento sobre o modo como é exercida a gestão ou exploração do serviço.[429]

Na verdade, esta modalidade de privatização não implica qualquer transferência de tarefas do sector público para o sector privado; do que se trata é de, mantendo a tarefa pública e dentro do espaço público, possibilitar a modernização da Administração Pública através de métodos mais eficientes na sua gestão.[430]

Neste contexto é possível considerar várias formas ou modelos que podem ser integrados no conceito de privatização de tarefas administrativas (públicas) que decorrem de vários factores dela legitimadores, no sentido de permitir ou de "apelar" à Sociedade (entidades privadas) para participar na execução de tarefas administrativas.

[426] Cfr. Paulo Otero, "Coordenadas Jurídicas da Privatização da Administração Pública", p. 41; Nuno Sá Gomes, "Nacionalizações e Privatizações", Lisboa, 1988, p. 439, em que se refere que neste caso o que sucede é uma mera "privatização formal"; cfr. ainda Jorge Miranda/Vasco Pereira da Silva, "Problemas Constitucionais da Transformação de Empresas Públicas", in O Direito, ano 120º, 1980, p. 73; Jorge M. Coutinho de Abreu, "Da Empresarialidade – As empresas no Direito", Coimbra, 1996, p. 159.

[427] Neste sentido, cfr. Sabino Cassese, "Le Basi del Diritto Amministrativo", 2ª edição, Torino, 1991.

[428] Cfr. Pedro Gonçalves, "Entidades Privadas com Poderes Públicos...", p. 322, quanto à distinção fundamental entre privatização de tarefas públicas e privatização no âmbito da execução de tarefas públicas.

[429] Para maior desenvolvimento desta técnica de privatização, cfr. Pedro Costa Gonçalves, "A Concessão de Serviços Públicos", Coimbra, 1999.

[430] Cfr. Joaquim Filipe Ferraz Esteves de Araújo, "A implementação da Gestão Orientada para os Resultados em Portugal", em Revista Enfoques, Vol. 7, nº 11, 2009.

Referimo-nos aos casos de privatização de financiamento, designadamente concessões de obras e de serviços públicos, que se traduz, em regra, pela responsabilização da entidade privada dos custos de investimento, recebendo em contrapartida o direito de exploração da infraestrutura.[431]

Às Parcerias Público-Privadas (*Public-Private Partnership*) tem vindo a ser aplicado no direito português este entendimento, nomeadamente após o Decreto-Lei nº 185/2002, de 20 de Agosto (parcerias público-privadas na saúde), e subsequentemente através da aprovação das denominadas Linhas de Orientação para a Reforma da Administração Pública que consagram como regra fundamental a de que: "*a colaboração da sociedade civil, nomeadamente através de parcerias é cada vez mais um factor de progresso e de melhoria de qualidade de serviços*".

Os pressupostos de lançamento das parcerias são, entre outros, os (i) da subsidiariedade das parcerias, que exige que esta fórmula apenas seja aplicada após esgotar todos os outros mecanismos de alcançar o mesmo fim; (ii) da prévia adequação das parcerias às normas aplicáveis, designadamente quanto à possibilidade legal de transferência do risco associado; (iii) da proibição de regimes indemnizatórios que bloqueiam a capacidade de decisão do Estado ou do ente que celebra a parceria, durante a vigência da mesma; (iv) da identificação da partilha de riscos e da efectiva transferência do risco para o parceiro privado.[432]

Outro método de privatização da execução de tarefas administrativas é o recurso ao contrato público, mediante o qual o Estado confia a entidades exteriores à administração pública o desempenho de missões públicas (*contracting out*), ou confia a entidades privadas a gestão de tarefas ou a realização de trabalhos fundamentais ao desenvolvimento das actividades estaduais (*outsourcing*).[433]

De par com as anteriores fórmulas, também a denominada privatização do procedimento administrativo se manifesta como uma possível privatização de tarefas públicas, como pode ser o caso da adopção de medidas "prévias"

[431] Cfr. Didier Linotte/Bruno Cantier, "Droit du domaine public routier: Compétences et responsabilités", em Revista de Administração Territorial; Steven Van Garsse, "Public-Private Partenership, Concessions and Public Procurement Law", em http://www.researchgate.net/profile/Steven_Van_Garsse/publications.

[432] Cfr. Resolução do Conselho de Ministros, nº 53/2004, de 21 de Abril, em que se refere, a páginas 2406, as parcerias público-privadas relativas ao Hospital Amadora-Sintra, bem como à construção de novos hospitais.

[433] Cfr. Jean-David Dreyfus, "L'externalization, éléments de droit public", Dialnet, nº 19, 2002, pp. 1214-1218.

à tomada de uma decisão de licenciamento por parte da entidade pública competente.[434]

(v) Privatização do acesso a uma actividade económica

Pode ainda falar-se de privatização no sentido da acessibilidade a uma actividade económica até certo momento vedada à iniciativa privada.

A questão relativa ao acesso à actividade económica, especialmente a actividade industrial, foi durante longo tempo da esfera exclusiva da Administração Pública.[435]

Com a revisão da Constituição de 1997 foi retirado do texto constitucional o princípio da imperatividade de existirem sectores básicos vedados à iniciativa privada, o que permitiu ao legislador ordinário uma ampla margem de liberdade de conformação no que toca à "privatização" de acesso a essas áreas de intervenção económica.[436]

Neste caso, do que se trata é da definição de regras de "acesso" a uma certa actividade, sector ou área económica.[437]

O princípio da liberdade de acesso de estabelecimento comporta, porém, algumas excepções, nomeadamente nos sectores onde existe uma *reserva de controlo*, ou seja, nos casos em que admitindo a participação privada se mantêm regras de maioria de capital público nas empresas.[438]

No que se refere à indústria de armamento, mantém-se em vigor o regime de *reserva de autorização*, bem como em alguns outros sectores, nomeadamente o da actividade bancária e seguradora.[439]

[434] É o caso, por exemplo, do regime instituído pelo Decreto-Lei nº 152/2004, de 30 de Junho, relativamente à intervenção de entidades privadas para efeitos de verificação da compatibilidade do projecto de licenciamento industrial com a legislação aplicável.

[435] Em Portugal vigorou, no âmbito da Constituição de 1933 e até ao 25 de Abril, o regime de condicionamento industrial de que já demos nota nesta Parte do nosso trabalho. Este regime (Lei 3/72, de 27 de Maio) foi suprimido através do Decreto-Lei nº 533/74, de 10 de Outubro.

[436] Devemos, no entanto, referir que só após o Decreto-Lei nº 519-II/79, de 19 de Dezembro, foram revogados todos os condicionalismos do condicionamento, tendo sido declarado, como princípio, o da liberdade de acesso à .actividade industrial.

[437] Esta regra foi, posteriormente, alargada a nacionais dos outros Estados Membros da UE através do Decreto-Lei nº 214/86, de 2 de Agosto, tendo sido equiparada a liberdade de estabelecimento para os cidadãos nacionais e estrangeiros a todos os sectores abertos à iniciativa privada.

[438] É o caso, actualmente, nas actividades de captação, tratamento e distribuição de águas para consumo público, da recolha, tratamento e rejeição de afluentes através de redes fixas, de tratamento e recolha de resíduos sólidos.

[439] Cfr. António Carlos dos Santos, Maria Eduarda Gonçalves, Maria Manuel Leitão Marques, "Direito Económico", pp. 248 e seguintes.

Independentemente das excepções, o que importa assinalar é que a liberdade de acesso é hoje um dos factores fundamentais da própria política de modernização da Administração Pública permitindo, em termos bastante amplos, a liberdade de estabelecimento, quer a nacionais, quer a nacionais de outros Estados-Membros.

(vi) Privatização do capital social de entidades empresariais públicas

Pode também entender-se que subsiste o fenómeno da privatização de entidades empresariais públicas nos casos de privatização de uma parte minoritária ou maioritária do capital social detido por entidades públicas.

A privatização do capital social de entidades empresariais públicas exige que o adquirente do capital não seja uma sociedade de capitais públicos ou mistos maioritariamente titulados por entidades públicas, caso em que estaríamos, outrossim, em presença de fenómenos de circulação ou transferência de capitais entre entidades integrantes do sector público empresarial.[440]

Os modelos que, em regra, são adoptados no âmbito desta privatização são as ofertas públicas de venda em bolsa, da subscrição pública ou da venda directa.[441]

Em qualquer dos casos antes mencionados, deles resulta que a alteração organizativa do Estado face às mudanças ocorridas com a empresarialização e a privatização nas suas diversas modalidades, é consequência inevitável no contexto da reorganização do modelo de uma administração unitária para uma administração plural.[442]

[440] Neste sentido, cfr. Paulo Otero, "Privatizações, Reprivatizações e Transferências de Participações Sociais...", pp. 59 e seguintes.

[441] Cfr. Decreto-Lei nº 129/2013, de 6 de Setembro, que aprovou o processo de privatização dos CTT – Correios de Portugal, SA (CTT, SA) e a Resolução do Conselho de Ministros nº 54-A/2014, de 4 de Setembro.

[442] Cfr. Vital Moreira, "Auto-Regulação Profissional e Administração Pública", que citando G. Haverkate, refere que: "*Em vez da hierarquia, da tutela estadual e da separação entre a administração e as forças sociais parecem valer agora as noções contrárias: cooperação, pluralização do "sistema administrativo global", participação das forças sociais, em vez de unidade da administração, diversificação da administração ou pluralização da administração. O clássico modelo unitário da administração – hierarquia, tutela estadual, separação entre o aparelho administrativo e as forças sociais – revela-se inadequado para apreender, sequer de forma aproximada, a realidade da administração contemporânea (...) A administração é hoje em largos sectores constituída de forma realmente pluralista. Os interesses organizados forçam a sua entrada na Administração, sendo o próprio legislador a inseri-los nela (...) Este fenómeno começou por observar-se na autonomização de organismos administrativos: a auto-administração social, a auto-administração económica, profissional, agrária; os conselhos consultivos da administração indirecta do Estado; a co-gestão nas empresas públicas. Por todo o lado há representação dos interesses organizados*".

V. As mudanças ocorridas: Administração unitária/Administração plural

A destruição da unidade primordial da administração acarretou a diferenciação e diversificação orgânica e a pluralização institucional de novos modelos destinados a realizar algumas das tarefas administrativas mais relevantes, como as da regulação da economia, regulação social e regulação das áreas dos direitos, liberdades e garantias, que se revelavam como exigências da comunidade social.

É o fenómeno a que a doutrina britânica designa como a "desintegração do centro", no sentido em que a "*unidade da administração é, hoje, uma ficção*", sendo incontroversa a sua natureza "*polimórfica e pluricêntrica*".[443]

Temos por conseguinte que, hoje, ao contrário do que sucedia no contexto da administração do Estado Liberal, a pluralidade é o princípio da organização administrativa do Estado Social e do Estado contemporâneo.[444]

A actual estrutura da administração plural, como resulta do texto que antecede, é constituída por uma multiplicidade de entes, quer públicos, quer privados que, por comungarem das mesmas finalidades de interesse público, podem ser considerados e agrupados como segue:[445]

– A administração estadual integra a administração directa do Estado que, para isso, dispõe de órgãos e serviços da pessoa colectiva Estado submetidos à hierarquia do Governo.[446]

– A administração estadual indirecta ou instrumental do Estado (ou de uma região autónoma, ou de uma autarquia local) integra os institutos públicos e as entidades públicas empresariais submetidos ao princípio da superintendência do Governo (da região ou da autarquia).[447]

A administração indirecta pode ainda integrar as parcerias público-privadas, reguladas pelo Decreto-Lei nº 86/2003, de 26 de Abril, alterado pelo

[443] Cfr. Vital Moreira, "Administração Autónoma e Associações Públicas", pp. 139 e seguintes.

[444] Cfr. Pedro Gonçalves, "As Entidades Privadas com Poderes Públicos...", p. 140, no sentido em que "*...Com o advento do Estado democrático e social, as fronteiras entre Estado e Sociedade esbatem-se (...) o aparecimento de instâncias da administração partilhada com os interessados (administração partilhada e em condomínio) e os vários sistemas de parceria e de divisão de trabalho entre a Administração e particulares são apenas alguns dos sintomas de um novo modelo de relacionamento simbiótico entre Estado e Sociedade*".

[445] Na explanação desta matéria vamos seguir de muito perto a lição de João Caupers, "Introdução ao Direito Administrativo", 11ª edição, pp. 114 e seguintes.

[446] A administração directa é regulada pela Lei nº 4/2004, de 15 de Janeiro, que determina que a administração directa pode ser central (se o seu poder se estender a todo o território) ou periférica.

[447] Cfr. João Caupers, "Introdução ao Direito Administrativo", p. 116, que considera que os institutos públicos podem ser agrupados em razão da natureza das actividades que lhes estão predominantemente atribuídas em (i) institutos de prestação (hospitais públicos); (ii) institutos reguladores (ERSE, CMVM); (iii) institutos fiscalizadores (ASEA); (iv) Institutos de Infra-estruturas (IGFEJ).

Decreto-Lei nº 141/2006, de 17 de Julho, e pelo Decreto-Lei nº 111/2012, de 23 de Maio, na medida em que se trata de uma forma duradoura de associação de entidades privadas à prossecução de interesses públicos.[448]

As pessoas colectivas de estatuto privado, como sejam as empresas públicas sob forma societária, abrangem as entidades públicas empresariais, as outras empresas públicas e as empresas participadas, constituindo o sector empresarial do Estado e, por isso, devem ser qualificadas e integradas como administração indirecta ou instrumental do Estado (ou das regiões ou da administração autárquica).[449]

– Fazem ainda parte da estrutura da organização administrativa do Estado as fundações públicas, actualmente regulamentadas na Lei nº 24/2012, de 9 de Julho.

As fundações, de acordo com o disposto no art. 4º da citada lei, passaram a integrar duas espécies: a fundação pública de direito público e a fundação pública de direito privado.[450]

A diferença entre uma e outra parece agora residir na natureza do acto constitutivo da fundação, ou seja, se a fundação for instituída por acto público a sua natureza será pública; se, ao contrário, for instituída por acto privado será qualificada como fundação privada.

Em sentido contrário ao da natureza do acto fundacional, a fundação pode ser considerada pública de direito privado de acordo com a influência dominante pública aferida ou através de critérios patrimoniais, como seja o da afectação exclusiva ou maioritária dos bens que integram o património financeiro inicial da fundação, ou através de critérios pessoais, como sejam o do direito de designar ou destituir a maioria dos titulares dos órgãos de administração da fundação.[451]

– Outro tipo de organismos integrantes da organização da administração são as associações privadas criadas por iniciativa pública, e integram as

[448] Sobre as parcerias público-privadas, cfr. Nazaré da Costa Cabral, "As parcerias público-privadas", em Cadernos do IDEFF, nº 9, 2009; Mário Aroso de Almeida, "Parcerias público-privadas: a experiência portuguesa", VI Colóquio Luso -Espanhol de Direito Administrativo, Universidade Católica, 2005, pp. 175-190; Maria Eduarda Azevedo, "As parcerias publico-privadas: Instrumentos de uma nova governança pública", Lisboa, 2009.

[449] Cfr. Decreto-Lei nº 558/99, de 17 de Dezembro, revisto pelo Decreto-lei nº 300/2007, de 23 de Agosto. Quanto ao sector empresarial regional ou municipal, cfr. Lei 50/2012, de 31 de Agosto.

[450] Cfr. sobre a definição de Fundação Publica e a sua evolução na nossa doutrina, Marcello Caetano, "Manual de Direito Administrativo", Vol. I, p. 376; Diogo Freitas do Amaral, com a colaboração de Pedro Machete e Lino Torgal, "Curso de Direito Administrativo", Vol. II, 2011.

[451] Sobre os poderes de superintendência das fundações, cfr. art. 55º, nº 1, da Lei-Quadro dos Institutos Públicos, aprovada pela Lei nº 5/2012, de 17 de Janeiro.

associações representativas de municípios e freguesias, reguladas na Lei nº 54/98, de 18 de Agosto; as associações de divulgação científica (caso da Associação Ciência Viva de Estremoz) criadas por iniciativa conjunta de mais do que uma entidade pública; a Agência para a Energia, criada pelo Decreto-Lei nº 223/2000, de 9 de Setembro, modificada pela Resolução do Conselho de Ministros nº 154/2001, de 19 de Outubro, e que tem como associadas principais a Direcção-Geral de Energia e Geologia, a Direcção- Geral das Actividades Económicas e o Laboratório Nacional de Energia e Geologia.

– Para além das associações privadas criadas por iniciativa pública, devem ainda ser referidas as associações de entidades públicas e privadas, de que destacamos as associações de desenvolvimento regional, previstas na alínea *j)* do nº 2 do art. 64º da Lei nº 169/99, de 18 de Setembro, e os centros tecnológicos, regulados pelo Decreto-Lei nº 249/86, de 25 de Agosto, que integram empresas industriais e respectivas associações e entidades públicas de âmbito estadual.

– Importa ainda, em termos descritivos, referir os organismos que integram a administração autónoma não territorial, que a doutrina qualifica como associações públicas criadas por grupos de cidadãos com interesses públicos próprios específicos, com a finalidade de prosseguir estes interesses, e como consórcios administrativos, de que são exemplo as áreas metropolitanas e as associações de municípios de direito público.[452]

– De referir finalmente as universidades públicas, sobre as quais subsiste uma certa indefinição conceitual por parte da doutrina. Enquanto alguns consideram que estas devem ser qualificadas como institutos públicos na modalidade de estabelecimentos públicos, outros autores entendem que as universidades públicas gozam de autonomia ampla e de quase total autogoverno e autoadministração e, por isso, não são incluídas na administração autónoma, dado que a lei não as qualifica como associações públicas.[453]

Do ponto de vista normativo, o Regime Jurídico das Instituições do Ensino Superior, aprovado pela Lei nº 62/2007, de 10 de Setembro, não assumiu posição inequívoca quanto à natureza das universidades públicas, sendo certo que determina a aplicação subsidiária das leis aplicáveis às demais pessoas

[452] Cfr. quanto ao regime jurídico das associações públicas profissionais a Lei 6/2008, de 13 de Fevereiro.

[453] Cfr. quanto a este tópico, Diogo Freitas do Amaral, "Curso de Direito Administrativo", Vol. I, p. 352; Vital Moreira, "A Administração Autónoma e Associações Públicas", Coimbra, 1997, p. 311; Jorge Miranda, "As associações públicas no Direito português", Lisboa, 1985, obra em exposição na Biblioteca da F.D.L.

colectivas de direito público de natureza administrativa, designadamente no âmbito da lei-quadro dos institutos públicos.[454]

Temos, pois, que a multiplicidade de instituições de que deixámos nota se inscreve no princípio do pluralismo da organização administrativa inscrito no nº 2 do art. 267º da Constituição que, como já verificámos, assume aquela regra como fundamental e constitucional.

A estruturação da Administração Pública é assim descentralizada e desconcentrada, assumindo o legislador o poder de, em conformidade, estabelecer as formas adequadas de a constituir.

Neste sentido e face ao texto constitucional, parece possível entender que a Administração Pública pode ser composta pelo conjunto de entidades de direito privado ou de direito público que "*...assegurem a sua gestão efectiva...*".[455]

Do que se trata, de acordo com a nossa interpretação do preceito constitucional relevante, é de considerar que o conceito orgânico de administração pública deve ser apurado em razão da natureza da actividade ou dos interesses públicos que a mesma prossegue.[456]

É hoje um dado inquestionável que a tradicional distinção entre as tarefas pertencentes ao Estado e por ele realizadas em exclusivo, e as ligadas aos interesses privados realizadas pela Sociedade, está ultrapassada.[457]

Esta é, aliás, a lição que se pode retirar da proliferação de novos entes, quer públicos, quer privados que, por razão dos processos de empresarialização e privatização geraram uma nova e diferente forma de intervenção do Estado.

Recorde-se que o modelo tradicional de Administração Pública assentava na ideia de que a participação directa do Estado nas diversas e diferentes áreas e sectores da Sociedade significava também que as regras regulatórias estavam presentes no próprio modelo.

Mesmo no domínio do Estado prestador, de infraestruturas e constitutivo (Estado Social), a administração pública era instituída por acto do poder político que a regulamentava, quer do ponto de vista da sua organização, quer do seu funcionamento.

[454] Cfr. Marcelo Rebelo de Sousa, "Lições de Direito Administrativo", Lisboa, 1999, p. 307, em que sustenta que as universidades públicas não sendo qualificáveis como associações públicas, não deixam por isso de integrar a administração autónoma.

[455] Cfr. José Carlos Vieira de Andrade, "A Justiça Administrativa", 14ª edição, Coimbra, 2015.

[456] Cfr. Francesco Merloni, "Organizzazione amministrativa e garnzie dell imparcialità", em "Interesse público e disegno organizzativo delle pubbliche amministrazioni", Palermo, 2009; Alfredo Contieri, "L'interesse pubblico tra politica e amministrazione", Vol. I, 2010.

[457] Como refere Pedro Gonçalves, em "Entidades Privadas com Poderes Públicos...", p. 142: "*... sendo indiscutível que o Estado perdeu o monopólio do "público"*".

O Estado estava e mantinha-se presente em todos os domínios (desde a sua criação) da actividade dos órgãos da administração directa, bem como das entidades administrativas integradas na administração indirecta e autónoma de base não territorial.

Os fenómenos da privatização, nas suas diversas vertentes e modalidades, teve como consequência a necessidade de "devolução" ou "reenvio" de poderes de regulação do Estado para entidades instituídas como pessoas colectivas de direito público mas autónomas e independentes do poder executivo, com a incumbência de regular, supervisionar, acompanhar, elaborar recomendações (nalguns casos mandatórias), e de aplicar sanções a empresas que, em razão da privatização ou reprivatização, ou ainda a empresas ou instituições criadas ao abrigo da liberdade de estabelecimento, ficam subordinadas, por força da sua "especial actividade" – electricidade, energia, água, banca e seguros, comunicações... – a regimes administrativos de regulação.[458]

VI. A pluralidade da Administração Pública: O Emergir da Regulação

Da evolução analítica e sequencial das diversas formas de organização da Administração Pública resulta que, em Portugal, e na sequência dos processos de privatização que se iniciaram em termos mais sustentados a seguir à revisão constitucional de 1989, o Estado "abandonou" o controlo directo e efectivo de certo tipo de organismos e actividades, nomeadamente económicas, financeiras e sociais.[459]

O Estado desde sempre esteve incumbido de regular, de definir regras de conduta e de impor a respectiva aplicação por via da sua intervenção na Sociedade.[460]

A questão primordial é a de saber se a partir do tempo histórico em que se operaram as transformações de organização nas estruturas de funcionamento e de intervenção directa do Estado, este configurou diferentes modelos próprios de poder continuar a *garantir* as suas atribuições.[461]

[458] Cfr. Pedro Gonçalves, "Regulação, Electricidade e Telecomunicações", em Estudos de Direito Administrativo da Regulação, pp. 70 e seguintes.

[459] Cfr. Paulo Otero, "Legalidade e Administração Pública", p. 65, onde nos assegura que: "*...Por isso mesmo, nos momentos pós privatização da actividade, o Estado assume um novo papel, o de regulador, para, muitas vezes através de agências independentes, assegurar a concorrência no mercado e a garantia dos direitos dos utentes*".

[460] Cfr. Alda Nogueira Lopez, "Crisis económica y câmbios estruturales en el regímen de exercício de actividades: reactivación económica o pretexto desregulador?", em "El derecho público de la crisis económica – Transparência y sector público – Hacia un nuevo derecho administrativo", Madrid, Instituto Nacional de Administración Publica (INAP), 2011.

[461] Como refere Pedro Gonçalves em "Reflexões sobre o Estado Regulador e o Estado Contratante", p. 13: "*...embora tendo reduzido o seu espaço de intervenção, o Estado assumiu o compromisso de regular*

O Estado deixou de ser directamente produtor e prestador de serviços aos cidadãos; mas não deixou de continuar a ter a responsabilidade de regular o funcionamento do mercado.[462]

É esta a profunda e significativa alteração que o fenómeno das privatizações assumiu na própria organização e funcionamento do aparelho do Estado.[463]

Esta nova e diferente forma de intervenção do Estado, no sentido de continuar a assegurar o regular funcionamento do mercado, não pode ser entendida apenas como uma mera definição de regras normativas *facilitadoras.*

Vai mais longe: O Estado tem o dever de cumprir a finalidade de *corrigir* o mercado.[464]

No nosso país, esta atribuição assume natureza constitucional, ou seja, incumbe prioritariamente ao Estado, no âmbito económico e social, assegurar o funcionamento eficiente dos mercados.[465]

O novo Estado Regulador e de Garantia concretiza-se, nos tempos modernos, pela definição de um novo paradigma de relacionamento entre o Estado e o Mercado, que confirma a permanência e a continuidade das responsabilidades públicas fundadas no princípio da Garantia.[466]

e gerir as consequências das medidas de privatização...". Referindo-se à capacidade de pilotagem ou de condução de sistemas complexos como um novo poder, o poder de governança, ver Maria da Glória Garcia, "Direito das Políticas Públicas", Coimbra, 2009, pp. 25 e seguintes.

462 Quanto à .problemática da privatização de empresas públicas em geral e em termos da definição dos seus eventuais limites, cfr. Nicolas Thirion, "Exist-t-il des limites juridiques à la privatization des entreprises publiques?", em que sustenta que: "*...De même l'égalité de traitement entre entreprises publiques et privés, consacré par le droit communautaire, entraîne une certaine parte de spécificité de l'interventionnisme direct des pouvoirs publics dans l'économie, sous reserve, important, de la gestion de services d'intérêt économique général, et conduit par consequence des États à se interroger sur l'utilité de conserver certaines entreprises au sein du secteur publique*"; cfr. também do mesmo autor, "Les privatisations d'entreprises publiques dans une économie sociale de marché: Aspects juridiques", Bruxelles, LGDJ, 2002.

463 Cfr. T. Heremans (Oxford University Press, 2012, ISBN 9781849462402, Journal of Common Market Studies), "Professional Services in the EU Internal Market: Quality regulation and Self-Regulation", em que se refere a regulação como "um direito de correcção dos mercados"; no mesmo sentido, cfr. Common Market Law Review, Vol. 50, nº 3, 2011, disponível em http://www.tilburgunniversity.nl/webwijis/show/?uid=p.delimatsis.

464 Cfr. Pedro Gonçalves, "Reflexões sobre o Estado Regulador e o Estado Contratante", p. 13, e autores por ele citados a notas 5) e 6), no sentido em que o Estado é agente interventor e corrector das "falhas" de mercado, ou seja é configurado como "market correcting law" e não apenas como "facilitive law".

465 Cfr. alínea *f)* do art. 81º da Constituição da República Portuguesa.

466 Cfr. Pedro Gonçalves, "Reflexões sobre o Estado Regulador e o Estado Contratante", p. 53.

Os fins do Estado de Garantia podem traduzir-se na ideia das "tarefas públicas" fundadas no interesse público que as mesmas retractam, independentemente da natureza jurídica da entidade que as executa.

Assim, do ponto de vista das finalidades do Estado de Garantia, temos que:

(*i*) É ao Estado que cumpre assegurar e garantir o fornecimento dos serviços de interesse económico geral de forma eficiente e continuada.[467]

Estas regras que qualificam, por exemplo, a produção e a distribuição de energia, telecomunicações, os transportes, a radiofusão e os serviços postais, como serviços "essenciais" para o dia-a-dia do cidadão europeu e espelham o modelo europeu de sociedade, significam que o Estado os deve garantir ainda que não seja directamente seu produtor.[468]

(*ii*) É o Estado que deve garantir a protecção dos direitos dos utilizadores, no sentido em que este deve assegurar o acesso dos cidadãos aos serviços de interesse económico geral em condições de universalidade.[469]

Em regra, a protecção dos direitos dos utilizadores traduz uma relação triangular entre o Estado (que protege e garante), os particulares (cidadãos titulares do direito de acesso aos serviços essenciais) e as empresas (fornecedoras e prestadoras do serviço).[470]

[467] Sobre o conceito de serviços de interesse económico geral, cfr. Nuno Calvão da Silva, "Mercado e Estado – Serviços de Interesse Económico Geral", Coimbra, 2008, p. 215; S. Civitarese Matteucci, "Servizi sanitari, mercato e "modello sociale europeu"", em MVNVS – Revista Giuridica dei Servizi Pubblichi, nº 1, 2008.

[468] Cfr. "Comunicação da Comissão Europeia sobre os Serviços de Interesse Geral, incluindo os serviços sociais de interesse geral: Um novo compromisso europeu" (COM(2007)725 final) e Livro Branco sobre os Serviços de Interesse Geral (COM(2004)374 final).

[469] Cfr. art. 36º da Carta dos Direitos Fundamentais da União Europeia, que dispõe expressamente que: "*A União reconhece e respeita o acesso a serviços de interesse económico geral tal como previsto nas legislações e práticas nacionais, de acordo com os Tratados, a fim de promover a coesão social e territorial da União*" (redacção após as alterações de 2007, nos termos de cujo art. 6º do Tratado de Lisboa, se atribue à Carta o mesmo valor jurídico dos Tratados).

[470] Cfr. Cosmo Graham, "Socio-economic rights and essencial services: a new challenge for the regulatory state", em Oliver/Prosser/Rawlings, "The Regulatory State", Oxford University Press, 2011. Ver também, em Portugal, a Lei 23/96, de 26 de Julho, alterada pela Lei 44/2011, de 22 de Junho, que consagra mecanismos de protecção dos utentes dos serviços públicos essenciais, como

(iii) É ao Estado que cumpre a garantia, a protecção e a promoção da concorrência, no sentido em que esta passou a ser concebida e qualificada como de interesse público.[471]

O mercado deixa de ser entendido como uma tarefa dos privados, a sua modelação, as regras do seu funcionamento e a natureza das prestações que assegura não são mais uma questão de *indiferença* dos poderes públicos.

Fala-se agora de novas regras de conformação pública dos mercados que exigem, por um lado, a definição de regras de discriminação positiva aos novos operadores e, por outro lado, a proibição de omissão e/ou inacção no desempenho de funções de regulação.[472]

(iv) É ainda ao Estado que cumpre garantir um equilíbrio eficiente e justo entre o interesse público e os interesses privados, bem como a credibilização de soluções de mercado promovidas pelo próprio Estado, como é o caso, por exemplo, do que sucede actualmente com os serviços públicos prestados pelos notários privados.[473]

O Estado Regulador de Garantia dispõe de instrumentos jurídicos para a prossecução das suas atribuições, de que, na parte que releva da nossa tese, se reconduzem à criação ou institucionalização de entidades administrativas independentes/de regulação.[474]

seja, por exemplo, os serviços de fornecimento de água, de telecomunicações, de energia eléctrica, gás natural, serviços postais, gestão de resíduos sólidos urbanos.

[471] Neste sentido, cfr. G. Glamour, "Intérêt Général et concurrence (éssai sur la perennité du droit public en économie de marché)", Paris, 2006; Rui Machete, "A nova ciência do direito administrativo e a sua regulação", em Scientia Iurídica nº 326, tomo LX, 2011.

[472] Apesar de na legislação portuguesa não se estabelecer de forma expressa regras de punição para a omissão ou inação dos reguladores (sejam eles o Estado directamente ou as entidades de regulação) o que é verdade é que muito recentemente se assistiu em Portugal à intervenção supletiva, residual ou subsidiária do Estado, pela via da compra de empresas ou bancos, como foi o caso da nacionalização do BPN através da Lei 62-A/2008, de 11 de Novembro. É o que se designa de "regulação por meio de negócios", como se revela em Pedro Gonçalves, "Reflexões sobre o Estado Regulador e o Estado Contratante", p. 59.

[473] A privatização dos notários foi realizada em 2003, aquando da passagem da doutoranda pela pasta de Ministra da Justiça.

[474] Para maior desenvolvimento sobre os fins do Estado Regulador e dos seus diversos instrumentos, cfr. Pedro Gonçalves, "Reflexões sobre o Estado Regulador e o Estado Contratante"; R. Baldwin/M. Cave/M. Lodge, "Understanding Regulation", Oxford University Press, 2012; Jean Philippe Colson, "Droit Public Économique", LGDG, 7ª edição, Paris, 2001, p. 499, relativamente aos conceitos de "desregulação" e "desregulamentação".

Estas entidades, dada a sua natureza, as suas atribuições e competências, são susceptíveis de ser concebidas e qualificadas como estruturas da organização da administração pública, livres de poderes de direcção, superintendência ou tutela por parte do Governo, mas enquadradas e submetidas ao regime constitucional previsto no art. 267º quando determina, por um lado, a possibilidade de criação de entidades administrativas independentes e, por outro lado, consagra para estas e todas as restantes estruturas da administração pública o princípio da unidade de acção.

Como veremos, é a administração independente, a par da administração directa, indirecta e autónoma do Estado, que deve integrar o conjunto das entidades administrativas independentes, como parte da estrutura geral da administração pública do Estado.

A administração independente é o conjunto de entidades administrativas não integradas na administração directa do Estado e livre da orientação e da tutela estadual, sem todavia corresponder à auto-administração de quaisquer interesses organizados.[475]

A administração independente é constituída pelas entidades administrativas independentes que se situam fora da órbita do Governo, de um departamento ministerial ou dos seus delegados, e que recebem do Estado a missão de efectuar a regulação de um determinado sector da vida em sociedade, no "interface" da sociedade civil e do poder político.[476]

A Administração independente, a partir da revisão constitucional de 1997, foi autonomizada pelo legislador constitucional dos poderes e da influência governamental relativamente às missões que lhe foram confiadas.

A logica fundamental da criação desta nova categoria de administração pública radica em vários factores de que já demos conta, devendo sublinhar-se, entre todos eles, o critério da *neutralidade* e da *legitimação técnica*.[477]

Consideramos que da "comparação" possível com as restantes categorias ou formas constitucionalmente consagradas da organização da administração pública, nomeadamente as do seu fundamento, razão de ser, regras funcionais

[475] Cfr. J. Chevallier, "Réflexion sur l'institution des autorités administratives indépendentes", Jurisclasseur périodique, I, 186, nº 3254; F. Javier Jimenez de Cisneros, em "Los organismos autónomos en el derecho público español, Tipologia y regime jurídico", Madrid, 1987, Instituto Nacional de Administracion Pública (INAPA); R. Parada Vasquez, em "Las administraciones independientes (introdución)", Enciclopédia Jurídica Básica, Vol. I, Madrid, p. 653.

[476] Esta é a definição de Quermone, 1991, citada em Vital Moreira, em "Administração Autónoma e Associações Públicas", p. 126.

[477] Neste sentido, cfr. Andrés Betancor Rodriguez, em "Las administraciones independientes: Un reto para el estado social y democrático de derecho", Tecnos, Madrid, 1994, p. 29.

de operabilidade, bem como de regimes de "integração" organizativa, a administração independente assume características próprias e específicas, o que redunda na legitimidade da afirmação segundo a qual a mesma, fazendo parte da Administração Pública, deve ser qualificada de forma diferente e diversa.

E esta forma diferente e diversa é, justamente, a da sua integração e qualificação como uma categoria de administração pública, de par com a administração directa, indirecta e autónoma, que designamos de administração independente.

A "falha" reside no texto constitucional que, como sabemos, permite a criação de entidades administrativas independentes mas não define de forma clara e precisa, nem os limites, nem a amplitude dos poderes que sobre as mesmas podem ser exercidos pelo Governo, enquanto órgão superior da administração pública, nem determina as áreas ou sectores relevantes e justificadores da sua criação.

Quanto à definição dos sectores em que as mesmas podem actuar ao abrigo da lei delas criadoras, o que se conhece é a afirmação segundo a qual a administração independente não pode ser um princípio geral de organização administrativa.[478]

Ou seja, parece ser entendido por esta doutrina que a administração independente é uma forma de administração *conjuntural*, no sentido em que a mesma, fugindo aos cânones em que foi fundada a teoria geral da organização administrativa dos Estado, convive e funciona de par com a restante administração, mas a título de *excepcionalidade institucional*.

Não é este, como teremos ocasião de confirmar, o nosso entendimento. A administração independente tendo "emergido" ao sabor de conjunturas específicas e próprias, de que já demos conta, "instalou-se" definitivamente na estrutura da organização administrativa do Estado, com carácter duradouro.

Quanto à questão dos poderes governamentais em relação às actividades e missões que a lei confia às entidades administrativas independentes, o texto constitucional refere apenas que em termos da principiologia da organização da administração pública, a mesma deve obediência ao princípio da *unidade*.

Ou seja, de acordo com a interpretação que perfilhamos do texto constitucional, não tendo o mesmo definido e determinado o conteúdo daquele princípio, aplicável a todas as formas de organização da administração pública, o mesmo deve ser entendido como um imperativo de *proibição* dirigido ao

[478] A principiologia do Estado de Direito não consente a substituição generalizada da administração do Estado por um "governo de especialistas" é a afirmação que se retira de Gazier & Canac, transcrita em Vital Moreira, op. cit., p. 136.

legislador para que este mantenha e não viole a regra fundamental de que as actividades da administração pública, independentemente da natureza das entidades que a servem, deve obediência a regras mínimas de coordenação e de harmonização.[479]

Apenas dispomos no texto constitucional da consagração expressa do princípio da unidade de acção administrativa, não se encontrando, tal como sucede relativamente às outras formas da organização administrativa, a definição da natureza dos poderes que devem ter-se como integrantes daquele princípio que é aplicável à administração independente.[480]

Da leitura dos diversos trabalhos preparatórios da revisão do disposto no nº 3 do art. 267º da Constituição, verificamos que os mesmos são "pobres", no sentido em que neles não se divisa uma visão clara do que são ou devem ser as entidades administrativas independentes.[481]

Mesmo a nível da doutrina subsistia alguma "indefinição" conceitual sobre o que devia ser entendido como entidade administrativa independente, o que naturalmente teve consequências na abordagem que da matéria foi feita pelos constituintes.[482]

A realidade subjacente permitiu, apesar de tudo, que a Constituição tivesse acolhido como regra fundamental a de que a estrutura da organização da administração pública, mesmo que constituída por entidades independentes, estava vinculada à observância do princípio da unidade de acção.

Compete, assim, ao intérprete apreender o sentido, a extensão e o alcance da norma constitucional quando, como é o caso, a Constituição dispõe sobre o que deve ser entendido como *unidade* no âmbito da administração directa, indirecta e autónoma, e não o faz relativamente à administração independente.

A teoria da interpretação das leis é composta por vários elementos dela tributários de que resulta que, do ponto de vista histórico, racional, teleológico e literal, a norma a interpretar pode ser concebida como contendo uma directiva clara no sentido de que a independência orgânica e funcional das entidades não pode *ultrapassar* os limites impostos pela unidade de acção administrativa.[483]

[479] Neste sentido, ver Paulo Otero, "O Poder de Substituição em Direito Administrativo", Vol. II, pp. 743 e seguintes.

[480] Cfr. relativamente à administração directa, indirecta e autónoma, a alínea *d)* do art. 199º da Constituição da República.

[481] Cfr. Diário da A.R. nº 104, de 31 de Julho de 1997.

[482] Cfr. neste sentido as posições de Freitas do Amaral, "Curso de Direito Administrativo", Vol. II, 2011; Jorge Miranda, "Manual de Direito Constitucional", Tomo I, Coimbra, 2014.

[483] Cfr., por todos, quanto à teoria geral de interpretação da lei, Manuel A. Domingos de Andrade/ Francesco Ferrara, "Ensaio sobre a teoria da interpretação das leis", Coimbra, 1963.

Capítulo III
A Reforma do Estado
A Reforma da Administração Pública

I. Enunciado das reformas da actual estrutura da Administração Pública

Como já tivemos ocasião de referir, a *reforma do Estado e da Administração Pública* é um processo em constante movimento, pelo menos em termos de *intencionalidade* pública.[484]

Aliás, a necessidade da reforma decorre, como em todos os momentos históricos, da própria configuração do Estado, das regras do seu financiamento, bem como da eficácia, eficiência e racionalidade dos serviços que presta à comunidade.[485]

Nos tempos mais recentes, o movimento de reforma só foi ensaiado, entre nós, em finais da década de setenta, mas ao contrário das orientações da OCDE, o Estado passou a assumir funções nos domínios da saúde, da educação e da segurança social, com o alargamento dos benefícios a toda a população.[486]

[484] Está, aliás, em curso novo projecto de reforma do Estado de que se conhecem os Relatórios do FMI e, mais recentemente, da OCDE "Better Policies" Series, "Portugal – Reforming the State to Promote Growth", Maio de 2013.

[485] Cfr. Marcello Caetano, "História do Direito Português", I, p. 480; Freitas do Amaral, "Curso de Direito Administrativo", Vol. I, pp. 62 e seguintes; Marcelo Rebelo de Sousa, "Administração Pública e Direito Administrativo em Portugal", 1992, pp. 27-57; Maria da Glória Garcia, "Organização administrativa", em Dicionário Jurídico da Administração Pública, Vol. VI, pp. 235 e seguintes; Paulo Otero, "O Poder de Substituição em direito administrativo", Vol. II, Lisboa, 1996, p. 673.

[486] Cfr. Joaquim Filipe Ferraz Esteves de Araújo, "A Reforma Administrativa em Portugal: Em busca de um novo paradigma", que refere que neste período em que os Modernos Estados estavam a definir estratégias para reduzir a intervenção do Estado, em Portugal, no mesmo período, o que se constituiu foi um modelo substitutivo do "incipiente" modelo de administração. As funções do Estado social, em Portugal, nessa época, não abrangiam a totalidade da população. A previdência

Ao alargamento das funções do Estado não correspondeu a modernização e renovação das estruturas administrativas existentes.[487]

Até à década de oitenta, apesar da reforma administrativa constar sempre da agenda dos governos, a "instabilidade política", entre outras razões que se viveram naquele período, impediram a realização e concretização de uma verdadeira reforma, com excepção da institucionalização do poder local, que passa a dispor de órgãos eleitos e de competências próprias.[488]

A partir de finais da década de oitenta e início da década de noventa, foram dados alguns sinais que se podem traduzir por uma inflexão de paradigma na administração pública, e que decorreram das profundas mudanças verificadas a nível dos países da OCDE, que foram devidamente "assimiladas" pelo Secretariado para a Modernização Administrativa (SMA).[489]

A "reforma" deste período orientava-se pelos seguintes objectivos: (i) Melhorar a relação entre a Administração e os cidadãos; (ii) Reduzir os custos das obrigações e formalidades administrativas; e (iii) Melhorar a formação dos funcionários públicos.[490]

A partir de 1995, as preocupações com a qualidade dos serviços públicos, a relação administração/cidadão, a adopção de formas inovadoras de fornecimento de serviços públicos e a procura de maior envolvimento das organizações sem fins lucrativos na intervenção das políticas públicas, estiveram na

social, nomeadamente, resultava apenas de dinâmicas sectoriais e de instituições de solidariedade social. Foi, nesta altura, criado um sistema universal de saúde, foi desenvolvido o sistema educativo e foi alargado o sistema de segurança social a toda a população. Ver http://repositorium.sdum.uminho.pt/bistream/1822/3274/1/W.P.%20JFAr.

487 Pelo contrário, o que se verificou foi o aumento da administração e da correspondente despesa pública, nomeadamente pela necessidade de reintegrar cerca de 4.900 funcionários provenientes das ex-colónias e que representavam cerca de 13,5% do pessoal da função pública. Em 1979 o número de funcionários era de 379.086, em 1989 era de 482.368 e em 1999 este número aumentou para 716.418, dados de José António Oliveira Rocha, em "Gestão Pública e Modernização Administrativa", INA, 2001.

488 Cfr. Manuel Vieira Mendes, "A Reforma da Administração em Portugal", em César Madureira e Miguel Rodrigues, "A Administração Pública do século XXI: Aprendizagem organizacional, mudança comportamental e reforma administrativa", Instituto Nacional de Administração (INA), 2006, Vol. 12, nº 2, pp. 153-171.

489 Neste sentido, cfr. Joaquim Filipe Ferraz Esteves, "A Reforma Administrativa em Portugal: Em busca de um novo paradigma", em que é salientado que: "*O comprometimento político ao mais alto nível com a mudança, a influência do movimento de reforma iniciado em vários países da OCDE e o papel desempenhado pelo SMA foram determinantes para introdução do modelo gestionário na Administração Pública*".

490 Cfr. Isabel Corte Real, Sessão de Encerramento do 1º Congresso Nacional de Modernização Administrativa, Lisboa, 1990, pp. 151-158. Ver também Exposição Bibliográfica-Modernização da Administração Pública em Portugal, ISCTE & INA, I.P.

origem, ao tempo, do desenvolvimento das parcerias entre a Administração e o sector privado.[491]

Também nos anos 2000, especificamente a partir de 2002, foram definidas várias tarefas conducentes à reforma administrativa que constavam da Resolução do Conselho de Ministros nº 53/2004, de 21 de Abril, que veio tornar operacional a reforma já anteriormente definida na Resolução do Conselho de Ministros nº 95/2003, de 30 de Junho, e que assumiram os seguintes principais eixos de orientação:

a) Organização do Estado e da Administração Pública – clarificando as funções essenciais do Estado de acordo com a máxima "menos Estado, melhor Estado" e adoptando estruturas administrativas menos hierarquizadas, mais simples e mais flexíveis;
b) Liderança e responsabilização – introduzindo modelos que permitam a responsabilização pela obtenção de resultados, nomeadamente com a gestão por objectivos;
c) Mérito e qualificação – promovendo uma política de qualificação e avaliação de desempenho e introduzindo uma nova cultura na Administração Pública.[492]

Face à "instabilidade política" que se seguiu a partir de meados do ano de 2004, os objectivos da Reforma só vieram a ter maior significado a partir de 2006.[493]

[491] É neste período que são desenvolvidas parcerias entre as instituições de solidariedade social, as autarquias locais e os serviços públicos que visavam definir plataformas de planeamento e coordenação da intervenção social, como é por exemplo o caso do Programa da Rede Social que consiste num modelo de trabalho em colaboração com o objectivo de resolver problemas sociais nos territórios locais. Ver, a título de exemplo, a Resolução do C.M. 162/2001, de 16 de Novembro, relativamente à introdução de regimes inovadores de gestão e financiamento do serviço público de cuidados de saúde. Mais recentemente, ver D.L. 120/2015, de 30 de Junho, que define os princípios orientadores e o enquadramento entre o Estado e as entidades do sector solidário e social.

[492] Cfr. Joaquim F. F. Esteves de Araújo, em "A Reforma Administrativa em Portugal: Em busca de um novo paradigma" e Manuel Vieira Mendes, "A Reforma da Administração Pública em Portugal", antes citados.

[493] Cfr. European Public Sector Innovation Scoreboard 2013, disponível em http://ec.eu/enterprise/policies/innovation/files/epsis-2013 en.pdf, que refere alguns dados concretos no contexto da inovação do sector público, como seja a criação do Observatório para a Inovação do Sector Público na OCDE (OPSI/2013), a realização de estudos a partir de uma *task force* na Comissão Europeia (EU expert group on public sector innovation – DG Investigação e Inovação).

É neste período que, de forma mais sustentada, se assiste a um conjunto de iniciativas tendentes a modernizar a administração pública e a sua relação com os cidadãos.[494]

O PRACE (Programa de Reestruturação da Administração Central do Estado) foi aprovado pela Resolução do Conselho de Ministros nº 124/2005, que assumiu os seguintes principais objectivos: (i) Modernizar e racionalizar a Administração Central; (ii) Melhorar a qualidade de serviços prestados pela Administração aos cidadãos, empresas e comunidade; (iii) Colocar a Administração Central mais próxima e dialogante com o cidadão.[495]

Na sequência desta Resolução do Conselho de Ministros foram reestruturados diversos organismos e serviços da administração directa em função das missões de cada um dos Ministérios consagrados no Programa de Governo, bem como certos organismos e entidades inseridos na administração indirecta.[496]

Estes objectivos, tal como resulta dos resultados de avaliação realizada pela Comissão Técnica do Prace, centraram-se na definição de novas leis orgânicas dos Ministérios e na criação de novas macroestruturas adoptadas no âmbito da Resolução do Conselho de Ministros nº 39/2006, de 18 de Julho.[497]

[494] Esta "estabilidade", para além dos objectivos de política afirmados pelo Governo, não pode ser alheada da circunstância da durabilidade, neste período, do Governo em funções que ocorreu, como sabemos, entre 2005 e 2011.

[495] Algumas das políticas de modernização administrativa, nomeadamente a da "administração electrónica e simplificação" foram avaliadas pela OCDE, o que, em 28 de Junho de 2008, deu origem ao Relatório "Making a life easy for citizens and business in Portugal" que baseou a formulação de algumas recomendações e realçou os resultados positivos conseguidos num muito curto prazo de tempo. Por outro lado, (i) Portugal foi considerado, por duas vezes, "reformador exemplar", e (ii) Portugal alcançou o 1º lugar no *ranking* de disponibilização e sofisticação de serviços públicos *on line*, nos termos de um estudo do Banco Mundial sobre "facilidades de fazer negócios (Doing Business 2007) e de duas avaliações realizadas pela Comissão Europeia em "Digitizing Public Services in Europe: Putting ambition into action". Ver também Estudo da Direcção Geral da Administração e do Emprego Público, de Fevereiro de 2013, que analisa a evolução das estruturas da administração central decorrentes da aplicação do Prace e do Premac, disponível em http://www.dgaep.gov.pt/upload/Estudos/Evolucao_estruturas_AP_Web.pc.

[496] Esta reforma teve apreciação positiva da OCDE através do seu Relatório de 19 de Janeiro de 2009, "Making life easy for citizens and business in Portugal – Administrative Simplification and e-government", disponível em http://www.oecd.org/portugal/publicationsdocument/11/.

[497] No Relatório de avaliação do Prace são confirmados os princípios que foram consagrados e os resultados alcançados, sobretudo a nível de: (i) aprofundamento dos racionais da administração directa e indirecta em função das atribuições dos ministérios e respectivas entidades; (ii) reforço das funções estratégicas e de estudo/avaliação/controlo de resultados; (iii) reforço das funções normativas, reguladoras e fiscalizadoras do Estado; (iv) racionalização, mediante externalização de funções produtivas e de prestação de serviços; (v) flexibilização, desburocratização e aumento

Foram ainda tomadas medidas de simplificação administrativa, nomeadamente extinção e/ou fusão de determinados organismos, serviços e entidades, bem como extinção de certos institutos públicos, direcções-gerais e outros.[498]

Foram introduzidas medidas de simplificação através da supressão de controlos desnecessários ou redundantes, e pela transparência e agilidade de procedimentos, que assumiu a designação de Simplex.[499]

A terminologia adoptada neste Programa, bem como nos respectivos Relatórios de acompanhamento da sua execução, revelam que, do ponto de vista político, subsistia uma evidente vontade reformar e modernizar, tendo sido aprovados os seguintes princípios gerais: (i) avaliação das actividades desenvolvidas pela administração central; (ii) desconcentração das funções para níveis regionais e locais; (iii) descentralização de funções para a administração local; (iv) diminuição das estruturas administrativas; (v) simplificação, racionalização e reengenharia de procedimentos administrativos; (vi) reestruturação dos serviços desconcentrados de nível regional; e (vii) desenvolvimento progressivo dos serviços partilhados.[500]

Para apoio desta reforma foi criada a Unidade de Coordenação da Modernização Administrativa (UCMA) – uma estrutura transversal, integrada na

da comunicação horizontal e vertical pela via da redução das cadeias de comando e forte recurso a tecnologias de informação e comunicação; (vi) clarificação e uniformização das funções da administração directa do Estado; (viii) reforço do princípo da aproximação aos cidadãos, nomeadamente através de serviços de *call center* e criação de balcões MultiServiços.

[498] Cfr. Relatório Final do Prace antes identificado, pp. 10 e seguintes.

[499] Cfr. Maria Manuel Leitão Marques, em "Serviço Público: Que Futuro?", Coimbra, 2009, onde é referida a sua intervenção aquando da tomada de posse como membro do Governo do Partido Socialista, responsável pela reforma da Administração Pública: "*Fazer com que a Administração Pública não seja tão frequentemente sinónimo de dor de cabeça para os cidadãos, nem uma barreira dissuasora para as empresas, levando-as a ter vontade de desistir mesmo antes de terem começado, não é uma tarefa fácil, mas também não deve ser considerada uma missão impossível. Recusando a receita falhada de "grandes promessas, poucas mudanças" e a ideia de que a Administração pode fechar-se hoje aqui e abrir amanhã num outro lado, elegante e totalmente remodelada, é possível concretizar um conjunto de iniciativas de modernização indutoras de uma verdadeira cultura de mudança...É um caminho longo e multidimensional que vai de aspectos de ordem cultural, de atitude, de definição de conceitos de prestação de serviços até aos aspectos organizacionais que incorporam a dimensão básica da avaliação de prémio e de penalização*".

[500] Cfr. igualmente os seis instrumentos de mudança consagrados no programa Simplex, aprovado pela Resolução do Conselho de Ministros nº 196/2008, de 30 de Dezembro, que, com o objectivo de simplificação elegeram os seguintes tópicos: (i) quanto mais simples melhor; (ii) simplex autárquico; (iii) um novo modelo de prestação de serviços; (iv) agregação de duas infra-estruturas da administração electrónica; (v) estratégia de financiamento comum; (vi) redes de colaboração com a administração pública.

Presidência do Conselho de Ministros e na dependência directa do Ministro de Estado e da Administração Interna.[501]

Em paralelo foi também instituída a Agência para a Modernização Administrativa, I.P. (AMA) que absorveu as atribuições do Instituto para a Gestão das Lojas do Cidadão (IGLC), da Agência para a Sociedade do Conhecimento, I.P. (UMIC) e do Instituto de Apoio às Pequenas e Médias Empresas e Inovação, I.P. (IAPMEI) no que respeita à gestão em rede dos Centros de Formalidade de Empresas (CFE).

Em todo o caso, e apesar das alterações no funcionamento e na gestão dos serviços e na adopção de medidas tendentes a melhorar e tornar mais eficiente a relação entre administração e administrados, não se descortina uma alteração significativa da própria estrutura da administração pública.

A reforma da administração pública continua a ser um objectivo fundamental de política na organização do próprio Estado, e a obedecer aos princípios fundamentais: (i) de fortes restrições orçamentais, (ii) da liberalização dos mercados, e (iii) da privatização de serviços públicos.[502]

Na sequência deste modelo, a OCDE, através do denominado *New Public Management*, recomendou a todos os países membros que adoptassem um conjunto de regras que passassem pela: (i) privatização dos serviços e a consequente diminuição do peso do Estado, (ii) adopção de métodos de gestão empresarial, na base da supremacia desta em relação à gestão pública, e (iii) desburocratização e descentralização, com suporte no modelo que enfatiza os resultados, o serviço, a participação e os sistemas abertos.[503]

[501] Com a reestruturação do Executivo realizada em 2007, a UCMA deu lugar ao Gabinete da Secretaria de Estado da Modernização Administrativa que ficou, nessa ocasião, na tutela do Ministro da Presidência.

[502] Estes princípios foram adoptados pelo denominado consenso de Washington, estabelecido entre o FMI, o Banco Mundial e a OMC, que se traduziu pela definição de um conjunto de dez medidas essenciais destinadas a suprir as graves dificuldades que surgiram em conjuntura de euforia liberal quando Fukuyama anunciava o "fim da história" e se generalizavam processos de transição para a economia de mercado em tempo de colapso da União Soviética e do chamado "Segundo Mundo". Cfr. "Economia Global e Gestão: EG & G.", Global Economics and Management Review;."Economic Report of the President", Washington, US Printing Office, 1994; "The World Economic Outlook", International Monetary Fund, Washington, D.C., 1989; "World Development Report", 1990, World Bank, Washington, D.C.

[503] Cfr. OCDE Public Management Service, "Administrative Reforms in the States", Vol. 33, nº 2, pp. 155-163; J. A. Oliveira Rocha, "Administrative Reform in Portugal: Problems and prospects", Comunicação apresentada na Conferência Anual do Grupo Europeu de Administração Pública, Roterdão, 1995, e publicada na International Review of Administrative Sciences, disponível em http://ras.sage.pub.com.

O actual Governo, com base nas recomendações da OCDE, bem como na conjuntura "depressiva" que grassa em Portugal e na Europa, inscreveu como uma das suas principais motivações a da reforma da administração pública, norteada pelos princípios antes mencionados e, sobretudo, fundamentada nos novos conceitos de "sociedade do conhecimento" e "sociedade do comportamento", enquanto modelos para a actualização e para a definição das novas exigências impostas pelos contornos das dinâmicas organizacionais.[504]

Na sequência das eleições ocorridas em 2011, foi apresentado o Plano do Governo que, no que toca aos objectivos estratégicos para a Administração Pública, consagrou os seguintes três pilares fundamentais:

a) Reduzir o peso do Estado para o limite das possibilidades financeiras do País e com vista a um melhor Estado;
b) Desenvolver um Estado ágil e inovador que preste serviços de qualidade e individualizados aos cidadãos, segundo novos paradigmas de organização;
c) Promover um Estado que dignifique os seus agentes, valorize o seu trabalho, o seu dinamismo e inovação, invista na sua capacitação e motivação, avalie e remunere adequadamente.[505]

Assim, o PREMAC, o programa aprovado em Conselho de Ministros de 20 de Julho de 2011, visa no essencial reduzir o peso do Estado para o limite das possibilidades financeiras do país, em simultâneo com um melhor Estado.[506]

A redução do número de Ministérios bem como a extinção e/ou fusão dos respectivos serviços, neles se incluindo as direcções-gerais e outros serviços e organismos, foi uma das primeiras matérias de que o Governo se ocupou, a par da redução bem como da fusão de institutos e empresas públicas centrais e municipais.[507]

[504] Cfr. "Comportamento Organizacional e Gestão", 2006, INA, Vol. 12, nº 2, pp. 153-171.

[505] Estes parâmetros e objectivos fundamentais, bem como as notas relativas às debilidades das contas públicas, a desadequação da Administração Pública à situação do País e a reduzida eficiência e qualidade dos serviços, podem ser vistos em Síntese da Reforma da Administração Pública (2011-2013), XIX Governo Constitucional, que pode ser consultado no *site* do Ministério das Finanças.

[506] O primeiro Relatório de execução do PREMAC foi apreciado em reunião do Conselho de Ministros de 15 de Setembro de 2011, tendo sido publicamente assumido que havia já sido alcançada uma redução de 40% nas estruturas e uma redução de 27% nos cargos de gestão; este Programa foi já executado integralmente, encontrando-se o seu relatório final publicado em http://portugal.gov.pt/pt/os-ministerios/ministerio-das-financas/documentos-oficiais/20121129-premac.aspx.

[507] Cfr. Síntese da Reforma da Administração Pública, p. 10, relativamente à redução das estruturas das administrações, dos trabalhadores e da obrigação de parecer prévio vinculativo do membro

Posteriormente à aprovação deste Programa, a Secretaria de Estado da Administração Pública publicou, em 22 de Fevereiro de 2012, o Programa de Reforma da Administração, que inclui quatro vectores fundamentais:

a) Racionalização da administração central;
b) Reforma dos modelos de governação da administração;
c) Melhoria dos instrumentos de gestão de recursos humanos (GRH);
d) Serviços partilhados/racionalização dos sistemas e tecnologias de informação (SI/TI).[508]

Foram também introduzidas novas regras no que se refere ao regime de admissão dos titulares de cargos de direcção, através da criação de uma Comissão Independente que procede aos concursos e à apreciação curricular dos "nomeados" nos casos em que este processo é admitido.[509]

O que se imporá reter é que a administração pública contemporânea, fundada no *New Public Management*, apesar das próprias incoerências e contradições, foi evoluindo no sentido de ser ganho para a organização administrativa o próprio conceito de *governance.*

Desta forma, a aquisição de novas e diferentes competências não se compadece com a rigidez comportamental, devendo a elasticidade e a flexibilidade ser fundamentos do "mobilismo" que deve caracterizar os organismos administrativos.

Os modelos de organização administrativa fundados nas novas regras da "sociedade de conhecimento" e da "sociedade de comportamento" são significativamente importantes, mas são apenas susceptíveis de dar resultados e objectivos se forem acompanhados por uma estrutura adequada a dar resposta ao que hoje é exigido pelos cidadãos.

Tal desiderato significa diminuir a extensão da administração directa, indirecta, autónoma, local e independente, bem como dotar os "novos" ou "diferentes" organismos de capacidade de gestão e de recursos humanos não subordinados ao imobilismo tradicional.

do Governo responsável pela área da AP quanto ao controlo central das contratações de serviços constante da publicação da Secretaria de Estado da Administração Pública do XIX Governo Constitucional de Dezembro de 2013.

[508] Foram entretanto publicadas as leis orgânicas dos diversos Ministérios de que resultaram poupanças significativas, quer a nível do número de serviços, quer dos recursos humanos, segundo dados divulgados pelo Governo.

[509] Para maiores desenvolvimentos relativamente a estes procedimentos, cfr. Maria Manuel Campos/Manuel Coutinho Pereira, "A Administração Pública em Portual", Boletim do Banco de Portugal, 2009.

Assim, foi já aprovado o Estatuto do Pessoal Dirigente da Administração Pública, através da Lei nº 64/2011, de 22 de Dezembro, a Lei-Quadro dos Institutos Públicos, através do Decreto-Lei nº 5/2012, de 17 de Janeiro, e o Estatuto do Gestor Público, através do Decreto-Lei nº 8/2012, de 18 de Janeiro.[510]

Conforme o próprio governo assume, foram cumpridos os objectivos de reestruturação dos modelos de governação do Estado, através: (i) de novas regras de recrutamento e selecção de titulares de cargos de direcção superior da administração directa e indirecta do Estado; (ii) de definição de regimes de comissão de serviço por períodos de cinco anos, num máximo de dez anos consecutivos, dos cargos de direcção superior; (iii) da racionalização e ajustamento das remunerações e regalias dos cargos da administração indirecta, incluindo o sector empresarial do Estado.[511]

Foi também aprovada a Lei nº 66/2012, de 31 de Dezembro, relativa à Reforma Laboral, em vigor desde 1 de Janeiro de 2013, que tem por finalidade regular as regras de mobilidade, as regras relativas às rescisões por mútuo acordo, às compensações e indemnizações e à organização dos tempos de trabalho.[512]

Foi já apresentada proposta legislativa referente à Lei Geral do Trabalho em Funções Públicas, que consagra diversas alterações e modificações no contexto da gestão de recursos humanos, nas regras de convergência do regime dos trabalhadores públicos com o regime privado nas suas diversas vertentes e em outros domínios considerados susceptíveis de aproximação regimental.[513]

Como acima referimos, uma das reformas já aprovadas consiste na Lei-Quadro das Entidades Administrativas Independentes e, apesar da manutenção de equilíbrios exigíveis no tempo e pela forma de relacionamento entre as Administrações Independentes e o Governo, não pode deixar de ser qualificada como uma profunda "revolução" nas formas, nos métodos e na gestão.[514]

[510] A Lei nº 64/2011, de 22 de Dezembro, procedeu à criação da CReSAP, que tem por missão o recrutamento e selecção de candidatos para cargos de direcção superior na Administração Pública e que é, nos termos do seu art. 5º, qualificada como entidade independente.

[511] Cfr. DL 11/2012 e DL 12/2012, de 20 de Janeiro (revisão do regime jurídico aplicável aos gabinetes dos membros do Governo); Lei 24/2012, de 9 de Julho (Lei-Quadro das Fundações); DL 116/2011, de 5 de Dezembro (simplificação das regras de fixação de unidades orgânicas flexíveis e de estruturas matriciais da AP); Lei 67/2013, de 28 de Agosto (Lei-Quadro das Entidades Independentes).

[512] Cfr. também a Lei 68/2013, de 29 de Agosto, que veio proceder à alteração do horário de trabalho nas Administrações Públicas.

[513] Cfr. pp. 29 e seguintes da Síntese da Reforma da Administração Pública (2011-2013), disponível no *site* do Goverbno na Secretaria de Estado da Administração Pública.

[514] Cfr. Relatório da OCDE, "Politicas Melhores para uma Vida Melhor", 2012, Recomendações do Conselho sobre Política Regulatória e Governança, disponível em http://www.oecd.org/gov/Regulatory-policy/Recommendations%20PR%2.

Neste contexto, não podemos deixar de sublinhar o importante Relatório da OCDE que versa justamente sobre as Políticas Regulatórias e de Governança subordinadas a uma orientação filosófica de que *"uma vida melhor carece de políticas melhores"*.[515]

Recorde-se que esta "revolução" institucional ganhou ainda mais significado através da guarida formal, por via da revisão do nº 3 do art. 267º da CRP (revisão de 1997), de criação de entidades administrativas independentes; até então foram sendo criadas entidades desta natureza, quer vocacionadas para o sector social e dos direitos fundamentais, quer direccionadas para o sector económico e financeiro, com finalidades assumidas de *"ultrapassar as falhas de mercado"*.

Foi esta a opção de política adoptada; no entanto, outra e diferente opção poderia ter sido assumida no sentido em que o Estado podia ter continuado a exercer funções de regulação e de supervisão através da administração directa.[516]

A decisão de instituir entidades administrativas independentes é também uma opção generalizada nos restantes países europeus, que se estendeu a Portugal.[517]

Desde os primórdios da sua instituição, e tendo presente as dificuldades teóricas e práticas da qualificação jurídica das entidades administrativas independentes, bem como da sua posição institucional no quadro da administração pública, temos assistido à discussão em torno da definição da sua natureza.[518]

Em todo o caso e à luz do que deixámos proposto no capítulo anterior, consideramos que actualmente a Administração Pública portuguesa é cons-

[515] Cfr. Relatório citado da OCDE, p. 3 que, entre outros considerandos, sustenta que: *"...as regulações são uma das alavancas fundamentais pelas quais os governos agem para promover a prosperidade económica, melhorar o bem-estar e buscar o interesse público"*.

[516] Sobre esta opção de política, cfr. João Confraria, em "Falhas de mercado e Regulação Independente", C & R, Revista da Concorrência e Regulação, Ano I, nº 3, pp. 73-95, quando afirma que: *"A correcção das falhas de mercado era já objecto de diferentes modos de intervenção do Estado, designadamente a regulação da empresa pelo próprio Governo, geralmente através do Ministro com a tutela do sector em que se integrasse a empresa regulada"*.

[517] Cfr. no entanto uma recente orientação doutrinária no sentido em que a criação destas entidades deve rodear-se do maior cuidado, como decorre do "Rapport sur les Autorités Administratives Indépendantes", coordenado por M. Patrice Gélard, Senador do Senado Francês, texto acessível em http://www.senat.fr/rap/r05-404-1/r05-404-14.htlm.

[518] Cfr. Vital Moreira em "Autoridades Reguladoras Independentes – Estudo e Projecto de Lei-Quadro", p. 270.

tituída, de acordo com o disposto nos artigos 199º, alínea *d)*, e 267º, nº 2, da Constituição da República, pela:

a) Administração Directa;
b) Administração Indirecta;
c) Administração Autónoma, e
d) Administração Independente.

II. A Administração Independente: Evolução normativa do quadro legal

1. Razão de Ordem

Antes de mais importa sublinhar que, de acordo com o diverso regime jurídico das autoridades públicas independentes, entendemos que estas autoridades dispõem de estatuto e regime jurídico diferenciado.

Assim, as autoridades públicas independentes criadas ao abrigo e com fundamento em preceito expresso constitucional devem como tal ser qualificadas e ser remetido o respectivo estatuto orgânico, funcional e objectivo para a Lei.

Referimo-nos à ERC, que apesar das diferenciadas competências de que é titular e relativamente às quais já realizamos a respectiva incursão, a mesma não deve ser incluída no âmbito de aplicação de uma Lei-Quadro, dada a sua directa dependência da Constituição.[519]

Por seu turno, outra das distinções que procurámos deixar demonstrada no nosso trabalho relaciona-se com as autoridades públicas criadas ao abrigo e com fundamento em estatuto constitucional especificamente consagrado, que aqui denominamos e qualificamos como autoridades públicas de mediação.

É o caso, na área financeira, do Banco de Portugal e, no domínio político e até jurisdicional, entre outras, do Provedor de Justiça, do Conselho Económico e Social, e dos Conselhos Superiores do poder judicial.[520]

No caso destas entidades entendemos que as mesmas devem ser consideradas como subtraídas a um quadro legal que as possa "submeter" a um regime uniforme de regras de criação, de estabelecimento de atribuições e competências, bem como de formas de organização, já que as mesmas estão directamente ligadas ao estatuto constitucional que lhes é aplicável e que, por isso mesmo, já prevê o seu estatuto.

[519] Cfr. Parte III do nosso trabalho subordinado à análise do conjunto das atribuições e competências fundamentais das entidades analisadas, de entre as quais as atribuições e competências da ERC.

[520] De referir que, naturalmente, estas autoridades também praticam actos próprios da função executiva, como sejam actos administrativos e actos em matéria administrativa relacionados com a esfera das suas competências "internas", como por exemplo promoções, classificações e deslocações dos seus agentes.

As terceiras autoridades que procurámos identificar na nossa tese são as que qualificamos como entidades administrativas de regulação independentes, ao abrigo do critério de criação de entidades que assumem como missão a de prosseguir as atribuições e incumbências do Estado, expressamente consagradas nos preceitos correlacionados do texto constitucional.

Trata-se, a nosso ver, das entidades criadas pelos órgãos competentes do Estado que, com fundamento em decisão de política de organização da Administração Pública, considera que as suas atribuições e competências são melhor prosseguidas através de pessoas colectivas de direito público autónomas e com graus diversificados de independência funcional e orgânica.

Estas autoridades, tal como decorre da matéria já exposta, intervêm em sectores financeiros, económicos, sociais e políticos.

Dada a heterogeneidade dos seus estatutos, a diversidade das suas atribuições e competências, as diferentes formas da sua própria organização e funcionamento, bem como o casuísmo que tem sido preponderante no que se refere às decisões da sua própria criação, as mesmas revelam uma significativa necessidade de uniformizar o quadro legal que as modele e enquadre.

É, pois, quanto a estas autoridades – *Entidades administrativas de regulação independentes* – que sustentamos desde há muito tempo que deve ser organizado um quadro legal, uma Lei-Quadro, que nos permita surpreender e interpretar o seu estatuto e definir a sua natureza.

Torna-se, pois, necessário dar conta dos trabalhos e dos estudos que sobre esta matéria a nossa comunidade política, científica e técnica nos tem facultado. Desde logo:

2. A Reforma das Entidades Administrativas de Regulação Independentes: O Projecto e a Lei-Quadro

A primeira definição que encontramos, em termos sistemáticos, das autoridades de regulação independentes consta do art. 2º do Projecto de Lei-Quadro apresentado em 2003 por Vital Moreira, que consistia no seguinte: "*Para efeitos da presente lei, consideram-se autoridades reguladoras independentes (ARI), qualquer que seja a sua designação, as entidades públicas dotadas de funções reguladoras, incluindo a regulamentação, supervisão e sancionamento das infracções, quando caracterizadas pelos requisitos de autonomia orgânica e funcionais definidas na presente lei*".[521]

[521] Este Projecto esteve na base do Projecto Lei 178/IX apresentado pelo Partido Socialista ao Parlamento em Dezembro de 2002.

Este Projecto de Lei-Quadro apenas versava sobre autoridades de regulação nos domínios económico e financeiro, abarcando as actividades de crédito, de seguros e o mercado de bens mobiliários, as actividades conexas ou afins, a energia, as telecomunicações, os serviços postais, as águas e os resíduos, os transportes terrestres, aéreos e marítimos, bem como as demais actividades encarregadas de serviços de interesse económico geral e a defesa da concorrência.[522]

No contexto deste Projecto as autoridades de regulação eram qualificadas, quanto à sua natureza, como instituto público.[523]

No momento em que foi apresentado este Projecto, os objectivos que com o mesmo eram visados podem traduzir-se fundamentalmente pelo seguinte:

a) Delimitação das áreas em que se justifica a adopção das autoridades administrativas independentes com formato regulatório mais adequado;
b) Tornar mais exigentes os requisitos, tanto materiais quanto procedimentais, de criação de novas autoridades;
c) Estabelecer um padrão básico quanto ao regime jurídico das autoridades de regulação;
d) Aumentar a visibilidade e a transparência do universo das autoridades;
e) Impor um reexame do conjunto das autoridades de regulação independentes já existentes, quanto à conformidade do seu regime jurídico com o modelo proposto.[524]

Desde os anos idos de 2003, a Reforma do Estado, nesta área, tem passado por intervenções legislativas e operacionais conjunturais e casuísticas, tendo sido abandonado neste período, ao que parece, qualquer tentativa de uniformizar e harmonizar o estatuto das entidades administrativas independentes.[525]

522 Artigos 1º e 2º do citado projecto de Lei-Quadro.

523 Cfr. art. 3º do projecto de Lei-Quadro e respectiva anotação nos termos da qual Vital Moreira assevera que as ARI são tecnicamente institutos públicos, visto que têm personalidade jurídica de direito público e não têm por substracto, nem uma colectividade territorial, nem uma corporação pessoal.

524 Cfr. Vital Moreira, op. cit., em 1.4.2. Objectivos da Lei-Quadro, p. 261.

525 A proposta da Lei-Quadro de Vital Moreira, bem como a Proposta de Lei apresentada pelo PS não tiveram, de que se tenha conhecimento, qualquer desenvolvimento do ponto de vista do ordenamento positivo. Em todo o caso foi criada através do Decreto-Lei nº 277/2009, de 2 de Outubro, a nova Entidade Reguladora dos Serviços de Águas e Resíduos, IP (ERSAR, IP) que apesar da denominação é qualificada como instituto público integrado na administração indirecta do Estado,

Em 2008 o Tribunal de Contas realizou uma auditoria à Regulação, através do seu Relatório nº 18/2008, cujas conclusões, no contexto do enquadramento das entidades reguladoras, podem ser formuladas como segue:

a) Necessidade de publicação de uma Lei-Quadro para as autoridades reguladoras independentes;
b) Clarificação do grau de independência e autonomia das entidades reguladoras;
c) Esclarecimento dos mecanismos de controlo e de fiscalização por parte do Governo;
d) Reforço da transparência na actividade de regulação;
e) Uniformização do âmbito, princípios e limites da actividade regulatória;
f) Especificação das regras de gestão pública e de controlo orçamental;
g) Clarificação da articulação da actividade dos reguladores sectoriais com a AdC.[526]

Para além destas conclusões, o Tribunal de Contas avança ainda com a formulação de um conjunto de recomendações a ter em conta no âmbito de uma futura Lei-Quadro, que podemos sintetizar nos seguintes termos:

a) Salvaguarda de instrumentos e recursos que possibilitem às entidades reguladoras adaptarem-se à evolução sectorial e dos mercados;
b) Necessidade de abranger a existência simultânea de modelos de regulação diferentes nos diversos sectores;
c) Necessidade de contemplar a evolução da legislação nacional, nomeadamente em função da transposição de Directivas Comunitárias;
d) Aperfeiçoamento dos mecanismos de articulação entre Governo e autoridades, particularmente em situações de alteração dos quadros legais sectoriais, da configuração dos sistemas regulatórios, ou de liberalização dos mercados;
e) Promoção de uma maior estabilidade de atribuições, nomeadamente pela limitação da volatilidade das funções estatutárias decorrentes da legislação sectorial;

apesar de, mais tarde, a nova Lei 67/2013, de 28 de Agosto, qualificar esta entidade como entidade administrativa independente com funções de regulação, nos termos da alínea *h)* do nº 3 do art. 3º.

[526] A principal virtude de uma lei-quadro para a actividade regulatória passa, em geral, por uniformizar e disciplinar a actuação das reguladoras num diploma base que institua os traços e os limites gerais da actividade regulatória – Relatório nº 18/2009, do Tribunal de Contas, p. 21.

f) Definição de mecanismos de revisão estatutária;
g) Distinção mais clara do âmbito de actuação normativa governamental e das autoridades de regulação;
h) Melhoria da definição de mecanismos de transparência, nomeadamente pela exigência de uma maior divulgação pública de pareceres e propostas, sobretudo os que têm como destinatários o Governo;
i) Claro enquadramento das entidades reguladoras nas orgânicas ministeriais;
j) Aperfeiçoamento das disposições estatutárias relativas à elaboração dos regulamentos internos dos órgãos das entidades reguladoras;
k) Uniformização dos mecanismos de nomeação, impedimentos e incompatibilidades, nomeadamente dos órgãos executivos das entidades de regulação;
l) Clarificação de conceitos, nomeadamente os de coadjuvação e representação internacional dos sectores regulados.[527]

Recentemente, e no contexto da celebração do Memorando de Entendimento com as autoridades internacionais que integram a *Troika*, nele foi estabelecido que o Governo deveria proceder à elaboração de um estudo independente sobre as responsabilidades, recursos e características que determinam o nível de independência das principais autoridades reguladoras nacionais.

Este estudo foi considerado da maior importância no âmbito da reforma do Estado, no sentido do desenvolvimento das regras legais e operacionais a enquadrar as autoridades de regulação.

Acresce que a "reforma" do Estado no que concerne ao aprofundamento, bem como à eventual criação de novas entidades de regulação, está dependente do contexto que releva, nomeadamente a decisão quanto ao seu enquadramento na organização do Estado, as orientações comunitárias sobre a matéria e a própria evolução dos mercados que, como sabemos, em Portugal, está em grande mutação em consequência dos processos de privatização que ainda estão em curso.[528]

[527] Cfr. Relatório citado, p. 23.

[528] Como resulta do MoU, Portugal está comprometido a estabelecer algumas medidas, nomeadamente na área da concorrência, da energia, das comunicações, transportes e águas, nos seguintes termos: Quanto à .concorrência, o ponto 7.11. dispõe que: "*Take measures to improve the speed and effectiveness of competion rules enforcement. In particular, following the already adopted legislation establishing specialised Court for Competition, Regulation and Supervision, make it operational in the context*

Decorre do que já deixámos enunciado ao longo do nosso trabalho que um dos aspectos em que se revela, de forma mais significativa, a indefinição da natureza das entidades administrativas independentes, nelas se devendo englobar as autoridades de regulação, é, justamente, a ausência de um quadro definidor do respectivo regime jurídico.[529]

Ou seja, a vontade política dos diversos Governos, do Parlamento e do Tribunal de Contas não foi, até ao momento, suficiente para lograr alcançar esse objectivo sempre anunciado e sempre adiado.

Mesmo mais recentemente, o Relatório da OCDE sobre esta matéria, elaborado e apresentado em Março de 2012, integra um conjunto de doze (12) *Recomendações* ao poder político no sentido de estruturar uma política de regulação que, pela sua importância, deve ser qualificada como a "cartilha" da Regulação.

Tais *Recomendações* encerram e integram um vasto campo de princípios e de regras de regulação que corporizam uma verdadeira política que, a ser adoptada, pode ser enquadrada como uma "mudança estrutural" na organização da Administração Pública dos Estados.[530]

of the reforms of the judicial system"; 7.12. "Following up on the adoption of the executive order (portaria) concerning the transfers of payments from regulators to the Competition Authority and the report prepared under measure; 7.23 the finantial model of the later will be re-examined". Quanto à .Energia, o ponto 5.1. estabelece que: "*Take further steps towards the full transposition of the Third EU Energy Package. In particular submit to Parliament the law on the penalty system of the regulator and adopt the decree-laws transposing the electricity and gas directives. This will ensure the National Regulator Authorities independence and all powers foreseen in the package*". No que se refere às comunicações, o ponto 5.14 determina que: "*Further liberalize the postal sector by (i) concluding the adoption of the transposition law on the Third Postal Directive, recently submitted to Parliament ensuring that powers and Independence of the National Regulator Authority are appropriate in view of its increase role in monitoring prices and costs*". Quanto aos transportes, os pontos 5.15. e 5.17. definem respectivamente que: "*Reform the transport and infrastructures regulatory Framework in order to improve the effectiveness, efficiency and Independence of the entities regulating the transport sector" and "ensure that the rail regulator enjoys the Independence required under the EU rail Directives, in particular regarding the rules of appointments and dismissal of the director of the rail regulator. Strengthen the capacities of the railway regulator to fulfill its regulatory mandate effectively, including by exploring synergies with other transport regulators in the context of the revision of national regulatory agencies*". No que concerne às Águas, define o ponto 3.22 que: "*With a view to introducing private capital and management in the watyer company Águas de Portugal a strategy will be prepared. This strategy will include considerations of the competitive and regulatory environment and organizational consequences*".

529 É, igualmente, o que resulta do Memorando de Entendimento celebrado entre Portugal e as instâncias internacionais, nossas parceiras, no que se refere à necessidade de conhecer, em toda a sua extensão, as entidades administrativas/reguladoras independentes e adaptar, nos casos em que tal se mostre exigível, o respectivo regime jurídico, quer ao direito comunitário, quer às regras que entre si, e de forma heterogénea, se mostrem em vigor.

530 Importa salientar e referir de forma muito veemente que a regulação no contexto deste Relatório não se cinge à abordagem das questões institucionais relacionadas com entidades incumbentes

Pela sua importância, iremos descrevê-las em seguida, até pela influência que as mesmas eventualmente (certamente) tiveram na formulação e publicação da recente Lei-Quadro das Entidades de Regulação. São as seguintes:

a) Assumir o compromisso, ao mais alto nível político, com uma política explicita de qualidade regulatória para o governo como um todo. A política deve ter objectivos claros e estruturas para a sua implementação que assegurem que, se a regulação for usada, os benefícios económicos, sociais e ambientais, justifiquem os custos, os efeitos distributivos sejam considerados, e os benefícios líquidos maximizados;

b) Respeitar os princípios de um governo aberto, incluindo a transparência e participação no processo regulatório, para garantir que a regulação sirva ao interesse público;

c) Estabelecer mecanismos e instituições para supervisionar activamente os procedimentos da política regulatória;

d) Integrar a Avaliação do Impacto Regulatório (AIR) de modo a avaliar se a regulação é necessária, e como ela pode ser mais efectiva e eficiente na consecução desses objectivos;

e) Conduzir programas sistemáticos de revisão das matérias regulatórias em relação a objectivos que sejam claramente definidos pela política, incluindo considerações de custos e benefícios;

f) Publicar regularmente relatórios sobre o desempenho da política regulatória e dos programas de reforma, bem como das autoridades públicas que exercem missões de regulação;

g) Desenvolver uma política consistente capaz de abranger o pepel e as funções das agências reguladoras, a fim de proporcionar maior confiança e imparcialidade da entidade;

h) Garantir que os cidadãos e as empresas tenham acesso a instâncias de controlo das agências de regulação a um custo razoável;

da regulação, outrossim, "*...a regulação é definida de forma ampla, referindo-se ao conjunto diversificado de instrumentos pelos quais os governos estabelecem requisitos para as empresas e cidadãos. Regulação inclui leis, normas formais e informais e regras subordinadas emitidas em todos os níveis do governo, além de normas expedidas por órgãos não governamentais ou auto-regulados aos quais os governos tenham delegado poderes regulatórios. Uma governança regulatória efectiva maximiza a influência da política regulatória na formulação de regras que terão impacto positivo na economia e na sociedade, estando em linha com objectivos básicos de políticas públicas. Preocupa-se com a concepção e implementação da regulação, bem como assegura o seu cumprimento. Isso implica uma abordagem integrada na implantação de políticas, ferramentas e instituições de regulação*". Disponível em http://www.academia.edu/7921600/OCDE_relatorio_sobre_a_reforma_regulatoria.

i) Promover a coerência regulatória através de mecanismos de coordenação entre os níveis supranacional, nacional e local.[531]

A regulação traduz, assim, uma profunda reforma da própria Administração Pública.

Pois bem, os ensaios produzidos neste domínio em Portugal através do Projecto de Lei-Quadro das Entidades de Regulação, bem como as próprias entidades entretanto instituídas com finalidade de proceder à regulação de sectores considerados de interesse público mas cuja actividade passa a ser exercida por entidades independentes, é um passo muito significativo desta mudança da estrutura da organização da Administração.[532]

Agora, por via de obrigações internacionais, admitimos que venha, e veio, a ser concretizado esse desiderato.[533]

O sentido que o mesmo venha/veio a assumir é o que iremos analisar de seguida, tendo em conta as informações disponíveis.[534]

[531] Cfr. como bases fundamentais deste Relatório, OCDE (1995) Recommendation of the Council of OECD on Improving the Quality of Government Regulation, OECD/GD(95) 95, Paris; OECD (1997) The OECD Report on Regulatiory Reform, Paris; OECD (2005) Guiding Principles of Regulatory Quality and Performance; OECD (2010 *a)*b)c)d)) Better Regulation in Europe, Reviews in 15 countries, disponível *on line*, em http://www.oecd.org/governance/regulatory-policy/betterregulationineurope.

[532] Como sabemos, ainda recentemente foi anunciada a criação de uma entidade independente, cujos estatutos ainda não se conhecem, mas que visam monotorizar e acompanhar os preços de combustíveis.

[533] O MoU assinado com a *troika* prevê expressamente que: "*Ensure that the national regulator authorities (NRA) have the necessary Independence and resources to exercise their responsabilities by Q4-2012 for the main NRAs and by Q1-2013 for the others in order to achieve this: (i) provide an independente report (by internationally recognized specialists) on the responsabilities, resources and characteristics determining the level of independence of the main NRAs. The report will benchmark nomination practices, responsabilities, Independence and resources of each NRA with respect to best international practice. It will also cover scope of operation of sectorial regulators, their powers of intervention, as well as the mecanisms of coordination with the Competition Authority; (ii) based on the report, presente a proposal to implemente the best international practices identified to reinforce the Independence of regulators where necessary, and in full compliance with EU law*".

[534] Seguiremos de perto o Programa do XIX Governo que, neste contexto, estabelece um conjunto de princípios gerais a assumir, nomeadamente os seguintes: (i) Apresentação de uma proposta de Estatuto Jurídico das Autoridades Administrativas Independentes, integrando a sua criação na reserva de Lei Parlamentar; (ii) Transformar as entidades com funções reguladoras dependentes do Governo, e cujos mercados regulados pela sua importância o justifiquem, em Autoridades Administrativas Independentes, reintegrando as restantes da administração tradicional (de modo a evitar o risco de proliferação e banalização de falsos reguladores); (iii) Reforçar a autonomia e a responsabilidade das Autoridades Administrativas Independentes. A forma de designação dos titulares dos órgãos de direcção ou administração será alterada. E, em função da natureza de cada

III. Definição dos princípios enformadores de uma Lei-Quadro das Entidades Administrativas de Regulação Independentes

1. Razão de Ordem

Discutir e analisar a matéria relativa às entidades administrativas independentes é como "admitir" que no centro nevrálgico do poder se instalam "corpos" que pretendem "escapar" ao mesmo poder.[535]

Os fundamentos que a doutrina tem vindo sistematicamente a enunciar no sentido da legitimidade, bem como da necessidade de criação destas entidades parecem ser insuficientes, até agora, para justificar a sua existência, assim como para definir o seu regime e, em consequência, a sua natureza.[536]

Por outro lado, o que o direito comparado nos mostra é que estas entidades estão, nuns casos, previstas na Constituição e, noutros casos, tal não sucede; não conhecemos, mesmo no âmbito da Constituição da República Portuguesa, qualquer outro sistema em que estas entidades (de regulação) se mostrem devidamente desenvolvidas em termos de estrutura, de organização e de funcionamento; também não temos conhecimento de qualquer outro sistema que defina um estatuto comum, escrito, para as entidades de regulação independentes.[537]

Consideramos que, apesar de tudo, o momento actual é demonstrativo, por um lado, das tentativas de superar e de reformar o modelo e, por outro lado, de compatibilizar e de conciliar o estatuto de independência das entidades administrativas independentes com os princípios e as normas da democracia representativa que, como sabemos, exige que todas as autoridades respondam perante o Governo e perante o Parlamento pelo conjunto das suas acções executivas.

entidade, este processo de designação deverá envolver o Governo, a Assembleia da Republica e o Presidente da Republica, tendo a preocupação de garantir consensos alargados quanto aos seus méritos. A sua designação deve ter o cuidado de prevenir comportamentos corporativos, mediante a aprovação de regras claras de impedimentos e incompatibilidades; (iv) A alteração da arquitectura institucional e legislativa destas entidades deverá conduzir a um novo quadro de entidades reguladoras.

535 Esta afirmação deve ser entendida em termos flexíveis já que, pela nossa parte, entendemos que estas entidades se devem integrar no conceito de administração independente que está subordinada ao princípio da unidade de acção consagrado na Constituição.

536 Cfr. Jean Bernard Auby em "Notas Finais" do Colóquio realizado em Paris e sumariado em RFDA nº 4, 2010, pp. 659 e seguintes, onde se afirma que: "*...Podemos criticar as reflexões existentes por não incidirem suficientemente naquilo em que reside a especificidade institucional das autoridades administrativas independentes, precisamente o seu estatuto de independência no interior do aparelho de Estado*".

537 Esta afirmação é de Jean Bernard Auby, op. cit., p. 669.

É, pois, uma tensão dialéctica que se revela entre o modelo tradicional do Estado de Direito e o modelo que todos os dias é ensaiado de um Estado Moderno, o que implica um esforço significativo de conceptualizar entidades jurídicas individualizadas no seio do próprio Estado.[538]

As maiores críticas que são dirigidas a este novo modelo – que pode significar a aparente relutância do poder na uniformização do seu estatuto – são justamente os da sua "falta" de transparência no que se refere à ausência de mecanismos de controlo, dos Governos e dos Parlamentos, em suma, da falta de democraticidade destas entidades.

Consideramos, no entanto, que não tem obrigatoriamente de ser assim!

Tal como as entendemos, estas entidades estão submetidas aos princípios constitucionais da legalidade, imparcialidade e proporcionalidade.[539]

Por outro lado, as entidades administrativas independentes, nos termos do seu regime jurídico, estão subordinadas a um conjunto significativo de "provas de validação", de que destacamos, entre outras, o controlo jurisdicional de legalidade.[540]

Se, como dissemos, até agora não existia qualquer sistema normativo que definisse um quadro comum destas entidades, o que também se conhece é um conjunto vasto de entidades desta natureza que foram e continuam a ser criadas para a realização de missões nos sectores económicos, financeiros, sociais e políticos, e que exercem as suas actividades na generalidade dos países comunitários.

As entidades administrativas de regulação independentes representam um "meio" ou "instrumento institucional" para os Estado Modernos adaptarem as modalidades da sua acção a um novo e diferente paradigma.

[538] As entidades administrativas/de regulação independentes podem representar uma mudança na estrutura dos aparelhos hierárquicos clássicos, uma vez que a sua institucionalização pode corresponder aos interesses económicos e sociais e aos interesses públicos de maior eficácia, racionalidade e menor dependência do poder executivo. É o caso, a nosso ver, dos sectores financeiros e de mercado de valores mobiliários, entre outros.

[539] Esta afirmação tem como pressuposto o de que entendemos que as entidades administrativas independentes de regulação devem ter-se como integrantes da estrutura da organização da administração pública.

[540] Neste sentido, cfr. Pierre Rosanvallon, "La légalité démocratique – Imparcialité, Réflexivité, Proximité", 2008, p. 91, quando sustenta que "*as autoridades administrativas independentes são depositárias de uma legitimidade de "imparcialidade" que, na época contemporânea, é um complemento necessário à legitimidade "de estabelecimento" ligado à representação. É a sua própria independência, mais precisamente os impulsos da sua imparcialidade, que as torna fiáveis aos olhos dos cidadãos conscientes das conjugações de interesses que o aparelho público frequentemente encerra*".

Assumindo algumas considerações que têm vindo a ser enunciadas, nomeadamente as que resultam do Colóquio atrás citado, julgamos importante sublinhar que: *"Estas entidades representam uma nova forma de estruturar o Estado para, nomeadamente, quebrar certas cadeias de interesse que perturbam a decisão pública, veículos de novos modelos regulatórios melhor articulados com a sociedade e com o mercado, cura da democracia pela adição de uma "legitimidade de imparcialidade" à que se associa tradicionalmente à representação".*[541]

Apesar do tempo que decorreu entre a criação das primeiras entidades de regulação independentes "despidas" de um quadro normativo delas modelador e os tempos de afirmação política no sentido da necessidade de criar um modelo de organização e funcionamento destas entidades, foram as obrigações internacionais assumidas por Portugal que conduziram à recentemente aprovada Lei-Quadro das Entidades Administrativas Independentes com funções de regulação da actividade económica.

É a análise deste Lei e dos princípios fundamentais que a mesma consagra a que iremos dedicar as páginas seguintes.

2. A Lei-Quadro das Entidades Administrativas Independentes com funções de regulação da actividade económica: Lei nº 67/2013, de 28 de Agosto

Entrou em vigor no dia 2 de Setembro a Lei nº 67/2013, de 29 de Agosto, designada *Lei-Quadro das Entidades Administrativas Independentes com funções de regulação da atividade económica dos setores privado, público e cooperativo* (doravante, LQEAR).[542]

Trata-se de um documento relevante, na medida em que para além de corresponder a um compromisso de Portugal a nível externo, pretende harmonizar algo que até agora surgia disperso por entre os diferentes Estatutos das Entidades Reguladoras já existentes.[543]

[541] J. B. Auby, em "Colloque sur les AAI – Remarques Terminales", 2010.

[542] Cfr. Vital Moreira e Fernanda Maçãs, "Autoridades Reguladoras Independentes – Estudo e Projecto de Lei-Quadro", já apontavam as seguintes principais razões para a consagração deste regime geral: (i) falta de homogeneidade das soluções institucionais, dando lugar a soluções organizatórias diferentes; (ii) diferença entre as entidades já existentes com o objectivo de, por um lado, racionalizar em termos materiais e procedimentais a criação das ARIs e, por outro lado, estabelecer um quadro de referência quanto ao regime jurídico que limite a tentação da singularidade de regimes sem justificação razoável.

[543] A iniciativa apresentada pelo Governo, no âmbito da sua competência politica (alínea *d)* do nº 1 do art. 197º da Constituição da República Portuguesa), é subscrita pelo Primeiro-Ministro e pelo Ministro-Adjunto e dos Assuntos Parlamentares, e menciona que foi aprovada em Conselho de

Do ponto de vista programático, o seu propósito foi avançado pela Proposta de Lei nº 132/XII (2ª), iniciativa fundamentada na necessidade de definição de um quadro jurídico comum às entidades públicas com atribuições de regulação económica, tendo por fonte o Programa do XIX Governo Constitucional, propondo-se o Governo apresentar uma proposta de Estatuto Jurídico das Autoridades Administrativas Independentes, integrando a sua criação na reserva de Lei Parlamentar e transformar as entidades com funções reguladoras dependentes do Governo, e cujos mercados regulados pela sua importância o justifiquem, em Autoridades Administrativas Independentes, reintegrando as restantes na administração tradicional (de modo a evitar o risco de proliferação e banalização de falsos reguladores).[544]

Como já tivemos ocasião de referir, as razões externas que motivaram a introdução deste novo regime, à semelhança de outros instrumentos legislativos em matéria de organização administrativa e económica surgidos nos últimos dois anos, resultam do *Memorando de Entendimento sobre as Condicionalidades de Política Económica* celebrado entre Portugal e a *Troika*, em 17 de Maio de 2011.[545]

Com efeito, aí (Ponto 7.21. do *Memorando*) foi exigido ao Governo a garantia de que as Autoridades Reguladoras Nacionais possuíssem a independência e os recursos necessários para exercer as suas responsabilidades.[546]

Devemos ainda sublinhar que a ideia de elaboração de um "regime geral" das entidades reguladoras remonta, desde 2003, a um anteprojeto de Lei-Quadro da autoria de Vital Moreira e Fernanda Maçãs.[547]

Ministros em 7 de Março de 2013, em conformidade com o disposto no nº 2 do art. 123º do Regimento da Assembleia da Republica, disponível em www.parlamento.pt.

544 Como foi referido, na parte expositiva da iniciativa é traçada a evolução do modelo económico português, enquadrando-o, mais recentemente, no Programa do Governo e no Memorando de Entendimento sobre as Condicionantes de Política Económica. É, ainda, entendido que, com o agora proposto quadro jurídico, se dá início a um processo de adaptação deste grupo de entidades a um contexto de novas normas de organização e funcionamento na esteira do PREMAC.

545 Celebrado em 17 de Maio de 2011, entre o XVIII Governo Constitucional, a Comissão Europeia, o Banco Central Europeu e o Fundo Monetário Internacional.

546 O cumprimento deste compromisso passou pela encomenda de um estudo que incorporasse propostas de implementação das melhores práticas internacionais identificadas, a fim de reforçar a independência dos reguladores, nomeadamente à luz da legislação comunitária.

547 As razões apontadas pelos Autores do Projecto para a criação de um diploma enquadrador das ARI reconduzem-se, entre outros motivos determinantes: *i)* falta de homogeneidade das soluções institucionais, dando lugar a soluções organizatórias diferentes; *ii)* diferença entre as ARI existentes com o objectivo de por um lado, racionalizar em termos materiais e procedimentais a criação das ARIS, e, por outro lado, estabelecer um quadro de referência quanto ao seu regime jurídico, que

A actual Lei nº 67/2013, de 28 de Agosto, a nosso ver, não pode ser entendida como uma *Lei Geral da Administração Independente* nem, tão-pouco, como uma *Lei Geral da Regulação Económica.*[548]

As razões fundamentais que nos levam a sustentar tal qualificação assentam em dois principais motivos, que se enunciam:

a) Em primeiro lugar, o novo regime tem apenas por objetivo a disciplina de entidades administrativas independentes *com funções de regulação.* Ora, é possível descortinar dentro da Administração Independente várias entidades com funções não-regulatórias – por exemplo, a Comissão de Acesso aos Documentos Administrativos, a Comissão Nacional de Protecção de Dados, bem como o Provedor de Justiça – tendo essencialmente em comum o facto de serem destinados à defesa de direitos fundamentais e de terem sido criadas na órbita da AR;

b) Por outro lado, a nova lei exclui expressamente algumas entidades reguladoras – como é o caso do Banco de Portugal e da Entidade Reguladora da Comunicação Social.

Conhecemos a justificação do legislador para estas duas exclusões: no que respeita à ERC, tal deve-se ao facto de, para além da mesma não ter a natureza de entidade de regulação económica e concorrencial, os respectivos estatutos serem aprovados por uma lei de valor reforçado (alínea *a)* do nº 6 do art. 168º da CRP) e, por outro lado, a sua institucionalização, atribuições e competências decorrerem directamente da Constituição (art. 39º da CRP).[549]

limite a tentação da singularidade de regimes sem justificação razoável. Vital Moreia, Fernanda Maçãs, "Autoridades Reguladoras Independentes – Estudo e Projecto de Lei-Quadro", Coimbra Editora, 2003, p. 260.

[548] Cfr. sobre a natureza de uma Lei de Valor Reforçado, Carlos Blanco de Morais, "As Leis Reforçadas pelo procedimento no âmbito dos critérios estruturantes das relações entre actos", Coimbra Editora, 1998; Jorge Miranda, "Manual de Direito Constitucional", Tomo V; J. J. Gomes Canotilho, "Direito Constitucional e Teoria da Constituição"; Maria Luisa Alves Neto, "O Estado de Direito Democrático e as Leis de Valor Reforçado", em Estudos em homenagem ao Professor Doutor Jorge Ribeiro de Faria, Porto, 2003.

[549] Para alguns autores a ERC é uma autoridade administrativa independente, justamente porque da sua configuração constitucional, retira-se que aquela "entidade administrativa independente" não se limita a integrar o leque de pessoas colectivas públicas dotadas de funções administrativas de mera regulação e supervisão de um determinado mercado económico, antes se configurando – e em primeira medida – como uma entidade administrativa dotada de funções de defesa e salvaguarda de direitos fundamentais, máxime de direitos directamente relacionados com o princípio do pluralismo político, com a liberdade de expressão e de informação e com a liberdade

No caso do Banco de Portugal, o regime de excepção é baseado fundamentalmente nas dificuldades que surgiriam na harmonização com o estatuto emergente da sua pertença ao Sistema Europeu de Bancos Centrais, nos termos dos artigos 13º e 131º do Tratado da União Europeia e da eventual inconstitucionalidade das normas que pudessem pôr em causa a sua independência.[550/551]

Em todo o caso, e apesar da "justificação" da solução normativa (que compreendemos) para a exclusão acima assinalada, o que importa neste contexto sublinhar é que a Lei traduz apenas o regime jurídico de algumas entidades administrativas independentes, justamente as que operam na área da economia, deixando de "fora" deste enquadramento as que actuam no domínio dos direitos, liberdade e garantias e direitos análogos, bem como as que ope-

de imprensa. Tal resulta, desde logo, das várias atribuições que o legislador constituinte entendeu conferir-lhe. Porventura, com excepção da alínea *e)* do nº 1 do art. 39º da Constituição, todas as demais alíneas daquele preceito constitucional afastam a "entidade administrativa independente" da categoria das pessoas colectivas públicas, exclusiva ou predominantemente vocacionadas para a mera regulação e supervisão de determinado mercado económico. Ver Acórdão nº 613/2008 da 3ª Secção do Tribunal Constitucional, disponível em www.tconstitucional.pt. Em reforço desta função de defesa de direitos fundamentais, cfr. J. J. Gomes Canotilho/Vital Moreira, "Constituição da República Portuguesa Anotada", Vol. I, Coimbra, 2007, pp. 598/599; José Carlos Vieira de Andrade, "Lições de Direito Administrativo", 1ª edição, Coimbra, 2010.

550 De acordo com o Ante-Projecto apresentado por Vital Moreira/Fernanda Maçãs, era consagrada uma norma específica relativa ao Banco de Portugal intitulada "Regime especial", nos termos da qual *"O Banco de Portugal goza de regime especial, com derrogação das normas da presente Lei na medida necessária à sua especificidade enquanto Banco Central e membro do sistema europeu de Bancos Centrais"*. Parece-nos que a sua não inclusão na Lei-Quadro é mais consentânea com as particularidades do seu regime, de nada valendo integrar esta instituição pela sua natureza independente com possibilidade de derrogação em bloco do regime instituído. Na prática, a aplicação do regime poderia suscitar mais contradições do que a previsão de um plano comum de atribuições e competências no que respeita à respectiva função reguladora.

551 No seu Parecer apresentado à Comissão de Economia e Finanças da AR sobre a Proposta de lei 132/XII/2, o Instituto de Seguros de Portugal é muito crítico em relação à sua inclusão entre as entidades abrangidas pela Lei-Quadro: *"Para institucionalização e operacionalização das modalidades de cooperação entre as três autoridades foi estabelecido o CNSF, no âmbito do qual se tratam questões regulatórias ou de supervisão de interesse transversal e/ou sistémico. Ora, o adequado funcionamento do sistema de supervisão do setor financeiro supõe o mesmo modelo de independência das três autoridades de supervisão. Atendendo ao grau de integração dos subsetores, a menor eficiência de uma das autoridades de supervisão constitui um risco sistémico adicional, agravado pelo facto de, nessas circunstâncias, os operadores tenderem a explorar eventuais arbitragens regulatórias e de supervisão. A coexistência de graus diferenciados, entre as várias autoridades de supervisão do sistema financeiro, de competências, de meios e de independência não quadra com o estado atual do mercado e acabaria por se revelar uma fonte de vulnerabilidade para todo o sistema financeiro, e, no limite, para o próprio sistema económico nacional"*.

rando no sector financeiro se consideram "pertença" do Sistema Europeu de Bancos Centrais.[552]

Do ponto de vista do seu "valor" consideramos igualmente que, de acordo com o nº 3 do art. 112º da CRP, a Lei-Quadro não tem valor reforçado; tal significa que poderá ser derrogada por Lei da Assembleia da República ou Decreto do Governo.[553]

Pelo que, caso o Governo pretenda legislar sobre esta matéria em "contradição" com a Lei-Quadro estará, segundo o regime jurídico aprovado, livre para o fazer, a não ser que aquele Decreto-lei invoque expressamente a LQ através de Auto vinculação material. O risco é acrescido na medida em que a regulamentação da Lei é densa, sendo que estamos no domínio de uma Lei da área concorrencial entre o Governo e o Parlamento.

Sistematicamente, a Lei-Quadro está estruturada em duas partes: o preâmbulo da lei é composto por 5 artigos, respeitantes às normas de adaptação e transitórias, âmbito subjectivo, reestruturação e denominação de algumas entidades reguladoras abrangidas e produção de efeitos.[554]

A lei, nos termos do nº 3 do art. 3º reconhece expressamente como entidades reguladoras as seguintes entidades actualmente existentes: i) Instituto de Seguros de Portugal; ii) Comissão do Mercado de Valores Mobiliários; iii) Autoridade da Concorrência; iv) Entidade Reguladora dos Serviços Energéticos; v) Autoridade Nacional de Comunicações (antigo ICP – ANACOM); vi) Autoridade Nacional de Aviação Civil (antigo INAC, I.P); vii) Instituto da Mobilidade e dos Transportes, I.P.; viii) Entidade Reguladora dos Serviços de Águas e Resíduos; e ix) Entidade Reguladora da Saúde.[555]

O objecto e âmbito de aplicação da nova Lei estão no Anexo a que se refere o art. 2º; por seu turno, o Título II contém disposições gerais relativas à natureza, princípios, regime, criação, extinção, fusão, cisão, cooperação, âmbito e organização territorial das entidades reguladoras.

552 Ver Parte IV da nossa Tese em que procuramos demonstrar a diversa qualificação de algumas das entidades "excluídas" da organização da Administração Pública como Administração Independente, por razões que se fundam na sua própria natureza jurídica, que qualificamos como Autoridades Públicas Independentes.

553 Foi, aliás o que sucedeu com a Lei-Quadro dos Institutos Públicos na medida em que por assumir a mesma natureza, das seis alterações produzidas, três delas foram aprovadas por decreto-lei do Governo.

554 Cfr. art. 3º da Lei que determina que os estatutos das entidades reguladoras já existentes devem ser adaptados à nova regulamentação.

555 Como já acima referido, quer o Banco de Portugal, quer a ERC estão excluídas do seu âmbito de aplicação e em conformidade da qualificação como entidades reguladoras.

De entre tais regras, parece-nos importante destacar a submissão das entidades reguladoras ao cumprimento de:

a) um conjunto de requisitos, designadamente, dispor de autonomia administrativa e financeira; dispor de autonomia de gestão; possuir independência orgânica, funcional e técnica; possuir órgãos, serviços, pessoal e património próprio; ter poderes de regulação, de regulamentação, de supervisão, de fiscalização e de sanção de infracções; e garantir a protecção dos direitos e interesses dos consumidores (cfr. art. 3º, nº 2); e

b) um conjunto de princípios de gestão, como sejam, a transparência na actuação, através da discussão pública de projectos de documentos que contenham normas regulamentares e da disponibilização pública de documentação relevante sobre as suas actividades e funcionamento com impacto sobre os consumidores e entidades reguladas, incluindo sobre o custo da sua actividade para o sector regulado e o respeito pelos princípios da prévia cabimentação e programação na realização das despesas subjacentes à assunção de compromissos e aos pagamentos em atraso das entidades públicas.

No Título III, e para além das regras gerais respeitantes à função, composição, designação, mandato, estatuto, competências e funcionamento dos órgãos sociais, consagram-se limitações decorrentes do regime de incompatibilidades e impedimentos aí definido para os membros do conselho de administração, os quais ficam sujeitos a um regime de exclusividade no exercício das suas funções (cfr. artº 19º, nº 1) e, após a cessação do seu mandato e durante um período de dois anos, interditos de estabelecer qualquer vínculo ou relação contratual com as empresas, grupos de empresas ou outras entidades destinatárias da atividade da respectiva entidade reguladora, tendo direito no referido período a uma compensação equivalente a ½ do vencimento mensal (cfr. artº 19º, nº 2).

Em caso de incumprimento do disposto no artº 19º, nº 2, o membro do conselho de administração fica obrigado a devolver o montante equivalente a todas as remunerações líquidas auferidas durante o período em que exerceu funções, bem como a totalidade das compensações líquidas recebidas ao abrigo do artº 19º, nº 2. (cfr. artº 19º, nº 6). No que respeita aos trabalhadores das entidades reguladoras, apesar de se aplicar o regime do contrato individual de trabalho, estes não deixam de estar sujeitos aos requisitos e às limitações decorrentes da prossecução do interesse público aplicáveis. Os membros da comissão de fiscalização e o fiscal único também ficam sujeitos ao regime da exclusividade, designadamente ao disposto nas alíneas *b)* e *c)* do artº 19º, não podendo manter qualquer vínculo laboral com o Estado (artº. 28º, nº 8), sendo este regime aplicável com especificidades no caso da entidade reguladora com competência para a aplicação das regras de defesa da concorrência (artº 28º, nº 9). No caso da entidade reguladora com competência para a aplicação das regras de defesa da concorrência esta proibição abrange as empresas ou entidades que tenham tido intervenção em processos ou sido destinatárias de atos, decisões ou deliberações daquela entidade durante o período em que os membros do conselho de administração tenham exercido funções. Já no caso da entidade reguladora com competências na área da saúde, não é aplicável esta limitação aos membros do conselho de administração que sejam profissionais do sistema nacional de saúde quando regressem ao local de origem (cfr. art. 19º, nº 3 e 4). A grande novidade da Lei respeita ao processo de criação, extinção e fusão das Entidades de Regulação previsto nos artigos 6º a 8º da LQER.

Na verdade, a lei contempla pressupostos para a sua criação de que destacamos: (i) verificação da necessidade efectiva de instituição de uma entidade administrativa independente, fundada na prossecução do interesse público; (ii) verificação da capacidade de autonomia financeira da entidade que assegure autossuficiência no domínio do respectivo financiamento; (iii) necessidade de realização de um estudo prévio que seja demonstrativo da verificação cumulativa dos mesmos.[556]

A nova legislação consagra, assim, em sede de teoria geral da organização da Administração Pública, o princípio geral da *necessidade* da criação de novas entidades de regulação subordinadas à verificação de condições que devem ter-se por verificadas para efeitos da prolação de uma decisão de política.[557]

As entidades reguladoras para efeitos da Lei nº 67/2013, de 29 de Agosto, são definidas como pessoas colectivas de direito público com a natureza de entidades administrativas independentes, com atribuições em matéria de regulação da actividade económica, de defesa dos serviços de interesse geral, de protecção dos direitos e interesses dos consumidores, e de promoção e

[556] Entendemos estes requisitos como uma manifestação inequívoca do legislador de impor a verificação cumulativa destes requisitos para efeitos do exercício do poder de criação de entidades administrativas independentes com funções de regulação. Trata-se, pois, de um poder vinculado aos pressupostos legais de criação de entidades administrativas independentes.

[557] Cfr. relativamente ao princípio da necessidade, Paulo Otero, "O Poder de Substituição em Direito Administrativo", Vol. II, pp. 827 e seguintes.

defesa da concorrência dos sectores privado, público, cooperativo e social (cfr. art. 3º, nº 1).[558]

Feitas estas considerações de índole genérica quanto aos traços essenciais da nova legislação relativa as entidades administrativas com funções de regulação parece justificado passar ao aprofundamento dos elementos modeladores do novo quadro normativo em questão:

i) Estatuto de independência

Se atentarmos à descrição feita das diversas entidades que integramos nesta designação, verificamos que, com maior ou menor grau de intensidade, as regras de independência já estão consagradas nas respectivas leis delas criadoras.

Porém, uma Lei-Quadro das Autoridades administrativas independentes deve definir o regime jurídico destas autoridades, através do aprofundamento do seu estatuto de independência e o dos seus membros, de que destacamos os seguintes:

a) Consagração de modelos de governo com órgãos próprios de decisão, fiscalização e auditoria e consulta;[559]
b) Nomeação dos membros dos órgãos próprios da Autoridade pelo Governo com reforço da participação da Assembleia da República;[560]
c) Duração alargada do mandato dos órgãos sem possibilidade de renovação;[561]
d) Maior densificação das regras de incompatibilidades e impedimentos dos membros dos órgãos próprios da autoridade;[562]

[558] Sobre o conceito de serviços de interesse geral, cfr. João Nuno Calvão da Silva, "Mercado e Estado – Serviços de Interesse Económico Geral", Almedina, 2008.

[559] Da análise dos diversos estatutos das autoridades analisadas na Parte III podemos constatar que a generalidade das entidades portuguesas tem um modelo de governo assente em órgãos de decisão colegiais de número ímpar, órgão de fiscalização e auditoria e órgãos de consulta, como é o caso da Autoridade da Concorrência, da ERSE, da ERS, do ISP e da ANACOM.

[560] Consideramos que a solução ou regra apontada assume vantagens e inconvenientes, mas em todo o caso consideramos que a regra geral de nomeação deve ser a do Conselho de Ministros e não apenas de um ou dois ministros conjuntamente. O reforço dos poderes do Parlamento apesar de poder assumir alguns "riscos" de partidarização da decisão, reforça, a nosso ver, o aumento do escrutínio público sobre as decisões de política tomadas.

[561] O objectivo desta medida seria, no fundamental, o de assegurar o desfasamento dos mandatos face aos ciclos políticos.

[562] A medida em causa tem em vista prevenir sobretudo eventuais situações de conflito de interesses ou "captura" do regulador durante o exercício do mandato. De salientar que estas regras não têm

e) Reforço da independência funcional na tomada de decisão, através da consagração expressa da impossibilidade de superintendência ou tutela governamental, sem prejuízo dos princípios gerais inerentes ao princípio da unidade da administração;
f) Garantia formal da independência funcional da decisão tomada pela Autoridades através da consagração expressa da insusceptibilidade de qualquer tipo de recurso, apreciação, veto ou suspensão de natureza graciosa;
g) Garantia de independência financeira.

Importa, assim, em face da nova Lei, verificar se os critérios acima mencionados são ou não observados de modo a habilitar-nos a considerar (ou não) se a nova Lei-Quadro reforça as regras de independência das entidades de regulação mantendo o "equilíbrio" que resulta, no campo das suas atribuições e competências, do princípio da *unidade de acção* consagrado na Constituição.

Assim, em primeiro lugar, o regime geral que decorre da nova Lei contempla atributos nominais de independência de forma expressa quando, no art. 3º do seu Anexo se dispõe que, por forma a prosseguir as respectivas atribuições, as entidades de regulação devem dispor de autonomia administrativa e financeira, autonomia de gestão e possuir independência orgânica, funcional e técnica.

Em matéria de organização, estabelece-se no Título III como órgãos obrigatórios das entidades reguladoras (i) o conselho de administração; e (ii) a comissão de fiscalização ou fiscal único, funcionando também junto destas entidades uma comissão de vencimentos, podendo os estatutos prever outros órgãos de natureza consultiva, de regulação tarifária ou de participação dos destinatários da respectiva actividade. [563]

Esta Lei-Quadro assume a colegialidade como uma das manifestações da independência das entidades nelas previstas, na medida em que o pluralismo

aplicação uniforme no actual quadro estatutário das entidades administrativas independentes, nomeadamente no caso da AdC, ISP, ERSE e ANACOM.

[563] É uma solução que deriva directamente do Ante-Projecto de Vital Moreira e Fernanda Maçãs, excepto no que respeita ao carácter facultativo da existência de um órgão consultivo, o que se compreende na medida em que constitui uma expressão da participação dos interessados na acção administrativa cuja natureza se assume muito diferenciada consoante as funções desempenhadas pelas entidades reguladoras.

na composição destas entidades favorece a troca de experiências e o confronto entre diversos saberes.[564]

No que respeita à designação dos membros dos conselhos de administração, apesar da consagração de requisitos de idoneidade, competência técnica e aptidão, os mesmos são indicados pelo membro do Governo responsável pela área económica sobre a qual incide a actuação da entidade reguladora e designados por Resolução do Conselho de Ministros após audição da comissão competente da Assembleia da República (nºs 2 e 3 do art. 17º).[565]

Aliás, em face do regime actual, resulta que a maioria das entidades reguladoras consignou nos respectivos estatutos a nomeação dos membros dos órgãos de forma idêntica ao regime ora instituído.

O reforço dos poderes do Parlamento, apesar de poder assumir alguns "riscos" de partidarização da decisão reforça, a nosso ver, o aumento do escrutínio púbico sobre as decisões de política tomadas.

Também do ponto de vista do direito comparado podemos referir que na generalidade dos países comunitários a regra é a da nomeação governamental dos órgãos de decisão, como resulta da consulta aos *websites* das autoridades, nomeadamente no Reino Unido, França, Espanha e Holanda.[566]

No que respeita à duração dos mandatos, a nova Lei reforça a natureza independente alargando a respectiva duração para seis anos, não sendo renovável, podendo os mesmos ser providos nos órgãos seis anos após a cessação do mandato anterior (nºs 1 e 2 do art. 20º), o que a par da regra da designação do nº 7 do art. 17º (que visa impedir os designados "testamentos eleitorais") evita a coincidência entre os ciclos políticos e o exercício do mandato.

Por outro lado, apesar das razões de cessação de mandatos assumirem uma natureza marcadamente excepcional (alíneas *a)* a *g)* do nº 3 do art. 20º)

[564] A regra da colegialidade é aparentemente "enfraquecida" se tivermos em conta o disposto no art. 23º da Lei em menção, uma vez que é consagrada a regra do veto presidencial quando este considera que a deliberação é "contrária à lei, aos estatutos ou ao interesse público".

[565] No relatório que serviu de base à Lei, o reforço da independência em matéria de nomeação dos membros seria assegurado por uma decisão de nomeação de todo o Governo e não apenas do Ministro da Tutela. Complementarmente, considerava-se como medida a implementar no futuro um processo de concurso público para a selecção dos membros dos órgãos de decisão – especificando os requisitos de experiência profissional e de qualificações, bem como as regras de incompatibilidades e impedimentos.

[566] Segundo Vital Moreira, "Administração Autónoma e Associações Públicas", trata-se de uma aproximação ao regime norte-americano de confirmação pelo Senado das nomeações presidenciais, ficando, no entanto, aquém dessa solução. Ver, igualmente, o Anexo que integramos no final da Parte IV.

já a dissolução do conselho de administração e a destituição de qualquer dos seus membros poderá ocorrer "*mediante resolução do Conselho de Ministros fundamentada em motivo justificado*", designadamente desrespeito grave ou reiterado do cumprimento das obrigações de transparência e informação, violação do dever de reserva ou incumprimento injustificado do plano de actividades ou do orçamento.[567]

A Lei-Quadro dedica ainda especial atenção à questão dos vencimentos dos membros do conselho de administração das entidades reguladoras. Com efeito, o nível salarial será fixado por uma *Comissão de Vencimentos* que funcionará junto de cada uma delas.[568]

Na determinação das remunerações deverá cada *Comissão* atender a factores como os da dimensão, complexidade, exigência e responsabilidade inerentes às funções, as práticas habituais de mercado no sector de atividade em causa, bem como a conjuntura económica e a necessidade de ajustamento e de contenção remuneratória em que o país se encontre. Ou seja: embora não se fixem critérios fechados, é clara a intenção no sentido de limitar o nível salarial dos órgãos dirigentes das entidades reguladoras.[569]

Na prossecução dos princípios de independência e neutralidade, a LQEAR consagra ainda garantias reforçadas quanto ao estatuto dos titulares dos órgãos das entidades reguladoras. Assim, como se expôs, o exercício dessas funções deverá obedecer a um regime de exclusividade, estando vedado o acesso a quaisquer outras funções públicas ou profissionais, bem como a manutenção de qualquer vínculo com qualquer empresa ou entidade destinatária da atividade regulatória (art. 19º, nº 1).

Especialmente relevante é a previsão de um regime de *pós-eficácia* destas relações de incompatibilidade, na medida em que se prevê a proibição de estabelecimento de vínculos com qualquer entidade que seja destinatária da atividade regulatória num período de dois anos (art. 19º, nºs 2 e seguintes).

Nos termos do nº 1 do art. 45º da nova Lei-Quadro, as entidades reguladoras não se encontram sujeitas a superintendência ou tutela governamental;

[567] Como se pode constatar pelos conceitos utilizados pelo legislador, os mesmos são "vagos" e "indeterminados" susceptíveis de enquadramento no âmbito do poder discricionário da entidade que procede à nomeação, podendo dar azo a destituições fundadas em razões de mérito.

[568] Esta Comissão é composta por três membros, dois deles indicados pelo Governo e um terceiro indicado pela entidade de regulação.

[569] De salientar, no entanto que, dado que dois dos membros da Comissão são nomeados pelo Governo é de admitir que o nível salarial venha a ser aproximado dos vencimentos dos gestores públicos.

no entanto, este princípio é temperado por uma espécie de "tutela preventiva" consubstanciada, designadamente, na necessidade de aprovação prévia dos planos plurianuais e orçamentos, e de outros actos de "incidência financeira ou patrimonial" e na possibilidade do membro do Governo responsável poder solicitar informações sobre a execução do plano de actividades e orçamentos.[570]

O poder de intervenção governativa decorre ainda da possibilidade de participação no processo de elaboração de regulamentos que contenham normas de eficácia externa (nº 1 do art. 41º).[571]

No plano das competências sancionatórias das entidades, a lei estipula a necessidade de aprovação prévia governamental de planos de inspecção, nos termos do nº 1 do art. 42º.[572]

No quadro da nova Lei não está consagrada de forma expressa a insusceptibilidade de qualquer tipo de recurso, apreciação, veto ou suspensão de natureza graciosa, o que se pode traduzir por um princípio de "independência limitada" no que se refere ao controlo gracioso de qualquer decisão tomada pela entidade.

Finalmente, devemos referir o regime consagrado no nº 1 do art. 9º, segundo o qual "*sem prejuízo da sua independência, cada entidade reguladora está adstrita a um ministério, abreviadamente designado como ministério responsável, em cuja lei orgânica deve ser referida*". [573]

Esta regra poderá, *prima facie*, apenas significar a introdução de um sistema classificatório quanto ao ministro "responsável" perante o qual a entidade reguladora deverá prestar informações sobre a execução dos planos e orçamentos nos termos do nº 3 do art. 45º. Ou seja, é possível considerar que apenas se pretende definir a entidade interlocutora das relações electivas ou institucionais, quer em matéria de tutela financeira, quer em matéria de relações de colaboração e prestação de informações e consultas.[574]

[570] Segundo Vital Moreira, op. cit., p. 306, esta tutela só se torna necessária para os actos relativos ao funcionamento das ARI e não relativamente às actividades de regulação, o que revela a sua independencia funcional.

[571] Esta regra pode ofender, de forma substancial, a independência funcional das entidades de regulação que decorre do princípio da neutralidade na sua vertente de exercício de competências técnicas.

[572] Também neste domínio, nos parece divisar uma interferência explícita do Governo face aos poderes e competências da entidade de regulação que relevam da sua própria "autonomia reforçada".

[573] Mais uma vez esta regra retrata uma norma do Ante-Projecto de Vital Moreira e Fernanda Maçãs que, como já referimos, qualificava as entidades reguladoras como institutos públicos.

[574] O regime referido pode, evidentemente, ser entendido nos termos em que o deixamos fixado. Todavia, trata-se de uma matéria deveras complexa que a prática pode revelar um outro e dife-

Finalmente, e no que se refere às regras de independência, o nº 2 do artº 12º (Princípio da especialidade) e a alínea *m)* do nº 1 do art. 21º (Competência do Conselho de Administração) estipulam que as entidades reguladoras podem exercer funções de apoio técnico à Assembleia da República e ao Governo, designadamente elaborando pareceres, estudos, informações e projectos de legislação.

Ora, este apoio técnico é potencialmente gerador de situações de conflitos e poderá afectar a actividade de fiscalização, sancionatória ou de licenciamento, em termos de poder suscitar algumas "perplexidades" quanto à independência funcional das entidades reguladoras.[575]

ii) Mecanismos de responsabilização (accountability)

Outra das áreas que carecem de ser repensadas em termos de um novo quadro jurídico das autoridades administrativas independentes relaciona-se com o que actualmente é considerado como uma "deficiência" do sistema, e que se traduz pela insuficiência ou ausência de mecanismos de controlo político das actividades exercidas por estas Autoridades.[576]

Na verdade, nos actuais Estatutos de algumas autoridades está prevista a possibilidade de ser enviada à AR o Relatório das Actividades, bem como a possibilidade de participarem nas Comissões especializadas em audições, inquéritos ou pedidos de informação.[577]

Do que se trata, no entanto, no âmbito da Lei-Quadro é de uniformizar e concertar estes procedimentos, tornando-os extensíveis ao conjunto das

rente entendimento, nomeadamente, o de que são mais "apertados" os níveis de relação entre as entidades e o Governo.

[575] Devemos sublinhar que as melhores práticas internacionais adoptam como solução, a de consagrar uma norma transversal que preconiza as tarefas de consulta ao Governo e à Assembleia da República, deixando para equipas multidisciplinares da Administração Directa do Estado as competências de execução técnica.

[576] Cfr. em termos de mecanismos de *accountability* e seguindo a lógica anglo-saxónica, Briault, Clive (2002), "Revisiting the rationale for a single national financial services regulator", FMG Special Papers, 135, Financial Markets Group, em http://www.fsa.gov.uk/pubs/occpapers/OP16.pdf, em 15 de Setembro de 2007; Hupkes, Eva/Quintyn, Marc/Taylor, Michael, "Accountability Arrangement for Financial Sector Regulators", 2006, disponível em http://www.imf.org/external/pubs/ft/issues/issues39/ei39.pdf.

[577] Cfr. critérios de distinção entre controlo financeiro e *accountability*, Paulo Nogueira da Costa, "Que Contas? – O controlo financeiro externo entre accounting e accountability", Revista de Finanças Públicas e Direito Fiscal, Ano VI 2, 13, pp. 51 e seguintes; Richard Mulgan, "Holding Power to Account: Accountability in Modern Democracies", Janeiro 2004; Ronald Dworkin, "Sovereign Virtue: The theory and practice of equality", Harvard University Press, 2002.

Autoridades, através do reforço institucional destes mecanismos de responsabilização.

Diríamos, assim, que poderiam ser adoptados os seguintes principais princípios:

a) Definir as matérias sobre as quais a Autoridade deverá responder obrigatoriamente junto da AR, bem como a periodicidade das idas às comissões especializadas;[578]
b) Determinação das matérias sujeitas a prestação de contas à AR;[579]
c) Definição de mecanismos de avaliação da eficácia e do impacto das decisões da Autoridade;[580]
d) Determinação da entidade competente para a realização das avaliações à Autoridade;
e) Definição legal das regras aplicáveis às consultas e audições públicas;[581]
f) Determinação legal da obrigatoriedade de publicação e divulgação pública das decisões tomadas.

Compulsadas as regras previstas na nova Lei, esta institui mecanismos de escrutínio parlamentar, nomeadamente: (i) a necessidade de apresentação dos órgãos das ERs perante a comissão parlamentar competente, para prestar informações ou esclarecimentos sempre que tal lhes seja solicitado; (ii) a apresentação do plano de actividades no primeiro trimestre de cada ano; e, (iii) o envio do Relatório anual sobre a respectiva actividade e funcionamento do ano antecedente (nº 2 do art. 49º).

A Assembleia da Repúblicas intervém ainda na audição prévia à designação dos membros do Conselho de Administração pelo Governo, compe-

[578] Esta medida tem por objectivo reforçar os poderes de acompanhamento das autoridades por parte do poder político, no caso, o Parlamento. Neste sentido, entendemos que deveria ser obrigatório o envio do Relatório anual de actividades à Assembleia da República e ao Governo, bem como a presença anual e obrigatória perante a comissão especializada do Parlamento.

[579] Para além dos poderes que são conferidos ao Parlamento de acompanhamento e de audição, entendemos que a lei-quadro deveria determinar que, no mínimo, o Relatório Anual de Actividades deveria obrigatoriamente ser remetido ao Governo e à A.R.

[580] Este tipo de avaliações compreende mecanismos externos e internos de avaliação. Desde logo as avaliações governamentais e parlamentares, bem como avaliações realizadas por entidades externas de auditoria de eficiência de gastos, de desempenho e de impacto regulatório.

[581] A transparência e o escrutínio públicos devem ser a regra no que se refere às decisões das entidades administrativas independentes. Assim, entendemos que deve ser obrigatória a publicação e a divulgação adequada das actividades e das missões exercidas pelas entidades.

tindo-lhe elaborar, através da comissão competente, um relatório respeitante à mesma (nº 3 do art. 17º).

Nos termos do nº 3 do art. 5º da Lei é consagrada expressamente a sujeição das entidades ao regime de jurisdição e controlo financeiro do Tribunal de Contas, em coerência com o disposto na Lei de Organização e Processo do Tribunal de Contas, bem como a susceptibilidade de responsabilidade financeira das ARNs, nos termos do nº 2 do art. 46º.

O controlo judicial (tribunais administrativos, judiciais, tribunal da concorrência, regulação e supervisão[582]) permite aos particulares suscitar a apreciação jurisdicional da atividade administrativa da ERI no âmbito das suas atribuições, bem como das decisões de aplicação de coimas e outro tipo de sanções em processos de contraordenação.

Trata-se de normas de natureza processual e por isso não enquadradas no regime da nova Lei-Quadro, constando porém da mesma (nº 2 do art. 5º) a aplicação subsidiária às ARNs (sem prejuízo do regime jurídico da concorrência), no âmbito do exercício de poderes públicos, do Código de Procedimento Administrativo, bem como as leis de contencioso administrativo. As únicas referências relacionadas com o controlo judicial resultam do nº 3 do art. 21º, nos termos do qual as entidades reguladoras são representadas em juízo pelo presidente do conselho de administração, por dois dos seus membros ou por mandatário, sem prejuízo de poder optar por solicitar o apoio e a representação em juízo por parte do Ministério Público, e ainda a previsão segundo a qual os actos praticados pelo conselho de administração são impugnáveis nos tribunais competentes, nos termos da Lei (nº 5 do art. 21º).

Finalmente, as entidades de regulação estão ainda sujeitas a controlo orçamental pela Direcção-Geral do Orçamento, organismo perante o qual são periodicamente prestados os esclarecimentos necessários sobre o desempenho orçamental.

3. Redefinição das atribuições e competências das entidades administrativas de regulação independentes

Dada a forma como despontaram e se desenvolveram em Portugal as autoridades administrativas independentes, não se verifica, no contexto dos res-

[582] O Decreto-lei nº 67/2012, de 20 de Março, procedeu à instituição do Tribunal da Propriedade Intelectual e do Tribunal da Concorrência, Regulação e Supervisão, com competências para todo o território nacional. A Portaria nº 84/2012, de 29 de Março, declara instalado o 1º juízo do Tribunal da Concorrência, Regulação e Supervisão.

pectivos estatutos, regras uniformes e coerentes quanto ao nível das suas atribuições e responsabilidades.[583]

Na verdade, inexistindo até há pouco tempo um regime-quadro, o que tem vindo a suceder é que nalguns casos as autoridades dispõem de poderes sancionatórios e noutros não, para além de que, em outros casos, por exemplo, se verifica uma dispersão de funções de política e soberania energética.[584]

Por outro lado, não estão claramente definidas no quadro legal em vigor (exemplo, as leis orgânicas e estatutos das autoridades) as regras determinantes das diversas competências de que são titulares, nomeadamente as de decisão, superintendência, fiscalização, investigação, sancionatória e de parecer.[585]

Entendemos, pois, que a Lei-Quadro deveria conter a definição dos diversos poderes atributivos das autoridades administrativas independentes, de modo a que pudesse verificar-se a compatibilização entre a lei-quadro e os estatutos de cada autoridade.

Ou seja, a nosso ver, deve caber à Lei-Quadro a definição dos diversos poderes, e aos estatutos apenas o enunciado dos mesmos, de modo a assegurar a necessária harmonização, no âmbito das atribuições e competências e do normativo aplicável às diversas autoridades.

Consideramos, assim, que a lei-quadro deveria consagrar, em termos amplos, os poderes das autoridades adoptando, no essencial, as seguintes principais definições:

a) Regulação, entendida como garantia de acesso ao mercado, definição das condições de acesso a redes e definição de preços, taxas ou critérios de formação dos mesmos;

[583] Sobre a necessidade de ser estabelecida uma Lei-Quadro, cfr. Memorando de Entendimento que, entre outras matérias, determina a necessidade de ser elaborado um estudo independente sobre as responsabilidades, recursos e características das principais autoridades reguladoras, como salienta Ascenso Simões em "Os Desafios das Autoridades Reguladoras", em Expresso de 26 de Maio de 2012, e Luis da Silva Morais em "Que Regulação para Portugal" na edição do Expresso de 21 de Abril de 2012.

[584] Quanto ao primeiro caso, cite-se o exemplo da ERSE que não dispõe de um regime sancionatório alinhado com o Terceiro Pacote Legislativo do Mercado Interno de Energia, em particular com a Directiva 2009/72/CE. Quanto ao segundo caso, veja-se por exemplo, a segurança de abastecimento, planeamento de médio e longo prazo de redes que se encontra actualmente no âmbito das missões da REN.

[585] É o caso, por exemplo de funções de consulta e de assessoria ao Governo por parte de algumas entidades. Seria de toda a conveniência que a lei-quadro definisse o que se entende por funções desta natureza e, porventura, transferi-las para os órgãos competentes da administração directa do Estado.

b) Regulamentação, ou seja, possibilidade legal conferidas às autoridades para elaborar regulamentos internos da sua organização e funcionamento;[586]
c) Supervisão, ou seja, superintender o cumprimento da lei e de eventuais contratos com operadores, bem como fiscalizar (inspecção) as actividades do sector regulado;
d) Sancionatórias, no sentido de conferir poderes de investigação e instrução de actos de infracção à lei, decidindo e aplicando sanções contraordenacionais, bem como aplicação de sanções acessórias, nomeadamente suspensão de licenças ou imposição de certo tipo de obrigações às empresas ou sectores regulados;
e) Licenciamento, ou seja, conferir às autoridades o poder de licenciar, autorizar ou credenciar empresas ou actividades no âmbito do sector regulado;
f) Arbitragem, ou seja, conferir às autoridades a competência para promoção de resolução de litígios entre as empresas e entre estas e os consumidores.[587]

Na sequência da aprovação da Lei nº 67/2013, de 28 de Agosto, verificamos que a mesma distingue no seu articulado entre as *atribuições* de regulação da actividade económica (nº 1 do art. 3º) e os *poderes* de regulação, de supervisão, de fiscalização e de sanção das infracções (art. 40º). No entanto, no art. 40º é utilizado indistintamente o termo "regulação" e "regulamentação" a propósito do elenco dos poderes de regulamentação das entidades administrativas independentes com funções de regulação.

Os termos em que é formulado o elenco ou o âmbito dos poderes das entidades consiste numa fórmula aberta, o que permite a respectiva densificação aquando da aprovação dos estatutos de cada uma das entidades.[588]

Os poderes genéricos das entidades (nº 1 do art. 40º) traduzem-se na possibilidade de: (i) fazer cumprir as leis, regulamentos e actos de direito da União Europeia; (ii) fixar e colaborar na fixação de tarifas, taxas e preços a praticar

[586] Como sabemos, uma das áreas que mais justifica dúvidas, até de compatibilidade constitucional, é a da possibilidade atribuída a algumas autoridades, através dos seus estatutos, de poderem elaborar regulamentos com eficácia externa. Neste sentido e discutindo este tema, ver Paulo Otero, "O Poder de Substituição em Direito Administrativo", Vol. II, p. 785.

[587] A título de exemplo refira-se que a Holanda e a Espanha dispõem no seu ordenamento jurídico de legislação quadro que define o enquadramento das autoridades independentes, nomeadamente quanto a regras gerais de nomeação dos órgãos de decisão, regras gerais de incompatibilidade, articulação com instituições comunitárias e regras de *accountability*.

[588] Neste sentido, cfr. art. 3º, nº 2 da citada Lei 67/2013, de 28 de Agosto.

no sector; (iii) fixar as regras de acesso à actividade económica regulada; (iv) assegurar o acesso equitativo às actividades baseadas em redes por parte dos operadores; (v) garantir as "obrigações de serviço universal" ou "serviços de interesse geral" nas actividades em que prestam "serviços de interesse geral"; e (vi) implementar as leis e regulamentos e verificar o respectivo cumprimento, e ainda emitir ordens e instruções e conceder autorizações e aprovações ou homologações.

No exercício dos seus poderes de regulamentação caberá às aludidas entidades, designadamente: (i) emitir recomendações e directivas genéricas; (ii) propor e homologar códigos de conduta e manuais de boas práticas; (iii) pronunciar-se sobre iniciativas legislativas ou outras relativas à regulação; e (iv) formular sugestões com vista à criação ou revisão do quadro legal e regulatório.[589]

Compete ainda às entidades abrangidas por esta Lei e no âmbito dos seus poderes de fiscalização: (i) fiscalizar e auditar a aplicação de leis e regulamentos; bem como (ii) fiscalizar as obrigações contraídas pelos concessionários ou prestadores de serviços nos respectivos contratos para a prestação de serviço público.

Em caso de infracções de deveres e obrigações derivados de normas legais e regulamentares cabe-lhes desencadear, no exercício dos seus "poderes de polícia", os procedimentos sancionatórios necessários, adoptar as medidas cautelares e aplicar as devidas sanções, denunciar às entidades competentes as infracções cuja punição não caiba no âmbito das suas atribuições e, ainda, cobrar coimas.

Nos termos e nos limites dos respectivos estatutos, quando lhe sejam atribuídos poderes de mediação, compete designadamente às entidades administrativas independentes com funções de regulação divulgar a arbitragem voluntária para a resolução de conflitos e disponibilizar serviços de mediação de conflitos; actuar na resolução de conflitos; apreciar as reclamações dos consumidores ou terceiros e adoptar as providências necessárias; e prestar, em geral, apoio, orientação e informação aos utentes e consumidores.

Nos termos do nº 5 do art. 40º prevê-se um princípio geral de proibição de delegação de poderes, vedando aos órgãos da entidade reguladora a possibilidade de delegar ou concessionar a prossecução de quaisquer das suas atribuições ou poderes regulatórios e sancionatórios.

[589] Ver, nomeadamente, "Os Parametros de Regulação para o período de 2015-2017" da ERSE publicados em 15 de Dezembro de 2014.

Genericamente, as normas que consagram o exercício dos poderes das entidades administrativas independentes com funções de regulação nos diversos campos de actuação, são equilibradas e definidoras da actividade regulatória prosseguida por este tipo de entidades, deixando uma margem relativamente ampla de densificação em sede estatutária, de acordo com a natureza da actividade regulatória das diversas entidades visadas.

Existem apenas duas excepções que consubstanciam uma limitação ao livre exercício dos seus poderes:

a) Limite de intervenção governamental no procedimento relativo à competência regulamentar;

b) Limite de intervenção governamental prévio à aprovação de planos de inspecção.

No primeiro caso, como se deixou exposto, ao regular o procedimento de regulamentação (art. 41º), a lei impõe a necessidade de "intervenção" do Governo antes da aprovação ou alteração de qualquer regulamento que contenha normas de eficácia externa.

Significa este limite uma "intromissão" do Governo na esfera de competências da entidade de regulação, podendo ser de considerar e até admitir que este direito governamental pode pôr em causa a independência funcional das entidades.

Todavia, e tendo presente a discussão relativa aos poderes regulamentares das entidades administrativas independentes, somos levados a considerar que este pode significar um "compromisso" entre a independência e o princípio da unidade de acção enquanto princípio constitucional modelador e norteador da acção destas entidades.[590]

Em segundo lugar, no âmbito dos poderes em matéria de inspecção e auditoria (art. 42º), a lei estabelece a necessidade de aprovação prévia dos planos de inspecção, que deverão ser expressamente pontuais e de natureza excepcional.

Este limite pode ser configurado como traduzindo uma redução da margem de discricionariedade da autoridade de supervisão quanto às circunstâncias que podem suscitar a realização de uma inspeção.[591]

[590] Cfr. quanto à questão do poder regulamentar das entidades administrativas independentes a profunda discussão doutrinária em Paulo Otero, "O Poder de Substituição em Direito Administrativo", Vol. II, pp. 785/825.

[591] Cfr. art. 42º da Lei em menção, especificamente a necessidade de justificação da realização de tais inspecções.

4. Sistema de governo das entidades administrativas reguladoras independentes

Uma das áreas mais importantes no que se refere ao funcionamento destas entidades relaciona-se com os modelos de governo das mesmas e com a necessidade de o quadro legal comum dever consagrar normativos reguladores e uniformes.

As entidades administrativas de regulação independentes devem adoptar um modelo de *governance* constituído por órgãos próprios de decisão, consulta e fiscalização, nos seguintes termos:

(i) Órgão de decisão responsável pela definição da actuação da entidade, bem como pela direcção dos seus serviços;
(ii) Órgão de consulta responsável pela apoio e participação na definição das linhas gerais de actuação da entidade;
(iii) Órgão de fiscalização responsável pelo controlo da gestão financeira e patrimonial da entidade.

A integração deste tipo de normas na Lei-Quadro justifica-se, no essencial, pelo seguinte racional: (i) alinhar modelos de governação com as melhores práticas nacionais e internacionais; (ii) assegurar a participação dos principais *stakeholders* na actividade; e (iii) garantir o controlo independente da gestão financeira e patrimonial.

A nova Lei-Quadro consagra no seu art. 15º a obrigatoriedade das entidades reguladoras incluírem nos seus órgãos um conselho de administração e uma comissão de fiscalização ou fiscal único.

Para além destes órgãos obrigatórios, a lei atribui às entidades de regulação o poder de criação de órgãos de natureza consultiva, de órgãos de regulação tarifária, bem como de órgãos (não nominados) que incluam a participação dos potenciais destinatários da acção da reguladora.

Do ponto de vista da *governance* das entidades de regulação previstas e identificadas na nova Lei, esta seguiu a recomendação do Relatório de estudo prévio à Proposta de Lei, e assegura a colegialidade do Conselho de Administração em cuja composição se deve assegurar um número ímpar de membros (prevenindo potenciais "situações de captura"), um presidente e até três vogais, podendo ainda ter um vice-presidente.

O Conselho de Administração é responsável pela definição da actuação da entidade reguladora, bem como pela direcção dos respectivos serviços. As suas competências estão devidamente concretizadas no art. 21º da Lei-Quadro, e subdivididas em 2 áreas de actuação: orientação e gestão da entidade reguladora, e gestão financeira e patrimonial, estando ainda consagradas as regras respeitantes à representação em juízo ou para a prática de actos jurídicos. Os poderes próprios do Presidente do Conselho estão previstos no art. 23º da Lei-Quadro.

A Comissão de Fiscalização, ou o fiscal único, é o órgão responsável pelo controlo da legalidade, da regularidade e da boa gestão financeira e patrimonial da entidade reguladora, e de consulta do respectivo Conselho de Administração (art. 27º da Lei-Quadro).[592]

A regra da colegialidade e do número ímpar de membros é traduzida também na composição da Comissão de Fiscalização, que é constituída por um presidente e dois vogais, sendo um dos vogais revisor oficial de contas.

Os membros do Conselho Fiscal são designados por despacho dos membros do Governo responsáveis pela área das finanças e pela principal área de actividade económica sobre a qual incide a actuação da entidade reguladora.

Nos mesmos termos em que é prevista a durabilidade do mandato dos membros do Conselho de Administração, é previsto o prazo de 4 anos de duração do mandato, não renovável, com a excepção de poderem ser providos após 4 anos da cessação de mandato anterior.

Do ponto de vista das suas competências, a Comissão de Fiscalização emite parecer sobre o orçamento, plano de actividades (na perspectiva da sua cobertura orçamental), relatório e contas de exercício e sobre a realização de determinados contratos sobre imóveis; propõe auditorias externas; mantém informado o Conselho de Administração; elabora relatórios da sua acção fiscalizadora e pronuncia-se sobre os assuntos que lhe sejam submetidos pelo Conselho, Tribunal de Contas ou outras entidades públicas.

A Lei-Quadro instituiu um regime em relação aos trabalhadores (art. 32º) que se apresenta como equilibrado, dada a natureza técnica e a necessidade de pessoal especializado para a elaboração de tarefas muito específicas, prevendo assim a adopção do regime de contrato individual de trabalho e não do regime da função pública.

Deste modo, ao abrigo do princípio da transparência, igualdade e imparcialidade, o recrutamento dos trabalhadores segue o procedimento do tipo concursal, com publicitação da oferta de emprego, aplicação de métodos e critérios objectivos de selecção e fundamentação da decisão tomada.

[592] A lei prevê a possibilidade, em razão da natureza das tarefas a realizar poderem ser consideradas "de menor complexidade", de ser substituída a Comissão de Fiscalização (colegial) por um fiscal único, embora lhe sejam aplicáveis as regras da comissão de fiscalização.

Por outro lado, a adopção do regime do contrato individual de trabalho não dispensa ainda os requisitos decorrentes da prossecução do interesse público, nomeadamente os respeitantes a acumulações e incompatibilidades legalmente estabelecidas para os trabalhadores de funções públicas.

É ainda previsto um regime de *pós-eficácia* destas relações de incompatibilidade, na medida em que se prevê a proibição de estabelecimento de vínculos com qualquer empresa ou grupo de empresas que seja destinatária da atividade da respectiva entidade reguladora por um período de dois anos.

5. Regime de autonomia financeira das entidades administrativas de regulação independentes

A autonomia financeira foi uma das limitações à independência das entidades administrativas independentes com funções de regulação apontadas no Relatório Independente sobre Autoridades Reguladoras Nacionais, fazendo-se notar nesta matéria a elevada dependência das mencionadas entidades em relação ao Governo na sua gestão orçamental, nomeadamente em matérias de autorizações de despesas e apropriação discricionária dos saldos de gerência.

Não temos qualquer dúvida de que a "dependência orçamental e financeira" traduz necessariamente um limite substancial relativamente às competências das entidades de regulação.[593]

A nova Lei-Quadro, alinhando com a maioria das práticas internacionais, estabelece que o orçamento é definido pela própria entidade e aprovado pelo membro do Governo da área das finanças e pelo "Ministério responsável".

O orçamento só pode ser recusado mediante decisão fundamentada em ilegalidade ou prejuízo para os fins da entidade reguladora ou para o interesse público ou, ainda. em parecer desfavorável emitido pelo Conselho Consultivo, caso exista.[594]

Trata-se de uma inovação normativa assinalável, na medida em que deixa de ser o Governo a definir os regimes de transferências de dotação para a entidade; outrossim, é a entidade que passa a ser titular da competência para elaborar o seu próprio orçamento, em razão dos seus planos de acção e estratégicos.

[593] Este tema mereceu destaque no recente Colóquio realizado na Faculdade de Direito de Lisboa subordinado à discussão em torno do financiamento das entidades de regulação, realizado em Novembro de 2013 sob a égide do IDEFF.

[594] Os critérios de recusa do orçamento parecem relevar de uma forma de tutela de mérito sobre a actividade da entidade reguladora. Refira-se, aliás, que consideramos que a recusa de aprovação do orçamento só pode ser fundada em ilegalidade sob pena de estarmos em presença de uma actividade regulatória exercida sob condição.

Mas deve ser sublinhado que, também nesta vertente, o Governo continua a dispor de uma ampla margem de "intervenção" no orçamento e, por essa via, no campo das competências das entidades de regulação independentes. É certo que os fundamentos de recusa de aprovação são a eventual ilegalidade e o prejuízo para o interesse público ou para os fins da entidade, todavia são "intromissões" na respectiva esfera de competências uma vez que é em razão dos próprios recursos e regimes de financiamento que as entidades de regulação exercem efectivamente as suas atribuições e competências.

Esta regra normativa de "direito de visto e aprovação" pode ser considerada uma eventual "agressão" à independência das entidades, dadas as consequências que da mesma podem decorrer, designadamente a da impossibilidade de serem realizadas certas tarefas ou missões por "falta de recursos".[595]

Porém, quanto a nós, esta regra deve ser entendida e compreendida à luz de um regime (Lei-Quadro) que procura corresponder às recomendações do Relatório da *Troika* e do Estudo que, ao seu abrigo, foi elaborado e apresentado pela empresa consultada, e que é "novo", no sentido em que a experiência e a aplicação prática do sistema ainda se mostram "quase virgens" e, por isso, procura mecanismos de equilíbrio institucional entre o "que pode ser" e o que "deve vir a ser".

Este modelo de poder e contra-poder em que se traduz este poder de "visto e aprovação" parece-nos, assim, adequado ao actual estado da Reforma do Estado na vertente da constituição, desenvolvimento e aprofundamento da Administração Independente, que se compõe de entidades administrativas independentes e entidades de regulação independentes.

Devemos assinalar neste contexto que é igualmente garantida a autonomia de gestão orçamental das entidades, uma vez aprovado o orçamento (art. 33º).

Esta autonomia é ainda assegurada pela consagração de que apenas as verbas provenientes dos bens do domínio público ou que dependam de dotações do Orçamento de Estado determinam a aplicação do regime orçamental e financeiro dos fundos autónomos, designadamente em matéria de autorização de despesas e transição de resultados líquidos (nºs 2 e 3 do art. 33º).

De referir que a aplicação do Sistema de Normalização Contabilística (art. 38º) e, em simultâneo, a aplicação do regime orçamental e financeiro dos serviços e fundos autónomos às verbas provenientes da utilização de bens do domínio público terá, no caso, o efeito de obrigar à implementação de dois regimes orçamentais e financeiros (o do SNC e o Público).

[595] Admitimos que esta venha a ser, no futuro, uma das maiores críticas ao funcionamento das entidades de regulação independentes.

Assegura-se ainda, nos termos do art. 34º, que aquelas entidades dispõem de receitas próprias, com origem nos sectores regulados (contribuições, taxas e tarifas) ou no montante de coimas aplicadas, permitindo-se apenas supletivamente (alínea *d)* do nº 2 do art. 36º) o financiamento através de dotações do Orçamento de Estado.

Poder-se-á concluir que, no plano dos princípios, e como já referimos, merece uma nota positiva a consagração da autonomia orçamental destas entidades.

Todavia, e para além das notas relativas ao poder de "intervenção" governamental em termos orçamentais, importa ainda sublinhar que, quer a autonomia financeira, quer o modelo de financiamento, quer as fontes de financiamento serão determinadas nos estatutos das diversas entidades reguladoras.

Assim, a sujeição da gestão financeira aos estatutos, e supletivamente ao regime jurídico aplicável às entidades públicas empresariais (nº 2 do art. 4º), apesar de configurar um propósito ordenador e comum em matéria financeira, poderá não ter qualquer tradução na prática, dada a manifesta diferenciação da autonomia patrimonial e financeira das entidades visadas.

6. Algumas Notas Distintivas da Lei-Quadro das Entidades de Regulação Independentes com funções de regulação da actividade económica concebida como uma peça fundamental da Reforma do Estado

O Direito pode ser concebido como uma tensão dialética entre as relações da vida e a tutela jurídica que as mesmas postulam e exigem. Por isso podemos dizer que está sempre em, e em contínuo movimento.

Mas, um movimento *lento e ponderado.*

No caso em análise, desde o momento em que se deu início às discussões em torno das novas entidades que iam surgindo no panorama da organização da Administração Pública, criadas ao "lado" ou "separadas" da estrutura prevalecente até ao momento da aprovação da Lei, passaram mais de três décadas.

Como deixámos nota, foram sendo sucessivamente apresentadas Propostas com esta finalidade, mas por motivos diversos (de que também deixámos referência) nunca chegaram a "ver a luz do dia". Só agora!

Mas esta nova legislação ainda carece de ser desenvolvida e complementada, nomeadamente através da feitura, com objectivos de adequação à Lei, dos estatutos e demais instrumentos reguladores da organização e funcionamento das entidades administrativas independentes. É, pois, um processo ainda inacabado.

Esta afirmação não nos dispensa, no entanto, de tecer algumas considerações em torno do que julgamos ser uma vantagem – normativa e prática – da existência de um quadro legal que defina e caracterize "o que são" e "o que fazem" estas entidades.

Uma dessas vantagens é, justamente, a de definir e enquadrar um conjunto de regras que permitam conhecer, em toda a sua extensão e alcance, o regime e a natureza das entidades que, sendo administrativas e de regulação, são independentes, sem prejuízo do princípio da unidade de acção da administração pública.

Por outro lado, uma outra vantagem que assinalamos a esta legislação é a da uniformização de regimes (pelo menos de alguns) que proporcionam um melhor e mais certo enquadramento institucional destas entidades.

Se estas duas características são verdadeiras (e são), entendemos também que a partir da Lei e da sua melhor interpretação é possível dar início a um esboço do que deve entender-se como uma nova categoria da Administração Pública: a Administração Independente.

O Estado não abdica de qualquer (ainda que pequeno) núcleo dos seus poderes, mas pode adaptar os seus modelos e métodos a um contexto profundamente renovado.[596]

Consideramos, pois, que a criação de entidades administrativas independentes não significa o "abandono" de qualquer das atribuições e incumbências do Estado; ao contrário, entendemos que se trata do "reforço" dos seus poderes, ainda que exercidos através de entidades que podendo ser criadas, também podem ser extintas, logo ou assim que os contextos em que a história nos situa exijam modelos ou métodos diversos de organização do Estado.

[596] Recordo, no contexto desta afirmação, as palavras que Tancredo dirigiu a seu tio Salinas, em "O Leopardo", "*é necessário que tudo mude para que tudo fique na mesma*".

PARTE TERCEIRA

TEORIA GERAL DA ACTIVIDADE ADMINISTRATIVA

O CONCEITO DE ESTADO NEUTRAL

PRINCÍPIOS CONSTITUCIONAIS LEGITIMADORES DOS NOVOS MODELOS

DA ORGANIZAÇÃO E DA ACTIVIDADE DA ADMINISTRAÇÃO PÚBLICA

O PLURALISMO NA ORGANIZAÇÃO E UNIDADE DE ACÇÃO NA ACTIVIDADE DA ADMINISTRAÇÃO PÚBLICA

As entidades administrativas independentes actuam em espaços de "neutralidade" face ao poder político

Capítulo I
Os Sistemas e os Elementos da Administração Pública

I. Razão de Ordem

Deixamos já sublinhado que consideramos que as entidades administrativas independentes estão integradas na Administração Pública, no sentido em que representam uma estrutura dotada de personalidade jurídica de direito público a quem são atribuídas, de acordo com as leis delas criadoras, um conjunto de competências de diversa natureza, designadamente poderes de supervisão e de regulação.[597]

De entre as várias actividades que estas autoridades exercem, e que vão ser desenvolvidas na Parte correspondente da nossa Tese, podemos concluir que as entidades administrativas independentes operam em domínios tais como os da actividade económica, financeira e social, e na área dos direitos fundamentais e da política.[598]

[597] A sua designação nem sempre foi unitária e tal facto corresponde à criação conjuntural de entidades com vocação independente, desde as entidades criadas para efeitos de regulação dos processos eleitorais, de acesso a documentos administrativos, de protecção de dados bem como de entidades independentes com missões de regulação dos mercados de capitais, como é o caso da CMVM. Recorde-se que estas entidades surgiram no espaço europeu, pela primeira vez, em França em 1978 e foram sendo expandidas e desenvolvidas em razão de obrigações comunitárias que o aprofundamento da U.E. exigia. Em Portugal a qualificação de entidade administrativa independente surgiu na revisão constitucional de 1977, mas apesar disso, e de acordo com os textos disponíveis (muito poucos) não era uniforme o entendimento quanto a que "tipo" de entidades a que se estava a referir o legislador constitucional como se pode confirmar em Diário da A.R. nº 104, de-31 de Julho de 1997, através das intervenções dos deputados Morais da Silva e José Magalhães que consideravam tais entidades como "... órgãos ou serviços da pessoa colectiva Estado".

[598] Ou seja, não é uniforme, antes pelo contrário, é diversificado o seu regime e o quadro das competências que cada uma das entidades em menção exerce. As entidades vocacionadas para a

Conhecemos a história da administração pública e os motivos principais determinantes que justificaram a sua própria evolução e desenvolvimento em razão das necessidades e dos bens que, a cada momento, o Estado assume prestar, proteger e garantir.

A Administração Pública é, pois, um *instrumento* do Estado.[599]

Desde os primórdios do Estado, passando pelo Estado Moderno e pelo que se seguiu à desagregação do modelo medieval, o Estado Absoluto, e o Estado de Direito Liberal, foram muitas e significativas as mudanças que se operaram no modelo.[600]

Em qualquer daqueles sistemas, a organização da administração desempenhou um papel fundamental e estava estruturada para a realização dos fins públicos prevalecentes.

protecção e garantia de direitos fundamentais, como seja, por exemplo, a Comissão de Protecção de Dados, desenvolve as suas competências em termos de maior independência e autonomia do Governo, enquanto que, por exemplo, a ERSE tem limites estatutários previstos na respectiva legislação quanto a regras de *accountability*, financeiras e de reporte das suas competências. Desenvolvemos este tema a propósito da natureza de cada uma das entidades em função da natureza da independência (funcional e orgânica) que as define como entidades de regulação independentes e entidades públicas independentes. Sobre esta matéria, cfr. Carlos Blanco de Morais, "As Autoridades administrativas independentes na Ordem Jurídica Portuguesa", Revista da Ordem dos Advogados, Ano 61, nº 1, pp. 110 e seguintes.

599 Cfr. Jean Bodin, "Les Six Livres de la République", reedição de 1993 do texto de edição de Paris de 1583; Thomas Hobbes, "Leviathan", International Best Seller, Social Contract Theory, June, 2011. O Estado é, assim, uma forma histórica de organização jurídica do poder dotado de *qualidades que a distinguem de outros "poderes" e "organizações do poder"*. Ver, igualmente, M. Aragon Reys, "Constitución y Democracia", Madrid, Tecnos, 1989; J. J. Gomes Canotilho, "Estado de Direito", disponível em org/livros/jjgcoedd.pdf; J. Chevallier, "L'État de Droit", Clefs/Politique, 5ª edição, Paris, 2010; Luigi Ferrajoli, "La sovranità nel mondo moderno", Milão, Laterza, 2004; Manuel G. Pelayo, "Las transformations del Estado Contemporâneo", Alianza Editora, Madrid, 2005; J. J. Gomes Canotilho, "Direito Constitucional e Teoria da Constituição", 7ª edição, pp. 59 e seguintes; Jorge Reis Novais, "Os Princípios Constitucionais Estruturantes da Republica Portuguesa", Coimbra, 2011, p.15.

600 Cfr. por todos, António Manuel Hespanha, "As Vésperas do Leviathan – Instituições e Poder Político em Portugal – século XVIII", Coimbra, 1994, Vol. I; José Mattoso, "História de Portugal", Vol. IV, Circulo de Leitores, Lisboa, 1993; Nuno Espinoza Gomes da Silva, "História do Direito Português", Fundação Calouste Gulbenkian, 2000; Mário Reis Marques, "Sur l'histoire de la justice administrative au Portugal", Universita Degli Studi Firenza, Centro di Studi per la Stori del pensiero giuridico moderno, Vol. 34/35, 1990; Albert V. Dicey, "Introduction to the Study of the Law of the Constitution", 5ª edição, Macmillan and Co. Ltd, 1897; Ferdinand Mount, "The British Constitution Now: Recovery or Decline", London, 1992; R. Carré de Malberg, "Contribution à la théorie générale de l'État", Dalloz, reimpressão das edições de 1920 e 1922; Benjamim Constant, "De la liberté des Anciens comparée à celle des Modernes", FNAC, 2010; Rogers M. Smith, "Liberalism and American Constitucional Law", Harvard University Press, 1985, pp.307.

Não é indiferente o modelo de Estado de princípios do século XX e os que lhe foram sucessivamente seguindo na sequência da II Guerra Mundial, sobretudo quando se pretende identificar um conjunto de estruturas organizatórias que o "servem" e que o "completam".[601]

De um sistema de organização mínimo fomos, ao longo do tempo e da evolução histórica do Homem em Sociedade, construindo novos sistemas de organização política e novos modelos de organização da administração pública.

Desde a administração pública do "mínimo", agressiva, prestadora, conformadora, produtora e distribuidora passámos para uma fase histórica (iniciada na década de setenta do século passado) em que a administração é, sobretudo, *facilitadora, relacional e garante do regular funcionamento da economia.*[602]

A Administração Pública dos Estados Modernos representa actualmente uma pluralidade de órgãos e entidades que visam a racionalização, no caso concreto, da função executiva, com o objectivo de criar condições de maior flexibilidade e eficiência da acção estatal.[603]

A pluralidade de órgãos e entidades que hoje "convivem" no contexto da estrutura da administração pública e exercem actividades diversificadas, traduzem um outro princípio fundamental do modelo de Estado Contemporâneo que tem plena aplicação na organização e método da acção administrativa: referimo-nos ao princípio fundamental da *limitação* do poder.[604]

601 Cfr. quanto a experiências constitucionais de relevo, Nikos Alivizatos, "The Difficulties of "rationalization" in a polarized political system", Parliament and democratic consolidation in Southern Europe: Greece, Italy, Portugal, Spain and Turkey, Ed. U. Liebert and M. Cotta, London and New York Pinter, 1990, pp. 130-153.

602 Cfr. M.-A. Frison-Roche "Le droit de la régulation", Dalloz, p. 610; Jean Pierre Gaudin, "Gouverner par contrat: L'action publique en question", Presses de Sciences Politiques, Paris, 1999; M. Miaille, "La régulation entre droit et politique", Colloque du Centre d'Études et des Recherches sur la theorie de l'État, 1992; G. Timsit, "Les deux corps du droit: éssai sur la notion de régulation", in Revue Française d'administration publique, nº 78, 1996, pp. 375 e seguintes; Jacques Chevallier, "L'État postmoderne", L.G.D.J., nº 35, 4ª edição, 2008.

603 Cfr. Luis Roberto Barroso, "Constituição, Ordem Económica e Agências Reguladoras", Revista Electrónica de Direito Administrativo Económico, nº 1, Abril, 2005, p. 5, em que elabora sobre o tempo actual em que encontra o Estado sob crítica cerrada, densamente identificado com a ideia de ineficiência, desperdício de recursos, morosidade, burocracia e corrupção. Mesmo junto a sectores que vislumbravam outrora como protagonista do processo económico, político e social, o Estado perdeu o charme redentor, passando-se a encarar com cepticismo o seu potencial como instrumento do progresso e da transformação. O discurso deste novo tempo é o da desregulamentação, da privatização e das organizações não-governamentais.

604 Cfr. Jorge Reis Novais, op. cit. p. 30, quando se refere no contexto do Estado Social e Democrático de Direito "*ao ideal de limitação jurídica do poder e da preservação das garantias individuais legado pelo Estado de Direito Liberal num quadro de profunda reavaliação dos fins do Estado e de reconstrução das*

Importa sublinhar que é justamente a regra ou princípio da "limitação do poder" que parece ter justificado, numa primeira fase, a criação de entidades administrativas independentes na Europa, especialmente as que foram criadas na década de setenta, quer em França, quer no Reino Unido.[605]

Na verdade, a instituição deste novo modelo parece poder estar directamente relacionada, no contexto da sua actividade, com a necessidade de *limitar* os poderes de direcção, superintendência e de tutela dos executivos e que, no que diz respeito à sua organização, às *limitações* decorrentes das regras de nomeação, exoneração e incompatibilidades dos titulares dos órgãos das entidades administrativas independentes.[606]

Recorde-se que a história da introdução de novas entidades na estrutura da organização da Administração Pública tem, também ela, uma história que pode ser considerada global, no sentido em que as transformações operadas na própria sociedade em finais do século XIX (emergência da sociedade industrial), período da 2ª Guerra e o tempo que decorre nas décadas de sessenta a oitenta do século XX (em que o Acto Único Europeu de 1987 assume um papel fundamental na criação do Mercado Único, no movimento de liberalização e integração de mercados e abertura à concorrência), condicionaram não só o funcionamento como também a forma de organização mais adequada à prossecução dos interesses públicos que correspondiam ao momento histórico considerado.[607]

relações entre o Estado e a sociedade...". A alteração destes elementos passa por uma nova compreensão dos direitos fundamentais, da divisão do poder que se reflectem na decisiva dimensão democrática e pluralista do actual Estado de Direito. A limitação do poder, neste sentido, refere-se igualmente à própria mudança no conteúdo do princípio da legalidade que deixa de ser concebida como formal, ou seja, correspondendo apenas aos ditames da lei hierarquicamente superior e passa a ser entendida como legalidade material, ou seja, não só compatibilidade mas conformidade das soluções legais, quer com a lei, quer com a Constituição.

605 Cfr. a este propósito Relatório do Conselho de Estado Francês, já antes mencionado e identificado, sobre os modelos do Reino Unido e França, pp. 18 e seguintes.

606 Cfr. entre outros André de Laubadère, "Traité de Droit Administratif", Paris, 1994 (co-autoria com Jean Claude Venezia e Yves Gaudement), p. 83; Catherine Teitgen-Colly, "Les autorités administratives indépendantes: Histoire d'une instituition", La vie judiciaire, 1988, p. 41; G. Majone, "Independent Agencies and the Delegation Problem: Theoretical and Normative Dimensions", Political Institutions and Public Policy, Chapter I, pp. 139-156; Catherine Teitgen-Colly, "Les instances de régulation et la Constituition", Journal of Regulations, RDP, 1990, uptodate Janeiro, 2012; Norman Chester, "Fringe Bodies, Quangos and all that", in Public Administration, nº 1979; Howard Machin, "L'expérience britannique", in C. A. Colliard & G. Timsit, "Les autorités administratives indépendentes", PUF, 1988, p. 235; Jacques Fialaire, "L'évolution récente des Quangos en Grande-Bretagne", Reformes Administratives en France et en Grande-Bretagne, Justiça e Direito, Harmattan, 2013.

607 Cfr. Jorge Vasconcelos, "A Regulação em Portugal: Arte Nova, Arte Degenerada ou Arte Pobre?", em que este autor e ex-Presidente da ERSE traça uma equivalência institucional entre as formas

A "limitação" do poder a que aludimos refere-se a dois pólos de uma mesma equação: (i) o primeiro relativo à necessidade de regular o mercado, e (ii) o segundo relativo a criar as melhores condições – institucionais e substanciais – de o regular, mas "despido" de qualquer intervenção do poder político.[608]

É certo que as preocupações "regulatórias" remontam a finais do século XIX nos EUA, através da criação de uma agência destinada a interceder no sector ferroviário para evitar a prática de preços discriminatórios e outras fornas de concorrência "desregradas" entre empresas ferroviárias – a *Inter-State Commerce Commission* –, como se pode constatar através da intervenção do Presidente Roosevelt, proferida em 1905 ao Congresso, em que, entre outros aspectos, era salientado que "*...I do not believe in the government interfering with private business more than is necessary...*".[609]

Este sentimento, melhor, esta tendência de reforço dos poderes de entidades independentes não se esgotou no momento da criação do Mercado Único e da adopção de políticas liberalizadoras (com a abolição de monopólios) e de melhor concorrência (a benefício do mercado e dos utentes-consumidores) e tem vindo a ser acentuada, sobretudo através da criação de mecanismos de reporte e de prestação de contas perante os Parlamentos (com o objectivo de cumprimento de questões relativas à legitimidade democrática destas entidades) e de instituição de mecanismos de intervenção parlamentar na própria nomeação dos titulares dos órgãos de direcção das entidades administrativas independentes.[610]

Esta discussão gira, igualmente, em torno dos fundamentos "constitucionais" de criação destas entidades que foi e continua ser muito debatida, quer na doutrina estrangeira, quer nacional.[611]

regulatórias e a sua evolução e os períodos históricos de final do século XIX e início do século XX (arte nova), os anos trinta e o prelúdio ditatorial da 2ª Grande Guerra (arte degenerada) e o período de fundação da Comunidade Europeia (arte pobre).

[608] Cfr. Bernard Schwartz, "The economic regulation of business and industry – a legislative history of U.S. regulatory agencies", Chelsea House Publishers, New York, 1973, p. 20; Cass Sunstein, "O Constitucionalismo após o New Deal", em "Regulação Económica e Democracia: O Debate Norte-Americano", vários autores, S. Paulo, 2004.

[609] Cfr. carta do Presidente Roosevelt ao Congresso em 1905. Em 1906, através do Hepburn Act, os estatutos da InterState Commerce Commission são modificados e os seus poderes reforçados.

[610] Cfr. em relação à reforma das entidades administrativas independentes com funções de regulação da economia, o estudo elaborado por A. T. Kearney a pedido do Governo Português na sequência do Memorando da Troika assinado pelo Governo de Portugal, o FMI, a Comissão Europeia e o BCE, e ainda não divulgado publicamente.

[611] Cfr. José Lucas Cardoso, "As Autoridades Administrativas Independentes e a Constituição", em que se discute a conformidade destas entidades face ao texto constitucional; José Manuel Sala

Por outro lado, as garantias de independência orgânica e funcional de que, em regra, são titulares os órgãos das autoridades administrativas independentes nos termos dos seus estatutos, conferem-lhes um lugar à parte na administração, no sentido em que são livres de qualquer laço de dependência hierárquica ou de tutela.[612]

A combinação destes diversos elementos – independência orgânica e funcional –, decisões tomadas ao abrigo de competências técnicas e especializadas, regras de responsabilidade "atenuadas" face ao executivo, tomada de decisões de diversa natureza (actos, procedimentos, pareceres, informações, recomendações...) "livres" de orientações governamentais, permite identificar estruturas estatais de um novo tipo, pensadas pelo poder político dos anos setenta e oitenta, que não teve dúvidas em qualificar as já existentes ou a criar novos modelos de administração.

A doutrina tem contribuído para esta construção ligando a instituição destas autoridades à preocupação de assegurar uma melhor protecção das liberdades públicas em certos sectores sensíveis e, sobretudo, de garantir o bom funcionamento da economia de mercado.[613]

Mas o que é certo é que a categoria jurídica assim concebida não está isenta de elementos de indefinição como, aliás, são bem visíveis no nosso trabalho.

De certa forma, alguns dos elementos mais significativos das dificuldades referentes à determinação da natureza jurídica destas autoridades, de entre elas a heterogeneidade dos estatutos e as regras muito variáveis da sua composição e da natureza dos poderes que a lei lhes outorga, foram significativamente aumentados a partir do momento em que proliferou o seu crescimento e desenvolvimento.[614]

Arquer, "El Estado Neutral: Contribución al estúdio de las administraciones independientes", Civitas, Revista Española de Derecho Administrativo nº 42, p. 421; cfr. Relatório do Conselho de Estado Francês de 2001, p. 240.

612 Recorde-se que a categoria das autoridades administrativas independentes foi sendo construída em torno dos seguintes três vértices: (i) são entidades dotadas de meios de acção jurídicos para desempenho das missões que lhe são confiadas; (ii) a sua função, nalguns casos de "regulação", consiste em enquadrar o desenvolvimento de sectores da vida social e económica zelando pelo estabelecimento de regras de jogo para manutenção de certos equilíbrios; (iii) as competências de que são titulares são diversificadas e de entre elas, as de regular, supervisionar, fiscalizar...

613 Cfr. Lorenzo Casini, "Models of public administration: Comparative analysis of administrative organization", Centre for Administrative Innovation in the Euro-Mediterranean Region, 2004; Richard B. Stewart, "Administrative Law in twenthy first century", New York University Law Review, Vol. 78, nº 2, 2003; Mario P. Chiti, "Diritto amministrativo europeo", Giuffrè Editore, 2011.

614 Parece ser consensual o entendimento de que o movimento de proliferação das AAIs, que se tem vindo a acentuar nos últimos anos, teve uma dupla consequência: por um lado, o aumento no

Por outro lado, não tem sido fácil a construção do novo "edifício" constituído pelas entidades administrativas independentes a partir do núcleo das suas actividades "regulatórias".[615]

Estamos, assim, confrontados com um mosaico de autoridades que se caracterizam pela multiplicidade das suas missões e pela heterogeneidade dos seus poderes e dos seus estatutos.[616]

Decorre do que vem sendo referido, que desde a sua origem as finalidades atribuídas às entidades administrativas independentes são diferentes, como resulta das tipologias então construídas e que são, como sabemos, as da "regulação/intervenção" no mercado, as da protecção dos direitos fundamentais, as da salvaguarda da liberdade de informação e de comunicação e, nalguns casos, até com finalidades de protecção da democracia.[617]

Ou seja, as diversas formas de intervenção que a criação das autoridades legitimou não se revelam homogéneas, tendo em atenção as finalidades que cada uma delas assume no momento da respectiva criação e no desenvolvimento e crescimento da sua acção.

campo político das críticas suscitadas pelo desenvolvimento de uma fórmula que surgiu como um desrespeito pelo princípio democrático, e por outro lado, o desvio progressivo dos significados que originalmente foram atribuídos pelos juristas ao vocábulo tende a fazê-lo parecer um simples apêndice, uma cobertura que abrange realidades extremamente variadas ou mesmo divergentes. O que a categoria ganhou em extensão perdeu em compreensão.

[615] No sentido em que estas entidades constituem uma nova categoria jurídica, cfr. Relatório do Conselho de Estado Francês de 2001. Apesar dos fenómenos desenvolvimentistas desta nova categoria, deve referir-se que até bem recentemente em Portugal inexistia um regime de enquadramento destas entidades o que tem estado na origem da impossibilidade de, sobre as mesmas, poder ser feita uma abordagem uniforme, quer quanto à sua natureza, quer quanto ao seu regime. Recentemente, porém, foi aprovada a nova Lei-Quadro das Entidades Administrativas Independentes através da Lei 67/2013 de 28 de Agosto, que mais adiante analisaremos.

[616] No mais recente Relatório Gélard, citado no Relatório do Conselho de Estado Francês de 2001, é considerado que estes organismos não constituem "uma categoria exactamente definida". Tudo se passa como se a categoria construída pela doutrina tivesse sido "vítima do seu sucesso", ou seja, o "nascimento" e o desenvolvimento deste novo modelo foi sendo sucessivamente construído ao sabor da conjuntura sem preocupações de harmonização das suas competências, atribuições e estatutos. Deparamo-nos, quer em Portugal, quer nos restantes países analisados com entidades administrativas independentes com regimes de financiamento diversos, regras de autonomia administrativa mais ou menos ténues, modelos de nomeação, exoneração, impedimentos e incompatibilidades diferenciados, o que significa que ainda não foi possível "isolar" esta nova categoria de entidades do contexto das restantes estruturas da organização administrativa do Estado.

[617] Referimo-nos, no caso específico de Portugal, à criação da Comissão Nacional de Eleições, cuja filosofia imanente está presente no acto dela constitutivo que teve a sua origem no projecto do PCP nº 124/I e cujas discussões bem como votações dos diversos partidos políticos podem ser consultados em ARP-49 (17) Divisão de Informação Legislativa e Parlamentar.

As finalidades diferentes a que aqui nos reportamos estão, assim, directamente relacionadas com as suas áreas de intervenção.

A diversidade revelada relativamente às regras de organização e de funcionamento de algumas autoridades existentes tem vindo a acentuar-se: o carácter pessoal ou colegial, a origem, o modo de nomeação e a duração do mandato dos membros, as condições de designação do Presidente em caso de autoridade colegial, o grau de autonomia administrativa e financeira, o número e o estatuto dos agentes a ela afectos, os recursos de que dispõe, e outros elementos, revelam características diferenciadoras das diversas autoridades, traduzidas nos respectivos Estatutos.

Assim, da análise que fizemos relativamente a cada uma das autoridades que se enquadram no modelo de organização da administração pública em Portugal, resulta uma evidente e clara diferenciação nos seus Estatutos, quer em razão das suas missões, quer em razão dos próprios modelos adoptados quanto ao seu financiamento, regras de relacionamento entre o Governo e os sujeitos passivos da relação, bem como dos princípios aplicáveis ao estatuto (em termos amplos) dos titulares dos seus órgãos.

O feixe de competências jurídicas que normalmente é atribuído a estas entidades é, como sabemos, um outro dos critérios potencialmente aptos à identificação da categoria.

O que resulta da análise destes poderes é que as variantes essenciais em que os mesmos se traduzem dizem respeito ao poder regulamentar, detendo algumas delas o poder de promulgar normas gerais, de alcance obrigatório, com o carácter de verdadeiros regulamentos, dispondo outras de um simples poder de proposta, de recomendação e de parecer, e ainda outras do poder de sanção.[618]

Tem-se verificado na verdade uma cada vez maior ampliação e extensão das competências atribuídas a estas autoridades, devendo ser assinalado que podemos estar perante uma situação curiosa qual seja a de que estas auto-

[618] Sobre a constitucionalidade do poder regulamentar das entidades administrativas independentes, cfr. por todos, Paulo Otero, "Legalidade e Administração Pública", pp. 316 e seguintes; J. Ramon Parada, "Derecho Administrativo 1", p. 349; "Concepto e Fuentes del Derecho Administrativo", Marcial Pons, Madrid, 2008; Eva Desdentado Daroca, "La crisis de Identidad del Derecho Administrativo: privatización, huida de la regulación pública y Administraciones independientes", (Alternativa) Spanish Edition, 1999. Ver também a recente legislação referente à lei-quadro das entidades administrativas independentes que, no seu art. 41º, faz depender de apreciação e aprovação governamental a competência regulamentar destas entidades desde que as mesmas contenham normas de eficácia externa.

ridades administrativas independentes são, ou podem vir a ser, uma "mera etiqueta" conferida pelo legislador para legitimar a intervenção do Estado.[619]

Na verdade, se relativamente aos órgãos do Estado, a Constituição determina, identifica e atribui os diversos poderes que podem ser exercidos pelos respectivos órgãos de soberania – poder legislativo, executivo e judicial –, no caso das entidades administrativas independentes as suas atribuições e competências são múltiplas e variadas e englobam, na generalidade dos casos, poderes normativos (de regulamentação), poderes judiciais (de aplicação de sanções) e poderes executivos (licenças, autorizações, definição de preços...).[620]

Como procurámos deixar identificado teria sido a *desconfiança institucional* económica e social que teria legitimado a defesa da criação de uma nova administração separada da administração central do Estado, politizada, hierarquicamente dependente de governos, e alegadamente *susceptível de captura* por interesses políticos e pelos próprios interesses "regulados".[621]

Esta *desconfiança* tem estado, porém, na origem, por um lado do alargamento das competências das novas entidades e, por outro lado, da "coligação" numa mesma instituição de poderes de diversa natureza e intensidade.[622]

Esta *desconfiança* face ao poder político, tem assumidamente o reverso da medalha, no sentido em que através de opções políticas legitimadas pelo voto popular têm vindo a ser "subtraídas" áreas de competência à administração pública tradicional para as "transferir" para entidades dele autónomas e independentes, suscitando questões de relevante interesse público, nomeadamente no que se refere ao escrutínio público que das decisões tomadas deve ser realizado.[623]

[619] Cfr. Carlos Blanco de Morais, "O Estatuto Híbrido das Entidades Reguladoras da Economia", em Estudos em Homenagem ao Professor Doutor Jorge Miranda, Vol. IV, p. 188; António La Spina/G. Majone, "Lo Stato Regulatore", Il Mulino, 2000; Sabino Cassese, "Stato e Mercato doppo Privatizzazione e Desregulation", Riv. Trimm. Dir Pubbl., fascículo 2, 1991.

[620] É esta diversidade de poderes que parece poder estar na origem do desenvolvimento de questões relativas à natureza do Direito que tutela quer a organização, quer o funcionamento, quer o âmbito relacional destas com os sujeitos às obrigações regulatórias. Neste sentido, cfr. Tomás Ramon Fernandez, "Las Transformaciones del Derecho Administrativo en Resultat de las Privatizaciones", em Stvdia Jurídica nº 60, pp. 337 e seguintes.

[621] Neste sentido cfr. Peter L. Strauss, "The Place of Agencies in Government: separation of powers and the four brach", Columbia Law Review nº 573, 1984; E. Gualmini, "L'amministrazione nelle democrazie contemporanee", Roma, Laterza Ed., 2003.

[622] Cfr. Relatório do Conselho de Estado Francês de 2001, nos termos do qual se entende que o recurso à criação de uma entidade administrativa independente se deve justificar essencialmente para assegurar uma função de regulação, a fim de evitar conflitos de interesse entre o Estado operador e o Estado regulador no campo económico.

[623] Cfr. Paulo Otero, "A democracia totalitária. Do Estado Totalitário à sociedade totalitária – A influência do totalitarismo na democracia do século XXI", Principia, reimpressão 2015, pp. 21-215;

É neste sentido que sustentamos que a actividade exercida pelo conjunto das entidades administrativas independentes, sem excepção quanto à sua natureza, à forma da respectiva institucionalização e às actividades que exercem nas diferentes áreas de intervenção, carece de um regime jurídico que as enquadre, que as defina e que determine os poderes de que são titulares e as regras fundamentais de responsabilização perante o poder político que deveriam ser integradas numa Lei de *valor reforçado*.[624]

Apesar das dúvidas e das perplexidades sobre o funcionamento e as actividades destas entidades, a realidade circundante revela que as autoridades administrativas independentes parecem estar instaladas com carácter duradouro na paisagem institucional; a sua legitimidade é, apesar de tudo, pouco contestada e as críticas recorrentes não têm impedido os governos de criar continuamente novas autoridades, sendo certo que parece em franca progressão o movimento de expansão destes novos modelos de organização administrativa.[625]

Trata-se, pois, de um fenómeno geral, que transcende as particularidades nacionais; mas este desenvolvimento foi acompanhado de uma tão grande diversidade no que se refere aos campos de intervenção, às regras de organização e de funcionamento, aos poderes destas autoridades, que é muito difícil ordená-las num modelo institucional único.[626]

"A legalidade e Administração Pública", no parágrafo 9.3.7 que se transcreve: "*a justificar-se a criação de autoridades administrativas independentes fundada nas ideias de reforço da neutralidade, da imparcialidade e da objectividade decisórias da Administração Pública em certas matérias se lança uma correlativa suspeição de sinal contrário sobre toda a restante Administração, comprovando-se, por esta via, que a impregnação política das diversas estruturas administrativas, expressando a já mencionada politização ou colonização dos partidos políticos (...) é já hoje uma realidade expressamente assumida pela ordem jurídica: o surgimento das autoridades administrativas independentes é uma resposta à progressiva perda de neutralidade, imparcialidade e objectividade que uma Administração dominada por maiorias político-partidárias oferece aos particulares, procurando-se salvar algumas áreas particularmente sensíveis dessa politização descontrolada*".

[624] Como teremos ocasião de ver no capítulo referente à análise da nova Lei 67/2013, de 29 de Agosto, foi finalmente aprovada legislação tendente a harmonizar, pelo menos, as entidades de regulação que operam no sector da economia mas que, a nosso ver, não corresponde à qualificação de uma Lei Geral das entidades administrativas independentes no sentido de poder ser qualificada como uma lei de valor reforçado.

[625] Sobre este ponto, cfr. recente jurisprudência do Tribunal de Justiça da União Europeia no sentido em que é possível o esboço de um estatuto comum destas autoridades, a saber: (i) princípio segundo o qual as autoridades de regulação nacionais devem gozar de uma "independência" que lhes assegure "a possibilidade de agir com plena liberdade e ao abrigo de qualquer instrução ou pressão quer directa quer indirecta" (Comissão Europeia versus RF Alemã de 9 de Março de 2010); (ii) a obrigação de exercer os seus poderes de "forma imparcial e transparente" (CE versus RFA de 3 de Dezembro de 2009).

[626] Cfr. Relatório do Conselho de Estado Francês de 2001; Eloisa Carbonell Porras/J. L. Muga Munoz, "Agencias y Procedimiento Administrativo en Estados Unidos de América", Madrid,

Ou seja, no tempo actual e na transfiguração que o Estado tem vindo a assumir parece-nos aconselhável, apesar da afirmação precedente, que a criação de entidades administrativas independentes deva ficar dependente da regra da *necessidade institucional* no sentido em que: "*...é desejável que se ponha um travão à proliferação das autoridades administrativas independentes*".[627]

Os teóricos assumem que a criação de entidades independentes como parceiras do Estado e dele integrantes deve ter um carácter conjuntural com o objectivo de não estender este novo modelo para além da *necessidade* de assegurar o equilíbrio entre o Estado que opera e o Estado que regula.[628]

Parece ser possível salientar que é, justamente, por causa disso que quer a nível internacional, quer em Portugal, se começa agora a procurar definir um estatuto jurídico comum das entidades administrativas independentes, nomeadamente entidades de regulação da economia.[629]

Marcial Pons, 1996; Rui Cunha Marques, "Regulação de Serviços Públicos - Fundamentos Técnicos da Regulação, Regulação por comparação, Regulação em Portugal", Lisboa, Silabo, 2005, p. 55; Maria Manuel Leitão Marques/Vital Moreira, "A Mão Invisível - Mercado e Regulação", Coimbra, 2003, p. 14.

[627] Cfr. Relatório M. Patrice Gélard "Rapport - Les autorités administratives indépendantes: évaluation d'un object juridique non identifié", Annexe au procès-verbal de la séance du 15 juin, 2006, em que sustenta que é indispensável, nesta fase, proceder a avaliações profundas antes de encarar a possibilidade de criar novas entidades. É, assim necessário verificar se as actividades/funções não podem ser exercidas por outras entidades já existentes (Recomendação nº 7); cfr. também Recomendação nº 6 deste Relatório no sentido em que devem ser realizadas avaliações periódicas com o objectivo de analisar da adequação das missões às correspondentes autoridades.

[628] Cfr. M. Fromont, "Droit Administratif des États Européens", PUF, Paris, 2006; J. A. Chandler, "Comparative Public Administration", London, 2000; M. Hariou, "Précis élémentaire de droit administratif", Review by J. W. Garner, The American Political Science Review, Vol. 20, nº 2; Jody Freman, "Private Parties, Public Functions and the new administrative law", Harvard School, disponível em http://ssrn.com/abstract=165988.

[629] No âmbito da implementação das disposições do Tratado em matéria de regras comuns relativas à concorrência e à aproximação das legislações do Estados Membros tendo em vista o estabelecimento e o funcionamento do mercado interno, o direito da União Europeia prevê a instituição de entidades reguladoras nacionais. Neste sentido, ver Livro Branco da Comissão Europeia sobre os serviços de interesse geral (COM (2007/725) em que é referido um conjunto de princípios e obrigações subjacentes à prestação de serviços de interesse geral que servem de fundamento à actual legislação da UE. Cfr. também e a título de exemplo, a Ley 2/2011, de 4 de Março, que tem por objectivo introduzir no ordenamento jurídico espanhol as reformas estruturais necessárias para criar condições que favoreçam um crescimento económico sustentável. De entre tais reformas refira-se o Capítulo II do Título I da citada lei que dispõe sobre os organismos reguladores no sentido de consagrar um conjunto de regras a que deve obedecer o quadro jurídico referente à organização e funcionamento das entidades públicas de regulação no sector da actividade económica; em França o Relatório da Senadora M. Patrice Gélard de 15 de Junho de 2006, advogou também a necessidade de se conceber um quadro legislativo harmonizado entre todas as entidades

A evolução que se conhece, quer a nível comunitário, quer a nível de alguns dos regimes jurídicos que nos são próximos no que se refere ao desenvolvimento de novas entidades independentes do poder político para assegurar missões de interesse público, como é o caso das entidades de regulação na economia, sendo "separadas", no sentido da existência de regras de *neutralização* do Governo, não são "separadas" da Administração Pública.

No caso de Portugal, um primeiro e importante fundamento reside no disposto no texto constitucional.

Como sabemos, a Constituição, de acordo com o nº 3 do seu art. 267º, consagra o princípio de que a Administração Pública é plural, ou seja, a lei estabelece adequadas formas de descentralização e desconcentração administrativa para que esta possa prosseguir o interesse público no respeito pelos direitos e interesses legalmente protegidos dos cidadãos.[630]

Um segundo fundamento reside igualmente na Constituição quando esta dispõe que a descentralização e a desconcentração não podem ser levadas a efeito em *prejuízo* da necessária eficácia e *unidade* de acção da Administração.[631]

São, aliás, neste sentido as propostas que se conhecem sobre esta matéria, bem como a recente legislação – a Lei nº 67/2013, de 28 de Agosto – que nos termos do respectivo regime jurídico consagra o princípio fundamental de que as pessoas colectivas de direito público – as entidades administrativas independentes – apesar da sua independência são estruturas administrativas integradas na Administração Pública.[632]

Finalmente deve ainda ser referido que se, porventura, a criação e, sobretudo, o desenvolvimento das entidades administrativas independentes a seguir aos anos oitenta do século XX podiam ser concebidos como um

administrativas independentes, designadamente quanto às garantias da sua independência e do seu controlo democrático.

[630] No sentido do pluralismo da organização da administração pública, cfr. Paulo Otero, "O Poder de Substituição em Direito Administrativo", Vol. II, pp. 544 e seguintes; Maria da Glória Ferreira Pinto Dias Garcia, "Da Justiça Administrativa em Portugal. Sua Origem e Evolução", Lisboa, 1993, p. 567; Fausto de Quadros, "A Descentralização das Funções do Estado nas Provincias Ultramarinas Portuguesas", separata SI, Braga, 1971, pp. 21-22; Freitas do Amaral, "Curso de Direito Administrativo", pp. 423 e seguintes; José Casalta Nabais, "A autonomia Local (Alguns aspectos gerais)", em Estudos em Homenagem ao Professor Doutor Afonso Queiró, número especial do BFDC, II, Coimbra, 1993.

[631] Para maiores desenvolvimentos sobre o conceito e a imperatividade constitucional desta regra, cfr. Paulo Otero, "O Poder de Substituição em Direito Administrativo", Vol. II, pp. 742 e seguintes.

[632] Cfr. art. 9º da referida lei que estabelece no nº 1 que: "*Sem prejuízo da sua independência, cada entidade reguladora está adstrita a um ministério, abreviadamente designado como ministério responsável, em cuja lei orgânica deve ser referida*".

movimento conjuntural decorrente da crise do Estado-Providência e dos mecanismos democráticos, parece ser possível, hoje, considerar que assim não é.

Na situação actual, em que os Parlamentos são chamados a instituir novas e diversas entidades e em que proliferam as intenções internas e comunitárias de maior crescimento e desenvolvimento destas instituições, do que se trata é de formular e definir um estatuto comum credível, coerente e duradouro.[633]

II. Os elementos e os sistemas da organização administrativa

O conceito de administração pública pode assumir dois sentidos diferenciados.[634]

Em primeiro lugar, importa eleger e ressaltar o conceito orgânico de administração pública, que pode ser concebido como "*o sistema de órgãos, serviços e agentes do Estado, bem como das demais pessoas colectivas públicas que asseguram, em nome da colectividade, a satisfação regular e contínua das necessidades colectivas de segurança, cultura e bem-estar*".[635]

Na teoria geral da organização administrativa, e com o objectivo de delimitar o vasto campo das suas componentes, sugere-nos a nossa melhor doutrina que esta deve ser entendida como o "*modo de estruturação concreta que, em cada época, a lei dá à administração pública de um dado país*".

Impõe-se, por conseguinte, analisar:[636]

a) Os elementos dessa organização, e
b) Os sistemas de organização da administração pública.

[633] Neste sentido, cfr. recente jurisprudência do Tribunal de Justiça da União Europeia em que se encontram certos elementos que podem ser considerados como o esboço de um estatuto comum: o princípio segundo o qual as autoridades de regulação nacionais (ARN) devem gozar de uma "independência" que lhes assegure "a possibilidade de agir com plena liberdade, ao abrigo de qualquer instrução ou pressão", quer seja "directa ou indirecta" (9 de Março de 2010, Comissão Europeia contra República Federal da Alemanha); a obrigação de exercer os seus poderes de "forma imparcial e transparente" (3 de Dezembro de 2009, CE contra RFA).

[634] Cfr. Marcelo Rebelo de Sousa, "Direito Administrativo Geral", Tomo I, 2ª edição; Freitas do Amaral, "Curso de Direito Administrativo", 3ª edição, Vol. I, pp. 33 e seguintes.

[635] Cfr. também Marcello Caetano, "Manual de Direito Administrativo", Vol. I, pp. 6 e seguintes, Afonso Queiró, "Estudos de Direito Público", Vol. I – Dissertações, Biblioteca da F. D. Coimbra; Pedro Gonçalves, "Entidades Privadas com poderes públicos...", Coimbra, 2005, pp. 282 e seguintes; M. Nigro, "Amministrazione pubblica (organizazione giuridica dell)", em Enciclopédia Giuridica Italiana, 2º Vol, Rome, 1988; Santamaria Pastor, "Principios de Derecho Administrativo General", Vol. II, pp. 301 e seguintes.

[636] Cfr. Marcelo Rebelo de Sousa, "Direito Administrativo Geral", Tomo I, pp. 37 e seguintes.

1. Os elementos da organização administrativa: As pessoas colectivas de direito público e os serviços públicos

1.1. As pessoas colectivas de direito público

Os elementos tradicionais da organização administrativa são as pessoas colectivas públicas e os serviços públicos.[637]

Assumindo que assim é, a definição e a identificação das pessoas colectivas públicas depende da aplicação que às mesmas se faz dos diversos critérios relevantes.[638]

Se no início, a identificação destas entidades aparecia como inequívoca dada a respectiva dimensão territorial, a evolução do Estado, nomeadamente as formas intervencionistas no campo económico e social, e os regimes autoritários dos anos trinta que originaram a proliferação de institutos públicos e associações públicas concebidas como instrumentos de controlo estadual da economia e da sociedade dificultaram a definição do conceito de pessoa colectiva pública.

Parece hoje dever ser considerado que a noção tradicional de pessoa colectiva pública deixou de abarcar as diversas formas porque se manifesta a actual estrutura da organização administrativa.[639]

Em qualquer caso, em termos dos elementos da organização, não podemos prescindir de procurar deixar nota do conceito de pessoa colectiva pública que deve considerar-se prevalecente.

O conceito adoptado pode ser formulado nos seguintes termos: "*pessoas colectivas públicas são as pessoas colectivas criadas por iniciativa pública, para assegurar a prossecução necessária de interesses públicos, e por isso dotadas em nome próprio de poderes e deveres públicos*".[640]

De acordo com esta definição, são pessoas colectivas públicas: (i) o Estado; (ii) os institutos públicos; (iii) as empresas públicas, na modalidade de enti-

[637] É assim desde que em meados do século XIX com a construção do Estado como pessoa colectiva publica a teoria da personalidade jurídica pública constitui a essência da organização jurídico-administrativa, como nos assevera Vital Moreira em "Administração Autónoma e Associações Públicas", p. 57.

[638] Cfr. os diversos critérios em Freitas do Amaral, op. cit., p. 753.

[639] Cfr. Sérvulo Correia, "Natureza jurídica dos organismos corporativos", em Revista de Estudos Sociais e Corporativos, 1963; "Noções de Direito Administrativo", I, pp. 137 e seguintes; Marques Guedes, "A Concessão – Estudo de Direito, Ciência e Política administrativa – Parte I – Natureza jurídica da concessão", Coimbra, 1954, pp. 131 e seguintes.

[640] Cfr. Freitas do Amaral, "Curso de Direito Administrativo" Vol. I, p. 579; Marcelo Rebelo de Sousa, "Os partidos políticos no direito constitucional português", 1983; Afonso Queiró, "Lições...", Vol. I (1959), pp. 260 e seguintes; João Caupers, "Introdução ao Direito Administrativo", Âncora Ed.,Lisboa, 2013.

dades públicas empresariais; (iv) as associações públicas; (v) as autarquias locais; e (vi) as regiões autónomas.[641]

Qual é então o interesse desta definição se, como já dissemos, actualmente nem sempre subsiste identidade entre a natureza e o regime jurídico aplicável e se a multiplicidade de entidades dotadas de atribuições e competências da mais variada ordem e natureza, não deixa muito espaço para se alcançar e definir as diversas formas da organização administrativa?

O interesse da qualificação e da identificação das pessoas colectivas de direito público consiste, designadamente, em saber se:

(i) No silêncio da lei, a actividade destas entidades se mostra sujeita à justiça administrativa, ao regime de responsabilidade civil próprio dos entes públicos, ao regime de contratos administrativos...;

(ii) Os dirigentes destas entidades são titulares de cargos públicos, para efeitos de aplicação do respectivo regime legal de incompatibilidades...;

(iii) Estão directamente vinculadas aos direitos fundamentais enquanto entidades públicas, bem como se são titulares de direitos fundamentais...; e

(iv) Se lhes aplicam as regras jurídico-administrativas sobre os conflitos de competência entre autoridades administrativas.[642]

Se considerarmos que esta definição é a que mais se adapta ao quadro normativo português e se continua a ter significado a respectiva identificação organizacional, diremos que as características típicas da administração em sentido orgânico são as da sua heterogeneidade, pluralidade e atipicidade, interdependência, iniciativa e parcialidade.[643]

Neste sentido e do ponto de vista da sua identificação relativamente às restantes funções do Estado, é usualmente acentuado que a *"complexificação e a especialização da função administrativa conduziram à criação e ao aproveitamento de uma pluralidade, potencialmente ilimitada e subtraída a qualquer delimitação constitucional apriorística, de entidades que asseguram o respectivo exercício"*.[644]

[641] Cfr. Diogo Freitas do Amaral, "Curso de Direito Administrativo", Vol. I, p. 589, que agrupa as diversas categorias de pessoas colectivas públicas ordenadas segundo o critério da maior dependência para a menor dependência do Estado; Marcello Caetano, "Manual de Direito Administrativo", 10ª edição, Vol. I, p. 184.

[642] Cfr. Vital Moreira, "A Administração Autónoma e Associações Públicas", pp. 265 e seguintes.

[643] Cfr. Marcelo Rebelo de Sousa, "Direito Administrativo Geral", Tomo I, pp. 46 e seguintes.

[644] Cfr. Marcelo Rebelo de Sousa, "Direito Administrativo Geral", Tomo I, pp. 79 e seguintes.

Ou seja, julgamos que os critérios evidenciados quanto à relevância da qualificação e identificação das pessoas colectivas públicas se devem centrar na característica antes assinalada da pluralidade potencialmente ilimitada de entidades que asseguram o respectivo exercício.

É certo que nos parece que esta característica – da pluralidade – assenta, para a sua autonomização, no conceito de função administrativa, ou seja, a pluralidade é baseada na ideia de que foi a especialização da função administrativa que conduziu à criação de uma pluralidade de entidades com competência para o respectivo exercício.

Assim, esta característica diz-nos, desde logo, que do ponto de vista da organização administrativa a mesma não está dependente de qualquer regra ou princípio da tipicidade quanto às possíveis formas.

É este, aliás, o princípio que decorre directamente do art. 267º da Constituição da República quando especifica que a administração é descentralizada e desconcentrada.

1.2. Os serviços públicos

Como decorre do texto que antecede, os elementos da organização administrativa são as pessoas colectivas públicas e os serviços públicos.

Os serviços públicos são "*as organizações humanas criadas no seio de cada pessoa colectiva pública com o fim de desempenhar as atribuições desta, sob a direcção dos respectivos órgãos*".[645]

Do ponto de vista material, o serviço público constitui uma actividade *fora do mercado* que obedece a uma lógica administrativa e não a uma lógica comercial. *É uma prestação pública*, não uma mercadoria.[646]

Os serviços públicos não são titulares de personalidade jurídica, são organizações de preparação e execução de decisões dos órgãos das pessoas colectivas públicas e estão integrados na respectiva organização interna.[647]

Do ponto de vista da organização, os serviços públicos podem estar organizados segundo três critérios fundamentais: organização horizontal, territorial e vertical.

Segundo o critério da verticalidade, os serviços públicos estão organizados e funcionam segundo princípios de hierarquia, ou seja, segundo "*o modelo de*

[645] Cfr. Freitas do Amaral, op. cit., pág 792; Marcello Caetano, "Manual de Direito Administrativo", Vol. I, p. 237.

[646] Neste sentido cfr. "Os Caminhos da Privatização da Administração Pública" – IV Colóquio Luso Espanhol de Direito Administrativo, Stvdia Iurídica 60, p. 223.

[647] Para as diversas espécies de serviços públicos ver, por todos, Freitas do Amaral, op. cit., p. 795.

organização administrativa vertical, constituído por dois ou mais órgãos e agentes com atribuições comuns, ligados por um vínculo jurídico que confere ao superior o poder de direcção e impõe ao subalterno o dever de obediência".[648]

De acordo com este modelo, o superior hierárquico dispõe de: (i) poderes de direcção, ou seja, poder de dar ordens ou instruções em matéria de serviço; (ii) poderes de supervisão, ou seja, poderes de revogação ou suspensão de actos administrativos praticados pelo subalterno; (iii) poderes disciplinares; (iv) poderes de inspecção, ou seja, poderes de fiscalização contínua do comportamento dos subalternos e do funcionamento do serviço; (v) poderes de decisão de recursos no sentido da reapreciação de actos praticados pelo subalterno para efeitos de confirmação, revogação ou substituição dos mesmos; (vi) poderes de decisão de conflitos de competência; bem como (vii) poderes de substituição que consistem na faculdade de exercer legitimamente competências conferidas por lei, ou delegação de poderes ao subalterno.

O Estado e a administração pública são os legítimos depositários do "intérêt général" mas, na verdade, parece hoje já não terem o exclusivo do seu exercício ou da sua satisfação.[649]

Como acentua a este propósito J.C. Vieira de Andrade: "*...a liberdade individual e a concorrência económica não tinham conduzido ao melhor dos mundos, mas a um mundo de injustiças flagrantes (...) revoltados contra a ordem injusta que a abstenção do Estado liberal tinha consentido, os mais desfavorecidos reivindicam dos poderes públicos uma intervenção efectiva para uma transformação radical das estruturas sociais".*[650]

Assiste-se, assim, na passagem do Estado Liberal para o Estado Providência, ao apogeu do Estado de serviços públicos.[651]

Como já se antevê do texto antecedente, o conceito de serviço público é um conceito formado e importado do direito francês que assentou em dois pilares fundamentais: na legitimidade de intervenção pública proveniente do Estado ainda que exercida por outra pessoa colectiva de direito público, e na legitimidade da prossecução do interesse geral.[652]

[648] Cfr. Freitas do Amaral, "Curso de Direito Administrativo", p. 808.

[649] Cfr. sobre serviço público na Europa a designação de serviços de interesse económico geral a que alude o novo art. 16º introduzido pelo Tratado de Amsterdão, João Nuno Calvão da Silva, "Mercado e Estado: Serviços de Interesse Económico Geral", pp. 210 e seguintes.

[650] Cfr. J. C. Vieira de Andrade, "Os Direitos Fundamentais na Constituição Portuguesa de 1976", 3ª edição, Almedina, 2012.

[651] Cfr. Vital Moreira, "Serviço Público e Concorrência – A Regulação do Sector Eléctrico" em Os Caminhos da Privatização da Administração Pública, Boletim da Faculdade de Direito da Universidade de Coimbra, Stvdia Jurídica, nº 60, Coimbra, 2001, p. 225.

[652] Cfr. Maria da Glória Ferreira Pinto Dias Garcia, "Serviço Público", em Polis – Enciclopédia Verbo da Sociedade e do Estado nº 5, p. 722; Rui Machete, "A evolução do conceito de Serviço

Ao conceito – orgânico e material – de serviço público são inerentes tradicionalmente três princípios: o da continuidade, o da igualdade e o da mutabilidade.[653]

Não cessou de evoluir o conceito bem como a prestação pública que lhe está imanente, independentemente da natureza da pessoa ou da entidade que a presta.[654]

Por isso, e para procurar distinguir os vários serviços públicos existentes, já foi afirmada pela nossa melhor doutrina uma classificação teleológica dos serviços públicos, por exemplo, entre serviços de saúde e obras públicas, e uma classificação funcional ou da natureza da actividade de serviços públicos entre serviços principais e auxiliares.[655]

De sublinhar igualmente que as formas de organização jurídico-institucional dos serviços públicos podem ser decompostas como segue:

a) Exploração integrada na administração directa, desprovida de personalidade jurídica própria, podendo assumir alguma autonomia administrativa como sucede, entre nós, com os serviços municipalizados;
b) Serviço público empresarial personalizado – instituto público de substracto empresarial;
c) Ente público empresarial – "empresa pública".[656]

O Estado de serviços públicos (Estado Providência) deu lugar ao Estado Regulador.

O que sucedeu com este fenómeno de transfiguração foi a "substituição" das prestações de serviço público realizadas directamente pelo Estado por outras e diferentes entidades, e por outros e diferentes agentes prestadores. O monopólio da prestação de serviços públicos pelo Estado foi posto em causa e substituído por outro protagonista principal: o mercado.[657]

Público e a natureza das relações entre concessionário ou autorização e o utente", em Estudos de Direito Público, Coimbra, 2004, p. 174.

653 Cfr. Henri Courivard, "Le concession de service public "à la française" confrontée au droit européen", em Revue Internationale de Droit Économique, tomo XVIII, 4, 2004.

654 Cfr. Pia Marconi, "La Carta dei Servizi Pubblici e la Citizen's Charter – La normativa sulla Carta dei Servizi", em Rivista trimestrale di diritto pubblico, nº 1, 1998, pp. 197-215; Michèle Voisset, "La reconnaissance en France d'un droit des citoyens à la qualité dans les services publics", em Revue Française de Droit Administratif, nº 4, 1999, p. 743.

655 Cfr. Marcelo Rebelo de Sousa, "Lições de Direito Administrativo", pp. 173 e seguintes.

656 Cfr. Vital Moreia, "Serviço Público e Regulação", in Stvdia Jurídica nº 60, p. 223.

657 Cfr. Fausto de Quadros, "Serviço Público e Direito Comunitário", em Os Caminhos da privatização da Administração Pública, Boletim da Faculdade de Direito da Universidade de Coimbra,

Apesar destas transformações de natureza substancial, não deixou de ser uma prioridade, nos tempos mais recentes, a ideia de *inovação no sector público*, cujas manifestações essenciais se podem enunciar através dos seguintes principais focos inovatórios: (i) a criação de um Observatório para a Inovação no Sector Público na OCDE (OPSI, 2013); (ii) a realização de estudos e a organização de uma *task-force* na Comissão Europeia (*EU Expert group on public sector innovation* – DG Investigação e Inovação); (iii) a publicação de um *Public Innovation Scoreboard*, 2013; (iv) a organização de laboratórios experimentais em alguns países; e (v) a publicação de uma revista *on line* dedicada exclusivamente a este tema.[658]

É neste sentido que tem vindo a ser procurada a densificação do conceito de serviço de interesse económico geral, sem descurar de assegurar a articulação entre dois pilares relevantes: o mercado e os valores sociais.[659]

Este conceito e esta nova forma de assegurar o serviço público têm vindo a evoluir atento, igualmente, o princípio da livre concorrência que postula nos domínios da economia a intervenção destes serviços, mas dela excluindo os serviços sociais e os que se traduzem em poderes de autoridade do próprio Estado.[660]

Os serviços de interesse económico geral, que se desenvolveram sobretudo na sequência das privatizações, liberalização e transformação do próprio modelo de Estado por causa (não exclusiva) da influência do Direito Comunitário e do aprofundamento do mercado interno europeu, acabaram por substituir o conceito francês de serviço público comercial e industrial.[661]

Teria sido através da nova configuração de serviços de interesse económico geral que se traduziu a principal "cedência" que a União fez ao conceito de

2001, p. 280; José Luis Martinez López-Muñoz, "Servicio Público, Servicio Universal e Obligación de servicio público en las perspectivas del Derecho Comunitário: Los servicios esenciales y sus regímenes alternativos", em "Caminhos da privatização da administração pública", Boletim da Faculdade de Direito da Universidade de Coimbra, 2001, p. 257.

658 Neste sentido, cfr. Maria Manuel Leitão Marques, "O Estado Simples", 2013, disponível em marialm@fe.uc.pt.

659 Cfr. Ana Maria Guerra Martins, "A emergência de um novo direito comunitário da concorrência – As concessões de serviços públicos" em Revista da Faculdade de Direito da Universidade de Coimbra, Vol. XLII, nº 1, 2001, p. 79.

660 Cfr. Comunicação da Comissão – "Os serviços de interesse geral na Europa", Luxemburgo, 1996, parágrafo 18, p. 9.

661 Cfr. Carlos Ferreira de Almeida, "Serviços Públicos, Contratos Privados", em Separata de Estudos em Homenagem à Professora Isabel Magalhães Collaço, Vol. II, Coimbra; Vital Moreira, "Estudos de Regulação Pública I", Coimbra, 2004, p. 550.

serviço público que era prevalecente na estrutura da organização da administração dos Estados.[662]

Nesta linha de orientação parece ser possível afirmar-se que a UE considera que os serviços de interesse geral constituem um elemento-chave do modelo europeu de sociedade.[663]

É neste sentido que, quer do ponto de vista "constitucional", quer do ponto de vista da preparação da própria Directiva dos Serviços, conhecida como Directiva Bolkestein (nº 2006/123/CE), a União tem vindo a orientar as suas prioridades tendo em vista a criação de um mercado de serviços.[664]

A Directiva dos Serviços não tem aplicação geral visto que não abrange: (i) os serviços de interesse geral sem carácter económico; (ii) os serviços financeiros...; (iii) os serviços e redes de comunicações electrónicas, bem como os recursos e serviços conexos, no que se refere às matérias regidas pelas Directivas 2002/19/CE, 2002/21/CE, 2002/22/CE e 2002/58/CE; (iv) os serviços nos domínios dos transportes...; e (v) os serviços de cuidados de saúde, prestados ou não no âmbito de uma estrutura de saúde...a nível nacional, e do seu carácter público ou privado.[665]

Estas novas orientações no que se refere à criação de um mercado de serviços não podiam deixar de ter repercussões em Portugal.[666]

Assim, o Decreto-Lei nº 558/99, de 17 de Dezembro, veio consagrar, pela primeira vez, uma referência aos serviços de interesse geral.

O art. 19º do diploma legal em menção introduz a noção de serviço de interesse económico geral; assim: (i) são consideradas empresas encarregadas

[662] Cfr. neste sentido Rui Machete, "A evolução do conceito de serviço público e a natureza das relações entre concessionário ou autorizado e o utente", Estudos de Direito Público, Coimbra Ed., 2004.

[663] Cfr. João Nuno Calvão da Silva, "Mercado e Estado: Serviços de Interesse Económico Geral", p. 260; Comunicação da Comissão sobre Serviços de Interesse Geral na Europa, COM(2000)580 final, Bruxelas 20.09.2000; Livro Verde sobre Serviços de Interesse Geral, COM(2003)270 final; Relatório do Conselho Europeu de Laeken – Serviços de Interesse Geral, COM/2001/0598 final de 18.10.2001; Comunicação da Comissão ao Parlamento Europeu, ao Conselho, ao Comité Económico e Social Europeu e ao Comité das Regiões – Livro Branco sobre os Serviços de Interesse Geral, COM(2004) 374 final, Bruxelas, 12.05.2004; Resolução do PE sobre o Livro Verde sobre serviços de interesse geral, COM(2003)270-2003/2152(INI) publicado no JO nº CO92E, de 16.04.2004; Maria José Constâncio, "Papel dos serviços de interesse geral na construção da Europa", em Europa-Novas Fronteiras, nº 15, Junho 2004, pp. 35-42.

[664] Cfr. Jean-Victor Louis/S. Rodrigues (dir.), "Les Services d'intérêt économique général et l'Union européenne", European Law Journal, Vol. 15, Issue 1, pp. 147-149, Bruxelas, 2006.

[665] Cfr. art. 2º da Directiva 2006/123/CE (Directiva dos Serviços).

[666] Cfr. Preâmbulo do DL 558/99, de 17 de Dezembro.

da gestão de serviços de interesse económico geral aquelas cujas actividades devam assegurar a universalidade e continuidade dos serviços prestados, a coesão económica e social, e a protecção dos consumidores, sem prejuízo da eficácia económica e do respeito dos princípios da não discriminação e da transparência; e (ii) salvo quando a lei dispuser diversamente, os termos em que a gestão é atribuída e exercida constarão de contrato de concessão.[667]

Por seu turno, o art. 20º enumera os grandes princípios orientadores da prestação de serviços de interesse económico geral e que se podem enunciar como segue: (i) prestar serviços de interesse económico geral no conjunto do território nacional, sem discriminação das zonas rurais e do interior; (ii) promover o acesso da generalidade dos cidadãos, em condições financeiras equilibradas, a bens e serviços essenciais, procurando, na medida do possível, que todos os utilizadores tenham direito a tratamento idêntico e neutro, sem quaisquer discriminações, quer quanto ao funcionamento dos serviços, quer quanto a taxas ou contraprestações devidas, a menos que o interesse geral o justifique; (iii) assegurar o cumprimento das exigências de prestação de serviços de carácter universal relativamente a actividades económicas cujo acesso se encontre legalmente vedado a empresas privadas e a outras entidades da mesma natureza; (iv) garantir o fornecimento de serviços ou a gestão de actividades cuja rendibilidade não se encontre assegurada, em especial devido aos investimentos necessários ao desenvolvimento de infraestruturas ou redes de distribuição ou, ainda, devido à necessidade de realizar actividades comprovadamente deficitárias; (v) zelar pela eficácia da gestão das redes de serviços públicos, procurando, designadamente, que a produção, o transporte e distribuição, a construção de infraestruturas e a prestação do conjunto de tais serviços se processem de forma articulada, tendo em atenção as modificações organizacionais impostas por inovações técnicas ou tecnológicas; e (vi) cumprir obrigações específicas, relacionadas com a segurança, com a continuidade e qualidade dos serviços e com a protecção do ambiente, devendo tais obrigações ser claramente definidas, transparentes, não discriminatórias e susceptíveis de controlo.[668]

As disposições relevantes deste diploma legal tinham como fonte a Lei nº 23/96, em que eram identificados como "serviços públicos essenciais":

[667] Decorre do citado nº 2 do art. 19º deste diploma legal o cumprimento da Decisão da CE, no âmbito do art. 86º do Tratado da União Europeia.

[668] Cfr. Relatório do Conselho Económico e Social, Lisboa, 2006, "Os Serviços de Interesse Geral (Parte I)", aprovado no Plenário de 21 de Abril de 2006 por unanimidade, e cujo Relator foi a Conselheira Maria José Constâncio.

(i) o fornecimento de água; (ii) o fornecimento de energia eléctrica, (iii) o fornecimento de gás; e (iv) o fornecimento de serviços telefónicos.[669]

A qualificação e, sobretudo, a integração de certas actividades no conceito de serviços de interesse económico geral foi, através da Lei nº 5/2004, de 10 de Fevereiro, alterada, por supressão do serviço de telefone no seu quadro de referência.[670]

Em Portugal e do ponto de vista da organização e da actividade da Administração Pública, parece-nos pertinente sustentar que os serviços públicos, na vertente de serviços de interesse geral, são organizações que têm por missão preparar, executar e gerir um conjunto de políticas de prestação de serviços públicos definidos na lei.[671]

Porém, como já antes deixámos referido, subsiste um outro aspecto de crucial importância, qual seja o de que, em sentido material, a prestação de serviços públicos pode ser realizada também através de entidades privadas.[672]

Na verdade, actualmente não são apenas os serviços públicos, enquanto estruturas organizatórias e como tal qualificadas, que estão habilitados a satisfazer prestações e providenciar bens de interesse colectivo.[673]

O Estado contemporâneo encontrou fórmulas, pela via da colaboração e das parcerias entre público e privado, de continuar a assegurar o serviço público.[674]

[669] Refira-se que, nos termos do nº 4 do art. 36º do DL 558/99, as empresas privadas estão abrangidas por este regime, uma vez que expressamente é consagrado que: "*as empresas privadas encarregadas da gestão de serviços de interesse económico geral, por força da concessão ou da atribuição de direitos especiais ou exclusivos*".

[670] Devemos também sublinhar que estava inicialmente prevista a extensão do regime da Lei 23/96 aos serviços de telecomunicações avançadas, bem como os serviços postais, mas tal extensão nunca veio a verificar-se. Ver também a Lei 12/2008, de 26 de Fevereiro, Lei 24/2008, de 2 de Junho, Lei 6/2011, de 10 de Março, e Lei 10/2013, de 28 de Janeiro.

[671] Cfr. "A Noção de Serviços Públicos na Doutrina Portuguesa", em Scientia Iurídica, nº 295, Tomo LII, 2003.

[672] Cfr. Vital Moreira, "Serviço Público e Regulação", em Scientia Iurídica nº 60, p. 223, em que assinala que os componentes essenciais da noção de serviço público são: (i) direito de acesso aos serviços por todos (universalidade); (ii) igualdade de tratamento (incluindo tarifas cobradas aos utilizadores); (iii) continuidade (garantia de fornecimento sem interrupção); (iv) qualidade garantida; (v) adaptabilidade (permanente adequação à mudança das necessidades).

[673] Neste sentido, cfr. Rui Machete, "A evolução do conceito de Serviço Público e a natureza das relações entre concessionário ou autorizado e o utente", em Estudos de Direito Público, Coimbra, 2004, p. 174.

[674] Cfr. Pedro Gonçalves, "Entidades Privadas com Poderes Públicos", Coimbra, 2005; Vital Moreiara, "ServiçoPúblico e Concorrência", p. 225; Franck Moderne, "Les transcriptions doctrinales de l'idée de Service Public", em "L'idée de Service Public dans les droits des États de l'Union

Temos, assim, que do ponto de vista da organização, a administração pública dispõe de serviços públicos integrados na administração directa ou local do Estado, em regra destituídos de personalidade jurídica e, nalguns casos, titulares de certas margens de autonomia administrativa.[675]

A Administração Pública é ainda composta por entidades públicas ou maioritariamente públicas, integradas na administração indirecta do Estado que, em regra, são titulares de personalidade jurídica, autonomia financeira e administrativa, a quem cumpre nos termos da lei assegurar a prestação de serviços de interesse económico geral.[676]

III. Os sistemas de organização administrativa: A desconcentração e a descentralização

1. A desconcentração

O conceito de Administração Pública assume, como já antes deixámos referido, duas vertentes de abordagem: a dos elementos e a dos sistemas da sua organização.

Européenne" (dir. de Frank Modern e Gérard Marcou), 2001, pp. 11-12; Maria da Glória Ferreira Dias Garcia, "Serviço Público", em Polis – Enciclopédia Verbo da Sociedade e do Estado nº 5, pp. 722-724; Jacques Chevallier, "La reforme de l'État et la Conception française du Service Public", em Revue Française d'Administration Publique, nº 77, (IIAP), Paris. 1996, p. 189.

[675] Cfr. quanto aos modelos de parcerias publico-privadas e,especialmente, as parcerias público-privadas para a prestação de serviços públicos, António Carlos dos Santos/Maria Eduarda Gonçalves/Maria Manuel Leitão Marques, "Direito Económico", pp. 200 e seguintes; A. Marques Guedes, "A Concessão", em Homenagem a Martins Gomes /J. Monteiro Fernandes, Dicionário Jurídico da Administração Pública, Coimbra, p. 531; cfr. também a classificação das concessões em Marcello Caetano , "Subsídios para a Teoria da Concessão de Serviço Público", Estudos de Direito Administrativo, Lisboa, 1974, p. 92.

[676] Cfr. art. 86º do TCE que dispõe expressamente que: "*No que respeita às empresas públicas e às empresas a que concedam direitos especiais ou exclusivos, os Estados-membros não tomarão nem manterão qualquer medida contrária ao disposto no presente Tratado, designadamente ao disposto nos artigos 12º e 81º a 89º, inclusive*". O conceito de empresa pública para este efeito, é o que resulta da Directiva 2005/81/CE da Comissão (Jol 312, de 29.11.05), transposta pelo Decreto-Lei nº 68/2007, de 26.03.2007, nos termos do qual empresa pública é: "*qualquer empresa em que os poderes públicos possam exercer, directa ou indirectamente, uma influência dominante em consequência da propriedade, da participação financeira e das regras que a disciplinam*". Apesar das modificações introduzidas pela Directiva 2006/111/CE da Comissão, a noção de empresa pública manteve-se inalterada. Cfr. Fausto de Quadros, "Serviço Público e Direito Comunitário", em "Os Caminhos da Privatização da Administração Pública", Coimbra Ed., 2001, p. 294; José Luis Buendia Sierra, "La Communication de la Comission sur les services d'intérêt économique général en Europe et la politique communautaire de concurrence", em "Service Public et Communauté européenne: entre l'intérêt général et le marché – Tome II: Approche transversale et conclusions", La Documentation Française, Paris, 1998, p. 463.

Quanto aos sistemas, a administração pública pode organizar-se, no essencial, por duas vias: (i) a da desconcentração, e a (ii) da descentralização.

É a própria Constituição da República que no nº 2 do art. 267º estabelece que *"para efeitos do disposto no número anterior, a lei estabelecerá adequadas formas de descentralização e desconcentração administrativas..."*[677]

A Constituição determina que o legislador, observados os princípios da descentralização e da desconcentração, pode proceder à criação de entes administrativos que devem ter-se como integrados no conceito orgânico de administração pública, independentemente da "forma" adoptada para o efeito.

A desconcentração é um sistema de organização administrativa fundado na proibição do princípio da concentração, ou seja, *"por oposição impede a concentração, que restringe a um único órgão as competências decisórias para a prossecução das atribuições da pessoa colectiva em que está integrado"*.[678]

A desconcentração administrativa tem como finalidade uma maior eficiência dos serviços públicos e é uma tendência que se tem vindo a acentuar no sentido de ser favorecido e desenvolvido este sistema.[679]

A doutrina assinala três critérios fundamentais para caracterizar as diversas espécies de desconcentração, a saber: (i) quanto aos níveis; (ii) quanto às formas; e (iii) quanto aos graus.

Quanto ao critério dos "níveis", a desconcentração pode ser de nível central e de nível local, consoante a mesma se verifique na administração central ou local.

Quanto ao critério dos "graus", a desconcentração pode ser absoluta ou relativa.

A desconcentração absoluta pode conduzir à criação de "órgãos independentes", e a desconcentração relativa, sendo a regra geral no direito português, leva a que sejam atribuídas algumas competências próprias aos órgãos subalternos, mas mantendo-se os respectivos poderes de hierarquia dos superiores.[680]

Refere-se também que a desconcentração pode ser horizontal e vertical, sendo que no primeiro caso esta pode dar origem à criação de "órgãos independentes".[681]

[677] O nº 1 do mesmo preceito constitucional estipula que: *"A Administração Pública será estruturada de modo a evitar a burocratização, a aproximar os serviços das populações e a assegurar a participação dos interessados na sua gestão efectiva, designadamente por intermédio de associações públicas, organizações de moradores e outras formas de representação democrática"*.

[678] Cfr. Marcelo Rebelo de Sousa, "Direito Administrativo Geral", Tomo I, p. 147.

[679] Cfr. "Vantagens e inconvenientes da desconcentração", em Marcelo Rebelo de Sousa, op. cit., e Freitas do Amaral, op. cit., p. 752.

[680] Cfr. Freitas do Amaral, "Curso de Direito Administrativo", Vol. I, p. 657.

[681] Cfr. Marcelo Rebelo de Sousa, "Direito Administrativo Geral", Tomo I, p. 148.

Na desconcentração horizontal pode ser "abolida" a hierarquia; na desconcentração vertical pode coexistir a desconcentração com a hierarquia.[682]

Quando às "formas" da desconcentração, podemos falar em desconcentração originária e desconcentração derivada, no sentido em que a atribuição de competências está desde logo prevista na lei, quer para o subalterno, quer para o superior hierárquico, enquanto que a desconcentração derivada carece de um acto próprio do superior hierárquico denominado "delegação de poderes".[683]

2. A descentralização

A Administração Pública Portuguesa é desconcentrada e é descentralizada como, aliás, decorre do texto constitucional.

As exigências de maior proximidade entre os centros de poder e os destinatários das suas decisões, a participação dos interessados na gestão da administração e a limitação do poder através da repartição das diversas competências por uma multiplicidade significativa de pessoas colectivas são, entre outros, os fundamentos mais significativos da consagração de um sistema de administração descentralizado.[684]

A descentralização pode ser territorial, institucional e associativa.[685]

A descentralização administrativa significa que a função administrativa pode ser exercida por diversas e diferentes pessoas colectivas além do Estado-administração.[686]

A descentralização pode assumir as seguintes principais modalidades: (i) descentralização de base territorial, que se concretiza pela existência de autarquias locais; (ii) descentralização de base institucional, que justifica a criação de institutos públicos e empresas públicas; e (iii) descentralização associativa, que dá origem a associações públicas.

Estas diferentes modalidades estão associadas à administração indirecta e autónoma do Estado.

[682] Cfr. Freitas do Amaral, "Conceito e Natureza de recurso hierárquico", 2ª edição, 2005, p. 58.

[683] Cfr. J. Baptista Machado, "Participação e Descentralização, Democratização e Neutralidade na Constituição de 1976", Coimbra, Almedina, 1982.

[684] Cfr. Marcelo Rebelo de Sousa, que associa a este sistema o princípio da subsidiariedade.

[685] Estamos a falar de descentralização administrativa e não da descentralização política ou legislativa que, no direito português, existe quanto às regiões autónomas (artigos 225º e 228º).

[686] Cfr. Marcelo Rebelo de Sousa, "Lições de Direito Administrativo" Vol. I, reimpressão, 1995, Lisboa, p. 143 ; Freitas do Amaral, "Curso de Direito Administrativo", Vol. I, 2011, p. 874.

Como já verificámos, o fundamento da administração indirecta do Estado encontra-se em razões de natureza técnica e de racionalização de meios para a prossecução do interesse público.

As pessoas colectivas que integram a administração indirecta estão sujeitas ao poder de superintendência e de tutela do Governo.

Fazem parte da administração estadual indirecta, entre outros, os institutos públicos e as empresas públicas.

Do "abandono" da concepção unitária da Administração emerge uma outra forma de organização administrativa, que é a administração autónoma.

Seguindo de perto a lição da doutrina, diremos que uma das questões-chave do conceito de administração autónoma é a sua relação com a administração do Estado.[687]

A administração autónoma passou a ser concebida como uma modalidade de administração do Estado, cujo fundamento é o do reconhecimento da especificidade dos interesses de certas actividades de pessoas no contexto da prossecução do interesse público.

Entre nós, e até à Constituição de 1976, a doutrina dominante não distinguia entre administração indirecta e administração autónoma.

A partir da Constituição de 1976, esta distinção impôs-se na medida em o seu art. 199º operou, em termos expressos, tal distinção através da explicita configuração constitucional das autarquias locais como expressão autêntica do conceito de administração autónoma.

O critério fundamental para a caracterização do conceito de administração autónoma é o da prossecução de interesses próprios de colectividade infranacionais, dotados de autogoverno e autoadministração, sujeitos apenas ao poder de tutela, como estipula a alínea *d)* do art. 199º da Constituição.

A revisão constitucional de 1982 reforçou o conceito de administração autónoma pela via da consagração expressa das associações públicas como uma outra espécie de administração autónoma, mas de base institucional.

Em síntese, a administração autónoma é a administração de interesses públicos próprios de certas colectividades ou agrupamentos infra estaduais (de natureza territorial, profissional ou outra) por meio de corporações de Direito Público ou outras formas de organização representativa, dotadas de poderes administrativos, que exercem sob responsabilidade própria, sem sujeição a um poder de superintendência do Estado, nem a formas de tutela de mérito.[688]

[687] Cfr. Vital Moreira em "Administração Autónoma e Associações Públicas", Coimbra Ed., reimpressão, 2003.

[688] Esta é a definição de Vital Moreira em "Administração Autónoma e Associações Públicas".

O Estado, para a prossecução dos interesses públicos que lhe cumpre assegurar, foi sendo organizado ao longo da história e do tempo através de organismos dele dependentes, organismos dotados de competências próprias e de atribuições de interesse público, organismos autónomos de base territorial e de base institucional.

Não se fica por aqui a História do Estado e da sua organização administrativa.

IV. O Sistema e os elementos da organização administrativa: A administração independente: As Entidades Administrativas Independentes

1. Distinção entre administração indirecta e administração independente

A administração indirecta é a administração instrumental de interesses do Estado exercida por interposto organismo por ele mesmo criado e orientado.[689]

Esta orientação traduz-se no poder de superintendência do Governo ou de um órgão superior da correspondente administração territorial, que inclui um poder de orientação, de emissão de directivas e de controlo de conformidade dos actos com a orientação por aquelas entidades estabelecida.[690]

As entidades integrantes da administração indirecta gozam, em regra, de autonomia administrativa, ou seja, são competentes para praticar actos definitivos e executórios, mas tal autonomia depende do respectivo estatuto, isto é, pode ser-lhe outorgada ou retirada em razão de interesses ou de objectivos governamentais.

As pessoas colectivas que integram a administração indirecta do Estado podem dispor, para além de autonomia administrativa, de autonomia financeira, de autonomia disciplinar e de autonomia normativa.[691]

[689] Segundo Freitas do Amaral, em "Curso de Direito Administrativo" Vol. I, p. 348, "*a administração estadual indirecta é uma actividade administrativa do Estado, realizada, para a prossecução dos fins deste, por entidades públicas dotadas de personalidade jurídica própria e de autonomia administrativa ou administrativa e financeira*".

[690] Cfr. ainda sobre a administração estadual indirecta, Marcello Caetano, "Manual de Direito Administrativo", I, pp. 187 e seguintes; Vital Moreira, "Administração Autónoma e Associações Públicas", pp. 118 e seguintes; A. Martin-Pannetier/Roland Drago, "Élements d'analyse comparative des établissements publics en droit français et en droit anglais", Vol. I, Paris, 1966, em Vol. 63 de Biblioteque de Droit Public.

[691] As noções de autonomia administrativa e financeira aqui referenciadas devem ter-se como próprias do direito administrativo. A tendência actual é para conferir autonomia administrativa e financeira aos organismos que, pelo volume das suas receitas próprias, possam ser consideradas auto-suficientes do ponto de vista financeiro; caso dependam de transferências do Orçamento de Estado para o seu funcionamento apenas serão titulares de autonomia administrativa. É nes-

Em qualquer caso e tendo presente as regras da respectiva criação, bem como o fundamento ao abrigo do qual são instituídos tais organismos, a administração indirecta do Estado não dispõe de competências de auto-governo, nem de auto-determinação.[692]

A administração estadual indirecta emerge por razões do constante alargamento e da crescente complexificação das funções do Estado, que resultaram da própria transfiguração do modelo de Estado em Estado prestador e constitutivo.

Mas, neste caso, o Estado não pretendeu deixar de exercer poderes de superintendência e de tutela, relativamente às actividades levadas a efeito pelos entes por ele criados.

Ao contrário, o Estado através do Governo pretende continuar a desempenhar um papel activo na conformação e na modelação dos actos praticados pelas entidades integradas na administração indirecta, de modo a poder continuar a exercer os seus poderes de autoridade.

O Estado diminuiu os seus serviços e organismos dele dependentes e procedeu à institucionalização de entidades públicas dotadas de competências com o objectivo de proceder, por via indirecta, à prossecução dos seus fins.

O Estado aumentou consideravelmente as entidades públicas dele não directamente dependentes com os seguintes principais fundamentos:

a) Tornar mais eficiente e eficaz a prestação do "serviço público";
b) Dotar estas entidades de personalidade jurídica e competências próprias, nomeadamente nas áreas da respectiva intervenção; e
c) Manter o seu poder de autoridade, nomeadamente no que se refere à nomeação dos membros dos órgãos da pessoa colectiva considerada, exercer poderes de superintendência quanto às actividades por elas exercidas, e fazer o acompanhamento, verificar e aprovar os respectivos planos estratégicos que lhes cumpre prosseguir.

te sentido a afirmação de Freiras do Amaral, "Curso de Direito Administrativo", Vol. I, p. 357; Marcelo Rebelo de Sousa, "Direito Administrativo Geral", Tomo I, pp. 144 e seguintes; Eduardo Paz Ferreira, "Do mito do sector empresarial do Estado ao mito das privatizações", em Revista da Banca, nº 9, da Associação Portuguesa de Bancos, 1989, e "Estudos sobre o novo regime do sector empresarial do Estado", Coimbra, 2000.

[692] Entre outros fundamentos da sua institucionalização, Freitas do Amaral, "Curso...", p. 350, sustenta que: "*...por isso o Estado cria centros autónomos de decisão e de gestão, assim descentralizando funções em organismos que, embora mantendo-se-lhe ligados, e com ele colaborando na realização dos fins que são próprios do Estado, todavia recebem para o efeito toda uma série de prerrogativas que os erigem em entidades autónomas, com a sua personalidade jurídica, com o seu pessoal, com o seu orçamento, com o seu património, com as suas contas – isto é, são organismos não integrados no Estado*".

O Estado deixou, neste tempo e nesta fase histórica, de ser directamente produtor de bens e serviços e passou a ser um Estado *Prestador.*

Prestador, porque se *constitui* no dever de providenciar e de proporcionar um Estado *Interventivo,* agora no domínio de actividades industriais, comerciais e de prestação de bens e serviços, através de entidades dotadas de personalidade jurídica de direito público, mas *subordinadas* aos seus poderes de tutela e de superintendência.[693]

Temos, pois, que o que mudou, com os fundamentos antes mencionados, foi a natureza da entidade "prestadora" mantendo-se e reforçando-se, no essencial, as regras de intervenção do Estado (agora pela via indirecta) na sociedade.

É certo que em Portugal o movimento ou fenómeno do "florescimento" da administração indirecta realizado através dos processos de nacionalização e de constituição de empresas públicas na órbita do Governo (anos de 1974 e seguintes), não é contemporâneo do "aparecimento" das primeiras entidades administrativas independentes, todavia importa uma primeira aproximação entre aquele conceito e realidade, em comparação com a criação e desenvolvimento destas últimas entidades.[694]

A questão por ora relevante é a de procurar determinar se as entidades administrativas independentes podem ou não ser enquadradas no conceito e na categoria das entidades que incorporam a administração indirecta do Estado.

Sobre esta matéria, alguns autores sustentam que a administração independente consistindo numa actividade administrativa destinada à realização de fins do Estado pode, nessa medida, ser concebida como uma actividade exercida indistintamente por órgãos do próprio Estado, ou por outras pessoas colectivas.[695]

Nesta construção doutrinária, o critério da actividade parece ser o relevante e distintivo para efeitos, por um lado, da respectiva qualificação jurídica e, por outro lado, da sua integração institucional.

Parece-nos, no entanto, que se nos impõe determinar estas diferenças, a existirem, através dos seguintes dois critérios:

[693] Cfr. Paulo Otero, "Origem da intervenção económica do Estado em Portugal: Notas para uma História do Direito Público da Economia", em Revista de Direito Público da Economia (RDPE), ano 1, nº 4, 2003.

[694] De referir, no entanto, que a Comissão Nacional de Eleições foi criada em 1978, o que nos parece não contender com a afirmação do texto já que, como veremos, a criação desta Comissão tinha objectivos de salvaguarda dos "novos" direitos eleitorais.

[695] Cfr. Eduardo Paz Ferreira, Luis Morais, Gonçalo Anastácio (coordenação), "A Regulação em Portugal, Novos Tempos, Novo Modelo?", Almedina, 2009, p. 20.

a) O da *liberdade* de actuação de cada uma das entidades integradas na administração indirecta e na administração independente;
b) O da existência/inexistência *de laços orgânicos* entre as entidades e o Governo, enquanto órgão hierarquicamente superior da Administração Pública.

As autoridades independentes que integram a administração (entidades administrativas independentes) exercem, em regra, funções de fiscalização, supervisão, coordenação ou controlo, que no domínio das suas competências definidas nas leis delas criadoras, são exercidas com autonomia *reforçada* e independência funcional.

Por seu turno, as empresas públicas, os institutos públicos..., exercem as suas competências ao abrigo de poderes de superintendência do Governo, nos termos definidos na Constituição e na lei.

Qual é então a diferença assinalável entre pessoas colectivas de direito público integradas na administração indireta do Estado e as pessoas colectivas de direito público que, a par daquelas, exercem, com autonomia e independência, *tarefas públicas*)?[696]

Diremos que, ao contrário do que sucede no contexto da administração indirecta, a "vontade" prevalecente é concretizada, a nível das suas competências (de fiscalização, de acompanhamento, de supervisão, sancionatórias, de controlo ou de prática de actos administrativos), sem dependência de qualquer outra "vontade" que não seja a da pessoa colectiva autónoma e independente.[697]

No contexto da generalidade das competências que a lei atribui às autoridades administrativas independentes, as mesmas são exercidas de forma *não condicionada (livre)* no sentido em que, relativamente às mesmas, não subsistem mecanismos de tutela ou de superintendência tal qual estão definidos para os actos praticados pelas entidades integradas na administração indirecta.[698]

[696] Para desenvolvimento do conceito de tarefas públicas, cfr. Pedro Gonçalves, "As Entidades Privadas com Poderes Públicos...", op. cit.

[697] Cfr. Orly Lobel, "Interlocking Regulatory and Industrial Relations: the governance of workplace safety", em Administrative Law Review, Vol. 54, nº 4 (2005), pp. 1072 e seguintes; J. R. Deshazo e Jody Freeman, "Public agencies as lobbyists", em Columbia Law Review, Vol. 105, nº 8 (2005), pp. 2217 e seguintes; Mathew C. Stephensen, "Public Regulation of private enforcement; the case for expanding the role of administrative agencies", em Virginia Law Review, Vol. 93 (2005).

[698] Veremos mais adiante o que deve entender-se por esta afirmação no contexto do princípio da unidade de acção da administração pública; em todo o caso "livre" neste contexto significa

A distinção fundamental que podemos divisar quanto a este primeiro critério de apuramento entre as entidades e estabelecimentos integrados no conceito de administração indirecta e as entidades administrativas independentes é, justamente, a da *autonomia reforçada* de que gozam estas últimas no que se refere ao exercício das suas actividades.[699]

Relativamente ao critério da relação/ligação *orgânica* que se divisa no âmbito das entidades integradas na administração indirecta do Estado e a que se evidencia nas entidades administrativas independentes, importa sublinhar que as dissemelhanças fundamentais se podem determinar no âmbito dos respectivos regimes de financiamento, de dependência/independência nas formas de agir, nas regras de autonomia patrimonial, bem como no domínio da existência/inexistência de poderes de fiscalização e acompanhamento (preventivo ou sucessivo) das estratégias definidas por cada uma das entidades em causa.

Subsiste no primeiro caso uma evidente relação orgânica que se pode traduzir na própria integração da administração indirecta como subordinada, nos termos constitucionais, aos princípios e à estrutura da Administração Pública, e uma relação substancial que se traduz pela possibilidade constitucional e legal de superintender as suas actividades.

Pelo contrário, as entidades administrativas independentes gozam de estatuto constitucional que as *autonomiza* em termos da respectiva relação orgânica com a Administração Pública.[700]

Em termos substanciais diremos ainda que no caso das entidades administrativas independentes, e ao contrário do que sucede no âmbito da administração indirecta, não subsiste, como tal definida na lei, qualquer regra legitimadora de "intervenção" tutelar ou de superintendência do Governo nas actividades que a lei lhes atribui.

apenas ausência de poderes de tutela ou de superintendência e não "livre" no sentido de ausência de "limites" ao exercício das suas competências.

[699] O termo "autonomia reforçada" é de E. Paz Ferreira quando se refere a entidades administrativas independentes de regulação.

[700] Como veremos, a criação de entidades administrativas independentes assume, nuns casos, fundamento directo na Constituição, e noutros casos, como é o das entidades de regulação (ERSE, CMVM, AdC), a sua criação é motivada na prossecução de incumbências/atribuições do próprio Estado mas exercidas por entidades diversas daquele. As incumbências constitucionais do Estado, designadamente as que constam do art. 81º da Constituição devidamente interpretado com o disposto no nº 3 do art. 267º, configuram o esteio constitucional das entidades administrativas independentes.

Não é fácil esta distinção, tanto mais que a mesma nos aparece, neste momento, como um "desbravamento" de conceitos e de consequências da qualificação por que se pode optar.

Sabemos, é certo, que na economia do enquadramento organizativo e material das entidades administrativas independentes, as mesmas no contexto das suas actividades não podem (ou não devem) ser concebidas como *livres* de qualquer tipo de limitação aos seus poderes.

A confirmar este entendimento invocamos o princípio da unidade de acção que está constitucionalmente consagrado e que, por isso mesmo, deve assumir uma regra orientadora e definidora da actividade destas entidades.

Reconduzimos, pois, ao princípio do pluralismo orgânico, a *liberdade* nas opções políticas governamentais por formas institucionais diversas (através da criação de entidades administrativas independentes) para o cumprimento das atribuições do Estado.

Estas entidades devem, assim, ser concebidas como um *elemento autónomo* da organização da Administração Pública não subsumível ou sequer susceptível de ser enquadrado nas restantes categorias da organização administrativa, em virtude das suas próprias características e critérios distintivos de todos e de cada um dos restantes elementos.

Esta independência e autonomia é, no entanto, "temperada" e "equilibrada" através da consagração constitucional do princípio da unidade de acção, que não deve ser interpretado como um "contra princípio" da descentralização e desconcentração, mas que em todo o caso pode com eles "colidir", sem pôr em causa, a nosso ver, a estrutura da organização administrativa do Estado, nela se incluindo a administração independente.[701]

Entendemos, assim, que a independência das entidades administrativas independentes, não sendo livre, deve ter-se como *condicionada*, no sentido da definição de alguns critérios de modelação das suas actividades através da observação de certos *limites* em que se movem as missões e as competências destas entidades.

2. Distinção entre administração autónoma e administração independente

A administração autónoma pode ser qualificada como representando o reconhecimento de um substracto sociológico próprio que prossegue interesses próprios, não coincidentes com os interesses estaduais, através de estruturas

[701] Cfr. Marcelo Rebelo de Sousa, "Direito Administrativo Geral", Tomo I, p. 150, quando sustenta que o princípio da unidade de acção *"...visa, portanto, evitar que a descentralização e a desconcentração administrativa levem à perda da unidade do Estado por via da pulverização de centros de decisão potencialmente desencontrados dentro da administração..."*.

organizatórias não subordinadas a qualquer poder de direcção, e instituídas no âmbito de um fenómeno de auto-administração pelos interessados.[702]

Substracto territorial é igualmente outro dos critérios determinantes da definição de administração autónoma, no sentido em que fundamenta a autonomia orgânica e funcional dos entes e entidades que prosseguem os interesses próprios das respectivas populações.

Equivale isto a dizer que a administração autónoma se caracteriza por dois traços essenciais e fundamentais: (i) a capacidade de definir a sua própria orientação administrativa; e (ii) a inexistência de qualquer controlo de mérito dos seus actos por parte da administração estadual.

Autonomia e independência são termos cada vez mais frequentes e nalguns casos invocados para expressar o mesmo fenómeno, sobretudo nas discussões teóricas e doutrinais em torno da reforma da Administração do Estado.[703]

De qualquer modo, entendemos que subsiste um factor diferenciador entre estas formas de organização da administração pública que é, justamente, o critério da independência.

A independência na administração autónoma está directamente relacionada com um substracto sociológico ou territorial que é, ele mesmo, titular de interesses extra-estaduais e, nessa medida, traduz a ideia da "participação dos interessados" na prossecução de tais atribuições extra-estaduais.

Os órgãos representativos das entidades que integram a administração autónoma são responsáveis perante os seus representados e, nos termos da Constituição e da lei, estão sujeitos a tutela do Governo.

Pelo contrário, os órgãos das autoridades administrativas independentes, sendo em regra de nomeação governamental, não são responsáveis perante o Governo no domínio das suas competências, nem este dispõe de qualquer competência hierárquica, de superintendência ou de tutela.[704]

[702] Cfr. Gomes Canotilho/Vital Moreira, nota 1 ao art. 267º da CRP, em "Constituição da República Anotada" (1993), quando qualificam as organizações de moradores como expressão de auto-administração territorial; Sérvulo Correia, "Noções de Direito Administrativo", I, Lisboa, 1982, quando refere que: "*todas estas pessoas coletivas de direito público, pode dizer-se que são de tipo associativo, no sentido em que os seus órgãos representam todo um conjunto de pessoas, definidas em função da residência em certo território, ou da pertença a determinado sector sócio-profissional*".

[703] Cfr. quanto ao conceito "relativo" de independência, Andrés Betancor Rodriguez, "Las administraciones independientes – Un reto para el estado social y democrático de derecho", Madrid, Tecnos, 1994, pp. 201 e seguintes; Michael H. Davis, "L'expérience américaine des "independent regulatory", em Colliard/Timsit, PUF, 1988; C. A. Colliard/Gérard Timsit, "Les autorités administratives indépendantes", Paris, PUF, 1988.

[704] Cfr. neste sentido as afirmações de Luis Guilherme Catarino em "Regulação e Supervisão dos Mercados e Instrumentos Financeiros – Fundamento e Limites do Governo e Jurisdição das

Outra das características das autoridades administrativas independentes é a sua independência face aos sectores ou empresas reguladas. É uma regra fundamental da sua própria existência, ao contrário do que sucede no âmbito da administração autónoma que, como sabemos, não é independente relativamente aos seus representados.[705]

Os elementos diferenciadores da administração autónoma e da administração exercida pelas autoridades administrativas independentes podem ser, em síntese, sublinhados como segue:

a) Inversamente ao que ocorre com a administração autónoma, as autoridades administrativas independentes não dispõem, enquanto seu elemento fundamental, de qualquer substracto sociológico específico;

b) Constituem a administração independente as instâncias administrativas situadas fora da órbita do Governo, de um departamento ministerial ou dos seus delegados, e que recebem do Estado a missão de efectuar a "regulação" de um determinado sector da vida em sociedade;

c) Pelo contrário, a administração autónoma não recebe do Estado qualquer missão, outrossim, tais missões são extra-estaduais e são conferidas à entidade em causa pelos respectivos representados, quer de natureza institucional, quer territorial;

d) A independência funcional das autoridades administrativas independentes traduz-se pela impossibilidade de lhes serem dadas ordens ou instruções ou até directivas vinculantes, bem como pela inexistência de possibilidade legal de verificação ou controlo de mérito dos actos por elas praticados;

e) Ao contrário, a administração autónoma, em regra, deve conformar-se com o poder de tutela exercido pelo Governo;

Autoridades Independentes", Coimbra, 2002, p. 51, que salienta que: "*Uma maior agilidade de actuação da Administração com a fuga aos controlos e procedimentos administrativos hierárquicos e de subordinação tradicionais, e pela partilha de poder correspondente à necessária mediação de interesses do novo Estado burguês complexizado e crescente. Finalmente a salvaguarda da imagem dos Governos perante a opinião pública em sectores sensíveis, promoveu a substituição de uma intervenção declaradamente política por uma intervenção supostamente "técnica", o que determinou um mecanismo de criação de instituições que, não se afastando da órbita do Governo, ainda assim apareçam como sendo dele independente*".

[705] Cfr. Vital Moreira, "Por uma regulação ao serviço da economia de mercado e do interesse público: A Declaração de Condeixa", em C.E.D.P.R., F. D. de Coimbra, Outubro de 2002, no sentido de considerar que a criação de entidades administrativas independentes pode ser fundamentada na "blindagem contra a captura regulatória".

f) As autoridades administrativas independentes resultam de uma opção de política no sentido de o Estado confiar a instâncias situadas à margem da influência governamental o exercício de certas funções que são, em regra, diversificadas e diferenciadas, sendo-lhes atribuídas, na generalidade dos casos, competências decisórias e sancionatórias;

g) Pelo contrário, a administração autónoma tem a sua razão de ser no princípio da participação dos interessados e no principio do autogoverno e auto-administração;

h) O fundamento legitimador das autoridades administrativas independentes reside não só numa decisão de política assumida pelo Estado, como também pela decisão de criação de espaços "imparciais" ou "neutros" dotados de estabilidade e da proibição de intromissão governamental. Fala-se, neste sentido, em "legitimação técnica";[706]

i) Pelo contrário, a administração autónoma não é independente perante os seus representados, na medida em que é perante eles, justamente, que é responsável.[707]

Estamos agora em condições de estabelecer e definir os termos de enquadramento institucional das entidades administrativas independentes:

a) Estas entidades são um dos elementos da organização da Administração Pública; mas

b) Não participam do regime e da natureza das entidades integrantes da administração directa e indirecta estadual; bem como

c) Não participam dos fundamentos, do regime e da natureza das entidades territoriais e institucionais que compõem a administração autónoma; razão pela qual

[706] Cfr. Vital Moreira e Fernanda Maçãs, "Autoridades reguladoras independentes – Estudo e Projecto de Lei-Quadro", Coimbra Ed., 2003; Maria Salvador Martinez, "Autoridades Independientes – un análysis comparado de los Estados Unidos, Reino Unido, Alemania, Francia e España", Ariel, 2002; José Nunes Pereira, "Regulação e Supervisão dos Mercados de Valores Mobiliários e das empresas de investimento: Alguns problemas actuais", em Boletim de Ciências Económicas, Coimbra, Vol. XL, 1997; Francis Fukuyama, "A construção dos Estados – Governação e Ordem Mundial no século XXI" (tradução de F. J. Azevedo Gonçalves), Lisboa, 2004.

[707] Cfr. Vital Moreira, "Administração Autónoma e Associações Públicas", p. 126; J. Chevallier, "Reflexions sur l'institution des autorités administratives indépendantes", Journal of Regulation, nº 30, Agosto, 1986; J. R. Parada Vasquez, "Las administraciones independientes", em Alfonso Pérez Moreno (coord.), Libro Homenage a Manuel Francisco Clavero Arévalo "Administracion instrumental", Civitas, Madrid, 1994; Marie-José Guédon, "Les autorités administratives indépendantes", LGDJ, 1991; A. Betancor Rodriguez, "Las administraciones independientes...", Madrid, 1994.

d) Enquanto elementos da organização da administração pública, as entidades administrativas independentes devem ser qualificadas como *administração estadual independente.*[708]

De acordo com o que vem sendo sustentado, entendemos que as entidades administrativas independentes, nelas se incluindo as entidades com funções de regulação da actividade económica, podem ser concebidas e qualificadas como integrantes de uma diferente modalidade ou categoria de Administração Pública, em sentido subjectivo e em sentido objectivo: a Administração Independente.

Estas entidades dispõem de estatuto constitucional quanto à sua criação, assentam o conteúdo essencial das suas tarefas nos preceitos constitucionais que determinam as incumbências do Estado nas diversas áreas em que estas operam, e são enquadradas por uma Lei-Quadro que disciplina o regime fundamental da sua organização, funcionamento e estatuto funcional e orgânico.[709]

[708] Não temos qualquer hesitação em considerar que esta afirmação é, no mínimo, "destemida" já que, do que lemos e estudamos não encontramos referências desenvolvidas quanto a esta qualificação. Na verdade, sabemos que um sistema ou, melhor, um elemento de um sistema carece, para assim ser definido, da verificação de um conjunto de regras uniformes, coerentes e consistentes que possam traduzir ou reflectir um certo regime jurídico que lhe seja aplicável. Ora, no caso das entidades administrativas independentes, mesmo as que desempenham funções de regulação, só muito recentemente (apesar das inúmeras tentativas feitas até agora) foi aprovado o Regime Quadro das entidades administrativas independentes com funções de regulação na actividade económica (Lei 67/23013, de 28 de Agosto).

[709] Neste sentido, cfr. nº 3 do art. 267º, artigos 9º e 81º da Constituição da República, e Lei 67/2013, de 28 de Agosto.

Capítulo II
O Conceito de Estado Neutral
Desenvolvimento do Conceito: Criação de Espaços Neutrais no Contexto das Actividades Exercidas por Entidades Administrativas Independentes

I. Razão de Ordem

O conceito de administração pública, tal como a mesma se entende nos países europeus de tradição latino-germânica, é relativamente recente.[710]

Ou seja, o estudo e a compreensão do fenómeno da organização administrativa do Estado remontam, segundo a generalidade da doutrina, ao século XIX com o despontar do Estado Liberal.[711]

A evolução dos modelos de Estado, de que já deixámos notícia, estão na origem das diversas formas da respectiva organização.[712]

A organização política e social dos Estados é uma realidade que tem estado cada vez mais presente; o seu objectivo é o de ser possível proceder a uma reconstituição paradigmática dos critérios de organização política e social.

[710] Estas são palavras de Rogério Soares, "Direito Administrativo", Coimbra, p. 67.

[711] Cfr. Marcelo Rebelo de Sousa, "Direito Administrativo Geral", Tomo I, pp. 100 e seguintes; Maria João Estorninho, "A fuga para o direito privado. Contributo para o estudo da actividade de direito privado da administração pública", 1996, pp. 97 e seguintes; Vasco Pereira da Silva, "Em Busca do acto administrativo perdido", 1996, pp. 99 e seguintes; F. Alves Correia, "Alguns conceitos de direito administrativo", Almedina, 2001, pp. 11 e seguintes; Pedro Machete, "Estado de Direito Democrático e Administração Paritária", pp. 110 e seguintes; Rui Manuel Figueiredo Marcos,"História da Administração Pública – Relatório sobre o Programa, o Conteúdo e os Métodos de Ensino", p. 70.

[712] Cfr. Georg Jellinek, "Teoria Génerale del Estado", S. L. Fondo de Cultura Economica de España, 2012; Marcelo Rebelo de Sousa, "Administração Pública e Direito Administrativo em Portugal", Associação Académica da FDL, Lisboa, 1992; A. Marques Guedes, Ciência Política II – "Teoria Geral do Estado", apontamentos das lições, FDL, 1982; Jacques Chevallier, "L'État post-moderne", LGDJ, nº 35.

Para organizar o Estado há que ter uma ideia clara quanto ao que se entende ser o papel do Estado, a sua articulação com a sociedade, as funções que lhe devem ser cometidas, o modo como essas funções devem ser realizadas. O que nos remete para o problema da delimitação material das funções do Estado.[713]

Em todo o caso e até muito recentemente, a estrutura da Administração Pública era, por natureza, unitária e hierárquica, no sentido em que estava organizada segundo o princípio fundamental denominado "pirâmide administrativa".[714]

A administração directa, indirecta e até a administração autónoma, através do poder hierárquico, do poder de superintendência e do poder tutelar exercido pelo Governo garantem o princípio da unidade da Administração Pública.

Pode, pois, falar-se de princípios de coesão, consistência e unidade da Administração.

Mas mesmo esta evolução organizativa dependeu do próprio desenvolvimento e transformação dos modelos de Estado.

Desde a estrutura da organização do Estado Liberal até à implementação de modelos de Estado Constitutivo e Prestador, que são visíveis as alterações de estrutura da sua organização administrativa.[715]

Em Portugal, e nos termos constitucionais, os artigos 266º, 267º e 268º dão guarida não só aos princípios fundamentais aplicáveis à administração pública, bem como à estrutura da mesma e aos direitos e garantias dos administrados.

Ora, neste mesmo enquadramento dispõe o art. 267º, nº 3, da Constituição da República que a "*lei pode criar entidades administrativas independentes*".[716]

Já discutimos e analisámos as fontes legitimadoras – políticas e legislativas/constitucionais – do surgimento e desenvolvimento destas autoridades.

[713] As palavras são de Fernando Paulo da Silva Suordin em "O Princípio da Separação de Poderes e os Novos Movimentos Sociais", Almedina, 1995, p. 171.

[714] Cfr. Carl K. Y. Shaw, "Hegel's theory of modern bureaucracy", American Political Science Review, Vol. 86, nº 2, 1992, quanto às discussões em torno do princípio da legitimidade da Administração que radica na unidade do Estado; Marcelo Rebelo de Sousa, "Direito Administrativo Geral", Tomo I, pp. 133 e seguintes; Diogo Freitas do Amaral, "Curso de Direito Administrativo", Vol. I, pp. 270 e seguintes; Diogo Freitas do Amaral, "Administração Pública", DJAP, 1º suplemento, 1998, p. 13.

[715] Recorde-se que o modelo oitocentista da Administração (separação entre política e administração) não eliminou uma certa "burocracia acéfala e irresponsável". A citação é de Rui Guerra da Fonseca, "O Fundamento da Autotutela Executiva da Administração Pública: Contributo para a sua compreensão como problema jurídico-político", Almedina, 2012, p. 478.

[716] Cfr. Carlos Blanco de Morais, "As autoridades administrativas independentes na ordem jurídica portuguesa", em Revista da Ordem dos Advogados, ano 61, Lisboa, 2001.

As políticas macroeconómicas e o desenvolvimento e crescimento do *mercado* começaram a dar sinais de que a estrutura do Estado Intervencionista e Constitutivo não dava resposta aos problemas e necessidades exigidas e emergentes da própria sociedade.

A globalização (no sentido em que os Estados Nação eram demasiado pequenos para dar respostas adequadas e o Estado Global era demasiado grande para contemplar as expectativas das comunidades), bem como o desenvolvimento e o crescimento do mercado único europeu, o aprofundamento dos fenómenos da integração europeia e o surgimento de novos e diferentes ideais quanto ao papel que devia ser reservado aos Estados, estiveram na origem das mudanças da própria concepção do Estado enquanto *Poder Soberano*.[717]

Numa fase inicial, o Estado democrático passou de estar presente e vivo na comunidade através da produção, prestação e realização de infraestruturas para, num momento posterior, ser erigido no "fiscalizador" e "regulador" das instituições e das actividades que, devendo continuar a ser e a prosseguir o interesse público, deviam dele ser "apartadas" com objectivos de maior eficácia, eficiência e menores custos de manutenção.

A neutralidade como característica dos novos modelos de Estado aparece como um resultado, inevitável e consequente de uma melhor prossecução dos interesses públicos e da garantia *reguladora* da forma e do modo de assegurar os direitos económicos e sociais da comunidade.[718]

Associado ao conceito de Estado de Direito Democrático surge o conceito de *neutralidade* como elemento modelador e conformador da sua intervenção, através da criação de condições (institucionais e materiais) que permitissem a continuidade da realização dos interesses comuns, mas agora através de formas e modelos orgânicos e funcionais *independentes* do poder governamental.[719]

Um dos modelos em que se pode traduzir este novo conceito – *o da neutralidade* – é, justamente, o da conformação constitucional de um novo e dife-

[717] Cfr. L. Cabral de Moncada, "Filosofia do Direito e do Estado", Vol. I, 2ª edição, Coimbra, 2006; Maria Lúcia Amaral, "A Forma da República – Uma Introdução ao Estudo do Direito Constitucional", Coimbra, 2012, reimpressão; J. J. Gomes Canotilho, "Direito Constitucional e Teoria da Constituição", 7ª edição; Thomas Wurtenberger, "L'État de droit avant l'"État de droit"", em Olivier Jouanjan (dir.) "Figures de l'État de droit – Le Rechtsstaat dans l'histoire intelectuelle et constitucionnelle de l'Alemagne", Presses Universitaires de Strasbourg, 2001, pp. 79 e seguintes.

[718] Cfr. Mariano Magide Herrero, "Limites constitucionales de las Administraciones Independientes", INAP, Madrid, 2001.

[719] Cfr. Jorge Vasconcelos, "O Estado Regulador: Principais características e perspectivas de evolução", em "A Regulação em Portugal", Conferências ERSE (2000), pp. 159 e seguintes.

rente *elemento* ou *modalidade* da organização administrativa do Estado, que se compõe de entidades administrativas independentes.[720]

A *neutralidade* no sentido em que a entendemos é passível de justificar que as entidades administrativas independentes, não podendo ser qualificadas como "uma contradição nos termos", podem ser concebidas como entidades que agem em espaços neutrais de intervenção político-partidária, "contrabalançadas" no exercício dos seus poderes pela *unidade* que visa dotar a estrutura de estabilidade institucional e prática.[721]

É possível entender que os espaços neutrais a que nos referimos são justificados pela preocupação de assegurar que as decisões tomadas ao abrigo das suas competências, o são "fora" de qualquer tipo de intervenção ou interferência governamental que é, de acordo com o sistema político prevalecente, o das opções definidas pelos eleitores através de eleições democráticas.

Neste sentido, a administração independente "foge" ao jogo das alternâncias partidárias e actua em espaços de "neutralidade" e de "imparcialidade" sufragados pela denominada "independência técnica" dos seus componentes e dirigentes.[722]

O princípio da unidade de acção, por um lado, e a neutralidade concebida como espaço e como regra de agir, por outro, são, a nosso ver, duas faces da mesma moeda que, interpretadas conjuntamente, são susceptíveis de nos facultar a medida constitucional de dois aspectos fundamentais da administração independente: (i) amplitude dos poderes das entidades administrativas independentes; e (ii) limites à respectiva instituição.[723]

[720] Cfr. Ricardo Rivero Ortega, "El Estado Vigilante: Consideraciones jurídicas sobre la funcion inspectora de la administracion", Tecnos, Madrid, 2000.

[721] Cfr. Jean L. Autin, "Les autorités administratives indépendantes et la Constitution", The Journal of Regulation, December, 2011; G. Arino Ortiz, "Organismos autónomos: Sobre la personalidade jurídica en el derecho publico: los organismos autónomos – consecuencias y inconsecuencias de su declaración de personalidad", I.N.A.P., nº 139, 1971; Marie-José Guédon, "Les autorités administratives indépendantes", Paris, LGDJ, 1991.

[722] Cfr. J. Chevallier, op. cit. (1988), p. 20; R. Perez, "Autoritá independenti e tutela dei diritti" em Revista trimestrale di diritti pubblico,1996, 1:115-47.

[723] Cfr. quanto às questões de conformidade constitucional das entidades administrativas independentes, Michael H. Davies, "L'expérience américaine des Independent Regulatory Commissions", em Colliard, C. A & Timsit, G. (ed.), "Les autorités administratives indépendantes", Paris, PUF, 1988; Catherine Teitgen-Colly, "Perpectives contentieuses des reformes de la justice administrative", LGDJ, 2011; C. Teitgen Colly, "Les instances de régulation et la Constitution", RDP, 1990, nº 1, pp. 153-259; J. Lucas Cardoso, "Autoridades Administrativas Independentes e Constituição" pp. 437 e seguintes.

No que se refere ao primeiro ponto, o da amplitude dos poderes conferidos a entidades administrativas independentes, parece ser pacífico o entendimento de que as mesmas não podem ser titulares de poderes normativos que se mostrem reservados à lei, nos termos constitucionais.[724]

Por outro lado, é igualmente "proibido" que estas entidades se substituam ao órgão superior da Administração Publica na definição, na estratégia e nas orientações básicas a prosseguir no âmbito das funções da administração pública.[725]

Os limites assinalados, no caso de Portugal, podem ser identificados através do regime de prestação de contas que as entidades administrativas independentes estão vinculadas a observar no quadro da Comissão competente da Assembleia da República, bem como a aprovação prévia dos seus orçamentos por parte dos Ministros competentes.[726]

No domínio dos limites à extensão da instituição de entidades administrativas independentes – significando que a mesma não pode legitimar um princípio geral de organização da administração pública, ou seja, aceite a conformidade constitucional destas entidades – as mesmas não podem (e não devem) traduzir uma opção de política no sentido de "substituir" a forma tradicional de organização sujeita aos poderes de direcção, tutela e superintendência por uma outra, porventura *neutra, independente e imparcial*, mas desonerada do cumprimento de regras fundamentais de legitimidade democrática.[727]

A principiologia do Estado de Direito não consente a substituição generalizada da administração do Estado por um governo de especialistas.[728]

Aderimos inteiramente a esta posição de princípio, ou seja, as entidades administrativas independentes não são estruturas habilitadas a "substituir" o modelo e o sistema organizativo do Estado; mas podem ser estruturas constituídas para integrar uma outra *modalidade* ou *categoria* de Administração

[724] Cfr. Michael H. Davies, op. cit., pp. 149 e seguintes, que nos dá conta das três principais razões que nos EUA são habitualmente aduzidas para contestar as agências de regulação independentes e que são: (i) lesão das prerrogativas administrativas do Executivo; (ii) violação da separação de poderes; e (iii) usurpação dos poderes legislativos e judiciais.

[725] Cfr. Vital Moreira, "Administração Autónoma e Associações Públicas", p. 135.

[726] Neste sentido cfr. nº 4 do art. 45º da Lei 67/2013, de 28 de Agosto, e art. 41º da mesma lei, no que se refere às competências regulamentares das entidades administrativas independentes que exigem a aprovação prévia de qualquer regulamento que contenha normas de eficácia externa.

[727] Cfr. Vital Moreira, op. cit., p. 136.

[728] São estas as palavras de J. P. Sabourin, "Les autorités administratives indépendantes: Une catégorie nouvelle", AJDA, 1983, p. 290.

Pública cujas decisões, na maioria dos casos, são tomadas ao abrigo de regras técnicas para as quais são exigidas especiais competências.

O que pode estar em causa quando se procede à criação de entidades administrativas independentes é "cobrir", com imparcialidade e actuando a coberto da *neutralidade*, uma área sensível da actividade económica, da garantia e protecção de direitos fundamentais e/ou da promoção da livre concorrência e do mercado livre, ao tomar decisões que podem ser configuradas como de competência técnica.[729]

Na verdade, quando a entidade em causa pode tomar decisões, nomeadamente as de realizar processos de auditoria, de impor regras de conduta aos regulados ou de emitir autorizações ou licenças, está a decidir com base em pressupostos que relevam da subsunção e da aplicação de conceitos técnicos, geralmente provenientes de outros ramos do direito ou da ciência.[730]

Na realidade, as decisões, recomendações, orientações, regras de conduta e decisões das entidades de regulação exigem, em regra, conhecimentos específicos e técnicos de subsunção da matéria de facto ao direito aplicável, carecendo de "peritos" da área ou ramo da ciência para a efectiva interpretação e integração.

É neste domínio que, a nosso ver, se centram as explicações em torno do "saber" e do "conhecimento" dos *experts* que, nos termos da lei, fundamentam o exercício das diversas competências das entidades.[731]

[729] Cfr. quanto às características técnicas que relevam das competências das entidades de regulação, João Confraria, "Regulação e Concorrência", Desafios do século XXI, 2ª edição, 2011, p. 57; Maria Fernanda Maçãs/Luis Catarino/Joaquim Cardoso da Costa, "O conteúdo das decisões das entidades reguladoras do sector económico-financeiro", em Estudos da Regulação Pública, I, (org. Vital Moreira), Coimbra, 2004, pp. 343 e seguintes; Carlos Blanco de Morais, "As entidades administrativas independentes na ordem jurídica portuguesa", R.O.A., ano 61, 2001, pp. 101 e seguintes.

[730] Referimo-nos aos conceitos vagos e indeterminados que podem e devem ser subsumidos aos ramos das ciências a que apelam e que podem ser preenchidos com zonas de indeterminação cinzentas que apenas o conhecimento técnico dessa ciência proporciona a sua correcta e fundada interpretação. Sobre esta matéria, cfr. Forsthoff, "Traité de Droit Administratif Allemand", tradução de M. Fromont, pp. 645 e seguintes.

[731] No sentido de decisões, no caso de não oposição, da Autoridade da Concorrência a uma operação de concentração através da aquisição do controlo exclusivo sobre uma empresa mediante aquisição de participações representativas de 80% do seu capital social e direitos de voto, cfr. Decisão Ccent.36/2013, Mecwidel/Setrova (versão pública), em que se constata que para além da decisão tomada a mesma foi fundamentada na: (i) natureza da operação e sujeição a notificação prévia; (ii) na análise dos mercados relevantes; (iii) no mercado geográfico relevante; (iv) na avaliação jus-concorrencial; (v) na análise das cláusulas restritivas acessórias.

Não é indiferente esta configuração do tema em evidência, já que, como sabemos, das decisões das entidades de regulação não cabe recurso de mérito ou de legalidade para qualquer outra entidade administrativa, apenas cabe recurso contencioso para o Tribunal que tem competências para apreciação e julgamento das decisões com fundamento na análise dos pressupostos de facto e de direito legitimadores da mesma decisão.

Diremos, assim, que a "hipertrofia da legitimação técnico-profissional" a que acima aludimos, pode significar, na verdade, uma certa "irrelevância" da legitimação democrática por parte das entidades administrativas independentes.[732]

Esta afirmação pode e deve ser completada com a ideia já anteriormente focada, mas que aqui recobra potencial justificação, que é a de que as entidades administrativas independentes só podem ser criadas mediante habilitação legal apoiada em preceito constitucional habilitante (nº 3 do art. 267º) e preceito constitucional habilitante das atribuições/incumbências do Estado que, por serem de interesse e ordem pública podem, mediante opção política legitima, ser prosseguidas por entidades de direito público, como é o caso de todas as entidades administrativas independentes.

A concepção segundo a qual as entidades administrativas independentes não acolhem, quer na sua criação, quer na sua organização e funcionamento, os princípios fundamentais da legitimidade democrática deve ser entendida em termos hábeis, já que, sendo verdadeira a afirmação de que os regimes de prestação de contas, que em regra estão consagrados neste âmbito, se mostram "arredados" do sistema de controlo democrático que a Constituição, a lei e os princípios revelam no tocante à legitimidade de órgãos eleitos, no caso, o Governo, para efeitos de responsabilização e de *accountability* perante a Assembleia da República.[733]

Da análise das leis criadoras de cada uma das entidades em referência, julgamos poder considerar que a legitimidade democrática destas entidades pode ser vista de um outro ângulo: o da legitimidade democrática das entidades competentes para a sua criação e para a nomeação dos titulares dos órgãos destas entidades.

[732] Cfr. Vital Moreira, "Administração Autónoma e Associações Públicas", p. 136, aí se afirmando que: "*a administração independente implica por princípio, justamente o contrário, ou seja, a independência em relação aos interesses em causa e um suplemento de imparcialidade e neutralidade face aos eventuais conflitos de interesses*".

[733] Recorde-se que nos termos constitucionais é a Assembleia da República que é titular de poderes de fiscalização da acção do Governo enquanto órgão superior da Administração Pública.

É claro que se trata de uma regra de legitimidade democrática indirecta, mas que, apesar disso, pode reverter e reflectir essa mesma legitimidade.[734]

A questão pertinente é a de saber exactamente o significado deste conceito de *legitimidade* que adquire relevância para a teoria da política moderna no contexto da relação entre o Estado e os cidadãos.[735]

Uma primeira concepção pode ser entender que a *legitimidade* significa a aceitação ou o consentimento expresso ou táctico dos cidadãos ao poder estatal, no sentido em que este quando prossegue as suas atribuições, através de actos normativos, regulamentares ou administrativos, profere decisões susceptíveis de *aceitação* pelos cidadãos.[736]

Pode ainda assumir-se uma outra configuração da legitimidade quando se associa esta à noção de poder *justificado*.[737]

As novas teorias provenientes e decorrentes dos contratualistas assumem que a ordem social não se basta com o critério da aceitação e do poder justificado como modelador do conceito de legitimidade.

Esta, nos tempos modernos, tem a sua origem na legitimidade do poder que reside na formação democrática da vontade política, ou seja, no processo que deve ser fruto de um consenso livremente manifestado por uma comunidade de indivíduos autónomos e conscientes que, expressando a sua vontade, constitui o poder ao qual ele mesmo se irá submeter.[738]

No caso das entidades administrativas independentes parece não se verificar directamente o critério da sua legitimidade democrática, tendo em aten-

[734] No sentido da legitimidade democrática dos Juízes do Tribunal Constitucional, designados pela Assembleia da República, cfr. Jorge Miranda, em artigo publicado no Jornal Público sob esta epígrafe, de Janeiro de 2014, em que é abordada a questão da legitimidade democrática à luz da "contestação" que na altura se verificava quanto às decisões deste Tribunal.

[735] No direito brasileiro, cfr. a discussão em torno destes tópicos em Celso António Bandeira de Mello, em "Regulamento e Princípio da Legalidade", Curso de Direito Administrativo, pp. 205 e seguintes; Luis Roberto, "Agências reguladoras: Constituição, Transformações do Estado e Legitimidade Democrática", em Gustavo Binenbojm/Alexandre Santos Aragão, "Agências Reguladoras e Democracia", Rio de Janeiro, 2006.

[736] Referimo-nos aqui à teoria da legitimidade de David Easton, "The Decline of Modern Political Theory", em Journal of Politics, Vol. 13, nº 1, 1951, pp. 36-58, que a concebe no sentido em que a legitimidade está directamente relacionada ao apoio político e pode ser definida como a convicção dos cidadãos de que é certo e apropriado obedecer às autoridades e sujeitar-se às normas e decisões do poder político. Para este autor a legitimidade pode assumir duas dimensões principais de apoio político: (i) o apoio difuso; e (ii) o apoio específico.

[737] Sobre esta concepção, cfr. Mitchel A. Seligson/John A. Booth/Miguel Gomez A., "Os contornos da cidadania crítica: explorando a legitimidade democrática", em Opinião Pública, Vol. 12, nº 1, Maio de 2006, pp. 35 e seguintes.

[738] Cfr. Robert Alan Dahl, "On Democracy", Yale University Press, 2000, pp. 85-86.

ção as regras da sua criação e da nomeação dos seus dirigentes, bem como a ausência de poderes de direcção, tutela ou superintendência por parte do Governo enquanto órgão superior da Administração Pública, como tal constituído nos termos da Constituição.

Todavia, somos de opinião que este problema pode também ser olhado de um outro ângulo que parece poder representar um outro elemento de ponderação da teoria da legitimidade e que, neste contexto, não pode ser apenas equivalente ao poder legal (ou constitucional).

Queremos com afirmação referir que é necessário ter presente o poder que a Constituição atribui ao legislador para a criação de entidades administrativas independentes.

Na verdade, no caso concreto, o legislador é parte *legítima*, ou seja, é democraticamente competente, como consagrado na Constituição, para produzir os actos de instituição destas entidades.

Neste sentido, é a letra da Constituição que atribui ao legislador o poder que, por isso, deve ser concebido como legítimo e como democrático de criar entidades administrativas independentes.

Ainda que possa ser considerada uma *legitimidade indirecta* consideramos que estas entidades devem ser beneficiárias desta qualificação, sobretudo na sequência da revisão constitucional de 1997.[739]

As entidades administrativas independentes, entendidas como parte ou categoria da Administração Pública, constituem uma resposta do Estado a necessidades fundamentais da comunidade.

As referidas instituições mantém em aberto a questão da adaptação geral do Estado às suas funções e da sua credibilidade de conjunto, pelo que esta administração está sujeita a uma exigência total de imparcialidade, de profissionalização e de eficácia.

Neste sentido, parece-nos de salientar que o Parlamento deve assumir uma função muito específica que lhe cabe desempenhar, já que inventou a noção e pode auxiliar as entidades administrativas independentes, por si criadas, a assegurar melhor as suas missões, nomeadamente através do exercício de um controlo que pode (e deve) reforçar a sua legitimidade.[740]

[739] Cfr. os debates em torno desta questão na doutrina francesa em Jean-Louis Autin, "O Futuro das Autoridades Administrativas Independentes", em RFDA, nº 5, pp. 875 e seguintes, a propósito dos períodos anteriores à revisão constitucional de 2008 (art. 20º da Constituição) e as hábeis decisões e discussões do Conselho Constitucional, nomeadamente a decisão nº 2009-580-DC de 10 de Junho de 2009, no contexto de atribuições de poderes sancionatórios a entidades administrativas independentes, citada no texto mencionado.

[740] Estas considerações resultam do Relatório do Conselho de Estado Francês, 2001, pp. 59 e seguintes.

II. O Conceito de Estado Neutral

1. Evolução e justificação do conceito

Ao *Estado Patrimonial* seguiu-se o *Estado Absoluto* cujas características fundamentais, no que se refere ao nosso tema, eram as da centralização absoluta do poder político e administrativo.[741]

A administração pública é hierarquizada, sendo o seu mais alto responsável administrativo o Ministro que conformava a *vontade* e a disseminava pelo aparelho administrativo sem intermediações de qualquer natureza.[742]

Em vésperas e com a Revolução Francesa tudo ou quase tudo mudou.

O princípio da separação de poderes, o princípio da legalidade e a definição do princípio segundo o qual administrar é apenas executar a lei faz o seu caminho e transforma, de modo definitivo, o entendimento da *lei*, que passa a ser o único e exclusivo fundamento para a sua execução.[743]

Surge o Direito Administrativo moderno.[744]

Este Direito que pode e deve ser definido como o direito comum da função pública, é Direito Público, é por natureza conjunturalmente mutável, é recente, é fragmentário, é intencionalmente lacunar e aberto e é apenas parcialmente codificado.[745]

As características assinaladas permitem que o direito administrativo acolha e assuma uma nova e diferente preocupação, a de que a administração pública moderna deve estar ou ficar imune a interferências partidárias, a afir-

[741] Cfr. Freitas do Amaral, "Curso de Direito Administrativo", pp. 67 e seguintes.

[742] Cfr. Rui Guerra da Fonseca, em "O Fundamento da Autotutela executiva da Administração Pública", p. 475.

[743] Cfr. Marcelo Rebelo de Sousa, "Direito Administrativo Geral", Tomo I, pp. 174 e seguintes; Paulo Otero, "Legalidade e Administração Pública: O Sentido da Vinculação Administrativa à Juridicidade", Almedina, 2003.

[744] Cfr. Marcelo Rebelo de Sousa, "Direito Administrativo Geral", Tomo I, pp. 53 e seguintes; F. Alves Correia, "Alguns conceitos de direito administrativo", Coimbra, 2001, p. 25; J. C. Vieira de Andrade, "O dever de fundamentação expressa de actos administrativos", 1992, p. 65; L. F. Colaço Antunes, "Para um direito administrativo de garantia do cidadão e da administração – Tradição e reforma", Coimbra, 2000; Rui Machete,"Considerações sobre a dogmática administrativa no moderno Estado social", em Estudos de direito público e ciência política, Lisboa,1991, p. 403; Paulo Otero, "Direito Administrativo. Relatório de uma disciplina apresentado no concurso para professor associado na FDL", Lisboa, 1998; François Burdeau, "Histoire du droit administratif", PUF, 1995; J. Rivero, "Apologie pour les faiseurs de systémes", Pages de doctrine, 1980, t. 1, pp. 3-10; George Vedel, "Les bases constitucionnelles du droit administratif", Études et documents/Conseil d'État, 8 (1954), p. 21; Marcel Waline, "Traité élémentaire de Droit Administratif", 6ª edição, 1952.

[745] Cfr. Marcelo Rebelo de Sousa, "Direito Administrativo Geral", Tomo I, pp. 58 e seguintes.

mação do princípio da liberdade e a procura de novas formas de compreensão e de novos paradigmas.[746]

Segundo alguns autores, esta nova sociedade depara-se com o ruir do mundo de representações da anterior sociedade burguesa (de feição individualista liberal) assente numa ideia ordenadora de separação rígida entre Estado e Sociedade, na qual está subentendida a divisão de dois mundos, o dos valores políticos e o dos valores económicos.

A superação destes modelos de relacionamento entre o Estado e a Sociedade tem sido realizada a partir da década de oitenta do século passado, através da criação e do desenvolvimento da nova *Sociedade Técnica*.[747]

A matriz parlamentar, por contraposição ao constitucionalismo absolutista, está na base das novas concepções que sustentam uma substituição do paradigma da relação entre poder político e administração.[748]

Emerge ou nasce com estas profundas alterações do Estado e da administração uma reconfiguração e revisão nova e diversa da teoria ou valor da neutralidade administrativa.

Na verdade, como sustentam alguns autores, a invocação do fundamento da neutralidade como legitimador da criação de entidades administrativas independentes lança sobre a Administração Pública "suspeitas" relativas à sua própria forma de organização e funcionamento não neutral e parcial.[749]

[746] Cfr. Jorge Miranda, "Ciência Política – Formas de Governo", pp. 83 e seguintes, e "Declaração Universal dos Direitos do Homem e a Constituição", p. 50. No sentido em que o Direito administrativo nasce "estigmatizado" por uma genérica suspeita de parcialidade, cfr. João Baptista Machado, "Introdução ao Direito e ao Discurso Legitimador", 3ª reimp., 1989, p. 148. No sentido em que o Direito Administrativo surge como um Direito da Administração Pública e não como um direito dos administrados, cfr. Paulo Otero, "Direito Administrativo, relatório...", pp. 190-191; Eduardo Garcia de Enterria, "La Constitucion como Norma y el Tribunal Constitucional", 3ª ed., Madrid, 1991, pp. 22 e seguintes; Pablo Lucas Verdú, "El derecho constitucional en el marco del derecho político", T. 3, Tecnos, 1976.

[747] Neste sentido, cfr. Fernando Paulo da Silva Suorden, em "O Princípio da Separação de Poderes e os Novos Modelos Sociais", pp. 101 e seguintes.

[748] As palavras são de Rui Guerra da Fonseca, "Os Fundamentos da Auto Tutela Executiva da Administração Pública", p. 476; Lorenza Carlassare, "Amministrazione e Potere Politico"; Nuno Piçarra, "A Separação de Poderes como Doutrina e Princípio Constitucional: Um contributo para o estudo das suas origens e evolução", Coimbra, 1989, p. 237.

[749] Cfr. Carlos Blanco de Morais, "As autoridades administrativas independentes...", p. 102, ao salientar a este propósito que *"...crescente desconfiança institucional e societária em relação à Administração Pública para desempenhar de modo escrupulosamente imparcial a tutela de certos bens e interesses"*. No mesmo sentido, Paulo Otero, "A legalidade e Administração Pública...", p. 320, quando afirma que: *"o surgimento das autoridades administrativas independentes é a resposta à progressiva perda de neutralidade,*

Consideramos que a neutralidade administrativa, tal como a entendemos, apresenta-se como um polo agregador e de conexão relativamente ao não descomprometimento estadual na realização de certas tarefas públicas, como sejam as de regulação, permanecendo assim na sua titularidade o princípio da responsabilidade de garantia (residual, supletiva ou subsidiária) que integra uma função de *reserva* do Estado de agir sempre que o exigem as ausências de resposta aos objectivos definidos.[750]

A ideia de "garantia" surge como consequência de uma outra ideia que se traduz por um aparente "recuo ou retracção do Estado".[751]

O Estado não podia garantir porque era produtor, fornecedor, distribuidor e prestador directo de bens e serviços; a transformação da sua própria forma de actuar exigia a *continuidade* da sua acção no sentido de esta passar a ser pautada pela assumpção de regimes de responsabilidade e de garantia.[752]

É esta ideia de permanência e de responsabilidade de Garantia do Estado que pode legitimar e estar presente na redefinição de espaços de neutralidade

imparcialidade e objectividade que uma Administração dominada por maiorias político-partidárias oferece aos particulares, procurando-se salvar algumas áreas particularmente sensíveis dessa politização descontrolada".

750 Cfr. Pedro Gonçalves, "Reflexões sobre o Estado Regulador e o Estado Contratante", p. 58; G. Napolitano, "Il Nuovo stato salvatore: strumenti d'intervento e asseti institizionali", Giornale di diritto amministrativo, nº 11/2008, p. 1083; Sabino Cassese, "Imparzialitá Amministrativa e Sindicato Giurisdizionale", A. Giuffré, 1973; Fernando Alves Correia, "Alguns conceitos de Direito Administrativo", p. 49, onde salienta que: "*o princípio da vinculação dos funcionários e agentes à Constituição e à lei (nº 2 do art. 266º) e à prossecução, a título exclusivo, do interesse público (nº 1 do art. 269º) implica, logo em primeira linha, o princípio da neutralidade política dos funcionários e agentes do Estado e das restantes pessoas colectivas públicas (que entre nós é reforçado pela inexistência de um spoil system como regra, isto é, a nomeação, transferência e demissão dos funcionários e agentes "na dependência da vontade política do Governo e do fluir dos ciclos eleitorais)*". Quanto à concepção de Estado de garantia residual, supletivo e subsidiário, cfr. Suzana Tavares da Silva, "Direito da Energia", Coimbra Ed., reimpressão, 2012.

751 Este recuo é mais aparente do que real, na medida em que, como procuramos demonstrar quer a organização administrativa do Estado Prestador e Constitutivo, que se foi institucionalizando através da "diminuição" de organismos públicos directamente dependentes da administração central e "aumentando" a criação de entidades integradas na administração indirecta do Estado, quer da actual organização da administração que inclui as entidades administrativas independentes por "contraposição" e por "eliminação" de funções e actividades directamente exercidas pelo Estado para passarem a ser executadas através destas novas entidades. As tarefas e a responsabilidade estadual não diminuíram; o que se modificou foi a forma como tais tarefas são executadas (pela administração independente) e o meio através do qual o Estado continua a assumir o seu papel – o de Regulador.

752 Cfr. R. Rivero Ortega, "El Estado Vigilante: Consideraciones jurídicas sobre la función inspectora de la administración", Tecnos, Madrid, 2000, pp. 28 e seguintes; J. Freeman, "The private role in public governance", New York University Law Review, Vol. 75, nº 101, 2000.

– orgânicos e funcionais – em que se integram as estruturas e as actividades da administração independente.

Não se verificou, na sequência das profundas alterações estaduais decorrentes da falência do Estado Constitutivo, uma retração ou o abandono do Estado como consequência do reforço do papel da Sociedade e do Mercado; confirmou-se, ao contrário, um princípio de permanência e de continuidade das responsabilidades públicas.[753]

Na verdade, o Estado deixou de ser uma máquina de prestação directa de bens e serviços, de produtor de bens e de fornecedor, mas não abdicou de continuar a garantir a realização do interesse público, ainda que realizado através de outras e diferentes entidades e instituições.

As finalidades e os objectivos de interesse público continuam a ser definidos e garantidos pelo Estado (*assuring results*); a realização e concretização dos mesmos passa a estar na área de competências de entidades administrativas independentes, que actuam em espaços neutrais preenchidos pelos critérios da independência e da autonomia (*production of results*).[754]

2. Desenvolvimento do conceito de neutralidade

A *Teoria dos poderes neutrais* emergiu na época das revoluções burguesas, com a instituição dos Estados Modernos na Europa.

Ao tempo, o princípio fundamental vigente era o de que apenas os órgãos detentores de legitimidade popular eram titulares de mandato para prosseguir o interesse público e gerir a vida em sociedade.

De referir que a formulação inicial da neutralidade como teoria aplicável aos poderes do Estado pode ser imputada a Benjamim Constant.[755]

[753] Neste sentido, cfr. Pedro Gonçalves, "Reflexões sobre o Estado Regulador e o Estado Contratante", p. 53.

[754] Cfr. Pedro Gonçalves, "Reflexões sobre o Estado Regulador e o Estado Contratante", p. 59; J. A. Gomez-Ibanez, "Regulating infraestruture: monopoly, contrats and discretion", Harvard University Press, 2003, p. 30; J. Méadel, "Les marchés financiers et l'ordre public", LGDJ, 2007, pp. 349 e seguintes; J. Ziller, "La régulation comme prévention des crises", em M. A. Frison-Roche (org.), "Les risques de régulation", Vol. 3, Paris, 2005, pp. 51 e seguintes.

[755] Cfr. Benjamim Constant, "De l'esprit de conquête", em Cours de politique constitucionelle. Collection des ouvrages publiés sur le gouvernment représentatif par Benjamim Constant, reedição de L'Archange Minotaure, 2003; recorde-se, igualmente, que C. Schmitt ao interpretar o art. 48º da Constituição de Weimar concluía que tal dispositivo conferia ao Presidente do Reich poderes excepcionais na guarda da Constituição, conferindo-lhe um poder neutral, ou seja, um poder mediador, regulador e tutelar.

Foi Constant quem, a pedido de Napoleão, elaborou a Constituição de 1814, com o objectivo de restaurar a convivência e promover a conciliação entre os adversários do passado para pacificar o futuro.[756]

Este texto funda-se no espírito liberal e procura configurar um novo modo de relação entre o Estado e a sociedade, através do reconhecimento, por um lado, de regras de liberdades fundamentais dos cidadãos e, por outro, da consagração de regimes de responsabilidade dos ministros perante o Parlamento, afirmando-se, deste modo, o carácter não Absolutista do poder e a *neutralidade* do poder real.[757]

O conceito de poder neutral no contexto a que nos referimos foi inicialmente formulado por referência à própria natureza "sacra" e "inviolável" do monarca (Imperador) que, por via disso, permitia a construção de um sistema liberal estável em que acima das lógicas político-partidárias do executivo e da administração, estava o poder real *imune e passivo,* na medida em que apenas se admitia a sua intervenção em situações extraordinárias.

O equilíbrio dos poderes, a moderação de conflitos internos e a intervenção balizada pela natureza extraordinária dos acontecimentos, traduziam o núcleo fundamental dos poderes reais que, por via destas "limitações", eram qualificados como *neutrais.*[758]

O poder neutral do monarca, por paradoxal que possa parecer, encerra o poder absoluto de que goza, de moderador, de fazedor e restaurador do equilíbrio institucional interno e de interventor (solucionador, facilitador) nas situações que ele próprio pode qualificar como extraordinárias.[759]

[756] Cfr. B. Constant, "Acte addicionel aux constitutions de l'Empire" (denominado "La Benjamine"), elaborado a pedido de Napoleão em 1815.

[757] Cfr. B. Constant, "Principios de la Política", Capítulo II (1815); "Refléxiones sobre las constituciones y garantias, com un esbozo de constitución", Capítulo II (1814-1818).

[758] A circunstância do poder real prescindir do exercício do poder executivo activo e, em consequência das responsabilidades de gestão ordinária de governo são, segundo B. Constant, as traves mestras da sua própria construção da teoria dos poderes neutrais.

[759] A neutralidade revela assim ser uma doutrina com enfoque constitucional no sentido em que esta deve consagrar uma entidade dotada de poderes superiores e excepcionais, como garantia e salvaguarda do Estado, ainda que fundada em teorias, uma liberal (B. Constant) e outra decisionista (C. Schmidt). É neste sentido que devem ser lidas as palavras de Constant, en la "Teoria de la Constitución" (1928): "*Pero si el presidente no es un conductor, sino el "hombre objectivo", en tanto entidade neutral, independiente de los partidos, entonces, en su condición de portador de un poder neutral, de un pouvoir modérateur, un arbitro que no decide, pero induce los partidos a acordar entre ellos y que,através de la consideracion y la confianza que encuentra en ellos, genera un clima de comprensión*"; cfr. Jorge E. Dotti, "La cuestión del poder neutral en Schmidt", Kriterion: Revista de Filosofia, 2008, p. 9.

A teoria dos poderes neutrais (*"pouvoir neutre"*) pode assim, no início da sua teorização, ser associada a poderes *excepcionais* de mediação, tutela e regulação, e a poderes arbitrais moderadores de intervenção do Chefe de Estado e/ou do Monarca.

Já no início do século XX (anos vinte) C. Schmitt "recupera" as teses de Constant do poder neutral explicativas e legitimadoras da posição jurídica do Chefe de Estado no sistema constitucional, transmutando-a para uma Teoria Geral do Estado aplicável, assim, ao Estado na sua totalidade.[760]

A dimensão política do poder neutral pode traduzir-se pela posição institucional do Presidente acima dos partidos, que incorpora faculdades de intervenção em situações extraordinárias e, sobretudo, a sua capacidade para estabelecer relações directas com os cidadãos que lhe pode permitir, no tempo e no modo que considere oportuno, tomar decisões "contra" o Parlamento e "contra" o governo.[761]

A formulação schmittiana dos poderes neutrais como teoria geral do Estado vai ter repercussões na teoria geral da actividade da Administração Pública, no sentido em que é possível a definição e a determinação de um *princípio* que possa justificar e fundamentar as opções políticas reformadoras do Estado.[762]

E estas caminham, no tempo actual, para a configuração de centros de decisão autónomos e *imunes* a ser capturados pela política partidária e pelos

[760] Cfr. a observação de Schmitt relativamente à teoria do poder neutral em "El President del Reich y la Constitución de Weimar", formulada nos seguintes termos: *"En la doctrina estatal del siglo XIX aparece ocasionalmente un concepto que no hay sido bien examinado ni compreendido, y cuyo autor es Benjamim Constant: el concepto de un pouvoir neutre, es decir de un mediador autónomo entre los diversos poderes legislativos y gubernativos, el cual, sin llegar a apropriarse de la complicada máquina del Estado funcione sin fricciones"*.

[761] Cfr. Vitorio Dini, "Eccezione, Dante & Descartes", "Pouvoir neutre e stato di eccezione. Oservazioni sull inizio della ricezione schmittiana", Napoli, pp. 59-92, em que se poder ler que: *"No se trata, de todos modos, de simples ingenieria constitucional. Además que a la independencia frente a los partidos políticos, y a la imparcialidad y prudencia para preservar la orden, Schmitt acentua también las cualidades personales del presidente, en virtude de las cuales es "el hombre confianza del pueblo" y su elección adquire el rasgo especifico de una "magna aclamación del pueblo alemán (...) el sentido y la finalidade de la función presidencial sont ser una "forma particular de conducción política pues el art. 41 hace de él un "actor político" especial fundamentado en la confianza que le concede el pueblo"*.

[762] Recorde-se que para C. Schmidt, a neutralidade (neutralização) é fundada na concepção de o poder moderador caber exclusivamente a uma autoridade especial que integra o dispositivo constitucional do Estado numa posição superior a todos os restantes órgãos de soberania, pois a este cabe o "maior poder" de enfrentar as crises, justamente, para as debelar através do poder moderador. Cfr. Jorge E. Dotti, "La Cuestion del poder neutral en Schmidt", em Kriterion: Journal of Philosophy, 49 (118), 2008, pp. 309-326.

interesses particulares envolventes. Ou seja, os poderes neutrais que "emergiram" como uma fórmula de conceber e justificar o poder moderador do Chefe de Estado, foram posteriormente desenvolvidos, através da "actualização" desta teoria à realidade político-constitucional, pela via da sustentação da tese segundo a qual é necessária "*a existência de centros de decisão autónomos e independentes que representem a objectividade e a imparcialidade própria dos especialistas...*" [763]

A neutralidade é, igualmente, entendida como legitimadora de "um executivo neutralizado politicamente", no sentido em que poder neutral significa a retirada do sistema de decisão por maiorias e a exclusão da influência dominante das forças partidárias.[764]

Esta teoria teve também os seus defensores na generalidade da doutrina europeia, nomeadamente a espanhola e a italiana.

Deste modo, a neutralidade pode ser entendida no sentido em que "*os poderes neutrais se revelam no que tange à tutela de valores frente à direcção política do Estado e que, em consequência, se situam em áreas distintas da dos órgãos titulares das funções de direcção política*".[765]

Do ponto de vista das novas entidades que operam em espaços neutrais, é também entendido pela doutrina que podemos estar perante a difusão de interesses políticos e sociais contrapostos, razão pela qual "*o ordenamento reagiu criando uma espécie de anticorpos, ou seja, alguns novos organismos que devem – em âmbitos determinados – substituir a decisão político-partidária por aquelas técnicas neutrais*".[766]

O que está, assim, em causa é a própria evolução das concepções de Estado, no sentido em que a cada vez maior complexidade e interligação das decisões a tomar exigiam uma maior celeridade e flexibilidade de funcionamento do aparelho a que este, depressa se verificou, não respondia.

Mas é também uma evolução dos quadros normativos, que passaram a incorporar nas suas previsões regras de outros ramos da ciência, designadas

[763] C. Schmidt, nos textos antes identificados, sustentava que a neutralidade correspondia a um contrapeso necessário ao Estado de partidos que na sua concepção se apresentava "como o débil Estado de coligações partidárias".

[764] Cfr. José Manuel Sala Arquer, "El Estado neutral: Contribución al estúdio de las administraciones independientes", em Civitas, Revista Española de Derecho Administrativo, nº 42, 1984, pp. 403 e seguintes.

[765] Cfr. J. Manuel Sala Arquer, "El Estado neutral...", Civitas, nº 42, p. 404, que cita a este propósito Silvia Niccolai, "Autoritá Indipendenti e tutela dei Diritti", em Revista di diritto pubblico italiano, comunitário e comparato, e em Mélanges en l'honneur du Professeur Jean Louis Autin, 2011.

[766] Cfr. José M. Sala Arquer, "El Estado Neutral...", Civitas, nº 42, pp. 345 e seguintes.

como normas que encerram conceitos vagos e indeterminados e conceitos técnicos – a chamada discricionariedade técnica.[767]

A invocação e aplicação deste tipo de normas justificaram, durante um largo período de tempo, a própria insindicabilidade das decisões administrativas fundadas na interpretação destes conceitos, que por via da sua complexa interpretação e identificação ficavam de fora do correspondente controlo jurisdicional.[768]

Só a partir do aprofundamento dos conceitos em menção e dos vários elementos constitutivos dos actos administrativos se apurou a diferença assinalável entre conceitos técnicos relativos aos pressupostos de facto e de direito e ao objecto, para passar a considerar que os pressupostos de facto devem ser concebidos como vinculados à respectiva verificação e passaram a ser susceptíveis de controlo contencioso da sua legalidade.

A Sociedade Técnica a que nos reportamos assume, assim, várias componentes que decorrem da complexidade das relações entre a Administração e os cidadãos e a constante tentativa de reforço dos seus direitos.

Não pretendemos estabelecer uma conexão efectiva entre um e outro dos aspectos que podem relevar para a configuração da tecnicidade que enforma cada vez mais as decisões da Administração.

Pretendemos, tão só, referir que a evolução dos modelos de Estado partiam de pressupostos e de circunstâncias da vida em comunidade e da cada vez maior exigibilidade das prestações correspondentes.

A criação de órgãos estatais ou administrativos titulares de autonomia e independência que, agindo fora do âmbito político e partidário, assegurassem e garantissem a prossecução dos interesses públicos prevalecentes representou, assim, um passo no caminho, que já se divisava, no sentido em que as regras técnicas e de *expertise* exigiam também uma especial capacidade de *saber* e de conhecimento justificativos das decisões que eram valoradas no início do processo, nos domínios dos direitos fundamentais.[769]

767 Importa referir que em Kelsen a neutralidade surge no momento em que o cientista do direito desempenha a sua actividade cognitiva. A teoria pura não concebe o ser humano neutro, mas sim o exercício de uma função com neutralidade. A neutralidade surge, assim, a Kelsen como o postulado epistemológico que é requisito para o alcance do conhecimento objectivo.

768 Sobre a natureza dos poderes discricionários da Administração e da sua insindicabilidade, cfr. Afonso Queiró, "O Poder Discricionário da Administração", e Mário Esteves de Oliveira, "Direito Administrativo", pp. 560 e seguintes.

769 Cfr. Lorenza Carlassare, "Amministrazione e Potere Politico", Cedam, Padova, 1974.

A concepção de que o poder é representativo exigia que fosse visível o afastamento entre a administração e os interesses partidários, enquanto base fundamental do Estado.[770]

É, pois, neste contexto e neste âmbito que surgem inicialmente os Tribunais Constitucionais e os Tribunais de Contas.[771]

Não se quedou por aqui a evolução da organização administrativa e, sobretudo, a filosofia política que a fundamentava – a da *neutralidade administrativa.*

A ruptura dos modelos de Estado Intervencionista com as crises fiscais, o desmantelamento da estrutura de organização da administração tradicional, as privatizações, a liberalização, por um lado, e o cansaço das populações quanto ao *modo partidário* de definição das medidas tidas por relevantes, por outro, tornou inevitável a procura de soluções de *governabilidade* dos interesses públicos através do reforço dos poderes neutrais do Estado.

Voltamos ao início da configuração desta definição: *neutralidade*, porque o poder que ao seu abrigo é exercido se mostra afastado das maiorias político-partidárias; *neutralidade*, no sentido em que os poderes governamentais não dispõem de poderes de direcção, superintendência ou tutela relativamente às decisões tomadas pelos órgãos competentes das entidades administrativas independentes; *neutralidade*, no sentido em que os poderes que são exercidos por tais entidades relevam de interpretação e aplicação de regras técnicas e de saber específicos que, por isso mesmo, correspondem a decisões *intocáveis* no plano administrativo (julgamento de mérito ou de oportunidade) e apenas sujeitas a controlo de legalidade pelos Tribunais competentes; *neutralidade*, no sentido em que as competências que estas entidades exercem correspondem ao acatamento dos princípios constitucionais da imparcialidade e da proporcionalidade; *neutralidade*, no sentido em que, com as devidas adaptações, as competências das entidades em menção são exercidas como representativas dos valores de *moderação, equilíbrio de interesses, mediação e de facilitação.*

Foi assim que as primeiras entidades administrativas independentes emergiram no espaço europeu, nomeadamente em França e em Portugal, no último caso no contexto dos direitos eleitorais.

Repare-se que, quer num país, quer noutro, as entidades administrativas independentes correspondiam à criação de "autoridades" fora do aparelho

[770] Cfr. Rui Guerra da Fonseca, op. cit., p. 476.

[771] Cfr. Alexandre Santos Aragão, "O Controlo da constitucionalidade pelo Supremo Tribunal Federal à luz da Teoria dos Poderes Neutrais", item III, Revista de Direito Jul./Set., 2003.

dos Estados e com vocação para intervir no domínio dos direitos fundamentais inseridos na Constituição Política.[772]

Pretendemos com isto afirmar que o princípio da neutralidade não se esgota no modelo, ou seja, não significa unicamente que se mostra apto a justificar a transferência de uma Administração Pública única para uma Administração Pública plural; pode significar também neutralidade no modo de intervir na esfera de competências das entidades administrativas independentes.

A neutralidade, enquanto pólo agregador e legitimador da Reforma do Estado, no que se refere à busca de *espaços neutrais* de actuação e de delimitação de *regras de neutralização* do poder político, procura responder, como já referimos, à cada vez mais intensa intervenção partidária na vida em sociedade e à inexistência de decisões que possam ser encaradas pelos cidadãos como decisões neutras, imparciais e proporcionais.

As características iniciais do poder neutral de *poder moderador, de magistério de influência, de intervenção extraordinária e de pendor relacional directo com as populações* foram sendo desenvolvidas no sentido de, por um lado, as adequar à reforma do Estado e, por outro lado, as aplicar aos novos modelos de organização e, sobretudo, às novas regras de acção e de actuação das entidades administrativas independentes.

3. Apuramento do Conceito: As Dimensões da neutralidade

Deixámos salientados os fundamentos históricos da formulação da teoria dos poderes neutrais desde o seu início.[773]

Convém, em todo o caso, precisar os seus parâmetros conceituais de modo a ser possível surpreender os seus elementos fundamentais relativos ao âmbito de aplicação da neutralidade, quer à organização, quer à actividade administrativa, ou seja, ao segundo patamar da própria configuração dos modelos de Estado.

Desde o início da sua formulação, o conceito de neutralidade assumiu duas vertentes, a vertente negativa e a vertente positiva, que podem ser sumariadas e respectivamente enunciadas, como segue: [774]

[772] Neste sentido, cfr. Relatório do Conselho de Estado Francês de 2001, que se refere aos casos iniciais de criação, em França, da CNIL, da sua razão de ser e das hesitações que sobre a sua exacta natureza jurídica se suscitavam.

[773] Numa primeira vertente, a teoria dos poderes neutrais procurou justificar a mudança de regime político e, numa segunda linha de argumentação, procurou justificar os poderes atribuídos ao Presidente do Reich.

[774] Cfr. José Manuel Sala Arquer, "El Estado Neutral. Contribuición al estúdio de las administraciones independientes", Civitas, nº 42, pp. 407 e seguintes.

a) Neutralidade no sentido de não intervenção;
b) Neutralidade entendida como concepção instrumental do Estado, ou seja, o Estado na sua acção deve ser objectivo, possibilitando iguais modos de acesso aos bens públicos a todos os nele interessados;
c) Neutralidade no sentido de que o Estado deve valorar de igual modo a sua vontade no que se refere aos direitos fundamentais, nomeadamente os de igualdade perante a lei e os de direito universal de voto;
d) Neutralidade entendida como paridade de acesso e de condições às prestações de serviço público.

Na acepção positiva da neutralidade, podemos enunciar os seguintes principais elementos do conceito:

a) Neutralidade entendida como a aplicação objectiva da norma ao concreto sob julgamento, como é o caso da aplicação da lei pelo Juiz;
b) Neutralidade fundada na base de um conhecimento técnico ou de um conhecimento especializado em determinadas matérias;
c) Neutralidade como expressão de uma visão unitária global que, por isso, incorpora o conjunto de grupos antagónicos e em si mesma assume uma decisão neutra;
d) Neutralidade do Estado perante conflitos de que não faz e não quer fazer parte.

A primeira observação que nos parece pertinente assinalar é a de que os diversos sentidos antes explanados traduzem visões do funcionamento do Estado e deste no âmbito das missões de prossecução de interesses públicos que lhe compete prosseguir.

Neste sentido diria que revelam significados de *ordem de política.*

A segunda das considerações que nos merecem os vários sentidos do princípio é o de que a neutralidade pode ainda ser entendida como regra fundamental de agir, deslocando e transformando o próprio interesse da administração no interesse do Estado.[775]

Apesar da dificuldade que assume a definição de uma posição quanto ao princípio da neutralidade, o que nos parece é que podemos considerar, em primeiro lugar, que a neutralidade não significa que o Estado, enquanto poder

[775] Neste sentido, cfr. Rui Guerra da Fonseca, op. cit., p. 476, onde se afirma que "*...para que o governo fosse efectivamente representativo, a administração teria que se afastar de interesses partidários unilaterais: nasce assim o valor da neutralidade administrativa*".

político, pretenda ou se "iniba" de realizar uma determinada actividade ou tarefa, ou prosseguir um interesse público.

Pelo contrário, o significado da neutralidade no domínio a que nos reportamos assume o sentido de realizar tal actividade. O que sucede é que a reforma do Estado que lhe está imanente exige que o faça, mas de *uma forma* diferente.

O que está em causa não é qualquer inibição de agir do poder político; é uma intervenção do poder político realizada através de outras e diferentes *formas ou modelos*, ou seja, independentes do poder estadual.[776]

A afirmação precedente, no que ao objecto do nosso estudo diz respeito, significa que entendemos a neutralidade com um duplo significado: (i) Independência – orgânica e funcional – da entidade face ao poder executivo; (ii) Neutralização do poder executivo face ao núcleo fundamental das atribuições e competências da entidade administrativa independente.[777]

A superação dos modelos demasiado interligados e conexos com as maiorias partidárias que "dominam" o aparelho de Estado exigiu, ao sabor da evolução do Estado, do aprofundamento das regras de democracia e do aprofundamento da participação dos interessados na "causa pública", a substituição de decisões "capturadas" por decisões "neutras".[778]

Por seu turno, e para que a Reforma do Estado coincidisse com a "vontade política" de a consagrar, tornava-se necessário que o próprio poder político abdicasse das formas tradicionais de intervenção.

É o poder político, através da reserva do poder legislativo, que de forma ainda incipiente no princípio, e de modo mais intenso na actualidade, consagra princípios e regras para a sua própria neutralização de âmbito de intervenção.

A este propósito, não podem deixar de ser referidas as leis criadoras das diversas entidades administrativas independentes, bem como a recente Lei nº 67/2013, de 28 de Agosto, de que resulta uma progressiva "neutralização" dos

[776] Cfr. José Manuel Sala Arquer, op. cit., p. 409, quando sustenta que: "*La neutralización se refiere a la forma en que el poder público interviene, y por lo tanto en si misma es indiferente en relación con el modelo de relaciones Estado-Sociedad que se adopte*".

[777] Mais explicitamente, entendemos que a neutralidade é uma característica da entidade e a neutralização é a outra face, mas aplicada a quem procede à criação da entidade.

[778] Cfr. Jorge Miranda/Rui Medeiros, "Constituição da República Anotada", Anotação ao art. 115º; João Confraria, "Regulação e Concorrência: Desafios do século XXI", 2ª edição revista e actualizada, 2011, nº 6.6; Bernardo Diniz de Ayala, "O défice de controlo judicial da margem de livre decisão administrativa", Lisboa, 1995, p. 191.

espaços de intervenção do poder executivo em abono do reforço das regras de autonomia e independência destas entidades.[779]

É um caminho que se processa; não é um resultado imediato que se constate.

Esta Reforma de que falamos, traduzindo-se no nosso estudo na Reforma da Administração, e considerando nós que os espaços de neutralidade e os poderes de neutralização do executivo não estão arredados, pelo contrário, da própria organização da Administração Pública, significa, por consequência, que o conceito cuja definição procuramos está situado no cerne e no âmago da actividade administrativa.

A neutralização do poder executivo significa, pois, que este não dispõe de poderes susceptíveis de "interferir" no conteúdo das decisões da competência das entidades administrativas independentes, sobretudo de poderes de modificação, extinção, revogação ou outro relativamente a tais actos e actividades.

A mesma afirmação deve ser assumida em termos de maior cautela no que se refere a poderes de "pressão adequada" no que se refere aos períodos e procedimentos prévios à decisão final.

Daí que nos parece imprescindível acrescentar um outro e importante conceito constitucional: o da regra da *unidade de acção da Administração.*

Ou seja, as entidades administrativas independentes agem e exercem as suas actividades de forma independente e sem interferências (neutralidade institucional e neutralização) do poder executivo; todavia, nos termos constitucionais compete ao Governo assegurar e reintegrar, se for caso disso, a unidade de acção do conjunto da administração.[780]

A independência da acção das entidades administrativas independentes, a neutralização do poder executivo e a titularidade governamental da regra constitucional da unidade de acção determinam, assim, que as entidades administrativas independentes assumem uma posição jurídica face ao poder executivo que se pode traduzir por uma tensão constante entre a independência e os "poderes de intervenção" que se mostrem susceptíveis de garantir a unidade de acção da administração.[781]

[779] Cfr. art. 45º da Lei 67/2013, de 28 de Agosto, em que se afirma e consagra expressamente que as entidades reguladoras são independentes no exercício das suas funções e não se encontram sujeitas a superintendência ou tutela governamental.

[780] Refira-se que esta "reintegração" da unidade de acção é impossível no âmbito, por exemplo, do poder judicial apesar de sobre o mesmo se afirmar a regra da *neutralidade.* Cfr. Rui Guerra da Fonseca, "O Fundamento da Auto Tutela Executiva", pp. 80 e seguintes.

[781] Neste contexto, cfr. R. Martem Mateo, "Administración monetária", Instituto de Estudios de Administración Local, 1968, que conclui quanto ao Banco de Espanha que: "*la autoridad del Banco de Espana resulta extraordinariamente circunscrita y se encuentra mediatizado en su gestión por las decisio-*

Esta tensão entre independência da entidade e "influência" governamental suscita um dos problemas mais complexos e difíceis de interpretar. A neutralização do poder executivo e a correspondente independência da entidade tem, como "contrapoder", o poder do Governo de assegurar a unidade de acção da administração, o que equivale a dizer que um dos maiores problemas que esta equação postula é, justamente, a de saber até onde, legalmente, pode ou deve ser exercida esta competência de "intervenção" governamental e quais devem ser os seus *limites.*

Buscámos intensamente alguns critérios que se revelassem aptos a determinar os limites da "*intervenção de unidade*" da competência do Governo.[782]

Não se revelou fácil esta tarefa, tendo nomeadamente em conta a panóplia de entidades, de estatutos, de legislação e de missões diversificadas em razão de áreas e sectores em que as entidades administrativas independentes operam.

Entendemos, no entanto, que um dos principais critérios que se podem revelar potencialmente mais aptos a proporcionar uma visão dos *limites* da intervenção do poder executivo como garantia da unidade de acção, podem ser encontrados a partir do quadro legal em que operam tais instituições.

Assim, de acordo com esta metodologia, pareceu-nos importante analisar esta matéria à luz dos motivos principalmente determinantes da sua própria criação, de que resultou o seguinte quadro: (i) entidades administrativas criadas por razões técnicas ou económicas, para a realização das incumbências do Estado constitucionalmente definidas; (ii) entidades administrativas independentes, criadas para garantia de direitos fundamentais.[783]

No que se refere às diversas entidades que operam em Portugal, parece ser possível considerar as:

a) Entidades administrativas independentes no domínio dos direitos fundamentais, como é o caso, por exemplo, da CADA, da Comissão Nacional de Eleições e da Comissão de Protecção de Dados;
b) Entidades administrativas independentes que operam na área económica, como é o caso, por exemplo, da CMVM, da ERSE e do ICP-ANACOM.

nes gubernamentales"; S. Martin-Retortillo Baquer, "Crédito, Banca y Cajas de Ahorro: Aspectos jurídico-administrativos", Madrid, Tecnos, 1975, p. 159.

[782] O conceito mencionado de *intervenção de unidade* resultou da nossa própria interpretação conjugada dos conceitos de independência e de unidade de acção.

[783] É neste sentido a posição de José Manuel Sala Arquer, op. cit., p. 411.

Relativamente às entidades assinaladas que actuam no domínio dos direitos fundamentais, alguns autores consideram, nomeadamente em razão dos poderes de nomeação, exoneração dos titulares dos órgãos destas entidades, bem como do seu regime de financiamento, que os poderes governamentais de influência/interferência podem ser qualificados *grau mínimo*.[784]

Já no que se refere às entidades que operam nas áreas económicas e financeiras, os poderes de interferência (poderes de intervenção de unidade) são mais vastos, ou seja, assumem um *grau mais intenso*, como seja, por exemplo, o poder de nomear os dirigentes das entidades, de controlar *ex ante* ou *ex post* os seus planos estratégicos, bem como o de obter pareceres (princípio da colaboração) sobre legislação a aplicar ao sector.[785]

A nosso ver, a primeira constatação que se nos oferece é a de que esta distinção parte do pressuposto de que todas as entidades que "convivem" no contexto da Administração Pública devem ser qualificadas e, nessa medida diferenciadas, em razão do sector ou da área em que operam.

Este critério, suceptível de operar quanto ao tema em análise, podia ser sustentado com base em que até há bem pouco tempo as entidades administrativas independentes proliferaram em determinados sectores, mas não dispunham de um quadro ordenador de que fosse possível retirar um conjunto de regras e princípios suceptíveis de enformar o quadro jurídico aplicável a tais entidades, quer do ponto de vista da sua organização, quer do seu funcionamento.[786]

Esta "omissão" ordenadora e estatutária foi recentemente suprida através da provação de uma Lei-Quadro em que parece ser possível considerar que o legislador estabeleceu na respectiva Lei a seguinte qualificação e diferenciação:

a) Entidades reguladoras;
b) Entidades excepcionadas do regime quadro das entidades reguladoras, como é o caso do Banco de Portugal e da ERC;
c) Entidades reguladoras criadas por determinação do direito da União Europeia.

784 Neste sentido, cfr. José Lucas Cardoso, "As entidades administrativas independentes e a Constituição", pp. 289 e seguintes.

785 Neste sentido, cfr. artigos 9º, 17º, 21º e 45º da Lei 67/2013, de 28 de Agosto.

786 Neste sentido, cfr. os autores que em Portugal analisaram este tema, nomeadamente, Paulo Otero, "O Poder de Substituição em Direito Administrativo"; Vital Moreira, "Administração Autónoma e Associações Públicas"; Pedro Gonçalves, "Reflexões sobre o Estado Regulador e o Estado Contratante, Regulação em Portugal"; José Lucas Cardoso, "As entidades administrativas independentes e a Constituição".

Quanto às entidades criadas e em funcionamento no âmbito dos direitos fundamentais e de natureza análoga, como é o caso da Comissão Nacional de Eleições, da Comissão de Acesso aos Documentos Administrativos ou da Comissão de Protecção de Dados, as mesmas não são abrangidas pela Lei nº 67/2013, de 28 de Agosto.[787]

Na verdade, segundo se dispõe no nº 3 do art. 3º da mencionada Lei, a mesma apenas procede ao *reconhecimento* das entidades reguladoras actualmente existentes e nelas não se incluem as que acima aludimos.[788]

Com mais adiante teremos ocasião de verificar, o nosso ordenamento jurídico actual contempla a existência de entidades administrativas independentes com funções de regulação da actividade económica (as que são tuteladas pela Lei nº 67/2013, de 28 de Agosto) a que lei atribui a qualificação jurídica de entidades reguladoras e que se podem integrar no conceito de Administração Pública Independente.

No quadro destas entidades, a Lei consagra e determina a sua forma de criação, bem como as regras aplicáveis ao seu regular funcionamento.

A ERC e o Banco de Portugal são excluídas do regime da Lei nº 67/2013, de 28 de Agosto, passando a reger-se por disciplina própria.

As entidades administrativas independentes que operam no quadro dos direitos fundamentais continuam a ser regidas pelas leis que as instituíram e é nesse domínio que devem ser analisadas as suas regras primordiais de organização e funcionamento.

Parece pois dever ser considerado, como acima deixámos enunciado, que os limites da intervenção de unidade no campo das últimas entidades resulta do seu próprio quadro normativo, quer no contexto da sua criação, quer no âmbito do seu funcionamento, nomeadamente quanto aos poderes "reintegrativos" de nomeação, exoneração de responsáveis dos órgãos dirigentes, e de prestação de contas que é em exclusivo prestada ao Parlamento.

787 Apenas a Entidade Reguladora da Saúde é abrangida expressamente pela Lei 67/2013, de 28 de Agosto, de acordo com a alínea *f)* do nº 3 do art. 3º.

788 Segundo o disposto no nº 3 do art. 3º: *"...são reconhecidas como entidades reguladoras as seguintes entidades actualmente existentes: a) Instituto de Seguros de Portugal; b) Comissão de Mercado de Valores Mobiliários; c) Autoridade da Concorrência; d) Entidade Reguladora dos Serviços Energéticos; e) Autoridade Nacional de Comunicações (ICP-ANACOM) que será objecto de redenominação nos termos do art. seguinte; f) Instituto Nacional de Aviação Civil, I.P. (INAC, I.P.) que será objecto de redenominação nos termos do art. seguinte; g) Instituto da Mobilidade e dos Transportes, I.P. (IMT, I.P.) nas suas atribuições em matéria de regulação, de promoção e defesa da concorrência no âmbito dos transportes terrestres, fluviais e marítimos, que será objecto de reestruturação nos termos do art. seguinte; h) Entidade Reguladora dos Serviços de Águas e Resíduos; i) Entidade Reguladora da Saúde".*

Da conjugação interpretativa dos comandos da nova Lei parece resultar que os limites de *intervenção de unidade* de grau mínimo no caso das entidades que operam na área dos direitos fundamentais, podem ser explicados à luz dos motivos que presidiram à instituição destas entidades e ao tempo – histórico – em que as mesmas foram criadas.

Recorde-se que o papel político imprimido à Constituição de 1976 não pode deixar de ter repercussões a este nível. Era necessário fazer a afirmação de princípios *garantísticos* dos direitos, liberdades e garantias dos cidadãos no final de um longo período em que tais direitos não assumiam qualquer carácter substantivo.

Ademais e, no caso específico da Comissão Nacional de Eleições, o que estava em causa era a criação de uma entidade que, fora do aparelho administrativo em termos orgânicos, pudesse representar com toda a segurança o exercício de protecção e de garantia do cabal direito de voto das populações.

Neste sentido, era imperioso que a interferência governamental se restringisse ao mínimo e não assumisse qualquer possibilidade de intervenção que fosse susceptível de representar algum resquício do anterior Modelo de Estado.

Já quanto às entidades administrativas independentes com funções de regulação da actividade económica, os limites da "intervenção de unidade" são os que resultam daquela lei, e podem ser traduzidos sumariamente nos seguintes termos:

a) Poderes de aprovação prévia dos orçamentos e planos plurianuais, balanços e contas;
b) Poderes de aprovação prévia de actos de incidência financeira;
c) Definição governamental da incidência objectiva e subjectiva, bem como regimes de isenção ou redução, de limites máximos e mínimos das taxas ou das tarifas a cobrar;
d) Poderes de intervenção prévia à aprovação ou alteração de normas regulamentares de eficácia externa.

Trata-se de níveis de poderes de interferência de *grau* mais intenso e que, a nosso ver, traduzem a ideia fundamental de Garantia e Responsabilidade do Estado no funcionamento eficiente dos mercados e na garantia de uma equilibrada concorrência entre as empresas, a contrariar as formas de organização monopolista e a reprimir os abusos de posição dominante e outras práticas lesivas do interesse geral.

Este nível de "intervenção de unidade" visa, como objectivo principal, "reintegrar" em termos prévios os princípios da legalidade, da imparcialidade e da proporcionalidade consagrados na Constituição.

Como tivemos ocasião de verificar, não se trata de poderes "reintegrativos" de anulação, de revogação, de modificação com trato sucessivo, como sucede no contexto da actividade exercidas pelas entidades da administração directa e indirecta do Estado; outrossim, trata-se de poderes de intervenção prévios destinados a garantir a unidade de acção da Administração Pública.

Consideramos, pois, que a *independência* e a *unidade de acção* podem assumir conteúdos distintos quando aplicáveis às entidades que operam no domínio dos direitos fundamentais e as que operam na área da actividade económica e financeira.

No primeiro caso, diremos que da leitura conjugada das regras da independência e da unidade resulta que os poderes de intervenção do executivo se mostram limitados pela própria natureza da actividade exercida que fundamentou e legitimou a sua própria criação, em termos de *grau* como *mínimo*.

Já quanto às entidades que exercem funções de regulação da actividade económica, os *limites* de intervenção do poder executivo podem ser entendidos como "mais latos", como deixámos evidenciado, o que traduz, em termos de *grau*, formas de intervenção mais *intensas*.

III. A neutralidade como fundamento da administração independente

A evolução registada na organização administrativa do Estado, sobretudo a partir do final da II Guerra, foi no sentido da progressiva afirmação do número e diversidade de entes colectivos que constituem a Administração Pública, e do grau cada vez mais intenso da respectiva autonomia.[789]

Como verificamos nos ordenamentos jurídicos dos diversos países analisados, a criação e a proliferação de autoridades administrativas independentes significa que não subsiste, actualmente, qualquer tipo de *hostilidade* entre o sistema administrativo e estas autoridades, aceitando-se, por isso, graus de tutela e superintendência mais flexíveis e com menor grau de exigência nos instrumentos de controlo e de admissibilidade de regras de auto-organização interna.

A neutralidade como modelo e como conceito operativo relacional permite, pois, justificar níveis de *controlo* susceptíveis de garantir a unidade administrativa.

[789] Cfr. Rui Machete, "A regulação económica no Direito Administrativo em Portugal e Espanha – Em especial a regulação bancária", em IX Congresso Hispano-Luso de Derecho Administrativo.

A questão fundamental é, pois, a de saber se a *legitimidade* destas autoridades pode ser aferida através do princípio da *neutralidade*, entendido aqui como um dos seus "modelos", traduzido pela independência da entidade face ao poder político partidário e no sentido em que as exigências do mundo e da sociedade moderna, no que toca à prossecução de interesses públicos diversificados, exige que os modelos organizativos sejam desenvolvidos com o objectivo de os tornar mais eficazes e eficientes e, sobretudo, de os tornar "imunes" a influências político-partidárias.[790]

Se nos centrarmos na realidade europeia e portuguesa verificamos, todos os dias, que a cada novo problema se procura responder em termos orgânicos não pela via da maior extensão da administração pública mas, outrossim, através da criação de novas estruturas que, sendo administrativas, devem ser independentes, quer do poder político, quer do poder económico.[791]

Assim, assume particular importância tentar apreender o conteúdo desta doutrina quando aplicada ao problema que nos ocupa.

Em primeiro lugar, e quanto ao entendimento de que os centros de decisão autónomos e independentes significavam, por contrapeso ao Estado pluralista de partidos e de coligações partidárias, a realização de actividades de forma imparcial e objectiva própria de peritos e de especialistas, parece ser possível considerar que se verifica uma manifesta compatibilidade entre o sistema de governo parlamentar com "áreas livres do controlo ministerial".[792]

Neutralidade pode assim significar, neste contexto, a existência de centros de decisão "politicamente neutrais", ou seja, fora do sistema de decisão por maiorias político-partidárias.

É com base nesta teoria com este significado que é justificada, por exemplo, a natureza independente do Banco Federal Alemão como entidade com atribuições de "defesa da moeda", "transferindo" uma área importante de intervenção do Estado dotado de legitimidade democrática, para uma entidade que, como sabemos, não beneficia de tal legitimidade.[793]

[790] Na terminologia de Sala Arquer, op. cit., do que se trata é de criar "espaços e áreas livres de controlo governamental".

[791] A título de exemplo na União, veja-se os recentes esforços para a criação da União Bancária que virá trazer um reforço manifesto dos poderes de supervisão e de fiscalização mas, sobretudo, o reforço da centralidade e da homogeneidade desta nova entidade reguladora.

[792] Cfr. R. Martem Mateo, "Administración monetária", Madrid, 1968, que se refere especialmente ao Banco de España afirmando que esta entidade *"...se encuentra mediatizado en su gestión por las decisiones gubernamentales..."*; S. Martin-Retortillo, "Crédito, Banca Y Cajas de Ahorro: Aspectos jurídico-administrativos", Madrid, Tecnos, 1975, p. 159.

[793] Cfr. P. Sabourin, "Les autorités administratives indépendantes: Une catégorie nouvelle", AJDA, nº 5, 1983, pp. 275-295.

A *neutralidade* significa, neste contexto, que se pretende garantir que a acção das entidades independentes fique absolutamente *"out"* de intervenções partidárias e políticas. É o domínio, por excelência, de decisões de natureza técnica que cabem, de acordo com esta concepção, apenas aos peritos e técnicos que delas se ocupam.

Não podendo ser concebida como fundamento legitimador exclusivo dos novos modelos de Administração Pública, a neutralidade, tal como a concebemos e procuramos deixar definida, representa um elemento fundamental, quer na vertente da neutralidade das entidades administrativas independentes, quer na vertente da neutralização do Governo face às actividades das mencionadas entidades, que contribui de forma significativa para o aparecimento e desenvolvimento de diferentes categorias de pessoas colectivas públicas independentes no conjunto da Administração Pública.

IV. A neutralidade como princípio e suporte da independência das entidades administrativas independentes

Temos, pois, que é possível conceber e qualificar a regra da *neutralidade administrativa* que decorre das concepções neutrais do modelo moderno de Estado como fundamento legitimador do princípio institucional de criação de novas autoridades que, para a prossecução de interesses públicos, devem assumir formas de organização autónomas e independentes do poder politico.[794]

É esta, aliás, a consequência que é retirada, nomeadamente pela doutrina alemã quando considera que certas entidades devem ser independentes para assegurar a sua neutralidade, e devem ser neutrais porque se em cada momento estivessem em relação de dependência com as maiorias políticas poderiam pôr em perigo os valores superiores da comunidade, nomeadamente de ordem constitucional.[795]

Ou seja, a neutralidade que fundamenta, quer a existência, do ponto de vista do modelo, quer a acção, em termos de conceito operativo relacional, de algumas autoridades administrativas independentes impõe-se por razões de defesa de valores e interesses fundamentais da comunidade social.

[794] Para maiores desenvolvimentos sobre este tema, cfr. José Manuel Sala Arquer em "El Estado Neutral. Contribución al estúdio de las administraciones independientes", Revista Española de Derecho Administrativo, 1984, p. 410, J. Chevallier em "Réflexions sur l'institution des autorités administratives indépendantes", Juris Classeur Periodique – La Semaine Juridique, 1986, fasc. 3254, p. 40.

[795] Cfr. P. Sabourin, "Les autorités administratives indépendantes dans l'État", em Colliard, C. A. & Timsit, G. (eds.), Paris, PUF, 1988.

No fundo, a independência é uma garantia e uma consequência de neutralidade.

Não se trata, contudo, de um conceito de independência absoluto, como é o caso, por exemplo, do Poder Judicial. Como já deixámos anteriormente referido podem subsistir graus de independência em razão dos graus de interferência do poder governamental.

As autoridades administrativas independentes são titulares de uma "independência com limites" no sentido em que, quer as atribuições, quer o exercício efectivo das suas funções, mantém relações (ainda que diferenciadas), quer com o Governo, quer com a Assembleia da República.[796]

Na verdade, subsistem determinados mecanismos de influência governamental relativamente a estas autoridades, nomeadamente e para além dos anteriormente citados, o poder de proceder à fusão, redefinição estatutária e até extinção da entidade ou entidades, e consequente integração na administração directa do Estado, se essa for ou vier a ser a opção de política.[797]

Neste sentido, importa acentuar que entendemos que a soberania e a unidade de acção não permitem a criação de estruturas administrativas *absolutamente independentes* do poder executivo.[798]

Em suma, tal como concebemos e procurámos deixar nota, a *neutralidade* do ponto de vista da entidade administrativa autónoma é um elemento fundamental da independência de que é titular.[799]

O que caracteriza essas instâncias administrativas é fundamentalmente o seguinte: (i) a independência dos seus titulares, mediante requisitos pessoais de designação, incompatibilidades, mandato fixo e inamovibilidade durante o mandato; (ii) independência funcional, traduzida na inexistência de ordens ou instruções ou sequer de directivas vinculantes, na ausência de controlo de mérito ou da obrigação de prestação de contas da orientação escolhida, o que se traduz numa certa esfera de livre determinação ou autodeterminação; (iii) independência face aos interesses envolvidos na sua actividade, traduzida na

[796] Cfr. André De Laubadére, "L'administration concertée", em Mélanges en honneur du professeur M. Stassinopoulos, Paris, 1974.

[797] Neste sentido, cfr. art. 8º da Lei 67/2013, de 28 de Agosto.

[798] Entendemos que a administração independente é constituída por instâncias administrativas situadas fora da órbitra do Governo, de um departamento ministerial e que recebem do Estado a missão de efectuar a regulação de um determinado sector da vida em sociedade, no "interface" da sociedade civil e do poder político.

[799] Recorde-se que este conceito pode assumir três significados essenciais: (i) do lado governamental, a regra da neutralização; (ii) do lado da entidade, o grau da sua independência; (iii) de ambos os sujeitos, o da proibição de qualquer grau de interferência político-partidária.

ausência de título representativo na designação dos membros dirigentes e na escolha de personalidades independentes, pois mesmo quando na sua composição entram membros das actividades administradas, eles não são nomeados enquanto tais, mas sim enquanto especialistas".[800]

O conceito de independência assume, de acordo com a definição acima transcrita, três dimensões:

a) Uma dimensão orgânica;
b) Uma dimensão funcional; e
c) Uma dimensão não representativa dos sectores/interesses "regulados".

Das três dimensões acima referidas, e de acordo com os estatutos destas entidades, é bem verdade que os regimes de incompatibilidades, inamovibilidade durante o mandato e regras de exoneração dos respectivos titulares são reveladores da denominada independência orgânica.

Do outro lado, ou seja, quanto às regras de nomeação/designação, em regra obedecem a critérios que envolvem a escolha de pessoas de reconhecido mérito e competência técnica e científica, ou seja, verifica-se uma certa "limitação" quanto ao poder governamental (político) de escolha das personalidades susceptíveis de serem nomeadas para titulares e membros dos órgãos destas entidades.

A independência funcional é reportada, como já sabemos, à inexistência de poder governamental de proceder à emissão de ordens ou directivas concretas e vinculantes quanto à forma como devem ser exercidas as funções/competências das autoridades administrativas independentes.[801]

De tal modo assim é que a regra aplicável à generalidade dos actos destas entidades é a da insusceptibilidade de qualquer recurso gracioso de apreciação de mérito ou de legalidade.[802]

Os limites ou o enquadramento da acção das autoridades administrativas independentes correspondem, por um lado, aos princípios constitucionais aplicáveis à Administração Pública e, por outro lado, às políticas definidas pelo Governo para o sector em que as mesmas operam.

Ou seja, os princípios da legalidade, imparcialidade e proporcionalidade não podem deixar de ser aplicáveis aos actos praticados pelas entidades administrativas independentes e de regulação.

[800] Cfr. Quermone, citado em Vital Moreira, "Administração Autónoma e Associações Públicas".

[801] Cfr. art. 45º, nº 1, da Lei 67/2013, de 28 de Agosto.

[802] Cfr. no entanto o regime de recursos dos actos da Autoridade da Concorrência, bem como a omissão desta matéria na Lei 67/2013, de 29 de Agosto.

Tratando-se de entidades administrativas, a respectiva actividade, como se estipula no texto constitucional, está subordinada ao cumprimento daqueles princípios.

A última dimensão que usualmente é avançada quanto ao conceito de independência é reportada aos interesses envolvidos na sua actividade.

Os critérios de nomeação/designação dos titulares dos órgãos das entidades administrativas são vinculados no que respeita à escolha de pessoas independentes do poder político como dos grupos de interesse de qualquer natureza.

Assumem aqui pleno cabimento as exigências de saber técnico e do conhecimento científico que devem ser característica fundamental do núcleo das pessoas que podem, de acordo com tais critérios, ser escolhidas para o desempenho de funções dirigentes nas entidades administrativas independentes.[803]

De todo o modo, parece não subsistir dúvida, hoje, na doutrina que o elemento fundamental legitimador desta decisão de política – a de criar entidades administrativas independentes – é, justamente, a defesa dos interesses, quer dos cidadãos, quer do mercado.

Esta defesa, assim se tem entendido, é mais e melhor salvaguardada, promovida e garantida através da criação de entidades "independentes" do poder político e "independentes" dos regulados.[804]

Neste sentido, a lógica da administração independente pode variar entre a preocupação de assegurar a neutralidade política de certas esferas administrativas, vedando a intromissão governamental, criando espaços "imparciais" ou "neutros", e o propósito de as retirar ao jogo de alternância do princípio da maioria, conferindo-lhes estabilidade.[805]

Corroborando esta posição, a doutrina maioritária sustenta que a legitimidade da administração independente decorre, portanto, da auto-legitimação pessoal dos seus membros, pela sua reputação e prestígio, e pelo seu desempenho independente na condução do cargo, podendo falar-se por isso de "legitimação técnica".[806]

[803] Importa aqui referir que estas entidades podem sofrer de um vício inultrapassavel a que já anteriormente nos referimos e que se relaciona com a questão da *accountability* no sentido em que os mecanismos da sua responsabilização são inexistentes, nomeadamente no que se refere ao défice democrático da sua própria constituição.

[804] Cfr. J. L. Autin, op. cit., quando sustenta que: "*o conceito de entidade administrativa independente comporta uma contradição nos termos, pois, logo que "uma autoridade apresenta uma natureza administrativa" ela já não pode ser constitucionalmente qualificada como "independente"*".

[805] Cfr. J. Chevallier, "COB, CNIL, CNCL et Cie: la philosofie des autorités administratives indépendantes", Régards sur l'actualité, nº 146, 1988.

[806] Cfr. A. Betancor Rodriguéz, "Les administraciones independientes", Madrid, Tecnos, 1994.

Chegados aqui, a única via que consideramos adequada para dar uma resposta positiva à questão posta, ou seja, a de saber se as autoridades administrativas independentes que operam no quadro do nosso ordenamento e sistema devem considera-se como integradas no conceito de Administração Pública Independente, é considerar que as mesmas estão "subordinadas" aos *limites* que são impostos à sua criação, bem como à sua actividade, pelos princípios do pluralismo e da unidade de acção.

Em primeiro lugar, os poderes de criação de autoridades administrativas independentes que, correlativamente implicam o poder da respectiva extinção, bem como os poderes de nomeação e designação dos titulares dos órgãos das mesmas autoridades e os poderes de fixação de regras de remuneração, revelam que, no âmbito da independência, continua a subsistir "uma esfera de relacionamento" entre o Governo e a autoridade.

Em segundo lugar, e no que se refere à independência no exercício das suas funções, os poderes de orientação, nuns casos, o poder de definir e fazer respeitar opções de política para o sector em que opera a autoridade, os poderes de aprovação tutelar relativamente a certo tipo de actos da competência da autoridade, são outros tantos elementos concretizadores da dita "esfera de relacionamento" entre o Governo e a autoridade.[807]

Esta esfera de relacionamento deve ter-se como "mitigada", mas deve entender-se como existente com o objectivo de garantir a unidade de acção destas autoridades no âmbito da sua actividade da Administração Pública.

E a independência que as caracteriza, ao contrário do que possa pensar-se, não se traduz pela ausência dessa "relação", pelo contrário, traduz uma exigência inerente à sua própria existência: a de que a sua acção e as suas actividades devem obedecer a critérios de neutralidade e estar subordinadas ao princípio da unidade de acção.

Sufragamos, pois, o entendimento de que as autoridades administrativas independentes representam um compromisso possível entre as garantias da sua independência a as regras de "intervenção" governamental, quer na sua organização, quer no âmbito do seu funcionamento.

Estas regras de "intervenção" governamental devem ser entendidas no sentido em que têm por objectivo garantir e salvaguardar a unidade de acção do Estado. Por isso, devem ser "limitadas", ou seja, nem todas as possíveis formas de controlo governamental devem ser consideradas legitimas face às características (neutrais) das actividades exercidas por estas entidades.

[807] Cfr. artigos 9º, nºs 2 e 3 do art. 17º, alínea *m)* do art. 21º, alínea *d)* do art. 36º, art. 41º, nºs 4 e 5 do art. 45º da Lei 67/2013, de 28 de Agosto.

Partilhamos inteiramente a afirmação de Rui Machete quando refere que *"em suma, quer o poder constituinte ao prever na lei fundamental a existência de autoridades administrativas independentes, quer a superioridade do poder legislativo, garantem a unidade do Estado e o seu ordenamento jurídico, e previnem técnicas jurídicas diversas que a larga autonomia de que podem gozar as autoridades administrativas independentes ponha em risco essa mesma unidade"*.[808]

Tendo nascido para legitimar a existência de órgãos constitucionais *neutrais*, nomeadamente parlamento, tribunais constitucionais e poder executivo especializado, esta teoria é susceptível de explicar em termos filosóficos os novos modelos de Administração Pública que incluem as entidades em causa.

Diremos, assim, que a administração independente deve ser entendida como um conjunto de entidades a que são aplicáveis os princípios legitimadores da sua imunidade face ao controlo e à direcção do Governo, e os princípios destinados a salvaguardar de forma preventiva a unidade de acção da administração pública.

[808] Cfr. Rui Machete, "Considerações sobre a dogmática administrativa no Moderno Estado Social", em Estudos de Direito Público e Ciência Política, Lisboa, 1986.

Capítulo III
O Pluralismo e a Unidade de Acção da Administração Pública em Portugal

I. O princípio do Pluralismo da Administração Pública

Como já vimos, a descentralização, a desconcentração e a participação dos interessados, são elementos nucleares da organização administrativa do Estado Moderno.

Estes elementos são fundados no *pluralismo* da organização administrativa, enquanto exigência das próprias concepções que estão na base da evolução do Estado.

O Estado do século XX superou as concepções tradicionais de um Estado uno e indivisível que esteve na base da unidade e da homogeneidade do poder do Estado, evoluindo para formas e relações de interdependência entre soberania e unidade do poder do Estado.[809]

O pluralismo da organização administrativa, nas suas três vertentes essenciais, decorre directamente do texto constitucional que, a nosso ver, determina e fixa uma regra fundamental inalienável e indelegável que enquadra, juridifica e limita o princípio fundamental da fixação legal de atribuições e competências das diversas estruturas da administração pública.[810]

Diz-se que a definição das atribuições e das competências é de interesse e ordem pública.[811]

Diz-se que o Estado dispõe do poder de criar estruturas administrativas que visam assegurar a satisfação de necessidades colectivas, mas esta "liber-

[809] Cfr. Thomas Hobbes em "Leviathan..."; Martem de Albuquerque, "Jean Bodem na Península Ibérica: Ensaio de História das Ideias Políticas e de Direito Público", Fundação C. Gulbenkian, 1978.

[810] Cfr. Paulo Otero, "Poder de Substituição...", p. 743; Mário Esteves de Oliveira, "Curso...", p. 201.

[811] Cfr. Mário Esteves de Oliveira, "Direito Administrativo", Vol. I, pp. 130 e seguintes.

dade" está condicionada a consagração de regras legais de intervenção através dos poderes intra-administrativos relevantes no domínio das suas relações com os demais órgãos, serviços, estabelecimentos ou pessoas colectivas de direito público de base institucional ou territorial.

Porquê, perguntar-se-á. Que causas ou fundamentos estiveram na base da "transformação" do Estado, no caso concreto em análise, na admissão e na consagração de estruturas diversas e diversificadas que, em nome próprio ou em nome do Estado, prosseguem e exercem actividades de interesse público?

A resposta pode estar na configuração da *administração* ou *modernização da administração*, entendida esta como *reforma do Estado*.[812]

A reforma do Estado é indissociável da reforma da administração; o paradigma da administração mínima foi substancialmente alterado para uma administração *empresarial* que pode ser concebida como o paradigma (actualmente) de um *Estado regulador*.

As mudanças de uma administração do século XX para uma administração dos tempos modernos exigiam, assim, uma multiplicidade de órgãos, serviços e entidades colectivas públicas, bem como a publicização de entidades privadas.[813]

É neste sentido que Gomes Canotilho se refere à "reinvenção do governo"; à "acção administrativa orientada para o resultado", ao "*new public management*" e ao "novo modelo de direcção" que teriam estado na origem de novas qualificações do Estado como "Estado activo"; "Estado regulador", "Estado reflexivo".[814]

Estas mudanças de estrutura e de modelo da administração do Estado Moderno, como acima referimos, coloca algumas questões essenciais no que se refere à *liberdade conformadora* que a Constituição impõe ao legislador no domínio do sistema e dos elementos da organização.

A primeira consideração que parece ser susceptível de ser afirmada é a de que o legislador não dispõe de qualquer *liberdade conformadora* face ao estatuto constitucional aplicável.[815]

O sistema aberto de tarefas estaduais inerente ao Moderno Estado Regulador composto pela "galáxia administrativa" de que já falámos, se permite ou pode

[812] É o que resulta da lição de Gomes Canotilho, em "O direito constitucional passa; o direito administrativo passa também", pp. 709 e seguintes.

[813] Cfr. Pedro Gonçalves, "Entidade Privadas com Poderes Públicos...".

[814] Cfr. Gomes Canotilho, "Direito Constitucional e Teoria da Constituição", p. 735.

[815] Mesmo noutros domínios, como por exemplo o que nos é dado por Gomes Canotilho a p. 716, quando se refere à exigência de conformação do legislador relativamente à criação de uma rede de ensino superior público.

permitir, desde que observadas regras de necessidade, suportabilidade financeira ou economicidade das medidas, que o legislador possa, com *um grau de liberdade vigiada*, definir atribuições e competências, o princípio constitucional aplicável continua a dever ser o do acatamento da Constituição nesta matéria, ou seja, o de que o poder legislativo apenas está legitimado para fazer o que a Constituição expressamente determina e impõe.

A *liberdade vigiada de conformação* cessa, no entanto, perante o conteúdo das determinações constitucionais relevantes.

As determinações constitucionais relevantes são, em primeiro lugar, as que decorrem do princípio da unidade do Estado consagrado no art. 6º da Constituição da República.

O Estado é unitário, mas consagra de forma *típica* duas formas organizativas, as das regiões autónomas dos Açores e da Madeira.

Neste caso, a Constituição *tipifica* o número das entidades autónomas, bem como as identifica, dotando-as de órgãos e poderes. Nesta situação, o poder legislativo não dispõe de poderes de criação de outras e diferentes entidades de igual natureza.

Outra das consequências deste preceito constitucional é a de que no domínio de certas categorias de entidades – as autónomas – é a Constituição que as define e qualifica, dispondo o legislador ordinário apenas do poder de alargar ou diminuir o número dessas entidades. Fala-se, pois, do princípio da *tipicidade quanto às categorias de entidades.* O caso mais relevante é o das autarquias locais que, como sabemos, estão consagradas no art. 6º da Constituição como entidades autónomas.[816]

Diremos, pois, que "*...as referidas entidades públicas inseridas num fenómeno de auto-administração e a respectiva autonomia perante o Estado, sendo objecto de expressa consagração pela Constituição, assumem a natureza de garantias institucionais, encontrando-se, por isso mesmo, protegidas em termos materiais e processuais em relação ao Estado-legislador, dotadas que estão da garantia de um "conteúdo essencial" ou "esfera nuclear" de autonomia insusceptível de supressão ou esvaziamento de substância*".[817]

Ao contrário da regra da *tipicidade* de número e de categorias de entidades no contexto da administração pública de natureza autónoma, o legislador constitucional remete para o legislador ordinário o poder de criar adequadas formas de descentralização.

[816] Cfr. Paulo Otero, "O Poder de Substituição em Direito Administrativo", Vol. II, p. 544.

[817] Cfr. Gomes Canotilho, "Direito Constitucional e Teoria da Constituição"; Carlos Blanco de Morais, em Estudos em Homenagem ao Professor Doutor Jorge Miranda, p. 547.

Ou seja, o Estado unitário mas descentralizado é uma afirmação constitucional; a sua concretização prática é, no entanto, atribuída ao poder legislativo.[818]

O poder legislativo, apenas o poder legislativo, pode criar as entidades intra-estaduais correspondentes ao princípio constitucional da descentralização administrativa.

Ou seja, o Parlamento está habilitado a criar as entidades, definir os seus estatutos, as suas atribuições, as suas competências, bem como os órgãos delas titulares.

O Estado produtor de bens e serviços teria *falido*, dada a multiplicidade e a intrincada teia de necessidades colectivas cuja satisfação esteve na origem da impossibilidade prática de as satisfazer directamente através do Estado.

A *reforma do Estado* deve, pois, ser encarada como uma via adequada de superar as ineficiências, bem como a falta de financiamento para assumir a configuração da prestação de serviços públicos de acordo com o modelo de organização tradicional.

É que o aumento incomportável dos impostos, as ineficiências de funcionamento, as deficiências de organização conjugadas com a crescente exigência dos cidadãos, levaram a repensar a forma e o modelo de prestação e de satisfação de necessidades colectivas.

O Estado não pode, e hoje parece ser um dado adquirido a todos os níveis, assumir e atribuir-se a si próprio a qualidade de produtor de bens e serviços.

Trata-se uma exigência de *cidadania* dos tempos modernos que se revela cada vez mais pela relação preço-qualidade na prestação e na *produção de bens públicos.*

Esta evolução, visível sobretudo na sequência da 2ª Guerra, com o dirigismo e o intervencionismo, traduziu-se pela proliferação de organismos autónomos, como sejam os institutos públicos e as empresas públicas ("nascidas" das nacionalizações).[819]

Os primeiros devem ser englobados na denominada administração indirecta e as segundas no sector empresarial do Estado.

Neste sentido, pluralismo deve ser entendido como a possibilidade conferida ao legislador, sem reserva constitucional de número e de categoria, de criar autoridades administrativas de base institucional para a prossecução de finalidades públicas.

[818] Cfr. nº 2 do art. 267º da CRP.

[819] Cfr. Freitas do Amaral, op. cit., p. 90, que entende que esta evolução institucional já se havia começado a verificar após a 1ª Guerra.

Falamos do fenómeno da devolução de poderes no sentido em que alguns interesses públicos do Estado, ou de pessoas colectivas de população e território, são postos por *lei* a cargo de pessoas colectivas públicas de fins singulares.[820]

Finalmente deve ser sublinhado que, no contexto dos modernos Estados de Garantia, a qualificação de uma tarefa como pública não implica obrigatoriamente que a mesma deva ser prosseguida pela administração pública em sentido subjectivo. É neste sentido o próprio conceito de *pluralismo administrativo.*[821]

O desenvolvimento, numa primeira fase de intervencionismo e dirigismo, das próprias actividades administrativas levou a um crescimento de estruturas diferenciadas do Estado e da administração, nomeadamente crescimento de ministérios e de serviços públicos (administração directa), de organismos públicos dotados de personalidade jurídica (os institutos e as empresas públicas integrantes da administração indirecta), bem como de estruturas administrativas técnicas e consultivas, como seja o caso em Portugal do Conselho de Finanças Públicas.[822]

A mudança de paradigma do Estado e da administração teve início nos anos setenta e oitenta, pela liberalização e privatização. Seguiu-se, nos anos noventa, a re-regulação, ou seja, o controlo das escolhas privadas por imposição de regras públicas, em domínios dos quais os Estados se haviam retirado. Assiste-se hoje à articulação de reguladores, isto é, à articulação das regulações nacionais que tomam em conta variantes institucionais específicas, como é o caso das regulações europeias.[823]

Neste contexto de discussão o que importa assinalar é que o papel e as funções do Estado sofreram importantes deslocações "institucionais" nas últimas décadas.

[820] Cfr. Freitas do Amaral, "Curso de Direito Administrativo", p. 895.

[821] Como sabemos, na Europa o tema do pluralismo administrativo integrado por entidades neutras em face do poder político, foi tratado pela primeira vez por C. Schmidt, em "Das Problem der Innenpolitischen des Staates", na Conferência proferida na Câmara de Comércio e Indústria de Berlim, em 8 de Abril de 1930; Afonso Queiró, "Administração Pública", p. 45; Mário Esteves de Oliveira, "Direito Administrativo I", p. 9.

[822] Cfr. Lei de Enquadramento Orçamental 91/2001, de 20 de Agosto (art. 12º-I), que procedeu à criação deste Conselho, tendo a mesma sido alterada pela Lei 22/2012, de 20 de Maio, e os seus Estatutos aprovados pela Lei nº 54/2011, de 19 de Outubro.

[823] Estas são palavras de Gomes Canotilho, op. cit., p. 717, e a base da articulação entre regulação nacional e europeia resulta da lição de G. Majone, em "La Communauté Européene: un État Régulateur", Clefs Politique, 1996.

O sentimento jurídico dominante de que existe uma *pretensão ao bem-estar*, ou seja, que o cidadão tem o direito de exigir do Estado a garantia de um certo padrão de vida, quer a título de prestações concretas dos poderes públicos, quer por meio de providências legislativas que onerem uns em favor de outros (os titulares do direito ao bem estar), é revelador das deslocações "institucionais" que se viveram e continuam a viver no moderno Estado de Garantia.[824]

A satisfação de necessidades colectivas deixou de ser, em exclusivo, assegurada pelo Estado e pelos seus órgãos ou serviços públicos.[825]

Não podendo exonerar-se da sua *responsabilidade política*, o Estado desenvolveu e criou um sistema de satisfação de necessidades colectivas através de entidades e pessoas colectivas dotadas de personalidade jurídica própria.[826]

Referimo-nos à administração desconcentrada, descentralizada e aos diversos elementos de cada uma destas formas de organização da administração pública moderna.

Neste quadro deve inserir-se, por maioria de razão, o aparecimento e o desenvolvimento de autoridades administrativas independentes.

Pluralismo, neste sentido, deve ser entendido como uma forma constitucional e legal de dar cumprimento a objectivos de operatividade da administração em sentido orgânico-subjectivo, devendo por isso falar-se não de uma, mas de várias administrações.[827]

Temos por conseguinte que, quando nos referimos ao pluralismo da organização da administração pública, estamos a sublinhar que o Estado Moderno dispõe de instrumentos e está dotado de meios para a prossecução das suas atribuições e de poderes susceptíveis de legitimar a criação de estruturas administrativas diferenciadas, mas conformes com a Constituição.

[824] Cfr. Fernando Paulo da Silva Suordem, em "O princípio da Separação de Poderes e os novos Movimentos Sociais: Administração Pública no Estado Moderno – Entre as exigências de liberdade e organização", Almedina, Lisboa, 1995.

[825] Cfr. Albino Casesse, em "Le transformazione dell organizzazione amministrativa", Revista trimmestrale di diritto pubblico, nº 35, p. 374, quando afirma que do que se tratou efectivamente, quer nos modelos de transição, quer nos modelos mais recente, foi de substituir um Estado dirigente da economia por um Estado Regulador da Economia.

[826] Refira-se, aliás, que existem funções públicas exercidas por entidades privadas a quem o Estado reconhece o respectivo estatuto de utilidade pública o que as faz participar na prestação de serviços públicos.

[827] A terminologia é de Paulo Otero, "O Poder de Substituição em Direito Administrativo", p. 749.

II. O princípio da Unidade de Acção da Administração

1. A unidade de acção na administração directa, indirecta e autónoma

Deixamos referido o princípio e o conceito que entendemos prevalecente de *pluralismo* da organização administrativa.

Mas, a Constituição determina que o modelo plural da administração pública só pode conviver e conformar-se com a lei fundamental se for observado e acatado o princípio da unidade de acção, que tem como escopo fundamental o próprio conteúdo da actividade administrativa em sentido material. Pluralismo e unidade são pois as duas faces de uma mesma moeda.[828]

Ou seja, o pluralismo da organização da administração pública está vinculado e balizado por um outro princípio constitucional: O da unidade de acção, no sentido em que este modelo não pode prejudicar a *eficácia e unidade da administração.*[829]

Assim, do ponto de vista material, ou seja na óptica da actividades ou função inerentes ou atribuídas aos entes administrativos descentralizados, desconcentrados e autónomos, o legislador está vinculado a acatar o princípio da unidade de acção.[830]

A unidade de acção no contexto da administração directa do Estado traduz-se no poder de direcção.[831]

A unidade de acção no contexto da administração descentralizada (autónoma e indirecta) traduz-se pelos poderes de tutela e de superintendência.[832]

O pluralismo da organização administrativa, no sentido da admissibilidade constitucional da sua verificação está balizado por duas regras fundamentais:

a) A da definição constitucional dos respectivos modelos: administração, directa, indirecta e autónoma; e

b) A de que tais modelos, no contexto da sua actividade, estão vinculados ao principio da unidade de acção, no sentido antes enunciado.[833]

828 Cfr. Paulo Otero, "A Legalidade e Administração Pública", pp. 743 e seguintes.

829 Cfr. "Constituição da República Anotada", de Gomes Canotilho e Vital Moreira, 2º Volume, Anotação ao nº 2 do art. 267º, p. 422.

830 Este princípio no que se refere à administração descentralizada, desconcentrada e autónoma decorre directamente do texto constitucional e engloba os poderes de hieraquia, superintendência e tutela. Cfr. sobre o mesmo ponto, Santamaria Pastor, "Principios de Derecho Administrativo General", Tomo II, pp. 546 e seguintes.

831 Cfr. o conteúdo dos poderes de direcção em Marcelo Rebelo de Sousa, "Direito Administrativo Geral", Tomo I, pp. 140 e seguintes; Freitas do Amaral, "Curso de Direito Administrativo", pp. 332 e seguintes.

832 Ver quanto aos conceitos de tutela e de superintendência, os autores antes citados.

833 Cfr. Marcelo Rebelo de Sousa, "Direito Administrativo Geral", Tomo I, p. 128; Paulo Otero, "O Poder de Substituição em Direito Administrativo", pp. 882 e seguintes.

Como já tivemos oportunidade de referir, os princípios do pluralismo e da unidade de acção estão profundamente ligados ao próprio conceito de soberania.[834]

O Estado por ser por natureza *soberano* não pode ser dividido.[835]

Assim sendo, o que sucede é a verificação da regra da interdependência entre soberania e unidade do poder do Estado, o que permite dela retirar três consequências directamente relevantes sobre a administração pública, a saber:

a) Não é possível a existência de qualquer estrutura decisória legítima no território do Estado, no sentido em que a soberania e a unidade do poder do Estado impedem que existam autoridades cujos poderes possam ser independentes da intervenção do Estado;
b) O poder legislativo é titular em exclusivo da definição das suas e das competências de outras estruturas decisórias administrativas;
c) O Estado enquanto titular de legitimidade própria ou originária reserva para si a autoridade de definição e distribuição das competências administrativas.[836]

Esta construção corresponde e traduz a teoria da *impermeabilidade do Estado,* no sentido em que a soberania e a unidade do próprio Estado são entendidas como a base da unidade da administração.[837]

Mas o Estado cresceu, as suas atribuições aumentaram de forma significativa, o Estado intervencionista foi-se desenvolvendo, e a exigência de criação e de reconfiguração de novos e diferentes modelos de organização administrativa foi uma natural consequência destes movimentos e tendências.

Surgiram, assim, uma multiplicidade de órgãos, pessoas colectivas, serviços, entidade de consulta e técnicas, tendo passado a coexistir um modelo

[834] Desde Aristóteles incontáveis pensadores debruçaram-se sobre o conceito de soberania, nomeadamente Jean Bodem na sua obra "Os Seis Livros da República", cujo pensamento encontra o seu traço singular na ideia de que o poder político é a forma necessária de existência social, bem como Thomas Hobbes, Rousseau e John Locke, cujo pensamento essencial e comum parte da concepção de que o poder soberano legitima o poder estatal sobre o indíviduo.

[835] Cfr. Thomas Hobbes, citado em Paulo Otero, "Os Poderes de Substituição em Direito Administrativo", Tomo II, p. 743.

[836] É neste sentido e com este conteúdo a lição de Paulo Otero, op. cit., p. 744.

[837] Cfr. Paulo Otero, "O Poder de Substituição em Direito Administrativo", p. 743; Juan Miguel de La Cuétara Martinez, "Potestades Administrativas y Poderes Constitucionales: en torno al proceso de juridicación del poder", Revista Española de derecho administrativo, nº 38, 1983, pp. 387-417.

de administração representado por uma teia de relações intersubjetivas que cruzam a *"galáxia administrativa"*.[838]

A "galáxia administrativa" é, assim, composta por uma diversidade de entidades, nas quais, por força do texto constitucional, se integram as autoridades administrativas independentes.

O problema fundamental a analisar é o de saber se o Estado, ao permitir a criação de entidades administrativas independentes, *abdicou* do princípio da unidade de acção, no que se refere aos poderes que lhe cabem de, por ser soberano, dever assegurar a unidade do próprio Estado no âmbito do funcionamento da Administração Pública.

Cabe-nos, pois, aprofundar em que consiste o princípio da unidade de acção, a partir do núcleo essencial do conceito definido no próprio texto constitucional, e no contexto das actividades das entidades administrativas independentes.

Em primeiro lugar, consideramos que estes poderes devem ser entendidos como correspondentes ao conceito fundamental do Estado Unitário afirmado no art. 6º da Constituição da Republica Portuguesa.[839]

Como refere Gomes Canotilho, *"A Constituição não define Estado Unitário, mas tendo em conta os elementos históricos e de direito comparado bem como a unidade sistemática da lei fundamental, podemos caracterizar como Estado Unitário aquele que, num determinado território e para a população que nela vive, tem um suporte único para a estatilidade (ou estadualidade)"*.[840]

Dizer-se que há um suporte único para a estadualidade significa que: (i) existe uma organização política e jurídica – o Estado – à qual se imputa em termos exclusivos a totalidade das competências tipicamente estatais (ex. representação externa, defesa, justiça); (ii) consequentemente, existe uma só *soberania* interna e externa, não existindo outras organizações soberanas colocadas em posição de equiordenação (confederação) ou em posição de diferenciação (estado membro de um estado federal); (iii) da unitariedade do Estado resulta a *imediaticidade* das relações jurídicas entre o poder central e os cidadãos (não existem corpos intermediários a servir de "*écran*" entre o

[838] Cfr. Eduardo Garcia de Enterria/Tomás Ramon Fernandez, "Curso de Derecho Administrativo, I", Civitas, 15ª edição, 2011; Ernest A. Kern, "Administración Clássica y Administración Moderna de las Prestaciones Públicas", Revista de Documentación Administrativa, nº 132, 2005; Francis de Baecque, "Refléxions sur les Administraciones Centrales", Revue Française de Science Politique, Vol. 17, nº 1, 1967, pp. 5-27.

[839] Cfr. J. J. Gomes Canotilho, "Direito Constitucional e Teoria da Constituição", pp. 553 e seguintes.

[840] Cfr. J. J. Gomes Canotilho, op. cit., p. 655.

Estado e os cidadãos); e (iv) do carácter unitário deriva ainda a ideia de *indivisibilidade* territorial.

Em suma: unidade do Estado significa "*República una com uma única Constituição e órgãos de soberania únicos em todo o território nacional*".[841]

Em segundo lugar, a tradução constitucional deste princípio fundamental está concretizada, em termos da estrutura da administração pública, no já referido art. 267º, que *subordina* o pluralismo da organização à unidade de acção da administração.

Ou seja, as diversas entidades que fazem parte da "galáxia administrativa" não estão *fora dos poderes de intervenção* do Estado.

Tais poderes, os de direcção, superintendência e tutela são definidos e aplicados à administração directa, indirecta e autónoma, através do órgão constitucionalmente competente que é, justamente, o Governo.

Em que se traduz, no vasto campo (em termos de diversidade de atribuições e competências) de actuação das autoridades administrativas independentes, o princípio da unidade de acção da administração, é a questão que procuraremos de seguida "deslindar".

2. A unidade de acção na administração independente

A criação de novos modelos surgidos com o advento e consagração de regimes liberais, de abertura de mercados, de livre concorrência e de prossecução de objectivos de racionalidade e de eficiência no funcionamento das administrações públicas, esteve na origem da institucionalização nos diversos países de novas entidades administrativas e independentes.[842]

Na verdade, o modelo unitário de Administração tem vindo a desenvolver-se no sentido da "aparição" de um conjunto de organismos e entidades a quem se confia o desempenho de funções estatais típicas, antes realizadas de forma directa e hierarquizada pelas estruturas administrativas centralizadas.[843]

[841] Cfr. J. J. Gomes Canotilho, "Direito Constitucional e Teoria da Constituição", 7ª edição, p. 359, que salvaguarda naturalmente a compatibilidade constitucional com a autonomia regional e a descentralização territorial.

[842] Cfr. Andrés Betancor Rodriguez, "Mejorar la regulación: Un Guia de Razones y de Medios", Marcial Pons, 2009, pp. 45 e seguintes; Santamaria Pastor ,"Principios de Derecho Administrativo General", Vol. I, pp. 634 e seguintes; Nicholas Bagley y Richard L. Revesz, "Centralized Oversight of the Regulatory State", Columbia Law Review, Vol. 106, 2006, p. 1260; R. H. Pildes and C. R. Sustein, "Reinventing the Regulatory State", University of Chicago, Law Review, Vol. 62, nº 1, pp. 129 e seguintes; Giandomenico Majone, "La Communauté européenne. Un État régulateur", pp. 69 e seguintes.

[843] No mesmo sentido, cfr. Juan Miguel de La Cuétara Martinez, "La regulación subsiguinte a la Liberalización de Servicios Públicos", em Os Caminhos da Privatização da Administração Pública, Stvdia Jurídica, 60, pp. 193 e seguintes.

Se assim é, devemos apelar directamente ao texto constitucional no sentido de procurar fixar as regras que devem ter-se por aplicáveis, quer à criação, quer ao funcionamento das autoridades administrativas independentes, com o objectivo de permitir considerar a sua existência e actividade como conformes com a Constituição.[844]

Na sequência da revisão constitucional de 1977 é possível afirmar que a existência/criação de autoridades administrativas independentes respeita a Constituição; porém, não fica terminado o nosso labor, na medida em que, como já vimos, é a própria Constituição que determina a necessária unidade de acção da Administração.[845]

Concebemos a unidade de acção como uma regra imposta no domínio da actividade da função exercida. É uma regra de natureza material, cujo objectivo, como sabemos, é o de garantir que qualquer forma ou modelo de organização da administração pública nas suas diferenciadas competências fique subordinado aos princípios constitucionais da legalidade, da imparcialidade e da proporcionalidade, bem como às regras de "uniformidade" da actividade levada a cabo pelas estruturas da mesma Administração.[846]

Ora, no caso em análise, tratando-se de entidades independentes e autónomas, a questão que releva é a de saber como é assegurada a verificação da unidade de acção.

Quais são os poderes que cabem ao órgão superior da administração pública (Governo), no que tange à actividade exercida pelas autoridades administrativas independentes, que nos permitam considerar garantido a respectiva conformidade constitucional, sabendo-se que não é possível a existência de qualquer autoridade baseada em qualquer supremacia autónoma originária em conflito com o poder estadual, que é soberano e é uno e indivisível.[847]

[844] Como sabemos, são levantadas questões de inconstitucionalidade, inclusivamente no domínio da sua existência, que em Portugal podem ter sido aparentemente resolvidas com a revisão constitucional de 1977, que veio permitir a sua criação.

[845] Cfr. José Lucas Cardoso, op. cit., p. 450, quanto à legitimidade constitucional da criação destas autoridades.

[846] Cfr. Santamaria Pastor, "Principios de Derecho Administrativo General", Vol. I, p. 384, quanto às técnicas de unidade de acção a que cada ente público está sujeito.

[847] Cfr. Georges Burdeau, "Manuel de Droit Constitutionnel et Institutions Politiques", 19ª edição, LGDJ, 1984; Marcello Caetano, "Manual de Ciência Política e Direito Constitucional", pp. 121 e seguintes; Armando Marques Guedes, "Ciência Politica, Teoria Geral do Estado", Apontamentos de lições, FDL, 1982, pp. 3 seguintes; Nguyen Quoc Dinh, Patrick Daillier, Alaem Pellet e Vitor Marques Coelho, em "Direito Internacional Público: Formação do direito, sujeitos, relações diplomáticas e consulares, responsabilidade, resolução de conflitos, manutenção da paz, espaços internacionais, relações económicas, ambiente", Fundação Calouste Gulbenkian, 2003, pp. 382 e seguintes.

Deste modo, a questão relevante é a de saber se o Governo, enquanto órgão superior da administração pública, detém ou não alguns dos poderes susceptíveis de dar resposta e de acolher a regra constitucional da unidade de acção.

Não desconhecemos a complexidade deste tema e as dificuldades com que nos defrontamos quando, por um lado, coexistem entidades administrativas independentes e, por outro lado, um Estado uno e indivisível que se concretiza, no tema em análise, pela obrigatoriedade da consagração e verificação do princípio da unidade de acção claramente definido na Constituição.

O que temos, pois, de indagar é se estas entidades independentes estão "fora" de qualquer tipo de controlo ou de coordenação que nos leve a considerar que a sua criação e desenvolvimento pode corresponder a uma opção política de "fuga" à unidade.[848]

Nos termos constitucionais relevantes, consideramos que as actividades prosseguidas pelas entidades administrativas independentes não se mostram totalmente "fora" dos poderes de controlo e de intervenção do Governo, que sobre as mesmas pode, quando tal se mostrar *necessário*, praticar todos os actos e tomar as providências necessárias à promoção do desenvolvimento económico-social e à satisfação das necessidades colectivas.[849]

Como resulta do que já afirmámos a propósito da tentativa de definição do conceito de unidade de acção, em que sustentámos que este princípio constitucional imperativo configura *limites* ao poder executivo no âmbito das suas relações internas com os órgãos dirigentes das entidades administrativas independentes, e qualificámos tais limites a partir de *graus* mínimos e mais intensos, estamos habilitados a sustentar que estas entidades não podem (e não estão) "fora" de regras prévias de intervenção governamental.

Em todo o caso, e neste âmbito, é necessário ir um pouco mais além e procurar densificar através dos diversos poderes consagrados nas leis criadoras das entidades administrativas independentes, bem como na recente Lei-Quadro das entidades administrativas independentes com funções de regulação. Os poderes governamentais a que nos referimos podem ser identificados, como: poderes de controlo de nível financeiro; poderes normativos/regulamentares de definição estatutária; poderes funcionais; e poderes de substituição/intervenção subsidiária e necessária.

[848] O Termo "fuga" é de Paulo Otero em "O Poder de Substituição em Direito Administrativo", Vol. II, p. 820.

[849] O princípio da necessidade é definido em Paulo Otero, "O Poder de Substituição em Direito Administrativo", Vol. II, pp. 787 e seguintes.

i. Poderes de controlo de nível financeiro

Como sabemos, as autoridades administrativas independentes criadas pelas formas previstas na Constituição e na lei, assumem, em regra, património próprio e, nalguns casos, receitas próprias e autonomia financeira.[850]

Todavia, esta regra não é *exclusiva*, no sentido em que estas autoridades participam, de forma directa, de transferências provenientes do Orçamento do Estado e, por outro lado, as regras legais de aprovação dos seus orçamentos ficam, na generalidade dos casos, dependentes de aprovação ministerial.[851]

Ou seja, o financiamento da actividade destas autoridades é assegurado por receitas próprias, por concessão ou emissão de licenças, de peritagens e outras, e por receitas do Estado, mediante transferências devidamente autorizadas pelo membro do Governo responsável pela área das Finanças e pela principal área de actividade económica sobre a qual incide a actuação da entidade reguladora.[852]

A autonomia financeira, que se traduz pela existência de orçamento próprio constituído por receitas próprias, capacidade de realizar despesas de forma autónoma e independente, e possuir autonomia de gestão dos recursos e da afectação dos mesmos às suas actividades, significa um traço fundamental da natureza independente das entidades de regulação.

Como decorre da Lei-Quadro das Entidades de Regulação, a independência financeira não é total, ou seja, a entidade reguladora continua a carecer de aprovações e de autorizações prévias, nomeadamente para efeitos de con-

[850] A regra da autonomia financeira decorre da alínea *a)*, do nº 2, do art. 3º; onde se dispõe que tais entidades possuem património próprio que é constituído pelos bens, direitos e obrigações de conteúdo económico, afectos pelo Estado ou adquiridos pelas entidades reguladoras (art. 35º); dispõem de receitas próprias, que são, designadamente, as contribuições, taxas ou tarifas cobradas pelo exercício da actividade reguladora ou pelos serviços prestados ou pela remoção de um obstáculo jurídico; os montantes das coimas, as dotações orçamentais (art. 36º), todos da Lei-Quadro das Entidades Reguladoras, aprovada pela Lei 67/2013, de 28 de Agosto.

[851] É o caso do disposto no nº 4 do art. 45º da Lei 67/2013, de 28 de Agosto, que traduz, por um lado, o alinhamento com a maioria das práticas internacionais e, por outro lado, permite o conhecimento da actividade reguladora pela "tutela", ou seja, o Ministério responsável (art. 9º).

[852] Não se desconhece, no entanto, que um dos factores mais relevantes do próprio conceito de independência destas autoridades é o do regime do seu financiamento poder decorrer directamente da sua actividade bem como da participação nele das entidades integradas no sector regulado. Este aspecto da independência das entidades de regulação foi amplamente discutido na Conferência realizada na FDL em que os seus protagonistas se mostraram de acordo quanto à necessidade de autonomia financeira para que as entidades em causa possam ser consideradas totalmente independentes. Cfr. quanto aos custos do modelo, Yesim Yilmaz, "Private Regulation: A real alternative for regulatoy Reform", em Policy Analysis nº 303, 1998, p. 26.

tracção de empréstimos que só podem ser realizados em casos excepcionais e desde que previstas na Lei de Enquadramento Orçamental ou devidamente autorizados pelo membro do Governo responsável pela área das finanças e pela principal área de actividade económica sobre a qual incide a actuação da entidade reguladora (nº 4 do art. 36º da Lei nº 67/2013, de 28 de Agosto).

Temos, pois, um "poder de controlo" relativo às actividades das autoridades administrativas independentes que se reconduz, por um lado, a uma apreciação "preliminar" através das regras de "aprovação" do orçamento das entidades e, por outro, à possibilidade de realizar este controlo através de transferências do Orçamento do Estado.

Se lançarmos um breve olhar sobre as regras de financiamento das entidades de regulação, por exemplo, no sector da energia e da concorrência, verificamos que as fontes de financiamento aplicáveis no Reino Unido, Holanda e França apontam para uma preponderância de taxas sobre o sector regulado.[853]

Ou seja, a independência dos reguladores procura ser reforçada através de regras de financiamento que passam pela intensificação da natureza das receitas próprias, nomeadamente as que decorrem das taxas a que estão subordinados as entidades ou os sectores regulados.[854]

A tensão que se suscita entre regimes de financiamento e formas de financiamento é, a nosso ver, um elemento fundamental e caracterizador da independência das entidades de regulação.

Por tal motivo, e na sequência da reforma operada no domínio das entidades de regulação, a Lei nº 67/2013, de 28 de Agosto, procurou um certo "equilíbrio" entre regimes de financiamento "autónomos" e regimes de participação e subvenções provenientes do Orçamento de Estado.

Todavia, as contribuições, taxas e tarifas que são devidas ao regulador (art. 34º), são fixadas por portaria dos membros do Governo responsáveis pela área das Finanças e pela principal área de actividade económica sobre a qual incide a actuação da entidade reguladora, ouvida a entidade reguladora sempre que se trate de incidência objectiva e subjectiva, montante ou alí-

[853] Na regulação do sector da energia registam-se melhores práticas, na medida em que a independência das ARNs do sector em cada país é imposta por Directivas europeias. A necessidade de harmonização com o direito comunitário levou a que se fortalecesse a autonomia financeira destas ARNs, levando a que o financiamento das mesmas seja sobretudo efectuado através de taxas – e não de coimas – sobre o sector regulado e não pelo Orçamento de Estado, à excepção da França. Cfr. Relatório Independente sobre Autoridades Reguladoras Nacionais – Relatório Final, 15 de Julho de 2012.

[854] No caso de Portugal, a AdC é financiada quase em exclusivo por receitas provenientes dos reguladores sectoriais, estimadas em cerca de 84% do seu valor total.

quota, periodicidade e, se for caso disso, sobre as isenções e reduções, totais ou parciais, prazo de vigência, e os limites máximos e mínimos da colecta da contribuição e de cada taxa ou tarifa (art. 34º nº 3).

No domínio das receitas devemos também sublinhar a regra supletiva de transferências orçamentais para o orçamento das entidades reguladoras em casos excepcionais e devidamente fundamentados, mediante portaria dos membros do Governo responsáveis pela área das Finanças e pela principal área de actividade económica sobre a qual incide a actuação da entidade reguladora. (alínea *a)* e nº 3 do art. 36º).

Finalmente, em termos de regime financeiro, deve ainda ser referida a necessidade de aprovação prévia, por parte dos membros do Governo responsáveis pelas finanças e pela área de actividade económica sobre a qual incide a actuação da entidade reguladora, do orçamento e respectivos planos plurianuais, bem como dos actos de incidência financeira cuja aprovação prévia se encontre prevista nos Estatutos (art. 45º, nºs 4 e 5).[855]

Diremos, assim, que do ponto de vista de "controlo financeiro", o Governo continua a dispor no contexto da Lei de prerrogativas e de medidas que lhe permitem exercer poderes relativos à "sustentabilidade financeira" das entidades de regulação.

Trata-se de um regime que pode suscitar "reservas" quanto à independência das entidades de regulação, já que estando "dependentes", quer de transferências do Orçamento, quer de "interferências" que se traduzem pelo poder de apreciar e aprovar planos plurianuais e orçamentos, bem como pelo poder de definir matéria de incidência objectiva tributária no que tange às taxas e tarifas devidas às entidades reguladoras, a sua independência funcional pode ser concebida como "mitigada".[856]

[855] De realçar que esta aprovação prévia se mostra condicionada à regra de que a não aprovação deverá ser fundamentada em ilegalidade, prejuízo para a entidade reguladora ou para o interesse público, ou ainda em parecer desfavorável emitido pelo conselho consultivo, caso exista (art. 45º, nº 6).

[856] Recordo aqui a Comunicação do Presidente Roosevelt a propósito da aprovação de regimes de reforço da regulação no sector ferroviário, em 5 de Dezembro de 1905, ao afirmar que: "...*The first consideration to be kept em mind is that the power should be given to some administrative body created by the Congress. I do not believe em the government interfering with private business more than is necessary. I do not believe em the government undertaking any work which with propriety be left em private hands. But neither do I believe em the government flinching from overseeing any work when it becomes evidente that abuses are sure to obtaem thereem unless there is government supervision (...) regard this power to establish a maximum rate as being essential to any scheme of real reform em the matter railway regulation...*".

ii. Poderes normativos/regulamentares de enquadramento da actividade

O Estado, pela mão do legislador, pode criar no contexto da administração pública entidades administrativas independentes, continuando porém a dispor de poderes que lhe permitem assegurar "o regular" funcionamento das mesmas.

Do ponto de vista do controlo externo, e apesar da independência orgânica e funcional das autoridades independentes, é visível no nosso ordenamento jurídico um conjunto de "poderes" governamentais que nos permitem considerar que o poder executivo pode ter um papel significativo sobre a sua gestão e funcionamento, de que destacamos:

a) O Conselho de Ministros, nos casos em que a Constituição ou a lei atribuem ao Conselho o poder de nomeação e/ou destituição quando verificados os pressupostos legais relevantes;

b) Os Ministérios da "tutela" e Ministério das Finanças, relativamente à aprovação do plano de actividades, do orçamento, do balanço, das contas anuais e da fixação das remunerações dos membros do Conselho Directivo e do Fiscal único;

c) A intervenção ministerial pode ainda incluir a autorização para aquisição, alienação e locação financeira de bens imóveis destinados à instalação, equipamento e funcionamento das autoridades;

d) A Assembleia da República, nomeadamente através da realização de audições em sede de comissão especializada ou de inquérito parlamentar, bem como da apreciação e aprovação dos orçamentos no âmbito da Proposta de Lei do OE e das contas no quadro da Conta Geral do Estado;

e) O Tribunal de Contas, que fiscaliza a legalidade e regularidades das receitas e das despesas das autoridades de regulação independentes, bem como aprecia a sua boa gestão financeira.[857]

Estas autoridades, as administrativas de regulação independentes, gozam, pois, de uma independência que no actual quadro normativo se pode apelidar de *independência mitigada*.

Recorde-se que a independência não é um fim em si mesmo. É um instrumento que permite o exercício de certas actividades – as de regulação, de regulamentação, de supervisão, de fiscalização e de sanção de infracções –

[857] Neste sentido, cfr. art. 5º da Lei 67/2013, de 28 de Agosto, no que se refere ao regime jurídico das entidades de regulação.

com objectivos de maior transparência, maior participação dos interessados e, sobretudo, de prevenção de "captura" dos reguladores.[858]

Fala-se de independência institucional, independência ao nível da regulação, independência ao nível da supervisão e independência orçamental.[859]

A independência institucional é tradicionalmente entendida como a regra que permite aos reguladores operar fora do âmbito do poder legislativo e executivo.[860]

A independência a nível da regulação é entendida no sentido de que o regulador pode dispor de um elevado grau de autonomia na definição de regras prudenciais aplicáveis ao sector regulado, garantindo-se, desta forma, a não contaminação dessas normas por considerações políticas ou por influências de lobies.[861]

A independência ao nível da supervisão é referida a propósito da criação de mecanismos que permitam que o sector supervisionado não possa e não tenha condições de interferir no processo de decisão, nomeadamente o da adopção de mecanismos de protecção legal dos supervisores, bem como os da prática de salários elevados.

A independência orçamental é um importante factor de independência na medida em que a disponibilidade de património e de receitas próprias pode permitir a definição do seu próprio orçamento, bem como o estabelecimento das prioridades sem dependência do Orçamento.[862]

[858] Neste sentido, cfr. Ben S. Bernanke, "Central Bank Independence, Transparency and Accountability", Comunicação na Conference Internacional of the Institute for Monetary and Economic Studies, Bank of Japan, Tokyo, Maio, 2010; Kenneth Kaoma Mwenda, "Legal Aspects of Finantial Services, Regulation and the Concept of a Unified Regulator", Banco Mundial, Justice, Law and Development Series.

[859] Cfr. Marc Quintyn, "How Much Independence for Supervisors em Financial Market Regulation", The Ultimate Financial Resource, QFinance, 2011.

[860] Este modo de operar concretiza-se, em regra, através de três elementos: (i) as condições de nomeação e de demissão devem estar definidas na lei, impedindo, desse modo, a interferência do poder político; (ii) não coincidência entre o período de duração dos mandatos do regulador e do Governo; (iii) as decisões do regulador devem ser tomadas por um órgão colegial. Neste sentido, ver lição de Vital Moreira e Fernanda Maçãs em "Autoridades Reguladoras Independentes, Estudo e Projecto de Lei-Quadro", 2003.

[861] Cfr. neste sentido, Marc Quintyn, Michael Taylor e Donato Masciandaro, "Finantial Supervisory Independence and Accountability: Exploring the Determinants", FMI Paper, WP/08/147.

[862] Cfr. inquéritos a que responderam inúmeras entidades reguladoras, de que podem retirar-se as seguintes principais conclusões: (i) na maioria dos países é o chefe do Governo que nomeia os membros dos conselhos directivos; (ii) estão mais regulados na lei os termos para a demissão dos membros do que a sua nomeação; (iii) a maioria das entidades garante que ter orçamentos próprios; (iv) na generalidade dos casos as entidades de supervisão têm as suas competências definidas na lei;

Matéria de especial significado é a que se relaciona com o poder regulamentar constante nas alíneas *c)* e *g)* do art. 199º da Constituição da República, através da atribuição deste poder ao Governo no âmbito da sua competência administrativa exclusiva.[863]

Sabemos que do ponto de vista da sua criação, da sua organização e funcionamento é o poder executivo, através de lei ou decreto-lei, que define quer a forma de organização, quer a forma de governo que as entidades administrativas independentes devem assumir. [864]

É também a lei que determina e enquadra quer o conjunto de competências de que são titulares tais entidades, quer as regras a que a mesma está subordinada e está enquadrada no exercício efectivo das suas missões.[865]

Em última instância, é a lei que pode determinar a extinção, a fusão ou a agregação – material – de entidades entre si.

Quer-se com isto significar que quer a organização, quer o funcionamento e modo de agir das entidades administrativas independentes estão *balizados* pelos poderes – legislativo e regulamentar – que orientam e coordenam a administração independente, como tal consagrados na Lei-Quadro das Entidades de Regulação.[866]

A abordagem deste poder – normativo/regulamentar – relaciona-se com dois aspectos fundamentais que importa analisar: (i) o do poder regulamen-

(v) na generalidade dos casos as entidades de supervisão observam, na sua actividade, códigos de conduta; (vi) não estão ainda estabilizadas regras de incomunicabilidade do exercício de funções reguladoras com a cessação dessas funções e o retorno à actividade, nomeadamente a empresas ou sectores regulados. Neste sentido, cfr. Relatório Independente sobre Autoridades Reguladoras Nacionais, Lisboa, 15 de Julho de 2012.

[863] A Lei 67/2013, de 28 de Agosto, vem dispor, no art. 41º, que a competência regulamentar da entidade que possa assumir eficácia externa depende de aprovação prévia governamental.

[864] Cfr. artigos 6º a 8º da Lei 67/2013, de 28 de Agosto.

[865] Cfr. artigos 12º, 21º, 22º e 25º da Lei 67/2013, de 28 de Agosto.

[866] A Suécia, Holanda e Espanha dispõem igualmente de uma Lei-Quadro, cujas caracteristicas essenciais são, respectivamente, as seguintes: (i) Suécia: As Autoridades Públicas estão na alçada do Governo, está previsto um mecanismo de fiscalização da sua actuação por parte do Gabinete de Auditoria Nacional e impossibilita a existência de recursos no que toca a decisões de emissão de regulamentos por parte da autoridade; (ii) Holanda: As Entidade de regulação são entidades administrativas independentes, determinando a lei a necessidade de submeter ao Parlamento, a cada 5 anos, relatórios de análise de eficiência e eficácia das EAI pelo ministro responsável, impossibilita os membros da autoridade de exercerem outros cargos que possam provocar conflitos de interesse e colocar em causa a sua independência; (iii) Espanha: Os organismos reguladores (OR) são orgânica e funcionalmente independentes, é determinada a apresentação de relatórios de actividade, pelo menos uma vez por ano, perante a comissão nacional competente. Fonte: Relatório Independente sobre Autoridades Reguladoras Nacionais, Julho de 2012.

tar das entidades administrativas independentes; e (ii) o do poder normativo de criar e de extinguir as entidades em referência.

Quanto ao primeiro ponto, devemos reiterar a polémica do tópico, na medida em que o poder regulamentar é o poder de criar regras gerais e abstractas que, no caso de regulamentos externos, assumem eficácia externa.

Se concebermos e interpretarmos o disposto no art. 199º da Constituição como revelador de um princípio geral de competência exclusiva do governo em matéria de regulamentos externos, parece ser possível entender que este poder está vedado às entidades administrativas independentes, sem prejuízo de, nos termos da lei que procede à instituição destas entidades, poderem as mesmas ser competentes para aprovar os seus regulamentos internos.

É, aliás, neste sentido o disposto no art. 41º da Lei nº 67/2013, de 28 de Agosto, quando determina que: *"Antes da aprovação ou alteração de qualquer regulamento que contenha normas de eficácia externa as entidades de regulação devem proporcionar a intervenção do Governo, das empresas, de outras entidades destinatárias da actividade da entidade reguladora, das associações de utentes ou consumidores relevantes e do público em geral"*.[867]

Quanto ao segundo ponto mencionado, o que importa referir é que a criação de entidades administrativas independentes não é *livre* quanto aos pressupostos de que depende a necessidade da sua criação.

Tais pressupostos fazem hoje parte do quadro legal aplicável e são os seguintes os que devem dar-se por verificados em termos vinculados: (i) verificação da necessidade e interesse público na criação das entidades; (ii) verificação das implicações financeiras e de funcionamento para o Estado; e (iii) verificação dos efeitos sobre as actividades económicas dos sectores privado, público, cooperativo e social, em que vai actuar e as consequências para os respectivos consumidores.

Ou seja, à excepção da criação de entidades reguladoras determinada por direito da União Europeia, o legislador não dispõe de qualquer poder discricionário para proceder à criação de entidades administrativas independentes, dado que está vinculado à verificação dos pressupostos antes enunciados.[868]

[867] A nosso ver esta norma consagra o princípio da participação dos interessados no que tange a matérias que envolvem a definição (externa) de regras de cumprimento das normas regulamentares e consagra igualmente o princípio da intervenção governamental no domínio das matérias que desencadeiam efeitos jurídicos na esfera dos sujeitos que nela estão envolvidos.

[868] Cfr. quanto à excepção assinalada, o disposto no nº 5, do art. 6º da Lei 67/2013, de 28 de Agosto.

iii. Poderes de nomeação/exoneração dos titulares dos órgãos de governo das entidades

As autoridades administrativas independentes dispõem de órgãos de governo, no sentido em que a lei delas criadoras define o seu estatuto jurídico e as regras gerais aplicáveis ao respectivo modelo de governo.

Em regra, as entidades reguladoras dispõem de órgão de decisão colegial, órgãos de consulta, órgão de fiscalização e auditoria.[869]

Do ponto de vista do regime de nomeação dos responsáveis por tais órgãos, o mesmo é, em regra, do Governo através do Ministro responsável pelo sector, que detém a competência para a respectiva nomeação, ou seja, é o órgão superior da administração pública que dispõe do poder de nomear e de exonerar (quando se verifiquem os respectivos pressupostos) os titulares dos órgãos das autoridades administrativas independentes.[870]

Esta matéria tem vindo a suscitar algum debate público em torno do reforço da independência das entidades que, para alguma doutrina, deve ser traduzida pela regra da audição pública aos candidatos aos órgãos das entidades de regulação.[871]

O sistema de audição prévia pode permitir, segundo os seus defensores: (i) um maior escrutínio público; (ii) o aumento da legitimidade democrática; (iii) favorecer a avaliação da competência técnica e idoneidade do candidato numa base que deverá ser de mérito; (iv) inviabilizar situações de "captura" dos reguladores; e (v) suportar o reforço da *accountability* da Assembleia da República.[872]

A Lei-Quadro das Entidades de Regulação veio acolher algumas das recomendações que neste domínio foram apresentadas e, nos termos do disposto no art. 17º, definiu os critérios elegíveis para efeitos de nomeação, bem como a regra de que a mesma deverá ser realizada através de Resolução do Conselho de Ministros, após audição da comissão competente da Assembleia da

[869] É o caso da actual legislação da AdC, ISP, ERSE, ICP-ANACOM e ERS.

[870] De referir que na generalidade dos países europeus a regra de nomeação é igualmente governamental e não parlamentar, como é o caso do Reino Unido e da Holanda. No caso de Espanha e Dinamarca, a nomeação é feita através de Decreto Real após proposta colectiva do Governo.

[871] Esta regra de audição pública dos candidatos é aplicável à Autoridade das Comunicações no Reino Unido no sentido em que compete ao Secretário de Estado da Cultura proceder à respectiva nomeação sob proposta final de um Painel de Entrevistadores incluindo Ministros e um assessor independente. Em França, os membros da Comissão de Regulação de Energia são nomeados pelo Presidente da República depois de consulta junto das comissões parlamentares competentes.

[872] São estas as vantagens assinaladas ao modelo no Relatório Independente sobre Entidades Reguladoras Nacionais de Julho de 2012.

República a pedido do Governo, que deve ser acompanhada de parecer da Comissão de Recrutamento e Selecção da Administração Pública relativa à adequação do perfil do indivíduo às funções a desempenhar, incluindo o cumprimento das regras de incompatibilidades e impedimentos aplicáveis.[873]

Deve ser reconhecido que o estatuto de independência das Entidades em menção foi reforçado através da consagração legal do regime de nomeação dos membros dos seus órgãos de governo que, como vimos, passa a depender de um duplo crivo: o do perfil traçado pela Comissão de Recrutamento e Selecção da Administração Pública e o da Comissão parlamentar competente que, após a realização da aludida audição, aprova o seu Relatório de que dá conhecimento ao Governo (nº 4 do art. 17º).

Todavia, continua a ser ao Conselho de Ministros através de Resolução que compete proceder à nomeação dos membros dos órgãos das entidades de regulação, podendo, se assim o entender, não acatar quer as propostas, quer o Relatório da Comissão Parlamentar competente.

A *independência do saber*, bem como os restantes requisitos que a doutrina e a lei assinalam no que se refere ao preenchimento deste conceito – o da independência funcional – não questiona nem impossibilita que o Governo, enquanto órgão superior da administração pública, seja titular do poder de "escolher" e de nomear/exonerar os responsáveis pela gestão das entidades administrativas independentes.

Consideramos, pois, que o poder executivo dispõe de um "poder de vigilância" relativamente aos princípios gerais de gestão das entidades administrativas independentes que se traduz, neste caso, pelo poder de "escolher" os titulares dos órgãos daquelas entidades.[874]

iv. Poderes de substituição/intervenção subsidiária e necessária

A matéria que a seguir será tratada revela um grau de complexidade e de dificuldade que julgo ser indiscutível.

Todavia, e porque escolhemos no âmbito do nosso trabalho o caminho da definição e da natureza das entidades administrativas independentes, não podemos deixar de considerar os tópicos relativos à independência das mesmas *versus* compatibilidade constitucional da sua criação, organização e funcionamento.

[873] A Comissão de Recrutamento e Selecção da Administração Pública, criada através da Lei 64/2011 (art. 5º), é uma Entidade Independente que funciona junto do membro do Governo responsável pela área da Administração Pública (art. 1º dos Estatutos da Comissão).

[874] Cfr. quanto aos princípios de gestão das entidades reguladoras, o disposto no art. 4º da Lei 67/2013, de 28 de Agosto.

Para além do requisito constitucional formal consagrado na Constituição na revisão de 1997 e dos fundamentos materiais legitimadores da criação de entidades administrativas independentes, a "dispersão" da estrutura da organização da Administração Pública exige que a mesma, na sua acção, acate as regras da unidade de acção da Administração Pública.

É no campo da unidade de acção que nos situamos na abordagem desta matéria.

Já tivemos ocasião de abordar o conteúdo essencial deste princípio constitucional no âmbito da Administração Directa, Indirecta e Autónoma e dos poderes constitucionais que lhe estão imanentes.[875]

Mas no domínio da administração independente a questão assume uma maior dificuldade; por um lado, porque não encontramos matéria doutrinal que verse sobre a mesma e, por outro lado, não dispomos de suporte normativo susceptível de, sem margem para grandes dúvidas ou hesitações, podermos considerar "verificável" uma regra de "substituição" governamental.

O enquadramento desta discussão passa pela análise do disposto na alínea *g)* do art. 199º da Constituição que determina que o Governo dispõe de uma competência genérica de promoção do desenvolvimento económico-social e de satisfação das necessidades colectivas, a qual compreende a prática de todos os actos referentes à implementação de um Estado de bem-estar, envolvendo a satisfação de necessidades colectivas.[876]

O Governo deve, assim, ser entendido neste contexto como o guardião administrativo do Estado de Direito democrático.[877]

Parece ser unânime o entendimento segundo o qual as autoridades inseridas na administração directa, indirecta e autónoma estão subordinadas à regra de que o Governo pode, nos termos da Constituição, praticar todos os actos e tomar todas as providências para a satisfação regular de necessidades colectivas.[878]

Este poder de *intervenção* deve ser entendido, no entanto, como *subsidiário* e subordinado ao princípio da *necessidade.*[879]

[875] Cfr. quanto aos poderes imanentes ao poder de substituição do Governo no que tange à administração directa, indirecta e autónoma, Paulo Otero, "O Poder de Substituição em Direito Administrativo", Vol. II, pp. 822 e seguintes.

[876] Cfr. Freitas do Amaral, "Curso de Direito Administrativo", p. 302.

[877] A expressão é de Paulo Otero, em "Poder de Substituição em Direito Administrativo", Vol. II, p. 822.

[878] Para maiores desenvolvimentos sobre o poder de substituição, cfr. Paulo Otero em "O Poder de Substituição...", pp. 833 e seguintes.

[879] Cfr. Paulo Otero, "O Poder de Substituição em Direito Administrativo", Vol. II, p. 881.

A cláusula acima evidenciada deve ser qualificada como uma *cláusula aberta*, no sentido em que o pluralismo da organização da administração não pode, em nenhum caso, legitimar e fundamentar áreas ou domínios *a descoberto* dos poderes de intervenção intra-administrativos do Governo.

A ser assim, ou a ser possível assim, a *unidade* do próprio Estado estava a ser posta em causa.

Neste sentido o Governo enquanto órgão de condução da política geral é titular de poderes de intervenção intra-administrativa que se podem traduzir numa aliança entre *unidade* e *legitimidade democrática*.[880]

A unidade de acção a que nos referimos significa, assim, que no âmbito da administração directa do Estado, o Governo dispõe de poderes de direcção que decorrem do vínculo hierárquico entre o superior e as estruturas subalternas.[881]

Por esta via é assegurada a determinação constitucional, ou seja, subsiste um modelo de subordinação da Administração ao poder político democrático de modo a que, em termos de subsidiariedade e de necessidade, este possa agir no domínio da *iniciativa*, do *conteúdo* ou da *reparação posterior*.

Os órgãos superiores podem, assim, revogar, suspender ou até substituir-se aos órgãos subalternos, verificadas que sejam as regras da subsidiariedade e da necessidade.[882]

Os poderes de superintendência e tutela traduzem as faculdades governamentais de orientação das actividades exercidas pelas entidades públicas da Administração Indirecta e Autónoma com a finalidade de, através das grandes linhas de actuação concreta da actividade de tais entidades, garantir os imperativos de bem-estar.[883]

Os poderes antes assinalados e os seus efeitos no contexto da teoria geral da organização administrativa são pacíficos na doutrina, e traduzem a ade-

880 Cfr. Paulo Otero, "O Poder de Substituição em Direito Administrativo", Vol. II, p. 785; Luis de la Morena, "Algunas Pontualizaciones en Torno a la Función Directiva: directivos, jefes y especialistas", International Review of Administrative Sciences, nº 44, 1978, pp. 383-391.

881 Cfr. Nuno Piçarra, "A Reserva de Administração", Revista O Direito, 1990, p. 325, no sentido em que a existência de um poder de direcção e de um vínculo hierárquico é independente de qualquer habilitação legislativa.

882 Cfr. Diogo Freitas do Amaral, "Curso de Direito Administrativo", pp. 221 e seguintes, quanto à instrumentalidade da administração directa do Estado; quanto aos poderes de substituição, ver Paulo Otero, "O Poder de Substituição em Direito Administrativo", Vol. II, pp. 842 e seguintes.

883 Cfr. Paulo Otero, "O Poder de Substituição em Direito Administrativo," p. 788; Rui Medeiros, "O Ministro da República e a Coordenação da actividade dos serviços centrais do Estado no tocante aos interesses da Região", Revista O Direito, 1993, pp. 87 e seguintes.

quação da função e da estrutura das administrações às determinações constitucionais que, no caso, se reportam à unidade de acção.

Mas a estrutura da Administração Pública tem vindo a ser modificada e nela têm vindo a ser "integradas" entidades que, sendo privadas, exercem tarefas públicas e administrativas mediante concessão, qualificação normativa ou realização de parcerias.[884]

A par destas novas formas de exercer, sob o ponto de vista material, a actividade administrativa, a Administração Pública viu "crescer" a sua estrutura através da criação de entidades administrativas independentes.

Ora, o que releva é saber que poderes intra-administrativos podem ser considerados neste âmbito para efeitos de acatamento do princípio da unidade de acção que a Constituição consagra.

Relativamente a este ponto a primeira observação que nos parece importante sublinhar é a de que o poder legislativo pode criar estas autoridades; mas é uma liberdade *condicionada*, no sentido em que está dependente do cumprimento de pressupostos antes identificados.

A Constituição, ao consagrar este poder, não conferiu a possibilidade de "abandonar" o poder de regulação de sectores, actividades, empresas ou entidades; pelo contrário, apenas permitiu que tais competências de regulação sejam exercidas por outras entidades que não o Estado directamente, mas não abdicando dos seus poderes de controlo, orientação e, sobretudo, de garantia de que o interesse público que legitimou a criação da entidade administrativa independente é prosseguido, o que pode legitimar, de acordo com o princípio da *necessidade* e em termos *subsidiários*, a intervenção governamental adequada.

O que seja, ou em que se pode traduzir o conceito de "intervenção adequada do Governo" relativamente às entidades administrativas independentes é matéria sobre a qual não existe, no momento, grande discussão teórica.[885]

Vejamos, no entanto, como pode ser possível proceder ao enquadramento deste tema subordinado à ideia de que a unidade de acção traduz uma exigência constitucional aplicável à função administrativa exercida por entidades administrativas independentes.

O primeiro pressuposto a enunciar é o de que a Constituição não densifica, ou seja, não define o que deve ter-se como unidade de acção no domí-

[884] Sobre esta matéria, cfr. Pedro Gonçalves, "Entidades Privadas com Poderes Públicos...".

[885] A novidade do tema, bem como as "incipientes" abordagens das questões específicas no que toca às relações entre as entidades administrativas independentes e o Governo, enquanto órgão superior da administração pública, podem ser motivos justificadores desta "falta" na doutrina e na jurisprudência.

nio da "intervenção" governamental quanto a estas entidades; ao contrário, como já vimos, do que sucede na administração directa, indirecta e autónoma.

Estes poderes de intervenção decorrem de um princípio geral da actividade administrativa de que ao Governo compete praticar todos os actos e tomar todas as providências que visam assegurar a promoção do bem-estar.

Da conjugação dos poderes governamentais imanentes ao funcionamento da administração directa, indirecta e autónoma, que se concretizam pelo conceito de unidade de acção, e das competências governamentais, de natureza *substitutiva* e *necessária*, de praticar todos os actos e de tomar todas as providências que visem assegurar a satisfação das necessidades colectivas, pode retirar-se a consequência de que o Governo dispõe de instrumentos prévios à tomada de decisão final (poder de substituição, de suspensão de efeitos e de revogação) qualificados como mecanismos de intervenção intra-administrativa que, nos termos constitucionais, são aptos a repor e/ou a reparar a legalidade e/ou méritos violados.[886]

No caso da administração independente, e tendo presente o seu específico estatuto, este poder de "substituição" governamental parece poder ser insusceptível de concretização.

Em todo o caso, julgamos pertinente invocar alguns tópicos ordenadores do que consideramos poderem ser fundamentos legitimadores da intervenção governamental no âmbito do funcionamento das entidades administrativas independentes.

Para além de outros considerandos já apontados, parece-nos importante referir o papel ordenador que o próprio programa de Governo pode assumir.[887]

[886] Quanto a estes poderes, cfr. Paulo Otero, "Os Poderes de Substituição em Direito Administrativo", Vol. II, pp. 858 e seguintes.

[887] Cfr. Programa do XIX Governo Constitucional, em que se assume de forma expressa que: "*A regulação tem por objectivo corrigir ou suprir as deficiências ou imperfeições do mercado através da acção de autoridades administrativas dotadas de grande autonomia face ao Governo e por isso designadas como Autoridades Administrativas Independentes. O sistema regulador no nosso país tem lacunas e fragilidades que importa colmatar. Precisamos de reforçar a regulação, tanto na sua independência como na sua efectividade. Assim, o Governo propõe-se: (i) A criação de uma proposta de Estatuto Jurídico das Autoridades Administrativas Independentes, integrando a sua criação na reserva de lei Parlamentar; (ii) Transformar as entidades com funções reguladoras dependentes do Governo, e cujos mercados regulados pela sua importância o justifiquem, em Autoridades Administrativas Independentes, reintegrando as restantes na administração tradicional de modo a evitar o risco de proliferação e banalização de falsos reguladores; (iii) Reforçar a autonomia e a responsabilidade das Autoridades Administrativas Independentes. A forma de designação dos titulares dos órgãos de direcção ou administração será alterada. Em função da natureza de cada entidades este processo de designação deverá envolver o Governo, a Assembleia da República e o Presidente da República, tendo a preocupação de garantir consensos largados quanto aos seus méritos. A sua designação deve ter o cuidado de prevenir comportamentos*

O Programa do Governo é, assim, um programa constitucional vinculado onde se indicam os fins e as tarefas que o Governo se propõe realizar em conformidade com a Constituição durante determinado período.[888]

Ora, é no Programa do Governo que são apresentadas todas as actividades que o Governo se propõe realizar para efeitos de concretização das obrigações constitucionalmente impostas ao governo.[889]

O Programa de Governo que é apreciado pela Assembleia da República tem consequências políticas se não for executado, nomeadamente pela via da apresentação de moções de confiança ou de desconfiança, cuja aprovação determina a queda do Governo.[890]

A sua aprovação e vigência implicam que todos os actos, actividades e tarefas da competência das diversas estruturas da Administração Pública se devem conformar com o Programa de Governo.[891]

Esta "conformação" não considera, no entanto, qualquer possibilidade de emissão de ordens, directivas, recomendações ou orientações às entidades administrativas independentes no quadro do conteúdo das decisões relativas às suas competências.[892]

Ou seja, as matérias da competência das entidades, bem como a definição das prioridades da sua acção, mostram-se imunes a qualquer intervenção governamental.[893]

O que pretendemos aqui acentuar é que, para além dos princípios constitucionais, também o Programa de Governo após a sua aprovação pode ser configurado como um *limite* de enquadramento à independência das entidades independentes já que, como vimos, é uma das matérias que integram o próprio Programa com conteúdo e forma modeladora da criação e da reconfiguração da natureza daquelas entidades.

corporativos, mediante a aprovação de regras claras de impedimentos e incompatibilidades; (iv) A alteração da arquitectura institucional e legislativa destas entidades deverá conduzir a um novo quadro de entidades reguladoras", pp. 14 a 16.

888 Neste sentido, cfr. J. J. Gomes Canotilho/Vital Moreira, em "Constituição Anotada", Anotação ao art. 191º.

889 Cfr. Marcelo Rebelo de Sousa, "O Sistema de Governo Português", em Estudos sobre a Constituição, 3º Volume, pp. 579 e seguintes; Jorge Miranda, "O Programa do Governo", em Estudos sobre a Constituição, 1º Volume, pp. 301 e seguintes.

890 Quanto à aprovação do Programa de Governo, ver art. 163º, alínea *d)*, e quanto à votação de moções de confiança ou de censura, ver art. 163º, alínea *e)*, da Constituição da República Portuguesa.

891 Ver Programa do XIX Governo, disponível no *site* do Governo.

892 Cfr. nº 2 do art. 45º da Lei 67/3013, de 28 de Agosto.

893 Cfr. quanto às competências das entidades administrativas independentes de regulação, o art. 21º da Lei 67/2013, de 28 de Agosto, e quanto aos poderes e procedimentos, o art. 40º da mesma Lei.

Chegados aqui, talvez seja possível procurar densificar o conceito de "intervenção adequada" do governo em matéria de funcionamento das entidades administrativas independentes.

A Assembleia da República que aprova o programa de Governo, e o Governo que é igualmente responsável pela execução do mesmo, assumem neste contexto poderes de harmonização e de coordenação de actividades das entidades administrativas independentes, que devem ser entendidas em sentido amplo, uma vez que as suas prioridades e as suas missões devem ser consideradas como compatíveis com as orientações fundamentais do Programa de Governo que é, como já referimos, constitucional e vinculado.[894]

Em complemento deste argumento, refira-se que as competências das entidades administrativas independentes estão, nos termos da lei, subordinadas ao princípio da especialidade.[895]

De sublinhar é, portanto, a regra de que a competência das entidades administrativas independentes não é genérica no sentido em que pode praticar todos os actos e realizar todas as actividades tendentes à satisfação do interesse público; outrossim, é apenas competente para, nos limites da lei, exercer as actividades que o legislador lhe atribui e confinadas às atribuições que a mesma lei define e consagra.

Um segundo ponto que merece a nossa atenção está relacionado com os poderes de criação e de extinção e/ou fusão e cisão das entidades administrativas independentes.

As entidades reguladoras são criadas por lei, competindo ao Governo a definição dos seus estatutos, que devem conter: (i) missão, atribuições e âmbito dos sectores e das actividades económicas reguladas; (ii) poderes de regulação, de regulamentação, de supervisão, de fiscalização e de sanção de

[894] Cfr. José Ortiz Diaz, "El Princípio de Coordinación en la Organización Administrativa", Universidade de Derecho de Sevilha, Instituto de Investigaciones Jurídicas, 1956, p. 3; Luis Blanco Tella, "El Mito de la Función Coordinadora", em Organización y Procedimiento Administrativos – Estudios, Madrid, 1975.

[895] Cfr. art. 12º, nºs 1 e 4 da Lei 67/2013, de 28 de Agosto, que consagra a regra fundamental de que "*...a capacidade jurídica das entidades reguladoras abrange a prática de todos os actos jurídicos, o gozo de todos os direitos e a sujeição a todas as obrigações necessárias à prossecução das suas atribuições*". Mas essas e apenas essas. No Direito espanhol, cfr. Santamaria Pastor, "Os Princípios de Derecho Administrativo General", Tomo I, p. 294, nos termos do qual: "*...La de los entes instrumentales, en cambio, se inspira en el princípio da especialidade, estando limitadas sus actividades a las que espresamente se los confieran por sus normas reguladoras a los Organismos Publicos, dice el art. 42.2. LOFAGE*".

infracções; e (iii) órgãos, composição, respectivas competências e forma de vinculação.[896]

Por seu turno, a criação de entidades administrativas independentes depende da verificação cumulativa dos seguintes pressupostos:

a) Necessidade efectiva e interesse público na criação de uma nova pessoa colectiva para prossecução dos objectivos visados;
b) Necessidade de independência para a prossecução das atribuições em causa; e
c) Capacidade de assegurar condições financeiras de auto-suficiência.[897]

As entidades de regulação só podem ser criadas após realização de um estudo prévio sobre a necessidade e interesse público na sua criação, que avalia ainda as implicações financeiras e de funcionamento para o Estado, os efeitos sobre as actividades económicas dos sectores privado, público, cooperativo e social em que vai actuar e consequências para os respectivos consumidores, bem como outras matérias que sejam consideradas relevantes ou definidas enquanto tal.[898]

Consideramos, face ao regime descrito, que o poder de criar entidades de regulação é vinculado quanto aos pressupostos – interesse público, implicações financeiras e implicações no funcionamento do Estado – mas é discricionário quanto ao conteúdo de tal poder.[899]

[896] Cfr. artigo 7º e, ao contrário, o disposto no nº 2 do art. 6º da Lei 67/2013, de 28 de Agosto, que dispõe que: "*As entidades reguladoras não podem ser criadas para: a) Desenvolver actividades que, nos termos da Constituição, devam ser desempenhadas por serviços e oeganismos da administração directa, ou indirecta do Estado; b) Participar, directa ou indirectamente, como operadores das actividades reguladas ou estabelecer quaisquer parcerias com destinatários da respectiva actividade*".

[897] Estes requisitos constam do nº 3 do art. 6º, que devem ser interpretados conjuntamente com a disciplina estabelecida no nº 2 do art. 3º da mesma lei, que dispõe que: "*Por forma a prosseguirem as suas atribuições com independência, as entidades reguladoras devem observar os requisitos seguintes: a) Dispor de autonomia administrativa e financeira; b) Dispor de autonomia de gestão; c) Possuir independência orgânica, funcional e técnica; d) Possuir órgãos, serviços, pessoal e património próprio; e) Ter poderes de regulação, de regulamentação, de supervisão, de fiscalização e de sanção de infrações; f) Garantir a protecção dos direitos e interesses dos consumidores*".

[898] Esta regra que consta do nº 4 do art. 6º é "derrogada" pelo nº 5 do mesmo preceito quando determina que: "*Os requisitos previstos no nº 3 não se aplicam às entidades reguladoras cuja criação é determinada por direito da União Europeia, sendo a sua criação sempre precedida de estudo prévio que avalia as implicações financeiras e de funcionamento para o Estado, bem como outras matérias que sejam consideradas relevantes ou definidas enquanto tal*".

[899] Cfr. relativamente ao próprio conteúdo dos poderes discricionários, quanto à verificação dos pressupostos de facto e à subsunção dos pressupostos de direito, bem como quanto ao objecto

Mais claramente se mostra formulado o procedimento legal de extinção, fusão ou cisão de entidades reguladoras.

Na verdade, verificado que não são subsistentes as razões legitimadoras da criação das entidades em menção, ou que se tenha tornado impossível o desempenho da missão ou prossecução das atribuições para as quais tenham sido criadas, as entidades de regulação podem ser extintas, fundidas ou submetidas a processos de cisão.[900]

Queremos com isto dizer que os poderes de substituição governamental na área das competências das entidades administrativas independentes devem ser, em igualdade de circunstâncias com as restantes categorias da Administração Pública, *subsidiários e necessários*, mas não devem assumir características de intervenção anterior ou posterior, mas de apreciação administrativa.

O poder executivo não pode legalmente *substituir* em caso de omissão de pronúncia ou de pronúncia defeituosa (por legalidade ou inoportunidade) a entidade administrativa independente relativamente às decisões que a lei lhes imputa.

A questão é a de saber se este princípio de *substituição necessário e subsidiário* não pode ser enquadrado no âmbito de poderes de extinção, fusão ou cisão daquelas entidades.

Para nós, a resposta é positiva. Invocamos a favor desta posição a própria letra da lei, no art. 8º, quando determina que: *"as entidades reguladoras devem ser extintas quando se verifique que não subsistem as razões que ditaram a sua criação ou se tenha tornado impossível o desempenho da missão ou prossecução das atribuições para as quais tenham sido criadas"*.

O que, a nosso ver, resulta do regime jurídico referido é que o poder executivo dispõe de um poder de *vigilância* relativo ao desempenho das missões das entidades administrativas independentes, de que resulta um poder de extinção, fusão ou cisão das mesmas.

Trata-se, pois, de um poder que qualificamos de *forte* no sentido de que compreende não uma competência de substituição de actos ou de medidas, como sucede no âmbito da administração directa, indirecta ou autónoma, mas de um poder de decisão de extinção daquela pessoa colectiva de direito pública concreta.

imediato dos actos proferidos ao abrigo destes poderes, A. Queiró, "O Poder Discricionário da Administração", Coimbra, 1948; Maria Esteves de Oliveira, "Manual de Direito Administrativo", pp. 101 e seguintes.

[900] É este o regime que está consagrado no art. 8º da mencionada Lei-Quadro.

PARTE QUARTA

AS ENTIDADES ADMINISTRATIVAS INDEPENDENTES NO DIREITO COMPARADO

ANÁLISE DO REGIME JURÍDICO DAS ENTIDADES ADMINISTRATIVAS INDEPENDENTES NOS E.U.A., REINO UNIDO, FRANÇA E ESPANHA

DESCRIÇÃO DAS RAZÕES LEGITIMADORAS DO SURGIMENTO E DESENVOLVIMENTO DESTAS ENTIDADES NOS DIVERSOS PAÍSES CONSIDERADOS

A POLITICA DA UNIÃO EUROPEIA RELATIVA À CRIAÇÃO DE AGÊNCIAS

A experiência que se colhe do Direito comparado e das suas instituições é fonte de ensinamentos no âmbito do regime das entidades administrativas independentes criadas em Portugal

Capítulo I
Introdução

O tema que escolhemos para a nossa tese implica, naturalmente, facultar uma visão do que se passa neste domínio em alguns dos países que mais influenciaram a adopção deste modelo em Portugal.

Na verdade, do que se trata é de saber porque "nasceram" e onde se "desenvolveram" as autoridades administrativas independentes, bem como as influências que tiveram no que se refere à extensão deste novo modelo de organização administrativa nos diversos ordenamentos jurídicos relevantes.[901]

O aparecimento e o desenvolvimento deste sistema, que integra as autoridades administrativas independentes, não pode deixar de estar profundamente ligado aos próprios modelos de Estado que a história nos ensina e revela.[902]

Ou seja, os modelos de organização administrativa são "o espelho" e o "reflexo" das atribuições que os Estados, em cada momento histórico, estão comprometidos a realizar.

Nos últimos anos do século XIX começam a despontar os indícios de um novo modelo de Estado.

Surge a "questão social" e as "crises cíclicas do capitalismo" que vieram colocar novos desafios ao poder político.[903]

[901] Referimos organização administrativa na medida em que, como veremos, as entidades administrativas independentes são um dos modelos possíveis da Administração Pública que qualificamos como administração independente de par com a administração directa, indirecta e autónoma.

[902] No sentido da evolução destas entidades no contexto da própria evolução dos modelos de Estado, cfr. Gaspar Arino Ortiz, "Economia y Estado", Madrid, Marcial Pons, 1993.

[903] Neste sentido, cfr. J. J. Gomes Canotilho, "O direito constitucional passa; o direito administrativo passa também", em Estudos em homenagem ao Prof. Doutor Rogério Soares, pp. 711 e

O Estado social significou o alargamento das estruturas administrativas que o serviam. A máquina administrativa cresceu em tamanho e em complexidade com o objectivo de ser capaz de dar resposta às novas tarefas de prestação e de distribuição de bens, serviços e rendimentos que lhe cumpria realizar.

A Administração descentralizada e desconcentrada substituiu a Administração centralizada e concentrada.

Os anos 70 e 80 do século XX trazem consigo o "esgotamento" do Estado providência.[904]

O excessivo peso do Estado na vida económica e social, a morosidade da acção da Administração, a burocracia insuportável, o aumento "desproporcional" dos impostos e das contribuições, a intervenção "sufocante" do aparelho administrativo no dia-a-dia, a incapacidade de dar resposta efectiva aos problemas e às necessidades do indivíduo e da sociedade exigiram que o mesmo fosse "reinventado" com o objectivo de "libertar" a sociedade civil e reorganizar o sistema de relações entre a Administração e os cidadãos.

A "revolução" encetada não se dirigiu a uma efectiva diminuição do aparelho de Estado (Estado mínimo) mas, pelo contrário, a uma redefinição das entidades a quem deveria passar a ser exigida a realização das tarefas estaduais.[905]

Concordamos, assim, com Paulo Otero quando diz que a intervenção administrativa não é hoje menor do que era antes da liberalização económica: ela é diferente.[906]

A intervenção do Estado, hoje, é apenas diferente daquela que existia antes do fenómeno do aprofundamento gerado pela liberalização económica.

O Estado sempre exerceu poderes regulatórios.[907]

seguintes; Susan Stange, "The Retreat of the State: The Diffusion of Power in the World Economy", Cambridge Studies in International Relations, 1996; Giandomenico Majone, "La Communauté Européenne: un État Régulateur", Paris, 1998 ; Daniel Bell, "The Cultural Contradictions of Capitalism", Londres, 1996.

904 Neste sentido, cfr. Eduardo Paz Ferreira, "A Regulação em Portugal: Novos Tempos, Novos Modelos", pp. 9 e seguintes; "Direito da Economia", AAFDL, Lisboa, 2003; cfr. igualmente sobre o conceito de "falhas de mercado", George J. Stigler em "The Theory of Economic Regulation", The Bell Journal of Economics and Management Science, Vol. 2, nº 1, pp. 3-21; em tese geral, cfr. Giandomenico Majone em "From The Positive to the Regulatory State. Causes and Consequences of Changes in the Models of Governance", Journal of Public Policy, Vol. 17, nº 2., pp. 139-167.

905 Cfr. Pedro Gonçalves, "Entidades Privadas com Poderes Públicos...".

906 Cfr. Paulo Otero em "A Legalidade e Administração Pública", 2003.

907 Cfr. sobre a evolução dos diferentes sistemas históricos da Administração Pública, Rui Manuel de Figueiredo Marcos em "História da Administração Pública...", Almedina, reimpressão, 2011,

Só que hoje tais poderes são exercidos de outra maneira e modelados em fórmulas diversas.

O Estado, quando legisla sobre as regras de organização e funcionamento das entidades administrativas independentes, assume a veste de Estado Regulador.

As entidades administrativas independentes, quando exercem as missões que lhes foram conferidas pelo legislador, agem na veste de "executante" (executa) a função administrativa de regulação.

O "nascimento" e o "despontar" do Estado Regulador ficou assim a dever-se a factores de natureza internacional, europeus e até internos, que estiveram na origem da crescente limitação dos poderes dos Estados intervencionistas cujo ritmo e natureza de respostas variaram muito nos vários países.

Outro importante factor que deve ser assinalado é a crescente importância da europeização na formulação das políticas públicas que se traduz na interdependência das decisões internas e das decisões comunitárias.[908]

A importância da produção normativa da União manifesta-se, nomeadamente, quanto ao número significativo de Directivas e de Regulamentos produzidos por Bruxelas a cada ano, que não podem deixar de ser entendidos como tendo um impacto decisivo no desenvolvimento de políticas de regulação a nível nacional.[909]

Do ponto de vista de factores internos legitimadores do crescimento do Estado Regulador, podemos destacar, entre outros, a descentralização e a regionalização administrativa, a transformação de entidades monolíticas em unidades com finalidades concretas para as quais dispõe de orçamentos próprios, bem como a delegação de responsabilidade pela prestação de serviços

p. 71; Robert E. Goodin/Martin Rein; "Regimes in Pillars: Alternative Welfare State – Logics and Dynamics", Public Administracion, Vol. 79, nº 4, 2001, pp. 769-801.

[908] Neste sentido e sobre este tema, cfr. Fausto de Quadros em "Direito da União Europeia", Almedina, 2008.

[909] Cfr. sobre o crescimento e o desenvolvimento de uma política europeia no contexto dos diversos Estado Membros, ver por todos o "Livro Branco sobre a Governança", que consagra cinco grandes princípios cumulativos na base de uma boa governança: (i) Abertura: as instituições europeias devem atribuir maior importância à transparência e à comunicação das suas decisões; (ii) Participação: implicar de forma mais sistemática os cidadãos na elaboração e na aplicação das políticas; (iii) Responsabilização: é necessária uma clarificação do papel de cada interveniente na processo de decisão, devendo depois cada um assumir a responsabilidade das suas atribuições; (iv) Eficácia: as decisões devem ser tomadas ao nível e no momento adequados, e produzir os efeitos pretendidos; (v) Coerência: as políticas praticadas pela União são diversas e requerem um esforço sustentado de coerência.

a organizações privadas, mediante contratos de concessão ou contratos de gestão.[910]

Os tópicos antes enunciados procuram demonstrar e justificar e, nessa medida, responder à questão enunciada, ou seja, quais as causas que justificaram o "nascimento" das autoridades administrativas independentes.[911]

Mas as respostas ao "descalabro" do anterior modelo foram diversas de país para país, quer quanto à forma, quer quanto ao tempo em que tais mudanças ocorreram.

É, pois, por isso que é muito importante uma visita aos mais relevantes sistemas de organização da administração pública de alguns países, com o objectivo de facultar uma panorâmica, tão rigorosa quanto possível, quer das razões, quer dos modelos da institucionalização das entidades administrativas independentes.

Não temos dúvidas que as modificações nas condições políticas e sociais que se viveram na Europa a partir de finais da década de setenta do século XX exigiram novas formas de organização do aparelho de Estado, que não é o "Estado mínimo", e que representaram um nova transfiguração das funções do Estado, algumas delas passando a ser levadas a efeito por entidades independentes e autónomas.[912]

Este movimento internacional e comunitário não deixou de influenciar o Direito em Portugal no que toca à organização da sua Administração Pública.

[910] Cfr. no sentido das consequências no âmbito da organização administrativa do Estado dos fenómenos da liberalização, privatização e concessão da gestão, Paulo Otero, "Privatizações, Reprivatizações e Transferências de Participações Sociais no Interior do Sector Público", Lisboa, 1999.

[911] Cfr. quanto ao fundamento legitimador do surgimento destas entidades, J. A. Santamaria Pastor, em "Principios de Derecho Administrativo General", Vol. I, p. 634, onde se poder ler o seguinte: "... *En el Reino Unido, la existência de estos organismos, coloquialmente denominados Quangos constituye la forma normal y usual de organizarse la Administración de la Corona, cuya estrutura departamental centralizada es muy reducida...Nos E.U.A, la creación de las agências o comissiones reguladoras (independente regulatory commissions) establecidas por las Camaras legislativas como organizaziones formalmente separadas de las executive agencies o departamentos directamente dependientes de Presidente; separación que tiene por objecto limitar la influência presidencial en las mismas...en la Europa continental, la vida pública hay sofrido desde el término de la segunda guerra mundial se hay unido a las disfunciones notórias y a la conseguiente insatisfación generada por el Estado de partidos...*".

[912] Sobre esta matéria não podemos deixar de referir as mais recentes discussões tidas a nível mundial, nomeadamente e sobretudo quanto à necessidade de reforma da regulação após as crises financeiras recentes. Cfr. Declaração de Strengthening of the Finantial System: The Global Plan for Recovery and Reform, G20 de 2 de Abril de 2009; Relatório Larosière relativo à Reforma da Supervisão Financeira na União Europeia, bem como a aprovação da União Bancária em recente reunião do Conselho Europeu de Dezembro de 2013.

Como tivemos ocasião de verificar, não só a criação mas sobretudo as adaptações que ocorreram no contexto da organização e funcionamento das entidades administrativas independentes são tributárias do Direito comparado, nomeadamente do Direito comunitário.

Os princípios de inspiração liberal, importados do Reino Unido e dos EUA, os princípios de tutela e garantia de direitos fundamentais e de direitos de natureza análoga, importados de França, bem como as regras de definição de competências, importadas de Espanha, influenciaram a política do nosso país no que se refere à criação e ao desenvolvimento destas entidades, razão pela qual estão na origem da eleição destes Estados para uma abordagem sobre o respectivo regime jurídico das entidades administrativas independentes mais relevantes.

Capítulo II
As Entidades Administrativas Independentes em França

I. Enquadramento do Tema

Como parece ser possível dizer, a criação de autoridades administrativas independentes encarnou fundamentalmente uma evolução nas formas de exercício da acção pública.[913]

Esta evolução significa que um dos principais fundamentos da criação destas autoridades reside na vontade política de quebrar a cadeia dos diversos interesses, colocando aqueles que se pretende controlar nas mãos de entidades instituídas fora do "aparelho administrativo tradicional".[914]

A acção pública a que nos referimos engloba, igualmente, a denominada "crise" das formas clássicas de intervenção pública que tem sido outra das razões que tem legitimado a procura de novos modelos, sobretudo no domínio do denominado *"command and control"* intrínseco à noção de regulação, que se pretende seja mais próxima da realidade social e do mercado na época contemporânea.[915]

[913] Jacques Chevalier, citado por Jean Bernard Auby em Colloque sur "Les autorités administratives indépendantes : Une rationalisation impossible?", textos publicados em RFDA, 2010, p. 931.

[914] Como resultará das diversas experiências que iremos desenvolver neste Capitulo do nosso trabalho, este fundamento é dos que, em todos os casos, é essencial. Num certo sentido, este fundamento concretiza as regras de independência orgânica e funcional que são uma das características principais das entidades administrativas independentes.

[915] É por isso que Jean Bernard Auby, no mesmo colóquio acima citado, refere a este propósito que: *"As AAI foram e são os instrumentos privilegiados destas novas regulações. Elas representam a mudança correlativa, quer no seu estatuto institucional – à margem dos aparelhos hierárquicos clássicos, com representação dos interesses económicos e sociais respectivos, quer na sua produção – regulações adaptadas às exigências de uma questão particular, forjadas num diálogo com os interesses em causa"*.

Na verdade, se acompanharmos a evolução da criação destas autoridades no período que se seguiu ao final da 2ª Guerra e que foi acentuada na década de setenta, concluiremos sem grande dificuldade que este novo modelo surge como uma possível resposta a problemas relativos "a falhas de mercado" que se detectam, a insuficiência no regime de garantias de direitos fundamentais e sociais, bem como às novas exigências de imparcialidade e de independência que os novos tempos exigiam no domínio das relações entre o sector público, os cidadãos e as empresas.[916]

É o emergir de um novo tempo, económico, financeiro e social, que está na origem da procura de novas soluções institucionais e de organização da administração, sem deixar de se pretender garantir um maior acompanhamento e um maior controlo estadual dessas novas formas de organização.[917]

Equivale isto a dizer que este movimento que designamos de "inovador" das instituições não correspondeu a qualquer enquadramento, quer normativo, quer de ordem operacional.

Na verdade, segundo o Relatório do Conselho de Estado Francês de 2001, que vamos seguir de muito perto na exposição deste título, se existe uma característica dominante no movimento de criação de autoridades administrativas independentes em França, é a do "acaso".[918]

Este "acaso" é multidisciplinar, intersectorial e vertical, porque corresponde a uma trajectória que podemos definir pela seguinte configuração: a um problema detectado responde-se com uma solução inovadora.[919]

No período a que corresponde a génese destas autoridades foram sendo sucessivamente detectados problemas nos domínios económicos, financeiros e de direitos fundamentais e sociais.[920]

[916] Cfr. quanto ao conceito de "falhas de mercado", entre outros, Miguel Ángel Sendín Garcia, "Regulación y Servicios Públicos", pp. 39 e seguintes; Phillip J. Cooper, "Public Law and Public Administration", Mayfield Publishing Company, 4ª edição, 2007; Eberlein Burkard, "L'État Régulateur en Europe", Revue Française de Science Politique, nº 49-2, pp. 205-230.

[917] Cfr. em termos da emergência de novas e diferentes condições de funcionamento do próprio Estado, Vital Moreira e Fernanda Maçãs em "Autoridades Administrativas Independentes – Estudo e Projecto de Lei-Quadro", 2003, pp. 23 e seguintes.

[918] Tal como nos restantes ordenamentos jurídicos analisados, a criação de autoridades administrativas independentes correspondeu a uma resposta de política a um determinado problema de natureza económica, financeira ou social. É o que resulta do mais importante texto sobre o tema constante do Relatório do Conselho de Estado Francês de 2001.

[919] Cfr. G. Majone, "La Communauté Européene: Un État Régulateur", pp. 33 e seguintes.

[920] Cfr. Marie-Anne Frison-Roche, "Droit et Marché", em Recueil Dalloz, nº 2, 2004, pp. 126 e seguintes.

Uma das áreas ou sectores em que a criação de autoridades administrativas independentes foi concebida como uma resposta a um problema foi, justamente, o das novas realidades emergentes do desenvolvimento e do crescimento do mercado, que teve a sua génese nas profundas transformações operadas no período que se seguiu aos novos parâmetros das privatizações, da liberalização e da despublicização.[921]

Neste caso, para além do problema e da resposta institucional, havia que ponderar um outro factor determinante: o de que o Estado continuava a entender que lhe competia não agir de forma directa, mas sim fazer o acompanhamento e o controlo das funções e das actividades exercidas ao abrigo dos princípios da livre concorrência.[922]

A livre concorrência exigia o "afastamento" do Estado enquanto produtor e prestador, mas não o desonerava de "regular" e de "garantir" o funcionamento do mercado.[923]

Era ainda a prossecução de interesses públicos postos por lei a cargo do Estado que fundava a manutenção e o aprofundamento da abertura dos mercados, mas que exigia que o Estado continuasse a garantir o bem da colectividade.

Como foi realçado no Relatório "Gazier Cannac", as premissas da actual fórmula de autoridades administrativas independentes no domínio da actividade financeira podem ser encontradas a partir de 1941, com a criação da

[921] Neste sentido, cfr. entre outros, Damien Gerardin, "L'ouverture à la concurrence des entreprises de réseau: Analyse des principaux enjeux du processus de libéralisation", Cahiers de Droit Européen, nº 1, 1999, pp. 13-48; Tony Prosser, "The Limits of Competition Law: Markets and Public Services", Studies in European Law, 2005; Stephen G. Breyer, "Regulation and its reform", Harvard University Press, 1982; Renaud Dehousse, "L'Union européenne", 4ª edição, 2014.

[922] Cfr. no sentido de uma "forma diversa" de intervenção do Estado para proceder ao desenvolvimento de "mais sociedade menor Estado" ou "melhor Estado" tendente à formulação de um "Estado pós-social", Paulo Otero, em "Legalidade e Administração Pública", p. 299; "El Estado de bienestar en Francia: permanência y câmbio", que pode ser consultado em http://www.slideshare.net/manusoci/el-estado-social-o-de-bienestar; Gregorio Rodriguez Cabrero, "Estado, Privatización y Bienestar – un debate de la Europa actual", Icaria, 1991, p. 270.

[923] Cfr. sobre a problemática dos fundamentos sociais, políticos e económicos das mudanças operadas na concepção do novo Estado Regulador, Eva Desdentado Daroca, "La Crisis de identidad del derecho administrativo: privatización huida de la regulacion publica y administraciones independientes", pp. 67 e seguintes; Maria da Glória Dias Garcia, "Organização administrativa", DJAP, Vol. VI, Lisboa, 1994, p. 237; C. de Cabo Martin, "La Crisis del Estado Social", Barcelona, 1986; Ramon Martin Mateo, "Desempleo y crisis cultural", em Ramon Casilda Béjar/José Maria Tortosa (org.), Pros y Contras del Estado del Bienestar, Madrid, 1996, pp. 291 e seguintes; cfr. também Eduardo Paz Ferreira, "Direito Comunitário II" (União Económica e Monetária) – Relatório, suplemento da RFDUL, Lisboa, 2001, pp. 65 e seguintes .

Comissão de Controlo dos Bancos, à qual sucedeu, em 1984, a Comissão Bancária.[924]

Por seu turno, o Conselho da Concorrência, instituído pelo decreto de 1 de Dezembro de 1986, constituiu o final de uma evolução lenta, iniciada em 1953 com a criação da Comissão Técnica de Conciliação, a que sucedeu, em 1977, a Comissão da Concorrência, cujas regras de funcionamento seriam renovadas em meados dos anos 1980, num contexto económico que sofreu uma enorme evolução no espaço de dez anos.[925]

De igual modo, a Comissão Nacional de Equipamento Comercial tornou-se o suporte moderno de um poder de política económica outrora entregue, de acordo com a redacção original da lei nº 73-1193, de Dezembro de 1973, dita "lei Royer", ao Ministro com a tutela do Comércio.[926]

A lei nº 93-122, de Janeiro de 1993, dita "lei Sapin", veio procurar resolver as matérias relativas à existência de práticas não-transparentes regularmente denunciadas pelos profissionais da distribuição, e veio confiar à Comissão Nacional de Equipamento Comercial – cuja composição difere da Comissão Nacional de Urbanismo Comercial, a que sucede –, para maior garantia da sua independência, o poder de se pronunciar sobre os recursos apresentados contra as decisões das comissões departamentais.

A criação de autoridades administrativas independentes em França constituiu aos olhos do político-legislador uma resposta eficaz ao imperativo da credibilidade que se tornava exigível concretizar quando se inicia e se desenvolve o processo de transformação do Estado produtor e prestador em Estado Regulador e de Garantia.

Com efeito, num ambiente de maior concorrência internacional entre mercados, a capacidade de definir um *corpus* aceite pelos actores, e de o implementar com eficácia e flexibilidade, constitui uma vantagem concorrencial determinante para a credibilidade nas bolsas e nos mercados.[927]

[924] A lei 84-46, de Janeiro de 1984, relativa à actividade e ao controlo dos estabelecimentos de crédito, a lei bancária, confiou o conjunto das funções de tutela e de controlo da profissão bancária a três instâncias colegiais distintas, a cujo funcionamento o Banco de França estava estreitamente associado: a Comissão de Regulamentação Bancária, a Comissão dos Estabelecimentos de Crédito e a Comissão Bancária.

[925] Cfr. Relatório do Conselho de Estado Francês de 2001, p. 7.

[926] Cfr. quanto à própria evolução das autoridades, Jacques Chevallier, op. cit., p. 35; Jean Clam/Gilles Martin, "Les transformations de la régulation juridique", LGDJ, 1998.

[927] Teria sido, justamente, por tal razão que foi criado em 1996 o Conselho dos Mercados Financeiros, através de fusão do Conselho das Bolsas de Valor e do Conselho dos Mercados a Termo.

Também no domínio das missões entregues aos Bancos Centrais, a Lei nº 98-357, de Maio de 1998, veio alterar os estatutos do Banco de França adequando-o ao novo sistema europeu de bancos centrais.

Tratou-se, assim, de uma resposta institucional a uma exigência (problema) comunitária.[928]

Para além do domínio económico e financeiro, foi também, na generalidade das situações, o acaso que determinou a criação de autoridades administrativas independentes no domínio da protecção de direitos fundamentais, como por exemplo a criação da Comissão Nacional de Controlo das Intercepções de Segurança (CNCIS).[929]

Nesta mesma área – a da protecção dos direitos fundamentais – o Parlamento criou a Comissão de Acesso aos Documentos Administrativos (CADA), através da Lei nº 78-753, de Julho de 1978, contendo diversas medidas para melhorar as relações entre a administração e o público.[930]

Também a criação, através da Lei nº 98-567, de Julho de 1998, da Comissão Consultiva do Segredo de Defesa Nacional foi motivada pela necessidade de solucionar uma situação que decorria da invocação frequente do segredo de defesa perante o poder judicial, através da criação de uma comissão cuja independência se revelasse adequada a salvaguardar as suspeitas de "arbítrio" e de "abuso".[931]

Um outro aspecto que nos parece relevante sublinhar de novo é o que se refere à influência das exigências comunitárias em matéria de criação e aprofundamento do mercado único, e à abertura à concorrência de sectores dos serviços públicos em rede, nomeadamente os sectores das telecomunicações, da energia e dos serviços postais.[932]

[928] O Conselho de Política Monetária, concebido como órgão do Banco de França, foi criado pelas Leis 93-980 e 93-1444 e é o antecedente normativo dos novos estatutos do Banco de França alterados com fundamento em obrigações comunitárias.

[929] Esta autoridade foi instituída na sequência da condenação da França pelo Tribunal Europeu dos Direitos do Homem, de acordo com a indicação resultante do Relatório do Conselho de Estado Francês de 2001.

[930] A expressão "autoridade administrativa independente" foi concebida por Herbert Maisi, e gerada no âmbito do parecer solicitado pelo Senado no decurso do procedimento legislativo tendente à aprovação do diploma que veio a consagrar a Commission Nationale de l'Informatique et des Libertés, como resulta de J. L Cardoso, op. cit., p. 94.

[931] Refira-se ainda a criação da CNIL (Comissão Nacional para a Informática e Liberdades) e da Comissão Nacional da Comunicação e das Liberdades, criadas através da Lei 86-1986, de 30 de Setembro.

[932] Para maiores desenvolvimentos sobre os temas dos serviços públicos em rede, cfr. João Nuno Calvão da Silva, "Mercado e Estado – Serviços de interesse económico geral", pp. 71 e seguintes.

É sabido que as Directivas comunitárias oferecem uma vasta gama de soluções aos Governos no que tange à respectiva transposição, desde a possibilidade de criar um regulador dentro do próprio executivo, até à possibilidade de criar uma autoridade administrativa independente.

Em matéria postal, tal como para a área das telecomunicações ou da electricidade, por exemplo, a opção do legislador foi no sentido de, através da transposição do art. 22 da Directiva 96/97/CE, que estipulava que "*cada Estado Membro deve criar entidades juridicamente distintas e funcionalmente independentes dos operadores postais*", criar uma autoridade administrativa independente.[933]

Temos, pois, que para além dos debates (intensos) doutrinais e da jurisprudência no que toca à possibilidade de criação de autoridades administrativas independentes em França, também os fenómenos emergentes do aprofundamento do mercado único e da primazia da regra de livre concorrência no contexto da União Europeia tiveram um papel fundamental e decisivo nas opções de política de criação destas entidades.[934]

Ou seja, em França, tal como se pode verificar nos restantes países assinalados, a criação e o desenvolvimento de autoridades administrativas independentes foi surgindo e evoluindo ao sabor de necessidades conjunturais internas, comunitárias e internacionais.[935]

II. Evolução do Modelo: Delimitação das áreas de intervenção das entidades administrativas independentes

Em França, a criação de autoridades administrativas independentes com o beneplácito da doutrina, e sobretudo do Conselho de Estado, foi ordenada nos seguintes principais domínios:

[933] Cfr. Jacques Ziller, "Les autorités administratives indépendantes entre droit interne et droit de l'Union européene", texto publicado en Colloque sur Les autorités administratives indépendantes, Revue Française de Droit Administratif, nº 5, 2010, pp. 901 e seguintes. Relativamente aos poderes da União versus Estados Membros no que tange aos poderes de cada um deles, cfr. artigos 4º e 5º do TUE que determina o princípio da subsidiariedade das competências e que legitima as opções "internas" de cada Estado em matéria de cumprimento das obrigações comunitárias.

[934] Cfr. J. Ziller, "Les nouveaux traités européenes: Lisbonne après 2008, "Les autorités administratives indépendantes: évaluation d'un objet juridique non identifié", Tomo I, disponível em http://www.senat.fr/rap/r05-404-1/r05-404-12.

[935] Segundo Catherine Teitgen-Colly, em "Les autorités administratives indépendentes: Histoire d'une institution", Paris, 1988, as causas fundamentais do surgimento destas entidades foram, entre outras: (i) exigências de regulação do sector da comunicação e da informação; (ii) prestação de apoio ao cidadão na luta contra o poder burocrático; (iii) resposta aos desafios lançados pelo poder científico e tecnológico; (iv) regulação da economia e do mercado; (v) salvaguarda do pluralismo e da transparência financeira da vida política.

a) Intervenção do Estado na economia;
b) Protecção dos direitos e liberdades fundamentais;
c) Telecomunicações e meios audiovisuais;
d) Participação democrática;
e) Actividades científicas e académicas.

A primeira aproximação a este novo modelo institucional teria surgido com a criação da Comissão de Controlo de Bancos em 1941, e da Comissão de Operações da Bolsa em 1967.[936]

Em 1977 são criadas a Comissão de Infracções Fiscais e a Comissão de Concorrência.

Em todo o caso, deve ser sublinhado que a primeira vez que o legislador, em França, utilizou a noção de autoridade administrativa independente ocorreu em 1978 (Lei nº 78-17, de 6 de Janeiro) aquando da criação da Comissão Nacional de Informática e das Liberdades (CNIL).[937]

Esta qualificação legal – a de autoridade administrativa independente – só surgiu de novo mais tarde, através de uma decisão do Conselho Constitucional, que classifica deste modo a Alta Autoridade para a Comunicação

[936] A criação desta autoridade é reportada ao período transitório de Vichy e é "catalogada" como integrada no primeiro período de criação de autoridades administrativas independentes, a par da Commission paritaire des publications et agentes de press (1950), do Conseil supérieure de l'agence France-Press (1957), da Commission nationale de controle des campagnes electorales (1964) e da Commission des opérations de bourse (1967), de acordo com François Gazier e Yves Cannac , "Étude sur les autorités administratives indépendantes", em Études et documents du Conseil d'État nº 35, 1983/1984, pp. 13 e seguintes.

[937] A criação desta Comissão surgiu no contexto da intenção do então Ministro do Interior de promover a centralização das bases de dados na posse dos serviços de polícia, sem qualquer debate público prévio. Esta política foi fundada na base de intensas discussões em torno da possibilidade de criação de uma entidade capaz de responder às ameaças que a informatização dos ficheiros representava para as liberdades fundamentais. Mais tarde, e no âmbito da discussão parlamentar desta lei, foi a apresentação de uma emenda ao Senado que teve como consequência a atribuição inequívoca à CNIL da natureza de autoridade administrativa independente. Porém, foi na decisão nº 84-173 DC de 26 de Julho de 1984 do Conselho Constitucional que passou a estar integrado de forma expressa que: "*A designação de uma autoridade administrativa independente do Governo para exercer uma atribuição tão importante relativamente à comunicação, como a de autorizar a exploração do serviço de radiotelevisão à disposição do público através de uma rede por cabo, constitui uma garantia fundamental para o exercício de uma liberdade pública*"; ver também Relatório da Comissão da Lei nº 3125 (1977-78) elaborado por M. Foyer que, com o objectivo de acentuar a sua independência, propôs justamente que a maior parte dos seus dirigentes passassem a ser eleitos do mesmo passo que os magistrados do Colégio da CNIL deveriam passar a ser eleitos pela assembleia geral da jurisdição a que pertencessem, como por exemplo do Conselho de Estado (Conseil d'État), dos Tribunais de Contas (Cour de Comptes), bem como do Cour de Cassation.

Audiovisual, determinando a existência desta última como *"garantia fundamental para o exercício de uma liberdade pública"*.[938]

A decisão do Conselho Constitucional surge depois da primeira tentativa de teorização da noção publicada pelo professor Paul Sabourin em 1983, e do primeiro trabalho de análise e de apresentação dos diferentes organismos qualificáveis como autoridade administrativa independente, elaborado por dois membros do Conselho de Estado, como conclusão dos trabalhos de um grupo de estudo da Comissão e do Relatório do mesmo Conselho, publicado em Janeiro de 1984.

No seguimento da criação da CNIL e do ganho de substância teórica da noção, o legislador utiliza assim a fórmula da autoridade administrativa independente para qualificar a Comissão para a Transparência e o Pluralismo da Imprensa (artº 8 da Lei nº 84-937, de Outubro de 1984).

Assim aconteceu também em 1985, no caso da Comissão da Concorrência, instituída oito anos mais tarde (artº 6 da Lei nº 85-1408, de Dezembro de 1985) e em vésperas da sua transformação em Conselho da Concorrência; depois em 1986, à semelhança da qualificação estabelecida pelo Conselho Constitucional para a Alta Autoridade da Comunicação Audiovisual, também para a Comissão Nacional da Comunicação e das Liberdades (artº 1º da Lei nº 86-107, de Setembro de 1986).

O Conselho Superior do Audiovisual (CSA) recebe, desde a sua instituição, em 1989, a qualificação de "autoridade independente" que o legislador atribui, no mesmo momento, ao Mediador da República, criado pela Lei nº 73-6, de Janeiro de 1973.

É pela alteração do artº 1º do decreto nº 67-833, de Setembro de 1967 (que a criou), que a Lei nº 96-597, de Julho de 1996, qualifica explicitamente a Comissão das Operações de Bolsa (COB) como autoridade administrativa independente.

A Comissão Nacional de Controlo das Intercepções de Segurança (CNCIS), competente em matéria de escutas telefónicas e qualificada como autoridade administrativa independente pelo artº 13 da Lei nº 91-646, de Julho de 1991, relativa ao segredo de correspondência transmitida através das telecomunicações, só foi criada depois da condenação da França pelo Tribunal Europeu dos Direitos do Homem, através da sentença *Kruskin*, de Abril de 1990.

Alguns anos mais tarde, e seguindo o mesmo rumo, o artº 1º da Lei nº 98-567, de Julho de 1998, qualificará como autoridade administrativa inde-

[938] Cfr. decisão do Conselho Constitucional de 17 de Janeiro de 1989.

pendente um órgão puramente consultivo, a Comissão Consultiva do Segredo da Defesa Nacional.

Também no domínio da luta contra o *doping*, o legislador decidiu atribuir a natureza de autoridade administrativa independente ao Conselho de Prevenção e de Luta Contra o Doping, através da Lei nº 99-223, de Março de 1999, relativa à protecção da saúde dos desportistas e à luta contra o *doping*, com competências de impulsionar uma política de prevenção do *doping* e dotada do poder de aplicação de sanções disciplinares em caso de infracção à legislação sobre dopantes.

Noutro domínio, a Lei nº 99-588, de Julho de 1999, criou a Autoridade de Controlo da Poluição Sonora e atribuiu-lhe expressamente a natureza de autoridade administrativa independente com a missão de emitir pareceres técnicos, de desempenhar o papel de "juiz de paz" e de informar as populações em causa, com o objectivo de evitar que os gestores de aeroportos sejam, em simultâneo, juízes e partes interessadas em matéria de controlo de poluição sonora.

No campo da mediação social, a Lei nº 2000-494, de Junho de 2000, criou a Comissão Nacional de Deontologia da Segurança, a que foi atribuída expressamente a natureza de autoridade administrativa independente com competência para reconhecer as falhas de deontologia de pessoas que exerçam uma actividade de segurança no território da República.

Noutra área – a da defesa e promoção dos interesses das crianças – o legislador, provavelmente convencido pelo sucesso do Mediador da República, criado pela Lei nº 73-6, de Janeiro de 1973[939], retomou a formulação consagrada pelo artº 69 da Lei nº 89-18, de Janeiro de 1989, e a Lei nº 2000-196, de Março de 2000, no seu artº 1º, e decidiu criar um "Defensor das Crianças" como autoridade independente.[940]

Também os novos modelos de regulação na área das telecomunicações e da electricidade mereceram a atenção do legislador, que através do art. L36 do Código dos Correios e Telecomunicações instituiu uma autoridade com a natureza de entidade administrativa independente, e através da Lei nº 2000-108, de Fevereiro de 2000, relativa à modernização do serviço público de electricidade, criou a Comissão de Regulação da Electricidade (CRE) dotada de competências de controlar o acesso às redes, de editar regulamentos de apli-

[939] O Mediador da República foi qualificado como autoridade independente através da Lei de 13 de Janeiro de 1989.

[940] O Defensor das Crianças está encarregado de defender e promover os direitos da criança, garantindo em especial a aplicação da Convenção de Nova York relativa a estes direitos.

cação deste acesso, de regular os litígios entre os operadores e de sancionar as empresas que desrespeitem a lei, os regulamentos e as suas próprias decisões.

Como se deixou evidenciado, o legislador no contexto da sua função legislativa, neste caso, de criação de autoridades administrativas independentes, a partir da verificação da sua consagração *ipso facto*, optou pela respectiva e expressa qualificação normativa.

Mas mesmo nos casos em que tal não ocorreu de forma expressa, o que é verdade é que tal qualificação, mesmo a não existir *a priori*, tem sido objecto de reconhecimento *a posteriori* pela jurisprudência que tem, ao determinar a aplicação do regime ordenador destas entidades, procedido implicitamente à sua qualificação como autoridade administrativa independente.[941]

Também a doutrina não tem hesitado em qualificar estes organismos como autoridades administrativas independentes e atribuindo, retroactivamente,

[941] Cfr. lista actualizada das entidades que receberam da lei ou da jurisprudência a qualificação de autoridade administrativa independente, formulada de acordo com os critérios da denominação, da qualificação jurídica e do domínio de intervenção, e que resultam da resposta do Governo Francês a questões colocadas pelos deputados, e publicada no Jornal Oficial, Assembleia Nacional, 9 de Maio de 2006, pp. 4897 e seguintes:

Denominação da Entidade	Qualificação jurídica	Domínio de intervenção
Agence d'évaluation de la recherche et de l'enseignment supérieure	Art. 9 de la loi de programme nº 2006-450 du 18 avril 2006 pour la recherche	Évaluation des établissements d'enseignment supérieure, des formations et diplômes des établissments d'enseignement supérieure
Agence française de lutte contre le dopage	Art. 2 de la loi nº 2996-405 du 5 avril	Lutte contre le dopage dans les activités physiques et sportives
Autorité de contrôle des nuisances sonores aéroportuaires	Art. 1 de la loi 99-588 du 12 juillet 1999	Contrôle de nuisances sonores liées principalement au dévelopment des transports aériens et de l'activité aéroportuaire
Autorité des marchés financiers	Art. 2 de la loi nº 2003-706 du 1er août 2003	Régulation des opérations et de l'information financières, des produits d'éparnage collective, des marchés et leurs infrastructures

tal qualificação a organismos criados nos anos 1970, ou mesmo anteriormente, como aconteceu nomeadamente com a Comissão Paritária das Publicações

Autorité de régulation des communications électroniques et des postes	Loi nº 2005-516 du 20 mai 2005. Qualifiée d'AAI par la décision du Conseil Constitucionnel nº 96-378 DC du 23 juillet	Régulation du secteur des télécommunications et des activités postales
Bureau Central de Tarification	Consideré comme AAI par l'étude du Conseil de État de 2001	Tarification de la garantie de responsabilité civile obligatoire
Comité dés établissements de crédit et des entreprises d'investissement	Consideré comme une AAI par l'étude du Conseil d'État de 2001	Contrôle des établissements de crédit
Comité national consultif d'éthique pour les sciences de la vie et de la santé	Art. L 1412 du Code de La Santé Publique, Loi nº 2004-800 du 6 août 2004	Probèmes éthiques et questions de societé soulevés par les progrès de la connaissance dans les domaines de la biologie, de la médicine et de la santé
Commission d'accès aux documents administratifs	Art. 10 de l'Ordonnance nº 2005-650 du 6 juin 2005	Accès à tous documents détenues par un service de l'État, collectivité territoriale, un établissement public ou un organisme chargé de la gestion d'un service public
Commission bancaire	Considerée comme une AAI par l'étude du Conseil d'État de 2001	Contrôle de la securité des dépôts du public
Commission des infractions fiscales	Considerée comme une AAI par l'étude do Conseil d'État de 2001	Applications de sanctions pénales en matière d'impôts directs
Commission nationale des comptes de campagnes et des financements politiques	Art. 7 de l'Ordonnance nº 2003-1165 du 8 décembre 2003	Contrôle des comptes de campagne
Commission nationale de l'informatique et dés libertés	Art. 11 de la loi nº 78-17 du 6 janvier 1978	Contrôle du traitement automatisé des donnés nominatives
Commission de régulation de l'énergie	Considerée comme une AAI par l'étude du Conseil d'État de 2001	Régulation des secteurs de l'électricité et du gaz naturel

e Agências Noticiosas, com o Conselho Superior da Agência France-Press, com a Comissão de Sondagens, com a Comissão das Infracções Fiscais e com a Comissão de Acesso aos Documentos Administrativos.[942]

Face ao que antecede, parece ser possível considerar que o conceito de autoridade administrativa independente foi "inventado" em França pelo legislador de 1978. Afigura-se, no entanto, não haver dúvidas que, uma dezena de anos mais tarde, o contributo jurisprudencial e doutrinal para a definição e enquadramento da noção jurídica permitiu não só delimitar mais rigorosamente este conceito, como ainda ampliar o recurso a esta fórmula.

Na verdade, para além das áreas de intervenção antes assinaladas dos novos modelos de autoridades, "o movimento" da sua criação não tendo sido contínuo, foi sendo moldado através de ensaios de definição conceitual, quer por parte da doutrina, quer da jurisprudência, mas sem qualquer quadro doutrinário ou normativo em termos de organização política administrativa.[943]

Conseil de la concurrence	Consideré comme une AAI par l'étude du Conseil d'État de 2001	Contrôle des marchés, quels que soient l'activité concernée ou le statut privé ou public des opérateus
Conseil supérieur de l'audiovisuel	Art. 3-1 de la loi nº 86-1067 du 30 septembre 1986 modifiée relative à la liberté de communication	Garant de l'exercise de la liberté de communication audiovisuelle, définie par la loi nº 86-1067 du 30 septembre
Haute Autorité de Santé	Loi nº 2004-810 du 13 août 2004	Appréciation de l'utilité médicale de l'ensemble des actes. Certification des établissements de santé. Promotion de bonnes pratiques
Médiateur de la République	Art. 1 da la loi nº 73-6 du 3 janvier 1973	Règlement des litiges entre les citoyens et les administrations ou organismes chargés d'une mission de service public

942 Cfr. por todos, M. Jean-Marie Pontier, "Les autorités administratives indépendantes", Tomo II, Annexes, pp. 32 e seguintes.

943 Cfr. Paul Sabourin, "Les autorités administratives indépendentes: Une catégorie nouvelle", AJDA, 1983, p. 275; Catherine Teitgen-Colly, "Les autorités administratives indépendantes: Histoire d'une institution", em C.-A. Colliard, G. Timsit, "Les autorités administratives indépendantes", collection "Les voies du droit", Paris, PUF, 1988, p. 21; Nicole Decoopman, "Le désordre des

Esta "indefinição" organizativa, por um lado, a circunstância de terem existido avanços e recuos históricos no próprio processo de criação destas autoridades, por outro, e ainda as discussões em torno da compatibilidade constitucional desta figura, suscitaram dúvidas quer substanciais, quer metodológicas que importa referir.

III. A Compatibilidade constitucional das entidades administrativas independentes

Uma das primeiras questões abordadas pela doutrina a propósito do movimento tendente à criação de autoridades administrativas independentes relacionou-se com o problema de saber qual a posição orgânica que estas novas autoridades deviam assumir no âmbito da teoria da organização administrativa do Estado.[944]

Na verdade, estabelecendo a Constituição francesa que "o Governo dispõe de administração", a lógica interpretativa conduzia a uma conclusão também ela aparentemente incontestável, no sentido de que a existência de autoridades imunes a qualquer interferência hierárquica ou tutelar dos órgãos de condução da política geral do Estado, se mostrava em desconformidade com a Constituição.[945]

Esta discussão suscitou acesa polémica, devendo assinalar-se que durante algum tempo o próprio Conselho Constitucional procurou evitar pronunciar-se abertamente sobre o tema.[946]

As discussões doutrinais continuavam em franca expansão e o movimento de criação de autoridades independentes não paralisava totalmente, ou seja, à criação de novas entidades sucediam-se as discussões em torno da alegada violação da Constituição.[947]

autorités administratives indépendantes: L'exemple du secteur économique et financier", PUF, 2002, pp. 57 e seguintes.

944 Recorde-se que o termo foi utilizado pela primeira vez pelo Conselho de Estado, em Acórdão proferido em 1987, cit. por Marie-José Guédon, "Les autorités administratives indépendantes", LGDJ, 1998.

945 A violação do princípio democrático é assumida por Catherine Teitgen-Colly, "Les instances de régulation et la Constituition", Revue du Droit Public, nº 1, Paris, 1990, no sentido em que o princípio da soberania nacional consagrado no art. 3º da Declaração dos Direitos do Homem e do Cidadão, em cuja tradição política se insere o art. 20º da Constituição, exige e exprime a necessidade de qualquer poder público ser legitimado por procedimentos democráticos.

946 Como sabemos, a Constituição da República Francesa não consagra expressamente a existência destas autoridades, o que levou Jean Louis Autin, em "Les autorités administratives indépendantes et la Constitution", p. 33, a sustentar que a Constituição não prevê a existência de autoridades administrativas independentes, mas também não a proíbe.

947 De sublinhar, no entanto, que alguns autores, designadamente J. Chevallier em "Réflexions sur l'institution des autorités administratives indépendantes", Juris-Classeur Périodique – La semaine

Na verdade, era bem visível a discussão doutrinária relativamente à compatibilidade constitucional da criação de autoridades administrativas independentes.

A criação de autoridades administrativas independentes pelo legislador traduz uma manifesta violação dos princípios da soberania, bem como a violação do disposto no art. 20º da Constituição, segundo alguma doutrina, enquanto que, para outros, a sua admissibilidade deve fundar-se no princípio da "despolitização" de algumas funções do Estado, o que pode e permite o estabelecimento de contra-poderes, nomeadamente quanto ao reforço de competências do Executivo.[948]

Este debate doutrinário conduziu à "intervenção" do Conselho Constitucional no sentido de procurar uma solução consensual que possibilitasse assegurar a "integração" das autoridades administrativas independentes na administração pública, através da procura de sucedâneos institucionais aos recursos hierárquicos e tutelares.[949]

Esta "integração", não sendo organicamente possível pela inexistência de poder hierárquico por parte do órgão superior da administração pública relativamente aos actos e às actividades realizadas pelas autoridades, permitiu a busca de resposta diversa no sentido em que passou a ser entendido que tais actividades estavam subordinadas a controlo jurisdicional, entendido este, e nesta fase, como sucedâneo dos poderes hierárquico e tutelar.[950]

Mas, para prosseguir nesta senda "integrativa", a jurisprudência do Conselho Constitucional que se defrontava com as polémicas de muitos anos sobre a inconstitucionalidade da figura por violação do art. 20º da Constituição e pela violação do princípio da separação de poderes, confrontou-se com a necessidade de ir um pouco mais longe do que apenas considerar que o controlo jurisdicional podia ser entendido como "similar" ao controlo hierárquico e tutelar.

juridique, 1986, fasc. 3254, pp. 35 e seguintes, sustentam que existem vantagens na limitação do poder através de "ilhas administrativas protegidas da ingerência dos eleitos".

[948] No primeiro sentido, ou seja, no sentido da inconstitucionalidade, cfr. Catherine Teitgen-Colly em "Les instances de régulation et la Constitution", p. 218; no sentido inverso, ou seja, considerando que as autoridades administrativas independentes não violam a Constituição, cfr. Jacques Chevallier, em "L'État de droit", RDP, 1988, p. 313.

[949] Cfr. José Lucas Cardoso, "Autoridades Administrativas Independentes e Constituição", p. 127.

[950] É este o sentido do acórdão do Conselho Constitucional de 18 de Setembro de 1986, citado por Catherine Teitgen-Colly, em "Les autorités administratives indépendantes: Histoire d'une institution", p. 63.

Os seus objectivos eram, naturalmente, os de não inviabilizar o aprofundamento e o desenvolvimento dos poderes de criação, pelo legislador, de autoridades administrativas independentes.

Este intenso trabalho jurisprudencial permitiu realizar um verdadeiro enquadramento desta "experimentação" institucional que, sem estar isenta de várias decisões de não-conformidade, não travou efectivamente o desenvolvimento desta categoria.[951]

Esta "hábil" jurisprudência foi assim desenvolvida a partir da análise de cada uma das funções ou missões confiadas pela lei às autoridades administrativas independentes.[952]

Em primeiro lugar, quanto aos poderes de autoridade que a lei pode conferir às entidades e que se podem traduzir pela atribuição legal de competências em matéria de garantias fundamentais no exercício de liberdades públicas, a principal polémica situava-se a nível da eventual colisão com matérias reservadas ao Parlamento e ao Governo.[953]

Seria o caso, por exemplo, da atribuição de competência regulamentar que a lei, por vezes, atribui às autoridades administrativas independentes em eventual violação do disposto no art. 34º da Constituição, que atribui esta competência ao Parlamento, sobretudo nos domínios das garantias fundamentais dos cidadãos.[954]

É, naturalmente, uma matéria que não tem obtido os favores unânimes da doutrina, sobretudo pela via da análise desta questão em sede de princípio da unidade da actividade regulamentar que, para estes autores, é a própria tradução do princípio da unidade do Estado.[955]

Todavia, como acima referimos, o Conselho Constitucional já se pronunciou por algumas ocasiões e tem vindo a sustentar que o art. 20º da Constituição não impede o legislador de conferir a outros órgãos do Estado, que não

[951] Cfr. J. Bernard Auby em "Notas Finais" no Colóquio sobre autoridades administrativas independentes realizado em Paris e publicado em RFDA, nº 5, p. 891.

[952] Para mais desenvolvimentos sobre esta polémica, cfr. José Lucas Cardoso, "As autoridades administrativas independentes e a Constituição", pp. 130 e seguintes.

[953] Esta questão é suscitada por Catherine Teitgen-Colly, "Les instances de régulation et la Constitution", p. 160.

[954] Neste caso referimo-nos a entidades administrativas independentes que operam na área dos direitos fundamentais, como é o caso, por exemplo, da CNIL.

[955] Cfr. Catherine Teitgen-Colly, op. cit . p. 177, que defende que ao reconhecer tais poderes às autoridades chamadas a intervir nos domínios precisamente onde as liberdades públicas estão em causa, o legislador estará a restringir a sua própria competência.

o Primeiro-Ministro, a competência para fixar regras que permitam a aplicabilidade prática de uma lei.[956]

Este princípio formulado pela jurisprudência é actualmente entendido e concebido como uma "limitação" do poder regulamentar das autoridades administrativas independentes, no sentido em que o mesmo não pode ir além do campo de aplicação e do conteúdo dos mesmos regulamentos.[957]

No que toca à competência para a prática de decisões definitivas e executórias no domínio das missões de garantias de direitos fundamentais, quer a doutrina, quer a jurisprudência, têm vindo a sublinhar o entendimento de que os actos praticados pelas autoridades nestas matérias não podem assumir qualquer medida susceptível de restringir o exercício das liberdades fundamentais.[958]

Também no que se refere aos poderes investigatórios e de informação de que em regra estas autoridades são titulares, o problema coloca-se a propósito da eventual violação do disposto no art. 66º da Constituição.

Nestas situações, o Conselho Constitucional tem mostrado alguma flexibilidade na interpretação e aplicação do disposto na Constituição, no sentido em que aceita que a lei atribua tais competências às autoridades administrativas independentes, determinando, no entanto, que o seu exercício efectivo fique dependente de autorização e posterior controlo jurisdicional[959]

Sabemos, igualmente, que as autoridades administrativas independentes podem dispor do poder de aplicar sanções. Desde sanções "restritivas de direitos" até sanções de natureza monetária.

Tal como outros casos assinalados, também neste a doutrina e a jurisprudência teceram críticas e formularam dúvidas quanto à constitucionalidade destas competências.[960]

[956] Cfr. Acórdão de 18 de Setembro de 1986, e Acórdão de 28 de Julho de 1989, ambos citados em A. Laubadére/Jean Claude Venezia, Yves Gaudemet, "Traité de Droit Administratif", Tomo I, 11ª edição, Paris, 1990.

[957] Este é o princípio que se retira dos Acórdãos acima evidenciados.

[958] Cfr. Catherine Teitgen-Colly, "Les autorités administratives indépendantes: Histoire d'une institution", La vie judiciaire, 1988.

[959] Cfr. Acórdão do Conselho Constitucional de 12 de Janeiro de 1977, referenciado em Catherine Teitgen-Colly, "Les instances de régulation et la Constitution", p. 180.

[960] Cfr. a recente decisão do Conselho Constitucional nº 2013-331 de Julho, que declarou inconstitucionais as doze primeiras alíneas do art. L36-11 do Código, relativas aos poderes sancionatórios da Autoridade Reguladora das Comunicações Electrónicas e Postais, nos seguintes termos: *"N'est pas assurée la séparation au sein de l'Autorité entre, d'une part, les fonctions de poursuite et d'instruction des éventuels manquements et, d'autre part, les fonctions de jugement des mêmes manquements. Le principe d'impartialité est méconnu"*. Neste sentido e na sequência desta decisão foi ainda afirmado pelo

A evolução gradual e progressiva no tratamento desta questão pode ser observada através da jurisprudência. que tem vindo a admitir que, nestes casos, pode não subsistir violação do princípio da separação de poderes.[961]

Como resulta do texto que antecede, em França temos vindo a assistir a grandes polémicas relativamente aos poderes e competências que a lei deve outorgar a entidades administrativas independentes.

Consideramos que estas discussões teóricas e jurisprudenciais ainda não alcançaram o consenso indispensável que possa revelar a aceitação não só destas entidades, enquanto pessoas colectivas de direito público autónomas e independentes, como também do feixe das suas atribuições e competências para agir em domínios tão importantes e variados como sejam o caso dos direitos fundamentais e sociais, da economia e das finanças.

Recentemente foram realizadas jornadas de estudo protagonizadas pela Court de Cassation, a Universidade de Montpellier e o Centre d'Études et de Recherches de Sciences Administratives (CNRS – Université Paris), nas quais e sobre este tema, Aude Rouyére termina a sua intervenção proferindo as seguintes sábias palavras: "*Qui imagine et parle de cette constitutionnalisation? Selon qu'il s'agit de la doctrine, du juge ou des administrés, la question est abordée en vertu des préoccupations diverses: exercice de conceptualisation, détermination d'une compétence, demande d'une meilleure garantie des droits. Autin d'approches pour différent projets: Reconstruire l'organisation de l'État, garder des choses en l'État, défendre l'État de droit. Les significations que l'on peut attacher à une entreprise de constitutionnalisation sont variées, les voies empruntées en sont le révélateur*".[962]

Como se pode constatar a discussão em torno da compatibilidade constitucional da criação, cumulação de várias competências, definição das atribuições e competências das autoridades administrativas independentes não é um tema passageiro da doutrina e na jurisprudência francesas.[963]

Conselho que: "*elle est applicable à toutes les prócedures en cours devant l'Autorité de régulation des postes et des communnications électroniques ainsi que à toutes les instances non definitivement jugées à cette date*".

[961] É o que decore da doutrina firmada pelo Acórdão do Conselho Constitucional de 16 de Junho de 1989 que considera que "*o princípio da separação de poderes, bem como qualquer outro princípio ou regra de valor constitucional, não constitui obstáculo a que uma autoridade administrativa agindo no âmbito de um quadro de prerrogativas de poder público, possa exercer um poder sancionatório desde que, por um lado, a sanção aplicada seja exclusivamente não privativa de liberdade e, por outro lado, que o exercício do poder de sanção seja legalmente provido das medidas destinadas a salvaguardar os direitos e liberdades constitucionalmente garantidos*".

[962] Cfr. Revue Française de Droit Administratif, nº 5, Setembro/Outubro de 2010, Colloque "Les autorités administratives indépendantes: Une rationalisation impossible?".

[963] Cfr. Catherine Teitgen-Colly, "Les autorités administratives indépendantes; Histoire d'une institution", pp. 70/71; Jean Louis Autin, "Les autorités administratives indépendantes et la Cons-

IV. Critérios legitimadores da independência das entidades administrativas independentes

Tal como sucede na generalidade dos países de cujos ordenamentos jurídicos vamos dar conta neste capítulo, também em França as autoridades administrativas independentes gozam de ampla autonomia e independência, quer orgânica, quer funcional.[964]

Trata-se de entidades, criadas por lei, que não estão integradas na estrutura hierárquica da administração pública.[965]

Assim, para além da qualificação de autoridade administrativa independente que normalmente é adoptada pelo legislador francês quando institui estas autoridades, a sua independência, enquanto característica fundamental que lhes é reconhecida é, em regra, delimitada a partir de alguns critérios que a sustentam e legitimam.[966]

De entre eles devem ter-se como elegíveis os critérios relativos às regras de nomeação dos respectivos titulares e dos membros de direcção, bem como das relações entre estas entidades e o poder executivo.[967]

Assim, a idoneidade técnica e profissional, bem como a integridade moral, é uma exigência fundamental no que toca ao processo de designação e de nomeação dos membros de direcção destas entidades.

titution", p. 336; quanto ao poder de concentração de competências no âmbito das atribuições das autoridades administrativas independentes, ver Acórdão do Conseil Supérieur du Conseil Constitutionnele de 17 de Janeiro de 1989 e de 28 de Janeiro de 1989, citados por Marie José Guédon e referenciados por José Lucas Cardoso, op. cit., p. 135.

[964] Cfr. Relatório do Conselho de Estado de 2001, que considera quanto a este ponto que: *"L'indépendance des AAI tient en premier lieu à l'indépendance de leurs membres, tant vis-à-vis du pouvoir politique qu' à l'égard des secteurs professionnels visés par l'autorité"*.

[965] Cfr. Jean-Bernard Auby, em Colóquio sobre AAI, realizado na Universidade de Paris em Abril de 2010 quando, a título de exemplo, refere a criação da Comissão Nacional de Informática e Liberdades como a primeira autoridade que recebeu do legislador a qualificação de entidade administrativa independente e que, por determinação do Parlamento, não foi "integrada" no Ministério da Justiça.

[966] Teria sido Herbert Maisl que, no âmbito de parecer solicitado pelo Senado no decurso do processo de aprovação do diploma que consagrou a Commission Nationale de Informatique et des Libertés, formulou e concebeu o conceito de autoridades administrativa independente como uma entidade dotada de poder regulamentar, independente, na medida em que devendo e estando inserida no âmbito do Estado, não está sujeita a poder hierárquico, como nos dá conta J. Lucas Cardoso, op. cit., p. 93.

[967] Sobre este ponto específico, cfr. M. Jean-Marie Pontier,"La Composition et Les Pouvoirs des AAI", Tomo I: Rapport sur les autorités administratives indépendentes", Office Parlamentaire d'évaluation de la législation, Session ordinaire 2005/2006, Sénat, nº 404, p. 45.

Por outro lado, são também pressupostos legais deste processo de designação e de nomeação, os de que o respectivo mandato deve ser exercido em regime de exclusividade.

A duração dos mandatos compreende períodos de três (3) anos até período de cinco (5) anos.

Outro dos critérios a que nos devemos referir é, justamente, o das relações das autoridades administrativas independentes e o governo, que passa, a nosso ver, pela análise dos seguintes principais elementos:

(i) a análise da validade jurídica das instruções governamentais;
(ii) a competência revogatória do Governo; e
(iii) a verificação da legalidade dos actos por elas praticados.

Assim, e no que toca ao primeiro dos critérios focados, devemos sublinhar que, em princípio, as autoridades não podem "exorbitar" dos quadros legais em que a sua actividade se desenvolve, ou seja, não lhes é permitido desenvolver e configurar politicas à margem das políticas governamentais decretadas.

Porém, importa referir que sendo a regra geral de funcionamento das administrações o da existência de poderes hierárquicos, cabe averiguar se no caso das autoridades administrativas independentes o Governo pode emitir instruções ou ordens susceptíveis de "limitar" a forma de exercício das competências destas entidades.

A resposta parece ser uniforme, no sentido em que se considera que o Governo apenas pode dar meras "orientações" sem carácter vinculativo e sem que contendam com a validade jurídica das decisões da competência das autoridades.[968]

De igual modo, o Governo não dispõe de poderes de revogação dos actos praticados pelas autoridades administrativas independentes, ao contrário do que sucede no contexto da administração directa do Estado.

Finalmente, e em consonância com o regime antes descrito, os actos praticados pelas autoridades administrativas independentes apenas podem ser sindicados pelos Tribunais a pedido dos particulares e, em especial, dos destinatários dos respectivos actos e resoluções.

Ou seja, do ponto de vista funcional, as autoridades administrativas independentes, em regra, agem sem dependência de orientações ou ordens formuladas pelo poder executivo.

[968] Cfr. J. Lucas Cardoso, op. cit.

E bem se compreende que assim seja. Na época contemporânea, os nossos sistemas e, no caso, o sistema francês, tiveram tendência e até necessidade de se virarem para novos modelos mais próximos da realidade social e do mercado.[969]

As autoridades administrativas independentes são instrumentos privilegiados destes novos modelos. Elas representam a mudança correlativa, quer no seu estatuto institucional – à margem dos aparelhos hierárquicos clássicos, com representação dos interesses económicos e sociais respectivos – quer na sua produção – intervenções adaptadas às exigências de uma questão particular, forjadas num diálogo com os interesses em causa.[970]

A independência das autoridades reside na superação da imagem de um aparelho executivo monolítico e subordinado a uma cadeia hierárquica cujo titular máximo é concebido como o único responsável pelo funcionamento das diversas estruturas administrativas.[971]

Actualmente, o bem público representa uma profunda discussão pluralista e o confronto de interesses, por vezes antagónicos. A prossecução do interesse público não se mantém indissociavelmente ligado a uma cadeia ou estrutura hierárquica, pelo contrário, pode resultar dos procedimentos tendentes a harmonizar interesses divergentes.

É que, para além da questão das relações funcionais das autoridades com o poder executivo, a legitimidade e a independência destas entidades pode também ser olhada através dos "olhos" do cidadão consciente das conjugações de interesses que o aparelho público frequentemente encerra.

Para além da legitimidade da sua independência poder residir nos critérios de "imparcialidade" com que agem e ao abrigo dos quais são julgadas pelo poder de cidadania, as autoridades administrativas independentes estão, igualmente, submetidas a uma séria de "provas de validação".[972]

[969] Cfr. Paul Sabourin, "Les autorités administratives indépendantes dans l'État", no sentido em que *"a ideia de separar o Estado, pessoa moral de Direito Público, noção abstracta em si mesma, do Estado, poder político, realidade evidente, de modo a proteger os cidadãos, é uma grande e velha reivindicação cujas leis Montesquieu formulou em termos míticos. Como não é possível realizar este velho objectivo dentro do sistema constitucional francês e de o praticar ao nível político-administrativo, vemos aparecer "écrans" entre o poder político e a administração"*. Cfr. igualmente François Gazier e Yves Cannac , op. cit., que qualificam estas autoridades como ""cavalos de muda" *da acção dos poderes públicos em certos domínios onde a Administração não quer ou não pode agir ela mesmo"*.

[970] Cfr. Jean Bernard Auby, RFDA, nº 5, pp. 901 e seguintes.

[971] Trata-se de um mito que corresponde às administrações do passado, como "o mito da unidade", como refere Jean Bernard Auby no texto inserido no Colóquio publicado na RFDA acima identificada.

[972] Ver neste sentido as recentes recomendações formuladas pelo Senado com o objectivo de reforço das garantias de independência e de controlo democrático das entidades administrativas

Na verdade, estão sujeitas a rigorosas exigências processuais, a sua eficácia é vigiada pelos organismos que as mesmas substituíram e pelos sectores económicos e sociais a que dedicam a sua actividade, bem como pelo poder jurisdicional.

A independência das agências é, segundo Jacques Chevallier, "*uma das invenções mais notáveis da engenharia institucional do direito público contemporâneo*". [973]

Nas "Notas Finais" do Colóquio realizado em 2010 relativamente às autoridades administrativas independentes no direito francês, é afirmado de forma categórica que estas entidades são democráticas e não servem apenas como um meio cómodo de resolver problemas concretos de dilatação e de enfraquecimento dos processos de acção pública.

Devem, pois, ser entendidas como depositárias de uma legitimidade de "imparcialidade" que, na época contemporânea, é um complemento necessário à legitimidade de "estabelecimento" ligada à representação. É a sua própria independência, mais precisamente os impulsos da sua imparcialidade, que as torna fiáveis aos olhos dos cidadãos.

Estas autoridades não têm um estatuto de irresponsabilidade e de pura discricionariedade. Estão subordinadas a rigorosas exigências processuais e a sua eficácia é vigiada por vários controlos, incluindo os jurisdicionais.[974]

Resta a questão do controlo político – como é apresentada no Relatório do Senado Francês e na sentença do Supremo Tribunal do ano de 2007 – que é realizado pelo Parlamento, o qual dispõe de poder para criar e extinguir as entidades administrativas independentes, de aprovar ou recusar os seus orçamentos, bem como de realizar audiências aos seus responsáveis.

Os Estados não abdicaram de nada, adaptaram os seus métodos a um contexto profundamente renovado.[975]

independentes que passam, nomeadamente: (i) pelo reforço dos meios financeiros e humanos; (ii) pela autonomia de gestão orçamental; e (iii) pela autonomia de decisão quanto à utilização dos meios financeiros de que dispõe. Estas recomendações constam do *site* do Senado em http://www.senat.fr/rap/r05-404-1/r05-404-18.html.

973 Cfr. Jacques Chevallier, "Les Agences: effet de mode ou révolution administrative", em "Études en l'honneur de Georges Dupuis: Droit Public", Paris, 1997, LGDJ, p. 47.

974 É o que resulta de forma expressa da afirmação de Jean Louis Autin, "Le Devenir des autorités administratives indépendantes", RFDA, nº 5, 2010, pp.789 e seguintes, quando refere que: "*c'est surtout par un retour au pouvoir de controle du legislateur que les AAI semblent devoir consolider leus legitimité*".

975 Cfr. Jean Bernard Auby, "Notas Finais" no contexto do Colóquio cujos trabalhos e estudos são publicados na RFDA, nº 5, 2010 pp. 883 e seguintes.

Capítulo III
As Entidades Administrativas Independentes no Reino Unido

I. Enquadramento do Tema

Como sabemos, o modelo constitucional no Reino Unido assume características, regras e princípios que não são totalmente coincidentes com os ordenamentos jurídicos da Europa Continental.[976]

O direito não é entendido como um conjunto de normas de comportamento, ao contrário, apresenta-se como um conjunto de possibilidades processuais para obter ou sancionar comportamentos.[977]

O Juiz diz a regra ao acolher os meios processuais invocados e, dessa forma, aplica o direito ao caso concreto.[978]

Os meios processuais disponíveis no direito inglês para obter uma conduta ou um comportamento são os *remedies* e os Tribunais estão vinculados, desde a Magna Carta, ao princípio do *due process of law*, no sentido em que sempre que esteja em causa a liberdade ou a propriedade dos cidadãos estes têm direito a um processo justo e regulado por lei.

[976] Cfr. P. P. Craig, "Administrative Law", London, 4ª edição, 1994, p. 81; William Wade/Christopher Forsyth, "Administrative Law", 11ª edição, p. 551; Rui Machete, "O Contencioso Administrativo"; Marcello Caetano, "Manual de Direito Administrativo I", pp. 20 e 21, relativamente aos diferentes meios processuais previstos no direito inglês.

[977] Cfr. Pedro Machete em "Estado de Direito Democrático e Administração Paritária", p. 115.

[978] Cfr. Pedro Machete, "Estado de Direito Democrático e Administração Paritária", pp. 129 e seguintes, no sentido em que o *rule of law* é correspondente à Constituição, entendida como o conjunto de regras que são consequência dos direitos dos indíviduos, tal como definidos e aplicados pelos tribunais na sequência da utilização dos *remedies* facultados aos cidadãos pela *common law*.

A lógica da *common law* no que toca aos crescentes poderes das autoridades administrativas não podia ser e não foi ignorada, e foi essa a razão pela qual as mesmas foram integradas naquela lógica – a da *common law*. [979]

Neste sentido, o conceito de "jurisdição" foi alargado de modo a nele poder ser incluído o exercício de poderes públicos com objectivos de realização do seu controlo – *judicial review* – tendo por finalidade eliminar os actos da autoridade pública que excedam os respectivos poderes legais (doutrina *ultra vires*).

O sistema em menção parte, pois, da ideia do carácter "judicial" dos actos da administração que é, naturalmente, diverso do que sucede, por exemplo, na Alemanha, França e Portugal.[980]

Este sistema, como refere Sérvulo Correia, corresponde "*a uma visão crescentemente artificial e assenta na confusão entre a natureza dos actos considerados judiciais apesar de, na sua grande maioria, os actos da administração não serem funcionalmente jurisdicionais*".[981]

Esta "confusão" gerou disfunções no que se refere ao controlo dos actos praticados pelos órgãos da administração, pelo que é possível constatar o esforço que tem vindo a ser desenvolvido pela jurisprudência do Reino Unido com o objectivo de superar tal insuficiência.

A jurisprudência inglesa alargou o âmbito tradicional do *ultra vires* no que toca aos actos das autoridades administrativas, de modo a que o mesmo passasse a coincidir com a ideia de juridicidade no sentido em que o controlo dos actos passou a incluir o controlo da conformidade com o direito das decisões (*error of law*).

Como é assinalado no Relatório do Conselho de Estado Francês de 2001, a novidade e a originalidade do sistema inglês no que toca à sua organização administrativa, especialmente no que se refere às autoridades administrativas independentes, são bem evidentes com relação aos demais sistemas da Europa Continental.[982]

[979] Cfr. Pedro Machete, op. cit., que sustenta que à semelhança do que sucedia no direito romano, vigora no direito inglês um sistema de *actiones*, pelo que o *ius* pressupõe uma *actio* para o fazer valer.

[980] No sentido da diversidade de modelos de estrutura e de situação jurídica entre este e o da Europa Continental e da inexistência de um Direito Administrativo no Reino Unido, cfr. A. V. Dicey, "The Law of the Constitution"; Frank J. Goodnow, "The Principles of Administrative Law of the United States", Lawbook Exchanges, 2012.

[981] Cfr. Sérvulo Correia, "Direito do Contencioso Administrativo I", Almedina, 2005, pp. 125 e seguintes.

[982] Cfr. Relatório do Conselho de Estado Francês quando afirma que "*As originalidades do sistema britânico são nitídas. Em primeiro lugar, trata-se muitas vezes de um regulador individual. O diretor-geral não preside a uma comissão. Tem responsabilidade pessoal e por isso é fortemente mediatizado. Em segundo lugar as decisões do regulador britânico são susceptíveis de de recurso junto do organismo encarregado da concorrência*".

É, pois, neste contexto que nos cumpre dar nota da experiência britânica em matéria de autoridades administrativas independentes.

Em termos genéricos podemos dizer que a experiência britânica em matéria de autoridades administrativas independentes é conhecida sob a designação de *Quangos* (*Quasi autonomous non governamental organizations*).[983]

Segundo Parada Vasquez, a doutrina inglesa costuma referir que *"As administrações independentes são quase a regra geral da organização das funções e serviços públicos"*.[984]

Neste sentido e em termos da inserção destas autoridades no sistema de organização administrativa do Reino Unido, a mesma, segundo a generalidade dos autores, é a continuação da tradição britânica desde os séculos XVIII e XIX, que consiste em *"associar directamente as elites sociais e económicas à aplicação das políticas públicas"*.[985]

Todavia, um dos problemas mais sensíveis que se tem levantado em torno dos *Quangos* é, justamente, o da sua irresponsabilidade perante os poderes públicos, nomeadamente perante o Parlamento.[986]

Bem recentemente, Norman Chester afirmava que apesar de a Câmara dos Comuns ainda não ter encontrado um modo de fazer alguém responder perante si, a não ser os Ministros, não deve ser enjeitada a possibilidade de reforma do sistema, com o objectivo de *"tornar estes órgãos um pouco mais responsáveis"*.[987]

[983] A expressão é de P. P. Craig, em "Administrative Law", London, 1994, p. 81, e o termo pode ser definido como: "...quango *is an abbreviation of the phrase "quási autonomous non-governamental organisation" and is often use as an alternative to the abbreviation NDPB which stands for "non departmental public body""*.

[984] Cfr. J. Ramón Parada Vásquez, "Concepto y Fuentes del Derecho Administrativo", Marcial Pons, 2008, p. 270.

[985] Cfr. J. Ramón Parada Vásquez, op. cit.

[986] Cfr. quanto à legitimidade da existência das *agencies* o texto de P. P. Craig, em "Administrative Law", p. 94: *"A range of technical legal questions are raised by the existence of agencies. Are they emanations of the Crown? What remedies will be available against them? Can they be proceeded against in their own name or must the sponsoring department be joined? The answer will depending upon the way in particular organization was established. It difficult to exptrapole from one organization to another and it would be a Herculan labour to catalogue the answers to all such questions as they apply to all such organizations. There are, nonetheless, certain points of general importance which should be made, and these relate to the difference in is status of agencies created prior to, or independente of the Next steps initiative, and the next steps initiative, and the next steps agencies themselves"*.

[987] Cfr. Norman Chester, "Fringe Bodies, Quangos and all that", em Public Administration, Vol. 57, Issue 1, 1979, pp. 51 e seguintes; Keith Dowding , "The Civil Service: Theory and practice in British Politics", Londres, 1995.

O modelo que vigora no Reino Unido assume algumas particularidades, desde a forma da sua organização e funcionamento, bem como no que se refere ao âmbito de aplicação e ao regime de recurso das decisões dos *Quangos*.[988]

Sabemos, também, que a proliferação destas entidades ocorreu sobretudo na década de setenta, e de forma mais intensa com os governos de Margareth Thatcher, com o objectivo de, pela via da regulação independente, continuar a assegurar a prossecução de interesses públicos relevantes no contexto das privatizações e da política de liberalização de sectores e de empresas.[989]

Por outro lado, como teremos ocasião de ver, desde 1996 e até bem recentemente foram encetadas reformas significativas no contexto do regime jurídico das entidades administrativas independentes com funções de regulação, designadamente quanto a aplicação de critérios de simplicidade, eficácia, eficiência e redução de custos administrativos num sector tão importante, quer em termos do número dos *Quangos*, quer em termos das atribuições que lhes são outorgadas.[990]

Impõe-se, por isso, dar uma nota mais detalhada destes organismos no Reino Unido e das competências por eles exercidas.

II. Evolução do Modelo: Delimitação das áreas de intervenção das entidades administrativas independentes

1. Os "Quangos"

Como já se deixou mencionado, no Reino-Unido as autoridades administrativas independentes são designadas por *Quangos* ou por "*non-departmental public bodies*" (NDPBs). [991]

Há três tipos de organismos que assumem esta denominação: (i) os "*executive non-departmental public bodies*" (ENDPBs), que são organismos independentes que intervêm no âmbito de funções de regulação de um "serviço público"; (ii) os "*advisory non-departmental public bodies*" (ANDPBs), que são organismos

[988] Segundo o Relatório publicado em 1978 pelo Civil Service, referido em José Lucas Cardoso, op. cit., p. 72, a denominação "quango" já havia sido utilizada quando existiam cerca de 103 Quangos, 196 no ano de 1971, e 252 no momento da conclusão do dito Relatório que ocorreu em 1978.

[989] Cfr. Civil Service statistics (HMSO, annuel), Next Step briefing (Office of public service and science), disponível em http://www.ons.gov.uk/ons/rel/pse/civil-services-statistic/index.html, que no ano de 1995 haviam sido criados 97 novos *Quangos* no âmbito da Next Steps Reform.

[990] Parece não existir consenso quanto à denominação destas entidades, desde *agencies, fringe bodies, non departamental bodies* a *public corporation*.

[991] Apesar de tudo a designação não é pacífica. Segundo P. P. Craig, op. cit., trata-se de um termo ambíguo, dado que a característica essencial dos *Quangos* é serem "não departamentais" e "não governamentais". Este autor adopta o termo "agencie"para designar estas autoridades.

consultivos num domínio específico; e (iii) os "*tribunals*", que são organismos jurisdicionais especializados.[992]

Muitas destas autoridades dependem do governo, nomeadamente os *Quangos*, que foram criados ao abrigo das reformas da administração local e do serviço de saúde (*National Health Service*).[993]

Entre os "*Quangos*" que exercem missões de regulação no domínio dos serviços públicos assumem especial importância o "Director-Geral" do "*Office of Regulation*", por exemplo, "*Ofwat*", "*Offer*", "*Ofgas*", "*Oftel*" e, com maior frequência nos dias de hoje, uma "*Authority*", que assegura a concorrência leal no sector privatizado.[994]

Em diversos outros domínios, esta entidade, a "*Authority*", encarrega-se da fixação dos limites máximos dos aumentos de preços ("*price formula*"), como é o caso, por exemplo, do *Competition and Service (Utilities) Act 1992*, nos termos do qual o Regulador dos serviços públicos pode decretar as regras a observar pelos fornecedores dos bens ou serviços, bem como estabelecer as sanções aplicáveis pelo incumprimento das mesmas.

Do ponto de vista funcional, o Ministro responsável pela área em que intervém o *Quango* conserva poderes mínimos de intervenção directa, apesar de dispor de competências de acompanhamento pelo seu funcionamento nos casos em que responde perante o Parlamento.[995]

Todavia, apesar desta "intervenção limitada", as circunstâncias concretas e o evoluir da estrutura da organização administrativa têm vindo a legitimar

[992] O número de *Quangos* é difícil de estabelecer podendo apenas ser assinalado que no final da Segunda Guerra se assistiu a um movimento muito significativo de aumento e proliferação. O governo Thatcher teria sido responsável por este crescimento institucional, estimando-se a criação de 309 ENDPBs em 1996, com um orçamento superior a 190 mil milhões de libras. Mas a definição adoptada pelo Governo omite, por exemplo, as Administrações do Serviço Nacional de Saúde, que incluem 429 NHS Trusts e 108 Health Authorities. Por outro lado, se se considerarem os "Quangos" a nível local, chega-se a um número de 5573 "Quangos", com um orçamento total de 46,6 mil milhões de libras. Em Abril de 1999, as 91 ENDPBs com orçamento superior a 15 mil milhões de libras (há ENDPBs com orçamento inferior a este valor) gastam 22 mil milhões de libras com 95.000 trabalhadores, sendo a maior parte destes não funcionários públicos.

[993] Nestes casos, aos *Quangos* são atribuídos objectivos e meios de acção, podendo o respectivo titular político exercer um maior ou menor controle em razão do quadro normativo que lhes for aplicável.

[994] Cfr. John Bell, "O direito administrativo nos E.U.A.", edição nº 177, da Revista Justiça e Cidadania.

[995] Na verdade, apesar de o Direito inglês não reconhecer formalmente a noção de serviço público, considera-se e é aceite que certas actividades "privatizadas" mantêm uma importância pública tal que a actividade não seja totalmente deixada ao livre jogo do mercado.

uma cada vez maior capacidade inter-relacional entre o poder político e as autoridades administrativas independentes.[996]

Devemos igualmente assinalar que a proliferação dos *Quangos*, dos grupos de trabalho e demais instituições vocacionadas para intervenções de natureza administrativa, bem como as regras e os critérios legitimadores da nomeação de membros de administração destes organismos, têm sido objecto de preocupações recentes por parte do executivo, nomeadamente do *Committee on Standards in Public Life*, que no seu sexto Relatório se manifestou preocupado e veio assumir propostas no sentido de que o *Cabinet Office* formule critérios não só para identificar as "*Task Force*" e limitar a sua duração, bem como para definir a sua eventual extinção ou transformação em NDPB.

Os motivos da criação dos *Quangos* não são uniformes.[997]

Cada organismo tem a sua própria história. Alguns existem há muito tempo; outros são mais recentes. No séc. XIX, antes da reforma da Administração Local, numerosos serviços públicos eram considerados como *Quangos*.[998]

Apesar da heterogeneidade destas entidades, as mesmas apresentam algumas características comuns no que respeita a questões organizatórias e funcionais.[999]

Parece, no entanto, dever ser feita uma distinção assinalável entre os *Quangos* constituídos com base no *New Steps Report* e os restantes.[1000]

Assim, as "*agencies*" criadas no âmbito do *New Steps Reform* obedecem aos seguintes principais critérios:

[996] Foi o que sucedeu no contexto da greve dos caminhos-de-ferro em Outubro de 2000, que esteve na base do *Utilities Act 2000* e *Transport Act 2000*, em que foram reforçadas as competências ministeriais de intervenção pública.

[997] Cfr. Gerard Snow, "Le style législatif – Question de droit ou de langue?", Actes du Colloque de l' Université de Paris II, Maio de 1997, Col. Études Juridiques, Paris, 1999, pp. 88/98, referindo-se ao Relatório Pliatzki de 1980, onde se dá conta da existência de 490 *Quangos* executivos e de 1501 organismos consultivos.

[998] Assim, a lei do ensino escolar de 1870 confiou a criação de escolas públicas a "Boards" locais, e a Poor Law Act 1834 confiou o auxílio social aos "Poor Law Commissioners" locais.

[999] Neste sentido, José Lucas Cardoso, op.cit., p.75.

[1000] De sublinhar que no domínio desta reforma foram criados mais cerca de 92 *Quangos*, na sua maioria exercendo funções executivas definidas nos "acordos de estrutura" celebrados entre o Ministro do sector e o Tesouro, estabelecendo um plano de cooperação onde são fixados os objectivos a atingir e o regime financeiro, como decorre da lição de Fred Block, "Disordely Coordination: The Limited Capacities of State and Markets", *Paper* preparado para o Seminário Internacional em Instituições e Desenvolvimento Económico, realizado em 1997 no Rio de Janeiro; Mark Armstrong, Simon Cowan, John Vickers, "Regulatory Reform: Economic Analysis and Bristish Experience", Cambridge, The MIT Press, 1994.

a) Os seus poderes são traduzidos e definidos em "acordos de estrutura" subscritos entre o Ministro responsável pelo sector, a "*agencie*" e, nalguns casos, pelo Tesouro;
b) Estes acordos integram um "plano de cooperação" onde são fixados os objectivos, o regime financeiro, a política de pessoal e os serviços de apoio de que dispõem.[1001]

Quanto à sua composição, os órgãos dos *Quangos* revestem a forma colegial, sendo o seu Chefe o responsável pelos objectivos que são fixados, ou nos estatutos, ou no "acordo de estrutura".

A nomeação dos responsáveis da autoridade é da competência do Ministro do sector, podendo ser demitidos se não atingirem os objectivos fixados.[1002]

A expansão dos *Quangos* data dos anos sessenta e setenta e a mesma é fundada, no essencial, em cinco motivos principalmente determinantes da criação e/ou evolução destes organismos, a saber:[1003]

a) Em primeiro lugar, um dos motivos principais legitimadores sucessivamente invocado pelos Governos está relacionado com a dimensão do Estado e da sua administração pública, no sentido em que a respectiva diminuição aparecia como princípio fundamental das novas concepções "liberalizadoras";
b) Em segundo lugar, do ponto de vista da eficiência do aparelho administrativo, a criação de organismos externos aos ministérios aparecia como o modelo mais adequado ao exercício de funções de política administrativa;
c) Em terceiro lugar, no decurso dos anos noventa, discutiu-se intensamente a natureza de alguns problemas sensíveis, a que as novas tecnologias deram visibilidade, sobretudo a partir da discussão em torno da ou das entidades melhor colocadas para os solucionar;[1004]
d) Em quarto lugar, a política do governo Thatcher pretendia reduzir a importância dos poderes dos governos locais, o que legitimou, nesse

1001 Os *Quangos* instituídos independentemente do *Next Steps Reform* dispõem de poderes consagrados em estatuto próprio, que inclui as relações funcionais com o Ministro do sector.

1002 Cfr. Howard Machin, op. cit., quanto aos exemplos de domínio do Governo sobre os *Quangos* durante a ocorrência de duas maiorias parlamentares das décadas de 50 e 80, citação de J. L. Cardoso, op. cit., p. 76.

1003 Cfr. John Bell, artigo antes citado, na Revista Justiça e Cidadania.

1004 Criaram-se, assim, NDPBs como a *Human Fertilization and Embryology Authority* para regular a fertilização *in vitro*.

período, a criação de numerosos *Quangos* "integrados" na administração central;

e) Por fim, a nova gestão pública (*"New Public Management"*) deu lugar à criação de organismos que tinham por missão realizar a coordenação entre o sector público e o sector privado, como as *"Next Steps Agencies"*, agências que se mantinham organicamente integradas no interior do sector público, mas a partir desta nova orientação desligadas funcionalmente dos ministérios.

Como vem sendo dito, as autoridades administrativas independentes viram o seu número, bem como as suas competências e também as regras de controlo, serem significativamente alteradas no Governo Thatcher, passando as mesmas, na generalidade dos casos, a estar sujeitas ao controlo rigoroso do *National Audit Office* (equivalente ao Tribunal de Contas) e do *Public Accounts Committee* da Câmara dos Comuns.[1005]

Do ponto de vista da sua criação, a lei pode prever a possibilidade de os *Quangos*, nomeadamente os que desempenham funções na área da regulação, poderem criar directamente os seus próprios *Quangos*.[1006]

Um dos problemas que mais tem sido discutido no Reino Unido a propósito dos *Quangos* e da sua particular importância no âmbito da organização administrativa, é o da sua independência em relação ao poder político e aos sectores "regulados".[1007]

É vasto e intenso o debate público que se faz em torno do receio do desenvolvimento de clientelismo, no sentido em que se teme que o Governo prefira colocar os seus partidários nestas organizações em vez de nomear representantes dos interessados ou pessoas verdadeiramente experientes nos assuntos em causa (*expertises*).[1008]

1005 Foi com a denominada política do *Next Step Report* que Margareth Thatcher desenvolveu a criação de autoridades administrativas independentes.

1006 Por seu turno, as instâncias de disciplina profissional têm origens diversas. Algumas derivam da lei (ex.: *General Medical Council* para os médicos). Outras foram criadas pelos próprios estatutos da profissão (ex.: *Bar Council*). Relativamente às ANDPBs, algumas foram criadas por leis, mas outras foram-no, mais informalmente, por ministros. As "Task Force" e as "Next Steps Agencies" são de criação ministerial.

1007 Cfr. do ponto de vista das questões e das discussões públicas relativas aos critérios de independência dos Quangos relativamente ao poder político, Christopher Hood, George Jones, Collin Scott, Tony Travers, "Regulation Inside British Government: The Inner Face of Regulatory State", Oxford University Press, 1999.

1008 Tony Wright, membro do Parlamento britânico entre 1992 e 2010 e professor de Políticas Públicas da Universidade de Birmingham, refere-se a este processo de "quango-stuffing". A reacção

Subsequentemente a esta intensa discussão pública foram adoptadas regras imperativas no que respeita ao cumprimento de requisitos legais quanto às nomeações dos responsáveis dos *Quangos*, de que destacamos as seguintes:[1009]

(i) O Ministro deve continuar a ser responsável pela nomeação dos membros das ENDPBs;

(ii) O principal requisito que o processo de nomeação deve cumprir relaciona-se com as qualidades da pessoa nomeada, devendo ser estabelecidos critérios objectivos para identificar a experiência e o conhecimento técnico e científico dos dirigentes a nomear;

(iii) Nos procedimentos de apreciação das listas de candidatos, cada um deles deve instruir o processo com declarações certificativas de qualquer actividade política que tenha desempenhado nos cinco anos anteriores;

(iv) Com este objectivo foi criado um "*Commissioner for Public Appointments*", para controlar os processos de nomeação e receber as reclamações contra as decisões tomadas;

(v) O *Commissioner* tem responsabilidade relativamente às nomeações para o conjunto das NDPBs.[1010]

Nos anos que se seguiram à adopção destas regras foram suscitadas várias objecções às suas prescrições, nomeadamente quanto à aplicação indiscriminada da mesma a situações de facto diversas.[1011]

do Governo conservador a esta opinião foi a criação de uma comissão de inquérito, a "Committee on Standards in Public Life", presidida por um juiz da Câmara dos Lordes, Lord Nolan. Em 1995, o primeiro Relatório Nolan sobre a deontologia da vida pública propôs sete princípios de comportamento das pessoas envolvidas na vida política e no serviço público. Desses princípios, três têm uma importância fundamental: (i) *Integridade*: a ausência de ligação financeira ou outra susceptível de influenciar indevidamente as decisões; (ii) *Objectividade*: qualquer decisão ou nomeação deve ser fundamentada em critérios objectivos; (iii) *Transparência*: os motivos e as decisões devem ser tornados públicos e o público tem o direito a aceder a qualquer documento, excepto se o interesse geral exigir o contrário.

1009 Cfr. John Bell, Professor de Cambridge, "A experiência britânica em matéria de autoridades administrativas independentes", em Revista do Centre for Public Law, Cambridge University; John Clarke, Janet E. Newman, "The Managerial State: Power, Politics and Ideology in the remaking of Social Welfare", London, 2009; B. Guy Peters, "Governance and Comparative Politics", em John Pierre (ed.) "Debating Governance: Authority Steering and Democracy", Oxford University Press.

1010 Segundo John Bell, op. cit., nos anos de 1999/2000 foram feitas 2840 nomeações para o National Health Service.

1011 Os processos de nomeação e de renovação (anúncio público para a candidatura, candidatura apresentada por escrito, decisão tomada colegialmente) eram adequados para as funções a tempo

Por outro lado, o sistema de controlo sobre os *Quangos* pode ser exercido por três vias: (i) perante o Ministro e no respeito pelo estabelecido nos estatutos ou nos "acordos de estrutura"; (ii) perante o Parlamento nas comissões especializadas; e (iii) perante o Parlamento, de modo indirecto, colocando-os sob fiscalização da comissão parlamentar para a Administração, o que não tem sido considerado adequado para considerar suficientes as determinações em matéria de nomeações e em matéria de responsabilidade política.[1012]

Desde sempre, a experiência britânica das autoridades administrativas foi confrontada com dois tópicos contraditórios entre si: o primeiro deles é a pretensão de autonomizar da estrutura da organização administrativa as autoridades administrativas independentes; o segundo é o do "receio" de partidarizar as nomeações e de tornar "irresponsáveis" os dirigentes destas autoridades, quer perante o público, quer perante o Governo.[1013]

Apesar das medidas adoptadas para as nomeações, os critérios da imparcialidade e da transparência nem sempre foram assumidos pela comunidade como sendo os mais adequados à prossecução dos interesses públicos que as mesmas deveriam visar prosseguir.[1014]

A problemática dos custos inerentes ao funcionamento e às missões das autoridades administrativas independentes surgiu, inevitavelmente, dadas as exigências de qualificação que se colocavam relativamente às nomeações de peritos e técnicos para as entidades mais relevantes.[1015]

inteiro nas ENDPB, mas desadequadas à nomeação de um membro de uma ENDPB que apenas prestaria serviço um dia por mês. Principalmente as administrações do National Health Service queixam-se da incerteza que reinou durante muito tempo aquando das renovações de contrato. As NDPBs sublinhavam que a complexidade do processo desencorajava a candidatura de pessoas altamente qualificadas.

1012 Cfr. J. Lucas Cardoso, op. cit., p. 78.

1013 Em Outubro de 1988 o Commissioner for Public Appointements, sugeriu um processo mais célere e transparente para as nomeações dos dirigentes das *agencies*, tendo o Committee on Standards in Public Life declarado o seu apoio a estas medidas.

1014 Cfr. quanto aos problemas emergentes dos custos da burocracia, Christopher Hood, Collin Scott, "Bureaucratic Regulation and New Public management in the U.K.: Mirror Image Development?", Journal of Law and Society, Vol. 23, nº 3, 2996, pp. 321-345.

1015 O *Commissioner for Public Appointments* conduziu um inquérito para examinar a questão da representatividade, tendo reconhecido a necessidade de manter um equilíbrio justo entre as qualidades pessoais dos candidatos e a representação dos diferentes elementos da sociedade. Em 1999/2000 foram nomeados 39% de mulheres e 8,9% de membros de minorias étnicas. No entanto, as mulheres só constituíam 30% das nomeações de presidentes e as minorias étnicas apenas 5,7%. As pessoas com actividade política estão em maior número nas nomeações para o *National Health Service* (23,7%) que para as ENDPBs (12,1%). A idade média dos nomeados mantém-se elevada –

Neste contexto, é curioso assinalar que foram e têm vindo a ser feitos estudos de opinião relativamente ao funcionamento, às regras de nomeação, bem como às missões destas autoridades, com resultados que permitem considerar que o actual sistema não se mostra em sintonia total com a opinião pública britânica.[1016]

Do ponto de vista das missões outorgadas aos *Quangos*, as mesmas devem observar princípios fundamentais de actuação, nomeadamente os da ausência de qualquer interesse financeiro, da integridade, objectividade, responsabilidade, transparência, honestidade e exemplaridade.

Para tal, os *Quangos* devem aprovar o seu código deontológico onde se mostrem consagrados aqueles princípios, e observar o respectivo cumprimento. [1017]

Em síntese, parece ser possível considerar que apesar da existência em grande número de autoridades administrativas independentes no Reino Unido, as posições doutrinárias, e sobretudo políticas, não são pacíficas.[1018]

Na verdade, o controlo da "responsabilidade", ou seja, os mecanismos tendentes a verificar a independência dos *Quangos*, obedecem a dois possíveis mecanismos:

a) Mecanismos de controlo;
b) Mecanismos de responsabilidade.

Quanto aos *mecanismos de controlo* existe a possibilidade de o Ministro titular do departamento original influenciar a actividade do *Quango*, através do exercício do poder de superintendência.

Quanto aos *mecanismos de responsabilidade*, estes consistem no dever de prestar contas perante os cidadãos, nomeadamente através das autoridades politicas, ou seja, perante o Parlamento.

apenas menos de 20% dos membros das ENDPBs e das administrações do *National Health Service* têm idade inferior a 45 anos.

1016 O Office of the Commissioner for Public Appointements (OCPA) realizou, através de uma agência, uma sondagem sobre as regras de nomeação dos dirigentes das *agencies*, tendo na mesma sido concluído que de entre os que conheciam a matéria, 63% consideraram que a influência política era determinante no sistema vigente, 10% referiam que o peso da corrupção nas nomeações era determinante e apenas 6% consideravam que as nomeações em causa eram claras e transparentes.

1017 Refira-se que os *Quangos*, no âmbito das suas competências, estão vinculados à regra do *fair procedure* no sentido de permitir e possibilitar aos visados pelas suas decisões, o direito a apresentar as suas posições. No caso de ser exercida função disciplinar, o *quango* está vinculado a observar rigorosamente o princípio do *natural justice*, ou seja, a obrigação de *fair hearing*, bem como da regra da imparcialidade das suas decisões (*nemo iudex in causa sua*).

1018 No sentido da inexistência de polémicas no Reino Unido quanto às denominadas *Private Finance Iniciative (FPI)* surgidas na década de noventa, cfr. http://www.jus.com.br/artigos/5970.

Como já foi referido, os *Quangos* podem ser chamados a responder por três vias:

a) Perante o Ministro, dentro dos limites estabelecidos pelo estatuto;
b) Perante o Parlamento, directamente, através das respectivas comissões;
c) Perante o Parlamento, mas de modo indirecto, colocando-o sobre fiscalização da comissão parlamentar para a Administração.

Estas regras não têm impedido, contudo, que se continue a discutir as questões relativas à integração orgânica e funcional destas autoridades, bem como as regras relativas às questões da sua responsabilidade perante o Parlamento.

Na verdade, ainda na década de setenta eram sustentadas opiniões no sentido de que se tornava necessário reformar o sistema, com o intuito de tornar estas entidades mais responsáveis.[1019]

Do que se tem conhecimento, a Câmara dos Comuns tem vindo a realizar estudos e investigações relativamente à actividade dos *Quangos* por parte de comissões parlamentares.

Parece, no entanto, ainda não se ter logrado obter um consenso mínimo relativamente às missões, aos poderes de superintendência, bem como às regras de controlo jurisdicional e político que devem ser consagradas no Reino Unido.[1020]

2. Evolução do Modelo: As privatizações e a liberalização

Como é sabido, as privatizações e o fenómeno de liberalização da economia dos anos setenta do século passado tiveram como principal fundamento o de que o Estado não só deve ver o seu tamanho reduzido, como o Estado reduzido deve ser um Estado eficiente.

As políticas de regulação, através da criação de entidades administrativas independentes, levadas a cabo de forma significativa na era Thatcher, exigiam, em todo o caso, e na sequência do seu desenvolvimento e crescimento, uma

[1019] Cfr. Norman Chester, "Fringe Bodies, Quangos and all that", em Public Administration, Vol. 57, 1979, pp. 51 e seguintes.

[1020] J. Lucas Cardoso dá-nos nota em op. cit., p. 82, que P. P. Craig tem vindo a defender que a responsabilidade dos *Quangos* perante o Parlamento deve ser um sucedâneo da responsabilidade ministerial, enquanto que Mariano Baena Del Alcazar refere que na origem deste expediente esteve o facto da Câmara dos Comuns frequentemente ter obtido informações sobre as *public corporations* mas esbarrou sempre com a resposta do ministro do sector que alegava não ter autoridade sobre aquelas instituições, salvo em aspectos gerais e, em consequência, entendia não estar obrigado a responder sobre a respectiva actividade.

avaliação da sua actividade com o objectivo de proceder às reformas que se revelassem necessárias.[1021]

Um Estado mínimo significava a diminuição do Estado, mas não a diminuição das suas tarefas fundamentais e, de entre elas, as de proceder à coordenação e à regulação das actividades e dos sectores que, por força da política de liberalização e de privatização, passaram a ser geridas pelo sector privado em regime de propriedade ou de concessão.

O Estado liberal, como foi designado, pressuponha, por um lado, regras de concorrência transparentes e rigorosas e, por outro lado, a manutenção da prestação de serviço público.[1022]

Esta política foi prosseguida pela via da criação de autoridades administrativas independentes que, como já verificámos, durante longos períodos foi concretizada de forma casuística e heterogénea quanto às suas finalidades e missões, bem como quanto ao seu âmbito territorial ou institucional.[1023]

Assim, no que toca quer ao número, quer às actividades, quer às regras de nomeação dos responsáveis por estes organismos, em Setembro de 1997 foi criado um grupo independente de assessoria governamental, denominado *Better Regulation Task Force*.[1024]

[1021] Cfr. Cento G. Veljanovsky, Alan T. Peacock, Irwin M. Stelzer, "Regulators and the Market", Londres, 1991.

[1022] Recorde-se, por exemplo, que no âmbito do mercado de telecomunicações, o processo teve início no Governo Thatcher (1979/83), em que a Lei das Telecomunicações de 1981 determinou a separação dos serviços postais e dos serviços de telecomunicações do que resultou a criação da Bristish Telecommunnications (BT), uma empresa pública detentora da exclusividade da operação dos serviços telefónicos, e na abertura da rede básica para outro operador responsável pelo fornecimento de equipamentos terminais e dos serviços de valor agregado. Ainda nessa época foi privatizada a Cable & Wireless (C & W) que geria os serviços das antigas colónias, e que veio posteriormente a tornar-se proprietária da Mercury Communnications, Ltd. É neste sentido o documento "The Future of Telecommunications in Britain", de 1982, elaborado pelo Department of Trade & Industry. Posteriormente a BT foi privatizada em 1984, no segundo mandato de Thatcher, a partir da aprovação da Lei das telecomunicações de 8 de Abril de 1984, denominada Royal Assent. Foi neste período e através desta legislação que a lei formalizou a criação de uma agência de regulação, o Oftel (Office of Telecommunications).

[1023] Deve ser assinalado que no domínio das telecomunicações, a partir de 1997, a regulação britânica passa a realçar a competitividade e a incorporar as directrizes da União Europeia que estiveram presentes na Aprovação do Competition Act de 1998, que reforça a criação de mecanismos de defesa da concorrência e amplia os poderes do Oftel que, em conjunto com o Office of Fair Trading (OFT) passa a actuar de forma mais incisiva no julgamento e na aplicação de sanções a práticas abusivas. Cfr. Revista da Administração Pública nº 34 (5), Set/Outubro 2000, pp. 144 e seguintes.

[1024] É, pois, por isso que a simplificação, a proporcionalidade, a responsabilização das entidades reguladoras – no sentido em que devem justificar as suas decisões e estar preparadas para o escrutínio público –, a consistência nas formas adoptadas, a transparência, bem como a regra segundo

Esta Comissão desempenhou um importante papel na investigação, análise e estudo dos modelos existentes de autoridades administrativas independentes e esteve na origem da criação, em Janeiro de 2006, de uma Comissão permanente, denominada *Better Regulation Commission.*[1025]

Mais recentemente, em 28 de Junho de 2007, foi criado o *Department for Business, Enterprise and Regulatory Reform* (BERR).[1026]

Os princípios fundamentais que foram sendo sucessivamente eleitos com o objectivo de adequar as políticas públicas e as políticas "desregulatórias" podem ser traduzidos pela imposição das seguintes principais regras: (i) proporcionalidade; (ii) responsabilidade; (iii) consistência; (iv) transparência; e (v) objectivos a atingir.

Ou seja, a proliferação destas autoridades, o valor excessivo de alguns dos seus orçamentos, a *irresponsabilidade* assinalável perante o poder político, a multiplicidade das áreas em que intervém, bem como a sua inserção central ou local, levou a que o poder político procedesse à revisão do seu regime e estatuto.

É neste sentido que os autores referem que, para além da reestruturação já realizada, o passo seguinte da reforma seria o de estabelecer, como pilar das medidas de regulação, as bases para a redução da carga administrativa, no sentido de prosseguir objectivos de simplicidade na tomada das respectivas decisões.[1027]

Por outro lado, resultou igualmente dos trabalhos desenvolvidos pela legislação e, em sua execução, pelas comissões de peritos encarregadas da revisão do modelo de regulação, que o mesmo deveria corresponder ao princípio da subsidiariedade na suas acções, traduzido em *Regulation, Less is More, Reducing Burdens, Improving Outcomes.*[1028]

a qual o regulador deve decidir o caso concreto (*targeting*) são princípios fundamentais adoptados pela Task Force acima identificada que, segundo resulta dos textos da reforma da regulação no Reino Unido, continuam a ser privilegiados pelos responsáveis políticos.

1025 Já em 1986, no governo Thatcher, foi aprovada uma Compliance Cost Assessment, com o objectivo de quantificar os custos dos novos modelos de regulação, como refere Andrés Betancor Rodriguez em "Mejorar la regulación", Marcial Pons, 2009, p. 126.

1026 O documento base para a realização dos trabalhos de reforma são fundados nos Principles of Good Regulation, Better regulation Task Force, e podem ser consultados em http://archive.cabinetoffice.gov.uk/brc/upload/assts/www.brc.gov.uk/principlesleaflet.pdf. De sublinhar que o Presidente deste Grupo foi o próprio Primeiro-Ministro Gordon Brown.

1027 Cfr. Gavin Drewry, "Public Private Partnership: Rethinking the boundary between public and private law", 2000; Stephen Osborne, "Public Partnership: Theory and practice in International perspective"; Christopher Pollott, "Managerial and Public Services: The anglo-american experience", 2ª edição, Oxford University Press, 1991.

1028 Este documento foi elaborado e publicado por incumbência do Primeiro-Ministro Tony Blair e pode ser consultado em http://archive.cabinetoffice.gov.uk/brc/upload/assets/www.brc.gov.uk/lessismore.pdf.

No contexto das finalidades da reforma em curso, foram subsequentemente propostas e aceites pelo Governo Britânico um conjunto de recomendações, de que destacamos as seguintes:

(*i*) Criação de um organismo permanente encarregado de monitorizar e acompanhar as consequências das medidas de redução da carga administrativa relativas às agências;
(*ii*) A utilização e adopção do modelo *Standard Cost Model* para permitir a quantificação do valor da carga administrativa;
(*iii*) Estabelecimento de objectivos de redução da carga administrativa; e
(*iv*) Inclusão do objectivo da simplificação no *Regulatory Impact Assessment*.[1029]

Como se verifica através destas recomendações, passou a ser assumido que a função de regulação levada a efeito pelas autoridades administrativas independentes tinha um custo que importava quantificar para efeitos de ponderação do custo-benefício do próprio sistema.

A quantificação e avaliação dos custos do modelo foi objecto, em Março de 2005, através de decisão do Ministro P. Hampton, de um estudo relativo ao "*Reducing Administrativa Burdens: Effective Inspection and Enforcement*" que procedeu à avaliação, tendo apresentado determinadas propostas em relação também ao controlo administrativo das actividades de regulação.[1030]

O Relatório Hampton analisa igualmente a estrutura regulatória com o objectivo de propor soluções tendentes a alcançar uma melhor e mais eficaz regulação.[1031]

De acordo com este objectivo, o Relatório em menção considera que as estruturas regulatórias que se dedicam a missões de inspecção e de controlo das actividades privadas deveriam observar os seguintes principais princípios:

(*i*) Os reguladores e o conjunto das entidades regulatórias devem exercer as suas missões através do estabelecimento de prioridades pela via da concentração dos seus recursos nas actividades prioritárias;
(*ii*) Os reguladores devem ser responsáveis pela eficácia e eficiência das suas actividades, apesar da pertinência da sua independência;

[1029] Cfr. André Betancor Rodriguez, op. cit., pp. 129 e seguintes.

[1030] Este documento pode ser consultado em http://www.berr.gov.uk/files/file 22988.pdf.

[1031] Segundo os dados deste documento, ao tempo da respectiva elaboração existiam 63 reguladores dedicados a matérias de inspecção e de controlo, bem como mais de 600 entidades a nível das 468 autoridades locais.

(iii) Reduzir e/ou não proceder à criação de novos reguladores nos casos em que se verifique a suficiência dos já existentes em matéria das suas competências;
(iv) Melhorar a coordenação das entidades reguladoras nacionais com as entidades reguladoras locais;
(v) Estabelecer prioridades no que se refere às actividades exercidas pelos departamentos e pelos reguladores; e
(vi) Melhorar as regras de controlo do conjunto do sistema regulatório.

Em resultado dos trabalhos, estudos, análises e propostas contidas nos diversos documentos antes citados, que estabelecem os pilares normativos tendentes a melhorar as regras legais aplicáveis aos reguladores no Reino Unido, formou-se a convicção de que, quer a sua estrutura institucional, quer a realidade prática subjacente, careciam de um quadro normativo que procedesse ao enquadramento daquela função em estrita obediência à lei.

Foi o que veio a suceder através da aprovação do *Legislative and Regulatory Reform Act* (L&RRA) em Novembro de 2006, que concretiza o acto legislativo em que se consubstancia, actualmente, o regime jurídico da regulação no Reino Unido, tendo estado na origem da aprovação de um Código denominado *Regulation Compliance Code*.[1032]

Trata-se de um marco fundamental na reforma da regulação, entendida esta como a actividade levada a efeito pelas autoridades administrativas independentes, que devem subordinar a sua acção aos seguintes fundamentos essenciais: (i) transparência; (ii) regras de controlo; (iii) proporcionalidade; e (iv) consistência e necessidade.[1033]

Este Código contém o conjunto das regras que devem ser observadas pelos reguladores no contexto da actividade que exercem.

Ou seja, a evolução legislativa no Reino Unido no tocante às regras relacionais e de funcionamento dos *Quangos* assumiu, como deixámos referido, uma importância muito particular.

Na verdade, para além do estatuto específico e próprio de cada um destes organismos, no Reino Unido foi-se um pouco mais longe e foi definido o

[1032] Este projecto de Código foi apresentado pelo Department for Business Enterprise & Regulatory Reform, em Março de 2006. Após um longo período de consultas foi submetido à aprovação de ambas as Câmaras do Parlamento, que o aprovaram em Novembro de 2007, tendo o mesmo entrado em vigor em 6 de Abril de 2008.

[1033] Segundo se dispõe no art. 32.2., entende-se por regulação a função que permite ao abrigo da lei a fixação de restrições, condições ou o estabelecimento de orientações ou regras relativamente às actividades sob regulação.

enquadramento normativo que baliza e enquadra o regime jurídico do conjunto dos *Quangos*, de modo a que as regras da simplicidade, transparência e controlo de custos sejam susceptíveis de aplicação e de verificação no contexto da Boa Governação dos agentes de regulação.[1034]

III. Compatibilidade constitucional das entidades administrativas independentes

As questões relativas ao problema enunciado são tratadas e analisadas de forma diversa no Reino Unido.

A pedra angular do sistema, como sabemos, é a da responsabilidade ministerial perante o Parlamento por todas as actividades exercidas no âmbito de cada um dos ministérios.[1035]

Como sabemos, os "*Quangos*" surgem na linha de "*uma tradição secular britânica de delegar em autoridades locais e em corpos profissionais a responsabilidade de administrar a maior parte dos serviços públicos*". Esta tradição remonta aos séculos XVIII e XIX e consiste em "*associar directamente as elites sociais e económicas à aplicação das políticas públicas*".

Esta circunstância permite que a maioria da doutrina entenda que as administrações independentes são quase a regra geral da organização das funções e serviços públicos.[1036]

Todavia, segundo outros autores, o sistema britânico de governo parlamentar é manifestamente hostil à criação e proliferação de autoridades administrativas independentes.[1037]

Ora, o sistema britânico assenta nas relações de responsabilidade ministerial, no sentido em que o Ministro é responsável pela totalidade dos actos e decisões provenientes de qualquer agente ou serviços do seu ministério e, nessa medida, pode ser chamado a prestar contas dos mesmos perante o Parlamento.

Este sistema tem levado os autores a considerar que estas regras são relevantes, no sentido em que traduzem o princípio da subordinação de toda a

[1034] Sobre esta matéria, cfr. Donald Macrae no "Seminário Internacional de Avaliação do Impacto Regulatório: Experiências e contribuições para a melhoria da qualidade da regulação", realizado em Outubro de 2007, publicado em Regulação e Agências Reguladoras, organizado por Pedro Ivo Sebba Ramalho, da Casa Civil da Presidência da República Federativa do Brasil, pp. 255 e seguintes.

[1035] Cfr. por todos, I. N. Stevens, "Constitutional & Administrative Law", London: Pitman, 1993, pp. 43/44.

[1036] Cfr. P. P. Craig, op. cit., p. 89.

[1037] Neste sentido, cfr. Nino Longobardi, "La Amministrazioni Independenti: profili introdutivi", em Scritti per Mario Nigro, Vol. II, Milão, 1991.

administração ao executivo, e desta face ao legislativo, através da plenitude da regra da hierarquia administrativa.

Se a criação de *Quangos* tem tido por consequência o "desvirtuar" destas regras, é de considerar que o desenvolvimento da autonomia destas organizações enfraquece o princípio da responsabilidade ministerial.[1038]

É neste sentido que também alguns outros autores têm sustentado que o "*crescimento dos fringe bodies constitui uma agressão evidente ao sistema de governo parlamentar e ao princípio democrático, segundo o qual todos os que desempenham um cargo público devem ser totalmente responsáveis perante o eleitorado, quer por meio de um Ministro responsável perante o Parlamento, quer de um conselho local eleito*".[1039]

A evolução do modelo, apesar das críticas formuladas no sentido de que o mesmo se revela antagónico aos princípios democráticos e de responsabilidade política, tem levado, sobretudo no contexto das transformações ocorridas nas décadas de setenta e oitenta do século XX, e que originaram a criação de uma multiplicidade de entidades reguladoras de sectores e de actividades, ao repensar desta nova estrutura institucional no sentido de procurar determinar novos modelos que salvaguardem os princípios fundamentais do sistema britânico.

Surgem assim, nos finais da década de setenta, algumas orientações doutrinárias no sentido de reformar o sistema para tornar estas autoridades "*um pouco mais responsáveis*".

A aplicação daquele princípio tem vindo a ser traduzido na ideia de que deveriam ser as próprias autoridades a responder perante o Parlamento.[1040]

A salvaguarda da "constitucionalidade" deve ser, assim, garantida pela via da responsabilidade directa das autoridades administrativas independentes perante o Parlamento.

IV. Critérios legitimadores da independência das entidades administrativas independentes

O sistema britânico, ao contrário do que sucede nos EUA, em que é possível determinar e identificar o ponto de partida para a criação de entidades desta natureza, não nos proporciona a determinação no tempo da génese desta figura.[1041]

[1038] É a posição defendida por Frank Moderne, op. cit., pp. 212/213.

[1039] Cfr. Norman Chester, op. cit., p. 54.

[1040] É o que resulta das posições sustentadas por P. P. Craig, op. cit.

[1041] Recorde-se que foi apenas através do relatório do *Civil Service* publicado em 1978 que foi divulgado o número bem como as atribuições das entidades susceptíveis de ser qualificadas como *Quangos*.

Tanto quanto nos dizem os autores, esta figura é sempre associada à forma de governação tradicional do Reino Unido.

Ao que parece, desde sempre e até agora, os verdadeiros problemas que como tal se assumem no Reino Unido traduzem-se pelas discussões em torno das questões de responsabilidade das agências e não pelas matérias relativas à sua independência orgânica e funcional.

Ou seja, o que assume particular significado nesta matéria no Reino Unido é a procura de um modelo que se mostre apto a dar resposta a uma questão nuclear: Que método ou que sistema deve ser acolhido que permita que o Parlamento possa controlar, quer o funcionamento, quer as actividades exercidas por estas autoridades.

A qualificação dos *Quangos* como autoridades independentes surge assim da própria legislação delas criadora, da sua não integração ou ligação a qualquer serviço ou ministério, bem como da forma, dos métodos e dos meios que utiliza para a prossecução das suas actividades.

Não encontramos, neste contexto, uma discussão profunda quanto aos critérios aferidores da independência das agências, o que nos leva a considerar que este não é um problema nuclear do sistema britânico.

Na verdade, a designação dos dirigentes destas autoridades é feita pelo Ministro responsável pelo sector de actuação do *Quango*, e não existem regras fixadas quanto a garantias de inamovibilidade ou de irrevogabilidade dos seus mandatos.[1042]

Os *Quangos*, autoridades administrativas independentes em virtude da sua própria "existência", são independentes, não recebendo ordens ou instruções do poder executivo e não tendo, no momento, qualquer disposição regimental que estipule e regulamente as regras de responsabilidade perante o Parlamento.[1043]

O que pode equivaler a afirmar que é pacífica a existência de autoridades administrativas independentes no Reino Unido, centrando-se as maiores preocupações doutrinais e políticas na busca de soluções racionais e eficientes

[1042] Cfr. quanto ao modelo da Comissão dos monopólios e das fusões (*Monopolies and Mergers Commission*) criada em 1949, os seus estatutos foram aprovados definitivamente em 1973 e neles se dispõe que os seus membros são nomeados pelo Ministro competente e as despesas de funcionamento são suportadas por subvenções estatais.

[1043] Ver nota 172 de J. Lucas Cardoso, op. cit., que refere, citando Mariano Baena del Alcanzar, que: "*a Câmara dos Comuns tem pretendido frequentemente obter informações sobre as public corporations, mas esbarrou sempre com a resposta do ministro do sector que alegava não ter autoridade sobre aquelas instituições salvo em aspectos gerais e, em consequência entendia não estar obrigado a responder sobre a respectiva actividade*".

que se mostrem aptas a garantir a transparência, a imparcialidade e a legalidade das respectivas decisões e, sobretudo, garantir regras de *accountability* perante o Parlamento.

A título de exemplo, refira-se que o sector eléctrico estava nacionalizado desde 1947 e, por isso, concentrado nas mãos do Estado.

Em 1989 teve início a reestruturação do sector com a publicação do *Electricity Act* que criou o cargo de *Director General of Electricity Supply* que, entre outras missões, dispunha da competência para supervisionar o *Office of Electricity Regulation – OFFER* –, órgão independente encarregado de regular o monopólio natural da rede de transmissão e de criar sistemas de controlo de preços.

Em Março de 2001, o modelo até então em vigor, tendo presente as "deficiências" nele detectadas, deu origem ao *New Electricity Trading Arrangement – NRTA* –, nos termos do qual a electricidade passou a ser comercializada em quatro mercados interdependentes.

Os preços baixaram, a regulação impôs-se, e o mercado funcionou.[1044]

V. Evolução Recente do Modelo

As questões relativas à reforma da organização da administração, tal como noutros ordenamentos jurídicos, também se têm feito sentir no Reino Unido.

Na verdade, os custos, as "falhas" nos regimes de *accountability* e, sobretudo, as questões emergentes das vantagens e dos inconvenientes relativos à existência de um sector da administração que se tem vindo a alargar – sem que sobre a mesma tenha sido possível, até agora, definir regras claras quanto às competências e às diversas formas de actuação "isentas" de qualquer controlo "político"–, tem estado na origem das discussões em torno da necessidade de reformar, no sentido de redimensionar, as entidades incumbidas de missões de "regulação".

Em 1999, a Comissão Parlamentar competente elaborou um Relatório em que se referia à necessidade de se proceder a uma maior clarificação e consistência dos *Quangos*.[1045]

[1044] Cfr. para desenvolvimentos sobre esta matéria, a da regulação do sector eléctrico no Reino Unido, John Bower, "Why did Electricity Prices Fall in England and Wales? Market Mechanism or Market Structure?", Oxford Institute for Energy Studies Working Paper, 2002; Evans J., J. Green, "Why did British Electricity Prices Fall after 1998?" disponível em http://www.econ.cam.ac.uk/electricity/publications/wp/index.html.

[1045] Trata-se da *Public Administration Select Committee Quangos*, de 9 de Novembro de 1999, em HC 209 1998-99, referindo-se nestes termos à questão: "*greater clarify and consistency to be brougt to the confusing network of bodies which play a crucial role in Bristish Government*".

Discutiu-se, igualmente, de forma intensa, a própria definição de tais entidades com o objectivo de proceder à sua reforma.[1046]

Também em 1999, David Cammeron, ao tempo líder do Partido Conservador, afirmou a necessidade de se proceder a uma profunda revisão e reforma dos "*Quangos*".[1047]

No contexto desta política era afirmado, entre outros pontos, que a existência destas entidades deveriam passar o teste da sua justificação e, para isso, seria necessário verificar se:

a) A função exercida pelo *Quango* carecia efectivamente de ser levada a cabo por especialistas e peritos;
b) A imparcialidade das decisões dos "*Quangos*" justificava de forma evidente os custos a ela inerentes pagos pelos contribuintes; e
c) A inexistência de "interferência" da política continuava a poder ser concebida como uma regra fundamental da transparência das decisões dos *Quangos*.[1048]

Para além destes pontos, devemos realçar que a polémica em torno da reforma dos *Quangos*, designadamente no que se refere aos custos inerentes a esta organização, teve a participação da *TaxPayers Alliance* no sentido do apoio a uma reforma dos mesmos.[1049]

No início do ano de 2010, o Tesouro britânico apresentou publicamente a *Reforming Arm's Length Bodies*, em que foram identificadas as principais razões das "ineficiências" e dos "elevados custos" com o modelo, tendo simultaneamente apresentado um conjunto de reformas no sector.[1050]

1046 Segundo o Cabinet Office, Public Bodies, 2009, p. 5: "*Os NDPBs podem ser agrupados nos seguintes grupos: Executive NDPBs – typically established in statute and arrying out executive administrative, regulatory and/or comercial functions. Examples include the Environment Agency, Regional Development Agencies and National museums and galleries; Advisory NDPBs – provide independente expert advice to Ministers on a wide range of issues. Examples include Low Pay Commision and the Committee on Standards in Public Life; Tribunal NDPBs – have jurisdiction in a specialised field of law. Examples include Valuations Tribunal; Independent Monitoring Boards of Prisions, Immigration Removal Centres and Emmigration Holding rooms – formerly known as Boards of Visitors, these are independente "watchdogs" of the prision system*".

1047 Cfr. discurso de David Cammeron, "Cutting the Cost of Politics" proferido no Parlamento em 8 de Setembro de 2009.

1048 Cfr. Public Administration Select Committee, "Smaller Government: Shrinking the Quango State", Janeiro de 2011, HC 537-2020-11, p. 128.

1049 Cfr. Taxpayers Alliance, "ACA to YJB: A Guide to the UK's Semi-Autonomous Public Bodies", 2007-08, p. 4.

1050 Cfr. HM Treasury Reforming Arm's Length Bodies, Março 2010, p. 11.

Uma das áreas que mereceu mais atenção no estudo em menção relaciona-se com os problemas decorrentes da *accountability* e, nessa medida, segundo o Governo: "...*that the primary objective of his reforms to public bodies was increasing accountability*".[1051]

Em Maio de 2010, o *Coalition Agreement* consagra uma política de redução do número e dos custos com os *Quangos*.[1052]

Em Outubro de 2010, Francis Maude fez um anúncio no Parlamento no sentido de que dos 901 *non departamental public bodies, non ministerial departments* e *governement owned public corporations and trading funds*, 192 foram desqualificados e passaram apenas a ser "comissões de peritos"; 118 foram objecto de fusão ou de agregação mantendo-se apenas 57; 171estavam a ser objecto de análise mais aturada tendo em vista a sua "reforma estatutária"; 40 mantinham-se "*under consideration*".

No contexto deste anúncio reformador foi decidido que todas as entidades passavam a ficar subordinadas a regimes de auditoria trienal, com o objectivo assumido de "...*expected to become more open, accountable and eficient*".[1053]

A denominada "*Public Bodies Bill*" (HL), que consagrava as propostas precedentes, foi votada em Novembro de 2010.[1054]

Mais recentemente e no que toca à regulação da comunicação social, a discussão no Reino Unido assumiu um grande significado a propósito das escutas do *News of the World*.[1055]

[1051] No dicurso proferido sobre o tema em 14 de Outubro de 2010, o Ministro responsável pela reforma, Francis Maude, afirmava expressamente que: "...*the importante presumption that when an activity is carried out by the state, and there is no pressing need to do so at arm's length from government, it should be carried out by someone who is accountable democratically, either a Minister who is accountable to this House, to the public, or a local authority that is accountable to the local residents*".

[1052] Cfr. HM Government, The Coalition: Our Programme for Government, p. 16. No mesmo sentido, no discurso da Rainha na abertura do Parlamento, publicado em HL Deb 25 de Maio de 2010, pode ler-se que: "*The cost of bureaucracy and the number of public bodies will be reduced*".

[1053] Cfr. Cabinet Office, Public Bodies Reform – Proposals for Change, 14 de Outubro de 2010, em que foi salientado que: "...*these reforms are the first and necessary step to restoring proper democratic accountability to public life and signal a complete culture change in government, from one that ducks difficult decisions, is opaque and allows profligacy, inflated salaries and waste, to an administration which is open and transparent about what it does, takes responsability for its actions and is mindful of every penny of taxpayers money*".

[1054] Este documento foi alvo de algumas críticas, sobretudo em sede de atribuição de competências governamentais para a realização da reforma, nomeadamente a que foi elaborada pelo Select Committee of the Constitution, publicado em Public Bodies Bill (HL) de 4 de Novembro de 2010, em HL Paper 51 2010-11; Delegated Powers and Regulatory Reform Committe, em Public Bodies Bill (HL) 12 de Novembro 2010, em HL Paper 57 2010-11.

[1055] Referimo-nos ao escândalo relativo às investigações feitas pela Polícia ao grupo Murdock que levaram ao encerramento do jornal.

Na sequência destes factos foi realizado um relatório, elaborado por Lord Levenson, divulgado em Agosto de 2013, em que propõe a criação de um organismo independente da indústria e do Governo, com responsáveis nomeados de forma "transparente e aberta", devendo ser dotado de poderes suficientes para conduzir investigações acerca das quebras sérias e sistemáticas das regras, bem assim como poderes de arbitragem e de aplicação de sanções que podiam atingir 1% das receitas das empresas titulares dos *media*.

Esta proposta Levenson foi alvo de várias criticas, de entre elas as do próprio Primeiro-Ministro que tem a seu lado, nomeadamente, o *Sun* e o *Daily Mirror* que consideram intolerável qualquer controlo dos *media* por parte do poder.

A maioria das empresas deste sector pretende e apoia a criação de um organismo de regulação, verdadeiro e próprio, com poderes de investigação e de aplicação de sanções, mas "desvinculado" do Estado e com participação maioritária do sector envolvido.[1056]

Após largo tempo de discussões sobre o tema, as mais recentes notícias dão conta de um acordo entre os três principais partidos para estabelecer medidas de regulação da imprensa através de um novo órgão de fiscalização regido por uma Carta Real, com poderes de investigação, compulsórios (obrigatoriedade de correcções com destaque nos jornais) e de aplicação de multas até 1 milhão de libras.

A criação deste organismo envolve, naturalmente, a mudança do regime actual de auto-regulação que tem vigorado no Reino Unido.

A reforma da regulação de que se tem vindo a falar engloba também a reforma do mercado e dos serviços financeiros.

As crises financeiras e económicas surgidas na sequência do fenómeno designado de *sub prime*, ocorrido nos EUA, teve repercussões a nível mundial e exigiu, naturalmente, uma profunda reflexão em torno dos modelos e dos sistemas de supervisão financeira.

Este mesmo movimento foi verificado no Reino Unido.

Em Junho de 2010, o Governo anunciou mudanças significativas no modelo de regulação do sector financeiro, através da separação institucional da regulação prudencial e da regulação prospectiva.[1057]

[1056] São neste sentido as posições defendidas pela Newspaper Society, uma associação de jornais britânicos fundada em 1836 para defender o interesse das publicações nacionais e locais.

[1057] Cfr. o site da FSA, que se refere, entre outros aspectos, às mudanças de supervisão, salientando que: "*Firms that are dual regulated such as banques, insurers and major investments firms, will be super-*

Na sequência desta decisão, a *Finantial Services Authority*, uma entidade administrativa independente criada com fundamento no *Finantial Services and Markets Act* de 2000, foi extinta e em seu lugar, como acima referimos, foram criadas duas instituições, a saber:[1058]

a) A *Prudential Regulation Authority* (PRA), que passa a ser responsável pela promoção da estabilidade e da prudência do sistema financeiro, nele se incluindo os bancos de investimento, as seguradoras e os bancos de retalho; e

b) A *Finantial Conduct Authority* (FCA), que passa a assumir as funções de regulação do retalho, grossista, mercados financeiros e infraestruturas de suporte. Esta entidade assegura ainda a regulação prudencial das empresas e/ou sectores não enquadrados no âmbito de intervenção da PRA.

A *Finantial Conduct Authority* é independente do Governo, é constituída pelas empresas subordinadas à regulação, e os seus responsáveis são nomeados pelo Tesouro.[1059]

Como podemos constatar, as regras relativas aos organismos independentes no Reino Unido, quer do ponto de vista formal, quer substancial, têm a vindo a ser modificadas em razão da própria evolução dos mercados e das relações internacionais que aqueles exigem.[1060]

Assim, desde a revisão do número de entidades administrativas independentes (*Quangos*) e das funções que lhe estão cometidas, que tem tido como consequência a eliminação de grande número de tais instituições, até à reforma da regulação no sector das comunicações, bem como da regulação financeira, prudencial e de conduta, o Reino Unido apresenta-se nos dias de

vised by two independent groups for prudencial and conduct...", em http://www.fsa.gov.uk/about/what/reg_reform.

1058 A FSA respondia perante o Tesouro do Reino Unido e, através dele, perante o Parlamento. Tratava-se de uma entidade independente composta totalmente pelas empresas "sujeitas a regulação". Cfr. FSA – "Who are we?", disponível no correspondente *site* antes referenciado.

1059 Do ponto de vista das relações da FCA (Financial Conduct Authority) no domínio da prestação de contas, a mesma deve reportar ao Office of Fair Trading que, por sua vez, reporta à Competition Commission, sempre que verifique que existe um caso de práticas anti-competitivas. Cfr. http://www.fca.org.uk/about/governance.

1060 Devemos sublinhar, no entanto, que a composição dos reguladores financeiros no Reino Unido é diversa da que vigora noutros países, dado que, como já sublinhámos, estes são compostos integralmente pelas empresas que operam nas áreas ou sectores regulados.

hoje, liderado pelo Partido Conservador, como um dos países dos que estudámos com maior intensidade reformadora.

É, aliás, curioso assinalar que foi com um Governo Conservador que foi intensificado o modelo regulatório, através da criação de entidades administrativas independentes e que é, justamente, o mesmo Partido que está no momento a levar a efeito uma profunda reforma subordinada a princípios de "custo" da regulação; "regra da necessidade", bem como "da subsidiariedade".[1061]

[1061] Neste sentido, ver as profundas discussões que têm ocorrido no Reino Unido a este propósito, em Julia Black, "Constructing and contesting legitimacy and accountability in polycentric regulatory regimes", em Regulation & Governance, London School of Economics and Political Science (2008), nº 2, pp. 137-164; Anthony P. Barker, "Quangos in Britain:Government and the network of public policy-making. The role on independente regulatory agencies in policy-making: a comparative analysis", em Journal of European Public Policy, 2009, nº 16, pp. 445-465.

Capítulo IV
As Entidades Administrativas Independentes nos EUA

I. Enquadramento do Tema

As autoridades administrativas independentes, como tal qualificadas pela lei ou pelo intérprete a partir do quadro normativo envolvente, representam hoje, do ponto de vista da organização administrativa, um importante e significativo instrumento ao dispor dos Governos para prosseguir políticas de "intervenção" ou de "desintervenção" em áreas definidas como prioritárias.[1062]

Como já tivemos ocasião de referir, a criação e o desenvolvimento deste tipo de entidades surgiu, nuns casos, em consequência da necessidade de uma maior intervenção do Estado em áreas sensíveis da economia, cujo exemplo mais paradigmático é o da criação, em 1889, da *InterState Commerce Commission* nos EUA, e, noutros casos, com fundamento na necessidade de regular sectores que, por força do novo enquadramento de funcionamento do Estado, decorrente de fenómenos de liberalização e privatização, careciam de ser regulados, mas agora através de organismos independentes.[1063]

Para uma maior compreensão destas novas formas de organização administrativa parece-nos que as influências recíprocas entre os diversos quadros

[1062] O termo "desintervenção" aqui utilizado deve entender-se no sentido em que os Estados pela via da privatização de sectores ou de empresas se retiram do papel de produtor, distribuidor e gestor. Fala-se também, neste contexto, em "desestadualização" de sectores ou de empresas. Neste contexto e para apuramento conceitual, cfr. Pedro Gonçalves, "Entidades Privadas com Poderes Públicos...".

[1063] Neste sentido, cfr. Howard John Davies, director da revista da London School of Economics, "The Finantial Crisis: Who is to blame", Polity Press, 2010.

normativos e operacionais, no que toca à criação, bem como ao desenvolvimento de tais estruturas, assumem particular relevância.[1064]

Com efeito, a estrutura da organização administrativa dos Estados nos finais do século XIX é, naturalmente, diversa e diferente daquela que é hoje dominante na generalidade dos países.

A respectiva evolução, desde as formas de Estado caracterizadas por regimes absolutos, liberais, intervencionistas e reguladores, reveste-se de grande importância, no sentido em que a apreensão exacta e rigorosa da actual estrutura da organização administrativa surge como o desenvolvimento lógico e coerente do próprio desenvolvimento do Estado Moderno.[1065]

É pois, por isso, que é importante conhecer, em traços largos, a razão pela qual nos EUA esta "nova fórmula estrutural" se revelou diversa da dos restantes países que a acolheram, de modo a podermos compreender, em toda a sua extensão e alcance, os efeitos que dessa evolução emergem no âmbito da teoria da organização administrativa.[1066]

Como teremos ocasião de verificar, a razão de ser da adopção de um modelo diverso de organização administrativa nos EUA e na Europa, através da criação de autoridades independentes, resulta do facto de, como todos os autores afirmam sem hesitação, a criação deste modelo na Europa traduzir uma indicação clara da transição do Estado intervencionista do passado para o Estado Regulador do futuro.[1067]

O que aconteceu foi a constatação de que os métodos tradicionais de regulação e controlo – poder legislativo e poder administrativo centralizado

[1064] Cfr. Luisa Torchia, "Il governo delle differenza: Il princípio di equivalenza nell ordenamento europeo", 2006, quanto à distinção de motivos de criação de agências nos EUA e nos países europeus. No primeito caso, a filosofia prevalecente é "mais Estado", enquanto que na Europa a criação de entidades de regulação surge associada aos processos de privatização e de liberalização, ou seja, a uma filosofia de "menos Estado".

[1065] Cfr. do ponto de vista da evolução das estruturas de organização, Harold Seidman, Robert Gilmour, "From the positive to regulatory state", 4ª edição, Center for the study of the Presidence and Congress, Vol. 18, nº 2, 1988; Martin Shapiro, "Who Guards the Guardians: Judicial control of administration", Political Science Quartely, Vol. 104, nº 1, 1989, pp. 172-173; Joseph E. Stiglitz, "Economics of Public Sector", 3ª edição, W. W. Norton, 2000.

[1066] O motivo principalmente determinante da criação, nos EUA, da Interstate Commerce Commission, em 1889, não foi o mesmo que presidiu à criação, nos países europeus, nomeadamente em França, da Commission Nacionale de l'Informatique et des Libertés, através da Lei 78-17, de 6 de Janeiro. No sentido da diversidade de fundamentos assinalados, ver Vincent Lamanda, em Colloque sur "Les authorités administratives indépendantes: Une rationalisation impossible?", RFDA, nº 5 (2010), pp. 873 e seguintes.

[1067] Cfr. por todos, Relatório do Conselho de Estado Francês de 2001.

– estavam a desmoronar-se sob a pressão poderosa das forças tecnológicas, económicas e ideológicas.[1068]

No caso específico sobre que vai versar o presente título – os EUA – devemos começar por dizer que a trajectória das autoridades administrativas independentes foi sendo edificada através de uma política de "intervenção" pública na economia fundada, na prática, em decisões conjunturais de natureza política.[1069]

A evolução destas autoridades teve um importante contributo do *Progressive Movement*, que concebia como intolerável a ingerência política do governo sobre a administração, e defendia uma administração pública profissional, técnica e de confiança, cujas decisões deveriam ser regidas pelos princípios da estabilidade, autonomia e eficiência.[1070]

A evolução e a consolidação das agências neste país foram intensificadas na sequência das convulsões económicas, bélicas e sociais registadas na primeira parte do século XX, de entre elas, a Depressão e as guerras.

É neste período que surgem novas e mais poderosas entidades administrativas independentes, sobretudo por terem passado a ter legitimidade que lhes foi conferida pelo Congresso.[1071]

É, segundo alguns autores, a idade dourada das autoridades administrativas independentes.[1072]

Nas últimas décadas do século XX verificou-se um movimento inverso nos EUA, com a intensificação das denominadas "teses unionistas", adversas às autoridades administrativas independentes com fundamento na falta de base constitucional, legitimidade democrática e inexistente responsabilidade política.[1073]

[1068] Ver por todos, Paulo Otero, "Legalidade e Administração Pública", pp. 316 e seguintes.

[1069] Cfr. Glen O. Robinson, "American Bureaucracy: Public Choice and Public Law", Michigan University Press, 1991.

[1070] Cfr. Marshal J. Breger, "Independent Agencies in the United States: Law, structure and politics", Oxford University Press, 2015.

[1071] Na verdade, segundo o modelo adoptado nos EUA, o termo Independent Regulatory Agencies é utilizado para, de acordo com a definição constante na Executive Order 12866, que remete para o 44 U.S.C. 3502(5) *"...is used to refer to Federal agencies that have been established by Congress to have a certain amount of Independence from the President"*.

[1072] Cfr. Marshal J. Breger, G. Edles, "Established by Practice: The theory and operation of independent federal agencies"; Robert E. Cushman,"The independent regulatory commissions", Institute of Public Administration, New York, 1941.

[1073] Cfr. John L. Fitzgerald, "Congress and separation of powers", New York, 1986; Jonathan B. Baker, "Continuous regulatory reform at the Federal Trade Commission", Admistrative Law Review, Vol. 49, nº 4, 1997, pp. 859-874; Randolph J. May, "Recent Developments in Adminstrative

Estas teses, apesar do seu significado e das suas motivações, não tiveram sequência no que se refere à consolidação das agências independentes nos EUA.

As mais recentes discussões sobre esta matéria versam sobre as condições adequadas a uma reforma das agências, o que pressupõe, como mais adiante iremos ver, que as mesmas estão consolidadas e que as actuais preocupações se relacionam com a consagração de regras impeditivas da sua "captura" pelo poder político e pelos sectores regulados.[1074]

II. A Evolução do Modelo: Delimitação das áreas de intervenção das entidades administrativas independentes

1. As *Independent Regulatory Agencies*: Uma experiência pioneira

Não se estranhará que nestas primeiras linhas relativas ao surgimento de agências independentes nos EUA digamos que os esquemas organizatórios e funcionais do Estado dos finais do século XIX correspondiam às respectivas atribuições, encaixando-se, por isso, na dimensão que os mesmos assumiam.

Mas a sociedade não se queda no imobilismo.

O mundo mudou desde o final do século XIX e, sobretudo, durante a primeira metade do século XX.[1075]

Os fenómenos da imigração, da colonização, da independência e da guerra civil, bem como a expansão das actividades proporcionada pela revolução industrial e tecnológica, geraram inevitavelmente a necessidade de revisão e reforma do Estado e a correspondente procura de novos modelos institucionais.

Foi, na verdade, nos EUA que primeiramente "nasceu" a ideia da regulação concebida como uma função governamental.[1076]

Parece, pois, ser inquestionável afirmar que o berço histórico desta revolução institucional ocorreu nos EUA.[1077]

Law – An essay on an opportunity for institutional Agency Reform", Administrative Law Review, Vol. 56, nº 4, 2004, pp. 1307-1325.

[1074] Neste sentido, cfr. "Final Plan for Retrospective Analysis of Existing Rules of Federal Communications Commission", de 18 de Maio de 2012.

[1075] Hoje, e sobretudo a partir da década de setenta do século XX, a natureza das mudanças é diversa. No texto o que pretendemos ilustrar é a mudança da sociedade agrícola para a sociedade industrial.

[1076] É neste sentido que interpretamos as Leis Sherman de 1890 e Clayton de 1914, que tiveram como objectivo o de combater os acordos e prevenir as concentrações excessivas. Para maiores desenvolvimentos sobre o tema, cfr. Randal C. Picker, "The InterState Commerce Act and The Sherman Act: Playing RailRoad Tycoon", Marquete Law Review, Vol. 95, nº 4, 2012, pp. 1135 e seguintes.

[1077] Cfr. para maiores desenvolvimentos, Linda Jeng-Braun, "Governance of Markets in the United States and the European Union – A Comparative Survey of SEC Regulation NMS and the EU Markets in Finantial Instruments Directive", Setembro de 2007.

O que é curioso assinalar é que o fundamento ou a razão de ser para a criação destas agências residia em dois paradigmas fundamentais: (i) na manutenção da regra da não-intervenção do Estado nas relações económicas privadas; mas, do mesmo passo; e (ii) na verificação da necessidade de intensificação da presença do Estado no mesmo domínio.

Ou seja, nos EUA do que se tratava no início deste processo era de melhorar a "arte de governar", no sentido em que era necessário corrigir as disfunções do sistema, mas não modificá-lo.[1078]

Como refere James M. Landis a este propósito, em palavras bem eloquentes. "*The administrative process is, in essence, our generation's answer to the inadequacy of the judicial and the legislative processes. It represents our effort to find an answer to those inadequacies by some other method than merely increasing executive power. If the doctrine of the separation of power implies division, it also implies balance calls for equality. The creation of administrative power may be the means for the preservation of that balance, so that paradoxically enough, though it may seem in theoretic violation of the doctrine of the separation of power, it may in matter of fact be the means for the preservation of the content of that doctrine*".[1079]

A experiência conhecida dos EUA, no que diz respeito à criação de medidas tendentes a superar institucionalmente as dificuldades emergentes da necessidade de combater práticas anti-concorrenciais e de garantia de prossecução de interesses gerais, é a mais antiga nos tempos modernos, e traduziu-se na definição e concretização de uma política de criação de agências independentes.[1080]

Nos EUA a intervenção crescente do Estado centralizado e organizado em estruturas dele dependentes não se compaginava com as doutrinas sociais e políticas que enformavam e modelavam o conceito prevalecente de Estado

[1078] O acesso a documentos administrativos surge nos EUA na Federal Administrative Procedure Act de 1946, a que se seguiu, na respectiva concretização, o Freedom of Information Act (FOIA) que se reportou, em 1967, a uma modificação no Federal Administrative Procedure Act; em 1977 foi criada a Privacy Protection Study Comission que tinha por objectivo regular as intromissões governamentais na vida privada dos cidadãos; a Tax Reform Act de 1976, que tinha por finalidade preservar a confidencialidade das declarações de impostos; e a Privacy Protection Act relativa à comunicação social e aos arquivos.

[1079] James M. Landis foi Presidente da Security and Exchange Commission entre 1934 e 1937 e membro da Federal Trade Commission entre 1933 e 1934.

[1080] Para maiores desenvolvimentos sobre este tópico, cfr. Paul S. Verkuil, "The Purposes and Limits of Independent Agencies", Duke Law Journal, Vol. 1988, nº 2/3, pp. 259-279, e também disponível em: http:scholarsship.law.wm.edu/facpubs/1029.

naquele país, traduzidas nas diversas Constituições estaduais e na Constituição Federal.[1081]

Os conceitos de "regulação", no sentido da criação de um seu instrumento de eleição – as comissões independentes – foram efectivamente observados pela primeira vez nos EUA.[1082]

Na verdade, com fundamento na Lei Shermann de 1890 e na Lei Clayton de 1914, bem como na sentença Munn contra o Estado de Illinois de 1877, foram concebidas e criadas as primeiras autoridades de regulação americanas, sob a forma de comissões independentes (*Independent Regulatory Commissions* ou IRC), instituídas pelo Congresso.[1083]

A primeira entidade de que temos notícia, com as características de independência face ao poder politico e aos interesses económicos, composta por comissários nomeados por um período fixo, sem possibilidade de demissão e escolhidos pelo Presidente com parecer e autorização favorável do Senado, é a *Interstate Commerce Comission* (ICC), criada em 1887, entidade destinada a "regular" os transportes ferroviários interestaduais nos EUA.

Pode, pois, dizer-se com toda a confiança e nos mesmos termos da generalidade da doutrina, que esta agência representou o modelo orgânico que inspirou a criação de autoridades administrativas independentes, primeiro em França em 1978, e depois em alguns outros países da Europa Continental.[1084]

De referir, aliás, que o modelo de Estado americano pressupõe a ausência de uma administração central "fraca". Não existia, e ainda não existe, uma administração como a que existia e existe em França ou até na Alemanha, que habitualmente eram interventoras na economia e no social.

Podemos dizer que a "regulação" americana, ao contrário da europeia, começou por traduzir: (i) uma política de nacionalizações de indústrias estra-

[1081] Cfr. Constituição dos Estados Unidos da América, aprovada pela Convenção Constitucional de Filadélfia – Pensilvânia, em 17 de Setembro de 1787.

[1082] Cfr. sobre este tópico, Graham K. Wilson,"Interest Groups (Comparative politics)", 1990; B. Dan Wood and Richard Waterman, "The dynamics of political control of bureaucracy" em American Political Science Review, 1991, Vol. 85, nº 3, pp. 801-808.

[1083] Esta agência independente foi criada com o objectivo de "regular" os caminhos-de-ferro (mais tarde também a camionagem) na sequência de grandes manifestações públicas de indignação ocorridas nos anos de 1880 contra as más práticas e abusos praticados pelos operadores. Este movimento ficou conhecido como Granger Movement. Esta agência foi extinta mais tarde em 1995, tendo sido as suas competências transferidas para o *Surface Transportation Board*.

[1084] Cfr. Relatório do Conselho de Estado Francês de 2001.

tégicas e dos monopólios; (ii) uma planificação económica e da politica industrial; e (iii) uma política de auto-regulação corporativa.[1085]

As comissões de regulação independentes americanas são independentes do executivo, mas mantêm laços de colaboração e cooperação com o Congresso, representando, para alguns dos seus críticos, um problema relativamente ao princípio da separação de poderes, na medida em que são titulares de poderes legislativos, executivos e até quase-jurisdicionais.

Em suma, podemos dizer que a história da criação de autoridades administrativas independentes nos EUA passou por quatro fases, a saber:[1086]

a) A primeira fase deve reportar-se a 1887, no momento histórico em que deflagraram disputas vigorosas entre as empresas de transporte ferroviário que detinham o poder de fixar livremente as suas tarifas e os fazendeiros do Oeste que, actuando como grupo de pressão, pretendiam a regulação das tarifas, bem como do preço de armazenamento dos seus cereais. Nasceu assim, em 1887, a ICC – *InterState Commerce Commission* e, um pouco mais tarde, a FTC – *Federal Trade Commission*, que tinham como missão fundamental a de regular e "controlar" as condutas anti-concorrenciais e monopolistas;[1087]

b) Uma segunda fase que se pode situar entre 1930 e 1945, traduzida pelo desenvolvimento e pela proliferação de comissões independentes, tendo-lhes sido conferida uma ampla e vasta autonomia e fortes poderes de intervenção na economia;

c) Uma terceira fase pode ser ilustrada pela criação, em 1946, de uma nova lei de enquadramento – APA – *Administrative Procedural Act* –, cujo objectivo foi o de procurar tornar mais uniforme e homogéneo o processo de tomada de decisões das agências;

d) Uma quarta fase, entre os anos de 1965 até ao início dos anos 90, em que os instrumentos do "*regulatory state*" (as agências de regulação) revelavam fenómenos de "captura" pelas entidades, grupos e empresas reguladas, motivando, desse modo, alterações substanciais no domí-

[1085] Neste sentido, cfr. G. Majone, "A Comunidade Europeia, Um Estado Regulador", pp. 220 e seguintes.

[1086] Para maiores desenvolvimentos sobre o tópico, cfr. Edward Balleisen, Elizabeth Brake, "Historical Perspective and Better Regulatory Governance: An Agenda for Institutional Reform" em Rethinking Regulation Working Paper Series, organized by The Kenan Institute for Ethics at Duke University, October, 2012.

[1087] Cfr. Federal Trade Commission, "About the Federal Trade Commission", em http://ftc.gov/about-ftc.

nio das regras de nomeação, bem como de controlo sobre o funcionamento das agências.[1088]

Fala-se pois, hoje, da Reforma Institucional das Agências.

Desde finais da década de oitenta e até aos nossos dias, os autores referem que o processo de consolidação das agências independentes passa pela sua redefinição com o objectivo de fortalecer o modelo regulador independente, através da fixação de controlos externos adequados para reforço da sua independência.[1089]

Parece ser esta a fase em que se encontra actualmente o sistema norte-americano, a que não é alheio naturalmente o momento político que o mundo hoje vive.

As "falhas na regulação" são usualmente apontadas como a causa determinante do colapso financeiro que se vive desde 2008.

Daí que se discuta intensamente o modelo que "falhou" e o modelo que não pode voltar a falhar.[1090]

De qualquer modo, e tendo em vista o objectivo que nos propusemos, parece ser importante descrever as mutações que ocorreram no sistema após a criação da primeira agência independente, e o desenvolvimento que as mesmas geraram no que respeita à evolução deste novo modelo.

2. Evolução do Modelo: O *New Deal*

A Depressão de 1929 teve consequências profundas, entre outras, no funcionamento e na organização do poder político. Era necessário ultrapassar constrangimentos de toda a ordem e natureza que assolaram o mundo, e sobretudo os EUA.

[1088] Este fenómeno teria desvirtuado as finalidades que estiveram presentes na definição e instituição dos novos modelos de regulação desvinculados do poder político. Os privados teriam exercido o seu vasto poder económico e de influência com a finalidade de se substituírem ao poder político e serem eles próprios a determinar o conteúdo do poder de regulação.

[1089] Cfr. neste sentido, Michael H. Davis, "L'expérience américaine des "independente regulatory commissions"", RFDA, 1988; sobre os poderes dos grupos de pressão, cfr. M. Duverger, "Sociologia da Política – Elementos de Ciência Política"(tradução portuguesa de A. Gonçalves), Coimbra, 1983, p. 319.

[1090] De referir que uma das áreas que mais tem preocupado doutrina e o poder político nos EUA se centra na questão dos "custos da regulação" estimados pelos especialistas em mais de 710 biliões de dólares para o financiamento das agências federais. Neste sentido e em termos mais desenvolvidos, cfr. estudo no âmbito da OCDE, "Regulatory Impact Analysis", 2015, disponível em: Yesem Yilmaz, "Private Regulation: a Real Alternative for Regulation Reform", em Policy Analysis, nº 303, 1998.

Neste contexto, o Presidente Roosevelt apresentou ao Congresso, em 1933, uma nova política que ficou conhecida como o *New Deal*, e que se traduziu como um instrumento fundamental de legitimação de uma nova política de intervenção do Estado na economia.[1091]

Esta nova política intervencionista fundada, aliás, na tradição americana a partir da ascensão ao poder de Roosevelt em 1933, justificou e legitimou, de forma mais acentuada, no campo que é objecto do nosso estudo, a necessidade de criação e de multiplicação de "agências".

Segundo a generalidade dos autores, as comissões reguladoras independentes foram uma resposta de compromisso. Por um lado, a necessidade de regular a economia (ao arrepio do paradigma liberal) e, por outro lado, a necessidade de manter o Governo fora da economia.[1092]

Por isso se densificou esta fórmula, totalmente original, de comissões reguladoras independentes, autoridades públicas com funções tipicamente administrativas, não integradas no executivo, nem pertencendo, do ponto de vista orgânico, à sua administração.

A característica fundamental da sua independência residia no facto de os seus membros, embora nomeados pelo executivo, serem dele independentes dado o carácter da respectiva inamovibilidade e da insusceptibilidade de sobre eles ser exercido qualquer poder hierárquico.

As agências independentes norte-americanas ainda hoje dispõem de amplos poderes regulamentares, de extensos poderes administrativos decisórios, nomeadamente no domínio de concessão de licenças e autorizações, bem como de poderes sancionatórios.[1093]

O exercício destas competências por parte das agências estava sujeito a controlo jurisdicional pelos tribunais e, em nenhuma circunstância ou modalidade, estava subordinado a qualquer tipo de tutela por parte do poder executivo.

[1091] Baseada, como sabemos, nas doutrinas económicas de Keynes, que ao tempo foram aplaudidas. Para maiores desenvolvimentos em torno do "nascimento", desenvolvimento e crescimento das instituições de regulação nos EUA, cfr. Steve P. Calandrillo, "Responsible Regulation: A sensible cost-benefit risk versus risk aproach to Federal Health and Safety Regulation", Boston University Law Review, nº 81, 2002, pp. 957 e seguintes.

[1092] Cfr. Michael H. Davis, op. cit.; Nino Longobardi, "Le administrazione independente", em Scritti per Mario Nigro, Vol. II, Milão, 1991, p. 174.

[1093] Neste sentido, cfr. recente estudo de Octavio Yazbek relativamente aos aspectos regulatórios da Lei Dodd-Frank, publicado no *site* http://frwebgate.access.gpo.gov/cgi-bin/getdoc.cgi?dbname=111_cong_pub-lic_laws&docid=f:publ203.111.pdf e divulgado pela ANBIMA – Associação Brasileira de Entidades dos Mercados Financeiros e de Capitais, 2011.

As preocupações de controlo monopolista e de concorrência desleal que estiveram na génese da criação destas entidades na era Roosevelt, foram completadas e desenvolvidas, já no governo Johnson (1963-1968), com objectivos mais abrangentes e agora com uma maior extensão no domínio das garantias de informação aos consumidores, protecção do meio ambiente e segurança dos produtos.

Algumas das mais significativas agências surgem neste período e ainda se mantém operativas, como seja o caso da *Federal Comunications Commission* (FCC) para o sector da telecomunicações, ou a *Securities and Exchange Commission* (SEC) no âmbito do mercado de valores mobiliários.[1094]

Neste sentido, parece ser de registar que as comissões reguladoras independentes constituem um traço essencial do panorama administrativo norte-americano, podendo dizer-se, como alguns autores o fazem, que elas estão na base da construção de todo o Direito Administrativo neste país.

Equivale isto a dizer que o direito administrativo norte-americano emergiu, enquanto sistema, nos anos 30, com o objectivo de dar resposta a um imperativo da época que se consubstanciava na necessidade de intervenção do Estado nas diversas áreas que, do ponto de vista da política económica, não podiam ser deixadas ao "livre" funcionamento dos mercados.[1095]

Os monopólios, as práticas anti concorrenciais, os novos direitos do ambiente, direitos sociais e direitos dos consumidores, exigiam ao Estado que deles não se alheasse.[1096]

[1094] Cfr. Ricardo Lemos Maia, " Agências de Regulação Norte-Americanas e sua transposição para os Países da Civil Law", em Maria Sylvia Zanella di Pietro, "Direito Regulatório: Temas Polémicos", pp. 381 e seguintes; William E. Kovacic, "The Federal Trade Commission and Congressional Oversight of Antitrust Enforcement: A Historical Perspective in Public Choice and Regulation", Tulsa Law University Journal, Vol. 17, nº 4, 1998, pp. 589 e seguintes.

[1095] Deve, no entanto, notar-se que "ao arrepio" do fundamento das *agencies* nos EUA, foi criada nos anos sessenta a US Equal Employment Opportunity Commission (EEOC) com a missão de introduzir normas de promoção da igualdade no mercado de trabalho a favor das minorias raciais e sexuais, bem como o Independent Counsel investido de poderes de investigação relativamente a crimes cometidos por altas autoridades do Executivo. Foi através deste Procurador Independente, Kenneth Starr, que foi investigado o caso Whitewater que culminou com a abertura do procedimento do Congresso que, por sua vez, esteve na origem do *impeachment* do Presidente Clinton em 1999. Foi criada uma outra agência, a US Sentencing Commission, com a incumbência de elaborar normas e parâmetros de fixação de penas criminais. A lei que criou esta Comissão foi impugnada perante a Corte Suprema com fundamento em violação da Constituição, tendo sido, no final, declarada conforme à Constituição. Ver Mistreta v. United States, 488 US 361 – 1989.

[1096] É neste período, 1913, que é criada o Federal Reserve System, a Federal Trade Commission (1914), a Federal Radio Commission (1927), que se institui a Federal Power Commission (1930), a Securities and Exchange Commission (1934), a Federal Communications Commission (1934),

A forma de intervenção do Estado eleita foi a de "regulação", através da criação de entidades independentes, dotadas de poderes "delegados" do Congresso e suportadas politicamente pelo Presidente.[1097]

As agências, neste período, foram significativamente desenvolvidas no sentido do alargamento das áreas da sua intervenção, através da aprovação de leis que continham amplas cláusulas de delegação de competências.

Teria nascido, neste tempo e neste país, o princípio da neutralidade técnica das agências, no sentido em que a sua criação dava resposta a exigências de cientificidade nas suas apreciações, de eficiência na resolução dos problemas, bem como à ausência de critérios "políticos" na apreciação e consequente tomada de decisão.

Proliferaram, por conseguinte, as leis criadoras de agências administrativas independentes. O seu modo de criação, funcionamento e organização mostrava-se, pois, heterogéneo e, nessa medida, carecido de enquadramento, de modelos de uniformização de procedimentos e de regras para o seu efectivo controlo.

Foi por isso aprovada em 1946 a Lei de Procedimento Administrativo (*Administrative Procedure Act* – APA), que veio sobretudo consagrar dois tipos de procedimento: o *rulemaking*, para os casos em que as agências eram titulares de competência normativa, e a *adjudication*, nos casos em que a agência era detentora de poderes de prolação de actos administrativos

O APA instituiu e reforçou, igualmente, mecanismos de controlo judiciário das respectivas decisões finais.

Com efeito, o desenvolvimento de princípios de transparência, participação e informação do cidadão ganhava foros de autonomia exigindo-se, como contrapartida, o reforço do controlo dos actos praticados pelas agências.[1098]

O enfoque passava agora a ser o da relevância de um "novo" conceito, o conceito de interesse público, concebido, neste caso, como exigindo que a sua observância se traduzisse no reforço do controlo dos actos das agências.

a National Labor Relations Board (1935), a United States Maritime Commission (1936), e a Civil Aeronautics Board (1938), entre outras.

[1097] Podemos dizer, remontando à génese e ao momento histórico em que surgiram, que as agências americanas são ainda hoje os grandes paradigmas das comissões reguladoras independentes existentes no modelo norte-americano. Neste sentido, cfr. Vital Moreira, "Autoridades Reguladoras Independentes", p. 95.

[1098] Foi neste período, o da aprovação da Lei Geral das Agências nos EUA, que se verificou o amadurecimento do sistema, como sublinha William R. Andersen, em "Mastering Administrative Law", Cap. 2º, 2010.

Este controlo passou a englobar o controlo de mérito, bem como o controlo da oportunidade, da razoabilidade e da proporcionalidade dos actos e das medidas praticadas pelas comissões independentes.

3. Evolução do Modelo: As agências de regulação

Esta política de aperfeiçoamento e de desenvolvimento das áreas de intervenção das agências, bem como o de reforço dos meios de controlo, sobretudo judicial, das respectivas decisões evoluiu até aos anos oitenta.[1099]

No decurso dos anos setenta e com suporte ideológico na *Escola de Chicago*, foi aprofundada a política de liberalização da economia, devendo no entanto sublinhar-se que as consequências desta não tiveram efeitos idênticos aos das mesmas políticas iniciadas, nessa época, na Europa, dado que as formas de "intervenção pública" tradicionais eram diferentes e diversas entre si.[1100]

Os anos oitenta, com a nova administração Reagan, trazem uma novidade a que alguns autores chamam de "avanço conservador", através da intensificação da desregulação, entendida esta política no sentido de mitigar o poder de intervenção das agências de regulação.[1101]

Neste período emergiram discussões profundas em torno do modelo, da relação custo-benefício das agências, dos sistemas de controlo político e judicial sobre as suas deliberações, bem como da transparência das respectivas nomeações e da intensificação da necessidade de justificação externa das suas tomadas de decisão.[1102]

A Administração Reagan propõe-se alterar o paradigma construído nos anos 30 e 40. O Estado, segundo os seus ideólogos, cumpre mais e melhor o

[1099] Cfr. Barry R. Weinsgast e Mark J. Moran, em "Bureaucratic discretion or Congressional control? Regulatory making in the Federal Trade Commission", Journal of Political Economy, Vol. 91, nº 5, 1983, pp. 765-800.

[1100] Foi neste período que o transporte aéreo foi liberalizado, com o Presidente democrata J. Carter.

[1101] Neste sentido e com este objectivo, cfr. Executive Order nº 12291, 3 CFR. 127 (1982), de 17 de Fevereiro de 1981, Executive Order nº 12498, 3 CFR.323 (1986), de 4 de Janeiro de 1985. Ver igualmente ABA- American Bar Association. Commission on Law and the Economy, "Federal Regulation: Roads to Reform: Report with Recommendations".

[1102] Exemplo desta nova politica iniciada por Reagan foi a criação do OMB (Office of Budget and Management), com o objectivo não só de adequar as actividades das agências às políticas presidenciais, bem como de supervisionar e controlar as propostas de orçamentos das agências. Neste sentido, ver Paul R. Verkuil, "The Purpose and Limits of Independent Agencies", em Duke Law Journal, nº 2/3, p. 264, 1988, onde se pode ler: "*OMB opened what has been called a "Pandora" box of issues centering on rulemaking authority and power*". No mesmo sentido, Steven Crowley, "White House Review of Agency Rulemaking: An empirical Investigation", University of Chicago Law Review, Vol. 70, nº 3, 2003, pp. 821-885.

seu papel se, ao invés de alargar o âmbito de intervenção das agências, procurar diminuir as suas áreas de intervenção e devolver ao povo americano o "poder usurpado" pelo governo nacional desde a década de 30.

Esta "nova" política defendida por Reagan enfrentou escolhos de vária ordem, quer do ponto de vista social, quer político, quer também no domínio da crítica ao desmantelamento de uma estrutura que havia sido a base da consolidação do Direito Administrativo através da criação e do desenvolvimento das agências.[1103]

Com Reagan e a sua nova política, enquadrada agora nas doutrinas defendidas pela *Escola de Chicago* e fundada nas experiências que estavam a ser realizadas no Reino Unido com Thatcher, passa a acentuar-se o princípio segundo o qual a regulação deve ser exclusivamente a necessária e a racional.

É pois assim, e a coberto da *necessidade e da racionalidade*, que com Reagan surgem modelos de regulação que vão para além da respectiva melhoria estrutural e procuram a determinação de novas regras e novos princípios fundamentais. que podemos traduzir por "Uma Melhor Regulação" (*Better Regulation Policy*).

Deste modo, e orientada por esta nova filosofia de "melhor regulação" no sentido de que a mesma passa sempre a depender da sua necessidade e racionalidade, entram em vigor novos e importantes mecanismos normativos modeladores desta "nova" política.

São elas as *Executive Orders* do Presidente dos Estados Unidos: *Executive Order 12291*, de 17 de Fevereiro de 1986, 46 Fed.Reg.13193 (1981); *Executive Order 12498*, 50 Fed. Reg. 1036 (1985); e a *Executive Order 12866*, de 4 de Outubro de 1993, 58 Fed. Reg. 51735 (1993).[1104]

A *Executive Order 12291* do Presidente Reagan foi aprovada com o objectivo de cumprir o primeiro dos desideratos antes assinalados, ou seja, o de melhorar e reconduzir a regulação apenas ao "necessário" para alcançar os objectivos visados.[1105]

[1103] Foi neste período – o da denominada desregulação – que por obra do Congresso foi aprovada legislação que retirava diversos sectores económicos da regulação estatal, como foi o caso, por exemplo, da desregulação parcial do transporte aéreo, do transporte por camiões e do sector ferroviário, a abolição do controlo de preços sobre as tarifas telefónicas de longa distância e a desregulação do sector de produção de gás natural. Neste sentido, cfr. James C. Johnson/Donald Harper, em "The Potential Consequences of Desregulation of Transportation", Land Economics, Vol. 51, 1975, pp. 58-71.

[1104] Esta última foi posteriormente modificada pela Executive Order 13422, de 18 de Janeiro de 2007, Fed. Reg. 1763 (2007). Em 1985 foi ainda publicada a Executive Order 12498 que introduziu o *Annual Regulatory Program*, aplicável ao conjunto das agências de regulação.

[1105] Neste caso, o objectivo da "necessidade" traduzia-se na concretização da liberalização da economia, aqui no sentido da diminuição da intervenção das agências nas diversas áreas e sectores em que desde a década de trinta tinha vindo a incrementar a sua "intervenção".

De acordo com este princípio da *necessidade*, o desenvolvimento do modelo das agências visava as seguintes finalidades:

(i) Redução de custos impostos pelo sistema de regulação;
(ii) Aumento das regras de controlo das agências;
(iii) Criação de regras de controlo e de supervisão do processo regulatório a exercer pelo Presidente;
(iv) Minimizar a duplicação de tarefas e o conflito entre reguladores; e
(v) Assegurar a *well-reasoned regulations*.[1106]

A proliferação das comissões independentes nos EUA, que havia sido incrementada nos anos trinta com o *New Deal*, fundada, como acima se refere, no incremento exponencial da intervenção do Estado através destas agências administrativas (agências regulatórias), foi objectivamente "transformada" pela via da adopção de mecanismos legais que determinaram e fixaram, com carácter imperativo, as regras relativas à sua criação, bem como as formas de exercício e de controlo sobre as suas decisões.[1107]

De entre as novas regras aprovadas e de aplicação generalizada e imperativa ao conjunto das agências de regulação, o art. 2º desta legislação (*Executive Order*) determinava, no essencial, que:

a) As decisões concretas de "regulação" só podem tomadas após ponderação dos benefícios que das mesmas decorrem, no sentido em que aquelas devem sempre superar os seus custos potenciais;
b) As decisões administrativas são imperativamente tomadas com fundamento nas necessidades e nas consequências delas emergentes;
c) De entre as várias e potenciais medidas de regulação deve ser eleita a que corresponda a um maior benefício líquido para o mercado e a sociedade;
d) Todas as agências estão vinculadas a estabelecer prioridades de acção moldadas no princípio da maximização do benefício a colher com a intervenção regulatória.[1108]

[1106] Especificamente no que refere à Order 12291, cfr. E. Donald Elliot, em "Or Why Regulatory Review Under Executive Order 12291 Works Poorly and What President Clinton Should Do About It", 1994, Paper 2213.

[1107] Exemplo desta nova filosofia foi a promulgação, em 1996, do CRA (Congressional Review Act), que previa a revisão, bem como a não aprovação das regras, nomeadamente orçamentais, das agências por parte do Congresso.

[1108] Com o objectivo de dar cumprimento a estas regras, as agências ficam vinculadas a estabelecer *o Regulatory Impact Analysis* através da Executive Order 12866, Regulatory Planning and Review, 1993.

Outras das regras acima assinaladas, a da *qualidade da regulação*, foi numa primeira fase integrada na *Executive Order 12866*, que entrou em vigor já no mandato do Presidente Clinton.[1109]

Segundo assinalam alguns autores, esta *EO* introduz três importantes modificações na política regulatória norte-americana que é directamente aplicável às agências administrativas, a saber:

(i) A definição de critérios mais apertados de neutralização do poder dos grupos de interesse;
(ii) Uma maior ponderação de princípios e critérios de equidade, apreciação dos impactos distributivos e dos factores qualitativos; e
(iii) A exigência de que os benefícios justifiquem os custos.[1110]

Do conhecimento da experiência nos EUA relativamente ao desenvolvimento e à evolução do modelo das agências de regulação, podemos retirar um primeiro princípio fundamental modelador do sistema que se traduz pela orientação normativa de que a regulação deve ser sempre devidamente justificada.[1111]

Nos EUA a regulação assenta, nos dias de hoje, em determinadas características que, pela sua importância, nos parece importante sublinhar, e que são:

a) O modelo de agências de regulação é um modelo nacional, no sentido em que foi adoptado, desenvolvido e reforçado tanto pelas administrações democratas como republicanas;
b) As políticas relativas à reforma da regulação exigem que a mesma se revele necessária, no sentido em que a relação entre custo-benefício se revele adequada para o cidadão e para as empresas e sectores sujeitos à regulação;[1112]

1109 Estas novas regras foram aprovadas no mandato de Clinton. No mandato posterior de George W. Bush esta Executive Order sofreu apenas pequenas alterações através da EO 13422, de 18 de Janeiro de 2007.

1110 Cfr. neste sentido, Cass R. Sunstein, em "The Cost-Benefit State. The Future of Regulatory Protection", ABA Book Publishing, 2012.

1111 Cfr. "2013 Report to Congress on the Benefits and Costs of Federal Regulation and Unfunded Mandates on State, Local and Tribal Entities", disponível em http://www.whitehouse.gov/omb/inforeg/2007 cb/2007.

1112 Relativamente aos custos da "regulação" devemos salientar que, de acordo com Yesim Yilmaz, em "Private Regulation: A Real Alternative for Regulation Reform", publicado em Policy Analysis, nº 303, Abril, 1998: "*The federal regulatory system in the United States needs reform. Today, federal regulations take too much time, money and resources to delivery results. Each year, americans spend $710 bilion to finance federal regulatory agencies and to comply with the federal regulations*".

c) A regulação deve estar justificada, no sentido em que é a melhor solução para a resolução dos problemas;

d) O princípio da subsidiariedade assume, neste contexto, um valor fundamental, na medida em que a intervenção das agências deve ter-se e ser considerada como a *solução;* e

e) A intervenção das agências é ainda pautada por regras que determinam uma cada vez maior especialidade e tecnicidade das suas decisões, de modo a que, desta forma, se afaste decisivamente o carácter político das mesmas.[1113]

As mais recentes notícias que nos chegam dos EUA levam-nos a considerar que a política de criação, desenvolvimento e reforço da regulação através de autoridades administrativas independentes, obedece e mantém os critérios antes assinaladas, da *necessidade,* da *justificação* e da *subsidiariedade.*

III. Compatibilidade constitucional das entidades administrativas independentes

A Constituição Federal de 1787 consagrou e articulou a teoria da separação de poderes entre poderes legislativo, executivo e judicial.

Segundo alguns autores, cedo se teria verificado que era necessária uma interpretação mais flexível e equilibrada quanto à teoria da Constituição, de modo a que os princípios emergentes das novas fórmulas de *check and balance* pudessem vir a ter aplicação prática.[1114]

As primeiras agências surgiram e foram criadas para a realização de importantes missões que compreendiam e exigiam uma alta preparação técnica especializada, para as quais a administração tradicional não estava preparada.[1115]

Todavia, foi cerca de cem anos depois da Constituição de 1787 que, em 1887, foi criada a *InterState Commerce Commission,* como entidade de âmbito federal para regular e supervisionar o funcionamento do sector ferroviário.[1116]

[1113] Cfr. Lisa Schultz Bressman & Robert Thompson, em "The Future of Agency Independence", texto publicado na Vanderbilt Law Review nº 63, Abri,l 2010, pp. 599 e seguintes.

[1114] Cfr. Michael Davis, em "La expérience américaine des "independente regulatory commissions"", estudo inserido em Colliard, C. e Timsit, G., "Les autorités administratives indépendantes", Paris, 1988, pp. 222 e seguintes.

[1115] Deve ser sublinhado que o texto da Constituição Federal dos EUA não contempla a criação, a organização e o funcionamento de entidades independentes. Assim, todas as agências criadas e em funcionamento são infraconstitucionais. Neste sentido, cfr. Cristina Barcelos, em "O Poder Normativo das Agências Reguladoras no Direito Norte-Americano e no Direito Brasileiro – Um Estudo Comparado", 2008, pp. 45-63.

[1116] A nível estadual refira-se a criação da Massachusetts Board of Railroad em 1869, e a Illinois Railroad and Warehouse Commission criada em 1871.

De salientar que a atribuição da natureza autónoma e independente destas entidades surgiu de um processo evolutivo e progressivo, na justa medida em que, recorde-se, o *ICC Act* situou originariamente estas entidades dentro do perímetro de controlo da Secretaria de Estado do Interior, e apenas com a aprovação do *Hepburn Act* de 1906 se fixou definitivamente a autonomia e a natureza independente destas agências.

Em todo o caso, deve ser sublinhado que a discussão em torno da constitucionalidade desta figura se centrou sobretudo na polémica acerca dos poderes presidenciais sobre as agências.[1117]

Assim, devemos realçar as severas críticas formuladas às agências independentes pelo Estudo Browlow realizado na era Roosevelt, no sentido em que as mesmas representavam uma poderosa manifestação de um *quarto poder* que, por isso mesmo, desafiava a lógica democrática e, nessa medida, representava uma verdadeira manifestação de violação dos princípios constitucionais.[1118]

Recorde-se que foi a atribuição de poderes quasi legislativos e quasi jurisdicionais a estas entidades que esteve na base das polémicas em torno da sua compatibilidade constitucional.[1119]

Todavia, em 1986, o Acórdão proferido pelo Tribunal Federal de Apelação sobre o caso *Synar v. United States*, acolhe a introdução de critérios complementares justificativos da constitucionalidade das agências independentes.[1120]

Foi assim entendido que o princípio do *check and balance*, ou seja, a regra do equilíbrio real de poderes consagrado na Constituição de 1787, se revelava fundamental para apreciar a compatibilidade constitucional das agências independentes.

Em síntese, diremos que a matéria relativa à compatibilidade constitucional das autoridades administrativas independentes nos EUA assumiu fundamentos diversos da dos restantes países europeus, dado que, como vimos, a polémica se centrou na natureza dos poderes presidenciais e na responsabilidade política das agências.[1121]

[1117] É o caso dos Estudos Hoover de 1949 e 1953, Estudo Harris de 1959, e o Estudo do Senado sobre a regulação federal de 1977.

[1118] Foi na sequência desta polémica que surgiram os Estudos Presidenciais Redford y Landis (1960), Ash (1971), Grace (1983) y Gore (1993), que continuavam a sustentar a inadequação das entidades administrativas independentes à Constituição.

[1119] Relativamente à questão geral da conformidade constitucional das agências, cfr. A. W. Bardley and K. D. Ewing, em "Constitucional and Administrative Law", 14ª edição.

[1120] Cfr. relativamente à questão do controlo contencioso dos actos e procedimentos das agências, V. John F. Duffy, em "Administrative Common Law", Judicial Review, 77, L. Rev. 113 (1998).

[1121] De sublinhar, no entanto, que um estudo realizado em 1990 mostrou que nos anos de 1986 e 1987 a Corte Suprema dos EUA validou 70% das decisões das agências, como refere Steven J. Cann em "Administrative Law", 4ª edição, 2005, Sage Editions.

Actualmente, a coexistência das agências, bem como dos poderes que lhes são outorgados, parecem ser uma realidade que se impõe no direito constitucional norte-americano, tendo sido iniciados e desenvolvidos os trabalhos tendentes a reformar a própria regulação, com a adopção de mecanismos e sistemas que propiciem uma melhor e mais qualificada intervenção destas autoridades nas áreas e nos sectores que lhes foram, por lei, confiados, pela via da utilização de instrumentos normativos que, para uns, são limitadores, e para outros, são reveladores da sua própria qualificação como um *quarto poder*.[1122]

IV. Critérios legitimadores da independência das entidades administrativas independentes

As *Independent Regulatory Commissions*, na terminologia mais usual do direito nos EUA, são entidades administrativas autónomas e descentralizadas, com uma direcção colegial, sendo os seus membros nomeados pelo Presidente, com audição prévia do Senado, para um mandato fixo, em regra de 5 anos, inamovível excepto se fundado em falta grave ("*for cause shown*").

As agências norte-americanas são detentoras de funções "quase legislativas", "quase executivas" e "quase judiciais".[1123]

No direito norte-americano a uma única agência podem ser outorgadas as mais diversas actividades, nomeadamente a edição de normas jurídicas com força de lei, a condução de investigações de certas condutas e a consequente fixação de penalidades, bem como o julgamento de certos litígios inerentes à actividade da agência.

[1122] Quanto à qualificação das agências como reveladoras da existência de um quarto poder sublinhe-se as afirmações sustentadas por um membro da Corte Suprema dos EUA, Justice Robert Jackson, num caso que envolvia a Federal Trade Commission e que foram as seguintes: "*Administrative bodies such as FTC have become a veritable fourth branch of Government which has deranged our three-branch legal theories...*", em FTC v. Ruberoid Co, 1952, 343 US 470; Peter L. Strauss, em "The Place of Agencies in Government: Separation of Powers and the Fourth Branch", Columbia Law Review, nº 573, 1984.

[1123] Cfr. V. Chevron USA, Inc. v. Natural Resources Defense Council Inc., 1984; Baltimore Gas & Elec. Co. v. Natural Resources Defense Council, 1983, de que se podem extrair as seguintes principais linhas de raciocínio, no que se refere aos poderes judiciais de controlo dos actos da competência das Entidades independentes: "*The courts have no business substituting their judgments for the scientific and technical decisions of the agencies*" e "*Judges are not experts in the field (being regulated) and are not part of either political branch of government. Courts must, in some cases, reconcilie competing political interests, but not on the basis of the judges personal policy preferences...While agencies are not directly accountable to the people, the Chief Executive (and Congress) is, and it is entirely appropriate for (the political branches of government) to make such policy choices*".

Recorde-se que nos EUA o direito regulatório integra o estudo dos papéis das agências e das outras instituições do governo – Congresso, Poder Judicial e o Presidente –, não subsistindo, por isso, um ramo autónomo e especial de Direito Administrativo similar ao que existe nos países da Europa Continental.[1124]

Nos termos que resultam do quadro normativo consagrado no APA, as agências podem ser classificadas como agências reguladoras e agências não reguladoras.[1125]

As primeiras exercem, por delegação do Congresso, poderes normativos e poderes administrativos – poder de praticar actos administrativos –, bem como poderes de resolução de conflitos entre a Administração e os cidadãos e conflitos entre os cidadãos.

Neste sentido, os tribunais norte-americanos qualificam as *Independent Regulatory Agencies* como titulares de poderes "quase legislativos" e "quase jurisdicionais".

É no âmbito das funções "quase legislativas" que reside o cerne das atribuições das agências independentes americanas.

O "*rule making*" destas autoridades consiste em editar "*prescritive formulations*" ou "*legislative rules*", ou seja, normas regulamentares incluídas no campo da sua especialidade, passando tais regras a ter a natureza de "*subordinate legislation*", tanto para os destinatários das mesmas, quanto para os utilizadores do serviço que estas prestam.[1126]

As "*rules*" editadas pelas agências podem ser de natureza substantiva ("*substantive rules*"), interpretativa ("*interpretative rules*") e procedimental ("*procedural rules*").

1124 Cfr. neste sentido, Richard J. Pierce, "Administrative Law", 2ª edição, Foundation Press, 2008, USA, que sustenta que: "*Administrative Law is the study of the roles of government agencies in U.S. legal system including the relationship between agencies and the other institutions of government – Congress, The Judiciary and the President*". No mesmo sentido, Rafael Carvalho Resende Oliveira, em "O Modelo Norte-Americano de Agências Reguladoras e a sua Recepção pelo Direito Brasileiro", em RERE – Revista Electrónica sobre a Reforma do Estado, nº 22, 2010. Deve ainda ser sublinhado que durante muitos anos os autores clássicos anglo-saxões, como Dicey, citado por Frank Goodnow, em "The Principles of Administrative Law of the United States", sustentaram a inexistência de um Direito Administrativo nos EUA, bem como no Reino Unido.

1125 Parece ser possível considerar que é partir do regime criado pelo APA (Administrative Procedures Act) que se passou a prever um conjunto de regras aplicáveis especificamente para a administração pública, como resulta de Stephen G. Breyer, Richard B. Stewart e outros, em "Administrative Law and Regulatory Policy: Problems, Text and Cases", 17ª edição, Wolters Kluwer, 2006.

1126 Curioso é assinalar que este tipo de normas têm-se revelado menos vulneráveis do que as restantes à respectiva apreciação jurisdicional, na medida em que os Tribunais norte-americanos consideram-nas como "expertise" dos órgãos e entidades especializadas, sendo de referir que nos anos de 1986 a Corte Suprema dos EUA validou 70% das decisões das agências.

As normas substantivas assumem particular e considerável força jurídica, uma vez que simbolizam a própria delegação da competência normativa do poder legislativo e, no campo do seu controlo judicial, beneficiam ainda da doutrina definida pelo Judicial, no sentido em que: *"Courts are not supposed to supplant administrative discretion by substituting their judgment for that of an agency on a matter of policy"*.[1127]

Quanto à função quase jurisdicional das agências norte-americanas a mesma, em regra, é exercida através de um procedimento idêntico ao das decisões judiciais propriamente ditas, ou seja, é adoptado o denominado *trial-like procedural* que envolve audiências públicas (*hearings*), recolha de depoimentos, intervenção de advogados das partes envolvidas e tomada de decisão final.[1128]

Este regime decorre das especiais relações entre o poder judicial e as agências, que se pode descrever através dos seguintes dois postulados essenciais: (i) o poder judiciário pode rever as decisões das agências; todavia para que tal suceda existe; e (ii) a necessidade de previsão legal expressa nesse sentido.[1129]

De referir também que a função quase judicial levada a efeito pelas agências deve ser ilustrada pela emergência da figura do ALJ (*Administrative Law Judge*) que simboliza uma radical mudança de tendência do direito administrativo norte-americano, constituindo esta nova figura uma resposta às criticas que foram sendo feitas às agências relativamente à realização por estas de três funções governamentais básicas.[1130]

O aparecimento deste *juiz administrativo* surgiu, pela primeira vez, no APA de 1946, com a denominação de "*Trial Examiners*" ou "*Hearing Examiners*", tendo o respectivo estatuto sido devidamente consolidado através de uma sólida garantia estatutária e de terem passado a beneficiar de regimes diferenciados e isolados em relação aos demais servidores das agências.[1131]

[1127] Cfr. Antonin Sclalia, em "Judicial Deference to Administrative Interpretations of Law", Duke Law Journal, 1989, p. 511.

[1128] Cfr. quanto à questão da eventual "usurpação" da função jurisdicional das agências, William F. Fox, "Understanding Administrative Law", 4ª edição, 2000, LexisNexis; Louis L. Jaffe, em "Judicial Control of Administrative Action", Vol. 80, nº 2, 1966, Harvard Review Association.

[1129] O reexame judicial das decisões das agências é um "controlo minimalista", como nos assevera William F. Fox, Jr, em "Understanding Administrative Law", 2nd edition, 1992.

[1130] Cfr. Albert Venn Dicey,"Introducion to the Study of Law of the Constitution", 8th edition, 1915; A. W. Bradley & K. D. Ewing "Constitutional and Administrative Law", 11th edition, 2006.

[1131] O incremento da independência dos *Administrative Law Judges* ficou a dever-se, igualmente, à melhoria significativa da respectiva remuneração, na medida em que se entende que quanto maior salário maior a independência, para além de que, do ponto de vista do seu estatuto, os mesmos foram retirados dos quadros funcionais das agências e respectiva linha hierárquica, passando a integrar um quadro à parte, vinculado a uma outra instituição da U.S. Civil Service Commission.

Do que vem dito em resultado da análise ao sistema de organização administrativa vigente nos EUA, resulta que a decisão de política no sentido da criação, bem como do desenvolvimento das agências ocorreu em momentos de crise.

Na verdade, como referimos, em 1889 a criação da primeira agência independente, a *InterState Commerce Commission* ficou a dever-se a graves conflitos no sector específico dos transportes, e a segunda delas surgiu já na segunda década do século XX, com o objectivo de, como parte de medidas *antitrust*, prevenir abusos. O seu apogeu ocorreu, como já referimos, com Roosevelt e as suas políticas do *New Deal*, ou seja, num período de grande crise desencadeada pela Grande Depressão dos anos trinta.[1132]

Em todo o caso, importa salientar que a criação e o apogeu das agências com a extensão dos seus poderes de editar normas jurídicas, regulamentares, de praticar actos administrativos e actos de natureza sancionatória, encerra uma aparente "contradição" com a teoria da separação de poderes e com o próprio articulado constitucional.[1133]

Recorde-se que as obras de Locke e Montesquieu atravessaram o Atlântico no século XVIII e influenciaram, aliás, a adopção da primeira Constituição escrita (EUA) que preconizava e consagrava o princípio da separação de poderes.[1134]

Mas os duzentos anos da sua história, aliada ao pragmatismo e à plasticidade das suas instituições, nomeadamente a reiterada ratificação por parte do Supremo Tribunal das várias leis de delegação nas agências, leva-nos a considerar que coabitação das agências, a par dos poderes executivo, legislativo e judicial é realizada com objectivos de alcançar uma melhor governação com o intuito fundamental de servir o interesse público.[1135]

Ver, neste contexto, a decisão de Março de 1953 proferida pelo United Supreme Court, no processo Ramspeck v. Trial Examiners Conference, 1953.

[1132] Foi, aliás, neste período que se verificou a decisão do Supremo de renúncia ao dogma da separação absoluta e da indelegabilidade dos poderes.

[1133] Cfr. Kenneth Culp Davis, "Administrative Law and Government", 2ª edição, 1975, pp. 28-34, que versa e desenvolve a *rule of law* no entido da sua similitude com o princípio da legalidade dos sistemas da Europa Continental.

[1134] Ver A. Hamilton, J. Madison, J. Jay, "The Federalist Papers", publicados sequencialmente entre Outubro de 1787 e Agosto de 1788.

[1135] Ver caso Youngstown Sheet & Tube Co. v. Sawyer, 343 U.S. 579, 72 S. Ct. 863, 96 L. ed. 1153 (1952), em que se refere que : "*While the Constitution diffuses power the better to secure liberty, it also contemplates that practice will integrate the dispersered powers into a workable government. It enjoys upon its branches separatedness but interdependence autonomy but reciprocity*".

Na verdade, julgamos que a superação das dificuldades de coexistência das agências com a teoria da separação de poderes resultou, entre outros factores, do valor e do relevo que foram sendo atribuídos a casos julgados pelo Supremo, nomeadamente os casos "*Bucley v. Valeo*" e "*United States v. Nixon*".[1136]

No contexto destes processos foi proferida doutrina que se transcreve pela sua importância e que dita, a nosso ver, a compatibilidade constitucional das *Independente Regulatory Agencies*. "*The men who met in Philadelphia in summer of 1787 were practical statesmen, experienced in politics, who viewed the principle of separation of powers as a vital check against tyranny. But they likewise saw that a hermetic sealing off of the three branches of Government from one another would preclude the establishment of a Nation capable of governing itself effectively*".[1137]

Curioso é também assinalar a interpretação do próprio princípio da separação de poderes feita no processo *United States v. Nixon*, quando se sustenta que, ao "*definir a estrutura do nosso governo e ao dividir o poder soberano através da repartição em três ramos iguais, os fundadores da Constituição procuraram definir um sistema de conjunto, mas não tinham em mente que os três poderes separados operassem em absoluta independência*".

Mesmo a nível da compatibilidade constitucional, os EUA souberam ultrapassar o dogma do princípio da separação de poderes, inovando no sentido de que a separação de poderes não corresponde à sua absoluta independência.

Deve ser realçado que durante largos anos foram sendo realizados vários estudos patrocinados pelo Governo, tendentes a buscar um novo equilíbrio constitucional entre os poderes presidenciais e as agências administrativas independentes.[1138]

Nos anos setenta foram criadas a *Equal Employment Opportunity Commission* (1964), a *Environment Protection Agency* (1970), a *Consumer Product Safety*

[1136] Respectivamente, processos 424 US 1, 121 (1976) e 418 US 683 (1974).

[1137] As questões relativas à eventual inconstitucionalidade das agências assumiram alguma polémica, podendo ser referidas as decisões *Myers v. United States* proferida em 1926, que se pronunciou pela inconstitucionalidade de uma norma legal que impedia o Presidente dos EUA de "demitir" livremente os titulares das agências. Neste caso pode dizer-se que foi consagrada a supremacia do poder político. Mais tarde, em 1935, *a Humphrey's Executor* v. *United States*, que a propósito da destituição do director – William F. Humphrey – da Federal Trade , fundada no incumprimento das orientações presidenciais, pode ser considerada uma sentença histórica no sentido em que foi sustentada a legitimidade constitucional das autoridades administrativas independentes.

[1138] Recorde-se que na era Roosevelt, o estudo Brownload, surgido em 1937, continha severas críticas ao modelo das autoridades administrativas independentes, nomeadamente afirmando que as mesmas, tal como funcionavam, representavam um quarto poder que desafiava a lógica da responsabilidade democrática e violavam as regras constitucionais aplicáveis.

Commission (1972) e a *Nuclear Regulatory Commission* (1977), com a finalidade de regular e superintender sectores altamente sensíveis da sociedade e que foram dotadas de amplas faculdades e poderes na área da regulação sectorial.[1139]

Do que se tem conhecimento hoje, a maioria das agências continua a operar no âmbito das relações económicas e financeiras privadas, assumindo-se actualmente a respectiva revisão, desenvolvimento e até extensão das suas actividades e funções.[1140]

Na verdade, as autoridades administrativas independentes nos EUA são caracterizadas, no essencial, pela verificação dos seguintes principais tópicos:

a) Os *commissioners* das agências independentes federais são eleitos mediante intervenção presidencial e do Senado;
b) A duração dos mandatos está predeterminada;[1141]
c) O mandato não pode ser interrompido ou cessar, excepto com fundamento em justa causa;[1142] e
d) A legislação instituidora das autoridades determina regimes de incompatibilidade e de inabilidades diversificados e pertinentes para o exercício dos mandatos dos responsáveis das autoridades.

Em síntese final, parece ser possível considerar que, tendo em linha de conta a forma da respectiva criação, o método de escolha dos seus responsáveis, nomeadamente duração de mandato e regras de inamovibilidade, inexis-

[1139] Estas agências foram criadas com base em decisões presidenciais, nomeadamente o *Redford Y Landis (1960), Grace (1983)* e *Gore (1993)*. Ver, neste contexto, Richard J. Pierce and Joshua A. Weiss, "An empirical study of judicial review of agency interpretations of agency rules", Administrative Law Review, Vol. 63, nº 3, 2011, pp. 515-523.

[1140] No entanto, a par destas, foram criadas, por exemplo, a Equal Employment Opportunity Commission (EEOC), em 1960, com a incumbência de regulamentar as normas de protecção e promoção da igualdade no mercado em favor das minorias raciais e sexuais, e a Independent Counsel, em 1968, investida de amplos poderes investigatórios e persecutórios.

[1141] Esta característica é, segundo alguns autores, a mais importante para a definição da natureza independente da autoridade administrativa. É o caso de Bernard Shull, "Federal Reserve Independence: What kind and how much?", Journal of Post Keynesian Economics, Vol. 18, nº 2, 1996, pp. 211-230.

[1142] Cfr. Sentença *Winer* v. *United States de 1958*, nos termos da qual o Supremo decidiu que as funções quási judiciais e a ausência de cláusula geral expressa legitimadora do poder de demissão dos responsáveis das agências por parte do Presidente, assumia o significado da respectiva proibição, a não ser com justa causa. Esta doutrina foi devidamente confirmada nas mais recentes decisões do Supremo, como é o caso, por exemplo, da *FEC* v. *NRA Political Victory Fund* (1993) e *Swan v. Clinton* (1996).

tência de qualquer poder de tutela ou de hierarquia do governo, e a extensão e o alcance das suas atribuições e competências, as agências de regulação americanas podem ser concebidas e qualificadas como autoridades administrativas independentes.

A corroborar este entendimento, e para além dos tópicos antes enunciados relativamente às relações orgânicas entre o poder executivo e as agências, importa referir que, do ponto de vista funcional, o actual panorama normativo confirma a natureza das mesmas como autoridades administrativas independentes.

Em primeiro lugar, convém assinalar que as orientações presidenciais relativas às agências, as denominadas EO, não assumem força vinculativa directa; todavia, recentemente tem-se verificado um movimento por parte das autoridades no sentido do acatamento de tais EO.[1143]

Em segundo lugar, deve ser sublinhado que as autoridades administrativas independentes federais estão vinculadas a orientações de natureza orçamental, de utilização de bens públicos e no âmbito das relações laborais e recursos humanos, produzidas pelo executivo através das suas agências de execução, de que destacamos o *Office of Management and Budget (OMB), General Services Administration (GSA)* e o *Office of Personnel Management (OPM).*

Estas orientações não incluem qualquer poder de revogar, modificar ou anular as decisões das autoridades administrativas independentes, quer pelo Governo, quer pelo Congresso.[1144]

Em terceiro lugar, deve ainda referir-se que os poderes judiciais de representação das autoridades é realizado actualmente através do *Attorney General,* sem prejuízo de o legislador ter permitido que algumas das mais importantes autoridades possam assumir directamente os seus poderes de representação junto dos tribunais competentes.[1145]

Finalmente, uma outra característica do modelo americano é o regime de apresentação e aprovação dos seus orçamentos.

[1143] Cfr. Peter L. Strauss, "The place of agencies in government: Separation of powers and the fourth branch", Colum. L. Rev. 573, 1984; ver igualmente os Relatórios que têm vindo a ser elaborados ao abrigo e em cumprimento das Executive Orders, nomeadamente da EO nº 13579 do Presidente Obama – "Regulation and Independent Regulatory Agencies".

[1144] Esta doutrina assumiu maior preponderância na sequência da decisão do Supremo de 1983 relativa ao caso *Immigration and Naturalization Service (INS)* v. *Chadha*, 462 U.S. 919 (1983).

[1145] É o caso da Federal Communications Commission (FCC), da Security and Exchange Commission (SEC), da Nuclear Regulatory Commission (NRC) e da Federal Energy Regulatory Commission (FERC).

Estes são apresentados e aprovados pelo *Office of Management and Budget (OMB)* que, para o efeito, tem o poder de os analisar e aprovar com relação às prioridades políticas presidenciais.[1146]

As modificações introduzidas nas décadas anteriores na organização e no funcionamento das agências federais, de modo a compatibilizar as suas missões com o poder presidencial, bem como para garantir o equilíbrio de poderes constitucionais não teve como consequência diminuir, quer o número, quer as atribuições e competências das autoridades, pelo que é legítimo considerar que estas autoridades nos EUA estão consolidadas na sua qualidade de autoridades administrativas independentes.

V. Evolução Recente do Modelo

Julgamos dever sublinhar, antes das notas subsequentes, que no período de 1950-1960 que se estendeu até à época de Reagan, foi manifesta a estabilidade institucional na situação jurídica das agências por via, nomeadamente, do período político e da positivação dos procedimentos administrativos.[1147]

Nos finais dos anos noventa, nomeadamente através da Lei *Glass Steagal*, de Dezembro de 1999, o processo de "desregulação" financeira deu os primeiros passos através da redução das responsabilidades dos reguladores, tendo sido alargado o espaço de decisão privada.[1148]

No início de 2008, o então Secretário de Estado do Tesouro norte-americano, Henry Paulson, apresentou uma proposta de reforma financeira voltada, em grande parte, para a consolidação e racionalização do modelo de regulação, redefinindo a estrutura da supervisão financeira.[1149]

Estas propostas e modelos rapidamente cederam perante as circunstâncias dos tempos mais recentes, que trouxeram de forma mais significativa e importante a discussão em torno da regulação e dos seus modelos.

[1146] A regra enunciada sofre derrogações no que se refere à Federal Communications Commission (FCC), ao Board of Governors of the Federal Reserve System (BGFRS), à Federal Energy Regulatory Commission (FERC) e à Commodities Trading Futures Commission (CFTC), que podem apresentar as suas propostas orçamentais directamente ao Congresso.

[1147] É neste período, aliás, que surgem alguns tratados na área do Direito Administrativo Regulatório na doutrina norte-americana, de que destacamos, entre outros, os seguintes: "Administrative Law: Cases and Materials", de Louis L. Jaffe, Vol. 14, nº 3, 1954; "Administrative Law and Government",de Kenneth Culp Davis, 1975; "State Administrative Law", de Frank E. Cooper, Vol. 14, nº 3, 1966, pp. 1617-1619.

[1148] Cfr. Alan Greenspan, "The Age of Turbulence", editado pela Pinguin Press, 2007.

[1149] Cf. modelo e propostas formuladas no site do Departamento do Tesouro dos EUA, disponível em http://www.treasury.gov/connect/Pages/contact-us.aspx.

Referimo-nos à "crise financeira" que estalou em 2007/2008, justamente nos EUA, e que teve a sua causa mais próxima na denominada "falha de regulação" dos *hedge funds*.

No quadro em causa esta reforma foi iniciada com a divulgação pela administração Obama de um documento contendo a visão estratégica que deveria orientar a proposta efectiva da mesma.[1150]

A discussão então iniciada esteve na origem da publicação, em 21 de Julho de 2010, da lei conhecida como *Dodd-Frank Wall Street and Reform Act*.

Desta lei constava a secção 619º que concretizava, em norma, a denominada regra de Volcker.[1151]

Esta regra, no essencial, tem a finalidade principal de restringir os riscos de balanço das instituições financeiras, sobretudo das que são consideradas sistémicas e, desse modo, proíbe que as instituições bancárias beneficiadas directamente pelos seguros federais sobre os depósitos e/ou que tenham acesso ao redesconto do FED, conduzam operações de tesouraria com as suas participantes e participadas.

Para além desta proibição, a regra Volcker proíbe igualmente que as instituições invistam em *hedge* e *private equity* ou que patrocinem estas entidades.

Esta regra suscitou muitas críticas, sobretudo de instituições financeiras não residentes nos EUA mas que aí dispõem de subsidiárias ou exercem outras actividades neste país.[1152]

O processo de consulta público foi iniciado através do *Finantial Oversight Council*, em 2010, e foi recentemente concluído.[1153]

Em termos sintéticos, importa assinalar as principais medidas de conteúdo e de forma consagradas na Lei Dodd-Frank, e que são as seguintes:

[1150] Este documento pode ser consultado em http://www.financialstability.gov/docs/regs/FinalReport_web.pdf e resulta da aprovação da chamada Lei Dodd/Frank – Lei 111-201, de 21 de Junho de 2010.

[1151] Paul Volcker foi subsecretário do Tesouro e Presidente do Federal Reserve System (FED) nos anos de setenta e oitenta. Na administração Obama foi quase Secretário do Tesouro, mas em vez disso tornou-se assessor externo. Cfr. William L. Silber, em "Volcker: The Triumph of Persistance", editado pela Bloomsbury, 2012. Foi também nomeado, pelo Presidente Obama, Presidente do Conselho de Recuperação Económico, cargo que ocupou até Janeiro de 2011.

[1152] Cfr. Finantial Times, em que Paul Volcker contraditou de forma veemente as críticas formuladas às novas regras de supervisão financeira.

[1153] Cfr. P. Volcker, "The Triumph of Persistance", onde o autor afirma de forma muito clara que: "*A regra Volcker na lei Dodd-Frank, de 2010, que restringiu a negociação de valores mobiliários com capital próprio dos bancos, foi alvo de muitas críticas, o que pode ser explicado porque a verdadeira adopção de mudanças importantes é algo que precisa de vir de dentro*". Ora, Volcker, apesar da sua credibilidade e estatuto, trabalhou neste processo como assessor.

a) Controlo efectivo do risco sistémico, que passa a ser definido, identificado e controlado pelo Conselho de Supervisão da Estabilidade Financeira, liderado pelo Secretário do Tesouro e integrando representantes de todos os órgãos de regulação e supervisão financeira;
b) A Secção 619º, que consagra a regra de Volcker a que acima nos referimos;
c) Regras de remuneração dos executivos que contemplam três normas fundamentais: (i) divulgação pública do quociente das remunerações de executivos e a mediana de salários da instituição; (ii) a devolução (*clawback*) de compensações recebidas quando se demonstrar que o seu recebimento foi indevido; e (iii) avaliação das remunerações pelos comités de risco da instituição;
d) Criação do *Bureau of Consumer Financial Protection*, BCFP, titular de amplos poderes de supervisão e imposição de procedimentos, sendo o seu Presidente nomeado pelo Presidente Obama e sendo titular de autonomia e independência; e[1154]
e) Restrições relativas a cobrança de comissões sobre cobrança de despesas feitas através de cartões de crédito.

A previsão para adopção definitiva desta lei era meados de Julho de 2012, dado que o processo de consulta foi iniciado em 2010 e concluído em Fevereiro de 2012.[1155]

Todavia, ainda recentemente em entrevista pública de 13 de Maio de 2013, Paul Volcker critica o atraso da "sua" regra, salientando que "*é algo infeliz e vergonhoso que, quase três anos depois da aprovação da lei, várias das regulações não tenham sido implementadas*".[1156]

Parece-nos importante deixar uma última observação sobre esta importante reforma da regulação nos EUA que está ligada às próprias criticas feitas por Paul Volcker.

Os EUA, ao contrário do que eram os compromissos assumidos no G20, procedeu a esta reforma de forma isolada, o que inevitavelmente trará divergências significativas nos modelos de regulação mundiais e europeu.[1157]

A evidente necessidade de coordenação internacional ficará, assim, prejudicada em termos não só das regras de ética como, sobretudo, da sua eficácia.

1154 As decisões deste Bureau são finais, delas não cabendo qualquer recurso.

1155 A Secção 619º da Lei permite que o FED estenda o período após Julho de 2012 em períodos adicionais de dois anos.

1156 Cfr. entrevista a Valor Económico, de 15 de Maio de 2013.

1157 Refira-se, aliás, que a reforma em curso na União Europeia padece do mesmo mal.

Capítulo V
As Entidades Administrativas Independentes em Espanha

I. Enquadramento do Tema

O fenómeno das administrações independentes no Reino de Espanha é relativamente recente e, tal como na generalidade dos países, está associado à "reforma" da organização da Administração Geral do Estado.[1158]

As características essenciais que definem estas entidades são, por um lado, a sua natureza de administração activa, no sentido que estas podem reconhecer direitos e impor obrigações aos particulares e, por outro lado, a sua competência, que é exercida em termos de uma ampla autonomia.

Apesar do consenso em torno da influência do modelo francês, a doutrina espanhola aponta como *causa próxima* da criação destas entidades a conjuntura politica vivida em Espanha no início da década de 80, apontando como fundamentos legitimadores da sua instituição a necessidade de dar resposta a quatro desafios fundamentais:[1159]

[1158] Neste sentido, cfr. o Relatório do Conselho de Estado Francês de 2001, que explica que a necessidade de organização da Administração geral do Estado está relacionada com a organização territorial de Espanha, em municípios, províncias e comunidades autónomas. De acordo com o art. 137º da Constituição de 1978 estas entidades possuem autonomia para gerir os seus interesses. No caso concreto das Comunidades Autónomas, estas podem reconhecer independência das suas administrações. Até hoje, de que se tenha conhecimento, apenas o Conselho do Audiovisual da Catalunha foi criado ao abrigo da lei da Catalunha 7/1996, de 5 de Junho.

[1159] Cfr. Andrés Betancor, "Regulatión: Mito y Derecho", 2010, pp. 74 e seguintes; Pierre Rosanvallon, "La crisis del Estado Providencial", 1995, no qual se observa que: "*Crisis del Estado de bienestar, de la Administración pública prestadora de servicios del próprio Estado social de Derecho, que suponía "aludir" a uno de los tópicos más generalizados de estos últimos tiempos*"; no mesmo sentido, cfr. S. Martin-Retortillo Baquer,"Reflexiones sobre las privatizationes", em Revista da Adminstración Púbica, nº 144 (1997), pp. 7-44.

a) A reconstrução da legitimidade institucional, que se mostrava deteriorada por uma profunda desconfiança relativamente à aparente utilização da administração pública com finalidades partidárias;
b) A preservação de direitos fundamentais, bem como o alargamento de mecanismos institucionais com o objectivo de proteger novos direitos, como sejam, os do ambiente e os da saúde pública;
c) A defesa de um mercado eficiente e de alta qualidade que eram tidos, neste momento histórico, como essenciais para o desenvolvimento económico e social; e
d) A necessidade de fomentar a competitividade, a eficiência e a qualidade da intervenção administrativa, balizada pelas políticas que, neste mesmo domínio, estavam a ser assumidas pela União Europeia.[1160]

Em todo o caso, deve ser sublinhado que esta evolução, sendo recente, é também "intermitente", dado que foram e, continuam a ser, suscitadas dúvidas da compatibilidade constitucional destas autoridades com o regime consagrado no art. 97º da Constituição do Reino de Espanha, que estipula de forma expressa que é o Governo que dirige a administração.[1161]

Posição diversa da anterior tem vindo a ser defendida com fundamento na doutrina que dimana do Acórdão do Tribunal Constitucional nº 108/86, de 29

[1160] Cfr. Andrés Betancort que sublinha, a pp. 52 e seguintes, que um dos principais fundamentos dos novos modelos deve centrar-se na "doutrina das falhas de mercado" que, por isso mesmo, deve ser compensada pela nova concepção de Estado Regulador. Cfr. igualmente sobre este tema, Porras Nadales, "Derecho Regulativo", 2002, pp. 71 e seguintes; Muñoz Machado, Introdução à obra colectiva "Las estructuras del Bienestar", Madrid, 1997, pp. 17 e seguintes; Juan Alfonso Santamaria Pastor, "Fundamentos de Derecho Administrativo", I, Madrid, 1988, p. 182, onde acentua que: *"El Estado y el Derecho Público de nuestros tiempos son productos culturales creados para afrontar la primera revolución industrial y los câmbios sociales que la misma supuso"*.

[1161] Cfr. J. R. Parada Vasquez e E. Garcia Llovet, citados em J. Lucas Cardoso, "Autoridades administrativas independentes e Constituição", de que resulta a indicação precisa no sentido da inconstitucionalidade das autoridades administrativas independentes com os seguintes principais fundamentos: *"(i) A Constituição espanhola confere ao Governo um poder de direcção sobre toda a administração civil e militar; (ii) Nenhum preceito constitucional autoriza genericamente o legislador a amputar por lei ordinária essa capacidade de direcção e responsabilidade; (iii) A designação dos titulares das administrações independentes pelas Cortes consubstancia uma extensão das competências constitucionalmente afectas ao Parlamento e altera o sentido da função de controlo deste órgão sobre a administração pública; (iv) A Constituição espanhola obriga toda a administração pública a servir com "objectividade" os interesses gerais, pelo que não é admissível que umas administrações sejam mais objectivas e neutrais que outras em razão da função que desempenham"*.

de Junho, e que vai no sentido de considerar que o regime de independência das autoridades administrativas independentes não viola a Constituição.[1162]

Na verdade, e num primeiro momento, o Tribunal Constitucional admitiu, mas apenas em termos excepcionais, a possibilidade de ser atribuída competência regulamentar a autoridades distintas do governo, em desvio da regra fundamental de que apenas o Governo pode dirigir a administração pública e exercer competências regulamentares.[1163]

Num segundo momento, em 1997, o Tribunal Constitucional, a propósito de um pedido de declaração de inconstitucionalidade da Comissão Nacional de Mercado de Valores Mobiliários, pronunciou-se no sentido de admitir as mais amplas competências regulamentares das autoridades administrativas independentes.[1164]

Para além da polémica em torno da constitucionalidade da competência regulamentar das autoridades administrativas independentes, também as questões relativas às respectivas competências de supervisão, de atribuição de licenças e de aplicação de sanções, foram objecto de aceso debate.[1165]

No que se refere aos poderes regulamentares e poderes sancionatórios de que podem ser titulares as autoridades administrativas independentes, o Tribunal Constitucional, a propósito das competências regulamentares do Banco de Espanha, pronunciou-se no sentido de que a desconcentração do poder regulamentar pode ser formalmente possível e, em muitas ocasiões, necessária do ponto de vista do conteúdo da norma.

1162 Esta posição foi sustentada por L. A. Pomed Sánchez, "Fundamento y naturaleza de las administraciones independientes", Revista de Administración Pública, 1993, nº 132, pp. 117 e seguintes, alegando os seguintes principais fundamentos: *(i) Se a Constituição reserva ao Governo o poder de dirigir toda a administração pública, essa prerrogativa não implica um estatuto constitucional de liberdade de nomeação e demissão do altos cargos; (ii) O poder de direcção da Administração Pública integra-se na função executiva e a Constituição estabelece que esta deve ser exercida de acordo com a Constituição e as leis, podendo estas últimas modular o exercício desse poder; (iii) Os diplomas instituidores das diversas administrações conferem ao Governo uma série de instrumentos, quer de direcção, quer de controlo de acção, o que se mostra em conformidade com o texto constitucional; (iv) É constitucionalmente justificada a "atenuação" dos poderes de intervenção governamental sobre as autoridades administrativas independentes, na medida em que a mesma deve actuar segundo critérios de imparcialidade e de objectividade.*

1163 Cfr. Art. 97º da Constituição, que estipula: "*El Gobierno dirige la política interior y exterior, la administración civil y militar y la defensa del Estado. Ejerce la función ejecutiva y la potestad reglamentaria de acuerdo con la Constitución y las leyes*".

1164 Cfr. Acórdão do Tribunal Constitucional STC 133/1997, de 16 de Julho.

1165 Cfr. E. Garcia Llovet, "Autoridades administrativas indipendientes y Estado de Derecho", RAP 131 (1993).

Equivale isto a dizer que o art. 97º da Constituição permite, assim, entender que o mesmo admite a extensão deste poder aos membros que integram o Conselho de Ministros, bem como a instituições como o Banco de Espanha, auxiliar e executor da política monetária e creditícia.[1166]

Já no que se refere ao poder de aplicar sanções, as discussões têm sobretudo incidido na cumulação de competências, no caso da Comissão de Mercado de Valores Mobiliários de aplicar sanções administrativas e penais.[1167]

Segundo a doutrina que dimana das decisões do Tribunal Constitucional, este considera justificada "a dupla sanção" em virtude de estarmos no âmbito das "relações especiais de poder".[1168]

Consideramos, assim, em identidade com o que ocorreu na generalidade dos países em que as transformações verificadas no próprio funcionamento dos Estados – Prestadores e Produtores – tiveram como consequência a institucionalização de novos modelos e sistemas que garantissem a intervenção do Estado, agora pela via das suas novas atribuições – as de Regulação – mas proporcionassem uma actividade administrativa autónoma, independente e neutral face aos diversos poderes, através da criação de autoridades administrativas independentes.[1169]

Segundo a doutrina espanhola, para além das dificuldades de compatibilidade constitucional das administrações independentes que não estão definitivamente resolvidas, outras preocupações ressaltam no plano da racionalidade política e de organização. Uma administração fragmentada que actua em cada sector de acordo com critérios e interesses exclusivos e sectoriais pode tender para a ingovernabilidade e para a hiper-racionalidade do próprio Estado.[1170]

[1166] Cfr. Acórdão do Tribunal Constitucional nº 135/1992, de 5 de Outubro, citado em A. Betancor Rodríguez, "Las administraciones independientes – un reto para el Estado social y democrático de derecho", Madrid, 1994.

[1167] Cfr. E. Malaret i Garcia, "La Comissión Nacional del Mercado de Valores: Una aproximación a su configuración institucional", Estudios de Derecho bancário y bursatil: Homenaje a Evelio Verdere y Truels, Vol. 2, 1994.

[1168] Esta questão, nestes termos, é colocada por A. Betancor Rodríguez, "Las administraciones independientes... L'expérience espagnole en matière d'administrations indépendantes", em Études et Documents 52, 2001, pp. 414-415.

[1169] Claro que esta opção partia das reflexões intensas que se realizaram em Espanha no domínio da eficácia e da eficiência da administração no sentido em que, como referia Luciano Parejo em artigo denominado "La eficácia como princípio jurídico de la actuación de la Administración Pública", Documentação Administrativa nºs 228/219, Abril/Setembro de 1989, p. 16: "*...no basta ya al Estado la legitimación del origem democrática... le es preciso justificarse puramente en la adecuada utilización de los médios puestos a sua disposión y en la obtención de resultados reales, es decir la legitimación que proviene de la eficácia en la resolución de los problemas sociales...*".

[1170] Cfr., neste sentido, Santamaria Pastor,"Principios de Derecho Administrativo General", Parte I, p. 638.

Do ponto de vista da legitimidade política da criação destas autoridades, a doutrina tem vindo a entender que o seu fundamento essencial reside na necessidade de *neutralizar* certos sectores da intervenção pública considerados sensíveis.[1171]

Para além das áreas de intervenção das autoridades no domínio da regulação económica e na garantia dos direitos fundamentais, a doutrina tem avançado com uma concepção ampla e uma concepção restrita no que tange à delimitação da figura.[1172]

Neste contexto, as autoridades administrativas independentes serão as autoridades incumbidas de funções de ordenação e regulação.[1173]

De acordo com esta qualificação, a doutrina maioritária em Espanha integra: (i) o *Consejo de Seguridad Nuclear*; (ii) o *Banco de España*; e (iii) a *Comisión Nacional del Mercado de Valores* como autoridades administrativas independentes, dado que considera que é nestes casos que a "*neutralização é levada às últimas consequências*".[1174]

II. A Evolução do Modelo: Delimitação das áreas de intervenção das Entidades Administrativas Independentes

Tanto quanto foi possível apurar, a primeira das administrações qualificada como autoridade administrativa independente foi o Conselho de Segurança Nuclear, que tinha por missão a segurança das instituições e da energia nuclear.[1175]

A lei que institui este Conselho, datada de 1980, define-o expressamente como "entidade de direito público", ou seja, como sujeito de direito público "independente da administração central do Estado".[1176]

1171 Cfr. José Lucas Cardoso, "Autoridades administrativas independentes e a Constituição", op. cit., p. 177.

1172 Cfr. José Manuel Sala Arquer,"Estado neutral, Contribución al estúdio de las administraciones independientes", em Revista Española de Derecho Administrativo, 1984, p. 108.

1173 Neste sentido, E. Garcia Llovet,"Autoridades administrativas Independientes y Estado de Derecho", em Revista de Administración Pública, nº 131, 1993, p. 61.

1174 É a expressão utilizada por Andrés Betancor Rodríguez,"Las administraciones independientes – Un reto para el Estado social y democrático de Derecho", Madrid, 1994, p. 124.

1175 De acordo com a lei 15/1980, este Conselho é definido como um "ente público independiente de la administración central del Estado". Cfr. F. Lopez Ramón, "El Consejo de Seguridad Nuclear: un ejemplo de administración independiente", RAP nº 126, Madrid, 1991.

1176 Depois de 1980 e tendo presente o disposto no art. 97º da Constituição, o desenvolvimento do fenómeno das administrações independentes seguiu outros caminhos "mais sinuosos". Deixou de ser referido de forma expressa a natureza de independência destas entidades e foi-se consolidando um regime jurídico que qualifica estas organizações, formal e materialmente, como independentes do Governo.

Posteriormente, e numa segunda fase, foram instituídas a Comissão Nacional de Mercado de Valores, a Comissão de Mercado das Telecomunicações e a Comissão Nacional de Energia.[1177]

A evolução que entretanto se verificou levou os autores a considerar que as autoridades administrativas independentes exercem as suas missões em duas áreas principais: (i) a da regulação económica; e (ii) a da garantia dos direitos fundamentais.

No âmbito da regulação económica (em sentido amplo) referimo-nos, nomeadamente, à Comissão de Mercado das Telecomunicações, à Comissão Nacional de Energia, à Comissão de Mercado de Valores Mobiliários e à Comissão Nacional do Sector Eléctrico, que são titulares de competências normativas regulamentares, de supervisão, de autorização, de inspecção e de sanção.

No contexto da garantia dos direitos fundamentais, podemos citar como a mais significativa a Agência de Protecção de Dados, instituída em 1992, e considerada expressamente pela lei como entidade administrativa independente.[1178]

Do ponto de vista da delimitação conceitual das autoridades administrativas independentes em Espanha, a doutrina mais relevante tem sublinhado que a mesma deve ser concebida a partir de dois pressupostos fundamentais.

O primeiro, relativo à garantia e protecção de direitos fundamentais que permite a criação de entidades para o desempenho de serviços de interesse geral e de funções públicas relevantes, em estrita obediência a critérios de neutralidade e de profissionalismo, e sem intervenção de qualquer natureza dos actores partidários. É o caso da Agência de Protecção de Dados.

O segundo, refere-se à regulação e disciplina de sectores económicos e financeiros de importância capital que exigem uma gestão neutra e tecnicamente proporcional. São os casos da Comissão Nacional de Mercado de Valores, da Comissão Nacional de Energia e da Comissão de Mercado das Telecomunicações.[1179]

[1177] Cfr. Lei 24/1988 relativa à Comissão de Mercado de Valores; o Real Decreto-lei 6/1996 actualmente substituído pela Lei 12/1997; Lei 34/1998 relativa à criação da Comissão Nacional de Energia que veio substituir a Comissão Nacional do Sistema Eléctrico que, por sua vez, havia substituído a Comissão do Sistema Eléctrico Nacional.

[1178] Cfr. Lei Orgânica 5/1992, que regula o tratamento de dados de carácter pessoal, e a Lei 15/1999, que regulamenta a protecção dos mesmos dados. Este quadro normativo acolhe a Directiva 95/46/CE do Parlamento Europeu e do Conselho sobre a protecção de dados.

[1179] Cfr. Santamaria Pastor, op. cit., p. 635.

De acordo com os pressupostos antes enunciados, podemos referir que do ponto de vista das suas competências, as autoridades administrativas independentes em Espanha, dispõem, de acordo com a lei delas criadoras, de poderes de supervisão, de regulação constitutiva e de sanção.[1180]

Assim, a Comissão de Mercado das Telecomunicações, a Comissão Nacional de Energia, o Conselho de Segurança Nuclear são titulares de competências para autorizar, denegar ou condicionar operações de relevância para os sectores em que operam.[1181]

A Comissão Nacional de Mercado de Valores e o próprio Banco de Espanha têm competências de investigação, nomeadamente as de aceder a documentação relevante e de inspecionar os locais de funcionamento dos operadores sectoriais.[1182]

No domínio das competências de aplicação de sanções, quer a Comissão Nacional de Mercado de Valores, quer o Banco de Espanha, são titulares do poder de aplicar sanções por violação grave da lei.[1183]

Bem mais recentemente, e na sequência de uma profunda reforma da administração levada a efeito através do Anteprojecto de Lei da Reforma de Organismos de Supervisão, aprovado em Fevereiro de 2012, o Real Decreto nº 657/2013, de 30 de Agosto, aprovou o Estatuto orgânico da Comissão Nacional de Mercados e de Competência (CNMC).

Esta nova entidade, também designada de "macro-regulador", agrupa e integra as funções de supervisão dos anteriores organismos de reguladores

[1180] Cfr. entre outros, Daniel Terrón Santos, "Autoridades nacionales de reglamentación: El caso de la Comisión del Mercado de Telecomunicaciones", Granada, 2004; Maria Salvador Martinez, "Autoridades independientes", Barcelona, 2002; Elisenda Malaret i Garcia, "La Comisión Nacional de Mercado de Valores: una aproximación a su configuración institucional", Estudios de Derecho bancário y bursatil, Vol. 2, 1994.

[1181] A título de exemplo refira-se que a Comissão de Mercado das Telecomunicações pode conceder ou negar títulos bastantes para a prestação de serviços audiovisuais, bem como autorizar ou licenciar as operações tipificadas na Lei 34/1998.

[1182] Cfr. no sentido da existência de um número significativo de entidades administrativas independentes especialmente do Governo e cuja criação responde, na maior parte dos casos, à necessidade de garantir a transparência e a neutralidade de regulação e supervisão dos mercados emergentes do movimento de liberalização exigido pela integração da economia espanhola na economia europeia, M. Juan de Cruz Ferrer, "Les autorités administratives indépendantes: évaluation d'un object juridique non-identifié", Tomo 2: Annexes, pp. 21 e seguintes, disponível em http://www.senat.fr/rap/r05-404-2/r05-404-249.html.

[1183] No caso do Banco de Espanha as sanções podem ir desde admoestação, coima, destituição de administradores e, nos casos mais graves, à liquidação da entidade. No caso da Comissão Nacional de Energia e do Conselho de Segurança Nuclear as suas competências de aplicação de sanção são qualitativamente diversas já que apenas podem formalizar propostas para aplicação de sanções.

independentes, tais como a Comissão Nacional de Competência, a Comissão Nacional de Energia, a Comissão de Mercado de Telecomunicações e a Comissão Nacional do Sector Postal.[1184]

No caso particular do Banco de Espanha enquanto autoridade do SEBC, o mesmo é concebido como autoridade administrativa independente, quer dos governos, quer dos órgãos comunitários.[1185]

O Banco de Espanha exerce igualmente missões de supervisão da actividade creditícia como autoridade administrativa independente do sector bancário.[1186]

A natureza dos bancos, designadamente do Banco de Espanha, permite que estes possam desempenhar um papel relevante, quer no desenvolvimento das políticas e do direito económico comunitário, quer igualmente influenciando por forma directa o seu direito interno.[1187]

É o exemplo concreto do método aberto de coordenação *(Open Method of Coordination)* que permite compatibilizar os ordenamentos e administrações comunitárias e nacionais, salvaguardando as características e espaços próprios de uns e de outros.[1188]

Em termos da natureza *independente* das autoridades administrativas em Espanha, a mesma é, em regra, aferida através: (i) dos poderes de nomeação e de exoneração dos seus dirigentes; (ii) da natureza dos poderes para a regulação do sector em que operam; e (iii) das regras de não intervenção governamental na esfera do funcionamento da entidade, nomeadamente através da outorga de competências de auto-governo.[1189]

[1184] Cfr. Real Decreto 657/2013, de 30 de Agosto.

[1185] Cfr. Rui Machete no IX Congresso Hispano-Luso de Derecho Administrativo, "Estatuto e regime das entidades reguladoras, em especial dos Bancos Centrais", pp. 10/16.

[1186] Cfr. Rui Machete em IX Congresso Hispano-Luso de Derecho Administrativo, p. 10.

[1187] O Banco de Espanha "nasceu" em 2 de Junho de 1782 pela mão de Carlos III e foi denominado Banco Nacional S. Carlos. Apenas em 1856 foi redenominado como Banco de Espanha. Depois de várias vicissitudes o Decreto-Lei de 7 de Junho de 1962 procede à nacionalização do Banco de Espanha. A lei de 19 de Junho de 1971 sobre Organização e Regulação de Crédito Oficial, outorga ao Banco de Espanha competências de supervisão sobre as caixas de aforro e cooperativas de crédito. A Lei de Autonomia do Banco de Espanhafoi aprovada através de lei de 1994, que lhe atribui a responsabilidade de política monetária e garante a sua independência. Finalmente a lei 12/1998, de 28 de Abril, determina a integração do Banco de Espanha no SEBC.

[1188] Cfr. Rui Machete, op. cit., pp. 12/16; P. Cavaleri, D. Vedove G., P. Duret, "Autoritá indipendenti e Agenzie: Una ricerca giuridica interdisciplinare", CEDAM, 2003.

[1189] Cfr. Santamaria Pastor, "Principios de Derecho Administrativo General", Tomo I, p. 637.

III. Compatibilidade constitucional das Entidades Administrativas Independentes

Em Espanha subsistem, no essencial, duas doutrinas relativamente à constitucionalidade das entidades administrativas independentes.[1190]

Na verdade, o entendimento quanto à "compatibilização" entre o poder de direcção do Governo sobre a administração pública e a existência de entidades independentes tem gerado algumas dificuldades na concretização de uma política consistente de "autonomizar" as atribuições e as competências das autoridades administrativas independentes, na justa medida em que esta "autonomia" tem vindo a contrastar de forma evidente com os poderes governamentais, quer de índole material, quer procedimental, com o exercício de funções independentes.[1191]

Por um lado, e com fundamento na inexistência de norma constitucional expressa que autorize o legislador a fixar regras de competência quanto aos poderes de direcção e de tutela diversas das que estão contempladas na Constituição relativamente à administração pública, bem como com fundamento na "fuga" ao controlo do poder executivo que pode emergir da criação de autoridades administrativas independentes, alguns autores defendem, em teoria geral, a sua inconstitucionalidade.[1192]

Outros autores sustentam, no entanto, que os argumentos aduzidos pelos defensores da inconstitucionalidade daquelas autoridades são só por si insuficientes para legitimar tal entendimento.[1193]

Refere a doutrina favorável à constitucionalidade das administrações independentes que a Constituição não "bloqueia" a criação destas autoridades, antes determina e assinala um conjunto de "limites" ao exercício dos seus poderes, regidos na legislação delas instituidoras, designadamente os poderes governamentais e parlamentares de controlo político e administrativo, de que se destaca a regra da *neutralidade* aplicável a toda a administração pública e também à administração independente.[1194]

1190 Cfr. relativamente à questão relevante de saber se a reforma do Estado, no sentido da sua "liberalização", tinha como preço "la muerte de los servicios públicos", Muñoz Machado,"Derecho Público y Mercado – I. Los fundamentos", Civitas, 1997, p. 27.

1191 Num primeiro momento o Tribunal Constitucional entendeu que as competências governamentais de direcção das administrações públicas podiam sofrer certas restrições de natureza excepcional e apenas nos casos em que a lei "delegasse" tais competências nas autoridades independentes.

1192 É o caso, por exemplo, de Parada Vasquéz e Garcia Lllovet, citados em José Lucas Cardoso, pp. 175 e seguintes.

1193 É o caso de Luis Albert Pomed Sánchez, "Fundamento y naturaleza de las administraciones independientes", em Revista de Administracion Pública, nº 132, 1993, pp. 117 e seguintes.

1194 No mesmo sentido, Andrés Betancor, "Regulación: Mito y Derecho", 2010, pp. 116 e seguintes.

Quer a doutrina, quer a jurisprudência, têm vindo a balizar as suas posições sobre a constitucionalidade das administrações independentes através da definição e desenvolvimento de uma regra constitucional fundamental que é, justamente, a do *princípio da unidade de acção* da administração pública, entendida esta como o limite – formal e substantivo – das competências fixadas na lei criadora das autoridades administrativas independentes.[1195]

Questão relevante, neste domínio, relaciona-se com o poder regulamentar que, nalguns casos, é atribuído às administrações independentes, assumindo a jurisprudência que a lei poderia atribuir poderes regulamentares a autoridades distintas do governo e da respectiva administração pública.[1196]

A jurisprudência antes evidenciada evoluiu, num segundo momento, justamente a propósito de um pedido concreto de inconstitucionalidade relativamente à lei que atribuiu poderes regulamentares à Comissão Nacional de Mercado de Valores.

Neste caso concreto, o Tribunal Constitucional decidiu favoravelmente sobre a constitucionalidade da lei criadora daquela Comissão.[1197]

Ou seja, parece ser possível considerar que, em Espanha, tal como sucede, como veremos, em Portugal, o princípio constitucional da unidade de acção é a base e o limite para a "criatividade" do legislador.[1198]

Também no contexto dos poderes regulamentares atribuídos ao Banco de Espanha, a jurisprudência do Tribunal Constitucional considerou que a habilitação consagrada no art. 97º da Constituição não pode ser entendida segundo um critério estrito e puramente literal.[1199]

[1195] Cfr. Luciano Pareja Afonso, "Gobierno y administración pública en la Constitución española", INAP, Madrid, 2002, p. 103; Manuel Fernandez-Fontecha Torres, "Discrecionalidad, privatización y médios de regulación sectorial", em "El Control jurídico de las privatizaciones de empresas", Civitas, Madrid, 2003, pp. 43 e seguintes; Alejandro Nieto, Agustin A. Gordillo, "Las Limitaciones del conocimiento juridico", Madrid, Marcial Pons, 2003, pp. 17 e seguintes.

[1196] Em todo o caso, como se pode constatar no Acórdão do Tribunal Constitucional STC 135/1997, de 5 de Outubro, esta posição no sentido de poder ser atribuído poder regulamentar a outras entidades que não exclusivamente aos serviços administrativos, referia-se em exclusivo a circunstâncias e situações excepcionais e relativamente a entidades que, ainda que autónomas, estivessem ao abrigo de poderes de controlo governamental, nomeadamente poderes de superintendência.

[1197] Cfr. Sentença do Tribunal Constitucional, STC 133/1997, de 16 de Julho, e Sentença da Audiência Nacional, de 23 de Outubro de 2001, proferida pela 8ª secção da Sala de Contencioso Administrativo.

[1198] É o que resulta do disposto no art. 97º da Constituição, que estipula que: "*El Gobierno dirige la política interior y exterior, la administración civil y militar y la defensa del Estado. Ejerce la función ejecutiva y la potestad reglamentaria de acuerdo con la Constitución y las leys*".

[1199] É a decisão que resulta do Acórdão do Tribunal Constitucional nº 135/1992, de 5 de Outubro.

Esta polémica constitucional, para além dos aspectos antes focados, ou seja, a criação de entidades que exercem as suas actividades e funcionam à "margem" dos poderes de direcção do Governo, enquanto órgão superior da administração pública, assume uma outra dimensão que se traduz pela sua "irresponsabilidade" política perante o poder democrático.[1200]

É, pois, neste contexto que, quer a doutrina, quer a jurisprudência, têm vindo a acentuar e a defender que a riqueza institucional da administração independente se revela através da neutralidade, da eficiência e do profissionalismo no exercício das suas competências de autorização, supervisão e sanção, o que equivale à sua aceitação e admissibilidade constitucional.[1201]

IV. Critérios legitimadores da independência das Entidades Administrativas Independentes

A independência é a uma questão central da natureza jurídica das administrações independentes, o que as distingue das outras administrações, em particular das não-territoriais ou funcionais.[1202]

A independência é reconhecida pela doutrina a certas entidades ou administrações quando a lei que cria a entidade limita as possibilidades do Governo interferir no exercício das funções dessa entidade e nos poderes que a lei lhe atribui, através de cinco tipos de garantias: (i) as de carácter pessoal; (ii) institucional; (iii) funcional; (iv) as relacionadas com a organização interna; e (v) as de natureza económico-financeira. Referimo-nos às garantias que "limitam" mas que não tornam impossível a interferência ou o controlo do Governo.

Esta interferência pode revestir vários graus, mas em nenhum caso se pode afirmar que o Governo fica absolutamente desprovido, tal como o legislador ou o poder judicial, de qualquer tipo de poder que lhe permita controlar, num

1200 Cfr. quanto aos limites constitucionais, M. Magide Herrero,"Limites constitucionales de las administraciones independientes", Instituto Nacional de Administración Pública, Madrid, 2000; Artemi Rallo Lombarte,"La constitucionalidad de las administraciones independientes", Madrid, Tecnos, 2004.

1201 Cfr. neste sentido, Betancor Rodriguez, "Las administraciones independientes"; Ramón Parada Vasquez, "Derecho Administrativo", Vol. II, Madrid, 2002; Luciano Pareja Afonso,"Gobierno y administración pública en la Constitución española", INAP, Madrid, 2002.

1202 Cfr. quanto ao sentido do princípio das administrações democráticas, Miguel A. Sendin Garcia,"Regulación y servicios públicos", Granada, 2003; J. de la Cruz Ferrer, "Principios de regulación económica en la Unión Europea", Instituto de Estudios Económicos (IEE), Madrid, 2002, pp. 178 e seguintes; C. Martinez-Carrasco Pignatelli, "Postmodernidad y derecho público", Centro de Estudios Constitucionales (CEPC), Madrid, 2002, pp. 80 e seguintes.

determinado nível e em certas circunstâncias, o exercício das competências da entidade em causa.[1203]

Por outras palavras, não existe independência absoluta: estamos perante uma independência relativa.[1204]

É evidente que estas entidades não constituem um Estado dentro do próprio Estado; são entidades estáticas e, como tal, sujeitas a regras e a limitações que derivam do facto de pertencerem ao sistema de organização da Administração Pública.

Consequentemente, o Governo, o legislador e o poder judicial têm poderes que lhes permitem, em maior ou menor grau, interferir ou controlar o exercício das funções exercidas pela autoridade; é por esta razão que devemos falar de forma restrita de *entidades autónomas*.[1205]

Num plano doutrinal, quando se referem as administrações independentes, é a um determinado tipo de entidades de Direito público que desenvolvem as suas funções sob um estatuto jurídico que garante, aos níveis que referimos atrás e a outros que mencionaremos a seguir, que as mesmas não serão perturbadas, em particular pelo Governo, no exercício das suas funções, excepto nos casos que, de forma expressa ou limitativa, são fixados pela lei que cria a entidade.

Do ponto de vista das funções e competências destes organismos de direito público, as mesmas traduzem fundamentalmente competências normativas, de supervisão, competências sancionatórias, e de parecer e de recomendação, como veremos nos exemplos que elegemos para tal:

[1203] A regra geral é, na verdade, apenas a da possibilidade de recurso das decisões das autoridades administrativas independentes, como é o caso, por exemplo, das deliberações do Conselho de Segurança Nuclear, da Comissão de Mercado das Telecomunicações e da Agência de Protecção de Dados. Porém, nalgumas situações coexistem dois regimes, em que paralelamente ao recurso contencioso está previsto o recurso administrativo para o Ministro da Economia. É o caso dos recursos de alçada que podem ser interpostos dos actos da Comissão de Mercado de Valores e de grande parte das decisões do Banco de Espanha.

[1204] Cfr. também as regras de recursos hierárquicos estipulados na lei para as decisões do CNSE e da Comissão Nacional de Energia, bem como na doutrina quanto às questões de autonomia das autoridades administrativas independentes, em Mariano Herrero Magide, "Limites constitucionales de las administraciones independientes", INAP, Madrid, 2002.

[1205] É pelo menos esta a denominação utilizada pela doutrina no que se refere às regras de autonomia e de independência das autoridades administrativas independentes que estão subordinadas no plano das suas missões às regras constitucionais do princípio da unidade de acção. Neste sentido, ver José Manuel Salla Arquer, "El Estado Neutral: Contribución al estudio de las administraciones independientes", REDA nº 42, 1984, p. 420.

a) No que se refere ao âmbito de competências normativas, a Comissão Nacional de Energia, a Comissão de Mercado das Telecomunicações, o Conselho de Segurança Nuclear e a Comissão de Mercado de Valores, bem como Banco de Espanha, dispõem de competências normativas, naturalmente vinculadas ao enquadramento das actividades realizadas pelo Estado, sendo certo, no entanto, que o Banco de Espanha dispõe de maior autonomia e independência na sua qualidade de membro do Sistema Europeu de Bancos Centrais;

b) Relativamente às competências de supervisão, podemos citar o caso do Tribunal de Defesa da Concorrência, a Comissão de Mercado das Telecomunicações, o Banco de Espanha, a Comissão Nacional de Energia, o Conselho de Segurança Nuclear e a Agência de Protecção de Dados que, nos termos das leis delas criadoras, dispõem de poderes de autorização que implicam licenciar ou não licenciar, ou até condicionar, operações de especial relevância no sector em que operam;

c) Quanto às competências sancionatórias, em regra as autoridades administrativas independentes dispõem desta prerrogativa, excepto no caso da Comissão Nacional de Energia e do Conselho de Segurança Nuclear, que apenas podem propor a respectiva aplicação de sanções.

As denominadas competências complementares, nelas se incluindo as de arbitragem, investigação e assessoria são, em regra, atribuídas às autoridades independentes, como seja o caso da Comissão Nacional da Energia, a Comissão do Mercado das Telecomunicações, a Comissão Nacional do Mercado de Valores e a Agência de Protecção de Dados.

A contrapartida das garantias é o controlo.

Estes dois aspectos estão fortemente ligados. A relação entre controlo e garantias realça o facto de as administrações poderem não ser consideradas verdadeiramente independentes.

No direito espanhol discute-se a independência destas autoridades no sentido em que algumas delas devem ter-se como integradas e subordinadas aos poderes hierárquicos do Governo, residindo a questão controvertida apenas no grau de autonomia da entidade em causa, no grau de capacidade para exercer as funções que a lei lhe atribui, bem como no sistema de garantias e de controlo que a lei estipula.

Assim, a inserção destas administrações na estrutura dos poderes do Estado de Direito faz com que a sua tendência centrífuga seja compensada com uma tensão centrípeta.

Esta tensão concretiza-se pela adopção de mecanismos de controlo destas administrações por parte de outros poderes do Estado: o poder legislativo, o Governo, o poder judicial, além do controlo económico e financeiro exercido pelos órgãos constitucionais, como o Tribunal de Contas.

Também o Parlamento é titular do poder de controlo das autoridades independentes que se traduz, nomeadamente, pela apresentação de relatórios da actividade da administração, o que permite que o Parlamento tenha acesso à informação que lhe pode servir de base para exigir responsabilidades e, se for caso disso, adoptar as medidas necessárias para corrigir os problemas detectados.[1206]

A obrigação de apresentar relatórios ao Parlamento está prevista nas leis que instituem as administrações independentes, segundo dois modelos distintos: O primeiro modelo caracteriza-se pelo envio directo ao Parlamento (à Comissão competente do Congresso dos Deputados) do relatório anual. Aassim, por exemplo, o relatório anual da CSN é enviado directamente à respectiva Comissão do Congresso. No caso da CNMV, a lei prevê a obrigação de endereçar à respectiva Comissão do Congresso um relatório anual sobre o desenrolar das suas actividades e sobre a situação dos mercados financeiros; o Presidente deve comparecer perante a Comissão para apresentar o relatório, havendo casos em que a referida Comissão poderá exigir outra presença; a CNMV deve ainda elaborar um relatório anual público.

O segundo modelo é seguido nas leis relativas à CMT e à CNE. Nestes casos, o relatório não é directamente apresentado ao Parlamento, mas sim por intermédio do Governo. Assim, a CMT redige um relatório anual destinado ao Governo, o qual o envia às Cortes; neste relatório, todas as actividades da Comissão devem ser referidas, assim como as observações e sugestões sobre a evolução do mercado, o respeito das condições da livre concorrência, as medidas para corrigir as anomalias surgidas e para facilitar o desenvolvimento das telecomunicações. Em termos semelhantes, a CNE deve redigir um relatório anual a apresentar ao Governo, que o envia ao Parlamento.

Outra forma de controlo parlamentar resulta da comparência dos responsáveis das administrações perante a Comissão competente do Parlamento. Nor-

[1206] Para maiores desenvolvimentos sobre este tópico, cfr. Alfredo Gallego Anabitarte, "Conceptos y princípios fundamentales del derecho de organización", Marcial Pons, Madrid, 2000; L. Parejo Afonso, "La regulación del gobierno y la administración: Continuidad y discontinuidad en la política de desarrollo constitucional en la matéria", Revista de Documentación Administrativa, nº 246-247, 2005.

malmente, a obrigação de comparência não está prevista nas leis que criaram estas administrações, excepto no caso da lei da CNMV.

Também o Governo exerce poderes de controlo e, em regra, exerce-o através do poder de nomear e de demitir das suas funções os responsáveis por estas administrações.

A este respeito devemos acrescentar uma outra via de controlo, difusa e indirecta, mas igualmente importante: a possibilidade de alguns membros do Governo, incluindo o ministro da tutela, fazerem parte da entidade independente ou de poderem participar nas deliberações do órgão colegial da entidade, o que está previsto nas leis do BE, da CNMV e da CNE.

Do ponto de vista do controlo da legalidade das decisões tomadas pelas "administrações" independentes, este inclui o controlo pelo poder judicial e o controlo gracioso do Governo.

Nos casos do BE, da CNMV e da CNE, a lei que cria estes organismos prevê expressamente a possibilidade das suas decisões serem objecto, perante o ministro da respectiva tutela, de um recurso administrativo que, nalguns casos, é concebido como um pressuposto necessário à via judicial.

Em todos os casos, o poder judiciário e, em particular, a Jurisdição do contencioso administrativo, controla plenamente o exercício das funções públicas atribuídas a estas administrações.

Por fim, o controlo económico e financeiro: todas estas administrações independentes estão sujeitas ao controlo da Intervenção Geral do Estado e do Tribunal de Contas. O primeiro é um órgão da administração geral do Estado, sendo o segundo um órgão constitucional que depende do Parlamento (artº 136 da Constituição). A única excepção é o BE; com efeito, este organismo apenas está sujeito ao controlo do Tribunal de Contas. Por sua vez, o tipo de controlo exercido sobre as contas da CNMV é um controlo da eficiência da gestão dos dinheiros públicos (auditoria).[1207]

Finalmente, cumpre-nos ainda referir que, em Espanha, o aparecimento conjuntural e empírico de entidades independentes com o objecto de realizar missões que até à sua criação relevavam de funções estatais típicas realizadas de modo directo pela administração central e subordinadas ao princípio da hierarquia, tem gerado alguma "perplexidade" por poderem corresponder à

[1207] Por todos, e relativamente às regras, bem como à identificação das autoridades administrativas independentes, cfr. Gabriel Fernandez Rojas, "Las Administraciones Independientes de Regulación y Supervisión en España", Universitas, nº 109, 2005, pp. 419-460.

negação dialéctica da posição de dependência que caracteriza a estrutura da administração pública.[1208]

Em Espanha, os tipos fundamentais dos instrumentos jurídicos através dos quais se tem vindo a assegurar a autonomia e a independência das entidades administrativas, podem ser enunciados a partir dos seguintes tópicos principais:

- Estabelecimento na lei criadora da entidade, das limitações para a designação e cessação de funções dos seus dirigentes por parte do poder político;
- Atribuição de poderes substantivos para a ordenação do sector económico, serviço ou função pública, nomeadamente poderes regulamentares de carácter geral, poderes de autorização, de inspecção, de sanção e de gestão arbitral de conflitos;
- Eliminação de poderes de intervenção da Administração em áreas instrumentais, nomeadamente de auto-organização e de gestão de pessoal.[1209]

Parece, pois, ser um dado adquirido, em Espanha tal como nos restantes países comunitários e outros, a proliferação a partir de meados do século XX de entidades administrativas independentes.

A sua evolução e desenvolvimento a partir daquele período, são uma consequência da própria criação do mercado único europeu desde a década de oitenta, e em que o Reino de Espanha esteve naturalmente envolvido.[1210]

São, pois, razões de neutralidade política que legitimaram a criação de entidades administrativas independentes em Espanha, mas que em todo o

[1208] Neste sentido, cfr. J. A. Santamaria Pastor,"Princípios de Derecho Administrativo General", Vol. I, pp. 632 e seguintes.

[1209] Quanto aos critérios fundamentais a observar no que toca à consagração da autonomia e independência das entidades administrativas independentes, cfr. Garcia Llovet, "Autoridades administrativas independientes y Estado de Derecho", RAP 131, 1993, pp. 61-118; A. Pomed Sanchez, "Fundamento y naturaleza jurídica de las administraciones independientes", RAP 132, 1993, pp. 117-169; F. J. Rodriguez Pontón, "Gobierno, politica y administración: elementos de debate para las administraciones independientes", Revista Catalana de Derecho Público, nº 24, 1999, pp. 183-225.

[1210] No sentido de que o processo de liberalização conduzido pelas instâncias europeias e sobretudo a partir do Tratado da União de 1994, conduziram e implicaram a criação de organismos independentes do poder político, cfr. M. Juan de la Cruz Ferrer, Professor do Instituto Jean Monnet de Direito Europeu, "Les autorités administratives indépendantes: un object juridique non-identifié", Tomo 2, Annexes, p. 23.

caso têm vindo a justificar alguma preocupação que se traduz por uma certa "pausa institucional", em contradição com o desenvolvimento acelerado que se verificou, sobretudo a partir da década de noventa.[1211]

[1211] Cfr. no sentido da preocupação com o desenvolvimento do modelo assente na criação de entidades administrativas independentes, J. A. Santamaria Pastor, "Princípios de Derecho Administrativo General", Vol. I, p. 637, quando sustenta que: "*...No se trata sólo (y ya seria bastante) de que estas entidades han sido creadas de manera saltuária, a impulsos erráticos de la coyuntura política y sin sujeción a un plan minimamente pensado, sino de que su generalización al aire de la moda puede acarrear problemas gravíssimos a las necessidades de funcionamiento armónico y coherente del conjunto de las instituciones públicas: una administración fragmentada en la que cada sector organizativo actúa exclusivamente de acuerdo a perspectivas y interesses sectoriales (que, por necesidad, son contradictoriós entre sí) puede llegar a ser literalmente ingovernable...*".

Capítulo VI
As Entidades Administrativas Independentes na União Europeia

I. Enquadramento do Tema

Os processos de liberalização e de privatização que emergiram na década de setenta, particularmente na Europa, envolveram uma significativa mudança no domínio das relações entre o Estado e a sociedade.[1212]

A passagem de um Estado intervencionista e agente directo do social, do político e do económico, a um outro Estado mais "neutro", deu origem, entre outras consequências, à diminuição significativa dos serviços públicos integrados na organização administrativa do Estado.

Proliferaram e cresceram as entidades autónomas e independentes do Estado. Referimo-nos ao aparecimento do Estado Regulador.

Apesar de naturalmente diferenciado em razão da natureza das instituições e das formas da respectiva organização, este movimento fez-se sentir, igualmente, na Comunidade Europeia.[1213]

Desde cedo se deu início à discussão sobre a melhor forma de dar resposta às exigências dos cidadãos e das empresas, nomeadamente em termos de eficiência das decisões e de transparência nos respectivos processos e procedimentos.[1214]

[1212] Cfr. Maria Celeste Cardona, em Livro de Homengem ao Professor Diogo Freitas do Amaral, pp. 527 e seguintes.

[1213] Refira-se a este propósito que, segundo Luis Morais da Silva, "A Europa e os Desafios do Século XXI", se afirma que se teria expandido uma ideia da União como um Estado Regulador ou uma estrutura de regulação por excelência.

[1214] Não foi idêntico e paralelo o movimento nos diversos Estados da União para a institucionalização de entidades independentes do poder executivo. Por exemplo, em matéria de telecomunicações, a Itália e o Reino Unido criaram autoridades independentes e a Suécia instituiu uma agência de

A questão das agências na UE pode ser vista por um duplo prisma: (i) o da influência que a União pode ter assumido na "refundação" dos respectivos Estados-Membros; e (ii) o do papel que, a nível interno da União, assumiram as agências reguladoras.

No âmbito das influências que a construção e o desenvolvimento da União tiveram no contexto europeu, o que deve assinalar-se é que à mudança de paradigma do Estado intervencionista, em que prevaleciam as funções de redistribuição da riqueza e de estabilização macro-económica, sucedeu um novo modelo de organização das funções públicas de intervenção na economia.[1215]

Eis algumas das principais razões sobre que fundamentamos esta afirmação:

a) Em primeiro lugar, a União Europeia, enquanto estrutura supranacional, fez ressaltar uma dimensão de *regulação* no sentido de uma intervenção indirecta na economia tendo ganho, por isso, uma enorme consistência como um conjunto complexo de estruturas de regulação;

b) Por outro lado, a dimensão da regulação europeia correspondeu a processos de liberalização da economia, designadamente através do desmantelamento de anteriores monopólios públicos; e

c) Por último, e não menos importante, a própria rigidez e pequenez do orçamento comunitário conduziu à prevalência do crescimento de estruturas regulatórios que se foi estendendo aos países membros da UE.

São visíveis actualmente, no domínio da regulação europeia, dois corpos essenciais e distintos de regulação:

a) Uma estrutura nuclear de regulação orientada no sentido da promoção de valores de mercado e de abertura de sectores económicos à concorrência que corresponde, no contexto da Europa comunitária, ao corpo mais dinâmico e em expansão associado aos processos de liberalização

telecomunicações integrada na organização tradicional da administração pública. Em matéria de electricidade, os Países Baixos optaram por manter a entidade de regulação no aparelho de Estado, enquanto que a Alemanha atribuiu tais competências de regulação ao organismo encarregado do respeito pelas regras de concorrência ao nível federal, o Bundeskartelamt.

[1215] A nível global deve referir-se a profunda influência que, nomeadamente a Organização Mundial do Comércio, instituída pelos acordos de Marrakech de 1993, assumiram em matéria financeira que veio permitir, através das recomendações consagradas no Relatório da Comissão de Bâle, que os bancos centrais e as instâncias de regulação nacionais elaborassem, em comum, regras de domínio prudencial aplicáveis ao conjunto dos diversos países.

da economia e desmantelamento dos monopólios públicos com base no art. 86º do Tratado (*"market creating"* ou *"market making regulation"*);

b) Uma estrutura diferenciada através do qual se pretende garantir o equilíbrio entre os valores de mercado e outros valores correspondentes a interesses públicos diversificados consagrados nas Constituições de cada Estado, nomeadamente os da defesa e salvaguarda da poupança dos cidadãos, da pluralidade de informação e outros.[1216]

Paralelamente, estava em curso, e em obediência ao outro pilar ou prisma do desenvolvimento da *regulação europeia*, a redefinição do modelo e da organização interna das instituições comunitárias.[1217]

Discutia-se se deveria ser mantida a unidade dos serviços, entidades e organismos administrativos dependentes de uma única entidade ou, se pelo contrário, deveriam ser criadas instituições autónomas e independentes com missões e competências inter-relacionadas e conexas com as finalidades da União Europeia.

O que estava, e ainda está em discussão, é se deve ser o modelo de "abordagem americana" ou o de "abordagem europeia" que deve prevalecer, no sentido da sua completa independência ou o da sua dependência face ao poder executivo.

Constatava-se, por outro lado, que o Tratado CE não consagrava de forma expressa a possibilidade de criação de agências administrativas independentes.

A Comissão Europeia, como guardiã dos Tratados perfilhava – e perfilha – uma concepção "restrita" no âmbito do equilíbrio de poderes entre as diversas instituições comunitárias consagrado no Tratado CE.[1218]

Por outro lado, a doutrina Meroni proferida pelo TJCE no âmbito do Acórdão *Meroni v. High Authority* (1957-58) ECR 133, consagrou, igualmente, uma

[1216] Neste sentido, cfr. Luis Morais da Silva, "A Europa e dos Desafios do Século XXI", p. 323.

[1217] Cfr. "EU Law and the Transformation of European Governance", NYU School of Law, Jean Monet Center, The Growth of European Agencies, p. 4.

[1218] Neste sentido e entre outros documentos relevantes, cfr. a Comunicação da Comissão de Junho de 2002, sobre "Governança Europeia: Legislar Melhor", quando a páginas 4 da mesma comunicação refere expressamente *"...a Comissão deve assumir plenamente a responsabilidade das decisões correspondentes, fazendo apelo à competência das administrações nacionais no âmbito de comités apenas consultivos... A responsabilização executiva da Comissão não implica que esta deva conservar todas as tarefas de execução, por vezes muito detalhadas, que em princípio hoje lhe incumbem. Mais concretamente será a Comissão a apresentar ao Parlamento Europeu e ao Conselho, no âmbito de um acordo interinstitucional, o enquadramento das condições de criação destas agências, baseado nos princípios de uma clara separação de responsabilidades..."*.

visão restritiva da política de criação de agências, estabelecendo limites e condições para a sua institucionalização, com base no princípio do equilíbrio de poderes das instituições comunitárias.[1219]

A doutrina consagrada neste Acórdão viu-se convertida numa doutrina geral de não delegação de poderes públicos comunitários em instâncias – privadas ou públicas – não previstas nos Tratados. Apenas funções de cariz executivo podiam ser delegadas, com fundamento essencial no equilíbrio de poderes entre instituições, bem como da responsabilidade democrática.[1220]

Esta concepção, como é natural, significou que o desenvolvimento de uma política europeia de criação de agências autónomas não foi tão acentuado como aquele se verificou no âmbito da organização interna administrativa dos diversos Estados-Membros.

Com efeito, decorreram cerca de vinte e cinco anos desde a criação das primeiras agências na década de setenta até meados da década de noventa, em que a política europeia de criação destas entidades assumiu um significativo incremento.

Como mais adiante veremos, através da evolução institucional desta política, são múltiplos e diversos os avanços e recuos das instituições comunitárias, e podemos com toda a certeza dizer que ainda hoje não vislumbramos uma definição clara e rigorosa das entidades que devem integrar a organização interna administrativa da União, qual deve ser a sua natureza jurídica e como devem relacionar-se, quer com os cidadãos, quer com as agências integradas no âmbito da organização interna dos Estados-Membros e com as restantes instituições comunitárias.

Apesar de podermos ler no *site* oficial da UE, a definição das agências *"como um organismo de Direito Público Europeu, distinto das restantes instituições comunitárias (Conselho, Comissão e Parlamento Europeu), têm personalidade jurídica própria e são criadas mediante acto comunitário de direito derivado, com a finali-*

1219 Cfr. Pedro Gonçalves, "Entidades Privadas com Poderes Públicos", p. 84, quando refere que este Acórdão, aceitando que a existência de um poder implícito de delegação, exige que esta resulte de uma decisão explícita. Ou seja, a doutrina em menção *não proibindo a delegação de poderes de execução em organismos externos não previstos nos Tratados,* esclarece sem ambiguidades que uma tal delegação só é possível na medida em que tenha por *objecto* poderes ou competências de exercício vinculado e desde que fique garantido que a autoridade delegante preserva um controlo rigoroso sobre o exercício das competências delegadas.

1220 Apesar desta doutrina e dos limites por ela impostos, o Regulamento (CE) nº 58/2002 do Conselho de 19 de Dezembro, que define o estatuto das agências de execução encarregadas de determinadas funções de gestão de programas comunitários, veio permitir o alargamento das competências destas agências ao nível da prática de actos administrativos comunitários.

dade de exercer uma tarefa específica de natureza técnica, científica ou de gestão que se determina no respectivo acto dela criador", o que é certo é que não encontramos uniformidade quanto à respectiva qualificação e, em consequência, quanto à sua posição relativa com as demais instituições.

Na realidade, a qualificação mais usual das agências existentes é a de "agência executiva" e de "agência de regulação".

Se é verdade que as actuais agências de execução encontram a sua base jurídica no Regulamento (CE) nº 58/2003 do Conselho, de 19 de Dezembro de 2002, também é verdade que o regime das denominadas agências de regulação, até ao momento, não logrou obter consenso quanto à possibilidade de ser adoptado um quadro legal que o suporte e consagre.[1221]

II. Evolução institucional: Fundamento, conceito e perspectivas futuras das agências europeias

A expansão e transformação das actividades económicas, financeiras e sociais emergentes de processos de privatização e liberalização que ocorreram na década de setenta reforçaram a necessidade de uma profunda reflexão em torno das possibilidades legais de criação de entidades que, também a nível da União Europeia e no seio das respectivas instituições, exercessem as suas competências de forma autónoma e independente do poder comunitário instituído.[1222]

Com efeito, a mudança de paradigma que os novos ventos de mudança introduziram na organização interna dos Estados-Membros teve, igualmente, consequências a nível da organização das instituições comunitárias.[1223]

A primeira vaga ou fase de criação das "agências europeias" reporta-se, portanto, à década de 70, com a criação do Centro Europeu para o Desenvolvimento e Formação Profissional (Cedefop) e da Fundação Europeia para a Melhoria das Condições de Vida e de Trabalho (Eurofound).

[1221] Esta afirmação não é posta em causa pelos recentes desenvolvimentos que ocorreram na sequência da crise financeira que tiveram, como sabemos, intervenções e propostas de vária ordem, nomeadamente as da criação de uma agência europeia de *rating* e mais recentemente da União Bancária.

[1222] No mesmo sentido do texto, cfr. entre outros, Eduardo Virgula Foruria, "Agências y Agências Reguladoras en la Comunidad Europea", p. 13, e Giandomenico Majone, "Causes and Consequences of Changes in the Mode of Government", Maio de 2007, pp. 70 e seguintes.

[1223] Cfr. Edoardo Chiti, "Administrative Proceedings Envolving European Agencies", em Law and Contemporary Problems, disponível em httpd://www.questia.com/library/journal/1G1-133016381/administrative, no sentido em que este autor confirma que as agências europeias assumiram, desde o início da sua criação: "*...the expression "european agency" is often used by institutions and European scholars with reference to a wide range of organizations models that are not always homogenous...*".

Só mais tarde, e já na década de noventa, em consequência das crises ligadas à falta de controlo dos mercados e das crises relacionadas com questões sociais e políticas, é que a discussão em torno da criação de novas agências voltou a estar na ordem do dia.[1224]

Nesta época foram instituídas, entre outras, a Agência Europeia do Ambiente (EEA) e a Fundação Europeia para a Formação.[1225]

Também na década de 2000 se verificou algum desenvolvimento na política de criação de agências, entre outras, a Autoridade Europeia para a Segurança dos Alimentos (EMSA) e a Agência Europeia para a Segurança da Aviação (AESA).[1226]

A política adoptada neste período – de criação de agências com missões e competências diferenciadas, com níveis de poder heterogéneos e pouco significativos, com estruturas organizativas internas diversificadas, com regras de processo e procedimento pouco consistentes, e com graus diversos de relação ou de dependência instrumental da Comissão Europeia – não obedecia a um quadro ou modelo ordenador das agências, mas apenas à tentativa de dar uma resposta mais eficiente, imparcial e transparente à tomada de decisões ou à formulação de orientações que cabiam às instituições comunitárias no contexto do processo de aprofundamento da integração europeia.[1227]

A ausência de um quadro legal que suportasse a política de criação de agências europeias de regulação, no sentido de as dotar de efectivos poderes de decisão nas áreas ou sectores carecidos da sua intervenção, ficou a dever-se a alguns factores que, pela sua importância, devem ser identificados, e que são os seguintes:

a) Em primeiro lugar, o Tratado não consagrava, de forma expressa, norma habilitante de criação de entidades autónomas e independentes;

[1224] Cfr. o conceito de agência no contexto da União Europeia formulado por G. Majone, em "The Credibility Crisis of Community Regulation", p. 17, nos termos do qual *"Agency is an omnibus label to describe a variety of organizations – commissions, boards, authorities, services, inspectorates – that perform funcions of a government"*.

[1225] Cfr. Regulamento (CEE) do Conselho de 7 de Maio de 1990, que criou a Agência Europeia do Ambiente e a Rede de Informação e de Observação do Ambiente.

[1226] Cfr. Regulamento (CE) nº 178/2001 do Parlamento Europeu e do Conselho de 29 de Abril de 2002, que criou a Autoridade Europeia para a Segurança dos Alimentos e Regulamento (CE) nº 1592/2002 do Parlamento Europeu e do Conselho de 15 de Junho de 2002, que criou a Agência Europeia para a Segurança da Aviação.

[1227] Cfr. Damien Gerardin, "The Development of Agencies at EU and National Levels: Conceptual Analysis and Proposals for Reform", Jean Monnet Working Paper 01/04, pp. 43 e seguintes.

b) Por outro lado, o art. 4º do Tratado de Roma dispunha, em termos decisivos, que as diversas instituições comunitárias apenas podiam exercer os poderes que lhes eram expressamente conferidos pelo Tratado, ou seja, adoptava o princípio segundo o qual, em direito público, a competência é de ordem pública, no sentido em que só podem ser exercidas as competências que resultem directamente do preceito dela habilitante;

c) Acresce que a regra da proibição de criação de agências dotadas de poderes de decisão definitivos e executórios, por falta de base legal, foi corroborada pela doutrina Meroni que dimanou do Acórdão do TJCE *Meroni v. High Authorithy*, nos termos do qual a possibilidade de delegação de poderes a agências independentes não permitia, em nenhuma circunstância, o da atribuição de poder discricionário;

d) Por último, deve ainda assinalar-se que a Comunidade elegeu, desde o início, o procedimento legislativo como meio essencial de integração, no sentido em que eram os Estados-Membros que, mediante transposição das Directivas para o direito interno, a executavam através das respectivas instituições.[1228]

É neste contexto de "paralisia institucional" que a Conferência Intergovernamental de 2000 – destinada a preparar o Tratado de Nice – propõe e discute a inclusão no próprio Tratado de um normativo destinado a consagrar a base legal para a criação de agências europeias. Estas propostas não obtiveram, no entanto, qualquer acolhimento, tendo as mesmas sido expressamente rejeitadas.

Apesar disso, por esta via, este tema foi decisivamente relançado na agenda comunitária em termos de reflexão sobre a melhor forma de organizar as instituições comunitárias, especialmente no que se refere aos respectivos centros de decisão.

Em Julho de 2001 foi lançado, em termos públicos, o Livro Branco da Governança que avançava com um conjunto de propostas, não apenas no que toca ao poder de criação de agências, mas também quanto à natureza das competências que lhes deveriam ser atribuídas, de que se destacam as seguintes principais bases de metodologia:

a) O equilíbrio de poderes consagrado no Tratado CE deve ser mantido, ou seja, o núcleo essencial das competências do P.E., do Conselho e da Comissão não deveria ser afectado;

1228 Cfr. Maria Celeste Cardona, op. cit., pág. 530.

b) Os poderes e competências directamente atribuídos à Comissão (como, por exemplo, a tomada de decisões no domínio das politicas de concorrência), não poderiam ser, em nenhuma circunstância, delegados às agências;
c) As agências não deveriam poder dispor de competência regulamentar;
d) As agências não deveriam poder dispor de poderes de decisão individuais e concretos em áreas ou matérias em que se verifique colisão de interesses públicos contraditórios, e não devem ser titulares de poderes discricionários ou de competências de realização de avaliações económicas complexas;
e) As agências deveriam ser supervisionadas através de um sistema europeu de supervisão, avaliação e controlo.[1229]

Apesar de terem sido criadas novas agências neste período, a discussão em torno das competências e também das relações entre estas e as demais instituições comunitárias não findou.[1230]

Tratava-se e continua a tratar-se de matéria complexa e de difícil enquadramento, na medida em que o que estava e continua a estar em causa é o equilíbrio de poderes no seio das instituições comunitárias relevantes e nas relações destas com as organizações internas dos Estados-Membros.

Em Junho de 2002, a Comissão apresentou uma nova Comunicação subordinada ao tema "Governança Europeia – Legislar Melhor".

No final desse mesmo ano, em Dezembro de 2002, foi lançado um outro contributo oficial relativo ao Enquadramento Operacional das Agências de Regulação Europeias que, com base no Livro Branco, procurou estabelecer os marcos fundamentais para o futuro enquadramento das Agências de Regulação.[1231]

Por outro lado, e no contexto das denominadas "agências executivas", foi publicado o Regulamento (CE) 58/2003 do Conselho, de 19.12.2002, que consagrou o estatuto destas agências.

Convém recordar que, dada a natureza da questão controvertida – condições básicas a observar para efeitos de criação de agências sectoriais – a

1229 Cfr. Livro Branco da Governança – COM (2001) 428 versão final, de 25.07.2011.

1230 Cfr. entre outros, Edoardo Chiti, "Administrative Proceeding Involving European Agencies", pp. 5 e seguintes; G. Majone, Michelle Everson, Les Metcalfe, Adriaan Schout, "The Role of Specialized Agencies in Decentralising EU Governance", Report presented to the Commission on August 2006.

1231 Cfr. Communication from the Commission – The Operating Framework for the European Regulatory Agencies – COM (2002) 718 versão final de11.12.2002.

Comissão pretendeu, desde o início, a colaboração activa das restantes instituições comunitárias: o Parlamento Europeu e o Conselho.

Nasceu, por tal razão, uma proposta de acordo interinstitucional, em 25 de Fevereiro de 2005.[1232]

As negociações em torno deste Acordo arrastaram-se no tempo e no modo, tendo sido interrompidas em 2006.

Por outras palavras, em consequência desta interrupção negocial, as agências já existentes e a que o Acordo Interinstitucional pretendia dar "cobertura legal", bem como a falta de base legal para a criação de novas agências, gerou uma certa indefinição no movimento tendente à respectiva institucionalização.

Mais tarde, e já em Março de 2008, a Comissão apresentou ao Parlamento Europeu e ao Conselho uma nova Comunicação sobre esta matéria, designada "As agências europeias – perspectivas futuras".[1233]

Esta Comunicação abordava um conjunto de questões em torno da natureza das funções das agências, da sua estrutura e funcionamento, da responsabilidade destas e das suas relações com as demais instituições.

Com o objectivo de aprofundar esta discussão, a Comissão assumiu perante o Conselho e o Parlamento Europeu, entre outros compromissos, o de retirar a proposta de Acordo Interinstitucional antes identificado e de realizar, até final de 2009, uma avaliação horizontal das agências de regulação. Comprometeu-se, igualmente, até final do ano em curso, a não apresentar qualquer proposta de criação de novas agências de regulação.

Em Maio de 2008, na sequência desta Comunicação, a Comissão convidou o Conselho e o Parlamento Europeu a constituírem um Grupo de Trabalho Interinstitucional com o objectivo de discutir e estabelecer um conjunto de regras susceptíveis de serem aplicadas a todas as agências.[1234]

Em 21 de Outubro de 2008 foi aprovada uma Resolução que versava sobre a estratégia a adoptar no âmbito institucional.

Em 10 de Março de 2009 o grupo de trabalho interinstitucional teve a sua primeira reunião e, em 19 do mesmo mês, foi proferida uma importante

[1232] Cfr. Proposta de Acordo Interinstitucional relativo ao enquadramento das agências europeias de regulação, COM (2002) 59, versão final de 25 de Fevereiro de 2005.

[1233] Cfr. Comunicação da Comissão ao Parlamento Europeu e ao Conselho relativo às agências europeias – perspectivas futuras, COM (2008) 135, versão final de 11 de Março de 2008.

[1234] Carta do Presidente da Comissão Europeia ao Presidente do Parlamento Europeu e ao Presidente do Conselho em exercício em 7 de Maio de 2008, citada no relatório do Parlamento Europeu sobre uma estratégia para a resolução dos aspectos institucionais das agências de regulação (2008/2103(INI).

declaração pela Vice-Presidente da Comissão Europeia que definia as principais questões a abordar por este grupo de trabalho, bem como o prazo para a apresentação das suas principais conclusões.

Como vimos em síntese, as questões relativas à criação, regras de organização e funcionamento, natureza das competências e relações entre as agências europeias de regulação e as demais entidades comunitárias, continuam a ser objecto de análise e estudo.

É de admitir, nos termos dos documentos oficiais mencionados, que no final do ano em curso surja um novo quadro definidor das regras de criação, de organização e funcionamento, de processos e de procedimentos, de relacionamento entre instituições, de regime de financiamento, de composição da estrutura dirigente e, sobretudo, do núcleo essencial dos poderes que devem ou podem ser outorgados às agências europeias.[1235]

Finalmente, importa sublinhar que a par das indecisões em matéria de regime comum das agências comunitárias, no caso concreto da supervisão das agências de notação financeira, e na sequência de diversas conferências e, sobretudo, do Conselho Europeu de 13 e 14 de Março de 2008, o Regulamento (CE) nº 1060/2009, do Parlamento Europeu e do Conselho, veio a ser instituído um regime comum para o exercício da actividade e supervisão das agências de notação registadas na União Europeia.[1236]

III. O conceito de agência europeia

Como referimos, existem actualmente no âmbito da União Europeia 29 agências localizadas nos diversos Estados-Membros.[1237]

[1235] Do ponto de vista específico da regulação das agências de notação financeira devemos salientar que em 2005 a Comissão Europeia, ao contrário que foi defendido pelo Parlamento Europeu na Comissão de Regulamentação dos Mercados Europeus de Valores Mobiliários, actualmente ESMA, seguiu a opinião do Committee of European Securities Regulators e não avançou com qualquer proposta de regulamentação específica sobre as Agências de Notação, uma vez que considerou que estas já eram supervisionadas pela Directiva 2003/6/CE (Directiva Abuso de Mercado). O evoluir da crise financeira conduziu a que em 2008, na sequência do Conselho Europeu de 13 e 14 de Março de 2008, os Estados acordassem numa proposta para melhorar o "funcionamento do mercado e da estrutura de incentivos", incluindo o papel das sociedades de notação de risco sobre o qual a UE estaria pronta a considerar alternativas regulamentares se os agentes de mercado não resolvessem rapidamente estas questões.

[1236] Este Regulamento veio a ser alterado pelo Regulamento (EU) nº 513/2011, do Parlamento Europeu e do Conselho.

[1237] Cfr. Anexo 1 do Relatório Especial nº 5/2008, do Tribunal de Contas Europeu, relativo às Agências da União: Obter resultados.

Desde os primórdios do seu aparecimento – na década de setenta – e até aos nossos dias, as agências foram sendo instituídas de forma pontual, por impulsos orgânicos ou funcionais, e com o objectivo de dar resposta a circunstâncias/situações carecidas de intervenção institucional diversificada.

As agências europeias assumem características diversas, desde a natureza do acto que as institui até ao conjunto de missões e competências de que são titulares.

Também do ponto de vista da respectiva qualificação, proliferam na doutrina e nos próprios documentos oficiais designações diferenciadas de agência europeia.

Dado estar em causa, a nosso ver, uma das mais importantes questões referentes à organização do sistema institucional da União Europeia, importa tentar uma aproximação ao conceito de agência europeia com o objectivo de procurar apreender as realidades, orgânicas e funcionais, que subjazem a tal conceito.

Para isso, ainda que em termos breves, ensaiaremos uma primeira abordagem relativa às seguintes principais questões:

(i) Fundamento e natureza do acto instituidor das agências;
(ii) Breve análise das atribuições e competências das agências.

1. Quanto ao fundamento do acto instituidor das agências

As primeiras agências surgiram em consequência da necessidade de, após a "falência" do Estado intervencionista e do subsequente desenvolvimento dos processos de privatização e liberalização, dar resposta institucional a questões que se colocavam, numa primeira fase no âmbito interno dos Estados-Membros, e numa segunda fase no âmbito da União Europeia.

Na primeira parte deste trabalho salientámos que as agências europeias foram sendo criadas, desde a década de setenta até aos nossos dias, sem fundamento legal expresso nos Tratados.

A realidade, no entanto, impôs-se e agudizou o engenho.

Começaram a surgir as primeiras distinções, em razão da natureza do acto fundacional e das missões a prosseguir, entre agências europeias de execução e agências de regulação.

Em termos de estádio actual, podemos referir que as agências de execução são reguladas pelo Regulamento (CE) 58/2003 do Conselho, de 19.12.2002, e têm por competência delegada: (i) realizar tarefas administrativas; (ii) desenvolver missões de observatório; e (iii) desenvolver actividades de cooperação no âmbito da aplicação, financiamento e gestão de programas comunitários relevantes que são, de acordo com o disposto no art. 274º do Tratado, da competência da Comissão Europeia.

É, pois, a Comissão que decide a criação das agências de execução podendo nelas delegar, entre outras, as seguintes actividades: (i) administrar a totalidade ou parte das fases do ciclo do programa comunitário e realizar as medidas de controlo necessárias para o efeito; (ii) adoptar os actos pressupostos em matéria de receitas e despesas, em particular actos relacionados com a adjudicação de contratos, bem como atribuição de subvenções; e (iii) analisar e tratar a informação fundamental e relevante com o objectivo de habilitar a Comissão para os efeitos pertinentes, ou seja, para a tomada da decisão que ao caso couber.

Actualmente, a União Europeia, no âmbito da sua organização institucional, dispõe de um número significativo de agências europeias de execução, criadas pela Comissão Europeia, todas elas vocacionadas para exercer missões específicas no contexto da gestão de programas comunitários.[1238]

As denominadas agências de regulação começaram por ser qualificadas pela Comissão Europeia como novos modelos de organização administrativa *ad-hoc*, fundadas no saber-fazer pericial, técnico e científico.[1239]

A maior visibilidade que este tipo de organização representa para os sectores relevantes, a maior economia de custos para as empresas e as vantagens decorrentes de uma melhor aplicação da legislação comunitária, eram outras tantas características assinaladas a este novo modelo organizativo.

As maiores dificuldades na concretização desta política surgiram, desde logo, pela falta de base legal expressa legitimadora da criação de agências de regulação, bem como pelas condições e limites impostos pela doutrina Meroni, a que anteriormente já aludimos.

[1238] Ver, entre outras, (i) Agências de execução relativas à Educação, ao Audiovisual e à Cultura, que iniciaram as suas funções em 1 de Janeiro de 2006, com a missão fundamental de assegurar a execução de diversas componentes de mais de 15 acções e programas financiados pela União no domínio da educação e formação, cidadania activa, juventude, audiovisual e cultura; (ii) Agência de execução para a Competitividade e a Inovação, que gere os programas Energia Inteligente-Europa, Marco Polo, rede Empresa-Europa e Eco-Inovação; (iii) Agência executiva do Conselho Europeu de Investigação, instituída em Dezembro de 2007 com a finalidade de estimular a excelência científica na Europa, através de apoio e incentivo aos cientistas e investigadores, nomeadamente na "investigação de ponta"; (iv) Agência de execução para a Saúde dos Consumidores, que realiza a gestão de programas no domínio da saúde e da "melhor formação para uma maior segurança dos alimentos", tendo o seu mandato sido prorrogado recentemente até 31 de Dezembro de 2015.

[1239] Cfr. Edoardo Chiti, op. cit., p. 3, e Damien Gerardin, "The Development of European Regulatory Agencies: What the EU Should Learn from the American Experience", Journal of European Law.

Numa primeira fase, entendeu-se que o disposto no art. 308º do Tratado CE poderia ser concebido como norma habilitante da criação deste tipo de agências.[1240]

Mais tarde, em 2002, a Comissão recomendou a alteração da aludida base jurídica, no sentido de ser adoptada a disposição do Tratado que constitua fundamento específico da política que se pretende desenvolver através do acto fundacional da agência europeia.

Foi o caso, entre outros, da criação da AESM, cujo fundamento é o Tratado CE, com base no disposto no art. 80.2 relativo à política de navegação marítima, e da AESA, que se funda no disposto nos artigos 37º, 95º e 133º relativos à segurança dos alimentos.[1241]

Em síntese, parece ser possível identificar alguns critérios que têm vindo a ser utilizados como parâmetros da política de criação de agências europeias, e que são os seguintes:

a) A criação de agências depende de proposta da Comissão fundada em acto legislativo dela habilitante;
b) A base legal da criação da agência é o preceito do Tratado que constitua a base jurídica da política comunitária que a institucionalização da agência visa desenvolver;
c) As agências devem ser dotadas de personalidade jurídica; e
d) A localização da agência deve ser estabelecida no acto que a institui.

Em conclusão, julgamos estar habilitados a considerar, que:

a) Quanto ao fundamento do acto instituidor da agência de execução, o mesmo é o Regulamento (CE) 58/2003 do Conselho, de 19.12.2002, nos termos de cujo art. 3º é a Comissão Europeia que é titular do poder de decidir a criação de uma agência executiva encarregada de determinadas tarefas relacionadas com a gestão de um ou vários programas comunitários; e

[1240] O art. 308º do Tratado CE estipula que: "*Se uma acção da Comunidade for considerada necessária para atingir, no curso de funcionamento do mercado comum, um dos objectivos da Comunidade, sem que o presente Tratado tenha previsto os poderes de acção necessários para o efeito, o Conselho, deliberando por unanimidade, sob proposta da Comissão e após consulta do Parlamento Europeu, adoptará as disposições adequadas*".

[1241] Das 23 agências do âmbito do Tratado CE, 12 dispõem de uma base jurídica adoptada ao abrigo do art. 308º do Tratado CE, e as demais foram criadas no quadro de uma base sectorial do Tratado, tendo as bases jurídicas de 8 agências sido adoptadas com base no processo de co-decisão, conforme nota 7 do COM (2008) de 11.3.2008.

b) Quanto ao fundamento do acto instituidor da agência de regulação, o mesmo é da competência do Parlamento Europeu e do Conselho, que delibera, em regra, mediante o processo de co-decisão, com fundamento, nuns casos, no disposto no art. 308º do Tratado e, noutros casos, com base nos preceitos respectivos do Tratado que consagram as políticas específicas que a criação da agência visa desenvolver.

2. Quanto à natureza das missões atribuídas às agências europeias

Para além dos aspectos antes mencionados, e como corolário lógico da nossa indagação, julgamos importante abordar a questão relativa à classificação das agências europeias existentes, bem como das que estão em fase de implementação, a partir da análise do conjunto das competências de que as mesmas são actualmente titulares.

Com base neste critério, os autores apontam, em regra, cinco "tipos" de agências:[1242]

a) Uma primeira categoria é constituída por agências que têm por missão concretizar, desenvolver ou complementar certos regimes jurídicos comunitários, nomeadamente os de aprofundar e, por outro lado, tornar mais operativo, o funcionamento do mercado interno. É o caso, por exemplo, do Instituto de Harmonização no Mercado Interno (OHIM) que na década de noventa, e tendo em vista os obstáculos decorrentes da heterogeneidade das legislações nacionais em matéria de propriedade intelectual, foi dotado de competências para aplicar legislação uniforme às marcas e desenhos em todo o território da União Europeia; dispõe para o efeito de poderes de decisão, nomeadamente quanto à atribuição de licenciamentos no domínio da gestão das marcas comunitárias. Idêntica finalidade assume o Instituto Comunitário das Variedade Vegetais (CPVO) que é titular, entre outras, de competências para decidir sobre os pedidos de reconhecimento de direitos comunitários de protecção de variedades vegetais;

b) Um segundo grupo de agências é composto por entidades mandatadas para exercer missões de observatório, no sentido em que exercem principalmente competências de recolha, tratamento e difusão de informação, bem como de coordenação das correspondentes redes comunitárias de peritos. É o caso, entre outras, da Agência Europeia

[1242] Cfr. J. H. H. Weiler, op. cit., pp. 51 e seguintes; diferentes categorias de agência de regulação são adoptadas pela Comissão. Ver COM (2008) 135, versão final, p. 8.

do Ambiente (EEA), do Observatório Europeu da Droga e da Toxicodependência (EMCDDA), e do Observatório Europeu do Racismo e da Xenofobia, substituído em 2007 pela Agência dos Direitos Fundamentais da União Europeia (FRA);

c) Uma terceira categoria de agências integra o modelo de cooperação, de aprofundamento do diálogo social a nível europeu e de promoção do ensino e da formação profissional na União Europeia. É o caso, nomeadamente do Centro Europeu para o Desenvolvimento da Formação Profissional (Cedefop) e da Fundação Europeia para a Melhoria das Condições de Vida e de Trabalho (Eurofound);

d) Um quarto grupo de agências é composto por entidades que operam e exercem actividades na área de gestão de determinados programas de apoio e assistência comunitária, actuando como entidade instrumental da Comissão Europeia (unidades especiais da Comissão). É o caso, por exemplo, da Agência Europeia de Reconstrução (EAR), da Fundação Europeia para a Formação (ETF) e do Centro de Tradução para os órgãos da UE (CDT); e

e) Finalmente, um último grupo de agências que exercem competências de dois tipos: (i) as de assegurar, através da sua acção, níveis elevados e uniformes de segurança marítima e aérea como, por exemplo, as da Agência Europeia de Segurança Marítima (EMSA) e as da Agência Europeia para a Segurança da Aviação (AESA); e (ii) as de promover, mediante o exercício da sua actividade, o enquadramento das condições operativas destinadas a completar e a aprofundar o mercado interno, como seja, por exemplo, as exercidas pela Agência Ferroviária Europeia (ERA).

Embora a tipologia funcional de que se deixou nota seja importante do ponto de vista analítico, a mesma, a nosso ver, não é susceptível de fundamentar a base para uma reforma no âmbito da política europeia de criação de agências, entre outras razões porque a respectiva diversidade qualificativa – cinco categorias de agências – é susceptível de gerar dispersão e distorção no âmbito de uma preferencial definição uniforme da sua natureza e do seu regime jurídico.

Ora, o que está em causa nos actuais debates, nacionais e comunitários, acerca deste tema é, justamente, a reforma do estatuto das agências europeias.

Assim, mais do que procurar uma descrição funcional dos poderes das actuais agências europeias, com o objectivo do seu enquadramento comunitário, importa determinar um critério que nos permita apurar o conceito de agência europeia tendente à definição do respectivo regime jurídico.

A nosso ver, o critério que parece revelar maior operatividade, ou seja, aquele que é o mais adequado à nossa finalidade – contribuir para a redefinição do conceito e do regime das agências europeias –, é o da análise da "intensidade" (efeitos jurídicos) dos poderes que lhes são ou devem ser outorgados.[1243]

De acordo com este modelo/critério parece ser possível assentar no princípio segundo o qual as agências de execução exercem funções de gestão de programas comunitários, são criadas por um período limitado e estão sempre localizadas na proximidade da sede da Comissão.

É a Comissão Europeia, nos termos do disposto nos artigos 1º e 3º do Regulamento (CE) nº 58/2002 do Conselho, de 19 de Dezembro, que é titular da competência para proceder à criação da agência executiva para, sob o seu controlo e a sua responsabilidade, executar algumas tarefas relacionadas com a gestão de programas comunitários.[1244]

O seu estatuto jurídico é o que resulta do Regulamento (CE) do Conselho nº 58/2003, de 19 de Dezembro de 2002.

Em segundo lugar, e no que tange às agências de regulação, sabemos já que não existe qualquer dispositivo nos Tratados que estabeleça as regras da sua criação, organização e funcionamento.

Não é previsível, por outro lado, que uma eventual revisão do Tratado venha a acolher a base jurídica da criação de agências europeias de regulação. A história ensina-nos que assim é.

Em todo o caso, parece ser entendimento uniforme que as mesmas desempenham, e podem desejavelmente continuar a desempenhar, um papel fundamental na prossecução e desenvolvimento das políticas comunitárias em determinados sectores e áreas de actividade carecidas de regulação comunitária, nomeadamente telecomunicações e energia.[1245]

No actual quadro comunitário em que nos movemos, as agências denominadas de regulação estão subordinadas, entre outras, às seguintes limi-

[1243] Cfr. Giandomenico Majone, "A Comunidade Europeia – Um Estado Regulador", pp. 78 e seguintes.

[1244] Não está prevista a criação de mais agências de execução no contexto do actual quadro financeiro que vigora até 2013, de acordo com o documento COM (2008) de 11.3.2008.

[1245] Segundo o documento da Comissão antes referido, p. 5, existem actualmente 29 agências de regulação, estando proposta a criação de outras duas. Três destas agências foram criadas no âmbito da Política Externa e de Segurança Comum, e três tratam de questões no domínio da cooperação policial e judiciária em matéria penal constante do Titulo VI do Tratado UE.

tações: (i) não dispõem de poder regulamentar; (ii) não dispõem de poder discricionário; (iii) não dispõem de competências que hajam sido expressamente atribuídas à Comissão; e (iv) apenas tomam decisões individuais em domínios específicos em que se exigem conhecimentos técnicos altamente especializados.

Mesmo com tais contingências institucionais, as missões desempenhadas pelas agências de europeias de "regulação" têm vindo a contribuir para a actuação descentralizada da Comissão, para o reforço da sua intervenção "livre" de pressões políticas e subordinada a critérios exclusivamente técnicos, bem como ao aprofundamento de formas de cooperação entre si e entre as autoridades administrativas independentes dos vários Estados-Membros. Em suma, as agências europeias de regulação, através da sua acção, têm vindo a dissipar a ideia, muito difundida, de que a criação das mesmas consiste numa "intromissão indesejável" da Comissão no funcionamento e na organização interna dos Estados.[1246]

Ora, da análise comparativa do estatuto jurídico das agências de regulação que operam nos diversos Estados-Membros e das agências que, com idêntica denominação, operam no âmbito da União Europeia resulta, de forma inequívoca, que a sua natureza jurídica, aferida a partir das suas atribuições e competências, não é a de agência de regulação.

Com efeito, a par de outras circunstâncias, a inexistência de poder regulamentar e de decisão definitiva e executória nas matérias que lhes estão reservadas, bem como a ausência de poder discricionário, revelam que a natureza das actividades que exercem a nível comunitário não se assemelha à das que são exercidas pelas autoridades de regulação que, criadas pelos Estados-Membros, actuam e operam nas respectivas áreas de intervenção de forma independente do poder político e do poder do regulado, são titulares de competências regulamentares e de aplicação de sanções, decidem mediante actos definitivos e executórios, quer em termos de observância estrita da lei – poder vinculado, quer ao abrigo de margens de livre apreciação – poder discricionário.[1247]

Aqui chegados, e tendo presente que o nosso objectivo é o de contribuir para a discussão em torno do enquadramento da política europeia de criação

[1246] Relembre-se que o termo "regulação" utilizado no texto é o que resulta do conjunto dos documentos das instituições comunitárias, nomeadamente e por todos, da Comunicação da Comissão ao Parlamento Europeu e ao Conselho, COM (2008) 135 versão final de 11.3.2008.

[1247] Cfr. entre outras, a Autoridade da Concorrência, criada pelo DL 10/2003, de 18 de Janeiro; a Entidade Reguladora para a Comunicação Social, criada pela Lei 53/2005, de 8 de Novembro; a Entidade Reguladora da Saúde, criada pelo DL 309/2003, de 10 de Dezembro.

de agências que está em curso, julgamos pertinente tecer algumas considerações sobre as perspectivas de desenvolvimento institucional desta política.

IV. As agências europeias: Perspectivas futuras

1. Enquadramento institucional das agências europeias

O Estado Regulador, dados os seus objectivos, tem vindo crescentemente a ser dotado de agências/entidades com amplos poderes decisórios, neles se incluindo poderes discricionários, bem como poderes regulamentares e sancionatórios nas diversas áreas da sua intervenção.[1248]

No âmbito da organização administrativa dos Estados-Membros, tais instituições assumem as seguintes principais características: (i) as da independência do regulador perante o poder político (independência orgânica e funcional); (ii) as do mandato por tempo certo; (iii) as da inamovibilidade; (iv) as da não sujeição a ordens ou orientações; (v) as da independência face aos interesses regulados (incompatibilidades); (vi) as da existência de regras preventivas contra a "captura" do regulador pelo regulado; (vii) as da separação entre operadores públicos ou concessionários públicos e o regulador; e (viii) as da titularidade de poder regulamentar, administrativo e sancionatório.[1249]

Por seu turno, a União Europeia, desde o Tratado de Maastricht, efectua missões fundamentais na área da realização da união económica e monetária que implicam um conjunto de atribuições que vão desde a energia, as telecomunicações, a agricultura, aos transportes, ao ambiente, à concorrência, à protecção dos consumidores e à coesão social.

A União Europeia joga, pois, um importante papel na modelação e enquadramento das capacidades regulatórias dos Estados-Membros, para além de poder ser concebida ela própria, através das suas instituições, como uma estrutura de regulação por excelência.[1250]

Em todo o caso, como já tivemos ocasião de referir, quer o Tratado CE, quer a doutrina Meroni, têm impedido a transferência/delegação de determinados poderes para entidades autónomas e independentes, nomeadamente os que são directamente atribuídos à Comissão. Assim, os "atalhos" que foram sendo desenvolvidos pela Comissão para superar estas dificuldades traduzem-se na institucionalização de agências que visaram o estabelecimento de relações: (i) de controlo; (ii) de coordenação; e (iii) de cooperação no âmbito das agên-

[1248] Cfr. entre outros, G. Majone, "Um Estado Regulador", p. 53; Luis Morais da Silva, "A Europa e os Desafios do século XXI", p. 323.

[1249] Cfr. Stvdia Jurídica 60, "Os Caminhos da Privatização da Administração Pública", p. 223.

[1250] Cfr. por todos, Luis Morais da Silva,"UE – Função Reguladora e Estruturas de Regulação", p. 221.

cias europeias e destas com os Estados-Membros e as autoridades administrativas independentes integradas na organização interna dos Estados.

Estas agências, de acordo com o critério que elegemos – o da intensidade dos respectivos poderes –, podem ser qualificadas como:

(*i*) Agências de execução; e
(*ii*) Agências decisórias "quasi regulatórias".[1251]

As agências executivas devem englobar, em primeiro lugar, as que exercem actividades de gestão de programas comunitários, como sejam a Agência Europeia de Reconstrução, criada pelo Regulamento (CE) nº 2667/2000, de 5.12.2000, a Fundação Europeia para a Formação, criada pelo Regulamento (CE) nº 1360/90, de 7 de Maio de 1990, e o Centro de Tradução dos Organismos da União Europeia, criado pelo Regulamento (CE) nº 2695/94, de 28 de Novembro de 1994; em segundo lugar, as que actuam com funções de observatório, como seja a Agência Europeia do Ambiente, criada pelo Regulamento (CE) nº 1210/90, de 7 de Maio de 1990, o Observatório Europeu de Droga e de Toxicodependência, criado pelo Regulamento nº 302/93, de 8 de Fevereiro de 1993, a Agência dos Direitos Fundamentais da União Europeia, criada a partir do Observatório Europeu do Racismo e Xenofobia (Regulamento (CE) nº 1035/97, de 2 de Junho de 1997, pelo Regulamento (CE) nº 168/2007, de 15 de Fevereiro de 2007; e ainda as que desenvolvem missões de cooperação, como sejam, o Centro Europeu para o Desenvolvimento da Formação Profissional, criado pelo Regulamento (CE) nº 337/75, de 10 de Fevereiro de 1975, a Fundação Europeia para a Melhoria das Condições de Vida e do Trabalho, criada pelo Regulamento (CE) nº 1365/75, de 26 de Maio de 1975, e a Agência Europeia para a Segurança e Saúde no Trabalho, criada pelo Regulamento (CE) nº 2062/94, de 18 de Junho de 1994.

As agências decisórias "quasi regulatórias" (*decision-making*) devem ser as cuja natureza decorre da interpretação dos respectivos poderes consagrados nos actos delas criadoras, e podem ser de dois tipos:

(*i*) Poderes de adoptar decisões individuais juridicamente vinculativas, cujos efeitos se reflectem directamente na esfera jurídica de terceiros deles destinatários; e

[1251] No mesmo sentido do texto, cfr. J. H. H. Weiler, "The Development of Agencies at EU and National Levels: Conceptual Analysis and Proposals for Reform", pp. 41 e seguintes; em sentido contrário ao do texto, ver Damien Geradin, "The Development of European Regulatory Agencies: What the EU Should Learn from the American Experience".

(*ii*) Poderes consideráveis de influência e de assistência directa à Comissão e, em certos casos, aos Estados-Membros, sob a forma de pareceres técnicos e científicos (actos preparatórios) habilitantes e/ou condicionantes dos actos que são da competência da Comissão.

De acordo com este critério – o da intensidade dos poderes estabelecidos nos actos de criação das instituições em causa – consideramos, por exemplo, que o Instituto de Harmonização no Mercado Interno, criado pelo Regulamento (CE) nº 40/94, de 29 de Dezembro de 1993, o Instituto Comunitário das Variedades Vegetais, criado pelo Regulamento (CE) nº 2100/94, de 27 de Julho de 1994, a Agência Europeia para a Segurança da Aviação, criada pelo Regulamento (CE) nº 1592/2002, de 15 de Julho de 2002, a Agência Europeia de Medicamentos, criada pelo Regulamento (CE) nº 726/2004, de 31 de Março de 2004, a Autoridade Europeia para a Segurança dos Alimentos, criada pelo Regulamento (CE) nº 178/2002, de 28 de Janeiro de 2002, e a Agência Europeia de Segurança Marítima, criada pelo Regulamento (CE) nº 1406/2002, de 27 de Junho de 2002, devem ser qualificadas como agências decisórias "quasi regulatórias".

2. As agências executivas e as agências decisórias: Quadro jurídico comum

No quadro que deixámos traçado, as agências executivas encarregadas da gestão de certos programas comunitários, são criadas com fundamento no Regulamento (CE) nº 58/2003 do Conselho, de 19 de Dezembro de 2002, que estabelece o seu estatuto jurídico, as respectivas regras de organização e funcionamento, a estrutura, o regime de controlo administrativo e financeiro, bem como as regras de apreciação da legalidade dos actos por elas praticados que afectem a esfera jurídica dos terceiros deles destinatários.

As agências decisórias são criadas, nuns casos, ao abrigo da(s) norma(s) do Tratado que versam sobre a política comunitária que a criação da agência visa desenvolver e, noutros casos, nos termos do disposto no art. 308º do Tratado.

Esta distinção resulta, como deixámos sublinhado, não da natureza do acto formal que institui a agência, mas do regime e da intensidade dos poderes que o aludido acto lhes confere.

Distinguimos, pois, entre agências executivas e agências decisórias "quasi regulatórias".

Assim, face à dispersão, complexidade e diversidade, nuns casos, de regimes jurídicos e, noutros casos, de omissão e de indefinição dos mesmos, julgamos que é possível formular algumas regras que, a nosso ver, podem contribuir para alcançar alguma coerência interna e uniformidade no tratamento jurídico das questões relativas às agências europeias executivas e quasi regulatórias.

Em primeiro lugar, como sabemos, as agências europeias de execução têm o seu quadro legal definido no Regulamento (CE) nº 58/2003, de 19.12.2002.

Em segundo lugar, no que se refere às agências que qualificamos de decisórias "quasi regulatórias", constatamos que continuando a verificar-se dispersão, complexidade e proliferação de regimes, entendemos que deveria ser adoptado um novo Regulamento que, mediante extensão do âmbito de aplicação do actual Regulamento (CE) nº 58/2003 às agências decisórias "quasi regulatórias", instituísse o regime da sua criação, organização e funcionamento, bem como os princípios da boa governação, nomeadamente os da independência, responsabilidade, transparência, simplicidade e eficiência.[1252]

A União Europeia passaria a dispor de um quadro normativo claro e uniforme para o desenvolvimento de uma política comum de criação de agências europeias de execução e agências europeias decisórias "quasi regulatórias".[1253]

É uma solução que se nos afigura como razoável e que, a nosso ver, contribuiria para alcançar os valores que acima assinalámos, nomeadamente os da simplicidade, da eficiência e da transparência.

A adopção de um Regulamento comum e de enquadramento, como o que já existe para as agências executivas, aplicável às agências quasi regulatórias, significaria um passo importante não só a nível do funcionamento das instituições comunitárias, como a nível do relacionamento entre a União Europeia e os Estados-Membros.

Estamos certos que se este caminho for percorrido, os obstáculos e os constrangimentos institucionais de que procurámos dar conta neste trabalho podem ser ultrapassados, com ganhos significativos no desenvolvimento de uma política europeia descentralizada, coerente e cooperante entre as instituições comunitárias e destas com os Estados-Membros visando o aprofundamento e o reforço, por um lado, da integração europeia e, por outro lado, do aperfeiçoamento das relações de coordenação entre as agências europeias entre si e as agências administrativas independentes que actuam no contexto dos respectivos Estados-Membros.

1252 Ver Larosière Report, pp. 10 e seguintes.

1253 A própria Comissão, na sua Comunicação COM (2008) pág 11, admite que uma nova estratégia comum relativa ao conjunto das agências pode conduzir a alterações dos actos de base que regem as agências de regulação existentes.

V. As agências de regulação europeias: Perspectivas de enquadramento comum

Entendemos que o moderno Estado Regulador correspondeu, no tempo, à resposta mais adequada e eficiente aos problemas que emergiram do funcionamento do Estado intervencionista.

Nessa medida, e entre outras fórmulas, devemos assinalar que a criação de autoridades administrativas independentes nos diversos Estados-Membros tem contribuído não só para a reorganização das estruturas administrativas internas, mas também para melhor prosseguir as principais atribuições do Estado.[1254]

No contexto da União Europeia e das respectivas instituições este caminho tem encontrado vários obstáculos de índole estrutural e de organização; por um lado, pela falta de base legal expressa legitimadora da criação de agências de regulação e, por outro lado, dadas as inevitáveis dificuldades decorrentes das formas que têm vindo a ser adoptadas no que se refere aos princípios da integração e do aprofundamento da União Europeia.

A questão é, pois, a de saber se a prossecução de certas políticas comuns exige ou não a criação deste tipo ou categoria de agências. Pela nossa parte, a resposta é positiva, por exemplo, na área das comunicações electrónicas, da supervisão financeira e da energia, dado que aderimos às concepções que sustentam que estes sectores exercem actividades em áreas que pela sua interligação e conexão não podem ser suficiente e satisfatoriamente tratadas pelas agências nacionais.[1255]

Neste sentido, a nosso ver, a medida certa para ultrapassar esta dificuldade seria a da revogação judicial da doutrina Meroni ou a introdução de uma emenda ou de um aditamento ao Tratado CE que permitisse uma regra expressa legitimadora da possibilidade de criação de agências europeias de regulação.

Devemos, no entanto, admitir que, a ser possível esta solução, a mesma vai continuar a defrontar-se com dificuldades que estimamos inultrapassáveis, pelo menos no curto e médio prazo.

Estamos certos, porém, de que a Comissão, bem como as restantes instituições comunitárias, não podem demitir-se de encontrar uma fórmula sus-

[1254] Ver neste sentido, Weiller, op. cit., que defende que a superação desta dificuldade passaria pela aprovação de um Regulamento Processual das Agências Europeias (RPAE), devendo o mesmo ser aplicável às agências executivas e às agências decisórias.

[1255] Ver Regulamento do Parlamento Europeu e do Conselho que instituiu a Autoridade Europeia para o Mercado das Comunicações Electrónicas (COM) 2007, 699, versão final.

ceptível de melhorar os mecanismos de regulação a nível da União Europeia. São as condições e as circunstâncias actuais que o exigem.

A história recente da UE revela-nos, efectivamente, que estão a ser trilhados caminhos no sentido de dotar a União de mecanismos legais e de instituições credíveis que se mostrem aptas a exercer a actividade de supervisão e de regulação a nível comunitário.

Na sequência do alastramento da crise financeira actual foi criado, no âmbito da UE, um grupo de trabalho constituído por reconhecidos peritos financeiros e presidido por Larosière, que elaborou e apresentou um conjunto de Recomendações tendentes a superar, em termos institucionais, a crise que atravessa o conjunto das economias europeias.[1256]

Com efeito, reconhece-se no aludido Relatório que embora o mercado único tenha mais de uma década de existência e muitas instituições financeiras operem além fronteiras, a supervisão é ainda realizada essencialmente a nível nacional por cada um dos governos dos países da UE.

Esta é, entre outras, uma das causas mais relevantes da actual crise que se vive no mundo e, na parte que nos ocupa, que se vive na Europa.

Assim, e com o objectivo de ultrapassar a actual situação, é proposta a criação de um organismo europeu responsável pela identificação de riscos sistémicos, susceptíveis de pôr em causa a estabilidade da totalidade do sistema financeiro.

A par deste organismo é também proposta a criação de um Sistema de Supervisores Financeiros para garantir uma vigilância constante das instituições financeiras que operam em vários países da UE. Este Sistema deveria incluir novas autoridades europeias dos sectores bancário, dos seguros e dos valores mobiliários que assegurariam a supervisão e a coordenação dos supervisores que actuam a nível nacional.

Do que vem dito, resulta que se a evolução dos modelos existentes na União Europeia vier a concretizar-se através de algumas das soluções institucionais propostas no âmbito do combate à crise financeira, teremos efectivamente, e de novo, relançado o tema relativo à base legal da delegação de algumas das actuais competências da Comissão Europeia nas entidades de regulação.

A ser assim, o que admitimos como previsível, a par das actuais agências executivas e quasi regulatórias, a União Europeia passaria a dispor na sua organização administrativa de um "corpo de regulação", nele se incluindo as agências de regulação.

[1256] Ver Comunicação da Comissão Europeia (COM) 2009, 252 versão final, de 27 de Maio.

Na medida em que, como atrás dissemos, o desenvolvimento desta política implica que, quer o equilíbrio de poderes consagrado no Tratado, quer a natureza das competências que podem ser objecto de delegação em entidades diferentes e diversas das que actualmente compõem o acervo comunitário, devem ser repensados e, eventualmente, modificados.

Sabemos, no entanto, que os caminhos da integração e do aprofundamento da União Europeia são morosos e complexos. Mas, se este é o objectivo a atingir, tal como sucedeu noutras áreas, será da maior importância dar início ao processo de enquadramento comum das agências de regulação.

As recentes propostas de que acima demos notícia relativamente à melhor e mais adequada forma institucional de combater a actual crise financeira exigem, a nosso ver, que a nível comunitário se dê início ao procedimento tendente à definição do quadro normativo comum aplicável às agências de regulação.

A apresentação, discussão e aprovação de um novo Regulamento Processual das Agências Europeias (EAPR) representaria, como sustentam alguns dos mais eminentes autores que estudam estas matérias, um passo decisivo na harmonização do regime jurídico das agências europeias, nelas se incluindo as agências de regulação.[1257]

Consideramos que esta visão do problema constituiria uma "boa solução" no tempo presente se, como é sublinhado, este Regulamento consagrasse, para além das matérias de organização, processo e procedimento, funcionamento, regimes de financiamento, regime de recurso – administrativo e judicial – , regras específicas de recrutamento e nomeação dos responsáveis, tempo de duração dos mandatos, regras de incompatibilidades e, sobretudo, regras de boa governação tendentes a assegurar que a independência das entidades possa ser, desejavelmente deva ser, fundamento para melhores decisões norteadas e vocacionadas para a prossecução das finalidades consagradas no art. 3º do Tratado.

VI. Os Tempos actuais. Evolução para a criação de entidades de regulação supranacionais

A evolução, bem como a caracterização que se deixaram feitas, não nos dispensam de reflectir também um pouco sobre os tempos mais recentes, nomeadamente a partir de meados de 2008, em que as discussões em torno das agências se realizaram no contexto da eventual criação de entidades regu-

[1257] Cfr. Weiller, op. cit., p. 93.

ladoras independentes, de agências de *rating* europeias e de agências reguladoras de agências de *rating* registadas no espaço europeu, tidas e qualificadas, igualmente, como independentes.

Neste contexto, do que estamos a falar não é de entidades administrativas independentes (agências de execução e agências de regulação quasi jurisdicionais) inseridas no seio das instituições comunitárias, mas outrossim de agências ou instituições de estatuto e regime similares ou idênticos aos das actuais entidades da União.

É também por isto que se continuou a verificar o mesmo fenómeno que desde o início balizou todas as discussões em torno da criação de agências reguladoras independentes, ou seja, foi-se cristalizando a ideia de que *a entidade reguladora por excelência é a própria Comissão Europeia.*

É neste sentido o discurso do Estado da União, proferido em Setembro de 2011 pelo seu Presidente, ao afirmar de forma expressa que: "*...para que tudo isto funcione precisamos mais do que nunca da autoridade independente da Comissão, que proponha e avalie as acções que os Estados-Membros devem empreender (...) no quadro das competências comunitárias, a Comissão é o governo económico da União, e não precisamos de mais instituições para o fazer*". [1258]

É, pois, neste contexto que a supervisão financeira emergiu e se foi desenvolvendo desde finais de 2008 até ao presente momento.

O relatório final apresentado pelo Grupo Larosière, em 25 de Novembro de 2009, definiu, pela primeira vez, um sistema europeu de supervisão financeira.[1259]

O Conselho Europeu de Riscos Sistémicos (CIRS) foi criado ao abrigo do art. 95º do Tratado CE e é qualificado como um organismo sem personalidade jurídica, tendo por principal missão a avaliação da estabilidade global do sistema financeiro da UE.

Este Conselho tem sobretudo missões de recolha e análise de informação, de identificação de riscos, de apresentação de recomendações, de proceder a alertas e a estabelecer coordenação efectiva com o FMI, com o Conselho de Estabilidade Financeira e as suas contrapartes em países terceiros.

Este Conselho é composto pelo Presidente do BCE, por um Vice-Presidente eleito pelo CERS, pelos Governadores dos Bancos Centrais Nacionais,

[1258] O sublinhado é nosso.

[1259] Este Grupo foi mandatado pela Comissão Europeia em Novembro de 2008 com a incumbência de ser elaborado e apresentado um conjunto de recomendações destinadas a reforçar os mecanismos europeus de supervisão de modo a garantir uma melhor protecção dos cidadãos e a repor a confiança no sistema financeiro.

pelo Vice-Presidente do BCE, pelos Presidentes das três autoridades europeias de supervisão, por um membro da Comissão Europeia, e ainda por observadores, nomeadamente o Presidente do CEF e representantes das autoridades nacionais de supervisão.[1260]

Estas autoridades, melhor, organismos destituídos de personalidade jurídica de acordo com a sua própria definição constitutiva, correspondem, nos termos das atribuições e competências que a legislação relevante lhes outorga, a entidades que apenas dispõem de poderes de análise, de tratamento de informação, de formulação de recomendações e de emissão de alertas de risco.

Trata-se, pois, apesar de poderem interagir com as autoridades nacionais, de estruturas de aconselhamento e de acompanhamento da Comissão Europeia criadas, aliás, de acordo com o próprio princípio enunciado pelo Presidente da Comissão de que é a Comissão que deve ser concebida e qualificada como *autoridade independente* com a missão de exercer as competências de regulação que os Tratados lhe atribuem.[1261]

As discussões em torno da necessidade de regulação dos mercados têm sido uma constante, como sabemos, desde os inícios da crise financeira que abala o mundo ocidental.[1262]

Uma dos factores que mais se discutiu foi, justamente, o do papel das denominadas agências de notação, cujas notas influenciam de forma significativa os mercados e a intervenção neles dos agentes económicos.

Esta acesa discussão chegou à Europa. Não faltou quem defendesse a criação de uma agência europeia de notação.[1263]

Porém, do ponto de vista do enquadramento, o Parlamento e o Conselho através do Regulamento (CE) nº 1060/2009, vieram instituir um regime comum para o exercício da actividade e supervisão das agências, de acordo com as seguintes principais orientações:

[1260] Para além da criação do CERS, esta proposta da Comissão aponta também para a criação de um novo Sistema Europeu de Supervisores Financeiros (SESF) composto por 3 novas Autoridades Europeias de Supervisão interligadas em rede com as autoridades nacionais de supervisão para o desenvolvimento de abordagens comuns, para a supervisão de todas as empresas do sector financeiro, para a protecção dos consumidores de serviços financeiros, e para contribuir para o desenvolvimento de um conjunto único de regras harmonizadas.

[1261] Cfr. Comunicação da Comissão sobre Supervisão Financeira Europeia, Bruxelas, Maio de 2009.

[1262] A afirmação mais significativa que foi tomada a este propósito foi a de Sua Santidade o Papa Bento XVI, que se pronunciou pela urgência em proceder à regulamentação dos mercados não deixando aos mesmos a total liberdade desregrada de funcionamento e de acção.

[1263] Em 2005, a Comissão Europeia decidiu não proceder à criação de qualquer regulamentação sobre as agências de notação, dado ter considerado que as mesmas já estavam sujeitas à supervisão da Directiva Abuso de Mercado.

a) Introdução de uma obrigação de registo de todas as agências que emitam notações que se destinem a ser utilizadas pelos bancos e pelas empresas de seguros da União;
b) Definição de uma série de requisitos concretos que estipulam a forma como as agências de notação devem lidar com os conflitos de interesses, garantir a qualidade das suas notações e a transparência em relação aos utilizadores;
c) Rigor e transparência das metodologias; e
d) Sujeição das agências à supervisão dos poderes públicos.[1264]

A vida deste Regulamento não tem sido estável. Já foram produzidas algumas modificações que tiveram como objectivo fundamental ultrapassar problemas identificados no âmbito da respectiva aplicação.[1265]

Até ao presente momento, apesar do compromisso de apresentação de um Relatório durante o mês de Dezembro de 2012, e afastada a possibilidade de criação de uma agência europeia de notação, não se conhecem quaisquer outros desenvolvimentos sobre esta matéria.

Como parece resultar do que vem dito, as preocupações da Europa neste contexto situaram-se a nível do enquadramento normativo modelador do funcionamento das agências e das regras de regulação macro a que deveriam obedecer.[1266]

Na verdade, a supervisão das agências realizada pelos poderes públicos não foi além deste enunciado. Pelo menos é este o estado da arte neste momento!

Ou seja, continua a ser a Comissão Europeia a entidade que, nos termos dos Tratados e da prática, exerce as competências de regulação e de supervisão, nos termos e de acordo com a própria qualificação assumida pelo seu Presidente.

O mesmo tipo de raciocínio, e até de pressupostos e de conclusões, parece ser de aplicar a uma outra "entidade" muito citada e divulgada nas recentes Cimeiras e reuniões dos líderes europeus.[1267]

1264 Cfr. Diogo Feio, op. cit., p. 63.

1265 Cfr. Regulamento (EU) nº 513/2011, do Parlamento Europeu e do Conselho.

1266 Cfr. Regulamento (CE) 1060/2009, do Parlamento Europeu e do Conselho.

1267 Para além da Autoridade Bancária Europeia foram também criadas a Autoridade de Supervisão (Autoridade Europeia dos Seguros e Pensões Complementares de Reforma) através do Regulamento (EU) nº 1094/2020 do Parlamento Europeu e do Conselho, bem como a Autoridade Europeia de Supervisão (Autoridade Europeia dos Valores Mobiliários e dos Mercados), através do Regulamento (EU) nº 1095/2010 do Parlamento Europeu e do Conselho, e o Comité Conjunto das Autoridades Europeias de Supervisão (Comité Conjunto) para execução das atribuições especificadas nos artigos 54º a 57º do presente regulamento, do regulamento (EU) nº 1094/2010 e do Regulamento (EU) nº 1095/2010.

A União Bancária Europeia foi criada através do regulamento (EU) nº 1093/2010 do Parlamento Europeu e do Conselho, de 24 de Novembro de 2010, e visou resolver as questões emergentes da crise financeira de 2007 e 2008, nomeadamente as deficiências nas áreas da cooperação, da coordenação e da coerência de aplicação da legislação da União, bem como a nível da confiança entre as autoridades nacionais e de supervisão.[1268]

Esta Autoridade integra o denominado Sistema Europeu de Supervisão Financeira – SESF – que visa assegurar que as regras aplicáveis ao sector financeiro sejam implementadas adequadamente para preservar a estabilidade financeira e garantir a confiança no sistema financeiro no seu conjunto, bem como uma protecção suficiente aos consumidores de serviços financeiros.[1269]

A Autoridade Bancária Europeia é um organismo da União dotado de personalidade jurídica (art. 5º).

As respectivas atribuições e competências estão definidas nos artigos 8º e 9º do Regulamento e, à excepção das definidas nas alíneas *c)* a *f)* do nº 1 do art. 8º, a Autoridade tem fundamentalmente por missão a de parceiro das autoridades nacionais e de consultor do Parlamento Europeu, Conselho Europeu e Comissão.

Da interpretação conjugada do disposto nas alíneas *c)* a *f)* do art. 8º e do art. 16º, a Autoridade dispõe do poder de emitir recomendações dirigidas às autoridades competentes ou a instituições financeiras.

A emissão destas recomendações está subordinada a regras burocráticas de tempo e de modo, que podem culminar com a emissão de parecer formal da Comissão Europeia que a Autoridade deve acolher para efeitos de formulação da sua recomendação.[1270]

A criação formal deste "sistema" que, como deixámos referido, não resolveu os graves problemas com que a Europa se continua a defrontar, nomeadamente os que se revelam através das disparidades que se verificam no funcionamento do mercado financeiro, nomeadamente o das taxas de juro aplicáveis, bem como o dos critérios de solvabilidade das instituições do sector financeiro e da específica natureza do Banco Central Europeu.[1271]

[1268] Nota 1 dos Considerandos do Regulamento em menção.

[1269] Cfr. art. 2º do Regulamento (EU) nº 1093/2010.

[1270] Esta metodologia confusa, burocrática e temporalmente demorada conduz a que a formulação destas Recomendações possa não ter o efeito útil que das mesmas poderiam decorrer, nomeadamente a da proibição de certas práticas ou métodos não conformes com a harmonização das regras comuns aplicáveis ao sector financeiro e segurador.

[1271] Refira-se, aliás, que a Alemanha, segundo as notícias constantes do *site* da Comissão, já defendeu a transformação do BCE em autoridade independente com atribuições e competências de supervisão a nível global.

No Conselho Europeu de Junho de 2012, foi adiada a instituição concreta da União Bancária para Julho de 2013.

Todavia, segundo as palavras do próprio Presidente da Comissão Europeia, deviam ser tomadas duas medidas fundamentais, a breve prazo: (i) acelerar a adopção das propostas já apresentadas, nomeadamente um conjuto único de regras e um regime de resolução de crises bancárias; e (ii) aprovar as principais propostas apresentadas pela Comissão até ao Outono, nomeadamente no que respeita a uma maior integração da supervisão do sector bancário e ao mecanismo comum de garantia de depósitos.[1272]

O aprofundamento da União Económica e Monetária e a criação de uma União Bancária exigiam, segundo Durão Barroso: (i) o reforço da coordenação das políticas económicas e orçamentais no âmbito do Semestre Europeu, nomeadamente mediante a rápida adopção do chamado "pacote das duas propostas"; e (ii) o aperfeiçoamento dos mecanismos de apoio financiero, ou seja, o MEEF, o FEEF e o seu sucedâneo, o MEE.[1273]

Como sabemos, o Sistema Europeu de Supervisão Financeira foi instituído com base nos artigos 26º e 114º do Tratado sobre o Funcionamento da União Europeia (TFUE), art. 190º do TFUE (actos delegados), art. 291º do TFUE (actos de execução), e art. 127º, nº 6, do TFUE.

A Supervisão e Regulação macroprudenciais, ou seja, a supervisão das instituições individuais é caracterizada por um sistema multiestratificado de autoridades. Os vários estratos podem ser separados segundo a área de supervisão e regulação sectorial (banca, seguros e mercados de valores mobiliários) e o nível de supervisão e regulação (europeu e nacional).

Com o objectivo de assegurar a coordenação das instituições a nível internacional, foram criadas as seguintes autoridades europeias de supervisão:

a) *Autoridades Europeias de Supervisão (ESA)*
É da competência da ESA exercer também a supervisão microprudencial, enquanto a supervisão quotidiana é exercida a nível nacional, a EBA, a EIOPA e a ESMA são organismos da União dotados de personalidade jurídica própria, que são representados pelos respectivos presidentes, e são independentes e agem no interesse exclusivo da União no seu conjunto.

b) *Autoridade Bancária Europeia (EBA)*
Esta Autoridade foi instituída com base no Regulamento (EU) nº 1093/2010 do Parlamento Europeu e do Conselho, de 24 de Novem-

[1272] Cfr. discurso de Durão Barroso perante o Parlamento Europeu em Julho de 2012.

[1273] Cfr. Livro Verde da Comissão – O Financiamento a Longo Prazo da Economia Europeia.

bro de 2010, que cria uma Autoridade Europeia de Supervisão (a Autoridade Bancária Europeia), altera a Decisão nº 716/2009/CE e revoga a Decisão nº 2009/78/CE da Comissão.
As suas competências abrangem as instituições de crédito, os conglomerados financeiros, as empresas de investimento e as instituições de pagamento.
No campo das suas atribuições, o Regulamento de base atribui à Autoridade missões de regulação e de supervisão, garantia de idênticos níveis de supervisão e de protecção dos consumidores, através do reforço da coordenação internacional da supervisão e regulação. A Autoridade emite recomendações e dispõe de poderes relativamente a violações da legislação comunitária praticadas pelas autoridades nacionais de supervisão.
Os órgãos de direcção da EBA são o Conselho de Supervisores – seu principal órgão decisório, composto pelo Presidente, pelo mais alto responsável da autoridade de supervisão competente de cada Estado-Membro e por um representante, respectivamente, da Comissão, do BCE, do ESRB, e de cada uma das outras ESA –; o Conselho de Administração; o Presidente; o Director Executivo e a Câmara de Recurso.

c) *Autoridade Europeia dos Seguros e Pensões Complementares de Reforma (EIOPA)*
A Autoridade foi criada ao abrigo do Regulamento (EU) nº 1094/2010 do Parlamento Europeu e do Conselho, de 24 de Novembro de 2010, que instituiu uma Autoridade Europeia de Supervisão (a Autoridade Europeia dos Seguros e Pensões Complementares de Reforma), alterou a Decisão nº 716/2009/CE e revogou a Decisão nº 2009/9/CE da Comissão.
As suas atribuições e competências são de idêntica natureza da EBA, mas têm por objecto a regulação e a supervisão das empresas de seguros.

d) *Autoridade Europeia dos Valores Mobiliários e dos Mercados (ESMA)*
O Regulamento (EU) nº 1095/2010 do Parlamento Europeu e do Conselho, de 24 de Novembro de 2010, procedeu à criação de uma Autoridade de Supervisão (a Autoridade Europeia dos Valores Mobiliários e dos Mercados), alterou a Decisão nº 716/2009/CE e revogou a Decisão nº 2009/77/CE da Comissão.
Em termos de estrutura, a ESMA é idêntica às restantes ESA, tem por objecto os mercados de valores mobiliários e as instituições neles participantes; a supervisão das agências de notação de crédito encontra-se igualmente sob a alçada das suas competências.

e) *Comité Conjunto das Autoridades Europeias de Supervisão*
Compete ao Comité exercer a coordenação global e intersectorial com o objectivo de garantir a coerência da supervisão.
O Comité é composto pelos Presidentes das ESA (e os Presidentes dos eventuais subcomités), sendo a presidência exercida, em termos rotativos, por um dos presidentes da ESA.
O Presidente do Comité Conjunto é o Vice-Presidente do ESRB.

f) A supervisão macroprudencial tem a sua base jurídica no Regulamento (EU) nº 1092/2010 do Parlamento Europeu e do Conselho, de 24 de Novembro de 2010, relativo à supervisão microprudencial do sistema financeiro da União Europeia e cria o Comité Europeu de Risco Sistémico, bem como o Regulamento (EU) nº 1096/2010 do Conselho, de 17 de Novembro de 2010, que confere ao Banco Central Europeu atribuições específicas relativamente ao funcionamento do Comité Europeu de Risco Sistémico.
A supervisão macroprudencial é exercida, a nível europeu, pelo Comité Europeu de Risco Sistémico (ESRB).

Como acima deixámos referido, as crises financeiras demonstraram que o sistema então em funcionamento revelou a sua insuficiência no sentido de não impedir a fragmentação do mercado financeiro europeu.

A criação de uma União bancária surgiu, assim, como uma potencial solução para ultrapassar os problemas sentidos e vividos na Europa.

Esta estrutura corresponde a: (i) um Mecanismo Único de Supervisão; (ii) um Mecanismo Único de Resolução; (iii) um Sistema de Garantias de Depósitos; e (iv) um Conjunto Único de Regras de Supervisão.

O longo caminho percorrido desde 2012 acabou por ser ultrapassado em Abril de 2014, através da votação no Parlamento Europeu de três textos legislativos referentes à criação da União Bancária.

Como refere a declaração da deputada Elisa Ferreira "*a união bancária inclui a supervisão única, centrada no Banco Central Europeu, já operacional no ano de 2013. Mas uma supervisão forte teria de corresponder a um sistema de resolução também único e forte. O regime (de resolução bancária) centra no BCE a declaração de inviabilidade de um banco, liberta o processo de resolução de possíveis e prováveis interferências políticas dos Estados-Membros e acelera substancialmente a constituição da parte comum do fundo de resolução... O regime tornou-se mais europeu, mais credível e mais eficiente*".

Como resulta das notas antecedentes, as opções, cada vez mais insistentes, têm vindo a revelar decisões de política que se fundam em instituir autoridades "fora da política", "fora dos aparelhos partidários" e apenas submetidas a regras técnicas, do conhecimento e da ciência.

Estas entidades supranacionais são, no âmbito do processo de aprofundamento da União Europeia, a pirâmide de uma estrutura institucional construída com base e fundamento na ciência e no saber.

A política (no seu exacto sentido de legitimidade) está cada vez mais longe e cada vez mais distante dos cidadãos.

O Estado Regulador vai, em termos progressivos, substituindo o Estado de Participação e de Parceria instituído e em vigor durante a maior parte do século XX.

O Novo Século trouxe o Estado Regulador. O tempo e os resultados vão ditar o seu apogeu ou o seu esmagamento!

ANEXO

Descrição dos elementos fundamentais de entidades administrativas independentes no contexto de alguns países da Europa comunitária.

ANEXO

ENTIDADES ADMINISTRATIVAS INDEPENDENTES
QUADROS COMPARATIVOS

AUTORIDADES DE REGULAÇÃO DA CONCORRÊNCIA

	PORTUGAL	ESPANHA	REINO UNIDO	FRANÇA
	(A.d.C.)	(C.N. de Regulación y de la Concorrence)	(O. of Fair Trading) (OFT)	(A. de la Concurrence)
Atribuições e Competências				
1. Competitividade	Sim	Sim	Sim	Sim
2. Transparência, controlo e supervisão do mercado	Sim	Sim	Sim	Sim
3. Eficiência dos mercados	Sim	Sim	Sim	Sim
4. Aconselhamento (Advisory)	Sim	Sim	Sim	Sim
5. Supervisão	Sim	Sim	Sim	Sim
6. Regulamentar (rule-making)	Sim	Sim	Sim	Sim
7. Licenciamento e política de preços*	Sim	Sim	Sim	Sim
8. Resolução de conflitos (Adjudicatory)*				
9. Sancionatórias				
Natureza jurídica	Entidade administrativa independente	Entidade administrativa independente	Entidade administrativa independente	Entidade administrativa independente
Natureza das relações entre Governo e Reguladores	Não é legalmente possíveis dar ordens ou instruções	Matéria omissa no quadro legal	Matéria omissa no quadro legal	Matéria omissa no quadro legal
Regras de nomeação	Governo sob proposta do M. Economia	Governo sob proposta de M. Economia e Finanças com base em parecer prévio do Parlamento	Secretário de Estado do Comércio	P.R. sob proposta da comissão competente da A. Nacional e Senado
Duração dos mandatos	5 anos**	6 anos	5 anos	5 anos
Regras de renovação dos mandatos	Renovável uma vez	Não é renovável	Renovável uma vez	Renovável uma vez

Regras de exoneração	Sim com fundamento em culpa grave	Sim com fundamento em culpa grave	Sim com fundamento em culpa grave	Sim com fundamento em culpa grave
Regime de incompatibilidades	Não pode exercer funções nos regulados 2 anos após cessar funções	Não pode exercer funções nos regulados 2 anos após cessar funções	Não está regulamentada	Não está regulamentada
Prestação de contas (accountability)	Relatório Anual de Informação	Relatório a apresentar ao Parlamento, no mínimo, uma vez por ano	Apresentação de Relatório Anual e Plano de Actividades ao Parlamento	Apresentação à Comissão competente do Parlamento apenas quando solicitado
Regime de recursos graciosos das decisões tomadas pelo Regulador	M. Economia nos casos em que esteja em causa o interesse da economia nacional	Conselho de Ministros	Não existe	Ministro da Economia
Regime de controlo e Auditoria	Fiscal Único e Tribunal de Contas	Tribunal de Contas	National Audit Office	Matéria não regulamentada
Regras de Financiamento dos Reguladores	O Orçamento tem de ser aprovado pelo M. Economia e Finanças	O Orçamento é aprovado pelo Governo	O Orçamento é aprovado pelo Parlamento	O Orçamento é aprovado pelo Governo
Avaliação do impacto regulatório na economia e no mercado	É feita avaliação pelo Gabinete de Estudos do M. da Economia	Matéria não regulamentada	É feita avaliação através do Tesouro	Matéria não regulamentada

* As competências de licenciamento, de fixação de preços e de resolução de conflitos só estão previstas nos casos das autoridades de concorrência na Dinamarca e na Holanda.

** A Lei-Quadro dispõe no art. 20º, nº 1, que a duração dos mandatos passa a ser de 6 anos não renováveis, execepto decorridos 6 anos após a cessação do mandato anterior

AUTORIDADES DE REGULAÇÃO DAS COMUNICAÇÕES

	PORTUGAL	ESPANHA	REINO UNIDO	FRANÇA
	(ANACOM)	(C. del Mercado de las Telecommunications)	(A. for the UK Communications industry) (Ofcom)	(A. de Régulacion de Communications Electroniques et des Postes) (ARCEP)
Atribuições e Competências				
1. Competitividade	Sim	Sim	Sim	Sim
2. Transparência, controlo e supervisão do mercado	Sim	Sim	Sim	Sim
3. Eficiência dos mercados	Sim	Sim	Sim	Sim
4. Aconselhamento (Advisory)	Sim	Sim	Sim	Sim
5. Supervisão	Sim	Sim	Sim	Sim
6. Regulamentar (rule-making)	Sim	Sim	Sim	Sim
7. Licenciamento e política de preços	Sim	Sim	Sim	Sim
8. Resolução de conflitos (Adjudicatory)	Sim	Matéria omissa	Matéria omissa	Sim
9. Sancionatórias	Sim	Sim	Sim	Sim
Natureza jurídica	Entidade administrativa independente	Entidade administrativa independente	Entidade administrativa independente	Entidade administrativa independente
Natureza das relações entre Governo e Reguladores	Não são legalmente possíveis ordens ou instruções	Matéria omissa no quadro legal	Matéria omissa no quadro legal	Matéria omissa no quadro legal
Regras de nomeação	Governo sob proposta do M. Economia	Governo sob proposta de M. Economia e Finanças com base em parecer prévio do Parlamento	Secretário de Estado do Comércio	P.R. sob proposta da comissão competente da A. Nacional e Senado
Duração dos mandatos	5 anos*	6 anos	5 anos	5 anos
Regras de renovação dos mandatos	Renovável uma vez	Não é renovável	Renovável uma vez	Renovável uma vez

Regras de exoneração	Sim com fundamento em culpa grave	Sim com fundamento em culpa grave	Sim com fundamento em culpa grave	Sim com fundamento em culpa grave
Regime de incompatibilidades	Não pode exercer funções nos regulados 2 anos após cessar funções	Não pode exercer funções nos regulados 2 anos após cessar funções	Não está regulamentada	Não está regulamentada
Prestação de contas (accountability)	Relatório Anual de Informação	Relatório a apresentar ao Parlamento, no mínimo, uma vez por ano	Apresentação de Relatório Anual e Plano de Actividades ao Parlamento	Apresentação à Comissão competente do Parlamento apenas quando solicitado
Regime de recursos graciosos das decisões tomadas pelo Regulador	M. Economia nos casos em que esteja em causa o interesse da economia nacional	Conselho de Ministros	Não existe	Ministro da Economia
Regime de controlo e Auditoria	Fiscal Único e Tribunal de Contas	Tribunal de Contas	National Audit Office	Matéria não regulamentada
Regras de Financiamento dos Reguladores	O Orçamento tem de ser aprovado pelo M. Economia e Finanças	O Orçamento é aprovado pelo Governo	O Orçamento é aprovado pelo Parlamento	O Orçamento é aprovado pelo Governo
Avaliação do impacto regulatório na economia e no mercado	É feita avaliação pelo Gabinete de Estudos do M. da Economia	Matéria não regulamentada	É feita avaliação através do Tesouro	Matéria não regulamentada

* Os mandatos passam a ser de 6 anos e não são renováveis, execepto decorridos 6 anos após a cessação do mandato anterior – Lei-Quadro, art. 20º.

AUTORIDADES DE REGULAÇÃO DA ENERGIA

	PORTUGAL	ESPANHA	REINO UNIDO	FRANÇA
	(ERSE)	(Commissión Nacional de Energia) (CNE)	(Gas and Electricity Markets Authority) (Ofgem)	(Commission de Régulation de l'Énergie) (CRE)
Atribuições e Competências				
1. Competitividade	Sim	Sim	Sim	Sim
2. Transparência, controlo e supervisão do mercado	Sim	Sim	Sim	Sim
3. Eficiência dos mercados	Sim	Sim	Sim	Sim
4. Aconselhamento (Advisory)	Sim	Sim	Sim	Sim
5. Supervisão	Sim	Sim	Sim	Sim
6. Regulamentar (rule-making)	Sim	Sim	Sim	Sim
7. Licenciamento e política de preços	Aprovação de tarifas e preços	Sim	Sim	Sim
8. Resolução de conflitos (Adjudicatory)	Sim	Sim	Sim	Sim
9. Sancionatórias	Sim	Sim	Sim	Sim
Natureza jurídica	Entidade administrativa independente	Entidade administrativa independente	Entidade administrativa independente	Entidade administrativa independente
Natureza das relações entre Governo e Reguladores	Não são legalmente possíveis ordens ou instruções	Matéria omissa no quadro legal	Matéria omissa no quadro legal	Matéria omissa no quadro legal
Regras de nomeação	Governo sob proposta do M. Economia	Governo sob proposta de M. Economia e Finanças com base em parecer prévio do Parlamento	Secretário de Estado do Comércio	P.R. sob proposta da comissão competente da A. Nacional e Senado
Duração dos mandatos	5 anos*	6 anos	5 anos	5 anos
Regras de renovação dos mandatos	Renovável uma vez	Não é renovável	Renovável uma vez	Renovável uma vez

Regras de exoneração	Sim com fundamento em culpa grave	Sim com fundamento em culpa grave	Sim com fundamento em culpa grave	Sim com fundamento em culpa grave
Regime de incompatibilidades	Não pode exercer funções nos regulados 2 anos após cessar funções	Não pode exercer funções nos regulados 2 anos após cessar funções	Não está regulamentada	Não está regulamentada
Prestação de contas (accountability)	Relatório Anual de Informação	Relatório a apresentar ao Parlamento, no mínimo, uma vez por ano	Apresentação de Relatório Anual e Plano de Actividades ao Parlamento	Apresentação à Comissão competente do Parlamento apenas quando solicitado
Regime de recursos graciosos das decisões tomadas pelo Regulador	M. Economia nos casos em que esteja em causa o interesse da economia nacional	Conselho de Ministros	Não existe	Ministro da Economia
Regime de controlo e Auditoria	Fiscal Único e Tribunal de Contas	Tribunal de Contas	National Audit Office	Matéria não regulamentada
Regras de Financiamento dos Reguladores	O Orçamento tem de ser aprovado pelo M. Economia e Finanças	O Orçamento é aprovado pelo Governo	O Orçamento é aprovado pelo Parlamento	O Orçamento é aprovado pelo Governo
Avaliação do impacto regulatório na economia e no mercado	É feita avaliação pelo Gabinete de Estudos do M. da Economia	Matéria não regulamentada	É feita avaliação através do Tesouro	Matéria não regulamentada

* Os mandatos passam a ter a duração de 6 anos não sendo renováveis, excepto decorridos 6 anos desde a cessação do mandato anterior.

AUTORIDADES DE REGULAÇÃO DA SAÚDE

	PORTUGAL	ESPANHA	REINO UNIDO	FRANÇA
	(ERS)	(DGSCI)	(Care Quality Commission) (CQC)	(Haute Autorité de Santé) (HAS)
Atribuições e Competências				
1. Competitividade	Sim	Sim	Sim	Sim
2. Transparência, controlo e supervisão do mercado	Sim Sim	Sim Sim	Sim Sim	Sim Sim
3. Eficiência dos mercados	Sim	Sim	Sim	Sim
4. Aconselhamento (Advisory)	Sim	Sim	Sim	Sim
5. Supervisão	Sim	Sim	Sim	Sim
6. Regulamentar (rule-making)	Sim	Matéria omissa	Registo de operadores e certificação da sua qualidade de serviços	Certificação dos prestadores
7. Licenciamento e política de preços				
8. Resolução de conflitos (Adjudicatory)	Sim	Matéria omissa	Sim	Matéria omissa
9. Sancionatórias	Sim	Matéria omissa	Sim	Matéria omissa
Natureza jurídica	Entidade administrativa independente	Departamento ministerial	Entidade administrativa independente	Entidade administrativa independente
Natureza das relações entre Governo e Reguladores	Não são legalmente possíveis ordens ou instruções	Matéria omissa no quadro legal	Matéria omissa no quadro legal	Matéria omissa no quadro legal
Regras de nomeação	Governo sob proposta do M. da Saúde	Conselho de Ministros	Primeiro Ministro, sob proposta do Secretário de Estado da Saúde	Presidente da Republica
Duração dos mandatos	5 anos*	Não está prevista a duração do mandato	4 anos	6 anos

Regras de renovação dos mandatos	Renovável uma vez	Não está prevista regra de renovação de mandatos	Não está prevista regra de renovação de mandato	Não está prevista regra de renovação de mandato
Regras de exoneração	Sim com fundamento em culpa grave	Não existem provisões específicas sobre a matéria	Não existem provisões específicas sobre a matéria	Não existem provisões específicas sobre a matéria
Regime de incompatibilidades	Não pode exercer funções governamentais nem na indústria no ano anterior ao do início de funções e nos 3 anos subsequentes à cessação de funções	Matéria não regulada	Não está regulamentada	Não está regulamentada
Prestação de contas (accountability)	Sujeito a aprovação do orçamento, do plano de actividades e de actos com impacto financeiro; apresentação de relatórios anuais ao Parlamento quando solicitado	No caso, a autoridade é um departamento ministerial	A Autoridade presta contas ao Governo	Apresentação de Relatórios anuais ao Governo
Regime de recursos graciosos das decisões tomadas pelo Regulador	Não estão previstos recursos graciosos	Conselho de Ministros	Não existe	Ministro com competência na área da saúde
Regime de controlo e Auditoria	Fiscal Único e Tribunal de Contas	Tribunal de Contas	National Audit Office	Matéria não regulamentada

Regras de Financiamento dos Reguladores	O Orçamento tem de ser aprovado pelo M. Economia e Finanças	O Orçamento é aprovado pelo Governo	O Orçamento é aprovado pelo Parlamento	O Orçamento é aprovado pelo Governo
Avaliação do impacto regulatório na economia e no mercado	Matéria não regulamentada	Matéria não regulamentada	É feita avaliação através do Tesouro	Matéria não regulamentada

* Os mandatos passam a ter a duração de 6 anos não renováveis, excepto decorridos 6 anos após a cessação do mandato anterior.

Do enunciado antes exposto parece resultar uma primeira conclusão que é, justamente, a de que no momento actual as diversas entidades analisadas apresentam, no essencial, as mesmas características de natureza, atribuições e competências, regimes de prestação de contas, e aprofundamento das regras legitimadoras da respectiva legitimidade institucional.

Uma segunda consideração que pode ser registada é a de que, no fundamental, as autoridades analisadas cumprem as suas missões nas mesmas áreas ou sectores da economia e dos direitos sociais.

Uma terceira observação que nos parece pertinente assinalar resulta da análise dos aspectos da harmonização com a legislação comunitária das diversas legislações regulamentadoras das autoridades analisadas.

Assim, as autoridades de concorrência em Portugal e Espanha assumem expressamente uma conformidade substantiva e processual da lei interna com a legislação comunitária; ao contrário, a legislação do Reino Unido e da França não contém qualquer indicação expressa quanto a esta compatibilidade e conformidade.

No que diz respeito às Autoridades da área das Comunicações, quer a legislação interna de Portugal, quer a de Espanha, consagram expressamente a conformidade substantiva e processual das suas regras à legislação comunitária, enquanto que no caso do Reino Unido e da França não se encontra expressamente definido este regime.

Relativamente às autoridades do domínio da Energia, as legislações portuguesa, espanhola e do Reino Unido analisadas consagram, de forma expressa, a conformidade substancial e processual das regras à legislação comunitárias sobre a matéria. No caso concreto da França, a legislação não se refere a este ponto.

Uma outra consideração que nos parece pertinente sublinhar decorre da circunstância de, em qualquer das legislações analisadas, delas não resultar a consagração de mecanismos eficazes e eficientes de realização e concretização de mecanismos de avaliação do impacto dos modelos, bem como das suas atribuições e competências, nuns casos, na economia e, noutros casos, no âmbito dos direitos políticos e sociais.

Neste sentido, e com base nos mais recentes estudos que se conhecem, designadamente no Reino Unido e nos EUA., os mesmos apontam para a reforma da regulação com o objectivo de aprofundar os seus mecanismos, nomeadamente os da *accountability*, e os relativos à criação de sistemas susceptíveis de proceder à avaliação dos impactos da regulação.

De realçar, aliás, que neste momento se discute a possibilidade de instituição de Organismos de Supervisão Regulatória – OSR – proposta pela OCDE em documento de 21-22 de Outubro de 2008, do *Working Party on Regulatory Management and Reform*, intitulado "*Issues in the Comparison of Regulatory Oversight Bodies*", com o objectivo justamente de Melhorar e Reformar a Regulação.

Este movimento tem vindo a ser aplicado nalguns países, nomeadamente EUA, através das Ordens Executivas dos Presidentes Reagan, Clinton e Bush, bem como na própria UE, através do Conselho de Avaliação de Impacto da UE (*Impact Assessment Board – IAB*), criado em finais de 2006 no âmbito do Secretário-Geral da Comissão Europeia e directamente inserido no Gabinete do Presidente da Comissão Europeia. Este Conselho desenvolveu a iniciativa de Melhor Regulação – *Better Regulation* –, no contexto da Agenda de Lisboa e no Relatório Mandelkern.

Também o Reino Unido adoptou estratégias neste domínio, tendo criado a Unidade de Impacto Regulatório como órgão consultivo a que sucedeu a Comissão de Melhor Regulação em 2006, e em 2008 pelo Conselho Assessor de Risco e Regulação, controlado pelo Gabinete de Auditoria Nacional (*National Audit Office*). Esta actividade tem vindo a ser continuada pelo Executivo para Melhor Regulação (*Better Regulation Executive – BRE*) que faz parte do Departamento de Negócios, Inovação e Competências (*Department for Business, Innovation and Skills – BIS*), criado em 2009.

Ou seja, as entidades administrativas independentes, nelas se incluindo as autoridades reguladoras que exercem actividades nos diversos países comunitários e nos EUA, estão instaladas com carácter de permanência e perenidade, correspondem a opções de política interna e comunitária de organização do sistema que pretende dar resposta a questões de reforma do Estado, fundadas em regras de mercado livre, livre concorrência e garantia de direitos sociais e políticos.

PARTE QUINTA

AS ENTIDADES ADMINISTRATIVAS INDEPENDENTES EM PORTUGAL

REGIME JURÍDICO DE CRIAÇÃO DE ENTIDADES ADMINISTRATIVAS INDEPENDENTES

EVOLUÇÃO DA FIGURA

DESCRIÇÃO DAS ATRIBUIÇÕES E COMPETÊNCIAS DAS DIVERSAS E MAIS RELEVANTES ENTIDADES ADMINISTRATIVAS INDEPENDENTES

DISTINÇÃO ENTRE ENTIDADES INDEPENDENTES CRIADAS COM FUNDAMENTO EM PRECEITO EXPRESSO CONSTITUCIONAL, COM FUNDAMENTO NO SEU ESTATUTO CONSTITUCIONAL, COM FUNDAMENTO NA PROTECÇÃO E GARANTIA DE DIREITOS FUNDAMENTAIS E DE NATUREZA ANÁLOGA E COM FUNDAMENTO EM ACTO NORMATIVO CONCRETIZADOR DAS INCUMBÊNCIAS DO ESTADO PREVISTAS NA CONSTITUIÇÃO

As entidades administrativas independentes traduzem, em termos institucionais, uma opção política de delegação de funções do Estado a entidades que dele não são directamente dependentes

Capítulo I
Critérios de Legitimidade de Criação de Entidades Administrativas Independentes

I. Os períodos da génese institucional das entidades administrativas independentes

As autoridades administrativas independentes, apesar de serem hoje uma realidade institucional bastante significativa, quer nas áreas em que intervêm, quer quanto ao número em que se agrupam, apenas se desenvolveram, de forma mais significativa, em Portugal, na vigência da Constituição de 1976, sobretudo a partir da revisão constitucional de 1997.[1274]

Em todo o caso, é possível distinguir três fases essenciais na respectiva génese institucional.

O primeiro período teria surgido no contexto das discussões em torno da criação da Comissão Nacional de Eleições, criada através da Lei nº 71/78, de 27 de Dezembro, que cometeu a esta Comissão atribuições relacionadas com a garantia de regularidade, esclarecimento e isenção dos actos eleitorais, e qualifica esta autoridade como "*órgão independente que funciona junto da Assembleia da República*".[1275]

[1274] Cfr. a propósito das profundas alterações que as sociedades modernas sofreram, todas elas desencadeadas pela evolução técnica, pelo modo de produção económica e pela consequente modificação das estruturas sociais, Cass Sustein, "Constitucionalism After the New Deal", 101 Harvard Law Review, nº 421, 1997; Gary Lawson, "The Rise and Rise of the Administrative State", 107 Harvard Law Review, nº 1231, 1994; Relatório do Conselho de Estado Francês de 2001; Jacques Ziller, "Les autorités administratives indépendantes entre droit interne et droit de l'Union Européenne", em RFDA nº 5, p. 901.

[1275] Esta afirmação não toma em linha de conta a criação da Direcção-Geral de Estatística do Ministério das Finanças, pela mão do Ministro das Finanças de então, Dr. Armindo Monteiro, que nos termos do seu estatuto orgânico poderia ser concebida e qualificada como entidade administrativa independente.

O segundo período da génese da criação destas autoridades pode ser reportado às discussões em torno da conformidade constitucional destas autoridades, resultante do reconhecimento da sua natureza independente.[1276]

A criação da Alta Autoridade para a Comunicação Social na revisão constitucional de 1989, e outras que, posteriormente, foram instituídas por lei ordinária, estiveram na base das reflexões que então foram sendo introduzidas na discussão teórica e prática relativamente à natureza destas autoridades.[1277]

Recorde-se que nesta época a doutrina sustentava que as autoridades independentes, para como tal serem qualificadas, como era o caso da Comissão Nacional de Eleições, do Conselho Permanente de Concertação Social e do Conselho da Comunicação Social, deveriam assumir um conjunto de características assim enunciadas:

a) Os membros dessas autoridades deveriam ser, por regra, eleitos pelo Parlamento ou integrados por titulares designados por entidades privadas;
b) As mesmas não deveriam, em nenhuma circunstância, representar o Governo, apesar de se entender que, do ponto de vista orgânico, deveriam estar incluídas na administração central do Estado;
c) Não deverem obediência a qualquer órgão;
d) Os titulares dos órgãos destas entidades deveriam ser inamovíveis e irresponsáveis pelas suas opiniões e pela tomada de deliberações no respectivo órgão;
e) Os referidos órgãos não poderiam ser dissolvidos ou demitidos;
f) Os seus pareceres deveriam ser, por regra, vinculativos.[1278]

Um pouco mais tarde, em 1991, a propósito do reexame da natureza da Comissão Nacional de Eleições, foi entendido que esta, pese embora não dever ser considerada como constituindo um órgão de soberania ou um órgão constitucional, "*...pode e deve aproximar-se de certos órgãos constitucionais, como a Alta Autoridade para a Comunicação Social, o Conselho Superior da Magistratura, a*

[1276] Cfr. Vital Moreira e Fernanda Maçãs, "Autoridades Reguladoras Independentes", pp. 10 e seguintes, quanto às razões legitimadoras da adopção de um novo modelo de organização através de autoridades administrativas independentes em desfavor da manutenção da regulação realizada directamente pelos serviços da Administração Directa do Estado.

[1277] Cfr. Carlos Blanco de Morais, "As Autoridades Administrativas Independentes na Ordem Jurídica Portuguesa", em Revista da Ordem dos Advogados, Ano 61, I, Janeiro 2001, pp. 122 e seguintes.

[1278] Cfr. Freitas do Amaral, "Curso de Direito Administrativo", Vol. I, p. 308.

Procuradoria-geral da República e o Conselho Superior da Defesa Nacional. Tal como estes órgãos, ela surge como um órgão independente da administração". [1279]

Deu-se início, neste contexto, a uma discussão profunda e consistente relativa à base legal legitimadora da criação de "órgãos" da administração independente.[1280]

Falava-se, então, do princípio da *"tipicidade constitucional da administração independente"*, no sentido em que a admitir-se a criação deste tipo de autoridades sem a correspondente "autorização" constitucional, tal significaria que o Governo poderia subtrair livremente certas tarefas da administração pública sujeitas aos poderes de direcção hierárquica e, nessa medida, desonerá-las, ainda que de forma indirecta, da correspondente responsabilidade perante o Parlamento.[1281]

O terceiro período relativo à criação e ao desenvolvimento das autoridades administrativas independentes em Portugal emergiu, em termos e formas mais evidentes, na sequência da revisão constitucional de 1997.

Com efeito, o nº 3 do art. 267º da Constituição estabelece que: *"A lei pode criar entidades administrativas independentes"*.

Assim, a Constituição passou a habilitar expressamente o legislador ordinário a criar este tipo de organismos/entidades.

A formulação adoptada pelo legislador constitucional parece consagrar o princípio da *não tipicidade das autoridades administrativas independentes,* no sentido em que não estabelece qualquer limite de domínio das áreas em que as mesmas podem actuar, de âmbito das competências de que as mesmas podem ser titulares, bem como das formas institucionais que as mesmas podem revestir.[1282]

Em termos muito genéricos diremos, pois, que a previsão constitucional a que apelamos como "justificativa" do terceiro período da criação de autoridades administrativas independentes, suscita um conjunto de perplexidades interpretativas que passamos a enunciar.

[1279] Cfr. Jorge Miranda, "Manual de Direito Constitucional", I, pp. 357 e seguintes; Jorge Miranda, "Sobre a Comissão Nacional de Eleições", em O Direito, 1992, p. 329.

[1280] Cfr. por todos, a obra de Vital Moreira sobre estas matérias, de que destacamos "Autoridades Reguladoras Independentes, Estudo e Projecto de Lei-Quadro".

[1281] Cfr. Paulo Otero, "O Poder de Substituição em Direito Administrativo", Vol. II, pp. 743 e seguintes.

[1282] Cfr. J. J. Gomes Canotilho, "Direito Constitucional e Teoria da Constituição", 7ª edição, pp. 566 e seguintes; Vital Moreira, "A administração autónoma e as associações públicas", p. 127.

A primeira delas está directamente relacionada com a questão de saber se a previsão constitucional impõe, ou apenas permite, que a lei institua autoridades administrativas independentes.[1283]

Adoptando os ensinamentos da melhor doutrina, no sentido em que as "imposições constitucionais" são normas constitucionais que impõem, através de ordens, instruções e directivas, a realização de tarefas e a prossecução de fins, parece ser possível concluir que, neste caso, estamos em presença de uma norma constitucional que *permite* a criação de autoridades administrativas independentes.[1284]

Por outro lado, a segunda das perplexidades relaciona-se com a problemática constitucional da definição do órgão legislativo competente para a criação de autoridades administrativas independentes.

Na verdade, se atentarmos no teor literal do preceito constitucional em análise, apenas podemos concluir que o mesmo "delega" na lei a possibilidade de instituição deste tipo de "organismos".

Finalmente, uma outra área carecida de reflexão traduz a terceira das perplexidades antes assinaladas, e está relacionada com a questão de saber se a criação destas autoridades "é livre", no sentido em que podem ser instituídas independentemente de considerações de *interesses públicos específicos e determinados* que justifiquem e fundamentem a adopção de um modelo organizacional que incorpore entidades administrativas independentes como o melhor e mais adequado modelo de prossecução do interesse público.[1285]

Por outras palavras, é discutível se a criação de autoridades administrativas independentes está ou não *dependente* da verificação e, por isso, da invocação do *interesse público específico* que permita justificar a institucionalização deste modelo de organização administrativa.

Num primeiro olhar sobre o preceito constitucional referido, entendemos que:

[1283] Cfr. J. J Gomes Canotilho, "Direito Constitucional e Teoria da Constituição", p. 732, referindo-se a esta matéria no sentido em que: "*De qualquer modo, a criação de entidades e órgãos administrativas deve pertencer à lei ou, pelo menos, ser feita com base na lei. Alguns autores referem-se aqui a uma reserva institucional de lei...*".

[1284] Cfr. neste sentido, José Lucas Cardoso, "Autoridades Administrativas Independentes e Constituição", p. 438, quanto sustenta que: "*a habilitação constitucional do nº 3 do art. 267º da Constituição consiste em habilitar o legislador ordinário a criar uma autoridade administrativa independente se essa opção constituir o meio mais adequado à prossecução de um determinado fim do Estado*". No mesmo sentido, Jorge Miranda, "Manual de Direito Constitucional", Tomo V, Coimbra, p. 38.

[1285] Cfr. neste sentido, J. Lucas Cardoso, op. cit., p. 438.

a) O art. 267, nº 3, da Constituição apenas *permite* a criação de autoridades administrativas independentes;

b) O mesmo preceito constitucional não refere *expressamente* qual é o órgão de poder soberano que pode criar autoridades administrativas independentes;

c) O legislador constitucional não aponta qualquer limite, critério ou elemento que permita identificar, no mínimo, ou densificar o conceito de entidade administrativa independente; e

d) Finalmente, o art. 267º, nº 3, não *esclarece* se a criação de qualquer autoridade administrativa independente carece, para ser considerada constitucional, que a lei dela criadora considere e justifique como causa legitimadora da respectiva criação a prossecução, bem como a invocação de um qualquer interesse público consagrado na Constituição que deva ser prosseguido pela via da institucionalização daquela autoridade.

Invocamos a favor das dúvidas antes suscitadas o que sobre esta mesma matéria nos é indicado pela doutrina, quando nos assevera que: *"esqueceu o revisor da Constituição, todavia, que a habilitação introduzida pelo art. 267º, nº 3, para a criação de autoridades administrativas independentes, além de se projectar sobre o exercício da competência normativa do Governo – investindo tais autoridades independentes de poderes normativos de regulação – e de suscitar delicadas questões em domínios de reserva de lei, comporta dois efeitos reflexos de natureza político-organizativa, e que são os seguintes:*

(i) Em primeiro lugar, ao permitir a limitação dos poderes de intervenção do Governo sobre estas estruturas administrativas está-se, simultaneamente, a limitar a responsabilidade politica parlamentar do executivo, além de se tornar menos intenso o poder de controlo da Assembleia da República na apreciação de todos os actos da Administração Pública, abrindo-se a porta ao ressuscitar da remota teoria da impermeabilidade em relação às autoridades administrativas independentes e, deste modo, à criação de um espaço de actuação administrativa politicamente incontrolada, já qualificado de "enclave não democrático da administração";

(ii) Em segundo lugar, tal como se encontra formulada a nova norma constitucional e uma vez que a regra no Direito Português é a competência legislativa concorrencial entre a Assembleia da República e o Governo, também este último órgão está agora habilitado a criar autoridades administrativas independentes por decreto-lei, transferindo para elas competências decisórias suas e, deste

> *modo, isentar-se a si próprio da respectiva responsabilidade política parlamentar decorrente do exercício de poderes transferidos, debilitando o grau de amplitude da competência fiscalizadora da Assembleia da República sobre os actos da Administração Pública, e convertendo o poder conferido pelo art. 267º, nº 3, da Constituição num verdadeiro "míssil sem controlo" contra a natureza parlamentar do sistema de governo e a favor de um reforço do executivo através da criação "motorizada" de uma Administração Pública parlamentarmente clandestina".*[1286]

O que temos por certo, no entanto, é que o poder conferido ao poder legislativo pela Constituição para a criação de entidades administrativas independentes, podendo ser qualificado como *livre* no sentido antes exposto, dever ter-se como *vinculado* ao modelo e à estrutura da organização administrativa do Estado.[1287]

Ou seja, as entidades a que alude o nº 3 do art. 267º da Constituição são as que, de acordo com o seu regime e natureza, são passíveis de integrarem a administração pública em sentido orgânico já que, a nosso ver, estão vinculadas a observar o mesmo preceito constitucional quando no nº 2 do referido artigo imperativamente estabelece o pluralismo e a unidade de acção da Administração.

Diremos, assim, que o legislador constitucional, para além de outras condicionantes de ordem interna, teria pretendido dar acolhimento aos movimentos, internacionais e comunitários, tendentes à criação de autoridades administrativas independentes que, como sabemos, já faziam parte da estrutura da administração pública da generalidade dos países comunitários, como consequência das profundas mudanças que se foram operando na Europa com as novas concepções de menor Estado, melhor Estado, Estado eficiente, racional e regulador.[1288]

[1286] Cfr. Paulo Otero,"O Poder de Substituição em Direito Administrativo", Vol. II.

[1287] Esta afirmação vai ter consequências, como veremos, a propósito da concepção que adoptamos na nossa tese de que tais entidades devem ser qualificadas como Autoridades Públicas Independentes e Autoridades Administrativas de Regulação Independentes de acordo com a fonte e o regime jurídico que fundamentam a sua instituição e que, nessa medida, devem ser devidamente fundadas nas normas constitucionais relativas às incumbências do Estado.

[1288] Cfr. Giandomenico Majone, "From the Positive State to the Regulatory State: Causes and Consequences of Change in the Model of Governance", pp. 29 e seguintes; José Manuel Castells Arteche, "La actual conyuntura de la Administración prestadora de Servicios Públicos", em Estudos em Homenagem ao Professor Ramón Martín Mateo, pp. 1993 e seguintes.

É do Estado e da sua organização – pública – que falamos quando nos referimos aos novos modelos inspirados nas mais modernas concepções do Estado que apelam para sistemas construídos "fora" da pirâmide.[1289]

Neste contexto, e de par com as interrogações mais importantes da nossa doutrina, deve a questão ser enunciada em termos de saber: (i) se o legislador pode decidir discricionariamente quais são as tarefas que são ou não da competência do Estado; (ii) se deve ser o Estado a assumir a produção autónoma de bens e serviços; e (iii) se uma tarefa, qualificada como pública, deve ser prosseguida em exclusivo e directamente pelo Estado.[1290]

Temos para nós que as questões formuladas encontram a sua potencial resposta na própria história da construção do Estado.[1291]

Assim, se nos detivermos nessa história, desde meados do século passado até aos nossos dias, porventura encontraremos justificações plausíveis para as questões postas.

Na Europa, o Estado dotado de grandes exércitos, de poderes de tributação e de uma administração centralizada capaz de exercer uma autoridade soberana sobre uma vasto território, detém capacidade para providenciar a ordem, segurança, lei e direitos de propriedade. Neste sentido, é o Estado que define quais são as suas tarefas e funções.[1292]

Mas, com as diversas fracturas, guerras, depressão, revolução, verificaram-se profundas modificações estruturais na própria concepção do Estado e

[1289] Cfr. J. J. Gomes Canotilho, "Direito Constitucional e Teoria da Constituição", pp. 650 e seguintes, quando aponta para o conceito constitucional organizatório de administração pública que compreende: (i) a administração directa do Estado; (ii) a administração indirecta do Estado ou de outras administrações territoriais exercidas por entes públicos especialmente criados para prosseguirem interesses públicos sob a orientação do Estado; (iii) administração territorial autónoma regional e local; (iv) administração associativa autónoma (por ex., ordens profissionais) e administração institucional autónoma (ex. Câmaras de Comércio); (v) administração delegada ou concessionada, ou seja, administração a cargo de entidades particulares, às quais foi confiada por acto legal ou por acto administrativo fundado na lei, a capacidade para exercer tarefas administrativas, incluindo poderes de autoridade (ex. federações desportivas).

[1290] São estas as questões formuladas por Gomes Canotilho, em Estudos em Homenagem ao Professor Doutor Rogério Soares, p. 717, que aqui se deixaram transcritas.

[1291] Como refere Jorge Reis de Novais, "Os Principios Constitucionais Estruturantes da República Portuguesa", p. 30: "*O Estado social e democrático de Direito do século XX acolhe e dá continuidade ao legado fundamental do Estado de Direito liberal. Mas, a necessária adaptação do Estado de Direito às novas circunstâncias e valores do século XX impõe uma substancial alteração dos seus elementos tal como haviam sido conformados no século anterior, alteração essa que se projecta tanto no que respeita às concepções dos direitos fundamentais quanto às da divisão de poderes*".

[1292] Cfr. Francis Fukuyama, "A Construção de Estados: Governação e Ordem Mundial do século XXI", pp. 10 e seguintes.

do seu papel. O Estado passou a produtor, gestor, distribuidor, "zelador" da sociedade e do homem. O Estado social cresceu, as prestações sociais aumentaram, os aparelhos administrativos para as realizar aumentaram desmesuradamente.[1293]

Neste sentido e neste âmbito, o Estado podia ser qualificado como produtor autónomo de bens e serviços.

A redução da dimensão do sector público foi a discussão de relevo nos anos oitenta do século passado. Nem sempre da melhor e mais eficaz forma.

Confundiu-se redução do Estado com construção de um novo Estado. Não foi, aliás, paralelo e consonante o discurso "político" em torno destas duas faces de uma mesma moeda.[1294]

O resultado desta incapacidade de aplicar as grandes doutrinas orientadoras e modeladoras da nova ordem económica mundial liberal conduziu-nos até aqui.

Até aqui, é onde? É, justamente, onde estamos, com falhas na organização institucional adequada aos novos sistemas de economia aberta e de livre concorrência.[1295]

Ou seja, o desenvolvimento e a emergência de novas formas de cooperação--coordenação dos particulares com a administração, a liberalização, as privatizações, a re-regulação, a auto-regulação e a regulação tenderam a superar a concepção de Estado produtor e distribuidor e, nessa medida, a uma diferente qualificação das tarefas e funções do Estado.[1296]

Neste sentido, o Estado actual não responde directamente pela actividade em que se concretiza uma tarefa ou função pública.

[1293] Enquanto no início do século os sectores do Estado consumiam pouco mais do que 10% do PIB na maioria dos países da Europa Ocidental e nos EUA, nos anos 80 consumia-se quase 50% do PIB, de acordo com dados de Francis Fukuyama, p. 13.

[1294] Cfr. Jacques Sapir, em "Os Economistas contra a Democracia", 2004, pp. 110 e seguintes.

[1295] Basta atentarmos nas discussões recentes a nível da União Europeia relativamente à própria evolução da União para modelos federais ou inter-governamentais. Cfr. Paulo Marques, "Entre a Estratégia de Lisboa e a Europa 2020: para onde caminha o Modelo Social Europeu", 2011; Mário Soares, "Europa a Caminhar para o Abismo", discurso proferido por ocasião de homenagem feita pela Câmara Municipal de Paris; Paul De Grauwe, "Sem mutualização da dívida, Zona Euro caminha para o colapso (Debt Without Drowning)", publicado no Jornal de Negócios de 17 de Maio de 2013; Nuno Melo, "Para dar mais voz a Portugal é preciso caminhar para uma Europa de Estados", publicado em JPN de 2.06.2013; Previsões Intercalares de Fevereiro de 2013 da Comissão Europeia, que avança para uma estagnação económica da União e uma moderada recessão na zona euro; Fátima Bonifácio, "O Federalismo", em Ter Opinião XXI, nº 3, p. 47; Alan Sked, "A União Europeia é uma experiência falhada", publicado em Ter Opinião XXI, nº 3, p. 54.

[1296] Cfr. J. J. Gomes Canotilho, "Direito Constitucional e Teoria da Constituição", p. 552, quanto a matérias relativas à ordenação e teoria material das funções do Estado.

Tal tarefa pode ser realizada no "exterior" da pessoa colectiva Estado e "fora" do quadro dos poderes de direcção, tutela e superintendência inerentes à administração directa, indirecta e autónoma do Estado.[1297]

Diremos, em suma, que o Estado é *responsável* mas não é o agente directo da realização da tarefa ou da função.

Se é verdade que, a nosso ver, está ainda em construção o novo modelo de organização do Estado, naturalmente que as questões que se suscitam no contexto dos fundamentos e das razões legitimadoras para a criação de autoridades administrativas independentes no âmbito da estrutura da organização administrativa portuguesa, não ficaram resolvidas com a introdução na Constituição da República de uma norma habilitante (art. 267º, nº 3) para a criação destas autoridades.

Dada a complexidade do tema que nos propomos tratar, iniciaremos a respectiva discussão através do método de "*decomposição*" dos próprios termos utilizados pelo legislador constitucional.

Trata-se de um método que julgamos nos pode vir a ser útil na delimitação e definição da figura, já que da análise das intervenções parlamentares a propósito do nº 3 do art. 267º da Constituição resulta, em primeiro lugar, que as mesmas "pecam" pela pobreza das apreciações feitas e, em segundo lugar, que os parlamentares apenas visaram "atribuir uma credencial constitucional" para a criação de entidades administrativas independentes, concebidas como "órgãos" e "serviços" que, por regra, deveriam integrar a administração directa do Estado e que ficariam subtraídos aos poderes de hierarquia e superintendência do Governo.[1298]

Por outro lado, a lei constitucional não contempla, por ter adoptado o princípio da não tipicidade para a criação destas entidades, qualquer critério ou modelo que nos facilite, face à lei que procede à criação de uma qualquer autoridade administrativa independente, qualificar a sua natureza, bem como, em razão da mesma, determinar o seu regime jurídico.[1299]

[1297] Neste sentido, Gomes Canotilho, op. cit., pp. 702 e seguintes, quando se refere à Regulação Jurídica no Estado Constitucional Pluralista.

[1298] Sabemos hoje como é antagónica esta configuração em termos da própria previsão constitucional que determina no seu art. 267º, em termos expressos, as diversas formas de administração pública, definindo, nos mesmos termos, os poderes de direcção, tutela e superintendência no âmbito respectivamente da administração directa, indirecta e autónoma do Estado.

[1299] Cfr. Jorge Miranda, "Funções, Órgãos e Actos do Estado", pp. 161 e seguintes; "Lei" em Dicionário Jurídico da Administração Púbica, Vol. V, 1993; "O actual sistema português de actos legislativos", em Legislação-2 (1991-1992), p. 22; Rogério Soares, "Sentido e Limites da Função Legislativa no Estado Contemporâneo", em Jorge Miranda (org.); M. A. Vaz, "O conceito de lei

O legislador constitucional não definiu, nem dos trabalhos preparatórios resulta, qualquer elemento ou tópico que "direccione" o legislador ordinário para as áreas ou sectores em que tais autoridades devem exercer as suas competências.

Temos, pois, que a questão que aqui se nos coloca é a de tentar verificar, a favor da clareza e da transparência desta norma habilitante, se é possível determinar o que pretendeu o legislador constitucional expressar quando autorizou a *lei* a criar esta categoria de entidades.

Ou seja, a nossa primeira abordagem no contexto deste trabalho é, justamente, apurar o significado, a extensão e o alcance da norma constitucional que habilita a *lei* a criar entidades administrativas independentes.

II. Análise do art. 267º, nº 3, da Constituição da República Portuguesa

1. A criação de entidades administrativas independentes – A Lei

A criação de autoridades administrativas independentes repousa num universo de poderes legislativos controvertidos.

Por um lado, e ao contrário do que parecia resultar dos trabalhos preparatórios da revisão constitucional de 1997, em que se considerava que era necessário estabelecer uma reserva de competência parlamentar relativamente aos actos criadores destas autoridades, a mesma não foi efectivamente instituída.[1300]

Por outro lado, como sabemos, o nosso quadro constitucional consagra o "*princípio do dualismo legislativo*", ou seja, atribui competências legislativas primárias, quer à Assembleia da República, quer ao Governo.[1301]

A pergunta é, por conseguinte, pertinente: qual o "sentido" de Lei que foi consagrado no preceito constitucional identificado e a qual dos órgãos consti-

na Constituição Portuguesa", em Direito e Justiça, 1987/1988, pp. 179 e seguintes. O sentido com que aqui adoptamos o termo "tipicidade" refere-se à técnica *aberta* de atribuição do poder de criar entidades administrativas independentes. É certo que esta disposição está inserida no preceito constitucional que versa sobre a estrutura da Administração Pública, mas formulada apenas em termos de uma directiva *ampla* e *genérica* de criação destas entidades.

1300 Com efeito, como resulta do elemento literal da norma em menção, a mesma não contempla qualquer regra delimitadora da competência da Assembleia da República para a criação de entidades administrativas independentes.

1301 J. C. Vieira de Andrade, "O Ordenamento jurídico-administrativo português", em Contencioso Administrativo, Braga, 1986, p. 54; Sérvulo Correia, "Legalidade e autonomia contratual", Coimbra, 1988; Manuel Afonso Vaz, "Lei e reserva de lei – A causa da Lei na Constituição portuguesa de 1976", Porto, 1996, pp. 473 e seguintes; Carlos Blanco de Morais, "As leis reforçadas pelo procedimento no âmbito dos critérios estruturantes das relações entre actos legislativos", Coimbra, 1998.

tucionalmente competentes atribuiu o legislador constitucional competência para criar autoridades administrativas independentes?[1302]

Sobre a primeira das interrogações formuladas, ou seja, o que deve entender-se por *lei* na previsão constitucional em análise, parece importante aprofundar um pouco mais este termo no contexto em que o mesmo aparece.

Recorde-se que a Constituição é a fonte positiva do Direito, e vai ser aqui entendida no sentido de *"uma norma positiva ou conjunto de normas positivas através das quais é regulada a produção de normas jurídicas. A Constituição é uma norma primária sob um duplo ponto de vista: sob o ponto de vista genético-funcional, porque regula os processos através dos quais as normas do sistema jurídico podem ser criadas e modificadas; sob um ponto de vista hierárquico, porque a Constituição se situa no topo da pirâmide normativa"*.[1303]

É, pois, a Constituição, enquanto fonte legitimadora das formas de produção de normas jurídicas que, no caso vertente, reenvia para a *lei* o processo de criação de autoridades administrativas independentes.

1.1. A lei na teoria do Estado

O estudo da lei, enquanto elemento mais importante no âmbito da estrutura normativa, deve ser feito a partir da Constituição concreta; no entanto, e pela importância da questão, parece-nos relevante a antecipação de um conjunto de princípios e de regras sobre o conceito de lei na teoria do Estado e do Direito.

Seguindo de muito perto a lição de Gomes Canotilho, diremos que:[1304]

a) Desde o período pré-socrático até Aristóteles, passando por Sócrates, os estóicos e Platão, que o conceito de lei é praticamente inseparável da sua dimensão material; leis verdadeiras são as leis boas e justas, dadas no sentido do bem comum. As duas características essenciais da lei explicitamente acentuadas pela filosofia antiga e intermédia são: (i) a dimensão material, na medida em que a lei era expressão do justo e do racional; e (ii) a dimensão de universalidade, porque a lei se dirigia ao bem comum da comunidade;

b) Com Hobbes surge o conceito voluntarista e positivo da lei: "*a lei, propriamente dita, é a palavra daquele que, por direito, tem comando sobre os demais*". Deste modo, a lei é vontade e ordem, já não valendo como expressão do justo e do racional;

[1302] Cfr. José Lucas Cardoso, "Autoridades administrativas independentes e a Constituição", quanto à questão principal formulada.

[1303] Cf. J. J. GomesCanotilho, "Direito Constitucional e Teoria da Constituição", 4ª edição, p. 601.

[1304] Cfr. J. J. Gomes Canotilho, op. cit., p. 751.

c) Com Locke a lei surge como instrumento que assegura a liberdade. A lei *"não é tanto a limitação, mas sim o guia de um agente livre e inteligente, no seu próprio interesse"*. Segundo Montesquieu, as leis *"são as relações necessárias que derivam da natureza das coisas"*, o que lhe permite a articulação da teoria da lei com a doutrina da separação de poderes, ligando as leis gerais ao poder legislativo e as ordens e as decisões individuais ao poder executivo;

d) Rousseau vem definir e considerar que a lei deve ser concebida como instrumento de actuação da igualdade politica e, nessa medida, como um produto da vontade geral. Para Rousseau a lei é, pois, geral quanto à sua origem e, quanto ao seu objecto, é o produto da vontade geral e estatui abstractamente para os assuntos da comunidade;

e) Com Kant a distinção é entre lei e máxima. A lei é um princípio prático e uma preposição contendo uma determinação que a torna válida para qualquer ser racional; se for válida só pela vontade do sujeito é uma simples máxima;

f) Hegel concebe o poder legislativo como o poder de organizar o universal, considerando a lei como expressão do geral e os actos do executivo como expressão do particular.

Como sublinhava Kant, *"é a sabedoria popular que determina o âmbito da lei. A sabedoria popular é a vontade pública da qual deriva todo o direito e que, por conseguinte, não deve fazer dano a ninguém; deve sim corresponder à vontade do povo inteiro – em que todos deliberam sobre todos e, portanto, cada um sobre si mesmo"*.[1305]

A lei, como resulta da história do Homem e da sua evolução conceitual, é o mais poderoso e importante instrumento do Poder.

O comando inscrito na lei, podendo ser programático é, com toda a certeza, uma imposição destinada a ser acatada e cumprida pelos seus destinatários, sob pena de, se assim não for, serem aplicadas sanções pelo incumprimento.

É assim o Poder Constituinte concretizado na Constituição quem fixa, na feitura das leis, as competências, o objecto, os destinatários e os limites da norma legal.[1306]

[1305] Cfr. Pedro Machete, "Estado de Direito Democrático e Administração Paritária", p. 187.

[1306] Cfr. Rogério Soares, "Lições de Direito Administrativo" (ao Curso de Direito na Universidade Católica do Porto), quando refere que: *"O Parlamento formado pela Nação exprime a sua vontade livre e, ao fazê-lo, vai garantir a comunicação com o mundo dos objectos lógicos, onde estão inscritas as leis...O Parlamento tomou o lugar do soberano iluminado. Agora é compreensivelmente o centro do Estado"*.

Daí que nos pareça essencial que o estudo da lei seja feito a partir dos elementos concretos de um dado ordenamento jurídico-constitucional.

É, pois, por isso que iremos analisar o termo *lei* vertido no art. 267º, nº 3, da Constituição, com o objectivo de verificar qual é o sentido, a extensão e o alcance da previsão constitucional em referência, quando "delega" na lei a possibilidade de esta criar autoridades administrativas independentes.

1.2. O sentido de lei na Constituição

Partimos do princípio, como atrás referimos, que o conceito de lei deve ser apurado a partir da Constituição que, em concreto, releva.

A Constituição da República Portuguesa consagra nas suas diversas áreas de intervenção constitucional o termo *lei*.

Por ser diverso e diferente o conteúdo do conceito sob apuramento, importa enunciar o sentido que deve ser atribuído, em cada contexto constitucional, ao aludido termo, ou seja, no nosso caso, ao termo *lei* vertido no nº 3 do art. 267º da CRP. Assim:

a) *Lei em sentido de ordenamento jurídico*
O termo lei pode ser entendido no sentido de ordenamento jurídico na sua globalidade quando, nos casos em que a Constituição expressa o regime de direitos, liberdades e garantias, o faz através da remissão para a *lei*.
Quando no art. 13º, nº 1, se estipula "*que todos os cidadãos têm a mesma dignidade social e são iguais perante a lei*", o termo está utilizado no sentido de ordenamento jurídico na sua globalidade.
Nesta medida, a lei que aqui está definida deve ser entendida não só como lei em sentido formal, ou seja, a que é da competência, absoluta ou reservada, da Assembleia da Republica, bem como de qualquer outra norma jurídica geral e abstracta como, por exemplo, decreto-lei, decreto regulamentar.

b) *Lei em sentido de norma jurídica, independentemente da fonte de legitimidade da sua prolação*
A Constituição utiliza igualmente o termo *lei* em diferentes áreas, remetendo o intérprete para o respectivo apuramento em razão da sua *ratio* e do instituto que visa regular.
Quando o art. 203º da Constituição estipula que "*os tribunais são independentes e apenas estão sujeitos à lei*" quer significar que os tribunais devem aplicar qualquer norma jurídica independentemente da forma da sua produção. Lei, neste sentido, comporta, quer as normas consti-

tucionais, quer as normas constantes de decretos-leis, decretos-legislativos regionais, convenções internacionais, decretos-regulamentares, além das normas constantes de leis.

c) *Lei em sentido de acto normativo com valor legislativo*
O termo lei aparece noutros preceitos constitucionais no sentido de acto normativo que implica o exercício de poderes legislativos que, como sabemos, na nossa Constituição é função concorrencial da Assembleia da República e do Governo.
É o que se apreende do disposto no art. 112º, nº 1. O mesmo sentido deve ter-se como verificado no contexto do disposto no art. 87º, quando determina que "*a lei disciplinará a actividade económica e os investimentos por parte de pessoas singulares ou colectivas estrangeiras, a fim de garantir a sua contribuição para o desenvolvimento do país e defender a independência nacional e os interesses dos trabalhadores*".
Ou seja, a Constituição, no âmbito destes preceitos, determina que a disciplina das actividades económicas seja feita por acto do poder legislativo.
É tarefa subsequente determinar se, em cada caso concreto, esta função é levada a efeito pela Assembleia da Republica ou pelo Governo.

d) *Lei no sentido de leis gerais da República*
A natureza dos actos normativos está definida na Constituição no seu art. 112º.
A lei em sentido de lei geral da República é a lei ou o decreto-lei cuja razão de ser envolva a sua aplicação a todo o território nacional e assim nela seja decretado.

e) *Lei no sentido de lei da Assembleia da República*
Da análise de outros preceitos constitucionais, nomeadamente os artigos 161º e 166º, resulta que o termo lei aqui enunciado deve entender-se no seu significado técnico-jurídico rigoroso e tradicional. Ou seja, trata-se de actos normativos editados pelo Parlamento de acordo com o procedimento constitucionalmente previsto.

Após esta breve incursão pelos conceitos de *lei* inscritos na Constituição, com o objectivo de apurar o que se pretende significar quando o nº 3 do art. 267º permite que a *lei* pode criar entidades administrativas independentes, julgamos pertinente deixar nota de algumas observações que, neste contexto, devem ser fixadas:

(i) Como verificámos são vários e diversos os sentidos de *lei* adoptados pelo legislador constitucional;

(ii) Da leitura de vários preceitos constitucionais assinalados parece possível retirar o entendimento que a lei é, no nosso direito constitucional, um acto normativo intrinsecamente aberto que pode ser editado pela Assembleia da República, pelo Governo e pelas Assembleias Regionais;

(iii) Acto legislativo no direito português é, pois, todo o acto elaborado de acordo com os procedimentos e no exercício de competências legislativas jurídico-constitucionalmente estabelecidas vertido pela Assembleia da República em forma de lei, pelo Governo em forma de decreto-lei, ou emanado pelas Assembleias Regionais em forma de decretos legislativos regionais.

Por se mostrar significativo para o debate que aqui estamos a travar, é importante assinalar que, apesar do que vem dito, a Constituição não revela uma completa insensibilidade ao conteúdo intrínseco dos actos normativos, no sentido em que se poderia ajuizar que a lei poderia transportar qualquer conteúdo.[1307]

Não é assim, como mais adiante veremos, uma vez que consideramos que a conformidade constitucional das "entidades administrativas independentes" depende de opções de politíca legislativa fundadas nas atribuições constitucionais do Estado.

É neste sentido – o da não insensibilidade conteudística da norma – que sustentamos que a criação de entidades administrativas independentes deve comportar um fundamento constitucional relevante.

1.3. O sentido de lei na Constituição: art. 267º, nº 3, da Constituição: Critério formal e material legitimador da criação de entidades administrativas independentes

Já verificámos que a Constituição não reserva, em exclusivo, à Assembleia da República o poder de emanar actos legislativos. Também o Governo participa do poder de legislar, bem como as Assembleias Legislativas Regionais.

Como já referimos, ao contrário do que parecia ser a intenção do legislador constitucional de constituir uma reserva de competência parlamentar

[1307] Cfr. A. Castanheira Neves, "As Fontes de Direito", Coimbra, 1985.

quanto aos actos legislativos criadores das autoridades administrativas independentes, a mesma não se concretizou na revisão de 1977.[1308]

Em todo o caso, como também salientámos, a Constituição contém normas de densificação de certos direitos, como seja o regime dos direitos, liberdades e garantias e, por outro lado, reserva certas matérias para o exercício do poder legislativo para a Assembleia da República.

Temos, pois, de nos socorrer de outros preceitos constitucionais, de modo a ser possível a compreensão exacta do que deve entender-se por *lei* no caso do poder de criação de autoridades administrativas independentes.

Vejamos, assim, em primeiro lugar, o art. 165º, alínea *b)*, da Constituição que estabelece uma reserva relativa de competência legislativa da Assembleia da República relativamente aos direitos, liberdades e garantias.

Esta reserva relativa de lei consiste na possibilidade de ser directamente o Parlamento a legislar, bem como, mediante autorização legislativa, ser confiada ao Governo a competência para a criação de autoridades administrativas cuja actividade releve de matéria de direitos fundamentais.

Da conjugação deste preceito constitucional com o regime instituído no nº 3 do art. 267º do texto constitucional, parece possível sustentar que, quer a Assembleia da República, quer o Governo, mediante autorização legislativa, dispõem do poder de proceder à criação de entidades administrativas independentes para a prossecução de missões na área dos direitos fundamentais.

Trata-se de uma reserva de função legislativa da Assembleia da República que pode quedar-se apenas na definição do regime das autoridades administrativas cujos órgãos sejam dotados de competências decisórias, que assumam funções de garante de direitos, liberdades e garantias, ou que regulem e autorizem vertentes do seu modo de exercício.

Parece ser possível considerar que as autoridades administrativas independentes podem ser criadas por lei da Assembleia da República ou por decreto-lei do Governo desde que devidamente autorizado, nos termos do que se dispõe no nº 2 do art. 165º da Constituição, ou seja, desde que a criação desta

[1308] Refira-se que no âmbito da revisão constitucional de 1997 foram apresentados dois projectos de revisão constitucional que propunham a inclusão da competência para aprovar a organização e funcionamento do Banco de Portugal nas reservas de competência legislativa da Assembleia da Republica (Projecto nº I/VII apresentado pelo CDS/PP, que propunha a integração da competência para aprovar a "organização e funcionamento do Banco de Portugal" na reserva absoluta de competência da Assembleia da República (art. 167º alínea u)), e o Projecto 3/VII, apresentado pelo Partido Socialista, que propunha a inclusão da competência para aprovar "as bases da organização do Banco de Portugal" na reserva relativa de competência da Assembleia da República).

autoridade tenha por finalidade a protecção de direitos fundamentais ou de direitos de natureza análoga consagrados no texto constitucional.[1309]

No que toca às restantes áreas de intervenção das autoridades administrativas independentes e, na falta de reserva de lei expressa, a primeira observação que se nos oferece é a de que a criação destas entidades pode ser concretizada, quer pelo Parlamento, quer pelo Governo.[1310]

Cabe-nos, por conseguinte, procurar retirar dos preceitos constitucionais que estabelecem o sistema de repartição de competências entre órgãos de soberania, ou seja, a partir do princípio da tipicidade das competências, a regra que deve ter-se por aplicável ao caso em discussão.

A conclusão que nos parece ser inequívoca, nesta parte, é a de que os preceitos constitucionais aplicáveis legitimam a competência concorrente da Assembleia da República e do Governo para efeitos de criação de autoridades administrativas independentes.

Para além das autoridades administrativas independentes criadas com a missão de exercer a sua actividade na área dos direitos fundamentais, sociais ou de natureza análoga, como se deixou referenciado, sabemos também que em sectores como o financeiro, energético, comunicações, transportes, actuam e operam entidades que assumem esta qualificação.

Ora, neste caso, o que deve entender-se por *lei* quando o nº 3 do art. 267º permite a criação daquelas entidades?

Deve entender-se que o acto de criação deve ser a lei no sentido de lei da Assembleia da República, ou do Governo mediante autorização, ou também o de acto normativo do Governo no exercício da sua competência legislativa concorrencial.

Consideramos que o intérprete deve assumir que a lei a que se refere o nº 3 do art. 267º compreende o acto normativo da competência legislativa do Governo, como se estabelece na alínea *a)* do nº 1 do art. 198º, nos casos, por exemplo, da prossecução de objectivos de combate às actividades especulativas e às práticas comerciais restritivas (alínea *c)* do art. 99º da CRP), ou de actividade económica e investimento estrangeiro (art. 87º).

Ou seja, se o Governo considerar que o interesse público fica melhor salvaguardado através da criação de uma autoridade administrativa independente

[1309] É o caso, designadamente, da Comissão Nacional de Eleições, da Comissão de Protecção de Dados Pessoais Informatizados, e da Comissão Nacional de Objecção de Consciência.

[1310] Em matéria de interesse específico das Regiões Autónomas pode ainda suceder que as Assembleias Legislativas Regionais possam estar habilitadas a criar autoridades administrativas independentes.

que tenha como suas atribuições e competências as de disciplinar a actividade económica e a de combater a especulação e as práticas restritivas, está habilitado, de acordo com o nº 3 do art. 267º, para instituir estas autoridades.[1311]

1.4. A nossa interpretação do sentido de Lei no nº 3 do art. 267º da Constituição

Como se deixou dito, na parte da interpretação do termo *lei* inscrito na Constituição, quer a Assembleia da República, quer o Governo, mediante autorização legislativa ou ao abrigo de competência legislativa não reservada, podem instituir autoridades administrativas independentes.

O tema não é pacífico. Discute-se abundantemente na doutrina se o regime constitucional que deriva dos respectivos preceitos "legitimadores" no que concerne à criação de autoridades administrativas independentes não origina, por um lado, um "esvaziamento" manifesto dos poderes de controlo da Assembleia da República sobre a estrutura destas entidades e, por outro lado, se não estamos em presença de fenómenos de "auto-isenção da responsabilidade política" do Governo perante o Presidente da República e perante a Assembleia da República.[1312]

Consideramos que esta questão é nuclear.

Na verdade, diz-nos a Constituição que a Administração Pública visa a prossecução do interesse público, no respeito pelos direitos e interesses legalmente protegidos dos cidadãos (art. 266º).

Por outro lado, estipula o nº 2 do art. 267º que a lei estabelecerá adequadas formas de descentralização e de desconcentração administrativas, sem prejuízo da necessária eficácia e unidade de acção da Administração e dos poderes de direcção, superintendência e tutela dos órgãos competentes.

Por seu turno, o art. 199º, que versa sobre a competência administrativa do Governo, estipula na respectiva alínea *d)* que este tem o poder de dirigir os serviços e a actividade da administração directa do Estado, civil e militar,

[1311] Cfr. J. J. Gomes Canotilho, "Direito Constitucional", 4ª edição, p. 732.

[1312] Neste sentido, ver J. J. Gomes Canotilho, op. cit., p. 104, quando adverte que "*...se mantém um défice de equilíbrio entre a legitimação democrática e o limite jurídico da política, desde logo por que tal equilíbrio pressupõe o respeito pela separação e interdependência dos órgãos de soberania, o que nem sempre acontece...E conclui que em último termo, volta a colocar-se a questão de saber se o fundamento normativo de qualquer poder é, em si, suficiente para garantir a juridicidade material no exercício do político*"; Paulo Otero, "Legalidade e Administração Pública", pp. 316 e seguintes, nomeadamente quando afirma que: "*...em causa reforça um fenómeno de descaracterização da função administrativa, não faltando mesmo quem veja aqui a erupção de um verdadeiro quarto poder do Estado*".

superintender na administração indirecta e exercer a tutela sobre esta e sobre a administração autónoma.

Por outro lado, dispõe o art. 182º que o Governo é o órgão de condução da política geral do País e o órgão superior da Administração Pública.[1313]

A Assembleia da República dispõe de poderes de vigiar pelo cumprimento da Constituição e das leis e de apreciar os actos do Governo e da Administração, como resulta do disposto no art. 162º, alínea *a)*, da CRP.

Ora, tal como refere Gomes Canotilho, a positivação constitucional das autoridades administrativas independentes, aliás, sistematicamente inserida no contexto do regime constitucional da Administração Pública, não resolve muitas das várias questões fundamentais, de entre as quais destacamos aqui a do princípio da legitimidade democrática, sabendo-se, como sabemos, que sobre estas autoridades não são estatutariamente exercidos poderes hierárquicos, de tutela e de superintendência.

Esta situação pode ser considerada equivalente a uma acção de política legislativa que vise "furtar" às autoridades constitucionais competentes o exercício efectivo dos respectivos poderes que, tendo sido consagrados, têm por objectivo o da unidade do sistema de organização da administração pública constituído com a finalidade de prosseguir e realizar o interesse público.

Recorde-se que a Constituição, do ponto de vista teleológico, consagra este princípio – o da unidade – com o objectivo de através do mesmo prosseguir e garantir a protecção de interesses públicos, mediante o exercício dos poderes constitucionais de *controlo* – no caso, de direcção, superintendência e tutela – conferidos ao Governo.

Não é, pois, de espantar que surjam vozes autorizadas que reclamam a revisão constitucional do citado nº 3 do art. 267º da Constituição de modo a que se torne claro o regime relativo à criação de autoridades administrativas independentes.[1314]

[1313] Cfr. Carlos Blanco de Morais, op. cit., p. 112, ao considerar que: "*...uma agressão ao princípio da separação de poderes implicada na possibilidade de que as leis desprovidas de um largo consenso parlamentar possam expropriar sem mais, a esfera material de competência do Governo, como órgão superior da Administração, em benefício de instituições imunes a um poder mínimo de indirizzo e, potencialmente blindadas contra formas adequadas de responsabilização democrática*".

[1314] Cfr. Jorge Miranda e Rui Medeiros que, ao pronunciarem-se sobre a revisão de 1997, salientam que: "*O que o legislador da revisão constitucional de 1997 fez, ao introduzir o nº 3 no art. 267º da CRP, foi insuficiente, pois não fixou quaisquer critérios ou limites à criação e à actuação de tais entes. Remeteu assim para o legislador ordinário a tarefa delicada, que parcialmente lhe competia, de definir a este propósito o ponto de equilíbrio entre o princípio da imparcialidade e o princípio democrático*".

Retomando a ideia que aqui nos trouxe, e após as incursões que realizámos, falta-nos ainda fazer uma outra aproximação que se traduz pela indagação relativa à potencial "interpretação sistemática" do disposto no nº 3 do art. 267º que consagra, como já dissemos, uma autorização formal para a criação de entidades administrativas independentes, e do regime constitucionalmente consagrado que seja susceptível de legitimar um critério material para a criação das mesmas autoridades.

Na verdade, o "efeito integrador" e a "concordância prática" exigem ao intérprete que procure determinar o sentido da habilitação constitucional prevista no nº 3 do art. 267º da Constituição, ou seja, indicam-nos que não nos devemos desonerar de procurar a "harmonização" entre a norma constitucional de atribuição do poder de criação de autoridades administrativas independentes com as normas constitucionais que podem legitimar, do ponto de vista material, a criação de tais autoridades.

A primeira observação que se nos oferece fazer é a de considerar que a norma constante do citado nº 3 do art. 267º da Constituição deve ser entendida em termos "limitativos", no sentido em que o mesmo preceito constitucional não contempla uma *"cláusula genérica sobre entidades administrativas independentes"*.[1315]

Assim sendo, para a "integração" que buscamos, falta-nos determinar o critério material legitimador da criação de autoridades administrativas independentes.

Este critério, no âmbito da nossa Constituição, deve reportar-se ao critério da prossecução de um interesse público.

Ou seja, a criação de autoridades administrativas independentes na nossa organização administrativa deve respeitar um critério formal e um critério material e objectivo.

Deve ser a lei, no sentido antes definido, a criar tais entidades, e a criação destas entidades deve, igualmente, subordinar-se à necessidade de prosseguir um interesse público, no sentido em que só a criação das mesmas se mostra adequado à prossecução de um fim do Estado.[1316]

[1315] Cfr. Jorge Miranda, "A Constituição de 1976. Formação, Estrutura, Princípios fundamentais", Lisboa, 1978.

[1316] Já antes referimos este pressuposto, quando discutimos a questão da possibilidade de serem realizadas tarefas e funções públicas por entidades "estranhas" à administração pública entendida em sentido orgânico. Na verdade, entendemos que a criação de entidades administrativas independentes está vinculada à verificação da melhor prossecução de um interesse público que como tal se mostre definido no texto constitucional. O Estado não é livre de prosseguir ou não as

Vejamos, então, em que se pode traduzir a afirmação precedente, ou seja, de que modo é possível conceber a verificação do critério material legitimador da criação de autoridades administrativas independentes.

Atendendo ao actual quadro constitucional português, o legislador está formalmente habilitado a criar uma autoridade administrativa independente sempre que: (i) identificar, no texto constitucional, um fundamento de ordem material, legitimador dessa opção de política; e sempre que: (ii) for esse, objectivamente, o modelo organizatório mais adequado à função a desempenhar, ao objectivo a prosseguir e ao sector em que a mesma vai actuar.[1317]

Entendemos, assim, e apesar da natureza de cláusula aberta consagrada no nº 3 do art. 267º da Constituição, que o legislador está vinculado, quando procede à criação de uma entidade administrativa independente, a dar cumprimento cumulativo a estes dois requisitos.

No que se refere ao primeiro dos requisitos antes mencionados, devemos evidenciar que, por exemplo, a criação da Autoridade da Concorrência foi motivada no disposto na alínea *e)* do art. 81º da Constituição; ou seja, o legislador tratou, através de um critério material – o das incumbências prioritárias do Estado – de assegurar o funcionamento eficiente dos mercados, de modo a garantir a equilibrada concorrência entre as empresas, a contrariar as formas de organização monopolistas e a reprimir os abusos de posição dominante e outras práticas lesivas do interesse geral, como princípio legitimador da criação daquela Autoridade.[1318]

Diremos, em consequência, que no contexto da criação da Autoridade da Concorrência a mesma foi fundada numa habilitação formal e "sustentada" por um critério material, consagrado na alínea *e)* do art. 81º da Constituição.

Fica por resolver a questão de saber se o interesse público a salvaguardar, e que está consagrado na alínea *e)* do art. 81º da Constituição, exigia a criação de uma autoridade independente.

incumbências que a Constituição lhe atribui. O que pode é ser considerado "livre" no sentido de "escolher" o meio mais adequado, eficiente, imparcial e neutro de o levar a efeito através da criação de entidades administrativas independentes.

[1317] Cfr. entre outros, J. Lucas Cardoso, "Autoridades administrativas independentes e Constituição".

[1318] Entendeu, assim, o legislador que se tornava imprescindível para tornar competitiva, a nível internacional, a economia portuguesa, e para dar resposta do sistema jurídico às exigências da vida económica num contexto de mercado, a criação de uma entidade prestigiada e independente, que contribuísse, numa primeira linha, para assegurar o respeito das regras de concorrência pelos operadores económicos e outras entidades e para criar em Portugal uma verdadeira cultura de concorrência. Cfr. Preâmbulo da Lei 24/2002, de 31 de Outubro.

O preâmbulo do Decreto-lei nº 17/2003, de 18 de Janeiro, que criou a Autoridade, adianta a respectiva *ratio* ao afirmar expressamente que: "*ao reconhecer à Autoridade o estatuto de independência compatível com a lei e a Constituição da República e ao conferir-lhe as atribuições, os poderes e os órgãos indispensáveis ao cumprimento da sua missão, o Governo pretende, antes de mais, restaurar a credibilidade das instituições responsáveis pela defesa da concorrência em Portugal e assegurar a sua plena integração no sistema comunitário e internacional de reguladores da concorrência*".

Mais se explicita no diploma legal em análise que a profunda evolução que se verifica na legislação comunitária impõe a existência de uma Autoridade da Concorrência que, sob a égide da Comissão Europeia, deverá estender-se a todos os Estados-Membros da Comunidade.

O legislador nacional considerou, no caso vertente, que a opção pela criação de uma autoridade independente era a que melhor correspondia aos seguintes objectivos: (i) credibilizar a instituição reguladora da concorrência; (ii) garantir a impossibilidade da sua "captura" pelo poder político e pelos operadores; (iii) cumprir as imposições que decorriam do quadro comunitário; (iv) assegurar a plena integração da autoridade no sistema comunitário e internacional de reguladores da concorrência; e (v) garantir a aplicação das normas comunitárias em vigor.

Parece, pois, ser possível admitir e considerar que a criação de entidades administrativas independentes obedece aos critérios: (i) da habilitação constitucional formal; bem como ao (ii) da habilitação constitucional do interesse público a realizar no âmbito das atribuições do Estado.

Consideramos, assim, que a lei pode proceder à criação de entidades administrativas independentes desde que, cumulativamente, se verifiquem os seguintes pressupostos: (i) habilitação constitucional formal (nº 3 do art. 267º da CRP); e (ii) habilitação constitucional material (art. 9º e preceitos complementares da CRP).

Capítulo II
Conceito Constitucional de Entidade Administrativa Independente

I. Uma primeira abordagem ao conceito de entidade administrativa independente

O preceito antes citado atribui ao legislador o poder de criar entidades administrativas independentes.[1319]

Já vimos no ponto anterior alguns dos requisitos mais relevantes a que deve obedecer a criação destes organismos, nomeadamente o que se relaciona com a fonte formal e material legitimadora da criação dos mesmos.

Mas importa dar notícia de como o legislador constitucional conformou a sua decisão de política legislativa quando determinou o poder de criação de entidades administrativas independentes.

Daí que nos pareça ser de revisitar alguns elementos históricos de interpretação da lei que consagrou este poder.[1320]

Do que se conhece, é possível retirar das intervenções de José Magalhães e Moreira da Silva, a propósito do nº 3 do art. 267º da CRP, os seguintes principais argumentos relativamente ao conceito de entidade administrativa independente:

(*i*) Os referidos entes seriam "órgãos" e "serviços" que, por regra, integrariam a Administração Directa do Estado, e ficariam subtraídos aos poderes de hierarquia e superintendência do Governo;

[1319] Cfr. José Magalhães e outros na discussão parlamentar deste preceito, em D.A.R. nº 104-31, de 31 de Julho de 1997.

[1320] Esta incursão é insignificante, dada a escassez de elementos disponíveis nos trabalhos preparatórios deste preceito constitucional. Parece, aliás, ser possível afirmar que subsistia uma certa "confusão" terminológica e conceitual em torno desta figura.

(*ii*) A introdução de uma credencial constitucional para a criação por lei parlamentar das referidas "entidades" traduzia uma forma de ultrapassar os reparos feitos pela doutrina em relação à constitucionalidade de leis que procediam à mesma criação sem a habilitação devida na Constituição da Republica.

Resulta, assim, dos elementos interpretativos disponíveis que o legislador constitucional teria pretendido consagrar uma habilitação legal no sentido de criar entidades integradas na administração directa do Estado, mas subtraídas ao correspondente poder de direcção do Governo.

Ou seja, a habilitação constitucional, lida à luz dos trabalhos dela preparatórios, traduz-se na possibilidade de criação de autoridades administrativas organicamente dependentes do Governo, mas funcionalmente fora da respectiva órbitra dos correspondentes poderes de direcção.[1321]

Da análise dos trabalhos preparatórios resulta que o legislador constitucional conjugou dois pressupostos contraditórios: um relativo à integração das entidades na administração directa do Estado, e o outro "libertando-as" do correspondente poder de direcção do Governo.

São antagónicos estes dois elementos, pelo que teremos necessariamente de concluir que, nesta fase, o nosso legislador não conhecia em toda a sua extensão e alcance o que deveria ter-se como relevante para efeitos da qualificação jurídica das entidades administrativas independentes, de cuja criação habilitou o legislador ordinário.

Esta consideração pode, aliás, ser fundamentada na diversidade da doutrina mais relevante no que se refere à qualificação da natureza jurídica de algumas entidades administrativas independentes, entretanto já criadas.[1322]

Ou seja, não divisamos, a propósito da consagração constitucional da habilitação formal constante do nº 3 do art. 267º, qualquer elemento ou critério susceptível de fundamentar uma definição do que deve ser entendido como entidade administrativa independente.

Temos para nós que o que se retira daquele preceito é que o poder legislativo *pode*, na verdade, criar estas entidades se o interesse público a prosseguir estiver consagrado no texto constitucional.[1323]

[1321] A este propósito refira-se que a habilitação constitucional em análise é um poder *livre* no sentido em que o legislador ordinário *pode* criar autoridades administrativas independentes mas *vinculado* à prossecução dos interesses públicos definidos na Constituição.

[1322] É o caso, entre outras, da Comissão Nacional de Eleições.

[1323] Cfr. no sentido do poder *livre* do legislador para criar entidades administrativas independentes, Paulo Otero, "O poder de Substituição em Direito Administrativo", Tomo II, p. 722.

O poder conferido pela norma constitucional não é, assim, *discricionário* quanto aos seus pressupostos.

O legislador pode criar uma autoridade administrativa independente, mas está *vinculado* a observar o princípio da "concordância" entre os preceitos constitucionais relevantes: o que consagra atribuições e finalidades do Estado, e o que consagra o poder de criar autoridades administrativas independentes.[1324]

Neste sentido, consideramos que a lei só pode criar uma autoridade administrativa independente se fundar essa opção de política na prossecução de um interesse público devidamente identificado constitucionalmente que se mostre apto a justificar e a fundamentar essa opção de política.[1325]

Parece ser este também o entendimento de Jorge Miranda, quando afirma que o nº 3 do art. 267º da Constituição da República consagra uma "cláusula genérica sobre entidades públicas independentes" que deve, por isso, ser interpretada em "termos limitativos".[1326]

O que vem dito conduz-nos a uma dificuldade interpretativa ainda mais singular, que pode ser traduzida pela seguinte equação: apesar da permissão constitucional, qualquer autoridade administrativa criada nos termos do nº 3 do art. 267º da Constituição, mas que se mostre sem habilitação material constitucional, pode ser considerada inconstitucional!

Ou seja, a nosso ver, *o legislador* pode criar uma entidade administrativa independente. Para que a mesma possa ser qualificada e concebida como conforme à Constituição tem de cumprir um outro pressuposto objectivo ou material: a sua criação tem obrigatoriamente de visar prosseguir um interesse ou uma tarefa do Estado que se entende (e justifica) melhor prosseguido através da institucionalização de uma entidade "independente".[1327]

Parece-nos, assim, que o legislador apenas pode criar uma autoridade administrativa independente quando for essa a fórmula organizatória mais adequada: (i) à função que vai desempenhar; (ii) ao objectivo que se propõe alcançar; e (iii) ao sector em que vai actuar.[1328]

1324 Cfr. J. J. Gomes Canotilho,"Direito Constitucional e Teoria da Constituição", quando nos ensina que "*...Daí que o intérprete deva sempre considerar as normas constitucionais não como normas isoladas e dispersas, mas sim como preceitos integrados num sistema unitário de normas e princípios*".

1325 Cfr. A. Betancor Rodríguez, op. cit., que apesar de se pronunciar no contexto da ordem jurídica espanhola sustenta o entendimento de que o legislador só pode criar autoridades administrativas independentes se esse for o meio mais adequado à prossecução de um fim do Estado.

1326 Cfr. Jorge Miranda, em "Manual de Direito Constitucional", Tomo V, p. 38.

1327 Entendemos que este duplo critério – formal e substancial – é condição essencial para que as entidades administrativas independentes possam *existir* à luz da Constituição. A nosso ver trata-se de condições de existência destas autoridades.

1328 Cfr. J. Lucas Cardoso, " Autoridades Administrativas Independentes e Constituição", p. 446.

E se o objectivo ou o interesse é público e a tarefa ou a função a realizar dependa igualmente da sua natureza pública, ou seja, que como tal se mostre consagrado na Constituição.[1329]

Pelo que, para além da questão capital, que mais adiante analisaremos, relativa ao princípio constitucional da *unidade de acção* da administração pública, devemos considerar, em termos de condições de existência de entidades administrativas independentes, que as mesmas preenchem tais condições ou requisitos constitucionais desde que observadas cumulativamente duas regras fundamentais a que já aludimos e que aqui sintetizamos:

a) A da habilitação constitucional, consagrada actualmente no nº 3 do art. 267º da Constituição da República; e

b) A da verificação de uma incumbência do Estado elegível que fundamente a criação de uma entidade administrativa independente.

Pelo que podemos observar não tem sido muito tratada pela nossa doutrina e jurisprudência a questão da constitucionalidade/ inconstitucionalidade quanto à legitimidade de criação de entidades administrativas independentes.[1330]

É curioso que assim seja!

Pela nossa parte, e em resultado da descrição que faremos na Parte respectiva do nosso trabalho, parece não subsistirem dúvidas fundadas quanto à constitucionalidade de criação das entidades administrativas independentes que operam no espaço da administração pública.

II. Evolução do conceito de entidade administrativa independente: As Entidades de Regulação

De acordo com o preceito constitucional em análise, o legislador ordinário – Assembleia da República ou o Governo, mediante competência autorizada ou não reservada – está habilitado a criar entidades administrativas independentes.

Do que se trata, pois, é de saber o que deve entender-se por entidade administrativa independente.

[1329] Entendemos, assim, que tal como decorre do texto antecedente, a natureza pública da tarefa ou da função não exigem a intervenção da administração directa do Estado na sua realização. Entendemos, no entanto, que a definição pública da tarefa só pode resultar directamente de preceito constitucional que a consagre e como tal a determine.

[1330] Cfr., no entanto, J. Lucas Cardoso, op. cit.; e, em termos de enunciado da questão controvertida, Paulo Otero, "Legalidade e Administração Pública", p. 327.

Deve começar por referir-se que esta categoria foi forjada pelos juristas a partir de uma fórmula nova, utilizada pela primeira vez em França em 1978.[1331]

Segundo a doutrina mais representativa, tudo se teria passado como se esta construção tivesse respondido a uma necessidade de adaptação das novas exigências de intervenção do Estado na vida social. Este modelo estaria apto a proporcionar ao poder político uma via cómoda para fazer face às novas realidades e sistema de intervenção estatal.[1332]

Em termos históricos, o conceito de autoridade administrativa independente foi sendo construído em torno da associação de três elementos essenciais: (i) em primeiro lugar, trata-se de "autoridades" dotadas de meios de acção jurídicos e materiais para o desempenho de missões que lhes são confiadas; (ii) em segundo lugar, as garantias de independência orgânica e funcional de que beneficiam conferem-lhes um lugar à parte na administração, no sentido em que estão "fora do aparelho" e dispõem de capacidade de acção autónoma; e (iii) em terceiro lugar, estas autoridades são estruturas estatais mas de um novo tipo, situando-se à margem da estrutura administrativa clássica.[1333]

A construção desta nova categoria – autoridade administrativa independente – foi, por conseguinte, desde o seu início rodeada de uma grande margem de incerteza e de uma grande zona de indecisão que passou (e continua a passar), nomeadamente pela diversidade e heterogeneidade dos seus estatutos, bem como pela diferenciação dos poderes e das competências que lhes são atribuídas.[1334]

Ou seja, estamos agora perante um mosaico de autoridades com finalidades diversas, com estatutos diferenciados e com poderes diversificados, apesar de actualmente a doutrina entender que a criação de autoridades administrativas independentes corresponde a novas formas de organização da administração pública.[1335]

Seguindo muito de perto Jean-Louis Autin, diremos que a criação das autoridades administrativas independentes que se conhecem, assume um

[1331] Cfr. Relatório do Conselho de Estado Francês de 2001, p. 98.

[1332] Cfr. Jacques Chevallier, "L'État post-modern", LGDJ nº 35, p. 66, quando se refere ao fim do Estado dirigista e protector com fundamento na ideia de que: *"...L'État ne se pose donc en acteur mais en arbitre du jeu économique, en se bornant à poser des règles aux opérateurs et en s'efforçant à harmoniser leurs actions"*.

[1333] Cfr. Jean Louis Autin, "Le Devenir des autorités administratives indépendantes", RFDA nº 5, p. 879.

[1334] Recorde-se, de novo, os fundamentos e os motivos legitimadores da criação da primeira autoridade administrativa independente nos EUA, a InterState, que como já verificamos, se centraram numa política intervencionista do Estado no domínio dos transportes ferroviários.

[1335] Cfr. Giandomenico Majone, "Regulação Económica e Democracia: O Debate Europeu", p. 88.

conjunto de linhas condutoras que nos parecem ser de grande utilidade para a respectiva definição. Assim:

a) Em primeiro lugar, as autoridades administrativas independentes correspondem a uma categoria jurídica flexível, no sentido em que esta qualificação é atribuída a entidades muito diversas tendo em conta as respectivas finalidades, estatutos e poderes;

b) Em segundo lugar, a proliferação e a multiplicação de autoridades administrativas independentes corresponde a uma visão muito pragmática da responsabilidade política que tem ocorrido nas últimas décadas nos diversos países, entre os quais Portugal;

c) Originalmente, a criação destas autoridades deveria ser limitada a certos domínios, e ser excluída nomeadamente de sectores estratégicos em que a intervenção de autoridades administrativas independentes era concebida como incongruente;[1336]

d) Por último, a discussão constitucional da admissibilidade destas entidades foi pautada, numa primeira fase, pela sua "rejeição" e, numa segunda fase, pela "suavização" da mesma discussão doutrinária. [1337]

Como tivemos já ocasião de ver, em Portugal foram criadas autoridades administrativas independentes sem habilitação constitucional formal antes de 1997, e a revisão que ocorreu consagrou expressamente a possibilidade de a lei criar estas entidades.[1338]

Ou seja, a discussão doutrinária e constitucional que no início do processo suscitava obstáculos de vária ordem à criação deste novo modelo esbateu-se com o decurso do tempo, por um lado, e por outro, pela consagração explícita no texto constitucional do poder de criar entidades administrativas independentes.[1339]

[1336] Cfr. Relatório do Conselho de Estado Francês, 2001, p. 22.

[1337] Cfr. Aude Rouyère, "La constitutionnalisation des autorités administratives indépendantes: quelle signification", RFDA, p. 887.

[1338] Recorde-se que em França era entendimento maioritário que as autoridades administrativas independentes se mostravam incompatíveis com o art. 20º da Constituição Francesa. Todavia o Conselho Constitucional, com um intenso labor permitiu que a categoria fosse tida como "experimentação institucional". Também em Portugal esta discussão ainda não cessou, devendo ser sublinhado que, pelo menos do ponto de vista da habilitação constitucional, o legislador está legitimado para a respectiva criação, sendo certo, no entanto que, como adiante veremos, o legislador criou autoridades qualificadas como tal antes da revisão constitucional de 1997.

[1339] O que a Constituição não diz, e é por isso que aqui estamos, é o que deve entender-se por entidade administrativa independente, sendo que habilita o poder legislativo a proceder à criação de entidades com esta qualificação.

A definição conceitual que procuramos – a de entidade administrativa independente – aparece-nos em certo momento da sua própria evolução *relacionada* com entidades de regulação independentes que nos surgem pela vertente do direito comunitário.[1340]

Na óptica comunitária, uma autoridade de regulação é um organismo público que intervém no mercado e dispõe de um conjunto muito diversificado de meios de acção jurídicos e operacionais.[1341]

Sempre que se prevê abrir determinado sector à concorrência, através da supressão de um monopólio, da transformação do estatuto de uma empresa ou pela via da liberalização de um sector, os instrumentos comunitários relevantes, nomeadamente as Directivas, prevêem a necessidade de separar as três funções de regulamentação, de regulação e de exploração da actividade.[1342]

A justificação encontrada a nível comunitário "transposta" para o direito interno assume uma outra dimensão da criação destas autoridades que é, justamente, a de a mesma se mostrar apta a traduzir uma acção mais eficaz relativamente aos sectores ou domínios em que as mesmas são titulares de amplos poderes de intervenção.

É mais eficaz, dizem os seus defensores, a acção de uma entidade que não está sujeita a poderes de direcção, tutela ou superintendência e cujas decisões são, em regra, insusceptíveis de recursos administrativos, do que as decisões de um serviço público ou de um departamento ou direcção subordinado a regras de controlo administrativo.[1343]

1340 Ver capítulo de direito comparado – As Agências na União Europeia.

1341 Cfr. Giandomenico Majone, "The Credibity Crisis of Community Regulation", 1999, p. 89; Damien Gerardin e Nicolas Petit, "Development of Agencies at EU and National Levels: Conceptual Analysis and Proposals for Reform", 2000.

1342 Cfr. a título de exemplo, a evolução do direito de acesso e de exercício de actividades, gestão e exploração das infra-estruturas de Telecomunicações, bem como de prestação de serviços, a que se deu início através do Livro Verde relativo ao desenvolvimento do Mercado Comum dos Serviços e Equipamentos de Telecomunicações (COM/87/290), o qual surgiu em continuidade com o programa de liberalização e harmonização dos mercados europeus de telecomunicações, apresentado pela Comissão ao Conselho em 1984 (COM/84/277). O desenvolvimento legislativo deste sector pode ver-se em "Regulação em Portugal, Novos Tempos, Novos Modelos", obra coordenada por E. Paz Ferreira, Luis Silva Morais e Gonçalo Anastácio; Sérgio Gonçalves do Cabo,"Regulação e Concorrência no Sector das Comunicações Electrónicas", pp. 207 e seguintes.

1343 Cfr. no sentido de maior eficiência e eficácia da institucionalização de entidades administrativas independentes, Catherine Teitgen-Colly, op. cit., p. 225, quando assevera que: "*...as autoridades administrativas independentes, por um lado em virtude da sua composição, proporcionam a realização de debates contraditórios nos quais se elabora um consenso entre os vários pontos de vista e, por outro lado, graças ao modo flexível de actuação que caracteriza o exercício dos seus poderes, revestem maior aptidão para alcançar as virtudes da moderação, da humanidade e da equidade...*"; Michela Manetti, "Poteri Neutrali e Costituzione",

A eficácia na acção tem sido também concebida como um factor decisivo e até legitimador da proliferação de entidades desta natureza vocacionadas para o exercício de actividades nos mais diversos sectores da economia e das finanças.[1344]

As invocadas regras da perícia, da capacidade técnica, da especial competência e vocação dos titulares dos órgãos de direcção e de administração das autoridades administrativas independentes, nelas se incluindo as de regulação, no sentido da afirmação da sua *independência* face aos governos, ao poder político e aos interesses dos regulados, tem sido outro dos argumentos legitimadores da sua criação e desenvolvimento.[1345]

Deve ainda ser referido que as autoridades administrativas independentes têm vindo sistemática e progressivamente a ser concebidas como um factor de complementaridade e de aprofundamento do Estado de Direito, sobretudo se considerarmos a influência de dois elementos essenciais, um orgânico e outro funcional, na estrutura e no funcionamento destas entidades.

Aparece, pois, formulado o conceito de "acção em rede" ou seja, as instituições clássicas não são postas em causa pela via da criação de organismos independentes; pelo contrário, a colaboração institucional e a relação funcional entre umas e outras pode sustentar e fundamentar a prestação de um melhor serviço público.[1346]

Milão, 1994, p. 63, ao referir que: "*...a composição técnica/sábia das autoridades administrativas independentes surge como um correctivo de natureza subjectiva à ampla delegação de poderes que o legislador operou em favor da* agenzie *e surge como uma garantia de independência e imparcialidade no exercício de funções*".

[1344] Ainda que destituída de poderes ou competências decisórias, refira-se o recentemente criado Conselho das Finanças Públicas, através do art. 12º-I da Lei de enquadramento orçamental (Lei 91/2001, de 20 de Agosto) aditado pelo art. 3º da Lei 22/2011, de 20 de Maio, cujos estatutos foram aprovados através da Lei 54/2011, de 19 de Outubro.

[1345] Cfr. neste sentido, Andrés Betancor, "Regulación: Mito y Derecho", pp. 73 e seguintes; Bernard E. Harcourt, "Neoliberal Penalty: The Birth of Natural Order: The illusion of free markets", Working Papers of University of Chicago Law & Economics, 2008; J. Jordana & D. Levi-Faur (ed.), "The Politics of Regulation. Institutions and Regulatory Reforms for the Age of Governance", USA (2004); Alfred Edward Kahn, "The Economics of Regulation: Principles and Institutions", MIT Press, 1990.

[1346] Refira-se a este propósito que, apesar da concorrência constituir a pedra angular do mercado único, por isso não se pode concluir pela morte do serviço público. Na verdade, às empresas encarregadas da prestação de serviços de interesse económico geral, públicas ou privadas, podem não ser aplicadas as regras da concorrência, nos casos em que a derrogação destas se revele fundamental para o cumprimento das obrigações de serviço público. É o que decorre do disposto no art. 86º, nº 2, do TCE. e é suportado por João Nuno Calvão da Silva, em "Mercado e Estado, Serviços de Interesse Económico Geral", p. 219.

Não é, naturalmente, inequívoca esta concepção, uma vez que é possível questionar se estas autoridades, hoje, pela a sua dimensão quantitativa e qualitativa, dadas as atribuições e as competências que a lei lhes atribui, dados os sectores em que exercem as suas actividades e a natureza de poderes normativos, regulamentares e administrativos de que são titulares, podem ser concebidas como: (i) um factor de reforço dos princípios do Estado de Direito; ou (ii) como um factor de disseminação institucional gerador por si próprio do enfraquecimento do Estado do ponto de vista da responsabilidade política e dos direitos a que está vinculado pela respectiva Constituição.[1347]

É, pois, possível entender que a multiplicidade de entidades administrativas independentes, nelas se incluindo as de regulação, podem representar um factor de reforço do Estado de Direito ou, pelo contrário, um factor de "desresponsabilização" e de "enfraquecimento" do Estado de Direito.

É que, apesar do tempo e do modo decorrido, ainda não se verifica qualquer uniformidade quanto às condições – formais e substanciais – da sua existência, nem quanto aos critérios legitimadores, quer da sua própria qualificação – autoridade administrativa independente –, quer da sua natureza e regime jurídico.[1348]

De salientar, aliás, que podendo estas entidades representar um problema constitucional, a inexistência de um conjunto pré-ordenado de regras constitucionais ou infra-constitucionais, revela dificuldades acrescidas no que toca à questão de saber quais os tipos de organismos que são susceptíveis de ser enquadrados nesta qualificação e denominação.[1349]

Grande parte da doutrina tem vindo a entender que, sendo as autoridades administrativas independentes uma nova forma ou modelo de estruturação

[1347] Cfr. por todos, Paulo Otero,"Legalidade e Administração Pública", p. 320.

[1348] Cfr. Carlos Blanco de Morais, op. cit.; Paulo Otero, obra acima citada, p. 321, em que afirma: "*Mostra-se evidente que o propósito do legislador da revisão constitucional foi o de habilitar uma limitação do campo material de incidência dos poderes de intervenção intra-administrativa do Governo sobre todos os sectores administrativos, comprimindo ou derrogando as normas constitucionais que fazem do Governo o órgão superior da Administração Pública e que consagram o princípio da unidade administrativa*".

[1349] O sentido da afirmação é o de que consideramos que a denominação atribuída pelo legislador no acto da criação da autoridade deve ter-se como irrelevante no que toca à determinação da natureza da autoridade administrativa independente. A mesma decorre do seu regime jurídico e dos estatutos a que a entidade está subordinada. A título meramente exemplificativo da afirmação, cfr. Sentença do Supremo Tribunal de Justiça dos EUA, proferida em 28 de Junho de 2010, relativamente à lei que instituiu a Public Company Accounting Oversight Board que, apesar da respectiva denominação, foi "colocada" sob o controlo directo do Presidente de uma outra agência, a Securities Exchange Commission, esta, nos termos gerais, "superintendida" pelo Presidente dos EUA.

jurídica da administração do Estado, devem ser qualificadas com base nas funções que assumem e no estatuto político que lhes é atribuído.[1350]

Ora, o campo das suas funções ou competências revela a concretização de uma decisão de política de "delegação" de poderes em sectores económicos, financeiros, sociais e dos direitos fundamentais e de natureza análoga, que continuam a ser concebidos como relevando de tarefas ou missões do próprio Estado.[1351]

Na verdade, já não vivemos num mundo em que o interesse geral é totalmente veículado pelas instituições públicas; numa larga medida, a definição e a produção de bens públicos representam uma tarefa "conjunta" do aparelho público e de múltiplos actores económicos e sociais, que para isso contribuem, quer por delegação das instituições públicas, quer simplesmente pela sua posição nos processos económicos e sociais.[1352]

Por outro lado, estas autoridades estão "europeizadas" e "globalizadas".[1353]

Discute-se, igualmente, a questão relativa ao denominado controlo político destas autoridades, ou seja, à possibilidade e/ou necessidade de serem erigidos mecanismos tendentes a permitir e/ou a possibilitar a verificação deste controlo.

Em Portugal, ainda que não exista qualquer código que subordine a um conjunto de regras comuns a forma de criação, de organização e de funcionamento das autoridades administrativas independentes, para além das áreas ou sectores em que intervêm, é conhecida a legislação dispersa que criou as

[1350] Cfr. Jacques Chevallier, "Science Administrative", Paris, 1986; Eva Desdentado Daroca , "La Crisis de Identidad del Derecho Administrativo: privatization, huida de la regulación pública y administraciones independientes", Valência, 1999; Luisa Torchia, "Il Controlo Pubblico della Finanza Privata", Padova, 1992.

[1351] Esta "delegação" de funções ou competências seria ou poderia ser legitimada pela ideia de que deveria ser *quebrada a cadeia de interesses* entre quem deve regulamentar, quem deve regular e quem deve supervisionar.

[1352] Cfr. Jean Bernard Auby, "Notas Finais", em Colloque sur "Les autorités administratives indépendantes: Une rationalisation impossible?", RFDA nº 5, 2010, p. 8.

[1353] É o caso, por exemplo, do Organismo de Reguladores Europeus das Comunicações Eléctrónicas (BEREC) da Agência de Cooperação dos Reguladores da Energia (ACER) que assumiu funções de monotorização e acompanhamento das actividades reguladoras nacionais ao abrigo do Regulamento (EU) nº 1227/2011 (relativo à integridade e à transparência nos mercados grossistas da energia). Mais recentemente, em 19 de Novembro de 2013, a Assembleia Parlamentar Euronest através do documento (2013/C 338/03) publicado no jornal Oficial da União Europeia de 19.11.2013, exorta a Comissão, a ACER, a REORT-E e a REORT-G, a intensificarem a sua cooperação e a envolverem os seus homólogos dos países da Europa Oriental na elaboração de códigos de rede e de regras de interoperabilidade aplicáveis às infraestruturas de transporte de electricidade e gás.

diversas entidades e que regula as formas e os procedimentos relativos ao controlo político da actividade das mesmas.[1354]

No fundo, como sustenta Jean-Bernard Auby, *"as autoridades administrativas independentes são um meio para os Estados contemporâneos adaptarem as formas da sua acção a um novo contexto. Uma nova forma de estruturar o Estado para, nomeadamente, quebrar certas cadeias de interesses que perturbam a decisão pública, veículos de novos modelos regulatórios melhor articulados com a sociedade e com o mercado, cura da democracia pela adição de uma "legitimidade de imparcialidade" que se associa tradicionalmente à representação"*.[1355]

Ou seja, os Estados não abdicaram de nada, adaptaram os seus métodos a um contexto renovado. As agências independentes são, deste ponto de vista, uma das invenções mais notáveis da engenharia institucional do direito público contemporâneo.[1356]

Esta "engenharia institucional" está em processo de construção e de desenvolvimento, no sentido em que é possível nela surpreender alguns elementos comuns susceptíveis de fixação dogmática, e outros apenas indiciadores e pertinentes à justificação da sua natureza.

Na verdade, o novo modelo de organização heterogéneo e complexo que integra as entidades administrativas independentes é pautado por um conjunto de indefinições que, por isso mesmo, assumem particular relevância em termos da sua própria qualificação jurídica. De forma não exaustiva podemos indicar os seguintes:

a) As autoridades que a lei pode criar não dispõem de regras comuns quanto à sua própria instituição, organização e funcionamento;
b) Estas entidades não dispõem de regras ou de regimes comuns de sindicabilidade dos respectivos actos e decisões;
c) Estas entidades não estão sujeitas a um conjunto de regras comuns de *accountability*;
d) Estas entidades não beneficiam de um regime comum de "independência" orgânica e funcional; e
e) As autoridades administrativas independentes não têm um estatuto jurídico comum.[1357]

[1354] Só muito recentemente foi aprovada a Lei 63/2013, de 28 de Agosto, que como sabemos, apenas define o regime de criação, organização e funcionamento das entidades de regulação na área da economia, o que significa que a mesma não traduz qualquer tipo de Lei Geral das Entidades Administrativas Independentes, nelas se incluíndo as Entidades de Regulação Independentes.

[1355] Cfr. Jean Bernard Auby, em Colloque..., RFDA nº 5, 2010, pp. 35 e seguintes.

[1356] Cfr. Jacques Chevallier, citado em Jean Bernard Auby a páginas 36 da RFDA nº 5.

[1357] Apesar de, como sabemos, já ter sido aprovada a Lei 67/2013, de 28 de Agosto.

Apesar das dificuldades encontradas e exemplificadas, é tempo de ensaiar o que deve, então, entender-se por entidade administrativa independente, nos termos da habilitação constitucional antes identificada.

A partir dos elementos interpretativos disponíveis, diremos que a lei pode criar uma *entidade*, ou seja, uma pessoa colectiva pública, titular de personalidade jurídica de direito público, sujeita de direitos e obrigações, e com atribuições e competências definidas e fixadas na lei.

Deve, pois, entender-se que a Constituição habilita o legislador a criar *entidades públicas*. A criação destas entidades, como estipula o texto constitucional, deve obedecer a duas outras condições nucleares: (i) a de que a entidade deve ser administrativa; e (ii) a de que a entidade deve ser independente.

A Constituição consagra de forma expressa que a Administração é constituída pela administração directa, indirecta e autónoma, competindo ao Governo, nos termos das suas competências administrativas, proceder à sua direcção, superintendência e tutela (art. 199º, alínea *d)*).

Por seu turno, o art. 267º, nº 2, e em complemento do anterior preceito constitucional, define as formas institucionais relevantes da Administração Pública, acrescentando no nº 3 a possibilidade de serem criadas, neste âmbito, as entidades administrativas independentes.

Ou seja, estas entidades devem ter-se como fazendo parte da Administração Pública.

Assim o atesta, igualmente, o regime instituído no mesmo nº 2 do art. 267º, quando determina que a administração pública, apesar dos princípios da descentralização e da desconcentração, não pode deixar de estar subordinada aos princípios da eficácia e da unidade de acção administrativa.

A habilitação constitucional é, pois, a de poderem ser criadas entidades que, por via da invocação do princípio do pluralismo da administração, podem ser administrativas e independentes, desde que observado o que a Constituição previne ao garantir o princípio da unidade de acção através dos poderes conferidos, igualmente, pela Constituição ao Governo, enquanto órgão superior da Administração Pública.

Mas, se assim é, importa dar uma palavra sobre a discutível integração destas entidades nas variantes da administração autónoma ou independente.[1358]

[1358] Cfr. Vital Moreira, "Administração Autónoma e Associações Públicas", p. 126, que nos dá nota de que a doutrina alemã qualifica as entidades administrativas independentes como administração autónoma. Em Portugal, esta mesma qualificação parece ser a adoptada por Eduardo Paz Ferreira, "A Regulação Sectorial da Economia – Introdução e Perspectiva Geral", p. 29, quando refere que *"consideramos mais adequada uma terminologia que qualifique tais entidades como organismos reguladores autónomos"*.

Estas entidades, para além de administrativas devem ser independentes, no sentido em que o conceito de independência assume duas vertentes principais: (i) a independência orgânica; e (ii) a independência funcional.

O termo "independente" não é de fácil definição, uma vez que tanto pode justificar autonomia orgânica, como autonomia funcional.[1359]

A independência orgânica relaciona-se com a materialização de algumas regras, tais como as da inamovibilidade dos membros dos órgãos próprios das entidades administrativas independentes, e de regimes de incompatibilidades que assegurem a neutralidade política das decisões por elas tomadas, enquanto que a independência funcional está directamente reportada à inexistência de poderes de direcção ou superintendência por parte do Governo.[1360]

As autoridades administrativas independentes são, pois, entidades inseridas na Administração Pública que, apesar de disporem, em maior ou menor extensão, de independência orgânica e funcional, estão a coberto do princípio do pluralismo no domínio da sua criação e devem pautar o exercício das suas actividades pela regra constitucional da unidade de acção da administração pública.[1361]

Ou seja, a criação destas autoridades não poderá, em nenhuma circunstância, transformar-se num princípio de organização administrativa de um Estado de Direito baseado na legitimação democrática de todo o poder político.[1362]

Assim, do ponto de vista das condições de existência, ou seja, dos pressupostos constitucionais exigíveis para a criação de entidades administrativas independentes, entendemos que as mesmas devem obediência aos seguintes parâmetros fundamentais:

a) A lei pode criar entidades dotadas de personalidade jurídica de direito público; e

[1359] Cfr. quanto ao conceito de independência orgânica e funcional, entre outros, J. Chevallier, "Refléxions sur l'instituition des autorités administratives indépendantes", em La Semaine Juridique, 1986, p. 3154; M. Gentot, "Les autorités administratives indépendantes", CLEFS, Paris, 1994; Vital Moreira e Fernanda Maçãs, "Autoridades Reguladoras Independentes", p. 25.

[1360] Cfr. Eduardo Paz Ferreira, "A Regulação em Portugal: Introdução e Perspectiva Geral", p. 30.

[1361] Neste contexto tem vindo a ser adoptada a fórmula de entidades dotadas de autonomia reforçada. O início deste debate em torno da qualificação institucional destas entidades, sobretudo as que exercem funções de regulação económica e supervisão, ocorreu com E. Paz Ferreira, op. cit., p. 31.

[1362] Esta tese é veemente defendida por Vital Moreira, "A Administração Autónoma e Associações Públicas", p. 136, quando afirma que: *"A administração independente não pode ser um princípio geral de organização administrativa. Ela deve ser sempre uma solução especial, devidamente justificada, para esferas contadas da administração. A principiologia do Estado de Direito não consente a substituição generalizada da administração do Estado por "um governo de especialistas""*.

b) A lei pode criar entidades administrativas com a finalidade de prosseguir atribuições/incumbências de interesse público como tal consagradas na Constituição; e

c) A lei pode criar entidades administrativas, ou seja, entidades "autónomas" ou "independentes", mas estas estão subordinadas aos princípios do pluralismo e da unidade de acção administrativa, o que exige que as mesmas devem ter-se como enquadradas na Administração Pública.

Capítulo III
Análise da Evolução da Criação de Entidades Administrativas Independentes em Portugal

I. Razão de Ordem

Dada a metodologia que adoptamos neste capítulo da nossa tese, no sentido de procurar apreender, por um lado, o conceito e, por outro lado, a natureza das autoridades administrativas independentes, desde o início do seu aparecimento até à concretização da habilitação constitucional para a sua criação, entendemos dever fazer uma incursão analítica relativamente a cada uma delas.

Não se trata agora de discutir, qualificar e aprofundar a natureza destas entidades através dos seus elementos essenciais, dado que este tópico será abordado mais detalhadamente e mais adiante; outrossim de dar uma breve visão do início e do desenvolvimento do quadro normativo português relativo à criação de "órgãos ou entidades independentes" em momento anterior e posterior ao da revisão constitucional de 1997.

Sabemos já, em tese geral, que este movimento em Portugal secundou o movimento europeu e internacional no mesmo sentido, e procurou responder a exigências de maior eficiência e eficácia nas diversas áreas em que se desenvolveu. Parece-nos, no entanto, que a "riqueza" que se pode descortinar através da legislação que, em concreto, procedeu às profundas modificações na nossa estrutura de organização da administração do Estado, só tem a ganhar com a incursão que pretendemos fazer de seguida. O objectivo que visamos alcançar, para além do que já deixámos acima mencionado, é também o de verificar se este movimento tendente à institucionalização de autoridades administrativas independentes representa ou não o "esboço" de um novo modelo de organização administrativa legitimador da "renovação" ou da "ruptura" da própria estrutura organizacional do Estado.[1363]

II. Entidades Públicas Independentes, Autoridades administrativas ou órgãos independentes criados antes da revisão da Constituição de 1997

1. Alta Autoridade para a Comunicação Social (AACS)

Em Portugal, depois de 1976, mesmo com uma democracia muito jovem, a liberdade e a independência dos meios de Comunicação Social assumem relevo constitucional. Numa altura em que o Estado mantinha forte presença na Comunicação Social, controlando praticamente quase todo o sector, foram criados os Conselhos de Informação,[1364] regulados pela Lei nº 78/77, que lhes reconhecia os poderes constitucionalmente conferidos e assegurava o pluralismo ideológico. Em 1975, a Lei de Imprensa cria o Conselho de Imprensa, "*encarregado de apreciar a conduta deontológica da Imprensa e dos jornalistas*". Este órgão nasce por influência do poder político – ao contrário do que acontece noutros países, em que este tipo de conselhos emerge por influência da própria Imprensa – e permanece estruturalmente ligado ao poder legislativo – a Assembleia da República.

A revisão constitucional de 1982 alterou a redacção do art. 39º da CRP, passando este a prever, em substituição dos Conselhos de Informação, a existência de um único Conselho da Comunicação Social (nºs 2 a 4), que funcionava junto da Assembleia da República e era composto por onze membros eleitos pela Assembleia da República (Lei nº 28/83, de 6 de Setembro).

Com a adesão de Portugal à Comunidade Europeia iniciou-se um processo de liberalização do sector da comunicação social, nomeadamente através da atribuição de licenças a estações de rádio privadas e a novas estações de televisão privadas, que determinaram a necessidade de defender direitos e princípios fundamentais em relação a interesses políticos e económicos.

[1363] Cfr. Giandomenico Majone, "La Communauté Européenne: Un État Régulateur", em CLEFS Politiques, Maio, 1996; René Seerden (ed.), "Administrative Law of the European Union, its Member States and the United States: A Comparative Analysis", 2007; Laure Tertrais, "La régulation et la crise financière: Le rôle de l'Autorité des marchés financiers", em RFDA nº 4, p. 741; Sophie Nicinski, "Le mode de régulation", RFDA nº 4, p. 735.

[1364] O CI português deveu-se à iniciativa directa do poder político e ganhou corpo numa lei aprovada pela Assembleia da República e depois levada à prática pelo Governo. A sua criação, em 1975, decorreu da primeira lei de imprensa (decreto-lei nº85-C/75, de 26 de Fevereiro) após o 25 de Abril. Os deputados responsáveis pela feitura da lei (em especial a comissão de elaboração da lei de imprensa, presidida por Sousa Franco), seguiram o exemplo de alguns países onde existia um órgão deste tipo, em especial a Áustria, a República Federal da Alemanha e sobretudo a Grã-Bretanha com o seu conhecido *Press Council*, hoje transformado em *Press complaints comission*.

Por isso, a terceira revisão constitucional, de 1989 – Lei Constitucional nº 1/89, de 8 de Julho – reformulou profundamente o art. 39º da CRP, criando assim uma nova entidade reguladora da comunicação social – a AACS – em substituição do Conselho de Comunicação Social criado pela Lei Constitucional nº 1/82, de 30 de Setembro (1ª revisão), o qual, por seu turno, sucedera aos Conselhos de Informação, previstos na versão originária da Constituição da República de 1976.

A Lei nº15/90, de 30 de Junho, e a Lei nº 30/94, de 9 de Agosto, vieram dar cumprimento ao disposto no nº 2 do art. 39º da Constituição.[1365]

Na sequência da Lei Constitucional nº 1/97, de 20 de Setembro (4ª revisão), a Constituição passou a prever, nos termos do nº 3 do art. 39º, a Alta Autoridade como um *órgão independente*, constituído por onze membros, com inclusão obrigatória de um magistrado, designado pelo Conselho Superior da Magistratura, que preside, e de cinco membros eleitos pela Assembleia da República segundo o sistema proporcional e o método da média mais alta de Hondt, de um membro designado pelo Governo e de quatro elementos representativos da opinião pública, da comunicação social e da cultura.

A AACS foi assim um órgão que funcionou junto da AR, dotado de autonomia administrativa, com o objectivo de assegurar: (i) o direito à informação; (ii) a independência dos órgãos de comunicação social; (iii) a possibilidade de confronto das diversas correntes de opinião; e (iv) a observância de fins genéricos e específicos da actividade de rádio e televisão; garantindo assim o respeito pelos interesses do público, incentivando a aplicação pelos órgãos de comunicação social de critérios jornalísticos ou de programação que respeitem os direitos individuais e os padrões éticos exigíveis, e garantindo o exercício do direito de antena, de resposta e de réplica política.[1366]

[1365] Cfr. Lei 43/98, de 6 de Agosto, que revogou expressamente as leis antes identificadas, assinalando o respectivo art. 2º que a Alta Autoridade "*é um órgão independente que funciona junto da Assembleia da Republica, dotado de autonomia administrativa*". Posteriormente a revisão constitucional de 2004 procedeu à alteração do art. 39º da C.R.P., desta vez consagrando a Alta Autoridade como uma entidade reguladora para a comunicação social. Mais tarde, ainda, a Lei 53/2005, de 18 de Novembro, veio extinguir a Alta Autoridade e criar a nova Entidade reguladora para a comunicação social concebida como "*uma pessoa colectiva de direito público, com natureza de entidade independente que visa assegurar as competências que lhe foram constitucionalmente atribuídas definindo com independência a orientação das suas actividades sem sujeição a quaisquer directrizes ou orientações por parte do poder político*".

[1366] Sobre a natureza, funções e competências da AACS, cfr. Américo Simango, "A Alta Autoridade para a Comunicação Social", em Direito e Justiça, Vol. XIV, Tomo I, 2000, pp. 247 e seguintes; Luis Brito Correia, "Direito da Comunicação Social", Vol. I, Coimbra, 2000, p. 440.

Na sequência da 4ª revisão Constitucional, é alterada a composição da Autoridade, passando de 13 para 11 elementos, através da Lei nº 43/98, que reforça significativamente algumas competências do órgão e em que é "garantida a eficácia de algumas das suas decisões".

Porém, a Alta Autoridade, apesar do diálogo interpartidário e dos acordos estabelecidos para a sua aprovação, esteve desde o seu nascimento "ferida de morte". Com efeito, não obstante tratar-se de um órgão constitucionalizado e com poderes alargados no domínio da regulação dos *media*, desde a sua criação que a AACS levantou as mais sérias dúvidas quanto à sua independência face ao poder político. E essas dúvidas fundavam-se, em grande parte, na composição e nomeação dos seus membros. Aliás, a nomeação dos seus membros constituiu o motivo mais violento de crítica fora e dentro da Assembleia da República.[1367]

A sexta revisão constitucional operada pela Lei Constitucional nº 1/2004, determinou no seu art. 39º, sob a epígrafe "Regulação da Comunicação Social", o seguinte:

> *"1. Cabe a uma entidade administrativa independente assegurar nos meios de comunicação social: a) O direito à informação e a liberdade de imprensa; b) A não concentração da titularidade dos meios de comunicação social; c) A independência perante o poder político e o poder económico; d) O respeito pelos direitos, liberdades e garantias pessoais; e) O respeito pelas normas reguladoras das actividades de comunicação social; f) A possibilidade de expressão e confronto das diversas correntes de opinião; g) O exercício dos direitos de antena, de resposta e de réplica política.*
>
> *2. A lei define a composição, as competências, a organização e o funcionamento da entidade referida no número anterior, bem como o estatuto dos respectivos membros, designados pela Assembleia da República e por cooptação destes".*

Determinou-se, assim, a substituição da AACS por uma figura inserida no modelo das "novas entidades públicas administrativas", admitido pelo nº 3 do art. 267º da CRP.

A AACS foi extinta em Fevereiro de 2006 com a tomada de posse dos membros do Conselho Regulador e do Fiscal Único da ERC.

Conforme resulta dos trabalhos preparatórios da revisão constitucional de 2004, a substituição da AACS por uma nova entidade foi exigida pela necessidade dominantemente sentida de redefinir o modelo de regulação do

[1367] V Legislatura, Sessão legislativa nº 3, de 26 de Abril de 1989, Diário da Assembleia da República de 27 de Abril de 1989, p. 3346.

sector da comunicação social, perante a ineficácia demonstrada por aquela Autoridade face aos novos desafios colocados pela crescente acção dos *media*.

Esta nova entidade deveria ter uma composição com uma origem directa e indirecta na Assembleia da República, com intervenção de uma maioria de 2/3 dos deputados (art. 163º, nº 1, alínea *h)* da CRP) de modo a evitar o seu controlo de maioria parlamentar, tendo-lhe sido atribuídas as novas competências de assegurar a não concentração da titularidade dos meios de comunicação social, o respeito pelos direitos, liberdades e garantias pessoais e pelas normas reguladoras das actividades de comunicação social.

De acordo com o disposto no citado preceito constitucional, a Alta Autoridade é um *órgão independente*, cuja constituição atrás se refere.

2. Comissão Nacional de Eleições (CNE)

A Comissão Nacional de Eleições tem a sua origem na necessidade sentida aquando da eleição da Assembleia Constituinte, após a revolução, de assegurar *funções de disciplina do acto eleitoral* e *condições de igualdade entre as diferentes listas de candidatos*. Com aquele objetivo foi esta Comissão nomeada, ao abrigo do disposto no art. 13º do Decreto-Lei nº 621-C/74, de 15 de Novembro, com o fim específico de acompanhar a eleição da Assembleia Constituinte, estando prevista a sua dissolução noventa dias depois do apuramento geral da eleição. Reflectindo a instabilidade política que se vivia em Portugal, a composição inicial foi sucessivamente alterada pelos Decretos-Lei nº 85-D/75, de 26 de Fevereiro, e nº 101/75, de 3 de Março, até que, verificada a "*impossibilidade de (...) cumprir regularmente as funções que lhe estavam cometidas mantendo-se a composição inicial (...) e tendo a experiência demonstrado (...) que certos partidos políticos retardavam sistematicamente o andamento dos trabalhos e que, assim, a Comissão não podia cumprir, pelo menos com a prontidão que se impunha, os seus deveres, decorrendo as sessões improficuamente, dadas as discussões estéreis, de puro carácter partidário, levantadas pelos representantes de alguns partidos*", pelo Decreto-Lei nº 137-D/75, de 17 de Março, os partidos políticos deixaram de nela estar representados.[1368]

Instalada a Assembleia Constituinte e sendo necessário preparar novo recenseamento eleitoral com vista à eleição do parlamento que se previa resultasse da aprovação da Constituição, foi publicado o Decreto-Lei nº 25-A/76, de 15 de Janeiro, que cometia a uma nova CNE responsabilidades na fisca-

[1368] A partir de então a Comissão funcionou sem mais vicissitudes e, em observância ao disposto no diploma que a criara, dissolveu-se em 1 de Junho de 1975, tendo reunido cerca de 40 vezes.

lização do recenseamento eleitoral. Pelo Decreto-Lei nº 93-B/76, de 29 de Janeiro, são fixadas as suas competências e funcionamento.[1369]

A partir de então, a CNE passou a dispor de legislação própria, sendo a sua composição fixada pelo Decreto nº 106-A/76, de 6 de Fevereiro. Tendo em conta os inconvenientes da criação de Comissões *ad-hoc* para cada eleição, a 27 de dezembro de 1978 foi publicada a actualmente vigente Lei nº 71/78, alterada posteriormente através da Lei nº 4/2000, de 12 de Abril, que conferiu estabilidade à instituição, dando-lhe um carácter permanente e estabelecendo que os membros da comissão cessante se mantêm em funções até ao acto de posse da sucessora. É no contexto desta Lei que lhe é atribuida, pela primeira vez, a qualificação de "órgão independente".

O quadro legal que rege a actual Comissão Nacional de Eleições atém-se, primordialmente, à Lei nº 71/78, de 27 de Dezembro, ao seu Regimento, que regula o modo do seu funcionamento interno, e à Lei nº 59/90, de 21 de Dezembro, que lhe atribui autonomia administrativa nos termos em que ela é definida pelo art. 2º da Lei nº 8/90, de 20 de Fevereiro.

Nos termos do art. 5º da Lei nº 71/78, de 27 de Dezembro, a Comissão exerce essencialmente uma *função administrativa activa* com competência para promover o esclarecimento e assegurar a igualdade de tratamento dos vários cidadãos e forças partidárias nos actos eleitorais, assegurar a igualdade de oportunidades nas campanhas, registar a posição que cada órgão de comunicação social assume perante cada campanha eleitoral, definir e distribuir os tempos de antena e, por fim, elaborar o registo dos resultados eleitorais.

A CNE exerce ainda uma *função administrativa de controlo* da contabilidade das campanhas,[1370] e é competente para apreciar recursos das decisões dos Ministros da República relativas à utilização dos espaços de campanha e para a aplicação de sanções aos candidatos aos actos eleitorais que cometam ilícitos, como por exemplo a obtenção de receitas para as campanhas eleitorais por qualquer forma não prevista na Lei.

Por fim, a Comissão dispõe ainda de legitimidade para solicitar ao Ministério Público que este proceda junto do Tribunal Constitucional à promoção

[1369] O preâmbulo do Decreto-Lei acima evidenciado veio reiterar a intervenção da Comissão no "... *processo de recenseamento...*", e acrescentava que "*...as alterações ora introduzidas aliadas ao alargamento do período de tempo do seu funcionamento, apontam para o futuro desejável da Comissão Nacional de Eleições dentro do sistema legislativo eleitoral português que seria o da sua transformação em autêntico tribunal eleitoral*".

[1370] Até 2005, cabia também à CNE receber e publicar as contas das campanhas eleitorais, mas actualmente essa competência pertence à *Entidade de Contas e Financiamentos Políticos*. A fiscalização das contas de campanha dos referendos mantém-se da responsabilidade da CNE, aparentemente por lapso do legislador aquando da redação da lei que transferiu as competências para a ECFP.

do processo de suspensão do exercício do direito de antena de candidato à Presidência da República ou de partido ou coligação candidatos à Assembleia da República.

De acordo com o estipulado na Lei anteriormente referida, a CNE tem uma composição tripartida. Isto significa que a designação dos seus membros é da competência dos três poderes do Estado (legislativo, executivo e judicial).

Assim, a composição deste *órgão independente* ou *órgão superior da administração eleitoral*, inclui um juiz-conselheiro do Supremo Tribunal de Justiça, designado pelo Conselho Superior da Magistratura, que será Presidente, e de cidadãos de reconhecido mérito, a designar pela Assembleia da República, integrados em lista e propostos um por cada grupo parlamentar, bem como um técnico designado por cada um dos departamentos governamentais responsáveis pela Administração Interna, pelos Negócios Estrangeiros e pela Comunicação Social.

Os membros da Comissão Nacional de Eleições são inamovíveis e independentes no exercício das suas funções, de acordo com o disposto no nº 1 do art. 4º da Lei nº 71/78, de 21 de Dezembro, na redacção que lhe foi dada pela Lei nº 4/2000, de 12 de Abril.[1371]

Para garantia da sua independência relativamente aos poderes do Estado, os membros da CNE estão sujeitos ao regime geral dos impedimentos aplicáveis aos funcionários e agentes da Administração Pública (art. 44º do Código do Procedimento Administrativo) estando, desta feita, impedidos de se candidatarem a quaisquer eleições para órgãos de soberania, das regiões autónomas ou do poder local. Por outro lado, não estão, em qualquer caso, sujeitos ao cumprimento de ordens ou instruções superiores, e são inamovíveis do cargo no decurso do seu mandato (art. 4º, nº1).

3. O Conselho Superior da Magistratura (CSM)

O Conselho Superior da Magistratura é um órgão do Estado, colegial e autónomo, e tem consagração constitucional no art. 218º da Constituição da República.

Tem como função essencial a gestão e a disciplina da magistratura dos tribunais judiciais, e cuja existência e composição satisfazem dois requisitos fundamentais: i) garantir a autonomia dos juizes dos tribunais judiciais,

[1371] O Tribunal Constitucional, através do Acórdão nº 165/85, de 24 de Setembro de 1985, em Diário da Republica, II Série, nº 233, de 10 de Outubro de 1985, qualificou esta Comissão como um órgão *sui generis* de administração eleitoral. Todavia, mais tarde e no Acórdão nº 605/89, de 19 de Dezembro, a Comissão Nacional de Eleições foi qualificada como um órgão autónomo do poder executivo.

tornando-os independentes do Governo e da Administração; e ii) atenuar de algum modo a ausência de legitimação democrática dos juizes enquanto titulares de órgãos de soberania, envolvendo os dois orgãos de soberania directamente eleitos – o Presidente da República e a AR – na composição do órgão superior da gestão da magistratura judicial.[1372]

De acordo com a Lei nº 21/85, de 30 de Julho, o Conselho tem competências de nomeação, colocação, transferência e promoção dos Juízes e o exercício da acção disciplinar sendo, simultaneamente, um órgão de salvaguarda institucional dos Juízes e da sua independência.

Ao confiar a competência para a nomeação dos juízes, bem como a direcção e gestão da magistratura judicial e, depois da segunda revisão, da magistratura dos tribunais administrativos e fiscais a órgãos constitucionalmente autónomos, em cuja composição tomam parte juízes eleitos, a Constituição aboliu toda a intervenção externa directa (designadamente do Governo e da Administração), na nomeação, colocação e transferência de juízes, bem como da respectiva disciplina.

Trata-se de uma importante garantia da sua independência e autonomia face ao poder político.

A instauração de um modelo de autogoverno do poder judicial tem como significado a libertação da condução dos assuntos judiciais da esfera do executivo, colocando-os fora do seu controlo, e o reforço da independência dos juízes, quer no plano externo, na medida em que os subtrai da influência daquele poder, quer no plano interno, diminuindo o poder hierárquico das jurisdições superiores.[1373]

O Conselho Superior da Magistratura, é presidido pelo Presidente do Supremo Tribunal de Justiça e composto por dois vogais designados pelo Presidente da República, sete eleitos pela Assembleia da República e sete juízes eleitos pelos seus pares, de harmonia com o princípio da representação proporcional.

A actual composição do CSM garante, assim, uma maioria de membros designados pelos órgãos de soberania directamente eleitos – PR e AR – acentuando deste modo a sua legitimação democrática e contrariando a criação de formas de autogestão corporativa da magistratura.

[1372] Neste sentido, cfr. J. J. Gomes Canotilho e Vital Moreira, "CRP Anotada", Vol. II, 4ª edição revista, Coimbra, 2010.

[1373] Cfr. Orlando Viegas Dias Afonso, "Poder judicial – Independência *in* dependência", Almedina, 2004.

Por outro lado, inexistem membros designados pelo Governo, sublinhando assim a separação entre a magistratura e o executivo, e afastando toda a ingerência deste no governo daquela.

O CSM tem a sua composição directamente estabelecida na Constituição, que igualmente define o estatuto dos seus membros. Os membros do CSM, mesmo os que não são juízes, gozam das garantias destes, nomeadamente a sua inamovibilidade e a irresponsabilidade.

Trata-se de uma instância que, para além de funções consultivas em matéria de legislação aplicável ao sistema judicial, é também competente para decidir sobre a nomeação, colocação, transferência, promoção e exercício do poder disciplinar relativamente aos juízes dos tribunais judiciais.[1374]

A existência do CSM, a sua composição, os seus poderes, as suas atribuições, as suas relações institucionais com a magistratura e com os demais poderes do Estado, têm sido objecto de polémicas e debates.

A composição do órgão e a designação dos respectivos membros foi objecto de tentativas de alterações legislativas, primeiro em 1995 (proposta esta que veio a ser declarada inconstitucional), depois a tentativa da sua substituição pelo Conselho Superior Judiciário, a qual não se veio a efectivar e, finalmente, a revisão constitucional de 1997que veio a facultar ao Presidente da República a possibilidade de nomear ou não nomear magistrados como vogais para o CSM.

Para alguns autores [1375] esta modificação constitucional nada acrescentou à questão da legitimação do poder judicial, perdendo o CSM a sua qualidade de órgão de governo autónomo da magistratura.

4. Procuradoria-Geral da República (PGR)

Nos termos constitucionais – art. 220º da CRP – a Procuradoria-Geral da República é o órgão superior do Ministério Público, com a composição e a competência definidas na lei.

Ao Ministério Público compete representar o Estado e defender os interesses que a lei determinar, participar na execução da política criminal definida pelos órgãos de soberania, exercer a acção penal orientada pelo princípio da legalidade e defender a legalidade democrática.

[1374] Este tipo de competências é de natureza administrativa, tal como sucede com outros órgãos do Estado que, nos termos da lei, dispõem de competências em matéria administrativa, designadamente no domínio das suas competências na área dos recursos humanos.

[1375] Cfr. Orlando Viegas Dias Afonso, "Poder judicial – Independência *in* dependência", Almedina, 2004, p. 108.

O Ministério Público goza de estatuto próprio e de autonomia, nos termos da lei.

Nos termos da Lei nº 47/86, de 15 de Outubro, o conceito de autonomia é desenvolvido, estabelecendo o nº 1 do art. 2º que o Ministério Público goza de autonomia em relação aos demais órgãos do poder central, regional e local, definindo o nº 2 do mesmo preceito legal que a autonomia do Ministério Público se caracteriza pela sua vinculação a critérios de legalidade e objectividade e pela exclusiva sujeição dos magistrados e agentes do Ministério Público às directivas, ordens e instruções previstas nesta lei.

O Procurador-Geral da República é nomeado pelo Presidente da República sob proposta do Governo (art. 133º, alínea *m*), da Constituição) e o seu mandato tem a duração de seis anos.

5. Provedor de Justiça

O Provedor de Justiça tem assento constitucional no art. 23º, nos termos de cujo nº 3 é qualificado como órgão independente. O respectivo Estatuto foi aprovado através da Lei nº 9/91, de 9 de Abril.

O Provedor de Justiça é um órgão independente, sendo o seu titular designado pela Assembleia da República, como consta do nº 3 do citado art. 23º da Constituição da República, por maioria de dois terços dos deputados presentes, desde que superior à maioria absoluta dos deputados em efectividade de funções (nº 1 do art. 5º da Lei nº 9/91, de 9 de Abril).

O Provedor de Justiça é inamovível e independente, e pode ser reeleito.

De acordo com o regime que deriva desta Lei, o Provedor de Justiça é um órgão do Estado independente e unipessoal, cuja função principal é a defesa e promoção dos direitos, liberdades, garantias e interesses legítimos dos cidadãos.

De entre os critérios normativos de responsabilidade política, importa assinalar o dever de comparecer perante o Parlamento quando solicitado pelas comissões parlamentares, bem como o dever de elaborar e apresentar um Relatório anual dirigido à Assembleia da República.

Nos termos da Constituição e da Lei nº 9/91, de 9 de Abril, o Provedor exerce funções de controlo externo da Administração com o objectivo de protecção das garantias dos direitos fundamentais dos administrados.

6. Comissão Nacional de Objecção de Consciência

O direito fundamental à objecção de consciência perante o serviço militar teve acolhimento na ordem constitucional com a aprovação da Constituição da República de 1976 (art. 41º, nº 5, do texto inicial).

A revisão de 1989 reenviou para a lei a definição do regime jurídico da objecção de consciência, nos termos do nº 6 do art. 46º.

A primeira lei aprovada sobre esta matéria foi a Lei nº 6/85, de 4 de Maio, tendo mais tarde sido revogada através da Lei nº 7/92, de 12 de Maio.

Foi esta Lei nº 7/92 que veio instituir o direito à objecção de consciência, criando o regime jurídico do respectivo reconhecimento mediante deliberação da Comissão Nacional de Objecção de Consciência.

Esta funciona junto do gabinete do Serviço Cívico dos Objectores de Consciência e é composta por um juiz de direito, designado pelo Conselho Superior da Magistratura, por um cidadão de reconhecido mérito, designado pelo Provedor de Justiça e pelo Director do Gabinete do Serviço Cívico dos Objectores de Consciência (art. 28º).

No exercício das suas funções, a Comissão Nacional de Objectores de Consciência decide de acordo com critérios de objectividade e imparcialidade (art. 25º).

Em termos doutrinais e quanto à natureza jurídica da Comissão, as vozes mais autorizadas consideram que é uma autoridade administrativa independente com estatuto "especial" dada a natureza dos direitos fundamentais de cunho procedimental ou direitos dependentes de um procedimento que a mesma assegura.[1376]

7. Conselho Nacional de Ética para as Ciências da Vida

O Conselho Nacional de Ética para as Ciências da Vida foi instituído pela Lei nº 14/90, de 9 de Junho.

O feixe das suas competências está descrito no art. 2º da mencionada lei e dele constam, nomeadamente, as de analisar sistematicamente os problemas morais suscitados pelos progressos científicos nos domínios da biologia, da medicina ou da saúde em geral, e sobre os mesmos emitir os correspondentes pareceres, bem como apresentar anualmente ao Primeiro Ministro um relatório sobre o estado da aplicação das novas tecnologias à vida humana e respectivas implicações de natureza ética e social, devendo formular as recomendações que tenha por conveniente.

Do ponto de vista da sua composição, os seus membros são designados por membros do Governo, da Ordem dos Advogados, pela Academia das Ciências de Lisboa, pela Assembleia da República, pelo Conselho de Reitores das Universidades Portuguesas, entre outros (art. 3º).

[1376] Cfr. José Lucas Cardoso, "As Autoridades Administrativas Independentes e a Constituição".

O mandato dos membros deste Conselho é independente do das entidades que os designam e tem duração de cinco anos.

Do ponto de vista da sua natureza, o art. 1º da Lei nº 14/90, de 9 de Junho, estipula que o Conselho Nacional de Ética para as Ciências da Vida é um órgão independente que funciona junto da Presidência do Conselho de Ministros.[1377]

8. Comissão Nacional de Protecção de Dados (CNPD)

O art. 35º da Constituição estabelece o regime da "utilização informática" para efeitos de tratamento de "dados pessoais" pelas entidades públicas e privadas.[1378]

Na protecção concedida à pessoa em face da actividade informática, a Constituição de 1976 dedicou-lhe o art. 35º, sucessivamente enriquecido ao longo das revisões constitucionais.[1379]

A revisão constitucional de 1989 alargou a remissão para a lei da definição do conceito de bases e banco de dados, e à regulação das respectivas condições de acesso, constituição e utilização.

E porque o legislador estava tardando em dar seguimento a essa norma constitucional, o Provedor de Justiça solicitou ao Tribunal Constitucional a correspondente declaração de inconstitucionalidade por omissão – declaração que veio a ocorrer através do Acórdão nº 182/89(1).[1380]

Neste caso concreto, aliás, tal impulso veio mesmo a resultar na preparação e aprovação da Lei nº 10/91, de 29 de Abril, primeira lei portuguesa de

[1377] Posteriormente, a Lei 24/2009, de 9 de Junho, veio revogar o anterior quadro normativo estipulando, no seu art. 2º, que o Conselho Nacional é um órgão consultivo independente que funciona junto da Assembleia da República e que tem por missão analisar os problemas éticos suscitados pelos progressos científicos nos domínios da biologia, da medicina ou da saúde em geral e das ciências da vida.

[1378] Cfr. redacção do art. 35º da C.R.P. introduzida na revisão constitucional de 1997, que consagra de forma expressa: "*...A garantia de protecção de dados pessoais é realizada através de uma entidade administrativa independente*"; J. J. Gomes Canotilho, Anotações ao art. 35º em "Constituição da República Portuguesa Anotada", Coimbra, 2001, pp. 374-389; Paula Ribeiro de Faria, Anotação ao art. 35º em "Constituição da República Portuguesa Anotada", Tomo I, coordenada por Jorge Miranda e Rui Medeiros, Coimbra, 2005, pp. 374-389.

[1379] Cfr. entre outros, J. J. Gomes Canotilho, "Direito Constitucional e Teoria da Constituição", 6ª edição, Coimbra, 2004; J. Carlos Vieira de Andrade, "Os Direitos Fundamentais na Constituição Portuguesa de 1976", 3ª edição, Coimbra, 2004.

[1380] Cfr. Acórdão nº 182/89 do Tribunal Constitucional, publicado no Diário da República , 1ª série, nº 5, de 2 de Março de 1989; sobre o seu conteúdo, a respectiva anotação por Jorge Miranda em "O Direito", 1989, pp. 575 e seguintes.

protecção de dados pessoais, profundamente inspirada no regime da Convenção nº 108 do Conselho da Europa.[1381]

A Lei nº 10/91, de 29 de Abril, reiterou como princípios gerais do uso da informática, os valores constitucionalmente protegidos do respeito pelos direitos, liberdades e garantias, em especial o da reserva da intimidade da vida privada e familiar.

O art. 4º da referida lei determinou a criação da Comissão Nacional de Proteção de Dados Pessoais Informatizados, com a atribuição genérica de controlar o processamento autonomizado de dados pessoais, em rigoroso respeito pelos direitos do homem e pelas liberdades e garantias consagradas na Constituição e na Lei.

Quanto à respectiva natureza, foi qualificada como entidade pública independente, com poderes de autoridade, que funcionava junto da Assembleia da República e dispunha de serviços próprios de apoio técnico e administrativo.

Nos termos do art. 5º, a CNPDPI era composta por sete membros de integridade e mérito reconhecidos, dos quais o Presidente e dois dos vogais seriam eleitos pela Assembleia da República segundo o método da média mais alta de Hondt.

O exercício do mandato dos membros regia-se, em matéria de deveres e incompatibilidades, pelos princípios gerais aplicáveis aos funcionários do Estado (art. 6º).

De entre as suas competências, ressalta-se a possibilidade da Comissão fixar genericamente as condições de acesso à informação, bem como de exercício do direito de rectificação e actualização. (alínea *f)* do nº 1 do art. 8º).[1382]

Esta lei fez também, nessa altura, a necessária harmonização europeia, seguindo os princípios da Convenção nº 108 do Conselho da Europa sobre a protecção das pessoas relativamente ao tratamento automatizado de dados pessoais, adoptada em Estrasburgo, a 28 de Janeiro de 1981.

Nos termos e para os efeitos do disposto no art. 10º, nº 3, da Lei nº 10/91, de 29 de Abril, o Regulamento da Comissão Nacional de Protecção de Dados

[1381] Cfr. José de Oliveira Ascensão, "Estudos sobre o Direito da Internet e da Sociedade de Informação", Coimbra, 2001.

[1382] A inconstitucionalidade desta norma foi suscitada por alguns autores, no sentido em que a regulação do exercício dos direitos, liberdades e garantias só poderia ser determinada, nos termos dos art. 168º, nº 1, alínea *b)*, da Constituição, e em concordância com o princípio da reserva total de lei vigente nesta matéria, por Lei da A.R. ou decreto-lei autorizado do Governo e nunca por uma entidade administrativa através de regulamento. Neste sentido, Bacelar Gouveia, "Os Direitos Fundamentais à protecção de Dados pessoais informatizados", em Revista da Ordem dos Advogados, Ano 51, Lisboa, 1991, p. 703.

Pessoais Informatizados foi aprovado pela Resolução da Assembleia da República nº 53/94, de 19 de Agosto.[1383]

Num momento posterior, também a União Europeia se viria a pronunciar sobre esta matéria através da Directiva 95/46/CE do Parlamento Europeu e do Conselho, de 24 de Outubro de 1995, relativa à protecção das pessoas singulares no que diz respeito ao tratamento de dados pessoais e à livre circulação desses dados, cujos princípios só viriam a ser transpostos para o direito português pela Lei nº 67/98, de 26 de Outubro (actual Lei da Protecção de Dados Pessoais).

Nos termos do art. 28º da citada Directiva, ficou prevista a possibilidade de cada Estado-Membro estabelecer uma ou mais autoridades públicas como responsáveis pela fiscalização da aplicação no seu território das disposições adoptadas pelos Estados-Membros nos termos da Directiva, prevendo ainda que tais autoridades *"exercerão com total independência as funções que lhes forem atribuídas"*.

No âmbito das respectivas competências, ficou definido para estas entidades a atribuição de funções de consulta, de inquérito e de intervenção em processos judiciais.

A última modificação ao art. 35º da CRP foi produzida pela quarta revisão constitucional (Lei Constitucional nº 1/1997, de 20 de Setembro)[1384]da qual resulta o actual texto do artigo, tendo-lhe sido introduzidas algumas alterações de modo a permitir a adequada transposição da Directiva.

Em 1998 é aprovada a Lei nº 67/98, de 26 de Outubro, que transpõe a Directiva 95/46/CE do Parlamento Europeu e do Conselho, de 24 de Outubro de 1995, e vem alargar substancialmente o leque de atribuições e competências da Comissão – doravante designada Comissão Nacional de Protecção de Dados – bem como revogar a Lei nº 10/91, de 29 de Abril, e a Lei nº 28/94, de 29 de Agosto.

Também a Lei nº 69/98, de 28 de Outubro, vem regular a protecção de dados pessoais e a defesa da privacidade no sector das telecomunicações, transpondo a Directiva das Telecomunicações (Directiva 97/66/CE).

[1383] Publicado no Diário da República nº 191/94, 1ª Série.

[1384] O nº 4 do mesmo art. passa a nº 2, com aditamento, *in fine*, da expressão "*designadamente através de entidade administrativa independente*" e a substituição de "*para efeitos de registo informático bem como de bases e bancos de dados e respectivas condições de acesso, constituição e utilização por entidades públicas e privadas*" por "*bem como as condições aplicáveis ao seu tratamento automatizado, conexão, transmissão e utilização, e garante a sua protecção*", passando a ter a seguinte redacção: "2. *A lei define o conceito de dados pessoais, bem como as condições aplicáveis ao seu tratamento automatizado, conexão, transmissão e utilização, e garante a sua protecção, designadamente através de entidade administrativa independente*".

Em cumprimento do exigido pela segunda parte do nº 6 do art. 35º da CRP, a Lei nº 67/98, de 26 de Outubro, regula ainda a transferência de dados pessoais para fora da União Europeia (artigos 19º e 20º), e para os efeitos da parte final do nº 2 do mesmo artigo constitucional, criou e regulou a Comissão Nacional de Protecção de Dados (artigos 21º a 32º).

A CNPD é uma entidade administrativa independente, com poderes de autoridade, que funciona junto da Assembleia da República, competindo-lhe, como autoridade que exerce as suas competências em todo o território, as seguintes atribuições essenciais: (i) controlar e fiscalizar o cumprimento das disposições legais e regulamentares em matéria de protecção de dados pessoais, em rigoroso respeito pelos direitos do homem e pelas liberdades e garantias consagradas na Constituição e na lei (artigos 21º e 22º); (ii) emitir parecer sobre disposições legais, bem como sobre instrumentos jurídicos em preparação em instituições comunitárias e internacionais, relativos ao tratamento de dados pessoais; e (iii) autorizar ou registar, consoante os casos, os tratamentos de dados pessoais nos termos da lei.

A CNPD, como atrás referimos, é composta por sete membros de integridade e mérito reconhecidos, dos quais o presidente e dois dos vogais são eleitos pela Assembleia da República segundo o método da média mais alta de Hondt. Os restantes vogais são dois magistrados com mais de 10 anos de carreira, sendo um magistrado judicial, designado pelo Conselho Superior da Magistratura, um magistrado do Ministério Público, designado pelo Conselho Superior do Ministério Público, e duas personalidades de reconhecida competência designadas pelo Governo.

A Lei nº 41/2004, de 18 de Agosto, veio transpor para a ordem jurídica nacional a Directiva 58/CE/2002, do Parlamento Europeu e do Conselho, de 12 de Julho, relativa ao tratamento de dados pessoais e à protecção da privacidade no sector das comunicações electrónicas.[1385]

Nos termos do art. 26º da Lei nº 69/98, de 28 de Outubro, foi aprovada, por Lei da Assembleia da República, a Lei nº 43/2004, de 18 de Agosto, que regula a organização e funcionamento da CNPD, que prevê regras relativas à incapacidade e incomptabilidades dos membros da Comissão, e que prevê ainda, salvo excepções, a regra da inamovibilidade do mandato.

[1385] Cfr. Comissão Europeia – Protecção de Dados na União Europeia, Serviço de Publicações Oficiais das Comunidades Europeias, Luxemburgo, 2011; Comissão Europeia, Livro Verde sobre os Direitos de Autor e o Desafio da Tecnologia, da Comissão das Comunidades Europeias, 1988.

Todos e cada um desses membros – e a própria CNPD, enquanto instituição – não estão, na sua actuação e nas deliberações que tomem, sujeitos a ordens ou instruções de qualquer organismo ou entidade externa.

Trata-se, pois, de uma entidade administrativa independente segundo os próprios termos da lei, que encontra o seu fundamento legitimador na Constituição enquanto entidade vocacionada para a garantia e salvaguarda de direitos fundamentais.

9. Comissão de Acesso aos Documentos Administrativos (CADA)

A consagração constitucional do princípio da administração aberta – art. 268º da CRP – e o disposto no Código de Procedimento Administrativo quanto ao direito à informação e ao procedimento administrativo, determinaram a criação da Lei nº 65/93, de 26 de Agosto – Lei de Acesso aos Documentos da Administração.

Com o objectivo de garantir e zelar pelo cumprimento das disposições da lei acima identificada, foi criada através do seu art. 18º (alterada pelas Leis nº 8/95, de 29 de Março, nº 94/99, de 16 de Julho, e nº 19/2006, de 12 de Junho) a Comissão de Acesso aos Documentos Administrativos (CADA).

Esta Comissão goza do estatuto de inamovibilidade e é composta por onze membros e presidida por um juiz conselheiro do Supremo Tribunal Administrativo, designado pelo respectivo Conselho Superior, dois deputados eleitos pela Assembleia da República, sendo um sob proposta do grupo parlamentar do maior partido que apoia o Governo e o outro sob proposta do maior partido da oposição, um professor de Direito designado pelo Presidente da Assembleia da República, duas personalidades designadas pelo Governo, um representante de cada uma das Regiões Autónomas, designados pelos respectivo Governo, uma personalidade designada pela Associação dos Municípios Portugueses, um advogado designado pela Ordem dos Advogados, e um membro designado, de entre os vogais, pela Comissão Nacional de Protecção de Dados, como resulta do disposto no art. 19º da mencionada lei.

A CADA é uma entidade pública independente, que funciona junto da Assembleia da República e dispõe de serviços próprios e de apoio técnico e administrativo e de orçamento anual, cuja dotação é inscrita no Orçamento da Assembleia da República. (nº 2 do art. 25º).[1386]

[1386] Mais tarde, em 2007, a Lei 46/2007, de 24 de Agosto, veio regular o acesso aos documentos administrativos e a sua reutilização, transpondo para a ordem jurídica interna a Directiva 2003/98/CE, do Parlamento e do Conselho de 17 de Novembro, relativa à reutilização de informações no sector público.

A expressão "entidade pública independente" é discutida na doutrina no sentido de se questionar se com a mesma não se pretendeu atribuir personalidade jurídica, mas sim configurá-la como órgão da pessoa colectiva pública Estado.[1387]

A Lei nº 46/2007, de 24 de Agosto, revogou toda a legislação anterior relativa ao acesso a documentos administrativos, passando a regular o acesso aos documentos administrativos e compreendendo ainda no seu âmbito a sua reutilização, transpondo nesta matéria, para a ordem jurídica nacional, a Directiva 2003/98/CE do Parlamento e do Conselho, de 17 de Novembro, relativa à reutilização de informações do sector público.[1388]

A CADA é uma entidade independente de "recurso" ou seja, é da sua competência receber as queixas dos cidadãos a quem tenham sido indeferidas pretensões de acesso a documentos administrativos e exercer os poderes fixados no art. 27º da Lei nº 46/2007, de 24 de Agosto.

A CADA tem por missão zelar, através de pareceres e recomendações, pela observância das disposições legais que regulam o acesso aos documentos administrativos e pela sua evolução, quer no âmbito legislativo, quer no domínio da sua interpretação e aplicação. A sua actividade é divulgada principalmente através de relatórios anuais, publicados em brochuras, e na Internet.

Neste sentido, a sua função essencial consiste na emissão de pareceres sobre o regime de acesso à informação administrativa. Apesar dos seus pareceres terem por objecto o exercício da actividade administrativa ou o exercício de poderes de autoridade por alguma entidade ou serviço, a produção de pareceres não configurará o exercício de uma verdadeira função administrativa. Como outras entidades administrativas e não administrativas dispõe de poderes de autoridade, por exemplo quanto à gestão de pessoal e quanto à realização de despesas de organização de contas.

[1387] Cfr. Agostinho Castro Martins, "A Comissão de Acesso aos Documentos Administrativos", Relatório de Actividades, 1998, nº 4, p. 14; José Renato Gonçalves, "Acesso à Informação das Entidades Públicas", Almedina, 2002, p. 197, quando refere que: "*O facto de a lei se lhe referir como entidade independente poderá mesmo levar-nos a supor precisamente o inverso, isto é, que se teria visado atribuir à nova entidade personalidade jurídica distinta do Estado. Neste sentido poder-se-ia aduzir a disposição de competências financeiras autónomas resultantes designadamente da existência de orçamento próprio, com dotação inscrita no Orçamento da AR e de autonomia em matéria de realização de despesas*".

[1388] O regulamento da CADA foi aprovado pela Lei 8/95, de 29 de Março, e o Regulamento Interno por deliberação de 6 de Dezembro de 1994. A Lei nº 10/2012, de 29 de Fevereiro, aprovou o novo Regulamento Orgânico da CADA, dando execução ao disposto no nº 4 do art. 35º da Lei do Orçamento de Estado para 2011 (Lei 55-A/2010, de 31 de Dezembro), segundo o qual "*...o procedimento de adaptação dos diplomas estatutários das entidades reguladoras independentes iniciado nos termos do disposto no art. 23º da Lei 64-A/2008, de 31 de Dezembro, deve ser concluído até 31 de Dezembro de 2011*".

10. Comissão para a Fiscalização do Segredo de Estado

O desenho legal de um regime do segredo de Estado – que tem como curiosidade o facto de parte dele ter antecipado, em alguns anos, os preceitos da CRP – foi executado em *duas diferentes fases*, primeiro unicamente por disposições avulsas, contidas em diplomas reguladores de outras matérias, e depois já a título específico, com a edição de uma lei exclusivamente sobre o segredo de Estado.[1389]

A *regulação sistemática* que marca a segunda fase do regime legal do segredo de Estado só veio a aparecer em 1994, com a aprovação da Lei nº 6/94, de 7 de Abril, assente nos princípios da excepcionalidade, subsidiariedade, necessidade e proporcionalidade, tempestividade, igualdade, justiça e imparcialidade e fundamentação.

A Comissão para a Fiscalização do Segredo de Estado, a quem cabe zelar pelo cumprimento das disposições da presente lei, nomeadamente apreciar as queixas que lhe sejam dirigidas sobre dificuldades ou recusa no acesso a documentos e registos classificados como segredo de Estado, e sobre elas emitir parecer.[1390]

A Comissão de Fiscalização é, nos termos do disposto no nº 2 do mesmo art. 13º, uma entidade pública independente, que funciona junto da Assembleia da República e dispõe de serviços próprios de apoio técnico e administrativo.[1391]

Esta Comissão é composta por um juiz da jurisdição administrativa designado pelo respectivo Conselho Superior, que preside, por dois deputados eleitos pela Assembleia da República, sendo um sob proposta do grupo parlamentar do maior partido que apoia o Governo e outro sob proposta do grupo parlamentar do maior partido da oposição (nº 3 do art. 13º).[1392]

Posteriormente, em 2009, foi suscitada a inconstitucionalidade do Decreto nº 292/X da Assembleia da República, que propôs a primeira alteração à Lei nº 6/94, de 7 de Abril (Segredo de Estado), e regula o acesso da Assembleia da República a documentos e informações com classificação de segredo de Estado.

[1389] Nesta primeira fase competia à A.R., nos termos da Constituição – art. 12º – e do seu Regimento, a fiscalização do segredo de Estado.

[1390] Cfr. Regulamento nº 268/2012 – Regulamento Interno da Comissão.

[1391] Esta Comissão, apesar de ter sido criada em 1994, só veio a tomar posse em 12 de Janeiro de 2012.

[1392] A composição da Comissão foi objecto de análise por parte do Tribunal Constitucional através do Acordão nº 458/93, no sentido de considerar inconstitucional a circunstância da presidência da Comissão pertencer ao Presidente do Supremo Tribunal Administrativo e à forma de designação pela AR de dois deputados como membros da Comissão.

Nos termos do art. 136º da Constituição, decidiu o Presidente da República não promulgar aquele diploma, por considerar que o mesmo introduzia uma significativa modificação quanto à natureza da Comissão para a Fiscalização do Segredo de Estado, órgão competente para zelar pelo cumprimento deste regime jurídico.

Assim, a nova redacção dada ao art. 13º da Lei nº 6/94 pelo art. 1º do Decreto nº 292/X determinaria a transformação da natureza da Comissão, a qual perderia o seu estatuto de entidade independente, sendo agora convertida num "órgão da Assembleia da República". Recorde-se, a este propósito, que o Tribunal Constitucional, no Acórdão nº 458/93, deixou bem clara a importância da independência da entidade fiscalizadora para a preservação de um saudável relacionamento interinstitucional, dizendo: "*dada a sua posição de órgão independente a funcionar junto da Assembleia da República, os pareceres que vier a dar não poderão pôr em causa as relações constitucionais entre os órgãos de soberania*".

Ora, tendo a Assembleia da República relevantes funções em matéria de segredo de Estado – reforçados, de resto, por esta alteração – quer no que respeita ao seu regime de acesso aos documentos classificados, quer nos poderes do seu Presidente, assinalou-se assim "*a perturbação orgânica que resultaria da acumulação na Assembleia da República, simultaneamente, das funções de entidade fiscalizadora e entidade fiscalizada*".[1393]

11. Conselho Superior da Administração e da Função Pública

No contexto de processos de desenvolvimento económico e social, e com fundamento na gradual erosão da concepção do Estado Providência influenciado pelo ambiente interno e externo, mais concretamente pelo quadro de referência da União Europeia, foi decidida a criação, através do Decreto-Lei nº 187/96, de 2 de Outubro, a criação do Conselho Superior da Administração e da Função Pública.

A composição deste Conselho é heterogénea e inclui, entre outros, os Directores-gerais da Administração Pública, do Orçamento e da Administração Autárquica, os Secretários de Estado que tenham a tutela das direcções-gerais identificadas, um representante de cada uma das Regiões Autónomas, um representante das Universidades, e será presidido pelo membro do Governo competente em matéria de Administração pública (art. 2º).

Este Conselho é qualificado, nos termos do respectivo art. 1º, como órgão superior de consulta do Governo que está na dependência do membro do Governo que tiver a seu cargo a função pública.

[1393] Cfr. Fernando Condesso, "Direito à Informação Administrativa", Lisboa, 1995.

De entre as suas competências estabelecidas no nº 2 do art. 1º, destacamos, entre outras, as de emitir pareceres, propostas e recomendações sobre a problemática da função pública, bem como coordenar, recolher e tratar informação e determinar a realização de projectos de investigação e estudos relativos à administração central, regional e local.

12. Comissão de Mercado de Valores Mobiliários (CMVM)

O Código do Mercado de Valores Mobiliários foi aprovado pelo Decreto-Lei nº 142-A/91, de 10 de Abril, que constituiu, igualmente, a Comissão de Mercado de Valores Mobiliários.

De acordo com o Preâmbulo deste diploma legal, o que estava em causa, ao tempo, era a concretização do processo de desestatização e liberalização, com todos os benefícios que dele resultam, designadamente em termos de profissionalização, desburocratização e dinamização do mercado de valores mobiliários, sem descurar a protecção dos interesses públicos em jogo, quer através da consagração de um quadro legal e regulamentar mais desenvolvido, quer através de um sistema adequado de supervisão e fiscalização das actividades que neste mercado existem.

A supervisão e fiscalização das actividades que se desenvolvem neste mercado estavam concebidas, neste diploma legal, como instrumentos fundamentais tendentes a proteger os interesses públicos em jogo.

A Comissão de Mercado de Valores Mobiliários é, na economia deste diploma legal, um organismo especializado e profissionalizado de carácter público, dotado de personalidade jurídica e de um grau máximo de autonomia relativamente ao ministério da tutela, a cargo de um Conselho directivo de cinco membros nomeados pelo Conselho de Ministros entre pessoas de reconhecida competência no domínio do mercado de capitais e de comprovada independência e idoneidade, com um mandato de cinco anos e inamovíveis durante esse período, salvo falta grave cometida no exercício das suas funções.

A CMVM passa, nomeadamente, a ter competências de supervisão e fiscalização, tanto no mercado primário como no secundário de valores mobiliários, e bem assim a sua regulamentação em tudo o que não sendo excepcional e expressamente reservado ao Ministro das Finanças, respeite àqueles mercados.

É o princípio da desgovernamentalização de funções que aqui estava em causa.

O regime da CMVM está contemplado no art. 11º, que dispõe que o mesmo é regulado pelo presente diploma e pelo seu regulamento interno, bem como, no que por aquele ou este não for especialmente regulado, exclusivamente pelo ordenamento jurídico e financeiro aplicável às entidades que revistam natureza, forma e designação de empresa pública de regime de direito privado, não estando sujeita às normas aplicáveis aos fundos e serviços autónomos.

13. Entidade Reguladora do Sector Eléctrico (ERSE)

O Decreto-Lei nº 187/95, de 27 de Julho, integra-se e pretende concretizar uma profunda reestruturação do sector eléctrico nacional, no âmbito do qual o mesmo é composto por dois subsistemas principais: o Sistema Eléctrico de Serviço Público (SEP), organizado em termos de prestação de um serviço público, e o Sistema Eléctrico Não Vinculado (SENV), organizado segundo uma lógica de mercado.

Neste sentido tornava-se necessário assegurar a criação de condições que permitissem uma coexistência equilibrada e transparente entre os dois sistemas.

Nos termos do disposto no nº 1 do art. 2º deste diploma legal, a Entidade Reguladora é uma pessoa colectiva de direito público dotada de autonomia administrativa e financeira e de património próprio.

Por seu turno, esta entidade fica sujeita a tutela governamental, nos termos previstos neste diploma legal, como estatui o nº 3 do seu art. 2º.

O Conselho de Administração da Entidade Reguladora é composto por um Presidente, que é o seu representante legal, e por dois vogais, nomeados por Resolução do Conselho de Ministros, de entre os indivíduos que possuam qualificações adequadas e reconhecida competência técnica e profissional (art. 23º, nºs. 1 e 2).

A nomeação dos membros do Conselho de administração é feita por um período de 5 anos, renovável, não podendo os mesmos ser exonerados do cargo antes de terminar o prazo de nomeação, salvo circunstâncias excepcionais consagradas nos nºs 1 e 2 do art. 24º.

III. Enunciado dos parâmetros essenciais que decorrem do quadro normativo enunciado

Como tivemos ocasião de surpreender, a criação destas "entidades administrativas" foi concretizada através de meios normativos diferenciados, ou seja, tais entidades, nuns casos, são fundadas em diploma emanado pela Assembleia da República e, noutros casos, por decreto-lei autorizado ou apenas por decreto-lei da competência do Governo.[1394]

[1394] A Comissão Nacional de Eleições e a Comissão de Acesso aos Documentos Administrativos foram criadas por lei da Assembleia da Republica, enquanto que a Comissão de Mercado de Valores Mobiliários e a Entidade Reguladora do Sector Eléctrico foram criadas por decreto-lei do Governo.

Por outro lado, a descrição que se deixou explanada quanto aos elementos essenciais do quadro normativo relativo à criação de algumas das "entidades administrativas" em período que antecedeu a revisão de 1997 da Constituição da República, revela-nos que a instituição deste tipo de entidades obedeceu a fundamentos e motivos heterogéneos e dotou tais entidades de competências diferenciadas, regimes de composição multifacetados e regras de organização e funcionamento diversificadas.[1395]

Verificámos igualmente que, por exemplo, o Provedor de Justiça e o Banco de Portugal encontram o seu fundamento legitimador no próprio texto constitucional.[1396]

Diremos assim, e em jeito de síntese, que a criação das entidades antes identificadas obedeceu aos seguintes principais fundamentos:

a) Aprofundamento do princípio da separação de poderes, nomeadamente em matérias de liberdade de informação e expressão, bem como de garantia de direitos eleitorais;
b) Promoção e tutela de direitos, liberdades e garantias;
c) Criação de novos instrumentos e meios adequados à evolução e às exigências da nossa participação na União Europeia; e
d) Reestruturação de serviços da Administração Pública em face da evolução económica interna e externa, com objectivos de neutralidade e eficiência dos serviços públicos.

Com efeito, embora a natureza das entidades identificadas seja diversa entre si, a sua criação teve por base razões que, em última análise, devem ser reconduzidas ao fenómeno da adequação dos instrumentos e dos meios às finalidades da organização do Estado e da Administração Pública.[1397]

[1395] Estamos a utilizar, neste contexto, o termo "entidade administrativa independente" por facilidade de exposição e por referência às expressões doutrinárias que divisámos relativamente à análise do regime jurídico de tais entidades, apesar de, como mais adiante veremos, as mesmas não deverem mercer tal qualificação.

[1396] Esta distinção vai assumir um importante significado na nossa tese, uma vez que vamos distinguir entre autoridades administrativas independentes, autoridades administrativas de regulação independentes e autoridades públicas.

[1397] Recorde-se que neste período, o fundamento e a razão de ser de criação de algumas das entidades administrativas independentes não obedeciam a um padrão uniforme e coerente; visavam apenas responder a questões, ora de natureza eleitoral, ora de reforço dos direitos fundamentais, bem como dar os primeiros passos no acompanhamento da evolução institucional que estava em curso no contexto do aprofundamento do mercado único.

Este processo – de criação de entidades administrativas independentes – que se iniciou através do quadro normativo mencionado, foi desenvolvido ao longo do tempo e está, neste momento, em aprofundamento, com diferentes e diversas características e com objectivos que, como veremos, se podem distanciar, nalguns casos daquele e daqueles que estiveram na sua origem no início deste processo.

IV. As entidades administrativas independentes criadas e/ou refundadas a partir da revisão constitucional de 1997

Como vimos, quer do ponto de vista dos motivos, quer do ponto de vista dos objectivos e da natureza das entidades antes identificadas, a decisão de política de criação de entidades administrativas independentes não obedeceu a critérios uniformes e homogéneos.

A questão que se coloca é, pois, a de saber se após a revisão da Constituição de 1997, e através da análise das entidades que a partir dela foram criadas, se as mesmas correspondem ou não a motivos, objectivos e formas que podem ser concebidas como modeladoras e ordenadoras de uma nova política de criação de entidades administrativas independentes, no sentido em que a sua institucionalização pode traduzir "novas formas de intervenção" do Estado para a prossecução das suas finalidades.

Para além da autorização constitucional consagrada no nº 3 do art. 267º, importa ver se, no contexto da evolução dos processos de liberalização, por um lado, e dos novos modelos de aprofundamento e integração europeia, por outro, é possível divisar, em Portugal, uma política consistente e coerente de criação de novas autoridades independentes – orgânica e funcionalmente – do Estado ou, se pelo contrário, esta política obedeceu apenas a estímulos externos de obrigações de cumprimento de compromissos comunitários.

Importa recordar que é neste contexto que, a nível comunitário, foram criados, concretizados e desenvolvidos novos e diferentes sistemas e mecanismos conducentes a aprofundar o Mercado Interno.[1398]

Do que se trata, por conseguinte, é de proceder a uma análise da evolução da própria política nacional em termos das formas de organização do Estado,

[1398] Cfr. Fausto de Quadros, "Direito da União Europeia", pp. 654 e seguintes; Paulo Otero, "A Administração Pública Nacional como Administração Comunitária", em Estudos em homenagem à Professora Doutora Isabel Magalhães Collaço, Coimbra, 2002, Vol. I, pp. 817 e seguintes; Susana Galera Rodrigo, "La aplicación administrativa del derecho comunitário", Madrid, Civitas, 1998; J. B. Auby e J. Dutheil de la Rochére (ed.), "Droit administratif européen", European Law Journal, 2010, Vol. 16, Issue 4, pp. 501-503.

neste caso através da criação de novas e diferentes autoridades autónomas – orgânica e funcionalmente – da respectiva administração directa.

A questão sobre que pretendemos reflectir nas páginas subsequentes redunda em saber se as decisões tomadas pelo Estado, no que se refere à sua própria organização administrativa, foram (ou são) motivadas por uma concepção própria e consequente do modelo de Estado que existe, ou para o qual se caminha; se foram apenas fundadas nas obrigações emergentes da nossa integração na União Europeia ou se, por outro lado, é possível apenas divisar nas referidas decisões de política fundamentos dispersos e meramente conjunturais em razão de necessidades pontuais.

Como referimos, na sequência da revisão constitucional de 1997, o legislador teve ocasião de, por um lado, proceder a algumas transformações de regime jurídico de algumas entidades instituídas em período antecedente e, por outro lado, de proceder à criação *ex novo* de outras autoridades independentes.

Assim, a Autoridade Nacional das Comunicações (ICP-ANACOM) foi criada através do Decreto-Lei nº 309/2001, de 7 de Dezembro, que procedeu à transformação do Instituto de Comunicações de Portugal (ICP) e institucionalizou a nova entidade.

O Instituto Nacional dos Transportes Ferroviários (INTF) foi criado pelo Decreto-Lei nº 299/98, de 29 de Setembro, que aprovou, igualmente, os seus Estatutos.

O INTF tem por finalidade regular e fiscalizar o sector ferroviário, supervisionar as actividades desenvolvidas neste, assim como intervir em matéria de concessões de serviços públicos, para além de ter sucedido nas missões antes desempenhadas pela Direcção-Geral dos Transportes Ferroviários quanto à promoção e desenvolvimento do sector ferroviário.

O Instituto Regulador de Águas e Resíduos (IRAR) foi criado pelo Decreto-Lei nº 362/98, de 18 de Novembro, que aprovou, igualmente, os seus Estatutos.

O IRAR visa assegurar a qualidade dos serviços prestados pelos sistemas multimunicipais de água de abastecimento público, de águas residuais urbanas e de resíduos sólidos urbanos, supervisionando a concepção, execução, gestão e exploração dos sistemas, bem como garantir o equilíbrio do sector e a sustentabilidade económica desses sistemas.

O Instituto da Mobilidade e dos Transportes Terrestres foi criado pelo Decreto-Lei nº 147/2007, de 27 de Abril, congregando, na sua totalidade, as atribuições e competências da Direcção-Geral dos Transportes Terrestres e

Fluviais e do Instituto Nacional do Transporte Ferroviário, organismos dependentes do MOPTC, e assume, em matéria de veículos e de condutores, as atribuições da Direcção-Geral de Viação.

O IMTT tem por atribuição fundamental a de regular, fiscalizar e exercer funções de coordenação e planeamento do sector dos transportes terrestres, supervisionar e regulamentar as actividades desenvolvidas neste sector, visando satisfazer as necessidades de mobilidade de pessoas e bens, e a promoção da segurança, da qualidade e dos direitos dos utilizadores dos referidos transportes.

O Instituto da Construção e do Imobiliário foi criado através do Decreto-Lei nº 144/2007, de 30 de Abril, dotado de atribuições de regular e fiscalizar o sector da construção e do imobiliário, dinamizar, supervisionar e regulamentar as actividades desenvolvidas neste sector, produzir informação estatística e análises sectoriais, e assegurar a actuação coordenada do Estado no sector.

Para além das atribuições antes mencionadas, o ICI assume, igualmente, funções de regulação, nomeadamente as de atribuir os títulos habilitantes para o exercício das diversas actividades do sector da construção e do imobiliário, cujo licenciamento, habilitação, qualificação, registo ou inscrição legalmente lhe incumba, as de acreditar entidades de direito privado para o tratamento de processos administrativos de atribuição de títulos habilitantes para o exercício das diversas actividades do sector da construção e do imobiliário, e orientar e auditar o desempenho das entidades acreditadas.

Quanto ao Banco de Portugal, importa sublinhar que, apesar da data da sua criação – Decreto Régio de 19 de Novembro de 1846 – o seu significativo desenvolvimento e aprofundamento ocorreu, a nível interno, sobretudo através da Lei nº 5/98, de 31 de Janeiro, com as alterações introduzidas pelos Decretos-Leis nºs 118/2001, de 17 de Abril, 50/2004, de 10 de Março, e 39/2007, de 20 de Fevereiro, que qualifica o Banco como "*uma pessoa colectiva de direito público, dotado de autonomia administrativa e financeira e património próprio*" (art. 1º da Lei Orgânica).

A Comissão de Mercado de Valores Mobiliários, a que já nas páginas anteriores nos referimos, foi criada em 1991, tendo posteriormente os seus Estatutos sido aprovados pelo Decreto-Lei nº 473/99, de 8 de Novembro, alterado pelos Decreto-Lei nº 232/2000, de 25 de Setembro, e Decreto-Lei nº 183/2001, de 19 de Agosto, alterado e republicado pelo Decreto-Lei nº 168/2008, de 26 de Agosto.

A Comissão de Mercado de Valores Mobiliários é uma pessoa colectiva de direito público, dotada de autonomia administrativa e financeira e de património próprio (art. 1º dos Estatutos).

O Instituto de Seguros de Portugal foi criado pelo Decreto-Lei nº 251/97, de 26 de Setembro, posteriormente reformulado através do Decreto-Lei nº 289/2001, de 13 de Novembro.

O Instituto de Seguros de Portugal é uma pessoa colectiva de direito público dotado de autonomia administrativa e financeira e de património próprio (art. 1º dos seus Estatutos).

Importa, assim, proceder a uma análise mais desenvolvida do regime jurídico de criação de entidades que foram instituídas a partir da revisão constitucional de 1997 que, como sabemos, passou a habilitar o legislador a criar entidades administrativas independentes.

Capítulo IV
As Entidades Administrativas Independentes em Portugal
Fundamento Legitimador da Sua Criação

I. Os aspectos nucleares do fundamento legitimador de criação de entidades administrativas independentes

A criação de entidades administrativas independentes, ainda que não obedecendo a regras normativas comuns, em sentido lato, revelou-se uma realidade nos diversos países europeus.

A ideia segundo a qual esta nova categoria de autoridades constituíria verdadeiramente uma nova categoria jurídica impôs-se rapidamente na doutrina e foi de início apoiada pela jurisprudência do Conselho Constitucional e do Conselho de Estado Francês.[1399]

O levantamento efectuado pelo Conselho de Estado em 2001 concluiu que os trinta e quatro organismos que, segundo a sua opinião, podiam ser qualificados como autoridades administrativas independentes se caracterizavam pela multiplicidade das suas missões, e pela heterogeneidade dos seus poderes e dos seus estatutos.[1400]

Também outros destes organismos (cerca de quarenta) permitiam considerar que os mesmos não constituíam "uma categoria exactamente definida", assinalando-se que, sendo cada vez mais numerosas, as AAI foram-se

[1399] Cfr. Decisão nº 84-173 DC, de 26 de Julho de 1984, Rec. P-63, considerando o seu nº 5 que: *"A designação de uma autoridade administrativa independente do Governo para exercer uma atribuição tão importante relativamente à comunicação, como a de autorizar a exploração do serviço de radiotelevisão à disposição do público através de uma rede por cabo, contitui uma garantia fundamental para o exercício de uma liberdade pública"*.

[1400] Cfr. Relatório do Conselho de Estado Francês, 2001, p. 7.

tornando cada vez mais diversificadas devido, sobretudo, aos seus campos de intervenção, princípios de organização e poderes, ao ponto de ser difícil encontrar um denominador comum entre elas.[1401]

Estamos agora perante um mosaico de autoridades instituídas com finalidades diferentes, dotadas de estatutos contrastados e investidas de poderes variáveis.[1402]

Desde a sua origem que as finalidades atribuídas às entidades administrativas independentes são diferentes, como demonstram as tipologias então construídas. Assim, no sector da informação e da comunicação ainda que o objectivo fosse uma melhor protecção das liberdades fundamentais, as autoridades implementadas na economia visavam, antes de mais, garantir o jogo da concorrência. Surgiram ainda outros organismos, como as instâncias de mediação, destinados a melhorar as relações entre a administração e os administrados. A procura de um denominador comum que pudesse ser definido para "agrupar" a diversidade de autoridades administrativas independentes continuou a ser uma tarefa fundamental da doutrina, com o objectivo de ser possível garantir a "limitação" de poderes governamentais de direcção, superintendência ou tutela.

Distinguindo três campos de intervenção (os direitos dos administrados, a expressão pluralista das opiniões e as liberdades económicas), Jean-Louis Autin defende que a acção de todas as entidades interessa, de uma forma ou de outra, às liberdades públicas, o que explica que sejam sempre criadas pela lei; por conseguinte, as autoridades encarregadas de proteger as liberdades e as autoridades investidas de funções de regulação económica não devem, por esta razão, ser concebidas e consideradas como "antagónicas".

Adianta este autor que, quer as autoridades encarregadas de funções de regulação económica, quer as que operam no âmbito da protecção e salvaguarda de direitos fundamentais, apresentam um certo número de particularidades comuns, nomeadamente: a profissionalização (os órgãos dirigentes têm a seu lado desde os profissionais do direito até aos profissionais do sector);

[1401] Cfr. Relatório Gazier-Cannac, citado em Relatório do Conselho de Estado Francês já amplamente identificado, refere que as premissas da actual fórmula de autoridades administrativas independentes podem ser encontradas a partir de 1941, com a criação da Comissão de Controlo dos Bancos, à qual sucede, em 1984, a Comissão Bancária. O Conselho da Concorrência, instituído pelo decreto de 1 de Dezembro de 1986, constitui o final de uma evolução lenta, iniciada em 1953 com a criação da Comissão Técnica de Conciliação, a que sucedeu, em 1977, a Comissão da Concorrência, cujo funcionamento seria renovado em meados dos anos 1980, num contexto económico que sofreu uma enorme evolução no espaço de dez anos.

[1402] Cfr. Relatório do Conselho de Estado Francês, 2001, p. 28.

a arbitragem (estas autoridades têm como função definir um equilíbrio entre os diversos interesses em presença e resolver eventuais litígios); e o controlo jurisdicional (o contencioso das decisões destas autoridades que é transferido, pelo menos parcialmente, para o juiz especializado).[1403]

Quer nos diversos países europeus, quer a nível da União Europeia e também em Portugal, se viu o incremento manifesto de decisões de política no sentido da criação de autoridades administrativas independentes.

Está, pois, na ordem do dia a questão da necessidade de uma reavaliação periódica da legitimidade da manutenção das autoridades administrativas independentes, no sentido de *"ser desejável que se ponha um travão à proliferação destas autoridades"*.[1404]

Para além desta proposta "travão" na criação destas autoridades, outros autores tem vindo igualmente a acentuar que se deve proceder a uma avaliação profunda do actual sistema antes de encarar a criação de novas autoridades.[1405]

Como sabemos, nos anos oitenta o desenvolvimento das autoridades administrativas independentes significou uma resposta conjuntural à crise do Estado Providência e ao desgaste dos mecanismos democráticos.

Julgamos, no entanto, que esta abordagem foi desmentida pela posterior evolução, na medida em que estas autoridades estão instaladas com carácter duradouro na paisagem institucional, e a sua legitimidade, apesar de contestada por uma parte da doutrina, não tem impedido a criação, de forma continuada, de novas autoridades. O movimento de expansão tende a prosseguir.

Trata-se, pois, de um fenómeno geral, que transcende as particularidades nacionais; mas este desenvolvimento foi acompanhado de uma tão grande diversidade no que se refere aos campos de intervenção, às regras de organização e de funcionamento e aos poderes destas autoridades, que parece ser impossível ordená-las num modelo institucional único.

É esta a fotografia que pode ser retirada da análise de cada uma das autoridades administrativas independentes.

[1403] Cfr. Jean Louis Autin, "Le Devenir des autorités administratives indépendantes", em RFDA nº 5, pp. 875 e seguintes.

[1404] Cfr. Phillippe Dautry, "Les autorités administratives indépendantes: Un nouvel objet d'évaluation parlemantaire", em RFDA nº 5, pp. 884 e seguintes; Jacques Chevallier, "Le Statut des autorités administratives indépendantes: harmonization ou diversification", em RFDA nº 5, p. 897 e seguintes.

[1405] Cfr. Jean Bernard Auby, "Remarques terminales", em RFDA nº 5, p. 934, onde é assinalado que: *"...Le résultat est une catégorie souple que, selon Jacques Chevallier, il est illusoire de vouloir rationaliser. C'est sans doute vrai, mais, aux conditions que nous avons essayé de résumer, il n'est pas interdit de la réunir au tour d'un noyau de principes – notamment de principes d'organization et de fonctionnement – communs..."*.

Desde o momento histórico que esteve na origem da criação destas autoridades até aos nossos dias, não podemos deixar de assinalar que a respectiva proliferação se desenvolveu de forma heterogénea – inexistência de critérios materiais legitimadores da sua criação –, de forma desordenada quanto aos sectores ou áreas consideradas relevantes para efeitos de decisão de política relativa à criação de autoridades com esta configuração, bem como a diversidade de qualificação da sua natureza, quer feita através da norma delas criadora, quer, muitas vezes, pela via da interpretação dos respectivos estatutos.

Certamente que as entidades administrativas independentes não estão fora do direito; mas a categoria que formam neste plano integra uma forte margem de indeterminação e é, sobretudo, caracterizada por uma significativa diversidade no domínio das atribuições que lhes são cometidas.

Forjando a categoria, os juristas contribuíram para fazer evoluir os princípios mais sedimentados que regem a construção e a articulação das instituições estatais.

Porém, as autoridades não ficaram encerradas no domínio fechado do dogmatismo jurídico: longe de serem objecto de uma delimitação restrita e de uma definição estável, estas autoridades conhecem uma dinâmica permanente de evolução que tem impedido qualquer determinação estável dos seus contornos.

Ou seja, admitimos que esta "plasticidade" que modela a evolução destas autoridades possa ser uma possível explicação para o seu progressivo crescimento na sociedade contemporânea.[1406]

Entendemos, pois, que a criação de entidades administrativas independentes obedeceu, no tempo, a exigências de mudança do modelo de organização do Estado e, em nenhum caso dos que conhecemos, foi possível, até agora, a redefinição do seu regime e estatuto em termos de regras mínimas e comuns de enquadramento, quer no que se refere à sua criação, quer ao seu regime e natureza jurídica.

Julgamos, assim, que o aspecto que mais pode relevar no âmbito do nosso trabalho será, justamente, o de procurar uma ordenação destas entidades com o objectivo de, a partir da mesma, ser possível estabelecer, através de um quadro normativo comum, os elementos essenciais e modeladoras da sua natureza jurídica.

[1406] É, na verdade, possível considerar que a indeterminação que reina no domínio das regras comuns aplicáveis, nomeadamente à criação de entidades administrativas independentes, possa ter sido o fundamento da sua proliferação no sentido do seu desenvolvimento.

Como veremos, não é indiferente que as entidades cujo regime de criação iremos abordar, possam ser "integradas" na estrutura da organização administrativa do Estado ou, pelo contrário, sejam passíveis de ser concebidas, dado o seu regime, como autoridades públicas independentes.

É uma primeira distinção que vamos procurar fazer, na convicção de que a mesma poderá ser um contributo decisivo para que, quer a nível da doutrina, quer a nível da jurisprudência, se passe a operar, em termos distintivos, entre as diferentes entidades que, com estatuto e regime diferenciado, têm sido apenas qualificadas como entidades administrativas independentes.

II. Regime jurídico da criação de autoridades administrativas independentes: Fonte legitimadora da sua criação, regras legais de definição da sua organização e funcionamento, bem como das respectivas atribuições e competências

As observações antes expostas relativas à origem, bem como ao desenvolvimento das autoridades administrativas independentes, conduz-nos à discussão sobre qual é o quadro normativo que deve ter-se como aplicável à sua criação, bem como à definição das regras do seu funcionamento e organização.

Como já tivemos ocasião de referir, a Constituição da República Portuguesa estipula, nos termos do disposto no seu art. 267º, nº 3, que a lei pode criar entidades administrativas independentes.

Já tivemos igualmente oportunidade de sublinhar o que deve entender-se, na economia daquele preceito constitucional, por lei.

Procurámos, igualmente, definir o que deve entender-se por autoridade administrativa independente à luz daquele preceito constitucional.

Porém, dado que o apuramento deste conceito traduz o "desbravar" de um caminho, julgamos que importa concretizar e determinar as bases de que partimos, e estas são a descrição do quadro normativo invocado pelo legislador quando cria e define as atribuições e as competências das autoridades administrativas independentes.

Como também já vimos, a identificação destas autoridades para efeitos da sua qualificação pode ser feita a partir de vários critérios, alguns deles já mencionados neste capítulo.

Entendemos, no entanto, que a via que temos vindo a seguir nos sugere que adoptemos um critério mais apurado (assim o julgamos) que se pode traduzir pela descrição das várias autoridades administrativas independentes subordinadas às regras constitucionais aplicáveis.

Assim, seguiremos os seguintes critérios delimitadores desta figura:

a) Entidades administrativas independentes criadas com fundamento em preceito expresso da Constituição;

b) Entidades administrativas independentes criadas ao abrigo e com fundamento no seu estatuto constitucional;

c) Entidades administrativas independentes criadas por lei, para protecção de direitos fundamentais e de natureza análoga consagrados na Constituição;

d) Entidades administrativas independentes criadas por acto legislativo, para garantia de incumbências do Estado com consagração constitucional.

A exposição subsequente será feita a partir da análise das fontes de legitimação que fundamentam a criação de autoridades administrativas independentes e a partir das áreas ou sectores em que as mesmas operam.[1407]

De acordo com esta metodologia, parece-nos indicado proceder ao elenco das principais autoridades administrativas que operam em Portugal.

A aplicação dos critérios antes afirmados procura alcançar ainda um outro objectivo que, segundo cremos, é da maior importância, e que se pode traduzir na possibilidade de, através deles, procurar a delimitação conceitual deste novo modelo institucional, em razão dos sectores em que opera, dos poderes de que é titular, e do racional de relação tripartida entre o Estado e a entidade e entre a entidade e os destinatários desta relação jurídica.

Importa ainda sublinhar que a terminologia utilizada – "entidades administrativas independentes" – nesta fase do nosso trabalho não deve ser entendida como correspondendo a uma definição final da natureza jurídica das entidades que vão ser analisadas.

Adoptamos este método terminológico para maior facilidade da exposição subsequente, sem prejuízo de, no final, procurarmos determinar a sua natureza em razão dos elementos que foram objecto de análise e de apuramento conceitual relevantes.[1408]

[1407] A adopção dos critérios anunciados vai permitir-nos procurar definir o regime jurídico das "entidades" elencadas independentemente de terem sido constituídas antes ou depois da revisão constitucional de 1997.

[1408] Este método corresponde, aliás, ao que já adoptámos no que tange à análise dos órgãos do Estado, órgãos administrativos do Estado, órgãos auxiliares e instrumentais do Estado e institutos públicos de regulação e supervisão instituídos em Portugal antes da revisão constitucional de 1997.

Secção 1ª
Autoridades independentes criadas com fundamento directo na Constituição

1. A ERC – Generalidades

Em Portugal, a primeira experiência de regulação da comunicação social parece poder ser considerada a da criação do Conselho de Imprensa, com base na Lei de Imprensa de 1975.

O art. 17º da Lei de Imprensa, que criou o Conselho e, mais tarde, a Lei nº 31/78, de 20 de Junho, determinavam que o Conselho era competente para: (i) zelar pela independência da imprensa face ao poder político e económico; (ii) zelar por uma orientação geral que respeite o pluralismo e o confronto das diversas correntes de opinião; (iii) garantir o rigor e a objectividade da imprensa; bem como (iv) zelar, no âmbito da imprensa, pelo respeito dos demais direitos e pela observância das obrigações previstas na Constituição e na lei.

A revisão constitucional de 1982 (Lei nº 1/82) veio dar nova redacção ao nº 2 do art. 39º, tendo nele sido prevista a existência de um Conselho de Comunicação Social composto por 11 membros eleitos pela Assembleia da República, o qual terá poderes para assegurar uma orientação geral que respeite o pluralismo ideológico.

A Lei do Conselho da Comunicação Social viria apenas a ser aprovada em 1983, através da Lei nº 23/83, de 6 de Setembro.

No contexto das atribuições deste Conselho, as mesmas incidiam nas garantias de pluralismo, rigor, objectividade e independência face ao poder político dos órgãos do sector público de comunicação social, devendo assinalar-se que as suas competências mais relevantes incluíam a emissão de pareceres não vinculativos sobre responsáveis dos órgãos de comunicação social públicos, bem como recomendações tendentes a salvaguardar o cumprimento das referidas atribuições.

Apesar de constituírem um avanço relativamente aos anteriores conselhos de informação, o Conselho da Comunicação Social não representou uma ruptura com o anterior modelo.

Com o início do processo de revisão constitucional de 1989, foi posta em questão e discussão a matéria relativa ao Conselho, através da apresentação de propostas no sentido da criação de uma Alta Autoridade para a Comunicação Social.

Assim veio a acontecer através da Lei nº 15/90, de 30 de Junho, que ampliou de forma significativa, quer as atribuições, quer as competências desta Autoridade.

Os problemas suscitados, nomeadamente quanto à nova redacção do art. 39º da Constituição, conduziram a que tivesse de ser repensada a questão da composição, bem como o elenco das atribuições e competências da Autoridade, o que veio a suceder através da Lei nº 43/98, de 6 de Agosto.

Foi através daquela Lei que, em cumprimento do disposto na Constituição, no respectivo art. 2º foi consagrado de forma expressa que a AAC é um órgão independente que funciona junto da Assembleia da República, dotado de autonomia administrativa.

Mais tarde, e em consequência da revisão constitucional de 2004, foi dada nova redacção ao art. 39º, que expressamente refere que "*Cabe a uma entidade administrativa independente assegurar nos meios de comunicação social: (a) o direito à informação e a liberdade de imprensa; (b) a não concentração da titularidade dos meios de comunicação social; (c) a independência perante o poder político e o poder económico; (d) o respeito pelos direitos, liberdades e garantias pessoais; (e) o respeito pelas normas reguladoras das actividades de comunicação social; (f) a possibilidade de expressão e confronto das diversas correntes de opinião; e (g) o exercício dos direitos de antena, de resposta e de réplica política*".

O nº 2 deste preceito constitucional determina que a lei define a composição, as competências, a organização e o funcionamento da entidade reguladora, bem como o estatuto dos respectivos membros, designados pela Assembleia da República e por cooptação destes.

2. Evolução do quadro legal da ERC

Já no número anterior deixámos uma breve resenha dos textos constitucionais, bem como dos diplomas legais mais relevantes em termos do quadro legal ordenador da autoridade reguladora da comunicação social.

Assim, na sequência da revisão da Constituição de 2004, a Lei nº 53/2005, de 8 de Novembro, procedeu à extinção da Alta Autoridade para a Comunicação Social e instituíu a Entidade Reguladora para a Comunicação Social.

Em anexo a esta Lei foram publicados os respectivos Estatutos que, igualmente, em cumprimento do disposto no nº 2 do art. 39º da Constituição determina, no seu art. 4º, que "*a ERC é independente no exercício das suas funções, definindo livremente a orientação das suas actividades, sem sujeição a quaisquer directrizes ou orientações por parte do poder político, em estrito respeito pela Constituição e pela lei*".

Também no art. 1º os Estatutos qualificam expressamente a ERC "*como uma pessoa colectiva de direito público, dotada de autonomia administrativa e financeira e de património próprio, com natureza de entidade administrativa independente, exercendo os necessários poderes de regulação e de supervisão*".

No exercício das suas atribuições, a ERC assume os direitos e obrigações atribuídos ao Estado, nomeadamente quanto à cobrança coerciva de taxas, rendimentos do serviço e outros créditos, bem como à fiscalização do cumprimento das obrigações de serviço público no sector da comunicação social, à determinação da prática das infracções e à aplicação das correspondentes sanções (art. 12º).

Do ponto de vista do controlo judicial, estipula o art. 75º que a actividade dos órgãos e agentes da ERC fica sujeita à jurisdição administrativa, nos termos e limites expressamente previstos pelo Estatuto dos Tribunais Administrativos e Fiscais, excepto as decisões de aplicação de ilícitos de mera ordenação social, cuja impugnação deve ser feita junto dos tribunais judiciais competentes, bem como das decisões proferidas no âmbito da resolução de litígios relativamente às quais cabe recurso para os tribunais judiciais ou arbitrais, nos termos previstos na lei.

De acordo com o disposto no art. 76º, a ERC está sujeita à jurisdição do Tribunal de Contas através da apresentação limitada e obrigatória das respectivas contas anuais para efeitos de julgamento.

3. O quadro legal interno e o direito comunitário

Tal como sucedeu noutras áreas e sectores, a criação de autoridades administrativas independentes para o sector audiovisual nos países comunitários ocorreu na década de oitenta do século XX.

O fim dos monopólios dos operadores públicos e o início da era da livre concorrência tornaram cada vez mais agressivo o mercado da televisão.

Ao tempo o que estava em causa era a rádio e a televisão.

De uma forma geral, as diversas entidades administrativas independentes para o sector audiovisual criadas nos diversos países europeus visaram salvaguardar direitos relativos à concorrência, à igualdade entre os cidadãos e à dignidade das pessoas, bem como responder às insuficiências do funcionamento do mercado e da auto-regulação.

A primeira autoridade de que se tem conhecimento foi a *Federal Communications Commission*, criada em 1934 para se ocupar das telecomunicações telefónicas, passando a partir de 1940 a tratar também das questões relativas à rádio e à televisão.

Na Europa foi a *Independent Television Authority*, criada em 1954 para gerir os operadores comerciais britânicos, e a *Kommission zur Warung des Rundfunkgesetzes*, criada em 1974 na Áustria com competências de acompanhamento do sector da radiodifusão sonora.

Na década de noventa assistimos ao lançamento de vários textos e documentos que a nível comunitário procuraram desenvolver as questões relativas aos organismos reguladores do audiovisual.

O primeiro deles foi o Livro Verde da Comissão, sobre a convergência dos sectores das telecomunicações, meios de comunicação e tecnologias de informação e suas consequências, seguindo-se o Relatório sobre a "Era digital", elaborado pelo Grupo de Alto Nível sobre Politica Audiovisual e publicado em Outubro de 1998, bem como a Comunicação da Comissão Europeia de 1999 sobre as comunicações electrónicas.

A Recomendação nº 23 de 2000 do Comité dos Ministros do Conselho da Europa traduziu uma orientação aos diversos Estados-Membros, no sentido da criação de organismos independentes para o exercício de funções de regulação e supervisão relativamente à radiodifusão sonora e televisão.

A nível comunitário, a regulação deste sector tem suscitado alguma controvérsia no debate sobre a separação da regulação dos serviços de telecomunicações e os audiovisuais e os respectivos objectivos diferenciados. Na regulação das telecomunicações predominaria a defesa dos direitos de concorrência, enquanto que nos *media* a preocupação prioritária incidiria sobre os valores inerentes à actividade da comunicação social, nomeadamente a liberdade de expressão e o direito à informação.

Por outro lado, deve ser acentuado que tem sido, sobretudo na regulação do serviço de radiodifusão que, por natureza, é o mais transnacional, que as influências do Direito comunitário mais se têm feito sentir nos diversos Estados-Membros.

Neste sentido, a Directiva 89/552/CEE veio estabelecer um primeiro quadro de harmonização das obrigações relativamente aos conteúdos televisivos, com base no controlo pelo país de origem.

Esta Directiva foi posteriormente revista pela Directiva 97/36/CEE, com o objectivo de consagrar uma maior harmonização e, mais recentemente, foi alterada pela Directiva "Serviços de Comunicação Audiovisual" – Directiva 2007/65/CE do Parlamento Europeu e do Conselho, de 11 de Dezembro de 2007.

Quer na óptica da livre circulação de serviços, quer na perspectiva do serviço público, esta Directiva veio estabelecer um conjunto de regras relativas à liberdade de recepção e retransmissão de programas, bem como a garantia de acessibilidade dos respectivos serviços a pessoas com deficiências auditivas e visuais.

Do ponto de vista da influência do Direito Comunitário no que tange às regras de regulação do sector, devemos mencionar a Directiva 65/2007/CE que altera a Directiva "Serviços de Comunicação Social Audiovisual", e que reforça a necessidade de independência dos reguladores nacionais do sector, bem como a cooperação entre entidades reguladoras dos Estados-Membros e entre estas e a Comissão Europeia, bem como a Directiva 2010/13UE do Parlamento Europeu e Conselho, de 10 de Março de 2010, relativa à coordenação de certas disposições legislativas, regulamentares e administrativas dos Estados-Membros respeitantes à oferta de serviços de comunicação social audiovisual (Directiva "Serviços de Comunicação Social Audiovisual").

O modelo comunitário vigente em matéria de regulação deste sector está concebido em termos de relações entre as diversas entidades administrativas independentes, e entre estas e a Comissão Europeia.

O Direito comunitário não faz qualquer imposição no que toca à forma jurídica a adoptar pelos Estados-Membros para a instituição dos organismos de regulação, mas impõe que os mesmos observem os princípios da independência, da imparcialidade e da transparência no exercício das suas actividades de regulação e supervisão (nºs 65 e 66 da Directiva 2007/65/CE).

4. Atribuições e competências da ERC

Como já foi sublinhado, foi em 2005 que se operou uma transformação institucional no sistema regulatório do sector com a criação da ERC que absorveu as competências que estavam cometidas entre o Instituto da Comunicação Social e a Alta Autoridade para a Comunicação, que foi extinta.

A ERC assume atribuições de regulação no domínio da salvaguarda de direitos de protecção dos públicos mais sensíveis, dos direitos de personalidade individuais, da protecção dos consumidores, da promoção do pluralismo cultural e diversidade de expressão, bem como do direito de assegurar a livre difusão de conteúdos (art. 7º dos Estatutos).

Trata-se, a nosso ver, de atribuições inerentes à salvaguarda de direitos fundamentais e direitos equiparados.

Mas, a ERC é ainda titular de poderes de regulação mais vocacionados para o "controlo" dos operadores nas suas relações com os "utentes" deste serviço e com o funcionamento do mercado, nomeadamente os que constam no art. 8º, dos quais destacamos: (i) o poder de velar pela não concentração da titularidade das entidades que prosseguem actividades de comunicação social; (ii) o poder de assegurar, em articulação com a Autoridade da Concorrência, o regular e eficaz funcionamento dos mercados de imprensa escrita e de áudio visual em condições de transparência e equidade; e (iii) o poder de colaborar na definição das políticas e estratégias sectoriais que fundamentam a planificação do espectro radioeléctrico, sem prejuízo das atribuições cometidas por lei à ANACOM.

São órgãos da ERC o conselho regulador, a direcção executiva, o conselho consultivo e o fiscal único (art. 13º dos Estatutos).

A ERC, de acordo com o disposto no art. 24º e através do seu Conselho Regulador, dispõe de competências de definição e condução das respectivas actividades, nomeadamente as de:

a) Definir a orientação geral da ERC e acompanhar a sua execução;
b) Aprovar os planos de actividades e o orçamento, bem como os respectivos relatórios de actividades e contas;
c) Aprovar regulamentos, directivas e decisões, bem como as demais deliberações que lhe são atribuídas pela lei e pelos seus estatutos; e
d) Praticar todos os demais actos necessários à realização das atribuições da ERC em relação às quais não seja competente outro órgão.

O Conselho regulador é ainda competente para exercer funções de regulação e supervisão, estipuladas no art. 24º, nº 3, e de entre elas as seguintes:

a) Fazer respeitar os princípios e limites legais aos conteúdos difundidos pelas entidades que prosseguem actividades de comunicação social, designadamente em matéria de rigor informativo e de protecção dos direitos, liberdades e garantias pessoais;
b) Pronunciar-se previamente sobre o objecto e as condições dos concursos públicos para atribuição de títulos habilitadores do exercício da actividade de rádio e televisão;
c) Emitir parecer prévio e não vinculativo sobre os contratos de concessão de serviço público de rádio e televisão, bem como sobre as respectivas alterações; e
d) Participar, em articulação com a Autoridade da Concorrência, na determinação dos mercados economicamente relevantes no sector das telecomunicações.

A ERC, nos termos do art. 25º dos estatutos, dispõe ainda de competências consultivas para se pronunciar sobre todas as iniciativas legislativas relativas à sua esfera de atribuições, que lhe são obrigatoriamente submetidas pela Assembleia da República ou pelo Governo, podendo, por sua iniciativa, sugerir ou propor medidas de natureza política ou legislativa nas matérias atinentes às suas atribuições.

Para além das competências antes enunciadas, a ERC é ainda titular de poderes sancionatórios, como se dispõe no art. 67º dos Estatutos.

Secção 2ª
Autoridades independentes criadas ao abrigo e com fundamento no seu estatuto constitucional

1. O Provedor de Justiça

Como já referimos no texto anterior, o Provedor de Justiça tem assento constitucional no seu art. 23º, nos termos de cujo nº 3 é qualificado como um órgão independente.[1409]

No primeiro estatuto pós-constitucional do Provedor de Justiça, ele é classificado expressamente como "órgão público independente", devendo ser designado pela Assembleia da República de entre pessoas que respeitassem os requisitos da integridade e da independência.

Na revisão constitucional de 1989, o Provedor de Justiça foi expressamente qualificado como órgão independente, passando a ser eleito pela Assembleia da República por maioria de dois terços, o que acentuou as características da imparcialidade e da independência deste órgão.[1410]

2. Procuradoria-Geral da República

Tal como o Provedor de Justiça, também a Procuradoria-Geral da República tem o respectivo estatuto consagrado na Constituição da República, no seu art. 220º.

A Procuradoria é o órgão superior do Ministério Público, de acordo com o nº 1 do art. 220º da Constituição.

[1409] O seu Estatuto foi aprovado através da Lei 9/91, de 9 de Abril.

[1410] Cfr. "O Cidadão, o Provedor de Justiça e as Entidades administrativas independentes", publicação da Provedoria de Justiça, com textos de Jorge Miranda, Maria Lúcia Amaral, José Manuel Meneres Pimentel, João Caupers e Vital Moreira.

O Procurador-Geral da República é nomeado, de acordo com o disposto na alínea *m)* do art. 133º, pelo Presidente da República, sob proposta do Governo, e o seu mandato tem a duração de seis (6) anos.

3. Conselho Superior da Magistratura

Também o Conselho Superior da Magistratura tem assento no texto constitucional, no art. 218º, que determina as regras de designação e nomeação, quer dos vogais, quer do respectivo Presidente que é o Presidente do Supremo Tribunal de Justiça.

Trata-se de uma instância que, para além de funções consultivas em matéria de legislação aplicável ao sistema judicial, é também competente para decidir sobre a nomeação, colocação, transferência, promoção e exercício do poder disciplinar relativamente aos juízes dos tribunais judiciais.[1411]

4. Banco de Portugal

O Banco de Portugal tem o seu estatuto vertido no texto constitucional, no seu art. 101º, nos termos do qual o Banco é banco central nacional e exerce as suas funções nos termos da lei e das normas internacionais a que o Estado Português se vincule.[1412]

A criação de um espaço financeiro integrado, de que a criação de um mercado único bancário constitui peça essencial, traduz a multiplicidade de relações que permite às instituições financeiras exercerem as suas actividades em todo o território da União.

A Directiva 73/183/CEE do Conselho, de 28 de Junho, traduz o primeiro passo no sentido da supressão das restrições à liberdade de estabelecimento e à livre prestação de serviços dos bancos e de outras instituições financeiras.

[1411] Este tipo de competências é de natureza administrativa, tal como sucede com outros órgãos do Estado que, nos termos da lei, dispõem de competências em matéria administrativa, designadamente no domínio dos recursos humanos.

[1412] O Banco de Portugal foi criado por decreto Régio de 19 de Novembro de 1846, com a função de banco comercial e banco emissor, com a natureza de sociedade anónima e com estatuto maioritariamente de direito privado. Mas a história do Banco de Portugal passa também pela sua assumpção de "banco dos bancos" na crise que se desenrolou entre 1891 e 1931. A partir de 1931 foram alterados os seus Estatutos em termos das suas funções, que passaram a ser as da prossecução de políticas de taxas de juro e de câmbio definidos pelo poder executivo. Passa a existir uma relação de maior "dependência" entre o Governo e o Banco. Durante o período da II Guerra, o Banco passou a agir, no domínio das transações internacionais, como agente governamental. Em Setembro de 1974, o Banco de Portugal foi nacionalizado. Em 1975, através da sua Lei Orgânica, foi atribuído o estatuto de Banco Central ao Banco de Portugal que incluía, pela primeira vez, a função de supervisão do sistema bancário.

O Acto Único Europeu adoptou uma nova estratégia de integração, tendo sido por essa via decisivamente impulsionado o processo de criação do mercado único bancário, de que se podem destacar os seguintes dois principais fundamentos: (i) completa eliminação dos entraves à liberdade de estabelecimento e de livre circulação das sociedades financeiras; e (ii) plena consecução da liberdade de circulação dos capitais.

O Direito Bancário Comunitário é, pois, composto por um significativo conjunto de directivas que teve por objectivo harmonizar em toda a União Europeia, entre outros, as regras sobre o conceito e os requisitos mínimos dos fundos próprios, os limites à participação das instituições de crédito em empresas não financeiras, as regras sobre o controlo dos grandes riscos e a realização da supervisão bancária numa base consolidada.

A dispersão do quadro legal suscitou, em 2000, a necessidade da respectiva "unificação", o que foi feito através da Directiva 2000/12/CE do Parlamento Europeu e do Conselho, de 20 de Março, que para além da integração conteudística teve por objectivo a simplificação da legislação comunitária relevante.

No plano institucional devem, igualmente, ser referidas a Decisões da Comissão de 2001 que criaram o Comité dos Reguladores Europeus de Valores Mobiliários e a Autoridade Europeia dos Valores Mobiliários, bem como a Decisão da Comissão de 5 de Novembro de 2003, que veio criar o Comité Europeu de Supervisores Bancários, a funcionar desde Janeiro de 2004.

Não podemos deixar de assinalar que no caso vertente, tal como noutros domínios antes assinalados, foi decisiva no plano interno a influência que os mecanismos europeus tiveram no funcionamento, bem como na organização do nosso sistema bancário.

O Banco de Portugal, desde a sua criação em 1846, passou por várias "mutações" quanto à sua natureza, bem como atribuições e competências, e é hoje, face ao art. 102º da Constituição, uma autoridade constitucional que exerce as suas competências nos termos da lei e das normas internacionais a que o Estado Português se mostre vinculado.

A Lei nº 3/2004, de 15 de Janeiro – Lei-Quadro dos Institutos Públicos – veio, ao abrigo do art. 48º, nº 1, alínea *e)*, incluir o Banco de Portugal nos institutos públicos de regime especial.

Por seu turno, o art. 64º, nº 1, da Lei Orgânica do Banco de Portugal estipula que "*em tudo o que não esteja previsto na presente lei e nos regulamentos adoptados em sua execução, o Banco, salvo o disposto no número seguinte, rege-se pelas normas da legislação reguladora da actividade das instituições de crédito, quando aplicáveis, e pelas demais normas e princípios de direito privado, bem como no que se refere aos membros dos órgãos de administrações, pelo Estatuto do Gestor Público*". O nº 2 do mesmo preceito dispõe que "*no exercício dos poderes públicos de autoridade são aplicáveis ao Banco as disposições do Código do Procedimento Administrativo e quaisquer outras normas e princípios de âmbito geral respeitantes aos actos administrativos do Estado*".

No que respeita à sua actuação enquanto membro do Sistema Europeu de Bancos Centrais, o Banco de Portugal consagra nos respectivos Estatutos a sua independência, cuja eventual violação estatutária pode ser concebida como uma violação ao disposto no Tratado da União Europeia.

O Banco de Portugal exerce competências de supervisão bancária, como resulta do art. 20º da respectiva Lei Orgânica.

Esta competência é exercida de forma independente, quer jurídica, quer patrimonial, administrativa, financeira, funcional e operacional.

Esta característica resulta do disposto no art. 108º do Tratado da Comunidade Europeia a que Portugal se vinculou, e que estatui que: "*no exercício dos poderes e no cumprimento das atribuições e deveres que lhe são conferidos pelo presente Tratado e pelos Estatutos do SEBC, o BCE, os bancos centrais nacionais, ou quaisquer membros dos respectivos órgãos de decisão não podem solicitar ou receber instruções das Instituições ou organismos comunitários, dos Governos dos Estados-Membros ou de qualquer outra entidade. As instituições e organismos comunitários, bem como os Governos dos Estados-Membros, comprometem-se a respeitar este princípio e a não procurar influenciar os membros dos órgãos de decisão do BCE ou dos bancos centrais nacionais do exercício das suas funções*".

Do ponto de vista da legislação interna do Banco de Portugal, a mesma foi aprovada pela Lei nº 5/98, de 31 de Janeiro, ao abrigo do disposto nos artigos 161º, alínea *c)*, e 166º, nº 3, da Constituição da República, ou seja, ao abrigo da competência da Assembleia da República que não seja reservada, pela Constituição, ao Governo.

Os diplomas que introduziram alterações à mencionada Lei Orgânica – Decretos-Leis nºs 228/2001, de 17 de Abril, 50/2004, de 10 de Março e 39/2007, de 20 de Fevereiro – têm a sua fonte legitimadora no disposto na alínea *a)* do nº 1 do art. 198º da Constituição, ou seja, ao abrigo da competência legislativa do Governo que não esteja reservada, pela Constituição, à Assembleia da República.

O Banco de Portugal é uma Autoridade consagrada no texto constitucional, de acordo com o disposto no art. 102º da Constituição, em que expressamente se determina que o Banco de Portugal é o banco central nacional e exerce as suas funções nos termos da lei e das normas internacionais a que o Estado se vincule.

A Lei Orgânica do Banco de Portugal – Lei nº 50/2004, de 10 de Março – no seu art. 1º estipula que esta entidade é "*uma pessoa colectiva de direito público, dotada de autonomia administrativa e financeira e de património próprio*".

O Conselho de Administração do Banco é nomeado por Resolução do Conselho de Ministros por um período de cinco anos renovável por uma vez (art. 33º, nº 2).

Os membros do Conselho de Administração são inamovíveis, só podendo ser exonerados dos seus cargos caso se verifique alguma das circunstâncias previstas no nº 2 do art. 14º dos Estatutos do SEBC/BCE, caso em que o governador tem o direito de recurso previsto no nº 2 do art. 14º dos Estatutos do SEBC/BCE.[1413]

Por outro lado, e de acordo com o disposto no art. 54º da Lei Orgânica do Banco, o Ministro das Finanças é competente para aprovar o Relatório e Contas anual.

Do ponto de vista do controlo parlamentar, o governador do Banco de Portugal deve dar conhecimento à Assembleia da República, através da Comissão competente, do Relatório do Balanço e das Contas submetido ao Ministro das Finanças.

Não tem sido pacífico o entendimento quanto à natureza jurídica do Banco de Portugal.

Alguns autores sustentam que as regras da sua independência podem ser tidas como reveladoras de uma "autoridade forte".[1414]

Apesar de tal qualificação como "autoridade forte" e da sua natureza "híbrida", entendem outros que o Banco de Portugal deve ser qualificado como uma entidade administrativa independente.[1415]

Pela nossa parte e atento o critério que adoptámos da fonte legitimadora da sua criação, entendemos que o Banco de Portugal é uma Autoridade Pública Independente.[1416]

[1413] Recorde-se, neste contexto, as recentes polémicas relativas à subordinação do Banco de Portugal às regras de "cortes" nas remunerações e outras decididas pelo Governo. Como sabemos, estas regras têm sido susceptíveis de variadas interpretações no sentido da sua inaplicabilidade em razão da integração do Banco de Portugal no SEB/BCE.

[1414] É o caso de Vital Moreira em "Auto-regulação profissional e administração pública", p. 87; José Lucas Cardoso, "Autoridades administrativas independentes e a Constituição", p. 365. Cfr. no sentido da qualificação do Banco de Portugal como instituto público, António Carlos Santos, Maria Eduarda Gonçalves e Maria Manuel L. Marques, "O Direito Económico", Coimbra, 1998, p. 502.

[1415] É o caso, entre outros, de Rui Machete, "O Estatuto e Regime das entidades reguladoras em especial dos Bancos Centrais", em IX Congresso Hispano-Luso de Derecho Administrativo, p. 16.

[1416] Cfr. a mais recente legislação, D.L. 31-A/2012, de 10 de Fevereiro, e D.L. 142/2013, de 18 de Dezembro. De forma muito intensa, ver também art. 27º dos Estatutos do Sistema Europeu de

Secção 3ª

Entidades administrativas independentes criadas por lei, para garantia e protecção de direitos fundamentais consagrados na Constituição

1. Comissão de Acesso aos Documentos Administrativos (CADA)

A Lei nº 46/2007, de 24 de Agosto, regula o acesso aos documentos administrativos e a sua reutilização, e transpõe para a ordem jurídica nacional a Directiva nº 2003/98/CE, do Parlamento e do Conselho, de 17 de Novembro, relativa à reutilização de informações do sector público.

A CADA é uma entidade administrativa independente que funciona junto da Assembleia da República, dispõe de orçamento anual, cuja dotação é inscrita no orçamento da Assembleia da República (nºs 1 e 2 do art. 25º).

A CADA é uma entidade independente de "recurso", ou seja, é da sua competência receber as queixas dos cidadãos a quem tenham sido indeferidas pretensões de acesso a documentos administrativos, e exercer os poderes fixados no art. 27º da Lei nº 46/2007, de 24 de Agosto.

Os membros da CADA gozam do estatuto da inamovibilidade e a respectiva composição, de acordo com o art. 26º da mesma lei, é de um Juiz indicado pelo Conselho Superior dos Tribunais Administrativos e Fiscais, que preside, por dois deputados eleitos pela Assembleia da República, por um Professor de Direito designado pelo Presidente da República, duas personalidades indicadas por cada um dos Governos Regionais, uma personalidade designada pela Associação Nacional dos Municípios Portugueses, um advogado designado pela Ordem dos Advogados e um membro designado, de entre os seus vogais, pela Comissão Nacional de Protecção de Dados.

2. Comissão Nacional de Objecção de Consciência

Como já tivemos ocasião de referir, o direito fundamental à objecção de consciência perante o serviço militar obteve acolhimento na ordem constitucional com a aprovação da Constituição da República em 1976 (art. 41º, nº 5, do texto inicial da Constituição).

Bancos Centrais e BCE, nos termos do qual não podem ser solicitadas ou recebidas instruções de órgãos de soberania, das instituições comunitárias ou de quaisquer outras instituições.

A revisão de 1989 reenviou para a lei a definição do regime jurídico da objecção de consciência (nº 6 do art. 46º).

A primeira lei aprovada sobre esta matéria foi a Lei nº 6/85, de 4 de Maio, tendo sido mais tarde revogada, através da Lei nº 7/92, de 12 de Maio.

A lei não define a natureza jurídica desta Comissão, nem estabelece directamente o regime jurídico aplicável aos respectivos membros.

Em todo o caso e de acordo com o disposto no art. 25º desta Lei, a Comissão Nacional exerce as suas funções apenas subordinada a critérios de objectividade e imparcialidade.

3. Conselho Nacional de Ética para as Ciências da Vida

O Conselho Nacional de Ética para as Ciências da Vida foi originariamente criado pela Lei nº 14/90, de 9 de Junho.

Posteriormente, a Lei nº 24/2009, de 9 de Junho, veio revogar a lei anteriormente citada, estipulando no respectivo art. 2º que o Conselho Nacional é um órgão consultivo independente que funciona junto da Assembleia da República, e que tem por missão analisar os problemas éticos suscitados pelos progressos científicos nos domínios da biologia, da medicina ou da saúde em geral e das ciências da vida.

Os membros do Conselho tomam posse perante o Presidente da Assembleia da República e de entre eles será eleito os respectivos Presidente e Vice-presidente.

As funções do Conselho são consultivas, de acompanhamento da evolução dos problemas éticos e de formação e sensibilização da população em geral sobre os problemas éticos nos domínios da ciência da vida (art. 3º).

4. Comissão Nacional de Eleições

O fundamento legitimador da criação desta Comissão é, segundo Jorge Miranda, o da autonomização da administração eleitoral consagrado na Lei Fundamental de 1976, à luz das exigências do Estado de Direito democrático.[1417]

Para este autor, o princípio democrático representativo constitui o fundamento da administração eleitoral.[1418]

Do ponto de vista da sua natureza, Jorge Miranda sustenta que a Comissão Nacional de Eleições é *"um órgão* a se *ou mais precisamente um órgão indepen-*

[1417] Cfr. Jorge Miranda, "Sobre a Comissão Nacional de Eleições", em O Direito, Ano 124º, Vol. III, 1992.

[1418] Em sentido idêntico, Paulo Otero sustenta que *"a CNE é um órgão dedutível de um regime constitucional de independência governamental de uma determinada área da actividade administrativa"*.

dente da Administração", na medida em que não estando sujeito a qualquer tipo de poderes de direcção ou controlo pelo órgão superior da Administração, o Governo, como tal deve ser qualificado.[1419]

Por seu turno, e quanto à questão do fundamento constitucional legitimador da criação desta autoridade, o mesmo, segundo Jorge Miranda, reside no *princípio democrático representativo* que legitima a independência do denominado processo eleitoral.

Também o Tribunal Constitucional se pronunciou sobre a natureza da Comissão Nacional de Eleições, tendo sustentado que a mesma é um órgão da administração eleitoral, autónomo relativamente ao poder executivo, independente e não integrado na organização administrativa do Governo, funcionando junto da AR e exercendo a sua competência relativamente a todos os actos de recenseamento e eleições para os órgãos de soberania, das regiões autónomas e do poder local.[1420/1421]

[1419] Jorge Miranda observa de forma explícita que: "*pese embora a CNE não constituir um órgão de soberania ou um órgão constitucional, pode e deve aproximar-se de certos órgãos constitucionais, como a Alta Autoridade para a Comunicação Social, o Conselho Superior da Magistratura, a Procuradoria -Geral da República e o Conselho Superior de Defesa Nacional. Tal como estes órgãos, a CNE surge como um órgão do Estado "a se" ou, mais precisamente, como um órgão independente da administração*". Jorge Miranda e Paulo Otero defenderam que no caso da CNE, a mesma deve ser concebida e qualificada como "*um órgão dedutível de um regime constitucional de independência governamental de uma determinada área da actividade administrativa*".

[1420] Cfr. Freitas do Amaral que considerava que *"(i) os membros destas autoridades eram, em regra, eleitos pelo Parlamento, ou integrados por titulares designados por entidades privadas; (ii) tais autoridades não representavam o Governo, apesar de serem susceptíveis de ser integrados na administração central do Estado; (iii) não deviam obediência a qualquer outro órgão; (iv) os seus titulares eram inamovíveis e irresponsáveis pelas suas opiniões e pela tomada de deliberações no órgão; (v) os referidos órgãos não podiam ser dissolvidos e os seus titulares demitidos; (vi) os seus pareceres eram, em regra, vinculativos"*. De acordo com estes critérios, Freitas do Amaral considerava que a Comissão Nacional de Eleições deveria ser qualificada como *autoridade independente.*

[1421] A Comissão Nacional de Eleições, na definição legal do art. 1º, nº 2, da Lei nº 71/78, "*é um órgão independente e funciona junto da Assembleia da República*". Não é, porém, a todas as luzes, e não obstante o estatuto do que gozam os seus membros (art. 4º da citada lei), um tribunal – um tribunal que caiba no elenco do art. 212º da Constituição da República. Trata-se, no fundo, de um órgão *sui generis* de "administração eleitoral", autónomo relativamente ao Governo, e não integrado na organização administrativa deste dependente – um órgão que o legislador instituiu para justamente lhe confiar, em razão dessa mesma autonomia ou "independência", um conjunto de tarefas no domínio em causa que entendeu distrair ou retirar do âmbito de competência (que seria a competência "natural") dos órgãos e agentes do Poder Executivo. São várias e diversas essas tarefas, mas é indiscutível que no seu conjunto elas assumem fundamentalmente, na verdade, uma índole administrativa (cfr. art. 5º da Lei nº 71/78). Dentro desta sua índole genérica, situam-se tais tarefas em diferentes planos, mas é também indiscutível que algumas delas se concretizam na prática de actos jurídicos com eficácia externa, que têm a ver, nomeadamente, com a ordenação de cada processo eleitoral *(lato*

É, pois, uma verdadeira e própria autoridade administrativa independente pela aplicação dos critérios fundamentais da respectiva qualificação que são, para esta doutrina, os de que:

a) Nos termos da lei dela criadora, a Comissão não está sujeita a qualquer poder de direcção ou de superintendência do Governo;
b) A sua actividade é exercida de acordo com os princípios da independência funcional; e
c) É um órgão da estrutura da Administração Pública, uma vez que as suas funções são predominantemente administrativas.[1422]

Pela nossa parte aderimos a esta qualificação, no sentido em que "*estamos perante o caso de um órgão dedutível de um regime constitucional de independência governamental de uma determinada área da actividade administrativa*".[1423]

Não apenas pelo critério das competências maioritariamente administrativas, mas pela circunstância da observância dos princípios da legalidade, imparcialidade e proporcionalidade enquanto princípios constitucionais aplicáveis à actividade administrativa.

Por outro lado, não vislumbramos, quer na lei, quer nos estatutos, qualquer impedimento a que a actividade desta Comissão não se mostre enquadrada no princípio da unidade de acção da administração; pelo contrário, as regras relativas a dotações orçamentais, bem como as regras relativas a recursos humanos, são de molde a podermos conceber a sua natureza como administrativa e relativamente independente.[1424]

É também neste sentido a posição defendida pela própria Comissão Nacional de Eleições, quando sustenta que "*A par dos tribunais existe desde 1974 (salvo*

sensu) em concreto, e a participação nesse processo das diversas candidaturas em presença. Tais actos – e em especial os que condicionam ou regulamentam a participação na campanha eleitoral dessas diversas candidaturas – são, pois, de qualificar como verdadeiros "actos administrativos", ou "actos administrativos definitivos e executórios", segundo a terminologia doutrinal e legal corrente entre nós. Entre esses actos se contam, seguramente, os praticados no exercício da competência atribuída à Comissão pela alínea *f)* do nº 1 do art. 5º citado, a saber, a competência para "proceder à distribuição dos tempos de antena na rádio e na televisão entre as diferentes candidaturas".

1422 Cfr. quanto à qualificação histórica da Comissão Nacional de Eleições, J. Lucas Cardoso, "As autoridades administrativas independentes e a Constituição", p. 254.

1423 Cfr. Paulo Otero, "O Poder de Substituição em Direito Administrativo: Enquadramento dogmático-constitucional", Vol. II, Lisboa, 1995.

1424 Importa clarificar que o conceito de independência relativa está definido no nosso trabalho por referência à independência em sentido próprio. Ou seja, a entidade é independente, orgânica e funcionalmente, mas está subordinada a algumas regras "institucionais" e "relacionais" que revelam um grau, maior ou menor, de poderes intra-administrativos de controlo.

durante um pequeno lapso de tempo) a Comissão Nacional de Eleições. (...) Nem por isso o nosso sistema se converte num sistema misto. Pode falar-se, sim, em sistema complexo, com um duplo controlo dos procedimentos eleitorais – jurisdicional e administrativo. A separação afigura-se clara e se não é completa é apenas porque os tribunais ainda possuem certas competências materialmente administrativas (as atinentes à apresentação das candidaturas), ao passo que a Comissão Nacional de Eleições deixou de exercer, em 1982, o poder de suspensão do direito de antena dos partidos, por se reconhecer que ele era de natureza jurisdicional. Aliás, das decisões da Comissão Nacional de Eleições há recurso – ainda um contencioso administrativo constitucional – para o Tribunal Constitucional [art. 9°, alínea f), da Lei n° 28/82, de 15 de Novembro]. Assim como os princípios da descentralização e da participação (arts. 6°, n° 2, e 267°, n°s 1 e 2, da Constituição) explicam várias administrações especiais ou sectoriais (arts. 63°, 64°, 76° e 267°, n° 3), assim como o princípio da separação dos órgãos de soberania (art. 114°, n° 1) justifica a administração específica da Assembleia da República (art. 184°), assim como o do Estado regional justifica o poder executivo próprio das regiões autónomas [art. 229°, n° 1, alínea g)] – assim o princípio democrático representativo fundamenta a administração eleitoral e o carácter de órgão independente da Comissão Nacional de Eleições. Nem faria sentido que a administração ligada ao exercício do sufrágio pelos cidadãos, através do qual se manifesta a soberania popular (arts. 3°, n°1, 10°, 111°, 117°, n° 1) quedasse, de qualquer modo, dependente de um órgão derivado desse mesmo sufrágio, o Governo. Tal como a Alta Autoridade para a Comunicação Social, o Conselho Superior de Magistratura ou a Procuradoria-Geral da República, a Comissão não pertence, pois, a qualquer das estruturas da administração – directa, indirecta ou autónoma – subordinadas (ainda que por vias e graus diferentes) ao Governo, nem depende (ou qualquer dos seus membros, no exercício das suas funções) de ordens ou instruções dele ou de outra qualquer entidade. E essa qualidade de órgão independente vem ainda reforçada pela composição tripartida (com juiz-conselheiro-presidente, designado pelo Conselho Superior da Magistratura, cinco cidadãos designados pelo Parlamento e técnicos designados pelos departamentos ministeriais; e pela fixação de um mandato dos vogais em correspondência com a duração da legislatura. A Lei nº 71/78, de 27 de Dezembro, alterada através da Lei nº 4/2000, de 12 de Abril, estabelece que a Comissão é um órgão independente que funciona junto da Assembleia da Republica".[1425]

Julgamos, assim, que face ao núcleo essencial das suas atribuições e competências, pelas regras de nomeação e exoneração dos membros dos seus órgãos, pela aplicação às suas decisões dos princípios da legalidade, imparcialidade e proporcionalidade, bem como pela sua integração na estrutura da

[1425] Cfr. "Comissão Nacional de Eleições, 20 Anos", disponível no *site* da Comissão.

organização administrativa por força do princípio constitucional da unidade de acção, a Comissão pode ser considerada e qualificada como uma entidade administrativa independente

5. Comissão Nacional de Protecção de Dados

O art. 35º da Constituição estabelece o regime da "utilização informática" para efeitos de tratamento de "dados pessoais" pelas entidades públicas e privadas.[1426]

A Comissão é, nos termos da lei em vigor antes identificada, uma entidade administrativa independente com poderes de autoridade que funciona junto da Assembleia da República (art. 2º).

A Comissão dispõe de poderes de investigação e de inquérito, poderes de autoridade e poderes relativos a matérias de tratamento de dados pessoais.

Trata-se, pois, de uma entidade administrativa independente segundo os próprios termos da lei que encontra o seu fundamento legitimador na Constituição enquanto entidade vocacionada para a garantia e salvaguarda de direitos fundamentais.

6. Entidade Reguladora da Saúde

A criação do Serviço Nacional de Saúde resultou da Lei nº 56/79, de 15 de Setembro, tendo sido garantido o acesso gratuito a cuidados de saúde a todos os cidadãos.

A revisão constitucional operada em 1989 abriu caminho para a distinção entre SNS e sistema de saúde, ou seja, passou a ser possível a prestação de cuidados de saúde por entidades privadas.

De acordo com a Lei de Bases da Saúde aprovada pela Lei nº 48/90, de 24 de Agosto, o actual sistema de saúde é constituído pelo Serviço Nacional de Saúde e por todas as entidades públicas que desenvolvam actividades de promoção, prevenção e tratamento na área da saúde, bem como por todas as entidades privadas e por todos os profissionais livres que acordem com a primeira a prestação de todas ou algumas daquelas actividades.

Emergiram, entretanto, subsistemas de saúde privados, associado à transformação de estabelecimentos públicos desprovidos de uma lógica empresarial em verdadeiras empresas e ao aumento do custo da prestação de serviços

[1426] Cf. Lei 10/91, de 29 de Abril, que veio concretizar o princípio constitucional insito no art. 35º. Também a Directiva 95/46/CE do Parlamento e do Conselho de 24 de Outubro de 1995, vem regulamentar esta matéria, que foi objecto de transposição mediante alteração do art. 35º da C.R.P. na revisão de 2004.

de saúde tendo estes factores, entre outros, gerado e legitimado a existência de um mercado de saúde misto indutor de mecanismos de concorrência no seio de um mercado que se pretendia transparente e ordenador dos direitos dos utentes.

Começam a ser dados os primeiros sinais de que era exigível ao Estado, enquanto financiador, não permitir a desregulação do sector.

Traduz esta ideia a própria Constituição da República, especialmente o art. 64º, nº 3, alínea *d)*, que impõe ao Estado a missão de disciplinar as instituições de saúde públicas e privadas por forma a assegurar adequados padrões de eficiência e qualidade.

O direito à saúde assumiu, por outro lado, uma dimensão comunitária que se pode traduzir pela europeização do acesso a cuidados de saúde.

É neste contexto que o próprio direito comunitário tem vindo a densificar o conceito de serviços não económicos de interesse geral, que abrange serviços de saúde prestados por entidades sem fim lucrativo, serviços sociais, de educação e cultura.[1427]

Podemos, pois, referir que o mercado da saúde tem vindo a desenvolver-se no domínio das entidades públicas, privadas e de solidariedade social, que exercem actividade neste sector e, nessa medida, prestam cuidados de saúde.

Neste âmbito, os autores sustentam que a detecção de falhas de mercado juntamente com razões constitucionais e motivações de ordem política, estiveram na origem da opção de política pela criação de uma autoridade reguladora da saúde.

A primeira referência a uma entidade reguladora da saúde surgiu no art. 37º do Decreto-lei nº 185/2002, que regulou as parcerias público-privadas na área da saúde.

Posteriormente, o Decreto-lei nº 60/2003, de 1 de Abril, que criou a rede de cuidados de saúde primários, determinava que este entraria em vigor em simultâneo com o diploma que viesse a aprovar a criação de uma entidade reguladora com competência para enquadrar a participação e actuação dos operadores privados e sociais no âmbito da prestação de serviços públicos de saúde.

Foi o que sucedeu com o Decreto-Lei nº 309/2003, de 10 de Dezembro, que procedeu à instituição da Entidade Reguladora da Saúde.

Posteriormente, o Decreto-Lei nº 127/2009, de 27 de Maio, veio proceder à revisão do regime jurídico da ERS com o objectivo, entre outros, de lhe

[1427] Para maiores desenvolvimentos sobre o conceito de serviços não económicos de interesse geral. cfr. João Nuno Calvão da Silva, "Mercado e Estado: Serviços de Interesse Económico Geral".

atribuir poderes de regulação económica no sector, bem como poderes mais precisos de aplicação de sanções, quer quanto à definição das contraordenações, quer quanto às coimas aplicáveis.[1428]

Qualquer dos diplomas antes mencionados foi decretado ao abrigo do disposto na alínea *a)* do nº 1 do art. 198º da Constituição, ou seja, ao abrigo de competência legislativa do Governo em matérias não reservadas à Assembleia da República.[1429]

Secção 4ª

Entidades administrativas independentes criadas por acto legislativo, para a prossecução de incumbências do Estado previstas no texto constitucional

1. Autoridade da Concorrência (AdC)

1.1. Generalidades

O direito comunitário da concorrência remonta a 1957, quando foi assinado o Tratado da Comunidade Económica Europeia que estipulava, no respectivo art. 2º, que o mesmo tinha como finalidade estabelecer um mercado comum e a progressiva aproximação das políticas económicas dos Estados-Membros.[1430]

Segundo os autores mais proeminentes, podem distinguir-se três fases na evolução do direito comunitário da concorrência, a primeira delas nos anos sessenta em que a concorrência consistia na protecção da unidade de mercado e na tentativa de evitar a criação de barreiras entre os Estados.[1431]

[1428] Recorde-se que a filosofia de criação da ERS se reporta à separação do Estado regulador e supervisor, do Estado operador e financiador do sistema.

[1429] Refira-se o D.L. 126/2014, de 22 de Agosto, que consagrou na ERS as funções de regulação e de registo de estabelecimentos prestadores de cuidados de saúde privados e públicos, mas também a função de licenciamento, através da alínea *a)* do nº 2 do art. 5º e art. 11º, que até então cabia às Administrações Regionais de Saúde.

[1430] Cfr. José Caramelo Gomes, "A Formação do Direito da Concorrência: Temas de Integração", Almedina, 2009, pp. 200 e seguintes, para uma resenha histórica e doutrinária sobre a origem do Direito Comunitário da Concorrência, designadamente a respectiva formulação normativa poder representar uma "síntese" entre a influência liberal norte-america, francófona e continental.

[1431] Cfr. A. Scordamaglia Tousis, "The Lisbon Treaty and Competition", European University Institute, 2009; Christopher Bellamy, "Traité de droit européen de la concurrence", Tomo I, "Common market law and competition", 1993; Giorgio Monti, "EC Competition Law", Cambridge University

Uma segunda fase deste modelo encontra-se na aparente mudança de políticas seguidas pelas instituições europeias, de que destacamos a XV Comunicação da Comissão de 1985, que foram posteriormente concretizadas através do disposto nos artigos 81º e 82º do Tratado CE.

Numa terceira fase verifica-se a evolução da tutela e da protecção dos consumidores e das empresas, bem como da tutela da defesa da concorrência, entendida esta do ponto de vista da protecção da eficiência do mercado, ou seja, foi dada nova interpretação aos artigos 81º e 82º do Tratado CE no sentido do abandono da presunção de que qualquer acordo entre empresas infringia o art. 81º, e passou a entender-se que o objectivo do art. 82º era o de permitir a entrada, a expansão e a competição das empresas no mercado em regime de total concorrência.

Em qualquer dos casos deve sublinhar-se que a concorrência é uma pedra basilar da construção e do desenvolvimento da União Europeia e fez parte, desde o seu início, da filosofia e das razões de opção de política no que se refere ao funcionamento desta União, através do princípio, desde sempre assumido e afirmado, da criação de um mercado único.[1432]

As matérias relativas à concorrência são da competência da União e dos Estados-Membros, significando isso mesmo que a repartição de tais competências, em razão das atribuições institucionais que os Tratados consagram, revelam justamente que foi pretendido, de acordo com o princípio da subsidiariedade, que a Comunidade continua a dispor de poderes de intervenção se e na medida em que a acção não seja suficientemente realizada pelos Estados-Membros.

Esta regra consta, aliás, do Tratado de Lisboa, assinado em Lisboa em Dezembro de 2007 em Protocolo relativo ao mercado interno e à concorrência, onde se pode ler que "*Tendo em conta que o mercado interno, tal como estabelecido no art. 2º do Tratado da União Europeia, inclui um sistema que assegura que a concorrência não seja falseada, acordam em que, para esse efeito, a União, se necessário, tome medidas ao abrigo do disposto nos Tratados, incluindo o art. 308º do Tratado sobre o funcionamento da União Europeia*".

Press, 2008; Miguel Moura e Silva, "Direito da Concorrência, Uma Introdução jurisprudencial", Coimbra, 2008; José L. Caramelo Gomes, "Tratado de Lisboa, Tratado da União Europeia, Tratado de funcionamento da União Europeia", Anotados, Lisboa, Ed. Lusíada.

[1432] Cfr. Mike Walker & Simon Bishop, "The Economics of EC Conpetition Law: Concepts, application and measurement", 3ª ed., Londres, Sweet & Maxwell, 2009; Richard Whish, "Competition Law", 7ª edição, Oxford University. Press, 2010; Mark Furse, "Competition Law of the EC and the UK", 6ª edição, Oxford University Press, 2008.

No plano interno e até 1994, a defesa da concorrência foi assegurada pelos Decretos-Leis nºs 422/83, de 3 de Dezembro, e 428/88, de 19 de Novembro, o primeiro relativo aos acordos entre empresas, aos abusos de posição dominante e a certas práticas individuais restritivas da concorrência, e o segundo relativo ao controlo das concentrações.[1433]

Em 1 de Janeiro de 1994 entrou em vigor o Decreto-Lei nº 371/93, de 29 de Outubro, que veio fundir num único diploma os regimes de acordos entre empresas, abusos de posição dominante e do controlo das concentrações.

O regime substantivo consagrado no Decreto-Lei nº 371/93 foi influenciado sobretudo pelos artigos 85º e 86º do Tratado CE e, desse modo, passam a ser proibidos os acordos entre empresas, as decisões de associações de empresas e as práticas concertadas, os abusos de dependência económica e os abusos de posição dominante susceptíveis de falsear o jogo da concorrência no mercado português.

As sanções aplicáveis à violação destas regras são, do ponto de vista da sua instrução, da competência da Direcção-Geral do Comércio e da Concorrência.

A competência para aplicação efectiva das sanções é do Conselho da Concorrência.

Ou seja, o Decreto em análise atribui, nos termos do respectivo art. 11º, competências à Direcção-Geral do Comércio e da Concorrência para instrução de processos e, nos termos do art. 12º, atribui competência decisória ao Conselho da Concorrência.

De sublinhar, neste contexto, que as autoridades nacionais competentes – a Direcção-Geral do Comércio e da Concorrência e o Ministro da Economia (apenas no caso do controlo das concentrações), o Conselho da Concorrência e os Tribunais – são titulares do poder de, quando decidem sobre recursos, aplicar os artigos 85º e 86º do Tratado CE em conformidade com o seu art. 88º e com o art. 9º do Regulamento (CEE) 17/62.

A Lei da Concorrência foi aprovada através da Lei nº 18/2003, de 11 de Julho, e nele foi prevista a criação da Autoridade da Concorrência.

[1433] Cfr. José Caramelo Gomes, "A Formação do Direito da Concorrência, Temas de Integração", 1º e 2º semestres de 2009, p. 210, no sentido em que este diploma trouxe consigo a novidade do Conselho da Concorrência decidir sobre os processos de práticas restritivas que seriam instruídos pela Direcção-Geral de Concorrência e Preços. A criação deste Conselho foi um passo na direcção certa, na medida em que aumentava a independência, relativamente aos poderes públicos, da entidade competente para decidir sobre os processos relativos a práticas restritivas. No entanto, a sua composição e modo de nomeação não eram de molde a garantir a sua independência e autonomia: apenas o Presidente, necessariamente um Magistrado em comissão de serviço, tinha um mandato pré-definido de 3 anos, e mesmo assim nada se estabelecia sobre a sua substituição.

Esta autoridade foi instituída através do Decreto-Lei nº 10/2003, de 18 de Janeiro.

A Autoridade da Concorrência passou, pois, a concentrar as competências antes distribuídas pela Direcção-Geral do Comércio e Concorrência e o Conselho da Concorrência.

O conjunto dos diplomas legais antes citados tem a sua fonte legitimadora na competência legislativa do Governo nas matérias que não estão sob reserva da Assembleia da República.[1434]

Por seu turno, o Decreto-Lei nº 10/2003, de 18 de Janeiro, é fundado na Lei da Assembleia da República nº 24/2022, de 31 de Outubro, que autorizou o Governo, no quadro da criação da Autoridade da Concorrência e da aprovação dos seus estatutos, a definir as regras de controlo jurisdicional das decisões a adoptar no domínio da defesa da concorrência.

1.2. Evolução do quadro legal

O impacto da dinâmica concorrencial na economia portuguesa foi pela primeira vez reconhecido pela Constituição de 1933, no âmbito do seu art. 34º, nos termos do qual "*O Estado promoverá a formação e desenvolvimento da economia nacional corporativa, visando a que os seus elementos não tendam a estabelecer entre si concorrência desregrada e contrária aos justos objectivos da sociedade e deles próprios, mas a colaborar mutuamente como membros da mesma colectividade*".[1435]

O Estatuto do Trabalho Nacional de 1933 considera a iniciativa privada como o "*mais fecundo instrumento do progresso e da economia da nação*" e, salienta que "*compete ao Estado a coordenação e regulação superior da vida económica e social, de forma a que não se estabeleça entre os seus elementos oposição prejudicial ou concorrência desregrada*".

Posteriormente, a Lei de Condicionamento Industrial (1927 e 1937), bem como a Lei de Fomento e Reorganização Industrial de 1945, vêm criar medidas reveladoras de um apertado quadro de regulação económica.[1436]

[1434] Deve ser realçado que a Concorrência tem dignidade constitucional de acordo com o disposto no art. 99º da C.R.P..

[1435] Alguns contributos para a história do Direito da Concorrência em Portugal podem encontrar-se em Nuno Ruiz, "A Aplicação do Direito Comunitário da Concorrência em Portugal", Boletim de Documentação e Direito Comparado, 1999, Vol. 77-78; Anselmo Rodrigues, "Instituições de Defesa da Concorrência em Portugal e a sua actuação", em A Concorrência e os Consumidores, Estoril, Conselho Económico e Social, 2001; António Carlos Santos, Maria Eduarda Gonçalves, Maria Manuel L. Marques, "Direito Económico", Coimbra, 2006.

[1436] A primeira tentativa de defesa da concorrência em Portugal data de 1936, quando foi aprovada a Lei nº 1936, de 18 de Março, sobre o controlo das coligações económicas. Outras leis com aspectos

A Lei nº 1/72 veio revogar a lei de condicionamento industrial e promulgar "as bases de defesa da concorrência".

Já no contexto da Constituição da República Portuguesa de 1976, o art. 81º, alínea *f)*, cometia ao Estado a incumbência de "*assegurar a equilibrada concorrência entre as empresas, fixando a lei a protecção às pequenas e médias empresas económica e socialmente viáveis*".

Quer no que refere à legislação reportada a 1972, quer ao disposto no citado art. 81º da Constituição de 1976, o tempo "andou devagar", uma vez que foi necessário aguardar por 1983 para ser adoptada, em Portugal, legislação que visava, justamente, criar mecanismos definidores e reguladores do princípio da defesa da concorrência.[1437]

Pode, efectivamente, ler-se no preâmbulo do Decreto-Lei nº 422/83, de 3 de Dezembro, que "*O presente diploma tem por objecto a defesa da concorrência no mercado nacional a fim de salvaguardar os interesses dos consumidores, garantir a liberdade de acesso ao mercado, assegurar a transparência do mercado, favorecer a realização dos objectivos gerais de desenvolvimento económico e social e reforçar a competência dos agentes económicos face à economia internacional*".[1438]

de defesa da concorrência foram os Decreto-Leis nºs 44016, de 08 de Novembro de 1961, que se propunha criar uma zona de comércio livre no espaço nacional em conformidade com os princípios do art. XXIV do GATT de forma a permitir a adesão de Portugal ao GATT, incluindo regras de livre circulação de mercadorias, eliminação de direitos aduaneiros e um regime de defesa da concorrência que passava pela criminalização de comportamentos de empresas que repartissem geograficamente entre empresas o mercado nacional, ou que praticassem preços discriminatórios, e ainda a Lei nº 1/72, de 14 de Março, que tinha em vista "*o desenvolvimento económico do país tendo em consideração a estrutura do mercado... prevendo-se a punição dos acordos, decisões ou práticas restritivas da concorrência*", esta última regra regulamentada.

[1437] No plano global, a Lei Fundamental de 1933 era relativamente neutral relativamente ao problema da concorrência. Neste sentido, Alberto Xavier, "Subsídios para uma Lei de Defesa da Concorrência", Ciência e Técnica Fiscal, 1970, p. 109. No exercício desta liberdade foi, através da publicação de diversas leis, criado um regime económico caracterizado por uma forte intervenção administrativa na economia, com objectivos assumidamente protecionistas. Neste sentido, Pedro Albuquerque, "Direito Português da Concorrência", Revista da Ordem dos Advogados, Ano 50, Dezembro de 1990, p. 597. Com a Constituição de 1976 foi alcançado um novo estádio nesta evolução. Não obstante, o sistema de protecção da economia portuguesa manter-se-ia até à data da publicação do Decreto-Lei nº 513-I/79, que veio abolir o regime do condicionamento e consagrar o livre acesso ao mercado. Este diploma não foi, porém, suficiente para alterar o novo regime jurídico da concorrência em Portugal, que se verificou com o Decreto-Lei nº 422/83. Neste sentido, cfr. Robalo Cordeiro, "As Coligações de Empresas e os Direitos portugueses e comunitários da concorrência", em Revista de Direito e Estudos Sociais, Coimbra, 1987, Ano XXIX.

[1438] Cfr. Pedro Albuquerque e Isabel Jalles, "A Lei da Concorrência, Análise e Perspectivas de Aplicação, Concorrência em Portugal nos anos 80", Actas do Colóquio organizado pela revista "Assuntos Europeus" da Fundação Calouste Gulbenkian, Lisboa, 1985, p. 50, no sentido em que

A concorrência surge, no contexto deste diploma legal, como um bem que deve ser garantido, através do regime jurídico nele consagrado concebido como um meio para atingir as finalidades gerais de desenvolvimento económico e social.[1439]

A criação de condições efectivas de concretização dos princípios e regras consagradas naquele diploma legal não se revelou muito eficaz, para além de que este novo regime não era aplicável ao controlo prévio das concentrações, e não cobria, no âmbito da respectiva aplicação, a administração central, regional e local, a produção, transporte e distribuição de electricidade, os correios e telecomunicações.[1440]

Mais tarde, já em 1993, o Decreto-Lei nº 371/93, de 29 de Outubro, vem revogar o Decreto-Lei nº 422/83, de 3 de Dezembro, expressando de forma clara no respectivo preâmbulo que: "*De facto, ocorreram profundas alterações na estrutura e funcionamento da economia portuguesa ditadas pela liberalização, desregulação e privatização de importantes áreas da actividade económica, pelo avanço do processo de integração europeia e pelo aparecimento de novos protagonistas que introduziram importantes mudanças no tecido empresarial e modificaram a relação de forças no mercado*".

Neste quadro, o Decreto-Lei em referência "*visa integrar numa autêntica lei-quadro da política de concorrência os desenvolvimentos próprios de uma economia aberta, em crescente processo de internacionalização e de dinamismo concorrencial, contribuindo para a liberdade de formação da oferta e procura e de acesso ao mercado, para o equilíbrio das relações entre agentes económicos, para o favorecimento dos objectivos gerais de desenvolvimento económico e social, para o reforço da competitividade dos agentes económicos e para a salvaguarda dos interesses dos consumidores*".

O Decreto-Lei nº 371/93 é de aplicação a todas as actividades económicas nos sectores privados, público e cooperativo, de acordo com o disposto no seu art. 1º, nº 1.

a vontade do legislador não teria sido a de defender uma concorrência perfeita, mas sim uma concorrência eficaz ao serviço de determinados objectivos por ele enunciados. Este entendimento foi reforçado pelo nº 1 do art. 15º do Decreto-Lei 422/83, que considerava justificadas as restrições da concorrência quando benéficas para o desenvolvimento técnico e económico do país.

[1439] Cfr. António de Sousa Franco, "Concorrência", em Enciclopédia Luso Brasileira da Cultura, Vol. V, Verbo, 1967; António de Sousa Franco e Guilherme d'Oliveira Martins, "A Constituição Económica Portuguesa, Ensaio Interpretativo", 1993.

[1440] O regime da concorrência foi completado com a aprovação do Decreto-Lei nº 428/88, de 19 de Novembro, que estabeleceu as regras sobre operações de concentração de empresas (contendo a opção de exclusão do sector financeiro do seu âmbito de aplicação), cabendo a competência de autorização ao Ministro do Comércio e Turismo, sendo o Conselho da Concorrência chamado a pronunciar-se de forma não vinculativa.

Apesar do enunciado desta regra, o mesmo diploma, nos termos do seu art. 41º, dispõe que as empresas concessionárias, pelo período e no tempo da vigência do respectivo contrato de concessão, não estão abrangidas pelo regime aqui definido.

No que diz respeito às instituições de crédito, sociedades financeiras e empresas de seguros, o regime de controlo prévio das respectivas concentrações está fora do âmbito de aplicação do mencionado diploma legal.

O que é certo é que o referido Decreto-Lei inova, do ponto de vista do regime de práticas proibidas, ao conceber uma nova figura, a da do abuso de dependência económica, bem como ao criar no quadro de um mesmo diploma o regime dos auxílios de Estado e das concentrações.

Este diploma legal vigorou até 2003, quando foi aprovada a Lei da Concorrência através do Decreto-Lei nº 18/2003, de 11 de Junho, que veio posteriormente a ser modificado através da Lei nº 39/2006, de 25 de Agosto, e Decretos-Lei nº 216/2006, de 2 de Novembro, e nº 18/2008, de 29 de Janeiro.[1441]

Mais recentemente, a Assembleia da República, através da Lei nº 19/2012, de 8 de Maio, veio estabelecer um novo regime jurídico da concorrência.[1442]

Esta nova legislação, do ponto de vista dos seus aspectos substanciais, veio aproximar o regime legal interno ao sistema em vigor na União Europeia e quanto à vertente procedimental, a nova lei vem prosseguir e aprofundar os institutos já consagrados na Lei nº 18/2003, no que se refere a uma maior densificação das soluções já anteriormente ensaiadas.[1443]

[1441] Cfr. Miguel Moura e Silva, "Produtividade e Concorrência: Um contributo para a reforma da legislação de defesa da concorrência", em Conselho Económico e Social (org.), Mesa Redonda – Grandes Opções da Política Económica e Social, Lisboa, 2003, pp. 157 e seguintes.

[1442] Cfr. texto do discurso do Presidente da Autoridade da Concorrência, proferido em 2 de Julho de 2010, no âmbito da 1º Conferência Luso-Espanhola de Direito da Concorrência, defendendo, nesse contexto, a revisão da lei da concorrência nos seguintes aspectos fundamentais: (i) Separação clara dos diversos domínios de intervenção da Autoridade da Concorrência; (ii) Reformulação substantiva dos capítulos dedicados a infrações, sanções e recursos judiciais; (iii) Maior harmonização relativamente à União Europeia, nomeadamente em matéria de práticas proibidas da concorrência e de controlo de operações de concentração; (iv) Reprodução adaptada de algumas normas de aplicação subsidiária, de modo a tornar o novo regime jurídico da concorrência mais autónomo, mais claro e mais inteligível.

[1443] Neste sentido, cfr. Miguel Moura e Silva, "As Práticas Restritivas da Concorrência na Lei 19/2012: Novos Desenvolvimentos", conhecido na sessão pública de apresentação desta nova legislação que está disponível no *site* da AdC.

1.3. O quadro legal interno, o quadro de direito internacional e de direito comunitário

A concorrência, no plano comunitário, é uma exigência do próprio funcionamento do mercado interno e das atribuições que lhe estão subjacentes.[1444]

Mercado interno e concorrência aparecem-nos, assim, como duas faces da mesma moeda.[1445]

A defesa da concorrência deve, pois, ser entendida, de acordo com a vontade dos Estados, como uma atribuição da comunidade.[1446]

A entidade que a nível comunitário exerce tais atribuições e competências – as de defesa da concorrência – é a Comissão Europeia de acordo, aliás, com o seguinte dispositivo: "*Quando se pronunciarem sobre acordos, decisões ou práticas ao abrigo dos artigos 81º ou 82º do Tratado que já tenham sido objecto de decisão da Comissão, os tribunais nacionais não podem tomar decisões que sejam contrárias à decisão aprovada pela Comissão. Devem evitar tomar decisões que entrem em conflito com uma decisão prevista pela Comissão em processos que esta tenha iniciado*".[1447]

Para além de outras, uma das questões fundamentais que se pode colocar, no contexto da aplicação da lei à violação das regras comunitárias ou internas da concorrência, é justamente a da legislação comunitária ou da legislação interna.[1448]

[1444] Cfr. art. 3º, alínea *g)*, do Tratado; António Carlos Santos, Maria Eduarda Gonçalves e Maria Manuel Leitão Marques,"Direito Económico", 5ª edição, Lisboa, p. 100; Fausto de Quadros, " Direito da União Europeia", p. 54; Hélio T. Rigor Rodrigues,"Direito Comunitário da Concorrência: Proibição estabelecida no art. 81º, nº 1, TCE e acordos permitidos pela excepção do art. 81º, nº 3, TCE", Compilações Doutrinais, Agosto, 2008.

[1445] Sobre as matérias que se mostrem de âmbito comunitário, cfr. Tratado de Lisboa, que altera o Tratado da União Europeia e o Tratado que institui a Comunidade Europeia, que estabelece um Protocolo relativo ao mercado interno e à concorrência, onde se diz que: "*Tendo em conta que o mercado interno, tal como estabelecido no art. 2º do Tratado da União Europeia, inclui um sistema que assegura que a concorrência não seja falseada... Acordaram em que, para esse efeito, a União, se necessário, toma medidas ao abrigo do disposto nos Tratados, incluindo o art. 308º do Tratado sobre o funcionamento da União Europeia*".

[1446] Cfr. Tratado Constitucional no seu art. O-13, alínea *b)*, que atribui à Comunidade competência exclusiva para o "*estabelecimento das regras de concorrência necessárias ao funcionamento do mercado interno*". Os regulamentos e directivas, enquanto normativos reguladores das regras de defesa da concorrência, são assumidos ao abrigo do disposto nos artigos 81º e 82º do Tratado CE.

[1447] Cfr. art. 16º do Regulamento (CE) 1/2003.

[1448] Decorre do Acórdão do Tribunal de Justiça de 1.6.99, Eco Swiss c. Benetton, Proc C-126/97, Colect 1999, p. I-3055, que o Tratado da União estabelece uma Ordem jurídica comunitária autónoma que se impõe à ordem jurídica dos Estados Membros, que se traduz pelo seguinte: (i) O primado dos acórdãos (acórdãos Costa/Enel e Simmenthal – Ac 15/7/64, proc 6/64, Rec 1964 p. 1131 e seguintes); (ii) O efeito directo do acórdão (acórdão Van Gend e Loos, Ac. 9/3/78, proc 106/77, Rec 1978, pp. 629 e seguintes); (iii) A passagem de competências anteriormente nacionais

Sobre esta matéria, rege o nº 2 do art. 2º da Lei nº 29/2012, de 8 de Maio, que "*Sob reserva das obrigações internacionais do Estado Português, a presente lei é aplicável à promoção e defesa da concorrência, nomeadamente às práticas restritivas da concorrência e às operações de concentração de empresas que ocorram em território nacional ou que neste tenham ou possam ter efeitos*".[1449]

Não é das matérias mais fáceis de dilucidar, tanto mais que, quer no domínio da lei interna, quer a nível internacional, a denominada "teoria dos efeitos" ou da "territorialidade objectiva" tem sido objecto de várias e diferenciadas decisões jurisdicionais.[1450]

No caso concreto da aplicação da "teoria dos efeitos", importa recordar que parece ser possível considerar, com fundamento no art. VI do nº 1 da Resolução sobre empresas multinacionais adoptada pelo Instituto de Direito Internacional em 1977, o que deve entender-se por "efeitos" a que se refere a legislação interna portuguesa:[1451]

a) O efeito produzido em Portugal deve ser substancial, ou seja, sensível e não negligenciável;
b) O efeito deve ser directo, ou seja, a actuação das empresas a quem é imputado o comportamento em causa deve estar directamente na origem do efeito produzido, sem interrupções ou mediações no nexo causal. Assim, se estiver em causa um cartel formado por várias empresas localizadas fora de Portugal e num caso em concreto só algumas delas forem directamente responsáveis pelos efeitos produzidos em Portugal, só estas devem ser responsabilizadas face à lei portuguesa e não também aquelas outras que, pertencendo embora ao cartel, não tenham nesse caso praticado os actos que estejam na origem dos efeitos produzidos em Portugal;
c) Deve ser previsível que a prática restritiva produzirá efeitos no território português, o que evita a aplicação da lei portuguesa a compor-

a exclusivamente comunitárias após a sua alocação prévia, com as regras da concorrência aplicáveis às ajudas de Estado.

[1449] Este mesmo princípio estava já consagrado na Lei da Concorrência na sua versão original.

[1450] Cfr. entre outros, o Acórdão Lotus do Tribunal Permanente Internacional de Justiça, Série A, nº 10, p. 18; o Acórdão do Tribunal Internacional de Justiça de 5 de Fevereiro de 1970, Recueil 1970, p. 105; Acórdão do Supremo Tribunal Federal nº 213 U.S. 347(1909) relativo ao caso American Banana v. United Fruit Company; Acórdão do Second Circuit Court of Appeals nº 148 F.2d 416 (2n Circ.1945) no caso Alcoa.

[1451] Cfr. M. Waelbroeck, A. Frignani, "Commentaire J. Mégret: Le droit de la CE et de l'Union Européenne", Vol. 4, Concurrence, Université de Bruxelles, 1997.

tamentos relativamente aos quais nada poderia fazer prever que os interesses portugueses seriam afectados;

d) Só se torna necessário provar a intenção das partes de causar efeitos no território português quando a prática em causa seja visada em razão do seu objecto anticoncorrencial (e não do efeito), dado que neste caso importa demonstrar que, embora possam não se ter verificado efeitos, as partes tinham a intenção de causar efeitos em território português. Quando, diversamente, esteja em causa uma prática em razão dos seus efeitos, torna-se dispensável a prova da intenção, importando tão-somente a demonstração objectiva da produção de efeitos; e

e) É irrelevante o facto de o comportamento em causa ser lícito no país onde seja colocado em prática ou onde o(s) autor(es) se encontre(m) localizado(s), pois de outra forma fácil seria contornar, mesmo de fora abertamente intencional, a lei portuguesa por via de simples deslocalização para uma jurisdição onde o comportamento em causa fosse lícito.

Ainda no domínio da aplicação das regras de concorrência e no campo específico do controlo de concentrações, a OCDE adoptou, igualmente, um conjunto de recomendações de que se destaca a de recomendar ao Estado com melhor conexão ao caso concreto para exercer a respectiva jurisdição.[1452]

Posteriormente, em 23 de Março de 2005, a OCDE formulou de novo um conjunto de recomendações atinentes a esta matéria, no sentido em que os Estados-Membros só devem invocar a sua competência relativamente a concentrações que apresentem uma conexão adequada com a sua jurisdição, bem como que na aplicação das suas leis às concentrações, o objectivo deve ser o de resolver preocupações domésticas resultantes de um procedimento concreto de controlo de concentração, devendo ser evitadas inconsistências com remédios desejados noutras jurisdições a que tal concentração também esteja sujeita.[1453]

Ou seja, sempre que se coloque a questão da aplicação da Lei da Concorrência aos casos em que se revele um elemento de conexão com outra ordem jurídica, a autoridade da concorrência deve ponderar, para efeitos da corres-

[1452] Cfr. Recomendação do Conselho respeitante à Cooperação entre Estados Membros relativamente a práticas anti-concorrenciais que afectem o comércio internacional, de 27 de Junho de 1995, em C(95)130/Final.

[1453] Cfr. Recomendação do Conselho sobre o controlo de concentrações, de 23 de Março de 2005, C(2005)34.

pondente tomada de decisão quanto à legislação aplicável, a teoria do efeito substancial, directo e previsível, sobretudo no que se refere à intensidade dos elementos de conexão relativos ao território português e ao outro Estado envolvido no procedimento.[1454]

Também no contexto das relações entre o direito interno e o direito comunitário importa esclarecer as relações entre as regras internas e as regras comunitárias de concorrência e o âmbito de intervenção de autoridades e tribunais nacionais e das instituições comunitárias.[1455]

A este propósito convém levar em especial consideração o Regulamento (CE) nº 1/2003, de 16 de Dezembro de 2002, relativo à execução das regras de concorrência estabelecidas nos artigos 81º e 82º do Tratado que institui o regime de competências paralelas que permite à Comissão e às autoridades de concorrência dos Estados-Membros aplicarem estes artigos.[1456]

Em conjunto, as autoridades nacionais de concorrência e a Comissão formam uma rede de autoridades públicas, que agem no interesse geral e cooperam para a protecção da concorrência.

A Autoridade da Concorrência dispõe, pois, de funções comunitárias, tais como as de:

a) Exercer todas as competências que o direito comunitário confira às autoridades administrativas nacionais no domínio das regras de concorrência aplicáveis às empresas;
b) Assegurar a representação técnica do Estado Português nos organismos comunitários em matéria de política de concorrência; e

[1454] Neste sentido, cfr. Miguel Mendes Pereira,"A Lei da Concorrência" Anotada, Coimbra, 2009, p. 53.

[1455] Para maior desenvolvimento sobre o sistema de repartição de competências instituído pelo Regulamento (CE) nº 1/2003, cfr. Brenda Sufrin e Alison Jones, "EC Competition Law: Text, Cases and Materials", 5ª edição, Oxford University Press, 2010; António Soares, "A Aplicação Descentralizada das Normas Comunitárias da Concorrência: O sistema de competências paralelas estabelecido pelo regulamento nº 1/2003", em Soares, António e Marques Maia (org.), Concorrência, Estudos, Coimbra, pp. 175-202; Cristina Camacho, "O Sistema de Competências paralelas e o Princípio "ne bis in idem", Revista da Concorrência e Regulação, Ano I – Número I (Janeiro-Março), 2010, pp. 93-136.

[1456] Trata-se, no âmbito deste Regulamento, da consagração de regras destinadas a garantir a congruência de aplicação do direito comunitário e do direito interno, bem como assegurar graus adequados de coordenação das respectivas e competentes intervenções administrativas ou judiciais. Neste sentido, cfr. Comissão Europeia – Comunicação da Comissão sobre cooperação no âmbito da rede de autoridades da concorrência, JOC 101 de 27.04.2004; Relatório da Comissão Europeia COM/2009/206, que acentua o grau substancial de convergência legislativa das diversas legislações dos Estados Membros.

c) Acompanhar a actividade de concorrência dos organismos comunitários e estabelecer as competentes relações de cooperação.[1457]

Neste sentido a Autoridade da Concorrência não é apenas uma instituição portuguesa, é igualmente uma instituição membro do Sistema Europeu da Concorrência denominada Rede Europeia de Concorrência.[1458]

1.4. Análise das atribuições e competências da Autoridade da Concorrência

A Autoridade da Concorrência, como já se disse, foi criada através do Decreto-Lei nº 10/2003, de 18 de Janeiro, ao abrigo da Lei de autorização legislativa nº 224/2002, de 31 de Outubro, que estipulava, desde logo, a independência da Autoridade, bem como o objectivo da respectiva institucionalização, no sentido em que lhe cabia promover, defender e garantir o respeito pelo princípio da livre concorrência e do mercado aberto, no quadro dos objectivos definidos na alínea *e)* do art. 81º da Constituição e no Tratado que institui a Comunidade Europeia.[1459]

A Autoridade, para garantia das finalidades previstas na lei e nos estatutos, é titular de um vasto conjunto de atribuições, consagradas no art. 6º dos respectivos Estatutos anexos ao Decreto-Lei nº 10/2003, de 18 de Janeiro, que se enunciam:

a) Velar pelo cumprimento das leis, regulamentos e decisões destinados a promover a defesa da concorrência;

[1457] Cf. Aida Gião e Carolina Gonçalves, "Autoridade da Concorrência".

[1458] Cfr. discurso do Presidente da Autoridade da Concorrência, proferido em Julho de 2010, na Conferência Luso-Espanhola da Concorrência, p. 3.

[1459] A Autorização legislativa é muito importante porque vai ao detalhe não só de configurar as funções que a nova entidade vai exercer, como também explicitar a sua organização interna, deixando ao Governo uma margem de manobra reduzida. Na realidade, a Assembleia da República estatui que: *a) "a nova entidade será uma pessoa colectiva de direito público, de natureza institucional dotada de órgãos, serviços, pessoal e património próprio e dotada de autonomia administrativa e financeira"*; b) *"terá como missão promover, defender e garantir o respeito pelo princípio da livre concorrência e do mercado aberto, no quadro dos objectivos definidos na alínea e) do art. 81º da Constituição e no Tratado que institui a Comunidade Europeia"*. Ressaltando a natureza da autorização como instrumento de maior dignidade jurídica para o paradigma da política de concorrência, cfr. Eduardo Raul Lopes Rodrigues, "Políticas Públicas de promoção da concorrência", em ISCSP, Universidade Técnica de Lisboa, 2008, que sublinha que: *"Este mandato é inequívoco no perfil de competências e de atribuições que a Assembleia da República consagra a esta nova entidade, inovando substantivamente no contexto das concepções prevalecentes entre nós, no domínio da ciência da administração, e ligando a sua génese à confluência dos normativos constitucionais aplicáveis, ou seja, agregando a Constituição da República Portuguesa e o Tratado de Roma"*.

b) Fomentar a adopção de práticas que promovam a concorrência e a generalização de uma cultura de concorrência junto dos agentes económicos e do público em geral;
c) Difundir, em especial junto dos agentes económicos, as orientações consideradas relevantes para a política de concorrência;
d) Acompanhar a actividade das autoridades de defesa da concorrência em outros países e estabelecer, com elas e com os organismos comunitários e internacionais competentes, relações de cooperação;
e) Promover a investigação em matéria de defesa da concorrência, desenvolvendo as iniciativas e estabelecendo os protocolos de associação e de cooperação, com as entidades públicas ou privadas, que se revelarem adequados para o efeito;
f) Contribuir para o aperfeiçoamento do sistema normativo português em todos os domínios que possam afectar a livre concorrência, por sua iniciativa ou a pedido do Governo;
g) Exercer todas as competências que o direito comunitário confira às autoridades administrativas nacionais no domínio das regras de concorrência aplicáveis às empresas;
h) Assegurar a representação técnica do Estado Português nos organismos comunitários ou internacionais em matéria de política de concorrência; e
i) Exercer as demais atribuições que lhe sejam legalmente cometidas.

Para além das atribuições específicas elencadas, o nº 2 do mesmo art. 6º dos Estatutos consagra ainda atribuições de natureza consultiva à Autoridade, na medida em que dispõe que o Governo, através do Ministro responsável pela área da economia, pode solicitar a elaboração de estudos e análises relativos a práticas ou métodos de concorrência que possam afectar o fornecimento e distribuição de bens ou serviços ou qualquer outra matéria relacionada com a concorrência.

Para a concretização das respectivas atribuições, o art. 7º dos Estatutos em menção estipula que a Autoridade dispõe de poderes sancionatórios, de supervisão e de regulamentação.

Assim, em termos de poderes sancionatórios, a Autoridade é competente para:

a) Identificar e investigar as práticas susceptíveis de infringir a legislação de concorrência nacional e comunitária, proceder à instrução e decidir sobre os respectivos processos, aplicando, se for caso disso, as sanções previstas na lei; e

b) Adoptar medidas cautelares, quando necessário.[1460]

Quanto aos poderes de supervisão, a Autoridade é competente para:

a) Proceder à realização de estudos, inquéritos, inspecções ou auditoras que, em matéria de concorrência, se revelem necessários;
b) Instruir e decidir procedimentos administrativos relativos à compatibilidade de acordos ou categorias de acordos entre empresas com as regras de concorrência; e
c) Instruir e decidir procedimentos administrativos respeitantes a operações de concentração de empresas sujeitas a notificação prévia.[1461]

Relativamente aos poderes de regulamentação, a Autoridade dispõe de poderes de:

a) Aprovar ou propor a aprovação de regulamentos, nos termos legalmente previstos;
b) Emitir recomendações e directivas genéricas; e
c) Propor e homologar códigos de conduta e manuais de boas práticas de empresas ou associações de empresas.[1462]

O regime jurídico da Concorrência foi recentemente alterado através da Lei nº 19/2012, de 8 de Maio, que procedeu à revogação das Leis nº 18/2003, de 11 de Junho, e nº 39/2006, de 25 de Agosto, e à segunda alteração da Lei nº 2/99, de 13 de Janeiro.

[1460] Cfr, entre outras, as decisões proferidas pelo Tribunal competente quanto ao exercício dos poderes sancionatórios da Autoridade: Sentença do Tribunal de Comércio de Lisboa, de 16.04.2009, proferida no âmbito do Processo 187/09.7TYSLB (recurso de aplicação de contraordenação); Sentença do Tribunal de Comércio de Lisboa, de 28.07.2009, proferida no âmbito do Processo 648/09.8TYLSB (recurso de aplicação de contraordenação); Sentença do Tribunal de Comércio de Lisboa de 07.05.2009, proferida no âmbito do Processo nº 233/09.4TYLSB (declara a inutilidade superveniente da lide por cessação de medida cautelar por decurso do tempo).

[1461] Cfr. entre outras, Decisão de oposição à concentração Ongoing/Vertix/Media Capital no âmbito do Processo 41/2009 – Ongoing/Prisa/Media Capital, nos termos do comunicado da Autoridade nº 4/2010, de 30 de Março de 2010; Decisão de proibição de operação de concentração entre os grupos Brisa e Auto-Estradas do Atlântico, de 10 de Abril de 2006, nos termos do comunicado da Autoridade nº 8/2006.

[1462] No domínio da sua actividade recomendatória, ver Recomendação da Autoridade nº 1/2007, relativa a "Medidas de reforma do quadro legal do notariado, com vista à promoção da concorrência nos serviços notariais".

Do ponto de vista do seu âmbito de aplicação, a lei aplica-se a todas as actividades económicas exercidas, com carácter permanente ou ocasional, nos sectores privado, público e cooperativo.[1463]

Em termos das suas competências, esta nova lei veio alargar algumas delas, nomeadamente as de carácter sancionatório e de investigação, dotando a Autoridade de vastos poderes de inspecção, busca e apreensão, bem como de inquirição.[1464]

A atribuição de poderes regulamentares à Autoridade da Concorrência é agora inequívoca no sentido em que o art. 66º dispõe que os regulamentos por si emanados assumem *eficácia externa* e devem ser publicados no Boletim Oficial.[1465]

Também do ponto de vista de recurso das decisões da Autoridade os mesmos assumem, no contexto da nova legislação, uma forma mais minuciosa de regulamentação, salvaguardando o art. 91º o regime de recurso administrativo para as decisões proferidas em procedimentos administrativos. Finalmente e em termos comparativos, importa dar nota do regime em vigor nos países antes "visitados" no que tange à Autoridade da Concorrência.

2. Comissão de Mercado de Valores Mobiliários (CMVM)

2.1. Generalidades

Os mercados de valores mobiliários podem ser concebidos como um ponto de encontro entre a oferta e a procura e envolvem um grande número de instituições e pessoas a nível mundial.[1466]

Trata-se de mercados abertos, sofisticados, com regimes de risco associados e que representam volumes significativos de direitos circuláveis, o que determina graus elevados de protecção.[1467]

É neste contexto que a regulação do mercado de valores mobiliários deve ter-se como associada à protecção dos investidores, à defesa do funciona-

[1463] Cfr. artigos 2º, 3º e 4º, em que são definidos, respectivamente, o âmbito de aplicação, a noção de empresa, bem como de serviços de interesse económico geral.

[1464] Cfr. artigos 17º a 22º da Lei 19/2012, de 8 de Maio.

[1465] Discutiremos este tema – o do poder regulamentar das entidades administrativas independentes – no contexto da análise da conformidade constitucional das competências destas entidades.

[1466] Segundo o Comité Económico e Social Europeu, em Parecer sobre as consequências económicas e sociais da evolução dos mercados financeiros, JO C 10/97, o montante das transações financeiras em 2002 ascendia a trinta e cinco vezes o montante do PIB mundial, ou seja, a cerca de 1.123 triliões de dólares.

[1467] Esta é, a da protecção e a da garantia de acautelar a eficiência funcional dos mercados, a função principal do direito mobiliário, como sustenta Barbara Grunewald/Michael Schlitt, citados em Paulo Câmara , "A regulação dos Mercados", p. 128.

mento equitativo, eficiente e transparente do mercado e à redução do risco sistémico.[1468]

A internacionalização dos mercados de valores mobiliários, dos agentes e das operações, bem como a internacionalização dos delitos têm exigido que, a este nível, se tenham aprofundado e desenvolvido mecanismos de cooperação e de coordenação dos mercados.

Trata-se de objectivos afirmados e praticados a nível internacional que tiveram a nível comunitário a respectiva tradução na sequência da apresentação do Relatório Lamfalussy, aprovado em Março de 2001 pelo Conselho Europeu, e que veio introduzir regras de eficiência e de transparência no processo de elaboração de legislação comunitária no domínio dos valores mobiliários, e assegurar a actualização das disposições técnicas relativas à evolução verificada a nível dos mercados e da supervisão.[1469]

Para além dos objectivos antes mencionados, o Relatório Lamfalussy veio igualmente determinar objectivos de garantia efectiva de harmonização na aplicação das normas e no estabelecimento de mecanismos de cooperação.[1470]

No plano interno, o Código de Mercado de Valores Mobiliários que entrou em vigor em 1991 assumiu como linhas orientadoras fundamentais as da desestatização, desgovernamentalização e liberalização, indo assim ao encontro dos modelos de regulação e de supervisão europeus.[1471]

[1468] Cfr. Paulo Câmara, op. cit., p. 130.

[1469] Cfr. Final Report of the Committee of Wise Men on The Regulation of European Securities Markets, Bruxelas, Fevereiro de 2001, que foi produzido na sequência da decisão do ECOFIN de 17 de Julho de 2000.

[1470] Entre outras, ver as consequências procedimentais mais relevantes deste Relatório no domínio do escalonamento das acções e das medidas a tomar entre a data da aprovação do Relatório – 15 de Fevereiro de 2001 – e as diversas etapas que irão ocorrer até Março de 2004. Cfr. Lamfalussy Report, que pode ser visualizado no *site* da Comissão Europeia.

[1471] Recorde-se que, como adverte o *Paper* da C.M.V.M, denominado "A Origem e o modo da Regulação do Mercado de Capitais em Portugal" (integrado no respectivo *site*), a anarquia do incipiente mercado de valores mobiliários português no início do século XX requeria alguma ordem, quer quanto aos agentes, quer quanto às regras de mercado. O Regimento do Ofício do Corretor, bem como o Regulamento da Bolsa vigoraram em Portugal até perto da Revolução. O Decreto-Lei nº 8/74, que visou reformar a orgânica e as regras de funcionamento das bolsas, manteve-se até perto de 1987, mas que com a crise bolsista desse ano suscitou a necessidade da criação da figura do Auditor Geral do Mercado de Títulos e do Conselho Nacional das Bolsas de Valores. Com a nossa adesão à UE surgiu a necessidade de rever profundamente o nosso sistema, tendo sido instituído o Código do Mercado de Valores Mobiliários. Neste sentido, os mercados de valores mobiliários são desestatizados, desregulamentados e liberalizados. Ver, igualmente, António Nogueira Leite, "A Bolsa Portuguesa: O Caminho Percorrido e os Próximos Desafios", Cadernos do Mercado de Valores Mobiliários, nº 12, 2001.

Em 2000, e com fundamento na necessidade da revisão e substituição do Código, entrou em vigor o Código dos Valores Mobiliários, pilar da reforma legislativa do mercado de capitais que assenta, fundamentalmente, nas ideias de codificação, simplificação, flexibilização, modernização e internacionalização.

2.2. A Evolução do quadro legal nacional

A integração comunitária esteve na origem da criação de um mercado nacional de valores mobiliários, através da abertura do capital das empresas ao público, bem como a sua cotação em bolsa, com o objectivo de promover o funcionamento do mercado em condições de estabilidade, eficiência, profundidade e liquidez.

Esta nova realidade, que se acentua a partir de 1986, está na origem da criação da Comissão de Mercado de Valores Mobiliários.

Na sequência do Decreto-Lei nº 142-A/91, de 10 de Abril, a CMVM passou a assumir funções antes pertencentes ao Ministro das Finanças, bem como a substituir o anterior cargo de Auditor-geral do Mercado de Títulos.

O Decreto-Lei nº 473/99, de 8 de Novembro, veio proceder à reformulação do anterior Estatuto, bem como à definição da composição do Conselho Nacional de Mercado de Valores Mobiliários, órgão consultivo do Ministro das Finanças, integrado no Conselho Superior de Finanças.

A CMVM foi instituída ao abrigo do Decreto-Lei nº 142-A/91, de 10 de Abril, e encontra-se indissociavelmente ligada ao ressurgimento do mercado de capitais por influência da integração comunitária.

A CMVM viu os seus estatutos pela primeira vez aprovados com o Decreto-Lei nº 473/99, de 8 de Novembro.

A criação da CMVM, entidade pública profissionalizada e especializada dotada de um grau máximo de autonomia face ao ministério da tutela, teve como objectivo o da compatibilização de uma linha liberalizadora com a protecção dos interesses públicos em causa, a defesa do mercado, bem como dos agentes que nele actuam.

O diploma legal antes citado que procedeu à criação da CMVM tem a sua fonte legitimadora na Lei da Assembleia da República nº 44/90, de 11 de Agosto, que do mesmo passo procedeu à criação do Código do Mercado de Valores Mobiliários.

Ou seja, no caso concreto da Comissão de Mercado de Valores Mobiliários, o Governo exerceu a sua competência a coberto de lei de autorização legislativa que o legitimou a instituir esta autoridade.

Como anteriormente se referiu, as três ideias fundamentais que traduziram as linhas orientadoras deste Código eram as da desestatização, desgovernamentalização e liberalização.

Em resultado da sua aplicação prática, e também com fundamento na evolução dos mercados, foi sentida a necessidade da sua revisão, o que veio a suceder com a entrada em vigor em Março de 2000 do Decreto-Lei nº 486/99, de 13 de Novembro, que operou uma profunda reforma do sistema, consagrando cinco princípios fundamentais: (i) codificação; (ii) simplificação; (iii) flexibilização; (iv) modernização; e (v) internacionalização.

Esta reforma constituiu uma resposta à necessidade de harmonização do ordenamento jurídico dos vários Estados-Membros da União Europeia, condição indispensável para a construção do mercado financeiro integrado definido no Plano Europeu de Acção para os Serviços Financeiros.[1472]

Refira-se a este propósito que, quer a Directiva relativa ao Prospecto de oferta pública, quer a Directiva relativa aos mercados e instrumentos financeiros, influenciaram decisivamente a legislação interna no que se refere ao livre regime de acesso ao capital e ao investimento a nível comunitário, bem como no âmbito da necessária harmonização dos serviços e instrumentos oferecidos aos investidores, consagrando a liberdade de prestação de serviços em todos os Estados-Membros.

Assinalam-se também as Directivas relativas ao abuso de mercado que visaram estabelecer o denominado *level playing field* em todos os Estados-Membros, no sentido de prevenir e perseguir as condutas susceptíveis de pôr em causa o regular funcionamento e a integridade do mercado.

Por outro lado, a produção legislativa comunitária consagrou mecanismos mais céleres de troca de informações, bem como a possibilidade de participação em investigações conduzidas noutro Estado-Membro, e a imposição comunitária de os Estados-Membros dotarem as respectivas autoridades de supervisão de um conjunto de poderes que lhes permitam uma supervisão eficaz.

Para além de objectivos de harmonização da legislação dos vários Estados-Membros da União Europeia, também estão presentes nesta política objectivos de transparência do e para o mercado, e flexibilidade quanto às novas modalidades de serviços de investimento.

[1472] Cfr. José Brito Antunes, "Notas Pessoais sobre o Processo Lamfalussy", Cadernos do MVM nº 18, 2004, pp. 48-61.

Estas regras e princípios foram acolhidos na legislação interna, como se constata pelo Código de Valores Mobiliários em vigor.[1473]

2.3. Quadro legal interno e direito internacional comunitário

Como antes se refere, a criação da Comissão de Mercado de Valores Mobiliários procura responder a objectivos de criação de um mercado nacional de valores mobiliários e, nessa medida, deve ser conjuntamente analisada à luz do direito comunitário relevante.[1474]

Antes de mais cumpre assinalar que as fontes de direito internacional mais significativas da criação de autoridades de regulação financeira na União Europeia se devem reportar à criação da *Securities and Exchange Commission*, que foi a resposta institucional à crise financeira mais grave do século XX – a crise de 1929 – com o objectivo de vigiar o cumprimento das leis federais em matéria de mercado de capitais.[1475]

Esta entidade foi igualmente paradigma da criação, na Bélgica, da *Commission Bancaire* em 1934, bem como da criação da *Commission des Opérations de Bourse* em França em 1967, da *Consob* em Itália em 1974, da *Securities and Investment Board* no Reino Unido em 1986, da CNMV em Espanha em 1988 e, no nosso caso, da Comissão de Mercado de Valores Mobiliários em 1991.[1476]

Recentemente, e no domínio do direito comunitário, a Directiva dos Prospectos consagrou um quadro de concorrência por parte das autoridades reguladoras na aprovação de prospectos de ofertas públicas de distribuição e de admissão de valores mobiliários a negociação em mercado regulamentado.[1477]

A influência do direito comunitário no que tange às soluções normativas consagradas a nível interno decorrem, como é sabido, do aumento significativo do tráfego financeiro a nível internacional.

[1473] O D.L. 5/2015, de 8 de Janeiro, veio já aprovar os novos Estatutos da CMVM ao abrigo da Lei 67/2013, de 28 de Agosto, e estabelecer a sua integração no Sistema Europeu de Supervisão Financeira a nível nacional, no Conselho Nacional de Supervisores Financeiros e no Comité Nacional para a Estabilidade Financeira.

[1474] Cfr. Paulo Otero, "Alguns problemas de Direito Administrativo do Mercado dos Valores Mobiliários", Direito dos Valores Mobiliários, Vol. I, Coimbra, 2001, em que o autor salienta a "*especial permeabilidade decisória a factores externos e de uma inevitável repercussão externa imediata de certas decisões*" como justificação para a relevância da regulação do mercado de valores mobiliários.

[1475] Cfr. Securities Act (1933), Securities Exchange Act (1934), Trust Indenture Act (1939), Investment Company Act (1940) e Investment Advisors Act (1940).

[1476] Deve sublinhar-se que apesar da proximidade temporal subsistem diversidades quanto às competências destas autoridades, quer as dos EUA, quer as das suas congéneres europeias.

[1477] Cfr. Paulo Câmara, "A Directiva dos Prospectos: Contexto, Conteúdo e Confronto com o Direito Positivo Nacional", Direito dos Valores Mobiliários, Vol. VII, Coimbra, 2009.

Como assinala Paulo Câmara, esta realidade tem sido apenas fundamento para o reforço, no plano institucional de mecanismos de cooperação, o que tem suscitado a nível comunitário uma profunda reflexão em torno da questão de saber se deve ou não caminhar-se para a criação de uma autoridade europeia que ou coordene ou, por outro lado, substitua os actuais reguladores nacionais.

Este debate está longe de estar terminado, sendo acentuadas algumas vantagens do actual modelo, nomeadamente a de que a estrutura descentralizada institucional existente convive melhor com a harmonização europeia, no sentido em que as autoridades de supervisão nacionais se mostram mais aptas a conhecer a cultura própria de cada mercado e, consequentemente, a melhor lidar com as especificidades de cada espaço jurídico.[1478]

Procurando deixar alinhados alguns elementos históricos para a compreensão do nosso tema, importa assinalar que nos anos noventa havia o sentimento de que a integração jurídica e financeira não avançava, perante a evolução vertiginosa de algumas tendências dos mercados financeiros.

Era, pois, necessário, face aos movimentos tendentes à criação da moeda única e a uma maior integração europeia, proceder à renovação do regime financeiro comunitário.[1479]

A Comunicação da Comissão de Outubro de 1998, seguida de uma solicitação do Conselho Europeu de Cardiff, traduziu e elencou um conjunto de linhas centrais com o objectivo de renovar o aludido regime financeiro comunitário.

Esta estratégia foi posteriormente concretizada através de um plano de acção elaborado pela Comissão e aprovado pelo Conselho, que adoptou a designação de Plano de Acção para os Serviços Financeiros (PASF).[1480]

Este plano foi sendo executado entre os anos 1999 e 2005; todavia, era cada vez mais sentida a necessidade e a urgência de avançar com aspectos institucionais e procedimentais do regime comunitário financeiro.[1481]

[1478] Cfr. Nunes Pereira, "A Comissão de Mercado de Valores Mobiliários: Uma experiência de regulação financeira em Portugal", em CadMVM, nº 12, 2001, pp. 11 e seguintes; Carlos Costa Pina, "A estrutura do sistema financeiro português", em Estudos em Homenagem ao Professor Doutor Inocêncio Galvão Telles, Vol. II – Direito Bancário, Coimbra, 2002; António Manuel Pinto Barbosa, "Regulação bancária e supervisão prudencial, em contexto de globalização dos mercados financeiros na óptica dos respectivos órgãos de controlo", em Estudos jurídicos e económicos em Homenagem ao Professor João Lumbrales, FDL, Lisboa, 2000.

[1479] Cfr. Luis Paulo Figueiredo Carvalho, "Os sistemas de supervisão prudencial na União Europeia", Coimbra, 2003; Manuela Peixe, "Autoridades de Regulação no domínio dos Valores Mobiliários ao nível comunitário", em CadMVM, nº 16, 2003, pp. 37 e seguintes.

[1480] Cfr. COM (1999) 323 final.

[1481] Cfr. as medidas que então foram adoptadas em Plano de Acção para os Serviços Financeiros – Síntese, que se desdobrou em: (i) Mercados de grandes operações; (ii) Mercado de Pequenas

Em Julho de 2000, o Conselho de Ministros da Economia e das Finanças encarregou um grupo de especialistas, sob a coordenação de Lamfalussy, de proceder a um estudo exaustivo sobre as questões institucionais e procedimentais do regime. Este Relatório foi aprovado na Cimeira de Estocolmo, de 23 e 24 de Março de 2002.

Destacamos, em termos de identificação, as principais Directivas referentes aos mercados financeiros comunitários elaboradas de acordo com os princípios e as regras propostas no Relatório Lamfalussy, e que são as seguintes: (i) Directiva 2004/12/CE do Parlamento e do Conselho, de 21 de Abril de 2004, relativa aos mercados de instrumentos financeiros (DMIF); (ii) Directiva 2003/71/CE do Parlamento Europeu e do Conselho, de 4 de Novembro de 2003, sobre o prospecto a ser publicado quando os valores mobiliários são oferecidos ao público ou são admitidos à negociação num mercado regulamentado (DP); (iii) Directiva 2004/19/CE do Parlamento Europeu e do Conselho, de 15 de Dezembro de 2004, relativa à harmonização dos requisitos de transparência no que se refere à informação respeitante aos emitentes cujos valores mobiliários estão admitidos à negociação num mercado regulamentado (DT); (iv) Directiva 2003/36/CE do Parlamento Europeu e do Conselho, sobre o *insider trading* e a manipulação de mercado (abuso de mercado) (DAM).

Estes normativos comunitários tiveram influência nos aspectos relativos à atribuição de poderes de produção normativa nesta área, nos poderes de supervisão, bem como nos processos de reforço de convergência ao nível das autoridades nacionais de supervisão nos diversos Estados-Membros.

Assim, em primeiro lugar, o art. 24º, nº 1, da DT, consagra e admite a possibilidade de criação de uma autoridade central de natureza pública competente para o efeito do controlo da apresentação da informação em conformidade com a estrutura estabelecida para o relato financeiro.

Por outro lado, de acordo com os artigos 50º, nº 1, da DMIF, 21º, nº 3, da DP, e 24º, nº 4, da DT, são reforçados os núcleos de competências de supervisão e de investigação de que as autoridades competentes nacionais devem estar dotadas, de modo a dar cumprimento às responsabilidades atribuídas pelo direito comunitário.

O alargamento do âmbito da cooperação entre os supervisores, neles se incluindo os supervisores nacionais, com o objectivo de reforçar a eficácia da

Operações; (iii) Reforço das Estruturas Prudenciais; (iv) Condições Gerais; e (v) Regras de execução, como resulta da Comunicação da Comissão ao Conselho e ao Parlamento Europeu, de 21 de Maio de 2003, "Modernizar o direito das sociedades e reforçar o Governo das sociedades na União Europeia. Uma Estratégia para o Futuro", COM (2003) 284.

cooperação e colaboração foi outra das matérias a que os artigos 56º, nº 1, 57º e 59º da DMIF se referem e modelam.

A violação das obrigações impostas pelas Directivas foi também objecto de previsão no sentido de ser criado um quadro sancionatório civil e administrativo, com a finalidade de assegurar uma maior eficácia à actividade de aplicar e fazer respeitar o regime financeiro.

Outro dos aspectos que mereceu atenção por parte do legislador comunitário foi, justamente, a necessidade de garantir a independência das autoridades face aos participantes do mercado, nomeadamente através de financiamento adequado ao seu funcionamento e actividade. Esta regra pode ver-se consagrada no art. 21º da DP, e no nº 36 do Preâmbulo da DAM.

Do ponto de vista do procedimento, o art. 11º da DAM consagra o princípio de que as decisões das autoridades de supervisão devem ser tomadas na sequência de audição prévia dos interessados garantindo, deste modo, um processo transparente e com grau de certeza e credibilidade razoáveis.

Estas orientações nuns casos, e "imposições" noutros casos, naturalmente que influenciaram as decisões que a nível do nosso país vêm sendo tomadas no contexto da Comissão de Mercado de Valores Mobiliários.

Os objectivos da harmonização tem vindo a ser desenvolvidos e os princípios da colaboração e cooperação entre as autoridades de supervisão revelam, justamente, o caminho que está a ser seguido.

Discute-se hoje, e de forma muito intensa, as eventuais vantagens na criação de uma autoridade administrativa independente de nível supranacional com fundamento em que desse modo seria garantida, de maneira mais intensa, a independência face aos regulados e face às entidades que procedem à respectiva designação/nomeação dos titulares dos órgãos de tais autoridades.[1482]

Em todo o caso, o caminho e as influências do direito comunitário, que hoje são visíveis, face aos direitos nacionais traduzem objectivos de harmonização e não, ainda, finalidades de integração e criação de uma autoridade supranacional dotada de poderes de supervisão e de regulação.[1483]

[1482] Recorde-se que o Report Lamfalussy prevê e preconiza uma maior integração da regulação europeia como passo decisivo para uma possível decisão futura sobre a criação de uma autoridade europeia.

[1483] Como sublinha Paulo Câmara, "*o debate sobre a futura criação de uma autoridade de supervisão e/ou de regulação pan-europeia está longe de estar terminado. Haverá designadamente que aguardar pelo desfecho da análise do Inter-Institutional Monitoring Group e do balanço que ocorrerá ao longo dos próximos anos sobre o processo regulatório europeu inspirado em Lamfalussy*".

2.4. Atribuições e competências da CMVM

A CMVM, dada a sua própria e específica natureza, é titular de atribuições e competências de variada e diferente dimensão, que vão desde poderes de supervisão a poderes de investigação e de aplicação de sanções.

Do ponto de vista da respectiva definição, podemos considerar que a supervisão representa a actividade administrativa de vigilância permanente de actos, pessoas e documentos, com o objectivo de detectar e perseguir ilícitos e evitar remediar perturbações de mercado.

A regulação pode ser definida como a prática de um conjunto de normas e de regulamentos tendentes à adequada e proporcional resolução de falhas de mercado e à composição equilibrada dos interesses dos respectivos participantes.

Por seu turno, a supervisão pode ainda ser distinguida entre supervisão *a priori* e supervisão *a posteriori*.[1484]

No primeiro caso, a supervisão *a priori* reporta-se à concessão de registos e de autorizações de que depende o exercício de actividades profissionais no mercado mobiliário, bem como à verificação prévia de informação a ser dirigida ao público e, ainda, aos actos opinativos sobre a conformidade de actos ou de operações a realizar no futuro com as leis e os regulamentos em vigor.

A supervisão *a posteriori* traduz-se no acompanhamento dos actos praticados pelos operadores com o objectivo de detectar e de perseguir as irregularidades ou ilegalidades cometidas.

Podemos pois dizer, face ao regime jurídico consagrado no CdVM e no Estatuto da CMVM, que esta autoridade tem a seu cargo o exercício de poderes de supervisão, regulação e de cooperação que se traduzem, no essencial, através das seguintes principais competências:

- Competências de supervisão

a) Acompanhamento permanente da actuação das pessoas ou entidades que intervêm no mercado de capitais, com o objectivo de detectar actos ilícitos, nomeadamente na negociação em bolsa;
b) Detecção de infracções;
c) Punição dos infractores, nomeadamente através de aplicação de coimas;
d) Difusão de informação, nomeadamente sobre empresas cotadas; e

[1484] Cfr. art. 353º do CdVM.

e) Concessão de registos de pessoas e operações para verificar se foram cumpridas as regras aplicáveis.[1485]

– Competências de regulação

a) Elaboração e aprovação de regulamentos;
b) Definição de instruções internas de funcionamento;
c) Elaboração de Recomendações dirigidas a pessoas ou entidades sujeitas a supervisão; e
d) Elaboração de pareceres genéricos sobre questões que lhe sejam colocadas por qualquer pessoa ou entidade sujeita a supervisão.[1486]

– Competências de cooperação

a) As regras de cooperação da CMVM a nível interno traduzem-se, com objectivos de tornar a supervisão financeira mais eficaz, na colaboração com o Banco de Portugal e o Instituto de Seguros de Portugal; e
b) Cooperar com organizações internacionais, nomeadamente com a Organização Internacional das Comissões de Valores (IOSCO/OICV), com a Autoridade Europeia dos Valores Mobiliários e dos Mercados, e com o Instituto Ibero-Americano de Mercados de Valores (IIMV), além, naturalmente, de participar e acompanhar os trabalhos que vão sendo discutidos e aprovados pelas instituições da União Europeia.[1487]

[1485] Cfr. entre outros, Regulamento da CMVM nº 5/2008, quanto aos deveres de informação; Decisão da CMVM de 27.04.2012, relativa à Integridade e Transparência e Equidade no Mercado; Decisão da CMVM de 15.09.2011, referente aos deveres dos Intermediários Financeiros; Processo comum nº 12800/01.0 TDLSB do 5ºJuízo Criminal de Lisboa, relativo ao crime de manipulação de mercado (art. 379º do CdVM); Processo comum nº 5409/03.5TDLSB do 2º Juízo Criminal de Lisboa, relativo a abuso de informação privilegiada (art. 378º nºs 1 e 4 do CdVM).

[1486] Cfr. entre outros, Regulamento da CMVM nº 2/2011, de 30 de Março, relativo à obrigação de reporte de operações realizadas fora do mercado regulamentado referentes a instrumentos financeiros derivados, quando o respectivo activo subjacente se encontre admitido à negociação em mercado regulamentado; Entendimento conjunto da CMVM, AMF e CBFA sobre manipulação de mercado, de 26.07.2010; Entendimento Comum da CMVM sobre Comunicações de Operações Suspeitas e Defesa de Mercado; Instrução nº 8/2012, relativa à Carteira de Fundos de Titularização de Créditos; Instrução nº 01/2012, referente ao Valor das Unidades de Participação dos Organismos de Investimento Colectivo e Fundos de Investimento Imobiliário.

[1487] A nível de cooperação interna, cfr. Acordo de cooperação com a Procuradoria-Geral da República e Banco de Portugal, de 20.01.2010, bem como com o Instituto de Seguros de Portugal, em 28.04.2008; a nível da cooperação internacional; cfr. Memorando de Entendimento entre a CMVM, CNE, CNVM e ERSE para cooperação e coordenação eficaz da supervisão do Mercado Ibérico de Electricidade MIBEL, de 17.05.2011; Acordo de Parceria Institucional entre os Reguladores de Valores Mobiliários dos Países do Mediterrâneo, de 26.03.2009.

A CMVM é, de acordo com o art. 1º dos seus Estatutos, aprovados pelo Decreto-Lei nº 473/99, de 8 de Novembro, uma pessoa colectiva de direito público dotada de autonomia administrativa e financeira.

As suas atribuições e competências estão consagradas nos artigos 4º, 9º e 10º dos seus Estatutos, em complemento das que se mostram evidenciadas no CdVM e já antes sinteticamente descritas.

Do ponto de vista do quadro normativo, resulta do seu art. 2º que é o CdVM que lhe é aplicável ou, no que nele não for previsto ou com ele não for compatível, as normas relativas às entidades públicas empresariais.

A CMVM está subordinada à tutela do Ministro das Finanças, nos termos do Estatuto e do CdVM, conforme se dispõe no nº 2 do art. 2º.

Esta relação de tutela a nível da supervisão e regulação está prevista no art. 352º do CdVM, que pela sua importância nos parece pertinente transcrever.

Assim, são atribuições do Governo, através do Ministro das Finanças:

a) Estabelecer políticas relativas ao mercado de instrumentos financeiros e, em geral, às matérias reguladas no presente Código e em legislação complementar;
b) Exercer, em relação à CMVM, os poderes de tutela conferidos pelo Estatuto desta entidade; e
c) Coordenar a supervisão e a regulação relativas a instrumentos financeiros, quando a competência pertença a mais de uma entidade pública.

Quando no mercado de instrumentos financeiros se verifique perturbação que ponha em grave risco a economia nacional, pode o Governo, por portaria conjunta do Primeiro-Ministro e do Ministro das Finanças, ordenar as medidas apropriadas, nomeadamente a suspensão temporária de mercados regulamentados ou sistemas de negociação multilateral, de certas categorias de operações ou da actividade de entidades gestoras de mercados regulamentados, de entidades gestoras de sistemas de liquidação, de entidades gestoras de câmaras de compensação ou de contraparte central, e de entidades gestoras de sistemas centralizados de valores mobiliários.

O regime de tutela previsto no CdVM está devidamente tipificado no Estatuto e compreende os seguintes principais poderes do Governo através do Ministro das Finanças:

a) Aprovar o plano anual de actividades e orçamento da CMVM;
b) Nomear os membros da Comissão de Fiscalização;

c) Propor ao Conselho de Ministros a nomeação dos membros do Conselho Directivo da CMVM;
d) Apreciar o relatório de actividades desenvolvidas, o balanço e as contas anuais da CMVM;
e) Fixar, por despacho, as remunerações dos membros do Conselho Directivo e do Conselho Consultivo da CMVM; e
f) Propor ao Conselho de Ministros a demissão dos membros do Conselho Directivo da CMVM, em caso de falta grave comprovadamente cometida no desempenho das suas funções ou no cumprimento de qualquer obrigação inerente ao cargo.

Para além do regime de tutela antes identificado e exercido pelo Governo, através do Ministro das Finanças, a CMVM está ainda subordinada a um especial regime de responsabilidade política, que se traduz no seguinte:

a) Apresentação, para apreciação e aprovação, à Assembleia da República do orçamento da CMVM, que integra a proposta de lei do Orçamento de Estado;
b) Apresentação, para aprovação, à Assembleia da República das contas da CMVM integradas na Conta Geral do Estado; e
c) Dever de comparência dos membros do Conselho Directivo da CMVM ou de qualquer colaborador perante a Assembleia da República para prestação de informações ou discussão de assuntos que o Parlamento considere relevantes.

Do que fica dito, no contexto das atribuições e competências da CMVM, as mesmas, no caso de não estarem submetidas ao regime de tutela, são exercidas com independência, ou seja, esta autoridade, do ponto de vista funcional, pode ser qualificada como uma entidade independente, dispondo ainda de autonomia administrativa e financeira, e as suas receitas resultam das taxas de supervisão cobradas por contrapartida dos serviços que presta.

3. A Entidade Reguladora dos Serviços Energéticos (ERSE)

3.1. Generalidades

No início dos anos noventa, em consequência da revisão constitucional de 1989 que revogou a irreversibilidade das nacionalizações e da Lei-Quadro das Privatizações – Lei nº 11/90, de 5 de Abril – assistimos ao desenvolvimento de processos de privatização que abrangeram o sector da energia, do mesmo passo a que se assistiu a processos de liberalização do mesmo sector.

Para além dos fundamentos antes invocados – revisão constitucional, lei quadro das privatizações e abertura do sector ao mercado –, devemos sublinhar o papel fundamental que o Direito Europeu assumiu nas transformações do sector.

Como é sabido, o Tratado CE na sua versão original não continha disposições específicas relativas ao sector energético, limitando-se ao seu enquadramento na temática das redes transeuropeias.

O Tratado de Lisboa, ao contrário, consagra uma base jurídica específica de competências partilhadas no domínio da energia, estando tal matéria regulada no Título XX da Parte III, onde se desenvolvem as ideias fundamentais de uma política comunitária da energia.

A Resolução do Conselho de Ministros nº 168/2005, de 24 de Outubro, define a política nacional para o sector e identifica três objectivos fundamentais a prosseguir: (i) segurança do abastecimento; (ii) estimular a concorrência; e (iii) garantir a adequação ambiental.

Na sequência desta Resolução foram posteriormente desenvolvidas as respectivas linhas de orientação, de que destacamos a Lei de Bases da Electricidade (Decreto-Lei nº 29/2006, de 15 de Fevereiro), a Lei de Bases do Gás Natural (Decreto-Lei nº 30/2006, de 15 de Fevereiro) e a Lei de Bases do Petróleo (Decreto-Lei nº 31/2006, de 15 de Fevereiro).[1488]

A Entidade Reguladora dos Serviços Energéticos foi criada nos termos do Decreto-Lei nº 187/95, de 27 de Julho, tendo entrado em funcionamento no início de 1997, como regulador do sistema eléctrico nacional.

A opção política assumida ao tempo foi a de atribuir a regulação económica à ERSE, mantendo a regulação técnica na estrutura clássica da administração pública através da Direcção-Geral da Energia.

Posteriormente, e dando cumprimento ao disposto no Decreto-Lei nº 14/2001, de 27 de Janeiro, que transpôs para a ordem jurídica interna a Directiva 98/30/CE, de 22 de Junho, relativa às regras comuns para a liberalização do mercado de gás natural, e na Resolução do Conselho de Ministros nº 154/2001, de 19 de Outubro, que aprovou o Programa E4 – Eficiência Energética e Energias Endógenas, o Decreto-Lei nº 97/2002, de 12 de Abril, veio atribuir o papel regulador do sector do gás natural à ERSE, resultante da alteração de denominação, transformação e alargamento das competências da Entidade Reguladora do Sector Eléctrico.

[1488] Cfr. alínea *l)* do art. 81º da Constituição da República.

A transformação da energia num bem de mercado, rompendo assim a histórica ligação da electricidade aos conceitos de monopólio e de direitos exclusivos, foi iniciada na década de noventa e teria ficado completa em 2006.[1489]

Do ponto de vista institucional, e tendo presente os princípios da liberalização, privatização e "desmantelamento" dos monopólios, a criação da ERSE significou um passo muito importante no que se refere às regras de supervisão e regulação do sector.

3.2. Evolução do quadro legal

Como antes vimos, a Constituição da República Portuguesa estabelece como incumbência prioritária do Estado, na sua alínea *l)* do art. 81º, que deve ser adoptada uma política nacional de energia, com preservação dos recursos naturais e do equilíbrio ecológico, promovendo neste domínio a cooperação internacional.

Posteriormente foram aprovadas as Leis de Bases do Sector petrolífero, eléctrico e do gás natural, que devem ser concebidas como fontes e princípios orientadores de uma política energética nacional.

A actual política para o sector está consagrada na Resolução do Conselho de Ministros nº 169/2005, de 24 de Outubro, cujos objectivos essenciais são os seguintes:

- *a)* Garantia de segurança do abastecimento;
- *b)* Estímulo e favorecimento da concorrência, assegurando o binómio defesa do consumidor e eficiência e competitividade da economia nacional; e
- *c)* Garantia de adequação ambiental.

As linhas de orientação acima mencionadas têm vindo a ser executadas ou estão em vias de execução.

De entre tais medidas devem ser salientadas as seguintes:

- *a)* Liberalização da electricidade, do gás e dos combustíveis;
- *b)* Concorrência nos sectores da electricidade e do gás natural;
- *c)* Reforço das energias renováveis;

[1489] Sobre a evolução da regulação do sector eléctrico em Portugal, cfr. José Ribeiro, "História Legislativa do Sector Eléctrico em Portugal", Lisboa, 2001; Pedro Gonçalves/Rodrigo Esteves de Oliveira, "As Concessões Municipais de Distribuição de Electricidade", Coimbra Editora, 2001, pp. 19 e seguintes; Pedro Gonçalves, "Regulação, Electricidade e Telecomunicações", Estudos de Direito Administrativo da Regulação, pp. 71 e seguintes.

d) Promoção da eficiência energética;
e) Aprovisionamento público energeticamente eficiente e ambientalmente relevante;
f) Reorganização da fiscalidade e dos sistemas de incentivos do sistema energético;
g) Prospectiva e inovação em energia; e
h) Comunicação, sensibilização e avaliação.

Do ponto de vista institucional, podemos referir que a génese do modelo organizatório do Sector Eléctrico Nacional tem a sua fonte primordial nas reformas iniciadas na década de oitenta em matéria de delimitação de sectores de propriedade dos meios de produção, que abriram o sector eléctrico à iniciativa privada.[1490]

O aludido modelo organizatório, em 1995, foi concebido e modelado em dois subsectores: (i) o sistema eléctrico de serviço público; e (ii) o sistema eléctrico independente, organizado segundo uma lógica de mercado.

Ao abrigo da filosofia acima mencionada e no que respeita ao sector eléctrico, o Decreto-Lei nº 182/95, de 27 de Julho, estabeleceu as disposições aplicáveis à organização do Sistema Eléctrico Nacional e ao exercício das actividades de produção, transporte e distribuição de energia eléctrica, e determinou que a regulação do Sistema Eléctrico Público (SEP) e das suas relações com o Sistema Eléctrico Não-Vinculado (SENV) incumbiria a uma entidade reguladora independente.

Em concretização deste preceito, o Decreto-Lei nº 187/95, de 27 de Julho, veio instituir a Entidade Reguladora do Sector Eléctrico (ERSE) com natureza de pessoa colectiva de direito público dotada de autonomia administrativa e financeira e de património próprio, e com vincadas características de independência.

Ou seja, a regulação económica estava assegurada através da ERSE, e a regulação técnica mantinha-se na DGEG.

A ERSE entrou em funcionamento apenas em 1997, exercendo as suas funções de regulação no âmbido do Decreto-Lei nº 187/95, de 27 de Julho, antes referenciado, e pelo Decreto-Lei nº 44/97, de 20 de Fevereiro, que aprovou os respectivos Estatutos.

Também o sector do gás natural, através do Decreto-Lei nº 14/2001, de 27 de Janeiro, que procedeu à transposição da Directiva 98/30/CE do Par-

1490 Cfr. Jorge Vasconcelos, "Estado Regulador – Principais Características e Perspectivas de Evolução em Anos-Luz – A regulação em Portugal", pp. 67 e seguintes.

lamento Europeu e do Conselho, de 22 de Junho, veio estabelecer as regras comuns para a concretização de um mercado concorrencial de gás natural e prevê que a aplicação dos mecanismos regulatórios para a boa execução dos seus princípios, designadamente no que respeita à garantia do cumprimento do adequado funcionamento do mercado de gás natural, seja atribuído a uma entidade independente.

O sistema regulatório previsto não pode deixar de ter em conta a natureza e a especificidade do sector do gás natural em Portugal, que é de serviço público, no sentido em que o modelo de regulação deve assumir-se como um instrumento idóneo para compatibilizar o desenvolvimento sustentado de um sector de interesse estratégico com a garantia das regras de serviço público e o equilíbrio entre os interesses dos operadores e os interesses dos consumidores.

Foi, pois, neste contexto que a já referida Resolução do Conselho de Ministros nº 154/2001, de 19 de Outubro, que aprovou o Programa E4 – Eficiência Energética e Energias Endógenas, vem atribuir à Entidade Reguladora do Sector Eléctrico a regulação das actividades do gás natural, com o consequente alargamento das suas atribuições e competências.

O Decreto-Lei nº 97/2002, de 12 de Abril, veio transpor para a ordem jurídica nacional a Directiva 96/92/CE do Parlamento Europeu e do Conselho, de 19 de Dezembro, e a Directiva 98/30/CE do Parlamento Europeu e do Conselho, de 22 de Junho, que estabeleceram, respectivamente, as regras comuns relativas aos mercados internos da electricidade e do gás natural e o direito de acesso de produtores e de consumidores às redes de transporte e distribuição, tendo conferido às autoridades reguladoras um papel de uma importância significativa na garantia das obrigações de serviço público e na implementação dos mecanismos tendentes a assegurar a igualdade de tratamento, a transparência e a não discriminação no acesso às redes e no relacionamento entre os diversos operadores.

A decisão de política adoptada foi, pois, a de alargar as atribuições e as competências da Entidade Reguladora do Sector Eléctrico ao sector do gás natural, e a de alterar a denominação da entidade passando esta a ser designada como Entidade Reguladora dos Serviços Energéticos.

A ERSE é, assim, a autoridade reguladora dos sectores do gás natural e da electricidade ao nível nacional, ressalvada a competência das Regiões Autónomas (art. 1º, nº 2, do Decreto-Lei nº 97/2002, de 12 de Abril).

Como anteriormente sublinhámos, para além da ERSE, também a DGEG, serviço central da administração directa do Estado, é titular de competências no sector da Energia.

Trata-se de um serviço dotado de autonomia administrativa, mas que em todo o caso não assume, por força da respectiva independência, as mesmas características da ERSE.

O Decreto-Lei nº 208/2006, de 26 de Outubro, que aprovou a Lei Orgânica do Ministério da Economia e Inovação, veio posteriormente, através do Decreto-Lei nº 139/2007, de 27 de Abril, a constituir a Lei Orgânica da DGEG.

As suas missões são as de contribuir para a concepção, promoção e avaliação das políticas relativas à energia e aos recursos geológicos, numa óptica do desenvolvimento sustentável e de garantia da segurança no abastecimento.

Nos termos do art. 2º do Decreto-Lei nº 139/2007, as competências da DGEG são as de: (i) apoio ao Governo na definição e avaliação e execução da politica energética; (ii) promover a segurança, a diversificação e eficiência, e a preservação ambiental do sector energético; (iii) promover e participar no processo legislativo e regulamentar do sector; (iv) fiscalização; e (v) cooperar no processo de transposição das Directivas comunitárias.[1491]

A DGEG coopera com as restantes entidades reguladoras, designadamente com a ERSE e a AdC, e é competente para proceder a licenciamentos, bem como para actuar no sector das energias renováveis e no sector petrolífero.[1492]

3.3. Quadro legal interno e direito internacional e comunitário

Deixámos referido no ponto anterior a evolução legislativa relativamente às regras de regulação nos sectores da electricidade e do gás natural, sobretudo as que se relacionam como o modelo institucional da aludida regulação.[1493]

Um dos pontos assinalados foi, justamente, o da influência decisiva que o direito comunitário assume na modelação e na conformação da legislação nacional.

O mercado único europeu nos anos noventa, e as modernas tendências de liberalização e de privatização visíveis no contexto da União Europeia, não podiam deixar de se reflectir no sector eléctrico e do gás natural.[1494]

[1491] Cfr. art. 57º, nº 2, do DL 29/2006, que consagra a regra segundo a qual: "é atribuída à ERSE, sem prejuízo das competências atribuídas à Direcção-Geral de Geologia e Energia, a regulação das actividades reguladas".

[1492] Também no domínio da regulação da actividade de gestão de mercados de electricidade, recorde-se que a CMVM é entidade competente para além da Autoridade da Concorrência enquanto entidade de regulação transversal do direito da concorrência.

[1493] Cfr. Lourenço Vilhena de Freitas," Direito Administrativo da Energia: Introdução", AAFDL, 2013.

[1494] Cfr. Jorge Esteves, "Estrutura e Desafios da regulação da energia em Portugal e na Europa", documento apresentado no contexto do Conselho Europeu dos Reguladores da Energia (CEER).

Do ponto de vista do direito comunitário derivado, o sector energético tem sido objecto de grande atenção por parte das instituições comunitárias, e a Directiva tem vindo a ser o meio jurídico estruturante do sistema.[1495]

No domínio do sector da electricidade, a Directiva 96/92/CE do Parlamento Europeu e do Conselho, de 19 de Dezembro de 1996, veio estabelecer as regras comuns para o mercado interno da electricidade.[1496]

Quanto ao sector do gás natural, a Directiva estruturante do mercado interno foi a Directiva 98/30/CE do Parlamento Europeu e do Conselho, de 22 de Junho de 1998, relativa às regras comuns para o mercado do gás natural.[1497]

Esta Directiva foi revogada e substituída, em 2003, pela Directiva 2003/55/CE do Parlamento Europeu e do Conselho, de 26 de Junho de 2003, que veio estabelecer as regras comuns para o mercado do gás natural, privilegiando a abertura total à concorrência dos mercados nacionais do gás, contribuindo dessa forma para a realização de um verdadeiro mercado do gás natural na União Europeia.

Aspecto importante a sublinhar, neste domínio, é o de a Directiva em menção prever a possibilidade de os Estados-Membros imporem obrigações de serviço público para garantia da segurança do aprovisionamento, objectivos de coesão económica e social, regularidade, qualidade e preço do fornecimento do gás, bem como a protecção do ambiente, uma vez que o sector do gás é considerado como um serviço de interesse geral.

Em Portugal, a Resolução do Conselho de Ministros nº 169/2005, de 24 de Outubro, que aprovou a estratégia nacional para a energia, e que veio no seguimento das Directivas antes mencionadas, adoptou como uma das linhas fundamentais de orientação a liberalização e a promoção da concorrência nos mercados energéticos, através da alteração dos respectivos enquadramentos estruturais.

[1495] Deve ser recordado que o processo de liberalização do sector da energia assentou nos seguintes principais objectivos: (i) Liberdade de investimento e comércio em todo o espaço comunitário; (ii) Acesso regulado e não discriminatório às infra-estruturas (redes de transporte e de distribuição e terminais de CNL); (iii) Liberdade de escolha de fornecedor, atribuída a todos os consumidores.

[1496] Em 2003, a Directiva 2003/54/CE, do Parlamento Europeu e do Conselho, de 26 de Junho, revogou a Directiva em menção e veio estabelecer novas regras para o mercado interno da electricidade.

[1497] As primeiras Directivas europeias referentes aos mercados internos da electricidade – Directiva 96/92/CE – e do gás natural – Directiva 98/30/CE – foram publicadas respectivamete em Dezembro de 1996 e em Junho de 1998. Posteriormente, em 2003, estas directivas foram revogadas pelas segundas directivas do mercado interno da energia (Directivas 2003/54/CE e 2003/55/CE) do Parlamento Europeu e do Conselho, de 26 de Junho de 2003.

As bases gerais da organização e funcionamento do sistema eléctrico nacional e do sistema de gás natural constam do Decreto-Lei nº 29/2006, de 8 de Outubro, e do Decreto-Lei nº 172/2006, de 23 de Agosto, e o sistema de gás natural consta do Decreto-Lei nº 30/2006, de 8 de Outubro, e do Decreto-Lei nº 140/2006, de 26 de Julho.

Em Março de 2007 o Conselho Europeu avançou com o terceiro pacote energético comunitário, com o objectivo de assegurar uma regulamentação eficaz e incentivar o investimento em benefício dos consumidores de gás natural.

Este Pacote assume como aspectos mais relevantes: (i) os da necessidade de separação efectiva das actividades de rede em relação à produção e à comercialização; (ii) a harmonização dos poderes e do grau de independência dos reguladores nacionais; e (iii) o estabelecimento de uma instituição que promova a cooperação entre os reguladores europeus.

A transposição para o direito interno deste terceiro Pacote assumiu os seguintes principais objectivos:

a) A conclusão do processo de liberalização dos sectores da electricidade e do gás natural;
b) A promoção da concorrência e da transparência, nomeadamente através do reforço da separação das diversas actividades de cada sector;
c) Fortalecimento dos poderes regulatórios da ERSE; e
d) O reforço dos direitos dos clientes e incentivo ao investimento em benefício dos consumidores de electricidade e de gás natural.

Estas orientações mostram-se actualmente acolhidas a nível interno pelos seguintes diplomas legais:

a) Na electricidade: Decreto-Lei nº 215-A/2012, de 8 de Outubro, que vem proceder a uma revisão do Decreto-Lei nº 29/2006, de 15 de Fevereiro, e pelo Decreto-Lei nº 215-B/2012, de 8 de Outubro, que vem proceder a uma revisão do Decreto-Lei nº 172/2006, de 23 de Agosto;
b) No gás natural: Decreto-Lei nº 230/2012, de 26 de Outubro, que vem proceder a uma revisão do Decreto-Lei nº 30/2006, de 15 de Fevereiro, e Decreto-Lei nº 231/2012, de 26 de Outubro, que vem proceder a uma revisão do Decreto-Lei nº 140/2006, de 26 de Julho.

As orientações consagradas neste "pacote" foram acolhidas pela Comissão Europeia, que adoptou em 19 de Setembro de 2007 cinco propostas de

Directiva que constituem o denominado terceiro pacote legislativo do sector da energia, a saber:

a) Proposta de Directiva que altera a Directiva 2003/54/CE, que estabelece regras comuns para o mercado interno de electricidade;
b) Proposta de Directiva que altera a Directiva 2003/55/CE, que estabelece as regras comuns para o mercado interno do gás natural;
c) Proposta de Regulamento do Parlamento Europeu e do Conselho, que cria a Agência de Cooperação dos Reguladores da Energia;
d) Proposta de Regulamento do Parlamento Europeu e do Conselho, que altera o Regulamento (CE) 1228/2003, relativo às condições de acesso à rede para o comércio transfronteiriço de electricidade; e
e) Proposta de Regulamento do Parlamento Europeu e do Conselho, que altera o Regulamento (CE) 1775/2005, relativo às condições de acesso às redes de transporte de gás natural.

Do ponto de vista das implicações comunitárias no contexto da ordem jurídica de cada um dos Estados-Membros, a Comissão Europeia, através da sua decisão 2003/796/CE, de 11 de Novembro de 2003, procedeu à criação de um grupo consultivo independente relativo à electricidade e ao gás natural, denominado "Grupo europeu de reguladores de electricidade e do gás".

Este grupo é composto pelos chefes das autoridades reguladoras nacionais ou respectivos representantes (nº 1 do art. 2º).

Por iniciativa própria ou a pedido da Comissão, o Grupo tem poderes de aconselhamento e de acompanhamento para efeitos de consolidação do mercado interno da energia, em particular no que toca à preparação de projectos de medidas de execução no domínio da electricidade e do gás, e sobre quaisquer questões relacionadas com o mercado interno do gás e da electricidade (nº 2, primeira parte, do art. 1º).

Por outro lado, o Grupo facilitará a consulta, a coordenação e a cooperação das autoridades reguladoras nacionais, contribuindo para uma aplicação coerente, em todos os Estado-Membros, da Directiva 2003/55/CE, da Directiva 2003/55/CE e do Regulamento (CE) 1228/20003, e para a possível legislação comunitária futura no domínio da electricidade e do gás (nº 2, segunda parte, do art. 1º).

De entre outros dos elementos a ter em conta no contexto do sector energético e das implicações legais e institucionais que deles dimanam, devemos referir o denominado MIBEL, ou seja, o Mercado Ibérico de Electricidade.

Este mercado foi instituído por Acordo aprovado pela Resolução da Assembleia da República nº 33-A/2004, de 20 de Abril, o qual viria a ser modificado em Outubro do mesmo ano, pelo Acordo de Santiago de Compostela, aprovado pela Resolução da Assembleia da República nº 23/2006, e ratificado pelo Decreto do Presidente da República nº 29/2006, de 23 de Março.

A concretização do MIBEL tem como consequência que o consumidor do espaço ibérico passa a poder adquirir energia eléctrica, em regime de livre concorrência, a qualquer comercializador que actue em Portugal ou Espanha; por seu turno, os comercializadores podem adquirir electricidade a produtores instalados em qualquer dos países ou mercados instituídos no âmbito deste Acordo.

Em termos institucionais, o Acordo prevê a criação de um Conselho de Reguladores, composto por representantes das entidades reguladoras nacionais do sector eléctrico e dos mercados de valores mobiliários.[1498]

No contexto das suas competências, este Conselho de Reguladores é titular, entre outros, dos seguintes poderes: (i) acompanhamento da aplicação e desenvolvimento do MIBEL; (ii) coordenação da actuação dos seus membros no exercício das suas competências de supervisão do MIBEL; (iii) emissão de pareceres coordenados sobre propostas de regulamentação do funcionamento do MIBEL ou da sua modificação, e sobre os regulamentos propostos pelas sociedades gestoras dos mercados que se constituem; e (iv) emissão de parecer prévio obrigatório e não vinculativo à aplicação de sanções, muitos graves, no âmbito do MIBEL.

3.4. Atribuições e Competências da ERSE

A reorganização do sector eléctrico nacional, como já sublinhámos, foi acompanhada da criação de mecanismos reguladores do serviço público e da criação do mercado, que agora coabitam no mesmo sector da actividade económica.

Do ponto de vista da "ligação" entre a criação de uma entidade independente e os preceitos constitucionais que potencialmente fundamentam essa opção de política, é possível considerar que o disposto na alínea *l)* do art. 81º da Constituição contém uma provisão habilitante da criação de uma entidade de natureza pública para a prossecução de interesses públicos prevalecentes.[1499]

[1498] Este Conselho é composto pela CMVM, pela ERSE e, do lado de Espanha, pela Comissão Nacional de Energia e da CNMV (art. 11º do Acordo de Santiago de Compostela, assinado em 18 de Janeiro de 2008).

[1499] Recorde-se que a nível comunitário a Directiva Electricidade determina que as entidades reguladoras devem ser totalmente independentes dos interesses do sector da electricidade.

Para a prossecução desta "incumbência" foi tomada a decisão de criação de uma autoridade não integrada na administração directa do Estado.

Como já foi sublinhado, a organização do Sistema Eléctrico Nacional operada através do Decreto-Lei nº 182/95, de 27 de Julho, determinou que a regulação do Sistema Eléctrico Público (SEP) e das suas relações com o Sistema Eléctrico Não Vinculado (SENV) deveria incumbir a uma entidade reguladora independente.

Esta entidade foi criada através do Decreto-Lei nº 187/95, de 27 de Julho, e entrou em funcionamento no início de 1997, competindo-lhe, à luz do quadro legal antes citado e dos seus Estatutos, aprovados pelo Decreto-Lei nº 44/97, de 20 de Fevereiro, exercer as suas funções de regulação no sector eléctrico.

A evolução do sector, nomeadamente a do desenvolvimento dos mecanismos de regulação do sector do gás natural e as decisões que em matéria de direito comunitário derivado, bem como as obrigações emergentes da criação do MIBEL, estiveram na origem da alteração das regas legais aplicáveis à ERSE, realizadas através do Decreto-Lei nº 97/2002, de 12 de Abril.

A ERSE é uma pessoa colectiva de direito público, dotada de autonomia administrativa e financeira e de património próprio (art. 1º, nº 1).

A finalidade da ERSE é a de regular os sectores do gás natural e da electricidade (nº 2 do art. 1º).

Temos, por conseguinte, que a ERSE é uma autoridade reguladora dos sectores económicos do gás natural e da electricidade (acesso às redes); comercial (relações comerciais entre os intervenientes do SEM) e tarifária das actividades reguladas (operações de transporte e da distribuição).

De entre as suas principais atribuições gerais, estabelece o art. 3º as seguintes:

a) Proteger os direitos e interesses dos consumidores em relação a preços, serviços e qualidade de serviço;

b) Implementar a liberalização do sector eléctrico, preparar a liberalização do sector do gás natural e fomentar a concorrência de modo a melhorar a eficiência das actividades sujeitas à sua regulação;

c) Assegurar a objectividade das regras de regulação e transparência das relações comerciais entre operadores, e entre estes e os consumidores; e

d) Contribuir para a progressiva adaptação do enquadramento regulatório ao desenvolvimento dos sectores da electricidade e do gás natural e ao atempado cumprimento da legislação comunitária, no sentido da realização do mercado interno da energia.

Para além destas atribuições gerais, a ERSE assume ainda um conjunto de atribuições específicas no sector eléctrico e no sector do gás natural, como decorre dos nºs 2 e 3 do art. 3º.

Como resulta da transcrição de algumas das mais importantes atribuições da ERSE, as mesmas revelam o papel fundamental que esta autoridade assume no sentido de contribuir para o desenvolvimento harmonizado do mercado interno da electricidade e do gás pela via da liberalização dos sectores e do fomento da concorrência.[1500]

Ou seja, o Estado decidiu "delegar" na ERSE um conjunto de missões de natureza pública, que se mostram integradas na alínea *l)* do art. 81º da Constituição.

O Estado Português, que está vinculado às atribuições previstas na Constituição e às obrigações decorrentes da circunstância de ser Estado-Membro da União Europeia, decidiu que estas missões de interesse público deveriam ser prosseguidas por uma entidade pública mas independente.

A ERSE é titular de competências regulatórias relativas ao SEP, nomeadamente as seguintes:

a) Preparar e emitir o regulamento tarifário, bem como proceder à sua revisão;
b) Estabelecer, nos termos do regulamento tarifário e ouvida a Direcção-Geral do Comércio e da Concorrência, os valores das tarifas e dos preços a aplicar;
c) Determinar que a entidade concessionária da RNT (Rede Nacional de Transporte) e as entidades titulares de licença vinculada de distribuição de energia eléctrica compensem os consumidores quando os padrões de qualidade de serviços não forem cumpridos;
d) Decidir sobre diferendos entre uma entidade titular de licença vinculada de distribuição de energia eléctrica em MT (média tensão) e AT (alta tensão) e a entidade concessionária da RNT sobre a solução para realizar novas ligações entre as redes de ambas; e
e) Decidir, após audição do Conselho Tarifário, as tarifas e preços de energia em cada ano.[1501]

[1500] A ERSE tem, no âmbito das suas competências, as de supervisão de mercados, da electricidade e do gás natural, dispondo para o efeito de um conjunto vasto de poderes de inspecção, fiscalização, tarifário, que incluem, entre outros a implementação de um sistema de informação e apoio à actividade de acompanhamento e monitorização dos mercados, designadamente através de sistemas de informação especialmente concebidos e adaptados.

[1501] Refira-se que foram já aprovados para o ano de 2015 os preços de energia a vigorar.

No que toca às competências regulatórias relativas ao SENV, a ERSE tem poderes de:

a) Definir as regras de acesso ao SENV, de acordo com o regime previsto no Decreto-Lei nº 182/95, de 27 de Julho; e
b) Assegurar o cumprimento das regras de funcionamento do SENV.

No que concerne às competências regulatórias comuns aos dois subsectores, as mesmas compreendem as de:

a) Preparar e emitir o regulamento de relações comerciais, bem como as suas actualizações, nos termos do Decreto-Lei nº 182/95, de 27 de Julho;
b) Conceder autorização de adesão ao SENV aos clientes do SEP (Sistema Eléctrico de Serviço Público) que tenham apresentado o respectivo pedido; e
c) Estabelecer as regras para definição da parcela das necessidades de potência e energia que as entidades titulares de licença vinculada de distribuição de energia eléctrica em MT e AT podem adquirir a entidades exteriores ao SEP, nos termos do Decreto-Lei nº 184/95, de 27 de Julho.

A ERSE é ainda titular de competências regulatórias relativas ao sector do gás natural, de que destacamos as seguintes:

a) Aplicação e fiscalização das disposições de natureza tarifária e comercial, da qualidade de serviço e da regulamentação das condições de acesso às redes, às interligações e ao armazenamento de gás natural; e
b) Aplicação dos mecanismos previstos no art. 12º do Decreto-Lei nº 14/2001, de 27 de Janeiro, de acordo com uma regulamentação adequada e eficaz, em condições de controlo e transparência, que permitam evitar qualquer abuso de posição dominante e qualquer comportamento predatório.

Para além de competências regulatórias, a ERSE é ainda titular de competências de supervisão, de entre as quais as seguintes:

a) Verificar a integral aplicação do regulamento de qualidade de serviço;
b) Assegurar, por competência própria ou através das entidades competentes, nos casos em que considere ter havido uma infracção ao cumprimento das condições comerciais de funcionamento do SEP

praticada pela entidade concessionária da RNT ou por uma entidade detentora de licença vinculada, que são tomadas as acções correctivas adequadas para a reposição da situação de normalidade;

c) Auditar o despacho dos centros electroprodutores que se encontrem sujeitos a despacho centralizado; e

d) Fiscalizar o cumprimento do regulamento do acesso às redes e às interligações, podendo para o efeito solicitar o apoio da entidade concessionária da RNT, de qualquer entidade titular de licença vinculada de distribuição ou de entidades titulares de licença não vinculada.[1502]

Para além das competências antes identificadas, a ERSE dispõe ainda de competências sancionatórias, de processamento de contraordenação e de aplicação das devidas coimas e sanções acessórias, como dispõe os artigos 11º e 18º do Decreto-Lei nº 97/2002, de 12 de Abril.

Por outro lado, a ERSE dispõe também de competência para: (i) propor ao Governo a aplicação das sanções previstas nos contratos de concessão ou nas licenças, bem como a punição das infracções às leis e regulamentos cuja implementação ou supervisão não caibam à ERSE; (ii) propor ao órgão competente a suspensão da licença sempre que do julgamento de um processo de contraordenação da sua competência entenda dever haver lugar para aplicação dessa sanção; (iii) participar aos órgãos competentes as infracções às normas de defesa da concorrência de que tome conhecimento no desempenho das suas funções; e (iv) participar às autoridades competentes outras infracções de que tome conhecimento no desempenho das suas funções (nº 2 do art. 18º).

A ERSE é igualmente titular da competência para determinar, por sua iniciativa ou mediante solicitação do Ministro da Economia, a realização de sindicâncias, inquéritos ou auditorias às entidades concessionárias ou licenciadas, desde que os mesmos tenham por objecto matérias que se enquadrem no âmbito das suas competências (art. 22º), sendo neste caso e para este efeito, os respectivos trabalhadores equiparados a agentes de autoridade (art. 56º).

A ERSE dispõe ainda de competência regulamentar, de que destacamos a de elaborar e aprovar regulamentos de eficácia externa que, nesse caso, carecem de publicação no jornal oficial.

[1502] Cfr. relativamente à actividade regulamentar do gás, o regulamento referente a Operações de Infraestruturas, de Acesso às Redes de infraestruturas e às interligações; Tarifário; Relações comerciais; Qualidade de Serviço e Mediação e Conciliação de Conflitos.

Finalmente, a ERSE é titular de competências consultivas, de entre elas as que são estabelecidas, designadamente, nas alíneas *g), h), i)* e *f)* do art. 8º, que se concretizam através da emissão de pareceres.

Em termos mais amplos, a ERSE, nos termos do art. 19º, dispõe da competência para se pronunciar sobre todos os assuntos da sua esfera de atribuições que lhe sejam submetidos pela Assembleia da República ou pelo Governo e pode, por sua iniciativa, sugerir ou propor medidas de natureza política ou legislativa nas matérias atinentes às suas atribuições.

A ERSE, segundo se dispõe no art. 58º, sem prejuízo da sua independência orgânica e funcional, está sujeita, nos termos dos seus estatutos, à tutela do Ministro da Economia e, quando for caso disso, do Ministro das Finanças, carecendo de aprovação ministerial relativamente ao:

a) Relatório de actividades e contas;
b) Regulamento do serviço; e
c) Regulamento de recrutamento de pessoal e à tabela das respectivas remunerações.[1503]

4. O ICP – ANACOM

4.1. Generalidades

Tal como sucede no caso anteriormente focado relativo ao sector da energia, também o regime aplicável ao sector das telecomunicações em Portugal foi profundamente inspirado, quer pelos movimentos, quer pelos mecanismos jurídicos relevantes do Direito Europeu.

A reestruturação do sector em causa à escala europeia foi desencadeada pelo Livro Verde relativo ao desenvolvimento do Mercado Comum dos Serviços e Equipamentos de Telecomunicações, que surgiu em continuidade do programa de liberalização e harmonização dos mercados europeus de telecomunicações apresentado pela Comissão ao Conselho em 1984 (COM/84/277).

O processo de desmantelamento dos monopólios nacionais no sector das telecomunicações exigia que fossem adoptadas medidas tendentes ao estabelecimento de regras de livre acesso e de exercício da actividade, de integração dos mercados e de tutela dos interesses dos utilizadores.

Estas medidas, entre nós, foram concretizadas a partir da Lei nº 88-A/97, de 25 de Julho, que procedeu à liberalização do acesso à actividade de telecomunicações ficando o mesmo apenas sujeito a regras de licença e registo.

[1503] Cf. art. 58º do DL 84/2013, de 25 de Junho, que mantém a tutela prévia dos Ministros da Energia e das Finanças para certos actos, nomeadamente, alienação ou aquisição de imóveis e criação de delegações desconcentradas.

Porém, no contexto desta abertura ou liberalização, deve salientar-se que foi mantido no domínio público do Estado a chamada rede básica de telecomunicações, devendo ser o Estado a continuar a assegurar a existência, disponibilidade e qualidade de uma rede pública de telecomunicações endereçadas, denominada "rede básica".

Em consequência da liberalização do sector foi aprovada a Lei de Bases relativa ao estabelecimento, gestão e exploração de redes de telecomunicações e à prestação de serviços de telecomunicações através da Lei nº 91/97, de 1 de Agosto.

Já mais tarde, através da Lei nº 41/2004, de 18 de Agosto (Lei das Comunicações Electrónicas), foram transpostas para a ordem jurídica interna as diversas Directivas do Parlamento Europeu e do Conselho pertinentes.

Em conformidade com o estabelecido na aludida Directiva-Quadro, a legislação interna atribuiu à ANACOM um conjunto de competências, nomeadamente em matéria de definição dos mercados relevantes de produtos e serviços que devem ser exercidas em regime de "estrela", ou seja, devidamente articuladas com as competências da Comissão Europeia, instituindo-se assim um regime harmonizado de regulação e supervisão comunitária que atribui à Comissão um papel central na coordenação das actuações das autoridades nacionais de regulação.

Do ponto de vista institucional, importa sublinhar que foi o Decreto-Lei nº 188/81, de 2 de Julho, que procedeu à criação do Instituto das Comunicações de Portugal (ICP), dotando-o dos respectivos Estatutos.

Este diploma legal passou por alterações várias com o objectivo de acolher diferentes exigências decorrentes da evolução, anteriormente assinalada, deste sector.

Em 2001, através do Decreto-Lei nº 309/2001, de 7 de Dezembro, e com o objectivo de consolidar num único texto, bem como de concretizar e clarificar o papel do ICP enquanto autoridade de regulação e supervisão das comunicações, o Instituto foi requalificado como ICP-Autoridade Nacional de Comunicações.

Em 2004, por via da Lei de Comunicações Electrónicas, a ANACOM consolida a sua natureza jurídica como entidade reguladora das comunicações postais e das comunicações electrónicas, e tem por objecto a regulação, supervisão e representação do sector das comunicações.

Os diplomas legais identificados têm a sua fonte legitimadora no disposto na alínea *a)* do nº 1 do art. 198º da Constituição, ou seja, ao abrigo da competência legislativa do Governo não reservada à Assembleia da República.

Por seu turno, a Lei nº 5/2004, de 10 de Fevereiro, é proveniente da Assembleia da República e assumiu, naturalmente, como fonte dela legitimadora a competência legislativa da Assembleia da República.

4.2. Evolução do quadro legal

O Instituto das Comunicações de Portugal foi criado pelo art. 7º do Decreto-Lei nº 188/81, de 2 de Julho, com objectivos de proceder a uma profunda reforma legislativa que impulsione, possibilite e corresponda ao progresso, expansão e custo mínimo das comunicações, como resulta do respectivo relatório preambular.

Nos termos do citado art. 7º, o ICP é qualificado como um instituto público dotado de personalidade jurídica e autonomia administrativa e financeira dependente hierarquicamente do Ministro dos Transportes e Comunicações.

Quer no que se refere à qualificação jurídica, quer no que tange às respectivas atribuições e competências, o ICP é uma entidade pública integrada no conceito de administração directa do Estado, dada a natureza dos poderes sobre ele exercidos – poderes hierárquicos – da competência do Ministro.

Este diploma legal ficou dependente da aprovação dos estatutos do Instituto, o que só veio a ocorrer através do Decreto Regulamentar nº 70/83, de 20 de Julho, que nunca chegou a ser aplicado.

O Decreto Regulamentar nº 25/88, de 17 de Junho, instituiu a Comissão Instaladora do Instituto, e mais tarde o Decreto-Lei nº 283/89, de 23 de Agosto, com a finalidade de dar exequibilidade à necessidade de devolver à Administração funções que lhe devem competir – umas porque são claramente funções de soberania, outras porque o novo enquadramento legal das telecomunicações, nomeadamente de índole comunitária, assim o exige – veio definir, nos termos do respectivo art. 1º, a natureza do Instituto, abreviadamente designado por ICP, como instituto público dotado de personalidade jurídica, com autonomia administrativa e financeira e património próprio, exercendo a sua acção sob tutela do Ministro das Obras Públicas, Transportes e Comunicações.

O ICP tem por finalidade o apoio ao Governo na coordenação, tutela e planeamento do sector das comunicações de uso público, bem como a representação desse sector e a gestão do espectro radioeléctrico, como se dispõe no nº 2 do art. 1º, e para o efeito é titular do conjunto de competências estabelecidas no art. 4º do mesmo diploma legal.

Como se constata desde a criação do ICP, operada através do Decreto-Lei nº 188/81, de 2 de Julho, até 1989, com o diploma antes evidenciado, a natureza do ICP foi redefinida, ou seja, deixou de ser qualificada como uma entidade integrada na administração directa do Estado para passar a ser concebida como uma entidade apenas sujeita ao regime de tutela administrativa.

Mais tarde, e como consequência dos fenómenos da liberalização e da introdução de regras de concorrência neste sector e, sobretudo, pela evolução do quadro normativo comunitário, o ICP foi expressamente qualificado como *"entidade reguladora do sector das telecomunicações"*.[1504]

A definição integral das novas atribuições cometidas ao ICP-ANACOM fazem deste uma verdadeira entidade de regulação e supervisão das comunicações, dotada de poderes de:

a) Emitir actos individuais e concretos vinculativos;
b) Formular recomendações concretas;
c) Instaurar e instruir processos e punir as infracções;
d) Fiscalizar o cumprimento da lei e regulamentos aplicáveis ao sector das comunicações; bem como
e) Vigiar a actividade das entidades sujeitas à sua supervisão e o funcionamento do mercado das telecomunicações.

Neste sentido, o regime instituído pelo Decreto-Lei nº 309/2001, de 7 de Dezembro, consagra um regime que procura conjugar as prerrogativas de direito público com a flexibilidade e eficiência do direito privado, de modo a assegurar uma real e efectiva concorrência no sector e actuar como um árbitro neutro e imparcial.

De acordo com tais finalidades, expressas no preâmbulo deste diploma legal, o art. 1º estipula que o ICP-ANACOM é uma pessoa colectiva de direito público, dotada de autonomia administrativa e financeira e de património próprio.

Por seu turno, estabelece o art. 4º daquele diploma legal que o ICP-ANACOM é independente no exercício das suas funções no quadro da lei, sem prejuízo dos princípios orientadores de política de comunicações fixados pelo Governo, nos termos constitucionais e legais, e dos actos sujeitos a tutela ministerial, nos termos previsto na lei e nos presentes estatutos.

O ICP-ANACOM é, pois, concebido, nos termos da legislação antes citada, como uma entidade de regulação e de supervisão do sector das telecomunicações dotada das correspondentes competências.

[1504] Cfr. Lei 91/97, de 1 de Agosto.

Mais tarde, e por via da transposição para o direito interno da Directiva 2000/31/CE do Parlamento Europeu e do Conselho, de 8 de Junho de 2000, o Decreto-Lei nº 7/2004, de 7 de Janeiro, veio, ao abrigo da Lei de autorização legislativa nº 7/2003, de 9 de Maio, integrar no direito nacional certos aspectos legais dos serviços da sociedade de informação, em especial do comércio electrónico, no mercado interno (Directiva sobre o Comércio Electrónico), bem como o art. 13º da Directiva 2002/58/CE, de 12 de Junho de 2002, relativa ao tratamento de dados pessoas e à protecção da privacidade no sector das comunicações electrónicas (Directiva relativa à Privacidade e às Comunicações Electrónicas).

O art. 35º, nº 1, deste diploma veio instituir uma entidade de supervisão central com atribuições em todos os domínios regulados pelo presente diploma, sendo atribuído, nos termos do nº 2 do mesmo preceito, este estatuto de entidade de supervisão central ao ICP-ANACOM.[1505]

Segundo o disposto nas alíneas *a), b)* e *c)* do nº 1 do art. 4º da Lei 5/2004, de 10 de Fevereiro, os estatutos garantem:

a) A independência como entidade orgânica, financeira e funcionalmente separada do Governo, dotada dos meios necessários ao desempenho das suas funções;

b) A independência como entidade orgânica, financeira e funcionalmente separada das empresas que oferecem redes e serviços de comunicações electrónicas e equipamento; e

c) A separação efectiva entre as funções de regulação e as competências ligadas à propriedade ou à direcção das empresas do sector sobre as quais o Estado detenha a propriedade ou o controlo.[1506]

4.3. O Direito nacional e o direito internacional e comunitário

O direito interno foi profundamente influenciado, quer pelas novas tendências liberalizadoras que se desenvolveram na Europa, quer, em consequência, pelos movimentos tendentes a promover a abertura dos mercados em sectores onde os progressos no plano da harmonização da legislação "marcavam passo". Era o caso do mercado das telecomunicações.

[1505] Este diploma veio, fundamentalmente, concretizar o regime comunitário aplicável às redes e serviços de comunicações electrónicas e aos recursos e serviços conexos, e definir as competências da autoridade reguladora nacional, mediante transposição para a ordem interna das Directivas 2002/19/CE, 2002/20/CE, 2002/21/CE e 2002/227CE do Parlamento, do Conselho e da Comissão de 16 de Setembro.

[1506] Cf. Directiva 2009/140/CE, que define a independência dos reguladores nacionais.

A publicação, em 1987, do Livro Verde relativo ao desenvolvimento do Mercado Comum dos Serviços e Equipamentos de Telecomunicações (COM/87/290) assumiu dois objectivos preferenciais: (i) o de fazer um ponto de situação no âmbito dos Estados-Membros, quanto à propriedade, gestão e regimes de concessão dos serviços de telecomunicações; e (ii) o de demonstrar a importância do desenvolvimento do "mercado comum dos serviços e equipamentos de telecomunicações", de modo a garantir aos utilizadores "*uma maior variedade de serviços de telecomunicações, de melhor qualidade e a custo inferior, proporcionando à Europa os benefícios internos e externos completos de um forte sector das telecomunicações*".

Posteriormente, entre os anos de 1990 a 1997, foram dados passos decisivos e fundamentais no caminho da liberalização do sector das telecomunicações no contexto da União Europeia, tendo sido adoptadas, entre outras, e ao abrigo do art. 86º (ex-art. 90º) do Tratado, um conjunto de Directivas, nomeadamente as seguintes:

a) Directiva 94/46/CE da Comissão, relativa às comunicações por satélite;
b) Directiva 95/51/CE da Comissão, relativa à supressão das restrições à utilização de redes de televisão por cabo para o fornecimento de serviços de telecomunicações já liberalizados;
c) Directiva 96/2/CE, da Comissão, relativa às comunicações móveis e pessoais;
d) Directiva 96/19/CE da Comissão, relativa à introdução da plena concorrência nos mercados das telecomunicações;
e) Directiva 95/62/CE, relativa à aplicação da oferta de rede à telefonia vocal;
f) Directiva 97/13/CE, relativa a um quadro comum para autorizações gerais e licenças industriais; e
g) Directiva da Comissão 88/301/CEE, relativa à concorrência nos mercados terminais de telecomunicações.

A regulamentação relativa à liberalização do sector visou regulamentar e enquadrar o processo de desmonopolização e de despublicização das telecomunicações.[1507]

[1507] Cf. Pedro Gonçalves, "Regulação, Electricidade e Telecomunicações", Estudos de Direito Administrativo da Regulação; Vilar Rojas, "Privatización de grandes servicios públicos", em "Os Caminhos da Privatização da Administração Pública", Studia Iuridica nº 60, pp. 207 e seguintes.

Em 2002, na sequência da designada revisão de 1999, foi inaugurado um novo ciclo regulatório a nível europeu que se pode concretizar pela adopção da Directiva 2002/21/CE do Parlamento Europeu e do Conselho, relativa a um quadro regulamentar comum para as redes e serviços de comunicação electrónicas; Directiva 2002/20/CE do Parlamento Europeu e do Conselho, relativa à autorização de redes e serviços de comunicações electrónicas; Directiva 2002/19/CE do Parlamento Europeu e do Conselho, relativa ao acesso e interligação de redes de comunicações electrónicas e recursos conexos; Directiva 2002/22/CE do Parlamento Europeu e do Conselho, relativa ao serviço universal e aos direitos dos utilizadores em matéria de redes e serviços de comunicações electrónicas; e Directiva 2002/58/CE do Parlamento Europeu e do Conselho, relativa ao tratamento de dados pessoais e à protecção da privacidade no sector das comunicações electrónicas.[1508]

A Directiva-Quadro – Directiva 2002/21/CE, de 7 de Março de 2002 – relativa ao quadro regulamentar comum para as redes e serviços de comunicações electrónicas veio determinar no seu art. 8º as funções das autoridades reguladoras nacionais, de que destacamos as seguintes:

a) Promoção da concorrência;
b) Desenvolvimento do mercado interno;
c) Defesa dos interesses dos cidadãos da União Europeia, assegurando o serviço universal e um elevado nível de protecção dos consumidores.

A directiva-autorização, relativa à utilização de redes e serviços de comunicações electrónicas (Directiva 2002/20/CE do Parlamento Europeu e do Conselho, de 7 de Março de 2002); a directiva-acesso, relativa ao acesso e interligação de redes de comunicações electrónicas e recursos conexos (Directiva 2002/19/CE do Parlamento Europeu e do Conselho, de 7 de Março de 2002); a directiva-serviço universal, relativa ao serviço universal e aos direitos de utilizadores em matéria de redes e serviços de comunicações electrónicas (Directiva 2002/22/CE do Parlamento Europeu e do Conselho, de 7 de Março de 2002); e a directiva relativa à privacidade e às comunicações electrónicas (Directiva 2002/58/CE do Parlamento Europeu e do Conselho de 12 de Julho de 2002), configuram em complemento da Directiva-Quadro, o quadro legislativo adoptado pela União Europeia ao abrigo do art. 95º do Tratado.

[1508] Cfr. Sérgio do Cabo, "Regulação e Concorrência no Sector das Comunicações Eléctronicas", em "Regulação em Portugal, Novos Tempos, Novos Modelos", op. cit.

Este ciclo europeu veio, assim, estabelecer a arquitectura do sistema de regulação do sector das comunicações electrónicas que os Estados-Membros da União ficaram obrigados a adoptar, e que se podem traduzir nas seguintes principais orientações: (i) separação funcional entre regulação da transmissão e regulação de conteúdos; (ii) neutralidade tecnológica; (iii) abolição definitiva dos direitos especiais ou exclusivos, e confirmação da liberdade de acesso e de iniciativa económica no sector das comunicações electrónicas; (iv) consolidação de um modelo institucional de regulação independente; (v) preferência da regulação da concorrência à regulação sectorial *ex ante*; (vi) distinção entre regulação especial e regulação uniforme; (vii) emergência de intensos poderes regulatórios da Comissão Europeia; e (viii) manutenção da regulação do serviço universal.[1509]

Em Fevereiro de 2006, no 11º Relatório da Comissão sobre regulamentação e mercados europeus das comunicações electrónicas foi feito um balanço positivo sobre a implementação do quadro regulamentar de 2002 nos vários Estado-Membros.

Todavia, no 12º Relatório de Março de 2007 a análise realizada já não permitia manter o ambiente de confiança, tendo sido, entre outros, sublinhados problemas relativos à incoerência das regulações nacionais.

Em Março de 2008 foi publicado o 13º Relatório da Comissão, em que se salienta que "*o modelo regulatório da União se mostrou capaz de garantir a existência de mercados cada vez mais concorrenciais, fornecendo ao mesmo tempo uma protecção sólida aos consumidores e garantia de um serviço básico*".

Todavia, como acima referimos, foram ilustrados nestes documentos oficiais algumas disparidades que estarão na origem da apresentação de duas propostas de Directiva que alteram a directiva-acesso, a directiva-autorização, a directiva-quadro, a directiva-serviço universal e a directiva-privacidade, e uma proposta de regulamento que institui uma Autoridade Europeia para os Mercados de Comunicações Electrónicas.

Em suma, a revisão em curso procurou dar resposta à questão da eficácia do quadro regulamentar, do desenvolvimento do mercado interno e da defesa dos interesses dos utilizadores.

Importa, na parte que nos ocupa, fazer uma referência complementar ao quadro regulatório comunitário de 2002, particularmente no que respeita à emergência de intensos poderes de natureza regulatória à Comissão Europeia e à consolidação de um modelo institucional de regulação independente.

[1509] Cfr. Pedro Gonçalves, "Regulação, Electricidade e Telecomunicações", Estudos de Direito Administrativo da Regulação.

Como sabemos, a Europa assumiu no âmbito da regulação das comunicações electrónicas uma forte influência do modelo americano, nomeadamente a adopção de um modelo de autoridades independentes fortemente desgovernamentalizadas e uma tendência muito significativa para a respectiva europeização.

Desde logo no plano legislativo, e desde o princípio dos movimentos liberalizadores, que o direito comunitário consagrou soluções em que claramente se configura o regime regulatório como um regime europeu, traduzido, em regra, pela emanação de Directivas, nomeadamente no que tange às condições de entrada no mercado, obrigações susceptíveis de imposição às empresas, acesso a redes, serviço universal e direitos dos consumidores.

O modelo de regulação de 2002 acentuou esta tendência na medida em que, ao abrigo do quadro em referência, a Comissão Europeia é a instância competente para adoptar: (i) a recomendação sobre os mercados relevantes de produtos e serviços; bem como (ii) as linhas de orientação para a análise de mercado e avaliação do poder de mercado significativo.

Estes dois importantes documentos que devem ser tomados em linha de conta pelas autoridades nacionais, segundo o disposto no nº 3 do art. 15º da Directiva-Quadro, traduzem uma categoria particular de regulamentos administrativos comunitários.[1510]

É também a Comissão Europeia que é titular de poderes regulatórios sobre medidas adoptadas pelas autoridades nacionais no âmbito das relações entre a Comissão e as autoridades reguladoras nacionais, para além da competência da Comissão para formular recomendações aos Estados-Membros sobre a aplicação das directivas.

Parece, pois, não subsistirem grandes dúvidas quanto à natureza comunitária do regime de regulação das comunicações electrónicas, tanto mais que a criação de um regulador europeu para o sector, em substituição dos reguladores nacionais, foi de novo abordada na revisão de 2006, acentuando e confirmando esta tendência.

Refira-se, aliás, que o art. 6º, nº 3, da Lei nº 5/2004, de 10 de Fevereiro, consagra um princípio geral que traduz, de forma muito evidente, as relações entre a reguladora nacional e a Comissão Europeia quando dispõe que:

[1510] Cfr. Pedro Gonçalves, op. cit., p. 225, em que é desenvolvida a questão relativa ao poder regulamentar da entidade, nomeadamente quanto aos regulamentos externos e regulamentos internos (as instruções), os regulamentos de execução ou complementares e regulamentos independentes, considerando que, nesta parte, se trata da "americanização do direito europeu" e, nessa medida, do direito português.

"A ARN deve, no desempenho das suas funções, ter em conta as recomendações da Comissão Europeia sobre a aplicação harmonizada do quadro regulamentar aplicável às comunicações electrónicas, tendo em vista a prossecução dos objectivos de regulação previstos no art. 5º, devendo informar de forma fundada a Comissão Europeia caso decida não seguir uma recomendação".

Entendemos, face ao sumário legislativo antes mencionado, que a regulação das comunicações electrónicas assume dois vectores fundamentais que a caracterizam, a saber:

a) Reforço dos poderes e competências da Comissão Europeia; e
b) Reforço da natureza independente dos reguladores nacionais, quer relativamente às entidades que nomeiam os respectivos titulares (o Governo), quer relativamente às entidades sujeitas à regulação e supervisão.

Este reforço de "independência" pode ver-se nas modernas tendências e doutrinas que concebem o regulador nacional como "o executivo regional ou local" de uma regulação comunitária.

4.4. Atribuições e Competências do ICP-ANACOM

O ICP-ANACOM dispõe de um conjunto de atribuições estabelecidas no art. 6º dos respectivos estatutos, de que destacamos as seguintes:

a) Coadjuvar o Governo, a pedido deste ou por sua iniciativa, na definição das linhas estratégicas e das políticas gerais das comunicações;
b) Assegurar a regulação e a supervisão do sector das comunicações;
c) Assegurar a gestão do espectro radioeléctrico;
d) Assegurar o cumprimento das obrigações inerentes ao serviço universal de comunicações;
e) Garantir o acesso dos operadores de comunicações às redes;
f) Coordenar com a entidade competente a aplicação da lei da concorrência no sector das comunicações;
g) Proteger os interesses dos consumidores, especialmente os utentes do serviço universal;
h) Arbitrar e resolver os litígios que surjam no âmbito das comunicações; e
i) Acompanhar a actividade das entidades reguladoras afins e as experiências estrangeiras de regulação das comunicações, e estabelecer relações com outras entidades reguladoras, bem como, no plano técnico, com os organismos comunitários e internacionais.

Em consonância com o feixe de atribuições de que é titular o ICP- ANACOM, os respectivos estatutos conferem a esta entidade: (i) competências consultivas; (ii) competência de colaboração com outras entidades; (iii) competências sancionatórias; (iv) competências de supervisão; (v) competências regulatórias; e (vi) competências regulamentares.

Em primeiro lugar, quanto à sua competência regulatória, as competências de regulação do ICP-ANACOM estão previstas no art. 9º, e de entre elas destacamos as de *"elaborar regulamentos nos casos previstos na lei e quando se mostrem indispensáveis ao exercício das suas atribuições"*.

Em complemento, o art. 11º regula o procedimento regulamentar, estipulando no nº 1 que os mesmos devem observar os princípios da legalidade, da necessidade, da clareza, da participação e da publicidade.

Por seu turno, o art. 125º da Lei 5/2004, de 10 de Fevereiro, atribui à ARN competência para publicar os regulamentos necessários à execução da presente lei, nomeadamente os que envolvem as matérias referidas no nº 1 do art. 21º, no nº 2 do art. 27º e no nº 2 do art. 32º, sem prejuízo da competência estatutária da ARN para emitir regulamentos sempre que tal se mostre indispensável ao exercício das suas atribuições.

Ou seja, a ARN é competente para exercer competências regulamentares, desde logo as que se relacionam com a sua própria organização e funcionamento.

Mas mais importante nesta área das suas competências regulatórias é a que se refere à prolação de regulamentos de eficácia externa, no sentido em que os mesmos fixam direito vinculativo para os regulados.

Do ponto de vista do procedimento regulamentar, o estatuto da ANACOM impõe um conjunto de exigências, de que destacamos as seguintes: (i) notícia do projecto de regulamento, quer ao Ministro da tutela, quer aos regulados, bem como às associações de consumidores de interesse genérico ou específico na área das comunicações; (ii) disponibilização do projecto de regulamento aos demais interessados; (iii) participação dos interessados, no sentido em que durante o período de 30 dias podem ser formuladas e apresentadas sugestões, alterações e comentários; (iv) fundamentação do regulamento aprovado com os motivos dele legitimadores, incluindo as observações, comentários ou sugestões que hajam sido apresentados; e (v) publicação e notificação do regulamento na 2ª série do Diário da República.[1511]

[1511] Trata-se de um procedimento idêntico ao estipulado no âmbito da competência regulamentar da Autoridade da Concorrência, segundo o art. 66º da Lei 19/2012, de 8 de Maio.

Também os estatutos fixam os limites ao poder regulamentar desta entidade, nomeadamente a Constituição, a lei, as atribuições da ANACOM, bem como os regulamentos do Governo.[1512]

Neste domínio, a ANACOM dispõe ainda das seguintes principais competências:

a) Atribuição de direitos de utilização de frequências e de números (artigos 30º e seguintes da Lei nº 5/2004);
b) Limitação do número de direitos de utilização de frequências (art. 8º);
c) Direito de conformação ou de oposição à transmissão de direitos de utilização de frequências;
d) Imposição de obrigações regulamentares *ex ante* às empresas com poder de mercado significativo (PMS), no quadro dos procedimentos de definição e análise de mercados relevantes; e
e) Adopção de medidas cautelares e provisórias, quando considere necessária uma actuação urgente para salvaguarda da concorrência e defesa dos interesses dos utilizadores (art. 9º).

A ANACOM é anda titular de competências de supervisão, de entre as quais as seguintes:

a) Vigilância e fiscalização dos regulados, para as quais estabelece o art. 12º dos seus estatutos que pode proceder a averiguações e exames em qualquer entidade ou local;
b) Actos de inspecção e acesso a documentos e informações; e
c) Obrigatoriedade de que os regulados participem e cooperem com a ANACOM, prestando e facultando documentos, designadamente de natureza financeira, que lhes sejam solicitados (art. 13º).

Do ponto de vista da competência sancionatória, a ANACOM é competente, ao abrigo do art. 10º dos seus estatutos, para tomar as medidas adequadas e proporcionais com fundamento no incumprimento dos regulados,

[1512] A competência regulamentar das Autoridade de regulação é um dos problemas mais complexos que o regime jurídico contempla, pelo que o mesmo será tratado de forma autónoma mais adiante. Cfr. no caso presente, o Regulamento nº 355/2012, de 13 de Agosto, relativo à liquidação e cobrança de taxas devidas à Anacom, bem como o Regulamento nº 86/2007, de 22 de Maio, relativo aos procedimentos de monitorização e medição dos níveis de intensidade dos campos electromagnéticos com origem em estações de radiocomunicações, e também o Regulamento nº 256/2009, de 7 de Janeiro, referente às regras aplicáveis à identificação de estações fixas de radiocomunicações e à sinalização informativa dos locais de instalação das referidas estações.

nomeadamente suspender a actividade ou suspender ou revogar direitos de utilização atribuídos, bem como aplicar sanções pecuniárias no quadro do regime dos ilícitos de mera ordenação social, e impor sanções pecuniárias compulsórias (multa diária).

Diremos, pois, em relação ao conjunto de atribuições e competências do ICP-ANACOM, que esta entidade dispõe de poderes de regulação, de supervisão, de fiscalização, de cooperação com outras entidades, de consulta e arbitragem, bem como competências de natureza sancionatória.[1513]

[1513] Ver DL 39/2015, de 16 de Março, que estabelece os novos Estatutos da entidade, em consonância com a Lei 67/2013, de 28 de Agosto.

Capítulo V
Um Balanço das Actividades Exercidas pela Autoridade da Concorrência ICP – ANACOM e Comissão de Mercado de Valores Mobiliários

I. Introdução

Deixámos nota no capítulo precedente do regime jurídico das diversas entidades administrativas independentes que surpreendemos no quadro normativo em Portugal e, nessa rota, deixámos fixado um critério que nos pareceu relevante para efeitos da distinção entre as mesmas: o critério material da fonte legitimadora da sua criação.

Nos parâmetros definidos referimos, do ponto de vista normativo, as diversas atribuições e competências de que são titulares estas entidades, nelas se incluindo as entidades de regulação.

Entendemos, no entanto, que é possível complementar o nosso trabalho através de uma descrição das principais áreas e domínios em que as actividades destas entidades se concretizam.

Não pretendemos ser exaustivos nesta parte, mas apenas demonstrar, com a avocação de situações concretas, a racionalidade das operações tidas por relevantes no âmbito das atribuições e competências das entidades de regulação independentes.

Na verdade, algumas destas entidades já têm décadas de vida. É dessa "vida" que se faz também o traçado da sua própria natureza.

Resumir essa vida ao essencial, mas sem a esquecer, é o "busílis". Assim, para não ficar a sensação de um mero exercício de virtuosismo classificativo nominal, iremos procurar enriquecer o nosso trabalho através do desenvolvimento da prática de três realidades exemplares, através do resumo/balanço da sua actividade.[1514]

Este capítulo do nosso trabalho visa, assim, complementar o regime jurídico das entidades administrativas independentes, de modo a ressaltar as suas principais características sem desvirtuar, como ao longo da tese procurámos demonstrar, a sua "integração" no conceito de Administração Pública, que denominamos de administração independente.

Estas entidades, todas elas, fazem parte da Administração Pública. Estão por isso subordinadas, no âmbito da sua acção, aos princípios da legalidade, da proporcionalidade e da imparcialidade.

O seu modo de agir está vinculado à observância daqueles princípios constitucionais porque, como já deixámos entrevisto, a administração independente é Administração Pública que, como tal e nos termos constitucionais, deve obediência ao princípio da unidade de acção, previsto e estabelecido no nº 2 do art. 267º da Constituição da República.

Os fundamentos políticos e jurídicos antes invocados para a criação destas entidades tornar-se-ão mais evidentes e claros através do enunciado de algumas das suas mais importantes missões.

Vai ser possível, julgamos nós, pela via da concretização prática da ordem jurídica que lhes é aplicável, nos casos das entidades que escolhemos para este efeito, verificar: (i) o reforço e desenvolvimento das regras de concorrência relativas à criação e aprofundamento do mercado único europeu; (ii) a interligação e *aggiornamento* das regras das telecomunicações aos objectivos e às directivas europeias sobre a matéria; e (iii) o desenvolvimento comunitário e interno do funcionamento do mercado de valores mobiliários.

II. A Autoridade da Concorrência

1. Enquadramento

A Autoridade da Concorrência iniciou a sua actividade em 24 de Março de 2003, e com ela a grande responsabilidade de lançar uma nova instituição num país onde as tradições de uma verdadeira cultura da concorrência eram ainda incipientes.

A Lei da Concorrência (Lei nº 18/2003, de 11 de Junho) introduziu um conjunto significativo de alterações substantivas e de cariz processual, destacando-se o alargamento do respectivo âmbito material de aplicação, o qual passou a abranger todas as actividades económicas sem excepção, bem como

[1514] Marcelo Rebelo de Sousa *dixit*.

todos os sectores regulados, incluindo tanto o sector segurador, como o sector financeiro.

Por força das suas atribuições específicas, a Autoridade passou a assumir novas funções inerentes à defesa da Concorrência, relevantes para a regulação global dos sectores, que até então eram parcialmente exercidas de facto pelas entidades reguladoras sectoriais, sendo as suas competências mais significativas enunciadas nos pontos seguintes.

2. Poderes de Regulação e de Supervisão: Controlo de operações de concentração de empresas

Do ponto de vista funcional e no âmbito dos seus poderes de supervisão, as decisões da AdC em matéria de controlo de operações de concentração de empresas, têm envolvido[1515], principalmente, bens de mercado transacionáveis, consistindo a sua grande maioria na "aquisição maioritária de capital social", e mais representativas as do tipo horizontal e domésticas.

À semelhança do regime consagrado no *Regulamento das concentrações comunitárias* e ainda que com uma nomenclatura diferente, o procedimento de controlo adoptado pelo legislador português divide-se, *grosso modo*, em duas fases de apreciação da operação notificada, apresentado a segunda delas carácter meramente eventual.[1516]

No período de 2008-2013 foram adoptadas 67 decisões de operações de concentração, bem como 4 decisões de passagem a investigação aprofundada. Do conjunto de 67 decisões finais adoptadas naquele período, foram tomadas 3 decisões de 2ª fase e 5 decisões de 1ª fase.

Do conjunto das decisões adoptadas desde 2009, os processos com um maior nível de exigência e complexidade foram os relativos à aquisição da SPdH pela TAP (Ccent 12/2009 TAP/SPdH); Ccent 16/2008 (PETROGAL/Postos de abastecimento, quanto à projectada aquisição pela GALP dos postos de abastecimento anteriormente adquiridos pela SONAE Distribuição ao CARREFOUR); Ccent 23/2010 (EDP Produção/GreenVouga); Ccent 41/2009 (Ongoing/Prisa/Mediacapital); Ccent 1/2011 (Secil Betões/Lagarfe Betões);

[1515] Concretizam-se apenas os casos e a jurisprudência anteriores à aprovação do Decreto-Lei nº 19/2012.

[1516] Da lei portuguesa resulta que o procedimento de concentrações se inicia com a notificação e se desdobra em duas fases: uma primeira, de feição mais ligeira (que pode concluir-se com uma decisão de não oposição à concentração ou com a decisão de passar à fase seguinte), e uma segunda, eventual, de investigação aprofundada; a primeira fase integra já o procedimento, que pode concluir-se no fim da mesma ou desenvolver-se para uma segunda fase.

Ccent 49/2010 (TRPN/InterNorte) e Ccent 40/2010 (Bencom/Negócio de Combustiveis BP Açores).

Em termos resumidos é possível descrever os contornos essenciais das operações antes evidenciadas:

– No **Processo Ccent 12/2009**, a operação consistiu na aquisição pela TAP-Transportes Aéreos Portugueses, SA do controlo exclusivo da SPdH--Serviços Portugueses de Handling, mediante a aquisição de uma participação de 50,1% do capital social desta sociedade que tem como actividade a prestação de serviços de assistência em escala (*handling*) utilizando a marca de "Groundforce", nos aeroportos portugueses, com exclusão dos Açores. Após investigação, e da análise efectuada, concluiu-se que: (i) após a operação de concentração, o Grupo TAP teria a capacidade e o incentivo para deteriorar as condições de acesso das companhias aéreas suas concorrentes aos serviços de assistência em escala, com o propósito de criar, manter ou reforçar o seu poder de mercado a nível do transporte aéreo de passageiros num conjunto de rotas; (ii) da operação de concentração resultava a passagem a um situação de monopólio na prestação de serviços de assistência em escala, nos aeroportos em que existe sobreposição horizontal da actividade da SPdH e da Portway, eliminado qualquer pressão concorrencial entre estas últimas; e (iii) a operação reforçava a posição dominante detida pela SPdH ao nível dos mercados relevantes, tendo em conta a existência de barreiras à entrada, de natureza regulamentar e económica.

Concluiu-se por isso que a operação de concentração era susceptível de criar ou reforçar a posição dominante da SPdH ao nível dos aeroportos em que a operação de concentração apresentava uma dimensão horizontal, e originaria entraves significativos à concorrência efectiva nos mercados relacionados do transporte aéreo de passageiros.

O Conselho da AdC deliberou adoptar uma decisão de proibição relativamente à operação, e ordenou ainda um conjunto de medidas com vista a assegurar a concorrência efectiva dos mercados, nomeadamente a separação entre a TAP e a SPdH mediante a alienação, por parte da TAP, das acções referentes pelo menos a 50,1% do capital social da SPdH.

Trata-se do primeiro caso em que a AdC impôs medidas, no âmbito de uma Decisão de Proibição, ao abrigo do disposto na alínea *b)* do nº 1 do art. 37º da Lei da Concorrência.

– No **Processo 41/2009**, a Autoridade da Concorrência (AdC) adoptou uma decisão de oposição à operação de concentração Ongoing/Vertix/Media

Capital, em consequência do parecer negativo, de natureza vinculativa, emitido pela Entidade Reguladora da Comunicação Social (ERC). A decisão adoptada pela AdC conclui um procedimento marcado pela sucessão das seguintes etapas:

a) Em 8 de Outubro de 2009, foi notificada à AdC, nos termos do art. 9º da Lei da Concorrência, uma operação de concentração de empresas, que consistiria na aquisição pelas empresas Ongoing Media, SGPS, SA e Vertix, SGPS, SA do controlo conjunto sobre a empresa Grupo Media Capital, SGPS, SA, através da aquisição, pela primeira, das acções representativas de até 35% do seu capital social e com base no acordo parassocial a celebrar entre a Ongoing e a Vertix;

b) Em 14 de Outubro de 2009, atendendo a que as actividades desenvolvidas pelas empresas participantes são objecto de regulação sectorial, a AdC solicitou à Entidade Reguladora para a Comunicação Social (ERC) e ao ICP-ANACOM, os respectivos pareceres relativamente à operação de concentração em análise, em cumprimento do art. 39º, nº 1 da Lei da Concorrência;

c) Em 29 de Outubro de 2009, o ICP-ANACOM emitiu o seu parecer, considerando que da operação de concentração notificada não resultaria qualquer reforço de quota de mercado da Ongoing nos mercados das comunicações electrónicas;

d) Em 30 de Outubro de 2009, a Impreger-Sociedade Gestora de Participações Sociais, SA, constituiu-se como contra-interessada no procedimento;

e) Em 10 de Fevereiro de 2010, a ERC emitiu o seu Parecer final, manifestando *"a sua oposição ao projecto de operação de concentração notificada enquanto a Ongoing não efectivar a venda [...] de um número de acções representativas do capital social da Impresa que torne a sua participação nesta sociedade sempre inferior a 1% do capital social, ficando a Ongoing impedida de (i) aumentar a sua participação no capital social da Impresa para além do referido limite e de (ii) interferir, directa ou indirectamente, isolada ou conjuntamente com outros accionistas, nos assuntos internos da Impresa, sociais, editoriais ou de qualquer outra natureza, enquanto mantiver a qualidade de accionista da Media Capital"*;

f) Em 30 de Março de 2010, após a realização da devida Audiência dos Interessados – a qual decorreu entre 4 e 18 de Março – e análise das Observações recebidas, a AdC emitiu a sua decisão final.

De salientar que, atenta a natureza vinculativa do parecer solicitado à ERC, nos termos do disposto no art. 4º, nº 2, da Lei nº 32/2003, de 22 de Agosto – Lei da Televisão, não podendo o procedimento de controlo de concentrações iniciado na AdC prosseguir sem a sua emissão, o prazo para esta Autoridade adoptar uma decisão, previsto no nº 1 do art. 34º da Lei da Concorrência, manteve-se suspenso, desde a solicitação do referido parecer, em 14 de Outubro de 2009, até à recepção do Parecer final da ERC, em 10 de Fevereiro de 2010.

Face ao sentido do Parecer emitido pela ERC, e atendendo a que o interesse público de salvaguarda da diversidade e do pluralismo, expresso pela ERC no seu parecer, determinou-se que a operação projectada não se podia concretizar, independentemente de qual fosse a conclusão da avaliação jus-concorrencial. A Autoridade da Concorrência pronunciou-se, no uso da competência que lhe é conferida pela alínea *b)* do nº 1 do art. 17º dos Estatutos, aprovados pelo Decreto-Lei nº 10/2003, de 18 de Janeiro, e com base no art. 107º do CPA, conjugado com o art. 39º da Lei da Concorrência e com o nº 2 do art. 4º da Lei nº 32/2003, de 22 de Agosto, no sentido da oposição à operação notificada, para protecção do referido valor de interesse público.

Mais recentemente, a AdC adoptou, a 26 de Agosto de 2013, uma Decisão de Não-Oposição, acompanhada de condições e obrigações destinadas a garantir o cumprimento dos Compromissos assumidos pelas Notificantes, no processo envolvendo a fusão entre a Optimus e a ZON.

Esta operação, notificada à AdC em 1 de Fevereiro de 2013, envolveu uma extensa análise dos mercados de comunicações eletrónicas, incluindo os mercados de televisão por subscrição, de *triple-play* e de *quadruple-play*, bem como os mercados de conteúdos com aqueles relacionados.

Não obstante a quota de mercado reduzida da Optimus na maioria dos mercados de comunicações eletrónicas, a AdC concluiu que a operação seria passível de resultar em entraves à concorrência efectiva nas áreas onde a Optimus tem acesso a uma rede de fibra óptica, na medida em que: (i) a Optimus tem desempenhado uma concorrência efectiva sobre a ZON e os restantes operadores de mercado, nas áreas em que dispõe de oferta de serviços em fibra ótica; (ii) a separação seria susceptível de diminuir os incentivos da Optimus para manter o acesso da Vodafone à sua rede de fibra óptica e, por essa via, resultaria na diminuição da capacidade concorrencial da Vodafone, designadamente nas áreas geográficas onde a oferta de serviços desta empresa se baseia na rede de fibra da Optimus. A AdC concluiu que a Optimus não dispõe de planos de expansão significativos da sua rede de fibra óptica – na qual não investia deste o ano de 2010 –, o que, na ausência da operação de concentração, limitaria a suscetibilidade da Optimus poder vir a ser um concorrente potencial relevante nas áreas geográficas onde não dispõe, atualmente, de uma infraestrutura de fibra.

Concluiu também que a operação de concentração, ao permitir à ZON aceder a uma infraestrutura de rede móvel própria, é passível de reforçar a capacidade da nova entidade para contestar a posição de mercado de outros operadores, nomeadamente num cenário em que as ofertas *quadruple-play* ganhem relevância no mercado.

No que se refere ao acesso às redes móveis por parte de operadores que não disponham de uma infraestrutura de rede móvel própria – aspecto que ganhará uma premência acrescida para operadores mais pequenos, num cenário em que o mercado evolua para ofertas *quadruple-play* –, concluiu-se que as obrigações de acesso às redes móveis impostas pelo ICP-ANACOM, no âmbito do leilão de atribuição das licenças para a 4ª geração móvel, contribuem para promover o acesso àquelas redes e, nessa medida, anular eventuais efeitos que a operação de concentração pudesse ter ao nível do acesso às redes móveis. Sendo o acesso a conteúdos, em condições económicas adequadas, um factor determinante da capacidade concorrencial dos operadores de comunicações eletrónicas, não apenas ao nível dos serviços de televisão por subscrição, mas também, fruto da penetração cada vez mais elevada das ofertas *triple-play*, ao nível dos restantes serviços de comunicações eletrónicas, a AdC não deixou de analisar a temática dos conteúdos, e em que medida poderia resultar da operação uma dificuldade acrescida no acesso aos mesmos por parte de operadores concorrentes da ZON e da Optimus.

Da análise efetuada pela AdC, a entidade conclui que:

(i) As eventuais restrições de acesso a conteúdos, em condições económicas adequadas, que possam ser sentidas por operadores concorrentes da ZON e da Optimus, serão, essencialmente, resultantes da integração vertical que já hoje existe, ao nível da ZON, entre as actividades relativas aos mercados de conteúdos – em particular, no que respeita a conteúdos desportivos e cinematográficos *premium* – e as actividades, a jusante, de televisão por subscrição e de serviços de comunicações electrónicas;

(ii) A base de clientes da Optimus a nível dos serviços de televisão por subscrição e, mais especificamente, o número de clientes da Optimus que subscrevem canais *premium*, é insignificante em comparação com a base de clientes da ZON pelo que, dificilmente, poderia resultar daqui

uma qualquer alteração de incentivos da ZON no que se refere à disponibilização de conteúdos aos seus concorrentes;

(iii) Nesses termos, não resulta da operação um reforço das eventuais restrições de acesso a conteúdos, em condições económicas adequadas, que já hoje possam ser sentidas por operadores concorrentes da ZON e da Optimus.

A AdC concluiu que a operação de concentração seria passível de resultar em entraves à concorrência efectiva nas áreas geográficas onde a Optimus tem acesso a uma rede de fibra óptica, não apenas porque, nessas áreas, a Optimus tem desempenhado uma pressão concorrencial efectiva sobre a ZON, mas também porque, em parte dessas áreas, as ofertas de serviços da Vodafone baseiam-se na rede de fibra da Optimus. Neste contexto, as Notificantes propuseram um conjunto de Compromissos tendentes a obviar às preocupações jus-concorrenciais identificadas pela AdC, os quais, sumariamente, resultam no seguinte:

(i) Prorrogação do prazo de vigência do acordo de partilha de rede entre a Optimus e a Vodafone, assegurando, dessa forma, que a Vodafone continue a ter acesso à infraestrutura de rede de fibra da Optimus;

(ii) Reforço das garantias de manutenção do contrato de partilha de rede entre a Optimus e a Vodafone, por via da não aplicação de limitação de responsabilidade em caso de resolução injustificada do contrato pela Optimus ou por motivos imputáveis à Optimus;

(iii) Negociação, com terceiros que o pretendam, de acesso grossista à rede de fibra da Optimus, por forma a poderem concorrer nas áreas geográficas em causa;

(iv) Negociação e celebração com a Vodafone de um contrato de opção de compra sobre a rede de fibra da Optimus, tendo como preço de compra o valor contabilístico daquela rede, deduzido das amortizações;

(v) Eliminação, por um período de 6 meses, das cláusulas de fidelização dos clientes de *triple-play* da Optimus sobre rede de fibra, dando-lhes a possibilidade de escolherem livremente o fornecedor de serviços.

A AdC concluiu, tendo em conta, nomeadamente, as observações submetidas por terceiros no âmbito do teste de mercado aos Compromissos, que os mesmos são suficientes, adequados e proporcionais à resolução dos problemas jus concorrenciais resultantes da operação de concentração pelas razões que, resumidamente, se expõem de seguida: por um lado, permitem que a

Vodafone possa manter a sua oferta de serviços baseados em fibra nas áreas onde actua com recurso à rede da Optimus; e por outro, reforçam as condições de contestabilidade do mercado, não só por via da eliminação de entraves à mobilidade dos clientes e eliminação das cláusulas de fidelização, mas sobretudo porque permitem que outros operadores, incluindo a Cabovisão, possam recorrer à rede de fibra da Optimus para passar a oferecer serviços em fibra nas áreas geográficas em causa.

O processo contou com a participação de três Contra-interessados – Portugal Telecom (PT), Vodafone e Cabovisão –, os quais submeteram à AdC, por diversas vezes, observações relativas ao respectivo entendimento sobre os impactos da operação de concentração. Foram igualmente auscultados em teste de mercado aos Compromissos e em Audiência de Interessados. A AdC analisou as observações que os Contra-interessados apresentaram ao longo de todo o procedimento, encontrando-se as mesmas amplamente reflectidas na Decisão final que agora se adopta, bem como no desenho dos próprios Compromissos submetidos pelas Notificantes.

Do ponto de vista qualitativo, as duas maiores operações de concentração de empresas do período de 2003-07 respeitaram aos Processos BPI/BCP e PT/Sonaecom.

Em número de operações, entre 2003-2007 foram autorizadas 285 operações e proibidas apenas 3; entre 2008-2012 foram autorizadas 263 e proibidas 2; e em 2012-2013 foram autorizadas 548 e proibidas apenas 5.

Acresce que no que tange à exigência de colaboração entre a Autoridade e os reguladores sectoriais na aplicação da legislação da concorrência, é exigido o estabelecimento de formas de articulação de competências nesta sede, até porque a AdC tem vindo a ser chamada a pronunciar-se sobre um crescente número de operações de concentrações em quase todos os sectores regulados.[1517]

Na prática, têm-se suscitado várias dúvidas interpretativas e, pontualmente, algumas dificuldades de relacionamento institucional entre entidades reguladoras e a Autoridade.

[1517] Relevam, entre outros, os seguintes processos no sector dos media: o Processo 17/2005 – *Controlinveste/Lusomundo Media*, no sector da energia: o Processo 69/2005 *Gás Natural/Endesa*; no sector dos transportes rodoviários: o Processo 37/2004 *Barraqueiro/Arriva* (ATMS); no sector das telecomunicações: Processo 8/2006 *Sonaecom/PT*; no sector da aviação civil: Processo 43/2003 *TAP/SPdh/PGA*; no sector da saúde: Processo 4/2006 *Espírito Santo Saúde/Horpor*; e no sector financeiro: o Processo 15/2006 *BCP/BPI*, todos disponiveis em www.concorrencia.pt.

A este propósito, o Tribunal de Contas, no Relatório sobre a "Auditoria à Regulação da Concorrência"[1518], nota que *"(...) a AdC, no intuito de prever conflitos e garantir uma articulação eficaz com os reguladores sectoriais, tem vindo a celebrar com estes acordos de cooperação que identifiquem com clareza o âmbito de actuação articulada e estabeleçam mecanismos procedimentais necessários à concretização de tal articulação"*. E o Tribunal acrescenta que *"a eventual aprovação de uma Lei-Quadro sobre as entidades administrativas independentes, ao contribuir para a harmonização das soluções institucionais aplicáveis aos reguladores sectoriais, contribuiria para facilitar a articulação das autoridades reguladoras sectoriais com a AdC"*.

Esta característica da transversalidade tem como consequência a necessidade de articulação[1519] com as entidades reguladoras sectoriais, tais como, entre outras, o Banco de Portugal, a CMVM, a ERSE, a ERS, o ISP e a ANACOM. Esta articulação nem sempre tem sido fácil[1520], tendo-se já feito notar divergências entre a AdC e a ANACOM[1521] com respeito à titularidade sobre a rede por cabo. No caso, estas divergências decorreram de se questionar a sobreposição de competências no acesso a infraestruturas essenciais.

No âmbito da *avaliação prévia das operações de concentração*[1522], ainda que esta constitua um procedimento facultativo, a mesma foi objecto de interesse e de aprofundamento pela Autoridade, na medida em que permitiu a troca de informações e a discussão de aspectos substantivos e/ou procedimentais que, podendo ser resolvidos numa fase prévia à notificação, possibilitou ainda uma diminuição de prazos e/ou a suspensão do procedimento para pedidos de esclarecimento.

1518 Cfr. Relatório nº 7/2007, da 2ª Secção do Tribunal de Contas, de Fevereiro de 2007, disponível em www.tcontas.pt.

1519 Sobre a articulação de competências em matéria de controlo de concentrações, Margarida Rosado da Fonseca e Luis do Nascimento Ferreira, "O Procedimento de Controlo das Operações de Concentrações de Empresas em Portugal – A Prática decisória da Autoridade da Concorrência à luz da Lei nº 18/2003, de 11 de Junho", Almedina, 2009, pp. 173-178.

1520 Cr. Maria Manuel Leitão Marques, "Uma nova Autoridade da Concorrência", em A Mão Visivel, Mercado e Regulação, Almedina, Coimbra, 2003.

1521 Sobre a articulação entre estas duas entidades, ver dissertação de Mestrado de Maria Isabel Bastos, "A relação da Autoridade da Concorrência com as Autoridades de Regulação Sectoriais, em particular do ICP – ANACOM". Para um maior entendimento, no direito comparado, sobre a relação da AdC com as entidades reguladoras no sector das comunicações electrónicas, veja-se Marques, Almeida e Forte: 2005, pp. 203-276; Moreira e Maçãs: 2003, pp. 55-120; Moreira: 2004, pp. 110-136; Barros, 2003, pp. 10-13; OCDE: Regulatory Reform: Experience from OECD Countries, 2004. Informação disponível no *site* http://www.oecd.org/dataoecd/60/54/40501864.pdf.

1522 Ver AdC, "Linhas de Orientação sobre o procedimento de avaliação prévia de operações de concentração de empresas", de 3 de Abril de 2007.

Este procedimento de avaliação prévia, que se encontrava previsto na alínea *b)* do nº 3 do art. 7º dos Estatutos, foi suprimido pelo novo Regime Jurídico da Concorrência (RJC), em linha com o que já tinha sucedido no direito da União Europeia, depois da aprovação do Regulamento 1/2003.

Destaca-se ainda, em 2009, o Parecer de não oposição proferido pela Autoridade, no sentido de não oposição à criação da Sociedade Anónima Europeia, nos termos do procedimento estabelecido no Decreto-Lei nº 2/2005, de 4 de Janeiro.

A actividade da AdC no âmbito de concentração de empresas de dimensão comunitária desenvolve-se em duas vertentes: i) na análise sumária de operações notificadas à Comissão Europeia; e ii) na análise e acompanhamento das operações de concentração que poderão ser alvo de remessa de, ou para a Comissão Europeia, e das operações de concentração que passam à fase II do procedimento, com o respectivo acompanhamento no Comité Consultivo da Comissão Europeia em matéria de concentração de empresas.

A análise de operações de concentração com dimensão europeia é feita de forma a avaliar e analisar o respectivo impacto no mercado nacional, assistindo à AdC o direito de solicitar a remessa do caso, nos termos do art. 9º do Regulamento das concentrações comunitárias.

Em 2011, a AdC foi classificada pela *Global Merger Control Index (GMCI)*, elaborado anualmente pelo *Center of European Law and Economics*, em 4º lugar entre 71 congéneres, no índice que avalia o desempenho de controlo de concentrações empresariais, e em 3º lugar de entre os 27 Estados-Membros da União Europeia.

3. Competências sancionatórias

No plano sancionatório, a AdC intervém investigando e determinando a abertura de procedimentos quanto a práticas restritivas da concorrência, quer no domínio das práticas concertadas e acordos de empresas (vulgarmente designados por "cartéis"), quer por práticas anti-concorrenciais de abuso de posição dominante.

O combate aos cartéis – uma das práticas restritivas da concorrência mais lesivas –, tem sido uma das prioridades da AdC.

Em Janeiro de 2005, a AdC concluiu um processo envolvendo as empresas que em Portugal operam no mercado do produto reagente de determinação de glicose no sangue, concluindo pela existência de uma prática restritiva da concorrência e tendo deliberado a aplicação de uma coima total de €3.292.066,10 às cinco empresas arguidas.

O processo teve a sua origem numa queixa do Centro Hospitalar de Coimbra (CHC), na sequência de um concurso público para a aquisição de "tira-reagente", um produto utilizado no diagnóstico e controlo da Diabetes.

Em Outubro de 2005, a AdC condenou as mesmas 5 entidades, desta vez arguidas num processo que envolveu 36 concursos públicos para fornecimento de "tira-reagentes" a 22 hospitais de norte a sul do país, ao pagamento de uma coima total de cerca de 16 milhões de euros.

Neste âmbito, a AdC emitiu, nos últimos anos, decisões condenatórias relacionadas com concertação de preços em prejuízo dos consumidores (PRC 06/04), práticas lesivas da concorrência no mercado das refeições e serviços de gestão e exploração de refeitórios, cantinas ou restaurantes (PRC 02/07), práticas lesivas no mercado de gestão e exploração de parques de estacionamento – ANEPE (PRC 12/06), práticas lesivas da concorrência no mercado da actividade desenvolvida pelos profissionais de informação turística (PRC 04/07), da formação obrigatória dos técnicos oficiais de contas (PRC 03/09), no âmbito de procedimentos públicos de aquisição de serviços de limpeza (PRC 10/09) e prática concertada de fixação de preços de ensino da condução de veículos (PRC 06/08).

Durante o ano de 2009, foram decididos 8 processos de contra-ordenação por violação do art. 4º da Lei da Concorrência, ao abrigo do qual se podem classificar como práticas anticoncorrenciais por acordo horizontal, i.e., por acordo entre empresas concorrentes.

Em três destes processos (referências PRC 05/06, PRC 05/08 e PRC 34/04) estavam em causa eventuais acordos horizontais com impacto nos mercados da farinha de trigo, e de gestão e exploração de instalações destinadas à prática desportiva, com e sem acompanhamento profissional. Os mencionados três processos foram objecto de decisão de arquivamento por se entender não existir prova bastante das práticas em análise. No tocante aos processos registados com as referências PRC 32/04, PRC 05/05 e PRC 02/06, estavam em causa eventuais acordos horizontais com impacto, respectivamente, nos mercados de compra de rolaria de eucalipto, da actividade grossista para a venda ao público de combustíveis líquidos em postos de abastecimento, e no cimento cinzento e betão pronto.

De destacar em 2009, duas decisões condenatórias – PRC 06/04 e PRC 02/07 – por concertação de preços em prejuízo dos consumidores relativamente a onze empresas de moagem de farinha, e por práticas lesivas da concorrência no mercado das refeições e serviços de gestão e exploração de refeitórios.

No ano de 2010, ainda no domínio das práticas restritivas da concorrência, foram proferidas duas decisões condenatórias, no PRC 13/06 condenando a BAXTER-Médico Farmacêutica, Lda. e a GLINTT-Business Solutions, Lda. por celebração e execução de um contrato que incluía restrições verticais, designadamente a de fixação dos preços de revenda no mercado, e no PRC 09/08 condenando a empresa Royal Canin Portugal por práticas lesivas no mercado nacional da alimentação para animais de companhia, no mercado de retalho.

Durante o ano de 2011 foram decididos dez processos de contraordenação por violação do art. 4º da Lei nº 18/2003, tendo sido proferidas decisões condenatórias, no PRC 10/09, de duas empresas de limpeza industrial, e no PRC 06/08, de várias empresas titulares de escolas de condução.

Destaca-se ainda o processo de contra-ordenação instaurado contra a PT/ZON, por violação do art. 6º da Lei da Concorrência, que qualifica as práticas anticoncorrenciais de abuso de posição dominante.[1523]

As decisões da Autoridade da Concorrência proferidas no âmbito dos seus poderes de supervisão e sancionatórios são susceptíveis de impugnação judicial[1524] para o Tribunal de Concorrência, Regulação e Supervisão.[1525] Existe,

[1523] No tratamento desta matéria foram analisados comportamentos adoptados pelas empresas Portugal Telecom S.G.P.S., S.A. (Portugal Telecom), PT Comunicações, S.A. (PTC), ZON - Multimédia, Serviços de Telecomunicações e Multimédia S.G.P.S., S.A. (ZON Multimédia), e ZON - TV CABO Portugal, S.A. (ZON TV Cabo), concretizados na definição e aplicação, no período compreendido entre 22 de Maio de 2002 e 30 de Junho de 2003, dos tarifários grossista "Rede ADSL PT" (versões 11 a 15.9), e retalhistas "SAPO ADSL.PT - Standard", "Netcabo Speed On 640", "Netcabo Speed Use RC" e "Netcabo Speed On 128". Através destes tarifários, as arguidas fixaram artificial e não equitativamente os preços para os serviços grossista e retalhista de acesso em banda larga, tendo induzido artificialmente a alta do preço grossista (por comparação com o preço retalhista) e a baixa do preço retalhista (por comparação com o preço grossista), impedindo, deste modo, um operador alternativo, ainda que igualmente eficiente à empresa retalhista do Grupo PT, de obter lucro (prática habitualmente designada por "esmagamento de margens"). Igualmente, através do sistema de descontos constante do tarifário grossista "Rede ADSL PT" (versões 11 a 15.9), a arguida PTC aplicou sistematicamente condições desiguais relativamente a prestações equivalentes, discriminando positivamente outra empresa do Grupo PT, a TELEPAC II, em detrimento dos concorrentes. Os comportamentos das arguidas resultaram, finalmente, em limitações da produção, da distribuição, do desenvolvimento técnico e do investimento no que respeita aos serviços em causa, em prejuízo da concorrência e dos consumidores.

[1524] Vital Moreira indica como garantia de independência da Adc o facto de as respectivas decisões só poderem ser impugnadas junto dos tribunais.

[1525] Ver art. 38º dos Estatutos. Muito embora o tribunal competente para conhecimento dos recursos das decisões da AdC tenha sido alterado pela Lei 52/2008, de 28.08, bem como pela Lei 46/2011, de 24.06, que vieram alterar a redacção dos artigos 50º, 52º, 54º e 55º da Lei 18/2003, de 11.06, o dispositivo correspondente dos Estatutos não foi alterado, mas deve considerar-se

contudo, nos termos do art. 34º dos Estatutos, uma excepção: trata-se da figura do recurso extraordinário da decisão da AdC que não autorize uma operação de concentração, para o Ministro da Economia, que a pode revogar com fundamento na prevalência dos interesses fundamentais da economia nacional.[1526]

Em suma, o recurso extraordinário constitui uma excepção ao modelo de concorrência que vigora no procedimento de controlo de concentrações portuguesas, que é o da concentração funcional e institucional na AdC das funções instrutória e decisória.[1527] Desde a criação da AdC o único recurso instaurado nos termos do art. 34º, nº 1, dos seus Estatutos foi o relativo à operação de concentração que correu termos sob o número Ccent 22/2005[1528] –

derrogada, neste particular, por estes diplomas. A Lei 46/2001, de 24.06, veio determinar que o tribunal competente para conhecer dos recursos das decisões da AdC é o tribunal especializado de concorrência, regulação e supervisão. As normas respectivas entram em vigor a partir da instalação deste tribunal, não se aplicando aos processos pendentes, nos termos dos artigos 18º. e 20º, nº 1 e nº 3, da Lei 46/2001, de 24.06.

1526 Nos termos do art. 1º, nº 1, dos seus Estatutos, a AdC é "[...] *uma pessoa coletiva de direito público, [...] dotada de autonomia administrativa e financeira*", sujeita, todavia, nos termos do art. 33º, nº 1, "[...] *à tutela do ministro responsável pela área da economia nos termos dos presentes Estatutos [...]*", "*[...n]o estrito respeito da sua independência* [...]". A norma do art. 34º, nº 1, dos Estatutos da AdC estabelece, assim, um recurso tutelar de mérito, cujo critério central de apreciação — *prossecução de interesses fundamentais para a economia nacional* — é extrínseco relativamente à apreciação estritamente jus-concorrencial da AdC, no que respeita ao controlo da operação de concentração (art. 41º, nºs 3 e 4). Não obstante isso, a decisão ministerial pode — nos termos do nº 2 do art. 34º dos Estatutos da AdC —, e em termos meramente acessórios, fazer uma apreciação jusconcorrencial, espelhada na possibilidade de a decisão de autorização poder ser acompanhada de "[...] *condições e obrigações tendentes a minorar o impacte negativo sobre a concorrência decorrente da sua realização*" (na doutrina nacional pode confrontar-se, sobre o assunto, Pedro Costa Gonçalves, "Controlo de concentração de empresas no direito português", em Revista de Concorrência & Regulação, nºs 7/8 (Jul.-Dez.), 2011, pp. 245-310. A norma do art. 34º, nº 1, dos Estatutos da AdC tem por fonte o § 42 (1), da lei alemã da concorrência (*Gesetz gegen Wettbewerbsbeschränkungen*), sobre o qual pode consultar-se Bremer, Eckhard, 2010, "Recurso para o ministro em controlo de concentrações", Separata da revista "Temas de integração", 1º e 2º semestres de 2010, nºs 29 e 30, pp. 307-372.

1527 O legislador de 2003 optou por uma solução monista, que se mantém no novo RJC, com o objectivo de assegurar uma articulação entre poderes de investigação e poderes sancionatórios. Um exemplo de opção dualista é o modelo norte-americano, em que a aplicação de sanções em processos de *antitrust* está reservada aos tribunais. Esta excepção, designada pelo Tribunal de Contas como uma "dependência de direito", foi objecto de atenção no Relatório de 2007: "*A questão fundamental que se poderá colocar no futuro é, segundo a AdC, a da possibilidade de este recurso extraordinário, a ser utilizado sistematicamente, poder vir a enfraquecer a capacidade de negociação de compromissos em operações de concentração por parte da AdC. Ou, por outras palavras, cientes da possibilidade de recurso extraordinário de uma decisão negativa de concentração por parte da AdC, os notificantes de uma operação poderão ter menos incentivos a propor os compromissos necessários, numa óptica de concorrência, à sua aprovação pela AdC.*".

1528 Disponível em http://www.concorrencia.pt/FILES_TMP/2005_22_final_net.pdf.

Via Oeste (Brisa)/Auto-estradas do Oeste/Auto-estradas do Atlântico em que, por Despacho de 07 de Junho de 2006, o Ministro da Economia e da Inovação deu provimento ao recurso extraordinário interposto pela Brisa e pela Auto-estradas do Atlântico, revogando a decisão da AdC e, consequentemente, a operação de concentração. O exercício dos poderes sancionatórios por parte da AdC é o que tem suscitado o maior número de litígios com os particulares. Entre 2000 e o primeiro trimestre de 2010[1529], é notória a assimetria entre o número de processos relativos a questões jurídico-administrativas (vinte e seis) e o número de processos de impugnação de coimas, sanções acessórias ou outros actos conexos com o processamento de contraordenações (cento e noventa e cinco).

Das decisões judiciais de 2009-2011, destacam-se de seguida, resumidamente:

a) **ZON Multimédia-Serviços de Telecomunicações e Multimédia, SA** – *Decisão do Tribunal de Comércio de Lisboa, art. 27º da Lei nº 18/2003; Decisão da AdC de imposição de medidas cautelares.*
Por decisão da AdC de 5 de Janeiro de 2009, foram aplicadas à ZON, ao abrigo do art. 27º da Lei da Concorrência, as medidas cautelares, a vigorar por noventa dias, de suspensão da campanha promocional designada "myZONcard", desenvolvida por sociedades pertencentes à ZON, e da emissão de bilhetes de cinema gratuitos, ao abrigo desta campanha. A ZON interpôs recurso de impugnação judicial para o Tribunal de Comércio de Lisboa, o qual proferiu sentença em 7 de Maio de 2009, que julgou o referido recurso extinto por inutilidade superveniente da lide, uma vez que o período de noventa dias de decretação das medidas cautelares se encontrava transcorrido, não tendo a AdC prorrogado a duração das medidas.

b) **ORDEM DOS MÉDICOS** – *Acórdão do Tribunal Constitucional sobre a apreciação da inconstitucionalidade dos artigos 1º, 17º, 19º, 22º, 43º e 50º da Lei nº 18/2003 e art. 75º do Regime Geral das Contra-ordenações.*
Em 26 de Maio de 2006, a AdC proferiu decisão condenatória no âmbito do processo de contra-ordenação, pela qual aplicou uma coima de €250.000,00 à Ordem dos Médicos por esta ter imposto, com carácter vinculativo, a prática de preços mínimos e máximos, nos termos das tabelas de honorários por si adoptadas, consubstanciando a referida conduta

[1529] Cfr. Catarina Gouveia Alves e Ana Cláudia Guedes, "O Contencioso da Regulação em Portugal", Centro de Estudos de Direito Público e Regulação, Novembro, 2010.

uma decisão de associação de empresas violadora da legislação nacional e comunitária da Concorrência (art. 4º da Lei da Concorrência e art. 81º do Tratado da Comunidade Europeia). Foi ainda condenada, a título de sanção acessória, a proceder à publicação de extracto da decisão no Diário da República, e da parte decisória num jornal de expansão nacional. A referida decisão foi objecto de recurso de impugnação judicial para o Tribunal de Comércio de Lisboa, tendo este Tribunal dado provimento parcial ao recurso. Não se conformando, a Ordem interpôs recurso da mesma para o Tribunal da Relação de Lisboa e, depois da confirmação por este da sentença proferida, para o Tribunal Constitucional o qual decidiu não conhecer do objecto do recurso em relação a determinadas disposições, negando provimento quanto à inconstitucionalidade dos artigos 50º da Lei da Concorrência e 75º do RGCO.

c) **ANTRAM-Associação Nacional de Transportadores Públicos de Mercadorias** – *Sentença do Tribunal de Comércio de Lisboa, art. 4º, nº 1, da Lei nº 18/2003 – Decisão de associação de empresas.*
Em 29 de Janeiro de 2009, a AdC decidiu que a ANTRAM cometera uma infracção ao disposto no art. 4º, nº 1, da Lei nº 18/2003, ao levar a cabo uma decisão de associação de empresas que teve como objecto e efeito restringir de forma sensível a concorrência. Não obstante, e tendo em conta o contexto específico em que foi praticada a infracção, a curta duração da mesma, o período de tempo já decorrido desde a sua execução e a ausência de antecentes da ANTRAM, não houve lugar à condenação em coima. A ANTRAM foi ainda advertida de que passaria a estar adstrita ao cumprimento das disposições legais de defesa da concorrência, bem como de que futuras infracções seriam sancionadas tendo em conta o antecedente que a decisão constituía. A ANTRAM interpôs recurso para o TCL, o qual decidiu pela inadmissibilidade do mesmo por considerar que a decisão impugnada só admitia decisões finais condenatórias. O recurso da sentença do TCL foi objecto do Acórdão de 5 de Novembro de 2009 do TRL, que julgou procedente o recurso e ordenou ao TCL que substituísse o despacho recorrido por outro que admitisse o recurso e que considerasse que a decisão da AdC encerrava uma evidente censura e condenação. Em Junho de 2010, foi proferida sentença pelo TCL na qual foi dado provimento ao recurso por não preenchimento do elemento típico da infracção e, em consequência, absolveu a arguida da prática de contra-ordenação anticoncorrencial de que vinha acusada, por considerar que não obs-

tante a existência de uma decisão de associação de empresas, não se ter apurado que a mesma tenha sido tomada pela ANTRAM, e que a recusa de prestação de serviços como forma de pressão para obter a satisfação das reinvidicações do grupo de transportadores existiu e foi decidida, mas não pela ANTRAM.

d) **ORDEM DOS TÉCNICOS OFICIAIS DE CONTAS** – *Sentença do Tribunal de Comércio de Lisboa e Decisão sumária do Tribunal de Relação de Lisboa, artigos 4º e 6º da Lei nº 18/2003 e artigos 101º e 102º do Tratado sobre o Funcionamento da União Europeia (TFUE).*
A condenação fundamentou-se na decisão da Ordem dos TOC de aprovar e publicar o Regulamento da Formação de Créditos, através do qual efectuou uma segmentação artificial do mercado da formação dos TOC, se arrogou o exclusivo de um terço da formação e estipulou critérios assentes na sua discricionariedade, na equiparação de outras entidades, e na aprovação de acções de formação, e no facto ainda da Ordem concorrer, enquanto entidade formadora num mercado que ela própria segmentou de forma artificial, e em que era ela quem decidia quais as entidades que com ela podiam concorrer e em que termos.
Da decisão a Ordem interpôs recurso para o TCL, que decidiu ter-se verificado a infracção ao disposto no art. 4º, nº 1, da Lei nº 18/2003, mas não ao art. 6º, nº1, da mesma lei. A Ordem recorreu para o TRL, que aceitou o pedido formulado pela OTOC de reenvio prejudicial ao Tribunal de Justiça da União Europeia das questões relativas à interpretação do art. 101º do TFUE.[1530]

4. Competências de acompanhamento de mercados e elaboração de estudos

No âmbito das suas atribuições em matéria de estudos económicos e de acompanhamento de mercados, a AdC elaborou pareceres de natureza económica sob diversos sectores de actividade, tais como comunicações electrónicas, incluindo a determinação do mercado relevante no âmbito do mercado de *triple play*, energia, combustíveis rodoviários, indústria alimentar, sector farmacêutico[1531], auxílios de Estado e notariado.[1532]

[1530] Cfr. também decisão do Tribunal da Relação que confirma a aplicação de coima pela AdC em 2008 à Associação dos Industrais de Panificação, com fundamento em troca de informações sobre preços com as empresas suas associadas, em Jornal de Negócios, de 28 de Março de 2014.

[1531] Recomendação nº 1/2006, de 01-01-2006, recomendação da AdC, emitida em 2006, relativa à venda a retalho de medicamentos.

[1532] Recomendação nº 1/2007, de 01-01-2007, recomendação da AdC, emitida em 2007, relativa ao sector do notariado – Proposta de medidas de reforma do quadro legal da actividade de notariado.

Na sua maioria, os Pareceres têm sido proferidos ao abrigo do art. 61º da Lei nº 5/2004, de 10 de Fevereiro, solicitados pelo IPC-ANACOM, relativos à analise dos mercados e à determinação da detenção ou não de poder de mercado significativo.

5. Competências de natureza recomendatória

Foram produzidas recomendações no âmbito do sector da produção e distribuição alimentares[1533], serviços postais (liberalização do sector postal), combustíveis líquidos rodoviários de garrafa (butano e propano), e sectores de abastecimento de água e de saneamento de águas residuais.[1534] No que concerne ao sector energético, a AdC formulou recomendações ao Governo relativamente à transposição da Directiva Comunitária 2009/72/CE, e ainda sobre ajustamentos tarifários regulares no sector do gás natural.

6. Competência Regulamentar

A Lei confere ainda à AdC o poder de aprovar normas jurídicas com valor infra-legal (regulamentos), reguladoras da sua actividade externa, mais concretamente das suas relações com os agentes económicos.

Entre os regulamentos a aprovar pela AdC previstos no novo RJC, destacam-se o Regulamento que aprova o formulário de notificações de operações de concentrações (cfr. nº 3 do art. 44º do RJC) e o Regulamento que estabelece o procedimento administrativo relativo à tramitação do pedido de dispensa ou de redução de coima (cfr. art. 80º do RJC).

7. Competências de Representação e de Cooperação

No exercício de *representação do Estado português*, a AdC exerceu a sua actividade no âmbito da cooperação europeia na *Rede Europeia da Concorrência*, através da participação nos respectivos grupos de trabalho, assim como no âmbito dos Comités consultivos em matéria de práticas restritivas e abusos de posição dominante. A nível da cooperação em matéria de controlo de concentrações, a AdC participa nas audições orais e comités consultivos, e acompanha e participa nos mecanismos de cooperação da UE no âmbito da Rede ECA – *European Competition Authorities* e ENC – *European Competition Network*. Destacam-se ainda as cooperações a nível bilateral entre a AdC e as congé-

[1533] Recomendação nº 2/2003, de 07-10-2003. A Recomendação nº2/2003 da AdC versa sobre a regulamentação da instalação de grandes superfícies comerciais.

[1534] Recomendação nº 2/2006.

neres espanhola, alemã, austríaca e francesa, e os protocolos de cooperação entre Portugal e Moçambique, Brasil e Turquia. De realçar ainda a representação técnica do Estado português no Comité da Concorrência da OCDE.

8. Regime de financiamento da Entidade

As matérias relativas à independência da Autoridade são também, e de forma decisiva, aferidas através do critério do seu financiamento, como acentua a generalidade da doutrina.[1535]

Assim, o legislador estabeleceu no Decreto-Lei nº 30/2004, de 6 de Fevereiro, que as receitas das taxas cobradas às entidades reguladas, nos sectores mencionados no mesmo diploma, deveriam ser partilhadas entre os reguladores sectoriais e a Autoridade.

A AdC, como qualquer instituição para ser verdadeiramente independente, carecia de autonomia financeira, pelo que a prioridade desta nova entidade foi a de conseguir assegurar o cumprimento desta condição. Com este objectivo, o Governo viria a dar forma de decreto-lei a uma proposta do Conselho do AdC no sentido de criar um sistema alternativo e inovador de financiamento.

Segundo o legislador, esta partilha de receitas justifica-se por um conjunto de circunstâncias, tendo em atenção, "*por um lado, que a independência das autoridades reguladoras em geral requer uma forma de financiamento autónoma e previsível, e tanto quanto possível, independente do Orçamento do Estado, bem como a razão fundamental do financiamento através de taxas é o serviço prestado pela entidade reguladora às entidades sujeitas a regulação, nomeadamente quanto ao funcionamento eficiente do sector, e, por outro, que a cada um dos sectores referidos se aplica, simultaneamente, uma regulação técnica sectorial e uma regulação da concorrência nas suas múltiplas vertentes, e que, nos termos do art. 15º da Lei nº 18/2003, de 11 de Junho, a Autoridade da Concorrência e as autoridades reguladoras sectoriais colaboram na aplicação da legislação da concorrência*" (Preâmbulo do Decreto-Lei nº 30/2004, de 6 de Fevereiro).

A actividade da AdC tem sido assim suportada financeiramente pelas transferências das autoridades reguladoras sectoriais; pelas taxas cobradas e coimas aplicadas no âmbito das operações de concentração de empresas e das práticas restritivas da concorrência e outras provenientes da sua acti-

[1535] Cfr. recente Conferência realizada na Faculdade de Direito de Lisboa em Novembro de 2013, relativamente à nova Lei-Quadro das Entidades Administrativas Independentes, e as reflexões e consequências que desta Conferência emergiram, de que destacamos a questão do financiamento como um dos factores mais relevantes na definição de independência das entidades.

vidade, e pelo fornecimento supletivo de dotações do Orçamento de Estado (OE), caso se revele necessário.

A forma de financiamento da AdC foi objecto de nota pelo Tribunal de Contas, no Relatório antes referido, no sentido de que "*as receitas provenientes das autoridades reguladoras sectoriais dependem de Portaria anual, a publicar pelo Governo, o que não constitui o melhor sistema para garantir uma verdadeira independência financeira da AdC, que ficaria a ganhar se a afectação de receitas fosse feita numa base de aprovação plurianual, o que tornaria o sistema de financiamento mais estável*".

O art. 1º, nº 1, dos Estatutos dispõe que a AdC tem património próprio e autonomia administrativa e financeira.[1536]O modelo de financiamento é ainda um assunto sensível no entender do Conselho, que no último Relatório de Mandato para 2013 prevê deficiencias nesta matéria, e propõe que a razoabilidade do financiamento da AdC exige a salvaguarda de dois pressupostos essenciais: a não consideração de coimas, dada a sua imprevisibilidade evitando-se a conjugação de interesses entre a entidade aplicadora da coima e a entidade beneficiada; e o respeito pelos reguladores sectoriais das contribuições anuais que o modelo prescreve, sem alteração unilateral, e a utilização dos resultados líquidos da AdC apenas para financiamento da sua própria actividade.[1537]

No ano de 2013, a AdC beneficiou de três grandes reformas no âmbito da política de defesa e promoção da concorrência: o novo Regime Jurídico da Concorrência, em vigor desde Julho de 2012, os Regulamentos e Linhas de Orientação que complementam aquele Regime Jurídico, e o novo Tribunal

[1536] Cabe averiguar se essa autonomia financeira nas palavras de Vital Moreira, op. cit., pag. 220, é extensa ao ponto de garantir a necessária independência da AdC. Como opina o Autor, a autonomia financeira pressupõe, à partida, a existência de receitas próprias para custear a respectiva actividade sem dependência de transferências do Orçamento de Estado. A generalidade das Autoridades Reguladoras Sectoriais são financeiramente auto-suficientes e gozam de um regime de autonomia reforçada de gestão financeira, beneficiando de um regime equiparavel às empresas públicas. Contudo, não foi essa a solução para a AdC que determina a sujeição ao regime de fundos e serviços autónomos, regime este que é bastante restritivo e inclui um razoável controlo do Ministério das Finanças.

[1537] De acordo com o Relatório de Mandato para 2013 da AdC, os principais recursos financeiros da AdC tiveram origem em contribuições de entidades reguladoras sectoriais, que cooperam na aplicação da legislação da concorrência. No que se refere às receitas próprias, estas são obtidas através das taxas aplicadas em processos de controlo de operações de concentrações de empresas e coimas, estas ultimas com grande dificuldade de cobrança devido à tendencia recorrente para a impugnação judicial de qualquer coima aplicada pela AdC. Acrescem problemas contabilísticos na consideração contabilística das coimas que determinaram um tratamento fiscal distinto a partir de 2012 a nível de constituição de provisões.

da Concorrência, Regulação e Supervisão, em funcionamento desde Abril de 2012. Também neste ano, a capacidade de intervenção da AdC será influenciada pela recente publicação da Lei-Quadro das Entidades Reguladoras (Lei nº 67/2013, de 28 de Agosto) e a necessidade de aprovação, nos termos daquela Lei, dos respectivos regulamentos ainda em fase de aprovação.

III. ICP-ANACOM

1. Competências regulatórias: Protecção de direitos dos utentes

Em matéria de promoção de mercados abertos e concorrenciais, as acções desenvolvidas pela ANACOM têm sido centradas nas designadas NRA-Novas Redes de Acesso, potenciando: (i) a remoção ou atenuação das barreiras à construção de infraestruturas destinadas ao alojamento de redes de comunicações electrónicas; (ii) a harmonização de procedimentos (especialmente no relacionamento dos operadores com as autarquias locais); (iii) a definição do regime jurídico aplicável às infraestruturas de Telecomunicações em Urbanizações (ITUR) e em Edifícios (ITED); e (iv) a definição dos aspectos necessários à gestão do sistema de informação centralizado (SIC) e o lançamento pelo Governo de concursos públicos para a construção, instalação, financiamento, exploração e manutenção de NRA em zonas rurais.

De acordo com estas medidas, a evolução do número de casas com fibra óptica foi significativa, e o investimento em NRA bastante expressivo.

Ainda em matéria de Análise de Mercados (designadamente os de banda larga e de circuitos alugados) visou-se a supressão das obrigações existentes em rotas/áreas consideradas competitivas, permitindo ajustar a regulação à evolução do mercado.

Este ajustamento da regulação à evolução do mercado permitiu a redução dos preços grossistas de terminação de chamadas vocais em redes móveis individuais e, no mercado dos circuitos alugados, a decisão de total desregulação no mercado retalhista e de um conjunto de rotas no mercado grossista.

Por outro lado, foi ainda permitida a imposição da obrigação de acesso à rede de fibra óptica do Grupo Portugal Telecom (Grupo PT), e a imposição de uma redução gradual dos preços máximos de terminação até ao nível do custo incremental de um operador eficiente.

Nas medidas propostas pelo ICP-ANACOM para garantir uma concorrência efectiva quanto às Ofertas Reguladas, assinala-se: uma revisão alargada da oferta, em matéria de qualidade de serviço e compensações por incumprimento; a decisão relativa à publicação dos níveis de desempenho referentes à qualidade de serviço de várias ofertas grossistas reguladas; e a disponibilização de ofertas de referência (OREC) e de acesso a postes (ORAP).

Finalmente, a Autoridade adoptou decisões em matéria de Sistemas de Custeio, sendo de assinalar, a título exemplificativo, o modelo de custeio para o serviço de terminação de chamadas de voz em rede de comunicações móveis individuais e dos CTT-Correios de Portugal, tendo sido quanto a esta empresa lançado um concurso público com vista à adjudicação da auditoria.

No que respeita à protecção dos direitos dos utilizadores e cidadãos em geral, o ICP-ANACOM focalizou a sua actuação nas áreas de portabilidade do número, qualidade do serviço, *roaming* internacional, segurança das comunicações, tratamento de solicitações e apoio aos utilizadores, definição das condições e procedimentos para fazer cessar os contratos de ofertas de redes ou de serviços de comunicações electrónicas acessíveis ao público por iniciativa do assinante, e acções que garantiram a prestação do serviço universal (SU) das comunicações electrónicas e dos serviços postais.

A promoção da existência de mercados concorrenciais e abertos, bem como a protecção dos direitos dos utilizadores, são os dois eixos que norteiam a actuação do ICP-ANACOM em matéria de Gestão de Espectro.

Ao longo de 2009-2011, são de destacar neste sector a revisão do Quadro Nacional de Atribuição de Frequências e a preparação de um Portal de Informação de Frequências, a disponibilização de novas faixas de frequência, a preparação da nova Directiva 2009/114/CE, de 16 de Setembro de 2009, a alteração das licenças do sistema global para comunicações móveis de forma a unificar a utilização de frequências, a implementação da Decisão 2011/251/UE relativa à harmonização de faixas de frequência, e a atribuição de direitos de utilização de frequências em diversas faixas.

Umas das prioridades a destacar na actividade dos últimos anos do ICP são as relacionadas com a Numeração e alteração do Plano Nacional de Numeração. Com o desligamento do sinal analógico de televisão e a passagem a TDT, entre Janeiro e Abril de 2012, a actividade desenvolvida pelo ICP centrou-se em assegurar que a migração decorreria sem perturbações.

2. Competências de supervisão e de fiscalização

Com o objectivo de melhorar a eficiência e a capacidade de actuação do regulador foram implementadas diversas acções visando o *enforcement* da acção regulatória, nomeadamente em termos de supervisão do mercado, fiscalização e sancionamento e resolução de conflitos.

A supervisão assume um papel de destaque nas actividades do ICP no que respeita a: (i) acompanhamento do mercado; (ii) procedimentos de fiscalização; (iii) sancionamento de infracções; e (iv) resolução de conflitos entre operadores e prestadores.

A fiscalização efectuada pelo ICP abrange um vasto domínio, desde o sector das comunicações electrónicas, a serviços para a sociedade de informação, sector postal, espectro, equipamentos e instalação de infraestruturas de telecomunicações em edifícios e urbanizações e actividades laboratoriais.

O ICP efectua acções de monitorização em que, de forma indirecta, procede à verificação do cumprimento do normativo em vigor ou das obrigações a que os operadores estão sujeitos, a partir da análise que os mesmos disponibilizam nos respectivos sítios da Internet ou que consta dos contratos, de inquéritos que lhe são dirigidos, ou de informação estatística que lhes é solicitada.

À semelhança dos procedimentos adoptados em anos anteriores, desde 2009 foram realizadas diversas Acções de Fiscalização incidindo, nomeadamente, na detecção de situações anómalas em processos de portabilidade do número, desbloqueamento de equipamentos terminais, na resolução de constrangimentos em processos de portabilidade, nas condições de oferta e prestação de serviços de valor acrescentado através de mensagens, e no funcionamento do serviço de localização de chamadas de emergência e *call centers*. Na vertente informativa, foram realizados diversos estudos de aferição da qualidade de serviço das redes telefónicas móveis e de acesso à Internet em banda larga.

Ao nível da supervisão e da fiscalização do sector, cabe ainda ao ICP assegurar o cumprimento das obrigações inerentes ao Serviço Universal, e velar pelo cumprimento das leis, regulamentos e requisitos técnicos aplicáveis no âmbito das suas atribuições.

De acordo com o art. 9º dos seus Estatutos, poderá emitir ordens, determinações ou recomendações, difundindo informação sobre o seu próprio entendimento em determinadas matérias.

As Ordens de Outubro de 2010 determinaram que a PT Comunicações introduzisse alterações na ORAC (Oferta de Referência de Acesso a Condutas), no sentido de aumentar a eficácia e reduzir os incumprimentos desta oferta de referência, e de Maio de 2011, quando o ICP determinou a proibição de práticas comerciais que, por qualquer forma, induzissem no consumidor a percepção de que, para continuar a recepcionar os canais em sinal aberto, deveriam subscrever um serviço pago.

Refira-se ainda, a título de exemplo, a Recomendação de Setembro de 2010 dirigida aos operadores móveis para que disponibilizassem informação nos sítios da Internet, lojas e outros pontos de venda, sobre o prazo estabelecido para a execução da portabilidade dos números móveis e sobre o direito dos utilizadores a serem compensados quando o prazo é excedido. Quanto aos esclarecimentos/entendimentos, considere-se ainda o caso que se verificou em Janeiro de 2011, quando o ICP divulgou o seu entendimento sobre a aplicação de compensações previstas no Regulamento de Portabilidade (87/2009).

No que respeita às reclamações, o sector das comunicações electrónicas é um dos que apresenta maior nível de conflitualidade a nível nacional. Em muitos dos casos, os utilizadores reclamam para o ICP na perspectiva de que o regulador poderá solucionar o seu conflito com o prestador de serviços quando, por Lei, esta Autoridade não pode intervir directamente nos conflitos, nem impor obrigações, limitando-se nestes casos a exercer uma função informativa, esclarecendo os utilizadores sobre as suas competências, a contratação e utilização dos serviços e as vias disponíveis para a resolução de conflitos.

Em paralelo com o tratamento das reclamações e dados estatísticos associados, o ICP tem vindo a reforçar o seu papel de esclarecimento geral e preventivo dos utilizadores, através da criação de uma área de apoio ao consumidor, de informações na página oficial da Internet, recomendações e campanhas informativas.

3. Competências sancionatórias

O ICP pode praticar diversos tipos de actos sancionatórios, aplicar multas contratuais, sanções no âmbito de processos contraordenacionais, sanções de natureza administrativa e sanções pecuniárias compulsórias.

Os processos de contraordenação resultam, na sua maioria, da violação da Lei das Comunicações Electrónicas, incumprimento das regras de portabilidade de número, incumprimento de ordens e mandados legítimos do ICP, incumprimento de obrigações de licenças de operadores e os instaurados por início da actividade sem prévia comunicação ao ICP.

No plano contencioso, do conjunto de processos iniciados e transitados em 2009, destaca-se a providência cautelar referente ao pedido de suspensão de eficácia, por parte das empresas do Grupo PT, do art. 1º do Regulamento de Portabilidade, as acções administrativas especiais relativas a: (i) impugnação da deliberação do ICP sobre os mercados geográficos e imposição, manutenção, alteração ou supressão de obrigações regulamentares relativamente aos mercados de fornecimento grossista de acesso à infraestrutura de rede intentada pela Vodafone e Sonaecom; (ii) anulação parcial da deliberação do ICP relativa à publicação de níveis de desempenho na qualidade de serviço intentada pela PT Comunicações; (iii) declaração de nulidade do acto de licença emitido a favor da Bragatel, intentada pela ZON; e (iv) impugnação da deliberação do ICP quanto ao pedido de intervenção apresentado pela Radiomóvel para obtenção de acesso ou interligação da sua rede com as redes da PT Comunicações, Sonaecom, TMN e Vodafone, em acção proposta por esta empresa. As restantes acções respeitam a questões relacionadas, nomeadamente, com o serviço de acesso móvel em banda larga, portabilidade de número, compensações por incumprimento de qualidade de serviço e condições associadas ao concurso de atribuição de frequências. Existe ainda algum contencioso – menos significativo em termos de representatividade – associado a impugnações judiciais de taxas aplicadas pelo ICP e de contencioso cível – providências cautelares não especificadas.

Ao abrigo do mecanismo de resolução administrativa de litígios previsto no art. 10º da Lei das Comunicações Electrónicas, o ICP interveio em diversos litígios relacionados com a portabilidade do número (recusa de pedidos electrónicos), utilização indevida de calhas da propriedade da PT Comunicações; interligação da Radiomóvel-Telecomunicações, SA, pagamento de compensações por incumprimento dos níveis de qualidade de serviço e tarifário e condições de encaminhamento do tráfego. Relevam-se, a título exemplificativo, os litígios entre a Cabovisão e a PT Comunicações no âmbito da oferta de referência a acesso a condutas, ou o litígio entre a Vodafone, a PT e a PTPrime, a TMN e a Optimus relativos a preços de portabilidade.

4. Competências regulamentares

No exercício das suas funções de regulação, para além dos poderes sancionatórios, impositivos e consultivos antes referidos, o ICP detém ainda poderes normativos – emissão dos regulamentos necessários à sua actividade – e que, na prática, se desdobram em regulamentos relativos a:

- "Comunicações Electrónicas", de que são exemplo:

a) Regulamento nº 38/2004 – *Procedimentos de cobrança e entrega aos municípios da taxa municipal de direitos de passagem*;

b) Regulamento nº 58/2005 (alterado pelo Regulamento nº 114/2012) – *Regulamento da Portabilidade, que estabelece os princípios e regras aplicáveis à portabilidade nas redes telefónicas públicas;*

c) Regulamento nº 169/2013, sobre as *Regras de utilização de números 18xy do Plano Nacional de Numeração para serviços informativos – outras listas*; e *d)* Regulamento nº 807/2009, relativo à *Disponibilização às Autoridades responsáveis pelos serviços de emergência das informações sobre a localização da pessoa que efectua a chamada para o número único de emergência europeu 112.*

– Regulamentos publicados em relação às "Radiocomunicações":

a) Regulamento nº 86/2007, relativo aos *Procedimentos de monitorização e medição dos níveis de intensidade dos campos electromagnéticos com origem em estações de radiocomunicações;*

b) Regulamento nº 609/2011, relativo à *Metodologia de elaboração e execução dos planos de monitorização e medição dos níveis de intensidade dos campos electromagnéticos resultantes da emissão de estações de radiocomunicações*; e

c) Regulamento nº 256/2009, relativo às *Regras relativas à identificação e sinalização de estações de radiocomunicações.*

5. Competências de cooperação interna e internacional

Entre os objectivos de regulação a prosseguir pelas Autoridades Reguladoras Nacionais estabelecidos no quadro comunitário das comunicações electrónicas, e transpostos na legislação nacional, é referenciado o da contribuição para o desenvolvimento do mercado interno e, em particular, o trabalho com a CE e o Organismo de Reguladores Europeus das Comunicações Electrónicas (ORECE) no sentido de garantir o desenvolvimento de práticas regulatórias coerentes e a aplicação coerente do quadro regulamentar da UE.

A cooperação internacional representa uma das vertentes da intervenção do ICP, nomeadamente com os países europeus, da América do Sul e países de língua oficial portuguesa, com especial incidência nas iniciativas de caracter técnico, e tendo como destinatários preferenciais as Autoridades Reguladoras dos membros da CPLP.

A nível nacional, o ICP mantém relações com a Autoridade da Concorrência, Instituto Português de Qualidade, Grupo de Acompanhamento de Migração para a Televisão Digital, Autoridade Nacional de Protecção Civil, Ministério da Defesa Nacional, DECO, Ordem dos Engenheiros e Câmaras Municipais.

A cooperação de base interna assenta, nomeadamente, nas suas relações com a Autoridade da Concorrência, de que podem ser exemplo, a pronúncia do ICP sobre operações de concentração de empresas (nomeadamente PTC/RETI, Ongoing, Caisse des Dépôts et Consignations/La Poste SA; ZON TVCabo/Artelecom), e a emissão de pareceres relativamente a projectos de decisão final da AdC sobre práticas restritivas da concorrência (nomeadamente em relação à TMN, Vodafone e Optimus).

Por seu turno, e em termos deste tipo de cooperação, o ICP respondeu ainda a solicitações da AdC no que se refere a queixas apresentadas àquela Autoridade por empresas do sector das comunicações electrónicas.

De salientar a denúncia apresentada pela Cabovisão-Televisão por Cabo, SA à AdC contra a ZON Multimedia-Serviços de Telecomunicações e Multimédia, SGPS, SA, e contra as participadas ZON TVCabo, SA, Sport TV Portugal, SA e ZON Conteúdos-Actividade de Televisão e de Produção de Conteúdos, SA, por abuso de posição dominante. Face ao regime previsto no art. 29º da Lei da Concorrência e em cumprimento do mesmo, a AdC notificou o ICP-ANACOM para se pronunciar sobre os factos constantes da denúncia, tendo esta Autoridade respondido ao solicitado.

De referir ainda, esta mais recente, a denúncia apresentada pela TVI contra a PT Comunicações no âmbito das ofertas de fornecimento grossista de serviços de radiodifusão TDT e de difusão televisiva através de redes analógicas terrestres.

6. Competência de assessoria governamental

A coadjuvação ao Governo traduz-se essencialmente na competência de representação e acompanhamento dos Comités previstos no quadro regulamentar dedicados às comunicações electrónicas e aos assuntos postais, assim como na assessoria em reuniões e na elaboração de pareceres relativos aos temas discutidos nos Grupos de Trabalho do Conselho, no Comité de Representantes Permanentes, no Conselho de Ministros e em outras instâncias comunitárias de índole horizontal com relevo para a regulação.

No quadro desta competência, o ICP esteve envolvido em negociações no Conselho de Ministros dos Transportes, Telecomunicações e Energia sobre: (i) a revisão do Quadro Regulamentar das Comunicações Electrónicas; (ii) a aprovação da revisão do Regulamento do *roaming* internacional; (iii) a aprovação da Resolução do Conselho sobre uma abordagem de colaboração europeia no domínio da segurança das redes e da informação; (iv) os trabalhos de transposição de Directivas; (v) a elaboração e preparação de projectos-lei; (vi) a assessoria aos júris de concursos públicos; e (vii) a análise de diplomas legais e esclarecimento de dúvidas suscitadas sobre o regime jurídico das telecomunicações.

Releva-se ainda, nos últimos anos, a assessoria no processo de transição para a televisão digital e a criação de um grupo de trabalho interdisciplinar com vista a verificar o grau de cumprimento das medidas a implementar em resultado da assinatura do Memorando de Entendimento.

IV. A CMVM

1. Os poderes de regulação

A CMVM regula o funcionamento dos mercados de valores mobiliários, a realização de ofertas públicas, a actuação de todas as entidades que operam nesses mercados e, de um modo geral, todas as matérias que dizem respeito a esta área de actividade, tais como o mercado de instrumentos financeiros, ofertas públicas relativas a valores mobiliários, actividades exercidas pelas entidades sujeitas à sua supervisão e respectivos deveres de conduta. A regulação mobiliária, tendo por base opções de política regulatória norteadas por preocupações de resolução de falhas de mercado e de composição dos interesses em presença, concretiza-se mediante a aprovação de:

a) Regulamentos e Instruções que visam definir procedimentos internos de certas categorias de entidade;
b) Recomendações dirigidas a uma ou mais pessoas sujeitas à sua supervisão; e
c) Pareceres genéricos sobre questões que lhe sejam colocadas por escrito por qualquer das entidades sujeitas à sua supervisão ou pelas respectivas associações.

Do ponto de vista temático, os Regulamentos versam sobre Auditoria[1538], Comercialização[1539], Emitentes[1540], Taxas[1541], Gestão de activos[1542], Ilícitos[1543] criminais e contraordenacionais, Informação[1544], Instrumentos Financeiros[1545]

[1538] Ver Regulamento nº 13/2000, Entrega de elementos sobre instrução de pedidos de registo e actos similares, DR II Série, de 2000-02-23, Boletim CMVM nº 82.

[1539] Ver Regulamento nº 9/2007, Comercialização Pública de contratos relativos ao investimento em bens corpóreos, DR II Série, 2007-12-14, Boletim CMVM 175.

[1540] Ver Regulamentos nº 4/2013, Governo das Sociedades, DR II Série, de 2013-08-01; nº 3/2006, Ofertas e Emitentes, Boletim CMVM nº 157 e nº 11/2005, Âmbito das Normas Internacionais de Contabilidade, DR II Série, 2005-12-09, Boletim CMVM nº 151.

[1541] Ver Regulamento nº 6/2004, Taxas, DR II Série, 2004-09-20, Boletim CMVM nº 137.

[1542] Ver Regulamento nº 7/2007, Fundos de Investimento Imobiliário e Organismos de Investimento Colectivo, DR II Série, 2007-12-19, Boletim CMVM nº 175.

[1543] Ver Regulamento nº 13/2000, Entrega de elementos, DR II Série, Boletim CMVM nº 82.

[1544] Ver Regulamentos nº 4/2013, Governo das Sociedades, e nº 5/2008, Deveres de Informação, DR II Série, 2008-10-15, Boletim CMVM nº 186.

[1545] Ver Regulamento nº 3/2010, Deveres de conduta e Qualificação profissional dos Analistas financeiros e consultores para investimento, DR II Série, 2010-04-15.

e Intermediação financeira[1546], Investidores[1547], Mercados[1548], Ofertas Públicas[1549] e Supervisão[1550] do Sistema Financeiro. O predomínio, ora da lei formal, ora da forma regulamentar neste sector, tem obedecido a um movimento cíclico. O Código dos Valores Mobiliários (CdVM), aprovado pelo Decreto-Lei nº 142/91, de 14 de Abril (conhecido pelo nome de um dos seus autores, Dr. Luis Sapateiro), foi duramente criticado pela excessiva regulamentação, "legalização" e minúcia das matérias, e durante a sua vigência (1991-1999) foi objecto de sete alterações legislativas.

Já o Código dos Valores Mobiliários de 1999 teve como objectivo confesso no seu preâmbulo, melhorar a técnica legislativa e afastar a inflação legislativa, procedendo à desregulação e simultânea deslegalização de matérias. Após a aprovação do Código assistiu-se, porém, a uma inflação normativa, com a matéria antes vertida no Código a ser objecto de Regulamento, dando razão a autores como Vital Moreira e Vogler, que defendem que esta redução do papel do Estado produtor e prestador equivale a mais regulação.[1551]

Decorridos oito anos sobre a aprovação do novo Código, a transposição da Directiva dos Mercados procede a um novo marco de relegalização, num reforço do princípio da legalidade comunitária decorrente da necessidade de harmonização complementada por Regulamento comunitário e pela necessidade de verter em lei formal o seu conteúdo (art. 112º, nº 8, da CRP).[1552]

Para além dos Regulamentos, o CdVM prevê ainda a prolação de Instruções, apresentadas sistematicamente na lei como uma das modalidades de regulamentos, de acordo com o art. 369º, nº 4, do referido Código.[1553]

[1546] Ver Regulamentos nº 3/2013, Exercício da Actividade de Intermediação Financeira, DR II Série, 2013-06-20, e nº 2/2000, Sistema de Indemnização aos Investidores, DR II Série, 2000-01-21, Boletim CMVM nº 81.

[1547] Ver Regulamento nº 2/2013, Sistema de indemnização aos Investidores, DR II Série, 2013-04-20.

[1548] Ver Regulamento nº 14/2000, Sistema de Registo de Valores Mobiliários, DR II Série, 2000-02-23, Boletim CMVM nº 82, e Regulamento nº 6/2008, Entidades Gestoras de Mercados, Sistemas e Serviços, DR II Série, 2009-01-13, Boletim CMVM nº 189.

[1549] Ver Regulamento nº10/2007, Valores Mobiliários convertíveis, DR II Série, 2008-01-03, Boletim CMVM nº 175.

[1550] Ver Regulamento nº 13/2000, Entrega de elementos, DR II Série, 2000-02-23, Boletim CMVM nº 82.

[1551] Refira-se que só no biénio 1999-2000 foram aprovados pela CMVM 62 Regulamentos.

[1552] Neste sentido, Luis Guilherme Catarino, "Regulação e Supervisão dos Mercados de Instrumentos Financeiros – Fundamento e Limites do Governo e Jurisdição das Autoridades Independentes", Almedina, 2010, pp. 367 e 368.

[1553] Ver Instrução nº 1/2004 sobre a gestão das carteiras de organismos de investimento colectivo; Instrução nº 1/2006, que trata do preçário dos serviços de intermediação financeira de recepção e

As Recomendações[1554] e os Pareceres genéricos englobam os poderes consultivos e de recomendação da CMVM.

Prevê o art. 370º do Código dos Valores Mobiliários de 1999 a possibilidade de a CMVM emitir "*recomendações genéricas dirigidas a uma ou mais categorias de entidades sujeitas à sua supervisão*" (nº 1 do art. 370º) e de "*formular e publicar pareceres genéricos sobre questões relevantes que lhe sejam colocadas por escrito por qualquer das entidades sujeitas à sua supervisão ou pelas respectivas associações*" (nº 2 do art. 370º).[1555]

As recomendações e os pareceres genéricos são publicados no Boletim da CMVM (art. 357º, alínea *b)*, do CdVM), o mesmo acontecendo com as instruções (art. 357º, alínea *a)*, do CdVM).

A recomendação distingue-se do regulamento em vários aspectos: (a) não é um acto vinculativo; (b) não tem sentido recomendar o que já decorre de um dever legal ou regulamentar; (c) é possível a CMVM recomendar algo para além das suas competências regulamentares (ou seja, pode recomendar uma actuação mesmo quando a sua regulação se encontra em reserva de lei).

transmissão de ordens por conta de outrem ou o serviço de registo e depósito de valores mobiliários para investidores não qualificados; Instrução nº 2/2007, que regula o reporte de operações que tenham como objecto instrumentos financeiros admitidos à negociação em mercado regulamentado, realizadas em mercado regulamentado, sistema de negociação multilateral, internalização sistemática ou outras formas de negociação.

1554 Recomendações da CMVM sobre o Governo das Sociedades (2013); Recomendações da CMVM aos Investidores em Instrumentos Financeiros e Recomendações da CMVM aos Investidores em Produtos Financeiros Complexos; Recomendações da CMVM em face do Novo Regime da Participação nas Assembleias Gerais das Sociedades com Acções Admitidas ao Mercado Regulamentado (2011); Recomendações da CMVM, do Banco de Portugal e do ISP sobre Gestão da Continuidade do Negócio; Recomendações da CMVM sobre Incentivo à Participação em Assembleia Geral e Exercício do Direito de Voto dos Organismos de Investimento Colectivo; Consolidação de Fontes Normativas e do Código de Governo das Sociedades (2010); Recomendações da CMVM sobre Relatórios de Análise Financeira sobre Instrumentos Financeiros (2008); Recomendações da CMVM sobre o Governo das Sociedades Cotadas (2007); Recomendação sobre Designação Identificativa de Valores Mobiliários (2004); Recomendações da CMVM sobre Transacções de Acções Próprias e Acções Equiparadas; Recomendações da CMVM Sobre Relatórios de Análise Financeira (*Research*); Recomendações aos investidores em *warrants* autónomos; Recomendações da CMVM relativas ao Exercício do Voto por Correspondência nas Sociedades Abertas; Recomendação sobre Redenominação no Final do Período de Transição para o Euro (2001); Recomendações aos Investidores em Mercado de Derivados; Recomendações aos Investidores em Fundos de Investimento Mobiliário (1996).

1555 Para um enquadramento de todas estas figuras no contexto do CdVM de 1999, veja-se Carlos Ferreira de Almeida, "O Código dos Valores Mobiliários e o Sistema Jurídico", Cadernos do Mercado de Valores Mobiliários, nº 7, 2000 (pp. 19-47), e para a definição da Natureza, Limite e Efeitos das Recomendações e Pareceres Genéricos da CMVM, Frederico Lacerda da Costa Pinto e Alexandre Brandão da Veiga, Cadernos MVM, nº 12, 2001, pp. 273-285.

Devem distinguir-se as recomendações consoante o seu destinatário esteja ou não sujeito em geral à supervisão da CMVM, no sentido em que quando os destinatários não estejam sujeitos à supervisão desta, como acontece com os investidores não qualificados (art. 359º do CdVM), as recomendações são apenas *meras informações* para a tomada de decisões esclarecidas.[1556]

Diversamente, quando os destinatários das recomendações estão sujeitos à supervisão da CMVM, as mesmas contêm, em regra, *normas de conduta cujo acatamento seria desejável* do ponto de vista da autoridade de supervisão dos mercados.[1557]

O Parecer Genérico[1558] constituiu uma interpretação oficial da CMVM. Pelo parecer genérico expressa-se a interpretação da CMVM em relação a normas, sejam quais forem as suas fontes.

Os pareceres genéricos, por contraposição aos regulamentos, não configuram actos vinculativos e podem ter um objecto que excede o âmbito regulamentar da CMVM.[1559]

2. Competências de Supervisão e de Fiscalização

As actividades de supervisão da Comissão podem ser resumidamente destacadas; assim: (i) acompanhamento permanente da actuação das pessoas ou entidades que intervêm no mercado de capitais com o objectivo de detec-

1556 É o que se passa com algumas recomendações da CMVM dirigidas aos investidores.

1557 Neste caso a recomendação contém mais do que uma mera informação, contém enunciados de regras de conduta cuja adopção é aconselhada.

1558 Parecer Genérico sobre a aplicação no Ordenamento Jurídico Português, a partir de 1 de Julho, da Directiva dos Prospetos alterada pela Directiva 2010/73/UE, 2012; Parecer Genérico sobre Vendas Curtas (*Short Selling*), 2008; Parecer Genérico sobre Imputação de Direitos de Voto a Fundos de Pensões; Parecer Genérico da CMVM sobre os Deveres de Comportamento na Pendência de Oferta Pública de Aquisição (OPA), 2006; Parecer Genérico sobre a Aplicação da Directiva dos Prospectos no Ordenamento Jurídico Português a partir de 1 de Julho, 2005; Parecer Genérico sobre a noção de prédio urbano, para efeitos do disposto no nº 3 do art. 25º do Regime Jurídico dos Fundos de Investimento Imobiliário aprovado pelo Decreto-Lei nº 60/2002, de 20 de Março; Parecer Genérico sobre a Tributação de Valores Obrigatoriamente Convertíveis, 2003; Parecer Genérico sobre Fungibilidade de Valores Mobiliários Titulados; Parecer sobre Critérios de Actuação da CMVM face aos Actos Praticados pela BVLP ao abrigo do art. 13º, nº 3, da LEG – Lei das Entidades Gestoras de Mercados e Sistemas, 2002; Parecer Genérico sobre o Bloqueio de Acções por Iniciativa do Titular e Respectiva Articulação com a Aquisição Tendente ao Domínio Total, 2001; Parecer Genérico da CMVM relativo a Ofertas Públicas de Aquisição Concorrentes e Parecer da CMVM sobre a Perda de Qualidade de Sociedade Aberta, na sequência de aquisição tendente ao domínio total ao abrigo do nº 2 do artº 370º do Código dos Valores Mobiliários, 2000.

1559 Em regra, a CMVM quando verifica que é necessário "aclarar" um seu Regulamento procede, pela mesma forma regulamentar, a uma interpretação autêntica do mesmo.

tar actos ilícitos, nomeadamente na negociação em bolsa; (ii) fiscalização do cumprimento de regras; (iii) detecção de infracções e punição dos infractores, designadamente por aplicação de coimas; e (iv) concessão de registos de pessoas e operações para verificar se foram cumpridas as regras aplicáveis na difusão de informações, nomeadamente sobre empresas cotadas, através do seu *site* na Internet.

No plano mobiliário, a supervisão visa, de modo particular, as estruturas de negociação de instrumentos financeiros e suas entidades gestoras, as ofertas públicas sobre valores mobiliários, os sistemas de liquidação e suas entidades gestoras, os sistemas centralizados de valores mobiliários e suas entidades gestoras, os intermediários financeiros, os emitentes, os investidores institucionais, os fundos de garantia, os auditores e as sociedades de notação de risco (artigos 335º, nº 1, e 359º do CdVM).

No contexto da actividade da supervisão de mercados, a Comissão supervisiona entidades gestoras de mercados e sistemas de compensação e liquidação, visa os mercados a contado e de derivados geridos pela *Euronext Lisbon*, o mercado de dívida pública por grosso (MEDIP) gerido pela MTS Portugal, o sistema de negociação multilateral PEX gerido pela Sociedade Gestora de Sistema de Negociação Multilateral (OPEX), o mercado de derivados sobre electricidade gerido pelo Operador do Mercado Ibérico de Energia (OMIP), o sistema centralizado e o sistema de liquidação geridos pela Sociedade Gestora de Sistemas de Liquidação e de Sistemas Centralizados de Valores Mobiliários (Interbolsa), e o sistema de compensação e liquidação gerido pela OMIClear.

No âmbito desta competência, a CMVM supervisiona o cumprimento das regras prudenciais relativas à situação económico-financeira das entidades gestoras de mercados e sistemas, ao funcionamento dos seus sistemas de controlo interno e aos valores à guarda da Euronext Lisbon no âmbito de fundos de garantia (supervisão das estruturas de negociação) e, através do Sistema Integrado de Vigilância de Abuso de Mercado (SIVAM), supervisiona a fase de análise de operações anterior à investigação (supervisão da negociação de sistemas de negociação).

No que concerne aos intermediários financeiros, destacam-se as competências de supervisão comportamental da actividade desenvolvida por entidades gestoras de activos na prevenção e detecção de situações de conflitos de interesses no âmbito da gestão, no controlo de valorização das carteiras e dos procedimentos de gestão de riscos.

No caso das empresas de investimento e das instituições de crédito, o poder de supervisão inclui a política de classificação de clientes e a avaliação do carácter adequado das operações, a política de melhor execução na recepção e transmissão de ordens de bolsa e comercialização de unidades de participação e fundos, e a política em matéria de conflito de interesses relacionada com a recepção de benefícios ilegítimos.

A implementação destas medidas leva a CMVM a concretizar uma supervisão presencial (deslocação às instalações dos intermediários financeiros e entidades gestoras), a analisar os Relatórios do Sistema de Controlo Interno e de Auditor Externo para a detecção e a gestão de riscos de incumprimento dos deveres a que se encontram sujeitos os intermediários.

A supervisão da análise financeira desenvolve-se através da análise da conformidade das recomendações de investimento com as recomendações em vigor e com o *price target* apresentado. [1560]

Ainda no domínio da Supervisão à Actividade de Gestão de Activos, esta tem por objecto o controlo de gestão dos fundos de investimento mobiliários e imobiliários (designadamente quanto aos valores divulgados das unidades de participação, à elegibilidade e avaliação dos activos em carteira, aos limites legais e contratuais no investimento em fundos e à prevenção e gestão de conflitos de interesses e deveres de prestação de informações), da actividade dos fundos de capital de risco (supervisão à fiabilidade e consistência dos reportes periódicos, designadamente dos rácios financeiros, acompanhamento do valor líquido dos fundos e das reservas constantes dos relatórios de auditoria), da titularização de créditos (operações de emissão de obrigações e análise económico-financeira das sociedades de titularização de créditos), a análise aos relatórios de avaliação elaborados por peritos avaliadores de imóveis e à comercialização de produtos de investimento em bens corpóreos e publicidade de produtos de sector bancário e segurador.

A CMVM exerce, nos termos legais, a supervisão contínua e o acompanhamento das entidades sujeitas à sua supervisão, podendo, no exercício dos seus poderes de fiscalização, efectuar as inspecções e diligências que entenda necessárias.

Neste âmbito, tem sido dada continuidade a acções de Supervisão Presencial a Auditores Externos e que têm por objectivo contribuir para a melho-

[1560] Durante o ano de 2011 foram revistos e reformulados os modelos de supervisão no sentido de os uniformizar tendo em vista os que são especificamente aplicáveis a cada um dos conjuntos de entidades sujeitas à supervisão da CMVM e reconduzi-los a um modelo global de supervisão, assente numa classificação de risco específico para cada entidade supervisionada e visando prevenir a ocorrência de falhas relevantes no mercado de instrumentos financeiros e minimizar a probabilidade de os investidores sofrerem prejuízos patrimoniais ou sofrerem ameaças à segurança dos seus activos.

ria da qualidade das práticas profissionais e comprovar a manutenção, pelo auditor, das respectivas condições de registo.

Matéria de grande importância no que toca à verificação do grau de cumprimento das regras produzidas pela autoridade de regulação, é a que se relaciona com as recomendações da CMVM sobre o governo das Sociedades cotadas.

Neste âmbito, a Comissão tem analisado os relatórios sobre a estrutura e as práticas de governo societário elaborados pelas sociedades, a fim de apurar o grau de cumprimento das recomendações.

O desenvolvimento regulamentar sobre o governo das sociedades conheceu desde então uma apreciável evolução, tendo o Regulamento da CMVM nº 7/2001[1561] promovido parte das "Recomendações da CMVM sobre Governo das Sociedades" relativas a deveres de informação, e imposto pela primeira vez às sociedades emitentes de acções admitidas à negociação em mercado regulamentado, o dever de divulgar o grau de acolhimento das referidas recomendações, com base no modelo "*comply or explain*".

Em cumprimento do disposto no art. 367º do CdVM, a CMVM disponibiliza um Sistema de Difusão de Informação acessível ao público que integra, entre outros aspectos, elementos constantes dos seus registos, decisões com interesse público e outra informação que lhe seja comunicada ou por si aprovada, designadamente informação privilegiada, participações qualificadas, documentos de prestação de contas e prospectos. As emitentes estão sujeitas aos deveres de prestação de informação financeira, a qual é analisada no âmbito do acompanhamento contínuo da actividades destas entidades. A CMVM desenvolve uma análise aprofundada dos relatórios e contas das sociedades cotadas, solicitando esclarecimentos e apontando as deficiências detectadas e monitorizando diariamente a circulação da informação privilegiada.

A situação de forte crise que se viveu nos mercados financeiros a partir do segundo semestre de 2008 obrigou a um reforço da supervisão da qualidade da informação financeira prestada pelas entidades emitentes e a revisão das prioridades do modelo de risco.

Neste sentido, a supervisão dos emitentes dedica uma atenção especial à prestação de informação financeira clara e objectiva sobre os riscos a que se encontram expostos, assim como às políticas adoptadas pela sociedade para

[1561] O qual sofreu sucessivas modificações pelos Regulamentos da CMVM nºs 11/2003, 10/2005, 3/2006 e 1/2010, este último com profundas alterações ditadas pelo contexto económico e alterações legislativas que introduziram acrescidas exigências da informação a prestar por diversos agentes de mercado, visando uma maior transparência na sua actuação.

a gestão desses riscos. É ainda feita, neste domínio, a supervisão do acompanhamento da estrutura accionista, do controlo societário e do cumprimento dos deveres de comunicação de participações qualificadas em sociedades emitentes.

Na área dos Registos e Autorizações, a CMVM é responsável pela respectiva concessão, de que depende o exercício de actividades profissionais no âmbito mobiliário por parte de intermediários financeiros, auditores, sociedades gestoras de mercados ou sistemas, fundos de investimento e sociedades de titularização de créditos.

3. Competências sancionatórias

3.1. Ilícitos de mera ordenação social

No plano contencioso, e no que respeita aos processos de contra-ordenação, os ilícitos podem consistir na infracção a deveres previstos no CdVM, na sua regulamentação ou em legislação específica avulsa, seja nacional ou comunitária.

Neste âmbito têm tido maior expressão os ilícitos relativos à difusão de informação, integridade e equidade do mercado, à supervisão dos organismos de investimento colectivo e às participações qualificadas, à gestão colectiva de poupanças, bem como aos deveres dos intermediários financeiros.

O CdVM prevê dois tipos de sanções para as contraordenações que contemplam coimas e sanções acessórias específicas. Resume-se de seguida o essencial de decisões judiciais em matéria de contra-ordenações, relativas aos anos de 2008-2011:

a) Prospecção de investidores: Acórdão do Tribunal da Relação de 26 de Março de 2008

Tendo por objecto uma situação em que uma entidade não registada como intermediário financeiro divulgava, no seu *site*, mensagens mais ou menos genéricas, constituídas, na sua essência, pela oferta de alguns produtos de investimento, sem qualquer indicação concreta, o Tribunal entendeu que a própria publicidade integra a actividade de intermediação financeira (art. 292º do CdVM) – a publicidade, a promoção e/ou a prospecção, desde que dirigidas à celebração de contratos de intermediação ou à recolha de elementos sobre clientes actuais ou potenciais, integram a actividade de intermediação a que se referem. Mais afirmou o Tribunal que a ofensividade à norma concretiza-se quando o agente, seja através de publicidade, de promoção ou de prospecção, visa a celebração de contratos de intermediação ou a recolha de elementos sobre clientes actuais ou potenciais, independentemente, quer do resultado que advenha daqueles actos publicitários, promocionais ou de prospecção, quer da idoneidade dos mesmos para proporcionarem o fim visado com a sua prática. Entendeu o Tribunal, face aos factos julgados provados na sentença do Tribunal de Pequena Instância Criminal de Lisboa, que a arguida, através do seu *site*, dirigindo-se aos portugueses, ofereceu-lhes a prestação de determinados serviços no âmbito do mercado de valores mobiliários, pelo que, neste preciso âmbito, fez publicidade a esses bens e serviços, que dizia oferecer e/ou prestar. Concluiu pois o Tribunal que a arguida, com os seus actos, praticou a contra-ordenação p. p. pelos artigos 292º, 388º, nº 1, alínea *c)*, e nº 2, alínea *a)*, 400º, alínea *a)*, e 402º, nº 2, todos do CdVM, na forma consumada.

b) Dever de segredo sobre preparação de OPA: Acórdão do Tribunal da Relação de Lisboa de 16 de Dezembro de 2009

O processo em causa tem por objecto a violação do art. 174º do CdVM (dever de segredo sobre preparação de OPA), que o Tribunal qualificou como norma de salvaguarda dos interesses dos investidores e do mercado, protegendo-os de situações em que informação relativa a possibilidades incertas de OPAs gera alteração do preço dos valores mobiliários visados. O Tribunal decidiu, atento o âmbito de protecção da norma (e sob pena de a mesma deixar de ter qualquer aplicação prática), ter-se de entender que todo e qualquer acto de preparação da oferta até à decisão de lançamento e concomitante publicação do anúncio preliminar estará abrangido pelo dever de segredo, assim como o estará toda e qualquer pessoa ou entidade que se perfile como eventual/potencial oferente e execute actos preparatórios da oferta. Relativamente aos actos de preparação de oferta, entendeu o Tribunal que nesses actos têm de se incluir quaisquer contactos (que são mais do que intenções não manifestadas) que tenham por objecto a análise de hipótese de lançamento de OPA, por muito preliminares que sejam, pois são já actos que visam facilitar a eventual futura OPA. A tutela dos interesses dos investidores e do mercado apenas é acautelada com a sua sujeição a segredo. Esta interpretação é imposta também pelo elemento sistemático, uma vez que do confronto dos artigos 174º e 175º do CdVM resulta que o legislador pretendeu salvaguardar o segredo sobre qualquer acto de preparação da oferta até à decisão de lançamento e à publicação do anúncio preliminar que são concomitantes. Impõe-se, pois, qualificar como preparatório todo e qualquer acto externo que tenha a finalidade de facilitar a conduta visada, i.e., o lançamento da oferta.

O âmbito de aplicação do art. 174º do CdVM tem de abranger qualquer diligência, acto ou iniciativa realizada, que seja um passo no sentido de vir a lançar a oferta. É manifesto que o legislador quis que a protecção normativa deste segredo fosse prematura.

Relativamente ao conceito de oferente, entendeu o Tribunal que o próprio art. 174º do CdVM qualifica como oferente pessoa que ainda nem sequer decidiu lançar a oferta (nomina-o como oferente reconhecendo que ainda está apenas a preparar a oferta).

Assim, concluiu o Tribunal da Relação que ao ter, em entrevista a meio de comunicação social, referido a existência de contactos preliminares para averiguar da disponibilidade para analisar a hipótese de lançamento de uma OPA, o arguido violou o dever de segredo consagrado no art. 174º do CdVM, condenando-o por essa contraordenação (art. 393º, nº 2, alínea *e*), do CdVM). Finalmente, o Tribunal referiu ainda que a tese (do arguido) da não aplicação do dever de segredo consagrado no art. 174º do CdVM à preparação de ofertas concorrentes antes da introdução, pelo Decreto-Lei nº 219/2006, de 2 de Novembro, do nº 2 do art. 185º do CdVM, faz tábua rasa da lei expressa e dos elementos sistemático e teleológico da interpretação, não encontrando qualquer apoio nas regras da hermenêutica jurídica (o dever era e continua a ser aplicável a toda e qualquer OPA, concorrente ou não, mais sublinhando que, na fase da preparação, nunca o oferente pode saber se, quando vier a decidir lançar a OPA, ela será concorrente ou não).

c) Dever de divulgação de factos relevantes e dever de guardar segredo: Acórdão do Tribunal da Relação de 17 de Junho de 2009

O processo tem por objecto duas violações ao art. 248º, nº 1, do CdVM (dever de divulgação de factos relevantes) e duas violações ao art. 6º, nº 2, do Regulamento da CMVM nº 4/2004 (dever de guardar segredo sobre a existência e o conteúdo de factos relevantes). O Tribunal qualificou como facto relevante a formalização, pelo emitente, de uma proposta de aquisição da totalidade do capital social de outra sociedade que foi aceite pela contraparte (com cláusulas detalhadas), quando ainda não tinha sido formalizado o contrato definitivo (art. 248º, nº 1, do CdVM). Entendeu o Tribunal que se a arguida entendeu beneficiar dos entendimentos da CMVM que permitiam a não divulgação imediata daquele facto relevante, então, devia ter levado tal benefício até às últimas consequências e não divulgar qualquer informação aos órgãos de comunicação social, tal como estabelecem os próprios entendimentos da CMVM. Mais decidiu o Tribunal que a arguida, divulgando em almoço com jornalistas a intenção de comprar em 15 dias uma ou duas empresas, suscitou a circulação da informação fora dos canais próprios, contrariando o dever de segredo a que estava obrigada (violando o art. 6º, nº 2, do Regulamento da CMVM nº 4/2004). O Tribunal entendeu, ainda, que o acto de anunciar nos jornais a intenção de distribuir dividendos, dentro de um ano, considerando já os resultados obtidos em 2004 e a projecção para 2005, atentas as regras da experiência comum, constitui uma decisão da Administração, ainda que dependente de uma posição oportunamente a tomar pela Assembleia Geral. O Tribunal qualificou o referido anúncio da intenção de distribuir dividendos como facto relevante que devia ter sido imediatamente divulgado ao mercado (art. 248º, nº 1, do CdVM) e a sua revelação nos jornais, fora dos canais institucionais, quebra do segredo correspondente (art. 6º, nº 2, do Regulamento da CMVM nº 4/2004).

d) Dever de divulgação de informação privilegiada: Acórdão do Tribunal da Relação de Lisboa de 25 Outubro de 2011

O Tribunal da Relação de Lisboa pronunciou-se, em sede de recurso, sobre a sentença que condenou a recorrente pela prática de uma contra-ordenação, a título negligente, por violação do dever de divulgação de informação privilegiada (artigos 248º, nºs 1, alínea *a*), e 2, 388º, nºs 1, alínea *a*), e 3, 394º, nº 1, alínea i), 401º e 402º do CdVM, e art. 17º, nº 4, do Regime Geral das Contra-ordenações (RGCO)). Entendeu o Tribunal que a informação em causa era idónea para influenciar de maneira sensível o preço, designadamente porque estava em causa o anúncio de uma parceria que determinaria um grande impacto na atividade global da recorrente, com um possível aumento acentuado do seu volume de negócios num mercado com um papel estratégico a nível mundial, em relação a um produto com uma procura mundial cada vez maior, em actividade geradora de elevados lucros e grande liquidez. Mais entendeu o Tribunal que, conhecendo a recorrente as obrigações que sobre si recaiam e não podendo ignorar a importância da obrigação concreta em causa, era-lhe exigível que tivesse forma de detectar estas situações no momento em que ocorrem, apetrechando-se, para o efeito, dos meios necessários para o cumprimento atempado das suas obrigações. Mais decidiu que o art. 248º, nº 1, não padece de inconstitucionalidade porquanto recorre a conceitos que têm um significado inequívoco, susceptível de ser reconduzido a factos concretos que não permitem uma intervenção arbitrária do poder punitivo. Por fim entendeu o Tribunal que a elevada gravidade da infração e os bens jurídicos postos em causa impedem a suspensão da execução da sanção, ou a opção por admoestação, o que a recorrente requerera, que se revelariam insuficientes para uma adequada censura da conduta.

e) Dever de notificação do arguido para se pronunciar sobre a contra-ordenação que lhe é imputada: Acórdão do Tribunal Constitucional de 15 Novembro de 2011

O Tribunal Constitucional pronunciou-se, no âmbito de recurso de sentença do Tribunal de Pequena Instância Criminal que decidiu a impugnação judicial de uma decisão interlocutória proferida pela CMVM no decurso de um processo de contra-ordenação, sobre se *a interpretação do art. 50º do RGCO, no sentido de esta disposição permitir que a notificação do arguido para se pronunciar sobre a contra-ordenação que lhe é imputada não inclua qualquer enunciação/identificação dos concretos elementos de prova nos quais se alicerça o juízo de indiciação dos factos, viola o disposto nos artigos 32º, nº 10, e 267º, nº 5, da Constituição da República Portuguesa*. O Tribunal Constitucional começou por recordar a sua própria jurisprudência no sentido de que não se verifica uma estreita equiparação entre o ilícito contra-ordenacional e o ilícito criminal, face à menor ressonância ética do primeiro, o que o subtrai às mais rigorosas exigências de determinação válidas para o ilícito penal, e que o direito contra-ordenacional tem uma dogmática própria que, podendo acolher os contributos da dogmática penal, não se limita a uma importação acrítica de regimes e figuras. Abordando a questão, afirmou o Tribunal que o art. 50º do RGCO apenas exige que sejam comunicados aos arguidos os factos que lhe são imputados, a respetiva qualificação jurídica e sanções em que incorrem, não impondo que a aludida notificação contenha a alusão às provas tidas em conta pela autoridade administrativa e que sustentam a imputação que lhes é dirigida, e que também do Assento nº 1/2003 do STJ, que defendeu que a notificação efectuada à sombra do mencionado art. 50º deve fornecer os elementos necessários para que o arguido fique a conhecer a totalidade dos aspectos relevantes para a decisão, não se retira a exigência de que tal notificação deva ser acompanhada da indicação das provas que sustentam a decisão da autoridade administrativa. O Tribunal sublinhou que os arguidos não foram impedidos de aceder ao processo, consultando-o, tendo exercido o seu direito a serem ouvidos e a defenderem-se, donde conclui pelo respeito do seu direito de defesa, já que tiveram a oportunidade de conhecer o material probatório reunido pela CMVM, de apresentar novos meios de prova ou de requerer diligências e de, naturalmente, participar na decisão que lhes dizia respeito, tendo sido salvaguardadas as garantias constitucionais. Concluiu o Tribunal Constitucional que qualquer conteúdo normativo no sentido de estipular a obrigatoriedade de, por ocasião da notificação ao arguido nos termos do art. 50º do RGCO, a autoridade administrativa dever proceder a enunciação/identificação dos concretos elementos de prova em que se alicerça o juízo de indiciação dos factos não resulta dos parâmetros constitucionais aplicáveis, designadamente dos convocados artigos 32º, nº 10, e 267º, nº 5, da Constituição da República Portuguesa.

f) Exercício de actividades de intermediação financeira não autorizada: Acórdão do Tribunal da Relação de Lisboa de 11 Julho de 2012

O Tribunal da Relação de Lisboa pronunciou-se, em sede de recurso, sobre a sentença que condenou o recorrente pela prática, a título doloso e como cúmplice, de uma contra-ordenação pelo exercício, a título profissional, de atividades de intermediação financeira não autorizada (artigos 289º, nº 2, 397º, nº 1, e 388º, nº 1, alínea *a)*, do CdVM). Considerou o Tribunal que o recorrente, não obstante ser ele próprio intermediário financeiro, agiu como cúmplice da actividade de intermediação financeira não autorizada, ao prestar o auxílio material necessário e indispensável à realização de intermediação financeira por parte de alguém que não estava registado junto da CMVM para o exercício dessa actividade. Considerou ainda o Tribunal, recordando a sua anterior jurisprudência sobre a matéria, que não viola as garantias constitucionais de defesa do arguido, nem constitui meio enganoso de prova, o facto de a CMVM utilizar, em processo contra-ordenacional contra o mesmo, as informações obtidas junto do recorrente, ao abrigo do dever de cooperação das entidades por si supervisionadas.

3.2. Ilícitos penais

O CdVM consagra dois tipos criminais mobiliários – o abuso de informação privilegiada (art. 378º) e a manipulação de mercado (art. 379º) – conferindo à CMVM legitimidade para conduzir o correspondente processo de averiguações preliminares, findo o qual, se obtida notícia do crime, os elementos apurados devem ser remetidos para o Ministério Público. A detecção destes ilícitos resulta de processos de análise de operações de mercado e de processos de averiguações, estes ultimos abertos quando das análises efectuadas resultam indícios que justificam a respectiva abertura. Destacam-se, a título exemplificativo, duas decisões judiciais mais recentes, sobre o tema:

a) Abuso de Informação Privilegiada

Num caso de abuso de informação, participado pela CMVM em Setembro de 2001, o Tribunal da Relação de Lisboa (acórdão de 21 de Setembro de 2010 ou 2º acórdão) tinha declarado nula a sentença de 1ª instância de 25 de Março de 2010 pelo facto de terem sido impostas penas acessórias previstas no art. 380º do CdVM (publicação da sentença em relação aos três arguidos e interdição de exercício de profissão ou actividade por dois anos), sem que aos arguidos, de acordo com o citado acórdão, tivesse sido comunicada a possibilidade de aplicação dessas penas. Este acórdão declarou improcedente o recurso dos arguidos na parte em que pretendiam uma nova discussão da matéria de facto e dos aspectos atinentes à existência ou não dos crimes, porque considerou ter-se formado caso julgado sobre os factos que um anterior acórdão da Relação de Lisboa (de 3 de Junho de 2009 ou 1º acórdão) considerara já provados e, com eles, também sobre a questão da culpabilidade dos arguidos. O 2º acórdão considerou prejudicada por inutilidade – em resultado da mencionada declaração de nulidade da sentença de primeira instância – a apreciação do recurso do Ministério Público, limitado à circunstância de na sentença de primeira instância não ter sido aplicado, nos termos do art. 111º do Código Penal, o instituto da perda das vantagens patrimoniais obtidas pela prática do crime que, no entender do Ministério Público, ascendiam a €343.600. Tendo baixado o processo à primeira instância, foi proferido despacho, em 18 de Fevereiro de 2011, a declarar extinto o procedimento criminal em consequência da verificação, no dia 30 de Setembro de 2010 (10 dias após ter sido proferido o 2º acórdão do Tribunal da Relação de Lisboa), do prazo de prescrição do procedimento criminal. Deste despacho foi interposto recurso para a Relação pelo Ministério Público. O Tribunal da Relação de Lisboa, por acórdão de 16 de Junho de 2011 (3º acórdão), negou provimento ao recurso, tendo confirmado o despacho de 1ª instância impugnado. Este acórdão considera que o 1º acórdão formou caso julgado em relação à decisão de condenar os arguidos; ou seja, na matéria referente ao juízo de imputação do crime aos agentes, na condenação dos três arguidos pela prática de crimes de abuso de informação, tendo ficado definitivamente especificada a matéria de facto considerada provada que suportou as referidas condenações. Porém, este 3º acórdão considerou que não existindo decisão quanto à pena aplicada aos arguidos (a decisão de primeira instância que aplicou as penas foi anulada pelo 2º acórdão da Relação), o caso julgado formado foi apenas parcial, não podendo assim fixar o momento para a contagem do prazo de prescrição do procedimento criminal. Do acórdão do Tribunal da Relação de Lisboa de 10 de Setembro de 2010 já não cabe recurso, tendo assim transitado em julgado a decisão judicial que considerou prescrito o procedimento criminal.

b) Manipulação de mercado

No ano de 2012 foi proferida uma decisão, em recurso, no âmbito de um processo-crime por manipulação de mercado decorrente de uma participação da CMVM. No âmbito deste processo, o Ministério Público deduziu acusação contra o arguido, em 2009, pela prática do crime de manipulação de mercado, por aquele ter introduzido uma oferta de venda de grande dimensão a muito baixo preço, cancelada momentos antes do fecho, para atrair procura ao mercado e assim fazer subir o preço por forma a poder executar uma outra oferta de venda introduzida, de menor dimensão e a preço superior, o que condicionou artificialmente a formação do preço daquelas acções e o regular funcionamento do mercado, tendo o arguido sido igualmente pronunciado. A fase do julgamento realizou-se em 2011, tendo sido proferida uma decisão absolutória do arguido pelos factos imputados. O Ministério Público recorreu da decisão absolutória para o Tribunal da Relação de Lisboa, designadamente por contradição insanável da fundamentação e por erro notório na apreciação da prova. O Tribunal da Relação negou provimento ao recurso e remeteu para a fundamentação da 1ª Instância. Considerou não só que é ao tribunal que cabe apreciar livremente as provas de acordo com a convicção que geram no espírito do julgador, como também que a valoração da prova realizada estava condicionada pelo benefício da dúvida a conceder ao arguido. Quanto ao erro notório, o Tribunal da Relação considerou que o mesmo teria que ser crasso, grosseiro ou ostensivo. O acórdão do Tribunal da Relação não admitia recurso, por se tratar de uma decisão de confirmação de uma decisão absolutória proferida em 1ª Instância, tendo assim transitado em julgado. Ainda relativamente a procedimentos criminais pelo crime de manipulação de mercado, o Ministério Público deu conhecimento à CMVM que determinou, após concordância do Juiz de Instrução e verificados os pressupostos legais exigidos, a suspensão provisória de um processo de manipulação de mercado, sujeita ao cumprimento da injunção de pagamento de quantia pecuniária ao Sistema de Indemnização aos Investidores (SII) por cada um dos três arguidos. O objecto do processo referia-se a factos praticados em 2008 por três arguidos em concertação. Com o intuito de poderem adquirir acções objecto de uma oferta de venda sem limite de preço e de quantidade elevada, inserida na pré-abertura, os arguidos foram introduzindo sucessivas ofertas de compra de valor elevado, de modo a impedir que outros investidores pudessem concorrer com eles na aquisição das acções objecto da oferta de venda de dimensão elevada. Os arguidos cancelaram as suas ofertas instantes antes de terminar o leilão, o que fez descer o preço de fecho e assim viabilizou a compra das acções a preço reduzido. O montante global pago pelos arguidos ao SII a título de injunção correspondeu a cerca de seis vezes a diminuição do valor de compra das acções provocado com a diminuição do preço de abertura. O Ministério Público comunicou ainda à CMVM que, na sequência de inquérito, deduziu acusação num processo de manipulação de mercado com origem em participação da CMVM. O arguido requereu abertura de instrução.

4. Competências de cooperação internacional e interna

No domínio da Cooperação, a CMVM visa tornar a supervisão mais eficaz, aproximar a sua actuação das práticas seguidas pelas instituições que, noutros países, desempenham as mesmas funções, e combater as actuações fraudulentas de carácter internacional.

Neste âmbito, a Comissão celebrou, a nível nacional, acordos de cooperação com outras autoridades nacionais com funções de supervisão e regulação do sistema financeiro, como a Procuradoria-Geral da República, o Banco de Portugal e o Instituto de Seguros de Portugal. Esta supervisão tripartida levou a que o Governo criasse o Conselho de Supervisores Financeiros (CNSF), o qual, sem afectar a competência e a autonomia das diferentes autoridades, tem por objectivo institucionalizar e organizar a cooperação entre elas, criando um fórum de coordenação da actuação de supervisão do sistema financeiro para facilitar o mútuo intercâmbio de informações. Foi ainda criado o Conselho Nacional de Supervisão de Auditoria (CNSA) – que integra representantes do Banco de Portugal, da Comissão do Mercado de Valores Mobiliários, do Instituto de Seguros de Portugal, da Ordem dos Revisores Oficiais de Contas e da Inspecção-Geral de Finanças – competindo-lhe a organização de um sistema de supervisão pública de todos os revisores oficiais de contas e sociedades de revisores oficiais de contas e, simultaneamente, assegurar uma cooperação com o Conselho Nacional de Supervisores Financeiros.

Através do seu Presidente, a CMVM toma assento no Comité Nacional de Estabilidade Financeira, que se destina a promover a estabilidade do sistema financeiro mediante a cooperação entre os três presidentes dos supervisores e o Ministro das Finanças.

No plano internacional, a CMVM participa em organizações internacionais, como a Organização Internacional das Comissões de Valores (IOSCO/

OICV), a Autoridade Europeia dos Valores Mobiliários e dos Mercados e o Instituto Ibero-Americano de Mercados de Valores (IIMV), além de acompanhar os trabalhos de instituições da União Europeia (UE).

Finalmente, a CMVM participa activamente em processos de negociação da legislação nacional e comunitária, em particular nos projectos resultantes das iniciativas comunitárias originárias da Comissão Europeia, prestando apoio técnico ao Ministério das Finanças no contexto das delegações nacionais no Conselho da União Europeia.

PARTE SEXTA

A REGULAÇÃO

AS VÁRIAS ACEPÇÕES DO TERMO REGULAÇÃO

A REGULAÇÃO COMO FUNÇÃO

A REGULAÇÃO COMO FUNÇÃO ADMINISTRATIVA DO ESTADO

O DIREITO DA REGULAÇÃO COMO DIREITO ADMINISTRATIVO DE GARANTIA

A regulação é uma função administrativa de direcção exercida por entidades administrativas independentes

Capítulo I
O Conceito de Regulação

I. Regras principais de abordagem ao Conceito

O capítulo que vamos iniciar relaciona-se com o tratamento de um dos mais difíceis conceitos do Direito Administrativo.[1562]

Trata-se de um conceito polissémico, ideológico e heterogéneo. Segundo alguns autores, para procurar definir e determinar os seus contornos é necessária uma viagem *"para ir à procura da regulação"*.[1563]

É o que procuraremos concretizar no capítulo que agora iniciamos.

Começamos, pois, por precisar que este termo, depois de algumas incursões na área da sociologia administrativa, veio paulatinamente a impor-se na ciência jurídica, especialmente no pensamento publicista contemporâneo.[1564]

[1562] Esta primeira observação traduz desde logo a concepção de que a regulação é um instituto do Direito Administrativo, como aliás, pode ser conferido, entre outros, em Pedro Gonçalves, "Regulação, Electricidade e Telecomunicações", Estudos de Direito Administrativo da Regulação, 2008; Laurence Calandri, "Recherce sur la Notion de Régulation en Droit Administratif Français", LGDJ, Paris, 2009.

[1563] Cfr. Stephen Breyer e outros, "Administrative Law and Regulatory Police", Aspen Law & Business Publishers, 6ª edição, 2006; R. Baldwin, C. Scott e C. Hood, "A reader on regulation", Oxford University Press, pp. 1-55, disponível em http://books.google.com/books?id=5gztAAAmAAJ&q; J. Black, "Constructing and contesting legitimacy and accountability in polycentric regulatory regimes", em Regulation & Governance, 2008, Vol. 2, Issue 2, pp. 137-164; Per Laegreid e Tom Christensen, "Autonomy and Regulation: Coping With Agencies in the Modern State", em Comparative Studies of Organizations in the Public Sector, 2006.

[1564] Cfr. J. L. Autin, "Réflexions sur l'usage de la régulation en droit public", em Revue du Droit Public et de la Science Politique en France et à l'Étranger, 1991, pp. 1565 e seguintes; Martino Maggetti, "The role of independent regulatory agencies in policy-making: a comparative analysis", em Journal of European Public Policy nº 16(3), pp. 445-465, 2009; Giandomenico Majone, "The Agency Model: The Growth of Regulation and Regulatory Institutions in the European Union",

Concorreu para esta divulgação terminológica a mudança verificada como consequência da "onda liberal" que deu início a um movimento de "inversão de rota" no sentido de uma "contracção quantitativa" da intervenção pública.[1565]

A regulação surge, assim, como uma questão de interesse público, na medida em que a regulação pública das actividades económicas pode ser justificada pela circunstância de o mercado se revelar incapaz de produzir "um óptimo social".

A regulação, à luz da teoria normativa visa, assim, corrigir as deficiências do mercado.

Mas a regulação pode também ser concebida, ao abrigo da denominada teoria positiva, como um *acquise* no sentido em que não devendo ser entendida como um instituto de direito público é, todavia, um instituto virado para a protecção e benefício dos particulares, dos utentes e dos consumidores.[1566]

Porém, devemos advertir que o conceito sob apreciação teve, até finais do século XX, diferentes e opostos percursos no direito norte-americano e europeu.[1567]

Desde logo, nas suas referências ao aparecimento e à invocação do conceito no direito norte-americano, durante uma boa parte do século XX, significou a constituição de certas empresas privadas em monopólios nacionais (privados), sujeitos a controlo do poder público, por razões de interesse geral.[1568]

Neste sentido, a *desregulação* nos Estados Unidos parece poder corresponder a uma liberalização que emergiu, como sabemos, para reforçar a concorrência

em European Institute of Public Administration; Jean Clam, "Les Transformations de la Régulation Juridique", LGDJ, Paris, 1998.

1565 Cfr. Paulo Otero, "Legalidade e Administração Pública – O Sentido da Vinculação Administrativa à Juridicidade", Coimbra, 2003, pp. 298 e seguintes; Michel Gentot, "Les autorités administratives indépendantes", 2ª edição, CLEFS, Paris, 1998, p. 19; Cass R. Sunstein, "After the rights revolution – Reconceiving the Regulatory State", London, 1993.

1566 A formulação da teoria positiva da regulação deve-se a George Stigler, citado em G. Majone,"The Regulatory State and its Legitimacy Problems", em IHS Political Science, nº 56, 1998.

1567 Cfr. Sendin Garcia, "Regulatión y Servicios Públicos", Granada, 2003, pp. 13 e seguintes.

1568 Cfr. o Dicionário de referência dos EUA, o Merrian-Webster's Collegiate Dictionary (eleventh edition), em que encontramos a seguinte definição de regulação: "*(i) the act of regulating: the state of being regulated; (ii) an authoritative rule dealing with details or procedure (safety regulation); or (iii) a rule of order issued by an executive authority or regulatory agency of a government and having the force of a law; (iv) the process of redistributing material (as in an ambryo) to restore a damaged or lost part independente of new tissue growth; or (v) the mechanism by which an early embryo maintains normal development*". Segundo Thomas K. MacCraw, "Prophets of Regulation", em Harvard University Press, 1986, a história da regulação nos EUA é a história do triunfo da equidade sobre a eficiência, do triunfo do modelo judicial sobre o administrativo e o triunfo da protecção da justiça sobre os diversos interesses. Ver ainda, George Yarrow, "Privatization in theory and practice", Economic Policy, Vol. 1, nº 2, 1986, pp. 323-377.

nos sectores regidos por uma situação de monopólio privado e administrados em nome da regulação.[1569]

Ora, na Europa Continental, a *desregulamentação* não visou, em termos de evolução histórica, as mesmas finalidades, visto que tem sido invocada e aplicada, sobretudo, para fundar o desmantelar dos monopólios públicos, acompanhada de uma *nova regulamentação.*[1570]

O desenvolvimento da regulação nos modelos norte-americanos e europeus assenta em razões substancialmente diferentes.[1571/1572]

A regulação americana [1573] não tocou na propriedade privada, antes submeteu certas indústrias ou certas actividades económicas privadas à supervisão de autoridades especializadas.[1574]

1569 Cfr. Michaela Manetti em "Poteri Neutrali e Costituzione", Milão, 1994, pp. 59 e seguintes; E. Allan Farnsworth, "An Introduction of the Legal System of the United States"; Oxford University Press, 4ª edição, 2010; Jerry L. Mashaw e Richard A. Merril, "Administrative Law, The American Public Law System, Cases and Material", 7ª edição, 2010.

1570 É neste sentido a posição, entre outros, de J. Chevallier, "Les enjeux de la déréglementation", RDP, 1987, p. 281; Catherine Teitgen-Colly, "Les autorités administratives indépendantes: Histoire d'une institution", p. 41; Giuliano Amato, "Autorità semi-indipendenti e autorità di garanzia", Revista Trimestral de Direito Público, nº 3, p. 645; Claudio Franchini , "Le autorità administrative indipendenti", Revista Trimestral de Direito Público, nº 4/5, pp. 43 e seguintes; José Manuel Sala Arquer, "Contribución al estúdio de las administraciones independientes", Revista Española de Derecho Administrativo, 1998, p. 401; Andrés Betancor Rodríguez , "Las administraciones independientes – Un reto para el estado social y democrático de Derecho", Madrid, 1994, p. 220.

1571 Cfr. Vital Moreira, "Auto-Regulação Profissional e Administração Pública", em que se salienta que a ineficiência resulta da burocracia, do peso da carga fiscal, do aumento da dívida pública e da revalorização do papel do mercado que estiveram na origem da desregulação que, por sua vez teria sido causa de três vertentes distintas: (i) a privatização de empresas públicas ou de participações públicas em empresas mistas; (ii) a liberalização de actividades e sectores económicos, até então reservados para o sector público ou pelo menos dependentes de concessão ou de autorização pública (como era o caso das *public utilities*, incluindo a electricidade, a água, o gás, os transportes aéreos e ferroviários, as comunicações, a rádio e a televisão); (iii) a desregulação propriamente dita, que consiste no aligeiramento ou eliminação do controlo público sobre a produção e o mercado de numerosas indústrias.

1572 No entanto, do ponto de vista estrutural e funcional, o modelo europeu inspirou-se no modelo norte americano. Sobre a influência do modelo jurídico norte-americano no direito europeu, ver "L'américanisation du droit", em Archives de philosophie du droit, Tomo 45 (2001); Fabrice Melleray, "L'imitation de modèles étrangers en droit administratif français", Actualité Juridique, Droit Administratif, 2004, pp. 1224-1229.

1573 Nos Estados Unidos, a regulação incidiu, numa primeira fase, sobre os monopólios naturais, passando a abranger, depois, uma série de indústrias e mesmo vastos sectores de actividade. A regulação, tal como foi aí definida, cabia concretamente a organismos governamentais determinar o comportamento económico a adoptar definindo e estabelecendo metas inerentes a um determinado comportamento empresarial. Cfr. Nazaré da Costa Cabral, "O Princípio da

A regulação europeia, ao contrário da norte-americana, começou essencialmente: (i) por uma política de privatizações de indústrias estratégicas e dos monopólios[1575]; (ii) por uma planificação económica e da política industrial; e (iii) por uma política de auto-regulação corporativa.[1576]

Foi, assim, a destruição das políticas keynesianas, das nacionalizações, da planificação estatal e, sobretudo, da crise do Estado Providência, com o aumento exponencial dos impostos e da fraca visibilidade das respectivas aplicações, que estiveram na origem, principalmente nas décadas de setenta e oitenta, na aprovação popular de um novo modelo de economia de mercado.[1577]

Tornou-se, pois, necessário desenvolver este novo estilo de "governação" na Europa, que cada vez mais demonstrava insuficiências inultrapassáveis entre as capacidades institucionais existentes e a complexidade crescente dos problemas de acção política.

A regulação dos mercados financeiros no contexto de uma nova economia global e mundial, a limitação dos riscos apresentados por novos produtos e por novas tecnologias, a protecção da saúde e dos interesses económicos dos consumidores à luz da liberdade de circulação de pessoas, bens, serviços e capitais, bem como a protecção de áreas como o ambiente, são, entre outros,

Desregulação e o Sector Bancário", Revista da Faculdade de Direito da Universidade de Lisboa, Vol. 38, nº 2, 1997, pp. 411-484. Segundo Stephen G. Breyer, em EUA Colloquium Papers, "Regulatory Reform and completion of the internal market", 1988, a regulação pode pois ser entendida "*como o conjunto de esforços e das actuações governamentais visando o controlo das decisões das empresas relativamente aos preços, ao output, ou à qualidade do produto, com o intuito de evitar actuações meramente egoístas que não tomam na devida atenção o interesse público*".

1574 Sobre o modelo americano, cfr. Alfred E. Kahn, "The Economics of Regulation: Principles and Institutions", MIT Press, 2ª edição, 1998. Sobre a comparação entre a regulação norte-americana e o direito público europeu, consultar Marco Antonioli, "Mercato e regolazione", Giuffré, Milão, 2011.

1575 No sentido de que as instituições da Comunidade Europeia têm procurado incrementar, através de políticas das privatizações, o movimento da desregulação, cfr. Nazaré da Costa Cabral, op. cit., p. 427; Douglas C. North, "Institutions, Institutional Change and Economic Performance", Cambridge University Press, 1990, Parte I (Institutions), p. 152; G. Majone, "The Credibility Crisis of Community Regulation", em Journal of Common Market Studies, nº 38, pp. 273-302, DOI:10.1111/1468-5965.00220.

1576 Cfr. Eduardo Paz Ferreira, "A Regulação em Portugal: Novos Tempos, Novos Modelos", p. 27, no sentido em a liberalização está associada a um movimento de nova regulação económica e conexionada com o termo "desregulamentação" e "desregulação" (conceitos de inspiração anglo-saxónica).

1577 O que determinou a identificação das falhas do mercado e das teorias económicas da *Public Choice* regulatória sobre as funções do Estado e o sublinhar dos "fenómenos da captura". Para uma análise mais "fina" da evolução histórica, consultar Paul L. Joskow (ed.), "Economic Regulation", Critical Ideas in Economics, London, 2000.

motivos principalmente determinantes do desenvolvimento diferenciado dos mecanismos regulatórios nos vários continentes, países e regiões.[1578]

Finalmente deve também ser referido que é visível esta diferente "utilização" e diferente *ratio* do mesmo termo face ao direito inglês, em que regulação pode ser entendida como *regulamentação (regulation)*, sendo certo no entanto que a palavra que mais se aproxima do conceito cuja definição ensaiamos é *regulatory*.[1579]

Ou seja, para o apuramento do conceito em causa teremos de abordar um método ou metodologia que se mostre apto a facultar-nos o seu significado, extensão e alcance, de modo a ser possível conceber (ou não) a regulação:

a) Como uma verdadeira função;
b) Como um meio operativo de qualificar certo tipo de processos ou procedimentos; e
c) Como a revelação do desenvolvimento de um novo poder do Estado: a Regulação.

II. Os principais critérios definidores do conceito de regulação

O tema da nossa dissertação, sobretudo a tentativa de definição institucional da regulação, remonta à década de sessenta, quando Alfred Chandler sustentava que *"a estrutura acompanha a estratégia e que o tipo mais complexo de estrutura é o resultado da concatenação de várias estratégias básicas"*.[1580]

Se assim é, as mudanças estruturais a que temos assistido, quer na organização, quer no funcionamento do Estado, resultam da *"concatenação de várias estratégias básicas: as privatizações, a liberalização e a despublicização que, apesar da sua heterogeneidade, coincidem na limitação do papel do Estado intervencionista ou positivo, ao mesmo tempo que aumentam o seu poder normativo e, assim, o papel do Estado Regulador"*.

[1578] Cfr. Eduardo Paz Ferreira, "Regulação em Portugal: Novos Tempos, Novos Modelos", quanto à sua posição sobre a definição de um conceito de alcance geral – a regulação jurídica da economia, no sentido em que a regulação é uma qualquer actuação do Estado que interfira com as forças do mercado e que, de algum modo, corrija as denominadas "falhas de mercado".

[1579] Cfr. International Encyclopedia of Comparative Law; P. P. Craig, "Administrative Law", 1994, p. 81; Frank Modern, "Les modèles étrangers – Étude comparée", em Colliard C. e Timsit G., "Les autorités administratives indépendantes", 1988, p. 186;Tom Christensen e Per Laegreid, "Autonomy and regulation: coping with agencies in the modern state"; Relatório da OCDE de 2002, "Distributed public governance: agencies, authorities and other government bodies".

[1580] Cfr. citação em Giandomenico Majone, "Do Estado Positivo ao Estado Regulador: Causas e Consequências da Mudança no Modo de Governança", pp. 5 e seguintes.

Importa, por isso, procurar precisar uma primeira definição do conceito.[1581]

Se com regulação pretendemos referir o poder de fixar as regras de garantia "*no presente e no futuro do projecto social, económico e cultural de que uma comunidade humana é dotada*", do que estamos a falar é de uma acepção mais neutra, precisa e mais facilmente assimilável pelas nossas tradições jurídicas.

Trata-se, pois, da produção de normas jurídicas destinadas a disciplinar um determinado sector, "delegando" as tarefas operacionais a outros actores.

Neste caso, estamos a falar de regulação por referência ao Estado Regulador.[1582]

A regulação consiste, assim, no estabelecimento de regras jurídicas provenientes do poder legislativo, ou seja, têm origem pública, são editadas por autoridades públicas no exercício de um poder público de soberania e de natureza legislativa.[1583]

Uma segunda acepção do termo pode ser referida a "*um conjunto de técnicas articuladas entre si para organizar e manter equilíbrios económicos nos sectores que não têm, devido à sua natureza, a força e os recursos para os produzir por si próprios*".[1584]

[1581] Na doutrina portuguesa, para uma resenha sobre o conceito de "Regulação", consultar Vital Moreira, "Auto-Regulação Profissional e Administração Pública", Almedina, 1997, pp. 34 e seguintes; "Regulação Económica, concorrência e serviços de interesse geral", Estudos de Regulação Pública, CEDIPRE, Coimbra, 2004, pp. 547 e seguintes; Eduardo Paz Ferreira, "Lições de Direito da Economia", Lisboa, pp. 393 e segintes; J. L. Saldanha Sanches, "A regulação: história breve de um conceito", Revista da Ordem dos Advogados, 2000, pp. 5 e seguintes; Maria M. Leitão Marques/J. P. Simões de Almeida/A. Matos Forte, "Concorrência e Regulação (A relação entre a Autoridade da Concorrência e as Autoridades de Regulação Sectorial)", Coimbra, 2005, pp. 9 e seguintes; Pedro Gonçalves, "Estudos de Direito Administrativo da Regulação – Regulação, Electricidade e Telecomunicações", Coimbra Editora, 2008, pp. 14 e seguintes; "Reflexões sobre o Estado Regulador e o Estado Contratante", Coimbra Editora, 2013; "Direito Administrativo da Regulação", em Estudos em Homenagem ao Professor Doutor Marcello Caetano, Vol. II, p. 540; António Carlos dos Santos/Maria Eduarda Gonçalves/Maria Manuel Leitão Marques, "Direito Económico", Coimbra, 2004, pp. 298 e seguintes; Ana Roque, "Regulação do Mercado – Novas Tendências", Lisboa, Quid Juris, 2006; Fernando Soares, "Teorias Económicas da Regulação, Grupos de Interesse, Procura de Renda e Aprisionamento".

[1582] Cfr. nota 55 ao Relatório do Conselho de Estado Francês 2001. Este conceito ganha alento a partir dos anos 70 do Século XX, correspondendo à crise do Estado Social-intervencionista ("Estado Keynesiano"), orientado essencialmente para a redistribuição de riqueza, como decorre da lição de António Carlos dos Santos/Maria Eduarda Gonçalves/Maria Manuel Leitão Marques, op. cit., p. 183.

[1583] Cfr. Pedro Gonçalves, "Direito Administrativo da Regulação", p. 8; J. Chevallier, "L'État Régulateur", em Revue Française d'Administration Publique, 2004, pp. 473 e seguintes; Gerard Marcou, "La notion juridique de régulation", em Actuallité Juridique de Droit Administratif (AJDA), 2006, pp. 347 e seguintes; Didier Truchet, "Droit Administratif", Thémis, PUF, 2009; Pascal Jan, "Institutions Administratives", LexisNexis/C Guettier Institutions Administratives, Dalloz, 2008.

[1584] Nota 59 do Relatório do Conselho de Estado 2001.

Neste caso, a regulação pode ser entendida como uma acção intermédia entre a determinação das políticas e a gestão propriamente dita de um sector ou área económica, financeira ou social.

Temos, pois, que nesta primeira abordagem do conceito, o mesmo pode surgir como elemento determinante da qualificação dos poderes do Estado – Regulador –, ou como elemento definidor dos objectivos do sistema que o Estado determina e institui através da criação de entidades administrativas independentes.[1585]

Como sabemos, o Estado, durante um longo e duradouro período, centrou a sua actividade no conceito de serviço público, que pode ser decomposto através das seguintes principais características: (i) gestão directa da administração ou, nos casos da administração indirecta, subordinada às regras da tutela e superintendência do poder público; (ii) a administração assume o domínio da actividade administrativa, mesmo a que é exercida por privados; e (iii) a actividade administrativa é tendencialmente monopolista.[1586]

Mas a história do Estado confunde-se com a história do Homem e da sua procura incessante de melhor qualidade de vida e de melhor Estado.

Por isso, os desafios que hoje se colocam ao Estado Moderno são, justamente, em primeiro lugar, o de tornar o modelo mais eficiente e mais eficaz tendo em vista as novas regras de mercado único e, em segundo lugar, o de manter, e se possível melhorar, as regras de protecção social que o Estado Social garantia.

Actualmente, os modernos Estados actuam e agem no contexto de uma nova e diferente realidade. Referimo-nos ao mercado.[1587]

Esta nova realidade tem como consequência a de que, mantendo-se o núcleo fundamental dos serviços públicos, estes passam a funcionar num contexto de liberalização, ou seja, pela via das privatizações ou do acesso a

[1585] Cfr. quanto às causas e consequências das mudanças operadas no modelo de administração e de governo, Giandomenico Majone, "From the Positive to the Regulatory State", Working Paper 1997/93, de Maio de 1997; Claude Ménard & Michel Ghertman, "Regulation, Deregulation, Reregulation: Institutional Perspectives", 2010, pp. 45 e seguintes; S. Muñoz Machado, "Hacia un Nuevo derecho administrativo", em A. Blasco Esteve (coord.), "El derecho public de la crisis economica, Transparencia y sector public. Hacia un Nuevo derecho administrativo", Madrid, INAP, 2012, pp. 191 e seguintes.

[1586] Cf. Miguel Ángel Sendin Garcia, "Regulatión y Servicios Públicos"; André G. Delion/Michel Durupty, "Chronique du secteur public économique", em Revue Française d'Administration Publique, nº 118, pp. 367-375.

[1587] Neste sentido, e com papel preponderante no contexto dos mercados, importa assinalar o papel que a União Europeia tem vindo a desempenhar e a desenvolver através dos mecanismos institucionais referentes ao mercado único e às diversas liberdades que o integram.

actividades e a sectores que estavam até então reservados ao sector público, os mesmos passam a coexistir [1588] com empresas da economia social e com empresas privadas.[1589]

É assim suposto que o sistema tradicional de gestão do serviço público realizado directa ou indirectamente pelo Estado-Administração deixou de ser o paradigma da organização administrativa do Estado, passando os Modernos Estados a agir na economia e no social através de novos modelos organizativos que se impuseram no contexto da organização das sociedades modernas.[1590]

A regulação significa, por conseguinte, que as empresas privadas que operam ou podem operar em sectores de interesse colectivo, passam a estar subordinadas a regras que visam garantir a satisfação de necessidades de serviço público.[1591]

Ou seja, a regulação aparece associada ao processo de transformação das missões e da posição do Estado, assumindo assim novas responsabilidades regulatórias.

A desmontagem dos serviços públicos e a privatização[1592] de tarefas públicas não postulam a "retirada" do Estado, a entrega da economia às "leis do

[1588] Tal tópico faz-se acompanhar de uma semântica inovadora que inclui fórmulas e conceitos como "partilha de responsabilidades" (E. Schmidt-Assman), "governação público-privada" (W. C. Novak), "governação colaborativa" (Freeman), ou "interdependência entre actores públicos e privados" (C.M. Donelly) – cfr.Pedro Costa Gonçalves, "Reflexões sobre o Estado Regulador e o Estado Contratante", Coimbra Editora, 2008, p. 51.

[1589] Nesta dinâmica de externalização dos fins estaduais, que vai provocar uma reordenação dos papéis do Estado e da Sociedade, há sinais muito nítidos de um deliberado "aproveitamento", "mobilização" e "activação" da capacidade dos particulares para a realização de objectivos e de fins públicos. Cfr. Pedro Costa Gonçalves, "Reflexões sobre o Estado Regulador e o Estado Contratante", Coimbra Editora, 2008, p. 53.

[1590] Cfr. relativamente à distinção entre Regulação e Gestão, o Livro Verde da Comissão Europeia sobre as Telecomunicações, p. 29.

[1591] O novo conceito de serviço universal pode ser entendido como substitutivo do tradicional conceito de serviço público, no sentido em que do que se trata é de garantir ou de prestar um serviço de qualidade adequada e a preços razoáveis em condições de igualdade e de não descriminação quanto a todos os beneficiários. Neste sentido, cfr. J. N. Calvão da Silva, "Mercado e Estado: Serviços de Interesse Económico Geral", pp. 190 e seguintes; Sabine-Urban, "The European Welfare State under pressure between European and Global Integration. Some critical issues in European Union", European Union Review, Vol. 10, nº 1, ECSA, 2005; Stéphane Braconnier, "Droit des Services Publics", Presses Universitaires de France, Paris, 2001, especialmente "La régulation des services públics", em Review Française de Droit Administratif, nº 17, Dalloz, 2001.

[1592] No sentido de que as privatizações aumentam as tarefas de regulação e de vigilância, cfr. R. Rivero Ortega, "El Estado vigilante", Madrid, 2000, pp. 28 e seguintes; Sebastian Martin Retortillo, "Sentido y Formas de la Privatización de la Administración Pública", em Caminhos da Privatização da Administração Pública – IV Colóquio Luso-Espanhol de Direito Administrativo, Coimbra, 2001, pp. 19 e seguintes.

mercado" ou a "leis jurídicas" de mera definição, enquadramento e protecção da economia e da concorrência.[1593]

Neste sentido, surge uma nova fórmula que alude a um dever ou a uma incumbência que permanece na esfera jurídica do Estado: a responsabilidade pública ou de garantia da realização de certos fins de interesse público.[1594]

A "tragédia" do Estado tem vindo a dar lugar a novos paradigmas no domínio da sua própria organização e das suas formas de "intervenção" no social, económico e financeiro.[1595]

A evolução que se verificou suscitou tentativas de explicação do novo Estado Moderno desde "Estado activo"[1596], "Estado reflexivo" e "Estado regulador".[1597]

Diz-se hoje que o Estado Social assume a forma de Estado Regulador de serviços públicos essenciais.[1598/1599]

Temos, assim, que o Estado que, em termos evolutivos, tem vindo a deixar de ser directamente produtor e prestador, passou a assumir responsabilidades de "Garantia" no sentido em que cria e institui regras normativas reguladoras e, para a prossecução de tais finalidades, institui entidades autónomas e independentes para as prosseguir.[1600]

[1593] Cfr. Vilar Rojas, "Privatizatión de grandes servicios públicos", em "Os caminhos da Privatização da Administração Pública", Stvdia Jurídica nº 60, pp. 207 e seguintes.

[1594] Cfr. Pedro Gonçalves, op. cit., p. 53; M. Cave e R. Baldwin, "Understanding Regulation, Theory, Strategy and Practice", Oxford University Press; Communications White Paper 2000; Communications Act 2003; Ofcom (2003), Promoting Effective Self-regulation, Criteria for Transfering Functions to Co-regulatory bodies, Consultation Document, Dezembro; Ofcom (2004), Criteria for Promoting Effective Co and Self-regulation Statement, Junho; R. Baggott, "Regulatory Reform in Britain, The Changing Face of Self-Regulation", Public Administration, nº 67, p. 435; M. Moran, "The Bristish Regulatory State, High Modernism and Hyper-Innovation", Oxford University Press.

[1595] Cfr. sobre os paradigmas do Estado e paradigmas da administração, J. J. Gomes Canotilho, em "O Direito Constitucional passa, o direito administrativo passa também", p. 709.

[1596] "Estado socialmente activo", segundo Chevallier, em "L'État régulateur", Revue Française d'Administration Publique, 2004, pp. 473 e seguites.

[1597] Cfr. J. J. Gomes Canotilho, op. cit., p. 710.

[1598] Afirmação de J. J. Gomes Canotilho, "Direito Constitucional", 7ª edição.

[1599] O que traduz uma incumbência ou responsabilidade estadual de proteger determinados bens públicos, como o ambiente e a saúde, e direitos dos cidadãos, enquanto consumidores de serviços de interesse económico geral (regulação social) – Pedro Costa Gonçalves, "Reflexões sobre o Estado Regulador e o Estado Contratante", Coimbra Editora, 2008, p. 12. Sobre as justificações (económica e social) da regulação, ver Lisa. S. Bressman/Edward L. Rubin/Kevin M. Stack, "The Regulator State 1", Aspen Publishers, 2010.

[1600] Como ensina Gomes Canotilho, estamos a viver o tempo dos "saberes", das "competências", da "autoridade fundada na ciência", da independência dos protagonistas e das instituições criadas para exercerem funções de regulação do mercado, da economia, das finanças e do social.

Regular pode, pois, ser traduzido, como o poder soberano do Estado de definir a organização e o método mais eficaz, eficiente e racional de prosseguir as suas próprias atribuições de interesse colectivo.[1601]

Neste sentido, o que temos por essencial é "descobrir" uma melhor compreensão e aprofundamento do conceito de "regulação", de modo a definir e a entender a natureza das estruturas (instituições) administrativas, bem como a diversidade das relações que a mesma comporta com "os sectores regulados", atenta a simultaneidade das mesmas com a prossecução dos interesses públicos a que o Estado continua vinculado como *garante*.[1602]

Para nós, se é possível entender que as autoridades de regulação "se constroem contra o Estado na sua estrutura clássica", essa "agressão" significa, por outro lado, que estas se tornam o "aglutinador principal de inovação institucional".[1603]

A passagem de uma economia administrada para uma economia de mercado assume, naturalmente, consequências em termos dos modelos institucionais.[1604]

A acção política tem-se como inadaptada, e dá-se início à defesa da ideia de que, mais do que os políticos e os juízes, "os sábios" seriam os melhores intérpretes do bem colectivo.

Fala-se da legitimidade do saber.[1605]

1601 Cfr. Martin Lodge, "Regulation, the regulatory state in European Politics", West European Politics, 2008; Burkard Eberlein, "Regulation & Governance; Public Administration and Public Policy", London School of Economics, 1989; Mattew Flinders, "Despolitization, Democracy and Arena Shifting", em "Autonomy and Regulation, Coping with Agencies in the Modern State", Oxford University Press, 2012.

1602 Ou seja, o problema não será o de discutir o conceito de regulação em sentido amplo. Neste sentido, regular é pre-ordenar as regras aplicáveis a qualquer fenómeno, mesmo jurídico, por exemplo a regulação do poder paternal, a regulação do matrimónio, a regulação dos bens...

1603 Cfr. Damien Gerardin, "Hierarchie des pouvoirs dans les systèmes communautaires de régulation", em Marie-Anne Frison-Roche, "Règles et pouvoirs dans les systèmes de régulation", Thèmes & Commentaires, Dallloz.

1604 Cfr. quanto às influências da mundialização nos modelos de Estado e de administração, Claude Campaud, "Mondialization et Droit Économique", na sua alocução de abertura do Colóquio realizado em Rennes, em 27 e 28 de Setembro de 2001; William H. Riker, "Liberalism against populism: a confrontation between the theory of democracy and the theory of social choice", San Francisco, em http://books.google.ch/books?id=Ux-IQgAACAAJ&dq; D. Rodrik, "Democracy and Economic Performace", Harvard University, December 14, 1997; Anne-Marie Slaughter, "Global Government networks, global information agencies and disaggregated democracy", Harvard Law School, Public Law, Working Paper nº 18, 2001.

1605 Cfr. Martin Collet, "De la consécration à la légitimation: Observations sur l'appréhension par le juge des autorités de régulation", em M.-A. Frison-Roche, Thèmes & Commentaires, Dalloz,

Temos, assim, que as formas possíveis de abordagem à regulação se centram nas causas determinantes do aparecimento e desenvolvimento dos novos modelos de organização administrativa: o Estado interventivo e prestador deu lugar ao Estado de Garantia[1606]; era necessário focalizar a actuação da administração em novos meios operativos que contemplassem novas regras de processo e de procedimento; e, finalmente, o Estado carecia de definir novos modelos de exercício do poder administrativo.

O Estado não substituiu o seu poder pelo poder das autoridades administrativas independentes. O Estado instituiu as autoridades administrativas independentes para poder continuar a exercer o poder, ainda que em termos diferenciados das tradicionais formas e métodos do seu exercício.[1607]

Foi abandonada a hierarquia, a tutela e a superintendência, e deu-se início a formas de coordenação e de cooperação com as novas autoridades que, com autonomia e independência, participam e actuam com o escopo de assegurar e garantir os interesses colectivos.

A regulação enquanto conceito pode, assim, ser reportada ao poder soberano do Estado de definir e determinar os meios (jurídicos) e os instrumentos (regras de intervenção e de controlo)[1608] de *Garantir* que os interesses públicos prevalecentes são observados e prosseguidos.

2004, pp. 41-56; J. Chevalllier, "Les autorités administratives indépendantes et la régulation des marchés", 2001, p. 688.

[1606] Sobre o direito administrativo centrado no tópico da garantia, cfr. Pedro Gonçalves, "Entidades Privadas com Poderes Públicos", Coimbra, Almedina, 2005.

[1607] Para Gomes Canotilho, em "O princípio democrático sobre a pressão dos novos esquemas regulatórios", Revista de Direito Público e Regulação, nº 1, Maio, 2009, p. 99, a regulação associa-se à "institucionalização de entidades independentes aptas para estabelecer os esquemas regulativos das regras do jogo económico e para dirimir os conflitos em domínios sectoriais política e economicamente sensíveis".

[1608] Cfr. Marta Vicente, "Comentário à Lei nº 46/2011, de 24 de Junho, que cria o Tribunal da Concorrência, Regulação e Supervisão", CEDIPRE, Faculdade de Direito da Universidade de Coimbra, Abril, 2012 , onde considera que a regulação é uma *técnica* que anda ligada às necessidades e à evolução de uma dada actividade. Enquanto técnica, a regulação traduz-se num sistema de actos positivos – comandos, recomendações, directrizes – ou negativos – proibições, limitações e advertências (Gonçalves, 2010) – de conteúdo *predominante* vinculativo, pois traduzem a *posição de supremacia* dos poderes públicos, através do qual se pretende influenciar, orientar e determinar o comportamento daqueles que estão no mercado. Os anglo-saxónicos designam este tipo de técnicas como "*command and control*", e detectam nelas relevantes insuficiências para fazer face à globalização e aos seus panarícios (Senn M., "Non-State Regulatory Regimes – Understanding Institutional Transformation", Springer, Berlin Heidelberg, 2011). Surge, por conseguinte, o conceito de "nova governança" (*new governance*), a qual deve ser entendida como "*uma adaptação/evolução da regulação aos desafios que a globalização coloca aos processos de decisão colectiva mediante formas alternativas de regulação e de meta-regulação*".

Mas a regulação pode ainda ser concebida como um *conceito normativo* no sentido em que se mostra apto a distinguir as diversas competências e atribuições das entidades administrativas independentes criadas para, *livres* das pressões políticas e partidárias, poder garantir a melhor protecção dos interesses públicos relevantes.

Pode, igualmente, a Regulação significar um *conceito operativo* e, por isso, ser concebida e qualificada como uma *função*, uma *actividade*, no sentido em que regular significa o poder conferido às entidades administrativas independentes para exercer, em concreto, as missões de que são titulares.[1609]

[1609] Dois modelos costumam ser apontados à regulação, quando a cargo do próprio Estado (heterorregulação): o sistema em que a autoridade administrativa geral funciona também como autoridade reguladora (sistema da "regulação integrada"); e o sistema das autoridades reguladoras especializadas, separadas da autoridade administrativa geral (sistema da "regulação dedicada"), muitas vezes dotadas de assinalável independência orgânica e funcional (autoridades reguladoras independentes). Tipicamente podem configurar-se as seguintes modalidades de regulação quanto ao tipo de reguladores: (i) regulação espontânea e voluntária por entidades privadas, nomeadamente pelos próprios regulados a título individual ou coletivo (auto-regulação privada); (ii) auto-regulação oficialmente reconhecida, efectuada por entidades de auto-regulação privadas; (iii) auto-regulação oficialmente imposta e oficialmente definida *(enforced self-regulation)*, efectuada em geral por entidades de auto-regulação oficiais (dotadas de estatuto de direito publico, como as ordens profissionais, entre nós); (iv) regulação pública por autoridade reguladora independente; (v) regulação pública por autoridade reguladora dependente (instituto público sob tutela governamental); (vi) regulação pública directa por autoridade governamental.

Capítulo II
A Regulação como Função

I. As diversas acepções do conceito de Regulação

Como acima referimos, a Regulação, na economia da nossa tese, assume um papel fundamental e nuclear, na medida em que o *modus* a que a mesma corresponde pode ser ou não habilitante e pressuposto da criação e do desenvolvimento dos novos modelos de organização administrativa em que se integram as autoridades administrativas independentes.[1610]

Mas a definição e delimitação conceitual do termo em análise conhecem uma multiplicidade de abordagens e uma profunda heterogeneidade no que se refere ao âmbito da respectiva aplicação.[1611]

1610 Quase que se pode colocar a questão de saber se quem "nasceu" primeiro foram estas autoridades ou, se pelo contrário, foram as "necessidades" que estiveram na origem da instituição das entidades em menção. Dizem os autores que a principal razão do aparecimento destas instituições é radicada na circunstância de se pretender afastar o núcleo das decisões das pressões político-partidárias que, dominando o aparelho de Estado, naturalmente que influenciavam as acções a tomar. Neste sentido, cfr. Luis Morell Ocana, "El Sistema de Confianza Política en la Administración Pública", Madrid, Civitas, 1994; Eva Desdentado Daroca, "La crisis de Identidad del Derecho Administrativo: privatización, huida de la regulación pública y Administraciones independientes", p.133; Silvia Nicodemo, "Gli atti normativi delle autoritá indipendenti", CEDAM, 2002, p. 444; Vincenzo Cerrulli Irelli, "Corso di Diritto Amministrativo", 2ª edição, Torino, 2001.

1611 Importa assinalar que o termo regulação em inglês significa "regulamentação", sendo certo que nos EUA este termo apareceu inicialmente para dar cobertura a políticas públicas de intervenção e de controlo dos operadores em vários sectores, designadamente o sector ferroviário. Neste sentido e por referência à criação da ICC, cfr. James W. Ely, "The Troubled Beginning of the InterState Commerce Act", Marquete Law Review, Vol. 95, Issue 4, 2012. O Acto declarava expressamente no seu ponto nº 11 que: "...*that charges for interstate rail transportation should be reasonable and just*...", cfr. Ari Hoogenboom & Olive Hoogenboom, "A History of the ICC: From Panacaea to Palliative", Political Science Quarterly, Vol. 91, nº 4, 1996, pp. 737-738.

Etimologicamente "regulação" provém do latim "*regalis*" que significa "do rei", "que é próprio do rei". Neste sentido, parece poder entender-se que o termo "regulação" pode ser concebido como afim do termo "regulamentação".

Numa primeira tentativa de definição feita a partir da relação de afinidade com o "poder do rei", parece ser possível identificar regulação e soberania.[1612]

Mas o termo é também invocado noutras áreas e ciências.[1613/1614]

Na terminologia das ciências médicas, biológicas, químicas e físicas, a regulação permite caracterizar as funções de determinados órgãos, de determinadas moléculas num sistema complexo como, por exemplo, o corpo humano.

A regulação designa, assim, um único e mesmo fenómeno, a saber, o de um processo de restabelecimento de um equilíbrio no interior de um sistema que, mesmo quando assenta numa contradição ou numa competição de forças contrárias, deve ser restituído a um estado de funcionamento regular, ou seja, em conformidade com as regras que lhe permitem desempenhar as suas funções, e evitar assim a destruição do sistema pelo efeito de uma desregulação progressiva.[1615]

Em termos de definição linguística, o conceito de regulação significa actuar sobre um sistema complexo e coordenar as acções tendo em vista obter o funcionamento correcto e regular, para além de significar o processo pelo qual um mecanismo ou um organismo se mantém num determinado equilíbrio, conserva um regime determinado ou modifica o seu funcionamento de forma a adaptar-se às circunstâncias".

Na linguagem das ciências sociais e na dos juristas, o termo regulação conhece várias utilizações, que vão desde a sociologia administrativa até aos diferentes ramos do direito.[1616]

[1612] Cfr. J. L. Autin, "Réflexions sur l'usage de la régulation en droit public", p. 47.

[1613] Sobre o conceito de regulação na educação e nos sistemas sociais, cfr. João Barroso, em "O Estado, a Educação e a Regulação das políticas públicas", Revista Sociedade e Educação, 2005, Vol. 26, nº 92, pp. 725-751.

[1614] No âmbito económico, resulta do latim "regra"; no sentido físico e abstracto, viria com o desenvolvimento da Física no séc. XV a associar-se à expressão "forte decisão" (e posteriormente regulador como decisor). Cfr. André Dellion, 2006, "Notion de Régulation et Droit de l'Économie", em Annales de la Régulation, Vol. I, LGDJ, Paris, p. 5., em que o termo se define como um "*mécanisme capable de maintenir constant ou faire varier selon des lois détérminées le fonctionnement d´un système. Son trait caractéristique est d´être définit par son but*...".

[1615] Cfr. Claude Champaud, "Régulation et droit économique", Revue Internationale de Droit Économique, 2002.

[1616] Cfr. J. L. Autin, "Réflexions sur l'usage de régulation en droit public", p. 43.

O conceito foi, pois, apropriado pelo Direito mas ainda sem que os juristas lhe atribuíssem uma definição rigorosa.[1617]

É que, segundo alguns autores, o conceito de regulação formulado e apresentado pela doutrina nas últimas décadas tem assentado, segundo a doutrina, num conjunto de "mal-entendidos".[1618]

Na verdade, dos estudos que realizámos a este propósito, encontrámos as mais diversas contribuições teóricas em torno do conceito, que mais parecem querer acrescentar "algo" ao já existente, e muito menos aprofundar o próprio conceito nas suas múltiplas e variadas formas de abordagem.[1619]

Na década de noventa, o termo regulação foi amplamente difundido no contexto da legislação, doutrina e jurisprudência dos países da Europa Continental; o termo regulação foi rompendo as vestes da história, da economia e do social. Devagar...é certo, mas em todo o caso evoluindo e caminhando... até aos dias de hoje.

Uma primeira delimitação do conceito pode ser alcançada através da sua identificação com a intervenção estadual externa na esfera da economia, do mercado e, em geral, das actividades privadas desenvolvidas em contexto concorrencial – hétero-regulação.[1620]

Neste sentido, a actuação reguladora traduz sempre uma acção de "alguém que está de fora", que se comporta como agente exterior à actividade regulada com o objectivo de definir as regras de desenvolvimento da actividade, bem como de implementar e fiscalizar a verificação de tais regras.[1621]

O conceito que nos importa aprofundar é, pois, o da hétero-regulação, no sentido em que o mesmo se traduz na definição normativa de funcionamento da actividade regulada e no controlo da aplicação e observância de tais condições.[1622]

[1617] Como salienta Laurent Richer, em "Service public et intérêt privé", ADP, 1997, T. 47, p. 293.

[1618] Cfr. M. Lombard, "Quelques malentendus sur la régulation", Lettre J. – C.I. DPA 2000, nº 11.

[1619] Esta nota é assinalada por G. Glamour, "Intérêt Général et Concurrence", p. 645, no sentido em que aí afirma que "*a irrupção e o desenvolvimento da palavra confirmam a Lei de Aristóteles, segundo a qual a extensão de um termo é inversamente proporcional à sua compreensão*".

[1620] Cfr. Vital Moreira, "Auto-Regulação...", p. 35, em que reconduz a regulação à intervenção estadual na economia por outras formas que não a participação directa na actividade económica.

[1621] Cfr. Pedro Gonçalves, op. cit., p. 6; Laurence Calandri, "Recherche sur la Notion de Régulation en Droit Administratif Français", LGDJ, 2009.

[1622] Este conceito é distinto da auto-regulação, dado que esta se refere ao poder de que são titulares certas categorias de entidades para determinar as suas próprias regras de organização, funcionamento e relacionais.

Diverso da regulação é a auto-regulação.[1623] Esta opera dentro do sistema – auto-regulação –, a outra opera no exterior mas com utilização de mecanismos próprios do sistema – a hétero-regulação.

A auto-regulação é, assim, um sistema sob o qual as regras são feitas por aqueles a quem elas vão ser aplicadas.[1624]

Para melhor diferenciar estes conceitos, diga-se que a auto-regulação assume três características essenciais: (i) é uma forma de regulação e não ausência dela; (ii) é uma forma de regulação colectiva; e (iii) é uma forma de regulação não estadual.[1625]

Por seu turno, a regulação aplicada ao sistema económico pode ainda ser utilizada com sentidos diversos, a saber:[1626]

(i) Como capacidade de funcionamento equilibrado da economia, sem necessidade de normas exteriores impostas aos agentes económicos;

(ii) Como regulação de um determinado grupo por meio de normas voluntárias e autovinculação voluntária (auto-regulação privada); e

(iii) Como capacidade de um determinado grupo de se regular a si mesmo mediante reconhecimento oficial e com meios de direito público (poder regulamentar, disciplinar, obrigatório para toda a categoria).[1627]

Não devendo ser a regulação uma forma de auto-regulação, aquela teria surgido como uma fórmula de compromisso destinada a superar as mudanças verificadas no próprio funcionamento do Estado que, não permitindo o "recuo total" da sua intervenção tradicional de produtor, gestor e distribui-

[1623] É no âmbito das relações entre o Estado e a sociedade, mais concretamente entre o Estado e o mercado, que podemos encontrar a distinção entre as noções de regulação – actividade estatal tendente a garantir os equilíbrios do mercado – e de auto-regulação – esta entendida como a capacidade do próprio mercado em encontrar o seu equilíbrio (Arnaud, 1993, Boyer, 1992); Pedro Quartin Graça, "Auto-regulação e política legislativa", em "Novos Territórios do Direito – Europeização, Globalização e Transformação da Regulação Jurídica", ISCTE-IUL, 2014. Esta noção de auto-regulação era já utilizada nos séculos XVIII e XIX com a famosa teoria da "mão invisível", segundo a qual o mercado, graças à sua racionalidade, possuía uma capacidade de auto-regulação que tornava desnecessária a actividade reguladora do Estado e que podia mesmo ver-se prejudicada por esta última. Cfr. A. Smith, "A Riqueza das Nações".

[1624] É a definição adoptada por I. H. Davison, 1987, citado por Vital Moreira em "Auto-regulação Profissional e Administração Pública", pp. 52 e 73.

[1625] São estas as características assinaladas em Vital Moreira, op. cit., p. 53.

[1626] Neste sentido e com estas características, cfr. Vital Moreira,"Auto-regulação Profissional e Administração Pública", p. 138.

[1627] Cfr. Fabrizio Cafaggi, "Private Regulation in European Private Law", European University Institute, 2010.

dor, exigiam que a par das novas regras de livre concorrência e de mercado aberto, continuassem a ser cumpridos objectivos de interesse geral.[1628]

Assim, para além das diversas interpretações antes assinaladas do conceito, julgamos ser necessário para o nosso objectivo inserir duas premissas essenciais ao conceito de regulação: (i) a primeira, a de que esta "assenta no princípio da economia de mercado"; e (ii) a segunda, a de que a economia de mercado precisa do Direito para existir.[1629]

II. Evolução do conceito: "equilíbrio" entre concorrência e mercado e prossecução do interesse geral

Como procurámos deixar salientado, a regulação pode ser entendida a partir de duas abordagens fundamentais: a partir do papel do Estado, e a partir das missões "entregues" pelo Estado a autoridades de regulação (administrativas) independentes.[1630]

No primeiro caso, estamos a falar de regulação como forma de intervenção do Estado destinada a assegurar o equilíbrio entre o mercado e o interesse geral. É o Estado Regulador.[1631]

No segundo caso, estamos a referir-nos às diversas modalidades (poderes) que são atribuídas a autoridades autónomas e independentes para que, de acordo com a lei, as mesmas possam ser prosseguidas e exercidas em concreto.

Refere ainda a doutrina que o conceito pode reportar-se a três acepções mais significativas:

a) A da regulação sectorial, ou seja, a intervenção de uma entidade pública em mercados essenciais e de maior sensibilidade, com o objectivo

[1628] Importa ter presente que o "início" do conceito está directamente relacionado com a evolução profunda que os Estados significaram na transicção entre os modelos de intervenção e os modelos de "Regulação" que ocorreram, como sabemos, nos inícios da década de setenta, pelo menos no que se refere aos países europeus. Para esta evolução contribuiu ainda decisivamente a experiência europeia de construção do mercado interno, tendo mesmo o sistema político comunitário sido qualificado por Majone como "*regulatory state*" (cfr. Giandomenico Majone, "La Communauté Européene: un État Régulateur?", Paris, Montchrestien, 1996).

[1629] Neste sentido, a ideia de uma "concorrência regulada" como termo intermédio entre "concorrência administrada" e "concorrência desenfreada" transmitida por René Chapus, em "Droit Administratif", Tomo I, 15ª ed., Montchrestien, 2001; Ramon Parada, "Derecho Administrativo", Tomo II, Marcial Pons, 2008.

[1630] Cfr. Carlos Baptista Lobo, "Sectores em rede: Regulação para a Concorrência", p. 153; Alfred E. Khan, "The economics of Regulation: Principles and Institutions", Vol. I, MIT Press, 1988; Dieter Helm e Tim Jenkinson, "The assessment: Introducing Competition into Regulated Industries", Oxford Review of Economic Policy, nº 13, pp. 1-14.

[1631] Cfr. neste sentido, G. Arino Ortiz, "Principios de Derecho Público Económico", 2004.

de manter ou de estabelecer os correspondentes equilíbrios fundamentais;

b) A da realização, através de entidades públicas, de uma função geral de administração e enquadramento da economia; e

c) A da intervenção com uma conotação mais moderna que traduz um *modo* particular de mediação e coordenação na economia.[1632]

A regulação engloba, como instrumento de actuação do Estado, intervenções de natureza preventiva e de natureza repressiva (regulação da estrutura dos operadores e regulação da concorrência entre os operadores), habilitante de aplicação de regras de orientação, de estabelecimento de limites de acção e de aplicação de sanções.

Diz-se mesmo que o Estado regulador não significa e não traduz o maior relevo de uma filosofia liberal, na medida em que se mantém presente no mundo da economia, nem, por outro lado, revela qualquer característica do Estado Intervencionista e Constitutivo, justamente porque a sua acção é limitada pelo princípio da necessidade aferido em razão da eficácia dos objectivos visados.[1633]

A regulação foi também tentativamente definida pela OCDE no seu Relatório de 1997, no sentido em que: "*In OECD usage, the term refers to the various instruments (both formal legal instruments and such informal tools as "guidance") used by government to control some aspects of the behaviour of a private economic actor. Regulation can also include rules issued by nongovernamental bodies (e.g. selfregulatory bodies) to which governaments have delegated regulatory powers. All regulations are supported by the explicit threat of punishment for noncompliance. In the literature, reference is usually made to three broad types of regulation: economic regulation, social regulation and administrative regulation*".[1634]

O que nos importa reter neste contexto é que, para além das diferentes definições relevantes, quer a nível das instituições, quer da doutrina, a regu-

[1632] Cfr. B. Lasserre, "Régulation, mode d'emploi", Le Sociétal 2000, nº 30, p. 77; M. Collet, "La création des autorités administratives indépendantes: symptôme ou remède d'un État en crise?", Regards sur l'actuallité, nº 330, 2007; M.-A. Frison-Roche, "La victoire du citoyen-client", Le Sociétal 2000, nº 30, p. 49; G. Timsit, "Les deux corps du droit, éssai sur la notion de régulation", RFDA, 1996, p. 375; M. Lombard (dir.), "Régulation économique et démocratie", Dalloz, 2006; A. Delion, "Notion de régulation et droit de l'économie", LGDJ, 2006.

[1633] Cfr. Rapport Marini au Sénat nº 23 sur la loi nº 2008-106, em "La crise marque le retour de l'État"; N. Sarkozy, discours de Douai: "*...la demande de régulation, de protection, de justice, sera plus forte. Un nouvel equilibre s'établira entre l'État et le marché...*".

[1634] Cfr. http://appl1.oecd.org/olis/1997doc.nsf/. que desenvolve as várias concepções de regulação económica, social e administrativa.

lação surge aliada inexoravelmente aos fenómenos de abertura de mercados e à necessidade de manutenção de prestações e serviços de interesse geral.[1635]

É, pois, aqui que reside o grande desafio da ideia de regulação: num contexto em que a implementação de uma situação concorrencial é de interesse público[1636], devem ainda e sempre ser preservadas as outras exigências de interesse geral.[1637]

Podemos, assim, considerar que a teoria da regulação pode assumir uma perspetiva macro e uma perspetiva micro.

No primeiro caso, a regulação pode corresponder à análise do conjunto de regras que "governam" os modos de e as formas de organização e funcionamento do mercado à luz do regime jurídico. No segundo caso, a regulação pode corresponder ao controlo público exercido sobre as actividades económicas do mercado, à definição de objectivos de interesse público e a uma *public policy* que devem ser prosseguidos.[1638]

A regulação surge então como uma nova forma de conciliação do mercado e do interesse geral através da manutenção e/ou prescrição de obrigações de serviço público.[1639]

[1635] Neste sentido, cfr. Ricardo Rivero Ortega, "Derecho Administrativo Economico", 5ª edição, Marcial Pons, 2009; Gaspar Ariño Ortiz, "Economia y Estado. Crisis y reforma del sector público", Marcial Pons, Madrid, 1993.

[1636] Cf. Rui Machete, "A nova ciência do direito administrativo e a sua regulação", Scientia Iuridica, nº 326, Tomo LX, 2011, p.287, relativamente à questão da concorrência como um verdadeiro interesse público prosseguido pela regulação.

[1637] Cfr. Pedro Gonçalves, "A Concessão", p. 28, relembrando que a noção de serviço público se deve ao pai da Escola do Serviço Público (Leon Duguit); Franck Moderne, "L'idée de Service Public dans les droits des États de l'Union Européenne" (direcção de Franck Moderne e Gérard Marcou), L'Harmattan, 2001, pp. 11 e 12, no sentido em que a evolução da construção comunitária com o entendimento do serviço público em termos de "valor comum", as reflexões sobre os "serviços de interesse geral" e os avanços tanto da Carta comunitária dos direitos fundamentais como do projecto de Constituição, fortalecem esta necessidade de conciliação trazida pela regulação e que se exprime, quer na fase da definição do conteúdo, quer na da realização.

[1638] Cfr. neste sentido, Luis Guilherme Catarino, "Regulação e Supervisão dos Mercados Financeiros", pp. 216 e seguintes.

[1639] Cfr. Dulce Lopes, "O nome das Coisas: Serviço Público, Serviços de Interesse Económico Geral e Serviço Universal no Direito Comunitário", em Temas de Integração nºs 15 e 16, Coimbra, 2003, p. 152, em que se apela à ideia de que o desenvolvimento do "serviço público" num meio concorrencial traduz o princípio da conciliação que contém em si o conceito de regulação. Daqui para a frente, é necessário sublinhar que: "*É certo que a lógica de interesse económico geral do art. 86º, parágrafo 2, autoriza mesmo violações da lei da concorrência. Apesar de ser possível notar toda a lógica de compatibilidade e de conciliação que percorre esta disposição tão estudada, deve salientar-se que a concorrência e as obrigações de serviço público podem viver, não apenas numa coexistência pacífica, mas também e principalmente numa sinergia comum*".

Neste sentido, a regulação pode ser concebida como uma regulação da actividade económica justificada pela circunstância de o mercado se revelar incapaz de produzir um "óptimo social". É a denominada *teoria normativa da regulação.*

Mas a regulação poder ser, de acordo com a *teoria positiva*, instituída para protecção de uma actividade ou indústria funcionando em seu exclusivo benefício.[1640]

Mas subsiste ainda uma outra questão não menos importante, qual seja a de saber se a regulação é uma nova forma de governação económica exterior ao Estado, ou um simples método de acção dos poderes públicos.[1641]

Para demonstrar, ou melhor, para procurar desvendar este "mistério", retomamos a lição do professor Laurent Richer quando diz que: "*a regulação não é forçosamente acompanhada por uma redução da intervenção pública; ela caracteriza-se preferencialmente pelo aparecimento de novas formas de intervenção*".[1642]

Estas novas formas de intervenção, ou melhor, a procura e a reflexão em torno da afinação e aprofundamento dos *modelos* regulatórios, surgem na sequência da crise financeira de 2008 ou, como alguns autores referem, no contexto do *subprime* "nascido" nos EUA.[1643]

É possível, assim, considerar que a inovação financeira, no que tange aos produtos, e a desregulação dos mercados nacionais, a opacidade e a complexidade dos mesmos produtos financeiros geraram incapacidade regulatória, no sentido em que os reguladores se mostraram incapacitados de dar resposta eficiente aos novos desafios gerados pelas novas condições de funcionamento dos mercados a partir daquela época.

[1640] Cfr. Giandomenico Majone, "A Comunidade Europeia – Um Estado Regulador", p. 223, em que refere George Stigler como o autor da teoria positiva, e exemplifica os casos dos transportes aéreos, dos bancos e dos serviços telefónicos como revelando o *acquise* da regulação em beneficio destes grupos de empresas e/ou sectores.

[1641] Cfr. A. Sousa Franco e Carlos Lobo, "Concorrência", Enciclopédia Luso Brasileira de Cultura, 5ª Volume; Alberto Xavier, "Subsídios para uma Lei de Defesa da Concorrência", em Cadernos de C.T.F. 95, Lisboa, 1970, pp. 13 e seguintes; cfr. também Acórdão do Tribunal de Justiça, "Connect Austria", de 22 de Maio de 2003, processo nº C-462/99, www.curia.eu; António Sousa Franco e Guilherme d'Oliveira Martins, "A Constituição Económica Portuguesa – Ensaio Interpretativo", Coimbra, 1993, pp. 191 e seguintes.

[1642] Cfr. L. Richer em "L'application du droit de la concurrence aux marchés publiques", CJEG, 1989, p. 295; Cass R. Sustein, "Paradoxes of the Regulatory State", University of Chicago Law Review, nº 57; André Delion, "Notion de Régulation et Droit Économique", em Annales de la Régulation, Vol. I, LGDJ, Paris, 2006.

[1643] Cfr. Laure Tertrais, "La régulation et la crise financière: Le rôle de l'Autorité des marchés financiers", em RFDA, nº 4, 2010.

Verificou-se, pois, um movimento internacional, comunitário e nacional tendente a definir novas formas e novas modalidades de regulação mais completa e mais equilibrada dos mercados, neles se incluindo os mercados financeiros.

Do ponto de vista internacional, devem referir-se as Cimeiras do G20 de Washington, em Novembro de 2008, de Londres, em Abril de 2009, e de Pittsburgh, de Setembro de 2009, que constituíram avanços significativos em matéria de regulação bancária e financeira.

As bases fundamentais de uma nova *governança* económica e financeira de nível mundial surgiram, justamente, na Cimeira de Pittsburgh, modelada em duas vertentes fundamentais.

A primeira delas através de uma reforma das instituições multilaterais e do respectivo mandado, que se traduziu pela institucionalização do G20 como *piloto e coordenador* da economia mundial.[1644]

Por seu turno, foram também anunciados alguns vectores de reforço de competências do FMI, do Banco Mundial, do Conselho de Estabilidade Financeira (FSC) e da Organização Mundial de Comércio, que passaram a constituir quatro pilares fundamentais da nova e reforçada arquitectura regulatória.

O FMI viu reforçada a sua intervenção no âmbito da avaliação das diferentes políticas económicas e financeiras a nível mundial, tendo sido consagrada a proeminência desta instituição na luta contra a crise, sendo-lhe atribuídas novas missões e reforçado o seu poder de intervenção nos países emergentes.

O FSC, que substituiu depois do G20 de Londres o Fórum de Estabilidade Financeira, viu reforçadas as suas competências em termos de uma mais intensa coordenação e supervisão no domínio financeiro, nomeadamente as de promover a estabilidade financeira internacional, de melhorar o funcionamento dos mercados e de reduzir os riscos sistémicos.

A segunda das consequências que decorreram do estabelecimento das bases fundamentais de uma nova *governança* pode ser assinalada através da renovação do próprio sistema económico mundial, pela via do aprofundamento das regras da regulação, da transparência e da responsabilidade.[1645]

[1644] Este Comité reúne as vinte maiores economias que representam 85% do PIB mundial. Em 2010 ocorreram encontros em Montreal e Seoul.

[1645] Esta renovação do sistema económico e financeiro pode ser concretizada pelos avanços verificados em matéria de harmonização de normas contabilísticas e prudenciais, da política de remunerações no sector financeiro, em particular no que se refere aos bónus atribuídos aos operadores de mercado, à luta contra os paraísos fiscais e à aplicação de mecanismos de regulação aos derivados de crédito.

Em termos comunitários, a crise financeira de 2008 tornou manifestamente visíveis as falhas de regulação europeia, e a inexistência de coordenação das autoridades nacionais de regulação e de supervisão.

Na sequência do Relatório de Jaques de Larosière de 2009, a Comissão Europeia procurou criar mecanismos que pudessem dar corpo a uma nova estrutura e arquitectura regulatória: (i) criação de um sistema europeu de regulação microprudencial; e (ii) criação de uma nova entidade com as missões de supervisão e monotorização macroprudencial.

O Comité Europeu de Riscos Sistémicos (CESR) assumiu a função essencial de prevenção de riscos sistémicos, através de um modelo de recomendações às autoridades nacionais com a finalidade de dar resposta uniforme a tais riscos.

Do ponto de vista das políticas microprudenciais, o sistema europeu passou a ser composto pelas autoridades nacionais de supervisão e por três entidades europeias de supervisão dos sectores bancários, seguros e mercados financeiros, dotadas de competências de elaboração de regimes, com força obrigatória, que visam apreciar e decidir sobre a forma de aplicação da legislação europeia pelas autoridades nacionais, bem como decidir sobre os diferendos entre tais autoridades com base em decisões contraditórias.[1646]

Pode, assim, dizer-se que a crise dos mercados associa uma crise bancária a uma crise sistémica financeira e das finanças públicas, e tem vindo a ser enquadrada nas crises da "terceira geração".[1647]

Os sistemas de "interregulação" interestadual ou de "convergência regulatória", e a posterior "concertação administrativa" foram alargados com fundamento nos trabalhos e estudos então elaborados, nomeadamente o Relatório Lamfalussy, e na sequência do Conselho Europeu de Estocolmo de 2001.

Foi aprovada a criação de um Comité de Valores Mobiliários e de um Comité independente que integrava os reguladores europeus (CARMEVM ou CESaR).[1648]

[1646] Cfr. Laura Tertrais, "La régulation et la Crise Financière: Le rôle de l'Autorité des marchés financiers", em RFDA, nº 4, 2010, p. 743.

[1647] Neste sentido, cfr. Luis Guilherme Catarino, "A Reforma da Regulação Financeira na União Europeia: refracção do movimento do Direito Administrativo Global", em Estudos, Instituto dos Valores Mobiliários, disponível em www.institutovaloresmobiliarios.pt.

[1648] O Committee of European Securities Regulators ou Comité das Autoridades de Regulação dos Mercados Europeus de Valores Mobiliários, foi constituído por Decisão da Comissão 2001/527/CE, de 6 de Junho, como órgão consultivo independente da Comissão Europeia e promovia a coordenação entre reguladores no que toca à troca de informações, emissão de pareceres, orientações e recomendações que os reguladores integravam nas suas práticas; disponível em http://www.cers-eu.org/index.php?page=rpcountry&mac=0&id_/.

O processo comitológico, até então pedra de toque dos sistemas de regulação europeus, passou após 2007 a ser encarado como insuficiente do ponto de vista dos objectivos assumidos: os de "regular a globalização".[1649]

Neste sentido, o mandato do ECOFIN ao FSC e ao CEF (Comité Económico e Financeiro), foi o de rever o processo regulatório existente, pugnando por maior concentração de poderes regulatórios e por um equilíbrio entre independência e controlo dos mesmos perante a Comissão, e um *up-grade* na supervisão através de um maior "centralismo".[1650]

Posteriormente, o Conselho Europeu de 29 de Junho de 2012 decidiu criar para os Estados-Membros da Zona Euro um Mecanismo de Supervisão Único (MSU) para os bancos e em 12 de Setembro de 2012, a Comissão Europeia apresentou propostas para o estabelecimento do referido mecanismo sob a responsabilidade do BCE, como primeiro de vários passos para a realização da União Bancária.[1651]

No contexto da discussão mundial em torno dos méritos das reformas dos bancos, foi criado em Novembro de 2011 um Grupo de Peritos de Alto Nível mandatado para avaliar da necessidade de uma reforma estrutural do sector bancário da União, sob a presidência de Erkkli Likanen, Governador do Banco da Finlândia. O Grupo apresentou o seu Relatório em Outubro de 2012, recomendando a separação obrigatória de certas actividades de negociação de alto risco para os bancos cujas actividades de negociações ultrapassem determinados limiares.

Em sequência, a Comissão Europeia apresentou em 29 de Janeiro de 2014, novas propostas para fazer com que os bancos de maior dimensão e mais complexos deixem de poder envolver-se na actividade de risco que constituem as operações por conta própria.[1652]

[1649] Cfr. Niamh Moloney, "The European Securities Markets and Authority and Institutional Design for the EU Financial Market: A Tale of Two Competences", Part I: Rule Making, em European Business Organization Law Review, Vol. 12, nº 1, pp. 177-225.

[1650] Refere Luis Guilherme Catarino, em "A reforma da Regulação Financeira na União Europeia", que a ansiedade por uma resposta internacional a causas internacionais para a crise levou também a um receituário que traduzia uma amálgama de intervenções do BCE (para a macrosupervisão prudencial), a criação de um European System of Financial Supervision (para a supervisão micro, paralela à supervisão "home").

[1651] Cfr. A. Mendonça Pinto, "A União Bancária Europeia. A necessidade e a dificuldade", em InforBanca, Revista da Associação Portuguesa de Bancos, Janeiro/Março 2013, pp. 5 e seguintes.

[1652] Cfr. os termos da apresentação desta proposta pelo Comissário responsável pelo Mercado Interno e Serviços, Michel Barnier, que declarou: *"As proposta de hoje são os últimos acabamentos que permitirão concluir a revisão integral do quadro regulamentar do sistema bancário europeu. Esta legislação abrange o pequeno número de bancos de grande dimensão que poderiam, de outra forma, continuar a ser de-*

Mais recentemente, em meados de Março de 2014, o Parlamento Europeu e o Conselho chegaram a acordo quanto a alguns dos termos que devem ser integrados na União Bancária, enquanto modelo de acordo insterinstituional *"concerning policies relating to the prudential supervision of credit institutions"*.[1653]

Resulta do texto que antecede que está em profunda mutação, quer o conceito, quer as formas organizativas, quer ainda o espaço e o âmbito de aplicação territorial que a actividade regulatória vai assumir.

A coexistência entre as entidades de regulação de nível europeu e as entidades de regulação de nível nacional, particularmente as relações de dependência/independência entre elas, os poderes directos ou subsidiários de intervenção no mercado elegível, e as competências de emissão de normas regulatórias, de actos de supervisão, bem como as medidas de aplicação de sanções, revelam que, pelo menos a nível comunitário, a delimitação do conceito de regulação é ainda um caminho em percurso.[1654]

Quanto ao direito interno, as crises emergentes da crise financeira mundial de 2008 não tiveram reflexos imediatos no que se refere aos diversos regimes regulatórios que, como tivemos ocasião de referir, tiveram um incremento significativo nos anos 2003 e seguintes.

Como sabemos, mesmo a nível da criação de uma Lei-Quadro das Entidades Administrativas Independentes, e apesar dos projectos oportunamente apresentados, o legislador nacional não considerou tal tarefa prioritária.

Em termos de direito interno, e como já vimos, algumas leis orgânicas foram aprovadas na sequência de Directivas Comunitárias relevantes, sem que tivesse ocorrido iniciativa legislativa interna de proceder à criação e ao desenvolvimento de novas categorias de regulação e supervisão.

masiado grandes para falir, demasiado dispendiosos para resgatar ou demasiado complexos para poderem ser objecto de resolução. As medidas propostas reforçarão ainda mais a estabilidade financeira e assegurarão que os contribuintes não acabem por ter de pagar os erros dos bancos. As propostas hoje apresentadas proporcionarão um quadro comum a nível da UE – necessário para assegurar que a eventual adopção de soluções nacionais divergentes não resulte em fraqueza na União Bancária, nem comprometa o funcionamento do mercado único. As propostas foram cuidadosamente calibradas para garantir um delicado equilíbrio entre a estabilidade financeira e a criação das condições adequadas para a concessão de crédito à economia real, particularmente importantes para a competitividade e o crescimento".

[1653] Cfr. Manica Hauptman, em "At a Glance: Main elements of the Banking Union", disponível em egov@ep.europa.eu; Public Hearing with Danièle Nouy, Chair of the Single Supervisory Mechanism, preparatória das *public hearings* com referência ao Regulamento 1024/2013, e disponível em egov@ep.europa.eu.

[1654] Cfr. relativamente às relações entre o direito comunitário e o direito nacional, Fausto de Quadros, "O Direito da União Europeia".

A assinatura do Plano de Ajustamento em 2011 com a *Troika* esteve na origem da elaboração e aprovação da Lei nº 67/2013, de 28 de Agosto, que finalmente veio estabelecer o regime quadro das entidades administrativas independentes com funções de regulação da actividade económica.

Todavia, decorre da lei aprovada que as entidades reguladoras actualmente existentes devem ser adaptadas, por decreto-lei, ao disposto na Lei-Quadro, no prazo de noventa dias após a respectiva entrada em vigor, e os estatutos das mesmas entidades deverão ser apresentados ao Governo a contar do 1º dia útil seguinte ao da publicação da Lei-Quadro.[1655]

Estas novas formas de intervenção no mercado e na economia cuja definição e enquadramento estão em curso nas suas várias acepções – a de uma função, a de um método de intervenção e a de um modelo de administração geral – são visíveis através de dois elementos externos do conceito que nos podem permitir a respectiva modelação e a sua própria definição.

São eles a organização e a instituição de novos modelos, que podemos sintetizar nos seguintes termos:

(i) A organização da regulação, que tem por objectivo verificar se a independência do regulador, face aos poderes políticos, é uma exigência fundamental dos diversos níveis da estrutura orgânica das entidades criadas para a prossecução das actividades regulatórias, ou se a mesma surge apenas como uma solução circunstancial e pragmática que preserva, no limite, o princípio de uma intervenção pública que associe a regulação aos poderes de soberania; e

(ii) A institucionalização de novos modelos, que gira em torno da questão de saber se e em que medida a regulação exige a criação de novas entidades como uma forma de intervenção pública na economia, para a protecção e garantia dos princípios de interesse geral agora integrados de preocupações concorrenciais.

Quanto à organização da regulação, consideramos que a mesma resulta de opções do soberano[1656], no sentido de flexibilizar e tornar mais eficiente a tomada de decisões sem dependências do poder político, ou seja, é uma forma de organização institucional balizada por um método que tem por objectivo

[1655] Cfr. art. 3º, nºs 1 e 2, da Lei 67/2013, de 28 de Agosto.

[1656] Ou, nas palavras de Pedro Costa Gonçalves, "a estratégia regulatória é uma decisão de carácter político-legislativo sobre a estrutura institucional de regulação", em "Reflexões...", op. cit., pp. 151 e seguintes.

responder às profundas alterações do modelo de Estado fundado no princípio do comando e do controlo directo.[1657]

Mas a regulação é também uma função. Uma função que visa conciliar e tornar mais equilibrada a prossecução de interesses públicos e interesses concorrenciais e de mercado.

III. A Regulação como Função

Foi em França, na sequência dos trabalhos e estudos desenvolvidos por Jean-Louis Autin na década de noventa, que a Professora Marie-Anne Frison-Roche apresentou um conjunto de definições do conceito de regulação enquanto função.

A primeira delas considerando que *"a regulação seria uma intervenção de natureza política num sector que requer essa intervenção, porque estão em jogo os interesses da Nação"*.[1658]

Numa outra acepção, a regulação *"corresponderia ao meio dinâmico de passagem sectorial de um sistema monopolista para um sistema de concorrência"*.[1659]

A regulação pode ainda ser entendida *"como um meio dinâmico de manter os grandes equilíbrios de um determinado sector"*.[1660]

Entendemos assim que a regulação, ou melhor, a hétero-regulação, pode até participar das diversas definições antes mencionadas, já que corresponde a uma decisão de política de "modelar" as regras de concorrência através da manutenção dos equilíbrios no mercado aberto.[1661]

[1657] Neste sentido, cfr. Guylian Clamour, "Intérêt Général et Concurrence", pp. 644 e seguintes; Laurence Calandri, "Recherche sur la Notion de Régulation en Droit Administratif Français", pp. 235 e seguintes; Robert Baldwin e Martin Cave, "Understanding Regulation – Theory, Strategy and Practice", Oxford University Press, USA, 1999; Burkard Eberlain, "L'État Régulateur en Europe", em Revue Française de Science Politique 49, nº 2, 1999.

[1658] Cfr. neste sentido, ou seja, no sentido de a regulação corresponder a um método de intervenção do Estado, Giovani Clark, "Política Económica e Estado", Scientia Iuris, Vol. 11, 2007; Richard Posner, "An Economic Analysis of Legal Rulemaking", em Legal Studies, Vol. 3, nº 1, 1974, pp. 257-286. Cfr. ainda em http://www.emle.org/index_org.html as diversas críticas formuladas a Posner e às suas teorias da "contratualização" da função legislativa e da interpretação restritiva da lei pelos tribunais, nomeadamente a sua aplicação a actos de supervisão regulatória na área dos direitos fundamentais.

[1659] Neste sentido, cfr. Sérgio Roberto Baasch Luz, em "A Regulação e Serviços Públicos", Novos Estudos Juridicos, Vol. 9, nº 1, 2004.

[1660] Cfr. Guylan Clamour, "Intérêt Général et Concurrence", p. 645.

[1661] Estas diversas concepções justificam, a nosso ver, a existência de uma tensão entre preocupações concorrenciais e exigências de interesse geral. Neste sentido, Maria-Anne Frison-Roche, "Droit et Économie de la régulation: Les engagements dans les systèmes de régulation", pp. 55 e seguintes.

Nestas circunstâncias, a regulação pode ser concebida como uma forma de intervenção garantística do Estado num sistema que considera relevante ser intervencionado.[1662]

Recorde-se que as teorias político-económicas modernas distinguem três principais formas de intervenção pública na economia: (i) a da redistribuição do rendimento; (ii) a da estabilização macroeconómica; e (iii) a da regulação.[1663]

No sentido adoptado, pode ainda falar-se de regulação sectorial quando esta atinge sectores determinados da economia, como seja, por exemplo, o sector da energia, das telecomunicações, da banca.

A regulação sectorial tem um "carácter dirigista" no sentido em que na generalidade dos casos assume e pressupõe a existência de poderes de supervisão e de fiscalização.[1664]

As novas regras de livre concorrência, de liberalização e de economia de mercado não podem significar, a nosso ver, ausência de direito, pelo contrário, o direito é responsável pela construção do mercado.[1665]

A regulação surge, assim, com um significado muito preciso para ser aplicado aos sectores até então subordinados aos "monopólios públicos".[1666]

[1662] Julgo poder dizer com Pedro Gonçalves, p. 6, que a regulação traduz sempre um acção de quem está de fora, que se comporta como agente exterior à actividade regulada. O Estado Regulador situa-se na posição de "estranho" ao exercício efectivo da actividade regulada, intromete-se apenas para definir as regras de desenvolvimento da actividade, bem como para implementar e fiscalizar a verificação de tais regras. Também G. Majone, op. cit., 1996, p. 78, acentua o resumo das causas coligidas pelas diversas teorias económicas para a intervenção pública, e estas devem-se a: (i) deficiências de concorrência; (ii) necessidade de produção de bens colectivos...; (iii) desemprego; (iv) inflação e desequilíbrios, redistribuição e consumos, sublinhando igualmente que alguns destes *market failure* podem ser ultrapassados pela intervenção directa do Estado, ou seja, sem recurso aos mecanismos, nomeadamente institucionais, da regulação.

[1663] Cfr. Giandomenico Majone, "A Comunidade Europeia – Um Estado Regulador", p. 325, em que este autor sustenta que a *função de redistribuição* compreende todas as transferências de recursos de um grupo social a outro, assim como o fornecimento de bens essenciais, tais como a educação e a saúde. A *função de estabilização macro-económica* tem por objecto a manutenção de um nível de satisfação de crescimento económico, de emprego e de estabilidade dos preços. Os principais instrumentos desta função são a política monetária e fiscal, a educação, a formação, a acção sobre o mercado do emprego, a investigação, o desenvolvimento e a política industrial; por seu turno a *função reguladora* tenta corrigir as diversas formas da "deficiência do mercado", tais como o poder dos monopólios, as externalidades negativas, o *deficit* de informação ou até um "insuficiente fornecimento de bens colectivos".

[1664] Cfr. Pedro Gonçalves, op. cit., p. 7.

[1665] Neste sentido, cfr. Guido Ferrarini, "Stock Exchange Governance in the European Union", Finantial and Monetary Studies, Vol. 33, pp. 139-162; Thomas Lee Hazen, "Treatise on the Law and Securities Regulation", 3ª ed, Vol. I, 1999.

[1666] Cfr. Miguel Ángel Sendin Garcia, "Regulación y servicios públicos", p. 5; Santiago Muñoz Machado, "Servicio Público y Mercado", Civitas, 1997, p. 265; Sabino Cassesse, "La nuova costituzione economica", Roma, 2001.

O direito da concorrência e a prossecução do interesse geral são, pois, o ponto de equilíbrio e de intervenção da regulação entendida como função.

Não vislumbramos o desaparecimento das finalidades de prossecução do interesse geral; pelo contrário, tais finalidades permanecem. O que mudou foram os modelos destinados a assegurar o seu cumprimento.

Na regulação descobrimos também o seu objecto que é, justamente, "*a implementação da concorrência, antes de ser a regulação da concorrência*".[1667]

Neste sentido, a regulação enquanto "ligação jurídica" permite, por um lado, a criação de condições para a implementação da concorrência e, por outro lado, a manutenção de uma vigilância permanente, um acompanhamento constante e uma intervenção actuante com a finalidade de alcançar o equilíbrio entre concorrência e interesse geral.

Por seu turno, a regulação transversal, que abrange mais do que um ou sectores determinados, assume um "carácter limitador" no sentido em que se fundamenta na ideia de que a economia e o mercado devem funcionar sem interferências públicas externas, excepto para prevenir casos de "desvios", "patologias", "abusos" ou "práticas lesivas do interesse geral".[1668]

Neste sentido, a regulação pública estadual corresponde a uma forma de intervenção do Estado em sectores considerados relevantes, e em determinadas actividades económicas em que o funcionamento do mercado não garante a prevenção e a repressão de "bloqueios" do sistema.[1669]

Ou seja, a regulação pode também ser entendida como uma função "preventiva", já que tem por finalidade garantir que a não verificação de bloqueios no sistema e, se e no caso de os identificar, proceder à aplicação das correspondentes sanções.[1670]

[1667] Cfr. neste sentido, B. Lassere, "Quelle régulamentation pour les télécommunications françaises", Rapport aux Ministre de l'Industrie, Março, 1994.

[1668] Com fundamento nos poderes e nas características inerentes à regulação sectorial transversal e à regulação da comunicação social, Pedro Gonçalves fala de direito administrativo da regulação, em "Regulação, Electricidade e Telecomunicações", p. 24; Caballero Sanchez, "Infraestructuras en rede y liberalización de servicios públicos", Madrid, 1983, p. 83; Miguel Sousa Ferro/Leonor Rossi, "Private enforcement of competition law in Portugal: an overview of case-law", em Revista da Concorrência e Regulação nº 10, 2012, pp. 91 e seguintes.

[1669] Em sentido idêntico, Marie-Anne Frison-Roche quando refere que o "*direito da regulação corresponde à construção de sectores nos quais a concorrência penetra e que a regulação não controla sozinha*", em "Contract, Concurrence, Régulation", em Revue Trimestrielle de Droit Civil, 2004, nº 7, pp. 451 e seguintes.

[1670] O poder regulatório-sancionador da autoridade traduz um poder jurídico cuja finalidade é garantir o cumprimento da ordem jurídica sectorial criada parcialmente pelo próprio regulador,

Mas a regulação pode ainda corresponder a um novo desafio de equilíbrio e de conciliação, ou seja, "*o exercício concreto da regulação implica uma adaptação dos modelos tradicionais de acção pública*".

Por conseguinte, a nosso ver, a função regulatória assenta sobretudo na ideia de uma "nova maneira de administrar".

A regulação, como função, traduz e concretiza a própria evolução do Estado e das suas formas de intervenção (é um processo evolutivo), já que é possível considerar que o pode "substituir" em termos institucionais na prossecução das suas principais incumbências.

Ora, pela observação do desenrolar dos procedimentos, dos poderes em jogo e, principalmente, das necessidades a que se responde, a "instrumentalização" do direito surge como a característica principal do método e da função de regulação.

Entendemos, por isso, que a regulação não está "fora" do Direito. Não se trata de método ou fórmula que "foge" e se "esconde" do Direito.

A regulação como função revela ser uma forma muito pragmática de pôr o direito ao serviço dos objectivos pretendidos, tomando em consideração todos os interesses em presença, e colocando a acção sob o signo da eficácia e da efectividade.

Esta função até pode traduzir um "ataque" aos modelos tradicionais, mas entendida no sentido de uma nova e diversa manifestação institucional da "refundação" da intervenção pública.[1671]

Esta "refundação" da intervenção pública visa, assim, pôr o Direito ao serviço dos objectivos pretendidos, e de o instrumentalizar em benefício do equilíbrio e da conciliação procurados no seio das "tarefas" públicas agora prosseguidas de forma autónoma e independente.

"*Um dos paradoxos da regulação consiste em apelar em simultâneo a um regresso ao direito e a uma fuga para fora do direito*". Esta dualidade, querendo e não que-

no que se assemelha a uma prática de autotutela e repousa num juízo prévio sobre a juridicidade de um comportamento com a consequente imputação de uma consequência desvantajosa.

[1671] Ninguém imagina contestar que os actores do mercado não estejam sujeitos "*a uma teia complexa de prerrogativas e de sujeições que resultam, num determinado momento, da arbitragem democrática entre os vários interesses que intervêm no tecido social*", durante muito tempo representada por um direito público envolvido nos hábitos do intervencionismo. Mas "*não é preferível raciocinar em termos de eficácia recíproca?*". A preocupação de eficiência, ou seja, a capacidade de produzir efeitos está no âmago do método de regulação. Cfr. Vitor Banverg, "Markets and regulations: On the Contrast Between Freemarket Liberalism and Constitucional Liberalism", em Constitucional Political Economy, nº 10, 1999, pp. 243 e seguintes; Pedro Gonçalves e Licínio Martins, "Os serviços públicos económicos e a Concessão no Estado regulador", em Vital Moreira (ed.), Estudos de Regulação Pública-I, 2004, pp. 223 e seguintes.

rendo o direito, só se compreende à luz da permanente preocupação de eficácia da regulação, que instrumentaliza o direito em benefício da realização dos objectivos.

Esta eficácia manifesta-se, sobretudo, na necessidade de flexibilidade e na necessidade de adequação à realidade concreta que caracterizam a função regulatória.

Para assegurar a realização dos objectivos que lhes foram confiados, as autoridades de regulação dispõem, e devem dispor, de um leque alargado de poderes.[1672]

Neste sentido, a regra da regulação é "flexível" nas situações em que, sujeita a factores económicos e à progressão da abertura do mercado, é chamada a intervir.

É por este motivo que, frequentemente, a regra de aplicação é fixada pelo próprio regulador, que a adapta progressivamente ao contexto do sector, o que não prejudica em nada as exigências de previsibilidade e de segurança jurídica, visto que a especificidade e a flexibilidade do direito da regulação não são incompatíveis com a arquitectura jurídica.[1673]

As autoridades de regulação têm a seu favor a vantagem de estar desligadas de toda uma série de pressões que pesam nos modos tradicionais de elaboração das decisões administrativas, no que pode "*decidir desde que se sinta suficientemente esclarecida, com excepção de qualquer consideração exógena ao sector*

[1672] Como já foi referido, estes poderes abrangem a regulamentação e a sanção. Mas convém não esquecer o conjunto de poderes mais subtis que favorecem o estímulo, que orientam os comportamentos. Porque "*mais que coagir, é preferível convencer por meios informais de influência ou de persuasão*". Tecnicamente, o método de regulação "*seria menos qualificar os factos em relação às normas preestabelecidas e fazer respeitar as mesmas através da sanção, que procurar por todos os meios suscitar comportamentos normalizados ditados pela observação atenta da realidade, e por uma capacidade de reacção rápida e adequada aos desvios verificados*". É para este fim que a autoridade de regulação deve estar preparada, no interesse da realização dos objectivos que lhe são atribuídos, através do conjunto de poderes de que necessita para desempenhar a sua missão. Neste sentido, cfr. Francisco Delgado Piqueras, "La *administrative dispute resolution act* de los Estados Unidos: Introducción, Traducción y Notas", em RAP nº 131, 1993, pp. 555-586; Susan Rose Ackerman, "Progressive Law and Economics - And the new administrative law", em Yale Law School, 1-1-1988.

[1673] Segundo o professor Jean-Yves Chérot, "La sciente du droit dans la globalization", Bruxelles, 2012, se há regulação, a implementação do enquadramento regulamentar não pode depender dos métodos habituais de aplicação e de desenvolvimento do direito, ou seja, não pode ser entregue a uma polícia administrativa que disponha de um poder discricionário, nem ser sujeita a uma regulamentação rigorosa, composta por regras precisas fixadas previamente pelo legislador e entregues exclusivamente aos tribunais. Logo, a eficácia exige não apenas flexibilidade, mas também, e principalmente, a adequação à realidade concreta.

a seu cargo, e proporcionando assim uma continuidade na acção indispensável à actividade dos operadores".

Assim caracterizada, a regulação deve ser definida como um novo método de administração que assegura a manutenção, pela via da emanação de quadros normativos gerais, da intervenção pública na economia.[1674]

A regulação é, deste modo, uma hétero-regulação e surge, em primeira linha, como a manifestação do poder soberano que, atento os contornos do Estado de Direito Democrático, "delega" parte das suas atribuições a uma nova autoridade, autónoma e independente e constitui, numa segunda linha, um novo método de administração, uma nova forma de intervenção na economia.[1675]

Ou seja, a regulação designa a implementação, nos seus processos e métodos, de uma política pública definida pela legislação.[1676]

É certo que a regulação assume também uma feição tendencialmente económica que se pode traduzir nas diversas áreas em que intervém, como seja a do planeamento e formas de orientação e auxílio aos agentes económicos, a das restrições e condicionamentos ao acesso à actividade económica, a do regime de concorrência e preços, e a das actividades monetária e financeira.

Por isso, alguns autores referem-se aos dois essenciais tipos de regulação, que comportam: (i) medidas que visam restringir a liberdade de iniciativa económica em qualquer das suas componentes, acesso, organização ou exercício da actividade económica – tradicionalmente é designada por "polícia económica"; e (ii) medidas que contêm indicações, incentivos, apoio ou auxílios

1674 Cfr. Michael E. Porter, "The Competitive Advantage of Nations", Free Press, New York, 1998, p. 662; Jonathan B. Baker, "The Case for Antitrust Enforcement", Economic of Antitrust Law, nº 135, pp. 470-538.

1675 Cfr. sobre a "ligação" entre a evolução do Estado e dos seus modelos, as diversas formas de regulação: hetero-regulação, auto-regulação e co-regulação, ver Ana Roque, "Aproximação ao Conceito de Regulação", UAL, p. 15. No mesmo sentido, António Carlos dos Santos, "Direito Económico", p. 213, onde concebe a regulação pública da economia como *"o fenómeno jurídico como conjunto de medidas legislativas, administrativas e convencionadas através das quais o Estado determina, controla ou influencia o comportamento dos agentes económicos na defesa dos interesses socialmente legítimos, constitucionalmente garantidos"*.

1676 Cfr. neste sentido N. Charbit, "Les objectifs du régulateur. Entre recherche de l'efficacité et rappel de légalité", em M.-A. Frison-Roche (dir.), "Règles et pouvoirs dans les systèmes de regulacion", p. 60; J. P. Moussy, "Des autorités de regulación financières et de concurrence: pourquoi, comment?", em Rapport du Conseil Économique et Social, 2003, p. 4; J. Chevallier, "Régulation et polycentrisme dans l'administration française", p. 47; J. L. Autin, "Les autorités de régulation sont-elles des autorités administratives indépendantes?", em "Environments. Les mots du droit et les incertitudes de la modernité", Mélange en l'honneur du Professeur Jean Philippe Colson, PUG, 2004, pp. 445-471.

aos agentes económicos para que assumam determinados comportamentos favoráveis ao desenvolvimento das políticas públicas, designadamente económicas ou sociais.[1677]

IV. A Regulação como Função Administrativa

1. Enquadramento e Delimitação do Tema

As diversas reformas da organização administrativa foram, desde o Estado Liberal, em que havia uma separação estanque entre a esfera pública e privada, direccionadas para o reforço de uma lógica de cooperação e de acção concertada, ou seja, o Estado foi perdendo o monopólio do "público", tendo surgido as administrações autónomas (territoriais ou funcionais), o sector social e as profissões privadas regulamentadas.[1678]

As tarefas públicas e, sobretudo, o conceito de interesse público, aparecem inevitavelmente ligadas às finalidades da administração pública, sendo certo que o Estado já não é titular exclusivo e já não tem o monopólio da prossecução do interesse público.[1679]

Em síntese, e como sublinha Pedro Gonçalves, o Estado e a administração pública são os legítimos depositários do "interesse geral",mas, na verdade, não têm o exclusivo do seu exercício ou da sua satisfação.[1680]

O surgimento e o desenvolvimento de entidades independentes com missões públicas, no caso da regulação da economia, de coordenação e regulação do funcionamento das regras de mercado e da concorrência, para além de assumir como objectivos os de corrigir e tornar mais racional, eficiente e eficaz um sistema unitário em crise, traduzem de forma inequívoca a principiologia de um modelo plural e policêntrico no que tange à prossecução de missões de interesse público.[1681]

Este modelo plural e policêntrico integra as entidades administrativas independentes que, nos termos da lei, são titulares de atribuições e competências diversificadas.

Como já tivemos ocasião de desenvolver no capítulo correspondente, as atribuições e competências destas entidades, do ponto de vista normativo, são diferentes e diversificadas.

[1677] Neste sentido, António Carlos dos Santos, "Direito Económico", 5ª edição, p. 207; Luis Morais da Silva, "A Europa e os Desafios do século XXI", p. 323.

[1678] Cfr. Pedro Gonçalves, "Desestadualização do Interesse Público", p. 140.

[1679] Sobre a distinção entre tarefas públicas e interesse público, cfr. J. C. Vieira de Andrade., "Grupos de Interesse, Pluralismo e Unidade Política", Coimbra, FDUC, 1977.

[1680] Cfr. Pedro Gonçalves, op. cit., p. 141.

[1681] Cfr. J. Chevallier, "Statut de la communication audiovisuelle", AJDA, 10 ,1982, p. 566.

Trata-se de competências de regulação, inspecção, fiscalização, supervisão, sancionatórias e, em regra, de consulta e parecer.

Se bem atentarmos na afirmação precedente, dela decorre que as entidades administrativas independentes exercem e "agregam" actividades da mais variada natureza, nomeadamente algumas das quais se podem compaginar com as competências constitucionalmente previstas para os órgãos de soberania, nomeadamente tribunais, entidades de investigação criminal e governo.[1682]

É neste domínio, e por via deste âmbito, que os mais reputados autores falam de uma "fuga" institucional.[1683]

A temática da natureza destas entidades, de par com as actividades que exercem, bem como com a percepção de que nos últimos anos estas entidades caminhavam de forma acentuada para uma maior "governamentalização", suscitou, em finais de 2010 e no contexto de projectos de revisão constitucional do PSD e do CDS, propostas no sentido de serem redefinidas, a partir do texto constitucional, regras relativas a assegurar o estatuto de independência das entidades administrativas independentes, reservando para a Lei (reserva absoluta do Parlamento) a possibilidade da respectiva criação.

Estas propostas não chegaram a "ver a luz do dia", mas traduzem algum "desconforto" perante um modelo que, ao que parece pelo conteúdo das propostas de revisão constitucional sobre esta matéria, não confere às entidades em causa a *credibilidade* em que as mesmas se devem sustentar.[1684]

Em Portugal, e mais recentemente, têm vindo a conhecimento público algumas das áreas de intervenção e das correspondentes competências que

[1682] Neste sentido recorde-se que as entidades administrativas independentes com funções de regulação são, em regra, competentes para investigar e aplicar sanções de natureza contra-ordenacional e penal, bem como para elaborar não só os seus regulamentos de funcionamento interno, mas também regulamentos de eficácia externa, nomeadamente estabelecendo regras de comportamento concorrencial, regimes de aplicação de taxas e tarifas, bem como definição de preços a praticar no mercado em que operam.

[1683] Cfr. Carlos Blanco de Morais, "O estatuto híbrido das entidades reguladoras da economia", em Estudos em Homenagem ao Professor Doutor Jorge Miranda, Vol. IV, pp. 183 e seguintes, referindo-se este autor aos riscos de uma "República de Reguladoras", salientando, aliás, uma questão também abordada no nosso trabalho e que se refere aos estudos e trabalhos que se têm vindo a desenvolver, nomeadamente no Reino Unido, no sentido de proceder à própria reforma dos reguladores, designadamente através da sua extinção, fusão, avaliação de custos, bem como reforço de regras de *accountabilty*.

[1684] O Projecto então apresentado pelo Partido Socialista assumia de forma expressa que os reguladores económicos estavam "integrados" na esfera governamental.

estas entidades assumem, designadamente as que traduzem algum "mediatismo" na respectiva prolação.[1685]

Também já são conhecidas algumas das matérias da competência da ERSE, nomeadamente as que se relacionam com a Qualidade de Serviço no Sector Eléctrico, bem como a proposta de Tarifas e Preços para a Energia Eléctrica em 2014.

No que se refere ao primeiro caso, foi aprovado o Novo Quadro da Qualidade de Serviço Técnico para vigorar plenamente no ano de 2014.

Trata-se de um Regulamento cujo âmbito de aplicação é nacional, foi elaborado através de processos de consulta e de participação dos interessados, e visou substituir o correspondente regulamento que vigorava desde 2004 com fundamento nas alterações significativas do sector, tanto a nível do desempenho dos sistemas, como a nível da liberalização, incluindo o número e a abrangência dos comercializadores em actuação no mercado.[1686]

Quanto ao segundo dos exemplos mencionados, o mesmo refere-se às tarifas e preços para a energia eléctrica em 2014, cuja competência de fixação é do Conselho de Administração da ERSE após parecer do Conselho Tarifário.[1687]

Esta aprovação deve ocorrer até meados de Dezembro do ano corrente e os preços vigorarão para o ano de 2014, sendo a sua fixação dependente

[1685] Cfr. a recente Recomendação da AdC ao Governo, de 28 de Novembro de 2013 (alterada pelos Decretos-Leis nºs 199/2007, de 18 de Maio, 264/2007, de 24 de Julho e 32/2013, de 26 de Fevereiro), nos termos da qual se procede a um conjunto de "orientações", formuladas nos seguintes termos: (i) A revisão do mecanismo de revisibilidade de CMEC, instituído no Decreto-Lei nº 240/2004, de 27 de Dezembro, de forma a que as compensações se determinem apenas na base de comportamentos eficientes, tanto na produção de energia como na prestação de serviços de sistema. O processo de optimização *ex-post* deve englobar todas as variáveis relevantes para a determinação dos lucros das centrais CMEC, nomeadamente no mercado da produção e no mercado de serviços de sistema. A aplicação da revisibilidade deve prever uma avaliação, numa base anual, do risco de sobrecompensação. O modelo a adoptar para o mecanismo de revisibilidade dos CMEC deverá ser sujeito a consulta pública e parecer da ERSE; (ii) O lançamento de uma auditoria independente no sentido de proceder à avaliação do risco de sobrecompensação e um apuramento dos auxílios em excesso concedidos no passado, face aos que seriam concedíveis tendo por base comportamentos eficientes; (iii) Notificação dessa eventual revisão do regime de auxílios CMEC, no seguimento da presente Recomendação à Comissão Europeia, em cumprimento do art. 108º, nº 3, do Tratado sobre o Funcionamento da União Europeia. Cfr. igualmente as competências da ERSE, no que se refere aos modelos de licenciamento de distribuição local de gás natural, missão que lhe foi atribuída através da Resolução de Conselho de Ministros nº 98/2008, de 8 de Abril, ao abrigo da qual foi consagrado o denominado Manual de Procedimentos para a repercussão das taxas de ocupação do subsolo, com o objectivo de estabelecer a metodologia de cálculo para a repercussão, nos consumidores de gás natural, das TOS aprovadas por cada Município.

[1686] Cfr. Comunicado da ERSE de 13 de Novembro de 2013.

[1687] Cfr. Comunicado da ERSE de 15 de Outubro de 2013.

da aferição de um conjunto de critérios que, ponderando o equilíbrio de interesses entre os consumidores e as empresas, se traduzem, em regra, nos seguintes pressupostos: (i) minimizar os custos para os consumidores, assegurando a sustentabilidade do mercado e promovendo a adequação dos preços aos custos nas actividades reguladas; (ii) incentivar a afectação eficiente dos recursos utilizados nas diferentes actividades reguladas; e (iii) reflectir os custos de interesse económico geral e de política energética nos termos da legislação em vigor.

Ou seja, é a entidade de regulação independente que dispõe, no caso acima exemplificado, de poderes de definição de tarifas e preços da energia eléctrica aplicáveis aos consumidores.

Qual é a natureza deste poder? Por razões de natureza técnica das regulamentações é normal verem-se as instâncias reguladoras incumbidas de poderes regulamentares. Assim sucede, e em extensa medida, no sector eléctrico, como acabamos de dar nota.[1688]

Para além de poderes regulamentares, as entidades administrativas independentes de regulação são titulares de poderes de decisão definitiva e executória no final de procedimentos estabelecidos na lei e nos estatutos.

Referimo-nos, a título meramente exemplificativo, à decisão proferida pela Autoridade da Concorrência no processo de concentração que consistiu na aquisição pela Vallis Sustainable Investments I Holding S.àr.L (Vallis Sustainable) e pelo Fundo Inter-Risco II, Fundo de Capital de Risco (Fundo Inter-Risco II) do controlo conjunto sobre a sociedade 32 Senses, SGPS, SA e suas subsidiárias (Grupo 32 Senses), que era detido em exclusivo pelo Fundo Inter-Risco II, mediante aquisição de acções representativas de parte do capital social da 32 Senses.

A Autoridade, por decisão do seu Conselho fundada na competência que lhe é conferida pela alínea *b)* do nº 1 do art. 17º dos Estatutos, aprovados pelo Decreto-Lei nº 10/2003, de 18 de Janeiro, adoptou uma decisão de não oposição à operação de concentração em menção, nos termos da alínea *b)* do nº 1 do art. 50º da Lei da Concorrência, uma vez que a mesma não é susceptível de criar entraves significativos à concorrência efectiva no mercado de prestação de serviços de saúde oral.[1689]

[1688] Cfr. Pedro Gonçalves, "Regulação, Electricidade e Telecomunicações", Estudos de Direito Administrativo da Regulação, p. 137; Comunicação da Comissão Europeia, "Para uma Carta Europeia dos Direitos dos Consumidores de Energia", COM (2007) 386 final, de 5 de Julho de 2007.

[1689] Cfr. processos concluídos: Processo nº 33, com decisão final proferida em 19 de Novembro de 2013; ver também processos em curso: Processo nº 4, com decisão "intercalar" no sentido de passagem a investigação aprofundada, datada de 22 de Agosto de 2013.

2. A função administrativa exercida pelas entidades administrativas independentes

As referências que antes deixámos expressas, no que se refere a algumas da competências das entidades de regulação, habilitam-nos a procurar distinguir a função administrativa das restantes funções do Estado, pelo que indicamos alguns elementos fundamentais que a caracterizam e que são os seguintes:

a) A função administrativa é uma função vinculada à realização de fins predeterminados, no sentido em que não é a administração pública que escolhe ou determina as missões e os interesses públicos que deve exercer;

b) A função administrativa traduz uma acção de realização e de concretização de finalidades de interesse público;

c) A função administrativa caracteriza-se pela diversidade de matérias e de domínios em que se desenvolvem as tarefas administrativas; e

d) A função administrativa exterioriza-se através de diversas formas jurídicas típicas, designadamente, actos, contratos e regulamentos administrativos.[1690]

Neste sentido é possível divisar, no contexto da função administrativa levada a efeito pelas entidades administrativas de regulação independentes, as seguintes principais categorias:

a) Actividades de comando e de controlo, com cariz policial e ordenador (administração de ordenação e sancionatória);

b) Actividades dirigidas à garantia pública de direitos privados e à constituição, modificação e extinção de relações jurídicas privadas (administração pública do direito privado);

c) Actividades de prestação, de produção de bens e serviços económicos, culturais e sociais (administração de serviço público);

d) Actividades de planificação e de infraestrutura, de natureza mista, jurídica e técnica (administração de planeamento e de infraestrutura);

e) Actividades de regulação económica e social no âmbito da responsabilidade pública de garantia (actividade administrativa de regulação);

f) Actividades de fomento e de estímulo (administração de incentivo); e

[1690] Cfr. Pedro Gonçalves, "Regulação, Electricidade e Telecomunicações", Estudos de Direito Administrativo da Regulação, p. 23.

g) Actividades de resolução de conflitos jurídicos entre particulares ou entre particulares e a Administração (actividade administrativa de resolução de conflitos).[1691]

A tarefa deve ser considerada pública, do ponto de vista formal, quando é levada a efeito directamente pelo Estado ou por outras entidades dotadas de personalidade jurídica pública e, do ponto de vista material, quando a acção é exercida com o objectivo de prosseguir fins constitucionais no sentido de fins de interesse público.

Em segundo lugar, a função administrativa está fundamentalmente confiada ao complexo sistema de instituições e de organizações que constituem o *corpus* da Administração Pública.

Ou seja, a função administrativa é exercida pelo conjunto de entidades com personalidade de direito público e entidades administrativas privadas dedicadas à prossecução de actividades materialmente administrativas, criadas por lei ou outro acto com base na lei.[1692]

O caminho da administrativização da regulação é, assim, irreversível.[1693]

3. Caracterização da função administrativa de Direcção/Regulação exercida pelas entidades administrativas independentes

O Estado Moderno é um Estado de *Garantia* no sentido em que se desonerou, em parte, da realização directa das tarefas públicas e encarregou (devolveu) a outras e diferentes pessoas colectivas de direito público a prossecução de tais tarefas.

Ao Estado como *Garante* continua a competir não só modelar as diversas formas e modelos de exercício das tarefas públicas, como assegurar que as mesmas respeitam e acolhem os mesmos princípios e regras – legais e constitucionais – tidos como relevantes.

Ao Estado como *Regulador* cumpre assegurar e garantir que as tarefas que "delegou" são efectivamente prosseguidas como se fosse o próprio Estado directamente a executá-las.

[1691] Cfr. Pedro Gonçalves, op. cit., p. 27.

[1692] Para maiores desenvolvimentos em torno das tarefas públicas, cfr. Pedro Gonçalves, "Entidades Privadas com Poderes Públicos".

[1693] Cfr. Luis Guilherme Catarino, "Regulação e Supervisão dos Mercados de Instrumentos Financeiros", pp. 241 e seguintes; Relatório da OCDE (1977), sobre a reforma regulatória; Robert Baldwin/Martin Cave, "Understanding Regulation – Theory, Strategy and Practice", 1999, Oxford University Press.

As actividades exercidas pelas entidades administrativas independentes são-lhe *devolvidas* pelo Estado para garantir o denominado *equilíbrio tripolar*.[1694]

A função administrativa de regulação exercida pelas entidades administrativas independentes visa, assim, a realização do interesse público numa plataforma de "equilíbrio tripolar".[1695]

Este "equilíbrio tripolar" significa que a actividade administrativa de regulação é pública, visa assegurar o interesse público e os interesses dos utentes.

Sendo relacional, o conceito de regulação é de aplicação a uma relação de três vértices: o da sua própria natureza fundada na lei, o das finalidades de protecção de interesses gerais e particulares, e o dos utentes e consumidores.

A regulação, entendida como um conceito relacional, não significa o retorno pleno às concepções liberais, até porque o exercício da disciplina regulatória representa, na verdade, uma presença marcante do Estado na economia.[1696]

Recorde-se que o modelo de Estado Providência viu-se confrontado com a sua incapacidade de assegurar plena e totalmente a justiça social.[1697]

Tornaram-se insuficientes os recursos para prover as necessidades do Estado de Bem-Estar ou Social.

Em consequência, os serviços públicos apresentam insuficiências e deficiências; e as empresas públicas encontram-se descapitalizadas e pouco habilitadas a incorporarem e desenvolverem novos métodos e tecnologias.

[1694] Sobre este conceito, cfr. Sabino Casesse, "La formazione dello stato amministrativo", Milão, 1974.

[1695] Cfr. Vital Moreira, "Administração Autónoma e Associações Públicas", onde se afirma a pp. 270 que: "*num Estado de Direito democrático não pode haver autoridades públicas administrativas absolutamente independentes*".

[1696] Cfr. Garcia Llovet, "Autoridades administrativas independientes y Estado de Derecho", RAP nº 131, p. 117, relativamente às soluções encontradas quanto à livre nomeação e exoneração de titulares de cargos públicos, bem como da responsabilidade política do Executivo perante o Parlamento. De sublinhar, igualmente, que após a apresentação de uma proposta de Vital Moreira e Fernanda Maçãs ao XIV Governo Constitucional, as novas autoridades de regulação (AdC e ERS) ou aquelas que sofreram alterações de estatutos (caso do ICP-ANACOM) viram vertidos nos seus Estatutos um período de dois anos de proibição de trabalho em regulados, mediante o pagamento de 2/3 da retribuição. Esta solução ainda não está concretizada, quer no Banco de Portugal, quer na CMVM ou no ISP. Neste sentido, Luis Catarino, op. cit., p. 314.

[1697] Os movimentos sociais e políticos despontam com novas e diferentes exigências. Propugna-se então por um modelo mais aperfeiçoado do Estado de Direito, nomeadamente através da introdução de conteúdos inovadores no sentido da agregação de novos valores ao Estado Social, com o objectivo de alcançar o ideal maior da justiça social, apesar de se considerar insuficiente o denominado *controlo democrático* que, por via disso, carecia de ser intensificado. Neste sentido, cfr. Michael Degoffe, "L'imparcialité de la décision administrative", em RFDA 14, nº 4, 1998.

As políticas de privatização e de liberalização são, entre outras, as respostas encontradas pelo Estado para suprir as dificuldades acima assinaladas. Surgem e proliferam novas tendências e novas ideias com o objectivo de redefinir o papel do Estado.

A forte presença directa do Estado começou a perder terreno diante da predominância das novas ideias de liberalismo político e económico que acompanha o novo fenómeno da globalização.

Revivem-se e redefinem-se novos conceitos, como o da chamada desregulamentação da economia que parece inserir-se no conceito de modernização do Estado, trazendo consigo ideias como a racionalização e a desconcentração das estruturas públicas, a redução das despesas públicas e a renovação da gestão estatal.[1698]

Este retorno a modelos de intervenção económica "liberalizante" exige, por outro lado, uma outra e diferente intervenção do Estado com o objectivo de regular a actividade económica, ou seja, de compor interesses no contexto dos sectores regulados.

Esta nova forma de intervenção do Estado traduz-se, designadamente, pela capacidade de produzir, fiscalizar e fazer cumprir regras, sancionar infracções ou desvios, emitir recomendações e orientações de natureza prudencial, arbitrar eventuais conflitos entre destinatários da actividade regulatória, e interagir com outras instâncias congéneres.[1699]

Através da regulação pública da economia, por si ou por delegação, o Estado controla e influencia o comportamento dos agentes privados, orientando a sua actividade para objectivos socialmente desejáveis.[1700]

A actividade de regulação tanto se pode manifestar por meio de acções com objectivos claramente económicos (controlo de concentrações empresariais, controlo de preços e tarifas), ou visar outras finalidades como, por exemplo, medidas ambientais.[1701]

Outra finalidade que é assinalada à actividade de regulação é a de conciliar o funcionamento do mercado com as regras de concorrência protegendo-se, desta forma, o direito dos consumidores.

[1698] Cfr. Working Papers do European University Institute (Robert Schuman Centre), "Integrating Scientific Expertise into Regulatory Decision-Making", 1996; "The Structure of Corporate Ownership: Causes and Consequences".

[1699] Cfr. W. Kip Viscusi, John M. Vernon, Joseph E. Harrington, "Economic of Regulation and Antitrust", MIT Press Books, 4ª edição, 2005.

[1700] Neste sentido, cfr. António Carlos dos Santos, "Direito Económico".

[1701] Cfr. Carlos Ari Sundfeld, " A Administração Pública na Era do Direito Global", em Revista Diálogo Jurídico, Ano I, Vol. I, nº 2, 2001.

Esta questão tem sido avaliada no sentido em que "*a regulação tem por objectivo actuar numa economia de mercado, justamente para preservar a concorrência sadia entre os operadores económicos*".[1702]

O conceito de regulação surge, de modo visível e com crescente peso no ordenamento jurídico-económico, num quadro de "abertura praticamente total à concorrência".[1703]

Daqui decorre uma concepção nova de serviço público, em que o interesse geral só tem a ganhar com a concorrência entre prestadores de serviços públicos; todavia, "*só uma regulação eficaz pode garantir que o interesse dos utentes não seja ultrapassado pela lógica do lucro puro e simples*".

Diremos, pois, que o Estado deixou de ser prestador directo e passou a ser, principalmente, fiscalizador através de novas funções exercidas pelo Estado, mas através de novos modelos de organização administrativa – a função regulatória enquanto função administrativa.[1704]

Escreve Paulo Otero que: "*Sem prejuízo de, por efeito da liberalização, ter ocorrido um possível retrocesso na actividade do Estado directamente produtora de bens e serviços, o desenvolvimento evolutivo do Direito Administrativo assinala, nas últimas décadas, um considerável movimento no sentido de um maior intervencionismo regulador de sectores até há pouco tempo quase esquecidos, tal como sucede com o ordenamento do território e o urbanismo, o ambiente e a segurança interna. Existe aqui um fenómeno de atracção de tais matérias para a órbita administrativa, criando núcleos novos de "direitos administrativos espaciais"*".[1705]

O movimento tendente à criação de autoridades administrativas independentes significa, pois, que o Estado não abdicou do princípio da intervenção; outrossim, escolheu novos modelos que visavam, justamente, incrementar tal intervenção.

[1702] Cfr. neste sentido, "An Overview of Regulatory Impact Analysis in OECD Countries, Recommendation on Improving the Quality of Government Regulation", disponível em http://www.oecd.org/gov/regulatory-policy/ria.htm.

[1703] Neste sentido, cfr. Eduardo Paz Ferreira, "Direito da Economia", AAFDL, 2001, p. 467; Fernando Araújo, "Introdução à Economia", Vol. I, 2003, pp. 240 e seguintes; Carlos Lobo, "Concorrência Bancária", 2001, p. 158, no sentido em que um modelo perfeito de concorrência tem necessariamente presente as seguintes características básicas: (i) elevado número de concorrentes; (ii) homogeneidade de produtos; (iii) liberdade de entrada e de saída; (iv) mercado transparente; (v) perfeita mobilidade dos factores de produção; (vi) independênia entre as unidades produtivas; e (vii) racionalidade absoluta.

[1704] Maria da Glória Garcia refere-se, neste contexto, "ao abafante Estado total" que teria, assim, sufocado a liberdade da sociedade civil e do indivíduo, sujeitando este a uma tutela do "berço à sepultura".

[1705] Como salienta Paulo Otero, em "A Legalidade...", "*a intervenção administrativa do Estado não é hoje menor do que era antes da liberalização económica: ela é diferente*".

A introdução da figura das autoridades administrativas independentes na organização da Administração Pública da Europa, fez emergir um sector da Administração sem cabeça e politicamente irresponsável, produzindo uma "fragmentação dos sistemas administrativos", mas não abalando os alicerces do princípio da intervenção do Estado.[1706]

Retomando a questão antes formulada, ou seja, a de saber se as novas formas de intervenção do Estado através da criação de autoridades administrativas independentes significa o "abandono" do exercício da função administrativa e o consequente aparecimento de "uma quarta função" desligada daquela, diremos que não é essa a nossa posição.[1707]

Do nosso ponto de vista, o direito positivo de Portugal confere suporte constitucional no âmbito do disposto no art. 267º da Constituição da República Portuguesa, nos termos do qual, e no enquadramento da Estrutura da Administração Pública, é habilitado o legislador para criar entidades administrativas independentes, enquanto estruturas da Administração Pública.

Parece, pois, não haver dúvidas de que o legislador constitucional integrou as autoridades administrativas independentes como um elemento da organização e fazendo parte do sistema da Administração Pública.

Ou seja, organicamente, tais entidades participam e estão integradas na Administração Pública.

Esta integração significa que as mesmas estão subordinadas aos princípios fundamentais norteadores da actividade administrativa, nomeadamente, os da imparcialidade, da proporcionalidade e da igualdade.

Mas significa, igualmente, em termos de actividade que a administração desgovernamentalizada, estando imune à ingerência administrativa do Governo através dos poderes de direcção, tutela e superintendência, não pode deixar de ser concebida como um novo sector da *administração estadual.*

1706 Cfr. Ramón Parada Vasquez, "Derecho Administrativo", Parte General, 19ª edição, com referências exaustivas relativamente à Administração institucional, corporativa, consultiva e de controlo.

1707 Cfr. quanto à qualificação como 4º poder, entre outros, Ángel Manuel Moreno Molina, "La administración por Agências en los Estados Unidos de Norte America", Universidad Carlos III, Boletim Oficial del Estado, Madrid, 1995; António La Spina e G. Majone, "Lo Stato Regolatore", Il Mulino, 2000; cfr. também Luis Catarino, op. cit., p. 311, que afirma que esta expressão é usada desde o *Brownlow Committee* instituído pelo Presidente Roosevelt em 1936, para caracterizar "governos miniatura" desenhados para sectores económicos específicos, que traduzem um "ramo acéfalo do sistema de governo". "*Ganha maior dimensão perante o problema do democratic deficit co-natural ao fenómeno da integração comunitária, não só com a Comissão Europeia, mas sobretudo após a criação do BCE, e com as pretensões em constituir para os mercados financeiros uma entidade de igual natureza...*".

A actividade exercida pelas autoridades de regulação independente deve cingir-se ao conjunto das atribuições relevantes na protecção e promoção de valores especiais, designadamente o acesso às actividades económicas, sempre que esta seja contingentada ou condicionada, à estabilidade do quadro regulatório, à confiança dos operadores económicos, à gestão equânime do acesso a redes (normalmente monopólios naturais), à protecção dos consumidores ou utentes, e às garantias das obrigações de serviço público inerentes ao conceito de actividades de interesse económico geral.[1708]

Ao contrário do que sucede no modelo norte-americano regulatório, o modelo europeu de regulação assenta na realização de funções de direcção e ordenação de um sector da economia.[1709]

As entidades administrativas independentes de regulação actuam em sectores específicos e são dotadas de mandato legislativo próprio para o exercício das correspondentes competências de fiscalização, de supervisão, de acompanhamento, de monitorização e de decisão.[1710]

O Estado a quem compete, nos termos constitucionais, as incumbências/atribuições de garantia de funcionamento dos mercados e da equilibrada con-

[1708] Neste sentido, cfr. Paul J. G. Kapteyn, Alison McDonnel, K. Montelmans,"The Law of European Union and the European Communities", 3ª edição, ed. Kluwer Law International, 2008; Miguel Moura e Silva, "Inovação e Transferência de Tecnologia e Concorrência", Estudo Comparado do Direito da Concorrência dos Estados Unidos e da União Europeia, 2003, p. 136; E. Chadwick, "Results of diferent principles of legislation and administration in Europe: of competition for the field as compared within the field of services", em Journal of the Royal Statistical Society, Vol. 22, p. 55. Também a jurisprudência comunitária se tem pronunciado relativamente a uma política de concorrência que visa salvaguardar o interesse geral e não interesses individuais, nomeadamente, Acórdãos ICI/Comissão, processo 48/69, Colectânea, 1972, pp. 619 e seguintes; BASF/Comissão, processo nº 49/69, Colectânea 1972, p. 713; Bayer AG/Comissão, processo nº 51/69, Colectânea 1972, p. 745; Geigy AG/Comissão, processo 51/69 Colectânea, 1972, p. 787; Sandoz AG/Comissão, processo 53/69, Colectânea 1972, p. 845; Francolor/Comissão, processo 54/69, Colectânea 1972, p. 851; Cassella Farbwerke/Comissão, processo 55/69, Colectânea 1972, p. 887; Hoechst AG/Comissão, processo 56/69, Colectânea 1972, p. 972; ACNA/Comissão, processo nº 57/69, Colectânea 1972, p. 933.

[1709] Cfr. quanto ao modelo regulatório norte-americano, Richard J. Pierce Jr., Sidney A. Shapiro, Paul R. Verkuil, " Administrative Law and Process", 3ª edição, University TextBook, Series N.Y., 1999; Rolf Stober, "Derecho Administrativo Económico", M.A.P., Madrid, 2005; coincidente com as funções de ordenação, intervenção e actuação do Estado na economia em Portugal, cfr. A. Sousa Franco, "Finanças Públicas e Direito Financeiro I", 4ª edição, Coimbra, 1996; Carlos Costa Pina, "Institutições e Mercados Financeiros", Coimbra, 2005, pp. 100 e seguintes.

[1710] Cfr. por exemplo em termos de supervisão bancária, Simões Patrício, "Aspectos Jurídicos da Supervisão Bancária", Scientia Iuridica, Vol. XLVIII, 1999, pp. 151 e seguintes; Nunes Pereira, "Regulação e Supervisão dos Mercados de Valores Mobiliários", em Boletim de Ciências Económicas da FDUC, 1997, pp. 13 e seguintes; Menezes Cordeiro, "Manual de Direito Bancário", 1999, pp. 126 e seguintes.

corrência entre as empresas, de contrariar as formas de organização monopolista e de reprimir os abusos de posição dominante e outras práticas lesivas do interesse geral, partilha com as entidades administrativas independentes o poder de governo de *indirizzo* e de *vigilância* pelo cumprimento destas finalidades estaduais.

Neste sentido, a lei tipifica o objecto da política, e a entidade administrativa independente "vigia" o cumprimento das prescrições legais, dispondo de competências para o efeito.[1711]

Tomemos como exemplo os poderes da Autoridade da Concorrência que, como sabemos, englobam poderes de regulamentação, de supervisão e sancionatórios.

Os poderes de regulamentação incorporam os de aprovar e propor a aprovação de regulamentos; de emitir recomendações e directivas genéricas; e os de propor e homologar Códigos de Conduta e manuais de boas práticas de empresas ou de associações de empresas.[1712]

Os poderes de supervisão traduzem as competências de realizar estudos, inquéritos, inspecções ou auditorias em matéria de concorrência, de proceder à instrução de procedimentos administrativos relativos à compatibilidade de acordos ou categorias de acordos entre empresas com as regras de concorrência, bem como instruir e decidir procedimentos administrativos respeitantes a operações de concentração de empresas sujeitas a notificação prévia.[1713]

A noção legal de supervisão apresenta-se, assim, como uma actividade finalística e de garantia no sentido em que, de acordo com os objectivos assinalados na lei (de fomento de actividades, de promoção de interesses, de protecção de direitos inerentes à defesa da concorrência tida e qualificada como bem público), integra poderes de adoptar medidas de controlo prévio (autorizações e poderes regulamentares), de vigilância de actividades do sector ou da empresa regulada (inspecção e informação) e de intervenções correc-

[1711] Cfr. no sentido da afirmação, os nºs 1 e 6 dos Estatutos da Autoridade de Concorrência quanto às suas finalidades e atribuições, e o art. 7º que consagra os poderes da Autoridade para o desempenho das suas missões.

[1712] Cfr. no âmbito destas competências de regulamentação, entre outros, a Recomendação ao Governo de revisão dos CMEC, de 5 de Fevereio de 2014; as Linhas de Orientação relativas à Avaliação Prévia em Controlo de Concentrações, de 27 de Dezembro de 2012; as Linhas de Orientação sobre o procedimento de avaliação prévia de operações de concentração de empresas, que estão disponíveis no *site* da entidade.

[1713] Cfr. art. 7º, nº 3, dos Estatutos da Autoridade da Concorrência.

tivas (injunções, ordens), que podem culminar com o exercício de poderes sancionatórios.[1714]

O novo Estado Regulador assumiu que dirigir um sector, prevenir conflitos, descentralizar autoridades e fazer participar os cidadãos e os utentes nos processos que corporizam as suas atribuições estaduais, apesar dos riscos de fragmentação do Direito e de colocação do aparelho administrativo ao serviço das empresas e dos grupos económicos, pode, ainda assim, corresponder à prossecução do interesse público pela via, no caso concreto, da *máxima utilidade das normas regulatórias.*[1715]

Temos, assim, do ponto de vista da estrutura da organização administrativa, um sistema de entidades policêntrico e um modelo funcional de actividades que podemos caracterizar como de direcção, ordenação, vigilância, autorização, aprovação com ou sem condições, e de aplicação de sanções.[1716]

Entendida a regulação como função administrativa, diremos que a mesma não se restringe apenas a actividade de polícia e de constituição de direitos, englobando também um conjunto de missões e de competências que traduzem uma *nova e diversa forma de compatibilizar os fins de interesse público prevalecentes* na nova sociedade especializada, técnica e de risco.[1717]

As diversas actividades em que se traduz a função administrativa de regulação são levadas a efeito através destes novos modelos institucionais analisados, o que coloca sérias dúvidas e até reservas, quer quanto ao modo de as exercer, quer quanto à forma (poder legislativo) como lhe são atribuídas, o que já nos levou a afirmar que a natureza independente e neutra destas entidades não pode condicionar a ausência de qualquer controlo interno e externo.[1718]

[1714] Cfr. Luis Guilherme Catarino, "Regulação e Supervisão dos Mercados de Instrumentos Financeiros", p. 288; quanto ao conceito de supervisão a nível comunitário, cfr. Livro Branco para o Sistema Financeiro, 1991, Vol. I, p. 303.

[1715] Cfr. Christian Kirchner, "The Proper Role of Bureaucracy in a Modern Market Economy", em Klaus Hopt, E. Wymmersch, H. Kanda, H. Baum, "Corporate Governances in Context. Corporations, States and Markets in Europe, Japan and US", Oxford, 2006; Luis Guilherme Catarino, "Regulação e Supervisão dos Mercados de Instrumentos Financeiros", pp. 305 e seguintes.

[1716] Cfr. em torno das questões de teoria das organizações, Lynne G. Zucker, "Institutional Theories of Organization", em Annual Review of Sociology, 1987, Vol. 13, pp. 443-464.

[1717] Cfr. Dolores Canals Ametller, "El ejercicio por particulares de funciones de autoridade – Control, inspección y certificación", Marcial Pons, 2003, p. 74; A. M. Sandulli, "Manuale di Diritto Amministrativo", 15ª edição, Nápoles.

[1718] Como refere Vital Moreira, *"A independência das autoridades reguladoras não as pode tornar imunes ao acompanhamento parlamentar. (...) Um escrutínio parlamentar a nível da comissão – menos politizado e mais técnico – pode ser uma compensação apropriada para a ausência de controlo governamental"*.

Fala-se de independência institucional, independência ao nível da regulação, independência ao nível da supervisão, e independência orçamental.[1719]

- A independência institucional é tradicionalmente entendida como a regra que permite aos reguladores operar fora do âmbito do poder legislativo e executivo.[1720]
- A independência a nível da regulação é entendida no sentido de que o regulador pode dispor de um elevado grau de autonomia na definição de regras prudenciais aplicáveis ao sector regulado, garantindo-se, desta forma, a não contaminação dessas normas por considerações políticas ou por influências de lóbis.[1721]
- A independência ao nível da supervisão é referida a propósito da criação de mecanismos que permitam que o sector supervisionado não possa e não tenha condições de interferir no processo de decisão, nomeadamente o da adopção de mecanismos de protecção legal dos supervisores, bem como os da prática de salários elevados.[1722]
- A independência orçamental é um importante factor de independência, na medida em que a disponibilidade de património e de receitas próprias pode permitir a definição do seu próprio orçamento, bem como a definição das prioridades sem dependência do Orçamento.[1723]

[1719] Cfr. Marc Quintyn, "How Much Independence for Supervisors in Financial Market Regulation", QFinance, disponível em www.qfinance.com.

[1720] Este modo de operar concretiza-se, em regra, através de três elementos: (i) as condições de nomeação e de demissão devem estar definidas na lei, impedindo desse modo a interferência do poder político; (ii) não coincidência entre o período de duração dos mandatos do regulador e do Governo; (iii) as decisões do regulador devem ser tomadas por um órgão colegial. É neste sentido a lição de Vital Moreira e Fernanda Maçãs, "Autoridades Reguladoras Independentes, Estudo e Projecto de Lei-Quadro", 2003.

[1721] Cfr. neste sentido, Michael Taylor, Marc Quintyn,"Finantial Supervisory Independence and Accountability – Exploring the Determinants", Working Paper, nº 08/147, 2008.

[1722] Cfr. Martin Shapiro, "The problems of independent agencies in the United States and the European Union", em Journal of European Public Policy, Vol. 4, Issue 2, 1977, pp. 276-277.

[1723] Cfr. A. Sousa Franco, "O Financiamento da Regulação e Supervisão do Mercado de Valores Mobiliários", em Estudos em Homenagem ao Professor Inocêncio Galvão Teles, Vol. V, p. 425; Leónidas Rocha, Graça Rodrigues e Gonçalo Ribeiro, "As Taxas de Regulação Económica no Mercado de Capitais", na obra colectiva coordenado por Sérgio Vasques, 2008, pp. 387 e seguintes. Ver ainda no que toca aos poderes de nomeação governamental, os inquéritos a que responderam inúmeras entidades reguladoras de que pode retirar-se as seguintes principais conclusões: (i) na maioria dos países é o chefe do Governo que nomeia os membros dos conselhos directivos; (ii) estão mais regulados na lei, os termos para a demissão dos membros do que para a sua nomeação; (iii) a maioria das entidades garante ter orçamentos próprios; (iv) na generalidade dos casos as entidades de supervisão têm as suas competências definidas na lei; (v) na generalidade dos casos

Como anteriormente referimos, a independência é um instrumento. Este só pode ser concebido como factor de estabilidade e de confiança se for possível associá-lo a um outro elemento fundamental deste quadro que é, justamente, o da *responsabilidade*. Independência e responsabilização devem, assim, ser entendidas como as duas faces de uma mesma moeda: a da Regulação.

São, em regra, associadas ao conceito de responsabilização quatro funções essenciais: (i) controlo do regulador; (ii) legitimidade do regulador; (iii) eficiência do regulador; e (iv) práticas de boa gestão.

A primeira daquelas funções é bem difícil de definir. Por um lado, relaciona-se com a necessidade de prestação de contas e, por outro lado, pela não "ultrapassagem" desta prestação de contas.

Esta função está intimamente ligada com a da legitimidade das autoridades reguladoras independentes.

Como sabemos, já o dissemos, uma das críticas mais violentas à existência destas autoridades é a falta da sua legitimidade democrática. Não são eleitas, não são escrutinadas, as suas decisões não são conhecidas, na generalidade dos casos, pela opinião pública, outrossim "apenas" pelos seus destinatários.

Uma forma possível de "solução" parece ser a do incremento da "prestação de contas" associada ao reforço da regra da legitimidade.[1724]

Ou seja, a responsabilização pode incrementar a independência porque é susceptível de fomentar a confiança.[1725]

A responsabilização é, assim, um elemento fundamental de conjugação da independência perante o poder legislativo ou executivo com a legitimação das autoridades de regulação independentes.

A responsabilidade pode significar antes de mais que, sendo o poder legislativo titular de criar e definir as regras de organização e funcionamento das autoridades de regulação independentes, é também o Parlamento que as pode alterar e/ou modificar, nomeadamente no que se refere à sua natureza jurídica.

Por outro lado, a obrigatoriedade de apresentação de relatórios anuais, de audiências públicas nas comissões competentes em razão da matéria, relató-

as entidades de supervisão observam, na sua actividade, códigos de conduta; (vi) não estão ainda estabilizadas regras de incomunicabilidade do exercício de funções reguladoras com a cessação dessas funções e o retorno à actividade, nomeadamente a empresas ou sectores regulados.

1724 É a adopção desta regra que parece estar presente na Lei 63/2013, de 29 de Agosto.

1725 Entre outros meios podemos referir a publicidade das decisões, relatórios e pareceres, a realização de audiências públicas na Assembleia da República, a do aumento crescente de regras de participação de todos os interessados (deve ser definido e apurado o conceito de "interessados" nas decisões dos reguladores).

rios de auditoria de gestão e orçamentais, perante a Assembleia da República são instrumentos fundamentais de reforço da responsabilização, da independência e da confiança.[1726]

A responsabilização das autoridades de regulação independentes perante o poder executivo pode traduzir-se pelo poder de nomeação dos responsáveis das autoridades, pela apresentação de relatórios de gestão perante o Ministro das Finanças e, nalguns casos, de aprovação tutelar quanto ao programa de actividades da autoridade e até, em casos definidos na lei, poder de demissão sempre que se verifiquem os pressupostos legais.

Em síntese, julgamos que as autoridades de regulação independentes gozam de um estatuto que podemos qualificar como de *independência de regulação e de supervisão*, ou seja, dispõem, nos termos da lei, de poderes de estabelecimento de regras prudenciais, nelas se incluindo a emanação de regulamentos aplicáveis ao sector regulado, bem como de poderes de acompanhamento de actividades do sector ou empresa regulado, de licenciamento e de aplicação de sanções.[1727]

Diremos assim que as entidades administrativas de regulação independentes, organicamente autónomas e independentes do poder executivo, exercem funções materialmente administrativas por "devolução" de poderes conferida pelo poder político sem que este se mostre desonerado de *garantir* o regular funcionamento da sua actividade.[1728]

[1726] Cfr. Lei 67/2013, de 28 de Agosto, quanto ao reforço das regras de prestação de contas perante o Governo e o Parlamento.

[1727] Cfr. Phoebus Athanassiou, "Finantial Sector Supervisors Accountability – An European Perspective", BCE, Legal Working Paper Series, nº 12, 2011.

[1728] No sentido em que a regulação é uma resposta do Estado perante a realidade económica e social moderna, cfr. Luis Catarino, "Regulação e Supervisão dos Mercados de Instrumentos Financeiros", p. 239; Collem Scott, "Regulation in the age of governance: the rise of the post-regulatory State", em J. Jordana and David Levi-Faur (ed.), "The Politics of Regulation", CRC Series, Cheltenham, UK, Northampton, USA., 2004, p. 352.

Capítulo III
A Regulação como Organização e como Modelo Institucional

I. A Independência do Regulador

Numerosos estudos contemporâneos sobre o direito da regulação partem da figura do regulador e não apenas do conceito, justamente para procurar determinar, através das respectivas características, o que se deve entender por Regulação.[1729]

Através desta metodologia[1730], a regulação é entendida como uma forma de organização "distanciada" do poder político, no sentido em que a mesma pode ter o significado de um "regresso" aos valores e às fórmulas do mercado.

Todavia, a nosso ver, esta concepção deve ter-se ou entender-se como restritiva, na medida em que não explica, em toda a sua extensão, as bases fun-

[1729] Cfr. M. Lombard, "La Régulation dans un État de droit",em Coll. Droit et Economie de la Régulation, Presses de Sciences Po, Dalloz, 2004, pp. 26-33.

[1730] Cfr. Eduardo Paz Ferreira, "A Regulação Sectorial da Economia – Introdução e Perspectiva Geral", em que parece recusar um conceito "amplo" de regulação que "*compreenderia toda a intervenção do Estado na actividade económica, independentemente do tipo de instrumentos utilizados e dos fins prosseguidos*", devendo recusar-se o recurso (excepto como delimitação prévia) a uma noção ampla de "regulação" que identifique três níveis distintos de instâncias públicas de regulação: i) O nível governamental incluindo Ministério e múltiplos departamentos governamentais na área económica; ii) Um segundo nível de organismos reguladores relativamente dependentes, os quais correspondem, no essencial, no quadro dos sistemas administrativos de tipo continental, a institutos públicos com alguma autonomia funcional e financeira, mas sujeitos a superintendência governamental ou outras formas de tutela mais intensa; e (iii) Um terceiro nível que parte significativa da doutrina designa por organismos reguladores independentes. Considerar ainda a convergência entre regulação/reguladores proposta por Cabral de Moncada para quem "*a regulação é o controlo estatal sobre a actividade económica privada (e pública) levada a cabo por entidades dotadas de acentuado grau de independência face ao Governo e visando corrigir as deficiências do mercado*", "Direito Económico", 5ª Edição, Coimbra Editora, 2007, p. 52.

damentais da separação de poderes inerente ao conceito de Estado de Direito Democrático.

É possível a discussão em torno da posição institucional das autoridades de regulação, bem como a posição instrumental das actividades que as mesmas prosseguem.

A organização da regulação vista e construída apenas a partir do princípio da independência do poder político e executivo é, assim, insuficiente em termos de definição do que deve entender-se por regulação, na acepção que pretendemos eleger.[1731]

Mais do que se mostrar "organizada" em termos de autoridades independentes, as mesmas devem revelar e ser também independentes face aos sectores ou áreas sujeitas a regulação, para além de no âmbito da sua "função" evidenciarem total autonomia e independência entre regulação e exploração.[1732]

As autoridades de regulação "devem ser independentes" é, pois, uma afirmação constante na diversa doutrina que se debruça sobre esta matéria.[1733]

Independentes do poder executivo e dos "regulados", e observando o princípio de separação das funções de regulação e de exploração.[1734]

Neste sentido, o da separação de funções, do que se trata é de procurar resolver e ultrapassar os "conflitos de interesses" inevitáveis em caso de "con-

[1731] Cfr neste sentido, J. Louis Autin, "Le Devenir des Autorités administratives indépendantes", RFDA, p. 875. Devemos, no entanto, sublinhar que a independência dos reguladores constitui um dos *standards* aprovados pelo IOSCO/OICV em Nairobi, em Setembro de 1998 (Objectivos e Princípios da Regulação dos Valores Mobiliários), e reafirmado em Fevereiro de 2002 (Objectives and Principles of Securities Regulation).

[1732] Sobre esta questão, cfr. Eduardo Paz Ferreira, "Sectores estratégicos e intervenção do Estado no mercado de valores mobiliários", em Direito dos Valores Mobiliários, Vol. III, pp. 9-29, que considera que a independência deve ser construída sobretudo no âmbito das relações entre o regulador e os regulados.

[1733] Cfr. Jean Louis Autin, op. cit.; Martin Shapiro, obra acima identificada,onde é afirmado que: "*...these commissions are regulatory in the sense that they conduct government interventions into the private economic sector designated to correct some market failure or other anomaly... It is this sensitivity intrusion, in a Nation deeply commited to laissez faire that inspires the call for Independence. It is hard enough that the government should do so in regular ways*". Ver também diversos Relatórios da OCDE elaborados desde 1999, em Review of Regulation Reform, Regulatory Reform; ver especificamente sobre a questão da independência, Marc Quintyn and Michael Taylor, "Regulatory and Supervisory Independence and Financial Stability", IMF Working Paper WP/02/46 2002, disponível em http://www.inf.org/external/pubs/ft/wp/2002/wp0246.pdf.

[1734] Este princípio é de origem jurisprudencial e constitui uma resposta destinada a assegurar o efeito útil do art. 86º, parágrafo 2º, do Tratado de Roma, que interdita aos Estados-membros a acumulação de funções de regulamentação e de exploração, designadamente dos serviços públicos.

fusão" de papéis, a que acresce uma outra importante preocupação de garantia de igualdade de oportunidades.[1735]

Por tal razão, as instituições comunitárias, apoiadas pelo Tribunal de Justiça, determinaram a separação das funções, exigindo que as tarefas de regulação fossem confiadas a entidades independentes dos operadores" .[1736]

Mais exactamente, as directivas comunitárias, a partir do sector precursor das telecomunicações, exigiram a clara distinção entre as actividades de regulação e de exploração, desde logo para especificar que a Comissão, fundada na jurisprudência comunitária, está "*legitimada para impor que a formalização das especificações técnicas, o controlo da sua aplicação e aprovação, sejam efectuados por uma entidade independente das empresas públicas ou privadas que ofereçam bens e/ou serviços concorrentes na área das telecomunicações*".[1737]

A este respeito, o direito comunitário desenvolveu a noção de "autoridade de regulação nacional" (ARN), que visa separar a função de regulação, distinguindo-a juridicamente e tornando-a independente funcionalmente dos organismos negociadores.[1738]

É hoje pacificamente aceite, com base na jurisprudência, que quando o operador histórico continua a ser directamente gerido e administrado pelo Estado, ou quando se pode considerar como parte da sua administração indirecta através de regimes de tutela ou de controlo económico confiado a uma direcção de administração central, as exigências comunitárias não são cum-

[1735] Esta regra ou princípio decorre da Decisão CJCE, de 19 de Março de 1991, France *versus* Commission, affaire C-202/88; Pietro Virga, "Diritto Amministrativo", 4ª edição, pp. 12 e seguintes; Richard Pierce Jr., A. Sidney Shapiro, Paul Verkuil, "Administrative Law and Process", University TextBook Series, NY, em que se refere que existem três aspectos típicos objecto de apreciação na sua racionalidade ou consistência decisória para verificação do princípio da igualdade de tratamento que, no caso americano, podem ser sintetizados do seguinte modo: (i) verificação do cumprimento dos limites legais fixados pelo Congresso à Agência; (ii) verificação da matéria subjurídica; (iii) verificação da aplicação do *due process*.

[1736] Cfr. A. Laget-Annamayer, Jackes Fourrier, "La régulation des services publics en réseaux: Télécomunications et éléctricité", LGDG, 2002, p. 302; Nicolas Petit, "Proliferation of National Regulatory Authorities alongside Competition Authorities in EC: A Source of Jurisdicitonal Confusion".

[1737] Cfr. Roland Drago, "L'émergence des autorités administratives indépendantes", disponível em: emergence-des-Autorites-Administratives-Independantes.html.

[1738] Cfr. sobre o direito comunitário da concorrência, Serafim Pedro Madeira Froufe, "A Reforma do direito comunitário da Concorrência: O sentido descentralizador e/ou re-centralizador do Regulamento CE nº 1/2003", Centro de Estudos em Direito da União Europeia, Universidade do Minho, 2006, que veio introduzir um novo regime de aplicação dos artigos 81º e 82º do Tratado CE, substituindo o anterior regime, vigente desde 1962.

pridas sem a criação de uma entidade de regulação distinta, visto que "*direcções diferentes de uma mesma administração não serão consideradas como independentes uma da outra*".

O Conselho da Concorrência acrescentou mesmo a este propósito que a exigência de independência não se mostra respeitada sem uma entidade reguladora independente das direcções centrais, para qualquer sector em que se encontrem empresas públicas ou sociedades de capital público.[1739]

Mesmo que o direito comunitário não imponha, para estes casos, nenhum "formato institucional", é evidente para alguns que "*a necessidade de confiar certas funções a uma entidade específica é a consequência da evolução da função, constituindo as premissas da autonomização da função de regulação*".[1740]

II. A independência do Regulador face ao Estado e aos poderes públicos

A "retracção" e o "controlo directo" do Estado na exploração, devida em grande medida a necessidades emergentes de procura de modelos racionais, flexíveis e eficientes[1741] fundados na experiência e no conhecimento dos seus protagonistas, bem como na tentativa de "desmembrar" a rede de protagonistas partidários, dependentes do poder político[1742] e "capturados" pelos interesses sectoriais, conduziu o poder a procurar novos modelos que se revelassem "libertos" de tais "atracções".[1743]

[1739] Estas regras decorrem da decisão do Conselho da Concorrência, Avis nº 98-A-22 du 9 décembre, 1998, "Foncionnement concurrenciel du marché électrique", BOCC 1998, ECOC99/0256V.

[1740] Cfr. Livro Branco sobre os serviços de interesse geral – COM 2004 de 12 de Maio de 2004.

[1741] No sentido de criar espaços de regulação/supervisão fora da órbita da Administração, cuja rigidez prejudica a flexibilidade dos processos decisórios, cfr. João Confraria, "Regulação e Concorrência – Desafios do Século XXI", Universidade Católica Editora, Lisboa, 2005.

[1742] Paulo Otero, em "Legalidade...", escreve que "*ao justificar-se a criação destas autoridades administrativas independentes nas ideias de reforço da neutralidade, imparcialidade e da objectividade decisórias da Administração Pública em certas matérias se lança uma correlativa suspeição de sinal contrário sobre toda a restante Administração, comprovando-se, por esta via, que a impregnação política das diversas estruturas administrativas, expressando a já mencionada politização ou colonização dos partidos políticos (...) é já hoje uma realidade expressamente assumida pela ordem jurídica: o surgimento das autoridades administrativas independentes é uma resposta à progressiva perda de neutralidade, imparcialidade e objectividade que uma Administração dominada por maiorias político-partidárias oferece aos particulares, procurando-se salvar algumas áreas particularmente sensíveis dessa politização descontrolada*". No mesmo sentido e do mesmo autor, "A Democracia Totalitária. Do Estado totalitário à sociedade totalitária – A influência do totalitarismo na democracia do século XXI", Princípia, 2001, reimpressão 2015, pp. 212 e 215.

[1743] Cfr. Martin Lodge, em "Regulation, The Regulation State and European Politics", London School of Economics, p. 7, relativamente ao Estado Regulatório no contexto da "European Politic".

Foi assim, por isso, que surgiram as primeiras autoridades administrativas independentes.[1744]

Esta categoria, a de autoridades administrativas independentes, como já foi sublinhado, é uma construção dos juristas, sobretudo da doutrina francesa, que se fundou na tentativa de "desbravar" o conceito de independência.[1745]

Com uma independência indispensável face ao mercado, que conduziu a uma independência subsequente perante os poderes públicos, a função de regulação ficaria assim completamente autonomizada ao ponto de se poder vir a tornar um quarto poder, o da "sabedoria descomprometida".

Emerge, neste contexto e de acordo com este entendimento, o conceito de regulação fundado na independência do regulador face aos poderes públicos, e nessa medida entendido este sistema ou este modelo como um *"quarto poder"*, ou seja, no sentido em que a regulação deve ser vista numa lógica de diminuição da intervenção do Estado.

Esta lógica ou concepção, a nosso ver, assenta na "confusão" que subsiste entre uma "abordagem americana"[1746] e uma "abordagem europeia" das autoridades administrativas independentes que exercem missões de regulação.[1747]

A "abordagem americana"[1748] concebe as autoridades de regulação como independentes, quer enquanto autoridades políticas, quer judiciárias, constituindo um "quarto poder".[1749]

[1744] Não queremos deixar de salientar que é possível entender-se que se pode considerar excessiva a ligação entre regulação e autoridades administrativas independentes. Neste sentido, cfr. Pedro Gonçalves, op. cit., p. 91.

[1745] Cf. Hervé Dumez e Alain Jeunemaître, "Understanding and Regulating Market", MacMillan Press, London, 2000, p. 238, onde escrevem que tal independência "*é uma das condições para uma verdadeira regulação económica: a mobilização de ideias económicas pela administração e a formulação de regras do jogo sectorial não têm a mesma credibilidade, a mesma veracidade, quando emanam da administração tradicional*".

[1746] A independência é uma independência relativamente ao executivo e, especialmente, ao bipartidarismo que dominava a política norte-americana, como sublinha E. Marie-France Zoller, "Les agences fédérales américaines, la régulation et la démocratie", em Revue Française de Droit Administratif, nº 4, 2004, p. 771.

[1747] Cfr. quanto à abordagem europeia das autoridades de regulação, Damien Gerardin e Nicolas Petit, "The Development of Agencies at EU and National Levels: Conceptual Analysis and Proposals for Reform", em Jean Monnet Working Paper nº 1/04, pp. 23 e seguintes.

[1748] Cfr. também J. Esteve Pardo e Muñoz Machado, "Fundamentos y Instituciones de la Regulación", 2009.

[1749] Cfr. Joaquim B. Barbosa Gomes, "Agências reguladoras: A Metamorfose do Estado e da Democracia", p. 5, em que é expressa a ideia de que "*É, pois, nesse contexto de irreprimível necessidade de intensificação da presença correctiva do Estado no jogo capitalista, que nasce a ideia de regulação como indeclinável função governamental, naquele que é visto como o seu berço histórico, isto é, os Estados Unidos da América*".

A doutrina europeia, pelo menos maioritariamente, adopta uma "abordagem europeia" no sentido em que as agências de regulação são peças fundamentais da organização administrativa do Estado e, nessa medida, tendencialmente "associadas" ao poder executivo.[1750]

Entendidas assim as autoridades independentes, a sua criação pode ser traduzida numa "inovação institucional" e constroem-se não contra o Estado na sua estrutura clássica mas, ao contrário, tornando este o "aglutinador principal, ou mesmo exclusivo, desta inovação", o que não deixa de ter consequências na concepção do Estado de direito.[1751]

Na realidade, os grandes avanços da teoria do direito assentam não numa mudança das fontes da legitimidade, mas na legitimidade democrática por meios complementares, dando preferência à racionalidade, à eficácia e ao exercício policêntrico do poder.[1752]

O princípio da separação entre política e administração que é apanágio e fundamento de uma administração liberal, legitimou assim o poder legislativo a criar organismos autónomos e independentes e, deste modo, alicerçou a construção do Estado Regulador.[1753]

A intervenção pública não deixou, assim, de se manifestar. Pelo contrário, esta intervenção passou a incluir o poder de definir e de atribuir novas funções a entidades que tivessem condições de garantir uma acção *neutral*, sem interferências ou pressões de natureza política.[1754]

[1750] Cfr. discussões em torno da constitucionalidade desta figura no direito francês, em Aude Rouyère, "La constitutionnalisation des autorités administratives indépendentes: quelle signification?", em RFDA nº 5, pp. 887 e seguintes, em Colloque organizé par le Cour de Cassation, mars, 2010.

[1751] Cfr. Carlos Ari Sundfeld, "Introdução às agências reguladoras", Colectânea de Direito Administrativo Económico, S. Paulo, 2000, pp. 25 e seguintes.

[1752] A professora Martine Lombard exprimiu correctamente esta diferença determinante ao sublinhar que "*se a concepção moderna, ou antes pós-moderna, da teoria do Estado de direito conduz à confirmação do referido policentrismo dos poderes de regulação como uma evolução indispensável para responder à complexidade das necessidades da sociedade, nomeadamente na sua dimensão económica, mantém-se a certeza de que, no futuro, uma das funções principais poderá ou mesmo deverá ser reflectir sobre a relação da regulação, não apenas com a democracia política, mas também com a jurisdição, enquanto instituições reguladoras da economia*". O futuro a que se refere a autora pode ser devidamente analisado no contexto do Colloque sur "Le Droit Public Économique face à la crise économique", organizado em Fevereiro de 2010 na Faculdade de Direito de Grenoble, pelo Grupo de Estudos de Direito Público Económico, publicado integralmente em RFDA nº 4.

[1753] Cfr. Nino Longobardi, "Le autorità amministrative indipendenti, laboratori di un nuovo diritto amministrativo", Scritti Giuridici in Onore di Sebastiano Cassarino, Vol. II, CEDAM, pp. 917 e seguintes.

[1754] Cfr. Luis Catarino, "Regulação e Supervisão dos Mercados de Investimento Financeiros", p. 330, que nos dá conta das particularidades das *agencies* norte-americanas, nomeadamente o poder

A Regulação em sentido institucional é, assim, uma estrutura da organização administrativa do Estado, autónoma, na medida em que não está inserida em qualquer uma das tradicionais administrações do Estado, e independente, pois que as suas funções são exercidas sem dependência de poderes de direcção, tutela ou superintendência.[1755]

Trata-se de regulação instrumental pública dado que as pessoas colectivas a quem estão atribuídas estas funções são titulares de personalidade jurídica de direito público, e prosseguem atribuições de natureza pública por "delegação" do Estado.[1756]

É certo que alguns autores referem que as entidades administrativas independentes "fogem ao controlo e direcção do Governo", o que, por um lado, fundamenta a sua "legitimidade técnica ou procedimental" mas, por outro lado, reforça a sua falta de legitimidade democrática.[1757]

A independência das entidades administrativas independentes pode ser concebida como um modelo de *apartheid* das esferas do político e do económico, em que a competência técnica, a blindagem aos ciclos eleitorais, a natureza neutra da sua intervenção, bem como as regras de gestão participada das suas decisões (procedimentos administrativos) são reveladoras dos mecanismos de garantia perante o poder político.[1758]

Estas características, as da independência do regulador face ao poder político, podem ser e têm vindo a ser vistas por alguns autores como uma "desgraduação das imposições de interesse público".[1759]

A ideia de uma *sociedade despolitizada* pode representar o pressuposto de uma *sociedade apolítica*, e esta pode ver na criação de entidades administrativas independentes uma "via rápida" para a sua consecução.[1760]

de resolução de controvérsias importadas para os sistemas continentais, e daí que a neutralidade seja um imperativo da *Natural Justice* e do *Due Process*.

1755 No sentido que a independência é compreendida como uma exigência organizatória *estável* ou *definitiva*, ligada a um imperativo de *boa governança* e reclamada supranacionalmente por uma estrutura administrativa organizada *em rede*, ver A. La Spina e G. Majone, 2000, "Lo Stato Regolatore", Il Mulino, Bologna.

1756 Cfr. M.-A. Frison-Roche, 2006, p. 54.

1757 Neste sentido, cfr. Fernanda Maçãs, op. cit., 2006, p. 26.

1758 Neste sentido, cfr. W. K. Viscusi/John M. Vernon/Joseph E. Harrington, "Economics of Regulation and Antitrust", MIT Press, 1995, p. 298, quando afirma que: "*Regulation is the use of the power to coerce for the purpose of restricting the decisions of economic agents*".

1759 Cfr. Medina Carreira, 2005, p. 126.

1760 Cfr. Rogério Soares, "Princípio da Legalidade e administração constitutiva", em Boletim da Faculdade de Direito de Coimbra, Vol. LVII, pp. 169 e seguintes.

Ou seja, a independência dos reguladores face ao poder político corresponde ainda hoje a uma ideia de "alheamento" deste último face a estas novas entidades, revelando-se desta forma um mecanismo de "desintervenção" do Estado.[1761]

Claro que não podemos ficar alheios aos "avisos" de Gomes Canotilho quando escreve que: "*basta comparar o modelo clássico de legitimação com os padrões legitimatórios actuais para se concluir que, em último termo, a democracia representativo-parlamentar cede o passo a processos comunicativos, onde não é a ciência do direito constitucional a responsável pela definição dos princípios básicos da legitimação democrática*".[1762]

A técnica na política ou, melhor, a técnica como uma nova política– a transferência da política para a esfera técnica – é outro dos factores invocados para a manifestação das regras de independência dos reguladores face ao Governo pela via, sobretudo, da ausência de controlo funcional das suas actividades.[1763]

Na verdade, os tradicionais poderes de direcção, tutela e superintendência não são aqui aplicáveis, o que suscita, por um lado, dúvidas quanto à estrutura e à organização administrativa do Estado e, por outro lado, visa garantir a independência dos novos modelos, mais flexíveis, racionais e eficientes no funcionamento do próprio aparelho administrativo do Estado.

A independência das entidades administrativas independentes é, a nosso ver, uma regra fundamental da actividade daquelas entidades e corresponde, assim, do ponto de vista das funções por elas exercidas, a um conjunto ou feixe de competências previstas na lei delas criadoras que devem, por isso, ser conformes às atribuições ou incumbências do próprio Estado previstas na Constituição.[1764]

[1761] Cfr. Maria da Glória Garcia, "As Transformações do Direito Administrativo na Utilização do Direito Privado", em "Os Caminhos da Privatização da Administração Pública", BFDUC, Coimbra Ed., p. 349, quando afirma que: "*...possa ser movida consciente ou inconscientemente, pelo desejo de abandono do Direito pelo Estado e sua Administração*".

[1762] Cfr. Gomes Canotilho, "O Princípio Democrático sob a pressão dos novos esquemas regulatórios", Revista de Direito Público e Regulação, nº 1, pp. 99-108.

[1763] Para Luís Catarino, a criação de entidades administrativas independentes com funções de regulação deveu-se à necessidade de "*salvaguarda da imagem dos Governos perante a opinião pública, em sectores sensíveis, promoveu a substituição de uma intervenção declaradamente política por uma intervenção supostamente uma maior agilidade de actuação da Administração com a fuga aos controlos e procedimentos administrativos hierárquicos e de subordinação tradicionais, e pela partilha de poder correspondente à necessária mediação de interesses do novo Estado burguês complexizado e crescente. Finalmente, a "técnica", o que determinou um mecanismo de criação de instituições que, não se afastando da órbita do Governo, ainda assim apareçam como sendo dele independentes*", em "Regulação e Supervisão dos Mercados de Instrumentos Financeiros", Coimbra, Almedina, 2010, p. 51.

[1764] Como veremos, entendemos que só podem ser criadas autoridades de regulação ou autoridades administrativas independentes se as mesmas obedecerem directamente a uma previsão constitu-

De realçar em jeito de conclusão que a independência, tal como a vimos, tem um limite assinalável no próprio texto da Constituição que garante e assegura a *unidade* da acção administrativa[1765], o que constitucionaliza, quer a criação, quer a independência das entidades administrativas independentes.

Na nossa perspectiva, e no caso do ordenamento jurídico-constitucional português, as dúvidas doutrinárias quanto ao "alheamento" do Estado e a esta forma institucional de "fugir" ao seu controlo, não se verificam.

As entidades administrativas independentes em Portugal, de acordo com o que se dispõe na Constituição, exercem as suas actividades de regulação "subordinadas" ao princípio da unidade de acção, ou seja, o Estado, através do Governo, é titular de meios e instrumentos jurídicos de controlo e verificação da aplicação em concreto daquele princípio constitucional.[1766]

III. A Independência do Regulador face aos Sectores Regulados

Como sabemos, a emergência de entidades administrativas independentes, sobretudo a partir dos anos oitenta, assinalou aquilo a que alguns autores denominam de ressurgimento de novas formas de "democracia indirecta", que se traduzem por fontes da sua legitimidade como, por exemplo, a da "legitimidade da imparcialidade", a "legitimidade de reflexividade" e a "legitimidade de proximidade".[1767]

Esta tripla legitimidade pode conduzir a que as entidades administrativas independentes possam configurar um modelo em que a organização da administração pública é mais "democrática" e mais "imparcial".[1768]

cional, se se revelarem como traduzindo um estatuto constitucional ou ainda quando visam prosseguir actividades que correspondam ao núcleo fundamental das atribuições do próprio Estado.

1765 "*Quer isto dizer que se a lei pode criar entidades administrativas independentes, tal desconcentração administrativa não poderá prejudicar nem a eficácia, nem a unidade de acção da Administração. Como seja possível manter uma unidade de acção quando não existe qualquer espécie de coordenação entre a actividade desenvolvida pela entidade administrativa independente e a demais Administração, é dúvida para a qual não temos resposta...*", em Paula Costa e Silva, "As Autoridades Independentes. Alguns aspectos da regulação económica numa perspectiva jurídica", O Direito, Ano 138, 2006, III, Almedina, p. 547.

1766 Neste sentido entendo que se tal regra ou princípio não for observado, ou seja, se o Governo "abdicar" deste controlo, deve ter-se como inconstitucional qualquer lei ou acto normativo que venha a consagrar regras de independência fora do sentido e do alcance do princípio da unidade de acção.

1767 Neste sentido, cfr. Gomes Canotilho, "O Princípio democrático sob pressão dos novos esquemas regulatórios", Revista de Direito Público e Regulação, nº 1, 2009, pp. 105-106.

1768 Cfr. neste sentido e entre nós, Luis Catarino, op. cit., que defende que "*as autoridades que "fogem da Administração" se enquadram numa variante da administração que não busca a sua legitimidade democrática e responsabilidade política num circuito Governo-Parlamento. Rompendo com o circuito* top-down, *permite*

Os modelos que se conhecem e que procuram traduzir, na sua acção e organização, mais democracia e mais imparcialidade, são sobretudo:

a) O modelo plural, nascido nos EUA, que exige que em cada órgão colegial de cada entidade apenas nele participem representantes de cada partido segundo a regra da maioria simples;
b) O modelo pessoal, que exige que a nomeação do pessoal dirigente dos órgãos das entidades administrativas independentes seja fundada exclusivamente em critérios de competência profissional; e
c) O modelo representativo, que exige que os órgãos das entidades sejam constituídos por representantes dos diferentes sectores e interesses envolvidos.[1769]

Ou seja, a independência do regulador face aos regulados é também aferida pela via do modelo adoptado no que se refere às regras de nomeação e de participação dos representantes dos sectores envolvidos na "regulação".[1770]

A natureza da administração independente é, pois, fundada também na possibilidade de serem incluídos nos seus órgãos dirigentes representantes dos interesses regulados, sendo certo, no entanto, que esta "representação" não comporta o regime de responsabilidade (*accountability*) destes perante os seus representados.[1771]

Da análise da composição dos diversos órgãos das entidades administrativas independentes analisadas constata-se que os mesmos não obedecem, em termos rígidos, a qualquer dos modelos antes assinalados.

A composição dos órgãos das entidades administrativas independentes que operam em Portugal não é exclusivamente *plural, pessoal* ou *representativa.*

Como em quase todas as áreas do Direito português, o legislador "importou" certas regras e regimes do direito comparado, nomeadamente as que se referem ao carácter e características especificas dos participantes nos órgãos de gestão destas entidades.

uma maior simbiose e adesão à realidade e necessidade social e uma nova forma institucional de auctoritas *(participada, transparente, autónoma, neutral e imparcial)".*

[1769] Neste sentido, cfr. Pierre Rosanvallon,"Economistas e Democracia" (tradução), em O Público de 22 de Maio de 2011.

[1770] Cfr. na vigência dos Decretos-Leis nºs 422/83, de 3 de Dezembro, e 431/93, de 29 de Outubro, a regra segundo a qual o Conselho da Concorrência era presidido por um magistrado judicial ou do ministério público. A mesma regra era aplicável à então Alta Autoridade para a Comunicação Social.

[1771] Cfr. neste sentido, Vital Moreira, "A Administração Autónoma e Associações Públicas", p. 132.

É, pois, inerente ao conceito de independência das autoridades que as mesmas não "representem" e não "respondam" perante os regulados.[1772]

Tal regra ou princípio não impede que alguns dos membros dos órgãos das entidades administrativas independentes possam ser e são, nalguns casos, pessoas que provêm de sectores ou empresas regulados.

O que acontece é que não é por isso que a nomeação é concretizada. O campo de recrutamento de "peritos", "técnicos", "especialistas", ou seja, de pessoas de reconhecido mérito profissional para o exercício de cargos nas entidades independentes, é concretizado pela entidade com competência para a nomeação, independentemente e para além do sistema da "representação" de sectores e/ou empresas.[1773]

Ou seja, no modelo português, a independência das entidades administrativas independentes face aos regulados é um sistema que se retira das regras de nomeação dos respectivos órgãos, não se conhecendo qualquer princípio ou orientação expressa que deva ser formalmente considerada como a "revelação" do poder de nomeação e do correspectivo regime de responsabilização dos "potenciais representantes" dos regulados.[1774]

A independência das entidades administrativas independentes face aos sectores e/ou empresas enquadradas no modelo de regulação económica, social ou financeira é, assim, assegurada através de um sistema misto de composição dos órgãos das entidades.

[1772] *"Em caso de captura, a autoridade administrativa perde a sua independência, passando a depender não só do órgão de cúpula da Administração do Estado, mas dos administrados (...). São múltiplos os factores que poderão contribuir para a instalação de um Estado de captura, pense-se v.g. nas relações cruzadas entre os administrados e a autoridade administrativa independente, especialmente em mercados de pequena dimensão e dispersão, ou na dependência da autoridade administrativa das informações que lhe são prestadas pelos administrados..."*, em Paula Costa e Silva, op. cit., pp. 552 e 553. Cfr. também, com muito interesse, e pela mesma Autora, o problema jurídico associado ao desvalor dos actos administrativos praticados em estado de captura e a actuação com "desvio de poder".

[1773] Como sabemos, a regra geral de competência para a nomeação para os órgãos das entidades administrativas independentes pertence ao Governo e/ou ao Ministro da tutela do respectivo sector económico, social ou financeiro.

[1774] Mesmo no domínio dos projectos que se conhecem de uma Lei-Quadro, é apenas no âmbito da composição de alguns órgãos, como seja a dos órgãos de fiscalização, bem como do conselho consultivo, que se refere a possibilidade de serem escolhidos e nomeados representantes dos agentes económicos interessados na actividade da entidade, representantes dos utentes ou consumidores interessados, representantes de organismos públicos, como resulta dos artigos 27º e 32º do Projecto de Lei-Quadro de Vital Moreira, publicado em "Autoridades Reguladoras Independentes – Estudo e Projecto de Lei-Quadro", p. 291.

Ou seja, a regra de que dimana o regime é a da composição dos órgãos, no sentido em que prevê a possibilidade de para eles serem indicados e nomeados "representantes" dos sectores ou áreas interessadas na actividade da entidade. É, no entanto, uma regra de orientação e é de aplicação aos órgãos de fiscalização e de aconselhamento da entidade em causa.

A cooperação e as novas regras de procedimento e de processo das decisões da competência das autoridades administrativas independentes só ganham, a nosso ver, com a participação de peritos e de técnicos cujo saber foi adquirido, justamente, nos sectores ou nas empresas reguladas.

Esta matéria, bem como a da independência das entidades face ao Estado e ao poder político, revela que actualmente o modelo de Estado Regulador está de novo numa encruzilhada sistémica: Saber qual é o modelo que melhor serve os interesses nacionais de cada ordenamento jurídico que consagra a possibilidade de serem criadas e desenvolvidas autoridades administrativas independentes.

Na verdade, se por toda a Europa e também no seio da União, despontaram novos modelos estruturais de organização administrativa dos Estados, convivendo hoje formas diversas e diferenciadas de sistemas organizativos, não é menos verdade que hoje se coloca uma questão da maior importância no funcionamento dos Estados e que se pode traduzir por uma tomada de decisão de política no sentido do *reforço transparente dos poderes do Estado na regulação independente, ou do maior afastamento do Estado da regulação independente.*[1775]

Da opção política que vier a ser tomada – reforço dos poderes do Estado ou afastamento do Estado – quanto à regulação, resultarão consequências evidentes, no domínio quer das regras de nomeação, regimes de incompatibilidades, inamovibilidade e duração de mandatos, quer de funcionamento, que se podem incorporar no regime de *accountability* perante o poder político, os regulados, os utentes e os consumidores.

No âmbito das regras internacionais a que nos vinculámos no próprio Memorando de Entendimento subscrito por Portugal é determinado no ponto 7.2.1., alínea *i)*, que o Governo deve elaborar um relatório independente sobre as responsabilidades, os recursos e as características que determinam o nível de independência das principais agências, bem como a indicação das práticas de nomeação, as responsabilidades, a independência e os recursos de cada agência em relação à melhor prática internacional (...), a fim de reforçar

[1775] Os termos aqui utilizados são de Dani Rodrik, 2011, na versão original da tradução portuguesa do Memorando de Entendimento celebrado entre Portugal e a *troika* em 2011.

a independência dos reguladores onde necessário e em plena observância da legislação comunitária.[1776]

O programa de ajustamento constante do Memorando de Entendimento entre o Governo português e a *Troika* (composta pelo FMI, pela Comissão Europeia e pelo Banco Central Europeu) inclui um conjunto de "reformas estruturais" destinadas a melhorar a competitividade externa da economia nacional, entre as quais se conta a aceleração das privatizações e da liberalização das *utilities*, e se enunciam outras medidas claramente liberalizadoras - e nesse sentido desreguladoras - do mercado de trabalho, do mercado de arrendamento, das profissões, dos serviços, etc.

Ao mesmo tempo que prescreveu o reforço da concorrência e dos poderes da Autoridade da Concorrência, o referido Memorando também estipula claramente o reforço da função reguladora do Estado e da independência e poderes das autoridades reguladoras. Concretamente, o Memorando estipula as seguintes medidas:

- Reforçar a regulação e supervisão bancária, devendo o Banco de Portugal, para o efeito, recrutar mais especialistas em supervisão bancária e manter uma estreita coordenação entre os supervisores do Estado de origem e do Estado de acolhimento, no âmbito do quadro europeu para supervisão bancária transfronteiriça, e com os relevantes supervisores dos países terceiros em que se encontrem estabelecidas sucursais e filiais de bancos portugueses;
- Reforçar os poderes da autoridade reguladora nacional de telecomunicações;
- Reforçar a independência da autoridade reguladora dos caminhos-de-ferro, incluindo o reforço da sua capacidade administrativa em termos de decisão, de poderes de execução e de recursos humanos; e
- Garantir que as autoridades reguladoras nacionais (ARN) têm a independência e os recursos necessários para exercer as suas responsabilidades.

Em suma, a crise constituiu um fator de reforma do sistema regulatório da UE e dos seus Estados-Membros, nuns casos reforçando a regulação do setor financeiro, onde o défice de regulação e de supervisão tinham posto em causa a estabilidade e a confiança do sector financeiro, noutros casos eliminando ou aligeirando formas de regulação restritivas da concorrência, de modo a estimular a competitividade da economia.

[1776] Como sabemos, este Relatório foi efectivamente realizado e julgamos que esteve na base da legislação entretanto aprovada, a Lei 63/2013, de 28 de Agosto.

Capítulo IV
As Finalidades e as Estruturas da Regulação

I. Enquadramento Institucional da Regulação

Na matéria relativa às formas ou modelos institucionais que devem prosseguir a função de regulação, a regra é a de que a actividade regulatória deve ser exercida por entidades independentes, apesar da separação institucional dos poderes públicos não ser exigível *expressis verbis*.[1777]

Na verdade, os textos europeus não só não apresentam qualquer juízo antecipado sobre o "modelo institucional", como deixam um vasto leque de escolha aos Estados-Membros, os quais podem perfeitamente criar um regulador no interior do próprio executivo.[1778]

A lógica é clara: a independência do regulador é necessária, por princípio, à regulação; por isso, a organização dos poderes públicos na economia pode e, em regra, leva à sua exigência.

A função de regulação realizada por entidades independentes impôs-se por razões pragmáticas, afastando-se da ideia de um enfraquecimento irremediável dos poderes públicos, para a substituir pela consciência de uma intervenção pública, institucionalmente "neomoderna" certamente, mas pública antes de tudo.

[1777] Cfr. sobre a matéria da regulação na União Europeia, o "Livro Branco sobre o Governo Europeu", de 2001; Comunicação da Comissão Europeia, "Simplificar, Melhorar o Enquadramento da Regulação", de 2002; Comunicação da Comissão "Enquadramento da Actuação das Agências de Regulação Europeias", de 2002; e as Orientações da Comissão sobre "Avaliação do Impacto de Políticas Comunitárias", de 2005.

[1778] É o caso entre nós da regulação que é "partilhada" no sector energético entre a ERSE e a Direcção-Geral de Energia e Geologia.

A regulação e, sobretudo, as entidades reguladoras desenvolveram um papel decisivo na distinção entre a função de exploração e a função de regulação.

Estas entidades, é importante recordar, à medida do tempo da sua criação foram aumentando os seus poderes e competências, renovando e transformando as formas de intervenção públicas com o objectivo de garantir a ponderação do interesse geral no contexto das suas decisões.

A regulação de sectores e de empresas que, por via dos processos de liberalização e de privatização, foram sendo "removidas" da área pública para a área privada, traduziu a primeira das manifestações de um novo poder.

Mas o Estado, o poder soberano, não abdica (e não pode abdicar) de continuar a dispor e a ser titular da função soberana de definir as estratégias relativas às autoridades de regulação, aos poderes e às funções emergentes e de execução das estratégias globais.[1779]

Neste sentido e de acordo com esta orientação, foi sendo sistematicamente afirmado que uma verdadeira regulação económica devendo resultar da formulação das regras do jogo pelo poder político, deve ser executada por autoridades independentes e autónomas da administração tradicional.

A credibilidade, a veracidade, a tecnicidade e o saber científico são características exigidas às decisões de regulação, que devem ser proferidas a partir do interesse geral mas libertas da "captura"[1780]das maiorias circunstanciais dos poderes políticos e partidários, e da lógica do mercado.[1781]

Claro que se pode argumentar que o desenvolvimento das autoridades de regulação pode ser concebido ou "*como um indício de um descomprometimento do Estado que, renunciando a actuar sobre as estruturas, ou mesmo a substituir-se aos*

[1779] Cfr. D. Simon/R. Kovar, "Service Public et Communauté européenne: entre l'intérêt général et le marché", 1998, T. 2, pp. 514-515, no sentido em que o par função de regulamentação/função de gestão foi progressivamente substituído por um conjunto de três funções que reflecte a separação das funções de regulamentação, de regulação e de gestão. Foi assim introduzido um terceiro poder, entre a definição pelo "poder dominante" das regras gerais aplicáveis à actividade económica, por um lado, e, por outro, a produção e a comercialização, por empresas públicas ou privadas, de bens e/ou serviços. Este poder remete para a função específica de regulação.

[1780] Fala-se de uma "blindagem" contra a captura regulatória, em Vital Moreira, op. cit., pp. 713-715, que segundo Victor Calvete não é evidente na medida em que inexistem razões para que a extensa hierarquia da Administração Pública (e do Governo) se revelem mais permeáveis à "captura regulatória" do que a escassa direcção das entidades administrativas independentes, menos transversais que o Governo ou Ministérios, e mais próximas dos interesses regulados pelo trajecto profissional e nas expectativas da actividade subsequente. Em "Entidades Administrativas Independentes", Smoke & Mirrors, p. 86, Revista da Concorrência e Regulação, ano II, nº 7/8, Julho/Dez , 2011.

[1781] Cfr. D. Simon/R. Kovar, texto acima identificado, pp. 96 e seguintes.

agentes económicos, faz apelo a peritos por detrás do quais se apaga para assegurar o cumprimento de certas regras ou, pelo contrário, como uma manifestação de um domínio mais subtil do Estado que, avançando de forma encoberta, assegura o controlo das novas áreas de intervenção".[1782]

Relativamente a este tipo de argumentos, a nosso ver, a questão deve ser posta de forma diferenciada, ou seja, a independência do regulador face ao poder político deve ser analisada a partir dos resultados que se pretendem alcançar através de um modelo organizado em torno da prossecução do interesse geral, "ponderado" à luz dos mecanismos da livre concorrência e da globalização das economias.

Ou seja, a independência face ao poder político devendo ser considerada como uma regra fundamental da regulação é, sobretudo, um resultado que decorre do funcionamento e da organização dos mercados que se seguiram à "queda" dos sistemas políticos intervencionistas, produtores e prestadores.

Em nosso entender, em nenhum momento ou circunstância o Estado deixou (ou deixa) de estar presente neste novo modelo de coordenação, superintendência ou supervisão de sectores e de empresas.

No mínimo, há uma manifestação evidente de poder soberano, quer na criação, quer no desenvolvimento e até na extinção destes novos modelos institucionais.

Ao criar uma autoridade administrativa independente é o poder soberano que decide, quer a sua institucionalização, quer as suas atribuições e competências, através de um método de "delegação" a que chamaríamos "condicionada" ao tempo, às exigências concretas da comunidade que reclamam maior eficácia, racionalidade e menor custo do "serviço prestado", bem como à compatibilidade entre o quadro legal aplicável e os resultados práticos alcançados pela entidade reguladora.

As mudanças do Estado estão na origem das mudanças do modelo. Não é, manifestamente, o contrário.

O Estado que cria entidades autónomas e independentes pode, em razão de interesses mais prevalecentes, num dado momento histórico, económico e social, alterar ou extinguir o próprio modelo que criou.[1783]

[1782] Cfr. J. Chevallier , "Les autoritées administratives indépendantes et la régulation des marchés", p. 81.

[1783] Neste sentido, cfr. J. Chevallier, op. cit., quando sustenta que a promoção do tema da regulação demonstra o *"refluxo da concepção que instituía o Estado como agente da modernização e lhe confiava a gestão dos sectores-chave da economia"*.

A multiplicação das autoridades administrativas independentes, aliada ao desenvolvimento do tema da regulação, foi largamente registada pela ciência administrativa e pela teoria do direito. Constitui uma peça fundamental da reflexão sobre o advento de um direito pós-moderno e da procura de paradigmas alternativos.

Convém pois realçar que, em nosso entender, as referidas autoridades administrativas constituem organismos administrativos que actuam em nome próprio mas ao abrigo de "um chapéu" que é o do Estado, dispõem de um poder real, mas em nenhuma circunstância substituem a autoridade de um governo.

A regulação surge, assim, como uma actividade de administração que é autónoma e independente mas que, prosseguindo interesses comuns e públicos, é reveladora de uma nova forma ou modelo de intervenção que deve ser caracterizada por uma acção pública correctiva e complementar das funções do Estado.

II. As Estruturas de Regulação: Génese e Evolução

O primeiro período da génese da regulação que deve ser reportado é o do final do século XIX, em que surgem as primeiras preocupações de natureza social no contexto da aceleração da sociedade industrial que, entre outras consequências, determinou fenómenos de maior concentração de população nas áreas urbanas.[1784]

No final do século começaram a desenvolver-se a construção e exploração, por empresas privadas, de redes rodoviárias e ferroviárias, redes de distribuição de gás, de energia eléctrica, de água e recolha de resíduos.[1785]

A criação e o desenvolvimento da sociedade industrial e a intervenção, em sectores fundamentais, de empresas privadas conduziram à emergência de necessidade de, nuns casos, criar e, noutros, reforçar a regulação.[1786]

[1784] Cfr. Jorge Vasconcelos, "A Regulação em Portugal: Arte Nova, Arte Degenerada ou Arte Pobre?", pp. 4 e seguintes, onde salienta que: "*A construção e a exploração por empresas privadas de redes essenciais ao bem-estar dos cidadãos, e à competitividade da economia – como, por exemplo, redes rodoviárias e ferroviárias, redes de distribuição de água e redes de recolha de resíduos, redes de distribuição de energia eléctrica e redes de distribuição de gás – começou a desenvolver-se no final do século XIX. A evolução destas indústrias processou-se, na fase inicial, de forma algo caótica e selvagem, provocando um importante debate público nos países mais desenvolvidos*".

[1785] É neste período que nos EUA foi criada a InterState Commerce Commission, com o objectivo de evitar a prática de preços discriminatórios e outras formas de concorrência entre empresas ferroviárias. Como sabemos, esta autoridade é o arquétipo das entidades reguladoras. Depressa se verificou, após a sua criação, que os poderes de que era titular se mostravam insuficientes. Em 1906, através do Hepburn Act, os estatutos da InterState são alterados e os seus poderes reforçados.

[1786] Cfr. discurso de Roosevelt, na sua mensagem ao Congresso de 5 de Dezembro de 1905, ao defender a necessidade de reforçar a regulação no sector ferroviário: "*The first consideration to be*

Começava, assim, a era da definição de uma linha de demarcação entre a esfera política e a esfera da economia.[1787]

Esta demarcação tem uma consequência inevitável: É necessário estabelecer regras de articulação entre as duas esferas de poder.

É deste modo, segundo cremos, que estão reunidos os primeiros fundamentos da criação de autoridades administrativas independentes.[1788]

Parece-nos, pois, ser desejável retirar desta constatação a primeira das características fundamentais das autoridades administrativas independentes, qual seja a de que estas entidades devem ter-se como inseridas nas funções do Estado que, pela necessidade de demarcação entre política e economia, levam o Estado a uma decisão de política de instituir uma entidade de regulação.

O segundo período da evolução de que estamos a tratar pode ser reportado ao final da 1ª Guerra, à Depressão de 1929, bem como à 2ª Guerra Mundial.

Na verdade, a crise financeira emergente sobretudo das convulsões da década de trinta que tinham como características essenciais, entre outras, as da especulação desenfreada, a cartelização e o reforço do poder dos monopólios, estiveram na origem da "revisão" dos modelos de funcionamento do Estado.[1789]

Na Europa, este fenómeno ocorre um pouco mais tarde, já nos finais da 2ª Guerra, e surge a propósito das discussões que ocorreram na Alemanha relativas à necessidade de ordenar os quadros políticos e económicos dos países que estiveram envolvidos na Guerra.[1790]

kept in mind is that the power should be affirmative and should be given to some administrative body created by the Congress (...). I do not believe in the government interfering with private business more than is necessary (...). All private car lines, industrial roads, refrigerator charges, and the like should be expressly put under the supervision of the InterState Commerce Commission or some similar body so far as rates, and agreements pratically affecting rates, are concern...", transcrito no texto "A Regulação em Portugal: Arte Nova, Arte Degenerada ou Arte Pobre?", op. cit.

1787 Como resulta da experiência inicial de criação destas autoridades, esta demarcação teve também o seu início nos EUA, sobretudo quando foi sentida a necessidade de reforçar os poderes da InterState Commerce Commission.

1788 Em Portugal, as controvérsias relativas aos caminhos-de-ferro que iniciaram a sua construção em 1856 com a primeira linha ligando Lisboa ao Carregado, mas que sofreu várias paragens, reanimações e dificuldades de vária ordem, conduziram a que as empresas privadas, embora apoiadas por subsídios estatais, deixassem de estar presentes nos concursos públicos, vendo-se o Estado na contingência de assumir a construção das linhas do Minho e do Douro. Desta forma, a partir de 1890, os caminhos-de-ferro foram assumidos como um serviço público, o que, naturalmente, neste tempo, afastou qualquer ideia de demarcação entre política e economia.

1789 Nos EUA é publicada legislação de reforço dos poderes das entidades reguladoras. A Federal Power Commission, que operava na área da electricidade, é disso exemplo, através do Water Power Act, de 1930.

1790 Cfr. Walter Eucken, um dos pais da economia social de mercado, citado em Jorge Vasconcelos, op. cit., pág. 10, que sustentava que: "*O estrito respeito dos princípios constitutivos não pode evitar que*

A controvérsia sobre a organização do novo modelo de Estado que visava "reconstruir" os países europeus na sequência da Guerra, passou pela discussão teórica de vários sistemas, mas sempre balizada por uma ideia nuclear: a de que nas economias de mercado não devem existir monopólios e, por isso mesmo, devem existir entidades responsáveis pelo controlo e aplicação das leis de concorrência.[1791]

É neste contexto de destruição e, ao mesmo tempo, de necessidade de refundação dos Estados da Europa que surgem algumas vozes autorizadas que se debruçam sobre a desordem ainda visível, e propõem um conjunto de soluções e modelos institucionais e normativos.[1792]

Os problemas e as dificuldades então evidentes, quer na Alemanha, quer nos restantes países europeus, estiveram na origem de profundas discussões e reflexões em torno do modelo susceptível de ultrapassar a crise que se vivia.

Nesse sentido, "*o controlo dos monopólios deve ser entregue a uma autoridade de supervisão do Estado. Para subtrair esta autoridade às sempre perigosas influências dos interessados – mesmo que estas influências sejam menores numa economia de mercado –, a autoridade deve ser independente, só sujeita à lei. Não pode ser, por exemplo, um departamento do Ministério da Economia, que está muito mais sujeito à pressão dos interessados*".[1793]

Este entendimento e este olhar sobre a realidade abriu novos horizontes do pensamento e da doutrina para a formulação de uma primeira definição do que devia entender-se como autoridade de regulação.

Do que conhecemos, esta definição pode ser enunciada nos seguintes termos: "*A autoridade reguladora deve ser exclusivamente responsável por todas as questões do controlo dos monopólios (...) É, portanto, necessária uma entidade central (...) No contexto de um Estado moderno e industrial é imprescindível o aparecimento desta figura grande e central da entidade reguladora dos monopólios. Sem ela, está ameaçada*

um ordenamento da economia de mercado concreto contenha alguns elementos estranhos ao sistema. E, ainda mais importante, mesmo quando a concorrência perfeita (completa) for concretizada, ela contém fraquezas e deficiências que necessitam de correcção. Assim, são necessários alguns princípios regulativos cuja aplicação é necessária para garantir o funcionamento do ordenamento da economia de mercado".

1791 Cfr. António La Spina e Giandomenico Majone ,"Lo Stato Regolatore".

1792 Neste sentido, e dando conta de que teria sido Walter Eucken, pai da denominada economia social de mercado, quem teria feito as mais significativas críticas, quer ao estado das coisas, quer à necessidade de reformular e refundar os modelos e as estruturas do Estado, cfr. Jorge Vasconcelos, op. cit., p. 10.

1793 Transcrição retirada de Walter Eucken, em Jorge de Vasconcelos, op. cit., p. 12.

a economia de mercado e, consequentemente, o moderno Estado de Direito. A entidade reguladora dos monopólios é tão indispensável como o Supremo Tribunal".[1794]

Julgamos ser possível retirar das notas antecedentes uma segunda característica das autoridades administrativas independentes, qual seja a de que as suas missões devem ter-se como articuladas e complementares da acção do Estado que, por isso mesmo, assumem uma função correctiva.

O terceiro período parece-nos poder corresponder ao Tratado de Roma de 1957 e mais tarde, em 1987, ao Acto Único Europeu, nos termos do qual são abertos à concorrência os vários mercados nacionais. A liberalização e a integração dos mercados europeus passou a ser um dado inquestionável no funcionamento da economia aberta e de mercado.[1795]

Como sabemos, este duplo movimento manifestou-se, numa primeira fase, e de forma mais relevante, na área das telecomunicações, serviços financeiros, transportes e energia.[1796]

As novas regras de funcionamento das economias em rede foram sendo consolidadas, e podemos dizer que hoje a multiplicidade de legislação comunitária sobre estas matérias é ampla, diversa e heterogénea.[1797]

Sustenta-se actualmente que a regulação dos transportes, telecomunicações, serviços financeiros e da energia, deve ser reforçada, mediante a criação de modelos de coordenação entre as entidades europeias e as entidades nacionais. É este, aliás, o caminho que tem vindo a ser trilhado.

[1794] É evidente que actualmente as autoridades reguladoras vão além de figuras centrais de regulação dos monopólios. Mas o que é certo é que das lições da história se retira a convicção de que o seu aparecimento tem a ver com a necessidade de resolver os problemas da "falência" do Estado e a sua renovação como Estado de Garantia e Regulador. Neste sentido, cfr. Pedro Gonçalves, "Reflexões sobre o Estado Regulador e o Estado Contratante", p. 53; no sentido em que os novos modelos de liberalização e privatização significam o aumento das tarefas reguladoras, ver Rivero Ortega, "El Estado Vigilante", Madrid, 2000, pp. 28 e seguintes; Kenneth W. Abbott/Duncan Sidnal, "The governance triangle: regulatory standards institutions and the shadow of the State", em "The politics of global regulation", Princeton University Press, 2009, pp. 44 e seguintes.

[1795] Cfr. neste sentido, "Guiding Principles for Regulatory Quality and Performance", OCDE/GD(95), adoptados em Março de 1995, pp. 9 e seguintes, onde são assinaladas, de forma desenvolvida, as fases bem como os passos a adoptar, quer a nível multilateral, quer a nível dos diversos países, com o objectivo de consolidar as regras de "qualidade" e de "desempenho" das principais regras da regulação, entendida como uma nova e diferente estrutura de intervenção do(s) Estado(s) nas diversas áreas cujas atribuições e tarefas públicas lhe estão determinadas.

[1796] Cfr. Gonçalo Anastácio, "A Regulação da Energia", em "Regulação em Portugal: Novos Tempos, Novos Modelos", pp. 301 e seguintes.

[1797] Sobre o impacto das políticas comunitárias de liberalização no processo de transição para o Estado regulador, cfr. Paolo Rossi, "Le autorità di regolazione dei servizi di interesse económico generale", Turim, 2004.

Ao contrário do modelo vigente antes do mercado único, em que as economias nacionais funcionavam segundo o critério do "comando e do controlo", agora do que se trata é, através de entidades autónomas e independentes, proporcionar uma intervenção de poder público de "controlo".

Uma terceira característica parece poder ser assinalada relativamente a esta matéria, e é a de que a regulação, sendo o exercício de um poder público, é baseada em pressupostos objectivos e incentivos à eficiência do desempenho das empresas reguladas e à protecção dos direitos dos consumidores.

Do texto que antecede, reportado ao enquadramento do conceito de regulação nos diversos e vários períodos históricos em que o mesmo foi evoluindo, julgamos que é possível desde já procurar uma delimitação do mesmo em função das suas características principais modeladas em razão do fundamento do respectivo aparecimento.

III. As Finalidades da Regulação

Referimos no início que a primeira análise do conceito de regulação seria balizada a partir das concepções de Chandler.

Estas concepções assentavam na ideia de que as privatizações, a liberalização e a despublicização são, ou podem ser, concebidas como estratégias básicas formuladas pelos Modernos Estados, na sequência da "falência" do Estado Prestador, Produtor e Distribuidor.

Apesar da heterogeneidade dos seus fundamentos, os mesmos são passíveis de legitimar uma certa forma de os uniformizar, pelo que o que resta é a procura de estruturas aptas a prosseguir as finalidades emergentes da concatenação das estratégias que motivaram a criação, o desenvolvimento e o aprofundamento de novos modelos de organização do Estado.[1798]

Ou seja, nós, já o dissemos, não procuramos a definição do conceito de regulação como um fim em si mesmo; outrossim, como um conceito apto a dar resposta às atribuições do Estado (as mesmas) à luz dos novos paradigmas emergentes, por um lado da falência do Estado de intervenção e, por outro lado, do "nascimento" do Estado de Garantia e Regulador.[1799]

Não cuidamos de saber se a regulação é um fenómeno, se é um movimento, se é uma inovação, ou se retrata apenas episódicas mutações no campo da designação de novas e diferentes actuações públicas.

[1798] Cfr. Fabrizio Cafaggi, "Private Regulation in European Private Law", 2009.

[1799] Cfr. "OECD Report on Regulatory Reforms – Synthesis", 1997, em que se define quais devem ser as estratégias mais adequadas à melhoria e desenvolvimento das políticas de regulação.

O que procuramos alcançar é um conceito susceptível de enquadrar as novas estruturas que acompanham as novas estratégias exigidas pelas mudanças da organização do Estado, que surgiram como consequência das próprias mudanças de concepção do Estado.

O que buscamos é, assim, um conceito habilitante para a compreensão institucional e substancial das novas e diferentes formas de intervenção do Estado no domínio social, económico e financeiro.

Partindo destas premissas de que as estratégias formuladas pelo poder soberano do Estado Moderno são e representam as bases sobre cuja heterogeneidade foi fundada a necessidade da sua uniformização, diremos que os novos modelos de organização administrativa são (ou podem ser) a resposta à superação do Estado prestador, produtor e distribuidor.

O surgimento destas estruturas não emergiu, assim, do labor doutrinal e jurisprudencial no sentido de ser alcançado um instituto, um conceito, uma metodologia de carácter normativo apto a responder a um "interesse" tido por prevalecente.

Não! Foi, justamente, do lado instrumental que surgiram as novas entidades. Foi a realidade prática e operativa que consubstanciou a necessidade, desde o "desmoronamento" das estruturas tradicionais, da procura da sua substituição e transformação, bem como novas exigências de maior eficiência, eficácia e redução de custos que primeiro apareceram.

Na verdade, no domínio da "regulação", quem primeiro apareceu foi a "galinha"!

A necessidade de concatenação das opções básicas que sendo heterogéneas foram definidas e escolhidas pelo poder político, é o ponto de partida da nova realidade institucional que opera e faz parte do Moderno Estado Regulador.

Foi, pois, na sequência desta nova realidade institucional que se deu início ao estudo dos seus fundamentos, dos seus limites, da natureza das entidades, bem como do regime jurídico que deve ser aplicável às decisões por elas proferidas.

Diremos, assim, que a *finalidade* da regulação é de *Garantia* dos direitos, da *Protecção* do mercado e da concorrência, da *Libertação* dos custos excessivos suportados pelos contribuintes, da maior *Racionalidade* e *Eficiência* na prestação de serviços públicos, e na *Independência* orgânica e funcional dos novos modelos de organização encarregados da regulação.[1800]

[1800] As razões avançadas para a Regulação por Vital Moreira/Maria Manuel Leitão Marques, são as de: (i) regular o mercado para garantir a concorrência; (ii) regular os limites e as "falhas" do

Trata-se de finalidade de interesse e ordem pública; trata-se de continuar a assegurar que o Estado não se desonera das suas missões, apenas o passa a fazer através de novas entidades e novos modelos que visam garantir, de forma independente, as atribuições e incumbências constitucionalmente consagradas.

mercado; (iii) regular as "externalidades negativas" do funcionamento da economia; (iv) proteger os consumidores; e (v) garantir as obrigações de serviço público, em "A Mão Visível – Mercado e Regulação", Almedina, 2003, p. 14.

Capítulo V
O Direito Público da Regulação

I. Razão de Ordem

Como julgamos que resulta do texto que antecede, a regulação tem sido objecto de vários métodos e modelos de abordagem, de que destacamos:

a) A regulação como função soberana do Estado;
b) A regulação como organização e como estrutura da Administração Pública; e
c) A regulação como função.

Na primeira das abordagens sublinhadas, a regulação não é e não revela "uma agressão" ao Estado; outrossim traduz uma nova fase de intervenção do poder público, ou seja, é uma nova forma de concretizar uma política pública definida pelo Estado.

Já o deixámos dito, mas importa acentuar que a mudança de perspectivas e a evolução da política económica e social com a "falência" e a "irracionalidade" do Estado social levaram a reconsiderar o seu papel, através da promoção das privatizações[1801], liberalizações e aprofundamento de regras de mercado e de livre concorrência.

A terra tremeu um pouco, e do tumulto temporário daí resultante levantaram-se vozes mais fortes para argumentar sobre o enfraquecimento do Estado e a vitória do mercado; em resumo, difundindo uma ideologia neoliberal.[1802]

[1801] Muitas empresas europeias foram privatizadas, sobretudo a partir dos anos 80. A Comissão, pese embora a consagração do princípio da neutralidade face aos regimes de propriedade existentes nos países comunitários (art. 222º do Tratado de Roma), defendeu no "Livro Branco sobre o crescimento, competitividade e emprego" o encorajamento das privatizações.
[1802] Cfr. Pedro Gonçalves, op. cit., p. 15.

Foi necessário que passasse algum tempo para que a calma voltasse e o nevoeiro se dissipasse.

Tempo para que se pudesse ver claro, para que acabassem as alternativas maniqueístas e para que se compreendesse que a economia de mercado não significa o fim do Estado, que esta economia tem uma necessidade vital do direito, que não abrange todos os fins de interesse geral e que pressupõe uma intervenção exógena – a intervenção do Estado – não apenas para proteger a concorrência, mas também para impor as outras exigências de interesse geral.

Por conseguinte, a intervenção do Estado não desapareceu com o advento da economia de mercado.

A regulação pode assim ser entendida como um corpo de normas jurídicas que visa garantir que *"a gestão pública de uma determinada actividade ou domínio, tem em vista fazer prevalecer o interesse geral no respeito da pluralidade, da especificidade e da autonomia dos actores"*.[1803]

Por outro lado, a regulação abre-se a uma definição mais ambiciosa que não põe em causa o seu carácter funcional, entendido como uma função de procura dos equilíbrios, de conciliação e de enquadramento.

Esta abordagem realça bem a origem pública, o carácter de soberania da institucionalização da regulação. O professor Didier Truchet não hesitou em ver na regulação *"a intervenção pública, pela via da autoridade, no mercado"*.[1804]

A fórmula pode surpreender, no entanto, é exacta. A "autoridade" em questão não se refere ao intervencionismo clássico, mas ao método e ao fim da regulação.

O primeiro ensinamento destes desenvolvimentos é que a intervenção pública se mantém, ou seja, "a regulação é, antes de mais, uma modalidade da acção pública". Consagrada, a intervenção pública não está assim menos adaptada à economia de mercado.[1805]

A actual intervenção pública que se encontra por detrás da regulação proporciona a visão da "neomodernidade" tal como foi referida anteriormente. Se alguns tentaram defender-se de uma qualquer "neo-regulação", é forçoso

[1803] Cfr. Giandomenico Majone, "La Communauté européene: Un État Régulateur", p. 33; Benedict Kingsbury, "The Concept of Law in Global Administrative Law", em European Journal of International Law, Vol. 2; Projecto do Institut for International Law and Justice, disponível em http://www.iilj.org/; Susana Tavares da Silva, "Um Novo Direito Administrativo", IUC, Coimbra, 2010.

[1804] Cfr. Didier Truchet, "Refléxions sur le droit économique public en droit français", LGDJ, 1980, p. 117.

[1805] Cfr. J. Gallot, "Qu'est-ce que la régulation? Contribution pour une définition", Revue de la Concurrence et de la Consommation, 2001, p. 5.

reconhecer que o método de regulação contém as mutações que conduziram a um interesse geral neomoderno, tanto na formulação, como na realização.[1806]

Na dimensão de estrutura e de função, a regulação permite associar os interesses, realizar a "harmonia dos interesses" naquilo em que esta defende não haver contradição irredutível, antagonismo irremediável, entre os interesses sociais. A participação dos profissionais, a inserção no meio e, principalmente, o aparecimento da "contradição", exprimem esta forma dialógica de formulação do interesse geral, tão presente nos sectores regulados. A experiência permite conhecer as especificidades de determinada questão e revela a imagem de uma acção pública racionalizada, cuja legitimidade já não é conferida *ex abrupto*, antes resulta da eficácia das soluções, da sua adaptação aos interesses em presença, e da proporcionalidade dos meios em relação aos fins.[1807]

Eficácia, racionalização, formulação dialógica e concretização recorrente, são as características do método de regulação que revelam a sua implantação na transformação "neomoderna" do interesse geral. A regulação adapta os métodos a benefício da intervenção pública.[1808]

Uma adaptação metódica que perpetua a intervenção pública, atribuindo-lhe uma nova legitimidade, visto ser verdade que "*em certos aspectos, não há nada de absolutamente excepcional em que a lei confie uma missão a um organismo administrativo, lhe atribua várias competências para desempenhar essa missão, e lhe conceda relativa liberdade na forma de a exercer e de determinar os meios mais adequados para alcançar os fins pretendidos*".[1809]

Por conseguinte, aquilo a que se assiste é mais uma evolução do direito público de intervenção pública. Mais ainda, é devido aos ensinamentos retirados do estudo da lógica e das características da regulação, que é possível apresentar um modelo global de conciliação entre as diferentes exigências do interesse geral baseado numa perspectiva renovada do direito público.[1810]

A regulação em termos finalísticos é um conceito funcional que, como vimos, pode ser concebido a partir da sua aptidão para o exercício do poder soberano de definir e determinar a organização, bem como as formas (métodos)

[1806] Cfr. Martin Collet, "De la consécration à la légitimation. Observations sur l'appréhension par le juge des autorités de régulation", em M.-A. Frison-Roche (dir.), "Les régulations économiques: légitimité et efficacité", Paris, Dalloz, 2004.

[1807] Cfr. neste sentido, J. Chevallier, "Régulation et polycentrisme dans l'administration française".

[1808] Cfr. C. Einsenmann, "Cours de Droit Administratif", 1956-57, Vol. II, p. 365.

[1809] É o caso entre nós dos poderes atribuídos à Autoridade da Concorrência no âmbito da lei.

[1810] Cfr. no sentido do desenvolvimento do conceito de processo de interesse geral, Laurence Calandri, "Recherche sur la Notion de Régulation en Droit Administratif Français", Tomo 259, p. 484.

de estruturar os novos modelos tendentes a proteger e garantir as atribuições do próprio Estado.[1811]

Julgamos estar em condições de considerar que a Regulação, tal como a entendemos, não pode ser concebida como um descomprometimento do Estado Moderno face às concepções que o qualificavam como agente modernizador e gestor dos sectores-chave da economia.

Pelo contrário, perfilhamos o entendimento que o Estado Regulador é um Estado presente e actuante na economia quando, como é o caso, é uma instância tutelar e responsável por assegurar a prossecução dos interesses públicos e, nessa medida, dos equilíbrios no contexto da globalização, da europeização e dos mercados abertos à iniciativa privada e regidos pelo princípio da livre concorrência.[1812]

Esta "intervenção" é visível na sua veste de *garantia*, ou seja, o Estado é responsável por garantir a protecção de interesses públicos relevantes, ainda que, como é o caso, os mesmos sejam assegurados através de competências atribuídas por lei a autoridades administrativas independentes.

A regulação, a nosso ver, no domínio da sua aptidão para a definição da organização e da estrutura das entidades que a exercem, pode abranger poderes públicos visíveis em dois patamares:

(i) o patamar legislativo, que corresponde ao poder de instituir, regular o funcionamento e a organização das autoridades de regulação; e

(ii) o patamar institucional, operacional ou executivo, em que se integram as atribuições e as competências das autoridades administrativas independentes, nelas se incluindo as autoridades de regulação.

Quanto ao primeiro patamar, como já deixámos referido, o mesmo comporta um conjunto de normas que se traduzem num *desígnio*, cujas fontes são a lei e o regulamento, e que em termos *finalísticos* tem como objecto o de criar e de modelar a organização, o funcionamento, a disciplina da acção e o conjunto das relações entre as autoridades administrativas independentes, o poder executivo e os sectores e/ou empresas regulados.

O segundo patamar a que acima aludimos traduz-se na realização de tarefas executivas e operativas conformes com as normas habilitantes levadas a cabo pelas entidades reguladoras.[1813]

[1811] Cfr. neste sentido, C. Einsenmann, "Cours de Droit Administratif", op. cit., p. 358.

[1812] Cfr. J. Chevallier, "Les autorités administratives indépendantes en la régulation des marchés", p. 85.

[1813] Cfr. Santiago Muñoz Machado, "Tratado de Derecho Administrativo y Derecho Publico General", Tomo I, 2004, p. 1173, quando afirma que: "*Regular no es, pues, producir normas (lo es también,*

Estas autoridades, porque são pessoas colectivas, dotadas de personalidade jurídica de direito público, e na medida em que exercem funções executivas ao abrigo da lei e do regulamento, devem ser integradas na Administração Pública em sentido subjectivo.[1814]

É esta a conclusão principal a que chega grande parte da doutrina e que se pode resumir pelas seguintes principais observações: *"As autoridades administrativas independentes inserem-se no Estado de Direito e mostram que a sua função de regulação deve ser compreendida em termos de função administrativa. O idealismo levou a conceber as autoridades de regulação, por essência ou por construção, como independentes não apenas dos operadores económicos, mas também das autoridades políticas, fora da hierarquia, embora elas próprias sejam autoridades administrativas possuidoras de todas as virtudes que as autoridades provenientes de eleição política não teriam, sendo pois numerosas as referências nos discursos de depreciação do Estado e das bases democráticas. Na verdade, o desenvolvimento das autoridades de regulação corresponde apenas a uma renovação da intervenção política, uma evolução institucionalmente neo-moderna que não põe em causa a ligação da regulação à esfera política, às prerrogativas de soberania, ao exercício do poder público, mesmo numa perspectiva de globalização. A função administrativa transforma-se para responder às novas necessidades, porque antes de ser uma arquitectura institucional, da qual foi demonstrada a necessidade circunstancial e pragmática, ela é um método de administração".*[1815]

Neste sentido e apesar da sua independência, as autoridades administrativas independentes estão inseridas no Estado de Direito.[1816]

Parece, pois, ser de considerar que o *patamar legislativo* de que acima falamos, pode ser concebido como a regra que, do ponto de vista do soberano, habilita o poder político a instituir "estruturas" adequadas à prossecução das estratégias básicas que concatenadas exigem novos modelos de administração.

No que se refere ao *patamar operativo ou institucional*, concebemos as autoridades de regulação como autoridades administrativas independentes que exercem, com fundamento na lei, funções de regulação.[1817]

desde luego, pero no desde la perspectiva que ahora nos interesa), sino una actividad continua de seguimiento de una actividad".

[1814] No direito norte-americano as entidades de regulação são qualificadas como "quarto poder", como sustenta Peter L. Strauss, "The place of agencies in Government: separation of powers and the fourth branch", mencionado em Schuck Foundations of Administrative Law, Foundations of Law Series, 1994.

[1815] Neste sentido e, por todos, J. B. Auby, "La globalization, le droit et l'État", Paris, Montchrestein, LGDJ, 2002.

[1816] Cfr. Martin Colet, "De la consécration à la légitimation. Observations sur l'appréhension par le juge des autorités de régulation", op. cit.

[1817] A atribuição de personalidade jurídica de direito público a uma entidade administrativa demonstra que a mesma é uma autoridade administrativa, ainda que esteja incumbida da realização de

Ou seja, as missões das entidades de regulação consistem na realização de competências normativas, operativas, de aplicação de sanções e de execução de uma função ou actividade administrativa.[1818]

Neste âmbito, as autoridades administrativas inserem-se claramente na ordem constitucional e na ordem administrativa.[1819]

Não podemos deixar de sublinhar que entendemos que a definição dos objectivos de regulação continua a caber em exclusivo ao poder político; as autoridades de regulação encarregam-se de as aplicar tendo em consideração o sector em causa e as necessidades concretas do mesmo sector, actividade e/ou empresa.

Ou seja, a regulação cria um novo modelo de relações entre o Estado, o mercado e os consumidores. Em cumprimento das regras do Estado Regulador, a autoridade de regulação, instituição do Estado, tem a missão de implementar a política que foi definida.

Em síntese, o que importa assinalar e sublinhar é que, no caso da criação e desenvolvimento de autoridades administrativas independentes, foram as técnicas e os métodos da administração que evoluíram, e bem, e não as formas institucionais tradicionais de "governo" da actividade administrativa.

Consideramos, assim, que a função de regulação exercida pelas novas entidades a que geralmente se atribui a designação de autoridades administrativas independentes não releva e não exprime um novo ou quarto poder.

Pelo contrário, quer relativamente às formas da sua organização, quer no que toca ao método da respectiva criação, entendemos, como a maioria da doutrina analisada, que estas autoridades que exercem estas actividades devem ser integradas no conceito lato de administração pública, ainda que orgânica e funcionalmente dela independentes, e que a sua actividade, com as necessárias especificidades, deve ser qualificada como função administrativa.[1820]

Não podemos deixar de, neste âmbito, reflectir sobre o próprio *substracto* sobre o qual se tem vindo a construir novos *corpus* de regras aplicáveis à organização e ao funcionamento das entidades administrativas independentes com funções de regulação.

uma missão de regulação. A missão de regulação é, pois, uma actividade administrativa, separada do poder político, mas inserida no Estado de Direito.

1818 Neste sentido, cfr. Loredana Giani,"Attivitá amministrative e regolazione di sistema", 2002.

1819 Ver, no entanto, a nossa opinião sobre o conteúdo do conceito de unidade de acção que deve ter-se como aplicável directa e imperativamente às autoridades administrativas independentes.

1820 Cfr. por todos, Loredana Giani, "Attivitá amministrativa e regolazione di sistema", 2002.

Segundo a doutrina, o substracto sobre o qual se tem vindo a construir este "novo edifício" normativo são o mercado e a globalização.[1821]

II. O Direito Administrativo

A regulação tal como a concebemos é, quanto ao seu elemento funcional e relacional, tutelada pelo Direito Administrativo.

O que é então o Direito Administrativo, como "nasceu", como se desenvolveu e qual é o estádio actual do seu "corpo normativo", que como sabemos está, nos tempos modernos, segundo alguma doutrina, em fase de crise de identidade?[1822]

A partir do momento em que se começou a desenhar e a desenvolver o conceito de Estado de Direito, estruturado sobre o princípio da legalidade e sobre o princípio da separação de poderes, ou seja, com as Revoluções que acabaram com o regime absolutista que já vinha da Idade Média, ocorreram os primeiros "passos" do Direito Administrativo.[1823]

O Direito Administrativo teve origem em França, como consequência da criação do sistema de jurisdição administrativa (sistema de contencioso administrativo), imputando-se ao labor jurisprudencial do Conselho de Estado as principais regras do direito administrativo, que se mostraram fundadas em quatro princípios essenciais: (i) o da separação das autoridades administrativas e judiciárias; (ii) o das decisões executórias; (iii) o da legalidade; e (iv) o da responsabilidade do poder público.[1824]

[1821] Neste sentido, cfr. Anne-Marie Frison-Roche, "Définition du droit de la régulation économique: Légitimité et efficácité", Paris, Dalloz, 2004; M. Nicolas e S. Rodrigues, "Régulation", em Dictionnaire écónómique et juridique des services publics en Europe, ISUPE, Paris, 1998, p. 220; Antoine Lyon-Caen, "Éssai sur la construction juridique de la notion de marché", coll. Bibliothèque de droit privé, LGDJ, 2002; J. Gallot, "Qu'est-ce que la régulation? Contribution pour une définition", em Revue de la Concurrence et de la Consommation, Janvier, 2001.

[1822] Cfr. neste sentido, Paulo Otero, "A Legalidade e Administração Pública", p. 304.

[1823] De sublinhar, no entanto, que não é possível afirmar-se que antes desse período histórico inexistiam normas que actualmente comporiam o Direito Administrativo, visto que onde existe Estado, existem órgãos e entidades encarregados do exercício da função administrativa. Ver, em Portugal, nomeadamente , as Ordenações Afonsinas de D. Afonso V, que datam de 1446, em vigor até 1511, quando foram substituídas pelas Ordenações Manuelinas de D. Manuel I, compostas por cinco livros, de que destacamos: Livro I – Regimento dos Magistrados e Oficiais de Justiça; Livro II – Define as relações entre o Estado e a Igreja, regula os bens da Coroa, privilégios do Fisco, da Igreja e dos donatários e proprietários de terra.

[1824] Cfr. Georges Vedel, "Droit Administratif", Paris, Presses Universitaires de France, 1964, p. 57; François Burdeau, "Histoire du droit administratif", 1976.

Daí a afirmação de que o Direito Administrativo nasceu das Revoluções que acabaram com o velho regime absolutista da Idade Média.[1825]

Mas o desenvolvimento e o crescimento deste ramo de Direito teve o contributo inestimável, como acima referimos, do Conselho de Estado Francês, podendo ser considerado que o Direito Administrativo tem uma origem jurisprudencial.[1826]

A influência francesa, quer na génese do Direito Administrativo, quer nos institutos que o mesmo instituiu, teve repercussões significativas no âmbito dos sistemas que foram sendo criados e adaptados nos restantes países europeus.[1827]

Temos, pois, que a institucionalização de um sistema de justiça administrativa permitiu, por um lado, "retirar" dos tribunais comuns os litígios entre a Administração e os administrados e, por outro lado, sedimentar a ideia de uma supremacia do poder da jurisprudência.[1828]

O Direito Administrativo de que, como dissemos, o berço foi a França e cuja paternidade é imputada ao labor da jurisprudência do Conselho de Estado, teve ainda uma outra consequência que se traduz pela "interligação" entre o poder executivo e os magistrados deste sistema de justiça administrativa, na medida em que durante um largo período de tempo os tribunais administrativos eram compostos por Juízes e Auditores nomeados pelo Governo.[1829]

1825 Cfr. O. A. Bandeira de Melo, 1975, p. 152, citado em Maria Sylvia Zanella di Pietro, "Direito Administrativo", onde sustenta que: "*Constitui disciplina própria do Estado Moderno, ou melhor, do chamado Estado de Direito, porque só então se cogitou de normas delimitadoras da organização do Estado-poder e da sua acção, estabelecendo balizas às prerrogativas dos governantes, nas suas relações recíprocas e, outrossim, nas relações com os governados. Na verdade, o Direito Administrativo só se plasmou como disciplina autónoma quando se prescreveu processo jurídico para a actuação do Estado-poder, através de programas e comportas na realização das suas funções*"; cfr. igualmente, art. 13º da Lei 16-24, de Agosto de 1790, em França, que estabelecia que: "*As funções judiciárias são distintas e permanecerão sempre separadas das funções administrativas. Não poderão os juízes, sob pena de prevaricação, perturbar de qualquer modo as operações dos corpos administrativos, nem citar diante de si os administradores por motivo das funções que estes exercem*".

1826 Neste sentido, cfr. Paulo Otero, "A legalidade e Administração Pública", p. 270; Alejandro Nieto, "Las contradicciones de la Administración y del Derecho Administrativo Modernos", Estudios sobre Administración y el Derecho Administrativo, Madrid, 1986.

1827 Neste sentido, cfr. Freitas do Amaral, "Curso de Direito Administrativo", Tomo I, p. 152.

1828 Cfr. Paulo Otero, "A legalidade e Administração Pública", p. 271; Maria da Glória Ferreira Pinto Dias Garcia, "Da Justiça Administrativa em Portugal – Sua origem e evolução", Lisboa, 1994, p. 316; Pierre Devolvé, "Paradoxes du (ou paradoxes sur le) principe de séparation des autorités administratives et judiciaires", em Mélanges René Chapus – Droit Administratif, Paris, 1992, p. 144.

1829 Cfr. José Carlos Vieira de Andrade, "A Justiça Administrativa", Lições, 2ª edição, Coimbra, 1999, pp. 50 e seguintes; René Chapus, "Droit Administratif Général", Vol. I, 15ª edição; Charles

Questão relevante é a de saber se o Direto Administrativo é um direito de garantia dos administrados ou um direito tutelar das prerrogativas da administração pública.

Parece ser pacífico o entendimento da generalidade da doutrina que o Direito Administrativo "nasce" como Direito da função pública, que se desenvolveu, por isso, de forma contraditória entre "a fuga" do poder executivo ao Direito Comum e a crescente vertente garantística do mesmo através do reforço dos interesses legítimos dos particulares, o que significou um aumento das limitações da Administração Pública.[1830]

O que é então o Direito Administrativo?

Alguns autores sustentam que o Direito Administrativo é um direito de prerrogativas especiais da administração. O Direito Administrativo surge como um direito da administração e não como um direito dos administrados, ou seja, é um direito criado pelo poder executivo; é um direito que regula a actividade do executivo, e é um direito que constitui padrão aferidor da validade de actuação do poder executivo.[1831]

O Direito Administrativo é o direito comum da função administrativa; é o ramo do direito público constituído pelo sistema de normas jurídicas que regulam a organização e o funcionamento da Administração Publica, bem como as relações por ela estabelecidas com outros sujeitos de direito no exercício da actividade administrativa de gestão pública; como o sistema de normas jurídicas que regulam a organização e o processo próprio de agir da Administração Pública e disciplinam as relações pelas quais ela prossiga interesses colectivos, podendo usar de iniciativa e do privilégio de execução prévia; só são de Direito Administrativo as normas que regulam a organização administrativa em termos de Direito Público, e a actividade administrativa da Administração igualmente em termos de direito público.[1832]

Parece, pois, ser possível considerar o Direito Administrativo, em sentido amplo, como a essência das normas jurídicas segundo as quais a Administração Pública actua (em sentido orgânico e em sentido restrito), e como a

Debbasch, "Le Droit Administratif, droit dérogatoire au droit commun", em Mélanges René Chapus – Droit Administratif, Paris, 1992.

[1830] Cfr. neste sentido, Paulo Otero, "Legalidade e Administração Pública", p. 282; Marcelo Rebelo de Sousa/Sofia Galvão, "Introdução ao Estudo do Direito", 4ª edição, Lisboa, 1998.

[1831] Neste sentido, cfr. Paulo Otero, "Legalidade e Administração Pública", pp. 269 e seguintes.

[1832] São essas as definições de Marcelo Rebelo de Sousa, "Direito Administrativo Geral", Tomo I, p. 53; Freitas do Amaral, "Curso de Direito Administrativo", Vol. I, 3ª edição, p. 138; Marcello Caetano, "Manual de Direito Administrativo", I, p. 43; Afonso Queiró, "Lições de Direito Administrativo", I, p. 119.

essência das normas jurídicas que dizem respeito aos poderes de autoridade da Administração Pública (em sentido subjectivo).[1833]

O Direito Administrativo foi assim moldado, quer pela jurisprudência, quer pela doutrina, como um ramo de direito público cujo objecto é a Administração Pública (quer enquanto organização, quer enquanto actividade).

Por isso, as transformações operadas no Modelo de Estado e no modelo da organização das Administrações Públicas assumiram consequências inevitáveis no contexto da definição, no âmbito de aplicação, e na estrutura normativa deste ramo de direito.

O Estado de polícia e liberal, o Estado prestador, constitutivo, e mais recentemente o Estado Regulador, ao terem assumido gradualmente o reforço e a garantia dos direitos e interesses legítimos dos administrados face à Administração Pública, não abandonaram – ainda – as regras específicas e próprias que tutelam a organização e o funcionamento dos respectivos modelos de organização administrativa.

Todavia, nos tempos modernos, e sobretudo no domínio da actividade da administração pública, verifica-se uma cada vez maior interpenetração entre o direito público e o direito privado.

A depressão dos anos trinta e o final da guerra, as necessidades de reconstrução dos territórios destruídos, a coesão social a nível mundial, por um lado, e a inversão dos princípios liberais pelos princípios da solidariedade e da participação activa do Estado na prestação de serviços públicos, por outro lado, originaram mudanças significativas na forma de agir da administração.

A intervenção do Estado nos diversos domínios da sociedade para garantia do direito ao bem-estar e à prestação de bens e serviços, gera uma "identificação" cada vez mais significativa entre Estado e Sociedade.[1834]

A tradicional construção do Direito Administrativo "desenhada" para tutelar a Administração Pública, quer quanto à sua organização, quer quanto ao seu funcionamento no modelo de Estado liberal, começou a dar sinais de que as novas formas intervencionistas e planificadoras da economia não se "encaixavam" nos "velhos" institutos deste direito administrativo.[1835]

[1833] Neste sentido, Hans J. Wolff, Otto Bachof e Rolf Stober, "Direito Administrativo", Vol. I, p. 263 (tradução da Fundação Calouste Gulbenkian).

[1834] Neste sentido, cfr. Maria João Estorninho, "A Fuga para o Direito Privado", p. 92.

[1835] Cfr. Rogério Soares, "Direito Público e Sociedade Técnica", Coimbra, 1969, pp. 21 e seguintes; Prosper Weil, "O Direito Administrativo" (tradução Almedina), Coimbra, 1977, pp. 31 e seguintes.

É o tempo do apelo ao Direito Privado no interesse da Administração de Cooperação.[1836]

No Estado Social de Direito, a administração pública passa a ser titular de novas atribuições, e as suas actividades passaram a obedecer a novos modelos estruturados em razão da multiplicidade de missões, da diversidade das mesmas, e das expectativas da sociedade face ao Estado.

Por isso, parece ser possível considerar que o Direito Administrativo tradicional já não tinha condições de regular estas "novas" actividades da Administração Pública.[1837]

Para o cumprimento das suas missões de interesse público, a Administração Pública deixou de poder agir exclusivamente ao abrigo do Direito Administrativo, e passou a pautar grande parte das suas actividades subordinada ao regime de direito privado.

A Administração deixou de ser autoritária, passou a ser prestadora e constitutiva, e o objectivo da sua acção traduzia a garantia do bem-estar social.

Foram visíveis as modificações que resultaram desta "importação" do direito privado como direito regulador das actividades (algumas) da administração pública.[1838]

O Estado Social de Direito, nesta vertente, pode ser concebido como o "berço" em que se desenvolveu e até cresceu o papel do Direito Privado, no que tange às actividades exercidas pela Administração Pública.[1839]

Esta "convivência" e "interligação" de institutos de direito administrativo concebidos para regular a administração pública enquanto instituição e actividade no tempo do Estado constitutivo, e institutos de direito privado que passaram tendencialmente a regular parte significativa da sua actividade, agora enquadrada e modelada por novas e diferentes exigências de eficácia, de mobilidade e de flexibilidade, fundamentaram uma certa "desorientação" filosófica e conceitual quanto aos conceitos mais relevantes do Direito Administrativo provenientes do labor jurisprudencial do século XIX.[1840]

1836 Neste sentido, cfr. Hans J. Wolff, Otto Bachof e Rolf Stober, "Direito Administrativo" Vol. I, pp. 257 e seguintes (tradução da Fundação Calouste Gulbenkian).

1837 Cfr. neste sentido, Maria João Estorninho, "A Fuga para o Direito Privado", p. 94.

1838 Cfr. mais detalhadamente estas novas formas de agir da Administração ao abrigo do Direito Privado, em Maria João Estorninho, "A Fuga para o Direito Privado", pp. 59 e seguintes.

1839 Cfr. Charles Debbbasch, "Le Droit Administratif face à l'évolution de L'Administration Française", em Mélanges offerts à Marcel Walline, Tomo 2, LGDJ, Paris, 1974, pp. 343-354.

1840 Cfr. neste sentido, Rui Machete, "Considerações sobre a Dogmática Administrativa no Moderno Estado Social", em Estudos de Direito Público e de Ciência Política, Revista Brasileira de Direito Comparado, nº 6, 1985.

O mundo não pára e o Direito não pode deixar de acompanhar este caminho.

Os fenómenos da liberalização económica surgiram em meados da década de setenta do século XX, e o seu actual caminho faz adivinhar que continuarão a colocar problemas no decurso do século XXI.

A falência e o desmantelamento do Estado Social de Direito está a conduzir à passagem daquele para um novo Estado pós-social em que voltam a colocar-se questões relativas aos quadros institucionais em que se deve desenvolver a actividade administrativa.[1841]

Curiosamente, ou nem tanto, este movimento gerou o reforço do papel do Direito Administrativo por razões de concorrência, por razões de eficiência, ou devido a fundamentos comunitários, com a consequência das administrações de garantia e de regulação.[1842]

Na verdade, "mais sociedade menos Estado" ou "melhor Estado", exige agora a devolução à sociedade civil do protagonismo relativo à prossecução e à garantia de prestações de serviço público, na generalidade dos casos, "privatizados", "desregulamentados", "concessionados", "contratualizados" e realizados através de formas de cooperação entre entidades privadas e públicas.[1843]

A diminuição do papel do Estado, enquanto estrutura organizacional, significou, nos tempos modernos, o aumento da regulação jurídica da economia: a liberalização fez o "Estado prestador" converter-se em "Estado Regulador".[1844]

O moderno Direito Administrativo resultante deste movimento contraditório (ou não), desta tensão entre actuar (prestar) directamente ou intervir (através da regulação) entre estruturas de autoridade e estruturas de colaboração, revela que hoje o seu âmbito de aplicação é mais lato e mais abrangente, sobretudo no domínio da consagração de princípios fundamentais de organização e de funcionamento das instituições criadas para o exercício de funções/incumbências do Estado.

O Moderno Direito Administrativo "deu a volta", ou seja, o "apagamento" porventura anunciado (e em anúncio) de que a falência do Estado Prestador

[1841] Cfr. Maria João Estorninho, "A Fuga para o Direito Privado", p. 96.

[1842] Cfr. Hans Wolf, Otto Bachof e Rolf Stober, "Direito Administrativo I", op. cit., p.257.

[1843] Cfr. Pedro Gonçalves, "Entidades Privadas com Poderes Publicos", pp. 835 e seguintes.

[1844] Estas palavras são de Paulo Otero, em "Legalidade e Administração Pública", p. 301; Juan Miguel de La Cuétara Martinez, "La Regulación subsiguiente a la liberalización y privatización de servicios públicos", em Os Caminhos da Privatização da Administração Pública – IV Colóquio Luso-Espanhol de Direito Administrativo, Coimbra, 2001, pp. 193 e seguintes.

geraria a irrelevância da Administração e, em consequência, do Direito que a regulava, não se concretizou.[1845]

O Direito Administrativo ressurgiu e, a nosso ver, apesar de poder estar eventualmente a ter sintomas de alguma "maleita" quanto à sua identidade enquanto ramo de Direito comum da função administrativa, alargou os seus horizontes e abarcou outras e diferentes realidades institucionais e materiais.

Tal qual sucedeu aquando da passagem do Estado liberal para o Estado Prestador, em que a multiplicidade e a exigência de qualidade das prestações requereu novos institutos de direito público e a intervenção de institutos do direito privado na actividade administrativa, também agora o que pode estar em causa não é o Direito, mas sim a configuração da função administrativa.[1846]

Julgamos que um princípio de resposta às "perplexidades" com que nos defrontamos, passa por inquirir se devemos continuar a conceber a função administrativa, tal qual a conhecemos ao longo da história, como relevando apenas de uma função de execução da lei, ainda que constitutiva de direitos no Estado Providência.[1847]

Olhemos, por momentos, para a actual configuração da Administração Pública, e sobretudo para os poderes que a lei atribui a cada uma das entidades ou órgãos que a compõem, com o objectivo de comparar as funções de estrita execução da lei, através de "restrições" aos direitos, de "polícia" de segurança, de "prestações" concretas de bens e serviços, de prática de "actos constitutivos" de direitos, de intervenção concreta na economia e na sociedade, através das "nacionalizações", da alienação de participações sociais de empresas públicas, das "prestações" de cuidados de saúde e de educação, com as que resultam das novas formas de "administrar".[1848]

A função administrativa actual é mais do que executar as palavras da lei. É também mais do que, através dos actos próprios da função, constituir direitos na esfera jurídica dos destinatários da sua acção.

[1845] Cfr. Paulo Otero, "Alguns problemas do Direito Administrativo no mercado de valores mobiliários", em Direito dos Valores Mobiliários, Vol. I, Instituto dos Valores Mobiliários, Coimbra, 1999.

[1846] Apesar de parecer de sentido contrário, consideramos que o "problema" actual não é o Direito, mas sim uma nova configuração da função administrativa que é tutelada pelo Direito Administrativo.

[1847] A formulação desta questão não é da minha autoria. Resultou de uma conversa entre mim e o Professor Gomes Canotilho que a enunciou e que desde logo me pareceu ser a questão decisiva com que o Direito Administrativo moderno se confronta.

[1848] Sabemos que esta afirmação pode ter consequências a nível global no que toca à forma tradicional como se manifesta a vontade da Administração Pública, que é a de acto administrativo. Para maiores desenvolvimentos sobre este tema, cfr. Vasco Pereira da Silva, "Em Busca do Acto Administrativo Perdido", pp. 254 e seguintes.

A função administrativa que hoje se desenvolve nos Modernos Estados é uma administração pública de direcção.

A administração electrónica, de regulação e de parceria público-privada é uma estrutura recente que procurou vir dar resposta às exigências da sociedade sem os correlativos aumentos asfixiantes de impostos, e realizada sobretudo através de meios "dirigistas" e "ordenadores".

Retomando alguns tópicos anteriormente evidenciados a propósito das competências de regulamentação e de supervisão da Autoridade da Concorrência, a questão que se nos pode colocar é a de saber se os actos e as medidas adoptadas por esta Autoridade, nas suas diversas "vestes", nomeadamente supervisão, regulação, vigilância, controlo, inspecção, ordenação..., devem ter-se como enquadradas no contexto de função administrativa.

O nosso entendimento é o de que as entidades administrativas independentes inseridas na Administração Pública Independente exercem funções administrativas de garantia – de promoção e protecção do funcionamento eficiente dos mercados com o objectivo de garantir a equilibrada concorrência entre as empresas –, de vigilância – através de restrições à existência de monopólios –, e de direcção – prevenção e repressão de abusos de posição dominante e outras práticas lesivas do interesse geral.

O Direito Administrativo é, pois, o Direito comum da função administrativa, nela se incluindo as funções exercidas pelas entidades administrativas independentes quando administram e regulam um sector ou uma empresa.[1849]

III. O Direito da Regulação como um Direito Administrativo de Garantia

A regulação é revelada através de um quadro normativo, ou seja, é o conjunto de normas jurídicas editadas pelo poder soberano (legislativo) que instituem os diversos sistemas regulatórios públicos, procedem à criação de entidades administrativas independentes, e enquadram e disciplinam a organização, o funcionamento e a disciplina dos sectores e/ou empresas regulados.[1850]

As regras legais que constituem o "direito da regulação" sendo provenientes do poder público e destinando-se a regulamentar a organização, o funcionamento e os poderes das autoridades administrativas independentes ou

[1849] Cfr. quanto à afirmação de que: "*administrar repousa mais em dirigir um sector (steering) do que comandar; prevenir conflitos antes que remediar; descentralizar autoridade fazendo participar os cidadãos (inpowering the community); utilizar métodos de mercado ou quasi-mercado preocupando-se em ganhar ou investir o dinheito público e não meramente em gastá-lo...*", Luis Catarino, "Regulação e Supervisão dos Mercados de Instrumentos Financeiros", p. 304.

[1850] Neste sentido, Pedro Gonçalves, op. cit., p. 9.

outras autoridades da administração pública, são normas de *direito público* e, nessa medida, integrantes do Direito Administrativo.[1851]

Mas as normas integradas no "direito da regulação" podem, nos casos em que os seus destinatários são os "regulados", ser qualificadas e integradas no *direito privado.*[1852]

Ou seja, a regulação, neste momento, é composta de duas esferas: a esfera do direito público e a esfera do direito privado.[1853]

O "direito da regulação" comporta o "direito privado da regulação" e o "direito administrativo da regulação".[1854]

A nós, no contexto deste trabalho, cumpre-nos restringir e delimitar as normas que consideramos dever qualificar como normas de direito administrativo da regulação.

Para isso vamos ter de apelar ao próprio conceito de Direito Administrativo.[1855]

O Direito Administrativo é um ramo de direito, correspondendo, portanto, a um complexo de princípios e regras com um objecto específico; esse objecto é a função administrativa.

Enquanto direito da função administrativa, o direito administrativo não regula apenas a actuação da administração pública em sentido orgânico.

Regula, para além disso, a actuação de todos os sujeitos jurídicos, ainda que não integrantes daquela, que exerçam a função administrativa e, ainda, a actuação de todo e qualquer sujeito jurídico, quando e na medida em que se intersecccione com o exercício da função administrativa.

[1851] Cfr. no sentido das relações entre Direito Público e Direito Administrativo, Marcelo Rebelo de Sousa, "Direito Administrativo Geral", Tomo I, pp. 63 e seguintes.

[1852] Será o caso da norma que proíbe certos acordos entre empresas ou o abuso de posição dominante, bem como as que imponham às empresas que actuam num certo mercado a obrigação de prestar informações ao público; diferentemente, deverá ser qualificada como de direito público a norma que atribui a uma entidade administrativa independente o poder de conceder licenças ou autorizações ou de aplicar sanções a empresas que não cumpram os deveres que lhe são impostos.

[1853] Em identidade com o que sucede no contexto da Administração Pública, as entidades de regulação podem exercer as suas competências ao abrigo do Direito Privado. Neste sentido, cfr. Maria João Estorninho, "A Fuga para o DireitoPrivado", p. 231; Daniel Guttman, "Public purpose and private service: The twentieth century culture of contracting out and the evolving law of diffused sovereignty", em Admnistrative Law Review, Vol. 52, nº 3, 2000, pp. 859-926; Luis Cabral de Moncada, "A Administração Pública, a privatização e o direito privado", em Estudos em Homenagem ao Professor Doutor Armando Marques Guedes, coordenação de Jorge Miranda, Coimbra Editora, 2004.

[1854] É a posição defendida por Pedro Gonçalves, que perfilhamos.

[1855] Sobre o Método do Direito Administrativo, cfr. Afonso Queiró, "Lições de Direito Administrativo", I e II, p. 106.

Por outro lado, enquanto direito comum da função administrativa, o direito administrativo é aquele que se aplica na ausência de uma permissão de aplicação de qualquer outro complexo normativo. Isto significa que não se trata do direito exclusivo da função administrativa: esta pode ainda ser regulada por normas de outros ramos de direito, designadamente de direito privado".[1856]

O Direito Administrativo é Direito Público, porque o seu objecto é a função administrativa.

A *função administrativa* compreende a actividade pública contínua tendente à satisfação das necessidades colectivas em cada momento selecionadas, mediante prévia opção constitucional e legislativa, como desígnios da colectividade política – ou seja, os interesses públicos contingentes.[1857]

Ou seja, o critério elegível para efeitos de distinção entre direito público e direito privado é o critério do *interesse a prosseguir.*[1858]

O Direito Administrativo é um direito "em movimento".[1859]

Os *interesses públicos* que devem ser prosseguidos são os que resultarem das concepções prevalecentes em cada momento histórico que, por assumirem tal qualificação, devem ter assento constitucional.

É desta definição e a partir dela que se tem vindo a construir o Direito Administrativo que é, por isso, recente, mutável e dependente das opções políticas tomadas em cada tempo histórico considerado.[1860]

A afirmação precedente aplica-se inequivocamente ao *direito da regulação*[1861], no sentido a que acima nos referimos, se nele podermos identificar um "corpo unitário" revelador de tendências e modelos institucionais de cariz identitário.

1856 Esta é a definição de Marcelo Rebelo de Sousa, op. cit., pp. 53 e seguintes.

1857 É esta a definição de Marcelo Rebelo de Sousa, p. 39.

1858 Para distinguir entre jurisprudência dos conceito e jurisprudência dos interesses, ver Otto Bachof, "Normas constitucionais inconstitucionais", tradução e nota prévia de J. M. Cardoso da Costa, Coimbra, 1977.

1859 Cfr. Maria da Glória Garcia, "As Transformações do direito administrativo na utilização do direito privado pela administração pública – Reflexões sobre o lugar do Direito no Estado", em Studia Iuridica 60, Coimbra Editora, 2001, p. 280, onde é sustentada a sobrevivência da dualidade entre direito público e privado.

1860 Basta ter presente as mudanças ocorridas na Europa na passagem do Estado Mínimo para o Estado Prestador, em que se verificou o alargamento significativo do próprio âmbito de aplicação das normas de direito administrativo em áreas e sectores até então regulados pelo direito privado.

1861 *"(...) A privatização funcional e material de tarefas administrativas originou o aparecimento de novas formas de intervenção do Estado na Economia, as quais procuram garantir a efectiva prestação universal dos serviços essenciais no quadro da privatização. Com efeito, com a transmissão dos tradicionais serviços públicos para a sociedade, hoje serviços económicos essenciais por força de designação europeia, que assim deixaram de ser prestados por empresas públicas ou outros organismos integrados na organização administrativa, o Estado*

O *direito da regulação* aplica-se aos organismos (entidades administrativas independentes) que têm a seu cargo a missão de *regulação*.[1862]

Trata-se de um direito especializado – o direito administrativo da regulação – e nele (no corpo de normas jurídicas relevantes) devem compreender-se as normas emanadas pelo poder legislativo que visam enquadrar e disciplinar a acção das entidades administrativas independentes mediante a adopção de medidas no âmbito dos sistemas regulatórios.[1863]

Os novos desafios que se têm vindo a colocar ao Estado, como consequências das suas profundas e sucessivas transformações, sobretudo a partir da década de setenta do século passado, têm proporcionado uma "renovação" constante de finalidades e, como consequência, de novos institutos carecidos de tutela jurídica adequada.[1864]

É que, de par com as transformações políticas, sociais e económicas a que se tem assistido nos tempos mais recentes, o direito administrativo, hoje, tem de lidar com novos e diferentes sujeitos e interesses e com novos e diversos protagonistas, nomeadamente os que decorrem da aparente retracção da intervenção pública, da participação cada vez mais significativa de particulares na prossecução de interesses públicos, e da preferência por formas negociadas e de compromisso no âmbito da função administrativa.

O aparecimento de um novo estilo de regulação económica e social em detrimento de outras formas de intervenção do Estado, surgiu em parte como uma reacção às nacionalizações como método de orientar a economia do interesse público. Para além deste, outros factores podem ser assinalados como pressupostos deste novo modelo regulatório, que são, entre outros, os seguintes: (i) a complexidade crescente dos problemas de decisão política; (ii) a exigência recente de uma separação entre a acção política e política de

sentiu a necessidade de continuar a intervir nestas áreas e noutras que também são estruturais ao desenvolvimento económico, embora de modo diverso. É assim que surge o direito administrativo da regulação, trazendo consigo mais um conjunto de novos institutos jurídicos (contratos de regulação, tarifas reguladas, actividade de supervisão, direito de acesso a infraestruturas essenciais) e de novas entidades administrativas (autoridades reguladoras), bem como novas transformações ao direito administrativo geral (ex. partilha de benefícios como nova característica do regime jurídico dos contratos públicos de parcerias público-privadas, domínio público infraestrutural que não se compadece com o regime da dominialidade...", em Susana Tavares da Silva, "Um novo Direito Administrativo?", Coimbra, 2010, p. 43.

1862 Cfr. Pedro Gonçalves, "Entidades Privadas com Poderes Públicos", p. 249, quando entende que a própria criação de uma entidade de direito público implica que a acção pública destas entidades é regida pelo direito administrativo.

1863 Seguimos e aderimos a Pedro Gonçalves, p. 11.

1864 Concordamos, pois, com Jean B. Auby quando refere que: "*l'annonce, parfois faite, d'une possible "fin du droit administratif" est une pure illusion d'optique*".

regulação; (iii) o impacto crescente da regulação na Comunidade Europeia sobre os Estados-Membros; e (iv) a crise fiscal do Estado Providência e a preferência, nos anos oitenta, por políticas microeconómicas em detrimento de políticas macroeconómicas.[1865]

Se, como refere Gomes Canotilho, "devemos combater por um Estado de Direito Administrativo" e não pelo seu eventual "estiolamento", o que nos devemos perguntar é se, em termos *finalísticos*, é ou não possível determinar a função maior do Direito Administrativo.[1866]

A resposta é afirmativa! O Direito Administrativo é o direito da realização do interesse público.[1867]

Esta afirmação é fundada na ideia de que ao Estado continua a ser imputável a *responsabilidade* pública de garantia da realização de certos valores e a satisfação do interesse público.

O comprometimento e a responsabilidade do Estado "deslocaram-se" apenas! O que outrora era realizado directamente pela Estado, hoje é concretizado de forma indirecta e autónoma pelas instituições, nelas se incluindo as autoridades administrativas independentes, e pelos sujeitos privados, nos casos em que participam e assumem, segundo a lei, a corresponsabilidade na satisfação de interesses colectivos.

A breve evolução da "renovação" do direito administrativo traduz, segundo cremos, a própria evolução do papel do Estado no âmbito do direito da regulação.

Do que se tratou foi de adequar e procurar soluções que acobertassem a nova realidade social, os novos modelos de participação e de cooperação entre, por um lado, a Administração Publica directa e, por outro lado, as novas entidades autónomas e independentes.

O Estado é responsável e assume o dever de *garantir* a realização dos interesses públicos prevalecentes, no caso, a fiscalização, supervisão e o controlo dos sectores e/ou empresas.

Estas atribuições podem ser realizadas directamente pela administração pública, e durante largo tempo assim sucedeu.[1868]

Mas as transformações ocorridas nas modernas sociedades, a globalização, a europeização, a falência do Estado intervencionista, o peso dos aparelhos administrativos e os custos-benefícios decorrentes deste modelo, legitimaram novos modelos de "intervenção" com o objectivo de *garantir*, nos termos constitucionais aplicáveis, a prossecução de interesses públicos prevalecentes.

[1865] Cfr. Giandomenico Majone, "A União Europeia – Estado Regulador".

[1866] Cfr. Gomes Canotilho, "O Direito Constitucional Passa..., p. 706.

[1867] Cfr. Pedro Gonçalves,"Entidades Privadas com poderes públicos", p. 1102.

[1868] Foi o caso,por exemplo, em Portugal, da Direcção-Geral da Energia.

Não é pacífico este entendimento, sobretudo quando a questão se coloca a propósito da regulação subsequente à privatização, no sentido em que subsistem problemas para os quais o Direito Administrativo pode não ter respostas, e que são os seguintes:

a) Normas que não são normas, mas que funcionam como se fossem (recomendações, orientações comparativas (*benchmarking*));
b) Actos discricionários que não são discricionários. Os reguladores adoptam várias decisões, fixam preços ou atribuem direitos para os quais não existem várias decisões válidas, mas apenas uma. Mas a única decisão correcta depende da ponderação de questões económicas de muito difícil incorporação num procedimento jurídico, daí que acabem por ser proferidas decisões configuráveis como actos discricionários;
c) Contratos que não são contratos, como sejam, por exemplo, os denominados *"Regulatory contract"*; e
d) Sentenças que não são sentenças no exercício de competências de regulação de conflitos.[1869]

A nosso ver, esta construção não se revela como a mais adequada à própria evolução do Direito, *maxime* do Direito Administrativo de Regulação, na medida em que o que sucede é uma adaptação dos quadros tradicionais do direito administrativo geral e clássico aos modernos institutos e instituições, e não uma ruptura com tais quadros.

É evidente que o direito administrativo de regulação assume algumas particularidades, nomeadamente a da desgovernamentalização das administrações estaduais, a europeização, e uma certa retracção do princípio da legalidade, mas tais características não impõem nem exigem que a fonte das normas e dos regulamentos assumam diversa qualificação.[1870]

Assim, apesar das dificuldades sublinhadas, estamos de acordo com Pedro Gonçalves, quando sustenta que o *direito administrativo da regulação* é uma aplicação paradigmática da ideia de *direito administrativo de garantia.*[1871]

[1869] Neste sentido, cfr. J. Miguel Cuetara Martinez, "La regulación subsiguiente à la liberalización y privatización de servicios públicos", em Os Caminhos da Privatização da Administração Pública – IV Colóquio Luso-Espanhol de Direito Administrativo, Studia Iuridica, nº 60, p. 199.

[1870] Neste sentido, Pedro Gonçalves, "Regulação, Electricidade e Telecomunicações – Estudos de Direito Administrativo da Regulação", pp. 112 e seguintes.

[1871] Pedro Gonçalves, op. cit., p. 11, em que sustenta algumas particularidades do direito administrativo da regulação, de entre as quais as de: (i) desgovernamentalização de administrações estaduais; (ii) europeização; e (iii) retracção do princípio da legalidade administrativa.

PARTE SÉTIMA

NATUREZA JURÍDICA DAS ENTIDADES ADMINISTRATIVAS INDEPENDENTES

ANÁLISE DO REGIME DE CRIAÇÃO E DO REGIME JURÍDICO DAS ENTIDADES ADMINISTRATIVAS INDEPENDENTES COM FUNÇÕES DE REGULAÇÃO DA ACTIVIDADE ECONÓMICA

AS AUTORIDADES PÚBLICAS INDEPENDENTES E AS ENTIDADES ADMINISTRATIVAS INDEPENDENTES

As Entidades Administrativas Independentes com funções de regulação são pessoas colectivas de direito público que integram a Administração Pública Independente

As Entidades Públicas Independentes são instituições de base e fundamento constitucional

Capítulo I
A Natureza Jurídica das Entidades Administrativas Independentes

I. Razão de Ordem

As entidades administrativas independentes configuram uma das principais traves mestras que modelaram a "transfiguração" do próprio modelo de Estado.

Também em Portugal, o legislador "confortado" com o movimento, que nessa época era visível, de "autonomização" de entidades administrativas independentes e de reorganização das funções do Estado, procedeu à criação das entidades que foram antes mencionadas.[1872]

Deve, no entanto, referir-se que este movimento não foi conformado por uma definição estratégica, no sentido em que a criação destas entidades pudesse ser entendida como a concretização de uma política reformadora da estrutura orgânica da administração pública.[1873]

[1872] Cfr. entre outros, os textos legais relativos à criação da Comissão Nacional de Eleições, da Comissão de Protecção de Dados, da Comissão de Mercado dos Valores Mobiliários.

[1873] É pelo menos esta a conclusão que se pode retirar do elenco a que antes procedemos relativamente às entidades criadas antes da revisão constitucional de 1997. No mesmo sentido, ver Relatório da Comissão de Orçamento, Finanças e Administração Pública e Comissão de Economia e Obras Públicas da Assembleia da República, a propósito da implementação das disposições do Tratado em matéria de regras comuns relativas à concorrência e à aproximação das legislações dos Estados-Membros tendo em vista o estabelecimento e o funcionamento do mercado interno, em que o direito comunitário prevê a instituição de entidades reguladoras nacionais com atribuições complementares nos domínios da regulação e da promoção da defesa da concorrência respeitantes às actividades económicas, de Dezembro de 2012, pp. 38 e seguintes. Ver ainda, e no sentido da inexistência de uma política definida quanto a esta matéria, Vitor J. Calvete, "Entidades administrativas independentes", Concorrência e Regulação, 2011.

Diríamos, ao contrário, que este movimento se desenvolveu ao sabor de casuísmo institucional motivado por adesão a modelos importados, e a preocupações de consagrar soluções que se revelavam potencialmente mais eficientes e eficazes em termos de prossecução de interesses públicos diferenciados, nomeadamente de natureza supra-ordenacional, reguladora e conformadora.[1874]

Mais tarde, e já na sequência da revisão constitucional de 1997, a lei criou autoridades que, nalguns casos, designou como entidades administrativas independentes e, noutros casos, apenas considerou e consagrou o respectivo regime jurídico sem curar de, expressamente, proceder à sua qualificação jurídica.

Ou seja, cabe ao intérprete proceder à qualificação da natureza jurídica das entidades administrativas independentes.

Não nos foi possível determinar no conjunto dos textos consultados o *critério* elegível para a definição da natureza jurídica das entidades analisadas.[1875]

Com efeito, a doutrina invoca, nuns casos, o feixe e a maior relevância das competências de cada uma das entidades analisadas, noutros casos, as regras de independência orgânica ou funcional e, ainda noutras circunstâncias, a classificação legal que resulta da lei e dos estatutos.[1876]

Não dispúnhamos até há bem pouco tempo de uma Lei-Quadro que nos permitisse, a partir das suas "orientações", definir e enquadrar a natureza jurídicas das entidades em análise.

[1874] Cfr. Comunicação da Comissão Europeia de 20 de Novembro de 2007, que acompanha a comunicação "Um mercado único para a Europa do século XXI", COM(2007)725; Directiva 2002/20/CE (autorização); Directiva 2002/19/CE (acesso); Directiva 2002/22/CE (serviço universal) e a Directiva 2002/58/CE (protecção da privacidade no sector das telecomunicações), todas elas respeitantes à regulamentação aplicável ao sector das comunicações electrónicas, de par com a Directiva-quadro 2002/21/CE (alterada e com versão consolidada na Directiva 2009/140/CE). Foi neste período, como sabemos, que se verificou uma profunda e significativa "pressão" resultante dos desenvolvimentos, nomeadamente institucionais, que estavam a decorrer no contexto do aprofundamento do mercado interno no seio da União. Os novos princípios das privatizações, da liberalização e da extinção de monopólios traduziram, no âmbito da União e dos países-membros, a multiplicação de novas entidades autónomas e independentes.

[1875] Cfr. José Lucas Cardoso, "Autoridades administrativas independentes e Constituição", relativamente à natureza jurídica das entidades em causa, de que não resulta, a nosso ver, um critério único susceptível de nos facultar, pela via da respectiva aplicação a cada caso, a definição da sua natureza jurídica.

[1876] Cfr. Vital Moreira, "Administração Autónoma e Associações Públicas"; Luis Nazaré, Lição inaugural do II Curso de Pós-Graduação em Regulação Pública, em "Estudos de Regulação Pública", I, 2004; Jean-Marie Pontier, "Étude de Droit Comparé sur les Autorités Administratives Indépendantes", em Rapport sur les autorités administratives indépendantes, por M. Patrice Gélard, Sénateur, Annexe au procès-verbal de la séance du 15 juin 2006, Tomo II: Annexes; pp. 171-449.

Por isso, procurámos, no âmbito do nosso estudo, referir e desenvolver o regime jurídico de criação destas entidades.

Realizámos também uma análise exaustiva das atribuições e competências das entidades administrativas independentes.

Procurámos definir os critérios fundamentais aplicáveis aos regimes de independência – orgânica e funcional – consagrados na lei e nos estatutos.

Referimo-nos ainda aos mecanismos previstos na lei de "prestação de contas" – *accountability* – das actividades desenvolvidas pelas entidades administrativas independentes.[1877]

Temos, para nós, que importa interpretar e conjugar os diversos elementos acima identificados, de modo a que deles possa resultar a definição da natureza jurídica das entidades analisadas.

Antes, porém, importa salientar que dos estudos a que procedemos resulta com toda a evidência que, pelo menos no nosso país, as diversas entidades são analisadas de forma indiferenciada, ou seja, em termos e sem bases de "critério" ou "critérios" elegíveis, o que tem redundado, por um lado, na impossibilidade de proceder à sua "ordenação" e "catalogação" e, por outro lado, à evidente "dispersão" da respectiva qualificação de natureza jurídica.

Na realização da nossa tese, a primeira grande preocupação que nos assaltou foi, justamente, a indiferenciação com que a doutrina e o legislador têm tratado este tema.

Razão pela qual iremos procurar buscar a sua natureza através de um conjunto de critérios – constitucionais e legais –, bem como de um conjunto de elementos instrumentais susceptíveis de nos facultar uma melhor compreensão destas entidades e o enquadramento que as mesmas devem assumir.

II. Enunciado geral dos parâmetros de qualificação das entidades administrativas independentes

O tema deste capítulo implica, a nosso ver, a abordagem de um conjunto de questões de natureza instrumental, a que a generalidade da doutrina tem dado

[1877] Cfr. Paulo Nogueira da Costa, "Que Contas? O controlo financeiro externo entre *accounting* e *accountability*", em Revista de Finanças Públicas e Direito Fiscal, Ano VI, 2013, pp. 49 e seguintes, em que se considera que: *"...nos seus contornos essenciais, podemos identificar a estreita ligação do termo* accountability *aos princípios constitucionais democrático e republicano e reconhecer como duas das suas mais marcantes dimensões a* answerability *(prestação de contas da administração perante um ente externo) e a* responsability, *que se apresenta como a dimensão de justiça retributiva da* accountability"; Reinhold Zippelius, "Teoria Geral do Estado", Fundação C. Gulbenkian, 1997; Richard Mulgan, "Holding Power to Account: Accountability in Modern Democracies", 2003.

atenção pela sua relevância em termos da melhor "identificação" institucional nas diversas ordens jurídicas, das entidades administrativas independentes.

Tais questões podem ser enunciadas nos seguintes termos:[1878]

a) Para que servem as autoridades administrativas independentes;
b) Por que existem as autoridades administrativas independentes;
c) Como deve ser fundamentada a legitimidade das autoridades administrativas independentes; e
d) O que são as entidades administrativas independentes.

1. A Questão da "utilidade" das autoridades administrativas independentes

A primeira das questões enunciadas reverte para a procura de resposta relativamente à *utilidade institucional* das autoridades administrativas independentes.

Os princípios da liberdade de circulação de bens e serviços, de livre acesso a empresas e ao mercado, e de livre concorrência, representam hoje regras fundamentais do funcionamento dos mercados.

Esta evolução exigiu um conjunto de soluções normativas que, sendo concretizadas pelo Estado através do poder legislativo, podem ser operacionalizadas por via da criação de órgãos integrados na administração directa ou indirecta do Estado, ou através da criação de pessoas colectivas de direito público autónomas e independentes.

As economias, hoje, são completamente diferentes dos tempos (e não são muito "antigos") em que o Estado era concebido e qualificado como um agente directo e interventor na vida social.[1879]

[1878] Esta abordagem prévia é feita com relação às autoridades administrativas independentes que operam nas áreas da regulação económica e financeira, e é fundada na lição de Marie-Anne Frison-Roche, que pode ser consultada em http://www.senat.fr/rap/r05-404-2/r05-404-242.html.

[1879] Como já referimos, o Estado Intervencionista era dotado de um vasto e complexo conjunto de serviços, departamentos, institutos públicos e empresas públicas compostas de uma estrutura de organização administrativa tendente não só a suportá-los mas, igualmente, a geri-los. As decisões de criação *ex novo* de entidades autónomas e independentes em "desfavor" das tradicionais empresas e serviços que asseguravam a prestação de *public utilities*, releva de necessidades internas de reforma da administração mas, igualmente, de acatamento de normativos comunitários que exigiam regras de liberdade de mercado, livre concorrência e promoção do mercado único. Neste sentido, ver art. 14º do Tratado sobre o Funcionamento da União Europeia, conjugado com os artigos 93º, 106º e 107º do TFUE e com o Protocolo relativo aos serviços de interesse geral, anexo ao Tratado de Lisboa, e o Livro Branco da Comissão sobre os serviços de interesse geral (COM/2004/374).

As profundas mudanças operados no *modo de viver e de agir*, exigiram que os Estados possam ser *livres* no sentido em que a evolução das regras de enquadramento antes sublinhadas não exigem, por si só, a concretização de um modelo em concreto.[1880]

É certo que os mercados não funcionam naturalmente. Quer para a sua construção, quer para o seu desenvolvimento, necessitam de um sistema jurídico que consagre, nomeadamente, o direito dos contratos, das sociedades e das falências, bem como a importância da autoridade "reguladora" e de jurisdições imparciais.

Ou seja, o mercado "vive" e "convive" com um direito da concorrência que, em regra, funciona como uma protecção, prevendo a sanção *a posteriori* dos comportamentos anti-concorrenciais, principalmente os acordos e os abusos de posição dominante, devido aos danos que estes podem constituir para o seu bom funcionamento.

Se é possível considerar que o mercado pode conviver durante um período considerável com um quadro geral normativo – o direito da concorrência –, a questão pertinente que se coloca é a de saber se este corpo jurídico se pode considerar suficiente para os objectivos a prosseguir.

Uma resposta possível parece poder ser a de considerar que não, razão pela qual se pode argumentar que os novos modelos regulatórios independentes significam que o sistema se revelou incapaz de assegurar a *plenitude concorrencial* do mercado e dos seus agentes.[1881]

Na verdade, encontramos na doutrina algumas explicações relevantes relativamente aos elementos essenciais motivadores da mudança de paradigma na própria estrutura da organização administrativa do Estado, e que são os seguintes:

a) Uma razão histórica: a passagem de uma organização monopolística do mercado para uma organização concorrencial pode implicar que a

[1880] Na verdade, mesmo a nível europeu as Directivas relevantes não determinam o modelo a adoptar no que se refere ao sistema regulatório. Este pode ser realizado e concretizado ao abrigo da administração directa do Estado. Releve-se a Direcção-Geral de Energia, no contexto do Ministério da Economia, que mantém competências "regulatórias" sobre o sector.

[1881] Neste sentido, cfr. Giandomenico Majone, "Do Estado Positivo ao Estado Regulador", em "Regulação Económica e Democracia: O Debate Europeu", p. 6, em que se afirma que: "*...A verdade é que, nesse período, métodos tradicionais de regulação e de controlo estavam ruindo sob pressão de potentes forças tecnológicas, económicas e ideológicas e foram desmantelados ou radicalmente transformados. Isto é frequentemente chamado "desregulação", mas o termo é enganador. O que se observa na prática não é um desmantelamento de toda a regulação governamental – uma volta a uma situação de laissez-faire e que na realidade nunca existiu na Europa – mas, em vez disso, uma combinação de desregulação e nova regulação...*".

organização do modelo de regulação tenha como propósito "regular" a transição;

b) Uma razão técnica: nos casos em que existem monopólios naturais ou nos casos em que uma certa organização da produção, de circulação de informação no mercado financeiro e de livre concorrência possam abranger apenas parcialmente um sector, as regras fundamentais do *equilíbrio e da articulação* nesse sector, nomeadamente a definição entre o que é e o que não é relevante para a concorrência, podem implicar a existência de sistemas de regulação; e

c) Uma última razão de sistema: a regulação resulta de uma vontade política reforçada e está frequentemente associada, nuns casos à preservação e, noutros, ao aprofundamento do conceito de serviço público.[1882]

A criação de autoridades administrativas independentes parece ter obedecido a objectivos de flexibilização, eficácia e eficiência dos modelos de regulação em áreas e sectores da economia, da política e da economia social.[1883]

As transformações operadas em consequência da transição do Estado Providência para o Estado de *Garantia* exigiram que aos anteriores modelos intervencionistas, centralizados e concentrados de controlo económico e financeiro se seguissem sistemas constituídos por entidades públicas, dotadas de personalidade jurídica de direito público, mas autónomas e independentes.

De realçar que apesar de, em teoria, ser possível fazer "crescer" o Estado através da criação de novos serviços dele dependentes, os efeitos desta polí-

[1882] Cfr. M. Patrice Gélard,"Rapport sur les Autorités administratives indépendantes", 2006-2014, Sénat, Commission des Lois, nº 616, disponível em http://www.senat.fr/rap/r05-404-1/r05-404-12.html; Pedro Gonçalves, op. cit., p. 551, fala neste contexto de "*...um certo federalismo administrativo, por via da conversão de estruturas nacionais em administrações desconcentradas da União Europeia e da instituição de sistemas que atribuem uma clara "supremacia funcional" à Comissão Europeia*"; Herbert Croly, "The Promise of American Life", New York, 2004; J. Steel Gordon, "An empire of Wealth – The Epic History of American Economic Power", New York, 2005; Damien Gerardin, "Regulation through Agencies in the EU – A New paradigm of European Governance", 2005.

[1883] Apesar da complexidade da matéria, nomeadamente quanto à discussão em torno da constitucionalidade da adopção destes novos modelos de regulação, como é o caso, por exemplo, em Espanha e em Portugal, o que parece ser uma evidência é que a própria pressão pela União Europeia no que se refere à construção de uma economia de mercado e de livre concorrência postulam, na respectiva pirâmide, a existência de entidades independentes dos poderes políticos. Neste sentido, cfr. Comunicação da Comissão, do Parlamento Europeu e do Conselho, "European Agencies – The way forward" (SEC (2008) 322), Brussels, 11.03.2008; COM(2008) 135 final; MEMO/08/159, de Março de 2008, acessível em http://www.fsai.ue/uploadedFiles/Legislation_Update/EU_PR_agencies_wayforward.pdf.

tica teriam, como salienta toda a doutrina especializada, forte oposição crítica dado que, entre outros factores, o crescente aumento de impostos, bem como as práticas "corruptivas" que assolam o Estado traduzem, entre outros, dois aspectos mais estruturais e fundadores desta nova política de criação de entidades "fora do aparelho".[1884]

Sendo possível considerar que são objectivos de plenitude concorrencial que podem justificar a criação de autoridades de regulação, quer a nível interno, quer a nível comunitário, uma outra questão – a da independência desta perante o Governo – é igualmente suscitada.

Aduzem os mais importantes autores que a razão pode ser encontrada na noção central atribuída ao método da regulação que é, justamente, a da prevenção do "conflito de interesses".[1885]

O "conflito de interesses" justifica, assim, que não sejam os Governos, de forma directa ou indirecta, a dirimir os conflitos, uma vez que se pode considerar que, sendo "parte", a respectiva resolução pode aparecer como "parcial".

Um dos pontos mais assinaláveis no campo de intervenção das entidades administrativas independentes na sua acção é, justamente, a "equidistância" que a mesma deve observar em todos os casos e situações em que é chamada a exercer as suas competências.[1886]

Claro que aliada a esta "justificação" aparece a "outra face da moeda", no sentido em que estas autoridades, em regra, não estão subordinadas a regimes rígidos de prestação de contas, quer perante os Governos, quer perante os Parlamentos.[1887]

[1884] Cfr. Luis Catarino, "A Regulação e Supervisão dos Mercados de Instrumentos Financeiros", Coimbra, 2010, pp. 79 e seguintes; Pierre Rosanvallon, "La légitimité démocratique – Impartialité, Reflexivité, Proximité", Coll. Points, Éssais, Paris, 2010; Eduardo Paz Ferreira, "Em torno da regulação económica em tempos de mudança", em C & R – Revista de Concorrência e Regulação, Ano I, nº 3, pp. 31 e seguintes.

[1885] Cfr. Maria Salvador Martinéz, "Autoridades Independientes", Ariel Derecho, 2002, p. 106; Eduardo Vera Cruz Pinto, "A regulação pública como instituto jurídico de criação prudencial na resolução de litígios entre operadores económicos no início do século XXI", em "Regulação e Concorrência –Perspectivas e Limites da Defesa da Concorrência", Almedina, 2004.

[1886] Esta "equidistância" é concebida e consagrada em termos de independência das entidades, quer em relação ao poder executivo político, quer relativamente aos regulados. Neste sentido, cfr. Vital Moreira/Fernanda Maçãs, "Autoridades Reguladoras Independentes – Estudo e Projecto de Lei-Quadro", Coimbra, 2003, pp. 251 e seguintes.

[1887] Para além da falta de "democraticidade" destas entidades por via de regimes de prestação de contas pouco intensos, também o regime de nomeação dos titulares dos órgãos, das incompatibilidades e das inamovibilidades são outros tantos pontos que relevam para a crítica a estes novos modelos de organização administrativa.

Fala-se então de uma falha muito importante da regulação que é, justamente, a da sua falta de legitimidade democrática.

Esta "falha" pode ser vista através de dois elementos essenciais: (i) a designação dos membros dos órgãos das entidades; e (ii) a inexistência ou insuficiência de regras de responsabilidade das mesmas perante o poder político eleito (*accountability*).[1888]

Na verdade discute-se, de forma bastante acesa, a questão da *accountability* destas autoridades, na exacta medida em que sendo autónomas e independentes ficam isentas de prestar contas dos seus actos perante o poder legítimo eleito.[1889]

Colocadas as questões nestes termos, é ainda discutível, sobretudo por todos os que são contrários a este modelo, a razão pela qual o poder político não opta por um outro sistema de supervisão, a que a doutrina usualmente atribui a designação de auto-regulação.[1890]

Como sabemos, trata-se de um modelo que é amplamente conhecido e aplicado nos modernos sistemas administrativos em que um sector, uma profissão, uma actividade é capaz de produzir as regras que lhe são exigidas pelo poder político, quer pela pura interiorização dos comportamentos convenientes por todos os operadores, quer, mais frequentemente, quando está apto a produzir normas cuja interpretação e aplicação são confiadas à entidade que as representa.

Porém, estes modelos de auto-regulação só funcionam se o sector corresponder à figura do círculo, isto é, se for suficientemente fechado para que ninguém desrespeite as regras, ou que quem o faça seja sancionado, nomeadamente por afastamento.[1891]

Ora, o modelo em causa não tem por objectivo a organização do sistema em círculo, no sentido em que o mesmo não é *fechado.*

[1888] Cf. os artigos 17º e 45º da Lei 67/2013, de 28 de Agosto.

[1889] É certo que, na generalidade dos casos, como veremos, os estatutos destas entidades preveem a possibilidade de se apresentarem ou serem chamadas às Comissões competentes da Assembleia da República para prestação de esclarecimentos. Neste sentido, é o regime previsto no art. 17º da Lei 67/2013, de 28 de Agosto.

[1890] Cfr. quanto à distinção entre hétero-regulação e auto-regulação, Vital Moreira, "Auto-Regulação Profissional e Administração Pública", Coimbra, 1997, pp. 323 e seguintes; Jean Eduardo Aguiar Caristina, "Os modelos jurídicos na auto-regulação económica", Prisma Jurídico, São Paulo, 2006; Para exemplos de auto-regulação, cfr. *site* da ERC relativamente a acordos de auto-regulação, nomeadamente sobre a classificação de programas de Televisão, bem como em matéria de "colocação de produto" e "ajudas à produção e prémios".

[1891] Cfr. Vital Moreira, "Auto-Regulação Profissional e Administração Pública", pp. 124 e seguintes, no sentido em que auto-regulação começa por ser a expressão de uma auto-normação.

São os interesses do sector regulado, dos consumidores, de terceiros, bem como os da prossecução e garantia do interesse público, que envolvem e pautam, para além da sua independência funcional, quer do poder executivo, quer dos diversos e múltiplos interesses privados, que modelam e devem enquadrar o modelo assente na criação de entidades administrativas/de regulação.

Parece, pois, ser possível concluir que as autoridades administrativas independentes constituem um modelo apto a servir:

a) *Finalidades de política,* no sentido em que parece ser este o modelo, de entre os modelos possíveis, que melhor assegura a livre concorrência e o desenvolvimento do mercado; bem como

b) *Finalidades de interesse público,* no sentido em que a opção pela criação de entidades independentes prossegue objectivos de *plenitude concorrencial.*[1892]

2. A Questão relativa à razão de ser da criação de entidades administrativas independentes

Das razões antes enunciadas, uma outra de particular importância que deve ser sublinhada é a de procurar dar resposta à questão de saber porque existem estas autoridades.

Esta matéria está directamente relacionada com a discussão em torno dos objectivos, das missões e das competências que devem ser reservadas às autoridades administrativas independentes.

Ou seja, quais são (ou devem ser) as funções essenciais que devem (ou são) exercidas por entidades reguladoras, no sentido em que estão (ou podem) estar habilitadas para emitir regras, orientações, recomendações, bem como para supervisionar um sector e sancionar as violações cometidas pelos operadores?[1893]

As missões destas autoridades são diversas, desde a salvaguarda e garantia das liberdades públicas e fundamentais dos indivíduos, até à garantia de

[1892] Cfr. João Confraria, "Falhas de Mercado e Regulação Independente", C & R – Revista de Concorrência e Regulação, Ano I, nº 3 (2010), pp. 33 e seguintes; Marie-Anne Frison-Roche; "Les autorités administratives indépendantes: évaluation d'un objet juridique non-identifié", Tome 1: Rapport, disponível em http://www.senat.fra/rap/r05-404-1/r05-404-12.html; Gomes Canotilho e Vital Moreira, "Constituição Anotada", versão de 1982, assinalavam expressamente que: "*...eliminar os monopólios privados e reprimir os abusos do poder económico é uma ideia ligada, não à ideia de defesa da concorrência – que aparece mencionada logo a seguir -, mas sim ao princípio fundamental da constituição económica, que consiste em subordinar o poder económico ao poder político...*".

[1893] Como sabemos, os sectores regulados, em regra, são os sectores bancário, segurador, da energia, das telecomunicações e dos transportes ferroviários.

direitos sociais, passando pelo exercício de actividades relativas à execução das atribuições constitucionais do Estado a nível económico e financeiro.

Centrando a nossa atenção no domínio das missões/atribuições que podem ser surpreendidas nas autoridades de regulação económica e financeira, julgamos poder dizer que uma das suas principais finalidades pode ser concebida como a de *incutir confiança.*[1894]

Confiança, aqui entendida, como uma missão de prevenção de conflitos de interesses e de conservação da capacidade fiduciária do sector regulado, designadamente na área financeira, de seguros e bancária.

Confiança que também pode ser concretizada pela *transparência* nas relações entre reguladores e regulados, e entre estes e os utentes ou consumidores. [1895]

Diremos, assim, que as autoridades de regulação parecem dispor de condições únicas que lhe permitem aumentar a *confiança* por duas formas:

(*i*) Primeiro, a autoridade de regulação é equidistante, imparcial e não está dependente de qualquer poder de direcção, superintendência ou tutela por parte do poder político e partidário, o que a pode teoricamente aproximar da figura do juiz; e

(*ii*) Depois, o regulador cria confiança no sector uma vez que, dispondo de estabilidade institucional, gera estabilidade no próprio sector.[1896]

Outro aspecto que importa relevar é o de que esta estabilidade interna e relacional, em regra, pode traduzir o valor da *coerência* no âmbito das atribuições e competências das autoridades administrativas independentes.

A coerência decisória é uma dimensão fundamental da *estabilidade* das entidades reguladoras, razão pela qual tem sido avançado que, ao contrário

[1894] Pierre Rosanvallon, em "La contre-democratie – La politique à l'âge de la défiance", Paris, Seuil, 2006, p. 21, refere, a partir da experiência francesa, que as entidades administrativas independentes podem ser concebidas como "instituições de consenso"... Em contrapartida, a emergência paralela da Administração Pública como encarnação de um ideal de serviço público serviu de "*complemento democrático de realização da vontade geral...*".

[1895] Este elo verifica-se em duas perspectivas: Na perspectiva do sector regulado, no sentido em que este considera que a autoridade de regulação dispõe e partilha a informação relevante; na perspectiva externa, ou seja, divulgando a recolha de informação, como é o caso, por exemplo, da divulgação aos investidores de acordos existentes entre os accionistas de sociedades cotadas, que pode servir propósitos de transparência no âmbito da protecção de direitos dos utentes e consumidores.

[1896] A estabilidade de que falamos relaciona-se com a perenidade das decisões do regulador que permitem ao sector regulado não só adequar os seus comportamentos a nível interno, como externo.

do que pode suceder no âmbito das decisões políticas, a frustração de qualquer legítima expectativa de terceiros é significativamente inferior à que pode ocorrer por parte do decisor político.[1897]

Temos, assim, que os valores ou princípios da *confiança, transparência* e *coerência* podem ser entendidos como elementos ou características fundamentais legitimadoras da existência de modelo de organização da Administração Pública composto e integrado de autoridades administrativas independentes.

Ou seja, não estando "limitadas" por qualquer relação de hierarquia, de tutela ou superintendência pelo poder executivo, tem vindo a entender-se que o progresso e o desenvolvimento das economias modernas melhor se realiza através da instituição de autoridades que dispõem de autonomia e independência nas suas decisões e que, por isso, geram confiança, actuam com transparência e estão subordinadas a regras de coerência.

Tais regras decorrem, aliás, das exigências que são colocadas pelo projecto de uma maior consolidação e integração europeias, bem como pelo reforço do mercado único que corresponde à criação de um sistema de economia livre de maior alcance e maior ambição em todo o mundo.[1898]

A crescente complexidade dos processos de regulação pode ser vista em dois planos: (i) um primeiro plano, que implica a interacção entre os Estados e estruturas supranacionais; e (ii) um segundo plano, que envolve complementarmente a interacção entre a esfera pública e a privada na actividade económica.[1899]

Neste sentido, e como uma das razões principais que justificam a criação destas entidades no panorama interno e comunitário, não podemos deixar de relevar os movimentos europeus tendentes à criação e aprofundamento do mercado único e das regras da livre concorrência.[1900]

[1897] Esta característica mostra o fosso que existe entre a decisão do regulador e a decisão política, dado que esta é sempre legítima em situações extremas ou de excepção.

[1898] Recorde-se que se verificou uma mudança de paradigma entre o Estado positivo – de feição keynesiana – em que prevaleciam funções de redistribuição da riqueza e de estabilização macroeconómica, para um novo modelo de organização das funções púbicas de intervenção na economia – o modelo de regulação. Neste sentido, Luis Morais da Silva, "A Europa e os Desafios do século XXI", pp. 323 e seguintes.

[1899] Cfr. Luis Morais da Silva, "A Europa e os Desafios do século XXI", p. 325, em que expressa a designação de *constelação complexa da regulação* para distinguir entre os dois planos em que a regulação pode ser configurada.

[1900] Neste sentido, cfr. Giandomenico Majone, "The Agency Model: The growth of regulation and Regulatory Institutions in the European Union", Eipascope, 1997, nº 3, pp. 1-6.

3. A Questão da legitimidade das autoridades administrativas independentes

Uma das mudanças fundamentais ocorridas com a introdução e o desenvolvimento deste modelo de organização radica na necessidade de instituir ou de manter um *continuum* entre actividade normativa e actividades de aplicação, na medida em que estas autoridades são, em regra, dotadas de competências *normativas, administrativas* e de *sanção.*[1901]

O poder de elaborar e aprovar regulamentos é semelhante ao poder do poder legislativo; o poder de os aplicar é moldado no poder do poder administrativo; e o poder de sancionar a violação dos mesmos é recortado no poder do poder judicial.

Ou seja, as autoridades de regulação cumulam na sua esfera jurídica o poder normativo (regulamentar), o poder executivo (adoptar decisões administrativas) e o poder (judicial) de aplicar sanções.

Esta questão pode ser analisada numa dupla perspectiva:

(i) a do seu aparecimento como um modelo de evolução decorrente da renovação da estrutura da organização administrativa; e

(ii) a da reflexão política sobre a "cumulação" numa mesma entidade de poderes diversificados que, no contexto da teoria geral do Estado, estão subordinados ao princípio da separação de poderes.

Surge, por conseguinte, uma interrogação fundamental que se pode traduzir na ideia de que este novo modelo pode representar uma *ruptura* com as próprias concepções de Estado e da sua organização.[1902]

É, assim, de assinalar que se têm vindo a desenvolver teorias e concepções que, mais do que questionar a razão do aparecimento e do desenvolvimento destas novas autoridades à luz da teoria geral da organização do Estado, procuram encontrar a justificação constitucional e organizacional para sua coexistência com o aparelho administrativo tradicional. É a procura do *fundamento da sua legitimidade.*[1903]

[1901] São discutíveis, como mais à frente analisaremos, as competências regulamentares das autoridades administrativas independentes, apesar de estarem consagradas na actual Lei-Quadro das entidades administrativas independentes , com funções de regulação da actividade económica.

[1902] Cfr. Marie-Anne Frison-Roche, "Les autorités administratives indépendantes: évaluation d'un objet juridique non-identifié", Tome 1: Rapport, p. 9, onde afirma a seguinte perplexidade: "*...les AAA portent-elles une contradiction fondamentale: la Constitution plaçant l'administration sous l'autorité du Gouvernment, comment une autorité administrative pourrait-elle en être indépendante?*".

[1903] Cfr. autora e Relatório antes citado, que pode ser consultado em http://www.senat.fr/rap/r05-404-1/r05-404-12.html, quando, a pp. 10, afirma que: "*Le controle démocratique des AAI ne pouvant être*

A política, diz-se, já não deve procurar recusar a existência das autoridades de regulação, autónomas e tecnocráticas. A partir de agora deve debater a forma como estas autoridades se podem enraizar numa legitimidade que ainda está mal desenhada.[1904]

Temos a exacta noção da dificuldade deste tema, não só por questões de natureza, mas também, e sobretudo, por razões da sua profunda ligação aos conceitos de Estado e, dentro deste, aos conceitos de *soberania* e de *unidade do poder estadual*.[1905]

O Estado é soberano e uno. A sua organização é plural.

De acordo com tal princípio, a coexistência de diferentes e diversas entidades públicas no espaço da organização administrativa do Estado não causa embaraço ou sequer dúvidas.

A questão é outra: a de saber em que medida e em que termos esta coexistência não aponta e não causa uma evidente "separação" de entidades e serviços, sendo uns considerados legítimos e democráticos, e outros *outsiders* do sistema e "irresponsáveis" perante o poder executivo e a comunidade.

Ora, as autoridades administrativas independentes surgiram nos espaços europeus e em Portugal mesmo antes de determinação constitucional expressa.[1906]

exercé par le Gouvernmant sans remettre em cause les garanties d'indépendance attachés à ces autorités, il doit être assuré par le Parlement. Le renforcement d'un tel controle permettrait de réconcilier l'exigence d'indépendance et le principe de responsabilité". Ou seja, a procura constante da *legitimidade* das entidades administrativas independentes passa pelo reforço dos poderes do Parlamento no que se refere às suas actividades. Neste sentido, cfr. também C. Blanco de Morais, "As Autoridades administrativas independentes na Ordem Jurídica Portuguesa", em Revista da Ordem dos Advogados, ano 61º, nº 1, pp. 101 e seguintes, advertindo "*...para a agressão ao principio da separação de poderes implicada na possibilidade de que as leis desprovidas de um largo consenso parlamentar possam expropriar sem mais, a esfera material de competências do Governo, como órgão superior da Administração (art. 182º) em benefício de instituições imunes a um poder mínimo de "indirizzo" e potencialmente blindadas contra formas adequadas de responsabilização democrática*".

1904 Cfr. Gomes Canotilho, "O princípio democrático sob a pressão de novos esquemas regulatórios", em Revista de Direito Público e Regulação, nº 1, 2009, p. 99, em que é reforçada a ideia de que: "*no bojo da constituição e das leis votadas pelos órgãos próprios, foram-se alojando entidades, actividades e parâmetros de regulação cuja bondade democrática não é visível a olho nu (entidades administrativas independentes, formas de exercício de actividades públicas por entidades privadas, adopção de esquemas regulativos "standards", "boas práticas", "regras técnicas"). Além deste desvio, há os de carácter – que reconduz à "neutralização" dos chamados "princípios republicanos vinculativos do exercício de poderes e funções públicas" – "corrupção", "partidarização", "mercantilização", "captura pelos regulados"*".

1905 O conceito de unidade é tratado, quer na veste de unidade de acção da Administração, quer na veste de princípio norteador do Estado uno e indivisível, em Paulo Otero, "A democracia totalitária – do Estado Totalitário à Sociedade Totalitária – A influência do Totalitarismo na Democracia do século XXI", 2001.

1906 Em Portugal, como sabemos, apenas a revisão de 1997 veio permitir a criação de autoridades administrativas independentes que, apesar da concretização constitucional formal, não deixou de

Tendo representado uma construção de juristas, o seu aparecimento e desenvolvimento significou a criação de entidades "fora" do juridicamente tutelado e, nessa medida, uma figura aparentemente "hostil" à estrutura tradicional da administração pública.

O caminho que, desde então, tem vindo a ser feito, nomeadamente o da consagração constitucional da criação destas autoridades, revela ainda hoje que continuamos bem longe da definição de *uma base democrática legitimadora* das suas atribuições e competências.

Desde logo, ainda não estão resolvidas as questões relativas ao conceito de *independência*.

Quando, por exemplo, a entidade reguladora da área dos valores mobiliários toma decisões relevantes neste e para este sector, ou quando a Autoridade da Concorrência decide autorizar ou não autorizar uma operação, ou ainda quando a entidade reguladora do sector da energia ou a das comunicações tomam medidas cujo conteúdo se reflecte nos operadores ou nos consumidores, perante quem *presta contas?*[1907]

A imagem dos espelhos pode ilustrar o verdadeiro significado da necessidade de desenhar bem a legitimidade das autoridades administrativas independentes.[1908]

E esta não está manifestamente consensualizada. De tal modo assim é que alguns autores sustentam que, justamente por tal razão, a respectiva constitucionalidade pode ser posta em causa.[1909]

Diremos, em síntese, que a legitimidade das autoridades administrativas independentes continua a representar uma dificuldade acrescida no que se refere ao seu papel no contexto do Estado de Direito Democrático e das instituições dele representativas.[1910]

merecer algumas críticas, nomeadamente as de ausência de critérios ou limites à criação destas entidades, bem como a falta de regras de equilíbrio entre o princípio da imparcialidade e o princípio democrático. É neste sentido a posição de Jorge Miranda/Rui Medeiros, "Constituição Portuguesa Anotada", Tomo III, 2007, pp. 586-587.

1907 Cfr. entre outras, as recentes decisões da ERSE de aumento das tarifas da energia, que podem ser consultadas no *site* das entidades em referência.

1908 É muito comum assistirmos na vida diária e prática a situações que ilustram a nossa afirmação. É frequente ouvirmos os responsáveis governamentais garantirem que não podem fazer mais do que já estão a fazer porque as matérias sob escrutínio são da competência das autoridades de regulação. Por seu turno, é usual ouvirmos as mesmas autoridades referirem a ausência de meios e de recurso, bem como de competências normativas para dar cumprimento adequado às suas atribuições.

1909 Cfr. Lucas Cardoso, "As Entidades administrativas independentes e a Constituição".

1910 Cfr. Thomas K. McCraw, "Prophets of regulation", Harvard University Press, 1986.

Como acima referimos, a construção deste modelo institucional foi forjada pelos juristas. A *abstração* (característica muito acentuada do trabalho jurídico) levada às suas últimas consequências originou que a verificação de um conjunto de "falhas" no funcionamento da organização administrativa tradicional tivesse tido como resposta a busca de soluções institucionais apenas a partir de um "rascunho" institucional que se mostra em contínuo e intenso apuramento por parte da doutrina e da jurisprudência.

Do que estudámos e analisámos não nos foi possível surpreender em nenhum dos sistemas analisados um modelo completamente "desenhado".[1911]

Continua a ser discutido e analisado o conteúdo da regra da independência e o seu verdadeiro significado, a insuficiência dos regimes de responsabilidades destas entidades perante o poder executivo, a falta de democraticidade no que se refere às regras de nomeação dos seus órgãos, bem como do conteúdo das suas decisões, e ainda a inexistência de uma lei-quadro que possa justificar e legitimar a sua organização e funcionamento.[1912]

A legitimidade de que falamos pode ser reconduzida a duas principais formas de abordagem: a legitimidade democrática e a legitimidade técnica.

3.1. A legitimidade democrática das entidades administrativas independentes

A questão relativa à democraticidade das entidades administrativas independentes foi, durante algum tempo, bastante discutida em termos de as mesmas instituições poderem significar "uma ofensa" aos esquemas normais das democracias representativas.

Este argumento é fundado sobretudo na ideia "clássica" de um aparelho administrativo centralizado e organizado em pirâmide.[1913]

[1911] Tanto assim é que a doutrina francesa, como já foi referido, através dos Relatórios produzidos pelo Senado, continua a atribuir a estas entidades a denominação de "objecto juridicamente não identificado". No sentido da indefinição quanto aos poderes de controlo sobre as actividades das entidades administrativas independentes, cfr. Décision 217 DC, du 18 Septembre 1986, du Conseil Constitutionnel, que considera que "*dans l'exercice de ses compétences, la CNCL sera, à l'instar de toute autorité administrative, soumise à un controle de légalité que pourra être mis en ouvre tant par le Gouvernment, que est responsable devant le Parlement des activités des administrations de l'État, que par toute personne qui aurait intérêt*" (Considerant 24).

[1912] Apesar de, em Portugal, se conhecer a Lei-Quadro aprovada através da Lei 63/2013, de 29 de Agosto, que de algum modo vem definir o quadro jurídico em que se passam a mover as entidades administrativas independentes com funções de regulação da actividade económica.

[1913] Cfr. Gérard Timsit, "Reinventing the State", em Review of Administrative Science, Vol. 73 (2), 2008.

Ora, esta "velha" ideia já não corresponde aos modelos modernos e contemporâneos descentralizados e plurais.

O interesse geral e público é actualmente construído no debate, na discussão pluralista e no confronto de interesses que exigem modelos que ultrapassem as estruturas hierárquicas de poder.

Os princípios construídos na base da proximidade, da participação e da "*expertise*" representam, no Estado Moderno, a forma mais eficiente e eficaz de satisfazer e dar continuidade à prossecução do interesse público.[1914]

Se assim é, a pergunta sobre a "democraticidade" destas entidades pode ser respondida, no essencial, através de dois pressupostos constitucionais e legais que a justificam:

(*i*) O primeiro é o da "imparcialidade" e "proporcionalidade" a que estão vinculadas no âmbito das suas competências; e

(*ii*) O segundo remete-nos para as diversas regras de "validação" a que estão subordinadas, nomeadamente as relativas às regras de responsabilidade, às formas de controlo jurisdicional e público, bem como ao regime de controlo político.[1915]

As entidades administrativas independentes podem ser consideradas, no âmbito das suas missões, como depositárias das regras da imparcialidade e proporcionalidade que a Constituição impõe à Administração Pública no nº 2 do art. 266º.

A legitimidade democrática destas entidades pode, assim, ser aferida através da subordinação àqueles princípios, bem como àqueles outros que decorrem da sua independência, susceptíveis de granjear fiabilidade e confiança no contexto dos sectores em que têm intervenção.[1916]

Por outro lado, e no que refere às regras de validação da sua existência, a primeira delas é a que consta do art. 267º da Constituição da República, que habilita o legislador a proceder à criação destas entidades.

Acresce que do ponto de vista do controlo da sua acção, a mesma está subordinada a regras de contencioso para sindicar a legalidade das mesmas.

[1914] Cfr. Miguel Ángel Sendín Garcia, "Regulación y Servicios Públicos", pp. 32 e seguintes; S. Muñoz Machado, "Servicio público y mercado I", Civitas, 1997, pp. 264 e seguintes; Juan De La Cruz Ferrer, "Principios de regulación económica en la Unión Europea", IEE, 2002.

[1915] Neste sentido, cfr. Pierre Rosanvallon, "La legitimité démocratique: Impartialité, Reflexivité, Proximité", Coll. Points, Éssais, Paris, Seuil, 2010.

[1916] Cfr. Jurgen Habermas, "Democracia na Europa", Conferência Internacional sobre Os Livros e a leitura: desafios da era digital, Fundação Gulbenkian, 28 de Outubro de 2013.

A matéria mais relevante na discussão destes pressupostos reconduz-se à questão da legitimidade das entidades administrativas independentes no âmbito das actuais democracias representativas, em que a fonte da legitimidade é a do voto e a da escolha democrática.[1917]

É certo que a autonomia e independência destas entidades nem sempre podem ser entendidas como compagináveis com legitimidade democrática.

Na verdade, autonomia e independência não significam qualquer possibilidade de poderem ser consideradas como submetidas a ordens e directivas concretas do órgão superior da administração pública (o Governo) no que toca às políticas e às acções a prosseguir.

É certo que autonomia e independência nem sempre podem ser concebidas como compatíveis com regimes centralizados e hierarquizados de organização da administração pública.

Todavia, importa salientar que estas entidades recebem a legitimidade, ainda que de forma indirecta, da legitimidade do órgão que nomeia os respectivos dirigentes.[1918]

O Presidente da República, nuns casos conjuntamente com o Governo, ou o Governo, são titulares da competência para proceder à nomeação dos órgãos dirigentes das entidades administrativas independentes.

Acresce que é ao Governo ou à Assembleia da República que, nos termos constitucionais, compete a criação de entidades administrativas independentes, ou seja, é também possível e legalmente admissível que tais órgãos de soberania, se assim o decidirem, procedam à sua extinção, fusão ou cisão.[1919]

Nestas condições, consideramos que as entidades administrativas independentes representam um meio para os Estados contemporâneos adaptarem as formas da sua acção a um novo e diferente contexto.

[1917] Cfr. Gomes Canotilho, "O princípio democrático sob pressão dos novos esquemas regulatórios", em Revista de Direito Público e Regulação, nº 1, p. 99, em que refere: "*...crescente importação de uma "república de reguladores" (desde entidades independentes...). A nosso juízo, o "herding behavior" dos decisores políticos que permitiu a rápida difusão de entidades reguladoras na paisagem institucional do Continente europeu da viragem para o século XXI está repleta de equívocos, misturando boas e más razões...*"; Pierre Rosanvallon, op. cit., p. 431, refere a ascensão de formas de "democracia indirecta" que justificam e fundamentam uma nova "legitimidade de imparcialidade" e uma nova "legitimidade de reflexividade" que, por sua vez, pode traduzir e concretizar formas diversas de legitimidade das novas entidades administrativas independentes.

[1918] Cfr. Jorge Miranda, Enciclopédia Verbo nº 28, p. 750, quanto à legitimidade indirecta dos Juízes do Tribunal Constitucional que a "recebem" através das nomeações realizadas por parte da Assembleia da República.

[1919] É o regime que actualmente decorre da Lei 67/2013, de 28 de Agosto, nos artigos 7º e 8º.

Uma nova forma de estruturar o Estado para, nomeadamente, quebrar certas cadeias de interesse que perturbam a decisão púbica, veículos de novos modos regulatórios melhor articulados com a sociedade e com o mercado.[1920]

3.2. A legitimidade técnica e do saber

Outro dos pressupostos em que entronca a questão da legitimidade relaciona-se com o fenómeno designado de "administração técnica".[1921]

Na verdade, a europeização e a globalização com o vasto conjunto de relações internacionais e globais pela via das multinacionais, tornou-se quase incompatível com regras e processos "difusos", "complexos" e "morosos" de formação de decisão que se entrecruza e interliga no mundo globalizado, e que se pretende passe a estar "desligado" das "ameaças" do poder político.[1922]

Procuram-se assim novos modelos e novas fórmulas de dar resposta à exigência de prossecução de interesses públicos mas não limitados a espaços nacionais. É Tempo da *Governança.*

É, assim, o tempo do "governo de sábios", desligados de qualquer mecanismo de representação e de responsabilização política e centrados na racionalidade técnica (informática, telecomunicações, instrumentos financeiros, mercados monetários e financeiros, *utilities*, recursos escassos...).[1923]

O que se passou com o mundo novo europeu e mundial foi, justamente, a substituição da política pela técnica.[1924]

Passou a ser entendido que o Estado havia deixado de ter capacidade e até competência para a satisfação dos interesses da comunidade, sendo necessário procurar novos modelos que se mostrassem *actuariais* em razão da especificidade e da complexidade técnica das matérias a decidir e a coordenar.

Paralelamente, afirma-se que a técnica é insusceptível de ser capturada pelo poder político, revelando-se a mesma objectiva e tendencialmente de "costas" voltadas para o exercício de qualquer poder discricionário.[1925]

[1920] Cfr. neste sentido, Jean Bernard-Auby, "Remarques terminales", em Colloque sur "Les autorités administratives indépendantes: Una rationalisation impossible?", RFDA, nº 5, p. 933.

[1921] Cfr. Pedro Nunes, "A Nova Gestão Pública e a Reforma Administrativa", em RECIPP – Repositório Científico do I. Politécnico do Porto, 2006.

[1922] Cfr. Geoffrey Miller, "Independent Agencies", em The Supreme Court Review, 1986, p. 79.

[1923] Cfr. para maiores desenvolvimentos das estruturas em rede, Carlos Baptista Lobo, "Sectores em Rede: Regulação para a Concorrência".

[1924] Cfr. neste sentido, José Esteve Pardo e Santiago M. Machado, "Fundamientos y instituciones de la regulación", Iutel, 2009.

[1925] Cfr. Michelle Passaro, "Le Amminstraziioni independenti", G. Giappichelli Ed., Italy, 1997, que refere que os poderes repressivos destas entidades, em regra, coincidem com os poderes de

Os Conselhos de Sábios, as Comissões de Peritos, a tomada de decisões em rede e os Comités especializados representam, hoje, um modelo que prolifera nos diversos espaços geográficos e de ordem jurídica, capazes, com a aceitação e aplauso da comunidade social, económica e política, de substituir as decisões tomadas pelos "eleitos" por decisões tomadas pelos "sábios".[1926]

Não é possível abordar este pressuposto de legitimidade das entidades administrativas independentes sem nos referirmos ao "descrédito" das instituições políticas, quer em Portugal, quer na Europa.[1927]

O "saber" é considerado actualmente como um mal menor face ao funcionamento do sistema democrático e aos critérios decisórios dos governos, no sentido em que se considera que em determinados sectores a tomada de decisões neutrais e imparciais justifica e legitima a "prescindibilidade" da intervenção governamental.[1928]

As decisões subordinadas apenas a critérios objectivos e de pura técnica podem ser consideradas reveladoras da assumpção de que o conjunto da Administração Pública actual está, efectivamente, subordinado a políticas partidárias de que importa salvaguardar as áreas mais sensíveis dessa "politização descontrolada".[1929]

A justificação do "saber" da "*expertise*" da ausência total de influências políticas e partidárias no contexto da acção das entidades administrativas independentes terá como consequência, como alguns afirmam, a existência de espaços "a descoberto" do controlo político significando, assim, que este novo modelo possa ser concebido como "um pára-quedista em território inimigo".[1930]

supervisão e inspecção, considerando, assim, que devem ser definidas na lei aplicável as formas de controlo jurídico, político e contencioso, no que diz respeito nomeadamente ao cumprimentos das normas e do regime constitucional.

1926 Cfr. por exemplo em Portugal, a criação do Conselho Superior de Finanças Públicas.

1927 Cfr. em sentido geral, as discussões em torno dos modelos políticos existentes, Samuel Brittan, "The greatest perversity of the European Union", em Finantial Times, Abril, 2001; Maurice Duverger, "The Political System of the European Union", em European Journal of Political Research, nº 31, pp. 137 e seguintes; Luis F. Lobo Fernandes, "O Modelo Global: Expansão ou Restrição da Autonomia do Estado na União Europeia: Modelos de Poder e Significado das Políticas de Re-regulação Transnacional", em Revista de História e Teoria das Ideias 11, 2ª Série.

1928 Cfr. Eva Desdentado Daroca, "La Crisis...", p. 139; Jean Michel de Forges, "Droit Administratif", Presses Universitaires de France, 1998; Vital Moreira, "Administração Autónoma e Associações Públicas", p. 132; Francesco Caringella, "Corso di Diritto Amministrativo", II Vol., Milano, Giuffré Editore, 2011.

1929 Cfr. Paulo Otero, "Legalidade e Administração Pública", p. 320.

1930 Cfr. Ramon Parada, "Derecho Administrativo", p. 254.

Julgamos poder divisar entre esta tensão, que se traduz entre o reforço da objectividade, da neutralidade, da imparcialidade e da técnica, e a necessidade de "não desintegração" do espaço de controlo político e parlamentar das actividades destas entidades, uma tentativa de "consenso" susceptível de ultrapassar as críticas que se formam a propósito de modelos que, surgindo no contexto da Administração Pública, procuram dela apartar-se em nome e com fundamento na "desideologização" dos aparelhos administrativos.[1931]

Esta busca de consenso entre a técnica e o controlo político e parlamentar pode ser vista através das recentes orientações políticas no sentido de estabelecer o regime-quadro em que se "movem" estas entidades.[1932]

Se é certo que a tendência dominante é o reforço da independência destas entidades, através dos regimes de financiamento, de capacidade de autonomia unilateral de decisão, e das regras de nomeação dos seus dirigentes, não deixa de ser importante assinalar o reforço do controlo político das mesmas através do estabelecimento de mecanismos de prestação de contas e de *accountability*.

Não podemos deixar de mencionar, neste âmbito, que o "controlo" de que falamos é diverso e diferente do que existia na Administração Pública tradicional, em que o mesmo era realizado através de mecanismos hierárquicos e contenciosos, mas sem difusão e divulgação públicas.

O mundo mediático, a divulgação, a informação, as redes sociais e o tempo do conhecimento podem traduzir formas de acompanhamento e de monotorização mais eficientes e eficazes, transformando o controlo do "segredo dos gabinetes" num controlo mais "transparente" e mais "extensivo" em termos dos seus destinatários.

Acresce que, no contexto do quadro legal português, se mantém viva e actuante uma outra modalidade de conformação e de equilíbrio que nos permite considerar que, apesar da independência funcional das entidades administrativas independentes, as suas actividades estão enquadradas e balizadas pelo princípio constitucional da *unidade de acção* que nos habilita a sustentar que a função administrativa por elas exercida está subordinada a regras e orientações de política geral definidas e aprovadas pelos Parlamentos.

[1931] Cfr. Paulo Otero, "Legalidade e Administração Pública", p. 325, em que sustenta que "... *o certo é que vem perturbar o clássico recorte conceptual da função administrativa e, por arrastamento, do Direito Administrativo*".

[1932] É o caso em Portugal da recente aprovação da Lei 67/2013, de 28 de Agosto, que traduz uma orientação consagrada no Memorando de entendimento celebrado entre Portugal e a Troika.

Capítulo II
Critérios de Definição da Natureza Jurídica das Entidades Administrativas Independentes

I. As funções do Estado e as estruturas de suporte do Modelo de Organização

O Estado, através da Constituição, tem a seu cargo funções primárias e funções secundárias.

As funções primárias são a *função política* e a *função legislativa*.

As funções secundárias são a *função jurisdicional* e a *função administrativa*.[1933]

A função administrativa do Estado, apesar de ser qualificada como secundária, não tem hoje o significado do pensamento liberal, no sentido em que a nova teoria da interpretação jurídica que aceita o relevo da realidade na determinação da norma para efeitos de aplicação ao caso concreto, bem como os vários espaços de livre decisão (discricionariedade e discricionariedade técnica) são bastantes para justificar o carácter *inovatório* das funções secundárias do Estado, nomeadamente o da função administrativa.[1934]

A função administrativa pode ser abordada a partir de duas ópticas susceptíveis de nos facultar a sua definição. Segundo um critério negativo, a função administrativa abrangeria as actividades públicas que não se pudessem reconduzir às restantes funções do Estado. Do ponto de vista positivo, a função administrativa pode ser entendida como compreendendo a actividade pública contínua tendente à satisfação das necessidades colectivas em

[1933] É esta a classificação de Marcelo Rebelo de Sousa, "Direito Administrativo Geral", Tomo I, pp. 37 e seguintes.

[1934] Cfr. Gomes Canotilho/V. Moreira, "Constituição Anotada", Coimbra, 1992, p. 792; A. Salgado Matos, "A fiscalização administrativa da constitucionalidade: Contributo para o estudo das relações entre a Constituição, a Lei e Administração Pública no Estado Social de Direito", Almedina, Coimbra, 2004, p. 528; Jorge Miranda, "Funções, Órgãos e Actos do Estado", reimpressão, 1990.

cada momento seleccionadas, mediante prévia opção constitucional e legislativa, como desígnios da colectividade política – ou seja, os interesses públicos contingentes.[1935]

O Estado, para o exercício da função administrativa, habilita-se com um aparelho constituído por órgãos, agentes e entidades que, consoante a *natureza* do próprio Estado, presta serviços, produz e distribui bens e protege o interesse geral e público através da acção da Administração Pública.[1936]

O Estado não é, contudo, uma realidade institucional e material "parada no tempo e no espaço".

O Estado liberal, o Estado keynesiano, têm vindo a dar lugar ao Estado de Regulação e de Garantia.[1937]

A nova sociedade (emergente da Revolução Industrial e acentuada no decurso do séc. XX) tem estado em busca de novos paradigmas; esta sociedade depara-se com o ruir do mundo de representações da anterior sociedade burguesa (de feição individualista liberal) assente numa ideia ordenadora de separação rígida Estado-Sociedade, na qual está suposta a divisão de dois mundos (o dos valores políticos e o dos valores económicos).

Na actual Sociedade Técnica que se vem construindo por sobre "a derrocada" do imaginário liberal clássico e do mundo de representações que lhe anda associado, estamos perante uma situação em que "*esferas de autonomia dos sujeitos privados são substituídas por uma planificação niveladora e uniformizante*".[1938]

Parece, pois, ser possível afirmar que está em curso uma nova reorganização das funções do Estado de Direito, cada vez mais presente na vida quotidiana das pessoas como Estado Social.

1935 Cfr. Marcelo Rebelo de Sousa, "Direito Administrativo Geral", Tomo I, p. 39.

1936 A Administração Pública pode assumir várias acepções, desde administração pública em sentido material, orgânico e formal. Cfr. Marcelo Rebelo de Sousa, op. cit., pp. 43 e seguintes.

1937 Cfr. Gomes Canotilho, "Direito Constitucional e Teoria da Constituição", p. 351, que sustenta que: "...*Neste sentido se diz que o Estado Social assume hoje a forma moderna de Estado Regulador de serviços públicos essenciais... A socialidade estatal subjacente às prestações de serviços de interesse económico geral é pública na medida em que a regulação dessa prestação assenta em regras públicas definidas por entidades públicas directa ou indirectamenmte legitimadas*".

1938 Cfr. Rogério Soares, "Direito Público e Sociedade Técnica", 2ª edição, Coimbra, 2008, pp. 23 e seguintes; J. J. Gomes Canotilho, "Mal-Estar da Constituição e pessimismo pós-moderno", Vértice, 1988, nº 7, pp. 9-12; João Carlos Loureiro, "A "porta da memória": (pós?) constitucionalismo, estado (pós?) social, (pós?) democracia e (pós?) capitalismo", em texto de apoio (nº 1) ao Seminário do Curso de Doutoramento ("Os direitos económicos, sociais e culturais em tempo(s) de crise(s): Uma dogmática da escassez e/ou uma escassez de dogmática? Subsídios para uma análise dos princípios da sustentabilidade e da justiça intergeracional no campo da segurança social"), Coimbra, 2013.

O Estado Social caracteriza-se, assim, pela prestação de quási todos os serviços e todas as necessidades, desde a saúde à educação, transportes, energia, comunicações.[1939]

Para organizar este Estado há que ter uma ideia clara quanto ao que se entende ser o papel do Estado e a sua articulação com a sociedade, as funções que hão-de ser cometidas ao Estado, o modo como essas funções hão-de ser realizadas. O que nos remete para a questão fundamental da delimitação material das funções do Estado.[1940]

Nas sociedades técnico-industriais, *"constata-se um sentimento jurídico que se traduz numa **pretensão ao bem-estar**, ou seja, o homem médio não espera apenas que o Estado o socorra numa ocasião de infortúnio ou o resgate dos seus erros ou os das gerações passadas, mas não hesita em ir mesmo mais longe e dá por assente que pode exigir (do Estado) a garantia dum certo padrão de vida, quer seja a título de prestações concretas dos poderes públicos, quer seja por meio de providências legislativas que constranjam outros particulares mais favorecidos..."*.[1941]

O Estado social sucumbiu ao peso dos impostos, às ineficiências de um aparelho administrativo "pesado" e dominado pelos interesses político-partidários, aos movimentos sociais e políticos iniciados com os processos de europeização e globalização, às novas exigências de participação e de colaboração entre público e privado, às privatizações e à liberalização económica.

A ideia de um Estado Regulador ter-se-ia expandido na UE como um Estado regulador ou uma estrutura de regulação por excelência.[1942]

1939 Cfr. Gomes Canotilho, "Direito Constitucional e Teoria da Constituição", p. 345, em que se refere a Constituição económica, a Constituição do trabalho, a Constituição social, a Constituição cultural, que concretizam os princípios da democracia económica, social e cultural enquanto elementos integrantes dos princípios organizatórios da prossecução de tarefas pelos poderes públicos; J. F. Amaral (org.), "Europa Social", Seminário Internacional, Lisboa, Fundação Gulbenkian, 1997.

1940 Cfr. Afonso Rodrigues Queiró, "Lições de Direito Administrativo", 1959, pp. 33 e seguintes, salientando a propósito da distinção entre função jurisdicional e função administrativa: *"a primeira prossegue um interesse público único, qual seja o da composição dos conflitos de interesses em concreto; a segunda prossegue interesses públicos plúrimos (excluindo aquele), cujo número e cuja natureza variam conforme as concepções que ao legislador se impuserem e que ele adopte em cada momento histórico: fins de conservação (de defesa externa e de ordem pública interna), fins de bem-estar e de progresso (necessidades físicas, económicas, intelectuais e morais do povo), e fins de organização e de qualquer modo fins ou interesses especiais ou grupos de interesses desta ordem"*; Rui Guerra da Fonseca, "O Fundamento da Autotutela Executiva da Administração Pública: Contributo para a sua Compreensão como Problema Jurídico-Político", pp. 57 e seguintes.

1941 Cfr. Fernando Paulo da Silva Suordin, "O Princípio da Separação de Poderes e os Novos Movimentos Sociais".

1942 Cfr. Giandomenico Majone, "La Communauté européenne: Un État Régulateur", em Clefs Review, pp. 23 e seguintes.

Tem sido preconizado, aliás, que o programa do Mercado Único corresponde ao projecto regulador da economia de maior alcance e mais ambicioso em todo o mundo.

É evidente que se verificou uma mudança de paradigma, pois que ao chamado *Estado positivo* – de feição keynesiana – em que prevaleciam funções de redistribuição da riqueza e de estabilização macroeconómica, sucede um novo modelo de organização das funções públicas de intervenção na economia – o modelo de regulação.

No contexto da construção comunitária, pode dizer-se que a mesma favoreceu a mudança de paradigma de Estado intervencionista para Estado Regulador.

São os seguintes os principais tópicos que sustentam a aludida mudança:

a) Em 1º lugar, na medida em que a União Europeia, como estrutura supranacional, sempre assumiu poderes limitados no plano da redistribuição e da estabilização macroeconómica (dado não ter esse poder). Este facto, faz avultar no âmbito da construção europeia a dimensão de regulação *como uma intervenção indirecta na economia*. Ou seja, a União Europeia ganhou consistência como um conjunto complexo de estruturas de regulação;

b) Em 2º lugar, deve destacar-se o facto de a dimensão da regulação comunitária corresponder a uma dimensão reflexa de processos de liberalização da economia – nomeadamente mediante desmantelamento de anteriores monopólios públicos, nos domínios das "*utilities*" tendo como base o art. 86º do Tratado; e

c) Em 3º lugar, a pequenez do orçamento comunitário teria dado origem a um maior crescimento das estruturas de regulação, contribuindo deste modo para que o fenómeno se estendesse aos restantes países comunitários.[1943]

Os movimentos e as tendências europeias manifestaram-se em Portugal, num primeiro momento liberalizador e de correção dos excessos, na década de 90.[1944]

Neste período e sob inspiração do direito comunitário, verificou-se um processo de alargamento da economia de mercado, que se traduziu pela:

a) Abertura à iniciativa económica privada de sectores e actividades que antes estavam sob reserva pública; e

[1943] Cfr. Luis Morais da Silva, "A Europa e os Desafios do Século XXI", p. 323.

[1944] Cfr. António Carlos dos Santos/Maria Eduarda Gonçalves/Maria Manuel Leitão Barros, "Direito Económico", pp. 115 e seguintes.

b) Realização de tarefas correspondentes a serviços públicos económicos.[1945]

Esta política não significou um retrocesso ao liberalismo desregulado do século XIX, mantendo-se presente um Estado socialmente activo e comprometido com a regulação.

O recuo do tradicional serviço público e da intervenção directa é compensado com um avanço em concreto do Estado Regulador e de Garantia. Assegura-se, pois, a perpetuação e a manutenção das tarefas públicas.[1946]

Os sistemas europeus são marcados pela concepção dos serviços públicos. Daí que se possa dizer que os modelos norte-americanos e os da Europa Continental partem de lógicas próprias e diferenciadas. [1947]

A função administrativa do Estado tradicional (liberal, prestador e constitutivo) assumiu, no período contemporâneo, novas componentes e incorporou novas e diferentes missões.

O Estado que prestava, agora supervisiona a prestação; o Estado que distribuía, agora garante a distribuição; o Estado que era agente económico e financeiro, agora regula o funcionamento dos mercados...

[1945] Recorde-se que foi através da Comunicação da Comissão Europeia de 2001, Serviços de Interesse Geral na Europa (JOC 17/4) que é afirmado que: *"os serviços de interesse geral constituem um elemento chave do modelo europeu de sociedade". Em Portugal, os SIEG foram autonomizados através da Lei 23/96, de 26 de Julho, e são também referidos na Lei da Concorrência, no âmbito dos auxílios de Estado, aí se determinando que "não se consideram auxílios de Estado as indemnizações compensatórias, qualquer que seja a forma que revistam, concedidas pelo Estado como contrapartida da prestação de um serviço público (nº 3 do art. 13º da Lei 18/2003)".*

[1946] Cfr. Pedro Gonçalves, "Entidades Privadas com Poderes Públicos", para aferir com mais rigor o conceito de tarefa pública.

[1947] Cfr. neste sentido, Pedro Gonçalves, "Regulação, Electricidade e Telecomunicações", Estudos de Direito Administrativo de Regulação; G. Domenico Majone, "A Comunidade Europeia – Um Estado Regulador". Para este autor existem razões que explicam o desenvolvimento radicalmente diferente das políticas públicas na Europa e nos EUA. Em primeiro lugar, nos primeiros anos, o Estado Regulador americano era um Estado mínimo, um Estado de partidos e de juízes, o que pressuponha a ausência de uma administração nacional forte. Não havia, como em França, uma tradição "colbertiste", nem como na Alemanha uma burocracia habituada a intervir directamente sobre a economia. Em segundo lugar, o factor ideológico é muito importante. Na Europa, a viabilidade e a legitimidade da economia de mercado não paravam de ser contestadas, à direita e à esquerda. Uma "aprovação" popular da economia de mercado só apareceu nos anos oitenta depois da crise do Estado Providência, das políticas keynesianas, das nacionalizações e da planificação estatal. A Regulação americana não tocou na propriedade privada, antes submeteu certas indústrias ou certas actividades económicas privadas à supervisão de autoridades especializadas. Ao contrário, a regulação europeia começou por: (i) uma política de nacionalizações de industrias estratégicas e de monopólios; (ii) uma planificação económica da política industrial; e (iii) uma política de auto-regulação corporativa.

Sabemos que se pode falar de três níveis distintos de instâncias públicas de regulação, que compreendem:

a) Um nível governamental;
b) Um segundo nível de organismos ou entidades reguladoras que correspondem, nos modelos administrativos continentais, a institutos públicos e outras entidades dotadas de autonomia mas sujeitos a superintendência ou tutela governamental; e
c) Um terceiro nível que é composto pelas entidades administrativas independentes.[1948]

A função que pretendemos qualificar é a que é exercida pelas entidades administrativas independentes e é das matérias mais complexas e difíceis que o Direito Administrativo comporta.[1949]

Começamos, pois, pelo enunciado fundamental das várias componentes das diversas entidades administrativas independentes que se mostram susceptíveis de proceder à qualificação jurídica da sua natureza, ainda e nesta fase sem distinguir em razão da fonte de legitimidade da sua criação e do conteúdo fundamental do critério da sua independência orgânica e funcional.

II. Notas em torno dos elementos fundamentais legitimadores da qualificação da natureza jurídica das autoridades independentes e das entidades administrativas independentes[1950]

1. As entidades criadas ao abrigo de preceito constitucional expresso, de estatuto consagrado na Constituição e que operam no contexto da Constituição Política de garantia de direitos fundamentais

1.1. A ERC

A criação da Alta Autoridade para a Comunicação Social obedeceu a fundamentos constitucionais de protecção dos direitos fundamentais à informa-

[1948] Cfr. Eduardo Paz Ferreira, "Direito da Economia", AAFDL, reimpressão, 2004, p. 404; Vital Moreira, "Auto-Regulação Profissional e Administração Pública", p. 47; José Lucas Cardoso, "Autoridades Administrativas Independentes e Constituição", pp. 379 e seguintes.

[1949] Cfr. António Carlos dos Santos, "Direito Económico", p. 207, que se refere ao âmbito da regulação, aos tipos de regulação, aos procedimentos de regulação e às principais áreas de regulação pública da economia.

[1950] As notas que se vão seguir referem-se exclusivamente aos tópicos (elementos ou pressupostos) que consideramos relevantes para efeitos da sua qualificação jurídica, que será complementada com o critério da fonte legitimadora da criação destas entidades e do regime jurídico consagrado na Lei 67/2013, de 28 de Agosto.

ção e à liberdade de imprensa, bem como a tarefas regulatórias do sector da comunicação social em geral.[1951]

A instituição de uma Alta Autoridade para a Comunicação Social com as vastas funções enunciadas significou, desde logo, que a Constituição considerou os direitos fundamentais aí referidos como princípios estruturantes de uma ordem constitucional democrática e livre e que, por isso, constituem uma responsabilidade pública de assegurar o seu exercício, criando garantias de defesa orgânico-institucionais.[1952]

A Alta Autoridade para a Comunicação Social é titular de competências administrativas, regulatórias, consultivas e de apreciação quási jurisdicional.[1953]

Do ponto de vista da independência orgânica da ERC, e no contexto do apuramento da sua natureza, importa assinalar uma regra que consideramos fundamental que é a de que os membros, titulares dos seus órgãos, são nomeados pelo Parlamento segundo regras própria por este definidas.

Por outro lado, as regras de inamovibilidade, incompatibilidades, impedimentos e exoneração são, por natureza imperativas e de regime específico e próprio.

Do ponto de vista da independência funcional da ERC podem ser assinaladas as seguintes principais características:

a) A Constituição e a lei determinam que as competências da Autoridade são exercidas sem subordinação e sem vinculação a qualquer ordem, instrução ou directiva emanada do órgão superior da administração pública;[1954]

b) Quer em termos prévios à decisão, quer posteriores, as decisões da ERC são tomadas sem dependência de qualquer interferência política, técnica ou recomendatória/tutelar; e

c) Os actos de eficácia externa são apenas sujeitos a verificação da respectiva legalidade por parte do poder judicial.[1955]

[1951] Cfr. Acordão do Tribunal Constitucional 505/96, de 20 de Março, que atribui à então Alta Autoridade a natureza de entidade administrativa independente.

[1952] É assim e nestes termos que Vital Moreira, em "O direito de resposta na comunicação social", Coimbra, 1994, p. 146, sustenta que as funções da Autoridade devem ser tidas como predominantemente de natureza administrativa e regulatória.

[1953] No mesmo texto citado anteriormente, Vital Moreira considera que apesar das competências quasi judiciais a Autoridade não deve ser qualificada como tribunal.

[1954] Cfr. J. J. Gomes Canotilho e Vital Moreira, em "Constituição da República Anotada", anotação VI ao então art. 212º.

[1955] Cf. José Lucas Cardoso, "As Autoridades administrativas independentes e a Constituição", que na p. 275 define a ERC como uma "autoridade forte".

A ERC, segundo a lei constitucional e os seus Estatutos, não está "integrada" em qualquer outra estrutura da Administração Pública.

O Governo, enquanto titular de poderes que garantem e assegurem o princípio da unidade de acção, não dispõe, nos termos da Constituição, da lei e dos Estatutos, de qualquer daqueles poderes, ainda que "ténues", relativamente às missões da ERC.[1956]

Deste ponto de vista pode ser dito que a ERC é independente em termos orgânicos e funcionais, devendo o exercício das suas missões ser realizado sem qualquer relação, ainda que "ténue", "mitigada" ou "relativa", com o poder político.[1957]

De referir finalmente que, em termos de responsabilização, a ERC está vinculada a prestar contas apenas à Assembleia da República nos termos previstos na lei aplicável.[1958]

1.2. O Provedor de Justiça

A criação do Provedor de Justiça tem o seu fundamento na Constituição da República, e as suas atribuições são as da defesa e promoção dos direitos, liberdades, garantias e interesses legítimos dos cidadãos, assegurando, através de meios informais, a justiça e a legalidade do exercício dos poderes públicos.[1959]

É um órgão do Estado, eleito pela Assembleia da República que, através das suas atribuições, visa reforçar o princípio da separação de poderes ao atribuir a um órgão independente a prossecução da justiça e da legalidade do exercício de poderes públicos.[1960]

As suas competências, são, entre outras, as seguintes : (i) emissão de recomendações tendentes à melhor interpretação, alteração, revogação ou sugestões para elaboração de nova legislação dirigida aos órgãos do Estado competentes; (ii) emissão de recomendações com o objectivo de correcção de actos ilegais ou injustos proferidos pelos poderes públicos; (iii) intervenção junto do Tribunal Constitucional no sentido de requerer a declaração de

[1956] A terminologia "ténue" é de José Lucas Cardoso, op. cit.

[1957] Neste sentido, cfr. Paulo Otero, "O Poder de Substituição em Direito Administrativo", p. 752.

[1958] Cfr. entre outros, Vital Moreira, Gomes Canotilho e J. Lucas Cardoso, que qualificam a ERC como entidade administrativa independente.

[1959] Cfr. a história da consagração constitucional da figura através das diversas propostas apresentadas pelos Partidos com assento na Assembleia Constituinte em que, designadamente o Partido Socialista, apontava para a criação de dois Provedores, um para o sector da Administração a cargo do Governo, e outro para receber queixas dos cidadãos relativamente à Administração e aos Poderes Públicos.

[1960] Cfr. igualmente, Alves Correia, bem como o próprio Conselho Consultivo da Procuradoria-Geral da República que se vieram a pronunciar, face às propostas apresentadas, no sentido de que o Provedor deveria cingir as suas atribuições e competências à actividade administrativa.

inconstitucionalidade ou ilegalidade por omissão; e (iv) intervenção, nos termos da lei, na tutela dos interesses colectivos ou difusos quando estiverem em causa entidades públicas.

O Provedor exerce as suas funções com base em queixas apresentadas pelos cidadãos e pode, em assuntos da sua competência, tomar parte nos trabalhos das comissões parlamentares competentes, sempre que estas solicitem a sua presença ou quando julgue conveniente (artigos 20º, 21º e 23º da Lei nº 9/91, de 9 de Abril).[1961]

Relativamente à definição da sua natureza, o debate não tem sido muito intenso, apesar de algumas indicações doutrinárias que nos parecem de relevo.[1962]

Em França, por exemplo, o *Médiateur* tem vindo a ser qualificado como uma autoridade administrativa independente.[1963]

Em Portugal este modelo, o do *ombudsman*, não corresponde ao modelo de tipo parlamentar.[1964]

A revisão de 1989 e a Lei de 1991 vieram, em termos de regime jurídico, concretizar algumas regras de reforço da independência orgânica do Provedor e do seu estatuto de "fiscalizador" e "moderador" da acção da Administração e do poder executivo.

O Provedor é, por força da Constituição, um órgão do Estado com estatuto constitucional.

O Provedor não está organicamente inserido em qualquer estrutura da organização da Administração Pública. O Provedor de Justiça é, assim, independente do ponto de vista orgânico.

As suas actividades são exercidas sem dependência de qualquer orientação concreta do Governo ou do poder político, e não está adstrito à verificação de qualquer plano estratégico de índole de política. O Provedor de Justiça é, assim, independente do ponto de vista funcional.

[1961] Cfr. em termos de avanços e recuos no estatuto constitucional do Provedor, bem como as diversas propostas de criação de Provedores com competências alargadas a outras actividades e sectores, Filipe Boa Baptista, "O Cidadão, o Provedor de Justiça e as Entidades Administrativas Independentes", 2002, pp. 19 e seguintes.

[1962] Cfr. Filipe Boa Baptista, em "O Cidadão...", sustenta que "*O Provedor é um órgão do Estado, não está limitado à ideia e ao conceito de Estado-Administração... Entendido este enquanto comunidade política, pairando sobre a actividade dos diversos órgãos do Estado Administração, das regiões autónomas, das autarquias locais e de outros entes públicos ou mesmo privados*".

[1963] A mesma qualificação é defendida em Espanha para o Defensor del Pueblo e em Itália em relação aos defensores cívicos regionais. Cfr. Vital Moreira, "As autoridades administrativas independentes e o Provedor de Justiça", p. 93.

[1964] Cfr. Vital Moreira, op. cit., p. 109, relativamente à evolução originária, desde 1975 – através de lei – até à revisão de 1989 e ao estatuto legislativo do Provedor de 1991.

Em termos de responsabilidade, o Provedor presta contas apenas ao Parlamento e às comissões especializadas cujas atribuições estejam directamente relacionadas com as funções do Provedor.

O Governo, enquanto órgão superior da administração pública, não é titular de qualquer poder de "interferência", ainda que mínima ou mitigada, na actividade levada a cabo pelo Provedor.[1965]

1.3. Comissão Nacional de Eleições

O fundamento legitimador da criação desta Comissão é, segundo Jorge Miranda, o da autonomização da administração eleitoral consagrado na Lei Fundamental de 1976, à luz das exigências do Estado de Direito democrático.[1966]

Para este autor, o princípio democrático representativo constitui o fundamento da administração eleitoral.[1967]

Do ponto de vista da sua natureza, Jorge Miranda sustenta que a Comissão Nacional de Eleições é "*um órgão* a se *ou mais precisamente um órgão independente da Administração*", na medida em que não estando sujeito a qualquer tipo de poderes de direcção ou controlo pelo órgão superior da Administração: o Governo", como tal deve ser qualificado.[1968]

Também o Tribunal Constitucional se pronunciou sobre a natureza da Comissão Nacional de Eleições, tendo sustentado que a mesma "*é um órgão da administração eleitoral, autónoma relativamente ao poder executivo, independente e não integrado na organização administrativa do Governo, funcionando junto da AR e exercendo a sua competência relativamente a todos os actos de recenseamento e eleições para os órgãos de soberania, das regiões autónomas e do poder local*".[1969]

1965 Cfr. Vital Moreira, "O Provedor de Justiça", em "O Cidadão, O Provedor de Justiça e as Entidades Administrativas Independentes", Lisboa, 2002, pp. 95 e seguintes; Jorge Miranda e Maria Lúcia Amaral, "O Provedor de Justiça: Garantia Constitucional de uma Instituição ou Garantia de uma Função?", p. 53 e seguintes.

1966 Cfr. Jorge Miranda, em "Sobre a Comissão Nacional de Eleições", em Revista O Direito, 1992.

1967 Em sentido idêntico, Paulo Otero sustenta que "*a CNE é um órgão dedutível de um regime constitucional de independência governamental de uma determinada área da actividade administrativa*".

1968 Jorge Miranda observa de forma explicita que: "*pese embora a CNE não constituir um órgão de soberania ou um órgão constitucional, pode e deve aproximar-se de certos órgãos constitucionais, como a Alta Autoridade para a Comunicação Social, o Conselho Superior da Magistratura, a Procuradoria-Geral da República e o Conselho Superior de Defesa Nacional. Tal como estes órgãos, a CNE surge como um órgão do Estado "a se" ou, mais precisamente, como um órgão independente da administração*".

1969 Cfr. Freitas do Amaral que considerava que: "*(i) os membros destas autoridades eram, em regra, eleitos pelo Parlamento, ou integrados por titulares designados por entidades privadas; (ii) tais autoridades não representavam o Governo, apesar de serem susceptíveis de ser integrados na administração central do Estado; (iii) não deviam obediência a qualquer outro órgão; (iv) os seus titulares eram inamovíveis e irresponsáveis pelas*

É, pois, uma verdadeira e própria autoridade administrativa independente pela aplicação dos critérios fundamentais da respectiva qualificação, que são para esta doutrina os de que:

a) Nos termos da lei dela criadora a Comissão não está sujeita a qualquer poder de direcção ou de superintendência do Governo;
b) A sua actividade é exercida de acordo com os princípios da independência funcional; e
c) É um órgão da estrutura da Administração Pública, no sentido em que as suas funções são predominantemente administrativas.[1970]

1.4. Comissão Nacional de Objecção de Consciência

O direito fundamental de objecção de consciência perante o serviço militar obteve, pela primeira vez, acolhimento constitucional na Lei Fundamental de 1976.[1971]

Posteriormente, a revisão constitucional de 1982 colocou o exercício do mesmo direito "sob reserva de lei" no que concerne à "delimitação do seu âmbito e concretização do seu modo de exercício".

Temos, pois, que o direito de objecção de consciência, através da garantia do direito fundamental à liberdade de consciência, encontra o seu fundamento no princípio da imparcialidade da actividade da Administração pública em sede de apreciação dos pedidos de reconhecimento do estatuto de objector de consciência.[1972]

É o que resulta da Lei nº 65/85, de 4 de Maio, e posteriormente da Lei nº 7/92, de 12 de Maio.

suas opiniões e pela tomada de deliberações no órgão; (v) os referidos órgãos não podiam ser dissolvidos e os seus titulares demitidos; e (vi) os seus pareceres eram, em regra, vinculativos". De acordo com estes critérios, Freitas do Amaral considerava que a Comissão Nacional de Eleições deveria ser qualificada como *autoridade independente.*

[1970] Cfr. quanto à qualificação histórica da Comissão Nacional de Eleições, J. Lucas Cardoso, "As autoridades administrativas independentes e a Constituição", p. 254; Paulo Otero, "O Poder de Substituição em Direito Administrativo", Vol. II, p. 722.

[1971] Cfr. J. C. Vieira de Andrade, "O Dever de fundamentação expressa de actos administrativos", Coimbra, 1991, p. 188, no sentido em que a objecção de consciência consubstancia uma situação na qual "*a Constituição consagra direitos fundamentais cuja concretização ou, pelo menos, cujo exercício individual só é possível através de uma normação ordinária de cariz organizatório ou procedimental*". Ver também Gomes Canotilho, em "Anotação ao Acórdão do Tribunal Constitucional nº 5/96", Revista de Legislação e Jurisprudência, Ano 129º, 1996/97, p. 120, quando se refere a "*direitos fundamentais de cunho procedimental ou direitos dependentes de um procedimento*".

[1972] Cfr. o dever do Estado promover e garantir a efectivação dos direitos, liberdades e garantias fundamentais consagrado nos art. 2º e 9º, alínea *b)*, da Constituição.

A Comissão Nacional de Objecção de Consciência é dotada de competências para o reconhecimento do estatuto de objector de consciência, bem como para aprovar o seu próprio regulamento.

A Comissão funciona junto do Gabinete do Serviço Cívico dos Objectores de Consciência, integrado nos Serviços da Presidência do Conselho de Ministros, é composta por um juiz de direito, nomeado pelo Conselho Superior de Magistratura, que preside, um cidadão de reconhecido mérito designado pelo Provedor de Justiça, bem como pelo Director do Gabinete do Serviço Cívico dos Objectores de Consciência.[1973]

A composição deste órgão, como vimos, é maioritariamente independente, a sua designação é feita por 3 anos e, tanto quanto resulta da interpretação dos preceitos legais relevantes, a competência exercida por esta Comissão não está sujeita a qualquer poder de direcção, superintendência ou tutela.

De acordo com a posição da doutrina fundada na Constituição e na lei, a Comissão Nacional de Objecção de Consciência é uma autoridade administrativa independente "forte", na medida em que a sua competência nuclear se traduz pela prolação de deliberações de natureza administrativa com vista a garantir o exercício do direito fundamental à objecção de consciência em termos de independência orgânica e funcional.[1974]

Neste sentido "participa" das funções inerentes à estrutura da Administração Pública através do critério da predominância de funções administrativas.

1.5. Comissão de Acesso aos Documentos Administrativos

A Constituição da República no âmbito da Administração Pública regula expressamente no seu art. 268º os direitos e garantias dos administrados, neles se incluindo os de ser informados pela administração sobre o andamento dos seus processos, as resoluções que sobre os mesmos tenha sido tomadas, bem como os direitos de acesso aos arquivos e registos administrativos.

A Comissão de Acesso aos Documentos Administrativos foi criada pela Lei nº 65/93, de 26 de Agosto, posteriormente alterada pela Lei nº 78/95, de 29 de Março, e pela Lei nº 94/99, de 16 de Julho.

Esta Comissão é titular de competências de emissão de pareceres à Assembleia da República, Governo e órgãos da Administração relativamente à aplicação do diploma antes identificado, bem como sobre a elaboração e aplicação

[1973] Cfr. António Damasceno Correia, "O Direito à Objecção de Consciência", Colecção Direito e Ciência Jurídica, reimpressão, 2009.

[1974] A qualificação de "autoridade forte" é assumida por José Lucas Cardoso, op. cit., p. 293.

de diplomas complementares, e ainda sobre o acesso aos documentos nominativos, a solicitação dos interessados ou do serviço responsável.

A Comissão exerce, igualmente, actividade administrativa, nomeadamente através da apreciação das queixas que lhe são dirigidas, bem como da apreciação e definição do sistema de classificação de documentos.

Do ponto de vista da sua natureza, importa referir que o nº 2 do art. 18º da lei em menção estabelece, de forma expressa, que *"a CADA é uma entidade pública independente, que funciona junto da Assembleia da República e dispõe de serviços próprios de apoio técnico e administrativo"*.[1975]

Do ponto de vista das suas funções, a Comissão exerce predominantemente actos próprios da função administrativa e a respectiva prolação não está dependente de quaisquer poderes de direcção, orientação ou superintendência.

1.6. Conselho Nacional de Ética para as Ciências da Vida

A criação deste Conselho obedeceu a imperativos constitucionais relativos a direitos absolutos dos cidadãos, tais como o direito à vida, integridade pessoal e dignidade genética, consagrados nos artigos 24º e 25º da Constituição da República.

Este Conselho, de acordo com a lei que o instituiu – Lei nº 24/90, de 9 de Junho, posteriormente revogada através da Lei nº 24/2009, de 29 de Maio – tem como atribuição fundamental a de analisar os problemas éticos suscitados pelos progressos científicos nos domínios da biologia, da medicina ou da saúde em geral e das ciências da vida.

Do ponto de vista das suas competências, podemos salientar que as mesmas se traduzem, no essencial, pelo acompanhamento da evolução dos problemas éticos suscitados pelos progressos científicos, pela emissão de pareceres sobre as mesmas matérias, bem como pela promoção e sensibilização das populações em geral nos domínios das ciências da vida.

O Conselho deve apresentar à Assembleia da República relatórios anuais sobre o estado de aplicação das novas tecnologias à vida humana e respectivas implicações de natureza ética e social, bem como formular as devidas recomendações.[1976]

[1975] Como podemos observar, a qualificação da norma é apenas de que a Comissão é uma entidade pública independente, "omitindo" a referência a "administrativa". O mesmo sucede com a recente criação da Comissão de Recrutamento e Selecção de Pessoal, que é expressamente qualificada como entidade pública independente.

[1976] O Conselho deve, igualmente, apresentar ao Presidente da República, ao Presidente da Assembleia da República e ao Primeiro-Ministro, o seu Relatório anual de actividades.

A natureza jurídica deste Conselho é, segundo se dispõe no art. 2º da lei em referência, a de um órgão consultivo independente que funciona junto da Assembleia da República.

O Conselho é dotado de autonomia administrativa e dispõe de receitas provenientes de dotações inscritas no orçamento da Assembleia da República que lhe sejam atribuídas pelo Orçamento de Estado, bem como de receitas da sua actividade editorial ou quaisquer outras que, por lei, contrato ou qualquer outro título, lhe sejam atribuídas.

Apesar da natureza das suas atribuições, bem como da sua "integração" orgânica junto da Assembleia da República, esta entidade dispõe de receitas provenientes do Orçamento, quer da AR, quer do Estado.

1.7. Entidade Reguladora da Saúde

A Lei nº 56/79, de 15 de Setembro, aprovou a criação do Serviço Nacional de Saúde, garantindo o acesso gratuito a cuidados de saúde a todos os cidadãos, concretizando, desta forma, a garantia constitucional que determinava a gratuitidade da prestação de cuidados de saúde.

Os recentes movimentos, relativos aos processos de transformação da natureza jurídica dos estabelecimentos públicos prestadores de cuidados de saúde, associados à emergência de subsistemas privados, teve como principal consequência a criação de um mercado de saúde misto.

O mercado emergente destes fenómenos, numa primeira fase, mostrava-se desregulado e imperfeito.

Recorde-se que o direito à protecção da saúde assume consagração constitucional e está directamente conexionado com outros direitos fundamentais, como é o caso do princípio constitucional da dignidade da pessoa humana, o direito à vida e o direito à integridade pessoal.[1977]

A empresarialização dos hospitais e a entrega gradual ao sector privado de uma profusão de serviços de saúde, nomeadamente através de regimes de concessão da gestão hospitalar, bem como os mais recentes sistemas de parcerias público-privadas, não determinou, como sabemos, a eliminação do Estado enquanto financiador e prestador do e no sistema.

O desenvolvimento destes novos fenómenos de financiamento e gestão dos serviços de saúde conduziu, naturalmente, à verificação de concorrência

[1977] Cfr. art. 64º da Constituição, que consagra o direito à saúde no contexto dos direitos e deveres fundamentais.

no sector, razão pela qual o desiderato constitucional de salvaguarda da qualidade dos serviços manteve plena acuidade e razão de ser.[1978]

O primeiro diploma que, pela primeira vez, abordou a questão da regulação na saúde foi o Decreto-Lei nº 185/2002, que criou o regime das parcerias público-privadas e cujo art. 37º dispõe que: "*As actividades desenvolvidas no âmbito das parcerias em saúde em regime de gestão e financiamento privados podem ser objecto de regulação económica, sendo o financiamento da entidade reguladora assegurado pelas entidades reguladas, nos termos a definir em diploma próprio*".

A ERS foi criada pelo Decreto-Lei nº 309/2003, de 10 de Dezembro, posteriormente revogado pelo Decreto-Lei nº 127/2009, de 27 de Maio.[1979]

Do ponto de vista da sua natureza, o art. 2º do diploma legal em menção estabelece que: "*A ERS é uma pessoa colectiva de direito público, dotada de autonomia administrativa e financeira e de património próprio*".

A ERS, do ponto de vista da sua organização, dispõe de um Conselho Directivo, composto por três membros, nomeados por Resolução do Conselho de Ministros, sob proposta do membro do Governo responsável pela área da saúde, de entre pessoas de reconhecida idoneidade, autoridade e competência técnica e profissional (artigos 9º e 10º do Decreto-Lei nº 127/2009, de 27 de Maio).

O regime organizacional da ERS, no que se refere à duração dos mandatos dos membros do seu Conselho Directivo, procura assegurar o que os autores denominam de estabilidade dos órgãos dirigentes, através da diferenciação dos mandatos do Presidente e dos respectivos vogais, o que permite obviar aos chamados "testamentos ministeriais".

A ERS é independente no exercício das suas funções, sem prejuízo dos princípios orientadores da política de saúde fixados pelo Governo e dos actos de gestão administrativa, financeira e patrimonial sujeitos a tutela ministerial, e não estão sujeitos a instruções ou orientações administrativas nem de qualquer outra entidade externa, como decorre do disposto nos artigos 10º e 15º do mencionado diploma legal.

Apesar de não estar sujeita a instruções ou orientações específicas em matéria das suas competências, a ERS está subordinada ao regime de tutela e responsabilidade previsto no art. 55º do Decreto-Lei nº 127/2009, de 10 Dezembro, nos seguintes termos:

[1978] É neste sentido que deve ser interpretada a afirmação de que a criação da ERS permitiria "*tornar possível garantir aos operadores privados e sociais que a regulação não é influenciada pelos interesses do Estado enquanto operador*", como sustenta Rui Nunes,"A Regulação da Saúde", p. 251.

[1979] Cfr. Rui Nunes, "a Regulação da Saúde", p. 249, quando afirma que não foi pacífica, entre nós, a criação de uma entidade de regulação da saúde, quer a nível conceptual, quer a nível do debate social.

a) O plano de actividades e o orçamento, o relatório de actividades e as contas, bem como os demais actos de incidência patrimonial ou financeira, previstos na lei e nos Estatutos, carecem de aprovação governamental;

b) A aquisição ou alienação de bens imóveis, nos termos da lei, bem como a aceitação de doações, heranças ou legados, dependem igualmente de autorização governamental; e

c) Os actos de incidência patrimonial ou financeira, previstos na lei ou nos Estatutos, carecem de aprovação do Ministro das Finanças.

A independência da ERS deve também ser explicada no âmbito das suas relações com as entidades "reguladas", de modo a obviar ao denominado fenómeno da "captura" dos reguladores.[1980]

2. As entidades públicas e as entidades administrativas independentes que operam no sector financeiro

2.1. O Banco de Portugal

Como sabemos, a Lei Orgânica do Banco de Portugal define esta entidade como uma pessoa colectiva de direito público, dotada de autonomia administrativa e financeira.[1981]

O Conselho de Administração, o Conselho de Auditoria e o Conselho Consultivo, para além do Governador, são órgãos do Banco de Portugal, nomeados por Resolução do Conselho de Ministros, gozando de independência nos termos do Estatutos do SEBC.[1982]

Do ponto de vista do estatuto, os órgãos do Banco de Portugal são inamovíveis, só podendo ser exonerados dos seus cargos nos termos previstos no art. 14º dos Estatutos do SEBC/BCE, ou seja, desde que deixem de preencher

[1980] Cfr. art. 4º, nº 2, do diploma legal em menção quando determina que: *"A ERS é igualmente independente em relação às entidades titulares dos estabelecimentos sujeitos à sua jurisdição ou a qualquer outra entidade com intervenção no sector, não podendo designadamente aceitar nenhum subsídio, apoio ou patrocínio das mesmas, nem de qualquer associação representativa delas"*. Deve ser igualmente referido que a regulação da saúde é ainda exercida através do Observatório Nacional de Saúde, do Observatório Português dos Sistemas de Saúde (exerce funções de recolha e tratamento de informações com o objectivo de analisar a evolução do sistema de saúde em Portugal), pela Inspecção-Geral das Actividades de Saúde e pelo Instituto da Qualidade da Saúde (desempenham funções de supervisão da qualidade dos serviços de saúde).

[1981] Cfr. art. 1º em anexo à Lei Orgânica do Banco de Portugal, aprovada pela Lei 5/98, de 31 de Dezembro.

[1982] O Banco de Portugal não pode, actualmente, ser qualificado como entidade empresarial.

os requisitos necessários para o exercício das suas funções ou tiverem cometido uma falta grave.[1983]

O Banco de Portugal exerce competências de supervisão relativamente a todas as instituições de crédito, sociedades financeiras e outras entidades que lhe estejam legalmente sujeitas.[1984]

A supervisão define-se por duas variantes: a supervisão comportamental e a supervisão prudencial.[1985]

O Banco de Portugal é membro do SEBC, o que poderia suscitar a questão de saber se se trata de uma entidade europeia enquanto participante de um conjunto de outras entidades da mesma natureza que partilham aquela pertença.[1986]

A sua particular posição de poder desempenhar funções relevantes, quer no desenvolvimento de políticas de direito comunitário económico nos aspectos monetários e financeiros, quer influenciando o seu direito interno, não tem, apesar disso, a susceptibilidade de "transfigurar" o Banco de Portugal numa entidade europeia, pelo contrário, esta colaboração inter-institucional permite, outrossim, aprofundar o denominado *Open Method Coordination* com que se procura ultrapassar as dificuldades de compatibilização entre ordenamentos e administrações comunitárias e nacionais.[1987]

Face às atribuições e competências do Banco de Portugal a nível interno, às regras da sua participação no domínio do direito comunitário através da sua "integração" no SEBC, bem como as relativas às regras legais da sua independência orgânica e funcional, alguns autores sustentam que a sua natureza deve ser qualificada como autoridade administrativa independente.[1988]

1983 Neste caso, a decisão de exoneração compete ao Tribunal de Justiça que apreciará o pedido formulado nesse sentido pelo Conselho do BCE ou pela sua Comissão Executiva.

1984 Cfr. art. 17º da Lei Orgânica do Banco de Portugal.

1985 A supervisão comportamental significa a fiscalização de todas as actividades que as instituições exercem, com o objectivo de que estas assegurem elevados níveis de competência técnica e assegurem que a sua organização empresarial funcione com os meios humanos e materiais adequados a manter condições apropriadas de qualidade e eficiência (art. 73º do RGICSF); a supervisão prudencial está orientada para a fiscalização dos mercados monetário e cambial em termos de garantir níveis adequados de liquidez e solvabilidade (artigos 91º, 94º, 116º e seguintes do RGICSF).

1986 Cfr. no sentido da qualificação dos bancos centrais como autoridades administrativas independentes, Mario P. Chiti, "Diritto Amministrativo Europeo", Milão, 2008.

1987 Cfr. Paulo Doret, "Autoritá di Agenzie e L'Amministrazione em Cammino", em "Autoritá Independient e Agenzie", edição coordenada por P. Cavaleri, Dalle Vedove e P. Doret, Pádua, 2003, pp. 44 e seguintes.

1988 É a tese sustentada por Rui Machete no IX Congresso Hispano-Luso de Derecho Administrativo, com a comunicação "Estatuto e Regime das Entidades Reguladoras, em especial dos Bancos Centrais", p. 16; Vital Moreira, "As Autoridades Reguladoras Independentes", p. 220, descreve

Todavia, a indefinição conceitual da natureza jurídica do Banco de Portugal continua a ser um dado adquirido na doutrina.

Se atentarmos ao disposto na Constituição verificamos, porém, que na mesma se dispõe que o Banco de Portugal exerce as suas funções nos termos da lei e das normas internacionais a que o Estado Português se vincule.[1989]

Ou seja, o Banco de Portugal, em termos de fundamento legitimador da sua "existência", assume carácter constitucional.[1990]

Devem por isso ser retiradas deste regime as respectivas consequências, no sentido de assinalar se o Banco de Portugal, ainda que com o estatuto de "autoridade forte", deve ou não ser qualificado como autoridade administrativa independente.[1991]

Não pode e não é indiferente a esta análise a "cobertura" constitucional do Banco de Portugal, bem como a natureza prevalecente das suas funções.[1992]

E estas últimas são, como já foi descrito, entre outras, funções de supervisão (comportamental e prudencial), emissão de directivas dirigidas às instituições de crédito e sociedades financeiras, com a finalidade de regular a sua actuação e ainda de assegurar os serviços de centralização de riscos de crédito.[1993]

O Banco de Portugal não está subordinado a qualquer tipo de orientação, coordenação ou outra qualquer forma de "intervenção" na sua gestão.

o essencial dos tópicos que caracterizam o Banco de Portugal, mas não procede à qualificação da sua natureza jurídica, apesar de o integrar nas denominadas Autoridades de Regulação do Sector Financeiro; ver também art. 1º da Proposta de Lei-Quadro das Autoridades Reguladoras Independentes, do mesmo autor, p. 268; José Lucas Cardoso, em "As Autoridades Administrativas Independentes e a Constituição", p. 365, sustenta que o Banco de Portugal deve ser qualificado como uma autoridade administrativa independente "forte".

1989 Cfr. art. 102º da Constituição da República Portuguesa.

1990 "Existência", neste contexto, deve ser entendida no sentido em que as funções que exerce assumem consagração constitucional. A história do Banco de Portugal foi já por nós assinalada no Capítulo referente ao regime jurídico da criação destas entidades.

1991 Cfr. José Lucas Cardoso, "As Autoridades administrativas independentes e a Constituição", que considera que o Banco de Portugal assume este estatuto, de "autoridade forte", mas acaba por sustentar que o mesmo deve ser qualificado como autoridade administrativa independente.

1992 Cfr. Andrés Betancort Rodríguez, "Las Administraciones Independientes – Un Reto para el Estado Social y Democrático de Derecho", Madrid, 1994, p. 127, em que se descrevem os critérios definidores da natureza das entidades com missões de supervisão dos sistemas bancários.

1993 Cfr. quanto à classificação das diversas atribuições e competências do Banco de Portugal, António Carlos Santos, Maria Eduarda Gonçalves e Maria Manuel L. Marques, "Direito Económico", Coimbra, 5ªedição, 2004, p. 503.

Quanto ao regime de responsabilidade do Banco, deve ser sublinhado que o mesmo se reporta aos seus deveres de prestar contas perante a Assembleia da República sempre que para tal, através das suas comissões especializadas, seja chamado a prestar esclarecimentos sobre matérias das suas competências.[1994]

3. Entidades administrativas independentes que operam nos sectores económicos, de mercados de valores mobiliários, de comunicações e concorrência

3.1. Comissão de Mercado de Valores Mobiliários

A Comissão de Mercado de Valores Mobiliários foi criada no principio do ano de 1991, através do Decreto-Lei nº 141-A/91, de 1 de Abril, com a missão de supervisionar e regular os mercados de valores mobiliários e instrumentos financeiros derivados e a actividade de todos os agentes que neles actuam.

No caso vertente e tomando o próprio preâmbulo do mencionado Decreto-Lei nº 141-A/91, de 1 de Abril, diremos que o fundamento da criação da CMVM reside na circunstância de ser entendido que "*a existência de um mercado de valores mobiliários amplo e eficiente constitui, hoje, condição essencial não apenas de qualquer processo de desenvolvimento económico e social sustentado e intrinsecamente equilibrado, mas também da própria obtenção por parte dos Estados modernos de enorme volume de recursos de que carecem para o financiamento dos pesados investimentos infra-estruturais a seu cargo*".[1995]

Por outro lado, recorde-se que, ao tempo, estávamos em processo de integração na CEE que tinha como pressupostos fundamentais a criação e o aprofundamento do mercado único europeu.[1996]

Mais precisamente, a criação de um grande mercado europeu de valores mobiliários de que cada um dos mercados nacionais que o integrem passará a constituir uma componente mais ou menos viável, relevante e activa consoante a capacidade que tenha de competir com os demais nas garantias de eficiência, transparência e liquidez que ofereça aos operadores deste mercado.

[1994] A título comparativo e sobre a natureza jurídica do Banco de Espanha, cfr. Luis Alberto Pomed Sánchez, "Regime jurídico del Banco de España", Madrid, Ed. Tecnos, 1996.

[1995] Cfr. nº 9 do Preâmbulo do DL 141-A/91, de 1 de Abril, ao afirmar que "*a CMVM é um organismo especializado e profissionalizado de carácter público, dotado de personalidade jurídica e de um grau máximo de autonomia relativamente ao Ministério da tutela, a cargo de um conselho directivo de cinco membros nomeados pelo Conselho de Ministros entre pessoas de reconhecida competência no domínio do mercado de capitais e de comprovada independência e idoneidade, com mandato de cinco anos e inamovíveis durante esse período*".

[1996] Cfr. Fausto de Quadros, "Direito da União Europeia", pp. 54 e seguintes.

Diremos, assim, que neste caso, o da criação da CMVM, o seu fundamento reside em factores de "integração" institucional no mercado alargado "fora" de fronteiras geográficas e com o objectivo de ir ao encontro do modelo de regulação e supervisão europeus.[1997]

O desenvolvimento e o crescimento económico que se considerava como finalidade social, mas agora interconexionado com a nossa participação no mercado único europeu, exigiam a institucionalização de instrumentos que favorecessem a eficiência e a transparência de funcionamento dos operadores, mas também das entidades encarregadas de realizar a supervisão deste mercado.

Em Março de 2000 entrou em vigor o Código de Valores Mobiliários, pilar da reforma legislativa do mercado de capitais iniciada em 1999, que pretendeu traduzir três vectores fundamentais: (i) a desgovernamentalização; (ii) a desestatização; e (iii) a liberalização.

A nível comunitário, as alterações preconizadas no relatório Lamfalussy, de Março de 2001, aprovadas no Conselho Europeu de Estocolmo, influenciaram decisivamente as reformas no domínio da transparência e da flexibilidade do processo de elaboração da legislação comunitária do mercado de valores mobiliários que se repercutiram, entre nós, na transposição das directivas relativas aos organismos de investimento colectivo em valores mobiliários (Directiva 2001/108), na directiva relativa aos mercados de instrumentos financeiros, entre outras, e que significaram as alterações introduzidas no Código nos anos de 2003, 2004 e seguintes.[1998]

De acordo com a "história", ao tempo da criação da CMVM a mesma era concebida como *um órgão especializado e profissionalizado de carácter público e autónoma relativamente ao ministério da tutela.*

Deve assim considerar-se que no início do processo de desestatização e desgovernamentalização da actividade reguladora do mercado de capitais, a opção política do legislador foi a de instituir uma pessoa colectiva de direito público "independente", mas subordinada a poderes de superintendência por parte do Governo.[1999]

[1997] Cfr. Fernando Teixeira dos Santos, "A Reforma do Direito dos Valores Mobiliários", Conferência proferida na FDL, em 19 de Outubro de 2004.

[1998] Cfr. DL 486/99, de 13 de Novembro, que aprovou o Código, republicado através do DL 357-A/2007, de 31 de Outubro.

[1999] Cfr. Vital Moreira, "Auto-regulação Profissional e Administração Pública", quando sustenta que a tutela exercida pelo Ministro das Finanças relativamente à Comissão deve ser qualificada como uma "tutela reduzida".

A Comissão de Mercado de Valores Mobiliários, quanto à sua natureza jurídica, atentas as suas atribuições, competências e qualificação normativa, foi concebida como um instituto público.[2000]

Apesar de já termos definido o conceito de independência, julgamos que o mesmo deve aqui ser revisitado, na medida em que apesar do regime interno de "tutela reduzida", a CMVM deve ser qualificada à luz das regras que enformam a sua instituição como entidade independente do poder político e dos "regulados" enquanto órgão aplicador do direito.[2001]

No caso vertente, os poderes de "tutela governamental" envolvem o dever de assistência na definição de políticas mobiliárias, na sujeição do plano de actividades e orçamento à aprovação ministerial, e no dever de envio de relatório anual sobre os mercados.[2002]

Questão que pode e deve ser suscitada é a de saber se este tipo de "intervenção" do Governo não legitima a "desqualificação" de entidade independente da CMVM.[2003]

Tal parece não justificar a aludida "desqualificação" como entidade independente, na medida em que a amplitude das suas competências não é "molestada" pelo regime legal da respectiva "neutralização" do poder político.[2004]

Face ao que antecede, é possível apresentar as seguintes principais considerações:

a) A criação da CMVM respeita o princípio do pluralismo das estruturas da Administração Pública;

b) Quer o CdVM, quer os estatutos da CMVM, consagram regras de "tutela" relativamente a algumas das decisões desta entidade às linhas orientadoras de política da competência do Governo; e

[2000] Esta foi a posição defendida por J. Lucas Cardoso, op. cit., p. 307, sobretudo a partir da sua distinção do conceito de empresa pública. Cfr. igualmente Paulo Otero, "Institutos Públicos", no Dicionário Jurídico da Administração Pública, Vol. V, Lisboa, 1993.

[2001] Cfr. o princípio 2 das secção 6.3 dos "Objectives and Principles of Securities Regulation", citado por Paulo Câmara, "A Regulação e Valores Mobiliários", em Estudos em Homenagem ao Professor Paulo Pitta e Cunha, p. 159; João Nuno Calvão da Silva, "Mercado e Estado: Serviços de Interesse Económico Geral", Coimbra, 2008, pp. 184 e seguintes.

[2002] O Estatuto da Comissão está consagrado no DL 473/99, de 8 de Novembro, alterado pelo DL 232/2000, de 25 de Setembro, pelo DL 183/2003, de 19 de Agosto, e pelo DL 169/2008, de 26 de Agosto.

[2003] Neste sentido, ver João Calvão da Silva, "Banca, Bolsa e Seguros", Almedina, 2013, p. 42, quando nos assevera que a CMVM assume o grau máximo de autonomia em relação à tutela.

[2004] No sentido da amplitude das competências da CMVM, cfr. Paula Costa e Silva, "As Autoridades Administrativas Independentes, Alguns Aspectos da Regulação Económica numa Perspectiva Jurídica", em O Direito, ano 138º, 2006.

c) Consagram, igualmente, um "poder de intervenção directo" do Governo em caso de se verificar "*perturbação que ponha em grave risco a economia nacional*".

A CMVM, do ponto de vista orgânico, funcional e relacional foi instituída ao abrigo dos princípios da desgovernamentalização e desestatização.

3.2. Entidade Reguladora do Sector Energético

O processo de reestruturação do sector eléctrico nacional através da sua abertura à iniciativa privada foi iniciado em 1988 e desenvolvido, em termos de organização institucional, até 1995, data da publicação do Decreto-Lei nº 187/95, de 27 de Julho.

É um processo que se desenrola sob os novos ventos de mudança de liberalização e privatização, e fortemente influenciado por fenómenos de idêntica natureza provenientes das instâncias comunitárias de que fazemos parte.

Do ponto de vista das atribuições que a lei confere à Entidade Reguladora do Sector Eléctrico, as mesmas podem ser identificadas e enquadradas no âmbito das missões que lhe são conferidas pelo art. 3º do Decreto-Lei nº 187/95, de 27 de Junho, nomeadamente as de protecção dos interesses dos consumidores, as de fomento da concorrência onde exista potencial para melhoria da eficiência com que são desempenhadas as actividades do sector eléctrico, bem como as de contribuir para a existência de condições que induzam a uma utilização eficiente da energia eléctrica.[2005]

Aspecto nuclear a ter presente na definição da natureza jurídica desta entidade é a expressa determinação legal de que a mesma está sujeita a tutela nos termos previstos na lei.[2006]

Ao tempo da criação da Entidade Reguladora do Sector Eléctrico esta foi concebida como um instituto público e, em conformidade, integrada na administração indirecta do Estado.[2007]

Os Estatutos da ERSE foram alterados e estabelecem de forma expressa que a Autoridade é independente no exercício das suas funções.[2008]

[2005] Neste sentido, as suas competências são múltiplas, desde poderes de aprovação de tarifários relativamente ao SEP e definição de condições a que devem obedecer os contratos de distribuição de energia eléctrica no SEP, ao controlo da verificação da observância do regulamento de qualidade de serviço.

[2006] Cfr. art. 2º do DL 187/95, de 27 de Junho.

[2007] Cfr. neste sentido, J. Lucas Cardoso, op. cit., p. 341, que considera que a Entidade deve ser qualificada como instituto público na veste de serviço personalizado do Estado.

[2008] Cfr. Estatutos da ERSE anexos ao DL 97/2002, de 12 de Abril.

A ERSE dispõe de competências de regulação económica (acesso às redes), comercial (relações comerciais entre os intervenientes do SEM) e tarifária das actividades reguladas.[2009]

Para além da ERSE, a Direcção-Geral de Geologia e Energia e a Comissão de Mercado de Valores Mobiliários dispõem de competências regulatórias, nos termos da lei.[2010]

Mais recentemente, a doutrina qualifica a ERSE, nos termos da lei e dos seus Estatutos, como uma Entidade de Regulação Independente.[2011]

Na verdade, as suas competências devem ser exercidas de forma compatível com os princípios orientadores da política energética fixados pelo Governo, ou seja, os seus actos/decisões devem ser adoptados tendo presente, entre outros, os objectivos da política energética fixados através de Resolução do Conselho de Ministros.[2012]

Do ponto de vista da independência orgânica da ERSE, e atentas as regras legais da composição, designação e estatuto do Conselho de Administração desta entidade, o mesmo é composto por um presidente e dois vogais, que são nomeados por Resolução do Conselho de Ministros, sob proposta do Ministro da Economia, de entre pessoas que possuam qualificações adequadas e reconhecida competência técnica e profissional (números 1 e 2 do art. 28º).[2013]

Os membros do Conselho de Administração da ERSE estão subordinados a um regime de incompatibilidade intenso e a regras de exoneração bastante fechadas, como resulta do disposto no art. 29º dos estatutos.

Por seu turno, o Conselho de Ministros, através de Resolução, pode proceder à dissolução do Conselho de Administração em caso de graves irregularidades no funcionamento do órgão, bem como de considerável excesso das despesas realizadas sobre as orçamentadas sem justificação adequada.

Do ponto de vista da sua responsabilidade política, a ERSE está vinculada a enviar ao Governo, para que este remeta à Assembleia da República, um relatório anual sobre as suas actividades de regulação (nº 2 do art. 59º dos estatutos).

2009 Cfr. art. 3º dos Estatutos da ERSE.

2010 Cfr. o art. 57º, nº 2, do DL 29/2006, que dispõe que a regulação das actividades reguladas é atribuída à ERSE sem prejuízo das competências atribuídas à DGGE, à CMVM e a outras entidades administrativas, no domínio específico das suas atribuições. É o caso da Autoridade da Concorrência no contexto da denominada regulação transversal.

2011 No mesmo sentido, cfr. Pedro Gonçalves, "Regulação, Electricidade e Telecomunicações", p. 117.

2012 Cfr. Resolução do C.M. 169/2005, de 24 de Outubro.

2013 A nosso ver, esta norma jurídica plasma de forma muito clara o "primado da legitimidade do saber".

A Assembleia da República dispõe do poder de chamar o presidente da ERSE às respectivas comissões especializadas, com o objectivo de prestação de informações ou esclarecimentos sobre as suas actividades.

3.3. ICP – ANACOM

Como tivemos ocasião de referir no capítulo relativo ao regime jurídico da criação de entidades administrativas independentes, o processo de criação desta entidade conheceu várias fases.

No momento da publicação dos seus estatutos, aprovados pelo Decreto-Lei nº 309/2001, de 7 de Dezembro, esta autoridade foi dotada, no contexto das suas atribuições, dos mesmos direitos e obrigações atribuídos ao Estado nas disposições legais e regulamentares aplicáveis, designadamente: (i) quanto à cobrança coerciva de taxas, rendimentos do serviço e outros créditos; (ii) quanto à definição das infracções e respectiva aplicação de penalidades; e (iii) quanto aos poderes de fiscalização radioeléctrica e às intimações, aplicação de sanções e demais actos daquela resultantes.

Do ponto de vista da sua natureza, a autoridade, de acordo com o regime instituído pelo art. 1º dos seus estatutos, foi concebida como uma pessoa colectiva de direito público, dotada de autonomia administrativa e financeira e de património próprio.[2014]

O art. 4º do diploma legal em menção consagrou expressamente o princípio da independência da autoridade, sem prejuízo dos princípios orientadores de política de comunicações fixados pelo Governo, nos termos constitucionais e legais, e dos actos sujeitos a tutela ministerial, nos termos previstos na lei e nos estatutos.

O diploma em menção teve como fontes mais próximas o processo de liberalização progressiva do sector das comunicações no âmbito do direito comunitário, bem como a Lei de Bases Gerais sobre o estabelecimento, gestão e exploração de redes de telecomunicações e a prestação de serviços de telecomunicações, aprovada pela Lei nº 91/97, de 1 de Agosto, em que expressamente se atribui à ANACOM a qualidade de "entidade reguladora".

Em termos das regras de nomeação dos membros da Autoridade, o art. 25º dos Estatutos prescreve que os membros do Conselho de Administração

[2014] É neste sentido que José Lucas Cardoso, op. cit., p. 341, qualifica o ICP-ANACOM como um instituto público, pois reúne todos os elementos do conceito, isto é, trata-se de (i) uma pessoa colectiva pública de tipo institucional; (ii) criada para assegurar o desempenho de determinadas funções administrativas de carácter não empresarial; (iii) pertencentes ao Estado ou a outras pessoas colectivas públicas.

são nomeados por proposta do membro do Governo responsável pela área das comunicações, através de Resolução do Conselho de Ministros, por um período de cinco anos, não estando sujeitos a instruções ou orientações especificas.

Os artigos 21º, nº 4, e 22º, nº 4, estipulam um regime de impedimentos, o que significa e traduz a regra da independência face aos regulados.

Do ponto de vista do seu estatuto e do regime das incompatibilidade, o art. 22º do Decreto-Lei nº 309/2001, estabelece que os membros do Conselho de Administração da autoridade estão sujeitos, em tudo o que não resultar dos estatutos, ao regime dos gestores públicos e às incompatibilidades dos titulares de altos cargos públicos.

Sem prejuízo da sua independência orgânica e funcional, estipula o art. 50º dos estatutos que o ICP-ANACOM está sujeito à tutela do membro do Governo responsável pelas comunicações e, quando for caso disso, do Ministro das Finanças, carecendo de aprovação ministerial: (i) o plano de actividades e o orçamento; (ii) o relatório de actividades e as contas; e (iii) outros actos previstos na lei.

Por seu turno e no contexto da responsabilidade política, o art. 51º dos mesmos estatutos consagra expressamente que a autoridade deve enviar anualmente ao Governo, para ser remetido à Assembleia da República, o relatório anual das suas actividades de regulação.

De igual modo, o Presidente da autoridade deverá responder sempre aos pedidos de esclarecimento e informações que sejam endereçados pela Comissão competente da Assembleia da República (nº 2 do art. 51º).

Deve ainda sublinha-se que os membros do Conselho de Administração são nomeados para um mandato de cinco anos, não podendo este ser renovado (nº 6 do art. 21º dos Estatutos).

3.4. Autoridade da Concorrência

No nosso País, as novas orientações europeias no sentido da liberalização e da privatização, nomeadamente as que estavam em curso no Reino Unido, bem como a nova filosofia inerente à nossa adesão às Comunidades Europeias, apenas nos chegaram perto de meados da década de oitenta.[2015]

[2015] Sobre a evolução da Política de Concorrência em Portugal, sobretudo sobre os antecedentes da primeira legislação da concorrência, cfr. Alberto Xavier, "Subsídios para uma Lei de Defesa da Concorrência", em Ciência e Técnica Fiscal, nºs 138 e 139, 1970; João Eduardo Pinto Ferreira, "Enquadramento das Leis de defesa da concorrência em Portugal", em Concorrência, Estudos, Coord. António Goucha Soares e Maria Manuel Leitão Marques, Coimbra, 2006; António Castro Guerra, "Política de Concorrência em Portugal: Fundamentos teóricos e casusticos", Ed. GEPE/

Estas novas orientações mostravam-se, aliás, em consonância com as profundas alterações na estrutura e no funcionamento da economia portuguesa, e as novas concepções tendentes ao desenvolvimento económico e social com intuitos de reforço da competitividade face aos novos fenómenos caracterizadores da economia internacional.[2016]

Foi, pois, neste quadro interno e externo que foi aprovado o Decreto-Lei nº 422/83, de 3 de Dezembro, e mais tarde, em 1988, o Decreto-Lei nº 427/88, de 19 de Novembro, que veio regular o controlo prévio das concentrações.[2017]

O Decreto-Lei nº 371/93, de 29 de Outubro, surge num momento em que estava já em curso o processo de integração e aprofundamento da União Europeia, e em que a economia global, a realidade dos mercados e o aparecimento de novos e diferentes protagonistas reformadores das relações de força, exigiam respostas institucionais mais eficazes e mais flexíveis.

Min. Economia, 1997; José Luis da Cruz Vilaça, "Introdução à nova legislação da concorrência", em Concorrência, Estudos, Coimbra, Almedina, 2006.

2016 Cfr. António Carlos dos Santos, "Direito Económico", 5º edição, pp. 36 e seguintes, no sentido da evolução do quadro e dos princípios constitucionais de índole económica.

2017 Correspondendo a um objectivo do IX Governo Constitucional, pode designar-se como a primeira geração de textos legislativos sobre o Direito e a Política de Concorrência em Portugal contemporâneo. O percurso até esta Lei acolheu-se na sua descrição, patente no Acórdão de 2 de Julho de 1997 do Tribunal Constitucional, que consignava a seguinte doutrina: "*14 – Após a Revolução de 25 de Abril de 1974 acentuou-se a preocupação da adopção de uma estratégia anti-monopolista (cfr. Programa do Movimento das Forças Armadas, B, 6 a)), mas a nacionalização de importantes sectores da vida económica tornou menos premente a regulamentação da liberdade de concorrência. Importa acentuar que a versão originária da Constituição atribui ao Estado, como incumbências prioritárias, a eliminação e o impedimento de formação de monopólios privados, bem como a repressão dos abusos do poder económico e de todas as práticas lesivas do interesse geral (art. 81º, alínea g)), e também a imposição da garantia de concorrência equilibrada entre as empresas, estabelecendo a lei a protecção de pequenas e médias empresas económica e socialmente viáveis (alínea j) do mesmo artigo). A mesma versão da Constituição previa a intervenção do Estado na formação e controlo dos preços, cabendo-lhe a obrigação de racionalizar os circuitos de distribuição, eliminando os desnecessários. Com as revisões constitucionais de 1982 e 1989, acentuou-se o movimento de "desideologização" da versão originária da Constituição e a aproximação do modelo económico português relativamente ao modelo vigente nos Estados-Membros da Comunidade Económica Europeia. Na primeira daquelas revisões, e a propósito do comércio, passou a indicar-se que o Estado devia intervir na racionalização dos circuitos de distribuição e na formação e controlo dos preços, a fim de combater as actividades especulativas, "evitar práticas comerciais restritivas e os seus reflexos sobre os preços". A segunda revisão, levada a cabo após a adesão de Portugal às Comunidades Europeias, passou a consagrar como objectivo da política comercial "a concorrência salutar dos agentes mercantis", bem como "o combate às actividades especulativas e às práticas comerciais restritivas; 15 – Face à situação constitucional decorrente da primeira revisão, realizada em 1982, compreende-se que estivessem criadas as condições para aprovar uma nova Lei de Defesa da Concorrência. Tendo em vista a projectada adesão de Portugal às Comunidades Europeias foi publicado o Decreto-Lei nº 422/83, de 3 de Dezembro, Lei de Defesa da Concorrência, cujo sistema de aplicação assentava na Direcção-Geral de Concorrência e Preços e no Conselho da Concorrência*".

Os direitos dos consumidores, os princípios gerais de uma economia aberta e o crescente processo de internacionalização e de dinamismo concorrencial, estiveram na base da definição legal de "uma autêntica lei-quadro da política de concorrência".

Até 2003 foi esta a legislação em vigor em Portugal.

A Lei nº 18/2003, de 18 de Janeiro, veio aprovar a Lei da Concorrência que, nos seus precisos termos, vem prosseguir os seguintes propósitos essenciais:

a) Dotar o ordenamento jurídico português de um regime de defesa da concorrência que, corrigindo algumas imprecisões dos anteriores regimes, contribua para a modernização e competitividade da economia nacional;
b) Adaptar o ordenamento jurídico português à Modernização levada a cabo pela Comissão Europeia, relativamente à legislação comunitária da concorrência, materializada na adopção do regulamento (CE) nº 1/2003 do Conselho, de 16 de Dezembro de 2002, relativo à execução das regras da concorrência estabelecidas nos artigos 81º e 82º do Tratado, o qual entrou em vigor em 1 de Maio de 2004; e
c) Providenciar o suporte substantivo ao desempenho das funções cometidas à nova Autoridade da Concorrência (AdC) criada pelo Decreto-Lei nº 10/2003, de 18 de Janeiro.

É neste contexto que surge a Autoridade da Concorrência, criada através do referido Decreto-Lei, como uma das significativas inovações institucionais no quadro do novo regime da concorrência.[2018]

A Autoridade foi criada com o objectivo de "*assegurar o respeito pelas regras da concorrência, tendo em vista o funcionamento eficiente dos mercados, a repartição eficaz dos recursos e os interesses dos consumidores*".[2019]

A Autoridade da Concorrência, de acordo com o disposto no seu art. 2º, "*é uma pessoa colectiva de direito público, de natureza institucional, dotada de órgãos, serviços, pessoal e património próprios e de autonomia administrativa e financeira*".

A Autoridade da Concorrência é uma entidade concebida como independente, desgovernamentalizada e com competências de regulação da concorrência (art. 2º dos Estatutos anexo ao Decreto-Lei nº 10/2003, de 18 de Janeiro).

[2018] Cfr. Ana Maria Guerra Martins, "Curso de Direito Constitucional da União Europeia", Almedina, 2004.

[2019] Cfr. art. 1º dos Estatutos da Autoridade.

Do ponto de vista da sua capacidade jurídica, a Autoridade detém competências sancionatórias, poderes de supervisão e de regulamentação, para além de poder exercer actividade de consulta e de parecer.

Importa ainda assinalar que a nova Autoridade corresponde à determinação assinalada no art. 35º do Regulamento (CE) nº 1/2003 do Conselho, de 16 de Dezembro de 2002.

Em termos de apreciação do quadro normativo relevante aplicável à livre concorrência e às formas institucionais de "regular" o mercado livre, parece-nos que foi muito importante e significativa a decisão de política tomada pelo poder legislativo (lei de autorização legislativa e decretos-leis que a concretizaram) no sentido de, por esta via, corresponder aos movimentos históricos, sociais e económicos que se viviam na comunidade internacional.[2020]

A Autoridade da Concorrência prossegue missões de interesse público, tem como finalidade essencial a de assegurar a aplicação das regras da concorrência em Portugal no respeito pelo princípio da economia de mercado e de livre concorrência, tendo em vista o funcionamento eficiente dos mercados, a repartição eficaz dos recursos e os interesses dos consumidores, nos termos da lei e nos estatutos (art. 1º, nº 2).

As competências/poderes da Autoridade estão definidos no art. 7º dos Estatutos e mostram-se em correspondência com a natureza das atribuições/missões antes mencionadas.

Os membros do Conselho da Autoridade da Concorrência são nomeados por Resolução do Conselho de Ministros, sob proposta do ministro responsável pela área da economia, ouvidos os ministros responsáveis pela área da justiça e das finanças (art. 12º).[2021]

O mandato dos membros do conselho é de cinco anos, renovável por uma vez, não podendo ser exonerados do cargo antes do final do mandato excepto em caso de falta grave (artigos 14º e 15º).[2022]

A Autoridade da Concorrência está ainda vinculada a regras de responsabilidade política, no sentido estipulado no art. 37º dos seus Estatutos, segundo

[2020] Apenas um breve dado de carácter pessoal, dado que esta legislação foi, ao tempo, elaborada através da competência dos Ministérios da Economia e da Justiça, este último de que a signatária era titular.

[2021] Esta forma de nomeação surge alterada na Lei-Quadro das Entidades Reguladoras, envolvendo agora a AR, e obrigando os membros do Conselho indigitados a uma audição pública na Comissão Parlamentar competente – nº 3 do art. 17º do Decreto-Lei nº 67/2013, de 28 de Agosto – solução que se aplaude porque mais potenciadora da independência, prestígio e credibilidade da Autoridade.

[2022] Actualmente, seis anos não renováveis; cfr. nº 1 do art. 20º do Decreto-Lei nº 67/2012, de 28 de Agosto.

o qual a Autoridade elabora e envia, anualmente, ao Governo, que o remete, nesse momento, à Assembleia da República, um relatório sobre a respectiva actividade no domínio da defesa e promoção da concorrência. [2023]

A Autoridade da Concorrência é independente no desempenho das suas atribuições, no quadro da lei, sem prejuízo dos princípios orientadores de política da concorrência fixados pelo Governo, nos termos constitucionais e legais, e dos actos sujeitos a tutela ministerial (1ª parte do art. 4º dos Estatutos).[2024]

Ou seja, as atribuições e competências antes assinaladas devem ser exercidas de forma independente, no sentido em que a Autoridade não está dependente de qualquer direcção ou orientação específica do Governo.[2025]

Todavia, acrescenta o art. 4º dos Estatutos que tais decisões devem ser tomadas sem prejuízo dos princípios orientadores de política da concorrência fixados pelo Governo, nos termos constitucionais e legais, e dos actos sujeitos a tutela ministerial, nos termos previstos na lei e nos presentes Estatutos.

Ou seja, a Autoridade da Concorrência, pessoa colectiva de direito público de natureza institucional, no contexto do procedimento de formação das suas decisões, está "limitada" pelos princípios orientadores de política de concorrência.[2026]

Face aos tópicos antes mencionados, parece pertinente apresentar as seguintes principais observações:

a) A Autoridade da Concorrência é uma pessoa colectiva de direito público de natureza institucional;

[2023] Neste momento esta matéria é igualmente regulada no art. 6º da Lei 29/2012, de 8 de Maio. A tutela a que está submetida não é uma tutela que implique controlo de mérito das suas decisões, mas tão só controlo do ponto de vista financeiro.

[2024] Cfr. Miguel Gorjão Henriques, "Lei da Concorrência", Comentário Conimbricense, Coord. Manuel Lopes Porto, José Luis Cruz Vilaça, Carolina Cunha, Miguel Gorjão Henriques e Gonçalo Anastácio, 2013, em que se assume um sentido crítico a esta limitação, por se considerar que aprovado o regime jurídico da concorrência, deve caber à AdC a definição e aplicação da política de concorrência, definindo as prioridades da sua actuação, de acordo com um juízo de oportunidade – art. 7º do RJC – com base em critérios de eficiência económica e de protecção dos consumidores, não devendo sobrar espaço para uma função orientadora do Governo, sob pena de descaracterização do modelo institucional de aplicação das regras de concorrência.

[2025] Cfr. Maria da Glória F. P. Dias Garcia, "Autoridade da Concorrência – Quem é? E para quê?", em Jornal de Negócios de 7 de Abril de 2005, aí se referindo que: *"A Autoridade da Concorrência não está (....) sujeita a instruções do Governo, ou sequer orientações deste, sem embargo da tutela relativa a aspectos estritamente administrativos e de gestão orçamental"*.

[2026] De acordo com o art. 33º dos Estatutos, a Autoridade está sujeita a tutela do Ministro responsável pela área da economia e pela das finanças, que se traduz na necessidade de aprovação ministerial do plano de actividades e orçamento, de aquisição ou alienação de bens imóveis, entre outros.

b) As suas atribuições e, em correspondência, as respectivas competências devem ser qualificadas de interesse público;

c) Os titulares do Conselho são nomeados pelo Governo e são inamovíveis durante o respectivo mandato;

d) Os poderes da Autoridade são exercidos com independência; todavia,

e) Os mesmos devem ser exercidos com respeito pelos princípios orientadores de política de concorrência fixados pelo Governo;

f) O plano de actividades e o orçamento, bem como o relatório de actividades e as contas anuais e ainda a aquisição ou alienação de bens imóveis e outros actos de incidência financeira ou orçamental, carecem de aprovação tutelar dos Ministros da economia e das finanças;

g) Qualquer decisão de indeferimento de uma operação de concentração proferida pela Autoridade da Concorrência pode, em recurso interposto para o Ministro da economia, ser revogada e, em consequência, ser autorizada a operação desde que devidamente fundamentada[2027]; e

h) A criação da Autoridade da Concorrência corresponde e respeita o princípio do pluralismo da Administração Pública, no sentido em que o Estado de Direito Democrático acolhe a possibilidade de criação de entidades/entes/autoridades diferentes e diversas do Estado/Administração Directa, condicionadas, porém, aos mecanismos de "controlo" prévio ou concomitante da tomada de decisões pela Autoridade.[2028]

[2027] Cfr. comunicado da Autoridade da Concorrência nº 8/2006, relativo à decisão de proibição da operação de concentração entre os Grupos Brisa e Auto-Estradas do Atlântico, que nos termos da lei foi sujeita a recurso extraordinário para o Ministro da Economia.

[2028] Cfr. Vital Moreira, "A Independência da Autoridade da Concorrência, a Mão Invisivel, Mercado e Regulação", Coimbra, 2003, p. 219, sustentando que a independência se caracteriza essencialmente por dois traços: em primeiro lugar, os seus membros são designados por um mandato relativamente longo e gozam de estabilidade, não podendo ser substituídos, excepto por falta grave; em segundo lugar, aqueles membros são independentes no exercício das suas funções, pois não estão sujeitos a ordens, instruções, directivas ou recomendações governamentais, e também porque as suas decisões só podem ser impugnadas junto dos tribunais (com uma excepção relativa a concentrações). Considera este autor, apesar de tudo, que a independência da Autoridade ainda se mostra "insuficiente". Por seu turno, Miguel Gorjão Henriques, em "Lei da Concorrência", Comentário Conimbricense, Coimbra, 2013, p. 51, qualifica a Autoridade como uma entidade administrativa independente por não estar integrada na Administração Autónoma do Estado, porque goza do grau de autonomia e de independência relativamente ao Governo. No mesmo, ou em sentido semelhante, cfr. Miguel Moura e Silva, "Direito da Concorrência – Uma Introdução Jurisprudencial", Coimbra, 2008, pp. 49 e seguintes; Abel Mateus, "Da Aplicação do Controlo de Concentrações em Portugal", Conferência no Curso de Verão sobre Concorrência, Regulação e Ambiente, Universidade de Coimbra, 2006.

Capítulo III
Critérios Definidores da Natureza Jurídica das Entidades Administrativas Independentes Observadas

I. Explicação metodológica dos critérios subjacentes à qualificação da natureza jurídica das entidades analisadas

Como tivemos ocasião de verificar no capítulo antecedente, as referências quanto à natureza jurídica das entidades analisadas e descritas revelam a "novidade" institucional que as mesmas assumem, quer no nosso, quer nos ordenamentos jurídicos de alguns dos países europeus mais relevantes.

Na generalidade dos casos das entidades "visitadas" o legislador não define, em termos homogéneos e uniformes, a natureza jurídica da instituição ou órgão a cuja criação procede.

Se bem atentarmos, a denominação de "pessoa colectiva de direito público", "órgão consultivo independente", "entidade pública independente", "autoridade de regulação", surge indistintamente na legislação criadora destas entidades, não permitindo ao intérprete socorrer-se do elemento literal para efeitos de um denominador comum da respectiva natureza jurídica.

Por outro lado, e como também deixámos nota, a discussão em torno da natureza jurídica das várias entidades em menção surge esporadicamente e em razão da análise casuística de algumas delas.[2029]

A acrescer que as constantes alterações e modificações da legislação relativa às várias entidades em análise não proporciona a "estabilidade" norma-

[2029] Como é o caso, em Portugal, da análise relativa à Comissão Nacional de Eleições, do Provedor de Justiça e outras, e, em Espanha, da Comissão Nacional de Mercados y la Competência (CNMC), em que se aprovam os Estatutos desta entidade através do Real Decreto 657/2013, de 30 de Agosto.

tiva apropriada e consentânea com uma análise cuidada e profunda do regime jurídico de cada uma delas tendo em vista a definição da sua natureza.[2030]

É, assim, nosso propósito procurar ordenar alguns possíveis critérios que se mostrem ou sejam susceptíveis de dar corpo a uma definição da natureza jurídica das diversas entidades que, sob múltiplas denominações, temos vindo a analisar.

Antes de iniciarmos o estudo e análise dos critérios elegíveis não queremos deixar de referir que as entidades integrantes do conceito de administração independente são entendidas como *"Administração pública institucional não representativa, com funções diversas dos órgãos de apoio e das entidades de controlo parlamentar, são administração activa e são constitucionais"*.[2031]

Como se constata, trata-se de uma definição orgânica no sentido em que não determina nem define, em termos de critério, as causas e as finalidades que motivaram o "aparecimento" das administrações independentes.

Aplaudimos, por isso, uma definição que incorpore tais causas justificativas no sentido em que *"as administrações independentes estão intimamente ligadas com o surgimento e o desenvolvimento do Estado e a sua evolução sócio-económica e as consequentes novas necessidades de "direcção", "organização" e "regulação" que daquele desenvolvimento decorrem para o cumprimento eficaz de uma função de "integração" a que o Estado deve dar resposta"*.[2032]

Parece podermos, assim, considerar que os critérios de que mais adiante falaremos podem ser fundados em razão da procura de modelos tendentes a superar a "crise estatal de adaptação" que se traduz pela incapacidade de dar directamente resposta aos novos desafios económicos, sociais e políticos que a evolução do Estado exige.

[2030] De sublinhar, que desde o início do processo "liberalizador" em Portugal, que deu os primeiros passos em meados da década de oitenta até aos nosso dias, o próprio processo de integração europeia esteve na origem da multiplicação de alterações legais para cumprimento de obrigações comunitárias, que passaram desde modificações de competências, até modificações de denominação e de reforço de regras de independência, e que justificaram a "complexa" linha e teia da legislação aplicável.

[2031] Cfr. definição de Mariano Magide Herrero, "Limites constitucionales de las administraciones independientes", em INAP, Madrid, 1ª edição, 2000.

[2032] Cfr. definição de L. Pareja Afonso, "La potestad normativa de las llamadas administraciones independientes; apuntes para un estúdio del fenómeno", em "La administración instrumental", Livro de Homenaje a Francisco Clavero Arévalo, Vol. I, Civitas, Madrid, 1994, p. 636, que é no sentido de que a administração independente *"nace para y en sectores clave de la vida económica y social, caracterizados por un fuerte dinamismo, una rápida evolución y una apreciable complejidad, además de ser sede del ejercicio de Derechos y Libertades constitucionalmente reconocidos"*.

Do ponto de vista político, as entidades administrativas independentes surgem e consolidam-se "em substituição" da administração directa do Estado para agir em domínios que se podem considerar inoportunos e inadequados, como é o caso das entidades que primeiramente surgiram na área dos direitos eleitorais.[2033]

Do ponto de vista jurídico, as entidades administrativas independentes surgem no panorama da organização administrativa dos Estados como veículos mais ágeis, mais flexíveis e dotados de regras de competências diversificadas, proporcionando uma "acção ordenadora e reguladora" mais adaptada às exigências de sectores "mais sensíveis" na nova era do mercado e da concorrência.[2034]

Assim, e em complemento da definição antes adoptada, o primeiro dos critérios que assumimos como decisivo para a determinação da natureza jurídica das entidades mencionadas resolve-se pela invocação e aplicação do critério da fonte normativa que legitima a criação das entidades a que nos referimos.[2035]

Assim, e em primeiro lugar, em razão do regime jurídico legitimador da criação destas entidades, consideramos que as mesmas devem poder ser ordenadas segundo os seguintes principais modelos:

a) Entidades criadas com fundamento em preceito expresso da Constituição;
b) Entidades criadas por lei com fundamento no seu estatuto constitucional;
c) Entidades criadas para exercer missões de garantia de direitos fundamentais, com consagração constitucional; e
d) Entidades criadas por acto normativo, para a garantia/prossecução de incumbências/atribuições do Estado consagradas na Constituição.

Os motivos que nortearam a metodologia que definimos estão inter-relacionados com a tentativa de dar resposta a duas questões que consideramos fundamentais, e que podem ser enunciadas como segue:

[2033] É o caso, em Portugal, da Comissão Nacional de Eleições cujo *múnus* é o de regular e tornar efectivos os direitos fundamentais de participação em processos eleitorais.

[2034] Cfr. L. Pareja Afonso, op. cit., p. 637, em que refere que as entidades administrativas independentes, apesar de poderem representar uma "perturbação" do modelo, correspondem a uma resposta de integração social às próprias crises do Estado e à necessidade da sua reforma.

[2035] Cfr. Pedro Gonçalves, "Entidades Privadas com Poderes Públicos", p. 249, quando sustenta que: *"a criação de uma entidade com personalidade de direito público implica a sua entrada automática na "esfera pública" no grupo de organizações que integram a "máquina" ou o "aparelho administrativo"; implica também a publicização das tarefas de que a entidade foi incumbida, e a acção pública destas entidades é regida pelo direito administrativo"*.

a) Da conformidade de regime das diversas entidades que foram criadas com o ordenamento jurídico-constitucional; e
b) Da conformidade de natureza das diversas entidades, através da sujeição das mesmas ao princípio do pluralismo e da unidade de acção da Administração Pública, consagrado na Constituição.

A preocupação que deixamos expressa quanto à delimitação dos critérios elegíveis para a determinação da natureza jurídica das entidades em análise deve ser justificada pela consideração de que o Direito que lhes é aplicável é, em primeiro lugar, a Constituição da República que confere à lei a possibilidade de criar *entidades administrativas independentes.*

Este poder conferido à lei está sistematicamente inserido na norma constitucional que define a Estrutura da Administração e que determina, igualmente, que a administração pública pode ser plural quanto à sua organização, mas está subordinada ao princípio da unidade de acção da administração.

Consideramos, pois, que as entidades em menção podem ser qualificadas como administrativas porque entre a sua actividade e o seu funcionamento e o órgão superior da administração pública existe um laço, uma relação, um conjunto de poderes intra-administrativos, de que deixámos nota, e que significam assim a sua conformidade ao texto da Constituição.[2036]

De outro modo, ou seja, se não fosse possível determinar esse "relacionamento" institucional, teríamos necessariamente de concluir que a criação de tais entidades enfermava de violação de lei constitucional.

Por outro lado, assentamos na ordenação das entidades analisadas à luz do quadro jurídico-constitucional que as regulamenta no domínio do regime da sua criação, que se traduz, justamente, na prossecução de finalidades públicas.[2037]

Surge, por isso, inscrito nas Constituições e, de entre elas na Constituição da República Portuguesa, o princípio segundo o qual é constitucionalmente justificado que o Estado assuma a descentralização e a desconcentração da administração pública.

[2036] Cfr. no domínio da teoria geral da organização da administração pública, Anne-Marie France-Roche, "Lignes Directrices du Bilan des Autorités Administratives Indépendantes: Les autorités administratives indépendantes comme nouvelle façon de gouverner", Rapport A. N. nº 316 et Rapport Sénat nº 404, 2006, quanto à questão da legitimidade democrática das autoridades administrativas independentes, fundando-as, aliás, na jurisprudência do Tribunal Europeu dos Direitos do Homem.

[2037] Como salienta Paulo Otero, "O Poder de Substituição em Direito Administrativo", em citação a Martin Oldiges, p. 745, "*a teoria da impermeabilidade foi atirada para a "sucata da história constitucional" perante a complexidade de um modelo de administração representado por uma teia de relações intersubjectivas que cruzam a "galáxia administrativa"*".

Trata-se de uma "autorização" dos poderes constituintes no sentido de aceitar e de admitir que a eficácia, a racionalidade e a eficiência da prestação de serviços públicos pode e deve ser melhor assegurada através de uma "multiplicidade" de estruturas da organização administrativa.

É o princípio constitucional do pluralismo da organização que legitima este entendimento, ou seja, a criação e o desenvolvimento de entidades não directamente inseridas na "pirâmide administrativa".

Actualmente, não existe uma administração pública, mas várias administrações.

Ora, se não subsiste qualquer dúvida quanto a esta afirmação, que pode ser verificada, aliás, pela descrição antes feita, importa verificar se as entidades administrativas independentes se mostram cobertas pelo quadro constitucional em termos de unidade na actividade.

Ou seja, pluralismo na organização, mas unidade na acção. Assim o exige, no caso da Constituição Portuguesa, o nº 2 do art. 267º.

Diremos, portanto, que existe uma manifesta ligação ou correlação entre pluralismo e unidade, no sentido em que este último é complementar daquele.[2038]

A possibilidade constitucional de criação de entidades administrativas independentes é susceptível de ser traduzida como uma autorização constitucional no sentido de, em complemento do modelo de organização administrativa, poderem ser instituídas novas e diferentes entidades que, devendo ser administrativas e independentes devem, em todos os casos, manter uma correlação/ligação com a estrutura da administração pública, quer em termos de modelo de organização, quer em termos de actividade.

Aderimos, pois, à afirmação segundo a qual "*A Constituição de 1976 consagrou um modelo organizativo de administração pública assente na ideia de unidade no pluralismo*".[2039]

Finalmente, parece-nos justificado assentar na ideia de que, à excepção das Autoridades Públicas Independentes, cujo estatuto é diverso, as restantes entidades analisadas foram criadas ao abrigo de dois fundamentos principais:

a) O de que a garantia de direitos fundamentais e de natureza análoga consagrados na Constituição ganhava, por um lado, em eficiência, flexibilidade, racionalidade, diminuição de custos e, por outro lado,

[2038] Neste sentido e em termos de direito comparado, cfr. J. Alfonso Santamaria Pastor, "Principios de Derecho Admiistrativo", Parte I, quando afirma que "*o princípio da unidade é uma consequência lógica derivada do princípio da autonomia...*".

[2039] Cfr. Paulo Otero, op. cit., p. 752.

assegurava a independência face ao poder executivo, bem como a imparcialidade e a proporcionalidade das decisões relevantes, se tais atribuições e competências fossem *ordenadas* em entidades administrativas independentes; e

b) O de que as Tarefas Fundamentais do Estado, bem como o das Incumbências Prioritárias do Estado consagradas no texto constitucional, não carecem necessariamente para a respectiva prossecução de estruturas inseridas na administração directa do Estado.

A convivência institucional, no contexto e âmbito da administração pública, de serviços públicos, empresas públicas, serviços e fundos autónomos, estabelecimentos públicos e entidades administrativas independentes significa, para nós, que o Estado Moderno integra na sua organização um "aparelho administrativo" que inclui o modelo composto por entidades administrativas e de regulação independentes.

II. Entidades criadas ao abrigo de preceito constitucional expresso

Nos termos do primeiro dos critérios que elegemos para efeitos da natureza jurídica das entidades analisadas, que é o da fonte legitimadora da sua criação, parece-nos fundamental proceder desde logo a uma primeira distinção de qualificação e de regime entre:

a) Entidades Públicas Independentes; e
b) Entidades Administrativas Independentes.

O critério com que operamos para efeitos da distinção entre Entidades Públicas Independentes e Entidades Administrativas Independentes – o da fonte normativa da sua criação – assume particular relevância, na medida em que o mesmo permite uma diferente configuração em termos de mandato constitucional.

A Constituição nestes casos não deixa ao legislador o poder de, a coberto do princípio do pluralismo da organização da administração pública, proceder à instituição das entidades a quem a lei constitucional incumbiu da realização de tarefas de interesse público.

Na verdade, é a própria Constituição que define e determina as Entidades incumbentes da prossecução dos interesses públicos relevantes.[2040]

[2040] Diferentemente destes casos, a criação de entidades administrativas independentes, quer para a prossecução de tarefas públicas na órbita dos direitos fundamentais ou de natureza análoga,

A ERC, o Provedor de Justiça, os Conselhos Superiores da Magistratura e do Ministério Público, o Banco de Portugal, são entidades cuja existência, estatuto e regime resultam directamente da Constituição.

Ou seja, o poder constituinte procedeu directamente à definição do interesse público e à identificação da entidade ou estrutura competente para a respectiva prossecução, não deixando ao legislador qualquer margem de liberdade ou de poder para a sua criação.

O critério identificado assume os corolários dele emergentes, ou seja, estas Entidades são orgânica e funcionalmente independentes do poder executivo, e agem, no domínio das suas atribuições e competências constitucionalmente definidas, ao abrigo de qualquer intervenção (direcção, superintendência ou tutela) do poder executivo governamental.

Consideramos, pois, que as entidades cuja criação está consagrada na Constituição, bem como aquelas cuja instituição assume estatuto constitucional, não podem ser consideradas e concebidas como entidades administrativas independentes, ou seja:

a) Não são susceptíveis de "integração" orgânica na estrutura da Administração Pública;
b) Não correspondem ao princípio do pluralismo da administração pública porque dela não fazem parte integradora; e
c) Não são susceptíveis de poderem ser "conformadas" pelo princípio da unidade de acção da administração pública.

A delimitação "negativa" do critério elegível que deixámos enunciada encontra actualmente uma legitimidade acrescida através da Lei nº 67/2013, de 28 de Agosto, que nos termos do disposto no nº 4 do art. 3º, determina que: *"A lei-quadro em anexo à presente lei não se aplica ao Banco de Portugal e à Entidade Reguladora para a Comunicação Social, que se regem por legislação própria"*.

A dimensão negativa deste critério justifica, assim, que estas Entidades não são pessoas colectivas de direito público, com a natureza de entidades administrativas independentes, como resulta do disposto no nº 1 do art. 3º da Lei-Quadro das Entidades Reguladoras que, como acima referimos, assumem a natureza de entidades administrativas independentes.

Assim sendo, parece ser exigível que o intérprete proceda à definição da sua natureza jurídica à luz da Constituição e da legislação que, em complemento, regula a organização e o funcionamento destas Entidades.

quer no âmbito da economia e finanças, pode ser concretizada através da Lei, conforme resulta do disposto no nº 3 do art. 267º da Constituição.

Consideramos que estas Entidades devem assumir a qualificação de Entidades Públicas Independentes de base e estatuto constitucional.

III. Entidades criadas com fundamento em princípios constitucionais de garantia e protecção de direitos fundamentais e de natureza análoga

De acordo com a metodologia adoptada no nosso trabalho, procurámos analisar e decompor as várias formas de constituição, bem como as actividades fundamentais que a lei atribui a entidades administrativas independentes que operam na área dos direitos fundamentais.

Com este enquadramento procedemos à análise da Comissão Nacional de Eleições, da Comissão de Acesso a Documentos Administrativos, da Comissão Nacional de Objecção de Consciência, do Conselho Nacional de Ética para as Ciências da Vida, da Comissão Nacional de Protecção de Dados e da Entidade Reguladora da Saúde.

Estas entidades, ao contrário do que sucede, como vimos, a propósito das Entidades Públicas Independentes, resultam de opções de política do poder legislativo que, em conformidade com a protecção constitucional de direitos fundamentais e de natureza análoga, dispõe do poder de definir e de proceder à criação de instituições que se mostrem melhor habilitadas a dar cumprimento aos objectivos da Constituição.[2041]

Consideramos que a criação de entidades administrativas independentes releva de um poder conferido pela Constituição, no nº 3 do art. 267º, ao poder legislativo para que seja este a aferir e ajuizar das formas e dos modelos que se revelem mais aptos a dar cumprimento ao regime de direitos, liberdades e garantias consagrados no texto constitucional.

Importa, assim, face ao quadro constitucional e tendo presente as leis que procederam à criação das entidades analisadas, verificar do seu real estatuto de autonomia e independência.

Os critérios a que faremos apelo, para além do da fonte de legitimação da sua criação, serão o da independência (orgânica e funcional) e o da prestação de contas.

a) O critério da fonte legitimadora da sua criação

O legislador face ao regime de direitos, liberdades e garantias previstos na Constituição, entendidos estes como corolários e princípios estruturantes

[2041] Cfr. entre outros direitos fundamentais, os consagrados nos artigos 26º, 34º e 49º da Constituição.

do Estado de Direito Democrático, procedeu directamente à criação destas entidades.[2042]

Assim, a opção legislativa tomada pode ser entendida como critério relevante para a qualificação de entidade administrativa independente.[2043]

Alguns autores consideram, por exemplo, que a Comissão Nacional de Eleições e a Comissão de Protecção de Dados devem ser qualificadas como entidades administrativas independente "fortes".[2044]

É certo que o critério que legitima esta qualificação jurídica é no sentido de se considerar que as decisões tomadas por estas "autoridades" têm força para proceder à restrição do exercício de um direito fundamental constitucionalmente consagrado.

Este entendimento não faz apelo directo e expresso à forma – Lei – de criação destas entidades para legitimar esta qualificação jurídica, o que nos parece, apesar de tudo, poder ser invocado como elemento qualitativo de definição de natureza.

Na verdade, o intérprete não se pode alhear da fonte normativa que o legislador, no exercício da sua função soberana, escolhe para proceder à criação de uma entidade que, por força das competências que lhe são cometidas, dispõe do poder de "restringir" direitos, liberdades e garantias.

b) O critério da independência orgânica

As entidades analisadas são, na verdade, independentes do ponto de vista da organização da Administração Pública.

De acordo com o regime jurídico das mesmas, não se revela qualquer "ligação" institucional com as restantes estruturas da Administração Pública em sentido orgânico.

Em regra e nos termos da lei e dos estatutos, estas entidades "funcionam" junto à Assembleia da República e, nalguns casos, junto de Gabinetes ministeriais, dispõem de orçamentos próprios e as dotações, quando existam, são provenientes do Orçamento do Parlamento.

[2042] Cfr. Marcelo Rebelo de Sousa, "Direito Constitucional" I, p. 297, no sentido da definição dos princípios constitucionais como estruturantes do Estado de Direito Democrático.

[2043] Refira-se que a competência para legislar sobre direitos, liberdades e garantias é da Assembleia da República, nos termos do disposto na alínea *b)*, nº 1, do art. 165º, salvo autorização ao Governo.

[2044] Neste sentido, cfr. José Lucas Cardoso, "As entidades administrativas independentes e a Constituição", p. 293.

c) O critério da independência funcional

As entidades administrativas independentes de que aqui curamos não estão sujeitas a qualquer relação hierárquica, de tutela ou superintendência, por parte do Governo.

As suas competências são exercidas "livres" de qualquer tipo de orientação ou de coordenação, mesmo indirecta, por parte do órgão superior da Administração Pública.[2045]

Esta afirmação deve ser entendida em termos hábeis, já que, inexistindo poderes de direcção, superintendência ou tutela, as actividades prosseguidas pelas entidades administrativas independentes que operam nesta área estão vinculadas ao acatamento dos princípios constitucionais da imparcialidade, proporcionalidade e legalidade.

d) O critério da prestação de contas (accountability)

As entidades que integramos na classificação e ordenação em referência não estão vinculadas a qualquer tipo de prestação de contas ao poder executivo.

Em regra, estas entidades devem submeter à Assembleia da República os seus planos e relatórios de actividade, bem como prestar os esclarecimentos que a Comissão competente entenda dever solicitar-lhes.

É uma actividade de prestação de contas de natureza política que, a nosso ver, responde à questão da legitimidade de controlo parlamentar que representa a comunidade.

IV. A nossa interpretação do regime e da natureza das entidades analisadas

Após as considerações precedentes, e para efeitos da definição da sua natureza jurídica, importa chamar à colação dois aspectos fundamentais de enquadramento constitucional que "balizam", quer a instituição, quer o funcionamento destas entidades.

Referimo-nos à afirmação de que as entidades administrativas independentes, correspondendo ao princípio do pluralismo consagrado na Constituição, devem igualmente "acatar" o princípio da unidade de acção também previsto no mesmo preceito constitucional.

[2045] Cfr. Vitor J. Calvete, "Entidades administrativas independentes", p. 12, quando distingue entre a "força" do critério da independência relativamente a entidades administrativas independentes com vocação para protecção e garantia de direitos fundamentais e de direitos de natureza análoga, e as entidades administrativas independentes com vocação para as matérias económicas e financeiras.

Recorde-se que a unidade de acção assume como escopo fundamental o próprio conteúdo da actividade desenvolvida pela Administração enquanto função material do Estado.[2046]

A unidade de acção significa, assim, o reconhecimento e a prevalência dos interesses comuns cuja prossecução exige a hierarquização sobre todos os outros interesses específicos, quer de natureza regional, local, institucional ou corporativa.[2047]

Caso esta regra – a da unidade de acção – justifique ou legitime qualquer tipo de "fuga" a modelos de organização e a modelos de acção, teríamos necessariamente de concluir que podia dar-se por verificado um certo tipo de "abuso" ao Direito Constitucional.[2048]

Não desconhecemos que é muito crítica a posição de alguns dos nossos mais eminentes cultores do Direito a propósito da proliferação de entidades administrativas independentes, que são vistas como "*fazendo emergir um sector da Administração sem cabeça e politicamente irresponsável*, (ou seja, que) *tenha sido como lançar um pára-quedista em território inimigo...*".[2049]

É certo, todavia, que os espaços de intervenção *neutral* do Estado podem legitimar não só a existência, mas também o conjunto de competências que são atribuídas às entidades administrativas independentes sem que daí resulte qualquer "ofensa" inadmissível aos princípios constitucionais aplicáveis, especificamente ao princípio da unidade de acção.

Já demos nota das razões legitimadoras da evolução dos aparelhos administrativos no sentido da criação de espaços institucionalmente *neutrais* de intervenção político-partidária, e dos movimentos que esta nova filosofia gerou em termos de afirmação de novas entidades dotadas de atribuições e competências próprias destinadas a prosseguir o interesse público considerado relevante.

É neste sentido que entendemos que as actividades (as acções) realizadas pelas entidades administrativas independentes devem ter-se como "isentas" dos poderes de direcção, superintendência ou tutela administrativa.

2046 Cfr. Paulo Otero, "O Poder Substituição em Direito Administrativo", Vol. II, p. 749; cfr. Santiago Muñoz Machado, "Los principios constitucionales de Unidad y Autonomia y el problema de la Nueva Planta de las Administraciones Públicas", RAP nº 100-102, 1983, pp. 1839-1873, referindo-se à unidade como ponto de partida necessário à autonomia, sob pena de esta poder ser transformada em soberana.

2047 A afirmação é de Paulo Otero, "O Poder de Substituição em Direito Administrativo", Vol. II, p. 759.

2048 Cfr. Reinhold Zippelius, "Teoria Geral do Estado", 2ª edição, no sentido em que o modelo de Estado continua a basear-se na interdependência entre soberania e unidade do poder estadual.

2049 Cfr. Paulo Otero, "Legalidade e Administração Pública", p. 320; Ramón Parada, "Derecho Administrativo", II, Marcial Pons, 2008.

A afirmação precedente reconduz-nos à questão de saber o significado do princípio da unidade de acção no domínio das actividades levadas a cabo pelas entidades antes analisadas.

A primeira consideração de ordem geral que nos parece evidente é a de que a independência das entidades administrativas independentes *tem como limite* a unidade de acção da administração.[2050]

E a unidade de acção administrativa é um corolário lógico e dedutível da unidade do próprio Estado.[2051]

Todavia, no domínio das actividades exercidas pelas entidades analisadas, consideramos que as áreas em que as mesmas operam "sobrelevam" e "prevalecem" relativamente ao conteúdo específico dos actos praticados pelas entidades administrativas independentes com funções de regulação.

As missões destas entidades decorrem directamente de prescrições constitucionais que assumem valor reforçado, e que por isso devem estar isentas de interferências do poder executivo.

Mais complexa é a questão de saber se estas entidades estão integradas na Administração Pública.

A complexidade reside na circunstância de se poder entender que o princípio da unidade de acção que acima procurámos densificar equivale à exigência de que tais entidades devam ser consideradas integradas na Administração Pública em sentido orgânico.

É difícil uma resposta inequívoca a esta problemática. Em todo o caso, devemos sublinhar que o conteúdo da unidade de acção pode assumir dois possíveis significados em razão do próprio conceito de Administração Pública.

Já salientámos que o Estado Contemporâneo não é dotado apenas de uma Administração. Actualmente a Administração é plural, ou seja, o Estado Regulador está dotado de vários tipos e categorias de Administração.

E as entidades administrativas independentes que operam na área dos direitos fundamentais, não podendo ser configuradas e qualificadas como entes ou organismos ou entidades "desintegradas" da organização da administração do Estado, só podem ser entendidas como "partes" de um todo a que, apesar de tudo, são aplicáveis regras "mínimas" comportamentais e procedimentais.

[2050] Só esta construção jurídica nos permite considerar que as entidades administrativas independentes estão e se mostram conformes com a Constituição.

[2051] Para maiores desenvolvimentos em torno do conceito e dos seus efeitos, cfr. Paulo Otero, "O Poder de Substituição em Direito Administrativo", p. 759.

A unidade de acção, enquanto princípio constitucional aplicável a todos os tipos de Administração do Estado, deve ser considerada no contexto das competências destas entidades apenas no sentido da sua vinculação, para além dos princípios constitucionais aplicáveis a toda a Administração, às grandes linhas de orientação de política social, económica e financeira.

Ou seja, as entidades administrativas independentes de que curamos nesta parte do nosso trabalho assumem um grau de independência "forte" e um grau de intervenção do poder executivo "fraco", que se traduz pelo poder de proferir os actos e as deliberações inerentes às suas competências balizados por princípios constitucionais e por princípios gerais de modelação do regime político e do sistema de governação consagrados na Constituição.

V. Entidades criadas para a prossecução das incumbências/ atribuições do Estado

As entidades administrativas independentes que são objecto do nosso estudo incluem as que são criadas, por lei ou diploma legal da competência do Governo, para assegurarem as incumbências de âmbito económico e social a que o Estado está vinculado nos termos da Constituição.

Estas entidades são instituídas para cumprir missões fundamentais como as do regular funcionamento do mercado, de modo a garantir a equilibrada concorrência entre as empresas.

As entidades administrativas independentes operam em duas áreas:

a) A área da garantia, promoção e protecção de direitos fundamentais; e
b) A área que integra a actividade económica e financeira.

Já procurámos analisar o conteúdo essencial das características das entidades administrativas independentes que se situam no primeiro padrão referido.

Através da aplicação do mesmo tipo de critérios antes utilizado, parece ser importante a análise e a subsunção dos mesmos à lei que procede ao enquadramento normativo destas entidades.

a) Critério da fonte legitimadora da sua criação

A primeira consideração que pretendemos deixar referenciada é a de que a justificação da criação destas entidades reside na Constituição.

É no nº 3 do art. 267º, conjugado com o disposto na alínea *d)* do art. 9º e art. 81º da Constituição, que encontramos o fundamento legitimador da criação das entidades em menção.

Trata-se de uma opção de política norteada pelos "novos ventos de mudança" que varrem os países da União Europeia, sobretudo no contexto do processo de integração e aprofundamento da Comunidade.[2052]

b) Critério da independência orgânica

As entidades administrativas independentes são independentes no sentido em que não estão "integradas" nas estruturas clássicas da Administração Pública.

Não estão organizadas em termos de estrutura concentrada em Ministérios, serviços ou organismos públicos da administração indirecta do Estado.

Todavia, a independência orgânica destas entidades mostra-se "balizada" pela exigência da lei no sentido em que estas entidades devem considerar-se adstritas ao ministério cujo membro do Governo seja responsável pela principal área de actividade económica sobre a qual incide a actuação da entidade.[2053]

Ou seja, esta independência deve ser entendida como uma "desvinculação" estatutária e institucional da estrutura da Administração Pública, sem prejuízo da sua "ligação" formal a um ministério responsável.[2054]

c) Critério da independência funcional

As entidades administrativas independentes em análise são independentes do ponto de vista funcional, na medida em que não estão sujeitas a superintendência ou tutela governamental.[2055]

O Governo, enquanto órgão superior da Administração Pública, não está autorizado a dirigir recomendações ou a emitir directivas aos órgãos dirigentes destas entidades sobre as suas actividades, nem sobre as prioridades a adoptar na respectiva prossecução.[2056]

Esta independência funcional está, no entanto, "limitada" pelos poderes de aprovação prévia dos orçamentos, planos, balanços e contas da entidade, de outros actos de incidência financeira, dos actos de natureza regulamentar,

[2052] Cfr. nº 5 do art. 6º da Lei 67/2013, de 28 de Agosto, que prevê que a criação destas entidades obedeça a regras do direito da União Europeia.

[2053] Cfr. art. 9º da Lei 67/2013, de 28 de Agosto.

[2054] Interpretamos a noção de "ministério responsável" como sendo o que detém competências nas áreas em que a entidades opera. Este sentido é, aliás, corroborado pelo teor literal do disposto no nº 2 do art. 9º da evidenciada lei.

[2055] Cfr. nº 1 do art. 45º da Lei 67/2013, de 28 de Agosto.

[2056] Cfr. nº 2 do art. 45º da lei em menção.

dos actos relativos ao lançamento de taxas e de tarifas, bem como os actos de gestão patrimonial, aceitação de heranças ou aquisição e alienação de bens imóveis.[2057]

d) Critério da prestação de contas – accountability

As entidades administrativas independentes sob apreciação, tendo sido criadas ao "arrepio" de critérios democráticos de eleição, não estão sujeitas aos regimes próprios dos órgãos de soberania, como é o caso, por exemplo, dos poderes da Assembleia da República face ao Governo.

Sabemos, no entanto, que uma das ferozes críticas que a doutrina faz relativamente a estas entidades é, justamente, a da falta de legitimidade da sua organização, bem como do seu funcionamento.

São entidades "irresponsáveis" e que "fogem" ao escrutínio e aos poderes de fiscalização que a Constituição consagra relativamente ao poder executivo.

Por tal razão, o legislador tem vindo a procurar consagrar mecanismos que salvaguardem este poder de apreciação e de fiscalização relativamente às actividades desenvolvidas por estas entidades.

Neste sentido, a obrigação de apresentação na comissão parlamentar competente da Assembleia da República do respectivo plano de actividades e a programação do seu desenvolvimento, bem como a apresentação anual ao Parlamento e ao Governo de um relatório detalhado sobre a respectiva actividade e funcionamento no ano antecedente.[2058]

Para além deste regime, a entidade administrativa independente, sempre que para tal seja solicitada pela comissão parlamentar competente, tem o dever de perante ela se apresentar para prestar as informações ou os esclarecimentos sobre a respectiva actividade.[2059]

[2057] Cfr. nºs 3, 4, 5 e 8 do art. 45º, art. 34º e 41º da Lei 67/2013, de 28 de Agosto.

[2058] Cfr. nº 1 do art. 49º da lei em referência.

[2059] Cfr. nº 2 do art. 49º da Lei 67/2013, de 28 de Agosto.

Capítulo IV
Natureza Jurídica das Entidades Administrativas Independentes

I. Razão de Ordem

Recentemente foi aprovada e entrou em vigor a Lei nº 67/2013, de 28 de Agosto, que vem estabelecer a Lei-Quadro das entidades administrativas independentes com funções de regulação da actividade económica dos sectores privado, público e cooperativo.

Já elaboramos algumas considerações que esta nova legislação suscita no contexto das entidades administrativas independentes em Portugal.

Em todo o caso, no quadro do tema que agora nos vai ocupar, julgamos da maior importância voltar a esta Lei com o objectivo de verificar se a mesma contempla consequências relativa à natureza jurídica das entidades que se enquadram no seu âmbito de aplicação.

Como já referimos, em primeiro lugar esta legislação é uma consequência do Memorando que Portugal subscreveu com a *Troika*, no sentido de serem criadas condições de aproximação entre as entidades que operam em Portugal e as que exercem as suas actividades a nível europeu.

Em segundo lugar, esta Lei vem estabelecer o novo regime jurídico das entidades reguladoras (art. 1º da Lei que aprova a Lei-Quadro), o que traduz, a nosso ver, um passo muito significativo na Reforma do Estado no âmbito da revisão e reconfiguração da própria Administração Pública.

Para efeitos de aplicação da Lei nº 67/2013, as entidades reguladoras são pessoas colectivas de direito público, com natureza de entidades administrativas independentes, de acordo com o disposto no nº 1 do art. 3º da mencionada lei.

Por seu turno, diz o art. 3º da mesma Lei que são reconhecidas como entidades reguladoras as seguintes entidades actualmente existentes:

a) Instituto de Seguros de Portugal;
b) Comissão de Mercado de Valores Mobiliários;
c) Autoridade da Concorrência;
d) Entidade Reguladora dos Serviços Energéticos;
e) Autoridade Nacional de Comunicações (ICP-ANACOM), que será objecto de redenominação;
f) Instituto Nacional de Aviação Civil, I.P. (INAC, I.P.), que será objecto de redenominação;
g) Instituto da Mobilidade e dos Transportes, I.P. (IMT, I.P.), nas suas atribuições em matéria de regulação, de promoção e defesa da concorrência no âmbito dos transportes terrestres, fluviais e marítimos, que será objecto de redenominação;
h) Entidade Reguladora dos Serviços de Águas e Resíduos; e
i) Entidade Reguladora da Saúde.[2060]

Nos termos legais, e de acordo com o nº 4 da Lei nº 67/2013, de 28 de Agosto, a ERC e o Banco de Portugal não são abrangidos pelo novo regime jurídico previsto para as entidades reguladoras.

Da interpretação do novo quadro normativo resulta um conjunto de regras aplicáveis às entidades administrativas independentes com funções de regulação da actividade económica de que destacamos, em razão dos critérios antes referidos, as seguintes principais características:

a) Do ponto de vista da fonte legitimadora da sua criação

As entidades de regulação são criadas por lei (nº 1 do art. 7º);[2061]

b) Do ponto de vista da independência orgânica

As entidades administrativas independentes com funções de regulação, apesar da afirmação da sua independência, passam a estar adstritas a um Ministério, abreviadamente designado como ministério responsável, em cuja lei orgânica devem ser referidas (art. 9º); e

[2060] Cfr. art. 4º desta lei, que estabelece o regime de reestruturação e de redenominação do IMT, I.P.; do ICP-ANACOM e do INAC, I.P.

[2061] Tal como sucede no caso do nº 2 do art. 267º da Constituição, o legislador não definiu, do ponto de vista formal, se se trata de lei da Assembleia da Republica, ou se, pelo contrário, estas entidades reguladoras podem ser criadas por decreto lei do Governo devidamente autorizado, cabendo ao intérprete a definição da respectiva fonte normativa.

c) Do ponto de vista da independência funcional

As entidades reguladoras são independentes no exercício das suas funções e não se encontram sujeitas a superintendência ou tutela governamental, sem prejuízo do disposto no nº 1 do art. 45º.

A independência funcional destas entidades é concebida pela Lei, sem prejuízo das regras de aprovação prévia por parte do Ministro das Finanças e do Ministro responsável pela principal área de actividade económica sobre a qual incide a actividade da entidade reguladora, dos orçamentos e dos respectivos planos plurianuais, balanços e contas.

Ou seja, a independência destas entidades deve ter como *limite* os orçamentos e os planos das mesmas, no sentido em que o poder executivo se reserva o *poder* de apreciar e aprovar estes instrumentos essenciais da gestão destas entidades.

Carecem ainda de aprovação prévia pelos mesmos responsáveis governamentais, os actos de incidência financeira que estejam previstos nos estatutos da entidade.

Isto é, os regimes financeiros e de controlo orçamental previstos na lei no que se refere a estas entidades estão *limitados* pelo poder executivo, que sobre os mesmos dispõe de competências de "intervenção", de "coordenação" e de "orientação".

De referir ainda que a aceitação de heranças, doações ou legados, a aquisição ou alienação de bens imóveis ou outros actos de incidência patrimonial, carecem igualmente de aprovação prévia por parte do(s) Ministério(s) competente(s).

Para além das regras enunciadas, deve ainda ser salientado que um dos poderes mais significativos das entidades – o poder de cobrar contribuições, taxas e tarifas, previsto no nº 1 do art. 34º – fica dependente, quanto à sua incidência subjectiva e objectiva, quanto ao montante ou alíquota, quanto à periodicidade e, se for caso disso, quanto a regimes de isenção e redução (total ou parcial), prazos de vigência e limites máximo e mínimo da colecta da contribuição e de cada taxa ou tarifa, de decisão governamental tomada através de Portaria conjunta do Ministro das Finanças e do Ministro responsável pela principal área de actividade económica sobre a qual incide a actuação da entidade reguladora (nº 3 do art. 34º).[2062]

Devemos ainda realçar que as entidades administrativas independentes com funções de regulação são competentes para aprovar regulamentos tal como previsto nos estatutos, bem como os que sejam necessários ao desem-

[2062] Ver também quanto a este tipo de limitações, o disposto no art. 36 da Lei 67/2013, de 28 de Agosto, quanto à possibilidade recurso ao crédito e de atribuição de receitas consignadas.

penho das suas atribuições, conforme se estipula na alínea *i)* do art. 21º da Lei nº 67/2013, de 28 de Agosto.

Todavia, este poder tem os "limites" assinalados no art. 41º da mesma lei, no sentido em que tais regulamentos, caso contenham normas de eficácia externa, carecem de apreciação governamental, das empresas e de outras entidades destinatárias da actividade da entidade reguladora, das associações de utentes ou consumidores relevantes e do público em geral.

Este preceito que se reporta às competências regulamentares das entidades administrativas independentes com funções de regulação assume uma finalidade essencial que é, justamente, a de garantir o princípio da participação dos interessados, consagrado na Constituição.

Esta competência regulamentar está, porém, definida na Lei nº 67/2013, de 28 de Agosto, de forma a garantir a intervenção do poder executivo, enquanto órgão superior da Administração Pública, nos casos em que os mesmos assumem eficácia externa.

Recorde-se que a competência regulamentar, enquanto função administrativa do Estado, está cometida ao Governo, razão pela qual, no âmbito desta mesma competência deferida a entidades administrativas independentes com funções de regulação, as mesmas carecem, para garantia da sua legalidade, da intervenção do Governo na sua elaboração, aprovação e verificação de efeitos.

d) Quanto aos deveres de prestação de contas – accountability

As entidades de regulação estão subordinadas a dois tipos de controlo: (i) controlo governamental; e (ii) controlo político.

Em termos de controlo governamental, devemos referir a necessidade de apresentação e de apreciação governamental do relatório detalhado sobre a actividade e funcionamento das entidades mencionadas reportado ao ano antecedente (nº 2 do art. 49º).

O controlo político é exercido pela Assembleia da República, através da sua comissão competente, no sentido em que pode solicitar a comparência dos membros da entidade reguladora para prestar informações ou esclarecimentos sobre a respectiva actividade, para além de ser competente para apreciar o seu relatório anual, o plano de actividades e a programação do seu desenvolvimento (números 1 e 3 do art. 49º).

e) O novo regime de nomeação dos membros das entidades reguladoras

Um dos aspectos de maior inovação que decorre da nova legislação e que corresponde a uma maior aproximação das regras em vigor no âmbito do direito comparado quanto a esta matéria, é o que se refere ao reforço da componente política na nomeação dos membros da entidade reguladora.[2063]

São pressupostos de elegibilidade para os cargos de membro dos conselhos de administração da entidade, os da (i) reconhecida idoneidade; (ii) competência técnica; (iii) aptidão; (iv) experiência profissional; e (v) formação adequada ao exercício das respectivas funções (nº 1 do art. 17º).

A indicação dos membros do conselho de administração cabe ao membro do Governo responsável pela principal área de actividade económica sobre a qual incide a actuação da entidade reguladora.

Porém, a designação dos membros do conselho de administração das entidades de regulação é feita através de Resolução do Conselho de Ministros, após audição da comissão competente da Assembleia da República, a pedido do Governo, que deve ser acompanhada de parecer da Comissão de Recrutamento e Selecção da Administração Pública relativa à adequação do perfil do indivíduo às funções a desempenhar, incluindo o cumprimento das regras de incompatibilidade e impedimentos aplicáveis (nº 3 do art. 17º).[2064]

Trata-se da uma "inovação" quanto à indicação e à designação dos membros dos conselhos de administração das entidades reguladoras, com reforço da componente de apreciação política que pode, igualmente, ser concebida como o aprofundamento do controlo democrático e da legitimidade democrática das entidades de regulação.

II. A nossa interpretação da Lei nº 67/2013, de 28 de Agosto

Como referimos, a Lei nº 67/2013, de 28 de Agosto, é o resultado cumulativo de duas razões ou imperativos primordiais: (i) o primeiro, relativo às obrigações emergentes da celebração do Acordo com a *Troika*; (ii) o segundo, referente às necessidades de proceder a uma profunda Reforma do Estado no que tange às entidades administrativas independentes, que já havia sido objecto, pelo menos desde 2003, de propostas tendentes à sua uniformização estatutária.[2065]

Como sabemos, e como resulta do nosso trabalho, as entidades administrativas independentes foram sendo criadas no nosso País, nuns casos, ao

[2063] Cfr. estudo da A. T. Kearney sobre as Entidades Reguladoras Nacionais, elaborado e apresentado a pedido e ao Governo, em 15 de Julho de 2012 (Confidencial).

[2064] Esta Comissão de Recrutamento e Selecção da Administração Pública é, nos termos da lei que procedeu à sua criação, uma Entidade Independente.

[2065] Neste sentido, cfr. Vital Moreira, "Autoridades Reguladoras Independentes, Estudo e Projecto de Lei-Quadro", 2003.

sabor de imperativos da Constituição Política, noutros casos, por imposição constitucional expressa e, ainda noutras situações, como obrigações impostas pela nossa participação na União Europeia.

Esta diversificação de fundamento, bem como a "inovação" que este modelo traduzia, geraram inevitavelmente uma diversidade substancial e significativa quanto aos regimes jurídicos instituídos pela legislação que procedia à criação de entidades administrativas independentes.

Se é certo que a doutrina se tem vindo a pronunciar sobre estes novos modelos, como se deixou ilustrado ao longo da nossa tese, também é verdade que a heterogeneidade, a multiplicidade e a diversidade de instituições foram causa de difícil abordagem deste tema.

Têm vindo a conviver ao lado de entidades todas elas qualificadas como administrativas e independentes, entidades cujo fundamento e estatuto é bem diverso entre si, e outras ainda, que assumindo fundamento legitimador diferente, operam em áreas e domínios que as tornam susceptíveis de qualificação diversificada.[2066]

A Lei nº 67/2013, de 28 de Agosto, assume um papel fundamental na distinção entre as diversas entidades administrativas independentes.[2067]

Na verdade, da interpretação que perfilhamos da Lei, na parte que se reflecte no objecto do nosso trabalho, consideramos que a mesma ao proceder à qualificação e identificação das entidades administrativas independentes com funções de regulação da actividade económica, está a proceder a uma distinção fundamental entre estas e as entidades administrativas independentes que operam na área dos direitos fundamentais e de natureza análoga.

Esta distinção parte desde logo da ideia, que está vertida na lei, de que as entidades administrativas independentes com funções de regulação da actividade económica devem estar integradas na Administração Pública como Administração Independente e, por isso, devem observar o princípio da unidade de acção da Administração Pública.[2068]

São neste sentido os diferentes institutos consagrados na lei.

[2066] A título de exemplo, refira-se a ERC, o Banco de Portugal, a Comissão Nacional de Eleições e a Autoridade da Concorrência.

[2067] Esta afirmação decorre naturalmente da nossa interpretação da lei e dos institutos que a mesma consagra, nomeadamente os dos regimes financeiros, de financiamento, de nomeação dos titulares dos órgãos e do controlo governamental e político prévio e posterior.

[2068] Já nos referimos e procurámos interpretar este princípio constitucional, no sentido em que a independência das entidades tem como seu limite a unidade de acção da administração pública, o que equivale a afirmar que, também por isso, são parte da Administração Pública em sentido orgânico.

Tornou-se, assim, possível proceder à distinção entre estas entidades administrativas com funções de regulação e as entidades administrativas independentes que operam na área dos direitos fundamentais que, com fundamento nos seus estatutos de independência orgânica e funcional, não são parte da Administração Pública e não estão, por isso, subordinadas ao princípio da unidade de acção.

Por outro lado, e neste caso por referência legal expressa, a ERC e o Banco de Portugal não cabem no âmbito de aplicação da Lei nº 67/2013, de 28 de Agosto.

Como tivemos oportunidade de analisar, estas entidades – a ERC por ter fundamento legitimador expresso na Constituição, e o Banco de Portugal por ser de base e de estatuto constitucional – não podiam, a nosso ver, ser qualificadas como entidades administrativas independentes.

A nova lei, apesar de já ter sido publicada muito tempo depois dos nossos próprios trabalhos e estudos, veio efectivamente tornar mais inequívoca e afirmativa a nossa posição quanto à natureza destas entidades que qualificamos como Entidades Públicas Independentes.

A Lei nº 67/2013, de 28 de Agosto, veio assim preencher uma importante lacuna no nosso ordenamento jurídico, e desempenhar um papel verdadeiramente inovador no campo da reflexão doutrinária em torno do conceito e da natureza das entidades administrativas independentes.

É nossa convicção de que a clarificação operada nos regimes jurídicos vai proporcionar uma melhor e mais profunda análise, quer da organização, quer do funcionamento da Administração Pública no Estado Contemporâneo e Regulador em que Portugal modernamente está inserido.

III. Delimitação das diversas entidades independentes de âmbito nacional

Dos critérios que considerámos fundamentais para nos habilitar a procurar definir o conceito e a natureza das entidades administrativas independentes, resultou que nos parece possível especificar as seguintes categorias:

a) Entidades Públicas Independentes;[2069]
b) Entidades Administrativas Independentes;

[2069] As entidades públicas independentes são as que já identificámos e que assumem um regime jurídico com base, quer em preceito expresso da Constituição, quer com base no seu estatuto constitucional e, no caso da ERC e do Banco de Portugal, com fundamento no disposto no nº 4 do art. 3º da Lei 67/2013, de 28 de Agosto.

c) Entidades Administrativas Independentes com funções de regulação da actividade económica dos sectores privado, público e cooperativo; e
d) Entidades Independentes.[2070]

Do que vem delimitado parece ser inequívoco podermos considerar que a Administração Pública em Portugal é constituída pela administração directa, indirecta, autónoma e independente.[2071]

A administração independente é composta pelas entidades administrativas independentes com funções de regulação da actividade económica.[2072]

Antes ainda de podermos avançar com o fundamento que consideramos relevante para a prolação desta afirmação, parece-nos importante procurar traçar os traços decisivos da necessária distinção entre entidades administrativas independentes e entidades administrativas independentes com funções de regulação da actividade económica.

IV. Entidades administrativas independentes e entidades administrativas independentes com funções de regulação da actividade económica

1. Entidades administrativas independentes com missões de promoção e garantia de direitos fundamentais

O primeiro e fundamental elemento de distinção entre entidades administrativas independentes e entidades administrativas independentes com funções de regulação da actividade económica é, segundo cremos, o do âmbito da respectiva actuação.

As primeiras, de entre as quais a Comissão de Acesso a Documentos Administrativos, a Comissão de Protecção de Dados, a Comissão Nacional de Objecção de Consciência, a Comissão de Fiscalização do Segredo de Estado, operam em áreas relativas à promoção e à garantia de direitos fundamentais consagrados na Constituição.

As segundas, de entre as quais a Comissão de Mercado de Valores Mobiliários, a Entidade Reguladora do Sector Energético, o ICP-ANACOM, exercem

[2070] Como é o caso da Comissão de Recrutamento e Selecção para a Administração Pública, a que já nos referimos e que é, nos termos do art. 1º dos seus Estatutos anexos à Lei 64/2011, de 22 de Setembro, uma Entidade Independente que funciona junto do membro do Governo responsável pela área da Administração Pública.

[2071] Quanto à administração directa, indirecta e autónoma, já nos pronunciámos na Parte subordinada à análise da Teoria Geral da Organização Administrativa.

[2072] Não se deve estranhar que nesta parte do nosso trabalho não possamos invocar a favor da nossa opinião, quer reflexões doutrinárias, quer de outra natureza, dado que no estudo e na preparação da nossa tese não divisámos qualquer discussão em torno desta temática.

as suas actividades na área da economia, da promoção e defesa da concorrência respeitantes às actividades económicas dos sectores privado, público, cooperativo e social.

Diremos, assim, que umas e outras intervêm na sociedade em áreas diversas e com finalidades diferenciadas.

Esta diferenciação relaciona-se com uma decisão de política no sentido de garantir que o regime de direitos, liberdades e garantias constitucionais serão melhor e mais eficientemente assegurados através da interferência de entidades independentes do poder executivo.[2073]

No caso concreto da Comissão Nacional de Eleições, recorde-se que a mesma foi desde logo instituída na sequência da autonomização da administração eleitoral a que procedeu a Constituição de 1976, podendo ser assumido que a criação desta Comissão correspondeu às exigências do Estado de Direito Democrático.[2074]

Entendemos pois que as entidades administrativas independentes que actuam no âmbito dos direitos fundamentais correspondem a uma "ideia de realização da justiça" como o fim primário do poder estadual, devendo este ser considerado, por isso, como um dos pressupostos que fundamentam a verdadeira *ratio* do Estado de direito material.[2075]

Do ponto de vista da qualificação da natureza jurídica destas entidades, as mesmas não têm merecido da doutrina e da jurisprudência uma posição uniforme.[2076]

Porém, a nosso ver, estas entidades, ao abrigo da lei que procedeu à sua criação, do regime de independência orgânica e funcional de que as mesmas são

[2073] Esta opção política funda-se, a nível interno, no próprio regime constitucional de protecção dos direitos fundamentais e, a nível externo, na "importação" do direito francês (França foi o primeiro país a criar este tipo de instituição com a mesma finalidade, no ano de 1978).

[2074] É este o entendimento de Jorge Miranda, "Sobre a Comissão Nacional de Eleições", p. 335.

[2075] São neste sentido as opiniões de Marcelo Rebelo de Sousa, "Direito Constitucional I", pp. 297 e seguintes; Sérvulo Correia, "Noções de Direito Administrativo", pp. 252 e seguintes; J. J. Gomes Canotilho, "Direito Constitucional", 1993, pp. 351 e seguintes.

[2076] Cfr. no caso da Comissão Nacional de Eleições, o Acórdão do Tribunal nº 165/85, de 24 de Setembro, que qualificou esta Comissão como um órgão *sui generis* da administração eleitoral, e o Acórdão nº 605/89, de 19 de Dezembro, que considerou a mesma Comissão como um órgão autónomo do poder executivo. Quanto à Comissão Nacional de Objecção de Consciência, José Lucas Cardoso qualifica esta entidade como uma autoridade administrativa independente com estatuto "especial". Quanto à Comissão Nacional de Protecção de Dados, é a lei (artigos 21º e 22º da Lei 69/98, de 28 de Outubro) que a qualifica como entidade administrativa independente. Quanto à Comissão de Acesso aos Documentos Administrativos, a Lei 46/2007 qualifica esta entidade como uma entidade independente.

titulares, do regime de indicação e designação dos titulares dos seus órgãos, podem constituir fundamento da sua qualificação como entidades administrativas independentes com grau de independência "forte".

Mas ao contrário do que parece resultar da doutrina que se pronunciou sobre a matéria, é nosso entendimento de que não são administrativas porque as suas competências podem ser qualificadas como relevando maioritariamente do exercício da função administrativa.[2077]

Os actos praticados por estas entidades podem ser, em termos quantitativos, reveladores de actos administrativos, mas julgamos que o critério delimitador não deve ser exclusivamente o da natureza dos seus procedimentos.[2078]

O critério prevalecente deve ser o do pluralismo da organização previsto no nº 2 do art. 267º da Constituição, que não suscita grandes dúvidas.

Questão mais complexa neste domínio é a da verificação do princípio da unidade de acção da Administração aplicável às competências exercidas por estas entidades.

É tempo, agora, de densificar este conceito a propósito do nosso entendimento de que as entidades administrativas independentes o podem ser, e são, nos casos em que actuam na área dos direitos fundamentais, na medida em que obedecem ao princípio de que a Lei pode estabelecer adequadas formas de descentralização e desconcentração administrativas, e estão subordinadas ao princípio da unidade de acção.

Unidade de acção neste domínio só pode querer significar, e significa, que as entidades administrativas independentes não são *livres* de exercer ou não exercer as suas competências, de modelar o conteúdo das medidas que revelam a sua competência ao *arrepio* dos princípios constitucionais da proporcionalidade, imparcialidade e igualdade, e de tomar decisões *praeter* ou *contra legem*.

Entendemos que as competências das entidades administrativas independentes estão balizadas, para além das normas constitucionais que legitimam a sua criação, pelas normas legais provenientes do poder legislativo que esta-

[2077] Este parece ser o critério de José Lucas Cardoso, "Autoridades Administrativas Independentes...", pp. 345 e seguintes.

[2078] Consideramos que o critério da competência como elemento determinante da natureza jurídica destas entidades não é susceptível de nos facultar e proporcionar a definição da sua natureza jurídica. Recorde-se que estas entidades dispõem de poderes regulamentares, de decisão unilateral, de aplicação de sanções e outras e, para além do mais, hoje é um dado adquirido que mesmo as entidades privadas podem praticar actos em matérias administrativas, bem como, por exemplo, os órgãos de coordenação do funcionamento e da organização dos Tribunais, que gozam de competências, por exemplo, em matéria disciplinar, para a prática de actos administrativos e actos de aplicação de sanções administrativas.

belecem os quadros e os princípios gerais de promoção e garantia de direitos fundamentais, as leis das grandes opções dos planos nacionais e o orçamento do Estado, bem como as principais orientações políticas e medidas a adoptar ou a propor nos diversos domínios da actividade governamental.[2079]

Não concebemos a unidade de acção como traduzindo os mecanismos de controlo de legalidade dos actos praticados por entidades administrativas independentes que, como sabemos, são atribuídos aos órgãos jurisdicionais competentes.

Concebemos, neste contexto, a unidade de acção da actividade das entidades administrativas independentes como um conjunto de orientações e de estratégias fixadas pelo poder legislativo a que estas entidades estão vinculadas.

A verificação da desconformidade destas orientações pode ser sindicada, quanto à sua legalidade, pelos tribunais, não subsistindo, neste contexto, poderes de substituição da decisão tomada pelo órgão superior da administração pública, o que pode levar a concluir que inexiste no nosso ordenamento jurídico sanção para o incumprimento e violação da "unidade de acção".[2080]

Não é essa a nossa opinião. Movemo-nos no campo da organização e funcionamento de entidades independentes do poder executivo quanto às competências de que são titulares, mas não independentes de juízos valorativos quanto à forma e ao modo como levam a cabo as suas missões.

Por isso, em última instância, o poder executivo pode considerar que deixaram de estar reunidas as condições e os pressupostos de manutenção no quadro das estruturas da Administração Pública de qualquer uma das entidades em referência, podendo, através dos seus poderes, proceder à respectiva fusão, cisão ou liquidação.

Consideramos, face ao texto que antecede, que o elemento fundamental diferenciador destas entidades administrativas independentes e das entidades administrativas independentes de regulação é, justamente, o da área em que as mesmas exercem as suas competências.

[2079] Como sabemos, a Assembleia da República dispõe do poder de apreciar o Programa de Governo (alínea *d)* do art. 163º), devendo este programa conter as principais orientações políticas e medidas a adoptar ou a propor nos diversos domínios da actividade governamental (art. 188º). O Programa de Governo é apreciado pelo Parlamento (art. 192º), podendo ser objecto de uma moção de confiança apresentada pelo Governo ou de uma moção de censura proposta por qualquer grupo parlamentar (art. 193º).

[2080] No sentido do conteúdo da unidade de acção, cfr. Paulo Otero, "O Poder de Substituição em Direito Administrativo", Tomo II, pp. 842 e seguintes.

Para além deste critério distintivo – o da área de intervenção das entidades em referência – julgamos poder divisar um outro elemento susceptível de operar alguma outra forma de distinção.

Referimo-nos ao *grau* de intensidade do princípio da unidade de acção.[2081]

As entidades analisadas estão comprometidas com o princípio da unidade de acção no sentido em que exercer ou não exercer as competências que a lei lhes atribuiu, e o próprio conteúdo do exercício das mesmas, não é *livre*.[2082]

2. Entidades administrativas independentes com funções de regulação da actividade económica

Como acima deixámos referido, as entidades administrativas independentes de regulação exercem as suas actividades em áreas diferenciadas das entidades administrativas independentes que operam na área dos direitos fundamentais.

De acordo com a Lei nº 67/2013, de 28 de Agosto, o regime jurídico destas entidades assume uma maior densificação e rigor quanto ao que deve ser entendido, na economia deste sistema, por unidade de acção.

Este princípio constitucional, no que ao presente assunto respeita, significa que o poder executivo é titular dos seguintes principais elementos definidores da *garantia de unidade:*

a) Intervenção governamental no domínio das competências regulamentares de eficácia externa;
b) Intervenção governamental quanto à fixação de elementos essenciais de contribuições, taxas e tarifas (isenções, incidência subjectiva e objectiva, limites máximos e mínimos...);
c) Aprovação governamental prévia dos planos plurianuais, balanços e contas;
d) Aprovação governamental prévia de actos de incidência financeira; e
e) Autorização governamental prévia para contracção de créditos.

Entendemos que estes modelos correspondem ao quadro geral e aos planos estratégicos do Governo que, na sua qualidade de órgão superior da Admi-

[2081] José Lucas Cardoso, em "Autoridades administrativas independentes e a Constituição", refere-se a "autoridades fortes" e "fracas" em função de critérios de competências administrativas.

[2082] Consideramos, aliás, que se assim fosse, poderíamos, isso sim, considerar que estas entidades significavam uma "ruptura" constitucional, susceptível de fundamentar a respectiva inconstitucionalidade.

nistração Pública, pode *orientar* a actividade das entidades administrativas independentes de regulação.[2083]

A qualificação da natureza jurídica destas entidades, tal como sucede no caso das anteriores, não tem sido uniforme na doutrina e na jurisprudência.[2084]

Em todo o caso, actualmente e em face da Lei-Quadro destas entidades, parece não subsistir qualquer dúvida de que se trata de pessoas colectivas de direito público com a natureza de entidades administrativas independentes (art. 3º da Lei nº 67/2013, de 28 de Agosto).

Diga-se pois que, para além do campo de intervenção diverso das entidades administrativas independentes analisadas, outro factor diferenciador entre elas pode ser o da afirmação conteudística da *unidade de acção* a que nos referimos.

E, tal como no caso anterior, o que pode relevar é o *grau* de intensidade dos poderes inerentes àquele princípio constitucional.

A nossa interpretação da lei em causa é a de que, no caso das entidades administrativas independentes de regulação, o *grau* de intervenção do poder executivo pode considerar-se mais intenso do que o que pode ser exercido relativamente às entidades administrativas independentes que operam na área dos direitos fundamentais.

Tratando-se, a nosso ver, da definição de *graus* de intervenção governamental, o que se nos impõe averiguar é se a nova Lei-Quadro – enquanto regime jurídico – deve ou não ter-se como aplicável às entidades administrativas independentes que exercem as suas competências na área dos direitos fundamentais.

Consideramos que sim!

O art. 2º dispõe que a presente lei-quadro é aplicável às entidades reguladoras definidas como tal por lei.

As entidades reguladoras são entidades administrativas independentes, e estas são as que como tal são qualificadas por lei.

Equivale isto a dizer que a lei-quadro aplica-se às entidades administrativas independentes reconhecidas como tal pelo nº 3 do art. 3º da Lei nº 67/2013, de 28 de Agosto, e às que, não sendo de regulação, a lei considera e qualifica como tal.

2083 "Orientar" aqui no sentido de vigiar o cumprimento de tais regras através dos modelos de controlo explicitados.

2084 Cfr. Lucas Cardoso, "As Autoridades administrativas independentes e a Constituição", pp. 335 e seguintes.

Neste sentido, entendemos que a lei-quadro, mesmo que a título subsidiário, é de aplicação ao conjunto de entidades administrativas independentes, qualquer que seja a área em que as mesmas, nos termos legais, exercem as suas competências.

Esta orientação interpretativa significa que consideramos que a nova lei consagra um regime jurídico que contempla o enquadramento e o quadro normativo geral a que devem subordinar-se todas as entidades administrativas independentes.

3. As entidades administrativas independentes são componentes da administração pública independente

Temos a nítida consciência da polémica jurídica que a afirmação precedente pode vir a gerar.

Recorde-se que, segundo alguma doutrina, a criação de entidades administrativas independentes não pode ser considerada como um princípio da teoria geral de organização administrativa de um Estado de Direito fundado na legitimidade democrática do poder político.[2085]

Por outro lado, a doutrina tem vindo a assinalar igualmente que a permissão de criação de entidades administrativas independentes introduzida na revisão constitucional de 1997, teve como objectivo fundamental limitar o campo material de incidência dos poderes de intervenção intra-administrativos do Governo sobre todos os sectores administrativos, comprimindo ou derrogando as nomas constitucionais que fazem do Governo o órgão superior da Administração Pública, e que consagram o princípio da unidade administrativa.[2086]

Mas vai ainda um pouco mais longe a doutrina quando considera que o nº 3 do art. 267º da Constituição pode ser concebido como um verdadeiro "míssil sem controlo" contra a natureza parlamentar do sistema de governo, e a favor de um reforço do executivo através da criação "motorizada" de uma administração pública parlamentarmente clandestina.[2087]

Julgamos poder dizer que o que está em causa na discussão doutrinária citada é, na verdade, a questão da "destruição" do princípio da unidade de acção enquanto regra fundamental e conformadora de uma teoria geral de organização administrativa, no que respeita à actividade governamental de,

2085 Cfr. Vital Moreira, "Administração Autónoma e Associações Públicas", p. 453.

2086 Estas palavras são de Paulo Otero, em "Legalidade e Administração Pública", p. 321.

2087 Cfr. Carlos Blanco de Morais, "As autoridades administrativas independentes na ordem jurídica portuguesa", em Revista da Ordem dos Advogados, ano 61º, 2001, pp. 101 e seguintes.

através dos seus poderes intra-administrativos, estar apta a garantir a homogeneidade das decisões de índole administrativa tomadas pelo conjunto de órgãos e entidades que compõem a Administração Pública.

É curioso assinalar que esta discussão não se estende às outras diferentes formas de organização da Administração Pública, desde a administração indirecta à administração autónoma.

E ninguém põe em causa que as estruturas correspondentes a estes modelos de Administração são e fazem parte da organização administrativa do Estado e, nessa medida, estão enquadradas na teoria geral da organização administrativa.[2088]

O que há, então, de tão diferente no campo das entidades administrativas independentes que leva alguma doutrina a considerar que estamos na presença de "uma erupção" de um verdadeiro quarto poder do Estado?[2089]

No que se refere às entidades reguladoras da economia, a doutrina pronunciou-se no sentido de que as suas características essenciais podem justificar a sua qualificação como entidades de *estatuto hibrido* da Administração já que recolhem atributos da administração indirecta, autónoma e independente.[2090]

Entidades administrativas independentes com funções de regulação concebidas como relevando de um *sector hibrido* ou como um conjunto de reguladores passíveis de ser denominados de *autoridades semi-independentes* têm sido também uma solução doutrinária avançada para qualificar os reguladores económicos como "administração semi-independente" ou "quase independente".[2091]

Pela nossa parte, e da análise intensiva que realizámos, quer aos regimes jurídicos de cada uma das entidades, quer ao regime da lei-quadro, julgamos poder dizer que as características que modelam as várias instituições, desde as regras para a sua criação, fusão, cisão ou liquidação, às regras que pautam a sua independência orgânica e funcional, ao seu regime de funcionamento,

[2088] Basta ver os diversos Manuais de Direito Administrativo que, em regra, contemplam uma análise da organização administrativa do Estado, e a correspondente descrição dos seus vários elementos institucionais.

[2089] Neste sentido, cfr. Eva Desdentado Daroca, "La Crisis de Identidad del Derecho Administrativo: privatización huida de la regulación pública y administraciones independientes", 1999, pp. 141 e seguintes.

[2090] Esta é a posição de Carlos Blanco de Morais, "O Estatuto híbrido das entidades reguladoras da economia", em Estudos em Homenagem ao Professor Doutor Jorge Miranda, Vol. IV, pp. 207 e seguintes.

[2091] Cfr. Giuliano Amato, "Autorità Semi-Independenti e Autorità di Garanzia", em 47 Riv. Trim. Dir. Pubbl., 645, 1997, pp. 647-648.

ao regime de indicação e de nomeação dos dirigentes dos seus órgãos, passando pelas regras de prestação de contas, quer ao Governo, quer ao Parlamento, se mostram suficientes para justificar a qualificação deste conjunto de entidades como administração independente do Estado.

Resta demonstrar, nesta parte, que o princípio da unidade de acção consagrado na Constituição tem pleno cabimento no que toca a este modelo de administração do Estado.

Para além das possíveis formas já enunciadas que se mostram susceptíveis de preencher o conceito de unidade de acção, parece-nos ainda de sublinhar um último ponto que consideramos da maior importância.

Referimo-nos ao poder do Governo conferido pela alínea *g)* do art. 199º da Constituição, no sentido de que compete ao Governo praticar todos os actos e tomar todas as providências necessárias à promoção do desenvolvimento económico-social e à satisfação das necessidades colectivas.

Este preceito parece poder funcionar como fundamento permissivo de um poder de substituição governamental, não no sentido da consagração de medidas intra-administrativas, como são as consagradas na alínea *d)* do mesmo preceito constitucional, mas permitindo que o órgão superior da administração pública, nela se incluindo a administração independente, seja titular de poderes de "vigilância" sobre a actividade exercida e, nessa medida, praticar todos os actos e realizar todas as operações tendentes à satisfação do interesse público.[2092]

Estas entidades, como já referimos, não podem exercer actividades ou usar os seus poderes fora das suas atribuições, nem dedicar os seus recursos a finalidades diversas das que lhes tenham sido cometidas (nº 3 do art. 12º da Lei nº 67/2013, de 28 de Agosto). É o princípio da especialidade das competências das entidades administrativas independentes de regulação.

[2092] Cfr. Paulo Otero, "O Poder de Substituição em Direito Administrativo", p. 826.

CONCLUSÃO

O percurso deste estudo foi realizado através da análise e enquadramento das entidades administrativas independentes no contexto da teoria geral da organização administrativa do Estado. Foi esse o nosso objectivo e foi nesse quadro que desenvolvemos o nosso trabalho.

Daqui resultou um caminho histórico em torno do desenvolvimento dos modelos de organização do Estado, nele se incluindo o da reforma do Estado.

Deparámo-nos, sobretudo a partir da revisão constitucional de 1992, com a autorização expressa da Constituição ao legislador no sentido de este poder criar entidades administrativas independentes.

Compulsámos e estudámos todas estas entidades, mesmo que as haviam sido criadas antes da revisão constitucional de 1992, e constatámos a diversidade do seu regime, da sua natureza e das fontes legitimadoras da sua instituição.

Tivemos sempre presente as obrigações comunitárias do Estado no que tange aos movimentos sociais, políticos e institucionais de reforma do Estado.

O presente estudo não podia dispensar (e não dispensou) uma abordagem das profundas modificações que a nível mundial se verificaram a partir da década de setenta com as novas concepções de Estado, agora na sua veste de Regulador e de Garantia, que, naturalmente, se repercutiram no modelo de organização administrativa do nosso Estado.

A evolução da organização administrativa do Estado, ao longo dos tempos, dos ciclos e das obrigações internacionais, como foi por exemplo e bem recentemente a prolação da Lei 67/2013, de 28 de Agosto, que esteve presente na elaboração do nosso trabalho, redundou na consideração das seguintes principais conclusões:

- O Estado dispõe de administração directa, indirecta, autónoma e independente, para a prossecução das atribuições consagradas na Constituição;
- A criação de entidades administrativas independentes depende da avaliação e elegibilidade do interesse público consagrado na Constituição;
- As entidades administrativas independentes devem ter-se como integrantes da administração independente do Estado, com fundamento nos princípios do pluralismo e unidade de acção constitucionalmente garantidos;
- Deste modo, as entidades administrativas independentes, como tal qualificadas, são parte integrante da organização administrativa do Estado;
- Por outro lado e, atento o fundamento legitimador da sua instituição bem como as especiais regras de independência orgânica e funcional, sustentamos que o modelo de Estado acolhe a existência de entidades públicas independentes, como pode ser exemplo mais significativo, o Banco de Portugal e a ERC;
- Estas entidades não devem ter-se como integrantes da estrutura e da organização administrativa do Estado.

BIBLIOGRAFIA

ABREU, COUTINHO JORGE MANUEL DE, Privatização de empresas públicas e empresarialização pública, em Miscelâneas, nº 3, Instituto do Direito das Empresas e do Trabalho, Almedina, Coimbra (2004).

ACKERMAN, SUSAN ROSE, Progressive Law and Economics - And the new administrative Law, em Faculty Scholarship Series. Paper 598 (1988).

AFONSO, ORLANDO VIEGAS DIAS, Poder judicial - Independência in Dependência, Almedina (2004).

ALBUQUERQUE, MARTIM DE, Jean Bodin na Península Ibérica - Ensaio de História das Ideias Políticas e de Direito Público, Fundação Calouste Gulbenkian (1978).

ALBUQUERQUE, PEDRO, Direito Português da Concorrência, em Revista da Ordem dos Advogados, Ano 50º, Lisboa (1990).

ALBUQUERQUE, PEDRO e JALLES, ISABEL, A Lei da Concorrência, Análise e Perspectivas de Aplicação, em Actas do Colóquio Concorrência em Portugal nos anos 80, organizado pela revista "Assuntos Europeus" da Fundação Calouste Gulbenkian, Lisboa (1985)

ALCANTARA, CHRISTIAN MENDEZ, Os princípios constitucionais da eficiência e eficácia da administração pública: Estudo comparativo Brasil e Espanha, em Revista da Academia Brasileira de Direito Constitucional nº 1 (2009).

ALCÁZAR, MARIANO BAENA DEL, Curso de Ciência de la Administración, Vol. I, Madrid (1996).

ALESSI, RENATO, Instituciones de Derecho Administrativo, Tomo I, Barcelona (1970).

ALEXY, ROBERT, Teoria de los Derechos Fundamentales, Centro de Estudios Constitucionales, Madrid (1993).

ALFONSO, LUCIANO PAREJO, El Estado como poder y el derecho regulador de su actuación hoy: algunas transformaciones en curso, em Muñoz, Rodriguez-Arana e Castiella, I. Del Guayo (coord.), Panorama jurídico de las administraciones públicas en el sieglo XXI, Estudos em Homenaje al Profesor Eduardo Roca Roca, Madrid (2002).

— Estado social y Administración Pública: Los postulados constitucionales de la reforma administrativa, Civitas, Madrid (1983).

— El Estado social administrativo: algunas reflexiones sobre la "crisis" de las prestaciones y los servicios públicos, em Revista de Administración Pública, nº 153 (2000).

— Gobierno y administración pública en la Constitución, Berceo, nº 145 (2003).

— La eficacia como princípio jurídico de la actuación de la Administración Pública, em Documentación Administrativa, nºs 218-219 (1989).

— La regulación del gobierno y la administración; continuidad y discontinuidad en la política de desarrollo constitucional en la materia, Revista de Documentación Administrativa, nº 246-247, Madrid (1977).

Alfonso, Luciano Parejo e Olmeda, Alberto Palomar, Derecho de los Bienes Publicos, 2ª edição (2013).

Alivizatos, Nikos C., The difficulties of "rationalization" in a polarized political system: The Greek chamber of deputies, em Liebert, U. e Cotta, M. (eds.), Parliament and democratic consolidation in Southern Europe: Greece, Italy, Portugal, Spain and Turkey, Londres (1990).

— What kind of democracy after the Crisis, em What Is the Price of Freedom? A debate, Atenas (2013).

Almeida, A. Henriques de, Os grémios obrigatórios e as funções de intervenção económica, em Revista do Gabinete de Estudos Corporativos, XI, nº 41, Lisboa (1960).

Almeida, António Marques de, A estrutura financeira do Estado Português no dealbar da Época Moderna, em João Medina (dir.), História de Portugal, Vol IV Lisboa (1993).

Almeida, Carlos Ferreira de, O Código dos Valores Mobiliários e o Sistema Jurídico, em Cadernos do Mercado de Valores Mobiliários, n.° 7 (2000).

— Serviços Públicos, Contratos Privados, Separata de Estudos em Homenagem à Professora Doutora Isabel Magalhães Collaço, Vol. II, Almedina, Coimbra (2002).

Alte, Sofia Tomé d', A Nova Configuração do Sector Empresarial do Estado e Empresarialização dos Serviços Públicos, Almedina, Coimbra (2007).

Alves, Catarina Gouveia e Guedes, Ana Cláudia, O Contencioso da Regulação em Portugal, Centro de Estudos de Direito Público e Regulação, Faculdade de Direito da Universidade de Coimbra (Novembro 2010).

Amaral, Diogo Freitas do, Conceito e Natureza de Recurso Hierárquico, Almedina, Coimbra (2005).

— Curso de Direito Administrativo, Vol. I, Almedina, Coimbra (ed. 1994 e 2006).

— Curso de Direito Administrativo, Vol. II, com a colaboração de Pedro Machete e Lino Torgal, Almedina, Coimbra (2011).

— D. Manuel I e a Construção do Estado Moderno em Portugal, Edições Tenacitas (2003).

— Estado, Polis-Enciclopédia Verbo da Sociedade e do Estado, Vol. II, Lisboa (2007).

— Do Absolutismo ao Liberalismo: As reformas de Mouzinho da Silveira, Edições Tenacitas (2008).

— História das Ideias Politicas, Vol. I, Almedina, Coimbra (2010).

— História do Pensamento Político Ocidental, Almedina, Coimbra (2012).

Amaral, Diogo Freitas do e Almeida, Mário Aroso de, Grandes Linhas da Reforma do Contencioso Administrativo, Almedina (2007).

Amaral, Luis Mira, Reindustrialização e Fomento Industrial, Congresso dos Economistas, Junho/2013, em suplemento a Vida Económica nº 1501 (2013).

Amaral, Maria Lúcia, Grupos de Interesse, em Nos Dez Anos da Constituição, Lisboa, Imprensa Nacional-Casa da Moeda (1987).

AMATO, GIULIANO, Autorità semi-indipendenti e autorità di garanzia, em Rivista Trimestrale di Diritto Pubblico, XLVII, n. 3 (1997).

ANABITARTE, ALFREDO GALLEGO, Poder y Derecho: Del Antiguo Régimen al Estado Constitutional en España, Siglos XVIII a XIX: conceptos, institutiones y estructuras administrativas en el nacimiento del Estado Moderno, Marcial Pons, Ediciones Jurídicas y Sociales (2009).

ANASTÁCIO, GONÇALO, Regulação da Energia, em Morais, Luís Silva, Ferreira, Eduardo Paz e Anastácio, Gonçalo (coord.), Regulação em Portugal: Novos Tempos, Novos Modelos?, Almedina (2009).

ANDERSEN, WILLIAM R., Mastering Administrative Law, Carolina Academic Press (2010).

ANDRADE, J. CARLOS VIEIRA DE, A Justiça Administrativa, Almedina (2014).

— Grupos de Interesse, Pluralismo e Unidade Politica", Coimbra (1997).

— A responsabilidade indemnizatória dos poderes públicos em 3D: Estado de direito, Estado fiscal, Estado social, em Estudos em Homenagem ao Professor Doutor J. Gomes Canotilho, Coimbra Editora (2013).

— Algumas Reflexões a propósito da sobrevivência do conceito de "acto administrativo" no nosso tempo, em Estudos em Homenagem ao Professor Doutor Rogério Soares, Stvdia Iuridica 61, Coimbra Editora (2001).

— Lições de Direito Administrativo - Sumários ao curso de 1996/1997, Coimbra (1997).

— O Dever de Fundamentação Expressa dos Actos Administrativos, Almedina (2007).

— O Ordenamento jurídico administrativo português, em Contencioso Administrativo, Braga (1986).

— Os Direitos Fundamentais na Constituição Portuguesa de 1976, 3ª edição, Almedina (2004).

ANDRADE, JOÃO DE SOUSA, Alguns aspectos da regulação macroeconómica, em Temas de Integração, nºs 29/30, Associaçao de Estudos Europeus de Coimbra (2010).

ANDRADE, MANUEL A. DOMINGUES DE, Ensaio sobre a teoria da interpretação das leis, Coimbra Editora (1934).

— Teoria Geral da Relação Jurídica, Almedina, Coimbra (1960).

ANDREANI, ANTONIO, Crisi e metamorfosi del potere esecutivo, em Sistemi costituzionali comparati, Padova: CEDAM (1999).

ANTUNES, JOSÉ BRITO, Notas Pessoais sobre o Processo Lamfalussy, Cadernos MVM, nº 18 (2004).

ANTUNES, LUIS FILIPE COLAÇO, A Teoria do Acto e a Justiça Administrativa - O Novo Contrato Natural, Almedina, Coimbra (2006).

— O Direito Administrativo Sem Estado - Crise ou Fim de um Paradigma?, Coimbra Editora (2008).

ARAGÃO, ALEXANDRE SANTOS DE, O Controlo da Constitucionalidade pelo Supremo Tribunal Federal à luz da Teoria dos Poderes Neutrais, Procuradoria Geral do Estado, Revista de Direito, vol. 57, Rio de Janeiro (2003).

ARAÚJO, FERNANDO, Introdução à Economia, Vol. I, Almedina (2002).

ARMSTRONG, MARK, COWAN, SIMON e VICKERS, JOHN, Regulatory Reform: Economic Analysis and British Experience, MIT Press (1994).

ARQUER, JOSÉ MANUEL SALA, El Estado neutral: Contribución al estudio de las administraciones independientes, em Revista Española de Derecho Administrativo, nº 42 (1984).

Arteche, José Manuel Castells, La actual coyuntura de la administración prestadora de servicios públicos, em El derecho administrativo en el umbral del siglo XXI: homenaje al profesor Dr. D. Ramón Martín Mateo (2000).

Ascensão, José de Oliveira, Estudos sobre o Direito da Internet e da Sociedade de Informação, Almedina (2001).

Ataíde, Augusto de, Elementos para um Curso de Direito Administrativo da Economia, Centro de Estudos Fiscais, Lisboa (1970).

Attali, Jacques, Estaremos todos falidos dentre de dez anos? Dívida pública: A última oportunidade, Aletheia (2010).

Auby, Jean Bernard, La globalization, le droit et l'État, LGDJ, Paris (2002).

— Remarques terminales, Colloque sur Les autorités administratives indépendantes: Une rationalisation impossible?, em Revue Française de Droit Administratif, nº 5 (2010).

Auby, Jean Bernard e Rochére, J. Dutheil de la (dir.), Droit administratif européen, Bruxelas (2007).

Autin, Jean Louis, Le devenir des autorités administratives indépendantes, Colloque sur Les autorités administratives indépendantes: Une rationalisation impossible?, em Revue Française de Droit Administratif, nº 5 (2010).

— Les autorités de régulation sont-elles des autorités administratives indépendantes?, em Mélanges en l'honneur du professeur Jean-Philippe Colson, Environments, Droit Publique - Sciences Politiques, PUG (2004).

— Réflexions sur l'usage de la régulation en droit public, em Miaille, Michel (dir.), La régulation entre droit et politique, Paris (1992).

Ayala, Bernardo Dinis, O défice de controlo judicial da margem de livre decisão administrativa, Lisboa (1995).

Azevedo, J. Lúcio de, O Marquês de Pombal e a sua época, 2ª ed., Lisboa Clássica Editora (1990).

Azevedo, Maria Eduarda, As Parcerias Público-Privadas: Instrumento de uma Nova Governação Pública, Almedina (2009).

Azevedo, Tiago João Lopes Gonçalves de, A Constituição de 1933. Da fiscalização da Constitucionalidade, em Revista da Universidade do Minho, Escola de Direito)2009).

Bachof, Otto, Stober, Rolf e Wolff, Hans J., Direito Administrativo, Vol. I, Fundação Gulbenkian (1999).

Baggott, Rob, Regulatory Reform in Britain: The Changing Face of Self-Regulation, Public Administration, Vol. 67 (1989).

Bagley, Nicholas e Revesz, Richard L., Centralized Oversight of the Regulatory State, Columbia Law Review nº 106 (2006).

Baker, Jonathan B., "Continuous" regulatory reform at the Federal Trade Commission, em Administrative Law Review, nº 49(1997).

Baldwin, R. e McCrudden, C., Regulatory agencies: conclusions, em Galligan, D. J., A Reader on Administrative Law, Oxford University Press (1996).

Baldwin, R., Scott, C. e Hood, C., A reader on regulation, Oxford University Press (1998).

Baldwin, R., Cave, M. e Lodge, M., Understanding Regulation: Theory, Strategy and Practice, Oxford University Press (2011).

Balleisen, Edward J. e Brake, Elizabeth K., Historical Perspective and Better Regulatory Governance: An Agenda for Institutional Reform, em Rethinking Regulation Working Paper Series, The Kenan Institute for Ethics at Duke University (2012).

BALLEISEN, EDWARD e MOSS, DAVID, Government and Markets: Towards a New Theory of Regulation, Cambridge University Press (2012), disponível em http://www.tobinprojec.org.

BAQUER, SEBASTIAN MARTIN-RETORTILLO, Reflexiones sobre las privatizaciones, em RAP nº 144 (1997).

— Sentido y Formas de la Privatización de la Administración Pública, em Os Caminhos da Privatização da Administração Pública - IV Colóquio Luso-Espanhol de Direito Administrativo, Stvdia Iuridica 60, Coimbra Editora (2001).

BARATA, J. F. NUNES, Burocracia, DJAP Dicionário Jurídico da Administração Pública, Vol I (1990).

BARCELOS, CRISTINA, O Poder Normativo das Agências Reguladoras no Direito Norte-Americano e no Direito Brasileiro: Um Estudo de Direito Comparado, Porto Alegre (2008).

BARKER, ANTHONY, Quangos in Britain: Government and the network of public policy-making, University of Michigan (1982).

BARRA, LUCIANO CARACCIOLO, Funzione amministrativa e amministrazione neutrale nell'ordinamento USA. Profili comparativi con l'esperienza italiana, Torino (1997).

BARROSO, JOÃO (org.), O Estado e a Regulação das políticas publicas de educação: Dinâmicas, Espaços e Actores, em Revista Educação & Sociedade, Vol. 26, nº 92, Campinas (2005).

BASTIEN, CARLOS, Para a História das Ideias Económicas em Portugal Comtemporâneo - A crise dos anos 1945-1954, ISE, Lisboa (1989).

BASTOS, MARIA ISABEL, A Relação da Autoridade da Concorrência com as Autoridades de Regulação Sectorial: em particular o caso do ICP - ANACOM, dissertação de mestrado na Universidade Católica, Porto (2012).

BÉJAR, RAMÓN CASILDA e TORTOSA, JOSÉ MARÍA, Pros y Contras del Estado del Bienestar, Madrid (1996).

BELL, DANIEL, The Cultural Contradictions of Capitalism, Heinemann, Londres (1976).

BLASSELLE, RICHARD, BELLAMY, CHRISTOPHER, Traité de droit européen de la concurrence, Tomo I, Paris (2002).

BENSTON, GEORGE J., Regulating Financial Markets: A Critique and Some Proposals, London (1998).

BENTO, VITOR, Economia, Moral e Política, Fundação Francisco Manuel dos Santos (2011).

BENVENUTI, FELICIANO, Autotutela (dir. amm.), em Enciclopedia del Diritto, Vol. IV, Milão (1959).

BERNANKE, BEN, Central Bank Independence, Transparency and Accountability, discurso em Institute for Monetary and Economic Studies International Conference, Bank of Japan, Tokyo (2010).

BERTIL, COTTIER, Les "independent agencies" américaines: un modèle pour l'administration polycentrique de demain?, em Revue Internationel des Sciences Adminstratives, Vol. XI, nº 2, Bruxelas (1985).

BLACK, JULIA, Constructing and contesting legitimacy and accountability in polycentric regulatory regimes, em Regulation & Governance, Vol. 2, nº 2 (2008).

— Decentring Regulation: Understanding the role of regulation and self-regulation in a "post-regulatory" world, Current Legal Problems, Vol. 54 (2001).

— Regulatory conversations, em Sol Picciotto and S. David Campbell (eds.), Journal of law and society, "New Direc-

tion in Regulatory Theory", Oxford (2002).
— Tensions in Regulatory State, Public Law (2007).
— The Credit Crisis and the Constituition, em D. Oliver, T. Prosser & R. Rawlings (eds.), The Regulatory State – constitucional implications, Oxford (2010).
— The Rise, Fall and Fate of Principles Based Regulation, em LSE Legal Studies Working Paper nº 17 (2010).

Block, Fred L., The origins of International Economic Disorder: A study of United States International Monetary Policy from World War II to the Present, University of California Press (1978).

Blockmans, Wim P. & Genet, Jean-Philippe (dir.), Visions sur le développement des États européens. Théories et historiographies de l'État moderne, École Française de Rome (1993).

Bodelón, E. e Novales, T. Piconto (coords.), Transformaciones del Estado y del derecho contemporáneos. Nuevas perspectivas de la investigación socio-jurídica, Madrid (1998).

Bodin, Jean, Les Six Livres de la République, Paris (1576).

Bombardelli, Marco, Le autorità amministrative independenti, Report Annuale, em IUS Publicum Network Review (2013), disponível em www.ius-publicum.com.

Bonifácio, Fátima, O Federalismo, em Revista XXI, Ter Opinião (2014).

Boy, Laurence, Le droit de la concurrence: Régulation et/ou contrôle des restrictions de concurrence, Working Paper nº 9, European University Institute, Florence (2004).

Boyne, George, Planning, Performance and Public Services, em Public Administration, Vol 79, nº 1 (2001).

Braconnier, Stéphane, Droit des Services Publics: Régulation des services publics, PUF (2007).

Bradley, A. W. e Ewing, K. D., Constitutional and Administrative Law, 11th edition, Longman, London (1993).

Breger, Marshall J. e Edles, Gary J., Established by Practice: The theory and operation of independent federal agencies, em Administrative Law Review, nº 52 (2000).

Bremer, Eckhard, Recurso para o Ministro em controlo de concentrações, Comentário ao artigo 42º da Lei Alemã da Concorrência, Separata da revista "Temas de integração", nºs 29 e 30, Associação de Estudos Europeus de Coimbra (2010).

Bressman, Lisa Schultz e Rubin, Edward L., The Regulatoty State, Aspen CaseBook Series, (2010).

Bressman, Lisa Schultz e Thompson, R. B., The Future of Agency Independence, em Vanderbilt Law Review, Vol. 63, nº 3 (2010).

Breyer, Stephen G., Regulation and Its Reform, Harvard University Press (1982).
— Regulatory Reform and Completion of the Internal Market, em European University Institute Colloquium Papers (1988).

Breyer, Stephen G., Stewart, Richard B., Sustein, Cass R., Vermeule, Adrian e Herz, Michael, Administrative Law and Regulatory Policy: Problems, Text and Cases, 6the edition, Aspen Publishers, (2006).

Brito, J. M. Brandão de, Corporativismo e Industrialização: Elementos para o Estudo do Condicionamento Industrial, em Ler História nº 6, Lisboa (1985).
— A Industrialização Portuguesa no pós-guerra (1948-1965). Condicionamento

Industrial, Publicações D. Quixote, Lisboa (1989).

BRUFF, HAROLD H., Bringing the Independent Agencies in from the Cold, Vanderbilt Law Review, Vol. 62, nº 6 (2009).

BURDEAU, FRANÇOIS, Histoire du droit administratif: de la Révolution au début des années 1970, PUF (1995).

BURDESE, ALBERTO, Manuale di Diritto Pubblico Romano, 2ª edição, Turim (1998).

BURKARD, EBERLIN, L'État régulateur en Europe, em Revue Française de Science Politique, nº 49-2 (1999).

CABO, Sérgio Gonçalves do, Regulação e Concorrência no Sector das Comunicações Electrónicas, em Morais, Luís Silva, Ferreira, Eduardo Paz e Anastácio, Gonçalo (coords.), Regulação em Portugal, Novos Tempos, Novo Modelo?, Almedina (2009).

CABRAL, NAZARÉ DA COSTA, A Teoria do Federalismo Financeiro, Almedina (2013).

— O Princípio da Desregulação e o Sector Bancário, Revista da Faculdade de Direito da Universidade de Lisboa, Vol. XXXVIII, nº 2, Coimbra Editora (1997).

CABRERO, GREGORIO RODRIGUEZ, Estado, privatización y bienestar – un debate de la Europa actual, Madrid (1991).

CAETANO, MARCELLO, Estudos de História da Administração Pública Portuguesa, Organização e Prefácio de Diogo Freitas do Amaral, Coimbra Editora (1994).

— Manual de Ciência Política e Direito Constitucional, Tomo I, Almedina (2006).

— História do Direito Português (Séc. XII-XVI), Verbo Editora (2010).

— Manual de Direito Administrativo, Vol. I, Almedina (1982).

— Prefácio à edição de "Regimento dos Oficiais das Cidades, Vilas e Lugares destes Reinos", 1504, publicada pela Fundação da Casa de Bragança (1955).

— O Sistema Corporativo, Oficinas gráficas de o Jornal de Comércio e das Colónias (1938).

— A Codificação Administrativa em Portugal, em Revista da Faculdade de Direito da Universidade de Lisboa, Ano II (1934).

CAFAGGI, FABRIZIO, Enforcement of Transnational Regulation: Ensuring compliance in a global world, Edward Elgar Publishing (2012).

— Transnational Private Regulation and the Production of Global Public Goods and Private "Bads", em European Journal of International Law, Vol. 23, nº 3 (2012).

— Transnational Private Regulation: Legitimacy versus Effectiveness?, em Amsterdam Research Institute for Legal Studies (2013).

CAGLI, ALEXANDRO, Il quadro normativo delle amministrazioni pubbliche indipendenti, in Il Foro amministrativo, LXVII (1991).

CALANDRI, LAURENCE, Recherche sur la notion de régulation en droit administratif français, LGDJ (2008).

CALANDRILLO, STEVE P., Responsible Regulation: A sensible Cost-Benefit, Risk versus Risk Approach to Federal Health and Safety Regulation, Boston University Law Review, Vol. 81, nº 5 (2001).

CALVETE, VICTOR J., Entidades Administrativas Independentes: Smoke & Mirrors, em Revista de Concorrência e Regulação, ano 2, nºs 7/8 (2011).

CAMACHO, CRISTINA, O Sistema de Competências paralelas e o Princípio "non bis in idem", em Revista da Concorrência e Regulação, Ano 1, nº 3, Lisboa (2010).

CANN, STEVENS J., Administrative Law, 4ª edição (2005).

CANOTILHO, JOAQUIM J. GOMES, Direito Constitucional e Teoria da Constituição, 7ª edição, Almedina (2003).

— Estado de Direito, Lisboa (1999).

— O direito constitucional passa; o direito administrativo passa também, em Estudos em homenagem ao Prof. Doutor Rogério Soares, Stvdia Iuridica 61, Coimbra Editora (2001).

— O princípio democrático sobre a pressão dos novos esquemas regulatórios, em Revista de Direito Público e Regulação, nº 1, Faculdade de Direito da Universidade de Coimbra (2009).

— Constituição Dirigente e Vinculação do Legislador - Contributo para a Compreensão das Normas Constitucionais, Coimbra Editora (1982).

CANOTILHO, JOAQUIM J. GOMES e MOREIRA, VITAL, Constituição da República Portuguesa anotada, 3ª edição, Coimbra Editora (1993).

CAPELA, JOSÉ VIRIATO, Administração local e municipal portuguesa do século XVIII às reformas liberais (Alguns tópicos da sua historiografia e nova História), em Cunha, Mafalda Soares da e Fonseca, Teresa (ed.), Os Municipios no Portugal Moderno: Dos forais manuelinos às reformas liberais), Ed.Colibri, Lisboa (2005).

CARDONA, MARIA CELESTE, O Poder discricionário e a discricionariedade técnica da Administração Pública, em Cadernos de Ciência e Técnica Fiscal, Out/Dez, Lisboa (1985).

CARDOSO, J. LUCAS, As Autoridades Administrativas Independentes e a Constituição, Coimbra Editora (2002).

CAREY, PETER, Data Protection: A practical guide to UK and EU Law, Oxford, University Press (2004).

CARLASSARE, LORENZA, Amministrazione e Potere Politico, Università di Padova (1974).

CARREIRA, MEDINA E COSTA, RICARDO, O Dever de Verdade, D. Quixote, (2007).

CARVALHO, RICARDO LEMOS MAIA, Agências de Regulação Norte-Americanas e sua transposição para os Países da "Civil Law", em Maria Sylvia Zanella Di Pietro (org.), Direito Regulatório, Temas Polémicos (2009).

CASINI, LORENZO, Models of public administration: Comparative analysis of administrative organization, CAIMED – Centre for Administrative Innovation in the Euro-Mediterranean Region, Nápoles (2013).

CASSESE, SABINO, Global Administrative Law: An Introduction (2005), disponível em http://www.iilj.org/gal/documents/Cassesepaper.pdf.

— La formazione dello Stato amministrativo, Ed. A. Giuffrè, Milão (1974).

— Corporazioni e intervento pubblico nell'economia, em La formazione dello Stato amministrativo, Ed. A. Giuffrè, Milão (1974).

— Imparzialità Amministrativa e Sindacato Giurisdizionale, Milão (1973).

— La nuova Costituzione economica, Roma (2001).

— Le trasformazioni dell'organizzazione amministrativa, em Revista trimmestrale di diritto pubblico, nº 2 (1985).

— Negoziazione e trasparenza nei procedimenti davanti alle Autorità Indipendenti, em Quaderni del Consiglio di Stato, Torino (1999).

— Stato e mercato dopo privatizzazioni e deregulation, Rivista Trimmestral di Diritto Pubblico (1991).

CASTRO, ARMANDO DE, Expansão Económica e Transformações pré-estruturais no último quartel do século XVIII, em

Saraiva, José Hermano, História de Portugal, Vol 5, Lisboa (1983).

— A dinamização económica de 1910 até à década de 1960, em Saraiva, José Hermano, História de Portugal, Vol 6, Lisboa (1983).

Catarino, Luis Guilherme, A reforma da Regulação Financeira na União Europeia: refracção do movimento do Direito Administrativo Global, em Estudos, Instituto dos Valores Mobiliários (2011).

— Regulação e Supervisão dos Mercados de Instrumentos Financeiros - Fundamento e Limites do Governo e Jurisdição das Autoridades Independentes, Almedina (2010).

Caupers, João, Introdução ao Direito Administrativo, 11ª edição (2013).

Chadwick, Edwin, Results of different principles of legislation and administration in Europe: of competition for the field as compared with competition within the field, of service, em Journal of the Statistical Society of London, Vol. 22 (1859).

Champaud, Claude, Mondialisation et Droit Économique, alocução de abertura do Colóquio A.I.D.E. - Associação Internacional de Direito Económico, Rennes (Setembro de 2001).

Chandler, J. A., Comparative Public Administration, London (2000).

Chapman, Brian, The Profession of Government: The Public Service in Europe, Londres (1966).

Chapus, René, Droit Administratif Général, Tomo 1, 15eme edition, (2001).

Chérot, Jean Yves, Le droit et la politique de concurrence au défi de la crise financière et économique, em Colloque Le droit publique économique face à la crise économique, Revue Française de Droit Administratif, nº 4 (2010).

Chester, Norman, Fringe Bodies, Quangos and All That, em Public Administrations, Vol. 57, nº 1 (1979).

Chevallier, Jacques, COB, CNIL, CNCL et Cie: la "philosofie" des autorités administratives indépendantes, em Regárds sur l'actualité, nº 146 (1988).

— La reforme de l'État et la conception française du service public, em Revue Française d'Administration Publique, n° 77 (1996).

— L'État de droit, em Revue du Droit Public et de la Science Politique en France et à l'étranger, LGDJ, Paris (1988).

— L'État post-moderne, LGDJ, nº 35 (2008).

— L'État Régulateur, em Revue Française d'Administration Publique nº 111, Paris (2004).

— La régulation juridique en question, em Droit et Societé, nº 49 (2001).

— Le statut des autorités administratives indépendantes: harmonization ou diversification?, em Colloque sur Les autorités administratives indépendantes: Une rationalisation impossible?, Revue Française de Droit Administratif, nº 5 (2010).

— Les agences: effet de mode ou révolution administrative?, em Études en l'honneur de Georges Dupuis, LGDJ (1997).

— Les enjeux de la déréglementation, em Revue du Droit Public (1987).

— Réflexions sur l'institution des autorités administratives indépendantes, em Juris-Classeur Périodique, La semaine juridique nº 3254 (1986).

— Vers un droit post-moderne? Les transformations de la régulation juridique, em Revue du Droit Publique, nº 3 (1998).

— Les autorités administratives indépendantes de la régulation des marchés, em Revue Justices, nº 1, Jan./Jun. (1995).

— L'Élaboration Historique du Principe de Séparation de la Jurisdiction Administrative et de l'Administration Active, LGDJ, Paris (1970).

Chiti, Edoardo, European Agencies Rulemaking: Powers, Procedure and Assessment, em European Law Jornal, Vol. 19 (2013).

Chiti, M. Pilade, Tratado di Diritto amministrativo europeo, Milão, Giuffré (2004).

Christensen, Tom e Laegreid, Per, Autonomy and regulation: Coping with agencies in the modern state (2006).

Clam, Jean. e Martin, G. (dir.), Les Transformations de la Régulation Juridique, Paris, LGDJ (1998).

Clamour, Guylain, Intérêt Général et Concurrence – Essai sur la pérennité du droit public en économie de marché, Dalloz (2006).

Clark, Giovani, Política Económica e Estado, em Revista da Faculdade de Direito da Universidade Federal de Minas Gerais (2008).

Clarke, John e Newman, Janet, The Managerial State: Power, Politics and Ideology in the remaking of Social Welfare State, London (1997).

Coelho, Mário Baptista, Portugal: O Sistema Político e Constitucional 1974-1987, Instituto de Ciências Sociais, Universidade de Lisboa (1987).

Coglianese, Cary, e Kagan, Robert A., Regulation and Regulatory Processes, Ashgate Publishing (2007).

Coglianese, Cary, Finkel, Adam M. e Carrigan, Christopher, Does Regulation Kill Jobs?, University of Pennsylvania Press (2013).

Cohen, Elie., De la réglementation étatique et administrative à la régulation, em Problèmes économiques nº 2680 (2000).

Collet, Martin, De la consécration à la légitimation. Observations sur l' appréhension par le juge des autorités de régulation, em Frison-Roche, M.-A. (dir.), Les régulations économiques: Legitimité ef efficacité, série Droit Économique de la Régulation – 1, Presses de Sciences Po et Dalloz (2004).

— La création des autorités administratives indépendantes: symptôme ou remedie d un État en crise? Regards sur l actualité, nº 330 (2007)

Colliard, C. e Timsit, G., Les autorités administratives indépendantes, PUF, Paris (1988).

Comissão das Comunidades Europeias, Livro Branco dos Serviços de Interesse Económico Geral, Comunicação da Comissão ao Parlamento Europeu, ao Conselho, ao Comité Económico e Social Europeu e ao Comité das Regiões, COM (2004) 374 final, Bruxelas (2004).

Condesso, Fernando, Direito à Informação Administrativa, Lisboa (1995).

Confraria, João, Regulação e Concorrência – Desafios do Século XXI, Universidade Católica Editora, Lisboa (2005).

Conseil d'État Français, Rapport public 2001: jurisprudence et avis de 2000. Les autorités administratives indépendantes, Ed. La Documentation Française (2001).

Constâncio, Maria José, Papel dos serviços de interesse geral na construção da Europa, em Europa-Novas Fronteiras, nº 15, CIEJD (2004).

Constans, Louis, Le dualisme de la notion de la personne morale administrative, en droi français, Dalloz, Paris (1966).

Constant, Benjamim, De la liberté des Anciens comparée à celle des Modernes, em Principes de la Politique, La Pléiade, Paris (1964).

Cooper, Frank E., State Administrative Law, University of Michigan Law School (1965), disponível em httpp://schoolarship.law.umt.edu/mlr/vol27/iss2/10.

COOPER, PHILLIP J., Public Law and Public Administration, 3rd edition, F.E. Peacock Publishers, (2007).

CORDEIRO, ANTÓNIO. ROBALO, As Coligações de Empresas e os Direitos Português e Comunitário da Concorrência, Lisboa (1994).

CORREIA, FERNANDO ALVES, Alguns Conceitos de Direito Administrativo (2001).

CORREIA, JOSÉ M. SÉRVULO, Acto administrativo e âmbito da jurisdição administrativa, em Estudos em Homenagem ao Professor Doutor Rogério Soares, Coimbra Editora (2002).

— Direito do Contencioso Administrativo, LEX, Lisboa (2005).

— Legalidade e autonomia contratual nos contratos administrativos, Almedina (1987).

— Natureza jurídica dos organismos corporativos, em Revista de Estudos Sociais e Corporativos, II, nº 8 (1963).

— Noções de Direito Administrativo, I, Lisboa (1982).

— Polícia, em Dicionário Jurídico da Administração Pública, Vol VI, Lisboa (1994).

CORREIA, LUIS BRITO, Direito da Comunicação Social, Vol. I, Almedina (2000).

COSTA, FRANCISCO MANUEL GARCÍA, Delimitación conceptual del princípio de objetividad; objetividad, neutralidad e imparcialidad, Revista Documentación Administrativa nº 289, Instituto Nacional de Administración Publica, Madrid (2011).

COSTA, MÁRIO JÚLIO DE ALMEIDA, Forais (reforma dos), em Serrão, Joel (dir.), Dicionário da Hostória de Portugal, Vol III (1963).

COSTA, PAULO NOGUEIRA DA, Accounting vs. Accountability, em Revista de Finanças Públicas e Direito Fiscal nº 2, Ano VI (2013).

COTARELO, RAMON G., Del Estado de Bienestar al Estado del Malestar, Centro de estudios constitucionales, Madrid (1990).

COTTIER, B., Les "independent agencies" américaines: un modèle pour l'administration polycentrique de demain?, em Revue Internationale de Sciences Administratives, Vol. 51, nº 2 (1985).

CRAIG, PAUL, Administrative Law, Londres (1994).

— EU Administrative Law, 2ª edição, Oxford University Press (2012).

CROLEY, STEVEN P., Regulation and Public Interests: The Possibility of Good Regulatory Government, Princetown University Press (2008).

CRUZ, GUILHERME BRAGA DA, O Direito subsidiário na História do Direito Português, Revista Portuguesa de História, Tomo XIV, Coimbra (1975).

DABBAH, M. MAHER, International and Comparative Competition Law, Cambridge University Press (2010).

DAROCA, EVA DESDENTADO, La Crisis de Identidad del Derecho Administrativo: privatizatión, huida de la regulación pública y administraciones independientes, Valência (1999).

DAUTRY, PHILIPPE, Les autorités administratives indépendantes: Un nouvel objet d'évaluation parlemantaire, em RFDA, nº 5 (2010).

DAVIES, MICHAEL, L´expérience américaine des "independent regulatory commissions", em Colliard, C. e Timsit, G. (dirs.), Les autorités administratives independantes, PUF, Paris (1988).

DAVIS, KENNETH CULP, Administrative Law and Government, West Publishing Company (1960).

— Informal Administrative Action: Another View, em American University Law Review, Vol. 26 (1976/77).

DEGOFFE, MICHEL, L'imparcialité de la décision administrative, em RDFA, nº 4 (1998).

DEHOUSSE, RENAUD (dir.), Une Constitution pour L'Europe?, Presses de Science Po, Paris (2002).

— Misfits: EU Law and the Transformation of European Governance, The Growth of European Agencies, Jean Monet Center e NYU School of Law, Working Paper nº 2/02 (2002).

DELION, ANDRÉ G. e DURUPTY, MICHEL, Chronique du secteur public económique, em Revue Française d'Administration Publique, nº 109 (2004).

DELVOLVÉ, PIERRE, Paradoxes du (ou paradoxes sur le) principe de séparation des autorités administratives et judiciaires, em Mélanges René Chapus - Droit Administratif, Montchrestien, Paris (1992).

DEMSETZ, H., Why Regulate Utilities?, em Journal of Law and Economics, Vol. 11, nº 1, The University of Chicago Press (1968).

DIAS, J. FERREIRA, Linhas de Rumo - Notas de Economia Portuguesa, Vol 1, Livraria Clássica Editora, Lisboa (1945).

DICEY, ALBERT VENN, Introduction to the Study of Law of the Constitution, (1ª edição 1885), 10ª edição, Macmilan, Londres (1959).

DOTTI, JORGE E., La cuéstion del poder neutral en Schmitt, Kriterion, Journal of Philosophy, Vol. 49, nº 118, (2008).

DOURADO, ANA PAULA, O papel do G-20: Era uma vez três triliões de dólares ou a acção consequente das autoridades nacionais e supra-nacionais, em Revista de Finanças Públicas e Direito Fiscal, Ano II, nº 2, Almedina (2009).

Dowding, Keith M., The Civil Service (Theory and Practice in British Politics),(1995).

DRAGO, ROLAND, L'émergence des autorités administratives indépendantes, Canal Académie (2007), disponível em http://www.canalacademie.com/ida2336-L-emergence-des-Autorites--Administratives-Independantes.html.

DREWRY, GAVIN, Public-Private Partnerships: Rethinking the boundary between public and private law, em Osborne, Stephen (ed.), Public-Private Partnerships - Theory and Practice in International Perspective, London (2000).

DUARTE, TIAGO, Arbitragem ICSID e Desenvolvimento Económico dos Estados, em Estudos em Homenagem ao Professor Doutor J. Gomes Canotilho, Coimbra Editora (2012).

DUFFY, JOHN F., Administrative Common Law, in Judicial Review, Texas Law Review, nº 113 (1998).

DUGUIT, Léon, Traité de Droit Constitutionnel, 1ª edição, Vol. I, Fontemoing, Paris (1911).

DUMORTIER, G., Le contrôle de l'action des autorités administratives indépendantes, em Regards sur l'Actualité, nº 330 (2007).

DUVERGER, MAURICE, Os Grandes Sistemas Políticos: Instituições Políticas e Direito Constitucional, Almedina (1985).

— Sociologia da Política: Elementos de Ciência Política (tradução portuguesa de A. Gonçalves), Almedina (1983).

EBERLEIN, BURKARD e KERWER, D., New Governance in the European Union: A Theoretical Perspective, em Journal of Common Market Studies, nº 42 (2004).

EISENMANN, CHARLES, Cours de Droit Administratif, Tomos I e II, L.G.D.J. (1982/83).

ELLIOTT, E. DONALD, TQM-ing OMB: Or Why Regulatory Review Under Executive Order 12,291 Works Poorly and What

President Clinton Should Do About It, em Law and Contemporary Problems, Vol. 57, nº 2 Yale Law School (1994), disponível em http://digitalcommons.law.yale.edu/fss_papers/2213.

Enterria, J. Garcia de, Ordenación de los mercados de valores y operaciones de privatización, em Revista de Derecho Bancário y Bursatil, 73 – Ano XVIII (1999).

Enterria, Eduardo Garcia de, Revolución Francesa y Administración Contemporánea, Madrid (2005).

Enterría, Eduardo Garcia de e Fernández, Tomás-Ramón, Curso de Derecho Administrativo, Editorial Civitas, Tomos I e II , 15ª edição, Madrid (2011/2013).

Espada, João Carlos, Liberalismo: o Antigo e o Novo, ICS, Lisboa (2001).

Estorninho, Maria João, A Fuga para o Direito Privado, Almedina (2009).

— As Fundações Públicas no Direito Português, em Estudos em Homenagem ao Professor Doutor Jorge Miranda, Vol. IV – Direito Administrativo e Justiça Administrativa, Coimbra Editora (2012).

— Requiem pelo Contrato Administrativo, Coimbra Editora (1990).

Falla, Fernando Garrido, Régimen Jurídico Y Procedimiento de las Adminstraciones Públicas, Madrid (2000).

— Tratado de Derecho Administrativo, Vol. I, 11ª edição, Madrid (1989).

Farrugia, Ben e O'Connell, John, ACA to YJB: A Guide to the UK's Semi-Autonomous Public Bodies, 2007-08, The Taxpayers'Alliance, Londres (2009).

Feio, Diogo e Carneiro, Beatriz Soares, O Poder das Agências – O que fazem, como falham e o que mudar nas Agências de Rating (2012).

Fernández, Tomás Ramón, Las Transformaciones del Derecho Administrativo a Resultas de las Privatizaciones, em Os Caminhos da Privatização da Administração Pública – IV Colóquio Luso-Espanhol de Direito Administrativo, Stvdia Iuridica 60, Coimbra Editora (2001).

Ferrajoli, Luigi, La sovranità nel mondo moderno, Roma (2004).

Ferran, Eilis, Building an EU Securities Market, Cambridge University Press (2004).

Ferrari-Breeur, C. , L'Après Privatisation en Italie: Réflexions sur le Rôle de l'État dans les Societés Privatisées, in Revue du Marché Commun et de l'Union européenne, nº 426 (1999).

Ferreira, Eduardo Paz, Direito Comunitário II (União Económica e Monetária) – Relatório, em Suplemento da RFDUL, Lisboa (2001).

— Direito da Economia, AAFDL, Lisboa (2003).

— Do mito do sector empresarial do Estado ao mito das privatizações, em Revista da Banca, nº 9, Associação Portuguesa de Bancos (1989).

— Em Torno da Regulação Económica em Tempos de Mudança, em Revista de Concorrência e Regulação nº 1 (2010).

— Sectores estratégicos e intervenção do Estado no Mercado de Valores Mobiliários, em Direito dos Valores Mobiliários, Vol. III, Coimbra Editora (2001).

Ferreira, Eduardo Paz (org.), Estudos sobre o Novo Regime do Sector Empresarial do Estado, Almedina, Coimbra (2000).

Ferreira, Eduardo Paz, e Morais, Luis D. S., A regulação sectorial da economia – Introdução e perspectiva geral, em Ferreira, Eduardo Paz, Morais, Luis D. S. e Anastácio, Gonçalo (orgs.), Regulação em Portugal. Novos Tempos, Novo Modelo?, Almedina, Coimbra (2009).

FERREIRA, MARIA EMÍLIA CORDEIRO, D. Manuel I, em Joel Serrão (dir.), Dicionário da História de Portugal, Vol II (1963).

FERRER, JUAN DE LA CRUZ, Principios de regulación económica en la Union Europea, Instituto Estudios Económicos (IEE), Madrid (2002).

— Autorités administratives indépendantes: évaluation d'un object juridique non identifié (Tome 2: Annexes) (2014).

FERRO, MIGUEL SOUSA e ROSSI, LEONOR, Private enforcement of competition law in Portugal (I): an overview of case-law, Revista da Concorrência e Regulação º 10 (2012).

FIALAIRE, JACQUES, L'évolution recente des quangos en Grande-Bretagne: l' exemple de l'University Grants Commitee, em La Revue Administrative, nº 244 (1988).

FLINDERS, MATTEW e BULLER, JIM, Depoliticization, Democracy and Arena Shifting, em Christensen, Tom e Lægreid, Per (ed.), Autonomy and Regulation: Coping with Agencies in the Modern State (2006).

FLOREAN, M., Le origini americane della regolazione, em Valentini, Stelio, Diritto e instituzioni della regolazione, Milão (2005).

FONSECA, GUILHERME FREDERICO DIAS PEREIRA DA, Direito Administrativo. A Administração Pública. Temática I. Textos de Apoio, Editora Internacional, Lisboa (1996).

FONSECA, MARGARIDA ROSADO DA, e FERREIRA, LUIS DO NASCIMENTO, O Procedimento de Controlo das Operações de Concentrações de Empresas em Portugal – A Prática decisória da Autoridade da Concorrência à luz da Lei nº 18/2003, de 11 de Junho, Almedina (2009).

FONSECA, RUI GUERRA DA, O Fundamento da Autotutela Executiva da Administração Pública: Contributo para a sua compreensão como problema Jurídico-Político, Almedina, Coimbra (2012).

FONTES, JOSÉ, Teoria Geral do Estado e do Direito, Coimbra Editora (2010).

FORSTHOFF, ERNST, Traité, de Droit Administratif Allemand, Éd. Bruylant (1969).

FORURIA, EDUARDO VIRGULA, Agencias (y Agencias Reguladoras) en la Comunidad Europeia, em Revista de derecho constitucional europeo, nº 5 (2006).

FOX, WILLIAM F., Understanding Administrative Law, New York (1992).

FRANCHINI, CLAUDIO, Le autorità amministrative independenti, em Rivista trimestrale di diritto pubblico, nº 3, Giuffrè, Milão (1988).

FRANCO, ANTÓNIO SOUSA, Concorrência, Enciclopédia Luso Brasileira de Cultura, Vol. 5, Verbo (1967).

— O Financiamento da Regulação e Supervisão do Mercado de Valores Mobiliários, em Estudos em Homenagem ao Professor Doutor Inocêncio Galvão Telles, Vol. V, Almedina (2003).

— O Controlo da Administração Pública em Portugal, in Revista do Tribunal de Contas, Lisboa Tomo I nº 19/20 (1993).

FRANCO, ANTÓNIO SOUSA e MARTINS, GUILHERME OLIVEIRA, A Constituição Económica Portuguesa – Ensaio Interpretativo, Coimbra (1993).

FRANCO, SANDRA APARECIDA PIRES, As Reformas Pombalinas e o Iluminismo em Portugal, em Fénix – Revista de História e Estudos Culturais, Vol. 5, Ano V, nº 2 (2008).

FREEMAN, JODY, Private Parties, Public Functions and the New Administrative Law, em Administrative Law Review, Vol. 52, nº 3 (2000).

FREEMAN, JODY e DESHAZO, J. R., Public agencies as lobbyists, em Columbia Law Review, Vol. 105, nº 8 (2005).

FREITAS, LOURENÇO VILHENA DE, Direito Administrativo da Energia: Introdução, AAFDL (2013).

FRIGNANI, ALDO e WAELBROECK, MICHEL, Concurrence, em Commentaire J. Mégret: Droit de la CE, Vol. 4, Éditions de l'Université Libre de Bruxelles (1997).

FRISON-ROCHE, MARIE-ANNE (dir.), Les régulations économiques: Legitimité et efficacité, série Droit Économique de la Régulation – 1, Presses de Sciences Po et Dalloz (2004).

— Le droit de la régulation, Presses de Sciences Po, Dalloz (2001).

FROMONT, MICHEL, Droit administratif des États européens, PUF, Paris (2006).

FROUFE, SERAFIM P. MADEIRA, A Reforma do direito comunitário da Concorrência: O sentido descentralizador e/ou re-centralizador do Regulamento CE nº 1/2003 (tese de doutoramento na Universidade do Minho) (2010).

FUKUYAMA, FRANCIS, A Construção de Estados, Governação e Ordem Mundial no século XXI (tradução de F. J. Azevedo Gonçalves), Lisboa (2006).

FURSE, MARK, Competition Law of the EC and the UK, 6ª edição, Oxford University Press (2008).

GALLOT, J., Qu'est-ce que la régulation? Contribution pour une définition, em Revue de la Concurrence et de la Consommation (RCC), nº 119 (2001).

GARCIA, ELISENDA MALARET I, La Agencia de Cooperación de Reguladores de Energia: Autoridad Europea de Regulación o Institucionalización de la Cooperación de los Reguladores Nacionales?, em Revista de Derecho de la Unión Europea (REDUE), nº 20 (2011).

—La Comisión Nacional de Mercado de Valores (una aproximación a su configuración institucional), em Revista Española de Derecho Administrativo (REDA), nº 76 (1992).

GARCIA, J. V. GONZALÉZ, Globalización económica, Administraciones Públicas y Derecho administrativo: Pressupuestos de una relación, RAP, nº 164 (2004).

GARCIA, JOSÉ-E. SORIANO, Desregulación, privatización y Derecho Administrativo, Publicaciones del Real Colegio de España (1993).

GARCIA, MARIA DA GLÓRIA F. P. DIAS, As Transformações do Direito Administrativo na Utilização do Direito Privado pela Administração Pública — Reflexões sobre o lugar do Direito no Estado, em Os Caminhos da Privatização da Administração Pública, IV Colóquio Luso-Espanhol de Direito Administrativo, Stvdia Iuridica 60, Coimbra Editora (2001).

— Da Justiça Administrativa em Portugal: Sua Origem e Evolução, Universidade Católica, Lisboa (1994).

— Organização administrativa, em Revista DJAP, Vol. VI, Lisboa (1994).

— Serviço Público, em Polis – Enciclopédia Verbo da Sociedade e do Estado nº 5, Editorial Verbo (1987).

— Direito das Políticas Públicas, Almedina (2009).

GARCIA, MIGUEL ÁNGEL SENDÍN, Hacia un servicio publico europeo: El nuevo Derecho de los servicios públicos, Granada (2004.)

— Regulación y Servicios Públicos, Granada (2004).

GARCÍA-PELAYO, MANUEL, Las transformations del Estado Contemporâneo, Madrid, 2ªedição (2007).

GARCIA-TREVIJANO, J. A., Princípios Jurídicos de la Organización

Administrativa,Instituto de Estudios Políticos, Madrid (1957).

Gardella, M. Darnaculleta, Autorregulación y derecho publico: La autorregulación regulada, Marcial Pons, Madrid (2005).

Gaudemet, Jean, Institutions de l'Antiquité, LGDJ, Paris (1014).

Gaudemet, Yves, La responsabilité administrative du fait de ses activités de controle, em *Liber amicorum* Jean Waline, Dalloz, Paris (2002).

— Responsabilité de l'administration et nouvelles activités de contrôle, em Actes du colloque "Vers de Nouvelles Normes en Droit de la Responsabilité Publique?", Sénat, Paris (2001).

Gaudin, Jean P., Gouverner par contrat. L'action publique en question, Presses de Sciences Po., Paris (1999).

Gazier, François e Cannac, Yves, Étude sur les autorités administratives indépendantes, em Études et Documents du Conseil d'État nº 35 (1983/84).

Gélard, Patrice, Les autorités administratives indépendantes: évaluation d'un objet juridique non identifié (Tome I: Rapport), Sénat Français (2006).

Genghi, M., Profili problematici delle autorità amministrative indipendenti, em Nuova rassegna di legislazione, dottrina e giurisprudenza, nº 7/8 (2012).

Gentot, M., Les autorités administratives indépendantes, Montchrestien, Paris (1994).

Gilbert, Claude, Saez, Guy e Arcy, François, L État sans qualité, PUF (1982) nº 16

Gerardin, Damien, Development of Agencies at EU and National Levels: Conceptual Analysis and Proposals for Reform, em Eeckhout, P. e Tridimas, T. (eds.), Yearbook of European Law, Oxford University Press (2005).

— Hiérarchie des pouvoirs dans les systèmes communautaires de régulation, em Frison-Roche, M.-A., Règles et pouvoirs dans les systèmes de régulation, Presses de Sciences Po (2004).

— L'ouverture à la concurrence des entreprises de réseau: analyse des principaux enjeux du processus de libéralisation, em Cahiers de Droit Européen, nº 1-2 (1999).

— The Development of European Regulatory Agencies: What the UE Should Learn from the American Experience, em Columbia Journal of European Law nº 11 (2005).

Gerardin, Damien, Padilla, Jorge e Petit, Nicolas, EC Competition Law and Economics, Oxford University Press (2010).

Geslin, Albane, Le Champ de la Régulation, em RFDA, nº 4 (2010).

Giani, L., Attività Amministrative e Regolazione di Sistema, Giappichelli, Torino (2002).

Giannini, M. Severo, El poder público. Estados y administraciones públicas, Civitas, Madrid (1991).

— Diritto Amministrativo, Vol. II, Milano (1970).

Gião, Aida e Gonçalves, Carolina, Autoridade da Concorrência (apresentação em powerpoint), Elementos de Apoio à disciplina de Direito da Economia, Faculdade de Direito da UNL (2010).

Gitti, G., L' autonomia privata e le autorità indipendenti, em Enciclopedia del Diritto, Vol. 5, Milano (2012).

Gomes, Joaquim B. Barbosa, Agências reguladoras: A Metamorfose do Estado e da Democracia: Uma reflexão de direito constitucional comparado, em Revista de Direito Constitucional e Internacional, nº 50, São Paulo (2005).

GOMES, JOSÉ LUIS CARAMELO, A Formação do Direito da Concorrência, em Revista Temas de Integração, nºs 27 e 28, Almedina (2009).

— Lições de Direito da Concorrência, Almedina (2010).

— Tratado de Lisboa, Tratado da União Euuropeia, Tratado de funcionamento da União Europeia (anotados), Ed. Universidade Lusíada, Lisboa (2010).

GONÇALVES, JOSÉ RENATO, Acesso à Informação das Entidades Públicas, Almedina (2002).

GONÇALVES, PEDRO COSTA, Reflexões sobre o Estado Regulador e o Estado Contratante, Coimbra Editora (2013).

— Regulação, Electricidade e Telecomunicações - Estudos de Direito Administrativo da Regulação, Coimbra Editora (2008).

— Advertências da Administração Pública, em Estudos em Homenagem ao Professor Doutor Rogério Soares, Stvdia Iuridica 61, Coimbra Editora (2001).

— Controlo de concentração de empresas no direito português (uma visão jus-administrativista), em Revista da Concorrência e Regulação, nºs 7/8 (2011).

— Desestadualização da Prossecução do Interesse Público, em Cap. I, nº 1, da Tese de Doutoramento "Entidades privadas com poderes públicos: o exercício de poderes públicos de autoridade por entidades privadas com funções administrativas", Almedina, Coimbra (2005).

— Direito Administrativo da Regulação, em Estudos em Homenagem ao Professor Doutor Marcello Caetano, Vol. II, Coimbra Editora (2006).

— Entidades Privadas com Poderes Públicos, Almedina, Coimbra (2005).

— A Concessão de Serviços Públicos, Almedina, Coimbra (1999).

— Regime Jurídico das Empresas Municipais, Almedina, Coimbra (2007).

GONÇALVES, PEDRO COSTA e MARTINS, LICÍNIO LOPES, Os serviços públicos económicos no Estado regulador, em Moreira, Vital (org.), Estudos de Regulação Pública I, Coimbra Editora (2004).

GONÇALVES, PEDRO COSTA e OLIVEIRA, RODRIGO ESTEVES DE, As Concessões Municipais de Distribuição de Electricidade, Coimbra Editora (2001).

GONÇALVES, PEDRO COSTA (COORD.), CABRAL, MARGARIDA OLAZABAL, FARINHO, DOMINGOS SOARES, D'ALTE, SOFIA TOMÉ, FONSECA, RUI GUERRA DA, MARTINS, JORGE SILVA, FERREIRA, RUI CARDONA, COSTA, VASCO FREITAS DA, ANTUNES, TIAGO, SILVEIRA, JOÃO TIAGO DA e ETTER, DIANA, O Governo da Administração Pública, Colecção Governance Lab, Almedina, Coimbra (2013).

GOODIN, ROBERT E. e REIN, MARTIN, Regimes on Pillars: Alternative Welfare State Logics and Dynamics, em Public Administration, Vol. 79, nº 4 (2001).

GOODNOW, FRANK JOHNSON, The Principles of Administrative Law of the United States, Nova York (2012).

GOUVEIA, J. BACELAR, Declaração Universal dos Direitos do Homem e a Constituição, em Revista de Informação Legislativa, Ano 35, nº 139, (1998).

GRAÇA, PEDRO QUARTIN, Auto-regulação e política legislativa, em Gonçalves, Maria Eduarda e Guibentif, Pierre (coords.), Novos Territórios do Direito - Europeização, Globalização e Transformação da Regulação Jurídica, Ed. Principia (2008).

GRAUWE, PAUL DE, Sem mutualização de dívida, Zona Euro caminha para o colapso (Debt Without Drowning), publicado no Jornal de Negócios (17 de Maio de 2013).

GRAZIA, DAVIDE DE, L'evoluzione della disciplina dei Servizi Pubblici nella prospettiva della tutela degli utenti, em Persona e Mercato – Attualità, disponível em: http://www.academia.edu/3199484/Levoluzione_della_disciplina_dei_servizi_pubblici_nella_prospettiva_della_tutela_degli_utenti

GREENSPAN, ALAN, The Age of Turbulence: Adventures in a New World, Pinguin Press (2007).

GUALMINI, ELISABETTA, L'ammistrazione nelle democrazie contemporanee, Roma (2013).

GUEDES, ARMANDO MARQUES – A concessão: estudo de direito, ciência e política administrativa, Coimbra Editora (1954).

— Estudos de Direito Administrativo, Gabinete de Estudos da DGCI, Lisboa (1963).

— Ciência Política II – Teoria Geral do Estado. Apontamentos das lições, AAFDL (1982).

GUÉDON, MARIE JOSÉ, Les autorités administratives indépendantes, LGDJ, Paris (1991).

— L'hétérogénéité des données organiques, em Decoopman, Nicole (dir.), Le désordre des autorités administratives indépendantes – L'exemple du secteur économique et financier, PUF (2002).

GUETTIER, C., Institutions Administratives, Dalloz-Sirey (2002).

HAMILTON, A., MADISON J . e JAY, J., The Federalist Papers, nº 51, New American Library (1961).

HAMON, Léo, L'État de droit et son essence, em Revue Française de Droit Constitucionelle (RFDC), nº 4 (1990).

HARCOURT, B. E., Neoliberal Penality: The Birth of Natural Order, the Illusion of Free Markets, Public Law Working Paper nº 238, University of Chicago (2008).

HARPER, DONALD V., Economic Regulation of the Motor Trucking Industry by States, The University of Illinois (1959).

HARPER, DONALD V. E JOHNSON, JAMES C., The Potential Consequences of Deregulation of Transportation Revisited, em Land Economics, Vol. 63, nº 2 (1987).

HARRIET, FRANCISCO J. CABALLERO, Globalización, Estado Y Derecho, em Anuario de Filosofia del Derecho, nº 17 (2000).

HAURIOU, MAURICE, Précis elémentaire de droit administratif, V, Paris (1943).

— La décentralisation par les établissements publics, em Revue Politique et Parlementaire, Tomo IV (1895).

— Précis de Droit Constitutionnel, Recueil Sirey, Paris (1929).

HEADY, FERREL, Public Administration: A Comparative Perspective, 2ª ed., Marcel Dekker, Nova Iorque (1979).

HELM, DIETER e JENKINSON, T., Introducing Competition into Regulated Industries, em Helm, Dieter e Jenkinson, Tim (eds.), Competition in Regulated Industries, Oxford University Press (2003).

HEMMING R. E MANSOOR, ALI M., Privatization and Public Enterprises, IMF Occasional Papers, nº 56, Washington DC (1988).

HENRIQUES, MIGUEL GORJÃO e FERRO, MIGUEL SOUSA, The Latest Reform of EU Competion Law on Vertical Restraints, em Revista da Concorrência e Regulação, nº 4 (2010).

HERRERO, MARIANO MAGIDE, La potestad reglamentaria de las administraciones independientes: Sus limites constitucionales, Derecho Europeo Comparado sobre Ley y Reglamento, Madrid (2003).

— Límites constitucionales de las administraciones independientes, Instituto

Nacional de Administración Pública, Madrid (2000).

Hespanha, António Manuel, As Vésperas do Leviathan, Instituições e Poder Político em Portugal – Séc. XVI, Vol. I, Almedina (1994).

— Cultura Jurídica Europeia – Síntese de um Milénio, Publicações Europa-América (2003).

HM Government, (UK) The Coalition: Our Programme for Government (Maio de 2010).

HM Treasury, (UK) Reforming Arm's Length Bodies (Março de 2010).

Hobbes, Thomas, Leviathan (1651), Oxford University Press (1996).

Hood, Christopher e James, Oliver, Regulation Inside British Government: The Inner Face of Regulatory State?, London School of Economics, London (1996).

Hood, Christopher e Scott, Colin, Bureaucratic Regulation and New Public Management in the U.K. Mirror Image Developments?, em Journal of Law and Society, Vol. 23, nº 3, Oxford (1996).

Hoogenboom, A. e Hoogenboom, Olive, A History of the ICC: From Panacea to Palliative, The Business History Review, Vol. 91, nº. 4 (1976).

Hubac, Sylvie e Pisier, Evelyne, Les autorités face aux pouvoirs, em Colliard, C. A. e Timsit, G. (dirs.), Les Autorités Administratives Indépendantes, PUF (1988).

Hupkes, Eva, Quintyn, Marc e Taylor, Michael, Accountability Arrangements for Financial Sectors Regulators (Economic Issues), IMF (2006).

Irelli, Vincenzo Cerrulli, Corso di Diritto Amministrativo, Turim (2002).

Jaffe, Louis L., Judicial Control of Administrative Action, Boston (1965).

Jaffe, Louis L. e Nathanson, Nathaniel L., Administrative Law, Cases and Materials (1976).

Jan, Pascal, Institutions Administratives, Ed. Lexis Nexis (2011).

Jellinek, Georg, Teoría General del Estado, reimp. (2005).

Jeng-Braun, Linda, Governance of Markets in the United States and the European Union: A Comparative Survey of SEC Regulation NMS and the EU Markets in Finantial Instruments Select Words (2007).

Jordana, Jacint e Levi-Faur, David, The Politics of Regulation: Institutions and Regulatory Reforms for the Age of Governance, Edward Elgar Publishing (2004).

Joskow, Paul L., Economic Regulation, Cental Ideas in Economics, (2000).

Joskow, Paul L. e Noll, Roger G., Regulation in theory and practice: An overview, em Studies in Public Regulation, National Bureau of Economic Research (1978).

Khan, Alfred E., The Economics of Regulation: Principles and Institutions, Vol. I, MIT Press (1988).

Kingsburry, Benedict, The Concept of "Law" in Global Administrative Law, em European Journal of International Law, Vol. 20, nº 1 (2009).

Kingsbury, Benedict e Stewart, Richard B., Legitimacy and Accountability in Global Regulatory Governance: The Emerging Global Administrative Law and the Design and Operation of Administrative Tribunals of International Organizations, em Law and Contemporary Problems, Vol. 68 (2005).

Kovacic, William E., The Federal Trade Commission and Congressional Oversight of Antitrust Enforcement: A Historical Perspective, em MacKay, Robert

J., Yandle, Bruce e Miller, James C. (eds.), Public Choice and Regulation: A View from inside the Federal Trade Commission, Hoover Institution Press (1987).

Kovacic, William E. e Hyman, David A., Competition agencies with complex policy portfolios: Divide or conquer?, George Washington Law Faculty Publications (2013), disponível em http://scholarship.law.gwu.edu/faculty_publications/631.

Kovar, Robert, Service Public et Droit Communautaire: esprit d'orthodoxie ou pensée laicisée, em Revue trimestrielle de droit européen, nº 2, Vol. 32, Paris (1996).

La Spina, António e Majone, G., Lo Stato Regulatore, Bolonha (2000).

Lachaume, Jean-François, Droit Administratif, PUF Collection, Thémis Droit, 15ª ed. (2000).

Laegreid, Per e Christensen, Tom, Autonomy and Regulation: Coping With Agencies in the Modern State (2006), disponível em http//books.google.com/books?id=OUOKX2pD5LgC&printsec.

Laget-Annamayer, Aurore, La régulation des services publics en réseaux, em LGDJ & Bruylant, Paris, (2002).

Lamanda, Vincent, Introdução, em Colloque "Les autorités administratives indépendantes: une rationalization impossible?", Revue Française de Droit Administratif, nº 5 (2010).

Landis, James M., The Administrative Process: Third Decade, Administrative Law and Review, Vol. 13, (1961).

Larenz, Karl, Metodologia da Ciência do Direito, 3ª edição, Fundação Calouste Gulbenkian, Lisboa (1997).

Lasserre, Bruno, La régulation, mode d'emploi, em Le Sociétal 2000, nº 30 (2000).

— Quelle réglementation pour les télécommunications françaises, em Rapport au Ministre de l'Industrie (Março 1994).

Laubadère, André de, L'administration concertée, em Mélanges en l'honneur du Professeur Michel Stassinopoulos, LGDJ, Paris (1974).

— Traité élémentaire de Droit Administratif, Tomo I, 5ª edição, LGDJ, Paris (1970).

Laubadère, André de, Venezia, Jean Claude e Gaudemet, Yves, Traité de Droit Administratif, Tomo I, LGDJ, Paris (1994).

Lawson, Gary, The Rise and Rise of the Administrative State, Harvard Law Review, nº 107 (1994).

Leal, A. da Silva, Os grupos sociais e as organizações na Constituição de 1976: a ruptura com o corporativismo, em Pereira, A. Gonçalves e outros, Estudos sobre a Constituição, Vol III, Lisboa (1979).

Leite, António Nogueira, Bolsa Portuguesa: O Caminho Percorrido e os Próximos Desafios, em Cadernos do Mercado de Valores Mobiliários, nº 12 (2001).

Lindseth, Peter L., Democratic Legitimacy and the Administrative Character of Supranationalism: The example of the European Community, in Columbia Law Review, Vol. 99 (1999).

Llovet, E. Garcia, Autoridades administrativas Independientes Y Estado de Derecho, em Revista de Administración Pública, nº 131 (1993).

Lobel, Orly, Interlocking Regulatory and Industrial Relations: the governance of workplace safety, in Administrative Law Review, 57 (4) (2005).

Lobo, Carlos Baptista, Concorrência Bancária?, Almedina (2001).

— Sectores em rede: Regulação para a Concorrência, Enquadramento Jurídico-Económico das Redes Físicas (Telecomunicações, Energia e Transportes) e das Redes Virtuais, Almedina (2009).

LODGE, MARTIN, Regulation, the regulatory state and European politics, European Union Studies Association (EUSA) Biennal Conference (2007).

LOMBA, PEDRO, Sobre a Teoria das Medidas de Polícia Administrativa, em Estudos de Direito de Polícia, AAFDL, Lisboa (2003).

LOMBARD, MARTINE, Actualité du droit de la concurrence et de la regulation, AJDA (2013).

— La crise du droit public économique? Rapport de synthèse, em Colloque sur le droit public économique face à la crise économique, organizado na Faculdade de Direito de Grenoble em Fevereiro de 2010 , RFDA nº 4 (2010).

LOMBARTE, A. RALLO, La constitucionalidad de las administraciones independientes, Tecnos, Madrid (2002).

LONG, NORTON E., Bureaucracy and Constitutionalism, The American Political Science Review Vol 46, nº. 3 (1952).

LOPES, DULCE, O nome das coisas: serviço público, serviços de interesse económico geral e serviço universal no direito comunitário, em Temas de Integração, nºs 15 e 16, Almedina, Coimbra (2003).

LÓPEZ-MUÑOZ, JOSÉ LUIS MARTINEZ, Servicio público, servicio universal e "obligación de servicio público" en la perspectiva del Derecho Comunitário: los servicios esenciales y sus regímenes alternativos, em Os Caminhos da Privatização da Administração Pública, Boletim da Faculdade de Direito da Universidade de Coimbra, Coimbra Editora (2001).

LUCENA, MANUEL DE, Sobre a Evolução dos Organismos de Coordenação Económica Ligados à Lavoura (I), Análise Social, Vol XIV, nº 56, Lisboa (1978).

— Sobre a Evolução dos Organismos de Coordenação Económica Ligados à Lavoura (II), Análise Social, Vol XV, nº 57, Lisboa (1979).

— A Evolução do Sistema Corporativo Português: o Salazarismo, Perspectivas & Realidades, Lisboa (1976).

LUCENA, MANUEL DE, COSTA, CARLOS DA SILVA, FRAGATA, ANTÓNIO CORREIA, MANSINHO, MARIA INÊS e PEREIRA, MARIA MARGARIDA NERY, Relatório sobre a Extinção dos Grémios da Lavoura e suas Federações, elaborado para o Ministério da Agricultura e Pescas (1978).

LUCIA, LUCA DE, La regolazione amministrativa dei servizi di pubblica utilità, Torino (2002).

LUZ, Sérgio Roberto Baasch, A Regulação e Serviços Públicos, em Novos Estudos Jurídicos, Vol. 9, nº 1 (2004).

MACCRAW, THOMAS K., Prophets of Regulation: Charles Francis Adam, Louis D. Brandeis, James L. Landis and Alfred E. Kahn, em Harvard University Press (1986).

MACHADO, JOÃO BAPTISTA, Introdução ao Direito e ao Discurso Legitimador, Almedina (2013).

— Participação e Descentralização; Democratização e Neutralidade na Constituição de 76, Revista de Direito e Estudos Sociais Ano XXII, Almedina (1982).

MACHADO, SANTIAGO MUÑOZ, Hacia un Nuevo derecho administrativo, em Esteve, A. Blasco (coord.), El derecho de la crisis económica. Transparencia y sector public, actas del VI Congreso de la Asociación Española de Profesores de Derecho Administrativo, 2011, INAP, Madrid (2012).

— Tratado de Derecho Administrativo y Derecho Publico General. La organización territorial del Estado. Las administraciones públicas, Tomo I (2009).

— Fundamentos e Instrumentos Jurídicos de la Regulación Económica, em Machado, Santiago Muñoz e Pardo, J. Esteve (dir.), Derecho de la regulación económica, Tomo I: Fundamentos e Instituciones de regulación, Madrid (2009).

— Servicio público y Mercado, I. Los Fundamentos, Civitas (1997).

Machete, Pedro, Estado de Direito Democrático e Administração Paritária, Almedina, Coimbra (2007).

Machete, Rui Chancerelle de, A evolução do conceito de Serviço Público e a natureza das relações entre concessionário ou autorização e o utente, em Estudos de Direito Público, Coimbra (2004).

— A nova ciência do direito administrativo e a sua regulação, Scientia Ivridica, Tomo LX, nº 326 (2011).

— Contencioso Administrativo, em Dicionário Jurídico da Administração Pública, Vol. II, Coimbra Editora (1990).

— Estatuto e regime das entidades reguladoras, em especial dos Bancos Centrais, em IX Congresso Hispano-Luso de Derecho Administrativo, realizado em Córdova - 2010, Coimbra Editora (2011).

Macrae, Donald, Análise de Impacto Regulatório - AIR: a experiência do Reino Unido, em Ramalho, Pedro Ivo Sebba (org.), Regulação e Agências Reguladoras, Casa Civil da Presidência da República Federativa do Brasil, Brasília (2009).

Maggetti, Martino, The role of independent regulatory agencies in policy-making: A comparative analysis, em Journal of European Public Policy, Vol. 16, nº 3 (2009).

Magide, Mariano Herrero, Limites constitucionales de las administraciones independientes, INAP, Madrid (2002).

Majone, Giandomenico, Do Estado Positivo ao Estado Regulador, em Mattos, Paulo Lessa (coord.), Regulação Económica e Democracia: O Debate Europeu, S. Paulo (2006).

— La Communauté Européene: un État Régulateur?, Montchrestien, Paris (1995).

— The Agency Model: The Growth of Regulation and Regulatory Institutions in the European Union, European Institute of Public Administration (1997).

— The Credibility Crisis of Community Regulation, Journal of Common Market Studies, nº 38 (2000).

— The Regulatory State and Its Legitimacy Problems, West European Politics, Vol. 22, nº 1 (1999).

Majone, Giandomenico e Spina, Antonio La, Lo Stato Regolatore, Il Mulino (2000).

Malberg, Carré de, Contribution à lá théorie générale de l'État, 2 Volumes Paris (1922).

Manetti, Michela, Poteri neutrali e Costituzione, Milão, Giuffré, (1994).

Manique, António Pedro, Mouzinho da Silveira: Liberalismo e Administração Pública, Livros Horizonte (1989).

Marais, Bertrand du, Droit Public de la régulacion économique, em Presses de Sciences Po et Dalloz (2004).

Marconi, Pia, La Carta dei Servizi Pubblici e la Citizen's Charter. La normativa sulla Carta dei Servizi, em Rivista Trimestrale di Diritto Pubblico, nº 1, Milão (1998).

Marcos, Rui Manuel de Figueiredo, História da Administração Pública - Relatório sobre o Programa, o Conteúdo e os Métodos de Ensino, Almedina, Coimbra (2006).

Marcou, Gerard, La notion juridique de régulation, em Actualité Juridique de Droit Administratif, (AJDA) nº 7 (2006).

Marques, Fernanda Maria Marchão, As polícias administrativas, em Estudos de Direito de Polícia,Vol. I, AAFDL, Lisboa (2003).

Marques, Maria Manuel Leitão, Uma nova Autoridade para a Concorrencia, em Marques, Maria Manuel Leitão, e Moreira, Vital, A Mão Visivel – Mercado e Regulação, Almedina (2003).

Marques, Maria Manuel Leitão e Moreira, Vital, A Mão Visivel – Mercado e Regulação, Almedina (2003).

Marques, Mário Reis, Sur l'histoire de la justice administrative au Portugal, Encontro de Estudo em Florença, 1989, Giuffré (1990).

Marques, Paulo, Entre a Estratégia de Lisboa e a Europa 2020: para onde caminha o Modelo Social Europeu?, Ed. Principia (2011).

Martin, Carlos de Cabo, La Crisis del Estado Social, Barcelona, PPU – Promociones y Publicaciones Universitarias (1986).

Martínez, Juan Miguel de La Cuétara, La Regulación Subsiguiente a la Liberalización y Privatización de Servicios Públicos, em Stvdia Iuridica 60 (2001).

— Aproximación a la Regulación del Servicio Público como Nuevo Paradigma para la Prestación de Servicios Económicos, em El nuevo servicio público, Ortiz, G. Ariño, Martínez, J. M. de la Cuétara e López-Muñiz, J. L. Martínez, Marcial Pons (1997).

Martinez, Maria Salvador, Autoridades independientes: un análisis comparado de los Estados Unidos, el Reino Unido, Alemania, Francia y España, Ariel, (2002).

Martinez, Pedro Soares, Manual de Direito Corporativo, 2ª edição, Lisboa (1967).

Martinho, Helena Gaspar, O Direito ao silêncio e à não auto-incriminação nos processos sancionatórios do direito comunitário da concorrência – Uma análise da jurisprudência dos tribunais comunitários, em Revista da Concorrência e Regulação, nº 1 (2010).

Martin-Pannetier, Andrée, Éléments d'analyse comparative des établissements publics en droit français et en droit anglais, em Revue internationale de droit comparé, Vol. 18, nº 4, Paris (1966).

Martin-Retortillo, Sebastián, Reflexiones sobre las privatizaciones, em Revista de Adminstración Pública, nº 144 (1997).

Martins, Agostinho Castro, Relatório de Actividades nº 4, Comissão de Acesso aos Documentos Administrativos (1998).

Martins, Ana Maria Guerra, A emergência de um novo direito comunitário da concorrência: as concessões de serviços públicos, em Revista da Faculdade de Direito da Universidade de Lisboa, Vol. XLII, nº 1 (2001).

Mashaw, Jerry, Merril, Richard e Shane, Peter M., Administrative Law, The American Public Law System: Cases and Material, 6ª edição (2009).

Mateus, Abel, Economia Portuguesa desde 1910, Verbo Editora, Lisboa (1998).

Mattoso, José (dir.), História de Portugal, Vol. IV, Circulo de Leitores, Lisboa (1993).

May, Randolph J., Regulatory Review Independente Agencies, The Government in the Sunshine Act: A Current Assessment em Administrative Law

Conference at Georgetown University (2011).

McLean, Iain e Foster, Christopher, The Political Economy of Regulation: Interests, Ideology, Voters and the UK Regulation of Railways Act 1844, em Public Administration, Vol. 70, nº 3 (2007).

Medina, Manuel Alberto R., El Derecho Administrativo en Los Albores del Siglo XXI, Univ. del Rosario, (2007).

Melleray, Fabrice, L'imitation de modèles étrangers en droit administratif français, em Actualité Juridique, nº 23, (2004).

Melo, Nuno, "Para dar mais voz a Portugal é preciso caminhar para uma Europa de Estados", publicado em JPN – Jornalismo Porto Net (Junho de 2013).

Ménard, Claude, Ghertman, Michel, Regulation, Deregulation, Reregulation: Institutional Perspectives, Edward Elgar Publishing (2009).

Mendes, Paulo de Sousa, As garantias de defesa no processo sancionatório especial por práticas restritivas da concorrência confrontadas com a jurisprudência do Tribunal Europeu dos Direitos do Homem, em Revista da Concorrência e Regulação, nº 1 (2010).

Merkl, Adolf, Teoria General del Derecho Administrativo (tradução espanhola do original Allgemeines Verwaltungsrecht, de 1927), Comares (2004).

Miaille, Michel, La régulation et le pouvoir politique, Colloque du Centre d'Études et de Recherche sur la theorie de l'État (1992).

Michelman, Frank I., Always under Law?, em Constitutional Commentary nº 12/2, Harvard Law School (1995).

Ministério das Finanças, Livro Branco do Sector Empresarial do Estado, Lisboa (1998).

Miranda, Jorge, A Constituição de 1976. Formação, Estrutura, Princípios fundamentais, Lisboa (1978).

— Anotação ao Acórdão nº 182/89 do Tribunal Constitucional, publicado no *Diário da República*, 1ª série, nº 5, de 2 de Março de 1989, em O Direito (1989).

— Ciência Política, Formas de Governo, AAFDL (1998).

— Funções, Órgaõs e Actos do Estado, Dislivro (1990).

— Manual de Direito Constitucional, Tomos I, II, III, IV e V, Coimbra Editora (2010/2014).

— Sobre a Comissão Nacional de Eleições, em revista O Direito, ano 124º, Vol. III (1992).

— A Administração Pública nas Constituições Portuguesas, in O Direito (1988).

Miranda, Jorge e Medeiros, Rui, Constituição Portuguesa Anotada, Tomo I, Coimbra Editora (2010).

Moderne, Franck, Les modèles étrangers – Étude comparée, em Colliard, C., e Timsit, G., Les autorités administratives indépendantes, PUF, Paris (1988).

— Les transcriptions doctrinales de l'idée de Service Public, em Moderne, Franck e Marcou, Gérard, L'idée de Service Public dans les droits des États de l'Union Européenne (2001).

Molina, Angel Manuel Moreno, La administración por agências en los Estados Unidos de Norteamerica, Universidade Carlos III de Madrid, (1995).

Moloney, Niamh, EC Secutities Regulation, 2ª edição, Oxford University Press, (2002).

— The European Securities and Markets Authority and Institutional Design for the EU Finantial Market – A Tale of two competences: Part I Rule-Making, em European Business Organization Law Review, Vol. 12, nº 1 (2010).

Moncada, Luís Cabral de, Estudos de História do Direito, Coimbra - Universidade de Coimbra (1950).

— Direito Económico, 5ª Edição, Coimbra Editora (2007).

— A relação jurídica administrativa: Para um novo paradigma de compreensão da actividade, da organização e do contencioso administrativos, Coimbra Editora (2009).

Mónica, Maria Filomena, As reformas eleitorais no constitucionalismo monárquico, 1852-1910, em Análise Social, Vol. XXXI (139) (1996).

Montesquieu, Do Espirito das Leis (Tradução, introdução e notas explicativas de Miguel Morgado), Edições 70 (2011).

Monti, Giorgio, EC Competition Law, Cambridge University Press, Cambridge (2007).

Morais, Carlos Blanco de, As autoridades administrativas independentes na ordem jurídica portuguesa, em Revista da Ordem dos Advogados, ano 61, nº 1, Lisboa (2001).

— As leis reforçadas pelo procedimento no âmbito dos critérios estruturantes das relações entre actos legislativos, Coimbra Editora (1998).

— O Estatuto Híbrido das Entidades Reguladoras da Economia, em Estudos em Homenagem a Jorge Miranda, Vol. IV, Coimbra Editora (2012).

Morais, Luis Silva, Concorrência e Regulação, intervenção em Conferência "Portugal, a União Europeia e os EUA: Novas perspectivas económicas num contexto de globalização", Colecção Colóquios IDEFF, nº 3 (2010).

— Intervenção na Conferência internacional "A Europa e os desafios do século XXI", Almedina (2008).

— O Mercado Comum e os Auxílios Públicos, Almedina (1993).

— As relações entre o Estado e as empresas públicas na sequência da aprovação do Decreto-Lei nº 558/99, de 17 de Dezembro, Almedina (2000).

Moran, Michael, The British Regulatory State - High Modernism and Hyper-Innovation, Oxford University Press (2007).

Moreira, Adriano, Direito Corporativo, Lisboa (1950).

Moreira, Vital, Administração Autónoma e Associações Públicas, Coimbra Editora (2003).

— Auto-Regulação Profissional e Administração Pública, Almedina, Coimbra (1997).

— Regulação Económica, concorrência e serviços de interesse geral, em Moreira, Vital (org.), Estudos de Regulação Pública - I, CEDIPRE, Coimbra Editora (2004).

— Serviço Público e Concorrência. A Regulação do Sector Eléctrico, em Os Caminhos da Privatização da Administração Pública, IV Colóquio Luso-Espanhol de Direito Administrativo, Stvdia Iuridica 60, Coimbra Editora (2001).

— O sistema jurídico-constitucional do Estado Novo", em Medina, João (dir.), História de Portugal, Vol. XII, Lisboa (1996).

Moreira, Vital e Maçãs, Fernanda, Autoridades Reguladoras Independentes - Estudo e Projecto de Lei-Quadro, Coimbra Editora (2003).

Morrison, Alan B., OMB Interference with Agency Rulemaking: The Wrong Way to a Write Regulation, Commentaries, em Harvard Law Review, nº 99 (1986).

Mount, Ferdinand, The British Constitution Now: Recovery or Decline?, London (1993).

Moussy, J. P., Des autorités de régulation financières et de concurrence: pourquoi, et comment, em Rapport du Conseil Économique et Social (2003).

Mwenda, Kenneth Kaoma, Banking Supervision and Sistematic Bank Reestructuring: An International and Comparative Perspective (2000).

— Legal Aspects of Financial Services Regulation and the Concept of a Unified Regulator, in Law, Justice and Development Series, World Bank (2006).

Nabais, José Casalta, Estudos sobre Autonomias Territoriais, Institucionais e Civicas, Almedina (2010).

Napolitano, Giulio, Il nuovo stato salvatore: strumenti di intervento e assetti istituzionali, em Giornale di Diritto Amministrativo, nº 11 (2008).

Negrin, J.-P., L'Intervention des personnes morales de droit privé dans l'action administrative, LGDJ, Paris (1971).

— Les associations administratives, AJDA--Actualité Jurídique, Droit Administratif, Dalloz, Paris (1980).

Neves, A. Castanheira, As Fontes de Direito: contributo para a revisão do seu problema , Coimbra (1985).

Nicinski, Sophie, Le mode de régulation, em RFDA nº 4 (2010).

Nicodemo, Silvia, Gli atti normativi delle autorità indipendente, CEDAM (2002).

North, Douglass C., Institutions, Institutional Change and Economic Performance, Parte I (Institutions), USA Cambridge University Press (1990).

Novais, Jorge Reis, Os Princípios Constitucionais Estruturantes da República Portuguesa, Coimbra Editora (2011).

Novak, William J., A Revisionist History of Regulatory Capture, em Carpenter, Daniel e Moss, David A. (eds.), Preventing Regulatory Capture: Special Interest and How to Limit It, Cambridge University Press (2013), disponível em www.cambridge.org/9781107646704.

Nunes, Rui, Regulação da Saúde, Vida Económica (2009).

Oberdorff, Henri, Signification de la notion de service public à la française, em Kovar, Robert e Simon, Denys, Service Public et Communauté Européene: entre l'intérêt général et le marché, Tome II, La Documentation Française, Paris (1998).

Ocana, Luis Morell, El Sistema de Confianza Política en la Administración Pública, Civitas, Madrid (1994).

OECD, Regulated Conduct Defence (2011), disponível em http://www.oecd.org/daf/competition/roundtable.htm

Ogus, Anthony, Regulation: Economics and the Law (2001).

— Regulation: Legal Form and Economic Theory (2004).

Ogus, Anthony, Froud, J., Boden, R. e Stubbs, P., Controlling the Regulators, Macmillan, (1998).

Oliveira, Fernanda Paula, As licenças de construção e os direitos de natureza privada de terceiros, em Stvdia Iuridica 61 - Estudos em Homenagem ao Professor Doutor Rogério Soares (2001).

Oliveira, Mário Esteves de, Direito Administrativo, Vol. I, Almedina (ed. 1980 e 1984).

Oliveira, Mário Esteves de e Oliveira, Rodrigues Pedro, Código de Processo nos Tribunais Administrativos, Vol. I, Almedina (2004).

Oliveira, Mário Esteves de, Gonçalves, Pedro Costa e Amorim, J. Pacheco de, Código do Procedimento Administrativo Comentado, Vols. I e II, Almedina (1995).

Oliveira, Rafael Carvalho Rezende, O Modelo Norte-Americano de Agências Reguladoras e a sua Recepção pelo Direito Brasileiro, em Revista Electrónica sobre a Reforma do Estado (RERE) nº 22 (2010).

Ortega, Ricardo Rivero, El Estado Vigilante, Tecnos, Madrid (2000).
— (dir.), Mercado europeo y reformas administrativas: La transposición de la Directiva de servicios en España, Civitas, Madrid (2009).
Ortiz, Gaspar Ariño, Economia y Estado: Crisis y reforma del sector público, Marcial Pons, Madrid (1993).
— Princípios de descentralización y desconcentración, Documentación Administrativa nº 214, Madrid (1988).
— Lecciones de Administración (y Políticas Públicas), Fundación de Estudios de Regulación, Iustel, Madrid (2011).
— Sobre la naturaleza y razón de ser de los entes reguladores y alcance de su poder reglamentario, em Revista Electrônica de Direito Administrativo e Económico, nº 10 (2007).
— Principios de Derecho Público Económico, Marcial Pons (2004).
Otero, Paulo, A Administração Pública nacional como Administração comunitária: os efeitos internos da execução administrativa pelos Estados-membros do Direito Comunitário, em Estudos de Homenagem à Professora Doutora Isabel Magalhães Collaço, Vol. I, Almedina (2002).
— A democracia totalitária: Do Estado Totalitário à sociedade totalitária. A influência do totalitarismo na democracia do século XXI, Ed. Principia (2001).
— A dimensão política da Administração Pública: A quebra do mito da separação de poderes entre política e administração, em Estudos em Homenagem ao Professor Doutor Jorge Miranda, Vol. IV, Coimbra Editora (2012).
— Coordenadas Jurídicas da Privatização da Administração Pública, em Stvdia Iuridica 60, Coimbra Editora (2001).
— Legalidade e Administração Pública: O Sentido da Vinculação Administrativa à Juridicidade, Almedina (2003).
— O Poder de Substituição em Direito Administrativo, 2 volumes, LEX-Edições Jurídicas (1995).
— Origem da intervenção económica do Estado em Portugal: Notas para uma história do Direito Público da Economia, em Revista de Direito Público da Economia (RDPE), nº 4, Belo Horizonte (2003).
— Privatizações, Reprivatizações e Transferências de Participações Sociais no Interior do Sector Público, Coimbra Editora (1999).
— A Crise na Concretização Jurisdicional da Justiça, em António Pedro Barbas Homem e Jorge Bacelar Gouveia (org.), O debate da Justiça: Estudos sobre a crise da Justiça em Portugal, Vislis, Lisboa (2001).
Pardo, J. Esteve, Autorregulación: Génesis y Efectos, Editorial Aranzadi, Pamplona (2002).
— El encuadre de la regulación de la economía en la sistemática del Derecho público, em Machado, Muñoz e Pardo, Esteve (org.), Derecho de la Regulación Económica, I – Fundamentos e Instituciones de la Regulación (2009).
Pastor, Juan A. Santamaria, Princípios del Derecho Administrativo General, Tomo I, Madrid (2009).
— Fundamentos de Derecho Administrativo, Madrid (1988).
— Principios de Derecho Administrativo General, Vol. I e II, 2ª edição (2009).
Pereira, José Nunes, Regulação e Supervisão dos Mercados de Valores Mobiliários e das empresas de investimento: Alguns problemas actuais, em Boletim de Ciências Económicas, Vol. XL, Coimbra (1997).
Pereira, Miguel Mendes, A Lei da Concorrência Anotada, Coimbra Editora (2009).

PETERS, B. GUY, Governance and Comparative Politics, em Pierre, Jon (ed.), Debating Governance: Authority, Steering and Democracy, Oxford University Press (2000).

— Institucional Theory in Political Science: The new Institucionalism (2011).

PETIT, NICOLAS, Proliferation of National Regulatory Authorities Alongside Competition Authorities: A Source of Jurisdictional Confusion, College of Europe, GCLC Working Paper nº 2 (2004).

PIÇARRA, NUNO, A Separação de Poderes como Doutrina e Princípio Constitucional - Um Contributo para o Estudo das suas Origens e Evolução, Coimbra Editora (1989).

PICKER, RANDAL C., The Interstate Commerce Act and the Sherman Act: Playing Railroad Tycoon, em Marquete Law Review, Vol. 95, nº 4 (2012), disponível em http://scholarship.law.marquette.edu/mulr/vol95/iss4/5.

PIERCE, RICHARD J., Administrative Law (Concepts and Insights), Foundation Press, Nova York (2008).

PIERCE, RICHARD J., SHAPIRO, SIDNEY A. e VERKUIL, PAUL R., Administrative Law and Process, Foundation Press (2008).

PIETRO, MARIA SYLVIA ZANELLA DI (org.), Direito Regulatório: Temas Polémicos (2009).

PIGNATELLI, CONCEPCIÓN MARTÍNEZ--CARRASCO, Postmodernidad y derecho público, Centro de Estudios Politicos y Constitucionales (CEPC), Madrid (2002).

PINTO, FREDERICO LACERDA DA COSTA e VEIGA, ALEXANDRE BRANDÃO DA, Natureza, Limites e Efeitos das Recomendações e Pareceres Genéricos da CMVM, Cadernos MVM, nº 12 (2001).

PINTO, J. M. CORTEZ, A Corporação: subsídios para o seu estudo, Coimbra Editora (1955).

— Corporações, em Dicionário Jurídico da Administração Pública, III, Coimbra (1990).

PIQUERAS, FRANCISCO DELGADO, La "administrative dispute resolution act" de los Estados Unidos: introducción, traducción y notas, em Revista de administración pública (RAP) nº 131 (1993).

POLI, MARIA DANIELA, Il settore pubblico in Germania tra "continuità" e "transformazioni", em Amministrazione In Cammino, Rivista Electrónica di diritto pubblico, di diritto dell'economia e di scienza dell' ammnistrazione (2013).

POMED SANCHEZ, L.A., Fundamento y naturaleza jurídica de las administraciones independientes, RAP nº 132 (1993).

PONTIER, M. JEAN-MARIE, Étude de droit comparé sur les AAI - Synthèse des Rapports Nationaux, em Les autorités administratives indépendantes: évaluation d'un objet juridique non identifié (Tome 2: Annexes), Rapport de l'office parlementaire d'évaluation de la législation n° 404 (2005-2006) (2006).

— La composition et les pouvoirs des AAI, em Les autorités administratives indépendantes: évaluation d'un objet juridique non identifié (Tome I: Rapport), Rapport de l'office parlementaire d'évaluation de la législation n° 404 (2005-2006) (2006).

PONTÓN, F. J. RODRIGUEZ, Gobierno, política y administración: elementos de debate para las "Administraciones independientes", em Autonomies: Revista catalana de derecho público (ARCDP), nº 24 (1999).

POSNER, RICHARD ALLEN, Economic Analysis of Law, 8ª edição (2010).

— The Crisis of Capitalist Democracy, Harvard University Press, (2010).

PROSSER, TONY, EU Competition Law and Public Services: From Single Market to

Citizenship Rights?, em European Public Law, Vol. 11, nº 4 (2005).

Public Administration Select Committee, Smaller Government: Shrinking the Quango State, House of Commons, Londres (Janeiro de 2011).

Quadros, Fausto de, A Descentralização das Funções do Estado nas Provincias Ultramarinas Portuguesas, em Separata Scientic Ivridica, Braga (1971).

— Direito da União Europeia, 3ª edição, Almedina (2013).

— Serviço Público e Direito Comunitário, em Os Caminhos da Privatização da Administração Pública, Boletim da Faculdade de Direito da Universidade de Coimbra (2001).

Queiró, Afonso R., Estudos de Direito Público, Vol. II, Coimbra (2000).

— Desconcentração, em Dicionário Jurídico da Administração Pública, III, Lisboa (1990).

— Estudos de Direito Administrativo, I, Atlântida, Coimbra (1968).

— Lições de Direito Administrativo, Vol. I e II, Coimbra (1959).

Queiró, Afonso R e Barbosa de Melo, A liberdade de empresa e a Constituição, em Revista de Direito e Estudos Sociais, Vol XIV, Almedina (1967).

Quermonne, Jean L., L'appareil administratif de l'État, Paris (1991).

Quintyn, Marc, How Much Independence for Supervisors in Financial Market Regulation, QFinance, (2008).

Ramos, Rui de Moura, Tratado da União Europeia e Tratado sobre o Funcionamento da União Europeia: De acordo com o Tratado de Lisboa, Coimbra Editora (2009).

Ramos, Vânia Costa, Nemo Tenetur se ipsum accusare e concorrência: jurisprudência do Tribunal de Comércio de Lisboa, em Revista de Concorrência e Regulação, nº 1 (2010).

Ranelletti, Oreste, Concetto delle persone giuridiche pubbliche amministrative, em Rivista di Diritto Pubblico (1916).

Raposo, João, Direito Policial I, Almedina, Coimbra (2006).

Reich, N., Mercado y derecho (Teoría y práxis del derecho económico en la República Federal Alemana), tradução castelhana de Antoni Font, Ed. Ariel, Barcelona (1985).

Renda, Andrea, Impact Assessment in the EU: The State of Art and the Art of the State, Brussels: Centre for European Policy Studies (2006).

Reyes, Manuel Aragón, Constitución y Democracia, Madrid (1989).

— Gobierno y Formas de Gobierno: Problemas actuales, em Reyes, Manuel Aragón e Montoro, A. J. Gómez (coords.), El Gobierno. Problemas constitucionales, CEPC, Madrid (2005).

Ribeiro, José, História Legislativa do Sector Eléctrico em Portugal, ERSE, Lisboa (2001).

Ribeiro, José Teixeira —Princípios e Fins do Corporativismo Português, em Boletim da Faculdade de Direito da Universidade de Coimbra, Coimbra (1939).

— O Destino do Corporativismo Português, em Revista de Direito e Estudos Sociais, Vol. I, Coimbra (1945).

— Lições de Direito Corporativo", Coimbra Editora (1938).

Richer, Laurent, L'Europe des marchés publics. Marchés publics et concessions en droit communautaire, LGDJ (2009).

Riker, William H., Liberalism against populism: a confrontation between the theory of democracy and the theory of social choice, Waveland Press, (1988).

Rivero, J., Apologie pour les faiseurs de systémes, Dalloz (1951).

— Droit Administratif, Précis Dalloz, Paris (1983).

ROBERTS, ALASDAIR, The Logic of Discipline. Global Capitalism and the Architecture of Government, London School of Economics and Political Science (2011).

ROBINSON, GLEN O., American Bureaucracy: Public Choice and Public Law, University of Michigan Press (1991).

ROCHA, D. LEÓNIDAS, RODRIGUES, M. GRAÇA e RIBEIRO, G. CASTRO, As Taxas de Regulação Económica no Mercado de Capitais, em As Taxas de Regulação Económica em Portugal (coord. Sérgio Vasques), Almedina (2008).

RODRIGO, S. GALERA, La aplicación administrativa del derecho comunitário: administración mixta, tercera vía de aplicación, Civitas, Madrid (1998).

RODRIGUES, ANSELMO, Instituições de Defesa da Concorrência em Portugal e a sua actuação, Mesa Redonda sobre A Concorrência e os Consumidores, organizada pelo Conselho Económico e Social, Estoril (2001).

RODRIGUES, Hélio T. Rigor, Direito Comunitário da Concorrência, em Compilações Doutrinais, VerboJurídico (2008).

RODRIGUÉZ, ANDRÉS BETANCOR, Las administraciones independientes. Los entes independientes reguladores de los mercados y protección de los derechos, em La Administración Pública Española, INAP, Madrid (2002).

— Les administraciones independientes: un reto para el Estado social y democrático de Derecho, Madrid (1994).

— L'expérience espagnole en matière d'administrations indépendantes, em Études et Documents, nº 52 (2001).

— Mejorar la regulación. Una guía de razones y de medios, Fundación Rafael del Pino & Marcial Pons, Madrid (2009).

— Regulación: Mito y Derecho. Desmontando el mito para controlar la intervención de los reguladores económicos, Civitas (2010).

ROJAS, FRANCISCO J. VILAR, Privatizatión de grandes servicios públicos, em Os Caminhos da Privatização da Administração Pública, IV Colóquio Luso-Espanhol de Direito Administrativo, Stvdia Iuridica 60, Coimbra Editora (2001).

ROJAS, GABRIEL FERNANDEZ, Las Administraciones independientes de regulación y supervisión en España, Universitas, Vol. 54, nº 109 (2005).

ROMÃO, ANTÓNIO, A economia portuguesa perante o movimento de integração europeia. Algumas reflexões, em Análise Social, Vol 18, Lisboa (1982).

ROQUE, ANA, Regulação do Mercado: novas Tendências, em Quid Iuris?, Lisboa (2004).

— A Alta Autoridade para a Comunicação Social como instância de Regulação (1999).

— Instâncias reguladoras dos media em Portugal, Revista de Economia e Direito, Vol 2, nº 1, Lisboa (1997)

ROSANVALLON, PIERRE, La crisis del Estado Providencial, Civitas (1995).

— Economistas e Democracia (tradução), em Jornal O Público (22 de Maio de 2011).

ROSAS, FERNANDO, O Estado Novo nos anos trinta (1928-1938), Lisboa, Editorial Estampa (1986).

— Estado Novo e Desenvolvimento Económico (anos 30 e 40): Uma industrialização sem reforma agrária, em Análise Social, Vol XXIX (1994).

ROSSI, P., Le autorità di regolazione dei servizi di interesse economico generale, Giappichelli, Turim (2004).

ROUYÈRE, AUDE, La constitutionnalisation des autorités administratives indépendantes: quelle signification?, em Revue Française de Droit Administratif (RFDA), nº 5 (2010).

RUIZ, NUNO, A Aplicação do Direito Comunitário da Concorrência em Portugal, Boletim de Documentação e Direito Comparado, Vol. 77-78 (1999).

SÁ, VICTOR DE, A Reforma Administrativa Liberal que Precedeu a de Mousinho da Silveira, Revista da Faculdade de Letras, História, Universidade do Porto (1985).

SABOURIN, PAUL, Les autorités administratives indépendantes dans l'État, em Colliard, C.-A. e Timsit, G. (coords.), Les autorités administratives indépendantes, PUF, Paris (1988).

— Les autorités administratives indépendantes. Une categorie nouvelle?, AJDA nº 5 (1983).

SAMUELSON, PAUL A. e NORDHAUS, WILLIAM D., Economics, McGraw-Hill, Madrid, 15ª edição (1996).

SANCHES, JOSÉ L. SALDANHA, A regulação: história breve de um conceito, Revista da Ordem dos Advogados (2000).

SANCHÉZ, J. ACOSTA, Formación de la Constitución y Jurisdicción Constitucional, Tecnos, Madrid (1998).

SÁNCHEZ, LUIS POMED, Fundamento y naturaleza juridica de las administraciones independientes, em Revista de Administración Pública, nº 132 (1993).

SÁNCHEZ, PEDRO FERNÁNDEZ, Os Parâmetros de Controlo da Privatização Administrativa – Os Instrumentos de Fiscalização Judicial da Decisão Jurídico-Pública de Privatização, Almedina (2010).

SÁNCHEZ, RAFAEL CABALLERO, Infraestructuras en red y liberalización de servicios públicos, Estudios Vol. 14, INAP, Madrid (2003).

SANTOS, DANIEL TERRÓN, Autoridades nacionales de regulamentación: el caso de la Comisión del Mercado de Telecomunicaciones, em Estudios de derecho administrativo, Vol. 10 (2004).

SANTOS, ANTÓNIO CARLOS DOS, GONÇALVES, MARIA EDUARDA e MARQUES, MARIA MANUEL L., Direito Económico, Coimbra (2004).

SAPIR, JACQUES, Os Economistas contra a Democracia (2008).

SARAVIA, ENRIQUE J., A inserção das agências reguladoras nos sistemas de decisão e controle, em X Congresso Internacional del CLAD sobre la Reforma del Estado y de la Administración Pública, Santiago, Chile (2005).

SCLALIA, ANTONIN, Judicial Deference to Administrative Interpretation of Law, Duke Law Journal, nº 511-521 (1989).

SEERDEN, RENÉ, Administrative Law of the European Union, its Member States and the United States: A Comparative Analysis, Ed. Intersentia (2012).

SEIDMAN, HAROLD e GILMOUR, ROBERT S., Politics, Position and Power: From the Positive to the Regulatory State, Oxford University Press (1986).

SEJERSTED, FRANCIS, Democracy and the rule of law; some historical experiences of contradiction in the striving for good government, em Elster, Jon e Slagstad, Rune, Constitutionalism and Democracy, Cambridge University Press (1993).

SERRÃO, JOAQUIM VERÍSSIMO, D. João II, em Joel Serrão (dir.), Dicionário da História de Portugal, Vol II (1963).

SERRÃO, JOEL, em Cronologia Geral da História de Portugal, 5ª edição, Lisboa, Livraria Horizonte, Lisboa (1986).

— Dicionário da História de Portugal, Vol. II, Lisboa (1975).

Shapiro, Martin, Who Guards the Guardians?: Judicial Control of Administration, University of Georgia Press (1988).

SHAW, CARL K. Y., Hegel's theory of modern bureaucracy, em The American Political Science Review, Vol. 86, nº 2 (1992).

SHULL, BERNARD, Federal Reserve Independence: What Kind and How Much?, em Journal of Post-Keynesian Economics, Vol. 18 (1996).

SILBER, WILLIAM L., Volcker: The Triumph of Persistance, Bloomsbury Press (2013).

SILVA, JOÃO NUNO CALVÃO DA, Mercado e Estado – Serviços de Interesse Económico Geral, Almedina, Coimbra (2008).

SILVA, MIGUEL MOURA E, A tipificação da recusa de acesso a infra-estruturas essenciais como abuso de posição dominante na Lei da Concorrência, Revista da Concorrência e Regulação, nº 1 (2010).

— Direito da Concorrência, Uma Introdução Jurisprudencial, Almedina (2008).

— Inovação, Transferência de Tecnologia e Concorrência: Estudo Comparado do Direito da Concorrência dos Estados Unidos e da União Europeia, Almedina, Coimbra (2003).

SILVA, NUNO ESPINOSA GOMES DA, História do Direito Português: Fontes de Direito, Fundação Calouste Gulbenkian, Lisboa (1991).

SILVA, PAULA COSTA E, As Autoridades Independentes. Alguns aspectos da regulação económica numa perspectiva jurídica, em Revista O Direito III, Ano 138 (2006).

SILVA, SUZANA TAVARES DA, Direito da Energia, Coimbra Editora (2011).

— Um Novo Direito Administrativo?, Imprensa da Universidade de Coimbra (2010).

SILVA, VASCO PEREIRA DA, Em Busca do Acto Administrativo Perdido, Almedina, Coimbra (2003).

— Para Um Contencioso administrativo dos Particulares, Almedina, (2005).

— O Contencioso Administrativo no Divã da Psicanálise: Ensaio sobre as acções no novo processo administrativo, 2ª edição, Almedina, Coimbra (2009).

— A Cultura a que tenho direito – Direitos Fundamentais e Cultura, Coimbra, (2007).

SIMANGO, AMÉRICO, A Alta Autoridade para a Comunicação Social: contributo para o estudo da natureza, funções e competências do órgão, em Direito e Justiça, Vol. XIV, Tomo I (2000).

SIMON, DENYS, Les mutations des services publics du fait des contraintes du droit communautaire, em Kovar, R., Service Public et Communauté européenne: entre l'intérêt général et le marché, La Documentation Française, Tomo I, Paris (1998).

SLAUGHTER, ANNE-MARIE, Global government networks, global information agencies and disaggregated democracy, Michigan Journal of International Law (2003).

SMITH, ROGERS M., Liberalism and American Constitutional Law, Harvard University Press (1990).

SNIDAL, D. e ABBOTT, K., The governance Triangle: Regulatory standards institutions and the shadow of the state, em Mattli and Woods, N. (eds.), The Politics of Global Regulation, Princeton University Press (2009).

SOARES, ANTÓNIO, A Aplicação Descentralizada das Normas Comunitárias da Concorrência: o sistema de competências paralelas estabelecido pelo regulamento nº 1/2003, em Soares, António e Marques, Maria Manuel (org.), Concorrência – Estudos, Coimbra (2006).

SOARES, JOSÉ FERNANDO, Teorias Económicas de Regulação – Grupos de interesse, procura de renda e aprisionamento, Instituto Piaget (2007).

SOARES, Mário, "Europa a caminhar para o abismo", discurso proferido por ocasião de homenagem feita pela Camara Municipal de Paris (2013).

SOARES, ROGÉRIO EHRHARDT, Administração Pública, Direito Administrativo e sujeito privado, em Boletim da Faculdade de Direito de Coimbra, nº 37 (1961).

— Princípio da Legalidade e Administração Constitutiva, em Boletim da Faculdade de Direito de Coimbra, Vol. LVII (1981).

— Sentido e Limites da Função Legislativa no Estado Contemporâneo, em Miranda, Jorge e Sousa, Marcelo Rebelo de (org.), A Feitura das Leis, Vol. I, INA (1986).

— Actividade Administrativa, DJAP I, 2ª edição, Lisboa (1990).

— Direito Administrativo (policopiado) (1978).

— Direito Público e Sociedade Técnica, Tenacitas (2009).

— Interesse Público, Legalidade e Mérito, Atlântida, Coimbra (1955).

SOUSA, MARCELO REBELO DE, Administração Pública e Direito Administrativo em Portugal, Associação Académica da FDL (1992).

— Lições de Direito Administrativo, Vol. I, Lex, Lisboa (1999).

— O Estado de excepção no Direito Constitucional, Livraria Almedina (1998).

— Os partidos políticos no direito constitucional português, Braga (1983).

SOUSA, MARCELO REBELO DE e GALVÃO, SOFIA, Introdução ao Estudo do Direito, 4ª edição, Lisboa (1998).

SOUSA, MARCELO REBELO DE, e MATOS, ANDRÉ SALGADO, Direito Administrativo Geral, Tomo I, Introdução e Princípios Gerais, D. Quixote (2008).

— Direito Administrativo Geral, Tomo III, Actividade Administrativa, D. Quixote (2009).

STANGE, SUSAN, The Retreat of the State. The Diffusion of Power in the World Economy, Cambridge University Press (1996).

STEPHENSEN, MATTHEW C., Public regulation of private enforcement: the case for expanding the role of administrative agencies, em Virginia Law Review, Vol. 91 (2005).

STEWART, RICHARD B., Administrative Law in twenty first century, em New York Law Review, nº 78 (2003).

— U.S. Administrative Law: A Model for Global Administrative Law?, em Law and Comtemporary Problems, nº 68 (2005).

STIGLER, GEORGE, The Theory of Economic Regulation, em Bell Journal of Economics and Management Science, Vol. 2, nº 1 (1971).

STIGLITZ, JOSEPH E., Economics of the Public Sector (2000).

— Reforming the International Monetary and Finantial Systems in the Wake of the Global Crisis (2010).

STRAUSS, PETER L., The Place of Agencies in Government: Separation of Powers and the Fourth Branch, em Columbia Law Review, nº 573 (1984).

STRAUSS, L. PETER e SUNSTEIN, CASS R., The Role of the President and OMB in Informal Rulemaking, em Administrative Law Review, nº 38 (1986).

SUFRIN, BRENDA e JONES, ALISON, EU Competition Law: Text, Cases and Materials, Oxford University Press, New York (2010).

SUNDFELD, CARLOS ARI, A Administração Pública na Era do Direito Global, em Revista Diálogo Jurídico, Ano I, Vol. 1, nº 2, Baía (2001).

— Introdução às agências reguladoras, em Sundfeld, Carlos Ari (coord.), Direito Administrativo Económico, Editora Malheiros, S. Paulo (2000).

SUNSTEIN, CASS R., After the Rights Revolution – Reconceiving the Regulatory State, Harvard University Press, Cambridge (1990).

— Constitutionalism After the New Deal, Harvard Law Review, nº 421 (1987).
— Free Markets and Social Justice, Oxford University Press (1997).
— Paradoxes of the Regulatory State, University of Chicago Law Review, nº 407 (1990).
— The Cost-Benefit State: The Future of Regulatory Protection, em American Bar Association (2003).
SUORDEM, FERNANDO PAULO DA SILVA, O Princípio da Separação de Poderes e os Novos Movimentos Sociais. Administração Pública no Estado Moderno: entre as exigências de liberdade e de organização, Almedina (1995).
TAVARES, JOSÉ, Administração Pública e Direito Administrativo: para o seu estudo e compreensão, Coimbra, Almedina (1992).
TAYLOR, MICHAEL MARK, MASCIANDARO, DONATO e QUINTYN, MARC, Financial Supervisory Independence and Accountability - IMF Institute (2008).
TEITGEN-COLLY, CATHERINE, Les autorités administratives indépendantes: Histoire d'une institution, em Colliard, C.-A. e Timsit, G., Les voies du droit, Presses Universitaires de France, Paris (1988).
— Les instances de régulation et la Constituition, em Revue du Droit et de la Science Politique en France et à l'Étranger, nº 106 (1990).
THIRION, NICOLAS (dir.), CLAUDE, CHAMPAUD, DANET, DIDIER, FLOCH, PATRICK LE, GALL, PATRICK LE, MALIN, ÉRIC, MARTIN, FRANCK, MONTELS, BENJAMIN, PENARD, THIERRY e STEPHAN, PATRICK, Libéralisations, privatisations, régulations: Aspects juridiques et économiques des régulations sectorielles, Éditions Larcier (2006).
TOCQUEVILLE, ALEXIS DE, L'Ancien Régime et la Révolution (1ª edição 1856), Flammarion, Paris (1988).
TORGAL, LINO e GERALDES, JOÃO DE OLIVEIRA, Concessões de actividades públicas e direito de exclusivo, em Estudos em Homenagem ao Professor Doutor Jorge Miranda, Vol. IV, Coimbra Editora (2012).
TORGAL, LUIS REIS, Marcello Caetano, Marcelismo e "Estado Social": Uma Interpretação, Imprensa da Universidade de Coimbra (2013).
TRIDIMAS, TAKIS, Community Agencies, Competition Law, and ECSB Initiatives on Securities Clearing and Settlement, em YearBook of European Law 2009, Vol. 28, Oxford University Press (2010).
— The Evolution of EU law: EU Financial Regulation: Federalization, Crisis Management and Law Reform, Oxford University Press (2011).
TRUCHET, DIDIER, Droit Administratif, Collection Thémis Droit, PUF, Paris (2008).
— Refléxions sur le droit économique public en droit français, em Revue du Droit Public et de la Science Politique, nº 4 (1980).
URBAN, SABINE, The European Welfare State under pressure: between European and Global Integration - Some critical issues, em European Union Review, Vol. 10, nº 1 (2005).
VASCONCELOS, JORGE, A Regulação em Portugal: Arte Nova, Arte Degenerada ou Arte Pobre?, em Sessão de abertura do 4º curso de pós-graduação em Direito Público e Regulação, Faculdade de Direito da Universidade Católica (2004), disponível em http://www.fd.uc.pt.
— Anos-Luz: A Regulação da Energia em Portugal (2006).

— Estado Regulador – Principais Caracteristicas e Perspectivas de Evolução em Anos-Luz, em Pereira, José Nunes (et. al.), A regulação em Portugal, Conferências ERSE, Porto (2000).

VAZ, MANUEL AFONSO, Lei e reserva de lei: A causa da Lei na Constituição Portuguesa de 1976, UCP, Porto (1992).

— O conceito de lei na Constituição Portuguesa -Uma perspectiva de reflexão, em Direito e Justiça, Vol. III, Universidade Católica Portuguesa (1987/1988).

VÁZQUEZ, JOSÉ R. PARADA, Del centralismo del Estado Liberal al riesgo de secesión y descontrolo institucional, em Conferência realizada na sede do INAP, Madrid (Maio de 2013).

— Las administraciones independientes, em Administración Instrumental – Libro de Homenaje al Professor Clavero Arévalo, Civitas, Madrid (1994).

— Derecho Administrativo, Vols. I e II, Madrid (2002).

VEDEL, GEORGES, Les bases constitutionnelles du droit administratif, EDCE (1954).

— Études en l'honneur de Georges Dupuis: Droit Public (prefácio), LGDJ Paris (1997).

VEDEL, GEORGES e DELVOLVÉ, PIERRE, Droit Administratif, Vol I, PUF, Paris (1992).

VELJANOVSKI, CENTO G., The Regulation Game, em Regulators and the Market: An Assessment of Growth of Regulation in the UK, Institute of Economic Affairs, London (1991).

VENTURA, RAUL, Direito Romano, lições policopiadas, AAFDL (1958).

VERA, J. BERMEJO, Derecho Administrativo Basico, Civitas, Madrid (2012).

— La administración inspectora, em Revista de Administración Publica nº 147, CEPC, Madrid (1998).

VERKUIL, PAUL R., Outsourcing Sovereignty: Why Privatization of Government Functions Threatens Democracy and What We Can Do about It, Cambridge University Press (2007).

— The Purposes and Limits of Independent Agencies, em Duke Law Journal (1988), disponível em http://scholarship.law.duke.edu/dlj/vol37/iss2/5.

VICENTE, MARTA, Comentário à Lei nº 46/2011, de 24 de Junho, que cria o Tribunal da Concorrência, Regulação e Supervisão, CEDIPRE, Faculdade de Direito da Universidade de Coimbra (Abril 2012).

VIRGA, PIETRO, Diritto Amministrativo, Milano (1983).

VISCUSI, W. KIP, VERNON, JOHN M. e HARRINGTON, JOSEPH E., Economics of Regulation and Antitrust, MIT Press, 3ª edição (2000).

WADE, W. e FORSYTH, C., Administrative Law, 8ª edição, Oxford University Press (2000).

WAELBROECK, MICHEL, LEMAIRE, CHRISTOPHE e PETITE, MICHEL, What will be the impact of the new Treaty on competition law? A legal point of view, em Conference "Competition Law and the Lisbon Treaty", Concurrences Journal, nº 1 (2008).

WALINE, M., Droit administrative, 9º edição (1963).

WALKER, MIKE e BISHOP, SIMON, The Economics of EC Competition Law: Concepts, Application and Measurement, 3ª ed., Londres (2010).

WATTS, KATHRYNE T. e MERRILL, THOMAS W., Agency Rules with the Force of Law: The Original Convention, Harvard Law Review, nº 467 (2002).

WEBER, MAX, Parlamento y Gobierno en una Alemania Reorganizada. Una crítica política de la burocracia y de los partidos (1918), em Escritos Politicos, Alianza Editora, Madrid (1991).

WEIL, PROSPER, O Direito Administrativo, Almedina (1997).

WHISH, RICHARD e BAILEY, DAVID, Competition Law, 7ª edição, Oxford University Press (2012).

WIEACKER, FRANZ, História do direito privado moderno (Privatrechtsgeschichte der Neuzeit), tradução de Antonio Manoel Hespanha, Lisboa, Fundação Calouste Gulbenkian (1980).

WIENER, JONATHAN B., Better Regulation in Europe, Current Legal Problems, Vol. 59, Oxford University Press (2006).

WILKS, STEPHEN, The European Competition Network: what was changed?, em EUSA Biennial Conference, Montreal (2007).

WILLIAMSON, PETER J., Varieties of Corporatism: A conceptual discussion, Cambridge University Press (2010).

WOLFF, HANS J., BACHOF, OTTO e STOBER, ROLF, em Direito Administrativo, Vol. 1, edição da Fundação Gulbenkian, Lisboa (2006).

WOOD, DAN B. e WATERMAN, RICHARD, The dynamics of political control of bureaucracy, em American Political Science Review, nº 85 (1994).

WYMEERSCH, EDDY, The European Banking Union, A First Analysis, em Social Science Research Network, Financial Law Institute Working Paper Series 07 (2012).

— The Structure of Financial Supervision in Europe: About Single, Twin Peaks and Multiple Financial Supervisors, em European Business Organization Law Review, nº 8 (2007).

WYMEERSCH, EDDY, HOPT, KLAUS J. e GUIDO FERRARINI (eds.), Finantial Regulation and Supervision, a Post-Crisis Analysis, Oxford University Press (2012).

XAVIER, ALBERTO, Subsídios para uma Lei de Defesa da Concorrência, em Cadernos C.T.F., nº 95, Lisboa (1970).

YARROW, G., Privatization in theory and practice, Economic Policy, Vol. 1, nº 2 (1986).

YATAGANAS, Xénophon A., Delegation of Regulatory Authority in the European Union: The Relevance of the American Model of Independent Agencies, Jean Monnet Center (2001).

YAZBEK, OCTAVIO, relativamente aos aspectos regulatórios da Lei Dodd-Frank, publicada no site http://frwebgate.access.gpo.gov/cgi-bin/getdoc.cgi?dbname=111_cong_public_laws&docid=f:publ203.111.pdf, em entrevista à revista Perspectivas, da ANBIMA – Associação Brasileira de Entidades dos Mercados Financeiros e de Capitais (2011).

ZANOBINI, G., Amministrazione Pubblica, em Enciclopedia del diritto, Vol. II (1958)

ZILLER, JACQUES, Les autorités administratives indépendantes entre droit interne et droit de l'Union européene, em Revue Française de Droit Administratif, nº 26 (2010).

— Les nouveaux traités européens: Lisbonne et après, Montchrestien (2008);

ZOLLER, ELISABETH, Introduction au droit public, Précis Dalloz, Paris (2013).

— Les agences féderales américaines, la régulation et la démocratie, em Revue Française de Droit Administrative, nº 4 (2004).

ÍNDICE

PARTE PRIMEIRA

PARTE SEGUNDA

PARTE TERCEIRA

PARTE SEXTA

PARTE SÉTIMA